»Ich harre aus im Land und geh, ihm fremd«

Deutsches Museum
Beiträge zur Historischen Verkehrsforschung
Band 10

herausgegeben von
Helmuth Trischler (Deutsches Museum München)
Christopher Kopper (Universität Bielefeld)
Hans-Liudger Dienel (Zentrum »Technik und Gesellschaft« der TU Berlin)

Heike Wolter, Dr. phil., promovierte an der Technischen Universität Dresden.

Heike Wolter

»Ich harre aus im Land und geh, ihm fremd«

Die Geschichte des Tourismus in der DDR

Campus Verlag
Frankfurt/New York

Gedruckt mit Unterstützung der Technischen Universität Berlin und des Deutschen Museums, München

Bibliografische Information der Deutschen Nationalbibliothek
Die Deutsche Nationalbibliothek verzeichnet diese Publikation in der Deutschen Nationalbibliografie; detaillierte bibliografische Daten sind im Internet unter http://dnb.d-nb.de abrufbar.

ISBN 978-3-593-39055-0

Das Werk einschließlich aller seiner Teile ist urheberrechtlich geschützt. Jede Verwertung ist ohne Zustimmung des Verlags unzulässig. Das gilt insbesondere für Vervielfältigungen, Übersetzungen, Mikroverfilmungen und die Einspeicherung und Verarbeitung in elektronischen Systemen.
Copyright © 2009 Campus Verlag GmbH, Frankfurt/Main
Druck und Bindung: KM-Druck, Groß-Umstadt
Gedruckt auf säurefreiem und chlorfrei gebleichtem Papier.
Printed in Germany

Besuchen Sie uns im Internet: www.campus.de

Für Niklas, Norea, Lilly und Samuel

Inhalt

Danksagung 11

Vorwort 13

I   Einleitung 16
    I.1   Problemstellung und zeitliche Abgrenzung 16
    I.2   Begrifflichkeiten 22
    I.3   Quellenlage 26
    I.4   Forschungsstand 35
    I.5   Aufbau und methodischer Zugang 41

II   Einordnung der touristischen Entwicklung in das System der DDR 50
    II.1   Historische Entwicklung 50
    II.2   Rechtliche Grundlagen 72
    II.3   Staatliche Tourismuspolitik: Leitung, Planung, Finanzierung und Organisation 87

III   Reisen von DDR-Bürgern 118
    III.1   Reiseformen 118
        III.1.1 Institutionell organisierte Reisen 118
        III.1.2 Individuell organisierte Reisen 120
    III.2   Reiseziele 123
        III.2.1 Inlandsreisen 123
        III.2.2 Auslandsreisen 142
        III.2.3 Sonderfall: Reisen in die Bundesrepublik Deutschland .. 176

IV   Reiseveranstalter 181
    IV.1   Freier Deutscher Gewerkschaftsbund (FDGB) 184
    IV.2   Betriebe 211

	IV.3	Reisebüro der DDR 219
	IV.4	Jugendtourist 226
	IV.5	Reiseangebote anderer gesellschaftlicher Institutionen 258
V	Weitere (Teil-)Leistungsanbieter 266
	V.1	Camping 266
	V.2	Freies Beherbergungswesen 280
	V.3	Privatquartiere 284
	V.4	Kinder- und Jugenderholung 285
	V.5	Gastronomie 298
	V.6	Touristische Informationseinrichtungen (TIE) 304
	V.7	Kleingärten, Datschen und Ferienhäuser 305
VI	Reiseverkehrsmittel 308
	VI.1	Pkw 311
	VI.2	Omnibus 315
	VI.3	Deutsche Reichsbahn 316
	VI.4	Interflug 323
	VI.5	Schiff 325
VII	Wahrnehmungen 332
	VII.1	Zeitgenössische Bedarfsforschung 332
	VII.2	Zeitgenössische mediale Formungen 335
	VII.3	Zeitgenössische individuelle Aneignungen 368
	VII.4	Eingaben und Ausreiseanträge 375
	VII.5	Retrospektive Interviews und Erinnerungsliteratur 383
	VII.6	Ausblick: Tourismus in der Systemtransformation 389
VIII	Tourismusgeschichte als Spiegel der DDR-Geschichte 395
	VIII.1	Totalitarismustheorien 397
	VIII.2	Modernisierungstheorien 403
	VIII.3	Typen legitimer Herrschaft nach Max Weber 410
	VIII.4	Handlungstheoretische Mikrotheorien 413
	VIII.5	Soziologische und tourismustheoretische Ansätze 417
	VIII.6	Eine Theorie des Tourismus von DDR-Bürgern? 424

INHALT

IX Komparatistische Ansätze: Bisherige Forschungen und Desiderate 425
    IX.1 Vergleich, Transfer, *histoire croisée* 425
    IX.2 Diachrone Vergleiche 430
        IX.2.1 Kontinuitäten – Strukturen langer Dauer 430
        IX.2.2 DDR – Weimarer Republik 432
        IX.2.3 DDR – Nationalsozialismus 433
    IX.3 Synchrone Vergleiche 436
        IX.3.1 DDR – Bundesrepublik Deutschland 436
        IX.3.2 DDR – Osteuropäische Länder 441
        IX.3.3 DDR – Westeuropäische Länder 444

X Schlussbetrachtung 445
    X.1 Offene Fragen 445
    X.2 Resümee 449

Quellen und Literatur 459
    Archivbestände 459
        Bundesarchiv, Berlin 459
        Sächsisches Hauptstaatsarchiv, Dresden 468
    Anordnungen, Beschlüsse, Erlässe, Gesetze, Ordnungen, Pläne, Verträge und Vorschriften 469
    Literatur 474
    Internetquellen 533
    Audiovisuelle Materialien 538
    Dokumente in Privatbesitz 538
    Interviews 540

Abkürzungsverzeichnis 541
Tabellenverzeichnis 543
Abbildungsverzeichnis 544
Anhänge 545

Danksagung

Obwohl das Schreiben eines Buches häufig ein einsames Unterfangen ist, kommt dennoch kein Autor ohne Hilfe und Beistand aus. Ich möchte all denen danken, die mich bei diesem Buch unterstützt haben, vor allem denjenigen, die ich im Folgenden nicht namentlich nennen kann, die aber einen entscheidenden Anteil am Gelingen des Buches haben.

Meine Arbeit am Thema begann eigentlich schon 1996 mit einem Geschenk meiner damaligen Lehrerin, Frau Regina Walther. Sie überreichte mir ein Büchlein mit dem Titel *Die Reise von Rostock nach Syrakus*, das ich mit großer Begeisterung las und das in mir die Idee verankerte, mich mit dem Reisen von DDR-Bürgern näher zu befassen.

Nach Abschluss meines Studiums konnte ich meinen Doktorvater, Herrn PD Dr. habil. Winfrid Halder für das Thema begeistern. Fortan stand er mir stets mit Rat und Tat zur Seite. Danke für zahllose anregende Gespräche, Hinweise, Einwände und das stete Vertrauen in mein Vorhaben. Herrn PD Dr. habil. Hasso Spode danke ich für die Bereitschaft, die Arbeit zu begutachten. Mindestens ebenso wichtig waren die Gespräche mit ihm über verschiedenste Dimensionen der Tourismusgeschichte. Bereichert hat mich vor allem der mir ungewohnte Blickwinkel des Soziologen, durch den die Arbeit den Anstoß zu einem wertvollen theoretischen Unterbau erhalten hat. Ich bedanke mich bei Frau Prof. Dr. habil. Susanne Schötz für die Gutachtertätigkeit. Auch sie hat mir – vor allem mit dem distanzierteren Blick – interessante Denkanstöße für die Arbeit gegeben.

Der Studienstiftung möchte ich für die finanzielle Sicherung der Promotion, die Unterstützung eines entsprechenden Doktorandenkolloquiums und die Organisation fundierter geisteswissenschaftlicher Veranstaltungen danken.

Erwähnen möchte ich weiter zahlreiche hilfsbereite MitarbeiterInnen in Archiven, Bibliotheken und anderen Institutionen der Fachinformation, insbesondere Frau Kaulitz und Frau Grünspek vom Bundesarchiv in Berlin, Frau Ziehe vom Museum Europäischer Kulturen, Frau Dr. Angela Stirken vom Haus der Geschichte in Bonn, den Angestellten der Bibliothek zur Geschichte der DDR in Bonn, Frau Sigrid Stenzel und Herrn Andreas Ludwig vom Dokumentationszentrum Alltagskultur der DDR in Eisenhüttenstadt, Prof. Dr. Christoph Becker und Dipl.-Geograph Bert Hallerbach vom Europäischen Tourismus Institut GmbH in Trier.

Das Buch wäre in der vorliegenden Form ohne die Bereitschaft meiner Interviewpartner nicht möglich gewesen. Sie haben mir die Möglichkeit gegeben, ihre ganz individuelle Reise- und damit einen Teil Ihrer Lebensgeschichte für mein Vorhaben zu verwenden.

Mein Dank gilt Kollegen, Freunden und Familienmitgliedern, mit denen ich anregende Gespräche führen durfte, die unfertige Manuskripte in nächtlichen Stunden durchgearbeitet haben, für mich alte Dokumente und fassbare Erinnerungen ausgegraben haben, meine Kinder in Obhut genommen haben oder anderweitig eine große Hilfe waren: Anke Assig, Marga und Roland Beute, Günter Blutke, Dr. Silvia Daniel, Annekathrin und Falk Diestel, Lucinda Hienz, Anja Hörner, Anja Kotter, Gitta und Siegfried Kromer, Dr. Judith Matzke, Antje Müller, Lutz Peitzsch, Kristin Rotter, Volker Schmidt, Dr. Harald Schnur, Katrin Sußebach, Bianca und Kai Thiele.

Für bereichernde Gespräche bedanke ich mich bei Dr. Heike Bähre, Patrick Benoit, Dr. Hans-Lludger Diettel, Dr. Peter Phooler, Prof. Dr. Walter Freyer, Dr. Wiebke Kolbe, Dr. Michael Kubina, Dr. Helmut Mottel, Dr. Christian Noack, Jan Oliva, Dr. Cord Pagenstecher, Dr. Antonio Peter, Detlef Scheibe, Prof. Dr. Hannes Siegrist, Dr. Ottmar Weyand und Dr. Min Zhou.

Hervorheben möchte ich auch viele Menschen, die mit der inhaltlichen Gestaltung des Buches nichts zu tun hatten, mir aber nach dem Tod meiner Tochter Lilly geholfen haben, wieder ins Leben zurück zu finden. Ohne sie hätte ich diese Arbeit nicht abgeschlossen.

Schließlich danke ich meiner Familie, vor allem meinem Mann Thomas. Ohne seinen Zuspruch, sein Vertrauen in meine Arbeit und seine Fähigkeit, unseren Alltag zu organisieren, wäre dieses Buch nicht erschienen. Samuel hat bereits im Alter von zwölf Wochen ruhig und gelassen meine Verteidigung verfolgt. Meine beiden größeren, bewundernswert geduldigen Kinder, Niklas und Norea, werden hoffentlich mit Hilfe dieses Buches irgendwann eine Antwort auf die Frage finden: ›Mama, was ist eigentlich dein Beruf? Du sitzt doch immer nur am Schreibtisch.‹

Vorwort

Urlaub und Reisen von DDR-Bürgern als Forschungsthema bedeutet mehr als die Beschäftigung mit Kuriositäten des Alltags, die in Büchern oder durch die eigene und kollektive Erinnerung hervorgebracht werden. Doch können diese Merk-Würdigkeiten ein Einstieg in die fremde und zugleich vertraute Welt eines historisch gesehen noch nicht lange vergangenen Staates sein. Drei dieser Absurditäten umreißen beispielhaft das Themenfeld Tourismus in der DDR.

1) Von den sechziger Jahren an entfielen auf den touristischen Karten des VEB Tourist Verlages die bisher mitgedruckten Vermerke, dass der Verlag für Berichtigungshinweise stets dankbar sei.[1] Kein Wunder, hatten die Kartographen doch nur sehr bedingt Einfluss auf die sich seit 1961 immer stärker vermindernde topographische Qualität der Karten. Durften ab jenem Jahr die westliche Staatsgrenze der DDR und grenznahe Gebiete zur Bundesrepublik nicht mehr dargestellt werden, so folgte 1965 auf die Konferenz der Leiter der Geodätischen Dienste der sozialistischen Länder in Moskau die Entwicklung einer für alle weiteren touristischen Kartenwerke als Grundlage dienende Übersichtskarte der DDR im Maßstab 1: 200.000 mit lagemäßiger Verzerrung. Die Übersichtskarte beinhaltete Verformungen bis zu drei Kilometern, die bei den größeren Maßstäben der Wander- und Touristenkarten (1: 20.000 beziehungsweise 1: 50.000) zu Problemen in der Einpassung übriger Kartenelemente und damit zu Vergröberung und Inhaltsverarmung führten. Für etwa ein Drittel der Fläche der DDR gab es überhaupt keine Wander- und Touristenkarten, sodass hier als genaueste Information die ebenfalls verzerrte Verkehrskarte der DDR in zehn Blättern (1: 200.000) dienen musste.

2) 1985 veröffentlichte der zwischen 1957 und 1964 in der DDR inhaftierte und 1981 in die Bundesrepublik übergesiedelte Schriftsteller Erich Loest den Roman *Zwiebelmuster*. Die Protagonisten, der Leipziger Historiker Hans-Georg Haas und seine Frau Kläre, Direktorin eines Warenhauses, sind politisch fest im Sozialismus verankert und gelten als zuverlässige DDR-Bürger.

---

[1] Vgl. dazu und im Folgenden: Unverhau, *Karten-Verfälschung* (darin besonders: Pobanz, *Topographische Veränderungen*, S. 193–214); Brunner, *Kartenverfälschungen*, S. 282f.

Angesichts ihrer gesellschaftlich aktiven Stellung bemühen sie sich um eine Reise in das nicht-sozialistische Ausland. Gedeckt durch den Anschein eines beruflichen Motivs für die Fahrt verfolgen beide den Traum, die Fremde einmal mit eigenen Augen zu sehen. Zu Beginn des Romans scheint dieser Traum erfüllbar, doch schließlich erfährt das Ehepaar »Vertröstungen, Verschiebungen, Achselzucken, Bedauern, und der erhoffte Tapetenwechsel«[2] bleibt aus. Hans-Georg Haas verkraftet diese Wendung nicht und erkrankt: »Die Ärzte sagen‹, ergänzte Schnippchen, ›daß ein Auslandstrauma zu vermuten ist. [...] Begriffe wie Paß, Visum, Schiffsplatz, sogar wie Fahrkarte und dergleichen sollten vorerst außerhalb seiner Begriffswelt gelassen werden.«[3]

3) 1988 plante der Kellner Klaus Müller eine Reise auf den Spuren Johann Gottfried Seumes nach Syracuse (Sizilien). Eine für die damaligen Rechtsverhältnisse waghalsige und illegale Idee. Müller hatte herausgefunden, dass ihm bei unerlaubter Grenzüberschreitung ohne Zerstörung von Grenzbefestigungen, in Alleintäterschaft und ohne gefälschte Papiere[4] maximal zwei Jahre Haft drohten. Dieses Risiko ging er ein, gelangte nach abenteuerlicher Flucht über die Bundesrepublik und Österreich nach Italien und kehrte nach Vollendung seines Planes in die DDR zurück. An Egon Krenz schrieb er einen Brief, der diesem und der Regierung der DDR die Brisanz des Freiheitsentzuges hätte vor Augen führen sollen:

»Sehr geehrter Herr Stellvertreter des Staatsratsvorsitzenden! Am 8.6.88 war ich, nach vorheriger Bekundung meines Rückkehrwillens, mit meiner Segeljolle nachts nach Dänemark gesegelt, um eine Bildungsreise durch Westdeutschland und Italien auf den Spuren Johann Gottfried Seumes zu machen. Nach Abschluß dieser Bildungs- und Pilgerreise bin ich nun willens, sofort in die DDR zurückzukehren. [...] Man kann meine Handlungsweise auch faustisch nennen. Um der Erkenntnis willen habe ich mich mit dem Bösen verbündet. Das Böse steht hier nicht für die BRD, sondern für den Geist der Gesetzesverletzung, gemäß Paragraph 213 des Strafgesetzbuches der DDR. Die Rolle des Weltgeistes, der den alten Faust vor der Verdammnis bewahrte, ist nun in Ihre Hände gelegt. Hochachtungsvoll, Paul Gompitz.«[5]

---

2 O.V., *Zwiebelmuster-Inhaltsangabe*, DTV, 19.11.2005, http://www.dtv.de/dtv.cfm?wohin=dtvnr 10919.
3 Loest, *Zwiebelmuster*, S. 284.
4 Paragraf 213 des *Strafgesetzbuches*; dieser Paragraf blieb auch nach der Gesetzesänderung vom 14.12.1988 unverändert.
5 Delius, *Der Spaziergang von Rostock nach Syrakus*, S. 140 – Friedrich Christian Delius hat die auf einer wahren Begebenheit beruhende Geschichte in einem Buch literarisiert. Der Protagonist wird darin Paul Gompitz statt Klaus Müller genannt. – Zum Verhältnis zwischen realer Erfahrung und literarischer Verarbeitung vgl. sehr aufschlussreich: Geißler, *Interview mit Friedrich Christian Delius*, 22.01.2004, http://www. berlinonline.de/berliner-zeitung/archiv/.bin/dump. fcgi/1995/1031/kultur/0003/.

Es sind diese befremdlich anmutenden Beispiele, die dem manches Mal den Kopf schüttelnden Leser zeigen, »wie robust oder verletzlich Normalität ist«[6]. Damit bringen sie demnach nicht nur sich selbst, sondern auch das Gewöhnliche und Alltägliche in die Diskussion. Mit Blick auf die Reisefreiheit in der DDR kann man hier und in der Betrachtung der politischen Ereignisse des Jahres 1989 erleben, welche Sprengkraft die »heimlichen Geographien der Eingesperrten«[7] entfalteten. Dies anhand der Fakten zum DDR-Tourismus nachzuvollziehen, leistet die vorliegende Studie. Dabei klärt sie das scheinbare Paradox auf, dass ein zur Stabilisierung des Systems erdachtes Reiseverbot schließlich dysfunktional zum Kollaps beitrug.

---

6 Vester, *Tourismustheorie*, S. 38.
7 An dieser Stelle ist zunächst das Erstverständnis gemeint, das ›heimliche Geographien‹ als innere Gedankenfreiheit auffasst. Im Kapitel VIII wird auf den wissenschaftlichen Zugang, sogenannte ›mental maps‹, näher eingegangen. – Vgl. Schütze, *Gefährliche Geographie*, S. 13.

I Einleitung

> urloup [ahd.] = Erlaubnis (wegzugehen)
> Duden, *Etymologisches Wörterbuch*

I.1 Problemstellung und zeitliche Abgrenzung

Das Scheitern der DDR 1989 erscheint auf den ersten Blick – im Bereich des Tourismus gerade auch aufgrund der im Vorwort genannten Beispiele – als unabwendbar. Diese Betrachtungsweise birgt jedoch eine große Gefahr, da sie teleologisch-retrospektive Fehlschlüsse[1] begünstigt. Obwohl die Idee einer langfristig nahezu zwangsläufig auf die Geschehnisse der Wende hinauslaufenden Entwicklung aus den heutigen Erfahrungen nahe liegt, berücksichtigt sie weder die Ambivalenz des alltäglichen Lebens in der DDR noch die Tatsache, dass die Bürger als Protagonisten des bestehenden wie zerfallenden Staates mehrheitlich selbst kurz vor dem Ende an dessen dauerndem Fortbestand[2] glaubten, dass sie das Scheitern dieses politischen Weges nicht voraussehen konnten und daher ihr Leben ohne dieses Wissen gestalteten.

»In die Bindung der kleinen Leute ans Gewesene mischte sich noch eine andere Komponente. Die staatssozialistischen Gesellschaften existierten und niemand wußte, wie lange. Erst wenn man den Tatbestand des Nichtwissens berücksichtigt, vermag man ein realistisches Bild von den Distanzierungschancen und -grenzen zu zeichnen.«[3]

Mit Konrad Jarausch besteht daher die »intellektuelle Herausforderung beim Aufarbeiten der DDR-Vergangenheit [...] nicht in vorschneller Etikettierung, sondern im Ausloten dieser Doppelbödigkeit.«[4] Die DDR war eben nicht nur ein Kessel des Unwillens und der konstitutiven Unzufriedenheit, den nur ein

---

[1] Weinert/Gilles, *Zusammenbruch des Freien Deutschen Gewerkschaftsbundes*, S. 7.
[2] Vgl. die Aussage Klaus Müllers 1995: »*Geißler:* Kurz bevor Gompitz seine gefährliche Segeltour startet, stellt er fest, daß das Land in Agonie liegt. Wenn Sie das auch so gesehen haben, warum haben Sie nicht abgewartet, bis es vorbei ist mit dem Land? *Müller:* Das will ich Ihnen ganz deutlich sagen: Ich dachte, die Agonie reicht bis zur Jahrtausendwende. Immerhin hätte die Sowjetunion die Mauer mit Gewalt erhalten können.« – Geißler, *Interview mit Friedrich Christian Delius*, 22.01.2004, http://www.berlinonline.de/berliner-zeitung/archiv/.bin/dump.fcgi/1995/1031/kultur/0003/.
[3] Engler, *Zivilisatorische Lücke*, S. 47.
[4] Jarausch, »Die DDR denken«, S. 13.

»allgegenwärtiger Repressionsapparat am Überkochen hinderte«[5], sondern auch ein Land, in dem sich viele Bürger mit den Verhältnissen arrangiert hatten.

Eine Kulturgeschichte des Reisens von DDR-Bürgern

Es geht also darum, eine Kulturgeschichte des Reisens von DDR-Bürgern zu schreiben. Diese muss die unterschiedlichen Gesichter, den chronischen Pluralismus einer Gesellschaft mit mehreren, einander teilweise widersprechenden Öffentlichkeitsebenen, mithin die Dialektik von Systemzwang und Handlungsautonomie aufdecken, konservieren und dem Publikum zugänglich machen. Das Thema Reisen/Tourismus bietet sich dafür besonders an, denn nur in wenigen Politikfeldern wird derart deutlich, dass es sich, zum einen, um einen vom politischen System (teil-)autonomen mentalitäts- und kulturgeprägten Bereich handelt, und dass hier, zum anderen, im Verlauf der DDR-Geschichte tatsächlich kleinteilig alternative Entwicklungsmöglichkeiten bestanden, wenn auf erkanntes kritisches Potenzial politisch reagiert worden wäre.

Die persönliche Motivation besteht darin, die DDR nicht allein aus ihrer Herrschafts- und Unterdrückungsgeschichte zu erklären, sondern Geschichte auch ›von unten‹ zu beleuchten. Damit wird nämlich evident, dass der Tourismus wie auch andere Bereiche des gesellschaftlichen Lebens nicht allein vom Staat kontrolliert und gesteuert wurden. Es ist wichtig, deutlich zu machen, dass sich die DDR ›von oben‹ gesehen bis 1989, nach Ansicht der DDR-Bürger zumindest über einen langen Zeitraum während des Bestehens der DDR als das bessere, einer lichten Zukunft entgegensehende Deutschland verstand, dann aber angesichts tatsächlicher virulenter Probleme relativ rasch kollabierte. Ein weiterer Grund für die Beschäftigung mit dem Thema Reisen liegt darin, dass der Tourismus in Deutschland einen sehr bedeutsamen Faktor der Freizeitgestaltung darstellt[6], sich kein Bereich der Freizeitkultur so dynamisch verändert hat und sich auf keinen anderen die Wünsche und Sehnsüchte nach einem grundlegenden Wandel so sehr konzentrierten.[7]

Hinzu kommt, dass diese hohe gesellschaftliche Bedeutung und das Maß wissenschaftlicher Auseinandersetzung mit dem Tourismus stark auseinanderfallen. Tourismusgeschichte ist nach wie vor ein sich erst etablierendes Feld im Wissenschaftsgebäude. Der aktuelle Aufschwung muss daher genutzt werden, um aus einer möglicherweise bestehenden Mode dauerhafte Forschungs-

---

5 Wolle, *Die heile Welt der Diktatur*, S. 227.
6 »Die Deutschen in Ost und West waren in ihren jeweiligen politischen Systemen seit den sechziger Jahren die fleißigsten Touristen.« – Dienel, »Ins Grüne und ins Blaue«, S. 235.
7 Vgl. Irmscher, »Freizeitleben«, S. 364f.

perspektiven zu entwickeln. Dies kann bezüglich der DDR-Geschichte nur unter einer Prämisse geschehen. Es muss – in prägnanter Zuspitzung durch Hans-Günter Hockerts – das Bewusstsein bestehen, dass der »Erklärungshorizont des Zeithistorikers [...] nicht identisch mit dem Erlebnishorizont des Zeitzeugen«[8] ist. Dies beinhaltet aber nicht nur eine Abgrenzung, sondern auch und insbesondere die Auswahl unterschiedlichster Quellen, von klassischen archivalischen Hinterlassenschaften über zeitgenössische mediale Formungen und wissenschaftliche Abhandlungen sowie soziologische Erhebungen bis hin zu retrospektiven Interviews.

Einschränkungen

Eine Tourismusgeschichte der gesamten DDR zu schreiben, also die Entwicklung zwischen 1949 und 1989 zu berücksichtigen, wäre in der aus der Gliederung ersichtlichen thematischen Breite und Tiefe zu umfangreich gewesen. Aus diesem Grund war eine Begrenzung zwingend notwendig; sie ergibt sich gleichsam ohne künstliche Trennungen. Dies resultiert daraus, dass Freizeit und Tourismus insbesondere in der Folge des VIII. Parteitags der SED 1971 und der darin von Erich Honecker formulierten Aufgabe der ›Einheit von Wirtschafts- und Sozialpolitik‹ in den Blickpunkt politischen Interesses gerieten. Anfänglich wurden diese sozialpolitischen Bemühungen von der Bevölkerung sehr positiv aufgenommen – in Umfragen findet man stets eine breite Zustimmung zu diesem staatlichen Engagement[9]. Hieraus stellt sich also die Eingangsfrage: Wie konnte der (Sozial-)Tourismus – en detail – zu einem wichtigen Legitimitätsfaktor des politischen und der Kohäsion des sozialen Systems werden? In den achtziger Jahren jedoch verlor er allmählich an Attraktivität[10], Unzufriedenheit beherrschte zunehmend die Frage nach attraktiver Urlaubsgestaltung im DDR-System. Die Frage, die sich am Ende stellt, ist demnach jene nach dem Stellenwert dieser ›sozialen Errungenschaft‹ in der Wahrnehmung der Bürger und dem systemgefährdenden Potenzial unerfüllter Reisewünsche. Unterstützt wird die zeitliche Begrenzung auf die siebziger und achtziger Jahre durch die in den Umfragedaten des Instituts für Marktfor-

---

8 Hockerts, »Zeitgeschichte in Deutschland«, S. 9; vgl. ergänzend: Mitzman, »Historische Identität«.
9 Beispielhaft: Umfragen ›Jugend und Touristik 1983–1984‹ sowie ›Jugendtouristik 1988‹ des Zentralinstituts für Jugendforschung, 22.3.2006, http://isysweb.za.uni-koeln.de/.
10 In der vorliegenden Arbeit wird der Nachweis dieser Behauptung breit geführt, zur ersten Einsicht jedoch das nachfolgende Zitat eines Zeitzeugen, befragt nach seinen Gedanken zur neuen Reisefreiheit ab November 1989: »[...] wollte, dass mein Blick auf den Globus nicht mehr so schüchtern war wie zuvor.« – Krone, »Young men go east«, S. 101.

schung ermittelte langfristige Trendentwicklung im Tourismus dieser Jahre hin zu individuell organisierten Reisen und zum betrieblichen Erholungswesen.

Eine zweite Beschränkung wird hinsichtlich der betrachteten touristischen Produzenten und Konsumenten vorgenommen. Die Untersuchung bezieht sich ausschließlich auf Reisen von DDR-Bürgern. Inländische Anbieter werden ausführlich, ausländische nur im Überblick dargestellt.

Fragestellungen

Da man sich dem Gegenstand aufgrund der Vielfalt der zu berücksichtigenden Themenfelder nur über Einzelbefunde nähern kann, stellen sich zahlreiche Fragen an den Tourismus von DDR-Bürgern.[11] Bewusst naiv formuliert könnte die 1989 geforderte Reisefreiheit daraus resultiert haben, dass DDR-Bürger vor 1989 entweder nicht verreist, gegen ihren Willen ›verschickt‹ worden oder ihrer bisherigen Zielgebiete schlicht überdrüssig waren. Da diese Annahmen augenscheinlich zu kurz greifen, müssen differenziertere Fragestellungen folgen, die zunächst die Erfassung des Phänomens Fremdenverkehr im Blick haben. Betroffen von solchen Überlegungen sind so unterschiedliche Bereiche wie die Politik[12], die Wirtschaft / Ökonomie[13], das Rechtswesen[14], die Geographie[15] sowie das Transport- und Verkehrswesen[16].

Das Erkenntnisinteresse gilt also der politischen und gesellschaftlichen Funktion des Fremdenverkehrs; der Bedeutung von Urlaub und Reisen in einer Gesellschaft mit eingeschränkten individuellen Freizeit- und Entfaltungsmöglichkeiten; den Chancen und Problemen des Staates bei der Organisation eines gelenkten Sozialtourismus; den Auswirkungen des allgegenwärtigen Mangels im Tourismus; den naturgeographischen Voraussetzungen des Territoriums der DDR für Erholung und Fremdenverkehr; der Bewertung der DDR als Massenreiseziel; den Entwicklungsperspektiven für bestimmte Erholungs-

---

11 Betrachtet wird demnach das gesamte Reiseverhalten von DDR-Bürgern bis 1989. Die zeitliche Begrenzung nach vorn wird im weiteren Verlauf der Einleitung erläutert. Nicht berücksichtigt sind Reisen von Nicht-DDR-Bürgern in die DDR, mithin in tourismuswissenschaftlichen Termini der ›incoming tourism‹ bzw. – im DDR-Sprachgebrauch – der ›aktive Auslandstourismus‹.
12 Vgl. Mundt, *Tourismuspolitik*; Hall, *Tourism and politics*.
13 Vgl. Freyer, *Tourismus*. Freyers Arbeit bezieht sich auf das marktwirtschaftliche Verständnis von Tourismusökonomie, zeigt aber die vielfältige Beschäftigung der Wirtschaft mit dem Phänomen. Dies geschah ebenso in der DDR, wenngleich unter dem Vorzeichen einer planwirtschaftlichen Organisationsstruktur.
14 Vgl. Lübchen/Thiel, *Urlaub, Reisen, Camping*. Die Autoren beziehen sich auf das Rechtssystem der DDR, weshalb deutliche Unterschiede zum heutigen Tourismusrecht bestehen.
15 Vgl. Ritter/Frowein, *Reiseverkehrsgeographie*; Fürth, *Reiseverkehrsgeographie*.
16 Vgl. Hautzinger, *Freizeitmobilitätsforschung*; Opaschowski, *Freizeit und Mobilität*.

regionen und -zentren; den Möglichkeiten von DDR-Bürgern ins Ausland zu fahren; der Korrespondenz von Auslandserfahrungen und dem Alltag der Menschen; der Art der Beschränkung; dem Stellenwert der größten Reiseveranstalter im touristischen System; den Ursachen und Folgen der breiten Akzeptanz des sozialtouristischen Angebots durch die Bürger; der geringen Orientierung des DDR-Tourismus auf konsumtionelle Distinktion und Kaufkraftabschöpfung. Schließlich ist mit Blick auf 1989 zu fragen, ob die DDR hinsichtlich des Reisens eine geschlossene Gesellschaft mit einem alternativen Tourismusmodell war. Sollte dies der Fall gewesen sein, schließt sich die Überlegung an, ob dieses Modell einen Modernisierungsrückstand[17] verursachte, der erst nach der Wiedervereinigung aufgeholt werden konnte.

Diese Punkte bilden die inhaltliche Basis der Arbeit, die sich also aufgrund der bisher spärlichen Forschungsergebnisse zunächst für die deskriptive Erfassung des Tourismus interessiert. Die Konzentration auf die Analyse erscheint sinnvoll, weil die touristische Entwicklung vermutlich vergleichbar zu anderen, ebenfalls zentral geleiteten gesellschaftlichen Prozessen in der DDR verlief. Daher müsste sie mit diesen Parallelentwicklungen beachtenswerte Konkordanzen aufweisen. Die Besonderheit und Herausforderung liegt darin, dass im touristischen Bereich die Problemorientierungen verschiedener Herrschaftsbereiche und -ebenen zusammentrafen, weil dieser administrativ nicht eigenständig verankert war, sondern verschiedenen und teilweise widersprüchlich agierenden Ministerien wie Handel und Versorgung, Verkehr, Inneres, Außenhandel, Volksbildung und Staatssicherheit unterstellt war. Schließlich werden die disparaten Erkenntnisse der Teilbereiche unter einer Leitfrage gebündelt. Diese lautet in Anlehnung an klassische sozialhistorische Fragestellungen an die DDR-Geschichte[18] und deren Überwindung durch den Blick auf das kulturgeschichtliche Moment: ›Warum wirkten die Reisemöglichkeiten trotz ihrer starken Einschränkungen für die Mehrheit der DDR-Bürger über lange Zeit systemstabilisierend, bevor Reisefreiheit 1989 zu einer der ersten Forderungen an/gegen das System wurde?‹ Außerdem werden die Erkenntnisse über den Tourismus in der DDR der siebziger und achtziger Jahre mehreren Theorieangeboten in einem wissenschaftlichen Bezugssystem ausgesetzt. Aufgrund der Komplexität dieser Module werden sie im achten Kapitel auf das Thema der Publikation bezogen.

Der Erkenntnisgewinn besteht mithin darin, Informationen über das touristische System der DDR sowohl aus staatlichen Quellen als auch aus Quellen

---

17 Vgl. Habermas, *Die nachholende Revolution*.
18 Vgl. Hoffmann, *Sozialstaatlichkeit in der DDR*; Schmidt, *Sozialpolitik der DDR*; Bouvier, *Die DDR*; Hockerts, *Drei Wege deutscher Sozialstaatlichkeit*; Frerich/Frey, *Handbuch der Geschichte der Sozialpolitik (2)*.

zu den Wahrnehmungen der Reisenden zu gewinnen.[19] Es geht vordergründig nicht um die offizielle Darstellung, sondern um eine ausgewogenere Beantwortung der Fragen, wie Reisen von DDR-Bürgern tatsächlich funktionierten, wie und ob die Bürger den sozialpolitischen Anspruch dieser Fahrten verstanden und wie Funktionsanspruch und -fähigkeit der Tourismuspolitik einander gegenläufig werden konnten. Mit der Wahrnehmung einer eigenständigen Sicht auf das Thema Reisen und Tourismus ›von unten‹ soll zudem vorschnellen Schlüssen entgegengewirkt werden, die ehemalige DDR-Bürger aufgrund des paternalistisch agierenden Staatssystems, des repressiven Erziehungsimpetus sowie des realen Mangels als »verhunzt und verzwergt«[20] und als Träger bestimmter mentaler Eigenarten wie Obrigkeitshörigkeit und Konsumgier klassifizieren. Weiterhin soll die Frage nach Veränderungen in der Wahrnehmung des weitgehend erstarrten tourismuspolitischen Systems der DDR geklärt werden.

Der Tatsache geschuldet, dass es hier in erster Linie nicht um das Scheitern der DDR gehen soll, wurde eine systematische Materialanalyse und -beschreibung vorgenommen. Dabei ist das Jahr 1989 trotzdem stets im Hintergrund als chronologischer Schlusspunkt präsent. Es wird jedoch kontrafaktisch von einem offenen Verlauf ausgegangen, weshalb zunächst wertneutral Existenzbedingungen des Tourismus zwischen 1970 und 1989 geschildert werden.

Die Themenbereiche sind – soweit erforderlich – chronologisch aufgebaut. Dies ist bei der aus den Quellen häufig zu erfahrenden Statik der politischen Entscheidungen nicht immer zwingend. Bezüglich solch unveränderter Handlungsweisen wurden – wenn vorhanden – Belege aus den frühen siebziger und den späten achtziger Jahren gewählt, um die Kontinuität nachzuweisen.

Hinsichtlich des ausgesprochen disparaten Materials liegt die Hauptaufgabe in der Analyse darin, Haupt- und Nebenlinien der historischen Entwicklung auszumachen, Teileindrücke zusammenzufassen und eine Einbettung in größere Kontexte der DDR-Geschichte herzustellen. In der Interpretation werden übergeordnete, vom konkreten historischen Fall abstehende Begriffe, Konzepte und gar Theorien von großem Nutzen sein. Sie benennen abstrakt typische Strukturen und Zusammenhänge, indem sie als Frageraster und Ordnungsrahmen der Erkenntnisse fungieren, und ermöglichen es, gesellschaftliche Verhältnisse und kulturelle Prägungen als beiderseitiges Wechselspiel und

---

19 Die wissenschaftliche Beschäftigung mit diesem Bereich der DDR-Geschichte mahnte 2003 bereits Heike Bähre an: »Die Thematik ›Tourismus in der DDR in den achtziger Jahren‹ stellt eigentlich ein eigenständiges Forschungsthema dar. Doch galt der Forscherdrang bei der vorliegenden Studie der Tourismuspolitik und ihren Effekten in der Systemtransformation.« – Bähre, *Nationale Tourismuspolitik in der Systemtransformation (1)*, S. 20, Fußnote 43.
20 Baring/Rumberg/Siedler, *Deutschland, was nun?*, S. 59.

nicht als nebeneinander existierende Geschichtsstränge ohne Verbindungen zu begreifen.

I.2 Begrifflichkeiten

Bevor näher auf die Erfordernisse des konkreten Gegenstandes eingegangen wird, ist die grundlegende Terminologie zu vereinbaren. Reise, Tourismus, Erholungswesen, Fremdenverkehr, gar Urlaub[21] – so viele Begriffe, so viele Definitionen. Es ist an dieser Stelle nicht sinnvoll, eine umfassende Begriffsgeschichte nachzuzeichnen, weshalb nach einigen allgemeingültigen Aussagen zum Themengebiet ein auf marktwirtschaftlichen Grundlagen beruhendes Begriffsgebilde vorgestellt wird und anschließend auf planwirtschaftlichen, sozialistischen Grundlagen beruhende Termini präsentiert werden. In den entsprechenden Kapiteln wird an relevanten Stellen die Bedeutung noch einmal explizit ausgeführt, insbesondere wenn sich aus definitorischen Gründen starke Abweichungen ergeben.[22]

Tourismus und Urlaub

Von Tourismus im modernen Sinne als Teil einer Freizeitkultur kann erst nach der historisch klaren Trennung von Arbeitszeit und Freizeit gesprochen werden. Reisen breiterer Bevölkerungsgruppen konnten daher erst regelmäßiger Teil des Lebens werden, als geregelt freie Zeit vorhanden war; ein regelmäßiges, ausreichendes Einkommen Ausgaben abseits des zwingend Lebensnotwendigen zuließ sowie infrastrukturell Möglichkeiten bestanden, reproduktive Bedürfnisse mit angemessenem Aufwand zu erfüllen. Reisen ist also eine

---

21 ›Urlaub‹ bedeutet eigentlich lediglich »die zeitlich befristete Dienstbefreiung der Arbeitnehmer zum Zweck der Erholung unter Fortzahlung des regelmäßigen Arbeitsentgelts«. Im alltäglichen Sprachgebrauch findet sich in Deutschland jedoch häufig eine Gleichsetzung mit ›Reisen‹. Dies verweist wiederum auf die außerordentlich hohe Bedeutung des Tourismus als Teil der Freizeitgestaltung. – O.V., »Urlaub«, S. 705.

22 Ein bedeutsames Beispiel für solche definitorischen Differenzen ist die Kategorisierung einer Reise als Urlaubsreise. In der bundesrepublikanischen Fremdenverkehrsstatistik geschieht dies ab einer Reise mit mindestens vier Übernachtungen. In der Zählung der DDR-Statistik sind alle Reisen mit mindestens sechs Übernachtungen betroffen. Dies führt zu Zahlenangaben, die nur in der Tendenz vergleichbar sind. – Vgl. für die Bundesrepublik: Studienkreis für Tourismus, *Urlaubsreisen*, verschiedene Jahrgänge; Datzer, »Nur bei der Haupturlaubsreise herrscht Klarheit«, S. 13f. Vgl. für die DDR: Oehler, *Erholungswesen*, S. 17. Uebel, »Ökonomische Grundfragen«, S. 4.

Aktivität, die im Bereich der Zeit, des Geldes und des Marktes / der Dienstleistungen ungenutzte Überschüsse erfordert. Diese Entwicklung muss am Ende des 19. Jahrhunderts – auch wenn gemessen an heutigen Zahlen damals Tourismus in Deutschland eine sehr untergeordnete Rolle spielte – schon recht deutlich gewesen sein, formulierte doch Theodor Fontane 1873: »[…] viele Menschen betrachten elf Monate des Jahres nur als Vorbereitung auf den zwölften. […] Um dieses Zwölftels willen wird gelebt […].«[23] Urlaub erscheint in dieser Aussage, so wie es auch Horst W. Opaschowski 1991 formulierte, als der »Kontrastbegriff zum Alltag«[24]. Dieser Gegensatz ist durch ein nicht-alltägliches Verhältnis zur Zeit gekennzeichnet, sodass diesbezügliche Begrenzungen weniger wahrgenommen werden. Schließlich ist der Urlaub eine Periode, in dem sonst erlebte Normierungen teilweise ausgesetzt sind und sich sonst streng beachtete Grenzziehungen – beispielsweise physische, generationelle, soziale oder materielle – teilweise lösen.

»Die Reise ist eine besondere Zeit des Aufschubs und der Verantwortungslosigkeit. Für die Dauer einer Reise ist das Subjekt niemand rechenschaftspflichtig, es bricht den Alltag ab und läßt allen Anstand hinter sich. Es trennt sich von der Umgebung, die es jeden Tag zum Ich macht, und passiert Kälteströme der Erneuerung.«[25]

Nach bisheriger Darstellung erscheint Tourismus als gesellschaftsübergreifendes Phänomen. Dies ist richtig, darf jedoch nicht den Blick dafür verdecken, dass Reisen stets kulturgeprägt und somit Teil eines spezifischen Symbolsystems ist.[26] Dieses regelt Sinnziele und Werte des jeweiligen gesellschaftlichen Lebens. Tourismus spielt in dieser Ordnung eine besonders wichtige Rolle, denn durch ihn können interkulturelle Austauschprozesse entstehen, die durch Welt-Erleben, -Erfahrung und -Interpretation zum kulturellen Repertoire der eigenen Gesellschaft Neues, Fremdes, Anderes hinzufügen.

Hinsichtlich der DDR-Alltagsgeschichte könnte man nun fragen: Welche noch höhere Bedeutung muss Reisen in einer Gesellschaft gewinnen, die individuelle Freizeit- und Entfaltungsmöglichkeiten generell stark einschränkte? Insbesondere Kapitel VII zu Wahrnehmungen des Reisens wird zahlreiche zeitgenössische Stellungnahmen versammeln.

---

23 Fontane, *Von, vor und nach der Reise*, S. 7.
24 Opaschowski, *Mythos Urlaub*, S. 15.
25 Schütze, *Gefährliche Geographie*, S. 15 – Verantwortungslosigkeit ist im Kontext des Kapitels in dieser Monographie nicht pejorativ als unverantwortliches Handeln klassifiziert, sondern meint die urlaubsspezifische Enthebung von beruflichen und anderen Verantwortungen.
26 Vgl. dazu und im Folgenden: Kramer, »Kulturanthropologie des Tourismus«, S. 56–59.

Fremdenverkehr

Auf die konkreten Begriffsprägungen der entsprechenden Zeit im Osten und Westen Deutschlands zurückkommend,[27] kann zunächst übergreifend konstatiert werden, dass die Termini ›Tourismus‹ und ›Fremdenverkehr‹ spätestens seit den achtziger Jahren – so nicht explizit anders gekennzeichnet – synonym verwendet werden. Zuvor wurden sie dahingehend voneinander abgegrenzt, dass ›Tourismus‹ einzig Reisen aus im weitesten Sinne Erholungsgründen umfasste, ›Fremdenverkehr‹ aber auch den Geschäftsverkehr einschloss.

Maßgeblich für das Bezeichnungssystem in der bundesrepublikanischen Fremdenverkehrsforschung wurden die Beiträge des Berner Professors Walter Hunziker. Er definierte ›Fremdenverkehr‹ 1966 als »Inbegriff der Beziehungen und Erscheinungen, die sich aus der Reise und dem Aufenthalt Ortsfremder ergeben, sofern durch den Aufenthalt keine Niederlassung begründet und damit keine Erwerbstätigkeit verbunden wird.«[28]

Josef Matznetter fügte auf dem 40. Deutschen Geographentag 1975 in Innsbruck prinzipielle Voraussetzungen für Tourismus und Erholungswesen hinzu, nämlich sich freizügig bewegen, auf angemessene Verkehrsverhältnisse zurückgreifen, individuelle oder kollektive Formen des Reisens wählen, über verschiedene Organisationswesen und -formen nach Qualität, Vielfalt und Modalitäten verfügen und in Qualität und Quantität der touristischen Einrichtungen, insbesondere des Beherbergungswesens, wählen zu können.[29]

Hasso Spode spricht sich 2007 ergänzend deutlich für eine Einschränkung des Terminus ›Tourismus‹ auf die zweckfreie Form des (Freizeit-)Reisens aus[30] und weist damit der kulturwissenschaftlichen historischen Tourismusforschung einen klar umrissenen Gegenstand zu, der einen wissenschaftlich zusammenfassbaren Teilbereich des vagen Begriffs ›Reisen‹ umfasst.

Erholungswesen

In der DDR waren begriffsgeschichtlich insbesondere die Forschungen Horst Uebels, Ellenor Oehlers und die Bezeichnungssysteme staatlicher Institutionen[31] maßgeblich. Ein Autorenkollektiv unter Leitung von Ellenor Oehler de-

---

27 Vgl. Bähre, *Nationale Tourismuspolitik in der Systemtransformation*, S. 169–174 und S. 179; Winkler, *Lexikon der Sozialpolitik*, S. 175.
28 Hunziker/Krapf, *Grundriss der Allgemeinen Fremdenverkehrslehre*, S. 21.
29 Matznetter, »Differenzen in der Auffassung der Geographie des Tourismus und der Erholung«, S. 663.
30 Spode, »Reisen und Tourismus«.
31 Vgl. Oehler, »Definitionen des Bereiches Freizeit und Erholung«; Uebel, »Zur begrifflichen Systematik des Fremdenverkehrs«.

finierte ›Erholung und Rekreation‹ 1989 als »Prozess der Reproduktion und Entwicklung der körperlichen und geistigen Leistungsfähigkeit durch Freizeitaktivitäten«[32] und als »elementare Lebensnotwendigkeit«[33]. ›Erholungswesen‹ war somit charakterisiert als:

»Gesamtheit aller Einrichtungen, Maßnahmen und Erscheinungen, die einzeln oder in ihrem Zusammenwirken die Aufgabe haben, die Entwicklung der Persönlichkeit des Menschen sowie dessen physische und psychische Reproduktion am Wohnort und außerhalb desselben zu unterstützen und zu gewährleisten. Der Aufgabenbereich des Erholungswesens ist einerseits enger als derjenige der Fremdenverkehrswirtschaft, da er sich nicht auf berufliche und gesellschaftlich bedingte Reisen erstreckt, andererseits weiter, da er die Sicherung der generell reproduktionsbedingten Aufgaben am Wohnort umfasst.«[34]

Fremdenverkehr wurde als »Gesamtheit aller Beziehungen und Erscheinungen, die sich aus dem Aufenthalt von Personen außerhalb des Wohnortes sowie durch die damit verbundene Ortsveränderung ergeben«[35] beschrieben und von Horst Uebel 1975 als wesentliches Element des wirtschaftlichen, sozialen, kulturellen und politischen Lebens der DDR hervorgehoben.[36] Resultierend aus dieser Einschätzung formulierte er daher bereits 1967 seine Kritik an der »fehlende[n] einheitliche[n] Planung und Leitung des Gesamtkomplexes Fremdenverkehr«[37]. Dies wurde durch Margita Großmann 1988 nochmals unterstrichen.[38]

›Tourismus‹ wiederum wurde im Vorfeld einer Synonymverwendung mit Fremdenverkehr als jener Teil desselben bezeichnet, »der darauf gerichtet ist, die physische und psychische Leistungsfähigkeit des Menschen wiederherzustellen, zu erhalten und zu fördern«[39]. Insgesamt wurde der Begriff jedoch nur selten genutzt. In diesem Sinne gewann für das sportlich-aktive Moment des Reisens der Begriff der ›Touristik‹[40] eine weitreichende Bedeutung.

Die vorliegende Studie wählt folgende Bezeichnungsweise: Sofern nicht gesondert im Text vermerkt oder aber in Zitaten und Paraphrasierungen vom Autor semantisch eingeschränkt, sind ›Urlaub‹, ›Urlaubs- und Reiseverkehr‹

---

32 Oehler, *Erholungswesen*, S. 13.
33 Ebd.
34 Oehler, u.a.: *Landeskulturrecht*, S. 565.
35 Winkler, *Lexikon der Sozialpolitik*, S. 175.
36 Vgl. Uebel, »Zum System der Fremdenverkehrsausbildung«, S. 421.
37 Uebel, »Zur komplexen Problematik«, S. 244. Zum selben Sachverhalt vgl. Benthien, »Das Erholungsgebiet Ostseeküste«, S. 64. Hartsch, »Zu Fragen der Erholungsgebietsplanung«, S. 42f.. Uebel, »Ökonomische Grundfragen«, S. 13.
38 Großmann, »Zur Effektivitätsbestimmung im Tourismus«, S. 109.
39 Winkler, *Lexikon der Sozialpolitik*, S. 385.
40 Ebd. Zum selben Sachverhalt vgl. Scheumann, »Überblick über die Touristik«, S. 455; Großmann/Scharf, *Der Tourismus als gesellschaftliche Erscheinung*, S. 19.

sowie ›Reisen‹ synonym verwendet und werden besonders für die Beschreibung von Alltagswahrnehmungen und konkreten Fällen eingesetzt. Ebenso werden ›Fremdenverkehr‹ und ›Tourismus‹ als eher institutionalisierte Terminologie synonym verwandt. Der Begriff ›Rekreation‹ wird als Forschungsrichtung der Geographie sowie als touristisches Bedürfnis erwähnt.

Hinsichtlich eines Vergleichs der Konnotationen von ›Tourismus‹ und ›Erholungswesen‹ klassifizierte Josef Matznetter 1976 die Hauptgliederungsräume des Tourismus und unterschied Westeuropa / Nordamerika, die sozialistischen Staaten sowie die Entwicklungs- und Tropenländer.[41] In der ersten Gruppe sah er den Tourismus besonders durch individuelle Verfügbarkeit und Geld bestimmt. In der zweiten Gruppe wirke das stark entwickelte staatliche Erholungs- und Kurwesen regulierend. Die dritte Gruppe kennzeichnete er durch eine Organisationsträgerschaft im Fremdenverkehr von meist großen ausländischen oder internationalen Unternehmen. Sieht man diese Aufstellung nicht nur als parallele Entwicklungen, sondern gleichzeitig als Hierarchie, so wird verständlich, warum Bruno Benthien – Geograph und 1989/1990 Tourismusminister der ersten frei gewählten Regierung der DDR – seinen Staat als ›touristisches Entwicklungsland‹[42] bezeichnete. Dies wurde ihm nach eigenen Aussagen stark verübelt, verdeutlicht aber sowohl die damalige westliche Sichtweise auf einen in vielen Teilen brachliegenden Wirtschaftszweig als auch den Ausgangspunkt der nachfolgenden Entwicklung seit 1990.[43]

I.3 Quellenlage

Einen besonderen Reiz bei der Beschäftigung mit dem Phänomen Tourismus/Reisen hat die Tatsache, dass hier eine sehr heterogene Quellenbasis vorliegt. Natürlich kann man die Tourismusgeschichte ohne die Berücksichtigung aktueller Forschungsliteratur allein auf der Grundlage offizieller Verlautbarungen, Akteneinsichten, zeitgenössischer Forschungsergebnisse und statistischer Daten schreiben. Doch um ein Vielfaches bunter wird dieses Thema durch die Berücksichtigung von Ergebnissen der zeitgenössischen Marktforschung, durch materiale Hinterlassenschaften – Souvenirs, Plakate, Kataloge, Fotoalben, Postkarten, Kalender, Werbematerialien et cetera –, durch ›Alltagsquellen‹ – Leserbriefe, Brigadebücher, Reisetagebücher, Briefe et

---

41 Vgl. dazu und im Folgenden: Matznetter, »Differenzen«.
42 Vgl. Benthien, »Statement«, S. 31.
43 Vgl. Bähre, *Nationale Tourismuspolitik in der Systemtransformation*.

cetera – und durch retrospektiv erhobenes Wissen von fachlich oder privat im Themenfeld agierenden Zeitzeugen sowie von Forschungseinrichtungen.

Das Problem besteht nicht in der grundsätzlichen Aussagekraft solch verschiedener Quellen, sondern – und das mag besonders spezifisch für die Geschichtswissenschaft gelten – im Stellenwert und der ›Wahrheit‹, die den unterschiedlichen Materialien zugestanden wird.

Archivalien

Bezüglich der in verschiedensten Archiven – allen voran das Bundesarchiv[44], aber auch kleinerer regionaler und thematischer Archive[45] – hinterlassenen Akten muss man zunächst berücksichtigen, dass die Bestände zum einen durch geregelte Kassations- und unorganisierte Vernichtungsvorgänge dezimiert und / oder einseitig verzerrt sein können. Das verbliebene Material ist unter anderem durch den im konkreten Erfassungszeitraum angestrebten Verwertungszusammenhang bestimmt. So ist die Frage nach dem Sinn einer Archivwürdigkeit bestimmter Aussagen wahrnehmungsabhängig. Diese bewusste Subjektivierung soll aber trotzdem nicht zum Generalvorbehalt gegen Aktenaussagen aus der DDR führen. Natürlich ist die Verlässlichkeit durch die zum Teil starke Tendenzialität der dort getroffenen Feststellungen aus heutiger Sicht eingeschränkt und sehr kritisch zu bewerten. Doch wurden diese Sammlungen nicht mit dem Ziel angelegt, nach einem Scheitern des Staates Nachforschungen zu behindern. Vielmehr waren die Bestände weitgehend Arbeitsmittel eines politisch-bürokratischen Apparats, der eher durch verschiedene Geheimhaltungsstufen von Dokumenten ausdrückte, wie brisant die enthaltenen Informationen waren. Trotzdem können Umschreibungen nicht negiert werden und so sind Klaus Schroeders Fragen an die Informationen sowie ein generalisierender Hinweis von Heinrich Potthoff sinnvoll:

»Abgesehen von den Fragen nach der Echtheit eines Dokumentes und der Vollständigkeit eines Aktenbestandes sind im Kern drei Aspekte für die Beurteilung der Aussagekraft [...] bedeutsam: erstens die Frage nach der Form, in der berichtet wird, zweitens die Frage nach dem, was und worüber der Verfasser berichten konnte (Nähe zum Geschehen), und drittens

---

44 Im Bundesarchiv wurde zunächst eine Überblicksrecherche über alle Bestände durchgeführt. In die nähere Untersuchung sind eingegangen: Ministerrat der DDR (DC20), Staatliche Plankommission (DE1), Staatliche Zentralverwaltung für Statistik (DE2), Ministerium für Handel und Versorgung (DL1), Ministerium für Verkehrswesen (DM1), VEB General-direktion des Reisebüros der DDR (DM102), Ministerium des Innern (DO1), Zentralrat der Freien Deutschen Jugend (DY24), Freier Deutscher Gewerkschaftsbund (DY34).
45 Als Beispiel für regionale Entscheidungen zum Fremdenverkehr dienten vor allem Materialien aus dem Sächsischen Hauptstaatsarchiv Dresden.

die Frage danach, was und worüber er berichten wollte. Zu fragen ist also nach dem Zweck der Aufzeichnung, nach dem Adressaten, nach dessen Erwartungshaltung, nach den Kompetenzen des Verfassers, seiner Position, seiner Motivation, nach eventuellen Legitimationszwängen etc. Generell muss schließlich bei der Arbeit mit Quellen aus dem kommunistischen Machtbereich bedacht werden, dass sie in einer von Ideologie geprägten Sprache verfasst wurden; zuweilen ist daher eine ›Übersetzungsarbeit‹ vonnöten […]«[46]

Und »verallgemeinernd läßt sich feststellen, daß Tendenzen zum Verzeichnen und Verdrehen um so ausgeprägter waren, je untergeordneter und schwächer die Position des betreffenden Vermerkeschreibers im System war. Umgekehrt nahm der Grad an Verläßlichkeit mit dem Rang zu.«[47]

Schließlich darf – gerade bei einer solch disparaten Quellenlage wie zum DDR-Tourismus – die salvatorische Klausel nicht fehlen. Alle in dieser Studie getroffenen Aussagen können nur das ermittelte Wissen wiedergeben und bewerten. Neue Aktenfunde, besonders aus noch nicht zugänglichen Beständen – ein Beispiel sind die Unterlagen des Reisebüros der DDR –, können das Bild wandeln, wenngleich sicher nicht vollständig verändern.[48]

Zeitgenössische Statistik

Zeitgenössische Forschungsergebnisse sind unter der Forschungsliteratur eingeordnet und im entsprechenden Kapitel diskutiert. An dieser Stelle sei aber angemerkt, dass diese Schriften eine Sonderrolle einnehmen. Ihre Bewertung muss aufgrund ihrer Eingebundenheit in den Untersuchungsgegenstand – ähnlich einer äußeren und inneren Quellenanalyse – sehr kritisch ausfallen.[49]

Ein erster Zugang ist die amtliche Statistik der DDR, erhoben und ausgewertet von der seit 1952 bestehenden Staatlichen Zentralverwaltung für Statistik der DDR beim Ministerrat[50]. Weiterhin existierte eine zeitgenössische Marktforschung beim Institut für Marktforschung sowie beim Zentralinstitut für Jugendforschung, beide in Leipzig situiert.

---

46 Schröder, *Der SED-Staat 1949–1990*, S. 630.
47 Potthoff, *Die ›Koalition der Vernunft‹*, S. 88.
48 Geschichtswissenschaft kann nicht zeigen, »wie es eigentlich gewesen« ist. (von Ranke, *Sämtliche Werke [33/34]*, S. 7.) Jede Wissenschaft, jeder Wissenschaftler ist standortgebunden. Jede Quelle ist einem bestimmten Interesse bei der Entstehung und Verwertung unterworfen. Daher kommt – so Reinhart Koselleck 1977 – jeder neuen Information ein ›Vetorecht‹ bezüglich aller vorher ermittelten Daten zu. (Vgl. Koselleck, »Standortbindung und Zeitlichkeit«, S. 45.)
49 Vgl. beispielhaft: Rathje, *Daten der Staatlichen Zentralverwaltung für Statistik der DDR im Bundesarchiv*, 04.04.2007, http://www.sachsen.de/de/bf/verwaltung/archivverwaltung/ v2/themen portal/download/pp_rathje.pdf
50 Vgl. von der Lippe, »Die politische Rolle der amtlichen Statistik in der ehemaligen DDR«; Statistisches Bundesamt, *DDR-Statistik*.

Statistische Angaben zum Tourismus wurden in der DDR mit dem Ziel erhoben, zahlenmäßige Grundlagen für die Einordnung der Belange des Erholungswesens in die mittel- und langfristigen Pläne zu schaffen. An dieser Zielsetzung orientierten sich die ab 1963 zusammen mit Sportdaten in einem eigenen Kapitel erhobenen Angaben für das *Statistische Jahrbuch der DDR* zu Erholung, Urlaub und Tourismus.[51]

Aufgrund der angedeuteten Lücken und damit nachgewiesenen Fragmentarik des Datenmaterials wird klar, warum selbst innerhalb der DDR die Fremdenverkehrsstatistik immer wieder Gegenstand kritischer Äußerungen war. So hieß es 1968:

»Es wird daher immer mehr als Mangel empfunden, daß komplexe Untersuchungen zu diesem Gegenstand weitgehend fehlen. Dies betrifft vor allem Studien zu den vielfältigen Verhaltensweisen und deren Motivation. Gleichfalls mangelt es bisher an einer einheitlichen vollständigen und aussagefähigen Fremdenverkehrsstatistik für die DDR.«[52]

Zudem gab es die weit ausführlicheren *Statistischen Jahresberichte über den Stand und die Entwicklung des Tourismus und Erholungswesens der DDR*, die allerdings nur für den Dienstgebrauch bestimmt waren.[53]

Von verschiedenen Seiten wurden folgende statistische Elemente als unzureichend für die entsprechenden Auswertungsabsichten angesehen: Die ermittelten Informationen einzelner Institutionen waren ungenügend aufeinander abgestimmt und unvollständig.[54] Es fehlten Kennziffern zu unmittelbar fremdenverkehrsbedingten internationalen Finanzbewegungen.[55] Die Statistik der Unterkunftskapazitäten war lückenhaft, da im Hotelführer der DDR nur

---

51 Vgl. dazu und im Folgenden: Statistisches Bundesamt, *DDR-Statistik*, S. 233f. Die Zahlen wurden auf Basis der polizeilichen Meldepflicht der Leiter von Beherbergungsstätten und Zimmernachweisen, der polizeilichen Meldepflicht bei Aufenthalt auf Campingplätzen, der Gästeverzeichnisse von Ferienheimen der gesellschaftlichen Organisationen / staatlichen Organisationen und Institutionen und Jugendherbergen, der Erfassung des Auslandstourismus und der Inlandspauschalreisen über den VEB Reisebüro der DDR und die Grenzstatistik (keine Unterteilung in utilitäre und touristische Reisen, keine Unterteilung nach der Aufenthaltsdauer) ermittelt. Die Erfassung versagte für einige Reiseformen. So beispielsweise beim besuchsweise Aufenthalt bei Freunden, Bekannten und Verwandten, da in diesem Fall eine polizeiliche Anmeldung erst nach 30 Tagen notwendig wurde. Ebenfalls wurden Aufenthalte in privaten Wochenendhäuschen (Datschen) nicht in die zentrale Datenerfassung aufgenommen.
52 Bischoff/Schmutzler, »Zum Umfang der Ferienreisetätigkeit«, S. 32. Ebenso äußerten sich Horst Uebel (1968), Wolfgang Stompler (1974), Klaus-Jürgen Richter (1986) und Joachim Günther (o.J.) kritisch zum Versäumnis einer einheitlichen, vollständigen und aussagekräftigen Statistik.
53 Vgl. Benthien, »Territoriale Probleme der Rekreation«, S. 17.
54 Vgl. Günther, »Zu den Grundlagen einer einheitlichen Fremdenverkehrsstatistik«, S. 124.
55 Vgl. ebd., S. 142.

Herbergen mit mehr als zehn Betten geführt wurden.[56] Kleinere Objekte und Privatquartiere waren demnach nicht erfasst.[57] Die Anzahl der Individualurlauber wurde nur geschätzt, denn nach Ansicht von Erich Wagner gab es für diesen Bereich »keine geeignete und gesicherte Methode«[58]. Die Statistik über grenzüberschreitende Reisen war seit 1980 unvollständig, weil die Berichterstattung über Reisen in das westliche Ausland 1980 eingestellt wurde.[59]

Als wünschenswert erachtete unter anderem Bruno Benthien[60] landesweite Angaben nach dem Vorbild einiger regionaler Fremdenverkehrsstatistiken[61], besonders jener des Bezirkes Rostock[62].

Dem sei aus heutiger Sicht hinzugefügt, dass zudem starke Unterschiede im Informationsgehalt statistischer Daten für verschiedene Zielgruppen bestanden. Gerade in der Berichterstattung durch die Medien wurden einige Aspekte nicht erwähnt, andere Informationen unzulässig vermengt[63] oder dekontextualisiert wiedergegeben.

Dass diese geringe Wertschätzung statistischer Angaben zum Tourismus kein nationales Phänomen war, sondern systembedingt für den überwiegenden Teil der sozialistischen Staaten galt, wird aus dem – die DDR bedauerlicherweise nicht berücksichtigenden – *Tagungsband zur Conference on Travel and Tourism Statistics for the Countries of Central and Eastern Europe* (Prag 1992) deutlich.[64]

Zudem muss klar vermerkt werden, dass die in der DDR gewonnenen Daten zum Tourismus besonders im Vergleich mit internationalen Kennziffern Aussagekraft gewinnen, weil sie DDR-spezifische Entwicklungen in einen übernationalen Kontext stellen.

---

56 Vgl. Lodahl, »Inlandstourismus dominiert in der DDR«, S. 166.
57 Vgl. Seidler, »Zur Entwicklung des Tourismus in der DDR«, S. 39.
58 Wagner, »Aktuelle Probleme der Leitung und Planung«, S. 51. – Es stellt sich in dieser Hinsicht auch die Frage, ob es überhaupt ein staatliches Interesse an diesen Zahlen gab. Schließlich handelt es sich beim Individualtourismus um eine zweischneidige Angelegenheit. Einerseits entzogen sich diese Urlauber dem staatlich stark geförderten Sozialtourismus, andererseits entlasteten sie durch ihre Eigeninitiative dessen stets unzureichendes Angebot.
59 Vgl. Lodahl, »Reiseverkehr im RGW«.
60 Vgl. Benthien, »Territoriale Probleme der Rekreation«, S. 18. Zum selben Sachverhalt vgl. Wehner, »Geschichte des Fremdenverkehrs«, S. 157.
61 In den siebziger Jahren führten nur die Bezirke Neubrandenburg, Rostock und Suhl eigene regionale Fremdenverkehrsstatistiken. – Vgl. Benthien, »Territoriale Probleme der Rekreation«, S. 18.
62 Die Rostocker Angaben wiesen die Verteilung der Fremdenverkehrseinrichtungen nach Anzahl und Übernachtungsplätzen in einzelnen Kreisen nach und gliederten die Frequentierung dieser Beherbergungseinrichtungen nach Monaten auf.
63 Beispielsweise wurde das formal eigenständige und nur durch Kooperationsabkommen gebundene Betriebserholungswesen öfter dem gewerkschaftlichen Reisen zugeordnet.
64 Vgl. World Tourism Organization, *Seminar on Tourism Statistics in the Countries of Central and Eastern Europe*.

Schließlich sei angemerkt, dass immer wieder Versuche vorgenommen werden, fehlendes Zahlenmaterial über Schätzvarianten zu eruieren. Dies betrifft insbesondere die Frage der allgemeinen Reiseintensität als auch besonders Informationen zum individuellen Tourismus. Gerade die Auswertungen von Heike Bähre[65] auf der Grundlage der Statistischen Jahrbücher der DDR, der Jahresberichte zum Stand des Erholungswesens und Tourismus sowie der Wiederholungsbefragungen des Institutes für Marktforschung erscheinen nachvollziehbar und werden daher ergänzend zu den zeitgenössischen Daten herangezogen. Eigene Schätzungen werden nicht vorgenommen.

Quellen der Markt-, Bedarfs- und Meinungsforschung

Das 1962 noch unter dem Namen Institut für Bedarfsforschung gegründete Institut für Marktforschung in Leipzig[66] führte in der DDR Untersuchungen zum und Analysen des Reiseverhaltens der DDR-Bevölkerung für das Ministerium für Handel und Versorgung, die Staatliche Plankommission sowie andere zentrale Institutionen und große Betriebe der DDR durch und erstellte Bedarfsprognosen. Es unterstand dem Ministerium für Handel und Versorgung. Die Ergebnisse der so genannten ›Bedarfsforschung‹[67] wurden in der Regel nur unvollständig veröffentlicht, zentrales Publikationsorgan war die Fachzeitschrift *Marktforschung. Mitteilungen des Institutes für Marktforschung*. Im Bereich des Tourismus vollzog sich zum Beginn der siebziger Jahre ein Interessenwandel. Fragen des Reisens maß man in der Bedarfsforschung nun wachsende Bedeutung zu. Dies wurde von Wolfgang Stompler mit einem wachsenden Teilnehmerkreis, der steigenden Reiseintensität, des dadurch erwirkten Bedarfs in (un)mittelbar dem Tourismus dienenden Bereichen (Bau-, Verkehrs-, Gaststätten-, Hotel- und Dienstleistungswesen) sowie der Notwendigkeit einer sinnvollen Aufteilung der begrenzten staatlichen finanziellen Mittel begründet.[68] Aus diesem Grund begann man 1972 mit der regelmäßigen Erhebung touristisch relevanter Daten in Wiederholungsbefragungen im Zwei-

---

65 Vgl. Bähre, *Tourismuspolitik in der Systemtransformation*.
66 Die Umbenennung erfolgte 1966. – Vgl. dazu und im Folgenden zeitgenössisch: Hilgenberg, *Bedarfs- und Marktforschung in der DDR;* Köppert, »10 Jahre Forschungsarbeit im Dienste der Versorgung unserer Werktätigen«.
67 Vgl. Ludz, »Markt- und Bedarfsforschung in der DDR«. – Der Begriff schien wohl dem DDR-Verständnis der Ermittlung des zu deckenden Versorgungsbedarfs passender und ermöglichte gleichzeitig eine Abgrenzung zur marktwirtschaftlich orientierten Marktforschung westlicher Staaten. Das Institut trug gleichwohl ab 1967 den Begriff ›Marktforschung‹ im Namen.
68 Vgl. Stompler, »Tourismus als Gegenstand der Bedarfsermittlung«, S. 19f.

Jahres-Turnus.[69] Die zeitgenössische Marktforschung war als weiteres Instrument zur Erhebung zahlenmäßiger Größen des Tourismus dadurch charakterisiert, ebenfalls vornehmlich quantitativ messbare Kennziffern zu ermitteln. Dies wurde von Hans-R. Günther kritisiert, der in Abgrenzung zur Arbeit der Staatlichen Zentralverwaltung für Statistik der DDR besonders die Auswertung qualitativer Merkmale wie der sozialen Struktur, der altersmäßigen Zusammensetzung und der Motivation der Reisenden, weiterhin Fragen zu Verkehrsströmen und Konsumformen erwartet hatte.[70]

Das Zentralinstitut für Jugendforschung analysierte jugendspezifische Fragen.[71] Es wurde 1966 als beratendes, unterstützendes und koordinierendes Organ ohne ausgeprägte Leit- und Kontrollbefugnisse gegründet und erhielt 1973 ein neues Statut[72], welches das Institut mit höheren Kompetenzen ausstattete. Seitdem war es als Leitinstitut des Amtes für Jugendfragen beim Ministerrat der DDR und des Zentralrates der FDJ hauptverantwortlich für die »Erforschung der Bedingungen und Gesetzmäßigkeiten der Entwicklung und sozialistischen Erziehung der Jugend in der entwickelten sozialistischen Gesellschaft«[73] zuständig. Darunter fielen auch Erhebungen zum Reiseverhalten von Jugendlichen.

Seit dem 21. April 1964 existierte zudem das Institut für Meinungsforschung der DDR.[74] Auf Initiative Walter Ulbrichts wurden bereits seit 1963 Arbeitsbereiche einer solchen Institution ausgelotet. Im ersten Beschlussentwurf hieß es:

»Die Einschätzung von Massenstimmungen in der DDR, der Arbeit und Wirksamkeit unserer propagandistischen und agitatorischen Arbeit wie der Wirkung der gegnerischen Propaganda erfolgt überwiegend auf Grund subjektiver Erfahrungen […], die zumeist keine Allgemeingültigkeit beanspruchen […]. Um den Charakter […] als Hilfsmittel der Parteiführung von vornherein sicherzustellen und jeden gegen die Interessen der Partei gerichteten Missbrauch auszuschließen, ist dieses wichtige politische Instrument unmittelbar dem Politbüro zu unterstellen.«[75]

Schon zu Beginn der Arbeit war eine politische Instrumentalisierung vorgesehen. Trotzdem begann das Institut mit breit gefächerten thematischen Schwer-

---

69 Bähre, *Nationale Tourismuspolitik in der Systemtransformation (2)*, S. 275–277.
70 Günther, »Zu den Grundlagen einer einheitlichen Fremdenverkehrsstatistik«, S. 124.
71 Vgl. dazu und im Folgenden: Friedrich/ Förster / Starke, *Das Zentralinstitut für Jugendforschung*. Vgl. zeitgenössisch: Zentralinstitut für Jugendforschung, *Das Zentralinstitut für Jugendforschung*; Richter, »Kein Elfenbeinturm in der Stallbaumstraße«. S. 7.
72 Vgl. *Anordnung zum Statut des Zentralinstituts für Jugendforschung* vom 4.7.1973.
73 »Neue Aufgaben. Zentralinstitut für Jugendforschung in der DDR«.
74 Vgl. dazu und im Folgenden soweit nicht anders verzeichnet: Meyen, »Die Anfänge der empirischen Medien- und Meinungsforschung in Deutschland«; Niemann, *Hinterm Zaun*.
75 Niemann, *Hinterm Zaun*, S. 10f.

punkten seine Befragungstätigkeit. Erst in den siebziger Jahren wurden problematische Bereiche zunehmend ausgeklammert und die Umfrageergebnisse vorwiegend für die positive Propaganda in den Medien genutzt. Nichtsdestoweniger gelang es den Mitarbeitern, wissenschaftlich exakt und auf hohem Qualitätsniveau zu arbeiten, sodass die Studien für die wissenschaftliche Forschung herangezogen werden können.[76] Das Institut verfügte 1967 über 2410 ehrenamtliche Mitarbeiter bei den Kreisleitungen der SED sowie 197 hauptamtliche Interviewergruppen-Leiter. Die Forschungsaufträge erhielt das Institut von dem ihm vorstehenden Politbüro der SED. Aufgabe war es, ein realitätsnahes Bild der Meinungen in der Bevölkerung zu ermitteln. Die Befragungen wurden anonym durchgeführt, sodass den Befragten kein Nachteil aus ihren Antworten entstand. Da jedoch die Ergebnisse der Interviews immer mehr auf Problemlagen in der DDR verwiesen, beschloss das Politbüro Anfang 1979 die Auflösung des Instituts für Meinungsforschung. Damit lieferten seit 1979 bis 1989 lediglich noch die Zuschauerforschung des Fernsehens der DDR und die Hörerforschung des Radios beim Staatlichen Komitee für Hörfunk und Fernsehen kontinuierlich Daten über Verhalten und Einstellungen der Bevölkerung.[77]

Materiale Hinterlassenschaften

Materiale Hinterlassenschaften sind die wohl anschaulichsten, im wörtlichen Sinne be-greifbaren Zeugen des DDR-Tourismus. Sowohl in öffentlichen Sammlungen, beispielsweise dem Haus der Geschichte (Bonn), dem Deutschen Historischen Museum (Berlin), dem Dokumentationszentrum Alltagskultur der DDR (Eisenhüttenstadt), dem Museum Europäischer Kulturen (Berlin), dem Historischen Archiv zum Tourismus (Berlin), dem Verkehrsmuseum (Dresden), aber auch in zahllosen kleineren Ausstellungsbeständen, Archiven und natürlich in Privathand finden sich Souvenirs, Plakate, Kataloge, Fotoalben, Postkarten, Kalender, Werbematerialien und ähnliche Zeugnisse. Der Reiz ihrer Einarbeitung in dieses Buch besteht darin, konkrete Umsetzungen und Wahrnehmungen abbilden zu können, Erinnerungsanstöße für Zeitzeugen zu ermöglichen und ein abweichendes Bewertungssystem zwischen damals und heute wachrufen zu können. Will man Geschichtsschreibung als Zusammenfassung mehrerer Ebenen, nämlich der ›von oben‹ formulierten Vorgabe, des realen politischen Handelns ›von oben‹ ›nach unten‹, und der

---

76 Das Maß der Selbstzensur allerdings ist retrospektiv nicht mehr zu bestimmen, weshalb die Validität der Daten nicht gesichert ist. Vgl. zur Diskussion dieser Problematik im Umgang mit Umfrageergebnissen aus der DDR: Niethammer,»Erfahrungen und Strukturen«.
77 Vgl. Meyen,»Kollektive Ausreise?«.

Wahrnehmung ›von unten‹ verstehen, so sind diese Gegenstände Quellen für die letzte Ebene. Dies ist für eine Historiographie, in der nicht nur die Oberen hörbar sind, unabdingbar.»In dieser Dimension des Alltäglichen, deren schon äußere Geschichte nur mühsam und mit methodischer Praxis zu erschließen ist, wird nach der Subjektivität derer gefragt, die wir als Objekte der Geschichte zu sehen gelernt haben […].«[78]
Ähnliches gilt für die Alltagsquellen, die hier als schriftliche Niederlegungen von Einzelwahrnehmungen begriffen werden. Leserbriefe, Brigadebücher, Reisetagebücher, Briefe et cetera erscheinen zunächst als Materialien, die unmittelbar Anschauungen schildern. In einer Meinungsdiktatur sind aber jene im öffentlichen Raum stehenden Zeugnisse von offiziellen Vorgaben geprägt. Das Maß dieser Einflussnahme ist sicher sowohl zeit- als auch orts- und schreiberabhängig verschieden, doch müssen beispielsweise Leserbriefe als sorgfältig von den Redaktionen ausgewählt [79] oder Brigadebücher in der Schilderung von betrieblichen Konfliktfeldern ausweichend[80] gelten.

Retrospektive Materialien

Retrospektive Materialien können unterschiedlich eingeteilt werden. Zunächst ist es sinnvoll, Informationen, die konkret für dieses Buch ermittelt wurden, von solchen zu trennen, die Aussagen zum Tourismus in der DDR ermöglichen, ohne einen Bezug zur vorliegenden Studie zu besitzen. Weiterhin können Aussagen von privat berichtenden Personen von solchen abgeteilt werden, die sich als Betroffene mit fachlichem Hintergrund zum Geschehen äußern. Schließlich gibt es retrospektive Erhebungen zum DDR-Tourismus auch von Forschungseinrichtungen oder einzelnen Wissenschaftlern.

Aussagen, die direkt für das Buch erhoben wurden, schränken den Aussageumfang des Berichtenden immer schon hinsichtlich des Befragungsziels ein, ermöglichen aber auch eine Fokussierung auf bestimmte Erlebnisse und Erfahrungen. Informationen, die entweder am Rande oder aber sehr zentral das Thema des Reisens von DDR-Bürgern berühren, sind in breiter Vielfalt vorhanden. Die Bedeutung des Reisens im Alltag führt jährlich zu einer großen Anzahl von Publikationen der so genannten privaten und kollektiven Erinnerungsliteratur, zur Produktion und Sendung verschiedener Reportagen inklusive internetbasierter Foren zum Austausch über dieses Sendematerial sowie zu Zeitungs- und Zeitschriftenartikeln. In all diesen medialen Formen äußern

---

78 Niethammer,»Einleitung«, S. 10.
79 Vgl. Merkel, ›Wir sind doch nicht die Mecker-Ecke der Nation‹, S. 23
80 Vgl. Roesler,»Das Brigadetagebuch«, S. 161.

sich sowohl Laien als auch (wenn auch zum Teil selbst ernannte) Fachleute, die zum überwiegenden Teil Betroffene sind.

Im Rahmen der vorliegenden Untersuchung wurden weiterhin Interviews mit Privatpersonen geführt, die alle unter den Bedingungen des DDR-Systems gereist sind und einige aufgrund ihrer Tätigkeit besonders große Nähe zum und/oder Wissen über den Tourismus[81] besitzen. In diesen Zeitzeugengesprächen, die in der Form eines auf touristische Fragen beschränkten narrativen Interviews angelegt waren, konnten einerseits starke Abweichungen von offiziellen Vorgaben, andererseits aber auch das Fortwirken staatlicher Vorgaben bis in unterste Hierarchiebereiche festgestellt werden. Ein weiterer Gewinn aus den Gesprächen war die Bereitstellung privat gesammelter Dokumente zum Themenbereich, die die archivalischen Materialien ergänzten.

Private Ausführungen zum Reisen von DDR-Bürgern lassen sich zudem – und das in steigendem Maße – im Internet finden. Sind es einerseits private Homepages, welche über Alltagserfahrungen berichten, so sind andererseits einschlägige Foren[82] immer wieder Plattformen für Diskussionen individueller Wahrnehmungen.

I.4 Forschungsstand

Ähnliche Überlegungen wie für die archivalischen Quellen der DDR gelten für Forschungsarbeiten aus dem DDR-Gebiet vor 1989. Deren Aussagekraft ist durch den Versuch einer ideologischen Legitimation des staatlichen Systems auch im Bereich des Tourismus, den Primat der wissenschaftlichen Betrachtung der ökonomischen Verhältnisse im Sinne marxistischer Geschichtsschreibung sowie einen generell eingeschränkten wissenschaftlichen Pluralismus gekennzeichnet. Bundesrepublikanische Forschungen vor 1989 zum DDR-Tourismus sind durch eine begrenzte Quelleneinsicht, die gänzlich andersartige touristische Sozialisierung der Wissenschaftler sowie die Wirkungen der Systemkonkurrenz beeinflusst.

---

81 Beispielsweise arbeitete ein Interviewpartner als Reiseleiter für Jugendtourist und das Reisebüro der DDR, eine andere Zeitzeugin war Leiterin eines FDGB-Ferienheimes, ein dritter Befragter war als Steward in der Hochseeschifffahrt der DDR beschäftigt. Nicht alle Interviewpartner werden in dieser Arbeit zitiert.
82 Vgl. beispielsweise: http://www.zonentalk.de (gegenwärtig, August 2009, nicht verfügbar), http://www.ddr-im-www.de/Interaktiv/Interaktiv_Hauptrahmen.htm (19.1.2006) sowie http://33019.board.webtropia.com/ (Forum von http://www.ddr-geschichte.de; 19.1.2006).

Beides erfordert eine Darstellung der Forschungsliteratur, die die Zäsur von 1989/1990 berücksichtigt.

Zeitgenössische Forschungen in der DDR

Zu Fragen des Tourismus in der DDR forschten besonders Wissenschaftler an der Hochschule für Verkehrswesen in Dresden, an der Pädagogischen Hochschule Dresden, der Humboldt-Universität in Berlin sowie der Universität in Greifswald.[83] Weiterhin existierten einige zentral geleitete Forschungsinstitute[84], die im Auftrag der Ministerien oder zentraler staatlicher Organisationen solche Untersuchungen vornahmen. Schließlich gab es in den entsprechenden Massenorganisationen selbst Stellen[85], die sich mit Aspekten des Reisens beschäftigten. Die Ergebnisse dieser Untersuchungen unterlagen weitgehender, wenngleich abgestufter Geheimhaltung[86], formulierten sie doch oftmals Probleme, deren Kenntnis der Öffentlichkeit vorenthalten oder die zumindest nicht öffentlich bestätigt werden sollten.

Der Schwerpunkt der entsprechenden Studien lag in den sechziger Jahren eindeutig auf der Geographie des Fremdenverkehrs. Ein entsprechender Lehrstuhl in Greifswald befasste sich vor allem mit Fremdenverkehrsarten und -gebieten[87]. Im Rahmen dieser Interessen erfolgte 1965 eine erste Bestandsaufnahme und ein Erfahrungsaustausch zu touristischen Themen auf einer durch Günter Jacob initiierten Tagung in Dresden.[88] Diese führte unter

---

83 Vgl. Benthien, *Geographie der Erholung und des Tourismus*, S. 36.
84 Es waren dies das Institut für Meinungsforschung, das Institut für Bedarfsforschung / Marktforschung und das Zentralinstitut für Jugendfragen.
85 Zum Beispiel im FDGB-Bundesvorstand und im FDJ-Zentralrat.
86 Vgl. beispielsweise Veröffentlichung in den ›Mitteilungen des Institutes für Marktforschung‹ (ausgewählter Leserkreis) vs. Liste der geheimen Dissertationen. Geheimgehaltene Dissertationen waren laut Bleek/Mertens, *Bibliographie der geheimen DDR-Dissertationen*: Wipper, *Zur Wertung des Verhaltens von Reisenden;* Stachowiak, *Grundlagen für die Gestaltung von Touristenhotels*; Kindler, *Die regionale Strukturanalyse natürlicher und gesellschaftlicher Bedingungen des Erholungswesens;* Ott/Tichter /Schweinoch, *Aktuelle und perspektivische Erfordernisse;* Busch/ Busch, *Ausgewählte Probleme des Reisechartervertrages*; Soller, *Die rationale Gestaltung technologischer Prozesse;* Stiehle, *Rechtliche Aspekte der Bearbeitung von Feststellungen aus dem grenzüberschreitenden Reiseverkehr*; Sinner, *Sozialhygienische Fragestellungen bei der Urlaubsdurchführung;* Neumann, *Zu einigen Fragen der Planung und Leitung des langfristigen Ferientourismus;* Klar/Müller/Schubert, *Die perspektivische Entwicklung von Arbeitszeit und Urlaub.*
87 Vgl. Jacob,»Modell zur regionalen Geographie des Fremdenverkehrs«, S. 51f.; Uebel, »Ökonomische Grundfragen«, S. 2–5; Uebel,»Zur begrifflichen Systematik des Fremdenverkehrs«, S. 239.
88 Die Tagung nannte sich ›Internationale Informationstagung zur Geographie des Fremdenverkehrs‹. – Vgl. Jacob, *Probleme der Geographie des Fremdenverkehrs der Deutschen Demokratischen Republik.*

anderem zur Idee, den Fremdenverkehr für den geplanten Nationalatlas der DDR kartographisch zu erfassen. Dies gelang 1981 im *Atlas Deutsche Demokratische Republik*[89] und 1985 im *Haack-Atlas Weltverkehr*[90]. Bereits Ende der sechziger Jahre, entscheidend intensiver jedoch in den achtziger Jahren, erfolgte eine Verschiebung des Interessenschwerpunktes hin zu einer Orientierung auf Fragen der Rekreation[91]. Aus diesem Grund entstand um 1968 die Greifswalder Schule der Rekreationsgeographie[92] um ihren bedeutendsten Vertreter Bruno Benthien, die den Erholungssuchenden in seiner räumlichen Auswirkung in den Mittelpunkt stellte und daher zunächst vor allem den Erholungswert bestimmter Landschaften[93], die Bedeutung des Verkehrs für Fragen der Erholung[94] sowie Forschungen zu Berlin[95] untersuchte. Weitere Arbeiten stellten Überlegungen zu den Erholungsbedingungen und Wechselwirkungen zwischen Erholungssuchenden und Umwelt an[96], befassten sich mit territorialen Problemen der Erholung[97] und beschäftigten sich mit der bewussten Gestaltung von Erholungsräumen durch sozialpolitische Maßnahmen[98].

Eine andere Hauptrichtung der – so selbst nicht bezeichneten – Tourismusforschung der DDR galt Fragen der Tourismusökonomie. Horst Uebel kann als ihr Nestor genannt werden. Durch ihn erlangte die Hochschule für Verkehrswesen in Dresden, in der er zwischen 1968 und 1988 den Wissenschaftsbereich Ökonomie des Fremdenverkehrs in der Sektion Verkehrs- und Betriebswirtschaft leitete[99], eine entscheidende Vorrangstellung in der frem-

---

[89] *Atlas Deutsche Demokratische Republik*, S. 47.
[90] Hochschule für Verkehrswesen, *Haack-Atlas Weltverkehr,* S. 38f.
[91] Vgl. Benthien, »Recreational Geography«, S. 61. Vgl. Beiträge des folgenden Tagungsbandes: Albrecht, *Gesellschaftliche Determination der Rekreationsgeographie.*
[92] Vgl.: »Die Geographie der Erholung (Rekreationsgeographie) untersucht die räumlichen Voraussetzungen für die Freizeitgestaltung sowie die räumlichen Auswirkungen des Freizeitverhaltens der Bevölkerung […] Sie verfolgt das Ziel, zur optimalen territorialen Organisation der Erholung und Freizeitgestaltung entsprechend den gesellschaftlichen und individuellen Bedürfnissen auf der Grundlage der jeweiligen sozialökonomischen Bedingungen beizutragen.« – Benthien, »Zu einigen erholungsgeographischen Fragestellungen«, S. 126.
[93] Vgl. Hartsch, »Erholungsgebietsplanung«.
[94] Vgl. Zschech, *Geographische Bedingungen des großstädtischen Wochenenderholungsverkehrs;* ders.: »Der Verkehr als ein Faktor im Problemkreis Rekreation – Territorium«.
[95] Strehz, *Möglichkeiten und Probleme der Anwendung von Methoden der Systemanalyse;* Rumpf / Zimm, »Zur Bedeutung des quantitativen Naherholungsbedarfs«.
[96] Vgl. Benthien, »Theorie und Praxis«, S. 44.
[97] Vgl. Benthien, »Zu einigen erholungsgeographischen Fragestellungen«, S. 125.
[98] Vgl. Dahrendorf, *Zur Befriedigung des Bedürfnisses nach Urlaubstourismus.*
[99] Vgl. die Antwort von Angela Buchwald vom Universitätsarchiv der TU Dresden vom 13.2.2006 auf meine Anfrage im Kontaktformular der Traditionsseite für die Dresdner Fachschaft Verkehrswissenschaften vom 9.2.2006.

denverkehrsökonomischen Forschung[100]. Unter seiner Ägide arbeiteten auch weitere Wissenschaftler, die sich zum Tourismus in der DDR äußerten. Es sind dies vor allem Armin Godau[101], Margita Großmann[102] und Anton Filler. Historiker wurden erst in den achtziger Jahren offen gegenüber der Untersuchung lebensweltlicher Wahrnehmungen und Erfahrungen.[103] Dies deckte sich mit Forschungen in anderen Disziplinen wie der Volkskunde und den Kulturwissenschaften[104]. Im Zuge dieser Umorientierung erschienen einige einschlägige Dissertationen[105] und Artikel in den *Mitteilungen aus der kulturwissenschaftlichen Forschung*[106].

Zeitgenössische Forschungen in der Bundesrepublik

Dagegen existieren nur wenige zeitgenössische Arbeiten aus der Bundesrepublik. Am bedeutsamsten ist die Studie des Friedensforschers Norbert Ropers.[107] Zwei populärwissenschaftliche Broschüren der Friedrich-Ebert-Stiftung aus dem Jahr 1985[108] werden durch zwei umfangreichere Artikel von Volker Gransow und einen von Norbert Kassel im *Deutschland Archiv*[109], die sich mit Freizeit und Touristik befassen, ergänzt. In dieser Zeitschrift findet sich

---

100 Ein kurzer historischer Abriss der wissenschaftlichen Strukturen an der Hochschule für Verkehr bezüglich tourismusrelevanter Fachbereiche: Seit 1958 bestand eine Dozentur für ›Grundlagen und Sondergebiete der Transportökonomie‹, die sich vorrangig mit Fragen des Fremdenverkehrs beschäftigte. 1961 gründete man eine ›Forschungsstelle für Fremdenverkehr‹, um schon 1963 eine eigenständige Studienrichtung ›Fremdenverkehr‹ einzurichten. 1964 wurde die Fakultätsstruktur grundsätzlich verändert. Die ›Forschungsstelle für Fremdenverkehr‹ und die Dozentur für ›Grundlagen und Sondergebiete der Transportökonomie‹ wurden aufgelöst und ein Lehrstuhl für die ›Ökonomik des Fremdenverkehrs‹ eingerichtet. Zusätzlich wurde 1967 die Fachgruppe ›Fremdenverkehr‹ mit dem Ziel, alle an der Fremdenverkehrsausbildung beteiligten Disziplinen zu koordinieren, errichtet. Schließlich wurde der Lehrstuhl für die ›Ökonomik des Fremdenverkehrs‹ 1987 in den Wissenschaftsbereich ›Ökonomie des Tourismus‹ überführt. – Vgl. Drechsel, »Zur Tourismusausbildung an der Hochschule für Verkehrswesen«.
101 Prof. Dr. Armin Godau ist heute beim Europäischen Verkehrs- und Tourismusinstitut an der TU Dresden e.V. beschäftigt.
102 Prof. Dr. Margita Großmann ist heute Professorin an der Hochschule Görlitz-Zittau.
103 Vgl. Badstübner, »Vorwort«, S. 9. Beispielsweise: Wehner, »Geschichte des Fremdenverkehrs«, S. 151ff.
104 Vgl. Dehne, »Dem Alltag ein Stück näher?«
105 Vgl. Zierke, *Erholungsbedürfnisse;* Dahrendorf, *Die Befriedigung des Bedürfnisses nach Urlaubstourismus*; Weißfinger, *Erholung in der Freizeit*.
106 Vgl. v.a. Beiträge der folgenden Ausgabe: Bagger, *Tourismus*.
107 Vgl. Ropers, *Tourismus zwischen West und Ost*.
108 Vgl. Friedrich-Ebert-Stiftung, *Urlaub und Tourismus* (1985).
109 Vgl. Gransow, »Disponible Zeit und Lebensweise«; Kassel, »Touristik in der DDR«.

zudem die kurze Abhandlung von Hans Lindemann über Visafreiheit.[110] Des Weiteren wurde ein entsprechender Abschnitt in das mehrfach aufgelegte populärwissenschaftliche *DDR-Handbuch* des Ministeriums für innerdeutsche Beziehungen aufgenommen. Der Artikel von Meinolf Rohleder in der Zeitschrift *Geographie heute* beleuchtet didaktische Aspekte der Beschäftigung mit dem Fremdenverkehr der DDR.[111] Detailreiche Materialien populärwissenschaftlicher Natur liegen zudem von Brigitte Deja-Lölhöffel vor. Sie begab sich als Bundesbürgerin zu Anschauungszwecken in die DDR und fasste ihre Beobachtungen in dem ebenfalls populärwissenschaftlichen Werk ›Freizeit in der DDR‹ zusammen.[112]

Forschungen nach 1989/1990

Eine Arbeit zur Tourismusgeschichte der DDR ist sowohl aus allgemeiner tourismuswissenschaftlicher Perspektive als auch aus ereignis- und kulturgeschichtlicher Sicht interessant. Für die Arbeit relevante Forschungsbereiche sind vor allem die allgemeine Tourismusgeschichte sowie die Forschungen zu Alltags-, Kultur- und Gesellschaftsgeschichte der DDR.

Ein hervorragender Überblick über gegenwärtige Theoriebildungen in der (historischen) Tourismuswissenschaft findet sich im ersten Band des Jahrbuches für Reise- und Tourismusforschung *Voyage* von 1997. Christoph Hennig ist es hier gelungen, ein umfangreiches Repertoire aktueller Forschungstendenzen vorzustellen. Sie werden an dieser Stelle nicht näher beleuchtet, da sich in Unterkapitel I.4 eine entsprechende Diskussion anschließt.

Die im deutschsprachigen Raum (noch) überschaubare Anzahl von Publikationen zur allgemeinen Tourismusgeschichte macht deutlich, dass sich die Sozialwissenschaften im Vergleich zu anderen Themen nach wie vor unterdurchschnittlich in größeren Abhandlungen mit diesem Phänomen befassen. Dies hat mehrere Gründe: Fragen des Tourismus waren und sind nach wie vor sehr stark in den wirtschaftswissenschaftlichen Bereich integriert[113] und dort strengen Anwendbarkeits- und Aktualitätsregeln unterworfen. Die thematische Orientierung lag dabei eher in den Bereichen Marketing, Management und

---

110 Vgl. Lindemann,»Visafreies Reisen«.
111 Vgl. Rohleder,»Fremdenverkehr in der DDR«.
112 Vgl. Deja-Lölhöffel, *Freizeit in der DDR*. Nicht zu verwechseln mit dem gleichnamigen Publikationstitel des Professors der Akademie für Gesellschaftswissenschaften, Helmut Hanke. – Vgl. Hanke, *Freizeit in der DDR*.
113 Vgl. Kaspar, *Einführung in das touristische Management*; Deutsches Seminar für Fremdenverkehr, *Der Tourismus zwischen Wirtschaft und Wissenschaft*; Krippendorf/Kramer/Müller, *Freizeit und Tourismus*; Pöschl, *Fremdenverkehr und Fremdenverkehrspolitik*; Hunziker, *Betriebswirtschaftslehre des Fremdenverkehrs*; Bernecker, *Die Stellung des Fremdenverkehrs*.

Politik. Eine institutionelle Bindung bestand ursprünglich insbesondere zu fünf Fremdenverkehrsinstituten an den Universitäten München, Frankfurt am Main, Bern, St. Gallen und Wien. Mittlerweile ergänzen Lüneburg, Rostock, Trier und Dresden diesen Kreis. An ersteren vollzog sich aus der Betrachtung sozioökonomischer Fragen heraus eine Hinwendung zu tourismussoziologischen Themenstellungen. Die 1961 erfolgte Gründung des Studienkreises für Tourismus in Starnberg öffnete die Tourismuswissenschaft für interdisziplinäre Ansätze. Historiker im speziellen scheuen sich wohl vor dieser Subdisziplin, weil sich die ›schöne, unkomplizierte Reise‹ auf den ersten Blick weitgehend einem kritisch-problemorientierten Ansatz entgegensetzen mag und der Tourismus als weitgehend privates Feld gilt. Erst Bindungen der Tourismusgeschichte an politische, ökonomische, soziologische, psychologische und weitere Fragestellungen machen es möglich, diesen unbedarften Zugang in Form einer wenig konkret verorteten Reisegeschichte durch differenziertere Tourismus-Geschichten zu ersetzen.

Der Geschichte des Tourismus in Deutschland ab 1945 widmete sich bisher in größter Intensität Hasso Spode von der Freien Universität Berlin[114]. Hinsichtlich einer Erforschung des bundesdeutschen Reiseverhaltens führte er die früheren Forschungen weiter, bezüglich einer DDR-Tourismusgeschichte jedoch gebührt ihm der Verdienst, eine solche wissenschaftlich erst begründet zu haben. Seine Untersuchungen beleuchteten – obwohl immanent theoriegeleitet – primär sichtbare Ausprägungen des Reisens von DDR-Bürgern. Der sich nahezu immanent ergebende Vergleich beider Staaten wurde ebenfalls erstmals von ihm angesprochen[115], wenngleich noch nicht ausgearbeitet. Damit sind seine in den letzten Jahren entstandenen Werke[116] wichtige Einladungen zu weiteren Auseinandersetzungen.

Obgleich in den letzten Jahren eine größere Anzahl von Publikationen zum Bereich der Alltags-, Kultur- und Gesellschaftsgeschichte der DDR[117] erschienen sind, beschäftigen sich nur wenige davon zentral mit dem Reisen von

---

114 Hasso Spode leitet an der Freien Universität Berlin das historische Archiv zum Tourismus am Willy-Scharnow-Institut. Vgl. http://home.worldonline.de/home/hasso.spode/archivtxt.html (9.2.2006)
115 Vgl. im Gegensatz dazu beispielsweise Christine Keitz' Monographie zur Entstehung des modernen Massentourismus in Deutschland. Obwohl so tituliert, bleibt der Deutschlandbegriff für die Nachkriegszeit auf die Bundesrepublik beschränkt. – Keitz, *Reisen als Leitbild*.
116 Spode, *Wie die Deutschen ›Reiseweltmeister‹ wurden*; ders., »Tourismus in der Gesellschaft der DDR«.
117 Vgl. zum Forschungsstand zur Geschichte der DDR die bibliografischen Angaben beispielsweise in: Eppelmann/Faulenbach/Mählert, *Bilanz und Perspektiven der DDR-Forschung*; Stiftung Archiv der Parteien und Massenorganisationen der DDR, *Bibliographie zur Geschichte der DDR*.

DDR-Bürgern. Es sind dies lediglich die Artikel Gundel Fuhrmanns[118], Gerlinde Irmschers[119], Wolfgang Baggers[120] und der Ausstellungsband *Endlich Urlaub* des Hauses der Geschichte[121] sowie die Dissertation Heike Bähres[122] und die umfangreicheren Darstellungen Hasso Spodes. Unter der Verwendung etablierterer Ansätze zur DDR-Geschichte richtete sich der Blick vielmehr auf andere Themen. Im Zentrum des Interesses standen, wie dies auch in der aktuelle und traditionelle Forschungsinteressen aufgreifenden Leitfrage deutlich wird, meist Überlegungen zu den Bedingungen des Scheiterns dieses mindestens in den Augen der Herrschenden auf so hoffnungsvollen Ideen aufbauenden ›ersten sozialistischen Staates auf deutschem Boden‹. Im Ergebnis jener Untersuchungen wurde zunehmend deutlicher, dass monokausale Erklärungen nicht trugen. Die Wissenschaft entwickelte daher ein breites Spektrum an Antworten zum Untergang der DDR.

Dabei erfuhren verschiedene Deutungsmuster und Theoriebildungen Konjunkturen und Rezessionen. Konkrete teilspezifische Untersuchungen zum Tourismus mit entsprechender theoretischer Untermauerung oder Einbindung in traditionelle Ansätze zu Fragen der DDR-Geschichte sowie – daran anschließend – vergleichende Studien zur Explikation paralleler Entwicklungsprozesse anderer Staaten jedoch fehlen noch immer. Das Kapitel VIII wird sich mit der Übertragung der vorgestellten Angebote auf den touristischen Bereich befassen.

I.5 Aufbau und methodischer Zugang

Ziel dieser Arbeit ist es, eine Tourismusgeschichte der DDR in den siebziger und achtziger Jahren zu schreiben. Durch die Mannigfaltigkeit des Phänomens Tourismus gibt es vielfältige Sichtweisen darauf. Es ist möglich, nach Gründen für das Reisen oder Nicht-Reisen zu fragen, nach Nachfrage- und Angebotsstrukturen, nach räumlichen, ökonomischen oder politischen Rahmenbedingungen, nach Aufgabenverteilungen et cetera. Diese Liste ließe sich stark erweitern, ist jedoch nicht nötig, soll doch nur gezeigt werden, dass jede dieser

---

118 Fuhrmann, »Ferienscheck und Balaton«; dies., »Der Urlaub der DDR-Bürger«.
119 Irmscher, »Alltägliche Fremde«; dies., »Freizeitleben. Muße, Feierabend, Freizeit«.
120 Bagger, »Tourismus in der DDR«.
121 Selbach, »Reise nach Plan«; Großmann, » ›Boten der Völkerfreundschaft‹?«; Diemer, »Reisen zwischen Anspruch und Vergnügen«; Peters, »Vom Urlauberschiff zum Traumschiff«; Bütow, »Abenteuerurlaub Marke DDR: Camping«; Kruse, »Nische im Sozialismus«.
122 Bähre, *Tourismuspolitik in der Systemtransformation*.

Fragestellungen andere theoretische und methodische Zugänge erfordert. Und nähme man selbst nur den Begriff der ›Tourismus-Geschichte‹, so hieße dies doch, die Erkenntnisse sowohl in der Tourismuswissenschaft als auch in den Geschichtswissenschaften zur Diskussion zu stellen.[123] Das ist ein inhaltlicher Spagat, der von einem methodologischen begleitet wird. Schließlich ist zwischen der Nutzung weit ausholender Theorieangebote und der Orientierung auf punktuelle Fallstudien abzuwägen.

Aus der Überfülle des vorliegenden Materials und der theoretischen Angebote wurden Informationen und Ansätze ausgewählt, die besonders bedeutend und/oder typisch erscheinen. Bildlich gesprochen ist das Ziel dabei die Ermittlung eines fiktiven statistischen Mittelwerts, demnach eine ausgewogene Darstellung. Doch sind die Pfade dorthin absichtlich mit Unerwartetem, Aufrüttelndem, manchmal gar Sensationellem gepflastert, denn »erst der Brennspiegel der Groteske verzerrt die Dinge zur Kenntlichkeit.«[124]

Geschichtswissenschaftliche Zugänge

Den Ausgangspunkt der Untersuchung bilden die – nur im Plural existierenden – Geschichtswissenschaften. Diese sind »Erfahrungswissenschaft[en]«[125], die je nach Menschen-, Welt- und Wissenschaftsbild unterschiedliche Fragen an die Vergangenheit stellen und damit verschiedene Antworten evozieren. Es geht also nicht um die ›eine Wahrheit‹, sondern das Wissen um die Abhängigkeit der Geschichtswissenschaft von unterschiedlichen Rahmenbedingungen. Erst mit diesem Bewusstsein geht auch sie davon aus, dass ihr eigener Blick immer schon ein historischer ist, dass die eigene Erfahrungswelt hinter jeder historischen Analyse und Interpretation als Bezugsrahmen steht. »Es muss jedoch der Anspruch erhoben werden dürfen, dass Forschende die eigene Zeit- und Kulturgebundenheit realisieren und die eigenen Erkenntnisse als die historischen Diskurse von morgen begreifen.«[126]

Die Betrachtung des Tourismus ist in den Geschichtswissenschaften ein verhältnismäßig neues und noch nicht vollständig etabliertes Feld, das um seine inhaltliche und methodologische Verankerung kämpft. Damit gehört er sicher zu den Bereichen, die im Rahmen einer Hinwendung zu Anthropologie, Kultur, Gesellschaft und Alltag in der Geschichte Interesse gefunden haben.

---

123 Vgl. Confino, »Tourismusgeschichte Ost- und Westdeutschlands«, S. 145.
124 Wolle, *Die heile Welt der Diktatur*, S. 23.
125 Koselleck, *Zeitschichten*, S. 30.
126 Lorenz, »Wozu Anthropologisierung der Geschichte?«, S. 416.

Die Anthropologisierung der Geschichtswissenschaften[127] ist eine vielfach diskutierte Erscheinung. Die darin operierenden Theorien zu Menschen- und Körperbildern bilden zwei Klassen. Einerseits ist dies die Suche nach historischen Konstanten, das Konzept der *longue durée*[128] also, die touristische Erscheinungen in den Kontext jahrtausendelanger Reiseerfahrungen stellt. Andererseits ist es die Historisierung scheinbarer Entitäten, meist mit der Begründung, dass möglicherweise die »Geschichte unzulässig ›verkürzt‹ wird, [...] die Sprünge über Jahrhunderte und Kontinente hinweg [...] zu groß sind, um strengen Anforderungen an methodisch einwandfreie Komparistik noch zu genügen.«[129]

Für die vorliegende Untersuchung bedeutet dies, dass Daten, Fakten und Zahlen zwar eine Entwicklung sachlich nachzeichnen können, die Aussagekraft dieser Materialien jedoch begrenzt ist. Damit können die zeitliche Einordnung, die gegenseitige Bedingtheit von politischen Entscheidungen, die ökonomischen Bedeutungen und statistischen Größen des Tourismus erklärt werden. Doch wenig ist damit darüber ausgesagt, wie sich das Reisen und dessen Einschränkungen auf die DDR-Bürger ausgewirkt haben.

Mentalitätsgeschichte

Eine Möglichkeit, »genauer hinzuschauen«[130], ist der Ansatz der Mentalitätsgeschichte, der *histoire des mentalités*[131]. Nur wenige andere Paradigmen sind so häufig dargestellt und in ihrem innovativen Charakter so betont worden wie dieses.[132] Auch im deutschsprachigen Raum hat sich das Konzept mittlerweile als »institutionalisiertes Bindeglied zwischen historischer Anthropologie und historischer Sozialwissenschaft«[133] durchgesetzt[134]. Die Herausforderung besteht dabei darin, die verschiedenen Arbeitsbereiche der Ethnologie, Psychologie, Soziologie und anderer Wissenschaftsdisziplinen zu verbinden, nach

---

127 Vgl. van Dülmen, *Historische Anthropologie*.
128 Vgl. Braudel, »Geschichte und Sozialwissenschaften«.
129 Walter, *Einführung in die Wirtschafts- und Sozialgeschichte*, S. 46.
130 Hennig, *Reiselust*, S. 150.
131 Vgl. Raphael, *Die Erben von Bloch und Febvre*; Burke, *Offene Geschichte*; Riecks, *Französische Sozial- und Mentalitätsgeschichte*.
132 Vgl. Röcke, »Mentalitäts-Geschichte«, S. 117.
133 Spode, »Tourismusanthropologie«, S. 31.
134 Vgl. zum theoretischen Konzept: Raulff, *Mentalitäten-Geschichte*. Vgl. zur ersten breiteren Diskussion im deutschsprachigen Raum: Honegger, *Schrift und Materie der Geschichte*. Vgl. zur Geschichte des Forschungsfeldes: Spode, »Was ist Mentalitätsgeschichte?«

Schnittmengen zu fragen und sich damit einer *histoire totale*[135] zu nähern, die sich jedoch nicht auf die triviale Feststellung zurückzieht, alles hinge mit allem zusammen. Mit Pierre Bourdieu liegt eine mögliche Lösung dieser Aufgabe im Vergleich verschiedener Bereiche der sozialen Wirklichkeit durch die Untersuchung einer ›sekundären Sinnschicht‹, die dem Laien teils bewusst, teils unbewusst ist. Es handelt sich hierbei um das wissenschaftliche Erfassen eines ›Systems verinnerlichter Muster‹, das es gestattet, »alle typischen Gedanken, Wahrnehmungen und Handlungen einer Kultur zu erzeugen«.[136]

Hier sollte bereits klar geworden sein, dass Interdisziplinarität nicht nur Werbeschild eines solchen Ansatzes sein kann, sondern für jegliche kultur- und alltagsgeschichtlichen Erkundungen unabdingbar ist. Dies kollidiert mit der traditionellen Exklusivbindung des Wissenschaftlers zu einer Disziplin, doch der Preis einer Nicht-Berücksichtigung der Erkenntnisse anderer Fächer erscheint zu hoch für die Chancen, die der Blick- und Methodenwechsel bereithält.

Alltagsgeschichte

»Methodologisch ist Alltagsgeschichte eine komplizierte Problematik.«[137] – Alltagsgeschichte ist ein weiteres Schlagwort.[138] Die erwähnte Kompliziertheit ist anhand des Beispiels der DDR-Geschichte hervorragend zu erklären. Der Wissenschaftler ist hier mit zum Teil extremen Gegensätzen konfrontiert: dem totalitären Machtanspruch des Systems und der Unwirksamkeit dieser Machtstrukturen in manchen Alltagsbereichen, der dogmatischen Lenkungsfunktion der SED und dem nur noch ritualisierten Gehorchen, der Einseitigkeit eines sozialistischen Menschenbildes und der Vielfalt im gesellschaftlichen und persönlichen Leben. »Wir haben es mit Hierarchien und Basisleben, mit politischen Direktiven und realen Handlungen, mit Überzeugung und Glauben, mit Übereinstimmung und Konfliktstoff, [...] mit echtem Idealismus sowie macht- und karrieresüchtigen Motivationen, mit Emotionen und anderen Haltungen zu tun.«[139] Alltagsgeschichte zu schreiben fordert dazu heraus, die Sicht

---

135 Der Ursprung des Begriffs ist nicht gesichert, doch verwandte ihn bereits Fernand Braudel parallel zu ›histoire globale‹ und in Anlehnung an Lucien Febvres ›histoire à part entière‹. – Vgl. Hexter, »Fernand Braudel«, S. 511. Febvre, *Pour une Histoire à part entière*.
136 Bourdieu, *Zur Soziologie der symbolischen Formen*, S. 143.
137 Otto, »Zu Normen und Ritualen im SED-Alltag«, S. 295.
138 Vgl. Lüdtke, »Einleitung«.
139 Ebd., S. 295f.

derer ›da unten‹[140] mit etablierten Forschungen der Politik-, Wirtschafts- und Sozialgeschichte zu verknüpfen.

Konsumgeschichte

Waren die bisher vorgestellten Ansätze kulturgeschichtlich orientiert, so nähert man sich unweigerlich einer Debatte um die Verbindung von Kultur- und Gesellschaftsgeschichte.[141] Ein für den Tourismus zentraler Ansatz kann die Konsumgeschichte sein, wenigstens, wenn man Tourismus im marktwirtschaftlichen Sinne als ökonomische Kraft verstehen will, der sich weitere Aspekte unter- oder beiordnen.

Mittlerweile wird Konsum als »eigenständige[r] geschichtsbildende[r] Faktor der Moderne«[142] gesehen.[143] Damit ist die Konsumgeschichte eine Spezialdisziplin im allgemeinen sozialgeschichtlichen Interessenspektrum. Das Konsumieren, also Kaufen, Gebrauchen und Verbrauchen von Waren und Gütern, ist zu einer »neuen Quasi-Totalität«[144] geworden. Konsumgeschichte ist daher nicht mehr nur eine Domäne der lohn- und preisgeschichtlichen Forschung und der historischen Haushaltsforschung, sondern im Sinne einer Gesellschafts- und Kulturgeschichte ein Mix aus verschiedenen Teilkonsumgeschichten, zu denen auch der Tourismus gehört.

Oral History

Als Methode der genannten Richtungen einer zunehmenden Individualorientierung in den Geschichtswissenschaften bietet sich neben den klassischen zudem die im deutschsprachigen Raum auf Lutz Niethammers Forschungen gründende *oral history*[145] an, die hinsichtlich der DDR-Geschichte vor allem ein Verstehen dafür leisten kann, dass »die DDR [...] auf so viele verschiedene

---

140 Vgl. Engelmann/Wallraff, *Ihr da oben – wir da unten*. Günther Wallraff verfolgt in seiner Reportage diesen Ansatz einer Darstellung des Alltags. Alltagsgeschichte jedoch bedeutet nicht, die bisherige Geschichtsschreibung durch eine andere Blickrichtung zu ersetzen, sondern sie einen Paralleltext und Interaktionspartner an die Hand zu geben.
141 Vgl. Kittsteiner, »Was heißt und zu welchem Ende studiert man Kulturgeschichte«; Hardtwig/Wehler, *Kulturgeschichte heute*; Daniel, »Kultur und Gesellschaft«; Chartier, *Die unvollendete Vergangenheit*.
142 Siegrist, »Konsum, Kultur und Gesellschaft im modernen Europa«, S. 13f.
143 Vgl. Douglas/Isherwood, *The World of Goods*.
144 Siegrist, »Konsum, Kultur und Gesellschaft im modernen Europa«, S. 17.
145 Zur Geschichte der ›oral history‹ in der Bundesrepublik vgl. von Plato, »Oral History als Erfahrungswissenschaft«; Vorländer, *Oral History*; Niethammer, *Lebenserfahrung und kollektives Gedächtnis*.

Weisen existiert [hat], wie sie erinnert wird.«[146] Dieses »Instrument sozialgeschichtlicher Spurensuche«[147] stützt sich mittlerweile auf ein eigenes Methodenspektrum und erkennt selbstbewusst die eigenen Möglichkeiten, ungenannte Aspekte, Vorstellungen und Aussagen zu längst erforscht geglaubten Themen hinzuzufügen und neue Gegenstände aufzuzeigen. Zugleich warnen ihre Vertreter selbst davor, »mit der biographischen Methode als solcher schon den goldenen Schlüssel zur Lebenswirklichkeit anderer Gruppen und Kulturen«[148] zu besitzen.

In der vorliegenden Studie sind narrative Interviews nicht als eigenständige methodische Form in relevantem Umfang analysiert, sondern als Einzelbefunde ergänzend zu anderen Aussagen genutzt worden. Sie loten besonders das Verhältnis der offiziellen und der privaten Seite des DDR-Tourismus aus.

Die Interviewten wurden im Rahmen der Untersuchung »zu einer umfassenden und detaillierten Stegreiferzählung persönlicher Ereignisverwicklungen und entsprechender Erlebnisse im vorgegebenen Themenbereich veranlasst.«[149] Sie konnten ihre Lebensgeschichte offen entfalten. Dies steht dem Konzept ›historischer Wahrheit‹ nicht entgegen, sondern gibt Raum für den Ausdruck eines individuellen Empfindens von Geschichte. Die Tatsache, dass der Informant zu seiner unmittelbaren und mittelbaren Vergangenheit, Gegenwart und Zukunft eine erfahrungsgesättigte Einstellung hat, ist ein Deutungs- und Handlungsmuster mit eigenem geschichtswissenschaftlichen Wert. Die Gefahr besteht im sofortigen, unreflektierten Alltagsverstehen des Interviewers, der im Vorfeld der Beurteilung eine Distanzierung erreichen muss, um seinen Verstehensprozess durch ein wissenschaftliches Auswertungsschema zu verlangsamen. Eine normative Wertung verbietet sich in diesem Verständnis.

Forschungsdesign

In der Publikation wird von der staatlichen Einbindung, Organisation und Kontrolle des Tourismus zunächst im idealen Anspruch des Staatssystems ausgegangen, um danach im Vergleich mit realen Gegebenheiten die Modifikationen seitens des Systems zu verstehen und schließlich die verbleibende private Seite – gemeint sind die kaum oder nicht kontrollierten Aspekte in Fragen des Ausmaßes von Freiheit, empfundener Einschränkung und aktivem Handeln gegen Einschränkungen des Systems – zu untersuchen.

---

146 Merkel, ›*Wir sind doch nicht die Mecker-Ecke der Nation*‹, S. 9
147 Niethammer, »Vorwort«, S. I.
148 Niethammer, »Einleitung«, S. 23.
149 Schütze, *Das narrative Interview in Interaktionsfeldstudien 1*, S. 49.

Um den ersteren Aspekt bearbeiten zu können, ist es nötig, sich von griffigen Kurzbezeichnungen zur Beschreibung der DDR abzuwenden, denn diese bilden in ihrer Prägnanz meist nur einen Gesichtspunkt des hochkomplexen gesellschaftlichen Systems DDR ab. Im Gegensatz dazu sollen unter noch zu erläuternden Anleihen verschiedene Theorien für die Betrachtung des Tourismus in der DDR fruchtbar gemacht werden.

Ausgehend vom Untersuchungsgegenstand ist zunächst ein Begriffssystem zu installieren und danach ein Forschungsdesign zu entwerfen, welches die Beantwortung der Forschungsfragen unter Auswertung eines umfangreichen empirischen Quellenmaterials erlaubt (Kapitel I).

Die Darstellung setzt mit der Beschreibung der historischen Entwicklungslinien mit einer starken Beschränkung auf touristisch relevante Sachverhalte ein (Unterkapitel II.1). Welche innen- und außenpolitischen Entscheidungen wirkten auf die Entwicklung des Reisens? Welche ökonomischen Leitlinien nahmen darauf Einfluss? Wie verlief die administrative Ausgestaltung des Tourismus? Welche gesellschaftlich relevanten Merkmale wies die DDR auf? Im Anschluss werden die rechtlichen Grundlagen des Tourismus von DDR-Bürgern skizziert, beginnend mit der Verfassung der DDR, bis zur Erläuterung relevanter Spezialvorgaben (Unterkapitel II.2). Danach wendet sich die vorliegende Untersuchung der rechtlichen Organisation des Erholungswesens auf verschiedenen Hierarchieebenen zu (Unterkapitel II.3). Wie organisierten zentrale staatliche Stellen, die Bezirke, Kreise und Gemeinden die Reisebedürfnisse ihrer Bürger? Waren die Vorgehensweisen der einzelnen Institutionen im Sinne des sozialistischen Zentralismus identisch oder unterschieden sie sich? Welches Selbstverständnis hinsichtlich Realitätsnähe und Machbarkeit existierte in diesen Institutionen? Die historische Betrachtung in diesem Kapitel verfolgt die Entwicklung vom Regierungsantritt Erich Honeckers bis zur Wende 1989/1990. Nichtsdestoweniger sind ausgesuchte Rückgriffe auf die Zeit vor 1971 unabdingbar für das Verständnis der in diesem Jahr vorzufindenden Rahmenbedingungen und dann einsetzender Veränderungen. Diese vorgelagerte Einordnung im System der DDR-Geschichte soll den Leser mit dem nötigen Wissen zu bestimmten Ereignissen ausstatten und Kenntnisse zur politischen, rechtlichen, sozioökonomischen, gesellschaftlichen und kulturellen Situation für den gesamten Untersuchungszeitraum vermitteln.

Die systematische Darstellung des Phänomens Tourismus von DDR-Bürgern bildet mit mehreren Kapiteln den Schwerpunkt der vorliegenden Studie. In einem hermeneutischen Zirkel werden die zahlreichen Einzelbetrachtungen zu einem in größerem Erkenntniszusammenhang verwertbaren Gesamtbild führen. Zunächst stehen die Reiseformen (Unterkapitel III.1) im Zentrum des Interesses. Diese werden in institutionelle und individuelle Organisationsformen gegliedert, und dabei wird eine vom westlichen Verständnis differierende Auffassung nachgewiesen (Abschnitte III.1.1 und III.1.2). Im nächsten Unterkapitel folgt eine alternative Gliederung des Tourismus in Inlands- und Auslandsreisen unter Berücksichtigung des Sonderfalls deutsch-deutscher Reisen (Abschnitte III.2.1 bis III.2.3). Danach werden die wichtigsten Reiseveranstalter und -mittler der DDR vorgestellt (Kapitel IV), bevor weitere Leistungsanbieter präsentiert werden (Kapitel V). Bezüglich verkehrsinfrastruktureller Fragen werden dann Reiseverkehrsmittel dargestellt (Kapitel VI). Einen Sonderfall in dieser Gruppe bildet die Schifffahrt, bei der einer Beschreibung der Kreuzfahrten ein gewichtiger Anteil eingeräumt wird. Unter der Überschrift ›Wahrnehmungen‹ (Kapitel VII) gilt es, ein Konglomerat von individuellen und kollektiven Eindrücken der damaligen sowie der Jetzt-Zeit zu kategorisieren und ihnen einen Platz im Erkenntnisprozess um touristische Fragestellungen zuzuweisen.[150] Letzteres Vorhaben steht unter der Maxime, dass auch Insiderberichte, individuelle Erinnerungen als auch literarische und publizistische Meinungsbilder zur Auf- und Erklärung des Vergangenen dienlich sein können, wenn ihnen ein kritischer Rahmen gegeben wird.

Das Kapitel VIII überführt die gewonnenen Erkenntnisse in einen theoretischen Rahmen. Da das Theoriengebäude einer historischen Tourismusforschung noch unklar ist, werden zunächst einige Reflexionen über mögliche theoretische Anleihen aus Nachbardisziplinen vorgenommen. Daraus folgend werden schließlich in einer Reduktion mehrere mit dem zur Verfügung stehenden methodischen Handwerkszeug füllbare theoretische Konzepte ausgewählt. Sie werden mit Hilfe der empirischen Ergebnisse inhaltsgesättigt auf ihre Stimmigkeit hin untersucht.

Kapitel IX soll eine neuere Forderung[151] an die Beschäftigung der Geschichtswissenschaften mit der DDR aufgreifen. Darin wird angemahnt, die DDR nicht nur entweder isoliert oder aus dem immanenten und meist nichtgenannten Vergleich zur bundesdeutschen Entwicklung zu begreifen, sondern

---

150 Vgl.: »Als ob eine zunehmende Pkw-Dichte, höhere Einkommens- und Konsumniveaus, neue Straßen und Hotels [allein, H.W.] erklären würden, was Reisen bedeutet.« – Confino, »Tourismusgeschichte Ost- und Westdeutschlands«, S. 149. Sowie: »Gedrucktes aus den DDR-Tagen hat Beweiskraft, es enthält direkte und indirekte Botschaften, selbst dann, wenn es in seiner Entstehung sorgfältig überwacht, gereinigt und zensiert wurde. [...] Gedrucktes aus der DDR transportiert bis heute eine deutsche Sprache, die uns heute manchmal wie eine fremde Sprache erscheinen muss, weil sie semantische Konstruktionen enthält, deren materielle Grundlage wir nicht mehr kennen oder vergessen haben. [...] Es enthält gewollte und ungewollte, geduldete und schlicht übersehene Schwejkiaden [...]« – Bauzière, *VEB Schienenschlacht*, S. 13.
151 Vgl. Lindenberger/Sabrow, »Zwischen Verinselung und Europäisierung«, S. 126.

auch weiter ausgreifende Verbindungen diachroner und synchroner Natur deutlich zu machen. Dabei handelt es sich allerdings lediglich um einen ersten Ausblick auf Desiderate der Forschung, der durch einen allgemeinen Abriss zu Fragen von historischem Vergleich, interkulturellem Transfer und *histoire croisée* eingeleitet wird.

Das Kapitel X fasst die Erkenntnisse des Buches zusammen und befragt sie auf die Leitfrage nach der systemstabilisierenden und / oder -destabilisierenden Wirkung des Reisens hin.

Es ist noch darauf hinzuweisen, dass zwei eng verwandte Themenbereiche ausgespart bleiben. Zum einen ist es das vollständig der Sozialversicherung der DDR unterstehende Kurwesen. Das betrifft sowohl Prophylaxe-, Heil- als auch Genesungskuren – trotz der Nutzung von Einrichtungen des Erholungswesens. Zum anderen sind dies der Ausflugsverkehr und Tagestourismus sowie die Naherholung, da diese unbestreitbar wichtigen Teile des Tourismus eine zu Urlaubszwecken ungenügende zeitliche Dauer und andere Durchführungsbedingungen aufweisen und daher im wissenschaftlichen Verständnis stets getrennt betrachtet werden.

Formal ist anzumerken, dass Begriffe aus dem DDR-Sprachgebrauch beziehungsweise Termini, die Spezifika der DDR-Geschichte bezeichnen, nicht in Anführungszeichen gesetzt sind. Diese sprachliche (Über-)Korrektheit erscheint sinnlos, enthebt sie doch nicht von der Verantwortung, sich zu den dahinterstehenden Sachverhalten begründend-kritisch zu positionieren. In den Interviewtranskripten wurden Ablauf und Duktus der Gespräche beibehalten. Es erfolgte eine nachträgliche Autorisierung des verschriftlichten Materials durch die Teilnehmer. Geringfügige Veränderungen in Sprachstil und Grammatik wurden nur vorgenommen, um den Lesefluss zu erleichtern.

II Einordnung der touristischen Entwicklung in das System der DDR

II.1 Historische Entwicklung

Tourismus ist nichts DDR-Spezifisches, zumindest nicht im Allgemeinen. Tourismus, mithin die moderne Form des Reisens, ist gekennzeichnet durch frei verfügbare Zeit, ebensolches Einkommen, ein als ausreichend empfundenes Maß an Existenzsicherheit, eine entwickelte Infrastruktur hinsichtlich Reisemittlerschaft, Beförderung, Beherbergung und weiterer Dienstleistungen und eine entsprechende Nachfrage, »das keineswegs selbstverständliche Bedürfnis, die vorhandenen Möglichkeiten tatsächlich für eine Reise zu nutzen«[1].

Die DDR existierte in einer Zeit, in der Tourismus als Grundform bereits in der Ausprägung des Massentourismus mit seinen spezifischen Existenzbedingungen vorherrschte. Dabei soll der Begriff nicht als negativer, kulturkritisch-wertender Terminus verstanden werden, sondern trotz der Problematik, exakte Zahlen der ›Masse‹ nur schwer bestimmen zu können, für ein Mengenphänomen stehen, das die verschiedenen Entwicklungsphasen des DDR-Tourismus einschließlich des quantitativen Take-Offs in der ersten Hälfte der siebziger Jahre aus Sicht zeitgenössischer Wahrnehmungen und wissenschaftlicher Phaseneinteilungen internationaler touristischer Entwicklungen in einer kontinuierlichen Entwicklung sieht.

Der folgende Abriss zur historischen Entwicklung soll dabei nicht dazu dienen, die Geschichte der DDR – und sei es in noch so kurzer Form – wiederholend darzustellen. Das haben andere bereits geleistet.[2] Es soll – trotz des Hinweises, die DDR hier nicht a priori als zum Tode verurteilten Staat zu sehen – auch keine Geschichtsschreibung sein, wie die DDR sie selbst betrieben hat, denn an »den Schulen und Universitäten der DDR war die Geschichte des eigenen Staates der langweiligste Lehrstoff, den man sich nur vorstellen kann. [...] Die Geschichte der DDR geronn [...] zu einer Aneinanderreihung von Parteitagen, Plenarsitzungen, Konferenzen, Proklamationen und Plan-

---

1 Spode, »Historische Tourismusforschung«, S. 28.
2 Vgl. beispielsweise: Weber, *Die DDR. 1945–1990*; Schröder, *Der SED-Staat 1949–1990*.

ziffern. Im Grunde hatten die Herrschenden die Geschichte abgeschafft. Jegliches Ereignis bedeutete Bewegung, und Bewegung hielt man für gefährlich.«[3] Wenn es darum nicht geht, was soll der Überblick dann ermöglichen? Er erinnert den Leser an allgemeine, vor allem politische Entwicklungen der DDR-Zeit. Vorrangig aber ist er funktionalisiert und ganz auf das Thema Erholungswesen und Tourismus abgestimmt. Der Großteil der erwähnten außen-, innen- und sicherheitspolitischen, ökonomischen und juristischen Eckpunkte wird demnach ausschließlich deshalb verzeichnet, weil sie Auswirkungen auf Fragen des Reisens von DDR-Bürgern hatten. Im Gegensatz zum oben Zitierten muss daraus eine Dynamik erkennbar werden, die zeigt, welche Ereignisse als Vorboten der Entwicklung von 1989/1990 gelten können.

Die unmittelbare Nachkriegszeit

Urlaubsgestaltung war unmittelbar nach dem Krieg von nachrangigem Interesse. Ein großer Teil des Landes war zerstört, die Menschen hatten mit der unmittelbaren Existenzsicherung zu tun. Erste ökonomische Orientierungen betrafen den Auf- und Ausbau einer eigenen Grundstoffindustrie und die Erweiterung der Investitionsgüterproduktion. Konsumgüterproduktion und sozialpolitische Belange wurden aus diesem Grund zunächst stark vernachlässigt, was sich am Lebensstandard der Bevölkerung durch mangelnde Versorgung und materielle Ausstattung der Haushalte, schwierige Arbeitsbedingungen sowie unbefriedigende Lebensbedingungen hinsichtlich Wohnraum- und Freizeitangebot deutlich zeigte. Dieser Entwicklung auch aus propagandistischen Gründen entgegenzuwirken war zunächst Ziel eines 1946 von der sowjetischen Militäradministration verfügten Anspruchs aller Arbeiter und Angestellten auf bezahlten Urlaub.[4] Dieser wurde in der verfassungsmäßigen Verankerung des Rechts auf Freizeit und Erholung in der ersten, von der provisorischen Volkskammer verabschiedeten Verfassung der am 7. Oktober 1949 gegründeten DDR bestätigt.

Die DDR war von Beginn an historisch gesehen ein überaus künstliches Gebilde, in welchem bald andere Bestandsgründe gelten mussten als ein Alleinvertretungsanspruch für alle Deutschen oder eine Vorrangstellung eines per Definition dem Kapitalismus überlegenen sozialistischen Systems. Eine erste Bestandsgarantie lieferte die völkerrechtliche Anerkennung der DDR durch zehn sozialistische Staaten am 15. Oktober 1949.

---

3 Wolle, *Die heile Welt der Diktatur*, S. 20.
4 Vgl. Wehner, »Geschichte des Fremdenverkehrs«, S. 153.

Bereits im Juni 1945 setzten Repräsentanten unterschiedlicher Gewerkschaftsrichtungen sich dafür ein, den Freien Deutschen Gewerkschaftsbund (FDGB) zu gründen. Dieser konstituierte sich zwischen dem 9. und 11. Februar des nachfolgenden Jahres, Mitte 1950 bekannten sich seine Vertreter auf dem dritten FDGB-Kongress zur führenden Rolle der SED und besiegelten die enge Verbindung zu Staat und Partei auf der Grundlage einer angenommenen Interessengleichheit. Damit war die Exklusivität des FDGB genauso festgeschrieben wie seine Handlungsweise als Erfüllungsgehilfe der SED. Seine Bedeutung im Rahmen der Studie als zunächst ›Haupterholungsträger‹ kann nicht unterschätzt werden. Schon im Gründungsjahr konnten etwa 7.000 Urlauber ihre Ferien in Ferienheimen verbringen, die an die Gewerkschaft aus Zeiten der Weimarer Republik zurückgegeben worden waren, sowie in geringerem Umfang in enteigneten Hotels und Pensionen. Dies war zwar nur ein äußerst geringer Teil aller Urlaubsreisenden auf dem Gebiet der DDR[5], jedoch schien die Entwicklung der Nachfrage ermutigend genug, 1947 den Feriendienst der Gewerkschaften als besondere Abteilung des FDGB zu gründen. Im Gründungsbeschluß vom 20. März 1947 wird vor allem der sozialtouristische Anspruch, verbilligten Urlaub für Gewerkschaftsmitglieder und ihre Angehörigen anbieten zu können, ins Zentrum der Aufgaben gestellt. Weitere Kapazitätserhöhungen im Feriendienst erfolgten bereits 1948, als die sowjetische Militäradministration enteignete Villen, Schlösser und andere Gebäude übergab.

Die gesamte Entwicklung des Erholungswesens wurde seit 1946 nicht nur auf den Kongressen des FDGB diskutiert, sondern gewann ebenfalls für das Resümee erfolgreicher staatlicher Sozialpolitik auf allen Parteitagen Bedeutung. Während dieser wurden auch die grundlegenden Strategien[6] für die kommenden Jahre beschlossen, die dann in Direktiven des Parteitags für die Volkskammer und schließlich nach Maßgabe des Volkskammerbeschlusses durch den vollziehenden Staatsapparat in geltendes Recht umgesetzt wurden[7].

---

5 Vgl. trotz der berechtigten Zweifel an einer genauen Ermittelbarkeit von Zahlen zum Tourismus in der Frühzeit der DDR den folgenden Vergleich für 1946: 7.000 Urlauber des FDGB insgesamt (Spode, »Tourismus in der Gesellschaft der DDR«, S. 16) im Vergleich zu 24.000 Gästen in den Ostseebädern der sowjetischen Besatzungszone (Prignitz, *Vom Badekarren zum Strandkorb*, S. 171.)

6 Hierbei sind sowohl grundsätzliche Entwicklungsvorgaben für das Erholungswesen gemeint als auch ganz übergeordnete Planbeschlüsse, wie zum Beispiel die Vorlagen für den jeweiligen Fünfjahrplan für die Entwicklung der Volkswirtschaft.

7 Die bereits erwähnte vorab festgelegte weitgehende Interessenidentität zwischen allen in der Volkskammer vertretenen Parteien – SED, CDU, LDPD, NDPD, DBD – sowie den dort agierenden Massenorganisationen – FDGB, DFD, FDJ, KB – verhinderte trotz der Beratung

Neben dem ohne Zweifel in Fragen des Erholungswesens vorherrschend agierenden FDGB engagierten sich auch andere Massenorganisationen im Bereich des Sozialtourismus, die aus diesem Grund kurz vorgestellt werden sollen.

Als erstes nach dem FDGB wurde am 7. März 1946 die Freie Deutsche Jugend (FDJ) als einheitliche Massenorganisation der Jugend der DDR gegründet. Ebenso wie der FDGB bekannte sie sich recht bald zur führenden Rolle der SED und arbeitete im Anschluss nach den Weisungen der Partei. Die formal freiwillige Mitgliedschaft erfasste alle Jugendlichen zwischen 14 und 25 Jahren. Die FDJ galt der Partei als wichtigstes Instrument, die Jugend ideologisch zu beeinflussen und politisch zu mobilisieren. Der vom FDJ-Parlament gewählte Zentralrat erfüllte alle Aufgaben zwischen den alle fünf Jahre stattfindenden Sitzungen des Parlaments. In den Grundorganisationen der zentral geleiteten FDJ war in den siebziger und achtziger Jahren der größte Teil der Jugendlichen organisiert, zum Ende der achtziger Jahre verfügte sie über mehr als 100.000 Gruppen in Schulen, Betrieben, Genossenschaften, Wohngebieten, in Einheiten der NVA et cetera. Der FDJ fiel hinsichtlich des Jugendtourismus die Rolle eines Reisemittlers zu, verdeutlicht durch die Schirmherrschaft über das ab 1973 aus dem ›Reisebüro der DDR‹ ausgegliederte Reisebüro der FDJ ›Jugendtourist‹.

Mit ähnlichen Zielen der ideologischen Beeinflussung und Formung agierte die am 13. Dezember 1948 gegründete Pionierorganisation ›Ernst Thälmann‹, die Kinder zwischen 6 und 14 Jahren aufnahm. Sie wurde vom Zentralrat der FDJ geleitet und in deren politische Arbeit einbezogen. Der Organisationsgrad lag noch höher als in der FDJ. Ziele der Erziehungsarbeit bei den Pionieren waren die Teilnahme der Kinder am Leben der Organisation, das Wecken der Bereitschaft zum gesellschaftlichen Engagement, aber auch die Vermittlung kollektiver Werte und Erlebnisse, die sich ebenfalls im Urlaubsalltag der organisierten Kindererholung widerspiegelte.

Die fünfziger Jahre

Die Wünsche des FDGB als Haupterholungsträger im Sozialtourismus zur Kapazitätserweiterung bedingten bereits zwischen 1950 und 1953 eine unrechtmäßige Enteignung von Hotel- und Pensionsbesitzern. In der ›Aktion Oberhof‹, die sich auf die touristische Destination Thüringen bezog, wurden zahlreiche Stätten in Volkseigentum über- und der Nutzung durch die Ge-

---

über jedes Gesetzvorhaben in einem der Ausschüsse der Volkskammer eine ergebnisoffene Diskussion der Direktiven.

werkschaft zugeführt.[8] Durch die zweite, die so genannte ›Aktion Rose‹[9] verschaffte sich der FDGB Beherbergungskapazitäten an der Ostsee unter dem Vorwand angeblicher Wirtschaftsdelikte und dem Verdacht auf Agententätigkeit der Eigentümer für die Bundesrepublik Deutschland. Aber auch andere Möglichkeiten der Kapazitätserweiterung wurden genutzt und beispielsweise unbebaute oder ungenutzte Flächen in staatlichem Besitz in die Hand des Feriendienstes oder auch von wirtschaftsleitenden Betrieben überführt.[10]
Durch das Reisebüro der DDR wurden ab Mitte der fünfziger Jahre auch Auslandsreisen in geringem Umfang möglich. So wurden beispielsweise 1954 430 Fahrten in das sozialistische Ausland vermittelt. Dies betraf im Grundsatz ausschließlich Staaten, die die DDR völkerrechtlich akzeptiert hatten. Die Phase der massiven Reiseerleichterungen zumindest in einige Länder der sozialistischen Staatengemeinschaft und der dadurch bedingte rasante Anstieg der absoluten Zahl sowie des prozentualen Anteils der Auslandsreisen ließ aber noch bis zum Ende der sechziger Jahre auf sich warten. Zu weiteren Veränderungen in dieser Sache sah sich die Regierung der DDR erst durch die im Zuge der neuen Ostpolitik der Bundesrepublik in den siebziger Jahren nach Abschaffung der Hallstein-Doktrin und die durch den deutsch-deutschen Grundlagenvertrag 1973 getragene weitere völkerrechtliche Anerkennung der

---

8 Vgl. Weber, *Justiz und Diktatur*, S. 196–201.
9 Im Zuge der von der II. Parteikonferenz der SED geforderten ›Verschärfung des Klassenkampfes‹ wurden vorw. Eigentümer von Hotels, Pensionen und Gaststätten überprüft. Die Aktion fand zwischen dem 10.2. und 10.3.1953 im gesamten Küstengebiet der DDR mit Schwerpunkten auf Rügen und Usedom statt. Sie wurde bereits seit Januar 1953 von Vertretern der HVDVP, Verantwortliche der VPS für Kriminalistik in Arnsdorf, Vertretern der Generalstaatsanwaltschaft der DDR sowie Mitgliedern der BdVP Rostock vorbereitet. Im genannten Zeitraum wurden 711 Überprüfungen vorgenommen. Es gab 447 Festnahmen, wovon in 408 Fällen zumeist in Schnellverfahren die Verurteilung erfolgte. Das Strafmaß beinhaltete die Einziehung des beweglichen und unbeweglichen Vermögens sowie häufig eine Freiheitsstrafe. Die Familien der Betroffenen wurden häufig zwangsumgesiedelt. Zwar wurden zahlreiche Urteile in der Folgezeit abgemildert oder aufgehoben, die Existenz der Betroffenen war jedoch überwiegend vernichtet. Das beschlagnahmte Vermögen umfasste Immobilien im damaligen Wert von etwa 30 Millionen D-Mark. Besonders im Beschluss-Protokoll der Sitzung des Sekretariats der Bezirksleitung Rostock vom 24.3.1953 wird die wahre Bedeutung der Aktion für den Aufbau eines staatlich gelenkten Erholungswesens deutlich, denn dort wurde die private Vermietung von Räumlichkeiten an Badegäste generell verboten. Eine Rehabilitation der Betroffenen im Sinne einer Rückübertragung von Vermögenswerten fand weitgehend erst nach 1990 statt. – Vgl. Müller, *Die Lenkung der Strafjustiz*; Holz, »Die Aktion Rose 1953 an der Ostseeküste«, 19.2.2004, http://www.bstu.de/ddr/aktion_rose/seiten/01.html; Wolter, »Aktion Rose«, 3.10.2008, http://library.fes.de/FDGB-Lexikon. Ergänzend am Beispiel des Ostseebades Boltenhagen: Drewes, ›*Aktion Rose‹ in Boltenhagen*, 7.4.2007, www.jdrewes.de/jdrewes/jdd10fe.htm#EntSeeb
10 Vgl. beispielsweise: O.V. »Ferienherberge Glowe«, S. 8.

DDR durch verschiedene Staaten und die damit verbundene Aufnahme diplomatischer Beziehungen imstande.[11]
Bezüglich der Entwicklung des Erholungswesens ist also für die fünfziger Jahre zusammenfassend zu konstatieren, dass sich die Bemühungen auf einen Ausbau der Kapazitäten und eine Erweiterung des Reiseangebots konzentrierten. Dieses Angebot blieb allerdings unter anderem aufgrund der äußerst allgemein gehaltenen Maßnahmenvorschläge von Partei und Regierung schon bald hinter der Nachfrage zurück. Die politische Bedeutung, die dem Tourismus zugemessen wurde, erschien trotz aller propagandistischen Beteuerungen eher nachrangig.

Die sechziger Jahre

Die sechziger Jahre, mithin die Regierungszeit Walter Ulbrichts, sind durch ein eigenwilliges Nebeneinander von Öffnungs- und Schließungsmaßnahmen gekennzeichnet. Das Jahrzehnt begann in dieser Hinsicht mit dem 13. August 1961 und dem Bau der Berliner Mauer als Zeichen umfangreicher Sperr- und Kontrollmaßnahmen zwischen der DDR und der Bundesrepublik. Noch auf einer Pressekonferenz wenige Wochen zuvor hatte Ulbricht behauptet, niemand habe die Absicht, eine Mauer zu errichten. Die unmittelbaren Folgen waren eine weitgehende Eindämmung des Flüchtlingsstromes von Ost nach West und damit zunächst eine wirtschaftliche Stabilisierung und eine außenpolitische Stärkung der DDR trotz der ablehnenden Reaktionen aus aller Welt, die damit die Zweistaatlichkeit de facto festschrieb. Die von dieser Maßnahme ebenfalls betroffenen Reisemöglichkeiten zwischen Ost und West, und damit oftmals zwischen Verwandten, Freunden und Bekannten, wurden in den sechziger Jahren mittels mehrerer Passierscheinabkommen geregelt. Eine deutliche Abgrenzung war in diesem Fall die Einführung einer eigenen DDR-Staatsbürgerschaft am 20. Februar 1967, die die gemeinsame deutsche Staatsbürgerschaft ablöste. Das (zumindest verbale) Bekenntnis zur Einheit der Nation wurde damit auch öffentlich durch die Absage an jegliche innerdeutsche Vereinigungspolitik ersetzt.

Ganz anderes scheint das folgende Zitat aus einem zur Jugendweihe 1961 erschienenen Buch auszudrücken: »Die ganze oder fast die ganze Welt wird uns offenstehen, und die Entfernungen spielen keine Rolle [...] Mehrmonatige Weltreisen werden zu einem festen Bestandteil des Bildungsganges der Jugend

---

11 Vgl. »[...] mußte man international das Gesicht wahren.« – Budde, *Reisen in die Bundesrepublik und der ›gläserne‹ DDR-Bürger*, S. 23.

gehören.«[12] Nicht nur Abschottungstendenzen charakterisierten die DDR in den sechziger Jahren. Getragen von innenpolitischer Konsolidierung, aber auch von weiteren völkerrechtlichen Anerkennungen [13] öffnete die DDR schrittweise ihre Grenzen zu anderen sozialistischen Staaten. Nach Ungarn (18. September 1963), in die ČSSR (30. September 1963), nach Polen (7. Juni 1964), nach Rumänien (15. Juni 1965) sowie in die UdSSR (16. Dezember 1965) entfiel die Visumpflicht bei Privatreisen.[14] Diesen Übereinkünften folgten 1967 mit denselben Staaten sowie mit Bulgarien ›Verträge über Freundschaft, Zusammenarbeit und gegenseitigen Beistand‹, die auch die Reisebedingungen erleichterten, für Polen und die ČSSR beispielsweise wurde die Einladungspflicht[15] aufgehoben.

Wirtschaftspolitisch gesehen standen die sechziger Jahre zunächst ganz im Zeichen des vom Ministerrat am 25. Juni 1963 eingeführten ›Neuen Ökonomischen Systems der Planung und Leitung der Volkswirtschaft‹ (NÖS).[16] Dadurch erhielten die einzelnen Betriebe im Rahmen der von der Staatlichen Plankommission entworfenen Perspektivpläne und der Jahrespläne des Volkswirtschaftsrates mehr Handlungsspielraum.[17] Zudem wurde das Konzept der Vergabe von Leistungsanreizen auf Grundlage der ›materiellen Interessiertheit‹ eingeführt. Die dadurch erreichte stabile Entwicklung des produzierten Nationaleinkommens konnte sich jedoch bereits ab Mitte der siebziger Jahre nicht mehr fortsetzen, was in Folge zu einem Zerfall des Kapitalstocks führte.

Sozialpolitisch wurden die bereits bestehenden Rechte Ende der sechziger und in den siebziger Jahren zunehmend in konkreten Maßnahmen ausgestaltet.

---

12 Böhm/Dörge, *Unsere Welt von Morgen*, S. 432.
13 Zum Beispiel durch den Irak (1962), durch Kuba (1963), durch die Arabische Republik Jemen (1963), durch Sri Lanka (1964).
14 Visafreiheit bedeutete jedoch nicht, dass es keinerlei Genehmigungsverfahren für die Ausreise gab. Vielmehr benötigten DDR-Bürger für Reisen nach Ungarn, Rumänien, und Bulgarien eine so genannte Reiseanlage, die nicht an den Besitz eines Reisepasses gebunden war, sondern ein eigenständiges, begrenzt gültiges Formular darstellte. Aus Angst vor Fälschungen wurde die Dokumentenfarbdruck jährlich verändert.
15 Dies muss aus heutiger Sicht als Legalisierung einer bereits praktizierten Umgehung des Gesetzes gesehen werden, waren doch viele ›Einladungen‹ vermittelte Kontakte, die den DDR-Bürgern ohne verwandtschaftlichen und bekanntschaftlichen Hintergrund Reisemöglichkeiten in die genannten Länder erlaubten. – Vgl. Irmscher, »Alltägliche Fremde«, S. 54.
16 Vgl. soweit nicht anders angegeben als konziser Überblick zur Wirtschaftsgeschichte der DDR: Steiner, *Von Plan zu Plan*.
17 Vgl. zur Perspektiv- und Jahresplanung in der DDR am Beispiel der Konsumpolitik der sechziger Jahre und in grundsätzlichen Verfahrensweisen vergleichbar mit Planungsfragen, -aufgaben und -implementationen der siebziger und achtziger Jahre: Heldmann, *Herrschaft, Wirtschaft, Anoraks*.

So wurde die Arbeitszeit verkürzt[18], der Urlaub verlängert[19], Löhne und Renten erhöht[20]. Auf diese auch den Tourismus begünstigenden Faktoren reagierte der FDGB durch Angebotserweiterungen, zudem wurden sich nun auch Betriebe und das Reisebüro der DDR ihrer Rolle als bedeutende Reiseanbieter bewusst. Auf staatlicher Seite begegnete man der offensichtlich stark steigenden Nachfrage mit der Errichtung entsprechender administrativer Stellen zum Erholungswesen auf Bezirks- und Kreisebene. Trotzdem lag der Bedarf weiterhin stark über dem Angebot, was nicht nur der geringen Angebotszahl, sondern auch mangelnder Koordination zwischen den einzelnen Anbietern sowie unzureichender Umsetzung der Entwicklungskonzeptionen zuzuschreiben war. Zudem wurden nicht alle geplanten Objekte tatsächlich baulich umgesetzt.[21] Die touristische Massennutzung der Schaabe, eines Gebietes im Norden der Insel Rügen, beispielsweise wurde trotz eines erheblichen propagandistischen Aufwandes nicht erreicht. Im Rückblick schreibt dazu das Informationsblatt der Gemeinde Glowe:

»Die Medien verbreiteten 1969 die Meldung, dass in einem städtischen Wettbewerb des ehemaligen FDGB-Bezirksvorstandes und Rat des Bezirks Rostock, das erste sozialistische Großbad der DDR in der Schaabe projektiert und als Modell während der 13. Lehr- und Leistungsschau auf dem Messegelände Rostock-Schutow vorgestellt wurde. Von Glowe bis Juliusruh sollte ein riesiger, ganzjährig nutzbarer Erholungskomplex entstehen [...] Der FDGB plante eine Bettenkapazität für 8.000 Urlauber mit steigender Tendenz. [...] Ohne Rücksicht auf die vorhandene Natur und Umwelt sollte die flache, waldbestandene Nehrung zwischen Ostsee und dem Großen Jasmunder Bodden umgekrempelt werden.«[22]

»Die Gegner dieses gigantischen Projekts fanden keine Lobby, um dem naturübergreifenden Wahnsinn Einhalt zu gebieten. Letztlich scheiterte das Projekt wohl an der enormen Finanzierungslast. Eine konkrete Summe des Investitionsaufwandes ist nicht bekannt geworden. [...] Ende des Jahres 1970 wurden die Projektierungen und Planungen durch den FDGB-Bundesvorstand endgültig verworfen und eingestellt.«[23]

---

18 Vgl. Einführung der Fünftagewoche zunächst jede zweite Woche (ab April 1966), dann jede Woche (ab September 1968) – *Verordnung über die 5-Tage-Arbeitswoche für jede zweite Woche und die Verkürzung der Arbeitszeit* vom 22.12.1965; *Gesetzbuch der Arbeit der Deutschen Demokratischen Republik* vom 12.4.1961 in der Fassung vom 23.11.1966; *Verordnung über die durchgängige 5-Tage-Arbeitswoche und die Verkürzung der wöchentlichen Arbeitszeit bei gleichzeitiger Neuregelung der Arbeitszeit in einigen Wochen mit Feiertagen* vom 3.5.1967; *Verordnung über die Einführung eines Mindesturlaubs von 15 Werktagen im Kalenderjahr* vom 3.5.1967.
19 Vgl. ebd.
20 Vgl. *Verordnung über die Erhöhung des monatlichen Mindestbruttolohnes* vom 3.2.1971.
21 Vgl. Zeppenfeld, *Feriengroßprojekte zu DDR-Zeiten und im heutigen Ostdeutschland*.
22 O.V. »Können Sie sicher noch erinnern?« (1).
23 O.V. »Können Sie sicher noch erinnern?« (2).

Die geschilderte Entwicklung löste trotz aller (vor allem wirtschaftlicher) Erfolge nicht nur Begeisterung aus. Besonders zum Ende der sechziger Jahre zeigte sich eine latente Unzufriedenheit vieler Bürger bezüglich politischer Freiheiten [24] und ökonomischer Entfaltungsmöglichkeiten. Diese wurde zu einem wichtigen Faktor bei der Machtübernahme Erich Honeckers, der im Gegensatz zu seinem Vorgänger Walter Ulbricht nicht mehr davon sprach, erst zu arbeiten, um späteren Wohlstand genießen zu können, sondern die unmittelbare Verbesserung der Lebensbedingungen zu einem zentralen Thema machte.

Die siebziger Jahre

Die siebziger und achtziger Jahre waren personell gesehen die Jahre der Amtszeit Erich Honeckers. Mit dem am 3. Mai 1971 offiziell als wunschgemäß aus Krankheitsgründen vollzogenen Rückzug Walter Ulbrichts aus der Funktion des Ersten Sekretärs des Zentralkomitees der SED wurde Honecker unter dem wohlwollenden Blick der sowjetischen Führung neuer erster Mann der DDR. Ulbricht war Breschnew zunehmend wegen politischer und ideologischer Differenzen unbequem geworden. Umso angenehmer wurde Honeckers erneute Hinwendung zu Moskau und seine Definition des Sozialismus als Übergangsphase zum Kommunismus gesehen. Mit dem kurz darauf folgenden VIII. Parteitag der SED wurde dann auch eine Zäsur markiert. Erich Honecker formulierte eine neue Hauptaufgabe, die besagte, dass alles für das Wohl des Menschen, für das Glück des Volkes, für die Interessen der Arbeiterklasse und aller Werktätigen zu tun sei. Im Mittelpunkt dieser Zielsetzung stand das Versprechen, das materielle und kulturelle Lebensniveau der Bevölkerung zu erhöhen[25].

Honecker hielt dies durch die wissenschaftlich-technische Revolutionierung und Rationalisierung der Produktion für möglich.[26] Er machte dabei deutlich, dass die SED einen exklusiven Führungsanspruch bei der Gestaltung der ›entwickelten sozialistischen Gesellschaft‹ geltend machen müsse. Die

---

24 Der Bau der Mauer 1961 sowie die Niederschlagung des Prager Frühlings 1968 dürften den Bürgern ausreichend deutlich gemacht haben, dass eine Verwirklichung individueller Ziele und Freiheiten wohl nur im eng gesteckten Rahmen der sozialistischen Ordnung möglich war.
25 Vgl. »Erhöhung des materiellen und kulturellen Lebensniveaus des Volkes auf der Grundlage eines hohen Entwicklungstempos der sozialistischen Produktion, der Erhöhung der Effektivität, des wissenschaftlich-technischen Fortschritts und des Wachstums der Arbeitsproduktivität.« – Stoph, *Bericht zur Direktive des VIII. Parteitages der SED*, S. 183.
26 Im Zusammenhang damit wurden ab 1972 verstärkte Anstrengungen unternommen, den privaten Wirtschaftssektor zu vernichten bzw. zu verstaatlichen. Das betraf auch zahlreiche Betriebe des privaten Beherbergungs- und Gaststättengewerbes.

beschriebenen Aufgabenstellungen zeigen als Charakteristikum der ersten Hälfte der siebziger Jahre eine Tendenz zu mehr Pragmatismus und Lebensnähe in der Politik. Hinsichtlich der Reaktion auf touristische Bedürfnisse der Menschen sprachen dafür vor allem die Reiseerleichterungen durch die Einführung des pass- und visafreien Reiseverkehrs mit der Volksrepublik Polen (1.1.1972), der ČSSR (15.1.1972) sowie mit Rumänien (2.4.1972). Dabei scheint es, als habe sich das Maß an Wertschätzung gegenüber der Bevölkerung, das heißt der Anteil von Ein- und Zweiwegkommunikation im Umgang des Staates mit seinen Bürgern, tatsächlich verändert. Allerdings sollte es nur wenige Jahre dauern, bis das echte Ringen um die Gunst der Bevölkerung anderen staatlichen Interessen wich. Die DDR erlangte in dieser Hinsicht durch die 1971 formulierte Hauptaufgabe zunächst einen besseren Stand, doch dieser Kurswechsel blieb mindestens in wirtschaftlicher Hinsicht ein »uneinlösbarer Scheck auf die Zukunft«[27].

Dem VIII. Parteitag folgte ein Jahr später ein FDGB-Kongress, der die Hauptaufgabe des Parteitags zum ›Kernstück der gewerkschaftlichen Interessenvertretung‹[28] erklärte, denn die sozialpolitischen Maßnahmen sollten einen »weiteren großen Aufschwung der schöpferischen Initiative«[29] auslösen. Mittels dieser Ideen wurde also die stets als defizitär empfundene Legitimitätskonstruktion[30] der DDR in Richtung einer Konsumorientierung verändert und zunächst auch gestärkt. Damit erkannte die Führung indirekt das Bedürfnis der Bevölkerung nach einem der Bundesrepublik vergleichbaren Lebensniveau an, wenngleich die Konvergenzlösung, Wandel durch Annäherung, offiziell abgelehnt wurde.

Dieser lebensweltlichen Westorientierung stand eine explizitere ideologische Hinwendung nach Osten[31] entgegen. Die DDR musste sich dabei stets einem Spagat stellen, der für ein Land, das sich geostrategisch am Kristallisationspunkt eines europa- beziehungsweise weltumspannenden Konflikts befand, vom jeweiligen Grad der Systemauseinandersetzungen abhängig war.

---

27 Bollinger, »Vae victis«, S. 18.
28 Aussage auf dem VIII. FDGB-Kongress 1972. Zitiert bei: Frerich/ Frey, *Handbuch der Geschichte der Sozialpolitik in Deutschland (2)*, S. 286f.
29 Ebd.
30 Vgl. Skyba, »Die Sozialpolitik der Ära Honecker aus institutionentheoretischer Perspektive«, S. 49.
31 Der Charakter der in Richtung der verbündeten sozialistischen Länder praktizierten Außenpolitik zeigte sich in den siebziger Jahren vor allem im nun auch mit Rumänien geschlossenen Vertrag über Freundschaft, Zusammenarbeit und gegenseitigen Beistand (12.5.1972) sowie in den bilateralen Freundschaftsverträgen mit Ungarn, Polen, Bulgarien und der ČSSR (24.3.–3.10.1977), in denen unter anderem festgelegt wurde, zum Schutz der sozialistischen Staatengemeinschaft in jedem der beteiligten Länder intervenieren zu können.

Die Außenpolitik der DDR[32] war aus diesem Grund dadurch gekennzeichnet, sich möglichst günstig an die Bedingungen der internationalen Umwelt anzupassen, den politischen Handlungsspielraum als multilateral bedingt zu akzeptieren und sich nicht nur im sozialistischen Lager, sondern auch an der westlichen Politik zu orientieren. In dieser Hinsicht zeigte der Beginn der siebziger Jahre erweiterte außenpolitische Gestaltungsmöglichkeiten aufgrund der beiderseitigen Entspannungspolitik. Hatte sich die DDR bis dahin nach innen vor allem über ihre internationale Isolation definiert, so ermöglichten der Grundlagenvertrag vom 21.12.1972 und die damit beschlossene Abkehr von der Hallstein-Doktrin die Einbindung der DDR in die internationale Staatengemeinschaft[33] und mehr außenpolitische Eigenständigkeit gegenüber der UdSSR.

Das Problem bestand jedoch in der engen Verknüpfung und unbedingten Einheit von Innen- und Außenpolitik. Wenn also letzteres im Rückblick aus den achtziger Jahren als ›Erfolgsgeschichte‹ betrachtet werden konnte, so galt dies sicher nicht für die innenpolitischen Problemstellungen. Im Inneren nämlich sah sich die DDR-Führung mit einer steigenden äußeren Verschuldung konfrontiert[34], die allerdings zunächst aufgrund der nun breiten Anerkennung der DDR und der damit verbundenen potenziellen ausländischen Kreditvergaben keine unmittelbaren Auswirkungen zeigten. Ein Problembewusstsein aber musste mit dem IX. Parteitag der SED 1976 entstanden sein, war man sich doch über den stagnierenden Lebensstandard und die ökonomischen Schwierigkeiten im Klaren. 1977 formulierte es Gerhard Schürer, Vorsitzender der Staatlichen Plankommission, in Zusammenarbeit mit Günter Mittag, dem Sekretär des ZK der SED für Wirtschaft, noch deutlicher. Er intervenierte bezüglich der Zielstellungen unter Hinweis auf die Zahlungsschwierigkeiten

---

32 Vgl. dazu und im Folgenden: Scholtyseck, *Die Außenpolitik der DDR*; Heydemann, *Die Innenpolitik der DDR*.
33 Völkerrechtliche Anerkennung und/oder Aufnahme diplomatischer Beziehungen mit der DDR durch die Schweiz (20.12.1972), Indonesien, Schweden, Österreich (21.12.1972), Belgien (27.12.1972), Finnland, Niederlande, Luxemburg (5.1.1973), Dänemark (12.1.1973), Italien (18.1.1973), Großbritannien, Frankreich (8.2.1973), USA (4.9.1974). Unterzeichnung der Internationalen Konvention über zivile und politische Rechte vom 27.3.1973 (Artikel 12, Absatz 1: »Jeder, der sich rechtmäßig auf dem Territorium eines Staates aufhält, hat auf diesem Territorium das Recht, sich frei zu bewegen und seinen Aufenthaltsort zu bestimmen.«). Aufnahme in die UNO am 18.9.1973. Protokoll der DDR und BRD über die Errichtung der Ständigen Vertretungen in Bonn und Berlin am 14.3.1974. Unterzeichnung der KSZE-Schlussakte von Helsinki am 1.8.1975. Beitritt zur World Tourism Organization 1977.
34 Vgl. zur Westverschuldung durch einen anhaltenden Importüberschuss in den siebziger Jahren und die akute Gefahr der Zahlungsunfähigkeit der DDR 1981/1982 sowie die Auswirkungen des anschließenden Krisenmanagements: Volze, »Zur Devisenverschuldung der DDR«, S. 151; Hertle, »Der Weg in den Bankrott der DDR-Wirtschaft«.

des Landes. Honecker jedoch lehnte wirtschaftspolitische Korrekturen ab. Die vorher durch zum Teil abrupte Großexperimente belastete Wirtschaft der DDR erstarrte nun zunehmend in einer nicht mehr lagegerechten Situation. Auch auf die notwendigen Produktions- und Produktivitätssteigerungen konnte der Staat angesichts der zunehmenden ›Motivationsblockade‹ seiner Bürger nicht mehr hoffen.

Zur Erfüllung touristischer Belange äußerten sich beide Parteitage. Wurden Freizeitbedürfnisse zuvor eher misstrauisch beäugt, da sie eine gewisse passive Konsumhaltung ausdrückten, und war der Begriff des ›Tourismus‹ an sich tabu, so äußerte man sich nun ganz konkret dazu, die ›wachsenden Erholungsbedürfnisse der Werktätigen‹[35] ständig besser zu befriedigen. 1971 lautete die Aufgabe: »Das Erholungswesen ist entsprechend der Sozialpolitik des sozialistischen Staates weiterzuentwickeln. Den vielfältiger werdenden Freizeitinteressen der Werktätigen ist durch die Erhöhung des Niveaus der Ferien- und Naherholung besser zu entsprechen.«[36] Bis 1975 sollten vor allem das Niveau der Kinder- und Jugenderholungseinrichtungen verbessert, die staatlichen Investitionen für die Weiterentwicklung des FDGB-Feriendienstes erhöht[37], die aus den materiellen und finanziellen Fonds in Übereinstimmung mit dem FDGB bereitgestellten Mittel für den Bau von Erholungseinrichtungen effektiv genutzt, die Familienerholung gefördert sowie die Bedingungen für die Weiterentwicklung des Erholungswesens und der Naherholung in den Bezirken strukturell verbessert werden.[38] Auf dem IX. Parteitag der SED sah man die Grundaufgaben aus dem bisher umfangreichsten sozialpolitischen Programm gut gelöst[39] und begründete dies mit einem – finanziell nicht gedeckten und somit der Einheit von Wirtschafts- und Sozialpolitik widersprechenden – verbesserten Lebensniveau der Menschen. Man verwies auf die Notwendigkeit einer konsequenten Weiterführung des Programms.[40] »Dazu gilt es, die Anzahl der Urlaubsplätze, das Niveau der Erholungseinrichtungen und die Urlaubs-

---

35 Sozialistische Einheitspartei Deutschlands, *Programm der Sozialistischen Einheitspartei Deutschlands*, S. 25.
36 Ebd.
37 Man beschloss die Schaffung von mindestens 80.000 neuen Urlaubsplätzen, sodass FDGB und Betriebe im Jahr 1975 in der Lage sein sollten, etwa 1,8 bis 1,9 Millionen Reisen zur Verfügung zu stellen. – Vgl. dies., *Direktive des VIII. Parteitages der SED*, S. 255.
38 Vgl. ebd.
39 Vgl. dies., *Direktive des IX. Parteitages der SED*, S. 111ff.
40 Vgl. ebd., S. 120. Grundsätzlich orientierten sich die Direktiven aller dem VIII. Parteitag nachfolgenden Parteitage in den Jahren 1976, 1981 und 1986 im Wesentlichen an den Vorgaben von 1971. Dies wurde bereits zeitgenössisch so gesehen. – Vgl. Oehler, *Erholungswesen*, S. 24.

betreuung zu erhöhen, den Tourismus zu fördern [...] Der Familienerholung wird besondere Aufmerksamkeit geschenkt.«[41] Konkrete erholungspolitische Ziele[42] des IX. Parteitages der SED 1975 waren die Rekonstruktion, die Erweiterung und der Neubau von Erholungsheimen, um 11.700 neue Urlaubsplätze im FDGB und 4.500 neue Urlaubsplätze in Interessengemeinschaft mit den Betrieben zu schaffen. Im Resultat war eine Erhöhung der Anzahl der Reisen des Feriendienstes und der Betriebe bis 1980 auf 3,1 bis 3,3 Millionen geplant. Geographischer Schwerpunkt dieser Maßnahmen sollten die traditionellen Erholungsgebiete an der Ostsee, in den Seengebieten und den Mittelgebirgen sein[43], beispielsweise die Insel Poel:

»Als Ferieninsel war Poel heiß begehrt. [...] Damals hieß die Insellosung ›Schweine raus, Sachsen rein‹. Die Bauern bauten die Ställe zu Ferienwohnungen um. Pensionen schlossen Verträge mit dem Reisebüro der DDR. Volkseigene Betriebe richteten Urlaubsunterkünfte und Kinderferienlager ein. Das alte Kurhaus nahm der FDGB als Ferienheim ›Freundschaft‹ in Beschlag. Und weil auch der VEB Radeberger Brauerei auf Poel Ferienwohnungen hatte, gab es in der Gaststätte des Kurhauses sogar Radeberger Pilsener. Üblicherweise ging das Bier in den Export und stand höchstens in Interhotels ›und anderen gehobenen Einrichtungen‹ auf der Karte [...]«[44]

Zur Umsetzung der Ausbaupläne wurden für jeden Bezirk der DDR spezifische Ziele vereinbart. Die gastronomische, kulturelle und sportliche Betreuung der Urlauber sollte ebenfalls wesentlich vervollkommnet werden. Die Anzahl der Reisen für Familien mit drei und mehr Kindern – bisher ein Schwachpunkt der tourismuspolitischen Anstrengungen – sollte auf 91.000 erhöht werden. Im Bereich der Kinder- und Jugenderholung sollten die Möglichkeiten der Ferienerholung durch Ausbau, Rekonstruktion und Modernisierung ange-

---

41 Sozialistische Einheitspartei Deutschlands, *Programm der Sozialistischen Einheitspartei Deutschlands*. IX, S. 25.
42 Vgl. dazu und im Folgenden: »Zur weiteren Befriedigung der Bedürfnisse der Arbeiterklasse und aller Werktätigen nach Erholung ist die Anzahl der jährlichen Urlaubsreisen des Feriendienstes der Gewerkschaften und der Betriebe bis 1980 auf 3,1 bis 3,3 Millionen zu erhöhen. [...] Die Qualität der vorhandenen Erholungseinrichtungen [...] ist durch Rekonstruktions- und Werterhaltungsmaßnahmen entsprechend den volkswirtschaftlichen Möglichkeiten zu verbessern. [...] Die Zahl der Campingplätze ist zu erhöhen und das Niveau ihrer Ausstattung zu erhöhen. [...] Durch Rekonstruktion, Modernisierung und schrittweise Erweiterung der Kapazitäten von Jugendherbergen und Jugendtouristenplätzen sind die Voraussetzungen für die weitere Entwicklung der In- und Auslandstouristik der Jugend zu schaffen.« – Dies., *Direktive des IX. Parteitages der SED*, S. 110f.
43 Diese Maßnahmen betrafen demnach vorrangig die Bezirke Rostock, Dresden, Suhl und Magdeburg. – Vgl. ebd., S. 111.
44 Sturmhoebel, *Die Ruhe vor dem Sturm*, 4.12.2008, www.schwarzaufweiss.de/deutschland/poel. htm, S. 3.

hoben und der In- und Auslandstourismus über Jugendtourist gefördert werden. Heidrun Budde wies jedoch in ihrem 2002 erschienenen Buch *Willkür. Die Schattenseite der DDR* unter Bezugnahme auf einschlägige Akten darauf hin, dass diese Zahlen irreführend seien, denn stets sei ein Teil der FDGB-Reisen gar nicht an Gewerkschaftsmitglieder verteilt, sondern zu anderen Zwecken[45] genutzt worden.

Die achtziger Jahre

Die achtziger Jahre waren weiterhin von dem (weitgehend erfolglosen) Bemühen der DDR-Führung bestimmt, die vorerst befriedigte Konsumorientierung in eine gesteigerte Produktivität umzuwandeln. Sehr bald wurden die Probleme – Material- und Kapazitätsmängel, uneffektive Produktionsmethoden, geringe Arbeitseffektivität et cetera – dieses Bestrebens sichtbar, doch war eine Rückkehr zu Konsumverzicht aus legitimatorischen Gründen nicht möglich, und so wurden Fragen des Lebensstandards zu einem »die Politik beschränkende[n] Sachzwang«[46].

Dieser realen Entwicklung stand lange Zeit die propagandistische Verbreitung immer erfolgreicherer Wirtschaftsjahre gegenüber; so erklärte man das Jahr 1986 beispielsweise zu einem außerordentlich erfolgreichen. Das Nationaleinkommen sei um 4,3 Prozent, die Arbeitsproduktivität um 8,8 Prozent gestiegen. Dies konnte aber nur notdürftig verdecken, dass sich die SED-Führung ständig mit trivialsten Versorgungsfragen auseinanderzusetzen hatte und kurzfristig agierte, wo langfristige Maßnahmen hätten vorgenommen werden müssen. Langfristig aber sah man sich zunächst nur am Ende der bisher verfolgten Verschuldungsstrategie. Um einem Staatsbankrott vorzubeugen und den negativen Außenhandelssaldo auszugleichen, halfen schließlich nur Einschränkungen in den Investitionsmitteln. Nichtsdestoweniger konnte die

---

45 Solche waren der – beispielhaft für 1985 dokumentierte – Reisebedarf von Tagungsmitgliedern, bestimmten ›gesellschaftlich wichtigen‹ Betrieben (zum Beispiel Fernsehen der DDR, Radio DDR), Kulturbund, Deutschem Turn- und Sportbund, FDGB-Bundesvorstand, des ZK der SED, der Akademie für Gesellschaftswissenschaften, der ausländischen Studenten in der DDR, der Organe der Staatssicherheit, des Zentralrates der FDJ, des Schriftstellerverbandes, der Domowina, des Zentralvorstandes der VdgB, des Zentralausschusses der Volkssolidarität, des Komitees der antifaschistischen Widerstandskämpfer, des Verbandes der Blinden und des Verbandes der Gehörlosen, der Auslandsvertretungen, der Erbauer der Erdgastrassen, der Gewerkschaftshochschule, der ›verdienten Partei- und Gewerkschaftsveteranen‹, westdeutscher Gewerkschaftsvertreter. Diese Sonderbedarfe schlossen sowohl reguläre FDGB-Mitglieder als auch Nichtmitglieder ein. Da sie aber aus einem Sonderkontingent entnommen wurden, war die Zuteilungsquote sehr viel höher als bei regulären FDGB-Reisen. – Vgl. Budde, *Willkür*, S. 601–611.
46 Merl, »Staat und Konsum in der Zentralverwaltungswirtschaft«, S.212.

DDR-Regierung auch weiterhin darauf hoffen, westliche Kredite – besonders aus der Bundesrepublik – zu erlangen, hätten doch Weigerungen zur Kreditvergabe aufgrund der (noch) starken politischen Garanten des Staates DDR nur zu einer schlechteren Versorgungslage der Bevölkerung geführt. Aus diesem Grund koppelte man die unvermeidlichen Kredite an die Erfüllung anderer Interessen.[47] Die Bundesrepublik erreichte so beispielsweise den Abbau der Selbstschussanlagen an der innerdeutschen Grenze, die großzügigere Genehmigung von Ausreiseanträgen sowie Erleichterungen im innerdeutschen Reiseverkehr.

Hinsichtlich der wirtschaftlichen Strategie setzte in der Mitte der achtziger Jahre erneut ein Umschwung ein. Die Verschuldung wurde nun nicht mehr vorrangig über das Ausland realisiert, sondern die DDR verschuldete sich zunehmend bei inländischen Kreditinstituten sowie der eigenen Bevölkerung. Ein als Alternative möglicher Subventionsrückgang wurde zwar in Betracht gezogen, doch schnell verworfen.[48] Die Nicht-Finanzierbarkeit war allen Beteiligten klar, doch waren diese Preisstützungen zu wichtig für die Legitimation des »Sozialismus in den Farben der DDR«[49].

Fragen des Tourismus waren in den achtziger Jahren für das heutige Verständnis eigentümlich mit Problemen des Ausreisedrucks verbunden. Haben Urlaubsreisen und grundsätzliche Ausreisewünsche eigentlich nichts miteinander zu tun, so gewannen sie im weitgehend abgeschlossenen Gebiet der DDR eine gemeinsame Richtung. Hinsichtlich der Wünsche von DDR-Bürgern, der DDR dauerhaft den Rücken zu kehren, waren die achtziger Jahre durch einen erhöhten Druck durch die »schleichende [...] Erosion von Loyalität und Autorität«[50] gekennzeichnet. Trotzdem aber ist dies nicht mit der Massenbewegung zu vergleichen, die 1989 charakterisierte. Diese Eskalation hatte zum Teil panikartige Züge, die mit Ereignissen wie beispielsweise der Ausreise von 168 DDR-Bürgern, die sich zwischen dem 2. Oktober 1984 und dem 15. Januar 1985 in der bundesdeutschen Botschaft in Prag aufgehalten hatten, wenig gemein. Genau aus diesem Grund aber sah sich die DDR-Führung – wohl aus schierer Angst vor einer unkontrollierbaren Dynamik – veran-

---

47 Am 5.7.1985 beispielsweise unterzeichneten die DDR und die Bundesrepublik eine Vereinbarung über den innerdeutschen Handel, wodurch der zinslose Überziehungskredit auf 850 Millionen Verrechnungseinheiten erhöht wurde. Als Ausgleich kam die DDR am 15.7.1985 den Wünschen der Bundesrepublik entgegen und unterband fortan den Zustrom von Asylbewerbern aus Sri Lanka über Berlin (Ost). – Vgl. Mellenthin, »Vorgriff auf die deutsche Einheit«, S. 9; ders., »20 Jahre ›Ausländerstopp‹«, S. 12.
48 Vgl. dazu und im Folgenden: Vortmann, »DDR. Verteilungswirkungen der Verbraucherpreissubvention«, S. 29.
49 Ebd.
50 Spode, »Tourismus in der Gesellschaft der DDR«, S. 14.

lasst, selbst die eingeschränkten Touristenströme einem »abrupt wechselnden Dirigismus«[51] zu unterwerfen.

Ein erster Schritt in diese Richtung war die Aufhebung des pass- und visafreien Reiseverkehrs zwischen der DDR und der Volksrepublik Polen ab dem 30. Oktober 1980. Diese Maßnahme hatte vor allem zwei Gründe, zum einen die politischen Unruhen durch die Solidarnosc-Bewegung in Polen[52], zum anderen die Ressentiments durch die in der DDR entstehenden Versorgungsengpässe durch den zunehmenden Einkaufstourismus polnischer Bürger. Die bisher großzügige Regelung wurde durch die Notwendigkeit einer volkspolizeilich bestätigten Einladung eines im jeweils anderen Staat lebenden Gastgebers abgelöst. Erst 1987 wurden diese Beschränkungen nach einem Staatsbesuch des polnischen Staats- und Parteichefs Wojciech Jaruzelski bei Erich Honecker wieder gelockert. Zwar wurde eine Wiederaufnahme des pass- und visafreien Reiseverkehrs nicht erwähnt, doch sollte dem nach wie vor stattfindenden organisierten (vor allem Jugend-)Austausch wieder ein nichtorganisierter Tourismus beigefügt werden.

Die Umtauschmöglichkeiten von Devisen stellten keine politischen, sondern vielmehr finanzielle Gründe für die Erschwernis von Reisen in sozialistische Länder dar. Im Januar 1988 wurden beispielsweise die Umtauschmöglichkeiten für DDR-Bürger bei Reisen in die ČSSR auf maximal 440 Mark pro Jahr, nach Ungarn auf maximal 360 Mark pro Jahr eingeschränkt. Längere Urlaubsreisen, die nicht auf bargeldlosem Ferienscheckaustausch beruhten, wurden damit immer schwieriger zu finanzieren. Weitere Einschränkungen in Devisenfragen erfolgten 1989.

Andere Dimensionen hingegen zeigte die Entwicklung im innerdeutschen Reiseverkehr. Diese standen zunächst im Zeichen deutlicher Reiseerleichterungen, wenngleich die Entscheidungen der DDR-Behörden weiterhin klar als willkürlich bezeichnet werden mussten. Erster Anstoß war der Besuch des SPD-Vorsitzenden Willy Brandt in der DDR im September 1985. Dabei wurden ihm von Erich Honecker baldige Reiseerleichterungen für DDR-Bürger in dringenden Familienangelegenheiten zugesagt. Diese erfolgten mit neuen Bestimmungen ab dem 10. Februar 1986. Im Gegensatz zu diesen Verbesserungen waren DDR-Bürger aber immer mehr auf die finanzielle Versorgung durch Verwandte und Freunde in der Bundesrepublik angewiesen. Aufgrund

---

51 Ebd., S. 22.
52 Vgl. »Aus Ostberliner Sicht war Polen spätestens seit den Streiks von 1980 ein hohes Sicherheitsrisiko für den Bestand des gesamten sozialistischen Lagers.« – Borodziej/ Kochanowski/Schäfer, *Grenzen der Freundschaft*, S. 7.

der Devisennöte wurden die jedem DDR-Bürger zur Verfügung stehenden DM-Beträge ab dem 1. Juli 1987 stark gekürzt.[53] In der anderen Richtung wurden auch Besuche von Bundesbürgern vereinfacht. So durften Bundesdeutsche seit 1984, West-Berliner seit 1988 bei Tagesbesuchen in Ost-Berlin einmal übernachten. Im September 1988 folgten Verhandlungen zu Verbesserungen im Transitverkehr, die allerdings kaum noch zur Ausführung kamen. Es wurde vereinbart, bis 1994 einen neuen Transitgrenzübergang zu errichten und dafür DDR-seitig einen entsprechenden Autobahnzubringer zu bauen. Im Gegensatz dazu verpflichtete sich die Bundesregierung, die Transitpauschalen an die DDR für den Zeitraum 1990 bis 1999 zu erhöhen. Konkrete Erleichterungen spürten Bundesbürger noch einmal ab dem 1. August 1989, da die für die DDR notwendigen Aufenthaltsberechtigungen nun nicht mehr nur für den beantragten Bezirk, sondern die gesamte DDR galten, sowie Übernachtungen bei Tagesbesuchen nicht mehr nur in Ost-Berlin, sondern auch den angrenzenden Bezirken Potsdam und Frankfurt (Oder) möglich wurden.

In (nord-)westlicher Richtung zeichneten sich zudem Reiseerleichterungen mit Finnland ab. Während des Staatsbesuchs des finnischen Präsidenten Mauno Kovisto im Oktober 1987 unterzeichneten beide Staaten ein Abkommen über den visafreien Reiseverkehr. Dies war das erste Abkommen mit solchem Charakter, das die DDR mit einem nichtsozialistischen Staat schloss. Jedoch durfte man sich keinen Illusionen bezüglich der Reiseintensität nach Finnland machen. Weiterhin benötigten DDR-Bürger für solche Reisen einen Reisepass, welcher nur für genehmigte Reisen ausgestellt wurde, sowie eine Reisegenehmigung der DDR-Behörden. Beides war schwer zu erlangen und die Anzahl der angebotenen Reisen äußerst gering.

Eine besondere Bedeutung gewann für die Bürger der DDR eine am 14. Dezember 1988 verabschiedete und zum 1. Januar 1989 in Kraft gesetzte Verordnung über Reisen nach dem Ausland. Darin wurden neben Dienst- und (auch touristischen) Privatreisen auch ständige Ausreisen in einer Weise geregelt, dass zwar keineswegs ein generelles Reiserecht verankert, der Kreis der Reiseanlässe und -berechtigten jedoch erweitert wurde und ein Beschwerderecht gegen die Versagung von Reiseanträgen[54] enthalten war. Im April 1989

---

53 Bei Reisen in dringenden Familienangelegenheiten standen zuvor pro Person täglich 10 DM zum Kurs von 1:1 (Gesamtbetrag maximal 70 DM) zur Verfügung. Dieser Betrag wurde nun auf 15 DM gesamt gekürzt, eine Regelung, die der bisherigen für Besuche von DDR-Rentnern in der Bundesrepublik entsprach.

54 14.12.1988: Verabschiedung des *Gesetzes zur Nachprüfung von Verwaltungsentscheidungen* durch die Volkskammer; Einsatz eines Mittels zum Ersatz der fehlenden Verwaltungsgerichtsbarkeit, die bisher weitgehend durch das Eingabenwesen ersetzt war.

erfolgte eine zusätzliche Ausweitung dieser Bestimmungen, sodass erstmals auch angeheirateten Ehepartnern Besuchsreisen zu Verwandten in der Bundesrepublik im Grundsatz gestattet waren.

Touristisches Reisen im Allgemeinen dürfte in der DDR, wie auch in der Bundesrepublik, zum Lebensstandard in den achtziger Jahren gehört haben. Die Identifikation der eigentlich unterschiedlichen Begriffe ›Urlaub‹ und ›Reise‹ in den Medien jener Zeit verwies schon deutlich auf den hohen Teilnahmegrad. Klaus Wolf[55] beispielsweise sprach 1988 davon, dass im Vorjahr etwa 60 Prozent aller DDR-Bürger zu Erholungszwecken[56] verreist seien. Weiterhin galt den Fragen des Tourismus nach wie vor auch in politischer Hinsicht großes Interesse. Auf dem X. Parteitag der SED 1981 wurde in der Direktive die von den beiden vorhergehenden Parteitagen aufgestellte Hauptaufgabe erneut bestätigt und mit Nachdruck noch einmal darauf hingewiesen, dass man nur verbrauchen könne, was produziert würde. Hinsichtlich konkret erholungspolitischer Zielsetzungen[57] wurde vereinbart, keine weiteren Neubauten zu errichten, sondern die vorhandenen Einrichtungen zu rekonstruieren und / oder zu erhalten. Die bereits begonnenen neuen Bauten sollten jedoch beendet werden.[58] Trotz dieser Beschränkung müsse man die Zahl der Ferienreisen mit dem FDGB und den Betrieben bis 1985 auf 4,7 Millionen ausweiten. Dies sollte durch intensivere Nutzung und bessere Auslastung über das ganze Jahr hinweg geschehen. Schließlich wollte man sich mit dem Niveau der Urlauberbetreuung mehr den Wünschen der Gäste beziehungsweise ihren wachsenden Bedürfnissen nähern.

---

55 Vgl. Wolf, »Zu einigen Aspekten der Entwicklung des Tourismus«, S. 6.

56 In seiner Zählung, die sicher anfechtbar ist, aber gemessen an Vergleichsangaben neueren Datums, zum Beispiel bei Heike Bähre, plausibel erscheint, berücksichtigt er auch Zweitreisen. Das heißt, diese Reisenden werden trotz mehrfacher Reisen nur einmal berücksichtigt und erhöhen das Ergebnis nicht unzulässig.

57 Vgl. im Folgenden: Stoph, *Direktive des X. Parteitages der SED*, S. 32. Zu ähnlichen Forderungen kommt die Marktforschungsstudie von Annelies Albrecht. Als Voraussetzung für die weitere Entfaltung des Tourismus sieht sie die Ausweitung der Übernachtungs- und Verpflegungskapazitäten, die Ausdehnung der Nutzungszeiträume, die Anpassung des Ausstattungskomforts der Urlaubsquartiere an das insgesamt erreichte Lebensniveau, die Verbesserung der Ausstattung der Campingplätze, das Angebot spezieller Programme, die Deckung des Bedarfes an Zweitreisen (Winter-, Städte-, Rundreisen), die Bereitstellung von mehr Urlaubsplätzen mit dreiwöchiger Dauer, ein erhöhtes Angebot für kinderreiche Familien, die Steigerung der Möglichkeit zu aktiver Betätigung, die Erzielung eines »Unterhaltungsplus«, d. h. höheren Erlebniswertes der Reisen. – Vgl. Albrecht, »Die Wertschätzung des Tourismus wächst ständig«, S. 23f.

58 Bereits begonnen waren größere Vorhaben des Feriendienstes der Gewerkschaften in Binz, Templin, Rheinsberg, Heringsdorf und Schöneck. – Vgl. Stoph, *Direktive des X. Parteitages der SED*, S. 32f.

Besonderes Augenmerk sollte schließlich der Kinder- und Jugenderholung gelten. Dafür sollten Jugendtouristikeinrichtungen rekonstruiert oder modernisiert und Eigeninitiativen der FDJ zur Verbesserung der Jugenderholung unterstützt werden. Hinsichtlich der Kindererholung lag der Schwerpunkt auf der Rekonstruktion der zentralen Pionierlager, die dadurch eine höhere Kapazität (39.000 Plätze je Durchgang) und eine ganzjährige Nutzbarkeit erlangen sollten. Die Verlagerung des Schwerpunktes vom allgemeinen Erholungswesen weg wurde in diesem Maßnahmenkatalog bereits deutlich, doch erst mit dem XI. Parteitag 1986 erfuhr dies seine volle Entfaltung. Zwar wurden weiterhin konkrete erholungspolitische Aufgabenstellungen im Gesetz über den Fünfjahrplan für die Entwicklung der Volkswirtschaft formuliert, doch in der Direktive sank der Stellenwert stark hinter die Themenbereiche Wohnungsbau und Bildungswesen ab und verursachte ein nur noch kurzes Statement.

Gustav-Adolf Lübchen und Hubert Thiel stellten als konkrete Maßnahmen aus dem Fünfjahrplan dar: die weitere qualitative Verbesserung der Erholungsmöglichkeiten vorrangig durch Modernisierung und Rekonstruktion, die Rekonstruktion oder Neuschaffung von 12.650 Bettenplätzen, die Erhöhung des Anteils der Reisen für kinderreiche Familien, Schichtarbeiter, Werktätige mit schwerer körperlicher Arbeit und geschädigte Bürger bis 1990, die Erweiterung der Anzahl der jährlichen Reisen mit dem Feriendienst der Gewerkschaften und den Betrieben bis 1990 auf 5,2 Millionen sowie die Konzentration der weiteren Entwicklung des Feriendienstes auf die Ostsee. Von quantitativen Erweiterungen war kaum mehr die Rede, eine Finanzierung war unrealistisch geworden.

Spezielle Maßnahmen sollten zudem für die Jugenderholung getroffen werden. Ein Ferienzentrum, eine Jugendherberge und ein zentrales Pionierlager sollten neu erbaut werden. Alle zentralen Pionierlager sollten rekonstruiert und modernisiert werden, sodass die Zahl der Plätze je Durchgang erhöht und eine ganzjährige Nutzbarkeit erreicht würde, die Anzahl der Übernachtungen bei Reisen mit den FDJ-Reisebüros sollte auf 6 Millionen im Inland steigen und der Austausch von Jugendreisegruppen mit den sozialistischen Staaten, insbesondere mit der UdSSR, sollte erhöht werden.

1989

Auf der einen Seite standen also langfristige Planungen, Maßnahmenpläne und Versuche, mit den begrenzten Mitteln einer sich selbst und seine Bürger knebelnden Diktatur den Wünschen der Menschen (ungenügend) entgegenzukommen. Auf der anderen Seite offenbarte der 9. November 1989, 18.53 Uhr Folgendes: Am Ende einer einstündigen Pressekonferenz nach dem zweiten

Sitzungstag des Zentralkomitees in Ost-Berlin verlas Politbüromitglied Günter Schabowski die ihm vorher auf einem unscheinbaren Zettel zugesteckte Nachricht: »Mir ist eben mitgeteilt worden, der DDR-Ministerrat hat beschlossen, Privatreisen nach dem Ausland können ohne Vorliegen von Voraussetzungen (Reiseanlässe und Verwandtschaftsverhältnisse) beantragt werden.«[59] Die Genehmigungen sollten kurzfristig erteilt und nur in besonderen Ausnahmefällen untersagt werden. Visa für Bürger, die die DDR verlassen wollen, würden laut Schabowski von den zuständigen Abteilungen Pass- und Meldewesen unverzüglich erteilt, »ohne dass dafür noch geltende Voraussetzungen für eine ständige Ausreise vorliegen müssen«. Bisher waren Reisepässe erforderlich. Ständige Ausreisen könnten nun über alle Grenzübergangsstellen der DDR zur Bundesrepublik beziehungsweise zu West-Berlin erfolgen. Auf die Frage des italienischen Journalisten Riccardo Ehrmann hin, wann denn die neue Regelung wirksam werde, antwortete Schabowski: »Das tritt nach meiner Kenntnis [...] ist das sofort, unverzüglich.« Im Gegensatz zu Schabowskis Antwort sollte die Regelung erst am folgenden Tag um vier Uhr früh in Kraft treten – »das schönste Missverständnis der Weltgeschichte«[60]. Einmal in den Medien verkündet, führten diese Sätze noch am selben Abend zum Fall der Mauer.

Dagegen hatte Erich Honecker noch am 19. Januar des Jahres vor dem Thomas-Müntzer-Komitee verkündet, die Mauer werde erhalten bleiben, so lange »die Bedingungen nicht geändert werden, die zu ihrer Errichtung geführt haben. Sie wird in 50 und auch in 100 Jahren noch bestehen bleiben, wenn die dazu vorhandenen Gründe nicht beseitigt sind.«[61] Doch es kam bekanntlich anders.[62] Am 2. Mai begann Ungarn damit, seine Grenzanlagen zu Österreich zu demontieren, die bewaffnete Bewachung blieb allerdings zunächst bestehen. Darauf folgte zwischen dem 25. und 27. Juni die Reise des ungarischen Außenministers Gyula Horn mit seinem österreichischen Amtskollegen Alois Mock nach Sopron zur Grenze. Dort wurde am 27. Juni in einem symbolischen Akt ein Stück Grenzzaun aus Stacheldraht durchschnitten. Die sich damit bietende Chance ergriffen vor allem DDR-Bürger. Zu Tausenden verließen sie ab Juli 1989 die DDR über Ungarn nach Österreich oder flüchteten in die Ständige Vertretung der Bundesrepublik in Ost-Berlin sowie in die bundesdeutschen Botschaften in Prag und Budapest.

---

59 ADN/DPA-Meldung vom 9.11.1989. Vgl. o.V., »SED öffnet Grenze nach Westen.«
60 Aussage des russischen Deutschlandspezialisten Nikolai Portugalow.
61 DPA-Meldung vom 19.1.1989.
62 Vgl. im Folgenden: Schmidt-Schweizer, *Die Öffnung der ungarischen Westgrenze für die DDR-Bürger im Sommer 1989*.

Nachdem am Wochenende vom 19. und 20. August mehreren hundert DDR-Bürgern im österreichisch-ungarischen Grenzort Sopron die Flucht nach Österreich durch ein ›Paneuropäisches Picknick‹, das die österreichische Pan-Europa-Union und ungarische Oppositionsgruppen organisiert hatten, gelungen war, informierte Gyula Horn seinen Amtskollegen in der DDR darüber, dass Ungarn die DDR in dieser Hinsicht nicht mehr unterstützen würde. In der Folge durften die in Ungarn befindlichen DDR-Flüchtlinge in die Bundesrepublik ausreisen. Am 4. Oktober ereignete sich ähnliches für die Flüchtlinge in der Prager Botschaft der Bundesrepublik. Sie durften in Sonderzügen, die über das Gebiet der DDR verkehren mussten, in die Bundesrepublik ausreisen. Schon einen Tag vorher hatte die DDR-Regierung weiteren Ereignissen dieser Art einen Riegel vorgeschoben und den pass- und visafreien Reiseverkehr mit der ČSSR ausgesetzt. Bereits gekaufte, auch (Urlaubsreise-)Tickets für Bahnreisen und Flüge wurden ungültig.

Erst zum 1. November wurde diese Regelung wieder aufgehoben. Der Protest innerhalb der DDR hatte sich derweil zugespitzt. Immer mehr Teilnehmer kamen zu den Montagsdemonstrationen. Ein in Leipzig am 4. September getragenes Plakat zeigte, worauf sich der Protest richtete: ›Reisefreiheit‹ statt Massenflucht‹. Es verwies damit auf die Fluchtgründe eines großen Teils der Ausreisenden, die die Beschneidung persönlicher Freiheiten nicht länger hinnehmen wollten und gleichzeitig nicht mehr an Veränderungen innerhalb des Systems der DDR glaubten. Erich Honeckers Einlassung von 1990 – »Wir hatten zu Beginn des Jahres [1989, H.W.] bereits eine ganze Reihe Maßnahmen getroffen, um durch die Herausgabe von Reisepässen an alle Bürger der DDR eine ordnungsgemäße Öffnung zu erreichen«[63] – ist demnach lediglich als Rechtfertigung eines bereits ›gestürzten‹ Machthabers zu verstehen.

Der im vollen Lauf befindlichen Massenflucht – im November waren es bis zu 10.000 Menschen, die das Land täglich verließen – setzte die DDR-Führung einige halbherzige Maßnahmen entgegen. So wurde Erich Honecker am 18. Oktober ›aus gesundheitlichen Gründen‹ von seinem Amt als Generalsekretär der SED entbunden. Das Zentralkomitee wählte Egon Krenz zu seinem Nachfolger. Daraufhin trat Honecker auch von seinen Ämtern als Vorsitzender des Staatsrates und des Nationalen Verteidigungsrates sowie von seinem Sitz im Politbüro zurück. In den nächsten Tagen traten weitere Funktionäre zurück, so Margot Honecker, Harry Tisch und andere. Als am 6. November ein neues Reisegesetz vorgestellt wurde, mehrten sich die Proteste erneut. Das Gesetz enthalte zu viele Einschränkungen. Aufgrund der Kritik trat der Ministerrat unter Willi Stoph am 7. November geschlossen zurück.

---

63 Vgl. Andert/Herzberg, *Der Sturz*, S. 416.

Am 8. November beschloss auch das Politbüro auf Anordnung der Tagung des Zentralkomitees der SED seinen formalen Rücktritt, wurde aber in verkleinerter Form mit elf statt wie bisher mit 21 Mitgliedern neu konstituiert. Während der Sitzung demonstrierten vor dem Gebäude SED-Mitglieder unter dem Motto ›Wir sind die Partei‹. Sie bestritten die Legitimation des amtierenden Politbüros, ein neues zu wählen. In darauffolgenden Gesprächen mit Politbüro-Mitgliedern wurden freie Wahlen in Aussicht gestellt. Am selben Abend verlas die Schriftstellerin Christa Wolf im DDR-Fernsehen einen Aufruf an alle DDR-Bürger, im Land zu bleiben. Nach der Maueröffnung wurde bereits am 13. November Hans Modrow neuer Vorsitzender des Ministerrates der DDR und mit der Bildung einer neuen Regierung beauftragt. Auf jener Sitzung des Ministerrats gab Finanzminister Ernst Höfner bekannt, dass sich die Inlandsverschuldung der DDR bereits auf 130 Milliarden Mark belaufe. Die Höhe der Auslandsschulden wurde weiterhin geheimgehalten. Am 26. November veröffentlichten führende Persönlichkeiten der DDR – Christa Wolf, Friedrich Schorlemmer und Stefan Heym beispielsweise – ihren Aufruf *Für unser Land*, in welchem die Eigenständigkeit der DDR gefordert wurde.[64] Als dieser Aufruf kurz darauf auch von Krenz und Modrow unterzeichnet wurde, verlor er sein politisches Gewicht.

Auf dem Sonderparteitag der SED am 16. und 17. Dezember 1989 sprach sich die nun umbenannte SED-PDS gegen die deutsche Einheit aus. Als Bundeskanzler Helmut Kohl die DDR besuchte, lehnte Modrow demzufolge den ›Zehn-Punkte-Plan zur Erlangung der Deutschen Einheit‹ ab. Jedoch wurden einige praktische Schritte beschlossen, so die Aufhebung der Visumpflicht und des Mindestumtausches für Bundesdeutsche ab dem 24. Dezember, die Öffnung des Brandenburger Tores, die Festsetzung des Wechselkurses von DM und Mark der DDR auf 1:3 sowie die Gewährung umfassender Finanzhilfen.

Schnell hatte sich jedoch auch die Frage der Eigenständigkeit der DDR geklärt. Bereits am 24. April vereinbarten Helmut Kohl und der neu gewählte Ministerpräsident Lothar de Maizière die Einführung einer Wirtschafts-, Währungs- und Sozialunion. Am 3. Oktober 1990 waren die DDR und die Bundesrepublik – nach Maßgabe eines überwiegenden Bevölkerungswillens auf DDR-Seite, der in der Volkskammerwahl am 18. März 1990 deutlich geworden war – wiedervereinigt.

---

64 Vgl. *Sächsische Neueste Nachrichten*, 30.11.1989. – Der Aufruf erschien zu diesem Zeitpunkt in allen größeren Zeitungen der DDR.

II.2 Rechtliche Grundlagen

Die Beschreibung der rechtlichen Grundlagen, welche den Tourismus von DDR-Bürgern bestimmten, erhält ihre Bedeutung dadurch, dass Gesetzgebung, Rechtsordnung, Verfassungs- und Verwaltungsstruktur eines Landes als konstitutioneller Rahmen für die Entwicklungsmöglichkeiten der Gesellschaft und des Einzelnen zu sehen sind.[65] In sozialistischen Gesellschaften galt dabei die Besonderheit, dass die Vorstellungen und Ziele der beteiligten Interessengruppen identisch seien oder zumindest auf dieses Ziel zuliefen. Daher war die Interessenvertretung stets konsensbasiert[66] und ließ wenig Spielraum für differierende Auffassungen.

Als Eigentümlichkeit muss zudem genannt werden, dass die Verfassung der DDR zwar unmittelbar geltendes Recht darstellte, die Einflussnahme der Bevölkerung auf Verfassungsänderungen selbst durch die gewählten Volksvertreter jedoch praktisch ausgeschlossen war.[67] Dies resultierte aus der angenommenen Interessenidentität. Die überwiegende Mehrheit der Gesetze und Verordnungen wurde demnach auch einstimmig verabschiedet. Gemeinsame Beschlüsse des Politbüros des ZK der SED, des Bundesvorstandes des FDGB und des Ministerrates der DDR hatten gar Vorrang vor Gesetzen. Der DDR fehlte eine im demokratischen Verständnis agierende Verwaltungsgerichtsbarkeit, die dem Bürger die Möglichkeit gegeben hätte, gegen staatliches Handeln vorzugehen. Auch das Eingabengesetz vom 19. Juni 1975, welches einen spezifischen Weg der Konfliktartikulation und -bearbeitung regelte, ersetzte diese Gerichtsbarkeit nur teilweise.

Regelungen zu Fragen des Urlaubs, der Erholung und des Reisens berührten zahlreiche Gesetzlichkeiten.[68] Aus Sicht des einzelnen Erholungssuchenden ergab sich die Regelung dieser Bereiche aus dem unmittelbaren Gegensatz von Arbeit und Freizeit. Dabei war vom sozialistischen Arbeitsverständnis auszugehen, wonach Arbeit nicht mehr vorrangig als Mittel zur Erlangung der Lebensnotwendigkeiten diente, sondern das Individuum in die Lage versetzen sollte, seinen gesellschaftlichen Beitrag zur Vervollkommnung des sozialisti-

---

65 Das Kapitel setzt sich mit den wichtigsten gesetzlichen Grundlagen zu Tourismus und Erholung auseinander. Die Aufstellung erhebt keinen Anspruch auf Vollständigkeit. Bei weitergehendem Interesse, zum Beispiel für einzelne Durchführungsverordnungen, vgl. Oehler, *Erholungswesen*, S. 122f.
66 Vgl. Weinert/Gilles, *Zusammenbruch des Freien Deutschen Gewerkschaftsbundes*, S. 38.
67 Vgl. den Überblick zu den Forschungen zum Rechtssystem der DDR: Wentker, »Justiz und Politik in der DDR«. Vgl. detailliert: Bundesministerium der Justiz, *Im Namen des Volkes?*
68 Zeitgenössische Quellen zum Rechtssystem im DDR-Erholungswesen: Oehler, *Erholungswesen*.

schen Staates zu leisten.⁶⁹ Da der Bürger jedoch nicht nur in seiner Funktion als produktives Mitglied der Gesellschaft erfasst wurde, sondern auch als sozialistischer Mensch im Ganzen geformt werden sollte, zielten die Regelungen zudem auf eine Erhöhung des materiellen und geistigen Lebensniveaus durch »die aktive Teilnahme an der Leistung und Lösung der gesellschaftlichen Angelegenheiten, das Streben nach einem sinnerfüllten, inhaltsreichen und schönen Leben in der sozialistischen Gesellschaft, ein hohes Niveau der Bildung und vielseitige geistig-kulturelle Interessen und Bedürfnisse und eine gesunde Lebensführung, Körperkultur und Sport.«⁷⁰

Erholungsanspruch in der Verfassung der DDR

Bereits in der ersten Verfassung der DDR von 1949 wurden Erholung und Freizeit als Gegenstand grundlegender staatsrechtlicher Dokumente betrachtet und als solche explizit ausgeführt.⁷¹ Die erholungspolitischen Grundlagen wurden im Zuge der neuen Verfassungsgebung von 1968 und ihrer Fortschreibung 1974 ausgebaut.

Die Volkskammer legte am 31. Januar 1968 den Entwurf einer neuen, sozialistischen Verfassung vor. Die Änderungsvorschläge aus der Bevölkerung, die das Dokument zur ›Diskussion‹ erhalten hatte, blieben aber weitgehend unberücksichtigt. Die neue Verfassung sollte nun nicht mehr nur für eine Übergangszeit gelten, sondern die sozialistische Ordnung grundlegend und dauerhaft festigen. Festgeschrieben wurden die Grundlagen der sozialistischen Staats- und Gesellschaftsordnung, eingeschränkte Grundrechte der Bürger, ihre Grundpflichten und die umfassende Einbindung von formal eigenständigen Gemeinschaften, Organisationen und administrativen Einheiten in den Staat.

Für den Tourismus waren besonders die folgenden Regelungen relevant, welche in beiden Verfassungen identisch und die Basis für erholungspolitische Planungen auf zentraler und lokaler Ebene⁷² waren: Tourismus galt als Teilbereich der sozialistischen Kultur, die die Bürger entsprechend entwickeln sollte (Artikel 18 [3]). Dabei trat der Bürger sowohl als Konsument als auch Produ-

---

69 Vgl. Die Arbeit ist eine »Sache der persönlichen Verantwortung des einzelnen gegenüber der Gesellschaft.« – Assmann, *Wörterbuch der marxistisch-leninistischen Soziologie*, S. 571.
70 Sozialistische Einheitspartei Deutschlands, *Programm der Sozialistischen Einheitspartei Deutschlands*, S. 66.
71 Vgl. »Art. 16. Jeder Arbeitende hat ein Recht auf Erholung, auf jährlichen Urlaub gegen Entgelt, auf Versorgung bei Krankheit und im Alter.« – *Verfassung der Deutschen Demokratischen Republik* vom 7.10.1949.
72 Vgl. Benthien, »Territoriale Probleme der Rekreation«, S. 13.

zent im touristischen Bereich auf (Artikel 24 [2] und 25 [3]). Der Staat übernimmt die Verantwortung für die Schaffung positiver Bedingungen zur Verwirklichung der genannten Rechte und Pflichten (Artikel 34 [1] und 35 [1,2]). Da der Tourismus in den gesetzlichen Grundlagen der DDR vorwiegend als staatlich geförderter Sozialtourismus mit dem Hintergrund einer Dialektik von Arbeitskraft und Reproduktion derselben gesehen wurde, waren arbeitsrechtliche Bestimmungen von entscheidender Bedeutung.

Arbeitsrechtliche Grundlagen

Eine erste Vorgabe bildete dabei das am 19. April 1950 verabschiedete ›Gesetz der Arbeit‹, das das sozialistische Arbeitsrecht der DDR begründete. Darin wurde im VII. Kapitel der verfassungsgemäße Anspruch auf Urlaub und Erholung kodifiziert und in konkrete Regelungen übertragen. Der Paragraph 34 verbürgt das Recht auf bezahlte Freistellung von der Arbeit zu Urlaubszwecken. Paragraph 35 geht noch einen Schritt weiter, denn darin beansprucht der FDGB als Massenorganisation der DDR einen Teil der Ferienplätze, um die Erholung im Interesse der vorbeugenden Gesundheitsfürsorge (Paragraph 36 [1]) sicherzustellen. Diesem Fürsorgeanspruch folgt auch der Paragraph 37, der Arbeitern und Angestellten für Urlaubsreisen mit dem FDGB eine 33 1/3 prozentige Fahrpreisermäßigung gewährt.

Diese Maßnahmen begründeten zunächst vor allem einen theoretischen Anspruch[73], denn bis weit in die fünfziger Jahre hinein war es vor allem aus finanziellen Gründen nur bestimmten Bevölkerungsgruppen – beispielsweise Arbeiterfamilien mit zwei Verdienern – möglich, Urlaubsreisen wahrzunehmen.

Das Gesetzbuch der Arbeit vom 12.4.1961 schrieb diese Regelungen fort. Weitere Veränderungen ohne ein grundlegend neues Arbeitsgesetz erfuhren die Urlaubsregelungen in den Jahren 1967 (Erhöhung des Mindesturlaubs auf 15 Tage[74], Einführung der Fünf-Tage-Arbeitswoche und Senkung der wöchentlichen Arbeitszeit auf 43¾ Stunden[75] bis auf einige Ausnahmeberei-

---

73 Der Mindesturlaub gewährleistete zunächst also die – äußerst wichtige – prinzipielle Möglichkeit der Teilnahme am Tourismus.
74 Vgl. *Verordnung über die Einführung eines Mindesturlaubs von 15 Werktagen im Kalenderjahr* vom 3.5.1967.
75 Vgl. *Verordnung über die durchgängige 5-Tage-Arbeitswoche und die Verkürzung der wöchentlichen Arbeitszeit bei gleichzeitiger Neuregelung der Arbeitszeit in einigen Wochen mit Feiertagen* vom 3.5.1967. Zu beachten ist, dass die Senkung der Wochenarbeitszeit zunächst eine Erhöhung der täglichen Arbeitszeit von 8 auf 8 ¾ Stunden bewirkte.

che[76], Streichung von vier Feiertagen im Zuge der Einführung der Fünf-Tage-Woche[77]) und 1975 (Erhöhung des Mindesturlaubs auf 18 Tage[78]). Zu beachten ist, dass der arbeitsfreie Sonnabend erst 1979 aus der Urlaubsberechnung herausgenommen wurde.[79] Die gelockerte Arbeitszeitregelung und der erhöhte Mindesturlaub boten zum einen mehr Möglichkeiten der Befriedigung touristischer Bedürfnisse, zum anderen evozierte diese sie auch erst. Dazu trug ebenfalls die neue Regelung der Schulzeit in der Volksbildung bei. Dort wurden zum Schuljahr 1967/68 21 Sonnabende schulfrei erklärt.[80] Familien mit schulpflichtigen Kindern stand somit vor allem in der Nah- und Wochenenderholung mehr Spielraum zur Verfügung.

Zum 1.5.1977 wurde die wöchentliche Arbeitszeit für Werktätige im Dreischichtsystem und Mütter mit zwei und mehr Kindern bis zu 16 Jahren auf 40 Stunden pro Woche (15,5 Prozent aller Werktätigen), für Arbeiter im Zweischichtsystem auf 42 Stunden pro Woche (8,5 Prozent aller Werktätigen) herabgesetzt.[81] Weiterhin aber verblieben etwa 76 Prozent der Beschäftigten in der 43¾-Stunden-Woche. Im Vergleich zu den aus anderen sozialistischen

---

76 Von dieser Regelung blieben Wirtschaftszweige, in denen eine ununterbrochene Produktion notwendig war, ausgenommen. Für diese Werktätigen wurde bestimmt, an beliebigen aufeinanderfolgenden zwei Tagen frei zu haben. Für Beschäftigte an Schulen und Universitäten galt ebenfalls weiterhin die Sechs-Tage-Arbeitswoche. – Vgl. ebd., Paragraph 4.
77 Es waren dies der Tag der Befreiung (8.5.), Ostermontag, Christi Himmelfahrt sowie der Buß- und Bettag. – Vgl. ebd.
78 Vgl. *Verordnung über die Erhöhung des Mindesturlaubs im Kalenderjahr* vom 12.9.1974.
79 Vgl. *Verordnung über den Erholungsurlaub* vom 28.9.1978, Paragraphen 2 Absatz 1 und 2 sowie Paragraph 3 Absatz 1. Weiterhin: Dahrendorf, *Die Befriedigung des Bedürfnisses nach Urlaubstourismus*, S. 84f. Dahrendorf berechnet, dass ab 1979 trotz einer Beibehaltung des Mindesturlaubs von 18 Tagen (seit 1972) effektiv drei zusätzliche Urlaubstage, die nicht durch Samstage verbraucht wurden, entstanden. Im Übrigen kann diese Sonnabendregelung die differierenden Zahlenangaben in der Literatur bedingen, wenn Mindesturlaubsanspruch und tatsächlicher (durchschnittlicher) Urlaub vermengt wurden. Vgl. beispielsweise Hölder, *Im Trabi durch die Zeit*, S. 304. Dort wird der Mindesturlaub bis 1950 mit 12 Tagen, dann mit 18–24 Tagen angegeben.
80 Diese Regelung bedeutete, dass jeder zweite Sonnabend schulfrei war. Diese Regelung blieb bis 1990 bestehen. – Vgl. *Verordnung über die 5-Tage-Unterrichtswoche an den allgemeinbildenden und berufsbildenden Schulen* vom 25.1.1990; Deja-Lölhöffel, *Freizeit in der DDR*, S. 17.
81 Vgl. *Verordnung über die Verlängerung des Wochenurlaubs und die Verbesserung von Leistungen bei Mutterschaft* vom 27.5.1976; *Verordnung über die weitere schrittweise Einführung der 40-Stunden-Arbeitswoche* vom 29.7.1976; *Verordnung über die Einführung eines Zusatzurlaubs für Schichtarbeiter, die Erweiterung des Anspruchs auf Hausarbeitstag und auf Mindesturlaub* vom 30.9.1976. Weiterhin dazu und im Folgenden: Manz, Günter u.a.: *Lebensniveau im Sozialismus*, S. 217. Ähnliche Zahlen auch bei Reinhard Schaefer und Jürgen Wahse für 1986: 73 Prozent der Werktätigen in der 43¾-Stunden-Woche, 7 Prozent in der 42-Stunden-Woche und 20 Prozent in der 40-Stunden-Woche. – Vgl. Schaefer, /Wahse, »Zur Rolle der Arbeitszeit«, S. 34.

Staaten für den Anfang der achtziger Jahre vorliegenden Zahlen ist dies eine deutlich erhöhte Wochenarbeitszeit[82], die aber in den Medien der DDR stets gegenüber der Berichterstattung über die kürzer arbeitenden Personenkreise in den Hintergrund trat und durch die real erreichte Urlaubszeit konterkariert wurde[83].

Waren diese Bestimmungen vor allem für die kurzfristige Erholung von Bedeutung, so wurden grundsätzliche Neubestimmungen im Arbeitsgesetzbuch vom 16. Juni 1977 getroffen.[84] In den Aufgaben des Arbeitsrechtes heißt es, dass hier Grundrechte der Bürger der DDR ausgestaltet seien, auch jenes auf Freizeit und Erholung (Paragraph 1 [2]). Eine Besonderheit der Regelung im Arbeitsbereich stellten in der DDR die so genannten Rahmenkollektivverträge dar, die unternehmens- oder branchenabhängige Bestimmungen über den Arbeitslohn, die Arbeitszeit und den Erholungsurlaub sowie andere arbeitsrechtliche Bestimmungen enthielten (Paragraph 14 [1]). Die Arbeitszeit betrug maximal 40 Stunden innerhalb einer 5-Tage-Regelarbeitswoche mit besonderen Regelungen für »Mehrschichtarbeiter und vollbeschäftigte Mütter mit mehreren Kindern bis zu 18 Jahren beziehungsweise mit einem schwerstgeschädigten Kind sowie für Werktätige, die besonders schwere Arbeit leisten oder unter bestimmten gesundheitsgefährdenden Bedingungen arbeiten« (Paragraphen 160, 161). Im Kapitel zum Erholungsurlaub war festgelegt, dass die Betriebe gemeinsam mit dem FDGB unter besonderer Berücksichtigung der Familienerholung zur Bereitstellung von touristischen Kapazitäten beitragen sollten (Paragraph 189). Die Paragraphen 190, 191 und 192 regelten Grund- und Zusatzurlaubszeiten. Im Paragraph 197 schloss sich die Vorgabe zur praktischen betrieblichen Umsetzung mittels eines obligatorisch zum Jahresbeginn unter Mitwirkung der Betriebsgewerkschaftsleitung zu erstellenden Urlaubsplanes an. Zur Vergütung des Urlaubs bestimmte Paragraph 199 die Lohnfortzahlung. Es existierte demnach kein der bundesrepublikanischen Regelung vergleichbares Urlaubsgeld als Sonderleistung, doch konnte der verbindlich zu

---

82 In der UdSSR beispielsweise betrug die Wochenarbeitszeit der Mehrheit der Beschäftigten 39,4 Stunden, in Ungarn 42 Stunden pro Woche. – Vgl. o.V., »Die beiden Gesellschaftssysteme und das Recht auf Erholung«, S. 1284. Frerich / Frey verweisen darauf, dass zwischen dem Anfang der siebziger Jahre und 1989 keine grundlegende Erhöhung des Urlaubsanspruches außer einigen Veränderungen in der Gestaltung des Zusatzurlaubes mehr vorgenommen wurde. – Vgl. Frerich / Frey, *Handbuch der Geschichte der Sozialpolitik in Deutschland (2)*, S. 158.
83 Die DDR lag »in der real erreichten Urlaubszeit [...] auf einem der vordersten Plätze im sozialistischen Lager.« – Vgl. Friedrich-Ebert-Stiftung, *Urlaub und Tourismus* (1985), S. 6. Von DDR-Seite liegen zu diesem Thema keine Zahlen vor. Die Forschung geht recht übereinstimmend von etwa 22 bis 24 Tagen pro Jahr in der Mitte der achtziger Jahre aus. – Vgl. Deja-Lölhöffel, *Freizeit in der DDR*, S. 34.
84 Vgl. dazu und im Folgenden: *Arbeitsgesetzbuch der DDR* vom 16.6.1977.

zahlende Lohn auf gesonderten Antrag hin im Vorfeld ausbezahlt werden.
Sonderleistungen hingegen stellten in der DDR die so genannten Jahresendprämien dar, die an die Planerfüllung des Betriebes gekoppelt waren.[85]
Konkretere Regelungen enthielt die kurz darauf erlassene Verordnung über den Erholungsurlaub vom 28.9.1978.[86] Darin wurden der Geltungsbereich der Regelungen[87], die Grundurlaubszeit, Personenkreise mit erhöhtem Urlaubsanspruch[88] und die Grundlagen des Zusatzurlaubs[89] fixiert.

Zivilgesetzliche Regelungen

Im Zivilgesetzbuch der DDR vom 19. Juni 1975 wurden Regelungen zum Zivilrecht getroffen. Allgemein ging es darum, dass sowohl die staatlichen Organe als auch die Bürger selbst eine Mitverantwortung für die Gestaltung der Lebens- und Arbeitsbedingungen in der DDR trugen (Paragraphen 5 und 9), auch in Fragen der Erholung. Zudem betrafen der Paragraph 21 (Nutzung sozialistischen Eigentums durch die Bürger), Paragraph 23 (Gegenstand des persönlichen Eigentums), das Kapitel 4 (Dienstleistungen) und darin die Abschnitte zu Bauleistungen (Paragraph 189), Reise und Erholung (Paragraphen 204 bis 216) sowie Ausleihdiensten (Paragraph 224), schließlich der Paragraph 284 (Schutz und Sicherung einer rationellen Bodennutzung), Paragraph 296 (Eigentum an Wochenendhäusern und anderen Baulichkeiten auf vertraglich genutzten Bodenflächen) und Paragraphen 312 bis 315 (Nutzung von Bodenflächen zur Erholung) in weiterem oder engerem Sinne Fragen der Erholung und des Tourismus.[90]

---

85 Vgl. Friedrich-Ebert-Stiftung, *Urlaub und Tourismus* (1985), S. 13.
86 *Verordnung über den Erholungsurlaub* vom 28.9.1978.
87 Beschäftigte in Privatbetrieben hatten ungünstigere Urlaubsansprüche, zum Beispiel waren sie von einigen Kategorien des Zusatzurlaubs ausgenommen. Dies war wohl bewusst gewollt, um die Arbeitsaufnahme in einem nichtstaatlichen Betrieb unattraktiver zu gestalten.
88 Wichtigste Bezugsgruppen: vollbeschäftigte Mütter mit zwei Kindern im Schichtsystem (24 Tage), vollbeschäftigte Mütter mit drei und mehr Kindern (25 Tage), Jugendliche unter 18 Jahren (25 Tage), vollbeschäftigte Mütter mit drei und mehr Kindern im Schichtsystem (27 Tage), Lehrlinge (28 Tage), Kämpfer gegen den Faschismus und Verfolgte des Faschismus (32 Tage).
89 Unterteilung in flexibel zuerkannte Urlaubsansprüche aufgrund besonderer Arbeitsbedingungen und feste Regelungen. Erstere waren (1–10 Tage zusätzlich): besondere Arbeitserschwernisse oder -belastungen, besonders verantwortliche Tätigkeiten, Schichtarbeit. Letztere waren (3–5 Tage zusätzlich): gesundheitlich geschädigte Werktätige. Bestanden aus mehreren Gründen Ansprüche auf Zusatzurlaub, so wurde der höchste gewährt. Zudem konnte leistungsbedingter Zusatzurlaub genehmigt werden. – Fortführung durch die Zweite *Verordnung über den Erholungsurlaub* vom 18.12.1980, Paragraph 1. Besondere Regelung in der *Verordnung über die Erhöhung des Erholungsurlaubs für ältere Werktätige* vom 1.10.1987.
90 Vgl. *Zivilgesetzbuch der DDR* vom 19.6.1975.

Die allgemeinen Regelungen der Verfassung, des Arbeits- und Zivilgesetzbuches wurden in Ausgestaltung des dort bekundeten politischen Willens in per Gesetz erlassenen Verordnungen, zum Beispiel jener viel zitierten über den Erholungsurlaub, umgesetzt.[91]

Schließlich muss bezüglich staatlicher Verordnungen, Anordnungen, Gesetze und anderer Regelwerke in der DDR stets berücksichtigt werden, dass in sozialistischen Systemen eine vom westlichen Modell abweichende politische Entscheidungsabfolge existierte. Die Formulierungen in Direktiven und anderen Verlautbarungen der SED hatten zwar keinen Gesetzescharakter, doch die aus ihnen folgenden Beschlüsse des Politbüros beziehungsweise im Tourismus häufiger die gemeinsamen Beschlüsse des Politbüros des ZK der SED, des Bundesvorstandes des FDGB und des Ministerrates der DDR hatten Vorrang vor anderweitigen Gesetzesregelungen. Entsprechend waren Verfassungs- und andere Gesetzesentscheidungen übereinstimmend mit den jeweiligen politischen Grundsatzentscheidungen und Beschlüssen der SED zu interpretieren.[92] So ist beispielsweise davon auszugehen, dass die FDGB-Kongresse die vorhergehenden Parteitagsdirektiven auch im Bereich der Empfehlungen zur Entwicklung des Erholungswesens ritualistisch durchdeklinierten.

Vorgaben zum innerdeutschen Reiseverkehr

Zu jeder Zeit des Bestandes des DDR seit dem Mauerbau 1961 waren Fragen des innerdeutschen Reiseverkehrs und damit für DDR-Bürger Aspekte des Reisens in Staaten einer nichtsozialistischen Ordnung, insbesondere der

---

91 Die gesetzlichen Rahmenbedingungen sagen allerdings noch wenig über reale Wahrnehmung des Urlaubsanspruches aus. Ein Beispiel findet sich in einer Fallbeschreibung aus Ina Merkels aktengestützter Zusammenstellung aus dem Deutschen Rundfunkarchiv über Zuschauerzuschriften an die Redaktion der Fernsehsendung ›Prisma‹. Herr H., ein Schichtarbeiter aus Berlin, wandte sich am 29.12.1979 mit folgendem Brief (Auszug) an die Redaktion: »Zweimal nahm ich je einen Tag Urlaub wegen Geburtstagen in der Familie, fünf Tage wegen Handwerkern in der Wohnung – Reproduktion der Arbeitskraft?« Er forderte im Anschluss an diese Aufstellung, nicht ihm selbst, sondern auch seiner Ehefrau schichtarbeitsbedingten Zusatzurlaub zu gewähren, um sich gemeinsam mit ihr erholen zu können. Auf seine Anfrage wurde seitens des Bundesvorstandes des FDGB nicht zufriedenstellend reagiert, sodass er sich an ›Prisma‹ wandte. – Merkel, *Briefe an das DDR-Fernsehen*, S. 63ff.

92 Vgl. »Auch für den Tourismussektor galt, dass alle durch das Politbüro und die Sekretäre des Zentralkomitees der SED vorbereiteten Entscheidungen durch Beschluß der Volkskammer (und der in diesem Rahmen erfolgenden Beratungen durch die dortigen Fraktionen der Blockparteien und Massenorganisationen) zum Gesetz erhoben (Legislative) und vom Ministerrat der DDR (als der Exekutive) in Beschlüssen und Weisungen umgesetzt wurden.« – Bähre, *Nationale Tourismuspolitik in der Systemtransformation (1)*, S. 156. Allgemeiner äußert sich Gerd Meyer zu den Macht- und Entscheidungsstrukturen der DDR in: Meyer, *Die DDR-Machtelite in der Ära Honecker*, S. 40f.

Bundesrepublik, von großer Brisanz. Die umfangreichen Um- und Neuregelungen in den siebziger und achtziger Jahren[93] – ohne von der grundsätzlichen Linie einer starken Beschränkung des westorientierten Reiseverkehrs abzugehen – zeigen, dass sich auch die Führung der DDR dieser Bedeutung bewusst war und zunehmend erkannte, dass sie die Wünsche der Bevölkerung nicht vollständig ignorieren konnte, sondern in beherrschbare Bahnen bringen musste.

Reisen von Ost nach West hat es – genau wie umgekehrt – stets gegeben. Doch für den vorliegenden relevanten Zeitraum ist das Staatsbürgerschaftsgesetz von 1967 ein erster Markierungspunkt. Damit wurde die Souveränität der DDR auch hinsichtlich einer von der bundesrepublikanischen abgegrenzten DDR-Staatsbürgerschaft deutlich klargestellt. Da die Bundesrepublik weiterhin alle DDR-Bürger als Deutsche und damit auch bundesrepublikanische Staatsbürger sah – und ihnen auf Antrag auf dem Boden der Bundesrepublik entsprechende Ausweispapiere ausstellte[94] – war die offizielle Bestimmung des Paragraph 3 (1) von weitreichender Bedeutung: »Staatsbürger der Deutschen Demokratischen Republik können nach allgemein anerkanntem Völkerrecht gegenüber der Deutschen Demokratischen Republik keine Rechte oder Pflichten aus einer anderen Staatsbürgerschaft geltend machen.«[95]

Die sich im Grundlagenvertrag zwischen der DDR und der Bundesrepublik vom 21.12.1972 ausdrückende Entspannung verstärkte diese Abgrenzung sogar noch. Einerseits trat hiermit also eine Normalisierung in den bilateralen Beziehungen ein (Artikel 7[96]), andererseits entfernte man sich noch deutlicher als bisher vom Wiedervereinigungsgedanken.

Nur so aber sah die bundesdeutsche Seite Möglichkeiten, die DDR-Regierung davon zu überzeugen, deutsch-deutsche Reisebeziehungen zu verbessern. Sehr optimistisch formulierte Michael Kohl, der Verhandlungsführer der DDR zum Grundlagenvertrag, in einem Brief an sein Gegenüber Egon Bahr, man

---

93 Vgl. im Überblick: Rodestock, *Tendenzen des Urlaubsverhaltens der ehemaligen DDR-Bürger*, S. 48–52.
94 Dieses Problem wird im Unterkapitel III.2.3 noch näher erläutert. An dieser Stelle sei lediglich auf die Anordnung einer Dienstvorschrift zur detaillierteren Regelung von Reisegenehmigungen nach nichtsozialistischen Staaten verwiesen, das die Kenntnis über die bundesrepublikanische Praxis und das Verhalten von DDR-Bürgern beweist: Reisen in die Bundesrepublik wird nicht zugestimmt, wenn »bei vorangegangenen Reisen festgestellt wurde, dass eine Genehmigung zur Reise nach nichtsozialistischen Staaten oder Westberlin für eine Weiterreise nach einem dritten Staat ausgenutzt wurde.« – Punkt 10.4. der Dienstvorschrift. Nur für den Dienstgebrauch. Nr. 40/1974. Schriftgutverwaltung des Bundesministeriums des Innern Außenstelle Berlin. Zitiert bei: Budde, *Reisen in die Bundesrepublik und der ›gläserne‹ DDR-Bürger*, S. 22.
95 *Staatsbürgerschaftsgesetz* vom 20. Februar 1967.
96 *Vertrag über die Grundlagen der Beziehungen zwischen der Deutschen Demokratischen Republik und der Bundesrepublik Deutschland* vom 21. Dezember 1972.

wünsche »Maßnahmen zur weiteren Verbesserung des grenzüberschreitenden Reise- und Besucherverkehrs einschließlich des Tourismus«[97] zu treffen. Dies suggeriert allerdings einen urlaubsorientierten Besucheraustausch, der von DDR-Seite nie möglich wurde, da die Genehmigungsbedingungen für solche Reisen stets in absolut überwiegendem Maße sehr restriktiv an dringende familiäre Angelegenheiten oder beruflichen Austausch gekoppelt waren.

Bereits im unmittelbaren Vorfeld des Grundlagenvertrages hatte die DDR Anordnungen über Regelungen im Reiseverkehr von Bürgern der DDR nach nichtsozialistischen Staaten und Westberlin im Gesetzblatt der DDR veröffentlicht. Diese wurden durch eine Anordnung vom 14.6.1973 verändert und dabei vor allem Reiseanlässe, die eine Reisegenehmigung ermöglichen könnten, erweitert. So konnten unter der Voraussetzung einer Anerkennung der DDR Einladungen von Verwandten aus nichtsozialistischen Staaten in ›dringenden Familienangelegenheiten‹ (Geburten, Eheschließungen, silberne und goldene Hochzeiten, ›runde‹ Ehejubiläen ab dem sechzigsten, lebensgefährliche Erkrankungen, Sterbefälle) ausgesprochen werden (Paragraph 1). Es kam jedoch nicht nur auf die Begründung des Antrags an, sondern auch auf Faktoren, die im Lebenswandel und der (vermuteten) politischen und gesellschaftlichen Einstellung des Reisewilligen begründet lagen (Paragraph 3). Rentnern konnte nach dieser Verordnung eine maximal dreißigtägige Ausreise pro Jahr nach nichtsozialistischen Staaten genehmigt werden (Paragraph 2 [1]).[98]

Weitere Lockerungen erfuhr der deutsch-deutsche Reiseverkehr durch eine neue Anordnung über Regelungen zum Reiseverkehr von Bürgern der DDR vom 15.2.1982[99] und vom 30.11.1988[100]. Auch touristische Reisen in andere nichtsozialistische Länder wurden am Ende der achtziger Jahre überhaupt erst durchgeführt, wenngleich die gesetzlichen Möglichkeiten schon einige Jahre theoretisch gegeben waren.[101]

Trotz der zunehmenden Erleichterungen im Reiseverkehr gelang es dem Staat bis 1989 durch die Undurchschaubarkeit und Willkür des Reisegenehmi-

---

[97] Kohl, »Maßnahmen zur weiteren Verbesserung des grenzüberschreitenden Reise- und Besucherverkehrs einschließlich des Tourismus«, S. 1394.
[98] *Anordnung über Regelungen im Reiseverkehr von Bürgern der DDR* vom 17.10.1972. Außer in oben genannten abweichenden Absätzen: *Zweite Anordnung über Regelungen im Reiseverkehr von Bürgern der DDR* vom 14.6.1973.
[99] *Anordnung über Regelungen zum Reiseverkehr von Bürgern der DDR* vom 15.2.1982.
[100] *Verordnung über Reisen von Bürgern der Deutschen Demokratischen Republik nach dem Ausland* vom 30.11.1988. Vgl. zu den Diskussionen im Vorfeld: *Schreiben des 1. Stellvertretenden Ministers Ahrendt an den Minister des Inneren und Leiter der Deutschen Volkspolizei Armeegeneral Dickel vom 20.7.1987*, BArch DO1 041630, unpag.
[101] Vgl. beispielsweise die Möglichkeit touristischer Aufenthalte in Finnland nach Wolle, *Die heile Welt der Diktatur*, S. 287.

gungsverfahrens und ungeachtet der Möglichkeit eines Einspruchs gegen Ablehnungsbescheide, absichtlich und bewusst »ein Gefühl der Unsicherheit, ein Gefühl der Schwäche, ein Gefühl der Unterlegenheit, ein Gefühl des Ausgeliefertseins und [...] ein Gefühl der Angst«[102] hervorzurufen.

Regelungen zur Kinder- und Jugenderholung

Selbst als Fragen der touristischen Entwicklung als Teil der Sozialpolitik Mitte der achtziger Jahre hinter drängendere Probleme, wie beispielsweise den Wohnungsbau, zurücktraten, nahm die Fürsorge des Staates für eine umfassende Kinder- und Jugenderholung einen breiten Raum ein. Dies ist wenig verwunderlich, wenn man bedenkt, dass die Erziehung der Jugend »auf sozialistische Art zu arbeiten, zu lernen und zu leben«[103] ein wichtiger Bereich bei der Durchsetzung des Sozialismus in den Köpfen der Menschen zu sein schien. Die Unterstützung derjenigen zu gewinnen, die – zumindest betraf dies die siebziger und achtziger Jahre – keine andere Gesellschaftsordnung kennen gelernt hatten als die DDR, galt als Schlüsselziel. In der Jugend der DDR sah man die ›Erbauer des Sozialismus‹, und eine sinnvolle und auf die genannten Ziele abgestimmte Feriengestaltung und Erholungspolitik war fester Bestandteil der Maßnahmen.

Aus diesem Grund finden sich im Jugendgesetz der DDR, sowohl jenem aus dem Jahr 1964[104] als auch dem nachfolgenden von 1974, einige Ausführungen über die Bedeutung von Urlaub und Tourismus für die Entwicklung der jungen Menschen. In letzterem wurden Fragen der Erholung im Kapitel

---

102 Schuller, »Protokoll der 21. Sitzung«, S. 227.
103 Paragraph 1 Absatz 2 im *Jugendgesetz der DDR* vom 28. Januar 1974. Vgl. weiterhin: »Paragraph 1 (1) Vorrangige Aufgabe bei der Gestaltung der entwickelten sozialistischen Gesellschaft ist es, alle jungen Menschen zu Staatsbürgern zu erziehen, die den Ideen des Sozialismus treu ergeben sind, als Patrioten und Internationalisten denken und handeln, den Sozialismus stärken und gegen alle Feinde zuverlässig schützen.« – Ebd.
104 Die Paragraphen 26 bis 31 nannten die wichtigsten zuständigen Organisationen (FDJ, Pionierorganisation »Ernst Thälmann«, DTSB, GST, FDGB, Komitee für Touristik und Wandern) und regelten staatliche Vergünstigungen im touristischen Bereich, die Markierung und Einordnung von Wandergebieten durch Wanderkataloge, die Vergabekriterien für die internationale Jugendtouristik, die Förderung des Urlaubes der Landjugend, das Ziel einer verbesserten Ausstattung der Jugendherbergen / anderer Touristenunterkünfte und der Zeltplätze, die Nutzung von Schulen / Internaten etc. als Wanderquartiere, die kollektive Erholung durch die Feriengestaltung für die Schüler der Oberschulen und Einrichtungen der Berufsbildung. – *Gesetz über die Teilnahme der Jugend der Deutschen Demokratischen Republik am Kampf um den umfassenden Aufbau des Sozialismus und die allseitige Förderung ihrer Initiative bei der Leitung der Volkswirtschaft und des Staates, in Beruf und Schule, bei Kultur und Sport* vom 4. Mai 1964.

VII (Die Gestaltung der Arbeits- und Lebensbedingungen der Jugend)[105], im Kapitel IX (Die Leitung der staatlichen Aufgaben sozialistischer Jugendpolitik)[106] und besonders im Kapitel VIII (Die Feriengestaltung und Touristik der Jugend) aufgegriffen. Im Paragraph 45 kommt deutlich die antizipierte staatliche Verantwortung für die Urlaubsgestaltung der Jugendlichen zur Geltung, wobei auch der Jugend selbst eine aktive Teilnahme abgefordert wurde. Für die Vorbereitung und Durchführung entsprechender Aktivitäten zeichneten die örtlichen Volksvertretungen, die staatlichen Organe der Volksbildung, die Freie Deutsche Jugend, die Pionierorganisation »Ernst Thälmann«, der Freie Deutsche Gewerkschaftsbund und andere gesellschaftlichen Organisationen unter der Koordination so genannter Ferienausschüsse verantwortlich. (Paragraphen 46 und 47). Im darauffolgenden Paragraph 48 sowie im Paragraph 50 wurde der Ausbau der entsprechenden Kapazitäten planmäßig festgelegt. Dies alles unterstand laut Paragraph 49 dem Ziel, dem »Bedürfnis der Jugend, ihre sozialistische Heimat, die Sowjetunion und die anderen Länder der sozialistischen Staatengemeinschaft besser kennenzulernen«[107], entgegenzukommen.

Ähnlich formulierte das von 1965 stammende Gesetz über das einheitliche sozialistische Bildungssystem im Paragraph 17, dass sich Schüler in der Feriengestaltung zu sozialistischen Persönlichkeiten entwickeln sollten. Dies geschah mit tätiger Mithilfe der örtlichen Räte.[108] Deutlich werden darin die Ziele, die vielfältigen Formen touristischer Betätigung der Jugend der DDR zu erweitern, vorrangig kollektive Angebote zu stärken, mehr Urlaubsreisen in sozialistische Länder vor allem für gesellschaftlich engagierte und / oder ausgezeichnete Jugendliche anzubieten und niedrige Preise der Angebote zu sichern.

Die weitere Konkretisierung der Bestimmungen des Jugendgesetzes erfolgte in der Anordnung über die weitere Entwicklung der Feriengestaltung der Schüler und Studenten sowie der Urlaubsgestaltung der Lehrlinge vom 1.9.1972, in der Anordnung zur Planung und Finanzierung der Aufwendungen für die Feriengestaltung der Schüler und die Urlaubsgestaltung der Lehrlinge vom 21.3.1975 sowie mit der Anordnung über die Beteiligungskosten an Betriebsferienlagern in der organisierten Feriengestaltung vom 9.3.1984.

---

105 Darin wurde betont, dass die Arbeits- und Lebensbedingungen aller Bürger planmäßig zu verbessern seien. Dazu gewährleisteten die örtlichen Volksvertretungen und andere staatliche Organe die Pflege, Erhaltung und die planmäßige Erweiterung der ihnen unterstehenden Kinder- und Jugendeinrichtungen. Wichtig erschien dabei der Neubau bzw. die Rekonstruktion von Kinder- und Jugendeinrichtungen. – *Jugendgesetz der DDR* vom 28. Januar 1974.
106 Vgl. besonders: Ebd., Paragraph 51f.
107 *Jugendgesetz der DDR* vom 28. Januar 1974.
108 *Gesetz über das einheitliche sozialistische Bildungssystem* vom 25. Februar 1965.

Wie bereits in der arbeitsgesetzlichen Gestaltung zur Fünf-Tage-Woche angedeutet wurde, waren die Wochenschulzeit- sowie die Schulferienregelung Hemmschuhe eines vor allem kapazitätsorientierten Ausbaus der Kinder- und Jugenderholung. Wochenendgestaltung bezog sich bei der für Schüler und Studenten geltenden Sechs-Tage-Woche auf Sonnabendnachmittage und Sonntage.[109] Die Ferienregelung der Volksbildung[110] sah zentrale, jährlich abgestimmte Ferien zum Jahreswechsel (circa neun Tage), zu Ostern und Pfingsten (je ein Tag), im Frühling und Herbst (je eine Woche), im Winter (drei Wochen im Februar) sowie im Sommer (acht Wochen im Juli / August) vor. Hinzu kamen bis zu zehn schulfreie Tage. Immer wieder vorgebrachte Ideen hinsichtlich einer versetzten Einteilung[111] wurden vermutlich im Interesse der Abgrenzung von der bundesrepublikanischen Staffelregelung abgewiesen. Diese Ferienregelung führte zu einem Nachfragestau sowohl hinsichtlich der privaten Urlaubsplanung der Familien, die alle an diese Zeiträume gebunden waren, als auch hinsichtlich der kollektiven Feriengestaltung (Ferienlager et cetera), da die Berufstätigkeit meist beider Elternteile vor allem für jüngere Kinder eine organisierte Ferienbetreuung unabdingbar machte.

Grenzordnungen

Die starke Beschränkung der Reisefreiheit von DDR-Bürgern über die Grenzen der DDR hinaus bedingte eine hohe Relevanz von Regelungen über die Staatsgrenze. Zwar orientierten sich diese zum einen an einer deskriptiven Auflistung der Grenzgebiete und des dort zu zeigenden Verhaltens sowie zum anderen im Zusammenhang mit dem Strafgesetzbuch der DDR mit der Regulierung von Vergeltungsmaßnahmen für ungesetzliche Grenzverletzungen, doch betrafen sie mittelbar auch Fragen des Tourismus, wenn es zum Beispiel um Feriengebiete im Grenzgebiet, Verantwortlichkeiten von Mitarbeitern im Erholungssektor oder beispielsweise Wanderungen im grenznahen Bereich ging.

Am 19.3.1964 traf die DDR eine für die in der vorliegenden Studie relevante Zeit gültige Verordnung zum Schutze der Staatsgrenze der Deutschen Demokratischen Republik[112], die durch die Anordnung über die Ordnung in

---

109 Vgl. Kirchhöfer, »Alltägliche Lebensführungen von Kindern in der DDR«, S. 290.
110 Vgl. Bähre, *Nationale Tourismuspolitik in der Systemtransformation (1)*, S. 236. Konkretes Beipiel bei Deja-Lölhöffel, *Freizeit in der DDR*, S. 34.
111 Vgl. Großmann/Scharf, *Thesen für eine Ferienstaffelung in der DDR*. Vgl. auch die in der Fachzeitschrift der Hochschule für Verkehrswesen vom Schweizer Professor Walter Hunziker vorgebrachten Argumente: Hunziker, »Die Ferienstaffelung«.
112 *Verordnung zum Schutze der Staatsgrenze der Deutschen Demokratischen Republik*.

den Grenzgebieten und den Territorialgewässern der Deutschen Demokratischen Republik (Grenzordnung) vom 15.6.1972 geändert wurde. In letzterer wurde bestimmt, dass in den Grenzgebieten der DDR eine Sperrzone besteht, die von touristischer Nutzung ausgeschlossen ist (Paragraphen 1 und 12). Besondere Regelungen galten für die Grenze zur Bundesrepublik Deutschland. In den Paragraphen 18 und 19 wurde beispielsweise bestimmt, dass zur Einreise in Kur- und Erholungsheime des FDGB und des Reisebüros der Deutschen Demokratischen Republik im Grenzgebiet Passierscheine vorzulegen seien und sich die Bürger innerhalb von zwölf Stunden persönlich bei der zuständigen Meldestelle anzumelden hätten. Die Seegrenze beschrieb Paragraph 33 als Linie von Voigtshagen (Kreis Grevesmühlen) entlang der Küste bis Altwarp (Kreis Ückermünde) sowie als die Inseln Poel, Rügen, Hiddensee, Usedom, die Halbinseln Wustrow, Darß und Teile der inneren Seegewässer. In der Grenzzone galten zudem besondere Bestimmungen zur Unterbringung von Feriengästen. Ausgenommen waren laut Paragraph 35 lediglich Gruppen der Freien Deutschen Jugend, der Jungen Pioniere, von Sportvereinigungen und anderen gesellschaftlichen Organisationen nach besonderer Genehmigung. Der Paragraph 40 verfügte, dass der Aufenthalt auf den Gewässern der Deutschen Demokratischen Republik mit Sportbooten und anderen Schwimmkörpern nur in der Zeit von Sonnenaufgang bis Sonnenuntergang gestattet sei. Im selben Paragraphen werden Ausnahmeregelungen für den Schiffs- und Bootsverkehr der ›Weißen Flotte‹ getroffen. Ab Paragraph 45 werden die offeneren Grenzen zu den sozialistischen Nachbarländern, der Tschechoslowakischen Sozialistischen Republik und der Volksrepublik Polen, behandelt.[113]

Das Eingabenwesen der DDR

Bereits 1953[114], dann wieder 1961[115] und 1969[116] wurde in der DDR jeweils ein Erlass des Staatsrates der Deutschen Demokratischen Republik über die Eingaben der Bürger und die Bearbeitung durch die Staatsorgane veröffentlicht. Diese Möglichkeit einer einheitlich geregelten Beschwerdepraxis[117] ermöglichte es dem Petenten gegenüber der Legislative und Exekutive Einwände gegen-

---

113 *Grenzordnung* vom 15. Juni 1972.
114 *Verordnung über die Prüfung von Vorschlägen und Beschwerden der Werktätigen* vom 6.2.1953.
115 *Erlaß des Staatsrates der Deutschen Demokratischen Republik über die Eingaben der Bürger und die Bearbeitung durch die Staatsorgane* vom 27.2.1961.
116 *Erlaß des Staatsrates der Deutschen Demokratischen Republik über die Bearbeitung der Eingaben der Bürger* vom 20.11.1969.
117 Zum Eingabenwesen der DDR liegen mittlerweile in größerer Zahl Untersuchungen vor. Vgl. beispielsweise: Mühlberg, *Bürger, Bitten und Behörden*; Elsner, »Flankierende Stabilisierungsmechanismen diktatorischer Herrschaft«; Staadt, *Eingaben*.

über dem ihm gezeigten staatlichen Verwaltungshandeln vorzubringen und innerhalb einer bestimmten Frist Antwort zu erhalten. Die Notwendigkeit einer solchen Regelung entstand durch den Widerspruch von Wirklichkeit und Idee. Ging man in der Verfassung von einer Identität der Interessen von Staat und Bürgern aus, so zeigten sich im alltäglichen Leben rasch Differenzen. Da der Staat propagandistisch stets darauf hinwies, als Vertretung der Arbeiter und Bauern die Bürgerinteressen in den Mittelpunkt zu stellen, ja die Menschen selbst zu den Akteuren staatlichen Handelns zu machen, musste eine Möglichkeit der Konfliktlösung gefunden werden.[118]

Erst mit dem Gesetz über die Bearbeitung der Eingaben der Bürger vom 19.6.1975[119], dem Eingabengesetz, wurde die »Verfassungsnorm an die Verfassungswirklichkeit«[120] angeglichen und eine gesetzliche Verankerung mit umfassendem Geltungsbereich erlangt. Diese Regelung ist aber trotzdem nicht mit dem Petitionsrecht demokratischen Verständnisses vergleichbar, da die Entscheidung über Angemessenheit und Revision der beanstandeten Entscheidung weiterhin der Willkür der zuständigen staatlichen Organe unterlag.[121] Vor diesem Hintergrund muss das Eingabengesetz als Maßnahme des Staates gesehen werden, um eine ›ungefährliche‹ Information über potenziell unruheverursachende Individualinteressen und Brennpunkte kollektiver Unzufriedenheit, eine Ruhigstellung der einreichenden Petenten sowie eine Auslotung der Akzeptanzgrenzen staatlichen Handelns zu erreichen und Entscheidungen über Reaktionen nach dem Prinzip größtmöglicher Beruhigung und Zufriedenheitsgenese durch möglichst geringen staatlichen Aufwand zu treffen.

Zuständigkeiten im Erholungswesen

Nach dem Prinzip des demokratischen Zentralismus wurden die genannten gesetzlichen Grundlagen auf verschiedenen Hierarchiestufen in konkretes staatliches Handeln umgesetzt. Die einzelnen Zuständigkeiten auf Ministerial-, Bezirks-, Kreis- und Stadt-/Gemeindeebene werden im Kapitel II.3 geklärt. Grundlage dieser Verantwortlichkeiten war das Gesetz über die örtlichen

---

118 Abseits des idealtypischen Modells der mit dem Mandat der Adressaten ausgestatteten, exakt nach den Vorgaben agierenden Akteure ist ein Werte- und Normendissens zwischen denselben für Diktaturen charakteristisch. – Vgl. Skyba, »Die Sozialpolitik der Ära Honecker«, S. 50.
119 *Eingabengesetz der DDR* vom 19.6.1975.
120 Elsner, »Flankierende Stabilisierungsmechanismen diktatorischer Herrschaft«, S. 79.
121 Vgl. »Es handelt sich […] eben nicht um ein rechtsstaatliches Verfahren, in dem der Bürger ›sein Recht‹ auch ›gegen den Staat‹ durchsetzen kann. Vielmehr bleibt er letztendlich auf das Wohlwollen von ›Vater Staat‹ angewiesen.« – Meyer, »Der versorgte Mensch«, S. 35.

Volksvertretungen und ihrer Organe in der Deutschen Demokratischen Republik vom 12. Juli 1973 und seine Nachfolgeregelung vom 4. Juli 1985. Ersteres bestimmte Grundsätze der Arbeitsweise dieser staatlichen Organe und letzteres übernahm sie mit geringen Veränderungen. Der Paragraph 1 listet zunächst die verschiedenen örtlichen Volksvertretungen – die Stadtverordnetenversammlung in der Hauptstadt Berlin sowie den kreisangehörigen Städten, den Bezirkstag im Bezirk, die Stadtverordnetenversammlung im Stadtkreis, die Stadtbezirksversammlung im Stadtbezirk, den Kreistag im Landkreis und die Gemeindevertretung in den Gemeinden. Im Paragraph 3 wird deutlich, dass die Beschlüsse der örtlichen Volksvertretungen für alle nachgeordneten Verwaltungseinheiten verbindlich waren. Dies bezog sich auch auf die Erschließung von Erholungsmöglichkeiten (Paragraph 4). Dafür gab es in allen Bezirken auf der Ebene der so genannten Räte ständige Fachorgane (Paragraph 12) und wahlperiodenbeständige Kommissionen (Paragraph 14). Die Paragraphen 32 bis 66 listen die Einzelfunktionen der genannten örtlichen Volksvertretungen bezüglich Körperkultur, Sport, Erholungswesen und Fremdenverkehr auf. Trotz einiger kleinerer (Kompetenz-)Unterschiede ist die Aufgabenstellung an den Bezirkstag exemplarisch zu verstehen:

»Der Bezirkstag und der Rat des Bezirkes sind verantwortlich für die Leitung und Planung der staatlichen Aufgaben auf dem Gebiet von Körperkultur und Sport. Sie arbeiten dabei eng mit dem DTSB, dem FDGB, der FDJ, der GST und anderen gesellschaftlichen Organisationen zusammen. Dem Rat des Bezirkes sind Sporteinrichtungen unterstellt. Die Nutzung der Sportstätten erfolgt in Übereinstimmung mit dem DTSB. [...] (3) Der Rat des Bezirkes ist für die Leitung und Planung der staatlichen Aufgaben auf dem Gebiet des Erholungswesens und des Fremdenverkehrs verantwortlich. Er hat im Zusammenwirken mit den Gewerkschaften, anderen gesellschaftlichen Organisationen, zentralen staatlichen Organen, wirtschaftsleitenden Organen sowie mit Betrieben, Kombinaten und Einrichtungen die Erhöhung des Niveaus der Urlaubererholung einschließlich des Auslandstourismus und der Naherholung ständig zu verbessern und die vollständige Nutzung der Kapazitäten, die Schaffung, Erhaltung, Ausstattung und den Ausbau von Erholungseinrichtungen, insbesondere für Arbeiter und Familien mit mehreren Kindern, zu sichern. Der Bezirkstag und der Rat des Bezirkes haben das Recht und die Pflicht, entsprechend den Rechtsvorschriften dafür zu sorgen, daß für alle Bürger die Erholungsmöglichkeiten an den Gewässern und ihren Uferzonen erhalten bleiben. Sie legen die dazu erforderlichen Maßnahmen fest.«[122]

Es wird deutlich, dass vielfältige Regelungen, Zuständigkeiten und Leistungen nötig waren, um zur Erfüllung des staatlichen Anspruchs auf (Mit-)Gestaltung der Erholung seiner Bürger zu gelangen. Gerade die vielfältige ministerielle

---

122 *Gesetz über die örtlichen Volksvertretungen und ihrer Organe in der Deutschen Demokratischen Republik* vom 12. Juli 1973.
122 Elsner, »Flankierende Stabilisierungsmechanismen diktatorischer Herrschaft«, S.79.

Zuordnung in Fragen des Reiseverkehrs bedingte mancherlei Informationsausfälle, Verzögerungen und rivalisierende Beschlussfassungen. Die sich überschneidenden Funktionen der an der Gesetzgebung beteiligten Organe bedingten, dass staatliche Dokumente auf den verschiedensten Ebenen und durch unterschiedliche Instanzen abgezeichnet, genehmigt und vollstreckt werden mussten. Die besondere Herausforderung staatlichen Handelns bestand darin, dass die Leistungen im Tourismus im Normalfall nicht einzeln wahrgenommen wurden, sondern komplexe Abstimmungen erforderten.[123] An der Erfüllung dieses Anspruchs scheiterte die DDR in mancher Hinsicht, wie die nachfolgenden Kapitel an zahlreichen Einzelbeispielen zeigen werden.

Die Ereignisse des Herbstes 1989 brachten gerade in der Frage des Reisens nach dem Ausland schnelle und entscheidende Veränderungen. Für die Bürger bedeutete diese Liberalisierung die wieder- beziehungsweise neugewonnene Möglichkeit, in eigener Regie andere Länder zu touristischen Zwecken zu besuchen.[124]

II.3 Staatliche Tourismuspolitik: Leitung, Planung, Finanzierung und Organisation

Die gesetzlichen Grundlagen, die im vorhergehenden Kapitelabschnitt erläutert wurden, stellten allgemeine Handlungsvorgaben für eine, wenn auch nicht explizit so bezeichnete, staatliche Tourismuspolitik dar. Für die Umsetzung dieser zeichnete – wie auch in vielen anderen, auch westlichen Staaten – kein Ministerium für Tourismus verantwortlich, sondern die mit dem Tourismus korrespondierenden Politikfelder und Branchen wurden durch die staatlichen Gesetze als Legislative und die Beschlüsse des Ministerrates als Exekutive zusammengehalten. Nach dem Prinzip des demokratischen Zentralismus erstreckten sich die Kompetenzen vertikal auf verschiedene Hierarchieebenen – ministerial, bezirklich, kreislich, lokal, betrieblich/Grundorganisationen –, wobei stets die niedere der höheren rechenschaftspflichtig war. Man kann somit davon ausgehen, dass die untergeordneten Hierarchiestufen primär Vollzugsorgane des staatlichen Willens verkörperten.[125]

Im Folgenden sollen nach einer grundsätzlichen Einordnung der Tourismuspolitik in die sozialen, politischen und wirtschaftlichen Interessen der

---

123 Vgl. Göhring, *Dienstleistungen, Gemeinschaften von Bürgern*, S. 64.
124 Vgl. Fuhrmann, »Der Urlaub der DDR-Bürger«, S. 44.
125 Vgl. Bähre, *Nationale Tourismuspolitik in der Systemtransformation (1)*, S. 228.

DDR von zentraler Ebene abwärts die Entscheidungskompetenzen in erholungspolitischen Belangen nachvollzogen werden. Die nachgezeichnete Entwicklung erscheint in großen Teilen statisch trotz des zu überblickenden Zeitraums von etwa zwanzig Jahren. Dies resultiert aus der Fortdauer der entsprechenden Strukturen über den gesamten Zeitraum. Veränderungen, so vorhanden, sind selbstverständlich ausgeführt.

Der Tourismus, auch seine DDR-spezifische Ausprägung, die besser mit Erholungswesen bezeichnet werden kann, wird als Teil eines klassisch dreigeteilten Wirtschaftsmodells (primärer, sekundärer, tertiärer Sektor) dem letzten zugeordnet, das heißt dem Dienstleistungsbereich. Dies verdeckt jedoch nur bedingt die Einordnungsprobleme, denn Tourismus ist »keine Branche im Sinne der volkswirtschaftlichen Produktionsseite«, sondern eine »funktionale Kategorie der Verwendungsseite, zu der viele Branchen beitragen.«[126]

In gleichem Maße wie schon früher in diesem Kapitel vom komplexen Abruf touristischer Leistungen durch den Reisenden die Rede war, partizipieren auf Anbieterseite zahlreiche Wirtschaftszweige – auch aus dem primären und sekundären Sektor – an der Nachfrage nach touristischen Gütern. Bereits aus der wirtschaftlichen Sicht wird klar, warum demnach Tourismuspolitik Teil verschiedener Politikfelder sein muss. Sie berührt Teilbereiche der Außen-, Innen-, Sicherheits-, Wirtschafts-, Verkehrs-, Familien- und Sozial-, Bildungs-, Freizeit-, Sport-, Kultur-, Gesundheits- und Umweltpolitik.[127] Das freie Spiel der Kräfte in ökonomischer Hinsicht schränkt die Tourismuspolitik – je nach politischem Interesse des Staates unterschiedlich restriktiv und verschieden bestrebt, alle engagierten Gruppen am Willensbildungsprozess teilhaben zu lassen – ein, indem sie die touristische Wirklichkeit »durch staatliche Organe unter Mitwirkung der interessierten Gruppen und des Einzelnen im Hinblick auf gesellschaftliche, wirtschaftliche und umweltbezogene Ziele«[128] gestaltet.

---

126 Deutsches Institut für Wirtschaftsforschung, *Wirtschaftsfaktor Tourismus*, S. 5f.
127 Vgl. Keller, *Zukunftsorientierte Tourismuspolitik*, S. 16.
128 Linde/Roth, »Grundlagen der Fremdenverkehrspolitik«, S. 57. Zwar hat dieses Zitat auch für die DDR-Tourismuspolitik Gültigkeit, doch zeigt es ein wichtiges Problem der gesamten Modellbildung vor allem mit ökonomischem Hintergrund. Die etablierten Ansätze sind nicht spezifisch für die DDR entstanden, meist beziehen sie sich sogar auf marktwirtschaftlich orientierte Systeme. Deren Funktionsweise ist nur bedingt auf die DDR zu übertragen. Ihren Wert beziehen sie jedoch daraus, theoretische Orientierungspunkte für diese empirisch gestützte Arbeit zu geben. Ihre kritische Diskussion kann und soll Vorbedingung einer tiefergehenden theoretischen Analyse in weiteren Arbeiten sein.

Funktionen des Tourismus

Margita Großmann formulierte bereits 1985 die Funktionen von Erholung und Tourismus im Sozialismus.[129] Sie schrieb, Tourismus diene individuell der Entwicklung der Persönlichkeit, gesellschaftlich erfülle es ein Konglomerat sozialer, politischer und wirtschaftlicher Funktionen und habe ebensolche Wirkungen. Diese Bereiche seien »aufs engste miteinander verbunden und ergeben letztlich gemeinsam die gesellschaftliche Gesamtwirkung«[130]. Die vorrangige Funktion einer bestimmten touristischen Form ist dabei unterschiedlich. Beispielsweise werden beruflich veranlasste Reisen eher eine fachliche Qualifikation und damit auch individuelle Persönlichkeitsentwicklung unterstützen, wohingegen Veranstaltungsreisen vorrangig Unterhaltungs- und eventuell Bildungszwecken dienen. Alle Ziele haben ihre Berechtigung, formuliert 1981 der in der DDR lebende Soziologe Helmut Hanke: »So halten wir es für reichlich anachronistisch, wenn mancherorts die allgemeinen Bedürfnisse nach Erholung und Entspannung in der Freizeit, die Dominanz von Geselligkeit, Vergnügen und Unterhaltung im kulturellen Leben als vorübergehende Erscheinung oder gar als Ausdruck unterentwickelter Bedürfnisse gewertet werden.«[131]

Dieser Erkenntnis ging eine Wandlung zunächst des allgemeinen Freizeitbegriffs in der DDR voraus. Die meisten Autoren bezogen sich im Grundsatz auf Karl Marx, dessen Freizeitbegriff nicht konkret war, sondern die disponible Zeit meinte, die zur freien Verfügung stand und möglichst für höhere Tätigkeiten genutzt werden sollte.[132] Horst Uebel veränderte dieses Konzept insofern, dass er zwischen Arbeitszeit, arbeitsfreier Zeit und Freizeit unterschied.[133] Über die mittlere konnte nicht frei verfügt werden, denn sie diente ebenfalls der Erledigung von nicht-beruflichen Arbeiten. Zwar hatte Uebel seine Vorstellungen bereits 1968 formuliert, doch erst zum Anfang der achtziger Jahre beschäftigte sich die Wissenschaft in der DDR enger mit Freizeitarbeit.[134] Dies hängt damit zusammen, dass in der DDR ein – im Vergleich zur Bundesrepublik – hohes Zeitmaß für organisatorische Tätigkeiten aufgewendet wurde. In dieser Zeit war eine Reproduktion im Erholungssinne nicht möglich. Bezüglich der Orientierung auf ›höhere Tätigkeiten‹ war auch in der DDR eine

---

129 Vgl. im Folgenden: Großmann, »Funktionen des Fremdenverkehrs in der sozialistischen Gesellschaft«, S. 773.
130 Ebd.
131 Hanke, »Freizeit und sozialistische Lebensweise«, S. 283.
132 Vgl. Benthien, *Reisebuch DDR*, S. 126; Gransow, »Disponible Zeit und Lebensweise.«, S. 730f.
133 Vgl. Uebel, »Die allgemeinen Entwicklungsbedingungen«, S. 189.
134 Vgl. Rittershaus, »Gesellschaftliche Aktivität«.

sinnvolle Verwendung der Freizeit[135] angestrebt und wurde staatlich propagiert. Freizeit und Arbeit sollten nicht als dichotomische Gegensätze, sondern als »Einheit der Lebensfunktionen«[136] wahrgenommen werden. Unter Sinnhaftigkeit[137] wurde dabei verstanden, sich auch in der privat genutzten freien Zeit gesellschaftlich, politisch und / oder sozial zu engagieren, wobei dies eine breite Palette von der Mitgliedschaft in entsprechenden Massenorganisationen über künstlerische Gestaltung, Musizieren und sportliche Aktivitäten meinte.

Der Tourismus und das Erholungswesen waren in der DDR verschiedenen Funktionsbereichen zugeordnet. Aus sozialer Sicht verstand sich die DDR bis 1989 noch als Klassengesellschaft mit verschiedenen gesellschaftlichen Schichten und sozialen Gruppen, die unterschiedliche Lebensweisen pflegten.[138] Touristisch zeigt sich die Existenz solcher differenter Gruppen beispielsweise hinsichtlich der Reiseintensität in Abhängigkeit von Einkommen, Bildung / Qualifikation und Wohnortgröße.[139] Die Sozialpolitik bekannte sich offiziell dazu, das Ziel einer sozialen Homogenität[140], das heißt den Abbau aller sozialen Strukturunterschiede, zu verfolgen, doch die Realität zeigt durchaus die bewusste Schaffung von privilegierten Gruppen beispielsweise aufgrund politischen und gesellschaftlichen Engagements.[141]

---

135 Vgl. die inhaltliche Füllung des Sinn-Begriffs bei Manz/Winkler, *Theorie und Praxis der Sozialpolitik in der DDR*, S. 375.
136 Böckelmann/Ziegler, »Freizeit«.
137 Vgl. Benthien, »Zu einigen erholungsgeographischen Fragestellungen«, S. 126; ders.: »Theorie und Praxis«, S. 44.
138 Vgl. Assmann, *Wörterbuch der marxistisch-leninistischen Soziologie*, S. 574; Benthien, »Territoriale Probleme der Rekreation«, S. 14.
139 Vgl. Bähre, *Nationale Tourismuspolitik in der Systemtransformation (2)*, S. 245–254. Eine tiefergehende Untersuchung soziodemographischer Bedingungsfaktoren des Reiseverhaltens von DDR-Bürgern ist mit Hilfe des zur Verfügung stehenden zeitgenössischen Materials nicht möglich. Eine Aufarbeitung aus den vom Europäischen Tourismus-Institut in Trier erhobenen Reisebiographien von DDR-Bürgern scheint jedoch zielführend und ist in Vorbereitung.
140 Vgl. Großmann, »Funktionen des Fremdenverkehrs in der sozialistischen Gesellschaft«, S. 781. Vgl. weiterhin »Ein wesentliches Merkmal des Sozialtourismus ist deshalb, daß es sich um eine Tourismusart handelt, an der alle Bevölkerungskreise teilnehmen können, die gesellschaftliches Arbeitsvermögen im Reproduktionsprozeß verausgaben bzw. Arbeitskräftepotential der Zukunft darstellen. Das heißt, die Inspruchnahme des Leistungsangebotes im Sozialtourismus darf nicht durch fehlende zeitliche und/oder finanzielle Voraussetzungen beim Konsumenten verhindert werden.« – Großmann, »Zur Entwicklung des Sozialtourismus«, S. 168. Trotzdem konstatierte auch sie das Vorhandensein verschiedener Schichten, die »intensive, direkte Kontakte [...] während des Fremdenverkehrsprozesses« pflegen sollten. – Großmann, »Funktionen des Fremdenverkehrs in der sozialistischen Gesellschaft«, S. 781.
141 Vgl. »Allerdings zielte die Sozialpolitik nicht nur auf Nivellierung, sondern auch auf Begünstigung hier und Benachteiligung dort.« – Schmidt, »Grundzüge der Sozialpolitik«, S. 294. – ›Hier‹ und ›dort‹ sind bedauerlicherweise recht ungenaue Angaben, die aber durch externe Dokumente konkretisiert werden können. Vgl. dazu beispielsweise: »Politische Ergebenheit

Homogenität und Distinktionsförderung müssen jedoch kein Widerspruch sein; vielmehr scheint es, dass im Allgemeinen das staatliche Interesse darauf ausgerichtet war, erstens »den Personen, die bisher aus finanziellen oder familiären Gründen keine Reise durchführen konnten, eine Erholungsreise zu ermöglichen«[142], und zweitens die Reisemittler mit staatlicher Unterstützung in die Lage zu versetzen, nach Struktur, Menge und Preis der sozialtouristischen Angebote jedem DDR-Bürger eine Teilnahme am Tourismus zu ermöglichen. Die Erfüllung dieses Ziels sei nicht gelungen, bemerkt bereits 1988 Margita Großmann.[143] Diese Möglichkeit der Teilhabe sollte dem Einzelnen verdeutlichen, dass es »kein elitäres Reisen mehr gibt«[144], sondern Reisebedürfnisse schichtenunabhängig erfüllt werden können. Speziell ging es jedoch vermutlich um ein Gemisch aus Erfüllung des Zieles nach sozialer Homogenität im Sinne eines sozialistischen Menschenbildes, nach dem der Einzelne als gleichberechtigtes Mitglied der Gemeinschaft bewusst seinen Beitrag zur Verwirklichung gesamtgesellschaftlicher Ziele leistete, sowie dem Erhalt und der Festigung der Vorrangstellung der herrschenden Klasse– angeblich der Arbeiterklasse.

Laut offiziellem Sprachgebrauch und die politischen Funktionen des Tourismus betrachtend, diente der Inlandstourismus vorrangig der »Weiterentwicklung der politischen Beziehungen der Klassen und Schichten innerhalb der DDR«[145], wobei der Reisende an der bedarfs- und angebotsgerechten Gestaltung von Reisen mitwirkte. Im Auslandstourismus handelte es sich analog um die Verbesserung der internationalen Beziehungen auf verschiedenen Ebenen[146] – gemeint war für die meisten Bürger selbstverständlich ausschließ-

---

war das entscheidende Kriterium so auch bei der Bewilligung von Reisen.« – Seifert, *Fenster zur Welt*, S. 102.
142 Wolff, »Die Fremdenverkehrspolitik der DDR«, S. 10. In diesem Sinne verstehen sich besonders die Angebote für bestimmte Bevölkerungsgruppen, wie Familien mit mehreren Kindern oder Schichtarbeiter. Vgl. dazu in Kapitel II.2 die Direktiven der einzelnen Parteitage und die Aussagen Margita Großmanns von 1988. Sie konstatiert umfangreiche Maßnahmen für Familien mit drei und mehr Kindern (vorrangige Berücksichtigung bei der Campinganmeldung, Spezialreisen des FDGB), für die Kinder- und Jugenderholung sowie für Bürger mit speziellen Krankheiten. – Vgl. Großmann, »Zur Entwicklung des Sozialtourismus«, S. 170.
143 Laut Margita Großmann haben in einer Befragung 10 Prozent der Nichtreisenden angegeben, dass sie im Rahmen ihrer finanziellen Möglichkeiten und der sachlich-inhaltlichen Bedarfsstruktur keinen Urlaubsplatz erhalten haben. Zwar ist die absolute Zahl kritisch zu hinterfragen, vor allem, weil die genannten Gründe nicht alle Reisehindernisse abdecken, doch ist allein die Anerkennung der Erfüllungsproblematik hier von Bedeutung. – Vgl. ebd., hier S. 169. Die Gründe dafür sind vielfältig und werden im Verlauf der Arbeit detailliert geklärt.
144 Großmann, »Funktionen des Fremdenverkehrs«, S. 781.
145 Ebd., S. 778.
146 Vgl. Wolff, »Die Fremdenverkehrspolitik der DDR«, S. 7.

lich das Reisen in sozialistische Staaten[147]. Im Tourismus mit nichtsozialistischen Ländern ging es um eine konkrete Ausgestaltung des Prinzips der friedlichen Koexistenz[148] und die Repräsentation der Vorzüge der DDR[149] durch den Einzelnen in politischer Verantwortung für sein Land.

Das Erholungswesen als Teil der Sozialpolitik

In der Verbindung der sozialen und politischen Funktionen des Reisens von DDR-Bürgern zeigen sich grundlegende Ideen der DDR-Sozialpolitik. In den siebziger und achtziger Jahren hatte sich diese gegenüber der Frühphase der DDR-Entwicklung gewandelt.[150] In den fünfziger Jahren hatte noch die Auffassung dominiert, dass der Charakter des Sozialismus Sozialpolitik überflüssig mache. Trotzdem zeigte die reale Entwicklung ihre pragmatische Anwendung und Notwendigkeit. Erst in den sechziger Jahren kam es zur bewussten Wahrnehmung der Sozialpolitik als wichtigem Feld politischen Handelns. In der Wissenschaft war es Mitte der sechziger Jahre zu einer intensiven Auseinandersetzung über die theoretischen Grundlagen einer »sozialistischen Sozialpolitik bei der Gestaltung der sozialen Sicherheit in der DDR« gekommen. Dies war bedingt sowohl durch exogene (Hinwendung der meisten RGW-Staaten zu einer stärker konsumorientierten Politik) als auch endogene Faktoren (Unmut der Bevölkerung über einige Lebensbedingungen). Die Habilitation von Helga Ulbricht, 1965, beschrieb die Gestaltung sozialer Verhältnisse als spezielle Form der Ausformung gesellschaftlicher Bedingungen. In der nun als entwickelte sozialistische Gesellschaft gesehenen DDR sollten die verschiedenen Gruppen ihre sozialen Interessen durch aktives Handeln der entsprechenden vertretenden Institutionen durchsetzen. Hinsichtlich des Tourismus bedeutete dies erstens, dass dieses Feld der Sozialpolitik innerhalb der Dynamik der Bedürfnisstruktur an Einfluss gewann und zweitens, dass der Sozialtourismus

---

147 Vgl. Großmann, »Funktionen des Fremdenverkehrs«, S. 781; Wolff, »Die Fremdenverkehrspolitik der DDR«, S. 6 und 14.
148 Vgl. ebd.
149 Der Reisende sollte mit seinem Besuch des NSW und dem Wissen um die Gegebenheiten des Lebens in der DDR die Überlegenheit des Sozialismus als Staats- und Gesellschaftsordnung demonstrieren. – Vgl. Olbrich, »Touristik in der DDR«, S. 31; Großmann, »Funktionen des Fremdenverkehrs«, S. 779.
150 Vgl. zeitgenössisch aus der DDR: Goder/Huar »Theoretische und methodologische Probleme«; Filler, »Erholung als sozialpolitisches Anliegen«, S. 5; Winkler, »Aufgaben und Funktion der marxistisch-leninistischen Sozialpolitik«, S. 147; Leenen, »Sozialpolitik«, S. 3. Vgl. aus der aktuellen Forschungsliteratur: Schmidt, »Grundzüge der Sozialpolitik der DDR«; Frerich/Frey, *Handbuch der Geschichte der Sozialpolitik in Deutschland (2)*, S. 81–84; Irmscher, *Freizeitleben*, S. 366.

nun nicht mehr als vorübergehende Urlaubsart zu betrachten sei, deren Funktion sich in Kürze überholen werde, sondern er wurde weithin akzeptierte Reiseform. Kämpfe um seine Ausprägung fanden danach eher innerhalb des Gefüges der verschiedenen sozialtouristischen Anbieter statt, die so ihre gesellschaftliche Funktion zu untermauern suchten. Die Wandlung bezog sich somit auf die Frage, mit welcher Priorität und mit welchen Mitteln der Tourismus zu entprivilegisieren sei.

Zuspruch erhielt die Sozialpolitik insbesondere durch die auf dem VIII. Parteitag formulierte Hauptaufgabe, die die Bedürfnisse der Menschen in den Mittelpunkt rückte, auch wenn mit der Formulierung der Einheit von Wirtschafts- und Sozialpolitik dieser ökonomisch problematischen Vorgabe ein Dämpfer versetzt werden musste. Insgesamt führte diese Neuorientierung entsprechend zum Aufbau spezifischer institutioneller Strukturen, beispielsweise der Gründung einer Abteilung Sozialpolitik im FDGB oder einer Reihe von sozialpolitischen Forschungseinrichtungen. Tourismusspezifisch entstand den realen Gegebenheiten entsprechend eine zunehmend pragmatische Tourismuspolitik, die auf die Sicherung der touristischen Grundbedürfnisse Wert legte[151], zunehmend Freiräume für den Individualtourismus als Entlastungsmöglichkeit des staatlichen Angebots duldete oder gar anerkannte und vor allem auf quantitative Zielerfüllung des selbstgesetzten Versorgungsanspruchs setzte.[152] Dabei war der DDR-Führung klar, dass sich die touristischen Bedürfnisse nicht isoliert, sondern einer internationalen Entwicklung folgend verändern würden. Insbesondere galt dies für den Auslandstourismus, denn der »politische Stellenwert des internationalen Tourismus wird heute und in Zukunft auch immer von seiner dialektischen Wechselwirkung zur Entwicklung der internationalen Situation und der bilateralen Beziehungen der DDR zu anderen Ländern abhängig sein.«[153]

Mit der beschriebenen Handlungsweise zeigt sich die DDR-Sozialpolitik dabei in ihrem Wandel als Ausdruck unterschiedlicher gesellschaftlicher und ökonomischer Entwicklungsphasen, in kompensatorischer Funktion als ein – propagandistisch idealisiertes – Instrument zur Gestaltung und Vervollkommnung der sozialistischen Gesellschaftsordnung sowie schließlich als Träger einer partiellen Entlastungsfunktion für den Staat.[154] Der Bericht Erich Honeckers an den XI. Parteitag der SED in Berlin 1986, in dem er sagte: »Ge-

---

151 Vgl. »Grundversorgung auf kargem Niveau« – Schmidt, »Grundzüge der Sozialpolitik der DDR«, S. 292.
152 Vgl. Fuhrmann, »Der Urlaub der DDR-Bürger«, S. 46.
153 Wolf, »Zu einigen Aspekten der Entwicklung des Tourismus«.
154 Vgl. die Charakterisierung der DDR als ›welfare‹- und ›workfare‹-Staat durch Eberhard Kuhrt. – Vgl. Kuhrt, *Die Endzeit der DDR-Wirtschaft*, S. 303.

währleistet sind uns soziale Sicherheit und Geborgenheit [...]«[155], war demnach in kritischer Nachfrage weniger eine Feststellung als vielmehr »eine Mischung aus Zielvorstellung, Beschreibung und Propaganda, aber auch Ausdruck einer Sichtweise, die ein beträchtlicher Teil der DDR-Bevölkerung teilte.«[156] Das Lob der Sozialpolitik, die im weitesten Sinne versuchte, die Bürger gegen die Wechselfälle des Lebens zu sichern, wurde durch den Primat des Politischen entwertet[157]. Der hochgradige Interventionismus und Etatismus bedeutete, dass soziale Verbesserungen nur sehr bedingt Ergebnis politischer Willensbildung der Masse waren, sondern Resultat politischer Entscheidungen der SED-Führungsgremien[158] und ihrer bei- und nachgeordneten Erfüllungsgehilfen.[159] »Die DDR-Sozialpolitik legte ihre Bürger viel stärker als die Sozialpolitik westlicher Prägung auf eine Politiknehmerrolle fest. [...] Doch der Politiknehmerstatus förderte Anspruchshaltung und Passivität.«[160]

Ökonomische Aspekte im Tourismus

Trotz des Vorrangs sozialer und politischer Funktionen erfüllte der Tourismus der DDR auch ökonomische Aufgaben.[161] Zum einen sah man im Erholungswesen Möglichkeiten, strukturschwache Gebiete, so den vormals agrarisch geprägten Bezirk Rostock, zu bedeutenden Fremdenverkehrsgebieten der DDR auszubauen.[162] Weiterhin existierten im Bereich der vom Reisebüro der DDR angebotenen In- und Auslandsreisen sowie bei Individualreisen Chancen, den

---

155 Diese Aussage bezieht sich in Gesamtheit auf die Aktionsfelder der Sozialpolitik. Trotzdem und zum Teil im Widerspruch dazu bemerkt Gunnar Winkler, dass in der DDR stets betont wurde, dass der einseitig karitative Charakter von Sozialpolitik überwunden sei. – Vgl. Winkler, *Geschichte der Sozialpolitik in der DDR 1945–1985*, S. 9.
156 Schmidt, »Grundzüge der Sozialpolitik der DDR«, S. 273.
157 Vgl. die durchaus pejorative Bewertung als ›Gefolgschaftswerbung‹. Ebd., S. 276.
158 Deutlich wird dies beispielsweise in der Einigung über die Auswahl einzelner sozialpolitischer Maßnahmen. Zentral wurde dabei festgelegt, diese nach dem größtmöglichen politischen Effekt auszusuchen. – Vgl. *Information zum Ergebnis der Beratung beim 1. Stellvertreter des Vorsitzenden des Ministerrates, Genossen Sindermann, über die Ausarbeitung sozial-politischer Maßnahmen* vom 25.2.1972, 28.2.1972, BArch DE1 VA 56129, Bl. 188.
159 Vgl. Frerich/Frey, *Handbuch der Geschichte der Sozialpolitik in Deutschland (2)*, S. 58.
160 Schmidt, »Grundzüge der Sozialpolitik der DDR«, S. 298.
161 Die Bedeutung des Tourismus als Wirtschaftsfaktor wurde zunehmend berücksichtigt. Konstatierte Olbrich noch 1964, dass ökonomische Erwägungen eine untergeordnete Rolle spielten, so äußerte sich Wolfgang Stompler 1974 dahingehend, dass der touristische Bedarf »erhebliche Teile der Kauffonds der Bevölkerung« binde. – Vgl. Olbrich, »Das Fremdenverkehrswesen in der Sowjetzone«, S. 38; Stompler, »Tourismus als Gegenstand der Bedarfsermittlung«, S. 20.
162 Vgl. Bundesministerium für innerdeutsche Beziehungen, *DDR-Handbuch*, S. 1085.

Kaufkraftüberhang[163] der Bevölkerung abzuschöpfen. Die Zahl dieser auf Gewinne ausgerichteten Reisen war jedoch im Verhältnis zur Zahl aller angebotenen Reisen recht gering.[164] Am bedeutendsten war in wirtschaftlicher Hinsicht sicher der aufnehmende Auslandstourismus vor allem von Bürgern aus westlichen Staaten, die frei konvertierbare Devisen ins Land brachten.[165] Die eingenommenen Gelder wurden nicht nur für die Devisenausstattung von DDR-Bürgern verwandt, sondern insbesondere für Zahlungen zum Ausgleich der stets passiven Handelsbilanz der DDR mit westlichen Staaten.[166] Insofern war übrigens die Ausweitung der Einreisen sehr erwünscht, doch setzten Kapazitätsbeschränkungen adäquater Beherbergungsstätten und administrative Maßnahmen wie der Zwangsumtausch diesem Vorgehen enge Grenzen. Demzufolge schränkte die DDR-Führung zusätzlich den entsendenden Auslandstourismus auch in sozialistische Länder ein, denn die Erhöhung der Devisenausgaben im RGW-Verbund bedeutete ebenfalls eine schlechtere Zahlungsbilanz für die DDR.[167]

Das Erholungswesen der DDR sollte also vornehmlich sozialpolitische Aufgaben realisieren und dafür interdependente Beziehungen zu verschiedenen Bereichen der Volkswirtschaft unterhalten und territoriale Teilstrukturen überwachen und bündeln. Die konkrete Aufgabe bestand auf zentraler politischer Ebene nach der Verständigung über den ideologischen Sinn der staatlichen Tourismuspolitik in der Schaffung der entsprechenden Voraussetzungen für rekreative Bedürfnisse.[168] Diese unterteilten sich laut dem Leitfaden *Erholungswesen. Leitung, Planung, Organisation* in Ressourcen (Pflege von Erholungslandschaften und Sehenswürdigkeiten, Rekrutierung und Ausbildung von Arbeitskräften), Einrichtungen (Erholungsobjekte, das heißt Beherbergungsobjekte, Schwimmbäder et cetera), Netze (Verkehrsinfrastruktur, wasserwirtschaftliche Erschließung, technische Infrastruktur, Wanderwege), Dienst-

---

163 Rechnung laut Statistischem Jahrbuch der DDR von 1987: Sparguthaben pro Kopf 8.500 Mark.
164 Beispielsweise bot das Reisebüro der DDR 1988 ca. 622.000 Reisen (11,4 Prozent) und FDGB, Betriebe und Jugendtourist zusammen ca. 5.449.000 Reisen an. – Vgl. Bähre, *Nationale Tourismuspolitik in der Systemtransformation (2)*, S. 238f.
165 Vgl. Lodahl,»Auslandstourismus im RGW«, S. 517; Bundesministerium für innerdeutsche Beziehungen, *DDR-Handbuch (2)*, S. 1364.
166 Der umfangreichste Austausch fand mit der Bundesrepublik statt. Dabei wurde seitens der DDR gar ein Devisenüberschuss erzielt, denn einerseits mussten Bundesbürger einen hohen Zwangsumtausch oder bei organisierten Touristenreisen (Zwangsumtausch wegfallend) überhöhte Übernachtungspreise akzeptieren, andererseits wurden DDR-Bürger nur marginal mit Devisen ausgestattet. – Vgl. Zimmermann/Cusack,»Pennies from heaven«.
167 Vgl. Wolff,»Die Fremdenverkehrspolitik der DDR«, S. 19.
168 Hier sind also nicht nur touristische Bedürfnisse als Basis erfasst, sondern allgemeiner auf Erholung ausgerichtete Freizeitwünsche.

leistungen (Beratung, Vermittlung, Beförderung, Beherbergung, Betreuung) sowie generelle Maßnahmen zur Gestaltung und Erweiterung von Erholungsmöglichkeiten.[169] Im Ganzen begründete sich das staatliche Engagement durch die Zuständigkeit für die Durchsetzung der sozialistischen Arbeitsweise, die eine Reproduktion der Arbeitskraft erforderlich machte.[170] Damit ist allerdings der von staatlicher Seite in den siebziger und achtziger Jahren erkannte, anerkannte und schließlich in politischen Entscheidungen partiell berücksichtigte Umstand des permanenten quantitativen, qualitativen und strukturellen Bedarfszuwachses nach Leistungen des Fremdenverkehrs ausgeblendet. Gerade in der Erkenntnis, dass er nicht zu ignorieren sei, erklärten sich jedoch die Schwierigkeiten des Systems mit den Reisewünschen seiner Bürger.

Die Leitungs-, Planungs- und Organisationsprozesse im Tourismus waren in der DDR weitgehend durch die staatliche Inobhutnahme erholungspolitischer Prozesse geprägt.[171] Dies umschloss sogar den stark dezimierten privatwirtschaftlichen Bereich, zum Beispiel in der Gastronomie und im Beherbergungswesen. Allerdings besaßen die touristischen Aufgaben nicht genügend Relevanz, um ein zentrales Staatsorgan oder eine einheitliche wirtschaftsleitende Institution mit den entsprechenden Fragen und Lösungen zu betrauen. Im Gegensatz dazu wurden alle beteiligten Bereiche in eine Verantwortungsgemeinschaft[172] befohlen, die verständlicherweise nicht reibungslos funktionierte.

Planungsinstrumente

Grundlage jeglicher touristischer Organisation waren aus ökonomischer Sicht verschiedene Planungsinstrumente, in erster Linie die Fünfjahr- und Jahresvolkswirtschaftsplanung[173]. »Ein Resultat der Dominanz von politischen gegenüber wirtschaftlichen Kriterien war ein grassierender Planungsfiktionalismus, der auf die durch die Sozialpolitik induzierte Mobilisierung des subjekti-

---

169 Vgl. Oehler, *Erholungswesen*, S. 16
170 Vgl. im Grundsatz und als übergreifenden Referenzpunkt Karl Marx: »Die Existenz des Individuums gegeben, besteht die Produktion der Arbeitskraft in seiner eigenen Reproduktion oder Erhaltung.« – Marx, *Das Kapital*. S. 185.
171 Vgl. dazu und im Folgenden: Godau, *Tourismus in der DDR,* S. 10.
172 Diese Verantwortungsgemeinschaft war wiederum ein Konglomerat politischer Institutionen, also von »Regelsysteme[n] der Herstellung und Durchführung verbindlicher, gesamtgesellschaftlich relevantere Entscheidungen und Instanzen der symbolischen Darstellung von Orientierungsleistungen einer Gesellschaft.« – Göhler, »Der Zusammenhang von Institution, Macht und Repräsentation«, S. 26.
173 Diese umfassenden Pläne gaben das Gesamtvolumen der Leistungserbringung vor.

ven Faktors baute.«[174] Federführend zeichnete in dieser Hinsicht die Staatliche Planungskommission, welche planmethodische Regelungen (Planungsordnung, Rahmenrichtlinien) sowie Planteile mit Informationen zum Erholungswesen erließ.[175] Die Teile ›Allgemeine Bestimmungen‹, ›Planung der Körperkultur und des Sports, des Erholungswesens und des Tourismus‹, ›Planung der jugendpolitischen Aufgaben‹, ›Territorialplanung‹ sowie ›Planung des materiellen und kulturellen Lebensniveaus der Bevölkerung‹ berücksichtigten Belange des Erholungswesens. Die finanzielle Haushaltsplanung war im Rahmen des Planteils ›Planung der Finanzen des Staates‹ niedergelegt. Einige spezielle Überlegungen fanden sich zudem als Planteile in der Rahmenrichtlinie für die Kombinate und Betriebe der Industrie und des Bauwesens, so die Teile ›Planung der Aufgaben der sozialistischen Jugendpolitik‹ und der ›Planung der Gesamtentwicklung der Arbeits- und Lebensbedingungen‹. Die umfangreichsten Regelungen waren im Abschnitt ›Planung der Körperkultur und des Sports, des Erholungswesens und des Tourismus‹ getroffen. Dieser galt für alle zentral geleiteten Einrichtungen des Erholungswesens (FDGB-Feriendienst, VEB Reisebüro der DDR, Amt für Jugendfragen – Jugendtouristik), für die Einrichtungen des örtlich geleiteten Erholungswesens (Campingplätze, Jugendcampingplätze, kommunale Bungalowsiedlungen, Strand- und Freibäder, touristische Informationseinrichtungen) sowie für die örtlich geleitete Jugenderholung (Jugendtouristenhotels, -erholungszentren, -herbergen) und bestimmte die Maßnahmen zur Erhöhung des Niveaus der Urlaubs- und Feriengestaltung, zur weiteren Verbesserung und Erweiterung der materiell-technischen Bedingungen der Betreuung und Versorgung der Erholungssuchenden und zur Förderung des Tourismus mit den sozialistischen Ländern. Ausdrucksform der geäußerten Vorstellungen waren sogenannte Plankennziffern, mittels derer Aufstellungen über finanzielle, materielle und personelle Fonds zur Erfüllung der Aufgaben fixiert wurden.

Ein weiteres Instrument auf staatlicher Ebene stellte das Generalschema für die Standortverteilung der Produktivkräfte in der DDR dar. Dies beinhaltete ein langfristiges komplexes Programm und eine Konzeption zur Entwicklung des Erholungswesens in der DDR. Vom Ausgangspunkt her, dass alle Erholungsmöglichkeiten und -einrichtungen landschafts-, standort- und damit regional gebunden seien, wurde das gemeinsame Ziel einer Bündelung und Einordnung der territorialen Teilstrukturen in die langfristige Planung des Gebietes unter Beachtung aller Wechselbeziehungen zu anderen Strukturen erklärt.

---

174 Skyba, »Die Sozialpolitik der Ära Honecker aus institutionentheoretischer Perspektive«, S. 57.
175 Vgl. dazu und im Folgenden: Oehler, *Erholungswesen*, S. 61f.

Die obersten Leitungsorgane im Tourismus stellten die Volkskammer, der Staatsrat sowie der Ministerrat mit allen seinen Organen dar. Sie legten die grundlegenden staatlichen Aufgaben im Erholungswesen fest, kontrollierten und unterstützten die nachgeordneten Organe auf Bezirks-, Kreis- und Kommunalebene. Zudem arbeiteten sie eng mit den betroffenen gesellschaftlichen Organisationen, insbesondere dem FDGB, zusammen. Die Volkskammer beschloss alle Gesetze, die Bestimmungen zum Erholungswesen enthielten. Zunächst waren dies die Plangesetze zu den Fünfjahr-[176], Volkswirtschafts-[177] und Staatshaushaltsplänen[178], die die grundlegenden Ziele und Aufgaben des Erholungswesens für die jeweiligen Zeiträume beinhalteten.

Zentrale Organisationsbereiche

Der Staatsrat unterstützte die Tätigkeit örtlicher Volksvertretungen und sicherte das einheitliche Handeln dieser entsprechend der geltenden Verfassung und den Gesetzen. Zudem wurden durch ihn völkerrechtliche Verträge auch auf dem Gebiet des Erholungswesens und des Tourismus ratifiziert.[179]

Der Ministerrat hatte – entsprechend dem Organigramm auf Seite 98 – die zentrale staatliche Leitung und Planung des Erholungswesens inne. Er ordnete die Entwicklung des Erholungswesens in den gesamten gesellschaftlichen Fortschritt ein und arbeitete dabei eng mit dem Bundesvorstand des FDGB zusammen. Gemäß verschiedener Gesetze fielen ihm beispielsweise folgende Aufgaben zu: Sicherung der zentral abgestimmten Standortverteilung, der Planung und Entwicklung des Erholungswesens in den einzelnen Territorien, Vorbereitung der in den Plangesetzen getroffenen Festlegungen zum Erholungswesen und Gewährleistung der Realisierung[180], Festlegung der Feriengestaltung und Touristik der Jugend als Bestandteil der staatlichen Leitung und Planung sozialistischer Jugendpolitik in Zusammenarbeit mit dem Zentralrat der FDJ[181], Entscheidung über Erholungsgebiete mit zentraler Bedeutung[182],

---

176 Der Fünfjahrplan setzte die Direktiven der Parteitage um, wurde durch die Volkskammer beschlossen und den Staatsrat erlassen. Er gab die Grundrichtung der Wirtschaftsentwicklung an und formulierte Strategien und Mittel zur Verwirklichung der Ziele.
177 Im Volkswirtschaftsplan – ebenfalls mit Gesetzescharakter – wurden administrativ in gleicher Weise wie beim Fünfjahrplan vollzugsverbindliche Aufgaben für die einzelnen Wirtschaftseinheiten vorgegeben.
178 Der Staatshaushaltsplan beinhaltete die rechtsverbindliche Festlegung einer gesamtgesellschaftlichen Planung.
179 Vgl. Artikel 66 der *Verfassung der DDR* von 1974.
180 Vgl. Artikel 76 bis 80 ebd.
181 Vgl. Paragraphen 51 und 52 Absatz 1 und 2 des *Jugendgesetzes der DDR* von 1974.
182 Vgl. Paragraph 14 Absatz 2 des *Landeskulturgesetzes der DDR* vom 14.5.1970.

Erhebung von Rechtsvorschriften zu Teilbereichen des Erholungswesens[183], Unterstützung der Tätigkeit der Räte der Bezirke und Sicherung des einheitlichen Wirkens der örtlichen Volksvertretungen[184] sowie die Leitung und Kontrolle der Räte der Bezirke und Zusammenarbeit mit den Räten der Bezirke bei der Ausarbeitung von Beschlüssen und Rechtsvorschriften, sofern diese Auswirkungen auf die Entwicklung ihrer Territorien hatten[185].

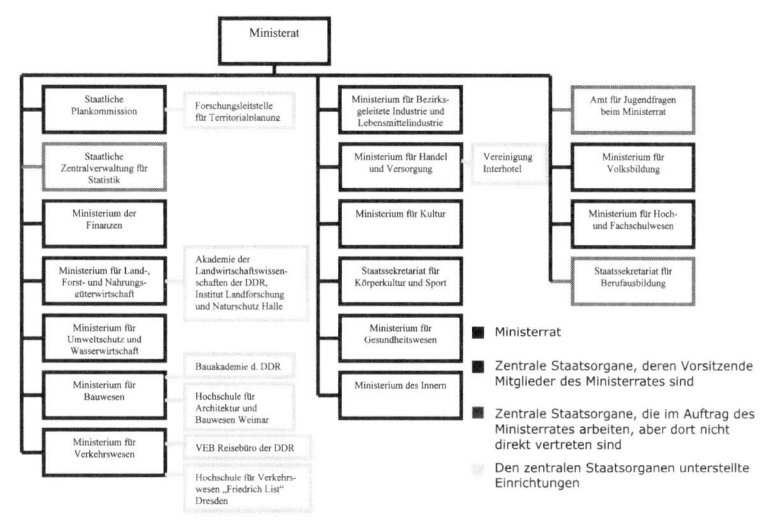

Abbildung 1: Zentrale Tourismusplanung – Organigramm der tourismusrelevanten Organe des Ministerrates

(Quelle: Oehler, Erholungswesen, S. 32)

Dem Ministerrat unterstanden zudem einige zentral geleitete Institutionen sowie alle Ministerien, die an Fragen des Erholungswesens und Tourismus beteiligt waren. Erstere waren die Staatliche Plankommission, die Staatliche Zentralverwaltung für Statistik, der Zentrale Ausschuss für den Fremdenverkehr, der Zentrale Ausschuss für Auslandstourismus, Amt für Jugendfragen und Zentraler Ferienausschuss. Die bereits erwähnte Staatliche Plankommission ordnete das Erholungswesen in die Fünfjahr- und Jahresvolkswirtschaftsplanung sowie die langfristige Standortverteilung der Produktivkräfte ein. Die Staatliche Zentralverwaltung für Statistik erfasste die entsprechenden Daten

---
183 Vgl. Oehler, *Erholungswesen*, S. 31.
184 Vgl. Paragraph 5 Absatz 1 des *Gesetzes über die örtlichen Volksvertretungen und ihre Organe in der Deutschen Demokratischen Republik* vom 12. Juli 1973.
185 Vgl. Paragraph 5 Absatz 3 ebd.

bezogen auf das staatliche Berichtswesen und setzte diese für den Statistischen Jahresbericht über den Stand und die Entwicklung des Tourismus und Erholungswesens der DDR und das Statistische Jahrbuch um.

Zentraler Ausschuss für den Fremdenverkehr

Der Zentrale Ausschuss für den Fremdenverkehr wurde aufgrund des Beschlusses des Ministerrates vom 5. April 1972 gegründet und setzte sich aus Beauftragten der Ministerien für Verkehrswesen, für Auswärtige Angelegenheiten, für Handel und Versorgung, für Finanzen, des Inneren, der Staatssicherheit, für Nationale Verteidigung, für Außenwirtschaft, für das Gesundheitswesen und für Kultur sowie Vertretern der Staatlichen Plankommission, der Zollverwaltung der DDR, des Amtes für Jugendfragen des FDGB-Bundesvorstandes, des Zentralrates der FDJ, der Räte der Bezirke und der Hauptverwaltung Fremdenverkehr im Ministerium für Verkehrswesen zusammen.[186]

Der Ausschuss war gegenüber dem Ministerrat verantwortlich und musste bei der Überschreitung eigener Kompetenzen entsprechende Beschlussvorlagen an den Ministerrat weiterleiten. Er »analysiert laufend die Entwicklung des Fremdenverkehrs der DDR und koordiniert als Arbeitsorgan des Ministerrates alle Aufgaben, welche die staatliche Leitung und Planung auf dem Gebiet des Fremdenverkehrs betreffen. [Absatz im Original] Der ZAFV sichert im Rahmen der vorhandenen materiellen und finanziellen Fonds die planmäßige, den volkswirtschaftlichen Möglichkeiten und politischen Zielsetzungen entsprechende Entwicklung des Fremdenverkehrs der DDR.«[187] Ein wichtiges Organ des Ausschusses war die Gemischte Kommission zur Regelung von Fragen des pass- und visafreien Reiseverkehrs zwischen der DDR und der VRP sowie der DDR und der ČSSR, die auf der Grundlage des Beschlusses des Präsidiums des Ministerrates vom 1. März 1972 für die Koordinierung der zwischenstaatlichen Beziehungen im Fremdenverkehr zuständig war und Verhandlungsdirektiven zu entsprechenden Vertragsunternehmungen erstellte.[188]

---

186 Vgl. dazu und im Folgenden zum Zentralen Ausschuss für Fremdenverkehr: *Organisationsschema und Aufgabenabgrenzung der staatlichen Leitung auf dem Gebiet des Fremdenverkehrs*, BArch DL1 26577, unpag.
187 Ebd.
188 Vgl. ebd. Darin auch die Auflistung der Mitglieder: Beauftragter des Ministers für Verkehrswesen im Zentralen Ausschuss für den Fremdenverkehr, Leiter der Hauptverwaltung Fremdenverkehr im Ministerium für Verkehrswesen, Beauftragte des Ministeriums für Auswärtige Angelegenheiten, für Staatssicherheit, für Handel und Versorgung, für Finanzen sowie ein Beauftragter der Zollverwaltung der DDR.

Dem ZAFV unterstellt war zudem die Hauptverwaltung Fremdenverkehr beim Ministerium für Verkehrswesen.[189] Sie leitete und koordinierte die Hauptprozesse des aufnehmenden und entsendenden Fremdenverkehrs der DDR in zwei Bereichen (Planung und Koordinierung, Internationale Fremdenverkehrsbeziehungen). Konkret bereitete sie dabei Maßnahmen für die weitere Entwicklung gegenseitiger internationaler Fremdenverkehrsbeziehungen vor, nahm die Interessen der DDR in internationalen Fremdenverkehrsorganisationen war, bereitete bi- und multilaterale internationale Verträge und Vereinbarungen vor und brachte diese zum Abschluss, setzte die aus den Verträgen resultierenden Aufgaben um, arbeitete bei der Lösung von Grundsatzfragen der Fremdenverkehrsstatistik und -ökonomie mit, leitete Maßnahmen zur Gestaltung eines aufnehmenden Auslandstourismus ein, koordinierte die sich aus der Tätigkeit des ZAFV für die Bezirksausschüsse für Fremdenverkehr/Tourismus ergebenden Aufgaben, sicherte eine den planmäßigen, politischen und ökonomischen Interessen der DDR entsprechende Gestaltung des entsendenden Auslandtourismus der DDR, stimmte die internationale wissenschaftlich-technische Zusammenarbeit im Fremdenverkehr ab, erarbeitete Einschätzungen und Informationen über die Entwicklung des Fremdenverkehrs in der DDR sowie Ausbildungsvorschläge für Beschäftigte im Tourismus und wirkte bei der Leistungsklassifizierung und Preisbildung mit.

Zentrale Kommission für den Auslandstourismus

Der Zentrale Ausschuss für den Auslandstourismus, gegründet am 14.6.1973 auf Beschluss des Präsidiums des Ministerrates, ab 20. Januar 1987 umgewandelt in die Zentrale Kommission für Auslandstourismus[190], koordinierte als beratendes Organ des Ministerrates die im Auslandstourismus mitwirkenden Bereiche. Zudem repräsentierte sein Vertreter die DDR in der Konferenz der Staatlichen Organe für Tourismus der sozialistischen Länder (KSOT). Seine Mitglieder waren demzufolge Beauftragte der jeweiligen zentralen staatlichen Organe, der Räte der Bezirke für Erholungswesen sowie der am Fremdenverkehr beteiligten gesellschaftlichen Organisationen.[191]

Die Aufgaben bezogen sich einerseits auf den aufnehmenden (das heißt aktiven) Auslandstourismus, speziell dessen Stärkung; andererseits auf den passiven Auslandstourismus von DDR-Bürgern.[192] Die Tätigkeitsfelder waren

---

189 Vgl. dazu und im Folgenden ebd.
190 Vgl. *Beschluss des Ministerrates 28/I.14/87*, BArch DL1 VA 00004 Karton 18, unpag.
191 Vgl. *Anhang 1*.
192 Vgl. dazu und im Folgenden: *Ordnung über Aufgaben und Arbeitsweise der Zentralen Kommission für Auslandstourismus beim Ministerrat der DDR*, S. 2.

die Organisation und Kontrolle der relevanten Beschlüsse; die Sicherung der Zusammenarbeit der am Auslandstourismus beteiligten zentralen staatlichen Organe[193], örtlichen Staatsorgane und der gesellschaftlichen Organisationen; die Koordinierung der Mitwirkung der Mitglieder des ZKAT bei der Gestaltung der zwischenstaatlichen Beziehungen; die Ausarbeitung von Planauflagen für den Auslandstourismus auf Grundlage der planmethodischen Regelungen im Rahmen des Fünfjahrplanes und der Jahrespläne sowie die Vorbereitung von Bilanzentscheidungen; die Beratung und Kontrolle der Realisierung langfristiger Entwicklungskonzeptionen; die Forcierung der technischen Arbeit zur effektiveren Organisation des Tourismus; die Sicherung der Aus- und Weiterbildung der im Tourismus beschäftigten Kader inklusive der Leiter und Mitarbeiter der touristischen Informationseinrichtungen; die Abstimmung von Maßnahmen zur Verbesserung der touristischen Öffentlichkeitsarbeit; die Entwicklung der nicht verlagsgebundenen Publikationstätigkeit der örtlichen Staatsorgane und Betriebe im Auslandstourismus sowie die Förderung der Leistungsvermittlung durch die touristischen Informationseinrichtungen.[194]

Untergeordnete Aufgaben, die diesen Zielen verpflichtet waren, übten analog auf Bezirksebene die Bezirksausschüsse für Tourismus aus. Die ZKAT war gegenüber diesen direkt weisungsberechtigt. Eine nur indirekte Einflussnahme auf die Bezirksebene hingegen lag bei der Hauptverwaltung für den Auslandstourismus beim Ministerium für Verkehrswesen vor. Diese Abteilung stellte das Sekretariat des ZKAT dar. Sie gab ›Empfehlungen und sachdienliche Hinweise‹[195] zur Gestaltung des Auslandstourismus. Beide Organe arbeiteten eng zusammen, wenn es um den »Aufbau einer langfristigen Entwicklungskonzeption des Auslandstourismus und die Schaffung eines bedarfsgerechten Reiseangebotes«[196] ging.

Verantwortliche Ministerien

Bereits im Zusammenhang mit den zentral geleiteten Institutionen des Ministerrates wurden einige Ministerien genannt, die sich mit Fragen des Tourismus befassten. Es war dies in erster Linie das Ministerium für Verkehrswesen[197],

---

193 Auf ministerialer Ebene waren dies: das Ministerium für Verkehr, das Ministerium für Finanzen, das Ministerium für Handel und Versorgung, das Ministerium für Auswärtige Angelegenheiten, das Ministerium für Außenhandel und das Ministerium für Kultur.
194 Vgl. *Ordnung über Aufgaben und Arbeitsweise der Zentralen Kommission für Auslandstourismus beim Ministerrat der DDR*, S. 2.
195 Schwarz, »Auslandstourismus unter einheitlicher Leitung«, S. 17.
196 Ebd.
197 Vgl. Oehler, *Erholungswesen*, S. 33.

welches zum einen die gesamte verkehrsinfrastrukturelle Seite und den gesamten aktiven In- und Auslandstourismus[198] zentral plante, leitete und sicherte, zum anderen die ihm unterstellten selbstständigen Wirtschaftsbereiche des VEB Reisebüro der DDR, der Deutschen Reichsbahn sowie der Interflug steuerte und schließlich die oben genannten Hauptverwaltungen für den Fremdenverkehr und für den Auslandstourismus beherbergte. Das Ministerium für Finanzen war in Zusammenarbeit mit der Staatlichen Plankommission dafür zuständig, hinsichtlich des Auslandstourismus mit den anderen sozialistischen Ländern eine finanzielle Planung und Abrechnung vorzunehmen. Zudem bündelte es komplexe ökonomische Planinformationen aus dem Ministerium für Verkehrswesen bezüglich des Umfangs des Auslandstourismus beim VEB Reisebüro der DDR inklusive des Überblicks über Valutaeinnahmen und -ausgaben sowie des Umfangs von Inlandspauschalreisen, aus dem Amt für Jugendfragen hinsichtlich der Bilanzen der zentral geleiteten Kinder- und Jugenderholung sowie aus den Räten der Bezirke über finanzielle Gegebenheiten der Einrichtungen des örtlich geleiteten Erholungswesens und der örtlich verankerten Kinder- und Jugenderholung[199], um entsprechende Planentwürfe zu realisieren.[200]

Das Ministerium der Finanzen wiederum stimmte sich in Fragen der Refinanzierung von Valutainvestitionen – beispielsweise beim Kauf des Urlauberschiffes ›Arkona‹[201] – mit dem Bereich ›Kommerzielle Koordinierung‹ ab.[202] Dem Ministerium für Handel und Versorgung waren zum einen alle staatlich geleiteten Hotels – unter anderem jene der Vereinigung Interhotel – und anderen Beherbergungsbetriebe unterstellt, zum anderen plante es die Versorgung der Urlauber in Gaststätten und im Einzelhandel. Weitere beteiligte Ministerien hatten kleinere Aufgabenbereiche, die an relevanter Stelle näher ausgeführt werden.

Auf zentraler Ebene waren zudem Fragen der Finanzierung, insbesondere der sozialtouristischen Angebote, von übergeordneter Bedeutung für den Staatshaushalt. Ganz entgegen der Erkenntnis, dass man nur verbrauchen könne, was auch an dieser oder anderer Stelle erwirtschaftet worden sei, wurde im Rahmen der großzügigen Zuordnung der meisten Formen des Erholungs-

---

198 Aufgrund der steten Zunahme der auslandstouristischen Anforderungen wurde 1972 die Hauptverwaltung für den Auslandstourismus gebildet und seit 1973 um den Zentralen Ausschuss für Auslandstourismus – dieser dann nicht beim Ministerium für Verkehrswesen, sondern direkt dem Ministerrat unterstellt – erweitert.
199 Vgl. Oehler, *Erholungswesen*, S. 61–63.
200 Zur Schaffung von Planentwürfen war zudem der Bundesvorstand des FDGB berechtigt.
201 Vgl. Kapitel VI.5.
202 Vgl. Buthmann, *Anatomie der Staatssicherheit*; Deutscher Bundestag, Referat Öffentlichkeitsarbeit, *Der Bereich kommerzielle Koordinierung*; Fischer, *Schalck-Imperium*; Koch, *Das Schalck-Imperium*.

wesens zum Sozialtourismus die Erwirtschaftung von Gewinnen als nebensächlich beziehungsweise nicht zwingend notwendig eingestuft. Die Hauptfinanzierung lag damit nicht bei den Leistungsanbietern, sondern beim Staat direkt, dem FDGB und den Sozial- und Kulturfonds der Betriebe. Dieser umfassenden Förderung stand in gewisser Weise der zunehmende Kaufkraftüberhang der DDR-Bevölkerung gegenüber.[203] Dieser hätte ohne weiteres eine höhere finanzielle Beteiligung des Reisenden erlaubt. Der steigende Reisebedarf bedingte die Erhöhung der Subventionen[204] aus dem Staatshaushalt wie auf der folgenden Seite dargestellt.

Zur Untermauerung kann im jeweiligen Gesetz zum Staatshaushaltsplan des entsprechenden Jahres nachvollzogen werden, wie sich die Zuschüsse verteilten. Für 1989 wurden dabei dem Feriendienst des FDGB Mittel insbesondere für die Schaffung neuer Urlaubsplätze, für umfassende Modernisierungen und die finanzielle Unterstützung der einzelnen Reisen zur Verfügung gestellt; ein großer Teil der Zuschüsse galt dem Bau, der Pflege und der Modernisierung örtlicher Erholungseinrichtungen, wie Campingplätzen, Freibädern und Ähnlichem; subventioniert wurde auch die kulturelle Betreuung der Werktätigen in den Kurorten; in der Jugendtouristik förderte man den Ausbau des Netzes von Beherbergungseinrichtungen für Jugendliche (Jugendherbergen, -touristenhotels, -erholungszentren); die Unterhaltung der Zentralen Pionierlager, die Durchführung der örtlichen Feriengestaltung sowie In- und Auslandstouristik mit dem Reisebüro der FDJ ›Jugendtourist‹.[205] Zudem schlugen auf der Ausgabenseite noch die staatlichen Zuschüsse bei der Beförderung mit Eisenbahn und Flugzeug bei organisierten Auslandsreisen mit dem Reisebüro der DDR zu Buche.

---

203 Vgl. als Beispiele für Beschlüsse, die den Bürgern Mehreinnahmen sicherten: 28.4.1972: Erhöhung der Renten und Sozialfürsorge und Aufhebung des Beschlusses des Ministerrates über kostendeckende Mieten vom 17.3.1966; 27.5.1976: Erhöhung der Mindestlöhne; 25.9.1979: Erhöhung der Renten; 22.5.1984: Erhöhung von Renten; 22.4.1986: bezahlte Freistellungen für Mütter; 29.11.1988: Erhöhung der Renten – Vgl. Weinert/Gilles, *Zusammenbruch des Freien Deutschen Gewerkschaftsbundes*, S. 35f.
204 Der Subventionsbegriff ist hier in einem allgemein verständlichen Sinne verwendet. Die Bezeichnung ist gleichwohl problematisch, wie bereits 1996 von Hasso Spode angemerkt: »Das planwirtschaftliche System der Allokation von Ressourcen kannte – außerhalb der blühenden Schattenwirtschaft – keinen nicht-politischen Mechanismus zur Bewertung knapper Güter und somit zur prinzipiellen Differenzierung zwischen subventionierten und nichtsubventionierten Preisen; faktisch waren diese vielmehr endlos miteinander verkettet. Auch die am sogenannten ›gesellschaftlichen Arbeitsaufwand‹ festgemachte Subventionsquote des Sozialtourismus hat diese Struktur bloß inkorporiert; eine Neubewertung steht noch aus.« – Spode, »Tourismus in der Gesellschaft der DDR«, S. 25.
205 Vgl. *Gesetz über den Staatshaushaltsplan 1989* vom 14.12.1988.

Jahr	Einnahmen des Staatshaushalts in Mio. Mark	Einnahmen durch Erholungswesen und Feriendienst in Mio. Mark	Ausgaben durch Erholungswesen und Feriendienst in Mio. Mark	Zuwendungen aus dem Staatshaushalt für Erholungswesen und Feriendienst in Mio. Mark
1971[206]	80206,2 (100)	47,9 (100)	136,9 (100)	89,0 (100)
1980	160652,4 (200)	83,2 (174)	377,9 (276)	294,7 (331)
1988	269699,1 (336)	127,1 (265)	578,5 (423)	451,4 (507)

Tabelle 1: *Staatliches finanzielles Engagement für Feriendienst und Erholungswesen (Statistisches Jahrbuch der DDR 1990, S. 298, 300f.; Statistisches Jahrbuch der DDR 1989, S. 276; Statistisches Jahrbuch der DDR 1973, S. 313. 1971 Berechnung der Einnahmen durch gelistete Ausgaben und Zuwendungen [Listung unter Naherholung, vermutlich Schreibfehler im Jahrbuch, da sonst jedes Jahr Begriff ›Erholung‹], 1980 und 1988 Berechnung der Zuwendungen aus gelisteten Einnahmen und Ausgaben.)*

Ausbildung und Beschäftigung im Tourismussektor

Zentral durch den wissenschaftlichen Beirat des ZKAT, dem auch Beauftragte der Rektoren der Hochschulen und anderer Einrichtungen angehörten, wurden schließlich auch Ausbildung und Forschung im Bereich des Fremdenverkehrs gesteuert. Tourismusfachkäfte wurden in der DDR auf der Hochschul-, Fachschul- und Berufsebene ausgebildet.[207] 1989 beispielsweise lag der Bedarf bei etwa 177.000 Vollbeschäftigten.[208]

Die akademische Hochschulausbildung von Tourismusökonomen – diese wurden als einzige im touristischen Bereich im Studienstatus geführt – wurde seit Anfang der sechziger Jahre durch ein fünfjähriges Hochschulstudium mit dem Abschluss als Ingenieur-Ökonom oder Diplom-Ökonom[209] in der Hochschule für Verkehrswesen ›Friedrich List‹ in Dresden vorgenommen. Dabei wurde ab dem Studienjahr 1988/89 die zunächst zweisemestrige Spezialisierung ›Ökonomie des Fremdenverkehrs‹ innerhalb der Fachrichtung ›Ökonomie des Transports‹ in die neue, eigenständige, siebensemestrige Fachrichtung ›Ökonomie des Tourismus‹ umgewandelt. Innerhalb dieses Studienganges waren zwei Spezialisierungen möglich, die Touristenbetreuung sowie Leitung, Planung und Organisation des Tourismus. An die Studenten wurden vor allem

---

206 Basisjahr ist 1971 (100 Prozent).
207 Vgl. dazu und im Folgenden für alle Ausbildungsbereiche soweit nicht anders referenziert: Godau, *Tourismus in der DDR*. S. 16–19. Vgl. weitergehend auch: Godau/Arnold, *Die Aus- und Weiterbildung von Kadern*.
208 Vgl. *Anhang 2*.
209 Vgl. *Ausbildungsschwerpunkte*, BArch DL1 26577, unpag.

hohe Anforderungen im Bereich der Fremdsprachen und Informatikkenntnisse gestellt, neben dem Hauptbereich der Tourismusökonomie spielten Inhalte der Ökonomie des Transports und des Nachrichtenwesens, des Verkehrsrechts, der Verkehrs- und Wirtschaftsgeschichte, der Verkehrsgeographie und der touristischen Kartographie[210] eine Rolle. Der Lehrbrief zu den Grundlagen des Fremdenverkehrs formulierte als Studienaufgabe:

»[...] Sie [sollen, H.W.] erkennen, welche komplexen Zusammenhänge zwischen den vielfältigen Erscheinungsformen des Fremdenverkehrs bestehen und wie sich der Bedarf und seine Befriedigung als zentrales Ziel der Fremdenverkehrswirtschaft darstellt. Der Bedarf und der Grad der Bedarfsdeckung ist letztlich der Maßstab über die Qualität und die Quantität der Leistungen der Fremdenverkehrswirtschaft. Dabei ist der Bedarf in den Betrieben der Fremdenverkehrswirtschaft der DDR oftmals eine wenig beachtete Kategorie bei der Leitung und Planung [...]«[211]

Die bis 1989 etwa 350 Absolventen wurden beim Feriendienst des FDGB, beim Reisebüro der FDJ Jugendtourist, beim VEB Reisebüro der DDR, in Hotelbetrieben unterschiedlicher Eigentumsformen, bei Verkehrsträgern sowie zentralen und örtlichen Organen des Staatsapparates als Führungskader angestellt. Seit der Mitte der sechziger Jahre wurden zudem Wirtschaftler für Tourismus im Laufe eines viersemestrigen Studienganges auf Fachschulniveau für mittlere Leitungsfunktionen zunächst in einer Außenstelle der Ingenieurschule für Verkehrstechnik ›Erwin Kramer‹ in Karl-Marx-Stadt (Fernstudium), ab September 1988 in einer eigenständigen Fachschule für Verkehrswesen Karl-Marx-Stadt ausgebildet.[212] Die bis 1989 etwa 700 Absolventen, die zu diesem Fachschulstudium nach mindestens einjähriger Tätigkeit als Facharbeiter im Tourismus in der Berufspraxis delegiert werden konnten[213], galten laut Armin Godau als das »Rückgrat«[214] eines leistungsfähigen Kollektivs von Kadern der touristischen Wirtschaft der DDR.

In der Facharbeiterstufe konnten sich Zugelassene innerhalb von zwei Jahren zum Verkehrs- oder Wirtschaftskaufmann in der Spezialisierung Fremdenverkehr innerhalb der Zweigstellen des VEB Reisebüros der DDR qualifizie-

---

210 Es ist kaum verwunderlich, dass ein Schwerpunkt der Ausbildung im Bereich ›Verkehr‹ lag. Wie auch Hans-Liudger Dienel bemerkte, lag das Augenmerk der ›planungseuphorischen DDR‹ auf bestimmbaren Verkehrsgrößen und nicht auf schwer ermittelbaren Zahlen zu anderen touristischen Themen. – Dienel, *Ins Grüne und ins Blaue*, S. 225.
211 *Ausbildungsschwerpunkte*, BArch DL1 26577, unpag.
212 Zur institutionellen Zuordnung vgl. *Brief der Fachgruppen Touristische und Ökonomische Lehrgebiete an der Fachschule für Verkehrswesen Karl-Marx-Stadt an den Minister für Tourismus* vom 9.12.1989, BArch DL1 Karton (Bündel) 23. Darunter: ehemals Bündel 20, unpag.
213 Vgl. *Ausbildungsschwerpunkte*, BArch DL1 26577, unpag.
214 Godau, *Tourismus in der DDR*, S. 17.

ren.[215] Weiterhin waren Ausbildungen im Beherbergungs- und Gaststättenwesen möglich. Deren akademischer Ausbildungsbereich befand sich an der Handelshochschule in Leipzig. Alle drei Ausbildungsebenen wurden ab September 1988 in einem integrierten ›Aus- und Weiterbildungssystem Ökonomie des Tourismus‹[216] im Sinne eines Bildungskombinates in den genannten drei Stufen zusammengefasst. Trotz dieser Ausbildungsbemühungen herrschte in der DDR ein permanenter Arbeitskräftemangel im touristischen Sektor, der zwar erkannt wurde, jedoch bis 1989 nicht behoben werden konnte.

»Von völlig anderer Bedeutung für den einzelnen Betrieb und die gesamte Fremdenverkehrswirtschaft ist der zur Verfügung stehende Arbeitskräftefonds. Der Prozeß der Leistungserzeugung in der Fremdenverkehrswirtschaft ist zum größten Teil außerordentlich arbeitskräfteintensiv. Deshalb hängt der Leistungsumfang wesentlich von der Zahl der Beschäftigten, von ihrer Qualifikation und ihrer Einstellung zu den zu lösenden Arbeitsaufgaben ab. Auf diesem Gebiet gibt es z. Zt. die größten Probleme, die besonders bei Konzentration des Tourismus auf bestimmte Zeiträume und Territorien auftreten. Hier sei besonders auf die Saisonbeschäftigung an der Ostseeküste hingewiesen, die jährlich das bestehende Defizit an Arbeitskräften im Bezirk Rostock im Verhältnis zum geforderten Leistungsumfang beseitigen soll.«[217]

Für die Ausbildung von Gewerkschaftsfunktionären im Bereich des Feriendienstes war vorrangig die Gewerkschaftshochschule ›Fritz Heckert‹ des FDGB bei Bernau verantwortlich.[218] Sie bestand seit Mai 1947 und wurde 1950 von einer Bundesschule in eine Hochschule umgewandelt und 1956 den anderen Hochschulen der DDR gleichgestellt. Sie war die zentrale Einrichtung des FDGB zur Aus- und Weiterbildung seiner leitenden Funktionäre für alle Organe und Aufgabenbereiche der Gewerkschaften. Ab 1952 war sie dem Sekretariat des Bundesvorstandes direkt unterstellt. An der Gewerkschaftshochschule wurden zunächst ausschließlich Ökonomen, später auch Gesellschaftswissenschaftler und Klubhausleiter in mehrjährigen Direkt- oder Fernstudien ausgebildet. Zudem wurden kürzere Spezialehrgänge zur Fortbildung durchgeführt.

---

215 Vgl. zu den Ausbildungsspezialisierungen im Facharbeiterbereich: *Ausbildungsschwerpunkte*, BArch DL1 26577, unpag.
216 Godau, *Tourismus in der DDR*, S. 18.
217 Lehrbrief, BArch DL1 26577, unpag.
218 Vgl. dazu und im Folgenden: *Bestandshinweise des Bundesarchivs zu Dokumenten der Gewerkschaftshochschule ›Fritz Heckert‹ des FDGB*, 12.2.2006, http://www.bundesarchiv.de/ aufgaben_ organisation/abteilungen/sapmo/archiv/00751/index.html#ziel_1_10.

Tourismusforschung in der DDR

Ein wichtiges Feld insbesondere der akademischen Kaderausbildung war die tourismusökonomische Forschung. Sie löste einen Vorrang der Geographie des Fremdenverkehrs[219] in den sechziger Jahren ab, die aber wichtige Voraussetzungen zum Verständnis der hohen Bedeutung touristischer Fragen schuf und auch weiterhin mit einem Zentrum an der Universität in Greifswald wichtige Erkenntnisse hervorbrachte. So formulierte Günter Jacob, der Präsident der Geographischen Gesellschaft der DDR, in seiner Begrüßungsansprache zum V. Greifswalder Geographischen Symposium 1978:

»Einer besonderen Begründung zum Stattfinden einer solchen Tagung bedarf es offensichtlich nicht, da die Fragen der Erholung, des Tourismus zum immanenten Bestandteil sozialistischen Lebens und damit auch wissenschaftlichen Forschens geworden sind. Daß diese Fragen auch eine weltweite Problematik widerspiegeln, beweist die Teilnahme gewichtiger Experten aus dem kapitalistischen Ausland und den uns befreundeten sozialistischen Ländern [...]«[220]

Die Konzentration auf die Tourismusökonomie war Ergebnis der Beschlüsse des X. Parteitages, der forderte:

»Es ist zielstrebig nach Lösungen zu suchen, wie einerseits durch eine bessere Angebotsstruktur die steigenden Bedürfnisse der Bevölkerung befriedigt werden können und andererseits der Einsatz materieller Fonds und lebendiger Arbeit sich entsprechend den volkswirtschaftlichen Möglichkeiten entwickelt.«[221]

Die Forschung richtete sich demnach auf das Hauptproblem des mangelnden Angebots an touristischen Reisen und beachtete besonders den dominierenden »Sozialtourismus, für den bedeutende Anteile aus dem Nationaleinkommen bereitgestellt werden.«[222] Die ökonomischen Forderungen hießen mit Armin Godau, bei »Kostenminimierung zum Leistungsoptimum zu gelangen und mit Erfolg zu verkaufen«[223]. Dabei konzentrierte sich die Tourismusforschung an der Hochschule für Verkehrswesen in Dresden ab 1988 auf zehn langfristige Hauptforschungslinien[224]: die gesellschaftlichen Ziele des Tourismus, die Reproduktion des gesellschaftlichen Arbeitsvermögens, die Strategien für die Verwendung der gesellschaftlichen Konsumfonds, der Einfluss des Tourismus

---

219 1965 beispielsweise hatte in Dresden eine international beachtete Tagung zur Geographie des Fremdenverkehrs stattgefunden. – Vgl. Jacob, *Probleme der Geographie des Fremdenverkehrs*.
220 Jacob, »Begrüßungsansprache«, S. 2.
221 Beschluss des X. Parteitages. Zitiert bei: Dlouhy, »Inhalt, Möglichkeiten und Grenzen der Substitution«, S. 42.
222 Godau, *Tourismus in der DDR*, S. 23.
223 Ebd.
224 Vgl. ders., »Neue Forschungsstrukturen«, S. 16f.

auf die Valutawirtschaft, die Erhöhung der volkswirtschaftlichen und betrieblichen Effektivität der touristischen Leistungserzeugung, die Untersuchung des Wechselverhältnisses von Innovation und Leistung im Tourismus, die Vervollkommnung der Leitungs-, Planungs- und Rechtsstrukturen, der Einsatz von Schlüsseltechnologien, die Verfolgung internationaler Entwicklungstendenzen des Tourismus, die Lehr- und Trainingsprogrammforschung.

Diese Linien stimmte die Hochschule für Verkehrswesen mit den staatlichen und gesellschaftlichen Organen ab. Schließlich entwarf die Hochschule Forderungen an den Tourismus für das Jahr 2000. Verlangt wurden die bessere Befriedigung von aus dem gewachsenen Qualitätsbewusstsein resultierenden touristischen Bedürfnissen; die überdurchschnittliche Entwicklung des Incomings zur Sicherung der Valutaeinnahmen durch Dienstleistungsexport; die Incoming-Entwicklung durch Maßnahmen zur Erhöhung der staatlichen Wirksamkeit gegenüber zentralen Bereichen und in den Territorien zu begleiten; die weitere Belastung der traditionellen Zielgebiete mit den Erfordernissen von Natur und Umwelt in Einklang zu bringen; die verstärkte Erschließung neuer touristischer Gebiete; die Anpassung der Grundfonds des touristischen Bereichs durch Rekonstruktion, Modernisierung und gezielte Erweiterung an eine qualitativ orientierte Bedarfsentwicklung; die Absicherung der Leistungsbereitstellung im Bereich Beherbergung, Verpflegung und Ortsveränderung; die weitere Qualifizierung des Managements im Tourismus auf der Grundlage moderner Methoden der sozialistischen Wirtschaftsführung; die Rationalisierung durch formalisierbare Prozesse (Automatisierung durch Mikroelektronik); der Einsatz frei werdenden Arbeitsvermögens aus den operationalisierten Bereichen in andere qualitätserhöhende Bereiche des Tourismus sowie die Bedienung des Bedürfnisses nach tourismusspezifischer Anwendersoftware.[225]

Aufgrund von Kapazitätsbeschränkungen sah man – vor allem in der Marktforschung – dabei aber zunächst nur die Möglichkeit der Substitution. Diese wurde zeitgenössisch als »auf freiem Kaufentscheid begründete, sich aus einer veränderten Angebot-Nachfrage-Situation ergebende Ersetzung einer Ware oder Leistung durch ein Äquivalent mit dem Ziel der Befriedigung eines konkreten Bedürfnisses«[226] verstanden. Damit sollte eine Befriedigung der Bedürfnisse erreicht werden, wenn auch mit einem anderen Produkt als dem gewünschten. Veränderungen in Angebot und Nachfrage sollten Substitutionsimpulse geben, doch dieses Maß an Freiwilligkeit sah man engen Grenzen ausgesetzt. Die Forschung[227] erarbeitete Strategien, um auf der Angebots-

---

225 Vgl. ebd., S. 15.
226 Dlouhy, »Inhalt, Möglichkeiten und Grenzen der Substitution«, S. 42.
227 Vgl. zum gesamten Beispiel ebd.

seite passende Veränderungen herbeizuführen. Neue und weiterentwickelte Erzeugnisse sollten den Stellenwert vorhandener Produkte verändern (Freiwilligkeit), im Falle der ungenügenden Wirkung musste das unzureichend zur Verfügung stehende Produkt wegfallen oder reduziert werden. Im Tourismus fanden sich solche Vorgehensweisen häufig im Angebot alternativer Reiseziele.

Auf der Nachfrageseite sollten die zunehmende Ausprägung sozialistischer Verhaltensweisen und tendenzielle Kaufkrafterhöhungen zu Veränderungen in der Nachfragestruktur führen. Dabei wurde jedoch beispielsweise die Stabilität von Gewohnheiten in Reisezeit, -ort und -stil zu wenig berücksichtigt.

Periphere Forschungsvorhaben entstanden auch an anderen Universitäten und Hochschulen. Als – nicht repräsentatives, sondern exemplarisches – Beispiel sei eine breit angelegte Untersuchung von Sportprogrammen im Urlaub genannt.[228] Dabei wurde an der Hochschule für Körperkultur und Sport in den sechziger Jahren analysiert, ob sich Sport als Erziehungsauftrag für eine gesunde Lebensführung vermarkten ließe. Langfristige Wirkungen konnten jedoch nicht festgestellt werden.

Das Erholungswesen als Aufgabe der örtlichen Volksvertretungen

Es bestand nun die Notwendigkeit, die genannten Vorstellungen – im Rahmen des demokratischen Zentralismus – an die örtlichen Volksvertretungen zu übermitteln. Der Weg dieser Weitergabe wurde im Grundsatz durch das bereits im Kapitel II.2 ausführlicher erläuterte *Gesetz über die örtlichen Volksvertretungen* geregelt und die Aufgaben der verschiedenen Entscheidungsebenen fixiert. In den jeweiligen bezirklichen, kreislichen und kommunalen Behörden existierten in den siebziger und achtziger Jahren spezielle Räte für Erholungswesen. Zudem gab es seit 1972 die dem Zentralen Ferienausschuss beim Ministerrat untergeordneten Ferienausschüsse der Bezirke, Kreise, Städte und Gemeinden[229].

Unterstützt wurden diese Abteilungen durch ständige oder zeitweilige Kommissionen, die für besondere Problemlagen eingesetzt wurden. Die grundsätzlichen Aufgaben der örtlichen Vertretungen bestanden im Treffen eigenverantwortlicher Entscheidungen zur regionalen Verwirklichung der Hauptaufgabe und zur Gestaltung der entwickelten sozialistischen Gesellschaft unter Berücksichtigung des gesamtgesellschaftlichen Interesses; im Erstellen verbindlicher Vorgaben für die nachgeordneten Wirtschaftsorgane, Volksver-

---

228 Vgl. Buggel, *Die Urlaubsfreizeit*.
229 In der Literatur werden synonym die Begriffe ›Ferienausschuss‹, ›Ausschuss für Erholungswesen‹ ›Ausschuss für Erholungswesen und Tourismus‹ und ›Ausschuss für Tourismus‹ verwandt.

tretungen und die Bürger; in der Leitung der Plandurchführung und Sicherung der Erfüllung der volkswirtschaftlichen Verpflichtungen im Einflussbereich; in der Beschlussfassung über die Fünfjahrpläne und die Jahrespläne der Bezirke sowie die Jahrespläne der Kreise, Städte, Stadtbezirke und Gemeinden. Zur Erfüllung dieser Obliegenheiten arbeiteten die örtlichen Vertretungen eng mit den zentralen staatlichen Institutionen, dem FDGB und anderen gesellschaftlichen Organisationen sowie den Kombinaten, Betrieben und Genossenschaften zusammen. Im Zentrum dieses vom Urlauber aus gedachten Maßnahmenfokus stand in den siebziger und achtziger Jahren mit der Erkenntnis um die Notwendigkeit einer qualitativen Verbesserung die Erhöhung des Niveaus der Urlauberbetreuung.[230] Die Materialien von Fritz Rösel, Sekretär für Sozialpolitik im Bundesvorstand des FDGB, zeigen Schwerpunkte der gedachten Qualitätsmerkmale: hochwertige gastronomische Versorgung, einwandfreie Unterbringung inklusive Aufbettungsmöglichkeiten, niveauvolle Kulturprogramme, gute Bedingungen für eine kulturell-schöpferische Betätigung, Förderung von Lebensfreude, Geselligkeit, Unterhaltung, Wissensvermittlung und Entfaltung kulturvoller Lebensgewohnheiten sowie aktive Erholung durch Sportprogramme.[231]

Zudem zeigen einzelne Bemerkungen in zeitgenössischen Auseinandersetzungen mit touristischen Aspekten Problemfelder, an denen es Verbesserungen vorzunehmen galt. Ohne Anspruch auf Vollständigkeit oder Repräsentativität seien an dieser Stelle beispielhaft genannt: das Wissen um die bis 1989 zum Teil ungenügende ökonomisch- und verkehrsinfrastrukturelle Erschließung vieler Urlaubs- und Naherholungsgebiete, die sich unter anderem an den Straßenverhältnissen, den Beherbergungs- und Versorgungsmöglichkeiten sowie einem an Bedürfnissen des Touristen orientierten spezifischen Warenangebots (Souvenirs und ähnlichem) zeigte[232]; die Erkenntnis der sechziger und frühen siebziger Jahre, dass sich die Betriebe in den Erholungsorten oft nur um ihre eigenen Erholungsobjekte bemühten, jedoch wenig Interesse an der Errichtung der Allgemeinheit zugänglicher Einrichtungen wie Wanderwege, Sport- und Freiflächen bekundeten[233]; die Forderung nach der Errich-

---

230 Vgl. Paragraph 36 Absatz 3 des *Gesetzes über die örtlichen Volksvertretungen und ihre Organe in der Deutschen Demokratischen Republik* vom 12. Juli 1973.
231 Vgl. Lippold, »Arbeitszeit, Freizeit und Erholung«, S. 95.
232 Vgl. Deja-Lölhöffel, *Freizeit in der DDR*, S. 130.
233 Vgl. Schultze, »Erholungslandschaften in der DDR«, S. 23. Diesem Problem trat der Staat mit dem *Beschluss des Staatsrates der Deutschen Demokratischen Republik zur weiteren Gestaltung des Systems der Planung und Leitung der wirtschaftlichen und gesellschaftlichen Entwicklung, der Versorgung und Betreuung der Bevölkerung in den Bezirken, Kreisen, Städten und Gemeinden* (= *Beschluss zur Entwicklung sozialistischer Kommunalpolitik*) vom 16.4.1970) entgegen. – Vgl. zeitgenössisch zur Kommunal-

tung eines öffentlichen Wegenetzes an zum Teil bisher verbauten Gewässerlagen, die ja ein wichtiges mögliches touristisches Ziel waren[234]; der Wunsch nach einer Erhöhung der Attraktivität der Mittelgebirgslagen durch Planung und Bau von Talsperren, die auch dem Erholungswesen zugänglich sein sollten[235]. Aufbauend auf gesetzlichen Grundlagen erfüllten die Bezirke im Erholungswesen konkrete Aufgaben im Tourismus.[236] Allen fachlichen Organen übergeordnet war der Rat des Bezirkes, der die Zusammenarbeit mit den administrativen Einheiten, den Erholungsträgern und anderen zuständigen Bereichen sicherte. Die Bezirke formulierten spezifische komplexe Programme in langfristigen Entwicklungskonzeptionen sowie in Vorbereitung der Fünfjahrpläne Landschaftspläne, -rahmenpläne sowie -entwicklungspläne, um Wechselwirkungen, Reihen- und Rangfolgen, Schwerpunkte sowie Entwicklungslinien zu bestimmen und damit eine »planmäßige, koordinierte und abgestimmte Realisierung der Einzelaufgaben«[237] zu erreichen. Hinsichtlich der komplexen Programme mit langfristigen Entwicklungskonzeptionen wurden zunächst Stand und Entwicklungsziele für alle Erholungsarten und -träger festgelegt sowie die Beziehung der erholungspolitischen Zielsetzungen zu anderen bezirklichen Programmen – zum Beispiel im Umweltschutz – und der Kapazitätsbedarf des Erholungswesens an andere – besonders infrastrukturelle – Bereiche untersucht. Danach wurden die »Hauptrichtungen der staatlichen, gesellschaftlichen und betrieblichen Tätigkeit zur weiteren Entwicklung des Erholungswesens im Bezirk«[238] bestimmt. Der Bezirkstag empfahl und verteilte schließlich an den Rat des Bezirks, die Kreistage, die kommunalen Volksvertretungen, die Kombinate, die Betriebe, die Genossenschaften, die Einrichtungen und gesellschaftlichen Organisationen wahrnehmbare Aufgaben.

---

politik der siebziger, besonders aber der achtziger Jahre: Hahn/Schröder, *Sozialistische Heimatliebe und sozialistische Kommunalpolitik.*
234 Vgl. »Diese Forderung gilt ebenso für Wochenendhausanlagen an Gewässern, wo gegenwärtig der Individualismus mit Gartenzwergen, Burgen, Bootsstegen (›Privatsteg – Betreten verboten!‹) und Zäunen noch immer nicht überwunden ist.« – Schultze, »Erholungslandschaften in der DDR«, S. 23.
235 Vgl. ebd., S. 22. Beispiel für ein solches Nutzungsvorhaben ist die Talsperre Pöhl. – Vgl. Weber, *Talsperren Pöhl und Pirk*; Münzner, »Erholungsgebiet Talsperre Pöhl«, S. 302–304. Gebhardt, »Einige Probleme der staatlichen Leitungstätigkeit«.
236 Vgl. zu den gesetzlichen Grundlagen Kapitel II.2. Vgl. im Gesamten und soweit nicht anders referenziert zur Bezirksebene: Oehler, *Erholungswesen*, S. 34–39 und S. 56–60.
237 Ebd., S. 59.
238 Ebd., S. 60.

```
                           ┌─────────────┐
                           │  Bezirkstag │
                           └──────┬──────┘
                           ┌──────┴──────┐
                           │ Rat des Bezirks │
                           └──────┬──────┘
```

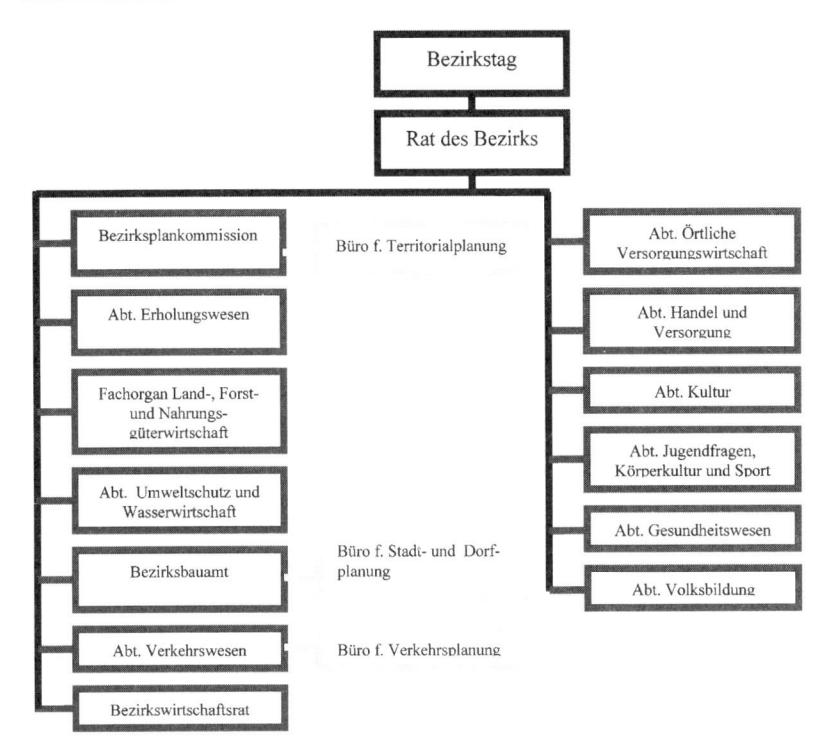

Bezirksplankommission	Büro f. Territorialplanung	Abt. Örtliche Versorgungswirtschaft
Abt. Erholungswesen		Abt. Handel und Versorgung
Fachorgan Land-, Forst- und Nahrungsgüterwirtschaft		Abt. Kultur
		Abt. Jugendfragen, Körperkultur und Sport
Abt. Umweltschutz und Wasserwirtschaft		Abt. Gesundheitswesen
Bezirksbauamt	Büro f. Stadt- und Dorfplanung	
		Abt. Volksbildung
Abt. Verkehrswesen	Büro f. Verkehrsplanung	
Bezirkswirtschaftsrat		

Abbildung 2: Regionale Tourismusplanung
(Oehler, Ellenor u.a.: Erholungswesen. Leitung, Organisation, Rechtsfragen, Berlin 1989, S. 37.)

Bezüglich der bezirklichen Pläne wurden nach der zentralen Beschlussfassung über den Fünfjahrplan die Perspektivpläne in objektkonkrete Maßnahmepläne umgewandelt. Abschließend wurden auf zentraler bezirklicher Ebene Regeln zur Durchführung und Kontrolle der beschlossenen Maßnahmen formuliert. Dabei arbeitete der Rat des Bezirks mit örtlichen Organen zusammen.[239] Abstimmungen erfolgten vor allem mit der SED-Bezirksleitung – insbesondere den Sektorenleitern für Internationale Verbindungen, für Parteiverbindungen und für Verkehr – mit dem Rat für Erholungswesen und dem Bezirksausschuss für Tourismus, der Ständigen Kommission Erholungswesen des Bezirkstages und mit verschiedenen Massenorganisationen.

---

239 Vgl. dazu die exemplarischen Aussagen im *Auskunftsbericht des Bezirksdirektors des Reisebüros der DDR der Bezirksdirektion Frankfurt (O.) Gen. Janz zur Vorbereitung des Arbeitsbesuches von Dr. Wolf* am 26.5.88, BArch DL1 26585, unpag.

Räte, Abteilungen und Kommissionen für Erholungswesen

Die Räte für Erholungswesen leiteten und planten den Tourismus auf dem entsprechenden Kompetenzniveau. Die Zuordnung dieses Rates gestaltete sich je Bezirk, Kreis oder Gemeinde verschieden, und er gehörte entweder zum Bereich Kultur, Bildung oder einem alternativen Verwaltungsbereich.[240] Die exekutiv orientierte Abteilung Erholungswesen war den Räten für Erholungswesen untergeordnet. Sie war bis 1989 noch nicht in allen Bezirken vorhanden[241], in diesem Falle wurden ihre Aufgaben in der Regel durch die Abteilung Umweltschutz und Wasserwirtschaft wahrgenommen. Sie bereitete die Beschlüsse und Entscheidungen des Rates vor, führte und wertete die statistischen Daten über die bezirkliche Entwicklung des Erholungswesens aus, verwirklichte die vom Rat getroffenen Festlegungen und leitete und kontrollierte die dem Bezirk direkt unterstellten touristischen Einrichtungen – Campingplatzvermittlungsstellen, touristische Informationseinrichtungen, teilweise seit 1964 Zentrale Vermittlungsstellen zur Vergabe von durch die Betriebe ungenutzten oder kurzfristig zurückgegebenen Urlaubsplätzen[242].

Die ebenfalls nicht in allen Bezirken existente Ständige Kommission Erholungswesen (und Tourismus)[243] beriet mit dem Rat des Bezirkes in Vorbereitung der Plandokumente die im Bezirk zu ergreifenden Maßnahmen und ordnete sie nach prinzipieller Durchführbarkeit, Rangfolge und den »Bedingungen und Reserven ihrer Erfüllung«[244]. Zudem führte sie Kontrollen in den einzelnen Erholungsobjekten durch.

Übergreifend zu den in absteigender Kompetenzfolge bezeichneten Einheiten entstanden in den achtziger Jahren in einigen Bezirken so genannte ›Kooperationsgemeinschaften Tourismus‹. Sie hatten koordinierende Aufgaben und vertraten die produzierenden Leistungseinheiten im Tourismus mit Sitz und Stimme.[245]

---

240 In den Unterlagen des 1990 geschaffenen Ministeriums für Tourismus finden sich Papiere, die die bezirklichen Unterschiede in der Umsetzung einer dezidierten Tourismuspolitik aufzeigen und die daher im *Anhang 3* zum Abgleich paraphrasiert wiedergegeben sind.
241 Vgl. Verweis auf die mündliche Aussage Bruno Benthiens 1989 gegenüber Hiltrud Haep. – Haep, *Das Erholungswesen der DDR*, S. 40.
242 Die letztgenannte Institution ist bei Oehler, *Erholungswesen* nicht aufgeführt. Die Information wurde ergänzt aus: Fuhrmann, »Der Urlaub der DDR-Bürger«, S. 39.
243 Vgl. zu bezirklichen Unterschieden aus einem Bericht von 1986 (»Nur für den Dienstgebrauch«): BArch DL1 26584, unpag.
244 Vgl. Oehler, *Erholungswesen*, S. 34.
245 Vgl. Godau, *Tourismus in der DDR*. S. 14. Vgl. *Auskunftsbericht des Bezirksdirektors des Reisebüros der DDR der Bezirksdirektion Frankfurt (O.) Gen. Janz zur Vorbereitung des Arbeitsbesuches von Dr. Wolf am 26.5.88*, BArch DL1 26585, unpag.

Die legislativ geprägten Ausschüsse für Erholungswesen (und Tourismus) entstanden 1972 in allen Bezirken gleichzeitig und sollten ein Äquivalent zum ZAAT und zur HvAT bilden. »Die Zusammensetzung der Bezirksausschüsse [...] ist analog zu dem Zentralen Ausschuss geregelt.«[246] In ihm waren das Ratsmitglied für Erholungswesen, die Vertreter anderer Fachorgane der Räte, die Abgesandten von Erholungsträgern und Einrichtungen des Erholungswesens sowie von Kombinaten, Betrieben und gesellschaftlichen Organisationen tätig. Sie koordinierten die beschlossenen Maßnahmen und pflegten Austauschbeziehungen zwischen allen an der Lösung der Aufgaben beteiligten Kräfte.[247] Obwohl sie als Äquivalent zum ZAAT und zur HvAT für ausländische Touristen zuständig waren, lag eine wichtige Vorgabe darin, »verantwortlich für die Abwicklung des Fremdenverkehrs im jeweiligen Territorium ohne Beeinträchtigung der Betreuung, Versorgung, Beförderung und des Erholungswesens der DDR-Bürger«[248] zu sein.

Die kreislichen Programme und Konzeptionen zum Erholungswesen[249] verstanden sich analog zu den bezirklichen Programmen, berücksichtigten jedoch besondere Leistungsschwerpunkte des Kreises. Die Kreise verfügten zumeist nicht über spezielle administrative Einheiten zum Erholungswesen. Eine Ausnahme bildeten Kreise mit hohem Erholungspotenzial, beispielsweise die an der Ostsee gelegenen. Auf Kreisebene wurden Maßnahmepläne für die Vorbereitung – besonders die so genannten Saisoneröffnungskonferenzen der Erholungsträger vor Ort[250] –, Durchführung und Auswertung der Erholungssaison sowie zur »Gewährleistung der sozialistischen Gesetzlichkeit bei der Errichtung und Nutzung von Erholungsbauten«[251] erarbeitet.

Eine besondere Stellung hatten die Stadtkreise inne. In ihnen ging es erholungspolitisch vorwiegend um die Gestaltung der Naherholung für die eigenen Bürger. Da sich diese häufig außerhalb des eigenen Territoriums in angrenzenden Kreisen erholten, beteiligten sich die Stadtkreise an der Errichtung und Pflege dieser Erholungsgebiete. Zudem hatten sie wichtige touristische Aufgaben hinsichtlich der Bildung touristischer Informationseinrichtungen (Stadtinformation), bei der Herausgabe von Prospekten sowie in der Sicherung der

---

246 Wolff, »Die Fremdenverkehrspolitik der DDR«, S. 21.
247 Vgl. weiterhin Godau, *Tourismus in der DDR*. S. 13.
248 *Organisationsschema und Aufgabenabgrenzung der staatlichen Leitung auf dem Gebiet des Fremdenverkehrs*, BArch DL1 26577, unpag.
249 Vgl. im Gesamten und soweit nicht anders referenziert zur Kreisebene: Oehler, *Erholungswesen*, S. 38–40 und S. 61.
250 Vgl. Albrecht, »Die Entwicklung der Leitung und Planung«, S. 72.
251 Oehler, *Erholungswesen*, S. 61

Auslastung aller Unterkünfte und der Zusicherung der Nutzbarkeit infrastruktureller Einrichtungen des Stadtkreises.

Auf kommunaler Ebene bezogen sich die erholungspolitischen Aufgaben außer in ausgesprochenen Urlauberorten mehrheitlich auf die Naherholung und bleiben damit dem Thema der vorliegenden Untersuchung fern.[252] Hinsichtlich tatsächlich übergreifender touristischer Belange befassten sich die Kommunen vor allem mit konkreten Maßnahmen, die meist in kooperativer Arbeit gelöst wurden. So bildeten die einzelnen Erholungsträger Arbeitsgemeinschaften. Ziel dieser war es, »durch einen koordinierten Mitteleinsatz hohe Ergebnisse«[253] zu erzielen. Häufigste Formen der gemeinschaftlichen Tätigkeit waren Koordinierungsvereinbarungen, Kommunalverträge, Interessengemeinschaften und Zweckverbände. In einigen – insbesondere touristisch bedeutsamen – Orten gelang die Schaffung eines einheitlichen kommunalen Wirtschaftsbetriebes für den Tourismus, so beispielsweise 1968 in Kühlungsborn.[254] Die Urlaubsorte konnten zudem im Rahmen des von der Nationalen Front geleiteten kommunalen Wettbewerbs ›Schöner unsere Städte und Gemeinden – Mach mit!‹[255] an einem Leistungsvergleich teilnehmen.

Wirkungen der administrativen Gliederung

Zusammenfassend ist deutlich geworden, dass der Tourismus im Spannungsfeld einer wichtigen, sehr bestimmt auch auf den Bürger ausgerichteten Sozialpolitik und eines dem Machterhalt dienenden Mittels zum Zweck stand. Margita Großmann klassifizierte die Tourismuspolitik in der DDR als »wichtiges Realisierungsfeld der Sozialpolitik«[256].

Doch musste auch eingestanden werden, dass die touristischen Bedürfnisse der DDR-Bürger schneller wuchsen als die Ressourcen zu ihrer Befriedigung. Die administrative Gestaltung trug dazu nicht unwesentlich bei. Jürgen Wolff hat deshalb rückblickend auch von einer ›verfehlten‹ Tourismuspolitik gesprochen, die er wie folgt begründet:

»Der Auslandstourismus war zu betont auf die RGW-Länder ausgerichtet und durch Limitierung der zur Verfügung gestellten Reisezahlungsmittel gekennzeichnet. Die einseitige Konzentration der insgesamt nicht ausreichenden Investmittel auf luxuriöse Valutahotels

---

252 Vgl. im Gesamten und soweit nicht anders referenziert zur Kommunalebene: ebd., S. 61 und S. 79.
253 Ebd.
254 Vgl. Prignitz, *Vom Badekarren zum Strandkorb*. S. 183.
255 Paragraph 59, Absatz 2 des *Gesetzes über die örtlichen Volksvertretungen in der Deutschen Demokratischen Republik* vom 4.7.1985.
256 Großmann, »›Boten der Völkerfreundschaft?‹«, S. 77.

sowie die Vernachlässigung einer systematischen Niveausicherung in der Gastronomie, bei der Beförderung und der Unterbringung auf Campingplätzen waren Ausdruck einer verfehlten Tourismuspolitik. In der gleichen Richtung liegen:
a) die überproportionale Entwicklung des gewerkschaftlichen und betrieblichen Erholungswesens mit hoher Subventionierung;
b) die Überbetonung der Förderung von Jugendreisen besonders hinsichtlich der Preisgestaltung und der Festlegung der Zielländer;
c) die starre und nicht bedarfsgerechte Bindung der Valutabereitstellung für die Entsendung an das Valutaaufkommen durch Aufnahme von Touristen.«[257]

Zum einen ist es eine der generellen Merkwürdigkeiten des sozialistischen Systems, dass die Organisationen zur Wahrnehmung und Durchsetzung der unmittelbaren materiellen und ideellen Interessen der Bürger nur verhältnismäßig geringe Bedeutung haben und zudem politisch-taktisch vereinnahmt sind. Das bedeutete, dass die Bürokratie den Bedarf ermittelte, über die Grundsätze der Verteilung zentral entschied und die Zuteilung eines Mangelgutes vornahm. So ist auch zu erklären, wie Hasso Spode zu dem Befund gelangt, in der DDR habe es »gänzlich verständnis- und phantasielose Tourismusexperten«[258] gegeben.

Zum anderen bildete der Superlativ den »eigentlichen Aggregatzustand der Propagandasprache der SED«[259], und so ist manches Mal eine Trennung zwischen Wunsch und Wirklichkeit selbst aus Berichtsmaterialien und Forschungsergebnissen nicht eindeutig. Schließlich ist es ein ebenso allgemeines Kennzeichen bürokratischer zentralverwaltungswirtschaftlicher Systeme, dass jeder Minister, jeder Betriebsleiter, schlicht jeder Verantwortliche versucht, die Kenntnisse der ihm untergeordneten Einheiten als Herrschaftswissen vor den anderen zu verbergen oder zumindest nicht in Gänze kenntlich zu machen.

---

257 Wolff, »Aufbruch zu neuen Ufern«, S. 57.
258 Spode, »Tourismus in der Gesellschaft der DDR«, S. 25.
259 Wolle, *Die heile Welt der Diktatur*, S. 21.

III Reisen von DDR-Bürgern

Das Thema wird nach inhaltlichen Gesichtspunkten aufgeschlüsselt dargestellt. Eine Beschreibung der zeitlichen Abfolge von Ereignissen und Bestimmungen betont die Dynamik von Entwicklungen. Das bewirkt, dass weitgehend starre Strukturen und Muster entweder unterbelichtet werden oder – im Gegenteil dazu – unnötig wiederholt werden. Außerdem erscheint die thematische Darbietung organischer, da sie dem Prozess der Reisevorbereitung, -durchführung und -auswertung seitens des Reisenden näher kommt. So wie dieser ein Bündel von Entscheidungen bezüglich seines Urlaubs zu treffen hat, nähert sich die Publikation den Gesamtaussagen über Tourismus von DDR-Bürgern über Betrachtungen zu den Themen Reiseform, -ziel, -veranstalter, -leistungsträger, -verkehrsmittel, -wahrnehmungen.[1]

III.1 Reiseformen

III.1.1 Institutionell organisierte Reisen

Horst Uebel charakterisiert den ›institutionell organisierten Tourismus‹[2] von DDR-Bürgern als in Form und Inhalt durch den Reisemittler[3] festgelegte

---

1 Für Reisen von DDR-Bürgern bis 1989 existiert keine den Angaben der Reiseanalyse des Studienkreises für Tourismus in Starnberg vergleichbare Aufschlüsselung der Bedeutsamkeit von Teilentscheidungen zu Reisen. Trotzdem dürften Reiseteilentscheidungen bis auf die vergleichsweise geringe Bedeutung der Wahl des Reiseveranstalters ähnlich abgelaufen sein. – Vgl. zur Abfolge von Reiseteilentscheidungen: Studienkreis für Tourismus: *Urlaubsreisen*.
2 Eigenbezeichnung der DDR-Fremdenverkehrsökonomie. Der Begriff ist im westlichen Verständnis ungebräuchlich. ›Institutionell organisierter Tourismus‹ entspricht in mancher Hinsicht dem Begriff des ›Pauschaltourismus‹.
3 Entsprechend dem Vorgehen in den zeitgenössischen Unterlagen wird keine Unterscheidung zwischen Reisemittler und -veranstalter vorgenommen. Produktion und Vertrieb von Reisen fielen in der DDR grundsätzlich zusammen. Die wichtigsten Reisemittler / -veranstalter waren der Feriendienst des FDGB, die Betriebe, das Reisebüro der DDR, Jugendtourist, andere

Reiseform.[4] Dabei werden sowohl Ziel und Zeitpunkt der Reise vorherbestimmt, als auch Details wie Unterkunft, Verpflegung und Programm in einem Leistungskatalog fixiert. Der Anteil institutionell organisierter Reisen am Gesamtreisevolumen in der DDR ist in der Forschung umstritten. Bedeutsam erscheint die wiederkehrende Forderung seitens des Staates, den Anteil der durch Reiseveranstalter vermittelten Reisen zu erhöhen. Für das zentralplanwirtschaftliche System der DDR bildeten individuelle Reisen eine Planungsunsicherheit sowohl hinsichtlich der Versorgung der Urlauber als auch einer als mangelhaft empfundenen Kontrolle ihrer Aktivitäten. Man erkannte aber – zum Beispiel beim Institut für Marktforschung –, dass diese Bemühungen nur durch eine Anpassung der Leistungen an die Wünsche der Reisenden würden Erfolg haben können:

»Die beträchtliche Zahl privat organisierter Reisen birgt für die Planung […] eine Reihe von Problemen in sich […] Aus diesem Grund sind verstärkte Bemühungen erforderlich, das Angebot institutionell organisierter Reisen noch attraktiver zu gestalten; z.b. dadurch, daß die Aufnahmekapazität der einzelnen Urlauberunterkünfte der Größenstruktur der Familien besser angepaßt werden und nicht zuletzt auf dem Wege, daß dem ausgeprägten Bedürfnis nach touristischer Freizügigkeit – insbesondere am Urlaubsort – in größerem Maße Rechnung getragen wird.«[5]

Der Buchung einer fremdorganisierten Reise standen vor allem zwei Aspekte entgegen. Erstens entsprach das Angebot hinsichtlich Reiseziel, -zeit und -bedingungen nicht immer den Wünschen oder Erfordernissen der Urlauber. Bei sozialtouristischen Anbietern war nämlich der Verpflichtungsgrad der Reisenden gegenüber dem Veranstalter relativ hoch.[6] Zweitens mussten diese Reisen bereits frühzeitig geplant und gebucht werden, in den meisten Fällen im Herbst des Vorjahres der Reise und damit kurz nach dem abgeschlossenen letzten Jahresurlaub. Schließlich war die Inanspruchnahme eines solchen Urlaubsplatzes bereits im Vorfeld der Reise mit einem Engagement verbunden, das nur wenig an die Pauschaltourismus-Kritik bezüglich der »Passivität der konfektionierten Urlaubsgestaltung«[7] erinnert, denn »kaum ist der Frühling ausgebrochen, schon regt sich Streben nach einem Ferienplatz in vielen, sie

---

gesellschaftliche Organisationen, die Staatsorgane. – Vgl. analysierend auch: Bähre, *Nationale Tourismuspolitik in der Systemtransformation*, S. 176.
4 Vgl. Uebel, »Zur begrifflichen Systematik des Fremdenverkehrs«, S. 309.
5 Braungart/Fischer, »Zu einigen methodischen Problemen von Zeitbudgeterhebungen«, S. 21.
6 Gemeint ist das Maß an (erzwungener) kollektiver Urlaubsgestaltung. Es nahm in den sechziger Jahren erheblich ab. Allerdings waren die Urlauber auch danach stark in die Gestaltungsvorgaben (zum Beispiel angebotene kulturelle und sportliche Betreuung, starre Essenszeiten etc.) des Anbieters eingebunden.
7 Dienel, *Ins Grüne und ins Blaue*, S. 229.

schreiben sich die Fingerchen wund oder stehen sich die Beine dußlig, um einen solchen zu ergattern.«[8]

III.1.2 Individuell organisierte Reisen

Als individuell organisierte Reisen gelten alle nicht institutionell gebundenen Reiseformen, selbst wenn einzelne Leistungen über einen Reisemittler gebucht werden. Dies umfasste also gänzlich selbst organisierte Urlaubsfahrten in ein eigenes Ferienhaus, die eigene Datsche, Urlaube bei Verwandten und/oder Freunden, selbstgebuchte Ferien in Unterkünften des öffentlichen Beherbergungswesens oder in Privatquartieren, Campingaufenthalte und Tramptouren. Weiterhin zählten dazu individuell zusammengestellte Reisen unter Zuhilfenahme der Angebote institutioneller Reisemittler.[9] Das Reisebüro der DDR beispielsweise bot einzelne Leistungen für Individualtouristen an.[10]

Der Anteil dieser Reiseform am Gesamtreisevolumen der DDR-Bürger ist schwer einschätzbar. Es existieren keine zeitgenössischen statistischen Daten.[11] Maximal ist zunächst für verschiedene Jahre ein Vergleich der in der Forschungsliteratur aufgeführten Zahlen möglich, deren Aussagekraft jedoch dadurch beeinträchtigt wird, dass nicht immer gesichert ist, ob beispielsweise Campingreisende einbezogen und welcher Kategorie sie zugeteilt wurden: Die Zahlen bleiben demnach sehr disparat und ermöglichen vor allem eine prozentuale Betrachtung.

---

8 Loest, *Die Oma im Schlauchboot*. S. 50. – Der Autor schreibt hier vom Frühling, in dem die Reisewahl getroffen wird. Die Quellen zum tatsächlichen Ablauf des Beantragungsvorgangs sprechen durchgängig vom Herbst. Vgl. dazu Kapitel IV.
9 Dies verursacht erhebliche Unsicherheit in den Zahlenangaben zum organisierten und individuellen Tourismus. Leistungen, die beim Reisebüro der DDR gebucht wurden, konnten nämlich sowohl als Gesamtpaket zu den institutionell organisierten Reisen zählen, als auch als Teilleistungen Bestandteil eines individuell zusammengestellten Urlaubs sein. Diese Unwägbarkeit ist mit dem vorhandenen statistischen Material sowie den Begleitangaben hinsichtlich der Erhebungskriterien nicht mehr aufzulösen.
10 Auf die Frage eines Lesers an die Zeitschrift ›NBI‹ beispielsweise – »Welche Reisen kann ich individuell mit dem Reisebüro der DDR nach Bulgarien unternehmen, welche Vorteile haben sie?« – antworteten die Herausgeber der Rubrik ›Unterwegs‹ 1977, dass Unterkünfte und Verpflegung vorreserviert werden könnten, die Beantragung von Valuta und Visabeilagen zum Personalausweis über das Reisebüro erfolgen würden und alle dafür entstehenden Kosten somit nicht in Landeswährung, sondern in Mark der DDR zahlbar seien. – Vgl. *Kolumne ›Unterwegs‹*.
11 Vgl. Hanke, *Freizeit in der DDR*, S. 95f.

1967 (retrospektiv): 2,5 Millionen privat verreisende Urlauber (52 Prozent[12])[13]
1975 (retrospektiv): 975.000 privat verreisende Urlauber (46,2 Prozent)[14]
1980 (zeitgenössisch): 2,3 Millionen im individuell organisierten Inlandstourismus sowie 0,7 Millionen im individuell organisierten Auslandstourismus, d.h. 3 Millionen privat verreisende Urlauber (40,5 Prozent)[15]
1982 (retrospektiv): 2,6 Millionen privat verreisende Urlauber (46,2 Prozent)[16]
1985 (zeitgenössisch): 5,6 Millionen privat verreisende Urlauber (32,2 Prozent)[17]
1988 (retrospektiv): 2,5 Millionen privat verreisende Urlauber (41,6 Prozent)[18].

Welche Aussagen lassen sich trotz der starken Widersprüche in den Zahlen aus diesem Material gewinnen? Sicherlich keine absoluten Zahlen, das hieße – sei es auch aus Plausibilitätsgründen – lediglich eine weitere Schätzvariante hinzuzufügen. Auffällig aber ist, dass die zeitgenössische DDR-Forschungsliteratur einen geringeren Anteil individuell organisierter Reisen und damit einen höheren Prozentsatz staatlich organisierter Urlaube annimmt. Dieser Befund dürfte auch im Interesse der erhebenden Institutionen gelegen haben. Zudem liegt das zahlenmäßige Niveau der Urlaubsreisen in den zeitgenössischen Darstellungen höher. Am auffälligsten ist dies für das Jahr 1985, für das Ellenor Oehler u.a. (1988) von 5,6 Millionen Privatreisenden ausgehen, Heike Bähre (2003) aber von 2,3 Millionen Privatreisenden im Jahr 1984 beziehungsweise 2,5 Millionen Privatreisenden 1986. Lediglich die von den Zahlen gestützte Annahme eines touristischen Take-Offs zwischen 1975 und 1980 ist allen Quellen gemeinsam.

Die Vorteile, die viele DDR-Bürger in der individuellen Form der Reisegestaltung sahen, liegen auf der Hand: Das zunehmende Interesse, wenigstens im Urlaub jeglicher Organisation und Kontrolle zu entfliehen[19], der in unterschiedlichem Ausmaß, aber doch stets spürbare Mangel an Kapazitäten im ins-

---

12 Die prozentualen Angaben am Ende jeder Datenreihe beziehen sich auf den Anteil der Individualreisen am Gesamturlaubsreisevolumen.
13 Vgl. Fuhrmann, Gundel: »Der Urlaub der DDR-Bürger«, S. 43 (Angaben mit Camping).
14 Vgl. Bähre, *Nationale Tourismuspolitik in der Systemtransformation*, S. 238.
15 Vgl. Dahrendorf, *Die Befriedigung des Bedürfnisses nach Urlaubstourismus*. S. 116.
16 Vgl. Bähre, *Nationale Tourismuspolitik in der Systemtransformation*, S. 238.
17 Vgl. Oehler, *Erholungswesen*, S. 24 (Angaben mit Camping).
18 Vgl. Bähre, *Nationale Tourismuspolitik in der Systemtransformation*, S. 238.
19 Vgl. Friedrich-Ebert-Stiftung, *Urlaub und Tourismus* (1985), S. 25.

titutionell organisierten Tourismus²⁰ sowie die Motorisierung und Freizeitnutzung der Kraftfahrzeuge²¹ überwogen anscheinend deutlich gegenüber den hohen Anstrengungen bezüglich Vorbereitung und Durchführung ²² von Individualreisen.

So stellte Fritz Rösel, der für Sozialpolitik, Feriendienst und Arbeiterversorgung zuständige Sekretär beim Bundesvorstand des FDGB, schon 1975 fest, dass sich die »Individualerholung [...] gegenüber der gesellschaftlich organisierten Erholung in relativ starkem Maße entwickelt.«²³ Die damit verbundenen Probleme der Planung wurden bereits in Kapitel III.1.1 über institutionell organisierte Reisen angedeutet. Ihre Aufgaben sahen die staatlichen Stellen im Bemühen um die Ausweitung des organisierten Reisens, vor allem in der Verbesserung des institutionellen Angebots, und in der detaillierteren Erfassung der Informationen über Individualreisen. Letztere würden zumindest eine Leitung und Planung dieser Reiseform im Inland ermöglichen.²⁴

Quantitativ unbedeutend, doch abschließend als Kuriosität erwähnenswert ist eine Form des Freizeitverkehrs, die sich den Erhebungen über das Urlaubsvolumen komplett entzog und Nachweis individueller Strategien zur Linderung des Mangels ist. Sie ergibt sich aus folgender Aktenlage: »Parteiberichte aus dem ZK-Archiv klagten regelmäßig, daß die Zahl der Dienstreisenden und Instrukteure, die in die Ostseebadeorte kamen, stark anwüchse, sobald der Sommer begänne: ›Es ist an der Zeit, daß die Badeorte einen strengeren Maßstab für Dienstreisen anlegen.‹«²⁵

---

20 Vgl. o.V., »Prognosen über den Fremdenverkehr«, S. 8.
21 Vgl. Uebel/Freudenberg, »Zu einigen Tendenzen«, S. 428.
22 Ein Beispiel im Inlandstourismus sind die umfänglichen Versorgungsprobleme von Individualreisenden. Viele Gaststätten waren in der Hauptsaison vertraglich beim FDGB gebunden und nicht öffentlich zugänglich. Den individuell reisenden Touristen blieben sie verschlossen, sie mussten auf die wenigen verbliebenen Lokale ausweichen, vor denen sich – so Brigitte Deja-Lölhöffel – stets lange Schlangen bildeten. – Vgl. Deja-Lölhöffel, *Freizeit in der DDR*, S. 43.
23 Rösel, »Soziologische Aspekte«, S. 188.
24 Vgl. Bischoff/Schmutzler, »Zum Umfang der Ferienreisetätigkeit«, S. 33; Stompler, »Zur Urlaubsreisetätigkeit der DDR-Bevölkerung«, S. 21; Wagner, »Aktuelle Probleme der Leitung und Planung«, S. 52. – Die Umsetzung dieses Bestrebens ist bis 1989 nicht gelungen.
25 Kleßmann /Wagner, *Das gespaltene Land*, S. 514.

III.2 Reiseziele

III.2.1 Inlandsreisen

Nach politisch-geographischen sowie ökonomischen Aspekten kann das Reisen von DDR-Bürgern in Inlands- und Auslandstourismus untergliedert werden. Für ersteren sind – zum Teil aber nur im westlichen Sprachgebrauch – die Begriffe ›nationaler Tourismus‹ oder *inbound tourism* gebräuchlich. Allen gemeinsam ist der Bezug auf eine reisende Ortsveränderung und den mehrtägigen Aufenthalt innerhalb des Heimatlandes, das heißt des Landes, in dem der eigene Hauptwohnsitz gelegen ist. Hinsichtlich der Leistungsseite werden dabei im System der zentralen Planwirtschaft finanzielle Mittel in örtlicher, sachlicher und zeitlicher Hinsicht innerhalb einer als Einheit zu begreifenden und nur wenig in konkurrierende Bereiche gesplitterten Volkswirtschaft verschoben.

Die DDR war bezüglich ihrer natürlichen Ausstattung im Gesamten kein ausgesprochenes Reiseziel.[26] Die Bewertungen variieren je nach Schwerpunktsetzung zwischen Volker Brauns Aussage im Stück *Die Kipper*, die DDR sei »[…] das langweiligste Land der Erde«[27], und der besonders für ausländische Interessenten schöngefärbten Aussage Armin Godaus, die DDR sei ein ›anspruchsvolles internationales Reiseziel‹:

»Der Staat an der Trennlinie der beiden unterschiedlichen politischen Weltsysteme […], der Initiator eigenständiger weltweiter Aktivitäten zur Friedenssicherung, die Heimstadt eines unermeßlichen und vielseitigen kulturellen Erbes, einer hochentwickelten Wissenschaft, einer dynamischen und zunehmend auf Hochtechnologien beruhenden Produktionsstruktur in Industrie, Bauwesen und Landwirtschaft sowie das Land des Sports und der weltweiten Erfolge auf diesem Gebiet – das alles differenziert und interessant darzustellen sowie letztlich zu verkaufen, ist ein hoher Anspruch an das Design und Management des Incoming-Tourismusprodukts der sozialistischen DDR für den internationalen Markt.«[28]

Man kann jedoch sicher konstatieren, dass die hohe Bedeutung des Inlandstourismus[29] durch die Leistungsausrichtung der meisten Reiseveranstalter[30]

---

26 Vgl. Arndt, *Die DDR stellt sich vor*, S. 7–17 (Land und Leute) / S. 214–227 (Urlaub und Erholung); Benthien u.a., *DDR. Ökonomische und soziale Geographie*.
27 Braun, »Die Kipper«, S. 19.
28 Godau, *Tourismus in der DDR*, S. 6.
29 Es finden sich folgende Daten zum Verhältnis von In- und Auslandstourismus: 1975: 84 Prozent Inlandstourismus, 16 Prozent Auslandstourismus – Vgl. Stompler, »Dynamische Entwicklung des Freizeittourismus«, S. 13. / 1980: 84 Prozent Inlandstourismus, 16 Prozent Auslandstourismus – Vgl. Dahrendorf, *Die Befriedigung des Bedürfnisses nach Urlaubstourismus*, S. 116. / 1988: 71 Prozent Inlandstourismus, 29 Prozent Auslandstourismus – Vgl. Bähre, *Nationale Tourismuspolitik in der Systemtransformation*, S. 234.

sowie spezifische Bestimmungen[31] und Beschränkungen im Auslandstourismus bedingt war.

Naturräumliche Bedingungen

Politisch war die DDR in 15 Bezirke mit etwa 220 Kreisen[32] unterteilt. Hinsichtlich der Attraktivität dieser Gebiete als Urlaubsgegenden jedoch ist ihr Anteil an Erholungslandschaften von größerer Bedeutung.[33] So umfasste der Bezirk Rostock allein die Ostseeküste der DDR, Schwerin und Brandenburg beherbergten die Mecklenburgische Seenplatte. Potsdam, Frankfurt (Oder) und Cottbus boten die Märkischen Seen, das Havel- und das Oderland, Prignitz, Fläming sowie den Spreewald. Im Bezirk Magdeburg befanden sich ein Teil des Harzes sowie die eher für die Naherholung frequentierten Landschaften der Magdeburger Börde und der Altmark. Im Bezirk Halle verzeichnete man den Harz, das Untere Saale- und Unstruttal, die Dübener Heide und die Dessau-Wörlitzer Gartenlandschaft. Im Bezirk Dresden waren es die Sächsische Schweiz, das Elbtal bei Dresden und Meißen, Teile des Osterzgebirges, das Zittauer Gebirge und die Oberlausitz. Karl-Marx-Stadt hatte den größten Anteil am Erzgebirge. Das (Thüringische) Vogtland gehörte zu den Bezirken Gera und Suhl. Im Gebiet um Leipzig waren die Erholungsmöglichkeiten eher für die Naherholung geeignet, vor allem die Landstriche der Leipziger Tieflandbucht. Erfurt, Gera und Suhl teilten sich die Erholungs-

---

30 Vgl. Friedrich-Ebert-Stiftung (Hg.): *Urlaub und Tourismus* (1985), S. 21. Sowie: »Die DDR war nur deshalb ein Massenreiseziel, weil die staatlich propagierte ›Erholungsreise für jeden Bürger‹ weitgehend auf das Inland beschränkt worden ist.« – Bähre, *Nationale Tourismuspolitik in der Systemtransformation*, S. 277.

31 Vgl. zum Beispiel die Inkaufnahme von »eher primitiven Unterkunftsbedingungen«, wodurch eine preiswerte Urlaubsgestaltung möglich war. – Merl, Stephan: »Staat und Konsum in der Zentralverwaltungswirtschaft«, S. 231.

32 Die Bezirke waren: Rostock, Schwerin, Neubrandenburg, Potsdam, Frankfurt (Oder), Cottbus, Magdeburg, Halle, Chemnitz, Dresden, Leipzig, Erfurt, Gera, Suhl, Berlin. Mit Wirkung vom 14.10.1990 wurden diese zugunsten der fünf historisch gewachsenen Länder (Mecklenburg-Vorpommern, Brandenburg, Sachsen-Anhalt, Sachsen, Thüringen), die bis 1952 bestanden, administrativ umorganisiert. – Vgl. *Tourismushandbuch*, BArch DL1 Tourismus Bündel 00001, S. 117. Eine Kurzvorstellung der Bezirke hinsichtlich Natur, Industrie, Landwirtschaft und Verkehr einschließlich statistischer Angaben zu Größe, Einwohnerzahl, Bevölkerungsdichte von Städten findet sich in: Arndt, *Die DDR stellt sich vor*. Übersetzt in zahlreiche andere Sprachen.

33 Vgl. im Folgenden: *Tourismushandbuch*, BArch DL1 Tourismus Bündel 00001, S. 117. Zeitgenössisch zudem: Knoll, *Wintertouristik* (lediglich zu den Mittelgebirgen); *Reiseführer DDR*. S. 14–21. In der aktuelleren Forschung äußerten sich zum ursprünglichen touristischen Angebot der DDR: Albrecht/Albrecht/Benthien/Breuste/ Bütow, »Erholungswesen«, S. 607; Mellor, *Eastern Germany*, S. 146.

flächen Thüringer Wald und Thüringer Becken. Hinzu kamen der Kyffhäuser, das Eichsfeld, das Obere Saaletal, das Thüringer Schiefergebirge und die Rhön.

Urlaubsgebiete	Bezirke
1 Vorpommersche Küste	R.ostock
	N.eubrandenburg
2 Fischland-Darß	Sch.werin
3 Rügen	P.otsdam
4 Usedom	M.agdeburg
5 Mecklenburger Seenplatte	B.erlin
	F.rankfurt (Oder)
6 Havel- und Oderland	H.alle
	L.eipzig
7 Prignitz	C.ottbus
8 Harz	E.rfurt
9 Kyffhäuser	G.era
10 Eichsfeld	S.uhl
11 Rhön	K.arl-M.arx-Stadt
12 Schiefergebirge	D.resden
13 Thüringer Wald	
14 Vogtland	
15 Westerzgebirge	
16 Mittleres Erzgebirge	
17 Osterzgebirge	
18 Sächsische Schweiz	
19 Lausitzer Bergland	
20 Zittauer Gebirge	Kartengrundlage: Die DDR 1988, S.3

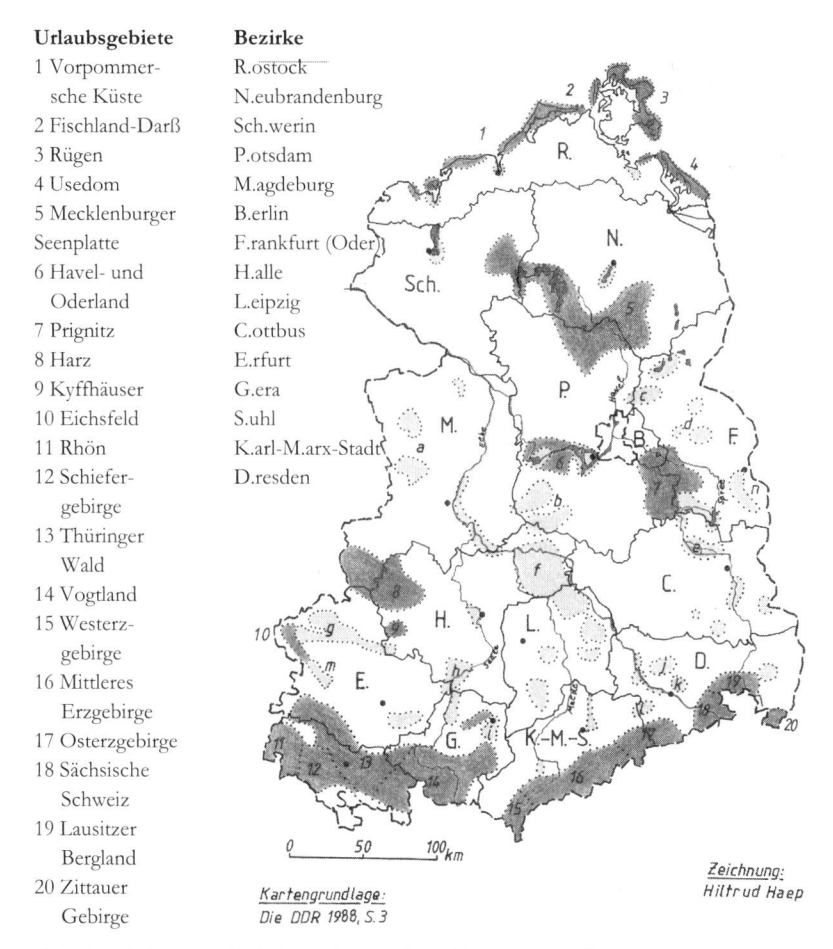

Zeichnung: Hiltrud Haep

Abbildung 3: Karte der Erholungsgebiete auf dem Gebiet der DDR

(Haep, Hiltrud: Das Erholungswesen der DDR. Organisation – Grundlagen – Möglichkeiten, unveröff. Diplomarbeit, Trier 1989, Anhang. In vergleichbarer Verfassung vgl. Leibniz-Institut für Länderkunde Leipzig (Hg.): Bundesrepublik Deutschland Nationalatlas, Bd. 10 [Freizeit und Tourismus], Leipzig 2000, S. 25.)

Einer gröberen Einteilung folgend ließen sich für die DDR demnach vor allem drei Landschaftsgroßtypen finden: Das Küstengebiet, die Mittelgebirge sowie Wald-Seen-Gebiete.[34] Zu ersterem gehörten die Vorpommersche Küste, der

---

34 Vgl. Wagner, »Die Ausstattung der Erholungsgebiete«, S. 48. Oehler, *Erholungswesen*, S. 87.

Darß, Zingst, Rügen und Usedom. Das Erzgebirge, der Thüringer Wald, das Elbsandsteingebirge und der Harz sind Mittelgebirge. Die Mecklenburgisch-Nordbrandenburgische Seenplatte war das größte zusammenhängende Wald-Seen-Gebiet der DDR. Kleinere Erholungslandschaften, die als ›sonstige Landschaften‹ gekennzeichnet sind, befanden sich am Kyffhäuser, im Zittauer Gebirge, in der Märkischen Schweiz, im Oderbruch, in der Uckermark, in der Schorfheide, in der Dübener Heide sowie im Bereich der Saale-Unstrut-Platte.

Insgesamt beziffern 1979 Hans-Joachim Kramm[35] sowie 1983 Walter Sperling[36] die aufgrund ihres natürlichen Potenzials für die langfristige Erholung nutzbaren Gebiete der DDR auf etwa ein Fünftel der gesamten Fläche. Hinsichtlich der Verteilung von Ferienplätzen[37] werden die genannten Großtypen wie folgt durch die wichtigsten Leistungsanbieter ausgelastet:

Küstenlandschaft – ausschließlich Ostseebezirk Rostock (37,5 Prozent der Unterkünfte in der organisierten Beherbergung in der DDR)
FDGB 21,0 %
VEB Reisebüro der DDR 11,2 %
Betriebe 24,3 %
Campingplätze 43,5 %

Mittelgebirgslandschaft (27,8 Prozent der Unterkünfte der organisierten Beherbergung in der DDR)
FDGB 49,2 %
VEB Reisebüro der DDR 10,4 %
Betriebe 17,9 %
Campingplätze 22,5 %

Seenlandschaften (29,1 Prozent der Unterkünfte der organisierten Beherbergung in der DDR)
FDGB 3,8 %
VEB Reisebüro der DDR 0,9 %
Betriebe 4,8 %
Campingplätze 90,5 %

---

35 Kramm, »Die Deutsche Demokratische Republik«, S. 418.
36 Sperling, »Die Deutsche Demokratische Republik«, S. 34.
37 Es existieren keine Daten zur tatsächlichen jährlichen Frequentierung durch Reisende, es ist aber anzunehmen, dass Unterkunftskapazitäten und Urlauberzahlen wenn nicht streng in direkter Proportionalität, so doch in einer signifikanten Korrelation bestehen.

Sonstige Landschaften (5,6 Prozent der Unterkünfte der organisierten Beherbergung in der DDR)
FDGB 12,2 %
VEB Reisebüro der DDR 18,1 %
Betriebe 42,5 %
Campingplätze 27,2 %

Tabelle 2: Auslastung der Erholungslandschaftstypen durch die Leistungsträger

(Oehler, Ellenor u.a.: Erholungswesen. Leitung, Organisation, Rechtsfragen, Berlin 1989, S. 90. Allein auf die Anteile der verschiedenen Erholungslandschaften bezogen: Schultze, Horst-Udo: Erholungslandschaften in der DDR. Ihre heutige Nutzung und Planung für Morgen, in: Urania 10/1970, S. 20–23, hier S. 21.)

Bereits aus der tabellarischen Aufstellung ist erkennbar, dass die traditionellen Erholungslandschaften in den Mittelgebirgen und an der Küste bedeutend besser für eine ganzjährige Nutzung erschlossen sind als die neu akquirierten Flächen im Wald-Seen-Gebiet.[38] Dazu kommen noch Städte mit hoher kulturhistorischer Bedeutung, so die thüringische Städtereihe (Eisenach, Gotha, Erfurt, Weimar), die ostsächsische Städtereihe (Freiberg, Meissen, Dresden, Bautzen, Görlitz), Berlin, Potsdam sowie Leipzig, das durch die Messen vornehmlich im Geschäftstourismus bedeutsam ist.

Im Vergleich der realisierten Urlaubsziele von DDR-Bürgern im Inland und den Wunschvorstellungen der befragten Personen in einer Untersuchung des Institutes für Marktforschung in Leipzig aus dem Jahr 1975 fällt auf, dass die aus den Besucherzahlen ableitbare Attraktivität von Zielgebieten manchmal einer Ausweichbewegung zugrunde liegt. Ein ähnliches Ergebnis ergibt sich auch noch 1981 in der Aufstellung des Instituts für Marktforschung.[39]

---

38 Vgl. Haep, *Das Erholungswesen der DDR*, S. 60.
39 Reiseziele und -wünsche von DDR-Bürgern 1981, erhoben vom Institut für Marktforschung, Leipzig. – Daten aufbereitet: IM Statistik 2.15, in: Bähre, *Nationale Tourismuspolitik in der Systemtransformation*. S. 287. Vgl. ergänzend: Werz, »›Tausche Ostseeküste gegen Thüringer Wald‹« (13.8.1983).

Reisegebiet	Prozent-Anteil an realen Reisen	Prozent-Anteil an Reisewünschen
Ostseeküste	29	35
Mecklenburgische Seenplatte	11	11
Havel-Seen und Dahme-Spree-Gebiet	5	3
Harz, Kyffhäuser	6	8
Thüringer Wald, Schiefergebirge	17	18
Erzgebirge, Vogtland	7	8
Sächsische Schweiz, Lausitzer Bergland, Zittauer Gebirge, Dresden	7	11
Berlin	7	4
Andere Gebiete, Rundreisen	11	3

Tabelle 3: Realisierte Urlaubsreisen im Inland im Vergleich zu geäußerten Wunschvorstellungen, Institut für Marktforschung 1975

(Stompler, Wolfgang: Dynamische Entwicklung des Freizeittourismus der DDR-Bevölkerung, in: Marktforschung. Mitteilungen des Instituts für Marktforschung 4/1976, S. 12–15, hier S. 13. Die Reisewünsche ergeben aus unbekanntem Grund 101 Prozent.)

Ergänzend zu diesen Zahlen schreibt im Rückblick auch Jana Hensel:

»Wenige von uns sind in ihrer Kindheit je an der Ostsee angekommen. Aber viele auf dem halben Weg dorthin irgendwo stecken geblieben, weshalb es mir manchmal so vorkommt, als seien wir all die Jahre nur zum Meer unterwegs gewesen. Immer mit Verzögerungen und den Beschwichtigungen der Eltern im Ohr, eines Tages, vielleicht schon im nächsten Sommer, würden wir es bis zu ihren Stränden schaffen. Ich badete in der Nähe von Potsdam in der Havel und stellte mir vor, sie fließe ins Meer […] und in der Müritz, besonders an Stellen, wo das gegenüberliegende Ufer nicht richtig zu sehen war, schwamm ich beinahe zärtlich und so, als sei sie ihre kleine Schwester.«[40]

Die Schärfe, mit der die Unerreichbarkeit der Ostsee für DDR-Bürger geschildert ist, lässt sich allerdings weder aus den statistischen Angaben noch aus anderen Quellen (Eingaben, retrospektive Interviews et cetera) bestätigen. Es ist anzunehmen, dass im Zuge der Literarisierung der Biographie von Jana Hensel eine Zuspitzung vorgenommen wurde, die zwar eine Tendenz beschreibt, jedoch keineswegs der Realität entsprach.

Einen besonderen Status hatten innerhalb der Erholungslandschaften die ›Erholungsgebiete‹ mit staatlichem Schutzstatus. Gemäß entsprechender Bestimmungen im Landeskulturgesetz[41] galten besondere Nutzungsbedingungen für verschiedene Arten von Erholungsgebieten, von denen für den Urlaubstourismus besonders die bezirklich-regionalen und die ›Erholungsgebiete von

---

40 Hensel, *Zonenkinder*, S. 120f.
41 Vgl. Paragraph 14 des *Landeskulturgesetzes der DDR* vom 14.5.1970.

zentraler Bedeutung‹ wichtig waren.⁴² Wichtige Grundlage der Einstufung eines Gebietes als ›Erholungsgebiet‹ war oftmals die Kategorisierung als ›Landschaftsschutzgebiet‹⁴³ unter Naturschutzaspekten. Letztere umfassten etwa 18 Prozent der Fläche der DDR. Sie waren nicht deckungsgleich mit den sie umgebenden Erholungsgebieten, die auch Städte und landwirtschaftliche Nutzflächen umschlossen, bildeten aber häufig einen Kern derselben. Hinzu kamen einzelne ›staatlich anerkannte Erholungsorte‹⁴⁴ – einschließlich der Seebäder an der Ostseeküste⁴⁵ –, die durch staatliche Anerkennung aufgrund ihrer landschaftlichen Lage, der bioklimatischen Bedingungen und / oder einer guten infrastrukturellen Ausstattung für die Erholung einen besonderen Schutzstatus innehatten. In ihnen waren auf Grundlage der Kurortverordnung⁴⁶ besondere Vorschriften zu beachten. In diesen Orten waren die Bürger während ihres Urlaubsaufenthalts beispielsweise zur Abführung einer Kurtaxe verpflichtet, die für ›Zwecke des Kur- und Erholungswesens‹ ausgegeben wurde.⁴⁷ Dies beinhaltete beispielsweise die Reinigung des Ortes, den Bau und Unterhalt öffentlicher sanitärer Anlagen, die Straßenbeleuchtung, den verkehrsinfrastrukturellen Ausbau, die Ausstattung und Besetzung des Rettungsdienstes in Küstenregionen sowie Veranstaltungen für die Gäste.

Oftmals war zudem die Zusammenarbeit mehrerer Erholungsorte Ausgangspunkt für die Bildung anerkannter Erholungsgebiete, etwa im Erzgebirge. Von dort hieß es 1980:

»Rund 25000 Werktätige aus allen Teilen der Republik verbringen jährlich ihren Urlaub in einem der fünf Erzgebirgsorte Eibenstock, Sosa, Carlsfeld, Wildenthal und Blauenthal des Gemeindeverbandes ›Am Auersberg‹ im Kreis Aue. [...] Seit sich die fünf Orte vor genau fünf Jahren zu einem Gemeindeverband zusammengeschlossen haben, konzentrieren sie ihre gemeinsamen Kräfte unter anderem darauf, die reizvolle Landschaft [...] für die Besucher noch besser zu erschließen. [...] Da zwei Gemeinden bereits als staatlich anerkannte Erho-

---

42 Vgl. Oehler, *Erholungswesen*, S. 90. Für die Festlegung und Entwicklung regionaler Erholungsgebiete entschieden die Kreis- oder Bezirkstage in Zusammenarbeit mit den Volksvertretungen der betroffenen Städte und Kreise; für Erholungsgebiete von zentraler Bedeutung zeichnete der Ministerrat verantwortlich. – Vgl. ebd., S. 92.
43 Vgl. Paragraphen 11 und 13 des *Landeskulturgesetzes der DDR* vom 14.5.1970.
44 Dieser Terminus wurde, bis auf die Formulierung der entsprechenden gesetzlichen Verordnung, in der vom ›Kurort‹ gesprochen wurde, hauptsächlich verwandt. Nähere Informationen zu den Kriterien für die staatliche Anerkennung in: Oehler, *Erholungswesen*, S. 94f.
45 Vgl. beispielhaft: Gildenhaar, *Seebad Ahlbeck 1700-2002*.
46 *Kurortverordnung* vom 3.8.1967.
47 Vgl. dazu und im Folgenden: Eberlein, »Zur Kasse, bitte!« (20.6.1969).

lungsorte ausgezeichnet wurden, hat sich der Rat des Gemeindeverbandes das Ziel gestellt, das Gesamtterritorium als anerkanntes Erholungsgebiet zu entwickeln.«[48]

Ostseeküste

Die Ostseeküste war die größte zusammenhängende Erholungslandschaft der DDR und auch die am meisten und immer häufiger frequentierte[49].

Urlauber im Bezirk Rostock 1947-1989

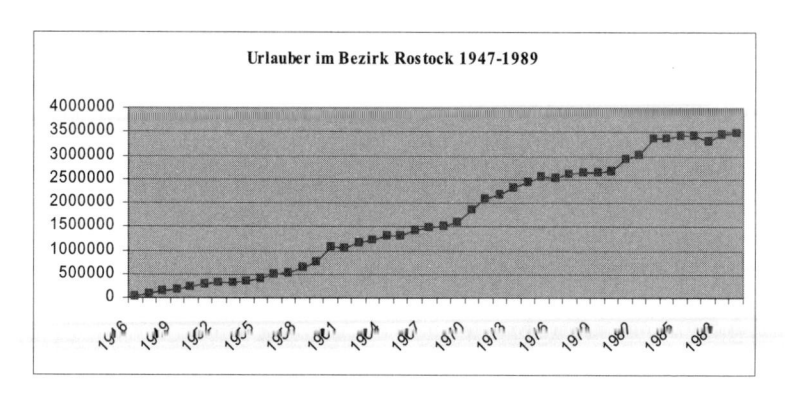

Abbildung 4: Urlauber im Bezirk Rostock 1947-1989, bis 1969 nur Ostseebäder

(Statistisches Jahrbuch der DDR, 1989, S. 334; Statistisches Jahrbuch der DDR, 1985, S. 326; Statistisches Jahrbuch der DDR 1980, S. 324.)

Die Ostseeküste stellte, so formuliert es Hasso Spode, den einzigen (preiswerten) Zugang zu »Sonne und Meer«[50] für DDR-Bürger dar.[51]

---

48 O.V., *Erholsamer Urlaub für rund 25000 Werktätige* (1.2.1980). Anderslautend, auf die Probleme des staatlichen Tourismus abhebende Präsentation in: Stadt Eibenstock, *850 Jahre Bergstadt Eibenstock*, S. 157–159.

49 Hasso Spode spricht von einer Verachtfachung zwischen den fünfziger und achtziger Jahren. – Vgl. Spode, »Tourismus in der Gesellschaft der DDR«, S. 21. Die Zahlen des Statistischen Jahrbuchs weisen zwischen der unmittelbaren Nachkriegszeit 1947 und 1989 in etwa eine Vervierzigfachung aus, zwischen den fünfziger und achtziger Jahren variieren die Verhältnisse zwischen 1:12 und 1:5, zwischen 1970 und 1989 immerhin noch eine Verdopplung. Am aussagekräftigsten ist die letzte Angabe, da bis 1969 nur die Zahlen aus den Ostseebädern in die Berechnung einflossen. – Vgl. Zentralverwaltung für Statistik, *Statistisches Jahrbuch der DDR.* Verschiedene Jahrgänge. Urlauber im Ostseebezirk Rostock laut Hasche: 1965 1,3 Millionen und 1989 3,5 Millionen – Vgl. Hasche, »Statistische Daten 1950-1990«, S. 27. Die Steigerungen waren stets ein medial stark verarbeiteter ›Beweis‹ für die Leistungskraft der staatlichen Sozialpolitik. – Vgl. Verweis auf weitgehende Auslastung der mehr als 1.000 betrieblichen Erholungseinrichtungen, der im Jahr 1983 62.000 zusätzlich bereitgestellten Reisen im Vergleich zu 1982 und der 33.000 zusätzlichen Camper auf den Zeltplätzen an See und Bodden in der Vor- und Nachsaison 1983. – *Interview mit Hans Joachim Kalendrusch* (30.1.1984).

Anhand des Mottos »Sommer, Sonne, Sonnenbrand / Kleckerburg im Kieselsand / ja, der Urlaub macht was her / was woll'n wir denn am Schwarzen Meer!«[52] zeigte sich die hohe Bedeutung des Gebietes und die Wirksamkeit der allgemein dem Badeurlaub am Meer zugeschriebenen Gründe. Alain Corbin schreibt in seinem Werk *Meereslust*, die Küste wecke eine unbewusste Sehnsucht, die in mythologischen Vorstellungen von Auflösung und Regeneration wurzele.[53] Zudem bewirke die vereinfachte Sozialität der dortigen Kontakte[54] und die oftmals vereinfachte Materialität der in ihrer Anzahl reduzierten Gebrauchsgegenstände – beides insbesondere bei FKK und Camping – eine veränderte Wahrnehmung des eigenen und fremden Körpers sowie eine Abwesenheit von Alltagszwängen.[55]

Die Ostseeküste der DDR erstreckte sich über die gesamte Breite des auch so bezeichneten Ostsee- oder Küstenbezirks Rostock und stellte dort als Ausnahmeerscheinung für das gesamte Land einen bedeutsamen Wirtschaftszweig dar.[56] Dies offenbarte sich insbesondere im hohen Anteil von Beschäftigten im nicht produzierenden Bereich.[57] Sie war nicht in ganzer Länge für die Erholungssuchenden nutzbar, zum einen aufgrund natürlicher Gegebenheiten und zum anderen, da einige Gebiete für militärische und andere staatliche Zwecke[58] gesperrt beziehungsweise von Privatgrundstücken[59] umschlossen waren.[60] Im

---

50 Spode, »Tourismus in der Gesellschaft der DDR«, S. 21.
51 Vgl. Obenaus/Wagner, »Zum Erholungswesen an der Ostseeküste«, S. 67.
52 Possenspiel: »Sommer, Sonne, Sonnenbrand«
53 Hennig, *Reiselust*, S. 29. Ergänzend: Corbin, *Meereslust*.
54 Vgl. beispielsweise: »Wir fahren zum FKK, weil wir uns hier frei fühlen […] Und wenn man nackt ist, sieht man dem anderen auch nicht an: ist er Millionär oder hat er gerade keine Arbeit. Am FKK sind alle gleich […]« – Kolano, *Nackter Osten*. S. 213.
55 Vgl. Urbain, *Sur la plage*.
56 Vgl. Benthien/von Känel/Weber, »Die Küstenregion«, S. 460; Wagner, »Ökonomische und ökologische Aspekte«.
57 Vgl. Benthien/von Känel/Weber, »Main Aspects of Structural Change«, S. 49. Sowie Oehler, *Erholungswesen*, S. 100.
58 Insel Vilm (Naturschutzgebiet, bis 1989 Urlaubsort der DDR-Regierungsspitze), Prora und Bug (militärische Sperrgebiete), Lübecker Bucht (Grenzgebiet) – Vgl. Helfer, *Tourismus auf Rügen*, S. 68.
59 Dem privaten ›Datschenbau‹ versuchte man ab 1976 mit dem Paragraph 287 Absatz 1 entgegenzuwirken, um zum Beispiel die Küste der Öffentlichkeit zugänglich zu erhalten oder zu machen. – *Zivilgesetzbuch der DDR* vom 19.6.1975. Auch angedeutet in: Bergmann/Klöppel, »Buhnen, Dünen, Urlaubszeit«.
60 Die Küste der DDR war 1.470 Kilometer lang, davon waren etwa 340 Kilometer äußere Meeresgrenze. Von diesen waren zum Ende der DDR-Zeit etwa 250 Kilometer öffentlich zugänglich. – Marcinek/Richter/Scherf, »Der Naturraum der DDR«, S. 16. 1976 wird in der National-Zeitung davon gesprochen, dass 102 km als Badestrand genutzt werden. Es ist unklar, ob es hier zu einer Ausweitung bis zum Ende der achtziger Jahre kam oder ob in obige

restlichen Gebiet unterschieden sich traditionelle Erholungsflächen – besonders die Seebäder – von neu erschlossenen Abschnitten.[61] In letzteren zeigte sich, dass die Entwicklung der Urlauberzahlen oft schneller voranschritt als die infrastrukturellen Anpassungen. Dies führte einerseits zu Unzufriedenheit seitens der Touristen ob der Mängel[62], andererseits – insbesondere mit der steigenden Motorisierung ab den siebziger Jahren[63] – zur Ausdehnung des Erholungsgebietes landeinwärts.[64] Dadurch kam es zu Überschneidungen mit dem Urlaubergebiet an der Mecklenburgischen Seenplatte[65]. Die Einwohner der Bezirke Schwerin, Neubrandenburg und Rostock, Urlaubstouristen aus dem dortigen Wald-Seen-Gebiet, aber auch Erholungssuchende etwa bis zur Linie Berlin besuchten oftmals als Tagestouristen die Ostsee.[66] Bei all dem war die Ostsee ein klassisches Einsaisongebiet, wobei in den Sommermonaten eine starke Besucherkonzentration auftrat. Bruno Benthien sprach 1984 davon, dass mehr als die Hälfte der Touristen im Juli und August anreisten[67], Sigrid Scharf bestätigte dies 1988[68] und auch Breuste wies 1992 erneut auf diesen Umstand hin[69].

Berechnung auch Steilküsten etc. einbezogen wurden, die man anders als zu Badezwecken nutzen konnte (Strandwanderungen u.ä.) – Vgl. o.V., *Buhnen, Dünen, Deiche* (30.6.1976).

61 Vgl., allerdings nur bis zu den sechziger Jahren und damit als Vorgeschichte: Marold, *Seebäder und Erholungswesen im Rostocker Bereich*. Weiterhin: Dwars, »Die Entwicklung des Ostseebades Binz auf Rügen«, S. 285–288; Timmel, *Die Entwicklung des Erholungswesens im Bezirk Rostock*.

62 Vgl. von Stenglin, »Probleme der komplex-territorialen Einordnung«, S. 85. Die Behörden nahmen vor allem öffentliche Unmutsäußerungen nicht leicht. So berichtete das Informationsbüro West am 15.7.1976 unter dem Titel ›Üble Nachrede‹ von einer DDR-Bürgerin, die sich mit einer Beschwerde über den Zustand von Urlauberheimen, Häusern und Straßen sowie des mangelnden Veranstaltungsangebots in Heringsdorf an die ›Wochenpost‹ gewandt hatte und daraufhin vom Rat des Seebades Heringsdorf in einem amtlichen Schreiben angeklagt worden sei, sich nicht wie ein DDR-Werktätiger zu verhalten, der »eigentlich stolz auf unsere sozialistischen Errungenschaften sein müsse«. Die ›Wochenpost‹ hatte daraufhin ihre Leser ermutigt, auch weiterhin Fragen und Kritik zu äußern. – Vgl. o.V., »Üble Nachrede«, (15.7.1976). Die Gewerkschaftszeitung ›Tribüne‹ hingegen titelte: »Der Urlauber geht nicht mit den Hühnern schlafen« (12.8.1976)«.

63 Vgl. Albrecht/Albrecht, »Die Entwicklung der Gebietsfunktion Erholung«.

64 Vgl. ebd.

65 Vgl. Benthien, »Territoriale Probleme der Rekreation«, S. 18.

66 Erich Wagner bezifferte 1987 ihre Zahl als mit etwa 16 Millionen pro Jahr. – Wagner, »Aktuelle Probleme der Leitung und Planung«, S. 48.

67 Vgl. Benthien, »Main Aspects of Structural Change«, S. 50.

68 Scharf, »Zur Beeinflussung der zeitlichen Bedarfsschwankungen«, S. 89–106.

69 Vgl. Breuste, »Die Entwicklung des Erholungswesens«, S. 93.

Obwohl staatliche Stellen[70] und Medien immer wieder das außersaisonale Reisen propagierten, standen dem sowohl Ausstattungsprobleme als auch persönliche Vorlieben der Reisenden entgegen.

Häufig führen aber auch subjektive Einstellungen zu einer Bevorzugung des Sommerurlaubs gegenüber dem Winterurlaub. Zumeist handelt es sich dabei um die Beibehaltung bestimmter Reisegewohnheiten oder um eine Unterschätzung des Erholungswertes von Winterreisen.[71]

Werbend hieß es 1972 in einem Artikel:

»Im Sommer an die Küste fahren kann jeder; auch die durchschnittlichste Urlaubsbegabung wird nicht überfordert durch blauen Himmel, der über blaues Meer gespannt ist. [...] Aber an die Küste nach der Saison? [...] Ein weiterer Köder wäre auszuwerfen, für alle die bis jetzt nicht neugierig geworden sind [...]«[72] / »Die, die jetzt hier sind, sehen doch mehr, weil sie weniger sehen müssen, und das wollen sie genießen! Der Strand ist sauber und scheint weit [...] die Zahl derjenigen, die sich an der See tatsächlich erholen wollen, die die auf See- und Waldwanderungen erworbene rot-frische Bräune einer Sonnenbrand-Kur vorziehen, [ist] weitaus größer geworden [...]«[73]

Nur wenige Zeilen später wurde kritisch bemerkt:

»Schade, denkt man, allein hier in Zingst und Prerow, 10 Heime, die nicht geheizt werden können, die mit allen Betten, Küchen und mitunter auch gastronomischen Einrichtungen bis zum nächsten Sommer leer stehen. Aber auch in Zingst bahnt sich schon mehr Leben für die Nachsaison an.«[74]

Bis 1989 gelang es nicht, den Trend zum (Hoch-)Sommerurlaub zu verändern:

Monat/Jahr	1970	1975	1980	1985	1989
Januar	0,3 %	0,8 %	0,7 %	1,0 %	1,1 %
Februar	0,8 %	1,3 %	1,7 %	2,0 %	2,2 %
März	0,6 %	1,0 %	1,1 %	1,4 %	1,6 %
April	0,7 %	1,2 %	1,4 %	1,7 %	2,0 %
Mai	6,8 %	6,8 %	8,0 %	8,1 %	9,1 %
Juni	17,4 %	16,1 %	17,2 %	15,6 %	15,5 %
Juli	30,7 %	29,9 %	28,4 %	28,1 %	27,1 %
August	29,2 %	28,7 %	27,1 %	27,2 %	26,0 %

---

70 Das beispielhafte, im zitierten Ausstellungsband abgedruckte Plakat ›Ausgerechnet Juli?‹ des FDGB stammt aus dem Jahr 1962, behält jedoch seine Gültigkeit bis 1989. – Vgl. Selbach, »Reise nach Plan«, S. 70.
71 Vgl. Stompler, Zur Urlaubsreisetätigkeit der DDR-Bevölkerung, S. 22.
72 Christ, *Reisebilder*, S. 88.
73 Statkowa, »Ohne Souvenir« (22.10.1972), S. 3.
74 Ebd. / Vgl. auch Prignitz, *Vom Badekarren zum Strandkorb*.

September	11,4 %	10,7 %	9,6 %	9,7 %	9,7 %
Oktober	1,0 %	1,5 %	2,2 %	2,3 %	2,4 %
November	0,4 %	0,9 %	1,0 %	1,3 %	1,6 %
Dezember	0,7 %	1,1 %	1,5 %	1,6 %	1,7 %

Tabelle 4: Urlauber im Bezirk Rostock
(Statistisches Jahrbuch der DDR, verschiedene Jahrgänge.)

Urlaub an der Ostsee hatte jedoch auch noch eine andere Besonderheit. Da es sich auf der gesamten Küstenlinie der DDR um Grenzgebiet handelte[75], waren stets Polizei und andere Sicherheitskräfte im Einsatz. Es waren nicht nur der Besitz und Gebrauch von festen Booten aufgrund der angenommenen Fluchtgefahr streng reglementiert, sondern selbst der Einsatz von Schlauchbooten wurde misstrauisch verfolgt und führte nicht selten zu Befragungen und Festnahmen.[76]

»Strandspaziergänge mußten wenige Kilometer hinter Boltenhagen wegen der nahen Grenze beendet werden. Abends durfte sich kein Urlauber mehr am Strand aufhalten, Grenzsoldaten patrouillierten nachts am Strand, und Suchscheinwerfer tasteten die Küste und das Meer nach Republikflüchtigen ab. Ihren Personalausweis mußten die Urlauber immer dabei haben [...]«[77] »Und wenn einer durch ein Fernglas schaute, machte er sich verdächtig.«[78]

Freikörperkultur

Oft ist vom Zusammenhang zwischen diesen starken Beschränkungen im staatlichen Bereich und dem Genuss der Freiheit im Privaten gesprochen worden.[79] Insbesondere wurde dies auf die Nacktbadebewegung (FKK) bezogen.[80] Auch Teilnehmer äußerten sich im Rückblick entsprechend,[81] und der Sexualforscher Kurt Starke meinte: »Hier [beim FKK, H.W.] haben sich die Menschen in der DDR auch eingerichtet. [...] Die Bürger haben sich dann ihre

---

75 Vgl. Paragraph 33 der *Grenzordnung* vom 15.6.1972.
76 Vgl. Deja-Lölhöffel, *Freizeit in der DDR*, S. 46.
77 Hennings, *Klassenauftrag Erholung*, S. 15.
78 Sturmhoebel, *Die Ruhe vor dem Sturm,* 4.12.2008, http://www.schwarzaufweiss.de/ deutschland/poel, S. 3.
79 Vgl. Aussagen zum militärischen Sperrgebiet der Volksmarine neben dem Prerower FKK-Strand sowie der Bedeutung der nördlichen Staatsgrenze fünf Kilometer vor der Küste für Einheimische und Urlauber – Gerecke, »Die Nackten und die Roten«.
80 Vgl. Dreßler, *Die Freikörperkultur in der DDR*; Hagen, *Baden ohne*; Ders., *FKK zwischen Ostsee und Vogtland.*
81 Vgl. »Es war zu DDR-Zeiten die einzige Möglichkeit, unsere Freiheit auszudrücken, indem wir an den FKK-Strand gingen.« – Kolano, *Nackter Osten*, S. 213.

Freiheiten auch geschaffen, sehr im privaten Raum.«[82] Fällt der Beweis dieses Motives schwer, so kann zweifelsfrei die hohe Bedeutung des FKK für DDR-Bürger konstatiert werden.

Bereits 1956 wurde in der Badeordnung der DDR das Nacktbaden an bestimmten Strandabschnitten gestattet, wenn die Badenden nicht gesehen werden konnten.[83] Obwohl der Staat diese Entwicklung nicht gerne sah – sie entzog sich weitgehend staatlicher Kontrolle –, wurden FKK-Plätze zunächst geduldet und schließlich legalisiert.[84]

Nur wenige Teilnehmer verfolgten lebensreformerische Ziele, vielmehr wurde FKK ohne einen bestimmten ideologischen Hintergrund praktiziert. FKK wurde häufig als ›unorganisierte Massenbewegung‹ bezeichnet, denn etwa 80 Prozent der DDR-Bevölkerung hatten Erfahrung damit, und FKK ›lebte‹ jenseits staatlicher Massenorganisationen. Fuhren DDR-Bürger ins Ausland, so war es in den anderen sozialistischen Ländern kaum möglich, nackt zu baden.[85]

In den achtziger Jahren hielt sich kaum noch jemand an abgesteckte Bereiche, die FKK-Flächen von Stränden mit Badebekleidung abtrennten. Den Prototyp, aber auch das Extrem dieser Entwicklung stellte der bis heute in dieser Funktion bestehende Strand von Prerow auf dem Darß dar. Dort existierten nicht nur die längsten zusammenhängenden FKK-Strände der DDR, sondern auch die Campingplätze[86] konnten entsprechend genutzt werden. Verbunden mit den attraktiven naturräumlichen Gegebenheiten – weißer Sand, klares Wasser – führte dies zu einem Ansturm von Urlaubern. Nur umständlich konnte sich der Einzelne auf offiziellem Wege einen Zeltstellplatz beschaffen. Zwar gab es eine zentrale Platzvergabe, doch die meisten Stellplätze waren durch Betriebe vorreserviert[87]. Sie beteiligten sich im Gegenzug für die Platzbereitstellung an den Gemeindeaufgaben – zum Beispiel Installation der Stra-

---

82 *Damals in der DDR. (2)*.
83 Vgl. *Anordnung zur Regelung des Freibadewesens* vom 18.5.1956.
84 Vgl. »Was blieb, war die Kapitulation [des Staates vor den Nacktbadern, H.W.]« – Reihe ›Spiegel TV Thema‹: *FKK in der DDR*.
85 Vgl. Ropers, *Osteuropa*, S. 433. Vgl. »FKK-Strände, so wie sie an der Ostseeküste üblich sind, gibt es in Bulgarien nicht. Lediglich im Seebad Goldstrand bei Varna gibt es […] nicht einsehbare Areale, die FKK-Freunden für 10 Stotinki zugänglich sind. Sie sind für Männer und Frauen getrennt angelegt. […] Außerhalb dieser Einzäunungen ist die Freikörperkultur in Bulgarien nicht gestattet.« – *Kolumne ›Unterwegs‹* (37/1976), S. 45.
86 Eine Ausnahme bildete hierbei die Insel Hiddensee, auf der das Zelten seit 1954 verboten war, um die Ursprünglichkeit der Natur zu bewahren. – Vgl. Prignitz, *Vom Badekarren zum Strandkorb*, S. 179.
87 Meist installierten die Betriebe dort feste Betriebszelte, die dann von allen Betriebsangehörigen genutzt werden konnten. Damit war es nicht notwendig, dass jeder Urlauber seine eigene Ausstattung besitzen musste.

ßenbeleuchtung[88] – oder wurden über Beziehungen ›unter der Hand verschoben‹ Auf die Frage an einen Interviewpartner in der Dokumentation *FKK in der DDR*, wie man denn regelmäßig an einen Platz gekommen sei, antwortete dieser: »Das kann ihnen jeder persönlich beantworten und keiner wird's so richtig wollen.«[89]

Jedoch war FKK nicht nur an der Ostsee beliebt, sondern die Schaffung von FKK-Badeplätzen im Binnenland bot auch eine willkommene Option für die staatlichen Stellen, die Konzentration auf die Ostsee zu mindern.[90] So entstanden sowohl in den größeren Erholungsgebieten für Urlauber als auch in Naherholungsgebieten solche Möglichkeiten.

Binnenland

Das Binnenland meinte in dieser Hinsicht vor allem die Wald-Seen-Landschaften, insbesondere das Gebiet der Mecklenburgischen Seenplatte, der Havelseen und des Dahme-Spree-Seengebiets. Diese Flächen wurden erst aufgrund der hohen Nachfrage nach preiswerten Urlaubsplätzen beim Feriendienst des FDGB und den Betrieben für den Tourismus erschlossen; entsprechend war ihre infrastrukturelle Ausstattung nicht immer ausreichend. Da diese Gegenden auch vorher wenig industrialisiert waren und landwirtschaftliche Nutzung vorherrschte, konnte auch kaum auf Bestehendes zurückgegriffen werden. Viele der neu errichteten Unterkünfte beispielsweise waren zunächst nur im Sommer nutzbar, eine Erhöhung der Kapazitäten durch Ausstattung mit festen Beherbergungsmöglichkeiten und verkehrsinfrastrukturelle Maßnahmen wurde stets angestrebt.[91] Vorzeigeprojekt des FDGB war in dieser Hinsicht vor allem das Ferienheim ›Herbert Warnke‹ in Klink, welches das Unterkapitel V.1 detailliert vorstellt.

Die Mittelgebirge stellten flächenmäßig das größte Erholungsareal der DDR dar. Durch ihre ungleichmäßige Erschließung für den Tourismus wurden sie jedoch nicht so intensiv genutzt wie die Ostsee. Unter den Zweisaisongebieten waren die wichtigsten und am besten erschlossenen der Thüringer Wald[92], der Harz, das Erzgebirge, die Sächsische Schweiz und das Zittauer

---

88 Vgl. Reihe ›Spiegel TV Thema‹: *FKK in der DDR*.
89 Vgl. ebd.
90 Vgl. Prignitz, *Vom Badekarren zum Strandkorb*, S. 180.
91 Vgl. Bähre, *Nationale Tourismuspolitik in der Systemtransformation*, S. 63. Großmann, »Qualitätstourismus in Ostdeutschland«, S. 41. Vgl. zeitgenössisch: Franke/Wilts, »Territoriale Probleme und Entwicklung des Erholungswesens«, S. 75.
92 Vgl. Wolter, *Das grüne Herz der DDR*. Nach der Ostseeküste stellte der Thüringer Wald mit seinem Wintersportzentrum Oberhof das zweitwichtigste Erholungsgebiet der DDR dar. Bezirklich betrachtet aber war der Bezirk Dresden mit seinen Anteilen an den) Erholungsgebie-

Gebirge, wobei sie in der Winter- und Sommersaison schrittweise zusammenwuchsen, sodass nur noch wenige Zeiträume nahezu besucherfrei blieben[93]. Im Gegensatz zu den großen Urlauberkonzentrationen an einzelnen Orten der Küste zeichneten sich die Mittelgebirge jedoch durch eine Standortstruktur aus, bei der eine Vielzahl kleinerer Beherbergungs- und Versorgungsmöglichkeiten vorherrschte.[94] Eine quantitative Ausnahme bildeten wenige große, strategisch entwickelte Wintersportzentren, vor allem im Thüringer Wald. »Die DDR-Oberen lotsten FDGB-Urlauber ›in Ermangelung eines realsozialistischen Alpenzugangs‹ (FAZ), eine Million im Jahr, in die heile Mittelgebirgswelt.«[95] Eine andere Besonderheit fand sich im Harz, der teilweise zum grenznahen Sperrgebiet gehörte und in dem deshalb eingeschränkte Aufenthaltsmöglichkeiten bestanden. Deutlich wird dies beispielsweise am Wahrzeichen des Harzes, dem Brocken[96]:

»Dass diese Landschaft überhaupt wieder betreten werden darf, hat in der Tat viel mit deutscher Geschichte zu tun. Die Moore unterhalb der Kuppe, der windzerzauste, mit jedem Meter Steigung sich ausdünnende Fichtenforst, die subalpine Mattenvegetation jenseits der Baumgrenze bei tausend Meter – alles, aber auch alles gehörte seit jenem berüchtigten 13. August 1961 bis ins legendäre Wendejahr 1989 zum streng bewachten militärischen Sperrgebiet der DDR. Der Brocken, zwei Kilometer Luftlinie von der innerdeutschen Grenze entfernt, mochte auch im real existierenden Sozialismus weithin sichtbar gewesen sein, doch umso verbissener versuchte man ihn im SED-Staat aus der kollektiven Erinnerung zu tilgen: keine Landkarte, auf der er verzeichnet gewesen wäre; keine Werbung, für die er seinen markanten Kahlkopf hätte herhalten dürfen – so, wie er das von früher her gewohnt gewesen ist.«

Landschaftlich außergewöhnlich und einzigartig war insbesondere das etwa 400 Quadratkilometer große Areal der Sächsischen Schweiz, auch Elbsandsteingebirge genannt. Die bizarre Formenvielfalt der Felsen zog Urlauber, Naherholungssuchende und Sportler (Bergsteiger, Kletterer) an. Dies führte zur Kollision der naturschützerischen Interessen mit den erholungspolitischen Maßnahmen. Schon im Dezember 1978 wurde daher der *Landschaftspflegeplan für das Landschaftsschutzgebiet Sächsische Schweiz* vom Rat des Bezirkes Dresden beschlossen. Darin hieß es: »Eine unverhältnismäßig hohe Steigerung des Fremdenverkehrs und der wirtschaftlichen Nutzung würden die Erhaltung der

---

ten Sächsische Schweiz, Zittauer Gebirge, Lausitzer Bergland und dem Osterzgebirge der zweitwichtigste Erholungsbezirk der DDR. –Angermüller, »Der Thüringer Wald«; Preussner, *Der Thüringer Wald als Fremdenverkehrsgebiet*, S. 62.
93 Vgl. Kramm/ Gellert, *DDR*, S. 88.
94 Vgl. Jacob, »Die Darstellung von Erholungswesen und Tourismus im Atlas DDR«, S. 184; Schmitt/Gohl/Hagel, *Harms Handbuch der Geographie*, S. 339f.
95 Völker, »Oberhof setzt voll auf den Wintersport« (11.1.2003).
96 Thelen, »Der Brocken ist ein Deutscher« (29.9.2001).

Naturausstattung und der Ökologie der Landschaft der Sächsischen Schweiz sowie ihre Eignung als Erholungsgebiet überhaupt in Frage stellen.«[97] Heinz Wehner, Professor für Geschichte des Fremden- und Nachrichtenverkehrs an der Verkehrshochschule ›Friedrich List‹ in Dresden, bemerkte noch 1988, dass »jede weitere extensive Ausdehnung eindeutig zu Lasten der Qualität ginge und mit Gefahren für den Erhalt der Eigenart dieser einzigartigen Erholungslandschaft verbunden wäre.«[98]

Beispielhaft für die touristische Erschließung der Mittelgebirgsregionen soll es an dieser Stelle aufgrund der Datenlage um Oberwiesenthal – einen Ort im Erzgebirge an der Grenze zur damaligen ČSSR mit bis zu 4.400 Einwohnern (Höchststand in den achtziger Jahren) – gehen [99]. Bereits seit Mitte des 19. Jahrhunderts war dieser Fremdenverkehrsort.[100] Nach dem Zweiten Weltkrieg verlor er zunächst diese Funktion, da die SDAG Wismut das Gebiet für bergbauliche Maßnahmen nutzte. Ab den fünfziger Jahren jedoch entwickelte er sich auf Grundlage der noch vorhandenen Erholungseinrichtungen wieder zu einem Ferienort. Neubauten erhöhten im Lauf der Jahre die Kapazität auf etwa 4.500 Betten, sodass 1988 circa eine Million Touristen [101] den Ort aufsuchten. Oberwiesenthal prosperierte.[102]

Aber auch kleinere Urlaubsgebiete gerieten zunehmend ins öffentliche Interesse, wenngleich manches Mal aufgrund mangelnder Alternativen seitens der Ferienangebote von FDGB und Betrieben.

Eines davon war der Spreewald, eine waldumstandene Fließlandschaft, welche aufgrund ihrer erhaltenswerten Natur besondere Anforderungen an

---

97 *Beschluß des Rates des Bezirkes Dresden. Nr. 249/78* vom 13.12.1978, S. 22. Zitiert bei: Wehner, »Die Entwicklung der Sächsischen Schweiz zum Fremdenverkehrsgebiet«, S. 58.
98 Ebd. Wehner zitiert zudem – als Grundlage dessen, worauf die von ihm abgelehnte ›extensive Ausdehnung‹ basiert – mündliche Auskünfte des Rat des Bezirkes Dresden, Abteilung Erholungswesen, wonach zum Anfang der achtziger Jahre etwa 2,5 Millionen Touristen in die Sächsische Schweiz gekommen seien. – Vgl. ebd., S. 46. Zum Elbsandsteingebirge auch: Czeslik, *Die geschichtliche Entwicklung des Fremdenverkehrs in der Sächsischen Schweiz*; Hartsch, *Der Fremdenverkehr in der Sächsischen Schweiz*; Sperhake, *Der Fremdenverkehr im Sächsischen Elbsandsteingebirge*.
99 Vgl. dazu und im Folgenden soweit nicht anders angegeben: Bachmann/Wurst, *Ostdeutsche Lebensverhältnisse unter Wandlungsdruck*, S. 225–231. Allgemein zur touristischen Bedeutung des Erzgebirges in der DDR vgl. Petzold, »Die Fremden kommen«.
100 Zur literarischen Verarbeitung der Rekreationsfunktion des Erzgebirges vgl. Loest, *Es geht seinen Gang*, S. 144f.
101 Für die vorliegende Betrachtung des DDR-Urlaubstourismus wären jedoch – eine Aufgliederung nach Nationalitäten ist nicht existent – maximal jene 15 Prozent relevant – das entspricht 150.000 Gästen – die sich länger als 5 Tage aufhielten. – Vgl. Bachmann/Wurst, *Ostdeutsche Lebensverhältnisse unter Wandlungsdruck*, S. 230.
102 Vgl. »Man lebte nicht schlecht vom staatlich garantierten Geschäft mit den ›Fremden‹.« – Ebd.

Vereinbarkeit von Naturschutz und Tourismus stellte.[103] Obwohl die getroffenen Maßnahmen vor allem auf die Naherholung ausgerichtet wurden und Gastronomie, Fährverkehr und Campingmöglichkeiten betrafen, wurde in den siebziger Jahren vom Büro für Territorialplanung der Bezirksplankommission im Bezirk Cottbus auch die Ferienerholung berücksichtigt. Daraus resultierte der Ausbau des Gebietes um die Stadt Burg für den Urlaubstourismus.

Städte

Schließlich kann die Umschau unter DDR-Urlaubsgebieten durch eine Betrachtung des Städtetourismus abgeschlossen werden. Auch hier liegen keine Zahlen bezüglich der Frequentierung durch DDR-Bürger zu Urlaubszwecken vor, doch soll aufgrund seiner internationalen Bedeutung und des Versuchs der DDR-Regierung, die Stadt als Metropole zu deklarieren[104], Berlin als Beispiel gewählt werden. Das genannte Bemühen las sich bei Werner Bischoff vom Institut für Marktforschung wie folgt: »Zunehmende Anerkennung und Wertschätzung finden im In- und Ausland die bedeutenden Bau- und architektonischen Leistungen der letzten 15 Jahre – man denke nur an den Palast der Republik, den Platz der Akademie, den Friedrichstadtpalast, das Marx-Engels-Forum, das wiederentstandene Nikolaiviertel und die Neugestaltung der Friedrichstraße [...]«[105] Dabei schien Berlin trotz seiner Sehenswürdigkeiten und der daraus folgenden hohen kulturellen Bedeutung weniger das Ziel für den gesamten Jahresurlaub zu sein, sondern entweder Ausflugsmöglichkeit aus einem der für den Urlaub gewählten umliegenden Erholungsgebiete, als Besuchsziel auf der Durchreise beispielsweise an die Ostsee oder aber für kurzfristige (Einkaufs-)Fahrten[106], denn »eines ist allen gemeinsam: Die Mischung aus Neid und Haß auf die Hauptstadt Berlin – gekoppelt mit einem Schuß Bewunderung«[107] angesichts der besseren Versorgungslage in Berlin. Diese wird nicht nur in zahlreichen Erinnerungen von DDR-Urlaubern angemerkt, sondern auch in den Stellungnahmen der zeitgenössischen DDR-Forschung.[108] Weiterer Anziehungspunkt waren Großveranstaltungen wie die X. Weltfestspiele der

---

103 Vgl. dazu und im Folgenden weiterführend zur besonderen Problematik im Interessenausgleich um dieses Gebiet sowie Möglichkeiten der angedachten zukünftigen Entwicklung in den achtziger Jahren: Rindt, »Erholung und Landeskultur im Spreewald«.
104 Vgl. Poock-Feller, »›Berlin lebt – Berlin ruft‹«, S. 105.
105 Bischoff, »Aspekte und Spezifika der Nachfrage«, S. 1.
106 Vgl. ebd., S. 4.
107 Deja-Lölhöffel, *Freizeit in der DDR*, S. 60.
108 Vgl. Spezifik des Berliner Marktes: »[...] günstigere Voraussetzungen zur Bedürfnisbefriedigung und Nachfragerealisierung als in anderen Territorien der Republik« – Bischoff, »Aspekte und Spezifika der Nachfrage«, S. 3.

Jugend 1973 oder die 750-Jahr-Feier der Stadt 1987. Zu beiden Ereignissen liegen auch bezüglich ihrer touristischen Bedeutung neben zeitgenössischen Dokumenten einige neuere Darstellungen vor.[109]

Inlandsreiseverkehr

Mit der vorhergehenden Aufschlüsselung wird deutlich, dass die DDR verschiedene touristisch attraktive Landschaftstypen besaß und Möglichkeiten beispielsweise für maritimen Tourismus (Badeurlaub), Wasserwandern, Camping, Radfahren, Wandern und Klettern, Wintersport sowie Kultur- und Bildungstourismus gegeben waren. Dabei überlagerten sich die Hauptzielgebiete der Besucherströme aus dem In- und Ausland, wenngleich die wichtigsten Leistungsanbieter durch ihre Standortwahl eine Kanalisierung vornahmen und der Schwerpunkt des Incoming-Tourismus deutlich auf Rundreisen zu historisch bedeutsamen Städten und in Wirkungsorte deutscher Persönlichkeiten der Vergangenheit (zum Beispiel Bach, Goethe, Schiller), auf Themen-Reisen (zum Beispiel Schmalspurbahnen der DDR), auf Reisen mit Fachprogrammen (zum Beispiel touristisches Rahmenprogramm oder Nachkongressreisen) sowie auf thematischen Reisen anlässlich kultureller Ereignisse (zum Beispiel Musikfestspiele) lag.[110]

Es wurde bisher noch nicht auf die Möglichkeiten der Urlaubsgestaltung in Kleingärten (Datschen) und auf Dauercampingplätzen hingewiesen, die durchaus einen beachtenswerten Anteil des Inlandsurlaubs ausgemacht haben dürften. Da zu diesem Bereich keine statistischen Daten vorliegen, ist eine Einschätzung schwierig. Kleingärten und für den Daueraufenthalt nutzbare Campingplätze bestanden auf dem gesamten Gebiet der DDR, zumeist überschnitten sich für die Eigentümer / Nutzer Naherholungs- und Urlaubszwecke. Auf die Bedeutung dieser nur bedingt als Reiseform zu bezeichnenden zweiten Wohneinheit wird in Kapitel V näher eingegangen.

---

109 Zeitgenössisch zu den X. Weltfestspielen: *Abschlußbericht zu den X. Weltfestspielen der Jugend in Berlin* vom 7.8.1973. Ergänzung vom 31.8.1973, BArch DY 30/J IV 2/2J/4903, unpag. Zentralrat der FDJ, *Dokumente der X. Weltfestspiele der Jugend und Studenten*. Aktuelle Forschung zu den X. Weltfestspielen: Rabe, *Bündelungsmöglichkeiten im Freizeitverkehr*, 22.5.2005, http://www.eventverkehr.de/everg.html. Neuere Forschungen: Merkel, »Im Spiegel des Fremden«, 16.1.2006, http://www.kulturation.de/thema.php; Schröder, » ›Horch, was kommt von draußen rein‹ «; Hornbogen, » ›Halb-Weltsicht‹ «; Mohrmann, »Lust auf Feste«; Rossow, ›Ketten werden knapper‹?; dies., » ›Rote Ohren, roter Mohn, sommerheiße Diskussionen‹ «. / Zu den nachrichtendienstlichen Maßnahmen: Ochs, »Aktion ›Banner‹«, 16.1.2006, http://www.kulturation.de/thema.php; Wolle, *Die heile Welt der Diktatur*, S. 164–166. Aktuelle Forschung zur 750-Jahr-Feier: Ecker, *Die 750-Jahr-Feiern Berlins 1987*.
110 Vgl. Godau, *Tourismus in der DDR*, S. 6–9.

Weiterhin sind Urlaubsreisen zu Bekannten und Verwandten in ihrer Bedeutung für den Inlandstourismus in der DDR kaum ermittelbar, da keine Meldepflicht bestand. Die Aussagen der retrospektiven Interviews stützen jedoch die Annahme, dass gern und häufig private Beziehungen zur ›Vermittlung‹ von Urlaubsplätzen führten.[111]

Schließlich sei noch der erst nach 1989 in seiner vollen Bedeutung in die öffentliche Wahrnehmung gelangte Bereich ökologischer Fragen und Probleme angesprochen.[112] Durch die geringe staatliche Regulierung[113] gemessen an westlichen Standards und die hohe Frequentierung der Urlaubsgebiete entstanden negative Effekte, die in der öffentlichen Diskussion der DDR selten auftauchten[114]: die hohe Umweltbelastung[115], die ausgeprägten Landschaftsschäden[116] sowie visuell-ästhetische Landschaftsbeeinträchtigungen[117]. Die zeitgenössische mediale Beschäftigung mit dem Thema erscheint angesichts der nach 1989 festgestellten Probleme stark einseitig. So schreibt Uschi Bergmann in der Zeitschrift *Neue Berliner Illustrierte* 1976:

»Trotz erhöhter Urlauberzahl, so versichern die Fachleute überzeugend, sind die Schäden an Küstenschutzanlagen in den letzten Jahren zurückgegangen. Man verhält sich disziplinierter.

---

111 Vgl. »Wer Verwandte an der Ostsee, im Erzgebirge, Thüringer Wald, Harz hat […] der ist da hingefahr'n.« – *Interview Peter Schmidt.*
112 Vgl. Albrecht/Albrecht/ Benthien/ Breuste/ Bütow, »Erholungswesen«, S. 608.
113 Die Diskrepanz zwischen dem auch international als fortschrittlich eingestuften Landeskulturgesetz vom 14.5.1970 und den tatsächlichen Maßnahmen zu Schutz und Erhaltung natürlicher Ressourcen war außerordentlich hoch. – Vgl. Behrens, »Rückblicke«.
114 Sowohl intern als auch in bundesrepublikanischen Quellen wurden die Schäden zum Teil dokumentiert und Überlegungen hinsichtlich einer Verbesserung getroffen, vgl. zum Beispiel zur ökologischen Belastung des Thüringer Waldes: Haupt/Westhus, *Der große Inselberg*, S. 14; Kramm/Gellert, *DDR*, S. 126. Preussner, *Der Thüringer Wald als Fremdenverkehrsgebiet*, S. 62.
115 Zum Beispiel Gewässerqualität: unter Verweis auf einen Beitrag der Satire-Zeitschrift *Eulenspiegel* über den Zustand der Ostsee bei Stralsund – Meldung: *Zunehmende Verschmutzung der Ostsee auch vor der DDR-Küste* (14.7.1971). »[…] die Quallen hätten sich in den letzten Jahren vermehrt, offensichtlich fühlen sie sich in der immer dreckiger werdenden Brühe [Ostseewasser, H.W.] pudelwohl.« – Loest, *Die Oma im Schlauchboot*, S. 51. Helfer, *Tourismus auf Rügen*, S. 105.
116 Zum Beispiel Waldsterben: »Weitere 8,6 Prozent verbinden mit dem Kurort in erster Linie erhebliche ökologische Beeinträchtigungen – sei es ›die schlechte Luft‹ oder ›der kaputte Wald‹ in der näheren Umgebung. […] 85 Prozent der Bäume im Landkreis Annaberg-Buchholz sind mehr oder weniger immissionsgeschädigt, in der Fichtelbergregion rund um Oberwiesenthal beinahe jeder Baum (vgl. Freie Presse vom 23.05.1991).« – Bachmann/Wurst, *Ostdeutsche Lebensverhältnisse unter Wandlungsdruck*, S. 238 und S. 241.
117 Zum Beispiel Umbau und Renovierung von historischen Pensionen auf Rügen (»befreit von unschönem und unnötigem Stuckwerk und Zierrat«). – Vgl. Helfer, *Tourismus auf Rügen*, S. 114–119. Negative Landschaftsprägung/-beherrschung durch vor allem FDGB-eigene Großkomplexe, zum Beispiel das Haus ›Arkona‹ in Binz. – Vgl. ebd., S. 110.

[...] Die Nutzung der Küste unterliegt einer strengen langfristigen Planung [...], um nicht weitere Teile der Landschaft zu belasten oder zu zersiedeln.«[118]

Erst 1991 bemerkt der bereits in der DDR langjährig mit dem Inlandsreiseverkehr befasste Armin Godau in aller Deutlichkeit: »Was vorhanden ist, reicht nicht aus, was jahrzehntelang einer intensiven Nutzung unterzogen, ist verschlissen und zum großen Teil abrissreif. Daran ändern auch die Elfenbeintürme der Interhotels nichts!«[119]

III.2.2 Auslandsreisen

Nicht nur für die DDR gelten als Grundvoraussetzungen des Tourismus überhaupt und der Auslandsreisen im Besonderen, dass zunächst ein nennenswerter Zeit- und Geldüberschuss vorhanden sein und entsprechende Regelungen zum Umgang mit der Fremde – in der Moderne demnach insbesondere politische Vereinbarungen mit den Zielländern – getroffen sein müssen. Dies geschieht in der DDR im Laufe der fünfziger und sechziger Jahre.[120] Sind die ersten Bulgarien- und Rumänien-Touristen Anfang der sechziger Jahre noch Exoten[121], die – meist jung und ohne Familie – bereit sind, viel Energie für ein Reiseabenteuer einzusetzen, so ist schon Mitte der sechziger Jahre festzustellen, dass Erfüllung der Sehnsucht nach Sonne und Meer und die Neugier gegenüber dem Fremden zur Normalität von Auslandsreisen führten.

Dies war zwar zunächst auf eine recht geringe Anzahl von Personen beschränkt, doch in der Presse[122] wurde der internationale Tourismus von DDR-Bürgern danach bereits als vertraut behandelt. Gerlinde Irmscher verweist in ihrem Aufsatz über die ›alltägliche Fremde‹ 1996 darauf, dass – wie auch in der Bundesrepublik einige Jahre zuvor – die Auslandsreise in den siebziger Jahren für die DDR-Bürger zur Normalität wird.[123] Hierbei ist sicher nicht nur die individuelle Urlaubstätigkeit gemeint, sondern der Quantensprung in Fragen freizeitbedingter Mobilität, der Verwendung eines gebildeten Kaufkraftüberhangs

---

118 Bergmann/Klöppel,»Buhnen, Dünen, Urlaubszeit«, S. 8.
119 Godau,»Strategische Überlegungen zur Tourismuspolitik«, S. 67f.
120 Derzeit arbeitet Claudia Müller vom ›Centre for Tourism and Cultural Change‹ der Leeds Metropolitan University an einer Dissertation zum Auslandsurlaub von DDR-Bürgern.
121 Ein ähnliches Phänomen findet sich in der Wahrnehmung der ersten bundesdeutschen Italienurlauber, doch muss berücksichtigt werden, dass der Weg ins ›klassische Reiseland des deutschen Bildungsbürgers‹ (Gerlinde Irmscher) sicher vertrauter war als jener in die Länder des Balkans. – Vgl. Pagenstecher, *Der bundesdeutsche Tourismus*; Siebenmorgen,»Wenn bei Capri die rote Sonne ...«; Irmscher,»Alltägliche Fremde«, S. 55.
122 Zahlreiche Beispiele vgl. ebd., S. 53–55.
123 Ebd., S. 57.

sowie eines hohen medialen Interesses für die touristische Aneignung des Fremden.

Bedingungen von Auslandsreisen

Ganz konkret zeigte sich diese Entwicklung in der Erschließung immer neuer Gebiete, wie so oft – auch wenn das für DDR-Bürger mit den bestehenden Reisebeschränkungen manchmal schwierig war – zunächst durch Individualtouristen. Mit dem Nachziehen des organisierten Tourismus wurden die Reisen – durch pauschale Arrangements, aber auch durch subventionierte Angebote – allmählich auch für breitere Bevölkerungskreise erschwinglich.[124] Gerade das kostendeckend arbeitende Reisebüro der DDR entdeckte den DDR-Touristen sehr langsam auch als Geldquelle, vor allem aber wurde der ausländische – besonders westliche – Reisende rasch als Devisenbringer erkannt.

In den achtziger Jahren erweiterte sich das Spektrum der Möglichkeiten im grenzüberschreitenden Tourismus in den westeuropäischen Ländern auf außereuropäische Ziele. DDR-Bürgern war dies weitgehend verwehrt, gab es doch nur wenige sozialistische Staaten in jenen Regionen. Aber selbst an den Zahlen westlicher Touristen, an Fernzielen gemessen, wird deutlich, dass »Lateinamerika, Afrika und Amerika [...] nicht nur für die meisten DDR-Bürger ›terra incognita‹ [...]«[125] waren, sondern der Unterschied mehr im grundsätzlichen Verbot lag; im Nicht-Dürfen statt Nicht-Wollen oder -Können. Es ist wahrscheinlich, dass diese generelle Einschränkung bei manchen dazu führte, dass es weniger um das ›wohin‹ als zunächst vielmehr um das ›weg‹ ging. So schrieb beispielsweise Peter Krone 1998, rückblickend die Gegenwelt des Urlaubs beschreibend:

»Und dazu gab es noch jene wie mich, die in der DDR einfach unter Fernweh litten und die Gelegenheit nutzten, endlich etwas anderes kennenzulernen auf dem vorgezeichneten Weg zwischen Kindergarten, Studium und Altersheim. Es hätte genausogut Rumänien sein kön-

---

124 Gerlinde Irmscher schreibt beispielsweise, dass ab Sommer 1965 eine Teilzahlungsregelung für finanziell weniger gut ausgestattete DDR-Bürger beim Reisebüro der DDR in Kraft trat. Damit konnten für Reisen außerhalb der Saison, die sich ja traditionell schwerer verkaufen ließen, sowie ganzjährig Reisen in Höhe von mehr als 1.000 Mark in Raten bezahlt werden. Dabei wurden lediglich 25 Prozent des Reisepreises sofort fällig. – Vgl. ebd., S. 55 Fußnote 16. Zum Verhältnis des Reisepreises und des monatlichen Durchschnittseinkommens: Das Durchschnittseinkommen betrug 1970 755 Mark, 1980 1.021 Mark (vgl. Borowsky, »Die DDR in den siebziger Jahren«, S. 43). Damit war eine Teilnahme am gewerkschaftlichen Tourismus im In- und Ausland finanziell für nahezu jeden erschwinglich. Kostendeckende Reisen, insbesondere ins Ausland, konnten jedoch leicht mehr als ein Monatsgehalt, in Einzelfällen auch bedeutend mehr kosten.
125 Zwirner, *›Besseres Land – schöne Welt‹*, S. 117.

nen oder die Mongolei, ich war süchtig nach anderen Ländern, Erfahrungen, Entfernungen, Landschaften und Eindrücken, wollte, daß mein Blick auf den Globus nicht mehr so schüchtern war wie zuvor.«[126]

In jeder Beziehung wurden Auslandsreisen – es muss trotz der grundsätzlich meist positiven Reiseerfahrung derart negativ formuliert werden – von den starken Beschränkungen durch Mangel an Geld in Ziellandeswährung überschattet. Besonders galt dies für Individualreisen, die nicht im Vorhinein in Mark der DDR bezahlt wurden. So ging es beispielsweise auch dem Interviewten Lutz Peitzsch auf seiner Reise nach Bulgarien im Sommer 1980[127]:

»Varna, Freitag, den 8.8.80 ›Allein nach Bulgarien oder 220,- Mark müssen reichen‹ Noch nie war ich so arm an Finanzen wie zur Zeit, aber noch nie war auch mein Latendrang für Reisen so groß wie jetzt. Was also tun, wenn nach Kauf der Fahrkarte nach Varna und Begleichung aller Schulden noch 293,- Mark das Gesamtguthaben beträgt und man von den beiden Brüdern aus später zu nennenden Gründen nicht eine Mark borgen wird. Ich fahre einfach trotzdem los, lebe bescheiden und bleibe, solange das Geld reicht. 220,- Mark, das sind 60 Lewa, und damit habe ich es gewagt, und nun sitze ich schon seit ein paar Stunden am Strand von Varna, habe auch schon den ersten leichten Sonnenbrand.«

Allerdings war auch festzustellen, dass die ökonomisch motivierten Grenzen oft durch individuellen und kollektiven Einfallsreichtum überwunden wurden. Die Möglichkeiten dafür erweiterten sich vor allem durch die pass- und/oder visafreien Reisemöglichkeiten in einige sozialistische Staaten.

Unter DDR-Bürgern existierte aus den genannten Gründen ein als ›typisch‹ zu bezeichnender Reisestil, der von der Nutzung einfacher und preiswerter Unterkünfte[128], Selbstverpflegung und Mitnahme von Lebensmitteln aus der DDR[129], Nutzung des eigenen Pkw und eigener Kraftstoffreserven[130] sowie dem Mitführen von Waren zum Naturaltausch[131] geprägt war. Für einige wenige DDR-Bürger bestand zudem die Chance, sich im sozialistischen Ausland mit Verwandten und Bekannten aus dem sogenannten NSW – nichtsozialistischen Wirtschaftsgebiet – zu treffen. Dies bedeutete mitunter, dass letztere

---

126 Krone,»Young men go east«, S. 101.
127 *Reisetagebuch Nr. 4*. Privatbesitz Lutz Peitzsch.
128 Vgl. beispielsweise »Aufgrund niedriger Höhe unserer Ausstattung würden DDR-Bürger nur billigste Unterkünfte nutzen, die Restaurants kaum in Anspruch nehmen und sich vorrangig mit Konserven verpflegen.« – *Protokoll: 1. und 2. Führungsseminar mit leitenden Kadern des Tourismus* (24.–27.3.87 / 23.3.–25.3.88), BArch DL 1 26581, unpag.
129 Vgl.»Notfalls, wenn das Geld nicht reichte, im Auto schlafen. Dauerwurst und Konserven mitnehmen, Selters.« – Loest, *Zwiebelmuster*, S. 102.
130 Vgl. *Interview Gitta Kromer*.
131 Begehrte Güter unterschieden sich je nach Zielland. So waren beispielsweise Gardinen in Bulgarien gefragt, Kleidung und Lebensmittel in Rumänien, Zeltausrüstungen in allen Ländern. – Vgl. Großmann,» ›Boten der Völkerfreundschaft?‹«, S. 79.

den Aufenthalt für erstere mitbuchten und das Devisenproblem somit gelöst war.[132] Häufiger aber arrangierte man sich mit der Tatsache, dass kommerzialisierte Angebote nicht vorhanden oder unerschwinglich waren, und nutzte stattdessen oder in Ergänzung zwischenmenschliche Beziehungen und Gastfreundschaft.[133] Diese Bekanntschaften waren zunächst oft funktionalisiert als Teil eines notwendigen Reisekonzepts, um den Auslandsurlaub preisgünstig zu gestalten, doch oft entwickelten sich daraus auch Freundschaften.

Insgesamt bedingten die genannten Zwänge ein gewisses Maß an Abenteuer, das in heutigen, meist auf passive Urlaubsgestaltung ausgerichteten Pauschalangeboten erst gesucht werden müsste.[134] Der im Umgang mit der Fremde und den Fremden entstehende interkulturelle Kontext hatte demnach nicht nur negative Seiten, sondern förderte auch soziales Lernen, welches aber – so Margita Großmann – richtigerweise als »nichtintendiertes Abfallprodukt des besonderen Reisestils«[135] aufgefasst werden muss. Aus psychologischer Sicht waren DDR-Bürger also in weit höherem Maße als der durchschnittliche westliche Pauschalreisende gezwungen, zunächst durch Aktivation und schließlich in Exploration[136] aus der recht unstrukturierten Eingangssituation in der Fremde ein angenehmes, von positivem Erleben gekennzeichnetes Reiseklima zu schaffen.

Auslandsreiseveranstalter

Der Historiker ist nun in seinem Bestreben nach einer Unterlegung seiner Ausführungen vor das Problem gestellt, die bezeichneten Entwicklungen auch zahlenmäßig zu benennen und dabei im Falle der DDR nur auf unzureichendes statistisches Material zurückgreifen zu können. Mit der für das In- und das Ausland geltenden Zusammenstellung von Heike Bähre liegt jedoch eine verlässliche Berechnung vor, deren Werte in den siebziger Jahren durch die großen zeitlichen Abstände der Daten und im gesamten Zeitraum durch die erhebungsbedingten Unzuverlässigkeiten in Fragen der Dimensionen des

---

132 Vgl. ebd.
133 Vgl. Irmscher, »Alltägliche Fremde«, S. 57.
134 Vgl. den Extremfall der Jenaer Gruppe UDF (Unerkannt durch Freundesland): Austermühle, »Unerkannt durch Freundesland«.
135 Großmann, »›Boten der Völkerfreundschaft?‹«, S. 80.
136 Gemeint ist das aktive Aufsuchen und Gestalten der fremdartigen Situation sowie die Ambivalenz im Wunsch, einerseits das Neue als stimulierenden Reiz zu entdecken und andererseits das Angstniveau durch ein bestimmtes Maß an Bekanntem niedrig zu halten. – Vgl. beispielsweise das Züricher Modell der sozialen Motivation von Norbert Bischof, das er 1985 erstmals ausgeführt und 1995 erläutert hat. – Bischof, *Untersuchungen zur Systemanalyse der sozialen Motivation I*, S. 5–43.

individuellen Reiseverkehrs mehr als tendenzielle denn als tatsächliche absolute Zahlen gesehen werden müssen. Davon ausgehend lässt sich für die Auslandsreisen von DDR-Bürgern anhand der Tabelle auf der folgenden Seite Folgendes bestimmen: Erstens grenzt sich die – bezogen auf die Auslandsreisen – Expansionsphase des Tourismus in den siebziger Jahren klar von der Konsolidierungs- und Stagnationsphase der achtziger Jahre ab. Zweitens beweisen sich zahlenmäßig die Auswirkungen der rigiden Einschränkung des freien Reiseverkehrs nach Polen ab 1981. Es dauerte mehrere Jahre, bis Urlaubsfahrten dorthin wieder möglich wurden beziehungsweise Kompensationsräume gefunden waren. Drittens ist der Rückgang der Auslandsreisen mit dem Reisebüro der DDR 1989 ebenfalls auf Reisebeschränkungen zurückzuführen. Deutlichen Vorrang erhielten organisierte Reiseformen mit engerer Kontrolle und zum Teil klarer Zielstellung bezüglich der Bildung des sozialistischen Menschen (vor allem bei den Reisen von Jugendtourist). Viertens stieg die Anzahl an Individualtouristen stetig an und übertraf das Volumen organisierter Auslandsreisen um ein Vielfaches.

Reiseveranstalter	1970	1975	1980	1986	1988	1989
Reisebüro der DDR	261.147	394.996	448.530	537.993	540.810	499.263
Jugendtourist[137]	k.A.	82.992	131.276	160.683	198.550	206.582
FDGB	10.614	19.028	19.886	31.542	34.062	35.474
Gesamtvolumen im org. Tourismus[138]	271.761	497.016	599.692	730.218	773.422	741.319
Individualreisen, max.[139]		975.266			1.697.158	1.775.110

---

137 Jugendtourist: Zahlen erstmals für 1975, denn erst ab 1973 institutionell eigenständig, davor innerhalb des Reisebüros der DDR. Wenn in der Forschungsliteratur – zum Beispiel bei Hasso Spode – teilweise bedeutend höhere Zahlen auf Grundlage der Angaben im Statistischen Jahrbuch der DDR von 1990 genannt werden, so liegt dies daran, dass in diesem Material Urlaubs- und Kurz-/Tagesreisen nicht getrennt sind. Die aufgeschlüsselten Zahlen finden sich lediglich (zum Teil unveröffentlicht) in: Zentralverwaltung für Statistik, *Statistischer Jahresbericht*, BArch DE2 20932, unpag.
138 Einfache Summation der Zahlen einzelner Reiseveranstalter. Das betriebliche Erholungswesen wurde wegen des geringen und nicht nachweisbaren Anteils an Auslandsreisen ausgelassen. Es handelte sich hier zumeist um Partnerschaftsbeziehungen zwischen Betrieben der DDR und anderen sozialistischen Ländern.
139 Maximal bedeutet, dass nach den Angaben von Heike Bähre nur zu ermitteln ist, wie viele der Individualreisenden weder Campingurlauber noch Gemeldete in kurtaxenpflichtigen Gemeinden waren. Es befinden sich unter den verbleibenden also noch Privatreisende innerhalb der DDR, die zu keiner der vorgenannten Gruppen gehören. Waha geht davon aus, dass die Zahl der Individualtouristen höher als jene der Teilnehmer am organisierten Tourismus mit dem

Gesamtvolumen (Auslandsurlaub)	1.247.027			2.427.376	2.548.532	

Tabelle 5: *Auslandsreisen von DDR-Bürgern mit verschiedenen Reiseveranstaltern sowie individuell, 1970–1989*

(Bähre, Heike: Nationale Tourismuspolitik in der Systemtransformation. Eine Untersuchung zum ostdeutschen Tourismus (1989 bis 1999). Bd. 2 (Statistische Übersichten und Befragungen). Dresden 2003, S. 282.)

	NSW	RGW, gesamt	ČSSR	VRP	UdSSR	UVR	VRB	VRR
1965	–	0,654 (97,0)	0,448 (68,5)	0,077 (11,8)	0,042 (6,4)	0,027 (4,1)	0,046 (7,0)	0,014 (2,1)
1970	0 (0,0)	0,397 (97,3)	0,077 (19,4)	0,086 (21,7)	0,114 (28,7)	0,029 (7,3)	0,082 (20,7)	0,009 (2,3)
1975	0 (0,0)	1,223 (99,4)	0,652 (53,3)	0,187 (15,3)	0,180 (14,7)	0,060 (4,9)	0,112 (9,2)	0,031 (2,5)
1980	–	1,235 (99,6)	0,627 (50,8)	0,124 (10,0)	0,298 (24,1)	0,074 (6,0)	0,087 (7,0)	0,025 (2,0)
1985	–	1,330 (98,9)	0,570 (42,9)	0,098 (7,4)	0,421 (31,7)	0,107 (8,0)	0,110 (8,3)	0,024 (1,8)
1989	0,002 (0,1)	1,514 (98,6)	0,700 (46,2)	0,141 (9,3)	0,387 (25,6)	0,134 (8,9)	0,116 (7,7)	0,035 (2,6)

Tabelle 6: *Auslandsreisen von DDR-Bürgern im organisierten Tourismus, 1965–1988*

(Reisen mit dem Reisebüro der DDR, Jugendtourist [seit 1975] sowie mit dem Feriendienst des FDGB; Zahlen in Millionen Reisenden, in Klammern prozentuale Angaben zum Gesamtauslandsreisevolumen; in Anlehnung an: Albrecht, Gertrud/Albrecht, Wolfgang/Benthien, Bruno/Breuste, Iris/Bütow, Martin: Erholungswesen und Tourismus in der DDR, in: Geographische Rundschau 43. Jg., H. 10, 1991, S. 606–613, hier S. 612.)

Reiseziele

Von den genannten Reisen führten im organisierten Tourismus die meisten in die UdSSR, gefolgt von Bulgarien, der ČSSR und Ungarn sowie mit einigem

---

Reisebüro der DDR war. – Vgl. Waha, »Urlaub zu Hause« (30.6.1983). Die Angaben von Hans-Joachim Kramm für 1979 geben keinen Aufschluss über die Zahl von Individualtouristen auf Urlaubsreisen. Die Zahlen deuten auf eine Mitzählung der Kurzreise- und Tagestouristen. – Vgl. Kramm, »Die Deutsche Demokratische Republik«, S. 418. Selbst offizielle staatliche Quellen formulieren die Unbestimmtheit, zum Beispiel als »Individuell org. Reisen (Basierend auf Befragungen, Schätzungen, Angabe von Publikationen)« – *1. Entwurf Grundkonzeption Tourismus*, BArch DL1 26585, Anlage 1, Blatt 2.

Abstand Rumänien. Im individuellen Reiseverkehr, für den keine Zahlen vorliegen, ist anzunehmen, dass die meisten Bürger in die ČSSR reisten, bis 1980 auch nach Polen, gefolgt von Ungarn und Bulgarien. Die UdSSR war für Individualtouristen kaum zugänglich. Gerhard Lippold schreibt, dass selbst Reisen in drei der fünf Hauptreiseländer in der Nachfrage kaum zu bedienen waren,[140] und zeigt damit, dass die Bedarfsdeckung bei Auslandsreisen noch um einiges niedriger lag als im Inlandstourismus.

In einer Stellungnahme zum gegenwärtigen Stand des Auslandstourismus vor leitenden Kadern aus dem Jahr 1989 wurde noch einmal konzentriert deutlich, in welcher Lage sich die Verantwortlichen der staatlich gelenkten Tourismuspolitik in der DDR befanden. Darin wurde vor allem darauf eingegangen, dass sich die Wünsche der Bevölkerung nach touristischen Leistungen durch einen nach dem VIII. Parteitag entstandenen deutlichen Kaufkraftzuwachs massierten. Der offensichtlich dominierende Sozialtourismus band zwar erhebliche Geldmengen der gesellschaftlichen Fonds – seit 1981 erhöhten sich insbesondere der Urlauberaustausch der Betriebe und Gewerkschaften sowie der Austausch von Kinder- und Jugendgruppen –, doch wird klar, dass sich das Interesse vor allem auf Auslandsreisen und damit die Angebote des Reisebüros der DDR, individuelle Reisen in die sozialistischen Länder und Besuchsreisen in das NSW bezog. Positiv wurde dabei von staatlicher Seite vermerkt: »Ausgehend von diesem organisierten Reiseangebot sowie den Besuchsreisen und den von den Bürgern ohne Reiseorganisation in das Ausland durchgeführten Reisen hat die DDR im internationalen Maßstab eine beachtliche Reiseintensität im Inland und in das Ausland aufzuweisen.«[141]

Allerdings sah man sich auch mit einer Reihe von Problemen konfrontiert, die auf Veränderungen in der Tourismuspolitik anderer sozialistischer Länder zurückzuführen seien: Preiserhöhungen für touristische Leistungen; die zunehmende Selbstständigkeit der Reiseorganisationen in der UdSSR, der UVR, der VRP und der ČSSR; die Leistungsmängel; der steigende NSW-Tourismus; das Anwachsen des individuellen Tourismus sowie die Vorrangstellung westlicher Touristen in einigen touristisch ausgesprochen attraktiven sozialistischen Ländern. Letzteres galt – wie der tabellarischen Aufstellung auf der nächsten Seite zu entnehmen ist – besonders für die VRB, aber auch die UVR.

Entschied sich ein DDR-Bürger für eine individuelle Erholungsreise ins Ausland oder erhielt er eine der organisierten Reisen, so waren – direkt und indirekt – verschiedene staatliche Organe für seine Reise zuständig. Grundlegend

---

140 Lippold, »Arbeitszeit, Freizeit und Erholung«, S. 116.
141 *Protokoll: 3. Führungsseminar mit leitenden Kadern des Tourismus (21.–23.3.89)*, BArch DL1 26581, unpag.

regelte das Ministerium für Auswärtige Angelegenheiten den Abschluss von bi- und multilateralen völkerrechtlichen Abkommen, die auch Grundfragen des Reiseverkehrs behandelten. In Abstimmung mit dem Ministerium für Verkehrswesen und der dort ansässigen Hauptverwaltung für den Auslandstourismus wurden konkretere Bestimmungen erlassen. Das Ministerium für Außenhandel, das des Innern sowie das der Finanzen erarbeiteten zusammen Bestimmungen zum Meldewesen und zur Visaerteilung, Zoll- und Devisenvorschriften. Alle Fragen bezüglich der zur Verfügung zu stellenden Valutamittel stimmten die Ministerien der Finanzen, für Außenhandel und die Staatsbank der DDR ab. Das Ministerium für Staatssicherheit trat vor allem in Erscheinung, wenn es um Verwandten- und Bekanntenbesuche beziehungsweise Touristenreisen in das nichtsozialistische Ausland ging sowie um Fernreisen, die mit einer Durchreise oder einem Überflug von nichtsozialistischen Staaten verbunden waren.

Herkunfts-gebiet	UVR (1985)	VRP (1987)	VRB (1988)	SFRJ (1988)	ČSSR (1987)	UdSSR (1985)
Gesamt	15,1 (100 %)	4,8 (100 %)	7,7 (100 %)	k.A.	21,8	5,0
Aus soz. Ländern	11,4 (76 %)	3,8 (79 %)	3,7 (48 %)	k.A.	k.A.	k.A.
Aus westl. Ländern	3,7 (24 %)	1,0 (21 %)	4,0 (52 %)	4,0	k.A.	k.A.

Tabelle 7: Anzahl der in sozialistische Staaten als Touristen Einreisenden in Millionen

(Zusammengestellt aus dem tabellarischen Anhang bei: Czeglédi, József: Touristische Grundlagen und Entwicklungsmöglichkeiten in Osteuropa. Ein touristischer Steckbrief Ungarns und der ehemaligen RGW-Länder, Wien 1991, S. 115–124. Allerdings wurden die Zahlenangaben, die in den statistischen Angaben teilweise in verwirrendem Format auftreten, entsprechend der Daten aus dem Fließtext sowie nach logischem Ermessen in ihren Nachkommastellen berichtigt.)

Hinsichtlich aller Reisen ins Ausland sah sich der DDR-Tourist zumeist mit dem Problem mangelnder Informationsmöglichkeiten über das Zielgebiet konfrontiert. Die Reiseunterlagen des Anbieters waren kurz gefasst und stellten wenige praktische Hinweise dar. Auf dem Markt für Printmedien fanden sich oft nur in geringem Maße Reiseführer, Kartenmaterial, Bildbände oder ähnliches. So gab es immer wieder folgende Informationen, Nachfragen und Berichte von Reisenden: In einem Artikel der Zeitschrift *Der deutsche Straßenverkehr* von 1972 über Motortouristik in die VRB wurde angegeben, ein Reiseführer sei vom Komitee für Fremdenverkehr beim Ministerrat der Volksrepublik Bulgarien herausgegeben worden und »[...] kann in Buchhandlungen (›Das internationale Buch‹) erworben werden, soweit er nun nicht schon vergriffen ist.«[142] Oder: 1986 informierte sich eine Familie mittels der Kolumne *Unterwegs* in der *Neuen Berliner Illustrierten*: »Wir haben einen Urlaubsplatz in Solenice, Mittelböhmen. Leider fanden wir den Ort nicht einmal auf einer Karte.«[143] Grundlage des im Auslandstourismus forcierten organisierten Reisens in sozialistische Staaten sollten die »wachsende politische und ökonomische Integration der sozialistischen Bruderstaaten«[144] und die »Befriedigung spezifischer Erholungs-, Bildungs- und Informationsbedürfnisse sowie [...] [die] Entwicklung und Festigung der Freundschaft zwischen den Ländern und Menschen«[145] sein. Diese Aussagen beim Institut für Marktforschung orientierten sich jedoch eher an erwünschten Reiseabsichten denn an tatsächlichen Motiven, und somit basierte auch die Bedarfsermittlung zum Teil auf falschen Prämissen.

»In Anbetracht der Probleme verblüfft die Zahl der ins Ausland reisenden DDR-Bürger um so mehr«[146], schreibt Margita Großmann. Hiermit ist gemeint, dass die verhältnismäßig starke Ausschöpfung der begrenzten Reisemöglichkeiten in nur wenige Länder eine Freizügigkeit suggeriert, die angesichts der Schwierigkeiten für den einzelnen, besonders dem individuellen Tourismus verbundenen Urlauber nicht zutraf. Selbst Reisen in ›erlaubte‹ Länder wurden in Grenzen gehalten. Dies geschah durch die Festlegung von niedrigen Devisensätzen, was zu einer »groteske[n] Devisenknappheit«[147] führte, und durch rigide Zollmaßnahmen (beides sollte die Binnenmärkte einzelner Staaten vor den unerwünschten Kaufabsichten jeweils ausländischer (Kurz-)Reisender schützen[148]) sowie durch Reisequoten[149], die zum einen eine zuvor

---

142 O.V., »Motorisiert in die Volksrepublik Bulgarien«, S. 150.
143 *Kolumne ›Unterwegs‹* (29/1976).
144 Stöckmann, *Tendenzen des Tourismus*, S. 30.
145 Stompler, »Zur Urlaubsreisetätigkeit der DDR-Bevölkerung«, S. 21.
146 Großmann, »›Boten der Völkerfreundschaft?‹«, S. 79.
147 Spode, »Tourismus in der Gesellschaft der DDR«, S. 23.
148 Vgl. Rodestock, *Tendenzen des Urlaubsverhaltens*, S. 46. Vgl. zeitgenössisch: O.V., »Der internationale Reiseverkehr der RGW-Länder«; Lodahl, »Reiseverkehr im RGW«, S. 621; dies., »Auslandstourismus im RGW«, S. 512. Die Autorin bemerkt in diesem Zusammenhang, dass dadurch schon innerhalb des Blocks der sozialistischen Länder eine Liberalisierung des Reiseverkehrs mindestens ökonomisch unmöglich erschien. Der kurzzeitig mit dem pass- und visafreien Reiseverkehr zwischen der DDR und der ČSSR sowie der VRP eingeführte freie Geldumtausch wurde aus eben diesen Gründen sehr schnell zunächst ausgesetzt und dann stillschweigend unterlassen. Diese willkürliche Lockerungen und Beschränkungen im Reiseverkehr gab es nicht nur mit der ČSSR, sondern auch mit anderen Staaten. Es ist davon auszugehen, dass die entsprechenden Bestimmungen nicht einmal in jedem Fall über adäquate mediale Formen an die breite Öffentlichkeit gelangten. – Vgl. *Beschluss des Ministerrates über zeitweilige Maßnahmen im pass- und visafreien Reiseverkehr mit der ČSSR* vom 5. April 1972, BArch DC20 I/4-2620, S. 79–80.

vereinbarte Parität beziehungsweise anderweitige festgelegte Verhältnismäßigkeit sicherstellten und zum anderen bestimmten begehrten Reisezielen genügend Kapazitäten für kaufkräftigere, aus kapitalistischen Ländern stammende Touristen ließ.

Noch schwieriger als für die Reisetätigkeit der DDR-Bürger im Gesamten oder Auslandsreisen im Allgemeinen ist die Aufschlüsselung der konkreten Reiseziele in den sozialistischen Ländern. In der Statistik zum grenzüberschreitenden Verkehr (Grenzübergangsstatistik) von Seiten der Zollverwaltung der DDR wurden Zahlen ermittelt, die aufgrund der Vermischung von Tages-, Kurz- und Urlaubsreisen sowie von beruflich und privat motivierten Fahrten für die Berechnung der Urlaubsreisenden in einzelne sozialistische Staaten kaum brauchbar sind. Im *Statistischen Jahrbuch der DDR* von 1990 finden sich jedoch wenigstens einige Angaben zu Auslandserholungsreisen des Reisebüros der DDR ab 1975, dem größten Anbieter von Auslandsreisen.[150]

---

149 Gerlinde Irmscher weist beispielhaft daraufhin, dass zwischen 1976 und 1980 ungeachtet der ermittelten Nachfrage für die UdSSR ein Anstieg der Reisendenzahl im Vergleich zum Planungszeitraum 1971 bis 1975 auf das Eineinhalbfache möglich sei. Dem beigefügt war die Bemerkung: »Dadurch wird es möglich sein, der zunehmenden Zahl von Wünschen nach Reisen in die Sowjetunion in den nächsten Jahren besser zu entsprechen.« Irmscher deutet dies als einen verschämten Hinweis auf die Diskrepanz zwischen Angebot und Nachfrage. – Vgl. Irmscher, »Alltägliche Fremde«, S. 56. / In ähnlicher Form wurde auf einem Führungsseminar für leitende Kader 1989 darauf hingewiesen, dass trotz anhaltender Nachfrage eine Steigerung des Tourismus mit der UVR und der ČSSR durch die vereinbarte bilaterale Handels- und Zahlungsbilanz nicht möglich sei. – Vgl. *Protokoll: 3. Führungsseminar mit leitenden Kadern des Tourismus (21.–23.3.89)*, BArch DL1 26581, unpag.

150 Anhand der Angaben über die gesamten vermittelten Auslandserholungsreisen des Reisebüros errechnet sich, dass in die genannten Staaten 1975 99,9 Prozent und 1989 99,6 Prozent aller Auslandserholungsreisen stattfanden. Auch hier sind politische Lenkungen sichtbar: Reisen in die VRP waren ab 1981 stark eingeschränkt. Die Nachfrage nach Reisen in die UdSSR nahm zum Ende der achtziger Jahre vor allem wegen der schlechten Qualität der Intourist-Angebote sowie aufgrund mangelnden Interesses an Reisen mit politischem Impetus ab. Für Reisen in die VRB ab 1989 sank die Nachfrage ebenfalls, hier allerdings vor allem aufgrund des sich verschlechternden Preis-Leistungs-Verhältnisses. Für Reisen nach Polen behinderten qualitative Anforderungen und die inflationäre Preisentwicklung eine ausgedehntere Zusammenarbeit zum Ende der achtziger Jahre.

Reiseziel	1975	1980	1985	1986	1987	1988	1989
Bulgarien (VRB)	82.580	52.951	60.898	57.178	61.687	63.548	55.561
ČSSR	78.944	89.283	80.841	98.306	98.406	101.025	105.290
Finnland	0	0	0	480	975	1.010	1.488
Jugoslawien (SFRJ)	1.529	1.713	3.009	3.333	3.905	4.193	4.745
Kuba	24	615	988	1.134	1.135	1.283	1.578
Polen (VRP)	15.845	11.875	2.535	7.620	6.987	8.642	6.886
Rumänien (SRR)	21.992	13.899	12.592	11.394	12.269	20.967	26.126
UdSSR	143.170	215.817	303.858	258.705	248.612	228.304	185.036
Ungarn (UVR)	50.161	61.245	90.491	98.491	99.661	109.637	110.735

Tabelle 8: Vom Reisebüro der DDR vermittelte Erholungsauslandsreisen für DDR-Bürger (Statistisches Jahrbuch der DDR, 1990, S. 367.)

Konzeptionen für den Auslandstourismus

Interessante Befunde liefert die Gegenüberstellung dieser tatsächlichen Reisepraxis zum einen mit den plan- und damit durchführungsnahen, jährlich intern für die Staatsorgane erstellten *Informationen über den Stand der Vorbereitung und Durchführung des Auslandstourismus mit den sozialistischen Staaten* sowie zum anderen mit den in unregelmäßigen Abständen angefertigten *Konzeptionen für den Auslandstourismus*.

Erstere offenbaren zentrale Abweichungen zwischen Planung und aktueller Praxis. 1984 beispielsweise lautete die »Zielstellung der Vertragsverhandlungen mit den ausländischen Partnerbüros [...] – der effektivste und sparsamste Einsatz der Valutamittel [...]«[151]. Das größte Problem der DDR-Regierung bezüglich des Auslandstourismus bestand in der Mitte der achtziger Jahre augenscheinlich im sinkenden Preis-Leistungs-Verhältnis der Angebote. Aufgrund der Marktlage sah man sich genötigt, Preiserhöhungen gegenüber 1983 – zum Beispiel in die VRB und die UVR um 4 beziehungsweise 5 Prozent – zu akzeptieren. Bezüglich des größten Reiseanbieters, des Reisebüros der DDR, wurde vermerkt, dass für 1985 82.940 Reisen zum Verkauf stünden, davon sollten 63.930 in die UdSSR erfolgen. Besonders für Winter/Frühjahr bestünden dort deutlich erhöhte Reiseinteressen, zum Beispiel zum Winterbaden ans

---

151 *Vorlage für die Dienstbesprechung des Ministers am 28.11.1983*, BArch DL 1 26587, unpag.

Schwarze Meer oder für Städtereisen. Das vor kurzer Zeit eingeführte Vormerkkartensystem sollte dazu führen, dass der Interessent nach Abgabe seines Wunsches im November des Vorjahres der Reise innerhalb von sechs Wochen eine Entscheidung erhielt und bei Nichtrealisierung des Reisewunsches ein Ersatzangebot erhielt.

Für 1987 wurde in der Dienstbesprechung des Ministers festgestellt, dass das Reisebüro der DDR 1,1 Millionen Reisen anbot, davon 527.000 Kurzreisen.[152] Größtes Problem war die geringere Anzahl bereitgestellter attraktiver Reiseangebote durch die ausländischen Partner. Zudem zeigten sich weiterhin erhebliche Reisepreiserhöhungen gegenüber dem Vorjahr – UdSSR 7,5 Prozent, UVR 5 Prozent, VRB 3 Prozent, ČSSR 3 Prozent und VRP 30 Prozent (letzteres bedingt durch mehrfache Kurskorrekturen zugunsten der DDR in den letzten Jahren). Die Reiseinteressen in die UdSSR seien noch immer ungedeckt, nicht aber aufgrund der grundsätzlich mangelnden Zahl an Reisen, sondern der Reisezeit mehrheitlich in der Vor- und Nachsaison. Das System der Vormerkkarten hatte sich als wenig hilfreich herausgestellt, da es nur selten von den Kunden in Anspruch genommen wurde.

Konzeptionen für den Auslandstourismus liegen für den Zeitraum zwischen 1985 und 1990 sowie – aufgrund des Verlaufs der Geschichte hochinteressant – für den Zeitraum ab 1995 vor. Die Planung für die Jahre 1986 bis 1990 beinhaltet zunächst eine Analyse der gegenwärtigen Situation, die als dynamische Entwicklung klassifiziert wird.[153] Die Hauptursachen im Rückgang der Reisendenzahlen mit dem Reisebüro der DDR zwischen 1976 und 1982 lagen in der begrenzten Bereitstellung von Valutamitteln, den starken Preiserhöhungen für touristische und Beförderungsleistungen sowie den Auswirkungen der politischen Ereignisse in der VRP 1980. Als Folgen der Entwicklung werden genannt: eine stärkere Differenzierung der Reisenden hin zu einkommensstärkeren Gruppen, eine »Verschärfung des Widerspruchs zwischen den ständig steigenden Kundenpreisen und dem gleich bleibenden oder sogar sinkenden Niveau der touristischen Leistungen«[154], steigende Binnenpreise bei unwesentlich veränderten Kursen und damit permanent unzureichende Taschengeldausstattung.

Die Arbeit von ›Jugendtourist‹ wird als große »soziale Errungenschaft«[155] betitelt. Größtes Problem schien die überhohe Nachfrage zu sein. Die Reisen-

---

152 Vgl. dazu und im Folgenden: *Vorlage für die Dienstbesprechung des Ministers am 08.12.1986*, ebd., unpag.
153 Vgl. dazu und im Folgenden: *Konzeption für die Entwicklung des entsendenden Tourismus der DDR in die sozialistischen Länder im Jahre 1985 und im Fünfjahrplanzeitraum 1986 bis 1990*.
154 Ebd., S. 159.
155 Ebd., S. 161.

denzahl beim Feriendienst des FDGB und im Betriebserholungswesen blieb seit 1980 etwa konstant, allerdings standen seit 1985 keine Schiffsreisen mehr zur Verfügung. Auch weiterhin sollte das Angebot konstant bleiben, um den Äquivalentansatz (valutaloser Austausch) nicht zu überfordern und jedem Land die Möglichkeit zu geben, erst einmal seinen Inlandsreisebedarf zu decken. Im nichtorganisierten Auslandstourismus wird darauf verwiesen, dass mehr als 95 Prozent des Individualtourismus in die ČSSR oder nach Ungarn führten. Die Ausstattungssätze werden als sehr knapp erkannt, eine Lösung schien nicht in Sicht. Die Konzeption umfasst im Weiteren Vorschläge zur Erweiterung des entsendenden Auslandstourismus. Für das Reisebüro der DDR wird in erster Linie konstatiert, dass eine komplette Bedarfsbefriedigung als nicht realisierbar anzusehen ist. Der Tourismus mit der UdSSR solle »aus politischen Motiven und wegen der [...] günstigen Preisgestaltung«[156] vorrangig entwickelt werden. Nach Bulgarien solle eine Erhöhung der Reisendenzahl nur erfolgen, wenn die Preise und Leistungen stabil blieben. Der Tourismus mit Rumänien sei kaum entwickelbar, da das Land NSW-wertige Waren im Ausgleich fordere. Die Kapazitäten in der ČSSR seien nur im Bereich Camping- und Bungalowtourismus noch erweiterbar. Ungarn sei bereit, mehr Kapazitäten für die hohe Nachfrage bereitzustellen, allerdings sähe sich die DDR genötigt, günstigere Valutabedingungen aushandeln. Die Entwicklung im Tourismus mit Polen schien stark von den politischen Bedingungen in der VRP abzuhängen. Keine Möglichkeiten der Steigerung sah man für die SFRJ (Jugoslawien), Kuba, die MVR (Mongolei), die KDVR (Nordkorea) und die SRV (Vietnam). Die Zahl der Reisenden mit dem Anbieter Jugendtourist solle bis 1990 nahezu verdoppelt werden, wobei die »gegenwärtig geltenden Preise [...] beizubehalten«[157] seien. Unter Berücksichtigung »der politischen Schwerpunkte und der materiellen Möglichkeiten«[158] fand sich eine ähnliche Orientierung wie beim Reisebüro der DDR, allerdings zum Teil mit verstärktem ideologischem Impetus[159]. Die Anzahl der Reisen des FDGB solle bis 1990 fast verfünffacht werden. Im betrieblichen Urlauberaustausch hoffe man vor allem auf den Neubeginn touristischer Beziehungen zu Polen. Die Konzeption betont, dass der individuelle Tourismus nicht gefördert werden solle, sondern lediglich auf ›natürliche‹ Entwicklungen reagiert werde beziehungsweise eine den verfügbaren Valutamitteln entsprechende politische Lenkung vorgenommen werde. Für die UdSSR wurde aufgrund der Einladungspraxis kein großer

---

156 Ebd., S. 165f.
157 Ebd., S. 167.
158 Ebd., S. 168.
159 Vgl. Reisen in die UdSSR: »Schwerpunkt bilden die Reisen in die sowjetischen Heldenstädte und Zentren des kommunistischen Aufbaus [...]« – Ebd.

Bedarf vorhergesagt. Für die VRB nahm man eine Steigerung um 2 bis 3 Prozent jährlich an. Der Ausstattungssatz für die SRR animiere derzeit keine individuell Reisenden, das könne man aber ändern, wenn Rumänien im Gegenzug keine NSW-wertigen Ausgleiche mehr fordere. Da die Bestandsreserven der Staatsbank der DDR in tschechischen Kronen ab 1984 aufgebraucht seien, könnten dann nur noch Fonds der Reisezahlungsmittel verbraucht werden. Für Ungarn überlegte man eine Verbesserung der Ausstattung mit Reisezahlungsmitteln.

Die Planung für den Zeitraum ab 1995 wurde 1986 erstellt.[160] Das Material gibt vorrangig Auskunft über Vorstellungen zum entsendenden Auslandstourismus mit dem Reisebüro der DDR und zu Individualreisen. In der touristischen Konzeption wird davon ausgegangen, dass in ökonomischer Hinsicht ein »kontinuierliche[r] und dynamische[r] Leistungsanstieg«[161] zu verzeichnen sein werde. Grundlegend wird festgestellt: »Die Motivationen und Vorstellungen zum konkreten Reiseziel, zur Reisezeit, zur Beförderungsart und insbesondere zur Thematik der Reise sind zielgerichteter geworden. Interessenten für den organisierten Auslandstourismus sind anspruchsvoller geworden, qualitäts- und preisbewußter. Ihr Kaufverhalten hat sich in den letzten Jahren verändert.«[162] Die Ursachen sind vorrangig als nicht von der DDR zu verantworten beschrieben, Mängel im Reiseangebot werden als subjektive Wahrnehmung relativiert und beim Verweis auf unzureichende Informationstätigkeit über das Reiseprogramm »auf Grund gekürzter Papierkontingente« wird in handschriftlicher Notiz gar angefügt: »polit/ideolog. fragl. Haltung«[163]. Vorgesehen war für das Reisebüro der DDR ein differenzierteres Angebot von 35 Prozent Reisen in einfache Unterkünfte, 55 Prozent in mittlere touristische Kategorien und 10 Prozent in Objekte für höhere Ansprüche. Dazu müssten mehr Valutamittel bereitgestellt werden, denn nur so würde »eine annähernde Gleichstellung im Aufenthaltsniveau [...] gegenüber den anderen Touristen aus sozialistischen Ländern erreicht.«[164] Im Weiteren erörtert das Papier Maßnahmen im aufnehmenden Auslandstourismus, Kompetenzverteilungen der beteiligten staatlichen Organe und Betriebe sowie Fragen der Aus- und Weiterbildung.

---

160 Vgl. dazu und im Folgenden: *Grundkonzeption Tourismus*, BArch DL1 26585. Ergänzend: Godau/Großmann, »Reproduktionsfaktor Tourismus«.
161 *Grundkonzeption Tourismus*, BArch DL1 26585.
162 Ebd.
163 Ebd.
164 Ebd.

Die Möglichkeiten und Interessen, einzelne sozialistische Staaten im Tourismus kennen zu lernen, waren von verschiedenen Bedingungen abhängig und werden nachfolgend in touristischen Steckbriefen näher beleuchtet.[165]

Ungarische Volksrepublik

Die naturräumlichen Voraussetzungen der Ungarischen Volksrepublik (UVR) machten das Land zu einem attraktiven Reiseziel. Die geographische Vielfalt aus Gebirgen (zum Beispiel Bükk, Matra), Ebenen (zum Beispiel Puszta: Alföld, Kisalföld), Seengebieten (zum Beispiel Balaton, Theiß, Velence), Heil- und Thermalbädern (zum Beispiel Hévíz, Zalakaros, Miscolc-Tapolca) bargen ein hohes touristisches Potenzial für DDR-Bürger. Schließlich übte die Hauptstadt Budapest – die »Königin der Donau«[166] mit »südländische[m] Flair […], osteuropäischer Gastfreundschaft und westlicher Offenheit«[167] – mit ihren Kultur- und Kunstdenkmälern eine große Anziehungskraft aus. Ungarn lag für DDR-Bürger zudem in gut erreichbarer Entfernung und wurde als ›Fenster zum Westen‹ wahrgenommen. Die politischen und gesellschaftlichen Verhältnisse erschienen offener als in der DDR, man konnte Bürger westlicher Nationen treffen, und das Warenangebot war westlich orientiert. Alexander Osang schreibt in seinen Erinnerungen:

»Am späten Nachmittag des nächsten Tages erreichten wir Budapest. Ich konnte es nicht fassen. Ich war 19 Jahre alt, aber so eine Stadt hatte ich noch nie gesehen. Sie roch anders, sie bewegte sich schneller, vor allem aber war sie bunt. Es gab Werbeplakate an den Straßen. […] Gleich am ersten Nachmittag betrat ich aus guter alter Gewohnheit einen Plattenladen. […] Ich sah die Police-Platte Zenyatta Mondatta und griff zu. […] Kaufen hatte damals viel mit Jagen zu tun. Die Platte kostete umgerechnet etwa 35 DDR-Mark. Ich sah mich noch einmal um. Ich hatte sie. Police. […] Step, der draußen auf mich gewartet hatte, war weniger begeistert. Ich hatte die Hälfte unseres ungarischen Geldes ausgegeben. […] Es gab bunte Zeitungskioske, es gab sogar einen Fastfood-Laden mit Hamburgern, es gab Obstverkäufer auf der Straße, Popcorn-Automaten und alte Kaffeehäuser mit turmhohen Decken. Ich war überwältigt. Lange Jahre habe ich gedacht, daß es so sein wird, wenn ich zum erstenmal den Westen betrete. Oder noch besser. Und so war ich enttäuscht, als ich im November 1989 den Westen zum erstenmal in Gestalt von Westberlin sah. Es kam mir klein vor: Ordentlich und gepflegt. […] Budapest war anders gewesen.«[168]

---

165 Zu den touristischen Steckbriefen der RGW-Länder vgl. soweit nicht anders vermerkt: Czeglédi, *Touristische Grundlagen und Entwicklungsmöglichkeiten*. Sehr ausführlich zudem: Hall, *Tourism and economic development*, S. 119–280. Aus sozialistischem Blickwinkel und daher nur mit kritischem Blick konsultierbar auch: Harke/Dischereit, *Geographische Aspekte*, S. 90–97.
166 Vgl. den gleichnamigen Artikel: Welkert, »Budapest. Königin der Donau«.
167 Deja-Lölhöffel, *Freizeit in der DDR*, S. 50.
168 Osang, »Lohn der Angst«, S. 122f.

Die Nachfrage nach Reisen in die UVR lag stets höher als das Angebot.[169] Viele Bürger reisten daher individuell ins Land. Hinzu kam ab 1980 die Kompensationswirkung für die nun eingeschränkten Möglichkeiten, die Volksrepublik Polen zu besuchen.[170] Zum Besuch der UVR war zwar kein Visum, jedoch eine bei jeder Polizeidienststelle mindestens vier Wochen vor der Reise zu beantragende Reiseanlage zum Personalausweis notwendig.[171] Diese ermöglichte, ähnlich wie bei einem Visum, eine Kontrolle und gegebenenfalls Abweisung des Reisewilligen von staatlicher Seite.

Als institutioneller Partner stand dabei dem Reisebüro der DDR, Jugendtourist und auch Privatpersonen aus der DDR das ungarische Reisebüro ›Ibusz‹ zur Seite.[172]

Durch den streng begrenzten Devisenumtausch konnten die DDR-Bürger allerdings viele touristische Angebote nicht oder in nur geringem Maße nutzen. Uwe Seifert meint dazu: »Die Idee, ein Lokal oder gar eine Tanzveranstaltung zu besuchen, wo eine Limonade vierzig Forint und der Eintritt das Doppelte kostete, konnte nur mit Hilfe der Bekannten aus dem Westen in die Tat umgesetzt werden, die angesichts eines Umtauschkurses von 1 zu 25 großzügig sein konnten.«[173] Die Schriftstellerin Monika Maron schreibt an einen westdeutschen Kollegen:

»Ich kenne ein Ehepaar, das von der Westverwandtschaft zu einer Gruppenreise nach Ungarn eingeladen wurde. Diese beiden saßen nun zwischen den Westdeutschen und konnten unter ihrer Devisentarnkappe zusehen, wie man sie behandelt hätte, wären sie mit einer Reisegruppe aus der DDR angereist. Durstig hätten sie den Neckermannreisenden beim Trinken zugesehen und hungrig beim Essen, und erst als diese sich schon behaglich die Münder wischten, wären auch sie an der Reihe gewesen.«[174]

Da oberstes Ziel einer Entwicklung des Tourismus nach westlichem Vorbild Deviseneinnahmen waren, stellten Touristen aus der DDR für Ungarn, aber auch in anderen Ländern, ›Touristen zweiter Klasse‹ dar und nahmen sich auch als solche wahr: »Mies habe ich mich gefühlt in Ungarn. [...] Das möchte ich

---

169 Vgl. allgemeine Angaben zu den Auslandsreisen von DDR-Bürgern in sozialistische Staaten in diesem Kapitel sowie: »Die ungarische Fremdenverkehrsbilanz ist mit den meisten Ländern mit Rubelverrechnung positiv.« – Czeglédi, *Touristische Grundlagen und Entwicklungsmöglichkeiten in Osteuropa*, S. 32.
170 Vgl. o.V., »Der internationale Reiseverkehr der RGW-Länder«, S. 127.
171 Vgl. Deja-Lölhöffel, *Freizeit in der DDR*, S. 50f.; Lindemann, »Visafreies Reisen«, S. 404; O.V., »Motorisiert in die Ungarische Volksrepublik«, S. 114. Dadurch brauchte den dorthin reisenden Bürgern kein Reisepass ausgestellt werden. Die Reiseanlage erfüllte alle Zwecke eines Ausreisevisums.
172 Vgl. zu Geschichte und Funktion von Ibusz: Ibusz AG, *Az IBUSZ históriája*.
173 Seifert, *Fenster zur Welt*, S. 101f.
174 Maron/von Westfalen, *Trotzdem herzliche Grüße*, S. 36.

auch nicht nochmal erleben, weil wir keen Geld hatten.«[175] Oder: »Vater wetterte immer, er fühle sich als Mensch zweiter Klasse.«[176] Und: »Da setzte es den ersten Volltreffer ins Kontor, denn in der Jugendherberge vor den Toren der Stadt wurde uns nach Vorzeigen der DDR-Pässe die Tür vor der Nase zugeknallt, während eine 80 Mann hohe Reisegruppe aus Neuss mit ausgebreiteten Armen und Küsschen empfangen wurde. ›Wieso kommt Ihr nicht mit rein?‹, fragte uns der Reiseleiter. ›Ach so, Ihr kommt aus der DDR? Ja, da hilft nichts. Macht euch nichts draus!‹, ermutigte er uns. Nichts draus machen? Uns blieb ein kleines Wäldchen in der Nähe. Doch das war nicht das Schlimmste, eher der bohrende Gedanke: Du machst hier den deutschen Kriegsverlierer und den hässlichen Deutschen im Doppelpack.«[177]

Eine besondere Bedeutung gewann Ungarn 1989, als viele Urlauber aus der DDR die Grenzöffnung unverhofft zuerst dort erlebten.[178] Viele von ihnen nutzten die – meist ungeplante – Chance, der DDR den Rücken zu kehren.

Volksrepublik Polen

Die Volksrepublik Polen (VRP) stellte viele Jahre lang – vor allem 1972 bis 1980[179] – eines der für DDR-Bürger am einfachsten zu erreichenden ausländischen Reiseziele dar. Der pass- und visafreie Reiseverkehr erlaubte weithin ungehinderte Kontakte in das vollständig von RGW-Ländern umschlossene Land. Als institutioneller Partner stand dabei dem Reisebüro der DDR, Jugendtourist und auch Privatpersonen aus der DDR das polnische Reisebüro ›Orbis‹ zur Seite.[180] 1980 aber wurden aufgrund der Solidarnosc-Bewegung individuelle und organisierte Reisen nahezu vollständig unterbunden[181], nur

---

175 Großmann, » ›Boten der Völkerfreundschaft‹?«, S. 82. Ähnlich für Erlebnisse in Bulgarien: Irmscher, *Freizeitleben,* S. 370 unter Bezugnahme auf Oschlies, »Der bulgarische Tourismus und seine deutschen Kunden«, S. 728.
176 Seifert, *Fenster zur Welt,* S. 102.
177 Neumann, »Polnische Nachhilfe«.
178 Vgl. dazu und im Folgenden: Kapitel III sowie Irmscher, *Freizeitleben,* S. 364. Der schwammige Begriff ›viele‹ bezeichnet das Unvermögen, aus den vorliegenden statistischen Materialien genau zu ermitteln, welche absolute oder prozentuale Zahl der Urlauber unerwartet entschieden haben, die DDR zu verlassen, oder ihre Reisepläne erst nach Bekanntwerden des ›Schlupfloches‹ gefasst haben.
179 Vgl. Schumacher, *Probleme des paß- und visafreien Grenzverkehrs,* BArch DY37 729, unpag.
180 Vgl. zu Geschichte und Funktion von ›Orbis‹: *Orbis Travel. Geschichte des größten polnischen Reisebüros,* 13.2.2006, http://orbis.krakow.pl/cms/index.php?id=69,102,0,0,1,0.
181 Vgl. Kawohl, »Besser als hier ist es überall«, S. 33. Von 1980 bis 1981 sank die Zahl der Reisenden um etwa 90 Prozent. – Vgl. Machowski, »Reiseverkehr zwischen der DDR und Polen«; Lodahl, »Reiseverkehr im RGW«, S. 621; o.V., »Der internationale Reiseverkehr der RGW-Länder«, S. 127; Seidler, »Zur Entwicklung des Tourismus in der DDR«, S. 36.

auf persönliche Einladung hin[182] waren noch Fahrten möglich. Erst 1984 kam es wieder zu einer Vereinbarung der Jugendverbände und Gewerkschaftsorganisationen über den begrenzten Austausch von Besuchergruppen und zu binationalen Ferienbegegnungen von Kindern.[183] Polen bot mit der Ostseeküste, der Masurischen Seenplatte, den vor allem im Wintersport genutzten (Hoch-)Gebirgen (zum Beispiel Karpaten, Hohe Tatra, Sudeten, Beskiden) sowie seinen kulturhistorisch bedeutenden Städten (zum Beispiel Warschau[184], Krakau, Gdansk, Wrocław) einige touristische Reize. Allerdings galt das Land selbst im osteuropäischen Vergleich als touristisch wenig entwickelt, und die Versorgungslage insbesondere für Individualreisende erwies sich mitunter als schwierig.

Im Touristenverkehr mit der Volksrepublik Polen konnten DDR-Bürger einmal die im Verhältnis zu anderen sozialistischen Ländern umgekehrte Erfahrung machen, wie es einerseits sei, in ein Land zu reisen, in dem die eigene Währung etwas wert war[185], andererseits aber auch polnische Touristen zu erleben, denen die DDR das ›Einkaufsparadies‹[186] war. Das Verhältnis von DDR- und polnischen Bürgern blieb aufgrund dieser Konstellation, aber auch wegen stereotyper Ressentiments – zum Beispiel die ›polnische Wirtschaft‹ als Synonym für geringe Arbeitsmoral und Schlamperei – gespannt und die Propaganda von der deutsch-polnischen Völkerfreundschaft ungeachtet individueller Ausnahmen weithin hohl.[187]

Union der Sozialistischen Sowjetrepubliken

Reisen in die Union der Sozialistischen Sowjetrepubliken (UdSSR) gehörten fest zum Bestand der Auslandsreisen der Reiseanbieter in der DDR. Die

---

182 Vgl. Deja-Lölhöffel, *Freizeit in der DDR*, S. 47f. Dies allerdings schien ein Schlupfloch gewesen zu sein, denn ein großer Teil dieser Einladungen war vermittelt und die Fahrten demnach reine Erholungs- und Urlaubsreisen. – Vgl. Dienel, *Ins Grüne und ins Blaue*, S. 237.
183 Vgl. Deja-Lölhöffel, *Freizeit in der DDR*, S. 48.
184 Vgl. Kleinschmidt, »Warschau«.
185 Dies betraf nicht nur den offiziellen Umtausch, sondern insbesondere den Schwarzhandel mit der bei polnischen Bürgern begehrten Mark der DDR. – Vgl. Deja-Lölhöffel, *Freizeit in der DDR*, S. 49.
186 Die Einkaufsfahrten polnischer Bürger belasteten die Versorgungslage in den grenznahen Bezirken der DDR und die Volkswirtschaft des Landes im Gesamten. Daher waren sowohl die DDR- als auch VRP-Seite an einer Nachbesserung der touristischen Bestimmungen interessiert, sodass Zollbeschränkungen und generelle Ausfuhrverbote aus der DDR verhängt wurden. – Vgl. Machowski, »Reiseverkehr zwischen der DDR und Polen«, S. 902.
187 Vgl. Deja-Lölhöffel, *Freizeit in der DDR*, S. 49. Sowie: »Gefällt es Ihnen denn in Freundesland? Jan sagte höflich: Ich lerne vieles kennen. Ja, ja, sagte der Polizist, das ist der Sinn des Tourismus.« – Schneider, *Die Reise nach Jaroslaw*, S. 99.

Sowjetunion war als Prototyp eines sozialistischen Staates ›touristisches Muss‹[188], die Reisen oftmals Auszeichnungen für besonders verdiente Bürger[189] und die UdSSR-Fahrt ein »für die DDR-Literatur konstitutive[s] Bildungselement.«[190] Aufgrund seiner natürlichen Vielfalt stellte es ein begehrtes Reiseziel von DDR-Bürgern dar.[191] Das größte Land der Erde bot unzählige touristische Möglichkeiten, die tatsächlichen Reiseströme konzentrierten sich jedoch auf den europäischen und mittelasiatischen Teil des Landes. Die Leitung des staatlichen Reisebüros ›Intourist‹[192] sprach gar vom ›Bermudadreieck‹[193] – Moskau, Leningrad, Kiew –, da die meisten Touristen die UdSSR im Rahmen einer Rundreise nur über diese drei Städte erfuhren. Grund für diese örtliche Konzentration waren zum einen verkehrsinfrastrukturelle Schwächen, die unter anderem durch die Größe des Landes bedingt waren, zum anderen politische Vorgaben, die beispielsweise zur Dominanz organisierter Gruppenreisen führten.[194]

Individuelle Reisen unterlagen einer starken Einschränkung bezüglich der notwendigen Einladungen[195] beziehungsweise der zu genehmigenden Reiserouten[196]. Die Einhaltung der angegebenen Strecke wurde streng kontrolliert

---

188 Vgl. »Das Grundprinzip von Intourist lautet: ›Der Fremdenverkehr ist ein Reisepass in den Frieden‹« – Czeglédi, *Touristische Grundlagen und Entwicklungsmöglichkeiten in Osteuropa*, S. 80.
189 Vgl. »Eine Reise erhält Olga Schlicht. ... ›Wer sozialistisch arbeitet, soll sich auch sozialistisch erholen!‹« – O.V., »7000 km Urlaub für Olga Schlicht«, S. 14.
190 Härtl, »Entwicklung und Traditionen der sozialistischen Reiseliteratur«, S. 330.
191 Zur Entwicklung des Tourismus zwischen der DDR und der UdSSR bis Mitte der siebziger Jahre vgl. o.V., »Urlaubsplätze zwischen Ostsee und Schwarzem Meer« (6.5.1973); ›Intourist‹ auch 1975 mit vielseitigem Reiseangebot (19.3.1975); Gummich, »Kreuzfahrt, Kurort, Kaukasus« (22.8.1975). Insgesamt war DDR-seitig die Nachfrage höher als das Angebot, allerdings wurde in den Interviews mehrfach berichtet, dass organisierte Reisen mit sozialistischem Impetus zum Ende der achtziger Jahre nicht mehr so begehrt waren, gar freie Plätze zur Verfügung standen, derweil nach wie vor ein ungebrochenes und im Kontingentverfahren nicht zu befriedigendes Interesse nach Individualreisen bestand.
192 Vgl. zu Geschichte und Funktion des sowjetischen Reisebüros ›Intourist‹: *Intourist*, 13.2.2006, http://www.intourist.ru/news.aspx?news=h0.
193 Czeglédi, *Touristische Grundlagen und Entwicklungsmöglichkeiten in Osteuropa*, S. 77.
194 Vgl. »Mutter machte den Vorschlag, in die Sowjetunion zu fahren. Allerdings wurden diese Reisen vom Reisebüro vergeben. Die Routen waren festgelegt, zum Beispiel Moskau – Leningrad. Und um sich anhand der Fassade einiger Schaufensterstädte über die wahren Zustände im Lande hinwegtäuschen zu lassen, war der Aufwand zu groß.«– Seifert, *Fenster zur Welt*, S. 102.
195 Vgl. *Konzeption für die Entwicklung des entsendenden Tourismus der DDR*, BArch DC20 I/3-2043, S. 162.
196 Alle ausländischen Individualtouristen mussten vor Reisebeginn die geplante Streckenführung genehmigen lassen. Dies geschah entweder über das anbietende Reisebüro oder im Zuge der

und nur ein ›Trick‹ ermöglichte größere Bewegungsfreiheit, denn in den achtziger Jahren reisten viele junge DDR-Bürger »mit einem Transitvisum nach Rumänien in die SU ein und fuhren dann selbständig in den Kaukasus, ans Schwarze Meer und andere Orte.«[197]

Das Land galt insgesamt als touristisch noch wenig erschlossen[198], einzig der Sozialtourismus für Inländer war so stark wie in kaum einem anderen Staat der Erde ausgebaut. Aber selbst hier machte sich in den achtziger Jahren von offizieller Seite bemerkbar – beispielsweise in der Ausrichtung neuer von Intourist erbauter Hotels ausschließlich für valutazahlende Gäste –, dass Touristen aus der DDR nicht zu den bevorzugten Zielgruppen tourismuspolitischer Entwicklung zählten, sondern als Ergänzung zum tatsächlich gewinnbringenden Reiseverkehr gesehen wurden.[199]

Ausländische Touristen interessierten sich abseits der genannten großen Städte im europäischen Teil der UdSSR besonders für das Schwarze Meer (dabei Sotschi, Jalta und Krim)[200], das Kaukasus-Gebirge, die mittelasiatischen Teilrepubliken mit den bekannten Kulturstädten (zum Beispiel Taschkent, Samarkand, Buchara)[201], Schiffsreisen auf den großen Flüssen (zum Beispiel Wolga, Don), für das Baltikum sowie teilweise für Erkundungen Sibiriens mit der Transsibirischen Eisenbahn. DDR-Bürger benötigten für die Einreise eine Reiseanlage zum Personalausweis, eine Liberalisierung wurde nicht vorgenommen.[202]

Anmeldung über einen einladenden Bürger der UdSSR. – Hennigsen, *Der Freizeit- und Fremdenverkehr in der (ehemaligen) Sowjetunion*, S. 90.
197 Christoph Kaliski. Zitiert bei: Dienel, *Ins Grüne und ins Blaue*, S. 237. Vgl. zu informeller Reisetätigkeit der DDR-Bergsteigerszene: Reinhart, »Alpinismus und Transitreisen«.
198 Entsprechend wurden auf dem 27. Parteitag der KPdSU im Jahr 1986 auch mit Blick auf westliche Touristen Maßnahmen zur Verbesserung der Dienstleistungen der Reisebüros, der Ausbau der Verkehrsinfrastruktur sowie vielfältigere Reiseangebote beschlossen. – Czeglédi, *Touristische Grundlagen und Entwicklungsmöglichkeiten in Osteuropa*, S. 78.
199 Vgl. »Dank dem geplanten Charakter des Tourismus mit diesen [den sozialistischen Ländern, H.W.] können Saisonalität ausgeglichen und Kapazitäten besser genutzt werden.« – Übersetzung von Monika Hennigsen (Hennigsen, *Der Freizeit- und Fremdenverkehr in der (ehemaligen) Sowjetunion*, S. 99.).
200 Vgl. Rudolf, »Winterbaden in Jalta«.
201 »[... D]ie Reise aller Reisen, die dem hiesigen Normalmenschen möglich war: Mittelasien und Baikal, Samarkand und Alma Ata.« – Loest, *Zwiebelmuster*, S. 69.
202 Vgl. »Gewiß mag es auch politische Gründe geben, weshalb der Reiseverkehr zwischen der DDR und der Sowjetunion nicht liberalisiert wird. Daß es vor allem aber auch wirtschaftliche Gründe sind, ist einleuchtend. Denn hätten die Sowjetbürger die Möglichkeit, wie es ihnen beliebt Rubel in Mark der DDR zu tauschen, würde eine Flut von sowjetischen Käufern in die DDR kommen, die den Binnenmarkt der DDR in eine schwierige Situation brächten.« – Lindemann, »Visafreies Reisen«, S. 403.

Tschechische und Slowakische Föderative Republik

Die Tschechische und Slowakische Föderative Republik (ČSSR) gehörte ebenso wie die Volksrepublik Polen zu den sozialistischen Staaten, die von DDR-Bürgern ohne Pass und Visum besucht werden konnten.[203] Diese Regelung, verbunden mit der geographischen Nähe, machte die Tschechoslowakei zum meist besuchten ausländischen Reiseziel von DDR-Bürgern, nicht nur für Urlaubs-, sondern auch für Kurzreisen.[204] Durch die intensive Nutzung der für DDR-Verhältnisse unkomplizierten Auslandsreise sah sich das Ministerium für Nationale Verteidigung bereits 1966 genötigt, die Bürger darauf hinzuweisen, dass »alle Personen nach wie vor verpflichtet sind, die markierte und gekennzeichnete Staatsgrenze zu beachten und nicht zu verletzen.«[205] Zu diesem ›Ansturm‹ trug zudem die günstige Versorgungslage bei, die viele DDR-Touristen zu Einkaufsfahrten animierte.[206]

Im Urlauberaustausch der Betriebe und Gewerkschaften zwischen beiden Ländern bestand gegenseitig großes Besuchsinteresse, denn die DDR stellte für viele Tschechen und Slowaken die einzige finanzierbare Möglichkeit des

---

203 Ab dem 15.1.1972 waren Reisen in die ČSSR auf der Grundlage der Beratungen von Lány 1971 ohne Visum und Reisepass möglich. In der Folge wurden ergänzend Abkommen über die Zusammenarbeit im Luftverkehr und internationalen Straßenverkehr (25.2.1974) und im Tourismus (30.4.1975) verabschiedet sowie mehrere langfristige Touristikvereinbarungen getroffen. Erst ab dem 3. Oktober 1989 wurde diese Regelung aufgrund der Ereignisse in der Prager Botschaft der Bundesrepublik für einen gewissen Zeitraum ausgesetzt. Ab diesem Tag wurde die Visumpflicht wieder eingeführt und selbige nur noch im gewerkschaftlichen Urlauberaustausch, bei Einladung, für Rentner und Invaliden vergeben. Dies bedeutete gleichzeitig eine Erleichterung für die tschechische Seite, die aufgrund im Jahr 1989 noch restriktiveren Reisemöglichkeiten für DDR-Bürger nun etwa 50 Prozent bis 75 Prozent aller Auslandsreisenden aus der DDR aufnehmen musste. – Vgl Spode, »Tourismus in der Gesellschaft der DDR«, S. 22; Institut für Internationale Beziehungen an der Akademie für Staats- und Rechtswissenschaft der DDR, *DDR–ČSSR*, S. 172–178.
204 Vgl. Deja-Lölhöffel, *Freizeit in der DDR*, S. 50. Wolfgang Stompler äußert zu einer Sonderbefragung des Instituts für Marktforschung im Jahr 1973, dass die Ein- und Mehrtagesfahrten gegenüber dem Urlaubstourismus überwiegen und die Reisen von DDR-Bürgern in die VRP und ČSSR etwa 50 Prozent aller Auslandsreisen ausmachen. – Vgl. Stompler, »Tourismus als Gegenstand der Bedarfsermittlung«, S. 22.
205 O.V., »Ordnung an der Staatsgrenze der DDR zur ČSSR«.
206 Vgl. »Einkaufsparadies« – *8mm Heimat. Folge 3: Wir auf Reisen;* Deja-Lölhöffel, *Freizeit in der DDR*, S. 50. Auf das Phänomen der erhöhten Warenausfuhr aus der ČSSR reagierte man mit strengen Zollvorschriften. Abgesehen von den auch heute üblichen Ausfuhrbeschränkungen, beispielsweise für Antiquitäten u.Ä., durften »Butter, Fleisch, Geflügel einschließlich Produkte und Konserven daraus, Zucker, getrocknete Früchte, Mandeln, Rosinen, Nüsse, Datteln, Feigen und andere Südfrüchte, auch nicht als Konserven und Säfte, Kinder- und Säuglingsbekleidung, geschliffenes Glas und Klempner-, Elektriker- und Baumaterialien« nicht ausgeführt werden. – Angaben für 1980. Aus der *Kolumne ›Unterwegs‹* (26/1980). Vgl. ergänzend: *Zollgesetz der DDR* vom 28.3.1962.

Meeresurlaubs dar. Die DDR-Bürger hingegen besuchten vor allem die traditionellen Fremdenverkehrsgebiete der ČSSR: die kulturell sehenswerten Städte (zum Beispiel Prag, Brno, Bratislava), den Böhmerwald und seine Kurorte (zum Beispiel Karlovy Vary, Marianske Lázně, Františkovy Lázně) und die Gebirgslandschaften (zum Beispiel Riesengebirge, Beskiden, Hohe und Niedere Tatra). Eine ähnliche Ausrichtung wiesen die Angebote des Reisebüros der DDR und von Jugendtourist sowie die des tschechischen Reisebüros ›Čedok‹[207] auf. Auch Individualreisende wählten vor allem die genannten Ziele, es handelte sich hierbei um besonders viele Campingtouristen. Die Ausstattung mit (Auto-)Zeltplätzen war in der gesamten ČSSR ausgezeichnet und eine Voranmeldung – im Gegensatz zu dem innerhalb der DDR üblichen Verfahren – meist nicht nötig.[208]

Hinzu kam eine Besonderheit, bedingt durch die geographische Lage der ČSSR. Einige Städte, insbesondere Karlovy Vary und Cheb, entwickelten sich zu Drehscheiben deutsch-deutscher Begegnungen.[209] Gerade wenn bundesdeutschen Verwandten oder Bekannten die Einreise in die DDR verboten war, so beispielsweise der Fall bei ehemaligen DDR-Bürgern, konnte man sich dort ungehindert treffen.

Diese große touristische Bedeutung der Tschechoslowakei für die DDR spiegelte sich allerdings in der Attraktivität für andere ausländische Touristen kaum wieder. Bis auf den Städtetourismus nach Prag hatte der Fremdenverkehr nur eine geringe Bedeutung für das Land, wenngleich die Regierung mit der Erstellung einer Fremdenverkehrskonzeption für den Zeitraum bis zum Jahr 2000 starke Bemühungen zur Steigerung des internationalen Tourismus zeigte. Die nur mit geringen Geldmitteln ausgestatteten DDR-Bürger gerieten dabei zunehmend ins Hintertreffen und waren weniger gern gesehen, denn, so leitende Kader im Ministerium für Handel und Versorgung: »Einnahmen aus Tourismus aus DDR liegen mit 120,- Kcs im indiv. Reiseverkehr bei weitem unter denen bei Touristen aus allen anderen sozialistischen Ländern (Ø 450,- Kcs pro Tag).«[210]

---

207 Vgl. zu Geschichte von Čedok: *Historie Čedoku*, 13.2.2006, http://www.cedok.cz/ostatni/historie.aspx.
208 Vgl. Fuhrmann, »Der Urlaub der DDR-Bürger«, S. 42.
209 Vgl. dazu und im Folgenden: Deja-Lölhöffel, *Freizeit in der DDR*, S. 50.
210 *Protokoll: 1. und 2. Führungsseminar mit leitenden Kadern des Tourismus (24.–27.3.87 / 23.3.–25.3.88)*, BArch DL1 26581, unpag.

Volksrepublik Bulgarien

Die Volksrepublik Bulgarien (VRB) war aufgrund ihrer naturräumlichen und klimatischen Bedingungen ein beliebtes Reiseziel von DDR-Bürgern. Es zählte, so die Eindrücke von Zeitzeugen, zu den exotischeren erreichbaren Reisezielen.[211] Auch hier überstieg die Nachfrage nach organisierten Reisen das Angebot, denn im Kontingentverfahren zeigte sich rasch, dass der Touristenaustausch sehr einseitig war und nur wenige Bulgaren Interesse an einer Reise in die DDR hatten.[212]

Im organisierten Tourismus waren vorrangig Reisen mit Jugendtourist und dem Reisebüro der DDR möglich. Letzteres vermittelte unter anderem Visa, Beförderungsleistungen, Campingreisen unter der Bedingung des Mitführens einer eigenen Zeltausrüstung, Privatunterkünfte, Komplettreisen mit Hotelaufenthalt, Rundreisen; über die Buchung war auch der Erwerb von Valutamitteln für Kraftstoff und Taschengeld für das Zielland Bulgarien sowie die Transitländer ČSSR und Ungarn möglich.[213]

Mit dem Ausbau des Pkw-Tourismus, unter anderem über die Möglichkeit, Fahrzeuge per Eisenbahn (Tourex[214]) mitzuführen und damit die Strecke nicht selbstständig fahrend absolvieren zu müssen, reisten viele Bürger auch individuell nach Bulgarien. Als institutioneller Partner stand dabei dem Reisebüro der DDR, Jugendtourist und auch Privatpersonen aus der DDR das bulgarische Reisebüro ›Balkantourist‹ zur Seite.[215] Für die Reisen war eine Reiseanlage zum Personalausweis nötig, die mindestens vier Wochen vor Reiseantritt bei einer Polizeidienststelle beantragt werden musste.[216] Zwar galt damit der Reiseverkehr zwischen der DDR und der VRB als visafrei, doch erfüllte die Anlage ähnliche Zwecke, weshalb sich Zeitzeugen häufig falsch als Visum an sie erinnern.[217] Das Land konnte seit den sechziger Jahren insgesamt einen

---

211 Vgl.»Es war Frühling 1981, das Ende war nah. Im Herbst mußte ich zur Armee. Ich hatte meinen letzten Sommer vor mir. Ich wollte noch einmal die Welt sehen. Bulgarien also.« – Osang,»Lohn der Angst«, S. 120. Vgl. allgemein zum Bulgarien-Bild: Troebst,»From the ›Prussians‹ of the Balkans‹ to ›Forgotten People‹«.
212 Hans Lindemann stellt für den Anfang der siebziger Jahre fest, dass etwa sechsmal so viele DDR-Bürger nach Bulgarien reisen wollen als umgekehrt. – Vgl. Lindemann,»Visafreies Reisen«, S. 405.
213 Vgl. o.V.,»Motorisiert in die Volksrepublik Bulgarien«, S. 153.
214 Vgl. Kapitel VI.
215 Vgl. zu Geschichte und Funktion von ›Balkantourist‹, 4.4.2007, http://www.balkantourist.bg/main/balkantourist.php? cell=1.
216 Vgl. *Kolumne ›Unterwegs‹* (35/1976); O.V.,»Motorisiert in die Volksrepublik Bulgarien«, S. 150.
217 Vgl.»Man mußte es [das Visum, H.W.] mindestens einen Monat vor Beginn der Reise bei der Polizei beantragen. Visa in die sozialistischen Länder bekamen die meisten, aber die Behörden gaben einem immer das Gefühl, daß selbst die Genehmigung einer Bulgarienreise eine

starken Aufschwung des Fremdenverkehrs verzeichnen. 1968 bemerkte dazu der Vorsitzende des Staatsrates der VRB, Todor Christov Schivkov: »Die Entwicklung des Fremdenverkehrs in der VR Bulgarien gehört zur Staatspolitik.«[218] Dabei dominierte stark der Tourismus an die Küste des Schwarzen Meeres (zum Beispiel Gold- und Sonnenstrand, Albena[219]), trotz der Bemühungen zur touristischen Erschließung des Binnenlandes (zum Beispiel Rila- und Rhodopengebirge[220], Kurbäder[221]).

Die staatliche Tourismuspolitik konzentrierte sich einerseits auf sozialtouristische Angebote für die eigene Bevölkerung, andererseits auf die Förderung des internationalen Tourismus mit westlichen Ländern. Hier wurde ein für sozialistische Staaten hohes Maß an Flexibilität erreicht, sodass auf Besucherrückgänge schnell reagiert wurde.[222] Die Volksrepublik Bulgarien unternahm große Anstrengungen, um die entsprechende Infrastruktur (Verkehr, Beherbergung und Gastronomie) zu verbessern. Die weniger zahlungskräftigen DDR-Bürger stießen daher immer öfter an finanzielle Grenzen hinsichtlich ihrer Reisegestaltung.[223] Selbst von offizieller Stelle wurde diese Zurücksetzung angemerkt, so in der Korrespondenz mit dem Direktor von Balkantourist 1969: »dass unsere Bürger [...] den Eindruck haben müssen, dass im gesamten

---

Angelegenheit war, die schnell den Weltfrieden gefährden könnte. [...] Es war das erste Visum meines Lebens, eine Eintrittskarte in die Welt. Ich betrachtete es wie einen Schatz, steckte es in eine Schutzhülle, aus der ich es immer wieder rausholte und ansah.« – Osang, »Lohn der Angst«, S. 120f.

218 Zitiert bei: Harke/Dischereit, *Geographische Aspekte der sozialistischen ökonomischen Integration*, S. 95.

219 Albena, Bulgariens damals jüngster Kurort, ist ein interessantes Beispiel sozialistischer Tourismusentwicklung. Der Badeort wurde in den siebziger Jahren auf dem Reißbrett angelegt und insbesondere für den Familienurlaub ausgebaut. – Vgl. Müller, »Urlaubsparadiese für heute und morgen«; Lehmann, »Albena: Sonnenbrand im Bruderland«.

220 Vgl. »Stimmt es, dass es bei einigen Reisen in Gebirgskurorte der VR Bulgarien Preisermäßigungen gibt?« In saisonaler Abhängigkeit (April bis Mai, Oktober bis Dezember) je nach Reisedauer an einigen Tagen Vollpension frei.« – Vgl. *Kolumne ›Unterwegs‹* (47/1980).

221 Vgl. den Artikel von Dr. med. Frank Tittmann vom Städtischen Krankenhaus Berlin-Friedrichshain in der ›Urania‹ von 1973 über den Sinn kombinierter Kur- und Erholungsaufenthalte in der VRB, die nicht zum Leistungskatalog des Gesundheitswesens der DDR zählen. – Tittmann, »Kurreisen nach Bulgarien«.

222 1976 zum Beispiel kam es zu einem deutlichen Rückgang ausländischer Besucher. Daraufhin wurden 1977 folgende staatliche Maßnahmen ergriffen: Als erstes sozialistisches Land erließ die VRB den Mindestumtausch für westliche Touristen, weiterhin erhielt jeder einreisende westliche Tourist (sowie Bürger der SFRJ) eine Prämie. – Vgl. Czeglédi, *Touristische Grundlagen und Entwicklungsmöglichkeiten in Osteuropa*, S. 106.

223 Vgl. Abschnitt IV.2.2 zur Devisenproblematik bei Auslandsreisen von DDR-Bürgern in diesem Kapitel.

Komplex alles nur Mögliche für die KA-Touristen getan wird, während sie sich als Menschen zweiter Klasse behandelt fühlen.«[224]

Volksrepublik Rumänien

Die Volksrepublik Rumänien (SRR) war eines der von DDR-Bürgern weniger bereisten Länder. Erstens hing dies mit der großen Entfernung zusammen, die individuelle Anreisen erschwerte, zweitens behagte der »eigenwillige außenpolitische Kurs Rumäniens«[225] den DDR-Behörden nicht, drittens waren die wenigen Reisen des Reisebüros der DDR recht teuer,[226] und schließlich trugen die mangelnde touristische Erschließung sowie Energie- und Versorgungsmängel zur geringeren Frequentierung bei. Dabei stellte die SRR ein naturräumlich attraktives Reiseziel dar, bot doch die Schwarzmeerküste (zum Beispiel Konstanza, Mamaia) umfangreiche Möglichkeiten für Badeurlaube. Bukarest und die Klöster der Bukowina waren kulturhistorisch interessante Stätten. Die Karpaten und das in Flora und Fauna interessante Donaudelta hingegen waren selbst für einen Tourismus mit niedrigem Komfort kaum geeignet, da die entsprechende Infrastruktur fehlte. DDR-Bürger benötigten für eine Reise nach Rumänien ab 1966 statt eines Visums eine Reiseanlage zum Personalausweis sowie, falls sie nicht im Rahmen einer organisierten Gruppenreise in die SRR kamen, eine Einladung eines rumänischen Staatsbürgers.[227] Als institutioneller Partner stand dabei dem Reisebüro der DDR, Jugendtourist und auch Privatpersonen aus der DDR das rumänische Reisebüro ›Carpati‹ zur Seite.[228] Gegen ›harte Währung‹ wurden in Rumänien sogar Abstecher nach Athen, Istanbul oder Kairo angeboten, die DDR-Bürger allerdings nicht wahrnehmen durften.[229]

---

224 *Aktennotiz über eine Aussprache beim Hauptdirektor von Balkantourist* am 15.7.1969, BArch DM102 Bündel 51 (18365, 18367, 18375), unpag.
225 Lindemann, »Visafreies Reisen«, S. 405.
226 Eine kombinierte See- und Gebirgsreise kostete 1985 für zwei Wochen etwa 2.000 Mark pro Person. – Vgl. Deja-Lölhöffel, *Freizeit in der DDR*, S. 113.
227 Vgl. Irmscher, »Alltägliche Fremde«, S. 54.
228 Vgl. zu Geschichte und Funktion von ›Carpati‹: Oficiul national de turism ›Carpati‹, *Durch Rumänien*.
229 Vgl. Deja-Lölhöffel, *Freizeit in der DDR*, S. 53. Auch wenn ein Beweis nicht möglich ist: Angesichts der vielfältigen Informationen über die Ausstellung von bundesdeutschen Pässen für DDR-Bürger und deren Möglichkeiten, mittels dieser das westliche Europa zu bereisen, ist es bei entsprechender finanzieller Ausstattung durchaus vorstellbar, dass sich DDR-Bürger mit ihren bundesdeutschen Papieren einer solchen Fahrt anschließen konnten.

Sozialistische Föderative Republik Jugoslawien

Einen Sonderfall hinsichtlich des Fremdenverkehrs mit sozialistischen Staaten stellte die Sozialistische Föderative Republik Jugoslawien (SFRJ) dar. Zwar waren organisierte Reisen von DDR-Bürgern in das Land grundsätzlich möglich, jedoch aufgrund der Verrechnung auf Dollarbasis ökonomisch eingeschränkt und durch die liberale Ausrichtung des Landes gegenüber westlichen Touristen sowie die entstehende Fluchtproblematik stark begrenzt.[230] Der Antrag auf eine Touristenreise nach Jugoslawien konnte nicht allein gestellt werden, sondern war nur möglich für Mitarbeiter eines Mitglieds des Ministerrates, eines Leiters eines anderen zentralen staatlichen Organs, eines Vorsitzenden beziehungsweise Ersten Stellvertreters einer Partei oder Massenorganisation oder eines antragsberechtigten Leiters einer Institution, die in der 1970 neu gefassten *Richtlinie für dienstliche Ausreisen aus der Deutschen Demokratischen Republik und Einreisen aus dienstlichen Gründen in die Deutsche Demokratische Republik* genannt war. Dabei konnten Reisen prinzipiell nicht an Bürger unter 26 Jahren vergeben werden (außer bei Jugendtourismus), alleinstehende Bürger ohne enge familiäre Bindungen in die DDR, kinderlose Ehepaare, Bürger mit nahen Verwandten im nichtsozialistischen Ausland und Personen, denen man unterstellte, dass die Reise zum illegalen Verlassen der DDR ausgenutzt werden solle.[231]

Zur angestrebten echten politischen und sozialen Repräsentation der Bevölkerung der DDR mussten 70 Prozent der Reisen an Arbeiter und Genossenschaftsbauern vergeben werden. Visa wurden nach dieser Vorauswahl vom Ministerium des Innern erteilt, die scheinbar häufiger vorkommende Ablehnung sollte durch »ein entsprechendes Ersatzangebot« gemildert werden. Im Jugendtourismus galten ähnlich strenge Auswahlkriterien, die Vergabe erfolgte nicht bei den einzelnen Büros, sondern durch die Kaderkommission der Bezirksleitung der FDJ. Nur Rentner und Invaliden konnten Buchungen für Touristenreisen in die SFRJ direkt beim Reisebüro der DDR vornehmen.

Die geringe Anzahl von DDR-Touristen reiste in ein ›Land mit vielen Gesichtern‹. Das Landschaftsbild veränderte sich vom mitteleuropäisch anmutenden Norden hin zum mediterran bis orientalisch erscheinenden Süden. Dabei besaß Jugoslawien naturräumliche Attraktionen wie die Pannonische Tiefebene, zahlreiche Gebirge (zum Beispiel Apennin, Dinariden) mit Bergseen (zum Beispiel Plitwice, Ochrid) sowie das Einsaisongebiet der Adriaküste

---

230 Vgl. dazu und im Folgenden: *Verteilung der Ferienreisen des Reisebüros der DDR nach Jugoslawien*, BArch DY34 24803, S. 128; *Nachzeichnung der Richtlinien zum Tourismus zwischen der DDR und der SFRJ ab 1974*, BArch DC20 I/4-3014, S. 44–50.
231 Ebd.

mit der ihr vorgelagerten Inselwelt. In den Badeorten war – ungewöhnlich für die Länder des Balkans – FKK-Kultur in hohem Maße möglich. Als institutioneller Partner stand dabei dem Reisebüro der DDR, Jugendtourist und anderen institutionellen Reisemittlern das jugoslawische Reisebüro ›Yugotours‹ zur Seite.[232] Das Land selbst richtete seine Fremdenverkehrspolitik vor allem auf westliche Touristen aus. Etwa 10 bis 15 Prozent der Deviseneinnahmen resultierten aus diesem Wirtschaftszweig. Entsprechend wurden die infrastrukturellen Gegebenheiten und touristischen Kapazitäten ausgebaut, den wenig zahlungskräftigen Reisenden aus RGW-Ländern blieb davon jedoch vieles verschlossen.

Fernreisen

Ein besonderes Ziel von Auslandsreisen stellte jede Art von Fernreisen dar. Sie blieben aufgrund des »übersteigerten Sicherheitsbedürfnis[ses] der damaligen DDR-Regierenden«[233] meist der »Einkommens- oder Funktionärselite«[234] vorbehalten. DDR-Bürgern standen im Überwiegenden im Fernbereich nur wenige sozialistische Länder, so die Sozialistische Republik Kuba[235], die Sozialistische Republik Vietnam[236], die Koreanische Demokratische Volksrepublik[237] und die Mongolische Volksrepublik[238] offen, und selbst diese Reisen wurden in einer Zahl angeboten – etwa 1 Prozent der organisierten Auslandsreisen[239], also circa 27.000 (1970) bis 74.000 (1989) jährlich –, dass eine erfolg-

---

232 Vgl. zu Geschichte und Funktion von ›Yugotours‹: Yugotours, *About us*, 4.9.2006, http://www.yugotours.co.yu/eng/index.php?option=com_content&task=view&id=145&Itemid=143.
233 Schmidt, *Der deutsche Jugend-Tourist*, S. 18.
234 Spode, »Tourismus in der Gesellschaft der DDR«, S. 21, Fußnote 46.
235 Bei Reisen nach Kuba stellte sich durch die Notwendigkeit einer Zwischenlandung des Flugzeuges in Gander, Kanada, verstärkt die Frage nach der Zuverlässigkeit der Reisenden. Fluchtversuche sollten unbedingt unterbunden werden. – Vgl. dazu auch Kapitel VI.5.
236 Entsendung von 200–240 Touristen in den Jahren 1983 und 1984 – Vgl. *Protokoll über die Entsendung von Touristen aus der DDR in die SRV für die Jahre 1983 und 1984*, Barch DM102 Bündel 138 (22234), Anlage 3.
237 Entsendung von 300 Touristen im Jahr 1983 – Vgl. *Protokoll über den Touristenaustausch zwischen VEB Reisebüro der DDR und dem Internationalen Reisebüro der KDVR für das Jahr 1983*, Barch DM102 Bündel 138 (22234), S. 1.
238 Entsendung von 700 Touristen in den Jahren 1983 und 1984 – Vgl. *Protokoll über den Touristenaustausch für die Jahre 1983 und 1984 zwischen VEB Reisebüro der DDR und Shuultschin*, ebd., S. 1.
239 Spode, »Tourismus in der Gesellschaft der DDR«, S. 22.

reiche ›Bewerbung‹ einem ›Sechser im Lotto‹ gleichkam und an bestimmte persönliche Voraussetzungen gebunden war. Zu der genannten Kategorie zählten schließlich auch Kreuzfahrten, die allerdings aufgrund der besonderen Art von verknüpfter Beförderung und Urlaubsgestaltung in Kapitel VI behandelt werden. Ungeachtet aller Anforderungen an die Person des Reisenden waren die Erholungsfahrten kaum erschwinglich. So sollte ein Aufenthalt in Vietnam Ende der siebziger Jahre mit etwa 4.700 Mark pro Person zu Buche schlagen, ein dreiwöchiger Urlaub in Kuba kostete Mitte der achtziger Jahre etwa 5.400 Mark pro Person.

Die Problematik der anteiligen Finanzierung dieser Reisen aus gesellschaftlichen Fonds und somit deren Funktion als Auszeichnung und Prestigeobjekt wurde im Präsidium des Ministerrates der DDR mehrfach diskutiert. Am Beispiel des organisierten Tourismus zwischen der DDR und der Sozialistischen Republik Vietnam ab 1977 wird deutlich, dass bei genereller Zustimmung folgendes zu berücksichtigen sei:

»Ohne Taschengeld sollen diese Reisen 4.700,-- Mark kosten. Für eine Urlaubsreise muß immer davon ausgegangen werden, daß der Ehepartner oder eine andere Person mitreist. Damit wird für den Urlauber eine Belastung einschließlich Taschengeld von über 10.000 Mark eintreten. Wenn man zugrunde legt, wie wir bei den Urlaubsreisen nach Kuba verfahren, dann würde die Bereitstellung als gesellschaftlichen Fonds für ein Ehepaar mehr als 6.000 Mark betragen. Die Finanzierung aus dem Prämienfonds in dieser Höhe erscheint uns nicht realisierbar. [...] Aus der Vorlage ist nicht ersichtlich, wie der Zentralrat der FDJ bzw. das Jugendreisebüro dieses Problem lösen will.«[240]

Reisen in das nichtsozialistische Wirtschaftsgebiet

Bezüglich touristischer Reisen in das nichtsozialistische Wirtschaftsgebiet (NSW) – der Sonderfall Bundesrepublik wird an dieser Stelle nicht beleuchtet, sondern auf den folgenden Abschnitt III.2.3 verwiesen – waren die Möglichkeiten für DDR-Bürger stark eingeschränkt. Grundsätzlich waren Reisen nach Österreich, Finnland, Frankreich und die Bundesrepublik möglich.[241] Die Haltung der DDR-Regierung war ausgesprochen restriktiv. So wurden derartige Kontakte nach der Grenzschließung 1961 zunächst weitgehend abgebrochen, die seit 1957 bestehende Fährverbindung zwischen Sassnitz und Trelle-

---

240 *Brief von Fritz Rösel, Mitglied des Präsidiums im Bundesvorstand des FDGB an Otto Arndt, Minister für Verkehrswesen* vom 23.2.1977, BArch. DC20 I-4/3746.
241 Vgl. Zimmers, *Geschichte und Entwicklung des Tourismus*, S. 78f. Saretzki/Krohn, »Vom gewerkschaftlich organisierten Urlaub«, S. 338f.

borg (Schweden)[242] beispielsweise war für DDR-Bürger im Touristenverkehr dann nicht mehr zugänglich. Die beständige Gefahr, solche Fahrten für die Flucht aus der DDR auszunutzen, führte dazu, dass sich die DDR selbst in der ›Tauwetterperiode‹ der siebziger Jahre der damit verbundenen unumgänglichen Öffnung des Landes in nur minimalen Schritten stellte. Lediglich Rentner hatten einige Möglichkeiten, nichtsozialistische Länder zu besuchen, allerdings waren sie in diesem Fall auf die Finanzierung durch Verwandte und Bekannte angewiesen, da die DDR sie lediglich mit 15 Mark ausstattete.

Außer ihnen gelangten auf individueller Basis zum einen einige wenige Privilegierte, denen keine Fluchtabsichten unterstellt wurden, sogenannte Reisekader[243], ins NSW. Zum anderen gab es einige Reisen in das nichtsozialistische Ausland über das Reisebüro der DDR und über Jugendtourist. Sie wurden oft als Auszeichnungsreisen vergeben. Dies bedeutete zumeist, dass der Urlauber für die Reise vor allem nach dem Gesichtspunkt der politischen Zuverlässigkeit ausgewählt wurde, jedoch trotzdem selbst zahlen musste.[244]

Eine solche Gelegenheit wurde oft als Höhepunkt in der eigenen Reisebiographie empfunden. In einer Lebensstil-Untersuchung zu Reisestilen im Jahr 1989 äußerte sich beispielsweise ein etwa dreißigjähriger Proband, der in der DDR als Leiter eines Jugendclubs arbeitete und hauptsächlich unter Nutzung der Angebote von Jugendtourist seine Urlaube vornehmlich im Ausland verbracht hatte, sein schönster Urlaub vor 1989 sei eine Reise nach Österreich gewesen.[245] Erich Loest lässt seine Protagonisten im Roman *Zwiebelmuster* gar ein Gespräch führen, in dem die Erfüllung durch eine NSW-Reise mit einer Geburt verglichen wird – »›Wunderbar‹ sagte seine Frau ernsthaft, ›ich gratuliere dir, Hans, und mir natürlich auch. Fühlst du dich als neuer Mensch?‹ ›Sollte ich?‹ ›Allmählich könntest du damit beginnen.‹«[246]

---

242 In den Jahren zuvor durften DDR-Bürger während der Liegezeit im Trelleborger Hafen nicht aussteigen. Trotzdem nutzten einige Reisende die Gelegenheit zur Flucht durch einen Sprung ins Hafenbecken. – Vgl. *8mm Heimat. Folge 3: Wir auf Reisen.* Vgl. ergänzend: Köhler, *Die Staatssicherheit und der Fährverkehr über die Ostsee.*
243 Vgl. Niederhut, *Die Reisekader.*
244 Vgl. zu den unterschiedlichsten Ablehnungsgründen aus aktenkundigen Fällen: Budde, *Willkür*, S. 651–661. Vgl. *Interview Peter Schmidt* über eine Auszeichnungsreise nach Algerien: »Da ist man grundsätzlich immer allein gefahren [...] weil Fluchtgefahr.« und »Weil ich aktiv war, war das 'ne Auszeichnung, auch wenn ich sie bezahlen musste.«
245 Großmann, »›Boten der Völkerfreundschaft?‹«, S. 82.
246 Loest, *Zwiebelmuster*, S. 126.

Devisenmangel

Bereits mehrfach klang an, dass die Geld- und Devisenproblematik im Auslandsreiseverkehr von DDR-Bürgern ein bestimmendes Element darstellte. Für den Staat war die Frage des Devisenbedarfes seiner Bürger für touristische Reisen die wichtigste ökonomische Frage[247] hinsichtlich politischer Bestimmungen. Dabei stand der Einfluss auf die Zahlungsbilanz im Mittelpunkt des Interesses. Besonders die Hochschule für Ökonomie ›Bruno Leuschner‹ in Berlin-Karlshorst befasste sich mit Forschungen zur Valutarentabilität und bildete Mitarbeiter für zentrale mit der Devisenproblematik befasste Regierungseinrichtungen wie die Staatliche Plankommission, das Ministerium für Außenhandel und die Staatliche Zentralverwaltung für Statistik aus.[248] In den Untersuchungen wurde immer wieder deutlich, dass die Nicht-Konvertierbarkeit der DDR-Mark, die Sorge um eine negative Außenhandelsbilanz der DDR und damit um einen Abfluss von Finanzmitteln ins Ausland sowie die Bedenken hinsichtlich der Stabilität des Konsumgüterangebots bei freier Verkäuflichkeit für ausländische Touristen den Bestimmungen zum Umgang mit Valutamängeln aus staatlicher Sicht enge Grenzen setzte.[249]

Für den Bürger stellte sich dies natürlich – emotional getragen – eher negativ dar. Er nahm vor allem die Probleme der Nicht-Konvertibilität der eigenen Währung, die künstlich berechneten und ohne Berücksichtigung der Kaufkraft festgelegten Umrechnungskurse innerhalb des RGW und dadurch bedingt das grundsätzliche Ausgeschlossensein von teuren Auslandsreisen beziehungsweise einem bestimmten Reisestil sowie die oftmals als demütigend empfundene Behandlung als »Mensch zweiter Klasse«[250] wahr.[251]

Eine Ausnahme bildete der staatlich organisierte Urlauberaustausch auf devisenloser Basis.[252] Im Gegensatz zum individuellen Reisen wurde der internationale Urlauberaustausch von FDGB, den Betrieben, Genossenschaften und

---

247 Vgl. Bähre, *Nationale Tourismuspolitik in der Systemtransformation*, S. 177.
248 Vgl. Herbst/Ranke/Winkler, *So funktionierte die DDR (1)*, S. 401–403.
249 Diese ökonomische Einschätzung soll nicht darüber hinwegtäuschen, dass ›das ideologisch bedingte Grenzregime die conditio sine qua non‹ des DDR-Reiseverkehrs war. – Spode, »Tourismus in der Gesellschaft der DDR«, S. 22. Vgl. ergänzend: Fuhrmann, »Der Urlaub der DDR-Bürger«, S. 36.
250 *Brief von Herrn Frank Riedel aus Berlin, 18.12.1989, an den Minister für Tourismus*, BArch DL1 26577.
251 Vgl. Merl, »Staat und Konsum in der Zentralverwaltungswirtschaft«, S. 231.
252 Vgl. dazu und im Folgenden: Kawohl, ›*Besser als hier ist es überall*‹, S. 18; Deja-Lölhöffel, *Freizeit in der DDR*, S. 51. Konkretes Beispiel DDR–VRP in: *Beschluß zu den Vorschlägen des Ministers der Finanzen der DDR und des Ministers der Finanzen der VRP für weitere finanzielle Regelungen zur Förderung des Tourismus zwischen beiden Ländern* vom 30. November 1973, BArch DC20 I/4-2986, S. 154f.

weiteren Organisationen sowie der ebenfalls stark subventionierte Auslandstourismus von Jugendtourist nach dem Naturaltauschprinzip durchgeführt. Das Prinzip ›Aufenthaltstag gegen Aufenthaltstag‹ machte einen valutalosen Reiseverkehr möglich, bei dem jeder Reisende in der eigenen Landeswährung Beförderung, Unterkunft, Verpflegung und die Bereitstellung eines (geringen) Taschengeldes für das Zielland kaufte. Eine Zwischenstufe bildeten die Angebote des Reisebüros der DDR. Beliebt waren dort Gruppenreisen, bei denen ebenfalls das Gesamtreisepaket in Mark bezahlt wurde; je nach gewähltem Leistungsumfang war aber auch eine teilweise Zahlung in Landeswährung für Beförderungs- oder Unterkunftsleistungen möglich.

Mit der steigenden Nachfrage nach Auslandsreisen wurde das Problem nur begrenzt zur Verfügung stehender Reisezahlungsmittel zunehmend prekärer. So wurden zwar 1970 177 Millionen Mark[253] und 1989 850 Millionen Mark[254] für den Tourismus in sozialistische Länder bereitgestellt, allerdings stieg zum einen die Zahl der Auslandsreisenden, zum anderen wurden die Preise für Waren und touristische Dienstleistungen in den Urlaubsländern spürbar höher.

Lediglich im Zuge der Einführung des pass- und visafreien Reiseverkehrs in die VRP und die ČSSR waren kurzzeitig unbegrenzte Umtauschmöglichkeiten vereinbart worden; doch diese zeigten recht schnell, wie ungünstig sich die freie Konvertierbarkeit von Währungen auf die Binnenwirtschaft der drei Staaten auswirkte.[255] Das führte zur raschen Wiedereinschränkung, in dem die ČSSR aufgrund der umfangreichen Käufe von DDR-Bürgern Höchstumtauschsätze und Ausfuhrbeschränkungen festlegte[256], die DDR ähnlich gegenüber polnischen Touristen verfuhr und die VRP versuchte, DDR-Touristen mit einem 15 Prozent günstigeren Kurs als dem normalen Umtauschverhältnis zwischen Mark und Zloty ins Land zu ›locken‹[257]. Auch in den Folgejahren unterlagen die Auslandsreisen von DDR-Bürgern strengen Devisengesetzen und Zollbestimmungen. Vor allem die geringen Umtauschsätze für Devisen, verbunden mit den oft hohen und nicht selten am finanziellen Spielraum west-

---

253 Vgl. auch zu den Angaben für 1970: *Valutaeinnahmen und -ausgaben aus der Touristik mit den sozialistischen Ländern im Jahre 1971*, BArch DC20 I/4-2360, S. 49.
254 Vgl. *Protokoll: 1. und 2. Führungsseminar mit leitenden Kadern des Tourismus (24.–27.3.87 / 23.3.–25.3.88)*, BArch DL1 26581, unpag.
255 Vgl. Lindemann, »Visafreies Reisen«, S. 403.
256 Vgl. *Beschluß über zeitweilige Maßnahmen im pass- und visafreien Reiseverkehr mit der ČSSR vom 5. April 1972*, BArch DC20 I/4-2620, S. 79–80. Sowie: Lindemann, »Visafreies Reisen«, S. 403.
257 Vgl. *Information über Vorschläge des Ministers der Finanzen der DDR und des Ministers der Finanzen der VRP für weitere finanzielle Regelungen zur Förderung des Tourismus zwischen beiden Ländern*, BArch DC20 I/4-2990, S. 25f.

licher Touristen ausgerichteten Preisen in begehrten Urlaubszielen[258], bedeuteten für DDR-Bürger oftmals ein »leidige[s] Devisenproblem, es reicht entweder für Übernachtung oder für Essen und Trinken.«[259] In Ansätzen kann aufgrund der vorliegenden Materialien in den nachfolgenden Tabellen verdeutlicht werden, in welchem Maße diese Begrenzungen auftraten.

Land	Höchstumtauschsatz für Individualtouristen	Taschengeld bei Reisen mit dem Reisebüro der DDR (Transport, Übernachtung, Verpflegung bereits gezahlt)	Vouchersystem für Benzin (Vorabzahlung in eigener Währung)
VRB	Um 1983: 40 Mark p. P. und Tag[260]; zusätzlich bei Vorlage der Zollerklärung 100 Mark gegen Lewa tauschbar	1980[261]: 8 Tage: 30 Lewa = 109 Mark; 12 Tage: 45 Lewa = 164 Mark; 15 Tage: 55 Lewa = 200 Mark; 21 Tage:80 Lewa = 291 Mark	bis Ende 1976[262]

Tabelle 9: Reise(teil-)kosten und Höchstumtauschsätze für die Volksrepublik Bulgarien

Land	Höchstumtauschsatz für Individualtouristen	Transport	Vouchersystem für Benzin (Vorabzahlung in eigener Währung)
ČSSR	Um 1983[263]: 20 Mark p. P. und Tag, im Jahr für max. 6 Wochen 1988: 30 Mark p. P. und Tag	1980[264]: Normalbenzin je Liter 6,50 Kronen	1980[265]: Nur bei Reisen mit Čedok oder Reisebüro der DDR nach Nordböhmen, Prag, Riesengebirge: 150 Kronen = 51 Mark, in alle übrigen Gebiete: 350 Kronen = 118,38 Mark

Tabelle 10: Reise(teil-)kosten und Höchstumtauschsätze für die Tschechoslowakische Sozialistische Republik

---

258 Brigitte Deja-Lölhöffel schreibt dazu, dass viele DDR-Bürger vermuteten, dass beispielsweise in Rumänien die Preise für Speisen und Getränke in Gaststätten nach den Schwarzmarktkursen für westliche Touristen festgesetzt seien. DDR-Bürger könnten aus der Getränkekarte für einen Tagessatz nur das Billigste bestellen (zum Beispiel ein Kännchen Mokka mit einheimischem Weinbrand für 20 Mark). – Vgl. Deja-Lölhöffel, *Freizeit in der DDR*, S. 51.
259 Loest, *Zwiebelmuster*, S. 192.
260 Vgl. Seidler, »Zur Entwicklung des Tourismus in der DDR«, S. 37.
261 Vgl. Kolumne ›Unterwegs‹ (50/1980).
262 Vgl. Kolumne ›Unterwegs‹ (35/1977).
263 Vgl. o.V., »Der internationale Reiseverkehr der RGW-Länder«, S. 127. Bundesministerium für innerdeutsche Beziehungen, *DDR-Handbuch*, S. 1363.
264 Vgl. Kolumne ›Unterwegs‹ (24/1980).
265 Vgl. ebd.

Land	Höchstumtauschsatz für Individualtouristen	Transport
SRR	Um 1983[266]: 20 Mark p. P. und Tag	1979[267]: Normalbenzin je Liter 6 Lei

Tabelle 11: Reise(teil-)kosten und Höchstumtauschsätze für die Sozialistische Republik Rumänien

Land	Höchstumtauschsatz für Individualtouristen	Transport	Vouchersystem für Benzin (Vorabzahlung in eigener Währung)
UdSSR	Keine Begrenzung	1980[268]: Normalbenzin je Liter 20 Kopeken	1980[269]: bei den Intourist-Grenzservice-Büros Talons, mit 5 % Aufschlag in Kommission, Rücktausch möglich

Tabelle 12: Reise(teil-)kosten und Höchstumtauschsätze für die Union der Sozialistischen Sowjetrepubliken

---

266 Vgl. Seidler, »Zur Entwicklung des Tourismus in der DDR«, S. 37.
267 Vgl. *Kolumne ›Unterwegs‹* (29/1979).
268 Vgl. *Kolumne ›Unterwegs‹* (46/1980).
269 Vgl. ebd.

Land	Höchstumtauschsatz für Individualtouristen	Unterkunft, Verpflegung, Transport, touristische Aktivitäten
UVR	1972: Umtauschkurs 100 Forint = 24,41 Mark; einmalig 32 Mark in Ungarn in Forint tauschbar[270] 1976: Umtauschkurs ca. 100 Forint = 20,68 Mark; 30 Mark p. P. und Tag; zusätzlich bei Vorlage der Zollerklärung 100 Mark gegen Forint tauschbar 1985: 30 Mark p. P. und Tag 1988: 400 Mark p. P. und Jahr	1972[271]: Campingpreise: 10 Forint Platzgebühr / 10 Forint Parkgebühr /10 Forint p. P.; Bungalow in Budapest: 30 Forint p. P.; Bett im Studentenwohnheim (Vollpension) in Budapest: 150 Forint; Zweibettzimmer in Budapest: 70 Forint p. P.; Zweibettzimmer am Balaton: 50 Forint p. P.; Hotel: 40-180 Forint p. P. 1979[272]: Campingpreise: 15–40 Forint Platzgebühr / 10 Forint Parkgebühr /14–25 Forint p. P./5 Forint Warmwasser / 10 Forint Elektroanschluss; Mittagessen circa 25 Forint p. P. 1979[273]: Benzin je Liter 7,70 Forint; Kurtaxe 6 Forint; 6 Forint Strandgebühr

Tabelle 13: Reise(teil-)kosten und Höchstumtauschsätze für die Ungarische Volksrepublik

(Beispielfall: 1979 zweiwöchiger Urlaub eines Paares in Budapest, UVR: Umtausch (Wechselkurs von 1976): 1040 Mark = ca. 5030 Ft. / Bett und Vollpension im Studentenwohnheim (wenn Preise vergleichbar zu 1972) 4200 Ft. → noch 830 Ft. = 172 Mark für private Ausgaben übrig.)

Land	Höchstumtauschsatz für Individualtouristen
VRP	Keine Begrenzung[274]

Tabelle 14: Reise(teil-)kosten und Höchstumtauschsätze für die Volksrepublik Polen

Natürlich fanden DDR-Bürger auch Möglichkeiten, illegal Geld zu tauschen, doch war der Erwerb von Mark der DDR nicht in jedem Zielland gefragt.[275]

---

270 Vgl. o.V., »Motorisiert in die Ungarische Volksrepublik«, S. 114.
271 Vgl. ebd., S. 115.
272 Vgl. *Kolumne ›Unterwegs‹* (31/1979).
273 Vgl. *Kolumne ›Unterwegs‹* (29/1979).
274 Vgl. »Für Reisen in die UdSSR gibt es bei der Ausstattung mit Reisezahlungsmitteln keine Begrenzung. Das trifft auch für die MVR und die VR Polen zu.« – *Konzeption für die Entwicklung des entsendenden Tourismus der DDR in die sozialistischen Länder im Jahre 1985 und im Fünfjahrplanzeitraum 1986 bis 1990*, BArch DC20 I/3-2043, S. 163.
275 Vgl. »Wir hatten da Beziehungen zu anderen, die dort gewohnt haben, die uns dann Geld getauscht haben.« – *Interview Peter Schmidt*.

Auch kostenlos unterzukommen war beliebt, doch nicht immer folgenlos.[276] Selbst solche ›Maßnahmen‹ konnten den Eindruck des Mangels nicht verdecken, und die zeitgenössische Erkenntnis, dass es beispielsweise in Ungarn alles gab, aber »sich das die Ungarn nur leisten können mit zwei Jobs«[277], oder eine nachträgliche Umdeutung in ›Bescheidenheit‹ zeigt eher Strategien, das Unvermeidliche anzunehmen, als das die Situation tatsächlich zu bejahen.

III.2.3 Sonderfall: Reisen in die Bundesrepublik Deutschland

Einen besonderen Fall stellten aufgrund der Teilungsproblematik alle Arten von Reisen in die Bundesrepublik Deutschland dar[278], denn »der Preis dieser Reisen ist nicht nur finanziell bestimmt. Vielmehr sind hier politische ›Preise‹ zu beachten.«[279] Aufgrund der antizipierten Fluchtgefahr[280] waren die Grenzen weitgehend verriegelt. Man begegnete jeglichem Begehren nach – auch nur touristischem – Reisewillen mit einem Generalvorbehalt, den das Kabarett ›Pfeffermühle‹ aus Leipzig 1988 in folgendem Dialog über ›Venedig‹ auf den Punkt brachte:

»A: Hergott, irgendwas mußt du doch noch möchten.
B: Ja, ich möchte mal nach Venedig. […]
A: Du hast wohl keine Tante im Westen?
B: Ich will keine Geschenke. Ich will's mir für meine Arbeit leisten können, was von der
    Welt zu sehen.

---

276 Vgl. »unser Zelt stand mitten im Stadtpark von Brno« / »nachts schliefen wir auf der Margaretheninsel in unseren Schlafsäcken« / »Und in Bulgarien waren die Zeltplätze am besten bewacht, hieß es. Wer beim Schwarzzelten erwischt wurde, so hörte man, sollte 100 Lewa Strafe bezahlen. Das waren 300 Mark. Zwei Lehrlingsmonatslöhne.« – Osang, »Lohn der Angst«, S. 121–123. Baumann, »Innerdeutscher Tourismus«.
277 *Interview Peter Schmidt*.
278 Vgl. zur Chronologie der Ereignisse beispielhaft: Ropers, *Tourismus zwischen West und Ost*, S. 203–210. Freyer, *Tourismus*, S. 419.
279 Das Zitat stammt aus einem Papier der ideologischen Abteilung der SED-Kreisleitung Pankow aus der Reihe ›Unser Standpunkt‹. Er ist entsprechend der Zielsetzung und dem Formulierungszeitpunkt stark polemisch, zum Teil auch explizit verfälschend und bringt mit dem Ausdruck des ›politischen Preises‹ die Problematik doch auf den Punkt. – SED Kreisleitung Pankow, *Reisen ist schön*, S. 1.
280 Die tatsächliche Dimension dieser Entwicklung war bis zum Ende der DDR nicht abzusehen. So konstatierte beispielsweise Hartmut Zwahr, dass von den Reisen der DDR-Bürger in die Bundesrepublik Deutschland 1988 »nur ein verschwindend geringer Teil zur Flucht genutzt« wurde. Der Massenexodus von 1989 muss demnach als Ergebnis einer spezifischen Konstellation gesehen werden, die vorher noch nicht gegeben war. – Zwahr, »Umbruch durch Ausbruch und Aufbruch«, S. 441.

A: Ja doch, aber bleib erst mal in unserer. […] Guck mal, wenn du überall hinkommst, gefällt dir dort das und dort das und dann schleppst du uns lauter dumme Ideen an […]
B: Ich hab noch nie dumme Ideen angeschleppt.
A: Das mußt du erstmal beweisen.
B: Beweisen kann ich's doch erst […].
A: Aber hier kann man das besser kontrollieren.«[281]

Historische Entwicklung

Zwar expandierte der Ost-West-Tourismus seit der Erlaubnis von Besuchsreisen für DDR-Altersrentner 1964 und weiterhin vor allem mit der Entspannungspolitik in den siebziger Jahren kontinuierlich (am Beginn standen hierbei das Transitabkommen 1971 und der Grundlagen- sowie der Verkehrsvertrag 1972), doch regelten diese Abkommen für DDR-Bürger vorrangig das Reisen von Rentnern und in ›dringenden Familienangelegenheiten‹[282]. Der Charakter der erweiterten Möglichkeiten wurde zeitgenössisch in Ost und West verständlicherweise verschieden eingeschätzt, aus heutiger Sicht lässt sich annehmen, dass der innerdeutsche Dialog Beweis dafür war, »[…] daß auch die Regierung in Ost-Berlin innenpolitische Rücksichten üben muß. Auch sie kann die ›öffentliche Meinung‹ im Lande nicht völlig ignorieren. Man schuf mit der Reiseerlaubnis […] ein Ventil, das die jahrelangen innenpolitischen Spannungen im Gefolge des Mauerbaus auf ein für die SED weniger strapaziöses Maß reduzierte.«[283] In der Frage der Reisen von und nach Westberlin gab es immer wieder Verhandlungen zwischen dem Berliner Senat und der DDR-Regierung.[284] Die in einer mündlichen Botschaft Helmut Schmidts an Erich Honecker vom September 1974 angedeuteten Absichten der DDR, Touristenreisen in die Bundesrepublik zu gestatten, blieben jedoch folgenlos.[285]

---

281 Szene ›Venedig‹ in ›Verdammte Pflicht und Schludrigkeit‹ (Juni 1988). Abgedruckt bei: Riemann, *Das Kabarett der DDR*, S. 210f.
282 Selbst für diese bestand hinsichtlich der behördlichen Genehmigung kein Rechtsanspruch von DDR-Bürgern. – Vgl. Friedrich-Ebert-Stiftung, *Reisen in die DDR*, S. 42.
283 Klippke, »Sie wollen nicht einfach abhauen« (18.3.1970).
284 Vgl. Alisch, *Berlin–Berlin*.
285 Vgl. »Zur Frage des Reiseverkehrs aus der DDR hatte die andere Seite noch Ende Juli erklärt, sie habe keine politischen und sonstigen Bedenken gegen eine Herabsetzung des Reisealters. Aus dem Gespräch Gaus/Honecker am 16. September hat der Bundeskanzler entnommen, daß die Führung der DDR jetzt anderer Auffassung ist. Seine Enttäuschung über diesen Sinneswandel ist groß. Es muß ein Fortschritt im Reiseverkehr erzielt werden. Vielleicht könnte er bei der Einrichtung von Touristenreisen in die Bundesrepublik liegen; auch dieser Gedanke ist im Sommer von Seiten der DDR positiv bewertet worden. Die Devisenkosten für die DDR wären nicht erheblich […].« – Mündliche Botschaft H. Schmidt an Honecker vom 25.9.1974. Abgedruckt bei: Potthoff, *Bonn und Ost-Berlin*, S. 313.

Reiseerleichterungen der achtziger Jahre riefen sogar nicht nur Begeisterung als ›Schritt auf dem richtigen Weg‹ hervor, sondern schürten auch Unmut durch die Teilung der DDR-Gesellschaft in Reiseberechtigte und -unberechtigte:[286]

»Voraussetzung sind passende Westverwandte, eine beruflich nicht eingeschränkte Erlaubnis, zu diesen überhaupt Kontakt zu unterhalten, ferner Vorgesetzte, die es verantworten können und wollen, zu der Westreise eines Untergebenen eine Erlaubnis zu erteilen, private Verhältnisse, die es den Polizeibehörden ermöglichen, eine hohe Wahrscheinlichkeit für die Rückkehr des Antragstellers zu veranschlagen. Sicherlich wird auch gesellschaftliche Angepaßtheit und Unauffälligkeit eine nicht zu unterschätzende Rolle spielen.«[287]

Staatliches Desinteresse an touristischen Reisen

Touristische Reisen für DDR-Bürger standen dabei kaum im Interesse der DDR-Regierung.[288] Dementsprechend nutzten zwar reisende Rentner auch die Möglichkeit, die Bundesrepublik von ihrer touristischen Seite kennen zu lernen, doch waren damit die Grenzen der Reisemöglichkeiten lediglich um einen Bereich nach Westen verschoben. Und auch dabei blieb das Problem mangelnder Geldausstattung bestimmend, denn selbst am Ende der achtziger Jahre wurde von DDR-Seite nur eine geringe Summe 1:1 in DM umgetauscht,[289] und selbst das von den Gemeinden ausgezahlte Begrüßungsgeld in Höhe von meist 100 DM pro Jahr[290] half nur wenig weiter.[291]

---

286 Vgl. die bei Franka Schneider auf das Westpaket bezogene, aber für Reisen ebenso zutreffende Aussage: »Jedem nach dem Wohnsitz seiner Tante.« – Schneider, »Ein Loch im Zaun«, S. 209. Weiterhin das generelle Reiseverbot für sogenannte Geheimnisträger. – Vgl. Friedrich-Ebert-Stiftung, *Reisen in die DDR*, S. 41.
287 Lampe, »Lazarus am 13. August«, S. 415f. Ähnlich auch: »Schließlich bleibt es bei der Spaltung der DDR-Bevölkerung [...]« – O.V., »Die DDR nimmt Reise-Erschwernisse zurück« (1.4.1989).
288 1989 wurde erstmals die Ausreise für Touristenreisen ins NSW verbindlich geregelt. – Vgl. Rodestock, *Tendenzen des Urlaubsverhaltens*, S. 50–53. Vgl. auch Zuschnitte der Erinnerungen, die in dem Buch ›Mauer-Passagen‹ versammelt sind. Keiner der dortigen Berichte behandelt eine ausgewiesen touristische Reise eines DDR-Bürgers. – Kleindienst, *Mauer-Passagen*.
289 Angaben von 1985: »Rentnern wird bei Westreisen ein sogenanntes ›Zehrgeld‹ als Jahresbetrag im Gegenwert bis zu 15 Mark (Europa) bzw. 30 Mark (außerhalb Europas) eingetauscht. Bei Reisen in dringenden Familienangelegenheiten können DDR-Bürger Reisezahlungsmittel im Gegenwert bis zu 10 Mark je Reisetag, jedoch höchstens 70 Mark je Reise, erwerben«. – Bundesministerium für innerdeutsche Beziehungen, *DDR-Handbuch (1)*, S. 306.
290 Die Höhe der Zuwendung war kommunal verschieden. So spricht Birgit Kawohl von 50 bis 100 DM. – Vgl. Kawohl, *Besser als hier ist es überall*, S. 74. – Zu weiteren finanziellen Hilfen für Besucher aus der DDR vgl. Bundesministerium für Innerdeutsche Beziehungen, *77 praktische Tips*.
291 Müller, *Von der Mangel- zur Marktwirtschaft*, S. 152–162.

Auf halblegalem Wege gab es schließlich für Rentner Möglichkeiten, ganz Europa zu erkunden.[292] Von bundesdeutscher Seite bestand nämlich die Möglichkeit, sich einen bundesdeutschen Pass ausstellen zu lassen und mit diesem unter die Reiseregelungen der Bundesrepublik zu fallen. Dies allerdings war DDR-seitig unter Hinweis auf die staatsrechtliche Abgrenzung von DDR- und BRD-Staatsbürgerschaft streng verboten.

Ansonsten blieben nur geringe Möglichkeiten, an einem organisierten Austausch[293] teilzunehmen, der meist weniger mit touristischer Erfahrung, als vielmehr mit der ideologisch adäquaten Repräsentation der DDR zu tun hatte oder haben sollte und somit auch der in Städtepartnerschaftsverträgen sonst starken Idee einer tatsächlichen ›Bürgerpartnerschaft‹[294] zuwiderlief.

Anschaulich schildert rückblickend Bärbel C., eine im Interviewjahr 1994 28jährige Kindergärtnerin, ihren Besuch der Bundesrepublik mit einer Gruppenreise in die Partnerstadt:

»Ich konnte 1986 das erste Mal in den Westen fahren. Das war eine Gruppenfahrt. [...] Da war eine Delegation von Jugendlichen aus dem Westen, und mit denen mußten wir nun diskutieren. Die von der Stasi saßen unauffällig dabei und haben die Ohren gespitzt. Wer nicht richtig, also sozialistisch, diskutiert hat, der wurde eben vor der Reise aussortiert. Trotzdem mußten sie damit rechnen, daß sich jemand verstellt und abhaut. Viele haben doch ihre ganz eigene, persönliche Meinung gehabt, die sie nicht unbedingt offen gezeigt haben. Selbst in der Bundesrepublik, als wir in der Partnerstadt angekommen waren, hatten ›die‹ ständig Angst, daß man seine eigene Meinung zeigen könnte. An jedem Morgen wurde man genau belehrt, was man zu sagen und wie man sich zu verhalten hatte. Jeder persönliche Kontakt

---

292 Vgl. »Also Martha anrufen. Martha war überall gewesen, nun, überall doch nicht. Rentnerin seit gut zehn Jahren, gesund, quirlig. Ihre Schwester in Württemberg besaß eine Fabrik und einen Haufen Geld, und jedes Jahr, seit Martha reisen durfte, hatte sie vier Wochen lang Westeuropa abgeklappert, mit dem Bundespass nach Italien, Paris, Brüssel, London, Stockholm. Sie hatte keine Ansichtskarten in die DDR geschrieben und hinterher nur wenigen Freunden erzählt, wo sie gewesen war, denn natürlich war es verboten, sich drüben einen Pass ausstellen zu lassen, und mit dem DDR-Pass kam keiner weit.« – Loest, *Zwiebelmuster*, S. 57.

293 Norbert Ropers beleuchtet Jugendaustausch, Sportkontakte, akademischen Austausch sowie Städtepartnerschaften und kommunale Kontakte, die jedoch alle nur partiell als touristische Formen ansehbar sind. Die von Ropers zusammengetragenen Zahlen lassen vermuten, dass selbst diese Kontakte die Zahl von 100.000 Reisenden pro Jahr nicht überstieg. – Vgl. Ropers, *Tourismus zwischen West und Ost*, S. 74–108. Eine neuere Studie zu den genannten Bereichen sowie dem Kulturaustausch lieferte Thomas Nobbe. Er geht zudem auf die von DDR-Seite verfügten Begrenzungen solcher Kooperation ein. So waren kaum direkte Bürgerbegegnungen möglich; Reiseteilnehmer des Jugendaustausches wurden nicht von den austauschenden Kommunen, sondern über Jugendtourist von der FDJ ausgewählt; gemeinsame Ferienlager, eine private Unterbringung von Jugendlichen und Schüleraustausch wurden abgelehnt – Nobbe, *Kommunale Kooperation*, S. 342–355. Ergänzend die Ausführungen: von Weizsäcker, *Verschwisterung im Bruderland*, S. 61–71. Als Beispielfall inkl. eines konkreten Jahresprogramms (1989): Landeshauptstadt Hannover, *Städtepartnerschaft Leipzig – Hannover*, S. 32.

294 Nobbe, *Kommunale Kooperation*, S. 365.

sollte von vornherein abgeblockt werden. Wenn wir wirklich privat eingeladen wurden, durften wir auf keinen Fall allein gehen. Immer nur zu zweit, und einer mußte sozusagen auf den anderen aufpassen.«[295]

Schließlich waren jugendtouristische Reisen in die Bundesrepublik in geringem Umfang möglich. Die DDR-Regierung bemühte sich – selbstverständlich zu ihren Bedingungen – diese Form der Begegnung schrittweise zu erweitern.[296] Die Teilnehmer dieser Reisen wurden jedoch ›handverlesen‹, und die Reisen waren, obwohl touristisch, durch ein aufwendiges politisches Veranstaltungsprogramm am Besuchsort charakterisiert.

---

295 Wierling, *Geboren im Jahr Eins*, S. 135.
296 Vgl. aktuell zusammenfassend: Lohr, *Die geopolitischen Grenzbelange*, S. 224–226. Vgl. zeitgenössisch: ›Non-Paper‹ zur Übergabe an BRD-Bundeskanzler Helmut Schmidt. Abgedruckt bei: Potthoff, *Bonn und Ost-Berlin*, S. 541. Vgl. die partiell ablehnende Haltung des Bundeskanzlers lt. Gespräch Helmut Schmidt mit Wolfgang Vogel. Abgedruckt: Ebd., S. 638.

IV Reiseveranstalter

In diesem Kapitel wird die aufgrund der angestrebten staatlichen Monopolisierung des Tourismus überschaubare Anzahl von Reiseveranstaltern vorgestellt. Die Anbieter, die sich zum großen Teil – im westlichen Sprachgebrauch – auch als Reisemittler betätigten, waren der Feriendienst des FDGB, die Betriebe, das Reisebüro der FDJ Jugendtourist sowie – als einziger nicht sozialtouristischer Agent – das Reisebüro der DDR. Hinzu kommt die nicht direkt institutionell gebundene beziehungsweise von unterschiedlichen Organen organisierte Kinder- und Jugenderholung. Schließlich werden zusammenfassend auch Reiseangebote und »vertraglich gebundene touristische Kapazitäten von Ministerien und zahlreichen gesellschaftlichen Institutionen«[1] vorgestellt.

Das besondere Interesse für diese Veranstalter ergibt sich aus der Dominanz des Sozialpolitischen, aus der umfassenden staatlichen Einflussnahme sowie aus der teilweise »nach marktwirtschaftlichem Verständnis völlig sachfremd[en] [Betätigung, H.W.] als Reiseveranstalter, als Betreiber von Betriebsferienlagern, Urlauber- und Schulungsheimen.«[2] Sie alle grenzen sich von den im nachfolgenden Kapitel VI beschriebenen weiteren Leistungsanbietern insofern ab, dass letztere nicht intendierten, ein komplettes Paket von Reiseleistungen zu erbringen, sondern sich auf bestimmte Teilbereiche wie Beherbergung oder Verpflegung bezogen.

Im Allgemeinen ist aufgrund der Angebotsstruktur im Tourismus für DDR-Bürger zu berücksichtigen, dass westliche Modelle der Informationsgewinnung und Fragen des Ablaufs von Reiseentscheidungen in der DDR nur bedingt Gültigkeit hatten. Um dies zu verdeutlichen, sei das von Karlheinz Wöhler an Prozesse des Tourismus adaptierte Ablaufmodell der Informationsgewinnung nach Richard W. Olshavsky vorgestellt:

---

1 Scharf, »Schwankungen im langfristigen Inlandstourismus«, S. 209.
2 Bähre, *Nationale Tourismuspolitik in der Systemtransformation (1)*, S. 238.

```
┌─────────────────────────────────────┐
│ Vorstellungen über Leistungsmerkmale des │
│ Angebots/Reiseziels: Informationsausrichtung │
└─────────────────────────────────────┘
                    ↓
┌─────────────────────────────────┐
│ Kann auf eigene Erfahrungen zurückgegriffen │ —ja→
│ werden („interne Informationen")? │
└─────────────────────────────────┘
                nein ↓
┌─────────────────────────────────┐
│ Können von Dritten Informationen beschafft │ —ja→
│ werden? │
└─────────────────────────────────┘
                nein ↓
    ja      ┌─────────────────────────────┐
  ←─────── │ Liegen Schlüsselinformationen vor? │
            └─────────────────────────────┘
                    nein ↓
┌──────────────┐ ┌──────────────────────────┐ ┌──────────────┐
│ Auswahl der  │ │ Bestimmung der bedeutsamen │ │ Auswahl der Per- │
│ Schlüssel-   │ │ Leistungsmerkmale und der  │ │ sonen (Verwandte,│
│ information  │ │ Wahlheuristik              │ │ Freunde usw.)    │
└──────────────┘ └──────────────────────────┘ └──────────────┘
        ↓                   ↓                        ↓
┌──────────────┐ ┌──────────────────────────┐ ┌──────────────┐
│ Informations-│ │ Informationsaufnahme und │ │ Abruf der    │
│ aufnahme und │ │ -verarbeitung            │ │ Beurteilung  │
│ -verarbeitung│ │                          │ │              │
└──────────────┘ └──────────────────────────┘ └──────────────┘
                    ↓
        ┌─────────────────────────────────┐
        │ Reiseentscheidung/Qualitätsbeurteilung │
        └─────────────────────────────────┘
                    ↓
        ┌─────────────────────────────────┐
        │ Inanspruchnahme des Angebots/Infor- │
        │ mationen während der Leistungserstellung │
        └─────────────────────────────────┘
                    ↓
        ┌─────────────────────────────────┐
        │ Nachkaufinformation │
        └─────────────────────────────────┘
```

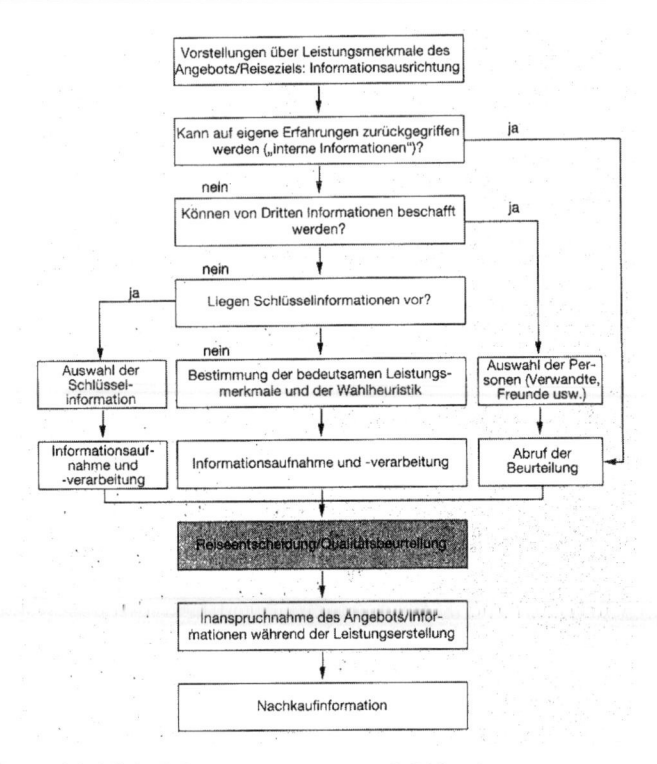

Abbildung 5: Modell der Informationsgewinnung nach Olshavsky

(Originalmodell nach Olshavsky, »Perceived quality in consumer decision making«, S. 12, adaptiertes Modell in deutscher Sprache: Wöhler, »Informationsverhalten«, S. 159.)

Schon die Informationsausrichtung geschah bei den meisten DDR-Bürgern sicher nicht unbeeinflusst vom vermuteten Angebot. Dabei spielten aber sicher interne Informationen eine wichtige Rolle. Die Informationsbeschaffung von Dritten wird im Vorfeld eines Buchungs- oder Zuteilungswunsches aufgrund der geringen Zeitspanne bis zur Entscheidung möglicherweise eingeschränkt gewesen sein, im Nachhinein allerdings bis zum Reiseantritt dürfte sie wegen der eingeschränkten medialen Informationschancen von großer Wichtigkeit gewesen sein. Die Schlüsselinformationen lagen – wenn sie überhaupt vor der Buchungsentscheidung zu erhalten waren – in konzentrierter Form bei den Reiseveranstaltern vor. Es handelte sich zumeist um Elementarinformationen bezüglich Reisezeit, -ort, -unterkunft und -verpflegungsmodus sowie, bei Angeboten des FDGB und der Betriebe, Hinweise zur Personenzahl, seltener auch zum Ablauf der Reise. Auch hier stand am Ende des Informationsprozesses die Reiseentscheidung und nachfolgend gegebenenfalls die Buchung. Während der Leistungserstellung konnten Angebote und Informationen in Anspruch genommen werden, doch wiesen die Reisen eine weit höhere Inflexibilität auf als es den heutigen Reisegewohnheiten entspricht. Nachkaufinformationen des einzelnen Reisenden waren seltener, Kritik wurde zumeist in Form von Eingaben an den entsprechenden Veranstalter übermittelt.

Keine eigenständige Betrachtung in einem Unterkapitel erfährt die Leistungserbringung über die Vermittlung der Genex Geschenkdienst GmbH.[3] Auch so konnten DDR-Bürger Reisen erwerben, doch zum einen geschah dies mittelbar durch Schenkungen von Bundesbürgern,[4] und zum anderen betraf dies eine so geringe Zahl von Personen, dass dem Phänomen nur einige Zeilen dieses Vortextes gewidmet werden sollen. Aber Genex ermöglichte auch eine Art symbolischer Distinktion, die sich dem propagandistischen Streben nach Gleichheit widersetzte. Das Unternehmen Genex wurde Ende 1956 als DDR-Betrieb gegründet, wenngleich die öffentlichen Unterlagen mit dem Signum der Jauerfood AG in Kopenhagen-Valby und der Palatinus GmbH in Zürich anderes nahe legen sollten und mussten.[5] Der Geschenkedienst lieferte westliche Produkte sowie Mangelwaren aus der DDR-Produktion an DDR-Bürger. Die Auftraggeber der jeweiligen Sendung zahlten in frei konvertierbaren Währungen. Geliefert wurden beispielsweise Pkw, Fertighäuser, Unterhaltungselektronik, Möbel, Kühlschränke, aber auch Reisen.

Reise-Angebot 1972[6]:
Inlandsreisen: circa 600 DM (14 Tage, Vollpension, 2 Personen, ohne Fahrtkosten)
Auslandsreisen: circa 1800 DM (14 Tage, Vollpension, 2 Personen, Flug, einschl. Taschengeld und Gebühren für Reiseanlagen)[7]

---

3 Vgl. dazu und im Folgenden: Schneider, »Ein Loch im Zaun«.
4 Eine Ausnahme bildeten die Arbeiter an den Erdgastrassen in der Sowjetunion. Sie konnten einen Teil ihrer Auslöse auf ein sogenanntes Genex-Konto einzahlen und entsprechende Katalogwaren erwerben. – Vgl. *Zeitzeugenbericht von Burkhard Klier im Internet*, 11.1.2005, http://www.erdgastrasse-klier.de/album1.html.
5 Die Genex darf aufgrund des Verrechnungsabkommens zwischen der Bundesrepublik und der DDR keine direkten Devisenüberweisungen aus der Bundesrepublik annehmen. Durch die Vermittlungsunternehmen in der Schweiz und in Dänemark sind die Geschäftsbeziehungen offiziell DDR-Dänemark bzw. DDR-Schweiz. – Vgl. »Daß Genex nur auf schmalem Grat der Legalität des innerdeutschen Handels operiert, ist natürlich allen Beteiligten bewußt. Die Bundesregierung und die Bundesbank halten die Genex im Auge. Man drückt aber beide Augen zu.« – Brestel, »Bezahlt im Westen, geliefert im Osten« (17.12.1975).
6 Angaben aus dem *Genex-Katalog 1972*, Privatbesitz Heike Wolter.
7 Angeboten wurden lediglich Einzelreisen. Ein Anschluss an eine Reisegruppe mit Reiseleiterbegleitung war nicht möglich.

Aufenthalt im Mitropa Rügen-Hotel Saßnitz (auch Weihnachts-, Silvester- und Osterreisen): 405 DM (7 Tage)

»In der Abteilung Reisevermittlung kann man vom Westen aus DDR-Bürgern Schwarzmeerreisen schenken, aber auch eine Woche Aufenthalt im Neptun-Hotel Warnemünde, oder – etwas billiger – im Heinrich-Heine-Heim in Schierke im Harz. ›Unbeschwerte Ferientage‹ werden von Genex auch im Interhotel Karl-Marx-Stadt für 380 DM-West offeriert.«[8]

Im Zuge der Ausweitung des Geschenkdienstes erschien beispielsweise 1981 ein Sonderkatalog ›Reisen‹.[9]

IV.1 Freier Deutscher Gewerkschaftsbund (FDGB)

Historische Entwicklung

Der Feriendienst des FDGB wurde am 20.3.1947 mit dem Ziel gegründet[10], als Reisemittler und -veranstalter im sozialtouristischen Angebot der DDR aufzutreten.[11] Das bedeutete, Ferienreisen anzubieten, »deren Preisniveau so niedrig ist, dass es nicht zu einem Faktor wird, der die Teilnahme am Tourismus verhindert.«[12] Demnach wurden die Angebote des Feriendienstes im Besonderen, im Allgemeinen aber der gesamte staatliche Tourismussektor im Rahmen des Erholungswesens für die Werktätigen als »Zweig der Sozialversorgung gesehen und entsprechend entwickelt«[13].

Mit dieser Idee knüpfte der FDGB an Vorstellungen und Ziele der deutschen Arbeiterbewegung in der Weimarer Republik, den gewerkschaftlichen

---

8 Brestel, »Bezahlt im Westen, geliefert im Osten« (17.12.1975).
9 *Genex-Sonderkatalog ›Reisen‹ 1981.*
10 Vgl. zur Chronologie des Feriendienstes im Folgenden im Rahmen der breiteren Tourismusgeschichte der DDR im Kapitel II.1. Zeitgenössisch: Rösel, »Gewerkschaftliche Ferienreisen und Kuraufenthalte«; Oehler, *Erholungswesen*; Sonntag, *Urlaub mit dem Feriendienst.* Neuere Stellungnahmen von ehemaligen hochrangigen Mitgliedern / Mitarbeitern des FDGB in: Tietze/Demmler, *Die Sozialpolitik in der DDR.* Aktuelle Forschungen: Spode, »Tourismus in der Gesellschaft der DDR«. Selbach, »Reise nach Plan«.
11 Derzeit arbeitet Patrick Benoit aus Bern an einer Dissertation (Arbeitstitel: *Das Urlaubswesen in der DDR – aufgezeigt am Beispiel des Feriendienstes des FDGB*) zum Urlaubswesen der DDR am Beispiel des FDGB-Feriendienstes. Auch Christopher Görlich aus Potsdam befasst sich mit dem Urlaub von DDR-Bürgern im Rahmen einer Dissertation (Arbeitstitel: *Urlaub vom Staat. Zur Geschichte des Tourismus in der DDR*). Vgl. ergänzend den Beitrag: Görlich, »Urlaub vom Staat«.
12 Großmann, »Funktionen des Fremdenverkehrs in der sozialistischen Gesellschaft«, S. 781.
13 Albrecht/Albrecht/Benthien/Breuste/Bütow, »Erholungswesen und Tourismus in der DDR«, S. 607.

Tourismus in der UdSSR vor und nach 1945, aber auch – selbstverständlich, ohne diesen Bezug zu erwähnen – an die ›Kraft-durch-Freude‹-Reisen des Nationalsozialismus an.[14] Das Leitbild des vom FDGB geleiteten Feriendienstes ergab sich aus verschiedenen gesetzlichen Grundlagen, die bereits in Kapitel III.2 ausgeführt wurden. Bedeutsam ist, dass die nur für FDGB-Mitglieder gegebene Möglichkeit, einen Ferienplatz des Feriendienstes zu erhalten, nahezu alle Erwerbstätigen wahrnehmen konnten, waren doch circa 97 Prozent[15] in der Einheitsgewerkschaft organisiert.[16] »Einen Platz in einem der etwa 150 Häuser zu ergattern, war für viele ohne Zweifel das Hauptmotiv, dem FDGB beizutreten.«[17]

Der FDGB konnte sich in den Anfangsjahren zunächst nur auf wenige Erholungsheime und Betten in Privatquartieren stützen. Ein Ausbau der Unterkunftsangebote erfolgte zunächst mit Hilfe des SMAD, der 1948 enteignete Gebäude an den Feriendienst übergab. Die auch in den fünfziger Jahren nötigen Kapazitätserweiterungen wurden zum Teil mit unlauteren Mitteln wie der ›Aktion Rose‹ durchgesetzt. Zudem steuerte der Feriendienst dem geringer werdenden Bettenangebot privater Anbieter entgegen. Diese vermieteten aufgrund höherer Einnahmen bis 1974 bevorzugt an Betriebe oder das Reisebüro der DDR.

In den folgenden Jahren unterband der FDGB diese Praxis durch eine Mischung aus Lockung und Zwang. Zum einen wurden die Bettenplatzpreise ab Januar 1974 von 2,74 Mark auf 5,22 Mark je Gast und Tag angehoben. Daher waren viele Vermieter nun bereit, an den FDGB zu vermieten.[18] Weiterhin

---

14 Vgl. Spode, »Tourismus in der Gesellschaft der DDR«, S. 16.
15 Zahlen aus dem Jahr 1989: Demnach waren im Januar 1989 97,4 Prozent der Werktätigen im FDGB organisiert. Dabei konnte als Spannweite ein Organisationsgrad von 95,5 Prozent in der Gewerkschaft Kunst bis 98,8 Prozent in der Gewerkschaft Unterricht und Erziehung (fachliche Orientierung) sowie zwischen 96,2 Prozent im Bezirk Dresden und 98,3 Prozent im Bezirk Berlin (regionale Orientierung) angegeben werden. – Vgl. Weinert/Gilles, *Zusammenbruch des Freien Deutschen Gewerkschaftsbundes*, S. 24
16 Hartmut Zimmermann verwies bereits 1974 darauf, dass es sich beim FDGB um eine »faktische Zwangsorganisation bei formal freiwilligem Beitritt« handele. Damit und in seiner Funktion als Erfüllungsorgan partieller Interessen konnte der FDGB keine im westlichen Sinne gewerkschaftliche Organisation zur autonomen Interessenwahrnehmung ihrer Mitglieder sein. – Vgl. Hartmut Zimmermann. Zitiert bei: Weinert/Gilles, *Zusammenbruch des Freien Deutschen Gewerkschaftsbundes*, S. 13. Ergänzend: Frerich/Frey, *Handbuch der Geschichte der Sozialpolitik in Deutschland (2)*, S. 67; Friedrich-Ebert-Stiftung, *Der FDGB von A bis Z*, S. 39.
17 Biskup (13.7.1990). Zitiert bei: Helwig, *Die letzten Jahre der DDR*, S. 80. Ähnlich auch Weinert/Gilles, *Zusammenbruch des Freien Deutschen Gewerkschaftsbundes*, S. 24.
18 Vgl. Sonntag/Leiberg/Filler, *Urlaub mit dem Feriendienst*, S. 13. Allerdings schien dies gelegentlich dazu zu führen, dass private Anbieter zwar die zugesicherten Gelder in Empfang nahmen, sich aber wenig um die Qualität ihres Angebots sorgten. – Vgl. »PU-Betten weiter aufmieten

verpflichtete sich der FDGB gegenüber den vertraglich gebundenen Privatvermietern zu einer Auslastung des Quartiers von 90 Prozent im Jahresdurchschnitt beziehungsweise zahlte anteilig für Leerstandszeiten bis zu dieser Grenze.[19] Darüber hinaus wurden Einnahmen aus der Vermietung von Zimmern an den FDGB und die Einrichtungen des Kur- und Bäderwesens ab 1974 von der Steuer befreit. Schließlich galten ab 1974 Preisvorschriften, die die Preise des FDGB als im Beherbergungswesen allgemein geltende Höchstpreise festlegten. Höhere Einnahmen waren gegen eine nur als horrend zu bezeichnende Besteuerung oder illegal möglich. Die Betriebe, das Reisebüro der DDR und private Vermieter wurden so vom Feriendienst aus dem ›Privatbettenmarkt‹ nahezu ausgeschlossen.[20]

Ein wirklicher Zuwachs gelang dem Feriendienst mittels dieser Maßnahmen ab der Mitte der siebziger Jahre[21], unterstützt durch den Beschluss des Politbüros, einen Großteil der Plätze in sieben der Interhotels der DDR für dessen Urlaubsangebote zur Verfügung zu stellen.[22] Im Sinne des angestrebten Angebotsmonopols[23] war der FDGB zudem seit 1979 auch für die Leitung und Planung des betrieblichen Erholungswesens verantwortlich[24], sodass in späteren Schriftstücken mit der Bezeichnung ›Gewerkschaftstourismus‹ oftmals das Betriebserholungswesen eingeschlossen war.

---

bzw. wieder aufmieten – aber nur Qualität und nicht nur zahlen, denn viele Vermieter denken, FDGB, das ist schön, Geld kommt von alleine.« – *Mitschrift und Ergänzungen zum Schlusswort des Genossen Harry Tisch anlässlich des Zentralen Erfahrungsaustausches der Objekt- und Heimleiter des FDGB-Feriendienstes des Bundesvorstandes des FDGB*, Privatbesitz Annemarie Schatz, S. 2.

19 Vgl. dazu und im Folgenden: *Anordnung über die Steuerbefreiung von Einnahmen aus der Vermietung von Zimmern an den Feriendienst des FDGB und die Einrichtungen des Kur- und Bäderwesens* vom 1.4.1974.

20 Vgl. Selbach, »Reise nach Plan«.

21 Der Umfang der vom Feriendienst vermittelten Reisen war nach der Zunahme der Bettenzahlen bis zum Anfang der fünfziger Jahre seit diesem Zeitpunkt bis zum Anfang der siebziger Jahre relativ konstant geblieben, da der Zustand der Unterkünfte kaum weitere Kapazitätserhöhungen zuließ. – Vgl. o.V., »Prognosen über den Fremdenverkehr«, S. 8; Staatliche Zentralverwaltung für Statistik, *Statistisches Jahrbuch der DDR*.

22 Vgl. *Gemeinsamer Beschluss des Politbüros des ZK der SED, des Präsidiums des FDGB-Bundesvorstandes und des Ministerrates der DDR vom 1.12.1971 zur Förderung des Erholungswesens*. Zitiert bei: Stompler, »Zur Urlaubsreisetätigkeit der DDR-Bevölkerung«, S. 20; Sonntag, *Urlaub mit dem Feriendienst*, S. 7. Dazu auch: Wehner, »Geschichte des Fremdenverkehrs«, S. 158; Winkler, *Lexikon der Sozialpolitik*, S. 156; ders.: *Geschichte der Sozialpolitik*, S. 322.

23 Für das Erholungswesen spezifische Ableitung aus dem Artikel 44 (1) der *Verfassung der Deutschen Demokratischen Republik* vom 9.4.1968 in der Fassung vom 7.10.1974.

24 Vgl. *Verordnung über die Nutzung betrieblicher Erholungseinrichtungen* vom 10. Mai 1979. Vorläufer dieser Entwicklung existierten bereits durch den *Beschluß des Präsidiums des Ministerrates über die Nutzung von Betriebserholungsheimen* vom 13.10.1960.

Aufgrund des immer höheren organisatorischen Umfangs des Feriendienstes innerhalb des FDGB wurde die Idee einer vom FDGB unabhängigen Institution für die staatliche Tourismusgestaltung entwickelt. Dieser Vorschlag wurde aber bereits 1974/75 vom Bundesvorstand des FDGB klar zurückgewiesen und stattdessen eine Umstrukturierung innerhalb des FDGB vorgenommen. Der Feriendienst erhielt damit eine zentrale Stellung innerhalb des Aufgabenspektrums der Gewerkschaft.

Diese neue Qualität in der Wertigkeit des Reisens mit sozialpolitischem Anspruch wurde ab 1971 durch die entsprechende Direktive des VIII. Parteitages unterstützt. Auf dem 8. FDGB-Kongress im Juni 1972 wurde dieser Auftrag angenommen.[25] In den nächsten Jahren entstanden durch den 1973 zum ›Haupterholungsträger‹[26] erklärten Feriendienst der Gewerkschaften zahlreiche Unterkünfte, Gaststätten und Sportanlagen. Fritz Rösel, 1962 bis 1989 Mitglied des Sekretariats des Bundesvorstandes des FDGB, bezifferte 1987 den Anteil der nach dem VIII. Parteitag entstandenen, rekonstruierten oder modernisierten Ferienplätze mit 56 Prozent des Gesamtvolumens der Kapazitäten.[27] Der Staat nutzte diese sozialpolitische Entwicklung als positive Bestätigung des sozialistischen Weges aus.[28]

Die Direktiven der Parteitage von 1976, 1981 und 1986 und die Forderungen des neunten (1977), zehnten (1982) und elften (1987) FDGB-Kongresses orientierten sich im Grundsatz an den Vorgaben aus dem Jahr 1971, vor allem hinsichtlich der Forderungen nach Modernisierung, Erhalt und Neubau, höherer Kapazitätsauslastung und verbesserter gastronomischer, kultureller und sportlicher Betreuung.

---

25 Vgl. »Bis zum Ende des Fünfjahrplanes werden 8.500 neue Urlaubsplätze geschaffen. […] Für den Ausbau des gewerkschaftlichen Erholungswesens werden im laufenden Fünfjahrplan mehr als doppelt soviel Mittel aufgewendet wie im vergangenen Planjahrfünft. Das verpflichtet die Gewerkschaftsvorstände, dafür zu sorgen, daß diese von den Werktätigen selbst erarbeiteten Mittel mit hohem Nutzeffekt eingesetzt werden. […] Die Bedürfnisse nach Erholung könnten schon gegenwärtig besser erfüllt werden, wenn alle Betriebsheime das ganze Jahr über voll genutzt würden. Durch vertragliche Beziehungen zwischen Betrieben und dem gewerkschaftlichen Feriendienst […] ist es möglich […], die Betriebsheime […] besser zu nutzen. Wir appellieren an die Betriebsgewerkschaftsleitungen, uns in dieser Beziehung noch wirkungsvoller zu unterstützen.« – Bundesvorstand des FDGB, *Protokoll des 8. FDGB-Kongresses*, S. 20.
26 Vgl. *Geschichte der Unterkunftskapazitäten des FDGB als Vorgeschichte der FEDI GmbH*, BArch DL1 Karton (Bündel) 23, darunter ehemals Bündel 21, unpag.
27 Rösel, »Urlaubszeit – Reisezeit für Millionen Werktätige«, S. 2.
28 Vgl. »Die Entwicklung des Feriendienstes […] von 1954 bis 1977 zeigt mittels nackter Zahlen eine stolze Bilanz. […] Diese Zahlen können getrost nach Hause getragen werden und in der Argumentation um die Richtigkeit unserer sozialistischen Politik ins Feld geführt werden.« – FDGB-Bezirksvorstand Magdeburg, *30 Jahre Feriendienst der Gewerkschaften*, S. 14.

In den achtziger Jahren gewann die Berücksichtigung von Familien (besonders von kinderreichen) sowie die Differenzierung des Angebots bezüglich spezieller Reisebedürfnisse einzelner Bevölkerungsgruppen[29] – es gab zum Beispiel Spezialreisen für Jungvermählte, werdende Mütter, Diabetiker, Werktätige aus der Landwirtschaft, Gewerkschaftsveteranen, Jugendliche (Jugenderholung der Gewerkschaften, Winterurlaub der Landjugend) – eine herausragende Bedeutung. Die Förderung der Urlaubserholung von Familien bedeutete zunächst, dass »Ferienschecks für große oder nebeneinander liegende Zimmer bzw. für Erholungsaufenthalte am gleichen Ort und zur gleichen Zeit zur Verfügung gestellt«[30] und das Angebot zeitlich innerhalb der Schulferien positioniert wurde. Begleitet wurde dies von einer familiengerechten Betreuung, die nach den Aussagen von Lübchen und Thiel beispielsweise kindgerechte Essensangebote, Kinderbetreuung, Ermäßigung für bestimmte Veranstaltungen und Eintritte beinhaltete.[31] Dies gelang zwar 1970/1971 für 11.700 Reisen, 1980 bereits für 200.000 und 1985 für 250.000 Personen[32], doch verwies Fritz Rösel noch 1987 darauf, dass diese Zahl bei weitem nicht ausreichend sei.[33] Diese Orientierung stand im Übrigen der Berücksichtigung von Einzelurlaubern diametral gegenüber. So kann es kaum verwundern, dass Angebote für Einzelreisende in den Offerten des Feriendienstes fast vollständig fehlten.[34] Eine Eingabe aus dem Jahr 1987 beschreibt diesen Missstand: »Das Einzige, was mir bisher oft die Urlaubsfreude einschränkte, war, dass ich als Alleinstehende und Alleinreisende stets gezwungen war, die Urlaubstage mit einem mir fremden Menschen in einem Zweibettzimmer zu wohnen. Besonders im vergangenen Jahr, wo mir – ich bin Rentnerin Jahrgang 1923 – als Zimmergenossin ein 17-jähriges junges Mädchen zugeteilt wurde.«[35]

---

29 Vgl. Oeser/Rothaar/Matke, *Urlaub mit dem Feriendienst des FDGB*, S. 42f. Vgl. auch: Sonntag, *Urlaub mit dem Feriendienst*, S. 59; Lübchen/Thiel, *Urlaub, Reisen, Camping*, S. 33; o. V., »Argumentation zur Verteilung der Ferienreisen des FDGB «.
30 Lübchen/Thiel, *Urlaub, Reisen, Camping*, S. 36. Vgl. auch: Schulze, *DDR. Gesellschaft, Staat, Bürger*, S. 151; Oehler, *Erholungswesen*, S. 19.
31 Vgl. Lübchen/Thiel, *Urlaub, Reisen, Camping*, S. 25.
32 Vgl. ebd., S. 24 und 34; o.V., *Handbuch Deutsche Demokratische Republik*, S. 414; Bundesvorstand des FDGB, *Protokoll des 10. FDGB-Kongresses*.
33 Vgl. Rösel, »Urlaubszeit – Reisezeit für Millionen Werktätige«.
34 Im 500 Zimmer umfassenden Ferienheim ›August Bebel‹ in Friedrichroda existierte beispielsweise kein einziges Einzelzimmer. – Vgl. Wagner, »Das Schlosshotel im Thüringer Wald« (14.5.1987). Es ist davon auszugehen, dass dies auch so gewollt war, um einerseits die Auslastung zu erhöhen und andererseits die in der DDR auch anderweitig geförderten frühen Familiengründungen zu unterstützen.
35 *Briefliche Eingabe von Frau Hildegard Haller aus Halle an die Generaldirektion des Reisebüros der DDR* vom 23.2.1987, Barch DM102 Bündel 238 (21689), unpag.

Die Ereignisse des Jahres 1989 führten schließlich am 5.3.1990 zur Gründung der FEDI-Feriendienst GmbH i.G. mit Sitz in Berlin.[36] Der Gesellschaftervertrag wurde am 6.7.1990 unterzeichnet. Sie übernahm die zu diesem Zeitpunkt bestehenden 695 Erholungsheime des FDGB -- einschließlich der Pachtheime und der Heime in Interessengemeinschaft mit Betrieben.[37]

Bedeutung des Feriendienstes

Die Detailentwicklungen in den einzelnen Bezirken entsprachen ungeachtet regionaler Differenzen, bedingt durch die unterschiedliche touristische Attraktivität der Gebiete, weitgehend der Gesamtentwicklung. So stellte beispielsweise die Rede Dr. Gerhard Gruhls, Vorsitzender des Bezirksvorstandes des FDGB im Bezirk Dresden, 1987 anlässlich des 40. Jahrestages des Feriendienstes des FDGB vor Mitarbeitern und Funktionären der Abteilung Feriendienst des Bezirksvorstandes FDGB, der Erholungsobjekte und Heime sowie der Feriendienstkommissionen der FDGB-Kreisvorstände dessen Errungenschaften wie folgt dar: Der Feriendienst der Gewerkschaften und betriebliche Erholungseinrichtungen der Betriebe »gehören zu den größten sozialen Errungenschaften der Arbeiterklasse der DDR [...] In dem Maße, wie sich im Ergebnis unserer eigenen Arbeit die Leistungskraft unserer Volkswirtschaft ständig erhöhte [,] verbesserten sich auch spürbar die Bedingungen für Urlaub und Erholung. [...] weil auch der sozialistische Staat jährlich große finanzielle Mittel dafür zur Verfügung stellt.«[38]

Aus dem 1947 gegründeten Feriendienst mit im ehemaligen Land Sachsen nur 23 Vertragshäusern mit 154 Betten, mittels derer damals 770 Reisen vermittelt werden konnten, sei der wichtigste Erholungsträger der DDR geworden. Seit dem VIII. Parteitag 1971 habe man mehrere Erholungsheime, Bungalowsiedlungen und Urlauberrestaurants neu geschaffen und rekonstruiert, im Bezirk Dresden beispielsweise in Oybin, Schellerhau, Weinböhla, Hörnitz, Oberbärenburg, Bad Schandau, Hohnstein, Neuschmölln, Langebrück, Hartha und in Gohrisch. Die Ausgaben für Investitionen und Werterhaltungen beliefen sich dahingehend auf etwa 90 Millionen Mark und die jährliche Auslagen für die Verbesserung der Arbeits- und Lebensbedingungen der Mitarbeiter auf 1,3 Millionen Mark. Mit diesen Maßnahmen konnten, so

---

36 Vgl. dazu und im Folgenden: Schneider, *Die Ferien-Macher*, S. 321f. *Geschichte der FEDI GmbH*, BArch DL1 Karton (Bündel) 23, darunter ehemals Bündel 21, unpag.
37 Die Objekte wurden zu diesem Zeitpunkt mit einem Gesamtbruttowert von 700 Mio. Mark taxiert. Der Zeitwert lag jedoch stark darunter. – Vgl. ebd.
38 *Rede des Vorsitzenden des Bezirksvorstandes des FDGB, Gerhard Gruhl, zum 40. Jahrestag des Feriendienstes des FDGB*, SHStA 12465, Nr. 247.

Gruhl, 1986 572.832 Reisen angeboten werden, was einer Steigerung auf 250 Prozent gegenüber 1972 gleichkäme. Er verwies vor allem auf das persönliche Engagement des angestellten Personals: »In Vorbereitung und Auswertung des 11. Parteitages wurden von unseren Mitarbeitern 1162 Einzelverpflichtungen eingereicht und abgerechnet. Dadurch konnte[n] die Qualität der Urlauberbetreuung weiter verbessert und insgesamt 147.000 Mark Kosten eingespart werden.« Auch die Tätigkeit der ehrenamtlichen Funktionäre in den Feriendienstkommissionen des Bezirksvorstandes, der Kreisvorstände und in den Grundorganisationen wurde von ihm hervorgehoben, durch sie seien fast 190.000 Ferienplatzreisen pro Jahr »sozial wirksam und leistungsgerecht vergeben« worden. Er räumte ein, dass »[...] wir noch nicht in der Lage sind, alle Erholungsbedürfnisse voll zu befriedigen. Deshalb werden wir uns in den kommenden Jahren verstärkt den Familien mit 2 und 3 Kindern zuwenden, da es hier noch den größten Aufholbedarf gibt.«[39]

Angebotsstruktur

Der Feriendienst bot seinen Urlaubern ein Paket aus Unterkunfts-, Verpflegungs- und Betreuungsleistungen an.[40] Die Beförderung gehörte nicht zum Leistungsumfang, konnte allerdings über die Deutsche Reichsbahn um ein Drittel ermäßigt gebucht werden.[41] Die Mehrzahl der Reisen führte ins Inland. Auslandsreisen ergaben sich durch die geringen Kontingente an Reisen auf den Urlauberschiffen sowie durch Scheckaustausch mit den Gewerkschaftsorganisationen anderer sozialistischer Länder.

Die Auswahl des konkreten Ferienortes durch den Urlauber war durch die Angebotsstruktur des Feriendienstes begrenzt. Individuelle Vorlieben standen nicht selten den vorgegebenen Zielen entgegen oder waren in der Verteilung schwierig zu erlangen. Aus diesem Grund scheint die Zielwahl eine geringere Priorität als im heutigen Verständnis der Rangfolge von Reiseteilentscheidungen gespielt zu haben, sondern »dieses Problem gab es nicht: Wo will ich hin? Das wäre jetzt Ostsee und von fünf angebotenen Reisen war höchstens eine Ostsee. Die Überlegung war wirklich: Wohin kann ich überhaupt reisen? Wo ist in der Zeit, wo ich Urlaub habe, was? Und dann war's Erzgebirge oder Thüringer Wald. Da nehm' ich Thüringer Wald.«[42]

---

39 Rede des Vorsitzenden des Bezirksvorstandes des FDGB, Gerhard Gruhl, zum 40. Jahrestag des Feriendienstes des FDGB, 25.3.1987, SHStA 12465, Nr. 247, unpag.
40 Damit kommt das Angebot der im bundesdeutschen Sprachgebrauch üblichen Definition einer ›Pauschalreise‹ am nächsten. – Vgl. Fuhrmann, »Der Urlaub der DDR-Bürger«, S. 39.
41 Vgl. Deja-Lölhöffel, *Freizeit in der DDR*, S. 42.
42 *Interview Peter Schmidt.*

Die Attraktivität der angebotenen Reisen hing – bedingt durch die klimatischen Bedingungen in der DDR und die landesweit einheitlich geregelten Ferienzeiten für Schüler, Lehrlinge und Studenten – erheblich vom Reisezeitraum ab. Man unterschied zwischen Saisonreisen (1.7.–31.8., Weihnachten / Neujahr, Februarferien), saisonnaher (1.1.–10.3 mit Ausnahme der Februarferien, 1.5.–30.6., 1.9.–30.9.) und saisonferner Zeit (11.3.–30.4., 1.10.–31.12. mit Ausnahme Weihnachten / Neujahr).[43] In der gesamten Dauer seiner Existenz bemühte sich der Feriendienst des FDGB durch propagandistische Maßnahmen, Preisermäßigungen sowie verbesserte kulturelle und sportliche Betreuung in der Nebensaison die Reiseströme auch auf andere Monate umzulenken. Mit bescheidenem Erfolg, denn »ein zu großer Teil der Reisen in der Vor- und Nachsaison wird nicht genutzt. [...] Und es ist eine Illusion zu glauben, daß man sich nur im Juni, Juli oder August an der Ostsee erholen könnte.«[44] Aber: »Die [Reisen in der saisonfernen Zeit, H.W.] war'n so billig. Die hätte man verschenken müssen und wär' sie dann wahrscheinlich auch nicht losgeworden.«[45]

Überwiegend dauerten die angebotenen Reisen 13 Tage. Dadurch wurden sogenannte ›Urlauberdurchgänge‹ geschaffen, sodass es bestimmte Wechseltage gab und die Saisonzeiten – insbesondere die sechswöchigen Sommerferien innerhalb derer drei Urlauberdurchgänge aufeinander folgten – besonders effektiv ausgelastet wurden. Auch Angebote für fünf bis sechs Tage lagen vor.

Beherbergung

Die Unterbringung erfolgte in FDGB-eigenen oder in Kooperation mit Betrieben bewirtschafteten Ferienheimen[46], vertraglich gebundenen Kapazitäten[47] – Vertragshäusern oder Privatquartieren – sowie in geringem Maße auch in (Inter-)Hotels. Die Ferienheime gehörten durch Enteignungen der unmittelbaren Nachkriegszeit oder durch Ankauf privater Objekte zum Feriendienst beziehungsweise wurden neu errichtet. Sie waren zwar im Allgemeinen durch

---

43 Vgl. Lübchen/Thiel, *Urlaub, Reisen, Camping*, S. 27f.; Sonntag, *Urlaub mit dem Feriendienst des FDGB*, S. 63f.
44 Bundesvorstand des FDGB, *Protokoll des 11. FDGB-Kongresses*, S. 31.
45 *Interview Peter Schmidt*. Vgl. statistisch ergänzend: *Anhang 4*.
46 Diese wurden zum Teil synonym als Urlauber(wohn)heime oder Erholungsheime bezeichnet. Im Sinne einer Teilmenge der Ferienheime waren mit dem Terminus ›Urlauberheim‹ zum Teil reine Bettenheime gemeint.
47 1985 machte der Anteil an der Gesamtzahl der untergebrachten Urlauber in diesen Vertragskapazitäten 51 Prozent aus. – Vgl. Lübchen/Thiel, *Urlaub, Reisen, Camping*, S. 18.

hohe Fixkosten teuer im Unterhalt[48], doch boten sie den Vorteil langfristiger Planungssicherheit und die Chance zu (ideologischer) Einflussnahme auf den Reisenden. Seit dem Beschluss über die Entwicklung des Feriendienstes vom 7.3.1972 gehörten zu diesem selbst bewirtschafteten Bereich noch Kooperationsbeziehungen zu circa 100 Betriebserholungsheimen.[49] Die Vertragshäuser waren meist Pensionen vornehmlich der Küsten- und Mittelgebirgsregion, die nur saisonal zur Kapazitätserweiterung an den FDGB gebunden waren.[50]

Die Plätze in Privatquartieren, Außenbetten genannt und offiziell die »bewährte Tradition der Sommerfrische«[51] weiterführend, dienten demselben Zweck.[52] Zu den Merkmalen dieser Unterkünfte gehörten bis in die siebziger Jahre eine oft mangelhafte Ausstattung besonders im Sanitärbereich[53]. Die dort untergebrachten Urlauber wurden in der Regel in einem örtlichen Ferienheim verpflegt.[54] Dies konnte zu großer Unzufriedenheit führen, denn oft war die Strecke zwischen den Unterkunfts- und den Verpflegungs-/Betreuungsorten weit. Der Weg musste jedoch beim Angebot der Vollpension mehrmals täglich zurückgelegt werden.[55]

---

48 Vgl. Scharf, »Zur Beeinflussung der zeitlichen Bedarfsschwankungen«, S. 94f.
49 Vgl. *Gemeinsamer Beschluß des Politbüros des ZK der SED, des Präsidiums des Bundesvorstandes des FDGB und des Ministerrates der DDR zur Entwicklung des Feriendienstes der Gewerkschaften sowie zu Fragen der Kuren* vom 7.3.1972. Vgl. auch: O.V. »Für die Gesundheit und Erholung der Arbeiter« (9.3.1972).
50 Vgl. Lübchen/Thiel, *Urlaub, Reisen, Camping*, S. 18.
51 Dies erscheint als ein propagandistischer Schachzug, um die Attraktivität der Quartiere zu heben. – »Was bringt das neue Urlaubsjahr?« (7/1976), S. 14.
52 Vgl. Sonntag, *Urlaub mit dem Feriendienst*, S. 57; Benthien, »Studien zur Entwicklung des Erholungswesens«, S. 149.
53 Der Anteil der Zimmer ohne fließendes kaltes und warmes Wasser betrug 1974 immerhin noch 66 Prozent, im Jahr 1980 allerdings nur noch rund 2 Prozent. – Vgl. Sonntag/ Leiberg/Filler, *Urlaub mit dem Feriendienst*, S. 21. Vgl. »Nach wie vor geben jedoch viele Privatquartiere Anlaß zur Kritik der Urlauber, da diese nicht mehr dem ständig steigenden Wohnkomfort entsprechen. So hatte im Erholungszentrum Ostsee der überwiegende Teil der Eingaben Mängel in den Privatunterkünften zum Inhalt. [...] (Trockentoiletten außer Haus, Pumpen und Brunnen für die Wasserentnahme).« – *Einschätzung der Reisezeit 1971*, BArch DY34 9767, S. 7.
54 Vgl. Kante, *Deutschland – ein Schauermärchen*, S. 110.
55 Entfernungen bis 20 Minuten Fußweg pro Strecke waren nicht unüblich. Angesichts des Motorisierungsgrades der Urlauber war in besonders extremen Fällen eine Vermittlung durch den Feriendienst nur als Spezialreise für mit dem Pkw anreisende Urlauber möglich. – Vgl. Autorenkollektiv, *Das neue Ferien- und Bäderbuch*, S. 26 und S. 29.

Seit 1971 konnte der FDGB in geringem Umfang auch Hotelkapazitäten – auch in sieben der 35 Interhotels[56] – nutzen. Letztere blieben jedoch vorwiegend den Mitarbeitern volkswirtschaftlich wichtiger Betriebe und Werktätigen mit hervorragenden Leistungen im sozialistischen Wettbewerb vorbehalten.[57] Einen starken Anstieg nahm die Entwicklung des Bettenangebots in der Entstehungsphase sowie im Zuge der vom VIII. Parteitag gestellten Hauptaufgabe der Förderung der Sozialpolitik ab 1971. Allein zwischen 1971 und 1975 entstanden zehn Erholungsheime, 20 Urlauberheime und drei Urlaubersiedlungen[58], beispielsweise das

»neue FDGB-Ferienquartett: ›Wilhelm Pieck‹, Finsterbergen. Jährlich 6000 Gäste. Eröffnet: 14.1.76. ›Fritz Weineck‹, Oberhof, Interessengemeinschaft FDGB, Chemiekombinate des Bezirkes Halle und Energieversorgung Suhl. Jährlich 17000 Gäste. Eröffnet: 6.1.76. Erholungskomplex Binz. Nach Vollendung der zweiten Ausbaustufe jährlich 20000 Gäste. Eröffnet: 19.12.75. ›Am Fichtelberg‹, Oberwiesenthal. Interessengemeinschaft FDGB und PCK Schwedt. Jährlich 20000 Gäste. Eröffnet: 19.12.75.«[59]

1976 bis 1989 folgten weitere 71 Heime, unter anderem der sogenannte ›Maja-Tempel‹, das Ferienheim ›August Bebel‹ in Friedrichsroda mit mehr als 1.000 Betten. Diese heute oft klotzig und überdimensioniert wirkenden Bauten stellten zum damaligen Zeitpunkt die beliebtesten, weil am besten ausgestattetsten Ferienplätze des Feriendienstes dar. Sie ermöglichten zudem aus Sicht des Anbieters eine Konzentration der finanziellen Mittel auf weniger Objekte, was zu einer ökonomisch effektiveren Führung und Nutzung beitrug.

Im Eigentum des FDGB befanden sich zudem Feriendörfer, Bungalowdörfer sowie Erholungskomplexe, die nicht nur Unterkünfte, sondern auch eigene Restaurants, zahlreiche Dienstleistungsbetriebe und sonstige infrastrukturelle Einrichtungen beinhalteten. Diese meist in den siebziger und achtziger Jahren entstandenen Kapazitäten waren verhältnismäßig gut ausgestattet.

Ein in der Presse der DDR in dieser Hinsicht besonders häufig gelobtes Beispiel war der Erholungskomplex ›Warenshof‹ in Waren an der Müritz im Bezirk Neubrandenburg. Dort waren ein ehemaliger sowjetischer Raketenstützpunkt und das zugehörige Kasernengelände zu einem Ferienheim mit

---

56 Zur Dimension dieses Angebots vgl. Winkler, *Geschichte der Sozialpolitik der DDR,* S. 322. Im ersten Jahr konnten somit 90.000 dreizehntägige Erholungsaufenthalte zusätzlich ermöglicht werden.
57 Vgl. Sonntag/Leiberg/Filler, *Urlaub mit dem Feriendienst,* S. 4. Für Mitarbeiter volkswirtschaftlich bedeutsamer Betriebe und Kombinate existierten zudem zusätzliche Urlaubsangebote in besonders für diese Werktätigen geschaffenen Ferienheimen. – Vgl. o.V., »Urlauberheim für Wismut-Kumpel in Zinnowitz« (4.7.1977).
58 Vgl. Filler, *Der Stand und die Entwicklung,* S. 135f.
59 O.V., »Was bringt das neue Urlaubsjahr?« (7/1976), S. 14.

Ferienwohnungen für kinderreiche Familien und einer Vielzahl weiterer Verkaufs-, Dienstleistungs- und Kultureinrichtungen umgebaut worden.[60] Der Reisende wusste anhand der Einstufung seiner Unterkunft in eine so genannte Unterkunftskategorie, welcher Komfort ihn am Urlaubsort erwartete.[61] Zu beachten ist, dass nicht nur eine qualitative Abstufung vorgenommen wurde, sondern in den Kategorien zwei und drei eine zusätzliche Untergliederung in Unterkünfte an der Ostsee und solche in anderen Erholungsgebieten erfolgte. Der preisliche Aufschlag für Ostseeplätze zeugt von der Beliebtheit dieses Reiseziels.

Eine Besonderheit in den Unterkunftskapazitäten stellten die so genannten Präsidiumsheime des FDGB dar. Sie waren nicht für den gewerkschaftlich organisierten Werktätigen, sondern für die (Nah-)Erholung[62] und den Urlaub von Mitgliedern des Präsidiums des FDGB sowie die Betreuung internationaler Gäste des FDGB vorgesehen.[63] Der FDGB erwarb dafür bereits in den fünfziger Jahren mehrere Gebäude. Sie unterstanden direkt dem Bundesvorstand des FDGB, Abteilung Zentrale Organe. Die Präsidiumsheime unterhielten enge Verbindungen zu den FDGB-Gästehäusern[64]. Die Objekte waren das Heim ›Richard Schmidt‹ in Heringsdorf[65], das Heim ›Lug ins Land‹ in Schönberg/Kapellenberg und das Präsidiumsheim in Bad Saarow.[66] Trotz der bevorzugten Behandlung im Rahmen des gewerkschaftlichen Feriendienstes hatten sie mit ähnlichen strukturellen Problemen – mangelnde Auslastung in der Nebensaison, hoher Subventionsbedarf[67], ungedeckter Ausstattungsbedarf

---

60 Vgl. Heilig/Funke, »Urlaub, wo unlängst noch Raketen standen« (2./3.7.1988).
61 Vgl. Abdrucke der den einzelnen Kategorien zugeordneten Gebrauchsmerkmale beispielsweise in: Lübchen/Thiel, *Urlaub, Reisen, Camping*, S. 64; FDGB-Bundesvorstand, *Richtlinie zur Neuregelung*, S. 9–12; Bundesvorstand des FDGB, *Richtlinie für die Verteilung und Abrechnung der Erholungsaufenthalte des FDGB in den gewerkschaftlichen Grundorganisationen. Beschluß des Sekretariats des Bundesvorstande des FDGB Nr. 129/77* vom 20.7.1977, S. 7–11; Focke, *Handbuch für den Gewerkschaftsfunktionär*, S. 363f.
62 Vgl. »Die größte Auslastung hat das Präsidiumsheim in Bad Saarow-Pieskow, das zufolge seiner günstigen Lage für die Naherholung leitender Gewerkschaftsfunktionäre und für kurzfristige Beratungen genutzt wurde.« – *Arbeitsberatung am 1.12.1966 zum Beschluß des Sekretariats des FDGB-Bundesvorstandes über die Arbeit mit den Präsidiumsheimen*, BArch DY34 5437, unpag.
63 Vgl. *Auflistung der Berechtigtenkreise*, BArch DY34 24688, unpag.
64 Die Gästehäuser des FDGB befanden sich in Berlin und Dresden. Sie dienten eher dem kurzfristigen Aufenthalt internationaler Gäste des FDGB und kaum der Erholung. Daher wird auf eine nähere Betrachtung verzichtet.
65 Vgl. *Geschichte der ›Villa Bleichröder‹, später Präsidiumsheim ›Richard Schmidt‹, Heringsdorf*, 6.11.2004, www.all-in-all.com/1644/historie.de.
66 Vgl. *Auflistung der drei Präsidiumsheime im Jahr 1965 inkl. Finanz- und Stellenplänen*, BArch DY34 4701, unpag. Ebenso für *1966*, BArch DY34 4702, unpag.
67 1966: »Es müssen große Anstrengungen unternommen werden, um die Diskrepanz zwischen den Einnahmen und den Ausgaben zu mindern.« – *Arbeitsberatung am 1.12.1966 zum Beschluß*

– wie andere Ferienheime auch zu kämpfen.[68] Die internationalen Gäste, mehrheitlich Delegationsangehörige, stammten nicht nur aus sozialistischen Ländern, sondern auch aus der Bundesrepublik Deutschland, Westeuropa sowie Entwicklungsländern.[69] Für sie war zumeist eine Rundreise durch die DDR geplant, wobei einige Tage in den Gästehäusern des FDGB in Berlin und Dresden sowie ein vierzehntägiger Aufenthalt in einem der Präsidiumsheime vorgesehen waren.[70]

Versorgung

Mit dem Erhalt einer Reise vom Feriendienst des FDGB verband sich für den Urlauber nicht nur Unterbringung am Ferienort, sondern auch Vollpension. Es ist zu vermuten, dass diese Regelung es im planwirtschaftlichen System der DDR am besten ermöglichte, die Erfordernisse des Nahrungsbedarfs berechenbar zu kanalisieren. Da die freien gastronomischen Einrichtungen nur über unzureichende räumliche und zeitliche Kapazitäten sowie begrenzte Lebensmittelmengen verfügten, konnte die Versorgung der Urlauber nur auf diesem Wege sichergestellt werden.[71]

Die Verpflegung beim Feriendienst erfolgte zumeist in groß angelegten, zentral im Ferienort gelegenen Gaststätten, die meist durch den FDGB vertraglich gebunden waren und somit nicht zum öffentlichen Gastronomieangebot zählten. Die Kantinen-Qualität des dortigen Essens sowie die Bedingungen der Einnahme der Mahlzeiten stellten den am häufigsten kritisierten Bereich des Feriendienstes dar.[72] »Mit der Verpflegung wurde es im Laufe der Zeit allerdings immer mieser. Oft mußten wir uns vor dem Öffnen des Speise-

---

      des Sekretariats des FDGB-Bundesvorstandes über die Arbeit mit den Präsidiumsheimen, BArch DY34 5437, unpag.
68 Vgl. für Präsidiumsheim in Schönberg / Kapellenberg: »Der Oktober ist verhältnismäßig noch gut belegt, während der November und 2/3 des Dezember erfahrungsgemäß schwach belegt sind.«, »Berücksichtigt werden muß für 1966, dass für Heimleiter und Buchhalter nicht wieder so viele Ausfalltage durch Operationen entstehen […]«, »Wir beabsichtigen regelmäßig besonders die Appartements u. sonst. Zimmer, die von ausl. Gästen belegt werden mit frischen Blumen zu schmücken […]«, »Da das [1965, H.W.] beschaffte Porzellangeschirr von sehr schlechter Qualität ist, wird für 1966 die Beschaffung von neuem Geschirr geplant […]« sowie für das Präsidiumsheim in Bad Saarow: »Kegelbahn war bereits 65 geplant konnte noch nicht geliefert werden.« – *Auflistung der drei Präsidiumsheime im Jahr 1966 inkl. Finanz- und Stellenplänen*, BArch DY34 4702, unpag.
69 Vgl. *Auflistung der internationalen Gäste der Präsidiumsheime*, BArch DY34 5437, unpag.
70 Vgl. *Arbeitsberatung am 1.12.1966 zum Beschluß des Sekretariats des FDGB-Bundesvorstandes über die Arbeit mit den Präsidiumsheimen*, ebd.
71 Vgl. Borkowski, »Reisefreiheit im Ostblock«, S. 90.
72 Vgl. Deja-Lölhöffel, *Freizeit in der DDR*, S. 42.

saales an eine Schlange anstellen, um noch das Beste zu erwischen. Vor allem abends hatten wir zu tun, noch eine gewisse Auswahl an Wurstsorten vorzufinden, sonst konnte es passieren, daß wir nur noch Blutwurst am kalten Bufett fanden.«[73] Zwar war die Problematik bei den verantwortlichen Stellen bekannt, doch schien es wenig konkrete Verbesserungen zu geben. So wurde immer wieder gemahnt, »auf ein abwechslungsreiches, schmackhaftes und gesundheitsförderndes Angebot an Speisen und Getränken sowie eine kulturelle Atmosphäre in den gastronomischen Einrichtungen«[74] zu achten. Dies war angesichts der Verpflegungssätze für gastronomische Einrichtungen der Vertragspartner nicht immer einfach, denn je nach Qualitätsstufe der Reise lagen die Preise für Vollverpflegung 1985 zum Beispiel zwischen 6,65 Mark und 9,60 Mark pro Tag und Urlauber.[75] Sie wurden nach Rahmenspeiseplänen berechnet und entsprachen manchmal nicht den realen Bedingungen beziehungsweise erlaubten nur die Bereitstellung eines Basissortiments. Innerhalb der verschiedenen Bereitstellungssysteme schien sich die Ausgabe von Wertmarken größter Beliebtheit zu erfreuen, denn dieses Vorgehen stellte zumindest eine gewisse Flexibilisierung dar.[76]

Die Vorgaben für die Urlauber waren insgesamt recht eng und bestimmten – vor allem in den siebziger Jahren – angesichts der Vollverpflegung oft den Tagesablauf. So war Folgendes üblich: »Bei FDGB-Reisen war das manchmal mit Essenszeiten: 18 bis 19 oder 19 bis 20 [Uhr, H.W.]. Weil's eigentlich nicht anders ging.«[77] Die zunehmende Flexibilisierung der Essenszeiten – angesichts des Arbeitskräftemangels in der Gastronomie beim Feriendienst schwierig zu organisieren – stellte eine wichtige Verbesserung in vielen gastronomischen Einrichtungen des FDGB in den achtziger Jahren dar. So erklärte Willibald Scholz vom FDGB-Feriendienstobjekt Schmiedefeld 1988 auf die Frage, was bei den Urlaubern besonders ankäme: »[…] haben wir die Essenszeiten auf eineinhalb bis zweieinhalb Stunden verlängert. Diese Freizügigkeit findet große

---

73 Kante, *Deutschland – ein Schauermärchen*, S. 111. Die Zeitschrift *Eulenspiegel* karikierte zeitgenössisch diesen täglichen ›Sturm auf das Büffet‹. Abgebildet in: Pierau, *Urlaub, Klappfix*, S. 51.
74 Manz/Winkler, *Theorie und Praxis der Sozialpolitik*, S. 384.
75 Vgl. *Verpflegungssätze*, SHStA 12465, Nr. 280, unpag. Die Verpflegungssätze waren 1972 um 25 Prozent angehoben worden und damit zunächst eine Verbesserung im gastronomischen Angebot erreicht worden – Vgl. o.V., »Was bringt das neue Urlaubsjahr?« (7/1976), S. 16. Die Anpassungen hinkten jedoch oft der tatsächlichen Entwicklung von Preisen und Ansprüchen stets hinterher.
76 Vgl. »Da gab's Wertmarken. Das war das Beste. Da gab's – ich nehm mal so 'ne Zahl, daß man am Tag 6 Mark bekam und da alles kaufen konnte in diesem Restaurant. Und da die Kinder auch 'ne Wertmarke hatten […] das konnte man übertragen.« – *Interview Peter Schmidt*.
77 Ebd.

Resonanz, die Wartezeiten verkürzten sich wesentlich. Prima finden die Urlauber auch das Wanderbonsystem, welches ihnen gestattet, ein vorbestelltes Mittagessen in anderen Erholungsheimen des Bezirkes einzunehmen.«[78]

Reisebegleitprogramm

Ein vielseitiges sportliches und kulturelles Programm galt als fester Bestandteil der Reisen des FDGB.[79] Es wurde sowohl von den Mitarbeitern der einzelnen Ferienobjekte veranstaltet als auch in Zusammenarbeit mit anderen gesellschaftlichen Organisationen, wie der Urania oder dem Deutschen Turn- und Sportbund, angeboten. Besonders in den fünfziger und sechziger Jahren schien die ideologische Einflussnahme durch entsprechende Veranstaltungen noch recht stark zu sein. Der Zwang zu kollektiver Urlaubsgestaltung ließ vor allem ab den siebziger Jahren stark nach, doch noch im April 1982 hielt es der Vorsitzende des FDGB, Harry Tisch, für notwendig, auf dem 10. FDGB-Kongress darauf hinzuweisen:»Eine Bemerkung zur Urlaubsgestaltung. Dafür gibt es ein weitgefächertes Angebot in den Ferienheimen. Doch sollten wir bei all den Aktivitäten nicht außer acht lassen, daß der Urlauber sich ganz so erholen soll, wie er es selbst gerne möchte. Wenn er laufen will, mag er laufen; aber möchte er schlafen, dann soll man ihn nicht stören (Beifall).«[80] Zwar waren weiterhin die Förderung des Gemeinschaftsgefühls, möglichst auch sozialistische Inhalte und eine dem Inhalt entsprechende Form der Veranstaltungen das Ziel aller Betreuungsangebote[81], doch sollte nun mehr auf die Bedürfnisse des Gastes Rücksicht genommen werden.[82] Daher rückte seit den siebziger Jahren die sportliche Betreuung der Urlauber im Sinne einer aktiven Reproduktion der Arbeitskraft in den Mittelpunkt der Bemühungen.[83]

In den neuerbauten oder rekonstruierten FDGB-Ferienkomplexen waren (Klein-)Sportanlagen, Räume mit Geräten für sportliche Betätigung und die Ausleihe von Sportgeräten meist selbstverständlicher Bestandteil der Betreuungsleistungen. Zudem wurden – organisiert von Instrukteuren für Urlauber-

---

78 Leib, »Familienurlaub in Thüringen brachte schöne Erlebnisse« (3.11.1988).
79 Vgl. beispielsweise: Franke, *Anforderungen an die Urlauberbetreuung*.
80 Bundesvorstand des FDGB, *Protokoll des 10. FDGB-Kongresses*, S. 35.
81 Vgl. Filler, *Der Stand und die Entwicklung*, S. 171f.
82 Vgl. 1971: »Besonders in Vertragsorten und kleineren Erholungsorten befriedigt das Angebot an kulturellen und sportlichen Veranstaltungen die Bedürfnisse der Urlauber noch nicht. Die Veranstaltungen werden häufig routinemäßig durchgeführt, so daß das Neue unserer Entwicklung noch nicht genügend zum Ausdruck kommt.« – *Einschätzung der Reisezeit 1971*, BArch DY34 9767, S. 3.
83 Vgl. Sonntag/Leiberg/Filler, *Urlaub mit dem Feriendienst*, S. 16.

sport bei den jeweiligen FDGB-Bezirksvorständen[84] und von lokal arbeitenden Sportorganisatoren der einzelnen FDGB-Ferienobjekte[85] – verschiedenste kollektive Sportveranstaltungen (zum Beispiel Morgengymnastik, Wanderungen und Urlaubersportfeste) angeboten.[86] Seit 1968 gab es zudem landesweit Urlauberolympiaden.[87] Ab 1971 führte der FDGB gemeinsam mit der Redaktion des *Deutschen Sportechos* und der *Tribüne* die Aktion ›Mein Urlaub – kein Urlaub vom Sport‹ durch[88] und ließ sie entsprechend propagandistisch unterstützen: »Wenn Alfons Dickbier mit seinem FDGB-Ferienscheck in der Hand eines unserer Urlauberheime betritt und nun glaubt, dreizehn Tage faulenzen, träumen, schlafen zu können, ist er ein bissel auf'm Holzweg. Denn, Bürger Dickbier, das ist keine aktive Erholung!«[89] Das Ziel lautete: »Die sportlichste Erholungseinrichtung wird gesucht.«[90]

Innerhalb des kulturellen Rahmenprogramms gab es beispielsweise Lesungen und (Lichtbilder-) Vorträge in öffentlichen und heimeigenen Bibliotheken sowie Mal-, Strick- und Bastelkurse.[91]

Auslandsreisen mit dem Feriendienst

Wie bereits erwähnt, gab es zusätzlich ein kleineres Angebot von Auslandsreisen des FDGB. Diese waren weniger uniform organisiert. Auf die meist für Prämierungen von besonders verdienstvollen Werktätigen ausgerichteten Kreuzfahrten mit den Urlauberschiffen des FDGB wird gesondert in Kapitel VI zu den Verkehrsträgern eingegangen.

Die zweite Möglichkeit einer Auslandsreise mit dem Feriendienst bestand im Scheckaustausch mit den Gewerkschaften anderer sozialistischer Staaten auf der Basis von Vereinbarungen der jeweiligen Gewerkschaftsleitungen.[92] Diese bestanden mit den Gewerkschaftsorganisationen der UdSSR, der ČSSR, Polens, Ungarns, Rumäniens und Bulgariens.[93] Über diesen Weg konnte aller-

---

84 Vgl. o.V., »Interview mit dem Instrukteur für Urlaubersport im Bezirk Rostock« (28.7.1978).
85 Vgl. o.V., »Mit Blasmusik zum Bergsportfest« (17.11.1975).
86 Vgl. Lübchen/Thiel, *Urlaub, Reisen, Camping*, S. 21f. und S. 24.
87 Vgl. o.V., »Urlauber-Olympiade 1972 mit Rekordbeteiligung« (4.10.1972).
88 Vgl. *Einschätzung der Reisezeit 1971*, BArch DY34 9767, S. 4.
89 O.V., »Mein Urlaub – kein Urlaub vom Sport!« (24.7.1973).
90 Redaktion ›Deutsches Sportecho‹ / Abteilung Feriendienst beim FDGB-Bundesvorstand / Sportredaktion der ›Tribüne‹: »Mein Urlaub – kein Urlaub vom Sport!« (21.1.1972).
91 Vgl. Schneider, »Ferien à la mode«, (32/1975). Vgl. beispielhaft: *Anhang 5*.
92 Oehler, *Erholungswesen*, S. 41.
93 Die wichtigsten Austauschbeziehungen bestanden mit der ČSSR, der UdSSR und Ungarn. – Vgl. Deja-Lölhöffel, *Freizeit in der DDR*, S. 51. Mit der VRP erfolgte der Urlauberaustausch seit 1974, doch aufgrund der politischen Lage nicht zwischen 1981 und 1984. – Vgl. o.V., »Mit dem FDGB-Ferienscheck zum Urlaub nach Polen« (17.4.1974).

dings nur eine relativ geringe Anzahl von Reisen vermittelt werden, denn die Idee eines paritätischen Austausches berücksichtigte nicht, dass mehr DDR-Bürger ins Ausland als ausländische Bürger in die DDR wollten.[94] Eine Ausnahme könnte der Austausch mit der ČSSR gewesen sein, denn für deren Bürger bot die DDR eine Möglichkeit, einen Urlaub am Meer zu verleben. Das Vorgehen stand unter der Maßgabe: »Durch den Urlauberaustausch mit den Gewerkschaften der sozialistischen Länder und das Bereitstellen von Urlaubsplätzen für Gewerkschafter aus kapitalistischen Ländern trägt der F.[eriendienst, H.W.] zur Vertiefung des proletarischen Internationalismus bei.«[95] Der Scheckaustausch bedeutete, dass DDR-Bürger in gewerkschaftseigene Ferienheime der Gastländer fuhren, und »im Gegenzug nimmt der FDGB Gewerkschafter aus den Gastländern in seinen Heimen auf.«[96]

Ausbildung und Beschäftigung beim Feriendienst

Der organisatorische Aufbau des Feriendienstes[97] folgte mit den entsprechenden Organen des Bundesvorstandes des FDGB, der Bezirksvorstände, der Kreisvorstände und den einer der 16 Einzelgewerkschaften zugeordneten Betriebs- oder Abteilungsgewerkschaftsleitungen des konkreten Betriebes[98] dem Territorialprinzip.[99] Dabei arbeiteten auf höchster Ebene angestellte Mitarbeiter, sonst auch ehrenamtliche Funktionäre. Das hohe ehrenamtliche Engagement ist nicht zu bezweifeln, doch steht außer Frage, dass sich durch eine solche Tätigkeit auch Vorteile bezüglich der eigenen Versorgung mit einem Ferienplatz des FDGB ergeben konnten.[100]

---

94 Vgl. o.V., *Handbuch Deutsche Demokratische Republik*, S. 420.
95 Winkler, *Lexikon der Sozialpolitik*, S. 157.
96 Friedrich-Ebert-Stiftung, *Urlaub und Tourismus* (1985), S. 23.
97 Zur gesamten Struktur und dem Verteilvorgang der Ferienschecks vgl. soweit nicht anders vermerkt: Bundesministerium für innerdeutsche Beziehungen, *DDR-Handbuch (1)*, S. 379–380. Rösel, »Urlaubszeit – Reisezeit für Millionen Werktätige«. Sonntag, *Urlaub mit dem Feriendienst*, S. 46–56. Lübchen/Thiel, *Urlaub, Reisen, Camping*, S. 31–39. Oehler, *Erholungswesen*, S. 41. Werz, » ›Tausche Ostseeküste gegen Thüringer Wald‹ « (13.8.1983). Friedrich-Ebert-Stiftung, *Der FDGB von A bis Z*, S. 22. Friedrich-Ebert-Stiftung, *Urlaub und Tourismus* (1985), S. 25. Oeser/Rothaar/Matke, *Urlaub mit dem Feriendienst*, S. 42f.
98 Eine Ausnahme bildete die SDAG Wismut, denn die Gewerkschafts- und Parteileitung dieses Großbetriebes war mit den jeweiligen Bezirksleitungen von Karl-Marx-Stadt und Gera gleichgestellt und entsprechend einflussreich hinsichtlich der Zuweisung von Urlaubsplätzen an den Betrieb. – Vgl. Karlsch/Zeman, *Urangeheimnisse*, S. 160. Zentralvorstand der Industriegewerkschaft Wismut, *Richtlinie für die Arbeit des Feriendienstes*.
99 Vgl. Frerich/Frey, *Handbuch der Geschichte der Sozialpolitik in Deutschland (2)*, S. 69.
100 *Interview Peter Schmidt.*

Die Ausbildung der nicht ehrenamtlich beschäftigten Mitarbeiter wurde in den siebziger Jahren immer einheitlicher und verbindlicher geregelt. Ab 1970 existierte in Werder-Petzow eine zentrale Aus- und Weiterbildungsstätte für die Fachkräfte des Feriendienstes. Die Führungskräfte allerdings wurden – wie in Kapitel III.3 beschrieben – meist in Fach- und Hochschulen für ihre Tätigkeit qualifiziert. Für spezielle Tätigkeiten gab es zusätzliche Aus- und Weiterbildungsstätten, wie beispielsweise für die Qualifikationen von Sport- und Übungsleitern für den Urlaubersport. Diese wurden bei den einzelnen Bezirken durchgeführt; seit 1971 bestand die Möglichkeit der Weiterbildung der Übungsleiter im Konsultations- und Schulungszentrum in Bad Schandau.[101] Eine weitere Beratungsstelle bestand mit der ›Zentralen Konsultationsstelle für aktive Erholung des FDGB‹ in Klink.[102]

Zuteilung der Reisen

Die zentrale Planung des gewerkschaftlichen Erholungswesens lag bei der Abteilung Feriendienst des FDGB-Bundesvorstandes. Bezüglich der Verteilung der Reisen erarbeitete das Präsidium jährlich Grundsätze, die vor allem Auswahlkriterien enthielten.[103] Die Verteilung der stets die Nachfrage erheblich unterschreitenden Reiseangebote erfolgte nach der Arbeitsleistung, der familiären Situation – besondere Berücksichtigung fanden kinderreiche Familien –, der Anzahl der bereits erhaltenen Ferienplätze des FDGB und des Maßes an gesellschaftlicher Aktivität inner- und außerhalb des FDGB. Seit den fünfziger Jahren veränderten sich die Kriterien in ihrer grundsätzlichen Berücksichtigung kaum, lediglich der Stellenwert der Familienerholung erhöhte sich.[104]

»1969 in folgender Reihenfolge genannt: betriebsbedingte Unterschiede (Bevorzugung von strukturbestimmenden Betrieben, Betrieben mit einem hohen Anteil an Schichtarbeitern, Betriebe mit gesundheitsgefährdenden und erschwerten Arbeitsbedingungen, im Bergbau beschäftigte Werktätige); Familienförderung[105] sowie Erweiterung der Familienerholung; Erhöhung des Anteils der Produktionsarbeiter / Schichtarbeiter[106] / Werktätigen mit erschwerten

---

101 Vgl. unter Berufung auf das ›Deutsche Sportecho‹, in: *Informationsbüro West*, Berlin, 15.12.1970.
102 Vgl. o.V., *Interview mit dem Instrukteur für Urlaubersport im Bezirk Rostock* (28.7.1978).
103 Vgl. *Informationsblatt des FDGB*, verschiedene Jahrgänge. Stets im Herbst eines Jahres wurde dort für das Folgejahr die ›Argumentation zur Verteilung der Ferienreisen des FDGB‹ veröffentlicht.
104 Vgl. Sonntag / Leiberg / Filler, *Urlaub mit dem Feriendienst*, S. 22.
105 Vgl. »Prinzipien für die Verteilung von Ferienreisen«, S. 2.
106 Vgl. zur Bevorzugung von Schichtarbeitern: Rosenkranz, *Mehrschichtarbeit*, S. 76.

Arbeitsbedingungen; bessere Zuteilung für Kleinbetriebe durch Zusammenfassung unter einem Leitbetrieb.[107] 1980 in folgender Reihenfolge genannt: Schichtarbeit und Arbeit unter erschwerten Bedingungen; Ferienzeitreisen vorrangig für Familien mit schulpflichtigen Kindern; kombinierbare Schecks für 7 Tage, auch zusammengefasst für 14 Tage; Reisen in Interhotels und im Scheckaustausch nach Polen / ČSSR vorrangig an Arbeiter; Aktivitäten in der gesellschaftlichen Arbeit.[108] Achtziger Jahre (bis mindestens 1987 gültig): hohe und überdurchschnittliche Leistungen; besondere Arbeitsbedingungen (Schichtarbeit, körperlich schwere und gesundheitsgefährdende Tätigkeiten); Familiensituation (Anzahl der Kinder im schulpflichtigen Alter); allgemeiner Gesundheitszustand sowie gesundheitliche Schädigungen; verdienstvolle gesellschaftliche Tätigkeit (im Betrieb, im Wohngebiet); politische Zuverlässigkeit (dazu Heranziehung der Kaderabteilungen, d.h. der Personalabteilungen; Beobachtung und Einschätzung des gesellschaftlichen Verhaltens der Betriebsangehörigen); Dauer der FDGB-Mitgliedschaft; Anzahl der bisherigen Reisen (einschl. der Reisen im betrieblichen Erholungswesen)«[109]

Für bestimmte Ziele und Urlaubsformen allerdings wurden Reisen nur als Auszeichnung oder an einen eng begrenzten Personenkreis und nicht über den Verteilerschlüssel bis in die Grundorganisationen vergeben. Die Auslands- und Schiffsreisen beispielsweise, die nur in geringer Zahl zur Verfügung standen, wurden nur bis auf kreisliche Ebene nach einem Verteilerschlüssel zugewiesen. Die Grundorganisationen schlugen den entsprechenden Vorständen daraufhin Anwärter vor, und die Sekretariate der Kreisvorstände entschieden über die Vergabe auf Grundlage der vom Bundesvorstand des FDGB beschlossenen Vergabekriterien für Auslandsreisen.[110] Die Zuteilung einer solchen Reise wurde vom Ausgewählten zumeist als Prämierung empfunden. Das bedeutete nicht immer, dass dieser Urlaub von gesellschaftlicher Seite bezahlt wurde, sondern dass überhaupt eine Platzzuweisung stattfand. Die Passagierlisten der Schiffsreisen zum Beispiel wiesen aus diesem Grund immer eine hohe Anzahl verdienter und bereits mehrfach ausgezeichneter Werktätiger auf.[111] Für Reisen

---

107 Vgl. *Einige Hinweise für die gewerkschaftlichen Vorstände und Leitungen bei der Durchführung des Sekretariatsbeschlusses vom 26.8.1968 zur Verteilung der Ferienreisen für 1969*, S. 3f.
108 O.V., »Argumentation zur Verteilung der Ferienreisen des FDGB für das Jahr 1980«, S. 6.
109 Friedrich-Ebert-Stiftung, *Urlaub und Tourismus* (1978), S. 30. Vgl. auch Bundesministerium für innerdeutsche Beziehungen, *DDR-Handbuch*, S. 370; »Grundsätze und Aufgaben für die Verteilung der Erholungsreisen«, S. 3; Bundesministerium für innerdeutsche Beziehungen, *DDR-Handbuch (1)*, S. 380; Lübchen/Thiel, *Urlaub, Reisen, Camping*, S. 34–37.
110 Das Leistungsprinzip sowie die politische Verlässlichkeit des zukünftigen Reisenden spielten eine entscheidende Rolle.
111 Beispielsweise fuhren auf den Kreuzfahrten stets zahlreiche Träger des Ordens ›Banner der Arbeit‹, des ›Karl-Marx-Ordens‹, Helden der Arbeit sowie Aktivisten der sozialistischen Arbeit mit. – Vgl. Friedrich-Ebert-Stiftung, *Urlaub und Tourismus* (1985), S. 26.

außerhalb der Saison wiederum wurde ein mehrere Grundeinheiten überspannender Angebotskatalog ausgelegt.[112] Das Sekretariat des Bundesvorstandes legte den Verteilerschlüssel und die Vergabezahlen fest. Die Bezirksvorstände für Erholungswesen verteilten die Angebote auf die Kreisvorstände und unterstützten die ehrenamtlich arbeitenden Bezirksferienkommissionen bei der Verteilung und Auslastung der Plätze. Dies wiederholte sich bei den Kreisvorständen, die für die Weitergabe an die genannten Grundorganisationen, aber auch für die Umverteilung der von den Grundorganisationen nicht verteilten oder an diese zurückgegebenen Reisen[113] zuständig waren. Ein ehemaliges Mitglied der Kreiskommission beschreibt das Vorgehen:

»Als wir die Reisen hatten [in der Kreiskommission, H.W.], da ha'm wir das so gemacht, dass wir gesagt haben: In dieser Schule sind 30 oder 40 Lehrer. Die bekommen laut Schlüssel 10 Plätze. So und diese Plätze wurden dann rausgesucht. Drei in den [Sommer-, H.W.] Ferien, eine in den Frühlingsferien, zwei außerhalb der Ferien. Und die ha'm wir dann an die Schule gegeben. Was die damit gemacht haben, hat uns nicht interessiert. Da gab's die Gewerkschaftsgruppe in der Schule und die mussten sich dann einen Kopf machen, wie sie die Reisen verteilen.[114]

Die Betriebs- oder Abteilungsgewerkschaftsleitungen übernahmen schließlich die Bekanntmachung der sowie die Information über die Reisen, nahmen die Anträge der Werktätigen auf Zuteilung eines Urlaubsplatzes entgegen und berieten sie nach den vorgegebenen Kriterien.[115] Zuweisungsberechtigt waren

---

112 Vgl. »Reisen außerhalb der Ferien, die ha'm wir nicht so verteilt. Die wurden dann ausgeschrieben. Und dann musste jeder selbst einreichen. Da ha'm wir im Kreisvorstand entschieden nach Kindern und weiß ich, wer jetzt diese Reise bekommt.« »Es blieben immer einige in der Vorsaison übrig. Die wurden dann oft im vorbeugenden Gesundheitsschutz vergeben.« – *Interview Peter Schmidt*. Vgl. ergänzend zum Zusammenwirken von Feriendienst des FDGB und Gesundheitswesen der DDR: Sonntag, »Vorkehrungen für mehr und bessere prophylaktische Kuren«, S. 20f.
113 Vgl. »Können trotz aller Anstrengungen Erholungsaufenthalte des FDGB an die Mitglieder der eigenen Grundorganisation nicht vergeben werden, so sind diese der zuständigen Vermittlungsstelle […] zu übergeben. Die direkte Abgabe an andere Grundorganisationen ist nicht gestattet.« – Bundesvorstand des FDGB, *Richtlinie für die Verteilung und Abrechnung der Erholungsaufenthalte des FDGB in den gewerkschaftlichen Grundorganisationen.* / »[…] geht der Scheck über die Vermittlungsstellen der FDGB-Kreisvorstände an die Bezirksvermittlungsstellen des FDGB-Feriendienstes.« –*Kolumne ›Unterwegs‹* (14/1976).
114 *Interview Peter Schmidt* – Der Interviewpartner war Lehrer und spricht demnach über die Verteilung innerhalb der Zweiggewerkschaft ›Unterricht und Erziehung‹. Da die erwähnte Platzverteilung eine fiktive Beispielrechnung war, weist die Anfangsangabe ›zehn Plätze‹ keine Kohärenz zur Verteilvariante drei Plätze – ein Platz – zwei Plätze auf.
115 Interessant an dieser Stelle für die Wahrnehmung der Reiseentscheidung ist der aus dem zeitgenössischen Wortschatz übernommene Ausdruck der ›Verteilung‹, ›Zuteilung‹ oder ›Zuweisung‹. Er verweist auf das Moment der Dominanz der Anbieterseite.

alle mindestens seit einem Jahr im FDGB organisierten Beschäftigten. Sie konnten einen Urlaubsplatz für sich, den (Ehe-)Partner und zur Familie gehörende Kinder beantragen. Berechtigt waren weiterhin Berufsanfänger und Lehrlinge unabhängig von der Dauer der Mitgliedschaft; ruhende Mitglieder durch Studium oder Grundwehrdienst; Mitglieder, die zeitweilig im Ausland tätig sind und seit Mitte der siebziger Jahre auch Rentner, wenn sie Mitglied des FDGB waren.[116]

Brigitte Deja-Lölhöffel hat errechnet, dass 1985 bei etwa 9 Millionen organisierten FDGB-Mitgliedern und zusätzlich ihren nicht-organisierten Ehepartnern die statistische Wahrscheinlichkeit, einen Ferienplatz zu erhalten, jährlich bei 17 bis 20 Prozent lag. Dies bedeutete, dass man etwa alle fünf bis sechs Jahre mit einem Urlaub über den FDGB rechnen konnte.[117]

Nach den zentral vorgegebenen Kriterien erfolgte in der Betriebs- oder Abteilungsgewerkschaftsleitung eine Zuteilungsentscheidung. Sie wurde in Abstimmung mit der nicht eigenständig beschlussberechtigten Feriendienstkommission gefällt, die abgesehen von den bereits genannten Institutionen existierte.[118] Sie ist nicht mit den Revisionskommissionen zu verwechseln, die die Einhaltung der Nutzungs-, Bewirtschaftungs- und Arbeitskräfterichtlinien kontrollierten. Seit 1972 bestanden diese ehrenamtlich bestellten Institutionen. Sie unterstützten die Betriebs- und Abteilungsgewerkschaftsleitungen. Zu den Aufgaben gehörten die Ermittlung der Erholungsbedürfnisse, die Aufschlüsselung der zustehenden Ferienschecks entsprechend den Beschlüssen des Bundesvorstandes des FDGB, die Information der Gewerkschaftsmitglieder über alle verfügbaren Plätze, die Popularisierung von wenig bekannten Erholungsgebieten, die Entwicklung der Zusammenarbeit mit der Vermittlungsstelle des Feriendienstes der Gewerkschaften und anderer Institutionen des Erholungswesens, die Einflussnahme auf die weitere Entwicklung des betrieblichen Erholungswesens, das Einwirken auf die Gestaltung der Wochenend- und Naherholung sowie die Kontrolle über die Abrechnung der Ferienschecks.[119]

Schließlich wurden die mit einer Stellungnahme versehenen Anträge auf Erteilung eines Urlaubsplatzes von den Betriebs- oder Abteilungsgewerkschaftsleitungen zugearbeitet. Bei Nachfrageüberhang sowie in Konfliktfällen wurden seitens der Kommission mit den Antragstellern Gespräche geführt, um das Angebot mit den Reisewünschen in Einklang zu bringen. Die end-

---

116 Vgl. »Grundsätze für die Verteilung der Erholungsaufenthalte des FDGB für den Zeitraum 1976–1980«, S. 8.
117 Vgl. Deja-Lölhöffel, *Freizeit in der DDR*, S. 41.
118 Dazu und im folgenden: Rothaar, *Die Feriendienstkommission*.
119 Vgl. ebd., S. 5.

gültige Entscheidung lag jedoch bei den Betriebs- und Abteilungsgewerkschaftsleitungen:

»[N]achdem alle Anwärter auf eine Reise ihren Wunschzettel bei der Gewerkschaftsleitung ihrer Abteilung abgegeben hatten, begann die schwierige Verteilung, wenn mehrere Bewerber für eine Reise vorlagen. Es mußte dann für jeden eine Begründung ausgearbeitet werden. Dieser Vorschlag lautete dann etwa so: ›Die Kollegin Meier hat im vergangenen Jahr eine sehr gute Arbeit geleistet. Sie ist fleißig, gewissenhaft und kollegial. Sie war bereit, Überstunden zur Erfüllung der Aufgaben der Abeilung zu leisten. In ihrer Tätigkeit als Kulturfunktionär der Gewerkschaftsgruppe leistet sie eine gute Arbeit. Sie hat zwei Kinder und noch nie einen Ferienplatz erhalten, obwohl sie schon fünf Jahre bei uns beschäftigt ist.‹ So oder ähnlich lautete die Begründung, die vom Abteilungsleiter und vom AGL-Vorsitzenden unterschrieben wurde.«[120]

Bei einer positiven Entscheidung wurde die Leistung im FDGB-Mitgliedsbuch vermerkt, um einen Überblick über die bereits erhaltenen gewerkschaftlichen Leistungen zu gewährleisten.[121] Hier bestanden jedoch Möglichkeiten des Missbrauchs und der Erschleichung eines Vorteils, wenn Leistungen nicht eingetragen waren und der Betreffende im nächsten Verfahren dann vorrangig berücksichtigt wurde.

Außerdem erhielt der Betreffende einen einem Voucher vergleichbaren Ferienscheck. Aus diesem leitete sich der Anspruch auf bestimmte vertragliche Leistungen des Feriendienstes ab. Dieser nicht übertragbare Gutschein[122] galt für Unterkunft, Vollpension und Veranstaltungen an einem bestimmten Ferienort und in einem definierten Zeitraum.[123] Zudem war unter Vorlage desselben einmal jährlich eine Fahrpreisermäßigung um ein Drittel bei der Deutschen Reichsbahn für Hin- und Rückfahrt möglich. Schließlich wurde der Ferienscheck vom Urlauber an die zentrale Einweisungsstelle im Erholungsort gesandt, und er erfuhr dort, in welcher Einrichtung die Unterbringung erfolgen würde.

---

120 Kante, *Deutschland – ein Schauermärchen*, S. 110f.
121 Vgl. »Da es sich um eine gewerkschaftliche Leistung handelt, ist der Erhalt des Ferienplatzes im Mitgliedsbuch einzutragen. Bei gemeinsamer Nutzung des Ferienplatzes ist deshalb auch eine entsprechende Eintragung in dem FDGB-Mitgliedsbuch des Ehepartners bzw. Lebensgefährten vorzunehmen.« – Lübchen/Thiel, *Urlaub, Reisen, Camping*, S. 39.
122 Eine Weitergabe konnte zum einen sicher aus organisatorischen Gründen nicht erfolgen, zum anderen hätte dies bewirkt, dass zu hohen finanziellen Summen gewerkschaftliche Reisen von Nicht-Interessierten hätten weiterverkauft werden können. Dies hätte dem sozialtouristischen Anspruch des Feriendienstes widersprochen.
123 Bis 1978 wurden die Ferienschecks per Hand ausgewertet. Seit Einführung der EDV-Verarbeitung erhielt jeder Voucher eine vierstellige Kennzahl, die Qualitätsstufe, Reisezeit, Reiseziel und Zimmergröße auswies.

Reisekosten und Subventionsbedarf

Der FDGB verwendete in den siebziger und achtziger Jahren den größten Teil seines Beitragsaufkommens für den Feriendienst.[124] Hatte man sich in den sechziger Jahren ungeachtet des hohen Subventionierungsbedarfs noch um eine wirtschaftliche Rechnungsführung bemüht, so wurde diese Idee mit der noch stärkeren Betonung des sozialpolitischen Anspruchs seit dem VIII. Parteitag 1971 ab 1974 endgültig aufgegeben. Die Gelder wurden vor allem für den laufenden Unterhalt der Unterkunfts-, Verpflegungs- und Betreuungskapazitäten benötigt, das heißt für die Zuschüsse zu den kostendeckenden Preisen für die Urlauber.[125] Die Kosten des Neubaus, der Rekonstruktionen und Modernisierungen sowie die Zuschüsse für die ermäßigten Fahrpreise mit der Deutschen Reichsbahn übernahm der Staat und tilgte sie aus anderen Fonds. Die Finanzierung der Reisen erfolgte somit durch die Urlauber, den FDGB und den Staatshaushalt.[126]

1976: 95 Mark = 43 Prozent vom FDGB-Mitglied bezahlt (durchschnittliche Kosten pro Ferienaufenthalt 222 Mark, davon 34 Mark aus dem Staatshaushalt, 93 Mark aus Beitragsmitteln des FDGB).[127]
1981: etwa 33 Prozent des Preises selbst bezahlt von FDGB-Mitgliedern.[128]
1980–1984: 30 Mark, d.h. etwa 15 Prozent der Kosten im ermäßigten Reisepreis des FDGB für Kinder und Jugendliche zu zahlen.[129]
1987: »[…] weil auch der sozialistische Staat jährlich große finanzielle Mittel dafür zur Verfügung stellt. Deshalb braucht der Urlauber für seinen

---

124 Vgl. zur weiteren Entwicklung beispielhaft: Größter Ausgabenposten 1979 war der Feriendienst (Mittelbedarf in Höhe von 324,8 Millionen Mark 1976). – Vgl. *Panorama DDR,* S. 74. Um 1981: »... steuert nicht nur der Staat, sondern auch die umfassendste Klassenorganisation finanzielle Mittel für Urlaub und Erholung bei. Sie betragen 35 Prozent ihrer gesamten Ausgaben.« – Strehmel, »Urlaubspläne unter Dach und Fach?«, S. 29; o.V., »Was geschieht mit den Geldern der Gewerkschaft?« (7.5.1976).
125 Vgl. dazu und im Folgenden: Bundesministerium für innerdeutsche Beziehungen, *DDR-Handbuch (1),* S. 379.
126 Vgl. Freyer, *Tourismus,* S. 415; Helfer, *Tourismus auf Rügen,* S. 27.
127 Vgl. Bundesministerium für innerdeutsche Beziehungen, *DDR-Handbuch (1),* S. 381.
128 Vgl. o.V., »Die beiden Gesellschaftssysteme und das Recht auf Erholung«, S. 1285. Darin auch der Vergleich zu anderen sozialistischen Ländern: In Ungarn musste etwa ein Drittel des Preises selbst bezahlt werden, in der ČSSR etwa ein Viertel.
129 Vgl. Albrecht, »Die Wertschätzung des Tourismus wächst ständig«, S. 22. Strehmel, »Urlaubspläne unter Dach und Fach?«, S. 29; Deutsches Institut für Wirtschaftsforschung, *Handbuch DDR-Wirtschaft,* S. 289.

Ferienscheck nur durchschnittlich 28 Prozent der tatsächlichen Kosten selbst bezahlen.«[130]
1988: etwa 25 Prozent für ein FDGB-Mitglied zu zahlen.[131]

Die vom Urlauber zu zahlenden Beträge waren zwar seit 1963 nach verschiedenen Ausstattungskriterien der Reisen gestaffelt[132], jedoch immer so gehalten, dass eine Teilnahme finanziell möglich blieb. Preisliche Abstufungen erfolgten je nach Einkommen des Urlaubers.[133] Die erwähnte Preisdifferenzierung erfolgte auf Grundlage verschiedener, vom FDGB-Bundesvorstand beschlossener Kriterien.[134] So kostete beispielsweise 1978 eine Reise an die Ostsee für eine vierköpfige Familie, in der beide Elternteile FDGB-Mitglieder waren und in der das Einkommen des beantragenden Mitglieds 1300 Mark betrug, für 13 Tage mit Vollpension 680 Mark.[135]

Zum Teil – aus der Literatur nachweislich mindestens um 1980 – gab es Preisermäßigungen für FDGB-Mitglieder, weitere für Mitglieder mit geringem Einkommen, ruhende Mitglieder (zum Beispiel Studenten oder Wehrdienstleistende in der NVA) sowie gewerkschaftlich organisierte (Ehe-)Partner. Nichtmitglieder des FDGB hingegen mussten den vollen Scheckpreis zahlen, der jedoch ebenfalls nicht die realen Kosten des Ferienplatzes deckte.[136] Kinder bis zur zehnten Klasse zahlten (mit Ausnahme der Kategorie 1 und der Scheckaustauschreisen mit dem sozialistischen Ausland) einheitlich 30 Mark, wenn mindestens ein Elternteil gewerkschaftlich organisiert war.[137] Jugendliche der Klassen elf und zwölf erhielten die gleichen Ermäßigungen wie ihre El-

---

130 *Rede des Vorsitzenden des Bezirksvorstandes des FDGB, Gerhard Gruhl, zum 40. Jahrestag des Feriendienstes des FDGB*, SHStA 12465, Nr. 247, unpag.
131 Vgl. Rösel, »Aktive Erholung als ein Wirkungsfeld des FDGB«, S. 548.
132 Vgl. Focke, *Handbuch für den Gewerkschaftsfunktionär*, S. 366; Oehler, *Erholungswesen*, S. 19.
133 Vgl. *Anhang 6* sowie ergänzend: »Die Preise für die Ferienreisen der Kategorien 2–7 sind wie bisher nach dem monatlichen Einkommen gestaffelt. [...] Gewerkschaftlich organisierte Rentner ohne Arbeitseinkommen zahlen die für Mitglieder mit einem Durchschnittsverdienst unter 500 Mark festgelegten Preise. Für Ferienreisen in neugebaute oder rekonstruierte Heime und Pensionen ist keine Staffelung der Preise nach dem Einkommen erfolgt. Es wird empfohlen, in sozialen Härtefällen Zuschüsse aus den Mitteln des Kultur- und Sozialfonds oder der Gewerkschaftskasse, Position Unterstützungen, zu gewähren.« – FDGB-Bundesvorstand, *Richtlinie zur Neuregelung*, S. 4f. Vgl. zur Wahrnehmung dieser Praxis: »Die Preise ha'm beim FDGB keine Rolle gespielt.« – *Interview Peter Schmidt*.
134 Vgl. FDGB-Bundesvorstand, *Richtlinie zur Neuregelung der Finanzierung des Feriendienstes*, S. 13–15; Bundesvorstand des FDGB, *Richtlinie für die Verteilung und Abrechnung der Erholungsaufenthalte*, S. 13–21.
135 Eigene Berechnung laut Angaben des *Anhangs 6*.
136 Vgl. FDGB-Bundesvorstand, *Richtlinie zur Neuregelung*, S. 4f.
137 Vgl. ebd., S. 5.

tern.[138] Die Preise für Rentner wurden, wenn diese weiterhin Gewerkschaftsmitglieder waren, wie für Werktätige mit einem Monatsverdienst von bis zu 500 Mark berechnet. Im Laufe der Jahre stieg der Urlauberbetrag verhältnismäßig wenig an.[139] Deshalb sanken die Beiträge im betrachteten Zeitraum prozentual gesehen sogar erheblich.

Auch die Kosten des Urlaubers für eine Auslandsreise stellten nur einen Teil des tatsächlichen Reisepreises dar. Die entsprechenden Preisverzeichnisse, die den Reisepreis in Abhängigkeit von Reiseziel, -route, Aufenthaltsdauer und gegebenenfalls Ausstattung und Lage der Kabinen differenzierten, lagen bei den FDGB-Kreisvorständen aus.

Sollten für ungeplante und nicht über den Feriendienst des FDGB anreisende Interessenten[140] noch Unterkunftskapazitäten vorhanden sein, so galten andere, höhere Preise. So legte die Preisverfügung Nr. 5/84 über die Preisfestsetzung für Beherbergungskapazitäten in Erholungseinrichtungen des Feriendienstes des FDGB vom 15.1.1985 fest[141]:

»Qualitätsgruppe III (komfortables Erholungsheim, Urlauberwohnheim oder Bungalow, moderne Ausstattung, fließend Warm- und Kaltwasser, Verpflegung im gleichen Ferienobjekt): 40,00 bis 50,00 Mark pro Doppelzimmer.

Qualitätsgruppe IV (Unterbringung in Erholungsheim, Urlauberwohnheim oder Bungalow mit mittlerem Komfort, zweckmäßige Ausstattung, fließend Warm- und Kaltwasser, Verpflegung im gleichen Ferienobjekt): 30,00 bis 40,00 Mark pro Doppelzimmer.

Qualitätsgruppe V (Unterbringung in Erholungsheim, Urlauberwohnheim oder Bungalow mit mittlerer oder einfacher Ausstattung, Verpflegung im gleichen Ferienobjekt): 24,00 bis 34,00 Mark pro Doppelzimmer.

Festsetzung der Zimmerpreise für die Qualitätsgruppen I und II durch das Amt für Preise auf Antrag des Bundesvorstandes des FDGB.

Festsetzung der Zimmerpreise für die übrigen Qualitätsgruppen durch die Abteilung Preise des örtlich zuständigen Rats des Bezirkes auf Antrag des Bezirksvorstandes des FDGB.«

Die Preise für die Quartiere aber stiegen durch den Investitionsbedarf für die FDGB-eigenen Heime und durch Preiserhöhungen zur Bindung von Privatvermietern. Diese Mehraufwendungen konnten nur an den Staatshaushalt weitergereicht werden, sodass beispielsweise 1989 rund 550 Millionen Mark direkt und indirekt für den Feriendienst aufgewendet werden mussten.[142]

---

138 Vgl. ebd., S. 4f.
139 Vgl. »Seit zwei Jahrzehnten bestehen für FDGB-Reisen stabile Preise.« – Lübchen/Thiel, *Urlaub, Reisen, Camping*, S. 28. Eine Anpassung war nur möglich, indem sich die Kategorie eines Ferienheimes durch Modernisierung o.Ä. änderte.
140 Vgl. *Interview Annemarie Schatz*.
141 Vgl. im Folgenden: *Preisverfügung Nr. 5/84 über die Preisfestsetzung für Beherbergungskapazitäten in Erholungseinrichtungen des Feriendienstes des FDGB* vom 15.1.1985, SHStA 12465, Nr. 280, unpag.
142 Zentralverwaltung für Statistik, *Statistisches Jahrbuch der DDR*.

Worüber sich die Urlauber in der Mehrheit vor 1989 sicher freuten – die geringen Kosten für den Ferienaufenthalt –, wurde nach der ›Wende‹ eher kritisch gesehen:[143]

»[U]ntersucht man diesen Zusammenhang [der Entwicklung der touristischen Versorgung, H.W.] in der DDR, drängt sich der Eindruck auf, daß diejenigen, die den gesellschaftlichen Auftrag wahrnehmen, Dienstleistungen (im weitesten Sinne) für die Befriedigung individueller Bedürfnisse zu organisieren, meist nur über die Ergebnisse ihrer verantwortungsvollen Bemühungen berichten. Die Differenz zwischen erbrachten Leistungen und unbefriedigten Bedürfnissen bleibt häufig im Dunkeln.«[144]

Defizite des Feriendienstes

Aus der ungenauen Kompetenzzuweisung innerhalb des Feriendienstes und der Notwendigkeit, einen großen Teil der Entscheidungen über mehrere Verwaltungshierarchien ›absegnen‹ zu lassen, entstanden organisatorische Mängel, die auf ungenügendes Zusammenwirken der Einzelebenen zurückzuführen waren.[145]

Ein erstes Problem war der Nachfrageüberhang. So hieß es noch 1988 von offizieller Seite: »Stärker als bisher stand das Angebot an FDGB-Ferienplätzen zur Diskussion. Der FDGB-Feriendienst wird als große soziale Errungenschaft anerkannt. Nach Meinung von Mitgliedern gibt es jedoch eine Diskrepanz zwischen den Veröffentlichungen über die steigende Anzahl von Ferienplätzen und den Ferienplatzangeboten.«[146] Und auch privat wurde wahrgenommen: »Ein Problem war allerdings die Vergabe dieser Reisen. Das war schwierig und gab manchen Ärger in den Betrieben, denn das Angebot war sehr gering und die Nachfrage viel zu groß.«[147]

Kritik wurde, zweitens, an der Konzentration der Urlaubswünsche auf die nicht gestaffelte Sommerferienzeit geübt. So weiß man im FDGB-Bundesvorstand: »Die Vorschläge gehen bis dahin, die Ferienzeiten in der Republik insgesamt versetzt zu gewähren, um so für Werktätige mit schulpflichtigen

---

143 Vgl. »In der freien Marktwirtschaft hätten die Heime bei den geringen Preisen […] in wenigen Jahren Pleite gemacht. Der Staat mußte mächtig zuschießen. Man hätte die Preise erhöhen sollen, denn 60 bis 100 Mark für 14 Tage mit Vollpension war viel zu wenig, um die Heime unterhalten zu können.« – Kante, *Deutschland – ein Schauermärchen*, S.111.
144 Bagger, »Einleitung«, S. 12.
145 Vgl. Fuhrmann, »Der Urlaub der DDR-Bürger«, S. 44.
146 Angaben aus dem Sekretariat des Bundesvorstandes des FDGB 1988–1989. Zitiert bei: Eckelmann/ Hertle/Weinert, *FDGB Intern*, S. 225.
147 Kante, *Deutschland – ein Schauermärchen*, S. 110.

Kindern mehr Ferienplatzkapazitäten zu schaffen.«[148] Und man merkt dort auch selbst an: »In der Vor- und Nachsaison bleibt ein großer Teil der Reisen ungenutzt.«[149]

Drittens beschwerten sich viele Gäste über die Qualität der Unterkünfte – »Außerdem wurden die Heime nach kurzer Zeit heruntergewirtschaftet, da kein Geld für Instandhaltung und Renovierung da war. [...] Die Türen schlossen kaum noch richtig, vor allem die auf den Fluren. Möbel und Teppiche waren schon ziemlich ramponiert und vieles mehr.«[150] – und auch staatliche Stellen wussten von zahlreichen ›Baustellen‹ zu berichten, wie dem FDGB-Erholungsheim ›Vorwärts‹ in Wehlen.[151]

Viertens wurden immer wieder Mängel in der Qualität der Versorgung thematisiert, wie beispielsweise 1971: »In diesem Jahr wurde die Qualität der Versorgungsleistungen vor allem durch die aufgetretenen Versorgungslücken beeinflußt. Trotz exakterer vertraglicher Regelungen der Lieferbeziehungen und wiederholter Rücksprache mit den zuständigen Organen fehlten vor allem Gemüse und Obst, alkoholfreie Getränke und Bier. Das Fleisch- und Wurstsortiment war sehr eingeschränkt und einseitig.«[152] Hinzu kamen die umfangreichen Schließzeiten der FDGB-eigenen und öffentlichen Gaststätten.[153]

Auch die Infrastruktur in den Erholungsorten wurde, fünftens, vernachlässigt, wie Manz und Winkler schreiben: »In den Erholungsorten gibt es beachtliche Reserven, die mit Hilfe der territorialen Rationalisierung zur Verbesserung der Dienst- und Verkehrsleistungen, der Einkaufsmöglichkeiten und anderer Leistungen für die Erholungssuchenden und die Einwohner nutzbar gemacht werden können.«[154] Es wurde als wenig zweckmäßig eingeschätzt, die Bettenkapazitäten Jahr um Jahr zu erhöhen, ohne infrastrukturelle Verbesserungen vorzunehmen. Weiterhin sollte die ganzjährige Nutzbarkeit durch attraktive Angebote im Winter gewährleistet werden. Als Winterattraktionen wurden für die Ostseeregion die Nutzung der Meerwasserschwimmhalle oder

---

148 Information über Inhalt und Verlauf der Wahlversammlungen in den gewerkschaftlichen Grundorganisationen – Beschluß des Sekretariats des Bundesvorstandes des FDGB vom 22.3.1989. Zitiert bei: Eckelmann/Hertle/Weinert, *FDGB Intern*, S. 225.
149 »Die Entwicklung unserer Republik ist untrennbar mit der Kraft und Autorität der Gewerkschaften verbunden.« – O.V., »Die Entwicklung unserer Republik« (23.4.1987), S. 5.
150 Kante, *Deutschland – ein Schauermärchen*, S. 112.
151 Vgl. »Die Generalreparatur [...] macht sich dringend erforderlich, nachdem im Winter 1983/84 die Heizung zusammengebrochen war. Mit örtlichen Handwerkern konnten nur Notreparaturen durchgeführt werden.« – *Grundsatzentscheidung über das FDGB-Erholungsheim ›Vorwärts‹, Stadt Wehlen*, SHStA 12465, Nr. 287, unpag.
152 *Einschätzung der Reisezeit 1971*, BArch. DY34 9767, S. 6.
153 *Brief des Rates der Gemeinde Treseburg im Harz, 6.12.1989, an den Minister für Tourismus*, BArch DL1 26577.
154 Manz/Winkler, *Theorie und Praxis der Sozialpolitik*, S. 384 und S. 388f.

anderer Bäder, der Waldgebiete zum Wandern sowie der attraktiven Städte vorgeschlagen.[155] Der FDGB-Feriendienst baute zwar Einrichtungen, doch in kleinen Gemeinden konnte es dadurch zu »erhebliche[n] Schwierigkeiten bei der Versorgung mit Wasser oder Elektroenergie«[156] kommen. Hinzu kamen, sechstens, ökologische Probleme, die beispielsweise durch die hohe Luftverschmutzung bedingt waren. Die Liste der durch Luft-, Boden-, Wasser- und Vegetationsschäden beeinträchtigten touristischen Ressourcen ist lang. In anderen Kapiteln wird näher auf konkrete Einzelbeispiele eingegangen. An dieser Stelle sei lediglich die Gemeinde Treseburg im Harz erwähnt, die in klarer Einsicht in die Probleme 1989 selbst meinte, der Name ›Luftkurort‹ sei aufgrund der Schadstoffbelastung eigentlich nicht mehr gerechtfertigt.[157]

Siebentens ergaben sich Ungleichheiten in der Vergabe der Ferienplätze durch außerplanmäßige Zuteilungen von Urlaubsplätzen. Das konnten Sonderkontingente für ›verdiente‹ Bürger und politisch Umworbene sein, aber auch Ausprägungen eines zweiten Wirtschaftskreislaufs, in dem mittels ›Vitamin B‹, Improvisationen produktionsstarker Betriebe und/oder Tauschhandel der offizielle Verteilungsmodus umgangen wurde.

Achtens entstanden beim FDGB auch anbieterseitig organisatorische Probleme. Viele Ferienschecks in der Saison verfielen beispielsweise, da zum Beispiel Unterkünfte in Vertragsquartieren nicht genutzt wurden oder an Einzelpersonen Ferienschecks für Mehrbettzimmer ausgegeben wurden.[158]

Auch die Beschäftigtensituation des Feriendienstes in den Erholungsobjekten gestaltete sich, neuntens, in der gesamten Zeit aufgrund generellen Arbeitskräftemangels, hoher Beschäftigtenfluktuation, geringer Entlohnung, fehlender anderer Leistungsanreize und unzureichender Übertragung von Verantwortung auf den Einzelnen als außerordentlich schwierig.[159] Eine ökonomische Motivation für einzelne Betreiber bestand angesichts der großen Nachfrage kaum, eine Konkurrenz zwischen den Ferienheimen entstand nur über die Zugkraft des sozialistischen Wettbewerbs. So beschreibt Anton Filler die Auswirkungen des Anreizsystems für die Mitarbeiter im Feriendienst über die Aktionen ›Kollektiv der sozialistischen Arbeit‹, ›Mach mit‹ ... und Ähnliches als »ständige Verallgemeinerung der Erfahrung der Berufsbesten, die Entwicklung der Mitarbeiter zu sozialistischen Persönlichkeiten und die Ausprägung

---

155 Vgl. Prignitz, *Vom Badekarren zum Strandkorb*, S. 183.
156 *Lehrbrief: Grundlagen des Fremdenverkehrs*, BArch DL1 26577.
157 Vgl. *Brief des Rates der Gemeinde Treseburg im Harz, 6.12.1989, an den Minister für Tourismus*, ebd.
158 Vgl. Sonntag, *Urlaub mit dem Feriendienst*, S. 45.
159 Vgl. Filler, *Der Stand und die Entwicklung*, S. 106ff.

ihrer kommunistischen Einstellung zur Arbeit.«[160] Das Engagement war eher bei den Mitarbeitern vor Ort groß, denn dort trug die direkte Rückmeldung der Urlauber zur Motivation bei. 1971 war zum Beispiel zu bemerken: »Die Bemühungen der Mitarbeiter zur Sicherung einer ordnungsgemäßen Urlauberversorgung sind besonders anzuerkennen, da in diesem Sommer durch die aufgetretenen Versorgungslücken, die schwierige Arbeitskräftesituation und der extremen Hitze große Schwierigkeiten auftraten [...] Im Heim Großschandau Bez. Dresden waren zeitweise nur 25 Prozent der planmäßigen Arbeitskräfte vorhanden.«[161] Eine Selbstverpflichtung aus den siebziger Jahren lautete:

»Weiterhin verpflichten wir uns bei Veränderung der Arbeitskräftesituation im Küchenbereich zum positiven, ein umfangreiches Speiseangebot von 10,00 bis 22,00 Uhr täglich bereitzustellen. Auch in Fragen der Eigenkonservierung bei Obst- und Gemüseschwemmen haben wir [...] eine entsprechende Verpflichtung übernommen. Von Seiten unseres Küchenkollektivs werden wir die Voraussetzungen schaffen, daß zum Heimabend [...] jeweils eine Speisekarte mit Harzer Regionalgerichten angeboten wird.«[162]

Die Problemlage zusammenfassend ist daher im Grundsatz dem Stellvertretenden Leiter des Feriendienstes, Harald Seymer, Recht zu geben, der 1990 einräumte: »Die Devise hat angesichts des zu bewältigenden Ansturms Masse statt Klasse heißen müssen.«[163]

IV.2 Betriebe

Das betriebliche Erholungswesen entstand als Alternative und Ergänzung zum Feriendienst des FDGB in den fünfziger Jahren.[164] Damals errichteten zunächst vor allem größere Betriebe eigene Erholungseinrichtungen, um den Mitarbeitern und ihren Familien eine finanziell erschwingliche Urlaubsmöglichkeit innerhalb der DDR anbieten zu können.

---

160 Filler, *Die Entwicklung des Feriendienstes*, S. 192.
161 *Einschätzung der Reisezeit 1971*, BArch DY 34 9767, S. 3.
162 *Diskussionsbeitrag von Dirk Strohschneider, Küchenleiter im FDGB-Erholungsheim ›Harzland‹ Schierke. Austausch zwischen verschiedenen Heim- und Objektleitern*, S. 3.
163 Artikel von Harald Biskup im Kölner Stadt-Anzeiger, 13.7.1990. Zitiert bei: Helwig, *Die letzten Jahre der DDR*, S. 81–83.
164 Ab 1953 waren die Betriebe befugt, eigene Erholungsmöglichkeiten für Belegschaftsmitglieder und deren Familienangehörige zu schaffen. – Vgl. Tietze/Winkler, *Sozialpolitik im Betrieb*, S. 28f.

In Konkurrenz zum Feriendienst?

Die Betriebe hatten gegenüber dem FDGB einen klaren Vorteil. Die von ihnen erwirtschafteten Gelder konnten zum Teil direkt – am offiziell vorgegebenen Weg der Leistungsabrechnung einer zentralen Planwirtschaft vorbei und damit illegal – in Bau und Erhalt der Ferienobjekte investiert werden; auch Leistungen aus der Arbeitskraft der Beschäftigten waren oft verfügbar.[165] Bereits hier wird deutlich, dass das Maß betrieblicher Erholungsmöglichkeiten stark von der Leistungskraft des jeweiligen Betriebes, aber auch von der materiellen Verwendbarkeit der ›Erzeugnisse‹, abhängig war.[166] So konnte ein Betrieb, welcher materielle, möglichst auch begehrte, Güter herstellte, durch eigene Verwendung und Tausch sicher mehr für den Bau eines eigenen Erholungsobjekts tun als beispielsweise die in einer Schule beschäftigten Lehrer, welche Immaterielles produzierten.

Für den FDGB wurde anhand des starken Ausbaus des Betriebserholungswesens recht schnell deutlich, dass ihnen in den Betrieben eine Konkurrenz erwuchs.[167] Gleichzeitig war das Engagement der Betriebe aber auch nötig, um die Urlaubswünsche der Bevölkerung zu decken, denn der FDGB war nicht in der Lage, genügend Kapazitäten zu binden.[168] Ebenso gab es Fälle, in denen Anbieter aus dem Hotelwesen erkennen mussten, dass sie ausgewählte Objekte nicht mehr würden bewirtschaften können, und sie daher den finanzkräftigeren Betrieben übergaben:

»Schwerpunkte bildeten die Sächsische Schweiz und das Osterzgebirge. Dort mußten bereits solch wichtige Objekte für die Urlauber- und Touristenversorgung wie das ›Erbgericht‹ Rathen und ›Zum Bären‹ Bärenburg von der HO an VEB als Betriebserholungsheime verkauft werden, weil der volkseigene Einzelhandel und der Bereich Handel und Versorgung auf Jahre hinaus keine Möglichkeit sehen, diese Objekte zu rekonstruieren. In beiden Fällen wurde seitens der Betriebe eine öffentliche Versorgung zugesichert, aber alle sind sich über die Bedingtheit einer solchen Erklärung im Klaren.«[169]

---

165 Vgl. »Diese Bungalows gehörten dem Betrieb und es stand von vornherein fest, dass eine Abteilung die Bungalows im Frühjahr für die Gäste vorbereiten muss und im Herbst wieder winterfest machen musste. Das haben wir – ehrlich gesagt – in der Arbeitszeit mit erledigt.« – *Interview Christa Haid.*
166 Einige Betriebe hatten so viele Kapazitäten, dass die Mitarbeiter nahezu jedes Jahr in den Urlaub fahren konnten, in anderen Betrieben minimierte sich nur das Verhältnis zwischen angebotenen Reisen und Nachfrage (»Es war dadurch nicht mehr eine Reise pro 15 Personen, sondern für eins zu sechs oder eins zu sieben. Man muss ja beachten, dass die Lehrer nur im Juli, August fahren konnten.« – *Interview Peter Schmidt*) – Vgl. Selbach, »Reise nach Plan«, S. 73; Deja-Lölhöffel, *Freizeit in der DDR*, S. 69.
167 Vgl. Spode, »Tourismus in der Gesellschaft der DDR«, S.19.
168 Vgl. Fuhrmann, »Der Urlaub der DDR-Bürger«, S. 44.
169 *Bericht des BAT im Bezirk Dresden für 1988*, BArch DL1 26585.

Es handelte sich dabei aber nicht um einen Wettbewerb, der eines der Reiseangebote unattraktiver machte. Selbst mit beiden Urlaubsanbietern lag die Nachfrage über dem Angebot. Doch der FDGB war – vor allem durch seine institutionelle Stärkung in den siebziger Jahren – sehr darauf bedacht, als ›Haupterholungsträger‹ eine Vorrangstellung innezuhalten. Aus diesem Grund versuchte er als staatliche Institution, das betriebliche und gewerkschaftliche Erholungswesen zu vereinen. Dies gelang zwar nicht[170], doch zeigt sich an Nutzungs- und Kooperationsvereinbarungen, Vorgaben zur Gestaltung des betrieblichen Erholungswesens und weiteren Bestimmungen ein hohes Maß an Einflussnahme und gewollter Inkorporation.[171] Aus dem Beschluss des Sekretariats des Bundesvorstandes des FDGB vom 28. Februar 1979 geht hervor, wie man sich die Einflussnahme konkret vorstellte:

»II. Einflussnahme der Bezirks- und Kreisvorstände des FDGB auf die Entwicklung des betrieblichen Erholungswesens
1. Die Bezirksvorstände des FDGB haben festzustellen, welche betrieblichen Erholungseinrichtungen sich gegenwärtig in ihrem Territorium im Bau befinden und wann mit ihrer Inbetriebnahme zu rechnen ist. [...]
2. Die Sekretariate der Bezirksvorstände des FDGB [...] beschließen [...], bei welchen betrieblichen Erholungseinrichtungen der FDGB seine Nutzungsrechte wahrnimmt. [...] a) Die Nutzungsrechte sind bei allen betrieblichen Erholungseinrichtungen wahrzunehmen, deren Betreuungsbedingungen den Anforderungen des FDGB entsprechen. [...]
3. Das Sekretariat des Bezirksvorstandes des FDGB [...] beschließt auf Vorschlag des jeweiligen Kreisvorstandes des FDGB über die Höhe der dem FDGB zur Nutzung zu überlassenden Kapazitätsanteile [...] (20 bis 40 Prozent). [...] b) Der Kapazitätsanteil (maximal 40 Prozent) ist so festzulegen, daß für den Betrieb der durchschnittliche Versorgungsgrad gewährleistet ist. Die durch Beschluß getroffenen Entscheidungen sind den Betriebsgewerkschaftsleitungen der Trägerbetriebe [...] zur Kenntnis zu geben.«[172]

Grundlegend sei angemerkt, dass im Sinne der *Verordnung über die Nutzung betrieblicher Erholungseinrichtungen* vom 10. Mai 1979 folgende Einheiten als Betriebe bezeichnet wurden: staatliche Organe, volkseigene Kombinate und Betriebe, volkseigenen Betrieben gleichgestellte Einheiten, staatliche Einrich-

---

170 Vgl. Gutsche, *Probleme der Zusammenarbeit*.
171 Aus diesem Grund findet sich in einigen Publikationen eine Vermischung des gewerkschaftlichen und betrieblichen Erholungswesens; hier wurde eine Trennung vorgenommen, die auf institutionellen Zuständigkeiten basiert. Vgl. auch: »Seit dem Beschluß des Politbüros des ZK der SED zum Betriebserholungswesen vom Jahre 1978 werden die Festlegungen, Normen und politischen Prinzipien des FDGB auf den gesamten Bereich des Erholungswesens des Feriendienstes der Gewerkschaften und der Betriebe angewandt.« – Bundesvorstand des FDGB, *Protokoll des 10. FDGB-Kongresses*, S. 34.
172 *Maßnahmen zur Durchführung des Beschlusses des Politbüros des ZK der SED über die Entwicklung des Einflusses des FDGB auf das Betriebserholungswesen und zur Leitung und Planung der betrieblichen Erholungseinrichtungen*, S. 3f.

tungen und Einrichtungen der volkseigenen Wirtschaft sowie Organisationen und Betriebe im Verantwortungsbereich der Konsumgenossenschaften der DDR.[173] Diese Verordnung bestimmte zudem den Charakter des betrieblichen Erholungswesens. Dieser besagte, dass die Betriebe Rechtsträger der Erholungsobjekte seien und die Bewirtschaftung, Rekonstruktion und Modernisierung sowie Um- und Ausbau verantworteten. Die Hauptverantwortung für Leitung und Planung des betrieblichen Erholungswesens oblag jedoch dem FDGB, der damit Einfluss auf die Erhaltung, Erweiterung, effektive Nutzung und die ›Erhöhung des Betreuungsniveaus‹ nahm.[174] Weiterhin war der FDGB insofern an der Vergabe der betrieblichen Ferienplätze durch die betrieblichen Leitungen des FDGB und Grundorganisationen beteiligt, indem beispielsweise einheitliche Vergabeprinzipien für die Vergabe von Reisen mit dem Feriendienst der Gewerkschaften und in betriebliche Einrichtungen durchgesetzt wurden.[175]

Die Verordnung wurde seit dem 9. Februar 1984 durch eine *Verordnung über die Planung und Nutzung betrieblicher Erholungseinrichtungen*[176] leicht abgewandelt. Dabei ging es vor allem um den effektiveren Einsatz des Kultur- und Sozialfonds[177], eine höhere Auslastung der betrieblichen Objekte und die erneute Stärkung des FDGB als Hauptverantwortlichem für das Erholungswesen der DDR.

Die hauptsächliche Form der Zusammenarbeit zwischen Betrieben und dem Feriendienst des FDGB bestand im Abschluss von Kooperationsvereinbarungen und der Bildung von Interessengemeinschaften.[178] Erstere wurden vorrangig mit dem Ziel gebildet, die Kapazitäten der betrieblichen Erholungseinrichtungen besser auszulasten. Grundlage dieses Vorgehens stellte der Paragraph 7 der *Verordnung über die Planung und Nutzung der betrieblichen Erholungseinrichtungen* dar, in dem es darum ging, das Betreuungsniveau für die Urlauber zu sichern und alle Möglichkeiten zur Unterstützung des FDGB-Feriendienstes

---

173 Vgl. *Verordnung über die Nutzung betrieblicher Erholungseinrichtungen* vom 10. Mai 1979, in: Lübchen/Thiel, *Urlaub, Reisen, Camping*, S. 155.
174 Vgl. ebd., S. 44f.
175 Vgl. Oehler, *Erholungswesen*, S. 42; Wagner, »Aktuelle Probleme der Leitung und Planung«.
176 *Verordnung über die Planung und Nutzung betrieblicher Erholungseinrichtungen* vom 9.2.1984.
177 Die Investition in eine Vielzahl relativ kleiner betrieblicher Erholungseinrichtungen bedeutete ökonomisch einen ungünstigen finanziellen und materiellen Mitteleinsatz, denn dieses Vorgehen bedingte hohe Bewirtschaftungskosten der einzelnen Objekte und eine Zersplitterung der Erholungslandschaft. – Vgl. Sonntag, *Urlaub mit dem Feriendienst*, S. 37. Dass der FDGB sich gegenläufig orientierte, wurde bereits daran ersichtlich, dass dort in den siebziger und achtziger Jahren vornehmlich in den Bau und Erhalt großer Einrichtungen investiert wurde.
178 Vgl. ebd., S. 8; Lübchen/Thiel, *Urlaub, Reisen, Camping*, S. 20.

bei der Betreuung und Versorgung der Urlauber auszuschöpfen. Die Kooperationsvereinbarungen enthielten daher Übereinkünfte zur Weitergabe nicht genutzter Plätze sowie über Bau und Bewirtschaftung gastronomischer, kultureller, sozialer oder sportlicher Einrichtungen. Sie sollten aus dem Kultur- und Sozialfonds der Betriebe finanziert werden. Dieser war zur Finanzierung von Leistungen vorgesehen, die der Verbesserung der Arbeits- und Lebensbedingungen dienen sollten. Seine Höhe hing nicht von der wirtschaftlichen Leistung des Betriebes ab, sondern wurde nach Betriebsgröße vom jeweils übergeordneten staatlichen Organ festgelegt.[179]

Die Interessengemeinschaften hingegen dienten vorrangig der Schaffung neuer Kapazitäten.[180] Aus der Richtlinie für die Bildung, Planung und Bilanzierung von Interessengemeinschaften mit dem Feriendienst der Gewerkschaften ist dabei zu entnehmen, dass sich der FDGB innerhalb dieser Verbindung umfangreiche Kompetenzen sicherte[181] und den Betrieben vor allem die Aufgabe der Finanzierung zubilligte. Dies verweist wiederum auf die Absichten des Feriendienstes, einerseits selbst als einziger sozialtouristischer Anbieter zu fungieren und andererseits die finanziellen Mittel der Betriebe abzuschöpfen. Die Betriebe verpflichteten sich also, die materiellen und finanziellen Fonds bereitzustellen und Eigenleistungen in die Betriebspläne aufzunehmen und zu erbringen. Dafür erhielten sie entsprechend dem Umfang ihrer Leistungen eine definierte Anzahl von Ferienplätzen zur Vergabe an die eigenen Beschäftigten.

---

179 Paragraphen 2 und 4 der *Verordnung über die Planung, Bildung und Verwendung des Kultur- und Sozialfonds* vom 3.6.1982.
180 Gemeint sind damit nicht nur Unterkünfte, sondern ebenfalls die Errichtung gastronomischer, kultureller und sportlicher Einrichtungen sowie von Wirtschafts- und Versorgungsanlagen, über deren Nutzung entsprechende Verträge abgeschlossen wurden. – Vgl. Abteilung Feriendienst des Bundesvorstandes des FDGB: »Bau neuer Erholungseinrichtungen durch Interessengemeinschaften«; Schmiechen/Rösel, »Gemeinsame Richtlinie des Bundesvorstandes des FDGB und des Ministeriums für Bauwesen zur gemeinsamen Errichtung von Erholungseinrichtungen einschließlich Verpflegungskapazitäten«, S. 3f.; *Grundsätze für die Arbeit der Interessengemeinschaften*, ca. 1973, BArch DY34 9768. Ergänzend: »Der Vorteil der Mitgliedschaft in der Interessengemeinschaft besteht darin, daß moderne Erholungsheime in wirtschaftlicher Größe mit hohem Niveau errichtet, eine gute Urlauberbetreuung gewährleistet und durch eine volle Auslastung der Kapazitäten auch Einfluss auf die Senkung der Selbstkosten ausgeübt wird.« – Ebd.
181 Der Feriendienst des FDGB entschied über die Anträge auf Bildung einer Interessengemeinschaft und sicherte die Aufnahme des Vorhabens in den Fünfjahrplan und die Volkswirtschaftspläne. Er wählte entsprechend eigenen Bedarfs Standorte für den Bau der jeweiligen Einrichtung aus und stimmte mit den zuständigen Staatsorganen Standortgenehmigungen und weitere Erfordernisse ab. Schließlich übernahm er – im Gegensatz zum Vorgehen in den Kooperationsvereinbarungen – die Rechtsträgerschaft für die entstandenen Objekte.

Umfangreicher als im gewerkschaftlichen Erholungswesen gab es im Betriebserholungswesen für die Mitarbeiter und ihre Familien nicht nur die Chance auf einen Inlandsurlaub, sondern über den Tausch von Urlaubsplätzen mit Partnerbetrieben in anderen sozialistischen Staaten auch Möglichkeiten, einen Auslandsurlaub wahrzunehmen.[182] Dabei wurden im Austausch betriebseigene Kapazitäten den Angestellten des ausländischen Partners zur Verfügung gestellt. [183] Diese Austauschbeziehungen wurden vom Ministerium für Finanzen im Grundsatz als paritätisch und devisenlos bestimmt, das heißt, die Ausstattung der DDR-Bürger mit entsprechenden Reisezahlungsmitteln erfolgte durch den aufnehmenden Betrieb in Landeswährung, und umgekehrt finanzierte der DDR-Betrieb die Partnerseite. Damit wurde eine Valutabelastung der Staatsbank der DDR ausgeschlossen.[184]

Zuteilung, Art und Kosten der Reisen

Die Verteilung der betrieblichen Erholungsplätze erfolgte organisatorisch wie die Vergabe der Plätze des FDGB-Feriendienstes und unter Zugrundelegung derselben Kriterien.[185]
Die preisliche Gestaltung für Urlaube im Betriebserholungswesen war zwar ebenso wie beim Feriendienst auf ein finanziell gut tragbares Angebot ausgerichtet, doch gab es aufgrund der unterschiedlichen Ausstattung keine einheitlichen Richtwerte.[186] Die Betriebe richteten sich – auch in Abhängigkeit von der eigenen Leistungskraft – entweder nach den tatsächlichen Kosten des Aufenthalts und zahlten einen Zuschuss[187], oder sie legten grundsätzlich

---

182 Etwa 20 Prozent aller Auslandsurlaubsreisen von DDR-Haushalten (Familien) wurden durch den Betrieb eines Haushaltsmitgliedes vergeben. – Vgl. Ergebnisse des Instituts für Marktforschung, IM Statistik 2.7, in: Bähre, *Nationale Tourismuspolitik in der Systemtransformation (2)*, S. 282.
183 Vgl. »Bei uns in der Bauakademie gab es einen Austausch mit einem tschechischen Betrieb. Wir hatten drei Zeltbungalows auf dem Campingplatz in Alt-Reddewitz. Einer davon wurde bei Bedarf im Sommer dem tschechischen Betrieb zur Verfügung gestellt. Im Gegenzug konnten Angehörige der Bauakademie ihren Winterurlaub in einer Unterkunft dieses Betriebes im tschechischen Gebirge verbringen.« – *Interview Gitta Kromer.*
184 Vgl. *Anweisung über die Gestaltung des Urlauberaustauschs mit sozialistischen RGW-Ländern*, BArch DO1 8/0- 041778, unpag.
185 Vgl. Bundesministerium für innerdeutsche Beziehungen, *DDR-Handbuch (1)*, S. 380. Lübchen/Thiel, *Urlaub, Reisen, Camping*, S. 43.
186 Vgl. »Die Preise, die die Belegschaftsangehörigen […] zu zahlen haben, bestimmt der Betrieb eigenverantwortlich. Den Betrieben wird jedoch empfohlen, sie den Preisen für Ferienreisen […des FDGB, H.W.] anzugleichen.« – *Grundsätze der Preisgestaltung für Erholungsreisen der Interessengemeinschaften*, ca. 1973, BArch DY34 9768.
187 Dieser existierte zum einen für alle verreisenden Betriebsangehörigen, zum anderen konnten auch noch zusätzliche Mittel als »Anerkennung für hervorragende Leistungen in der Produk-

Urlaubspreise nach den in ihrem Betrieb vorkommenden Einkommensstufen fest. Die Unterkünfte und Verpflegungsleistungen variierten im Betriebserholungswesen stark.

Ein großer Prozentsatz der Unterkünfte waren Bungalows, Zelte und Wohnwagen verschiedener Ausbaustufen.[188] Da diese meist nur im Sommer bewohnbar waren[189], befanden sie sich überwiegend bevorzugt an gewässernahen Standorten, insbesondere der Ostsee und den Seengebieten der DDR. Weiterhin unterhielten viele Betriebe eigene Ferienheime, die vergleichbar zu denen des FDGB-Feriendienstes waren. Schließlich besaßen einige Betriebe eigene Gästehäuser oder Schulungsheime, die saisonal auch zu Urlaubszwecken genutzt wurden.

Unterkunftsarten	Übernachtungsplätze (absolut)	Übernachtungsplätze (prozentual)	Davon ganzjährig nutzbar (absolut)	Davon ganzjährig nutzbar (prozentual)
Erholungsheime	70.321	18 %	47.026	67 %
Schulungsheime	15.736	4 %	12.551	80 %
Bungalows	152.248	39 %	15.503	10 %
Wohnwagen, Zelte u.ä.	104.281	27 %	0	0 %
vertraglich genutzte Privatquartiere	47.535	12 %	0	0 %

Tabelle 15: Unterkunftsarten im betrieblichen Erholungswesen der DDR
(Statistisches Jahrbuch der DDR, 1990, S. 366.)

Eine Besonderheit stellten die Eigenobjekte der staatlichen Organe dar. Sie waren um einiges besser ausgestattet als die durchschnittlichen Betriebserho-

---

tion oder aus sozialen Gründen« gezahlt werden. – Lübchen/Thiel, *Urlaub, Reisen, Camping*, S. 30.
188 Hinsichtlich der Campingausstattung ist darauf hinzuweisen, dass der Betrieb meist Zelte am entsprechenden Standort fest installierte, sodass der Urlauber keine eigene Ausstattung mitbringen musste. – Vgl. Deja-Lölhöffel, *Freizeit in der DDR*, S. 39; Friedrich-Ebert-Stiftung, *Urlaub und Tourismus* (1978), S. 21 und 24. Sowie: »VEB Oberbekleidung ›Fortschritt‹ Berlin, Deutsche Post Cottbus, VEB Kohlenhandlung Potsdam […] sie alle stellen ihren Beschäftigten die komplette Campingausrüstung auf Zeltplätzen in Thüringen, an der Ostsee im Erzgebirge oder an den Havelseen zur Verfügung.« – Holzach/Rautert, »Camping im Kollektiv« (26.8.1977).
189 1989 waren etwa 19 Prozent der Übernachtungsplätze in Betriebserholungsheimen ganzjährig nutzbar. – Vgl. Zentralverwaltung für Statistik, *Statistisches Jahrbuch der DDR, 1990*, S. 366.

lungsobjekte und befanden sich zumeist in landschaftlich besonders attraktiven Gebieten.[190] Mit 74.300 Einrichtungen (417.500 Übernachtungsplätze) konnten die Betriebe im Jahr 1989 etwa 3,2 Millionen Erholungsreisen zu Verfügung stellen.[191] Sie waren damit ein zahlenmäßig bedeutsamerer Urlaubsanbieter als der Feriendienst des FDGB, der im selben Jahr etwa 1,9 Millionen Reisen offerierte.[192]

Das betriebliche Erholungswesen beinhaltete schließlich auch die Kinderferiengestaltung, vor allem in Form von Betriebskinderferienlagern. Auf diese Aufgabe wird in Kapitel V.4 über die Kinder- und Jugenderholung näher eingegangen.[193]

In den Unterlagen der Hauptverwaltung Auslandstourismus taucht zudem der Begriff des ›Betriebstourismus‹ im Zusammenhang mit Auslandsreisen von DDR-Bürgern auf.[194] Damit ist jedoch eine Leistung des Reisebüros der DDR gemeint, die in Unterkapitel IV.3 Berücksichtigung findet.

Die beschriebene ›Nebentätigkeit‹ des Betriebes als Anbieter touristischer Leistungen war eine Besonderheit des sozialistischen Systems. Die Arbeitsstätte fungierte auch als sozialer Raum weit umfassender als im marktwirtschaftlichen Bereich.[195] Der Betrieb bewegte sich dabei stets im Spannungsfeld zwischen den politisch-ideologischen Anforderungen, die ihm als Produktionseinheit und Ort tätiger Bildung des Werktätigen als sozialistische Persönlichkeit im Sozialismus zugewiesen waren, den ökonomischen Erfordernissen, die an ihn gestellt wurden, und den Erwartungen der Mitarbeiter an eine Stätte persönlichen Austauschs und ihren Lebensort.[196] So waren beispielsweise

---

190 Vgl. »Die hohen Funktionäre bekamen Plätze in Regierungsheimen für etwa 200 Mark mit 1a-Verpflegung und wohnten wie in einem 5-Sterne-Hotel.« – Kante, *Deutschland – ein Schauermärchen*, S. 111.
191 Vgl. *Protokoll: 3. Führungsseminar mit leitenden Kadern des Tourismus (21.–23.3.89)*, BArch DL1 26581, unpag.
192 Vgl. Zentralverwaltung für Statistik, *Statistisches Jahrbuch der DDR, 1990*, S. 366. Iris und Jürgen Breuste ermittelten für 1988 einen Anteil von 41,8 Prozent der Übernachtungen in Erholungseinrichtungen der DDR im Betriebserholungswesen. – Vgl. Breuste/Breuste, »Tourismusentwicklung auf der Insel Usedom«, S. 44. Ähnlich auch Heike Bähre, die auf einen Anteil von 40,7 Prozent kommt. – Vgl. Bähre, *Nationale Tourismuspolitik in der Systemtransformation*, S. 243.
193 Vgl. Paragraph 3 Absatz 1 und 4 der *Verordnung über die Planung, Bildung und Verwendung des Kultur- und Sozialfonds für volkseigene Betriebe* vom 3.6.1982.
194 Vgl. *Hauptverwaltung Auslandstourismus – Vermerk zum Betriebstourismus des VEB Reisebüro der DDR* vom 3.2.1989, BArch DL1 26577, unpag.
195 Vgl. »Das Produzieren ist nur ein Bruchteil dessen, was der DDR-Bürger unter Arbeit versteht.« – Böhm, *Die da drüben*, S. 15.
196 Vgl. Weil, »Der Betrieb als sozialer Raum zwischen Anpassung und Verweigerung«, S. 307.

Arbeitskollegen oft auch Freizeitpartner.[197] Gewollt oder ungewollt wurden sie in den Ferienobjekten des Betriebes häufig Urlaubsnachbarn.

Für die Betriebe waren die eigenen Erholungsmöglichkeiten – im Sinne des Konzepts der materiellen Interessiertheit – ein wichtiger Anreiz, um Arbeitskräfte zu binden[198], da es ja kaum andere Möglichkeiten gab, sich vorteilig zu positionieren. »Es gehörte zum Prestige und guten Ruf eines jeden Unternehmens der Wirtschaft, über eigene Urlaubskapazitäten in landschaftlich schöner Umgebung zu verfügen.«[199] Für die Werktätigen wiederum stellte das Betriebserholungswesen eine Art zweite Lohntüte dar, die als Ansporn für gute Arbeitsleistungen verstanden werden sollte.[200] Im Laufe der Zeit entwickelten sich, um die Eintönigkeit des immer gleichen Angebots zu mildern, Austauschbeziehungen zwischen verschiedenen Betrieben.[201]

IV.3 Reisebüro der DDR

Das in den siebziger und achtziger Jahren unter der Bezeichnung ›Reisebüro der Deutschen Demokratischen Republik‹ firmierende Unternehmen wurde 1957 als VEB ›Deutsches Reisebüro‹ gegründet.[202] Aufgrund einer Anordnung des Ministeriums für Verkehrswesen vom 25.11.1957, dem es direkt unterstand[203], wurden in ihm alle seit 1949 agierenden privaten Reisebüros übernommen. 1964 wurde es in ›Reisebüro der DDR‹ umbenannt.[204] Rechtsnachfolger dieses Betriebes wurde ab 1.1.1978 das ›Reisebüro der Deutschen Demokratischen Republik‹.[205] Bis 1974 war es auch für die Vermittlung von

---

197 Vgl. Irmscher, *Freizeitleben*, S. 355.
198 Vgl. Saretzki/Krohn, »Vom gewerkschaftlich organisierten Urlaub«, S. 332.
199 Ebd., S. 333.
200 Vgl. Bähre, *Nationale Tourismuspolitik in der Systemtransformation (1)*, S. 197.
201 Vgl. »Um der Belegschaft Abwechslung bieten zu können, tauschten [... sie] oft per Zeitungsannonce Plätze in ihren ›Ferienobjekten‹ gegeneinander aus.« – Fuhrmann, »Der Urlaub der DDR-Bürger«, S. 40. Vgl. auch: Deja-Lölhöffel, *Freizeit in der DDR*, S. 39.
202 Vgl. dazu und im Folgenden: Filler, *Die Entwicklung des Feriendienstes der Gewerkschaften*, S. 70.
203 Vgl. Oehler, *Erholungswesen*, S. 19 und S. 43
204 Vgl. ebd., S. 19; *Umbenennung des Deutschen Reisebüros in Reisebüro der DDR, 1964*, BArch DY30 IV-A2/6.05/151. Abweichend Heinz Wehner, der 1967 als Jahr der Umbildung angibt. – Vgl. Wehner, »Geschichte des Fremdenverkehrs«, S. 160.
205 Vgl. Winkler, *Lexikon der Sozialpolitik*, S. 318. Da allerdings in der Forschung weitgehend der Begriff ›Reisebüro der DDR‹ für den gesamten Zeitraum ab 1967 verwendet wird, die umfassende Rechtsnachfolge keine strukturellen und inhaltlichen Veränderungen vermuten lässt und der Terminus zudem schreibökonomisch sinnvoll erscheint, wird auch in dieser Arbeit vom ›Reisebüro der DDR‹ gesprochen.

Jugendreisen zuständig, ab 1.1.1975 wurde dieses Aufgabengebiet unter der Bezeichnung ›Reisebüro der FDJ – Jugendtourist‹ ausgegliedert. Der VEB Reisebüro der DDR stellte ein staatliches Dienstleistungsunternehmen der DDR für den Tourismus dar und war in seiner Bedeutung für den Auslandstourismus ›zentrales Organ‹. Das Reisebüro organisierte und vermittelte touristische Aufenthalte im In- und Ausland, als Einzel- oder Gruppenreisen, aber auch einzelne touristische Leistungen (Unterkünfte, Stadtrundfahrten und -führungen, gastronomische Leistungen, Theater- und Konzertkarten, Verkehrsleistungen wie die Fahrkartenausgabe für die Deutsche Reichsbahn, die Interflug, die Verkehrskombinate und die Fahrgastschiffbetriebe) für DDR-Bürger und ausländische Touristen.[206] Im Gegensatz zu den bisher beschriebenen sozialtouristischen Anbietern arbeitete es überwiegend auf Basis der Kostendeckung, das heißt, der Urlauber hatte die entstehenden Reisekosten in voller Höhe zu tragen.[207] Trotzdem war das Reisebüro in die komplexe staatliche Planung, Leitung und Organisation von Erholungswesen und Tourismus eingebunden.[208]

Das ›Reisebüro der DDR‹ stützte sich in seiner Arbeit auf die gesetzlichen Grundlagen des Abschnitts 5 des Zivilgesetzbuches zum Bereich ›Reise und Erholung‹.[209] Der zwischen dem Reisebüro und dem Kunden bestehende Reiseleistungsvertrag beinhaltete entweder nur ein Vermittlungsgeschäft, bei dem das Reisebüro für die ordnungsgemäße Vermittlung, nicht aber die Leistung an sich verantwortlich war, oder ein Verkaufsgeschäft, bei dem das Reisebüro die Leistungserbringung sicherstellte. Eine Besonderheit der Allgemeinen Leistungsbedingungen stellte der Paragraph 9 ›Leistungsunmöglichkeit‹ dar, weil dem Reisebüro danach gestattet war, eine Reise zu stornieren, wenn es »wirtschaftlich nicht vertretbar ist (z.B. wegen Minderauslastung)«.[210]

Auf institutioneller Ebene arbeitete das Reisebüro mit zahlreichen in- und ausländischen Partnern zusammen. Es war Mitglied der internationalen Organisation der Reisebüros, World Tourism Organization / International Union of Official Travel Organizations[211], und innerhalb des RGW fanden in regelmäßigen Abständen ›Konferenzen der Reisebüros der sozialistischen Länder‹

---

206 Vgl. Lübchen/Thiel, *Urlaub, Reisen, Camping*, S. 57. Rohleder, »Fremdenverkehr in der DDR«, S. 45.
207 Zeitweilig beteiligte es sich jedoch auch an der Vermittlung subventionierter touristischer Leistungen. – Vgl. Spode, »Tourismus in der Gesellschaft der DDR«, S. 19.
208 Vgl. Oehler, *Erholungswesen*, S. 44
209 Paragraphen 204–216 des *Zivilgesetzbuches der DDR* vom 19.6.1975.
210 Vgl. Paragraph 9 der *Allgemeinen Leistungsbedingungen des Reisebüros der Deutschen Demokratischen Republik*. Zitiert bei: Thiel, »Die Ausgestaltung der Vertragsbeziehungen über Reise und Erholung in den Leistungsbedingungen des Reisebüros der DDR«, S. 646.
211 Vgl. Kassel, »Touristik in der DDR«, S. 1001.

statt[212], um sich über Leitlinien der Tourismuspolitik auszutauschen. Auf untergeordneter Stufe arbeitete man im Ausland mit verschiedenen Reiseveranstaltern und am Tourismus beteiligten Unternehmen vornehmlich des sozialistischen, aber auch des nichtsozialistischen Auslands zusammen.[213] Innerhalb des Kreises internationaler Reisebüros betraf dies vor allem die Zusammenarbeit mit Čedok, Tatratour, Slovaktourist, Rekrea, ZVL, Autotourist, AVP, BTS, Balnea und Congress Center in der ČSSR[214]; mit Orbis, Gromada, Turysta, Sporttourist, PZM, TTK, ZVL und BTN in der VRP[215]; mit Ibusz, AvBud, Volantourist, Siotour, Maley, Dunatours, Usalato, Lokomotiv Tourist, Balatontourist Nord, Danubius Hotel und Hotel Interpress in der UVR[216]; Balkantourist, Logostour, Schipka und Cooptourist (Kooptour) in der VRB; mit Carpati und Extur in der SRR[217]; mit Generalturist, Globtour, Yugotours und Kompas in der SFRJ sowie mit Intourist in der UdSSR.[218] Im Inland wirkte das Reisebüro mit verschiedenen Institutionen des Verkehrswesens[219], den Erholungs- und gastronomischen Einrichtungen und besonders mit der Hotelvereinigung ›Interhotel‹ zusammen.[220]

Der VEB Reisebüro der DDR wies 1988 folgende Gliederung auf[221]: Seiner Generaldirektion unterstanden die Bezirksdirektionen mit thematisch organisierten Arbeitsgruppen und Arbeitsstellen. Die den Bezirksdirektionen

---

212 Vgl. *Punkt 5d: Teilnahme eines Vertreters von ›Jugendtourist‹ im Rahmen der DDR-Delegation an der XV. Konferenz der Reisebüros der sozialistischen Länder*, BArch DY24 8690, unpag.
213 Vgl. Bundesministerium für innerdeutsche Beziehungen, *DDR-Handbuch (2)*, S. 1361.
214 Vgl. zur Spezialisierungsrichtung dieser Institutionen: O.V., »Angebot der tschechoslowakischen Reisebüros im Jahre 1989«, S. 58f.
215 Vgl. *VRP PTTK 1985/86, Orbis 1985/86, Gromada 1985/86, Turysta 1985/86, Sporttourist 1985/86, Pzm 1985/86, Allgemein 1986*, BArch DM102 Bündel 793 (19445), unpag.
216 *Stellvertreter des Generaldirektors, Entsendung. Ungarische Volksrepublik*, BArch DM102 Bündel 137 (22230 und 22231), unpag.
217 *Stellvertreter des Generaldirektors, Entsendung: Berichte und Protokolle 1976-1985*, BArch DM102 Bündel 138 (22232), unpag.
218 Vgl. Findbuch 5 des Bestandes VEB Reisebüro der DDR im Bundesarchiv. Da diese Bestände nicht benutzbar sind, sind lediglich grundlegende Informationen aus den Findmitteln zu entnehmen. – *VEB Reisebüro der DDR, Generaldirektion*, BArch DM 102.
219 Das Reisebüro unterhielt beispielsweise eine eigene Abteilung ›Reiseverkehr‹ für die Vermittlungstätigkeiten bezüglich der Deutschen Reichsbahn. Es war weiterhin auf Grundlage einer Provisionsbeziehung Generalagent der Interflug. – Vgl. Matthäi/Mencke, »Kommerzielle Beziehungen«, S. 18.
220 Vgl. Kassel, »Touristik in der DDR«, S. 1003; Heinecke, »Die Aufgabe des Reisebüros der DDR«, S. 279; Lübchen/Thiel, *Urlaub, Reisen, Camping*, S. 58.
221 Aus den Einzelangaben zu bestimmten Abteilungen in den Akten bzw. Aktentiteln seit 1968 ist zu vermuten, dass der strukturelle Aufbau in den siebziger Jahren identisch war. – Vgl. *Auskunftsbericht des Bezirksdirektors des Reisebüros der DDR der Bezirksdirektion Schwerin*, BArch DL1 26585, unpag.

unterstellten Zweigstellen unterhielten untergeordnete Neben- und Außenstellen.

Die Generaldirektion[222] befand sich im – zwischen 1966 und 1971 erbauten – ›Haus des Reisens‹ am Berliner Alexanderplatz.[223] Bei ihr existierten die Bereiche Inlandstourismus, sozialistisches und nichtsozialistisches Ausland, Ökonomie sowie Ausländerbetreuung.[224] Ihr unterstanden die Bezirksdirektionen und jenen wiederum etwa 150 Zweig-, Neben- und Außenstellen in den größeren Orten der DDR.[225] Das Reisebüro schien sich stets in einer schwierigen Lage hinsichtlich qualifizierter Leitungskräfte zu befinden. Die Gehaltsvorgaben[226] und weitere Anforderungen erwiesen sich als wenig attraktiv.[227]

Probleme bestanden in den siebziger Jahren – nur über diese sind Bestände im Bundesarchiv zugänglich – auch auf anderen Ebenen: »Die Mängel sind leitungsmäßige Ursachen für Erscheinungen von Ressortdenken, Routinearbeit und des Hin- und Herschiebens von Aufgaben und Verantwortung, der Verletzung von Disziplin und Ordnung, der Hektik und Zeitnot in der Leitungsarbeit, eines relativ hohen Informationsverlustes, der Überlastung einzelner Funktionäre [...]«[228]

Reiseangebot

Das Reisebüro bot im Auslandsreiseverkehr 1988 Reisen in zwölf sozialistische und fünf kapitalistische Länder Europas, Asiens und nach Kuba in Mittelamerika an.[229] Die wichtigsten Zielländer darunter waren die ČSSR, die UdSSR, die

---

222 Generaldirektoren waren Arthur Mann (1949–1957), Heinz Wenzel (1957–1973), Hans-Rudolf Hinzpeter (1973–1979), Helmut Heinecke (1979–1984) und Horst Dannat (1984–1990). – Vgl. Herbst/Ranke/Winkler, *So funktionierte die DDR (2)*, S. 850.
223 Vgl. *Bestand VEB Reisebüro der DDR, Generaldirektion, Findbuch 3*, BArch DM 102. – Da diese Bestände nicht benutzbar sind, sind lediglich grundlegende Informationen aus den Findmitteln zu entnehmen.
224 Vgl. Bundesministerium für innerdeutsche Beziehungen, *DDR-Handbuch (2)*, S. 1361.
225 Vgl. Borkowski, »Reisefreiheit im Ostblock«, S. 89. Die Erfüllungsorte des Dienstleistungsauftrages werden zum Teil in der Literatur auch als Betriebsstellen bezeichnet. – Vgl. Oehler, *Erholungswesen*, S. 43f
226 Vgl. *Auskunftsbericht des Bezirksdirektors des Reisebüros der DDR der Bezirksdirektion Karl-Marx-Stadt*, BArch DL1 26585, unpag.
227 Vgl. »Wiederholt zeichnet sich ab, daß Hochschulkader nicht bereit sind, Leitungsfunktionen mit hoher Verantwortung [...] zu übernehmen.« – *Auskunftsbericht des Bezirksdirektors des Reisebüros der DDR der Bezirksdirektion Cottbus zur Vorbereitung des Arbeitsbesuches von Dr. Wolf am 16.3.87*, ebd.
228 *Ziel- und Aufgabenstellung des Reisebüros der DDR zur Erfüllung des Fünfjahrplanes 1976-1980*, BArch DM102 Bündel 192 (5162), S. 37.
229 Vgl. *Protokoll: 3. Führungsseminar mit leitenden Kadern des Tourismus (21. – 23.3.89)*, BArch DL1 26581, unpag. – Die Nachvollziehbarkeit der Angaben ist durch die Nicht-Benutzbarkeit gro-

UVR, die VRB, die VRP sowie die SRR. Allerdings veränderte sich das Verhältnis dieser Ziele im Laufe der siebziger und achtziger Jahre erheblich, sodass die grundsätzlich beachtliche Steigerung des Auslandstourismus im Gesamten nicht gleichmäßig für alle Zielgebiete zutraf. Besonders deutlich war dies im Falle Polens, wohin nach den politischen Ereignissen 1981 kaum noch Fahrten vermittelt wurden.[230] Aber auch externe Gründe spielten eine Rolle, denn auffälligerweise konnte man feststellen, dass die Reihenfolge der Reiseziele »[...] genau umgekehrt verläuft, wenn man die Frequentierung dieser Staaten durch westliche Touristen nimmt. Dies erlaubt die Schlußfolgerung, daß die Partnerstaaten ihre der DDR überlassenen Kapazitäten nach der Nachfrage aus dem Westen bemessen. [...] Der Drang nach harter Währung geht offenbar der sozialistischen Solidarität vor.«[231]

Trotzdem war für nahezu alle Ziele und Zeiten die Nachfrage größer als das vorhandene Angebot. Insbesondere bei Buchungen für beliebte Ziele berichten Zeitzeugen von kuriosen Abläufen, so beispielsweise Horst Zimmermann:

»Anfang der siebziger Jahre versuchte ich, bei dem für Dresden zuständigen Reisebüro eine Pauschalreise nach Bulgarien zu buchen. Mir wurde mitgeteilt, an welchem Tag im Februar der Verkauf dieser Reisen erfolgt. Am Vorabend gegen 18 Uhr ging ich zum Reisebüro, dort standen bereits zirka 80 Leute. Während der Nacht wurden es immer mehr. Als ich am nächsten Vormittag an die Reihe kam, waren diese Reisen während der Ferienzeit ausverkauft.«[232]

Hinsichtlich des Auslandstourismus war das Reisebüro der DDR zudem Mittler im so genannten Betriebstourismus, der vom gewerkschaftlichen Ferienplatztausch zwischen Betrieben der sozialistischen Länder abzugrenzen ist.[233] Damit war Folgendes gemeint: »Der Betrieb beschafft sich selbst Unterkunftskapazitäten und wendet sich damit an das Reisebüro. Zwischen Betrieb und Reisebüro wird auf dieser Grundlage eine Vereinbarung abgeschlossen. Reisebüro übernimmt die weitere organisatorische Abwicklung mit den Part-

---

ßer Teile des Bestandes Reisebüro der DDR im Bundesarchiv nicht zu gewährleisten. Nicht alle Länder tauchen in der Publikation ›Reiseinformation‹ des Reisebüros auf, da nicht alle Ziele zur Vermittlung in die Betriebsstellen gelangten. Dies muss also kein Hinweis auf eine grundsätzliche Unmöglichkeit sein.

230 1980: 104.000 Vermittlungen / 1981: 7.000 Vermittlungen – Vgl. Lodahl, »Der internationale Reiseverkehr der RGW-Länder«, S. 127.

231 Friedrich-Ebert-Stiftung, *Urlaub und Tourismus* (1985), S. 29. Vgl. dazu die Bemerkungen in Unterkapitel III.2.2 zu den tourismuspolitischen Interessen der einzelnen Staaten.

232 Zimmermann, »Mit Tricks und Glück nach Sotschi und zurück«, 15.2.2006, http://www.mdr.de/damals-in-der-ddr/ihre-geschichte/1722↵407.html.

233 Vgl. dazu und im Folgenden: *Hauptverwaltung Auslandstourismus – Vermerk zum Betriebstourismus des VEB Reisebüro der DDR vom 3.2.89*, BArch DL1 26577, unpag.

nerbüros und die Valutabereitstellung.« Oder: »Der Betrieb organisiert keine Kapazitäten selbst, sondern wünscht Angebot vom Reisebüro. Reisebüro fordert beim [...] Partner Angebot an und stellt es dem Betrieb zur Verfügung.« Schließlich: »Reisebüro übt Kontrollfunktion aus, prüft die Einhaltung der vertraglichen Bedingungen [...] und nimmt die vertraglichen Beziehungen [...] wahr.« Der Betriebstourismus hatte 1988 einen Umfang von 49.800 Personen und betraf vorrangig Reisen in die Ungarische Volksrepublik. Entstanden war der Betriebstourismus 1973. Davor hatte es vereinzelt Direktverträge zwischen Betrieben und der Staatsbank der DDR zur Valutabereitstellung gegeben. Da jedoch in den siebziger Jahren die Valutamittel für die UVR begrenzt wurden, verlagerte sich die gesamte Abwicklung zum Reisebüro der DDR. Das bedeutete beispielsweise, dass zwar die Unterkunftskapazitäten weiterhin im Betrieb vergeben wurden, weitere Leistungen (Verpflegungs-, Taschengeld-, Benzinvoucher etc.) jedoch vom Teilnehmer in der Zweigstelle abzuholen waren. 1986/1987 verschlechterte sich die Situation hinsichtlich der Chance auf Zuteilung von Reisen, da die Anzahl der Anträge von Betrieben auf Reisen mit dem Reisebüro der DDR für Betriebsangehörige mittlerweile die vorgesehene Geldmittel weit überstieg.[234]

Land	Plan	Ist
UVR	55.000 Personen	46.000 Personen
ČSSR	5.000 Personen	3.000 Personen
VRP	2 % vom Gesamtvolumen	800 Personen

Tabelle 16: Betriebstourismus beim VEB Reisebüro der DDR 1988

(Hauptverwaltung Auslandstourismus – Vermerk zum Betriebstourismus des VEB Reisebüro der DDR vom 3.2.89, BArch DL1 26577, unpag.)

Wie auch in anderen touristischen Bereichen bemühte sich das Reisebüro aufgrund der staatlichen Vorgaben zur Valutamittelbereitstellung um eine Bedarfssubstitution. Da für die ČSSR und die SRR Devisenerhöhungen vorgesehen waren, bot man verstärkt solche Kooperationen an. Im Betriebstourismus wurden vor allem Unterkünfte in Privatquartieren, Ferienhäusern, Ferien-

---

234 Anfang 1989 gab es Vereinbarungen mit etwa 830 Betrieben. Die Anzahl der Anträge und Nachfragen und damit der Druck auf das Reisebüro nahmen von Jahr zu Jahr zu. Für 1987 und 1988 mussten nur wenige Absagen erteilt werden, weil andere offene Anträge durch eine weitere Valutamittelbereitstellung geregelt wurden. Für 1989 jedoch mussten Anfang des Jahres bereits rund 90 Absagen versandt werden, wobei die Anzahl der gestellten Nachfragen noch höher gelegen hat und diese teilweise bereits mündlich in den Bezirksdirektionen oder in der Generaldirektion abgewiesen wurden. – Vgl. ebd. Rücktritte von Betrieben auf eigenen Wunsch (aus Preisgründen o.Ä.) gab es kaum (3-4 jährlich).

wohnungen und auf Campingplätzen angeboten. In der Regel gehörte lediglich eine Verpflegungsleistung zum Vertrag. Programmleistungen waren meist nicht vorgesehen. Dadurch war das Preisniveau relativ niedrig, wenngleich die konkreten Bedingungen variierten.

Der Vorteil des Betriebstourismus lag vor allem darin, dass das Reisebüro der DDR mit den vorhandenen Vermittlungsstrukturen den Gemeinkostenzuschlag – unabhängig von Umfang, Art und Preis der Leistung erhoben – mit verhältnismäßig geringem Aufwand realisieren konnte, damit gleiche Einnahmen wie beim öffentlichen Verkauf realisierte und die Betriebe die volle Auslastung der Kapazitäten gewährleisten. Nachteilig wirkte sich hingegen aus, dass der Betriebstourismus auf Kosten des öffentlichen Angebots ging und auch hier eine augenfällige Diskrepanz zwischen Nachfrage – vor allem für die UVR, in den Ferienzeiten und auf unterem Preisniveau – und Angebot bestand. Ende der achtziger Jahre sah sich das Reisebüro daher vor allem vor den Aufgaben, die noch ungeklärten rechtlichen Fragen der Vertragsgestaltung zu regeln und den gegenwärtigen Anteil des Betriebstourismus festzuschreiben, um eine weitere Reduzierung des Angebotes für den öffentlichen Verkauf zu verhindern.

Im Inland wurden vor allem Kurzfahrten offeriert, die in der vorliegenden Betrachtung des Urlaubstourismus weitgehend außen vor bleiben. Ein großer Teil dieser Angebote bezog sich auf Mehrtagesfahrten in sehenswerte Städte.[235] Der Anteil dieser Fahrten allerdings nahm aufgrund fehlender Transport-, Beherbergungs- und Verpflegungskapazitäten stetig ab.[236] Die im Angebot befindlichen Urlaubsreisen im Inland führten zu mehr als 50 Prozent ins Küstengebiet, mehr als 25 Prozent in die Mittelgebirgsregionen der DDR – damit also in die beliebtesten Ferienregionen des Landes.[237] Bezüglich der Reiseform unterschied man Einzel- und Gruppenreisen, im Charakter der Reisen zwischen Erholungsreisen, thematischen oder Hobby-Reisen, Schiffsreisen, Reisen mit Kurcharakter und Kurreisen, Städtereisen sowie Camping-

---

235 Albrecht/Albrecht,»Städtetourismus in der DDR«, S. 59.
236 Vgl. *Interview Albrecht Mosig.* »Es war auch kaum möglich, noch mal dann 'en Bus zusätzlich zu gewinnen. Das war eben die Planwirtschaft, es wurde ja alles geplant. Das Reisebüro hatte einen Vertrag, ach, das ist vielleicht noch wichtig. Es gab ja nicht mehrere Busunternehmen, es gab eben bloß einen, zumindest gab's so vereinzelt mal einen, der einen Bus hatte zum Mieten. Aber da wurde ein Vertrag gemacht: So und so viele Busse wurden fürs Jahr bestellt, und da muss man eben dann sehen, dass das Reisebüro die auslastete oder zusätzlich, da war's eben schwierig. Also das Kontingent wurde bereitgestellt. Weil dieser Kraftverkehr auch den ganzen Linienverkehr betreuen musste.« – *Interview Albrecht Mosig.* Backmann, /Drechsel, »Organisation, Verkauf und Struktur der Inlandskurzfahrten«, S. 137.
237 Vgl. ebd., Tabelle 14.

reisen.²³⁸ Zudem verwiesen Lübchen und Thiel darauf, dass touristische Leistungen außerhalb des Programms für Einzelreisende und Gruppen ›im Rahmen der Möglichkeiten‹ realisiert werden könnten.²³⁹ Die Kunden erfuhren entweder über die Zeitung oder im Reisebüro direkt von den Angeboten, wie es auch der Interviewpartner Albrecht Mosig beschreibt: »Ja, Katalog, also das gab's ja alles gar nicht. Die hatten da so ein Blatt Papier und das hing im Schaufenster und das war mit Schreibmaschine geschrieben, da standen die Fahrten, also so Katalog, wie heute das Reisebüro hat, nicht.«²⁴⁰

Veränderungen in der Zielwahl ergaben sich durch die sich wandelnde Interessenlage der Kunden des Reisebüros. So merkte man beispielsweise seitens der Bezirksdirektion Erfurt 1986 an, dass Absatzprobleme durch Diskrepanzen zwischen Angebot und Nachfrage bestünden.²⁴¹ Ähnlich äußerte sich die Bezirksdirektion Schwerin: »Wir schätzen ein, daß von der Gesamtzuführung das Verhältnis zum Plan stimmt, aber monatsweise und länderweise erhebliche Differenzen zu verzeichnen sind.«²⁴² Und: »Wie schon bekannt, fehlen auch im Bezirk Schwerin Reisen nach Sotschi, Jalta, Schiffsreisen, Schwarzmeerkreuzfahrten usw.«²⁴³

IV.4 Jugendtourist

Ziele von Jugendtourist

Die Zielstellungen des seit 1975 bestehenden Reisebüros der FDJ ›Jugendtourist‹ ergaben sich aus verschiedenen Bestimmungen, die seit dem Kriegsende getroffen worden waren. Bereits in der Zielstellung des 1. Parlaments der FDJ 1946 wurden Grundrechte der jungen Generation aufgelistet, zu denen

---

238 Vgl. Reisebüro der DDR, *Reiseinformation des Reisebüros der DDR*, verschiedene Jahrgänge.
239 Vgl. Lübchen/Thiel, *Urlaub, Reisen, Camping*, S. 66f. Es ist allerdings nicht gelungen, einen konkreten Fall nachzuzeichnen, sodass die tatsächliche Verfügbarkeit solcher Kapazitäten unklar bleibt.
240 *Interview Albrecht Mosig.*
241 Die in der Akte vermerkte Aufschlüsselung verzeichnete 32 Prozent Erholungsreisen, von denen allerdings mehr als die Hälfte für das Winterhalbjahr angeboten wurde, sowie 41 Prozent Städtereisen, von denen wiederum mehr als 60 Prozent in den Monaten Januar bis April und Oktober bis Dezember lägen. – Vgl. *Auskunftsbericht des Bezirksdirektors des Reisebüros der DDR der Bezirksdirektion Erfurt zur Vorbereitung des Arbeitsbesuches von Dr. Wolf am 17./18.9.87*, BArch DL1 26585, unpag.
242 *Auskunftsbericht des Bezirksdirektors des Reisebüros der DDR der Bezirksdirektion Schwerin*, BArch DL1 26585, unpag.
243 Ebd.

politische Rechte, das Recht auf Bildung, aber auch das Recht auf Arbeit und Erholung gehörten. Zunächst im Jugendgesetz der DDR vom 4. Mai 1964[244], dann in der aktualisierten Fassung vom 28.1.1974 wurden diese allgemeinen Ziele präzisiert und die Freizeitgestaltung betreffend ausgeführt. Grundlage war die Annahme, dass in der DDR die grundlegenden Ziele und Interessen von Gesellschaft, Staat und Jugend übereinstimmten und die Jugendlichen – also alle Bürger bis zum vollendeten fünfundzwanzigsten Lebensjahr (Paragraph 57) – auf sozialistische Art arbeiten, lernen und leben sollten (Paragraph 1). Körperkultur und Sport galten als Teil dieser Heranbildung zum sozialistischen Menschen (Paragraph 34). Zahlreiche staatliche Organisationen waren für die Erhaltung und Erweiterung der Kinder- und Jugendeinrichtungen (Jugendklubhäuser, Klubs der Jugend und Sportler, Jugendklubs, Jugendzimmer, Pionierhäuser, Stationen junger Techniker, Stationen junger Naturforscher, Jugendherbergen, Jugendcampingplätze, Jugenderholungszentren, Ferienlager, Wanderquartiere, Pionierlager und Touristenstationen) und der Einrichtungen der Freien Deutschen Jugend, des Deutschen Turn- und Sportbundes und der Gesellschaft für Sport und Technik zuständig (Paragraph 39). Das Ziel der Feriengestaltung sollte sein, dass sich die Jugendlichen bei vielfältiger kultureller, sportlicher und touristischer Betätigung erholten und bildeten, ihrer Lebensfreude Ausdruck gäben und ihre Leistungsfähigkeit erhöhten (Paragraph 45). Die Jugendtouristik sollte durch die staatlichen Organe in Zusammenarbeit mit den Leitungen der Freien Deutschen Jugend, des Freien Deutschen Gewerkschaftsbundes, des Deutschen Turn- und Sportbundes und der Gesellschaft für Sport und Technik planmäßig entwickelt werden, wobei kollektive Formen vorrangig berücksichtigt wurden (Paragraph 49). Wichtige Ziele waren dabei ein preisgünstiges Reiseangebot, der Austausch mit Jugendorganisationen anderer sozialistischer Staaten und die Auszeichnung von Jugendlichen mit Reisen. Die Paragraphen 51 und 52 bestimmten die Leitungskompetenzen verschiedener staatlicher Organe im Bereich der Jugendpolitik.[245]

Geschichte von Jugendtourist

Vor der Gründung von Jugendtourist wurden Urlaube für Jugendliche unter anderem vom Reisebüro der DDR und vom Komitee für Touristik und Wandern[246] realisiert.[247] Erst als die entsprechenden Verwaltungsstrukturen inner-

---

244 *Jugendgesetz der DDR* vom 4. Mai 1964.
245 *Jugendgesetz der DDR* vom 28.1.1974.
246 Auflösung des Komitees im November 1974 und Übernahme des Aufgabenbereiches durch Jugendtourist.

halb des Reisebüros der DDR zu umfangreich wurden, das Reisebüro der DDR mehr und mehr eine »kommerzielle Tätigkeit entsprechend den Prinzipien eines wirtschaftsleitenden Betriebes«[248] ausübte und das Augenmerk der Partei noch stärker auf eine Förderung der speziellen Bedürfnisse Jugendlicher gelegt wurde, etablierte sich Jugendtourist als eigenständige Einheit.[249] Doch bereits vorher gab es umfangreiche Bemühungen und Regelungen um eine angemessene Freizeitgestaltung für junge Menschen – insbesondere zählt dazu das als Zeichen der Modernität verstandene Interesse für den Ausbau des Auslandstourismus. So ist in den *Prinzipien für die Durchführung der Jugendauslandstouristik der Deutschen Demokratischen Republik* von 1973 festgelegt, dass die Jugendauslandstouristik im Sinne einer zu fördernden Völkerfreundschaft auszubauen sei (Artikel I, 1), die Teilnahme aber vorrangig als Auszeichnung und Anerkennung für gute Ergebnisse in der sozialistischen Arbeit, im Studium sowie in der gesellschaftlichen Tätigkeit gewährt wurde (Artikel II). Auch hier wurde der kollektive Charakter betont. Im dritten Artikel wurde deutlich, dass die Jugendauslandstouristik Teil der massenpolitischen Arbeit der Freien Deutschen Jugend und damit auf politische Effektivität ausgerichtet war.[250]

Der Gründung von Jugendtourist ging ein *Beschluß zur Weiterentwicklung der Jugendtouristik in den Jahren 1974/75* vom 16.5.1974 voraus. Darin wurden erste Rahmenbedingungen für die Existenz einer nun nicht mehr als Teil des Reisebüros der DDR agierenden, sondern eigenständig dem Zentralrat der FDJ unterstellten Institution festgelegt.

»2. Die Bildung eines Jugendreisebüros […] für die gesamte Jugendauslands- und Jugendinlandstouristik der DDR als eine Einrichtung der Freien Deutschen Jugend wird zur Kenntnis genommen […]. 3. Für die Planung der materiellen und finanziellen Entwicklung der Jugendtouristik ist das Amt für Jugendfragen verantwortlich. […] Die Bereitstellung von Unterbringungskapazitäten zur Nutzung für […] ›Jugendtourist‹ ist mit den Räten der Bezirke abzustimmen. 10. Zur Unterbringung der Mitarbeiter […] ist im Haus des Reisens am Alexanderplatz die vollständige Bereitstellung der 13. Etage zu gewährleisten.«[251]

---

247 Vgl. Winkler-Fuhrmann, »Der Urlaub der DDR-Bürger«, S. 41; Spode, »Tourismus in der Gesellschaft der DDR«, S. 19; Winkler, *Lexikon der Sozialpolitik*, S. 318.
248 *Vorlagen an das Sekretariat des ZK der SED über die Weiterentwicklung der Jugendtouristik in der DDR 1974, Anlage 3: Zu einigen Fragen der gegenwärtigen Lage in der Entwicklung der Jugendtouristik der DDR*, BArch DY24 9105, unpag.
249 Vgl. zum Erkenntnisweg des Staates über tourismusrelevante Bedürfnisstrukturen bei Jugendlichen: Schmidt, »Jugend und Tourismus«, S. 121–131.
250 *Prinzipien für die Durchführung der Jugendauslandstouristik der Deutschen Demokratischen Republik*. Privatbesitz Peter Schmidt
251 *Beschluß zur Weiterentwicklung der Jugendtouristik in den Jahren 1974/75 vom 16.5.1974*, BArch DC20 I/4-3071, S. 185f.

Das an diesen Beschluss gekoppelte Programm zeigte die Argumente für die Übernahme von Jugendtourist durch die FDJ und die Neuausrichtung und Erweiterung des Programms deutlich auf, denn »die bisherigen Erfahrungen zeigen, daß die Jugendtouristik für die Erziehung der Jugend zum sozialistischen Patriotismus und proletarischen Internationalismus hervorragende Möglichkeiten erschließt. Sie schafft kollektive Erlebnisse, fördert die Lebensfreude, sie dient einer aktiven Erholung und damit gleichzeitig der Erhöhung der Leistungsfähigkeit unserer jungen Menschen.«[252] Weiter hieß es, man wolle die Beziehungen zwischen Jugendorganisationen sozialistischer Länder stärken, Jugendliche mit Auslandsreisen auszeichnen und die inhaltliche Einflussnahme der FDJ auf Programmgestaltung in Einrichtungen der Jugendtouristik sichern.[253] In der Gründung von Jugendtourist trafen sich also eine sozialpolitische – günstige Preise, interessante und sinnvolle Urlaubsgestaltung – sowie eine verbandspolitische Funktion: kollektive Erlebnisse, ermöglicht durch die FDJ.[254] Es sollten, gemäß den gewachsenen Ansprüchen der Jugendlichen, mehr junge Menschen in den Tourismus einbezogen werden. Dementsprechend vergab Jugendtourist Reisen für Studenten, Lehrlinge, Berufsschüler und Schüler. Man folgte damit der Entwicklung anderer sozialistischer Länder, in denen es bereits spezielle Jugendreisebüros gab. Unmittelbares Vorbild war dabei die Organisation *Sputnik* in der UdSSR.

Die Notwendigkeit einer internationalen Verständigung zu Fragen des Jugendtourismus führte 1974 zur Konferenz der Jugend- und Studentenreisebüros der sozialistischen Länder.[255] Während des Treffens der Jugend- und Studentenreisebüros der VRB, ČSSR, DDR, SFRJ, VRP, SRR, UVR und UdSSR wurden zunächst der Stand des Jugendtourismus und Entwicklungsperspektiven zwischen 1976 und 1980 analysiert und dann die Prinzipien der langfristigen Zusammenarbeit der Jugendtouristikorganisationen der sozialistischen Länder vereinbart. Bedeutsam war dabei vor allem die Erhöhung der Austauschmenge von Reisenden auf devisenloser Basis.

Grundlagen von Jugendtourist

Das erste Statut von Jugendtourist formulierte dann als Grundprinzipien der Arbeit die Aufgabe, touristische Programme zu organisieren, wobei der Ein-

---

252 Ebd., S. 188.
253 Vgl. dazu und im Folgenden ebd., S. 188–194.
254 Vgl. Berg, »Jugendtourismus in der DDR«.
255 Vgl. *Informationen des Jugendreisebüros der DDR ›Jugendtourist‹ über die Umsetzung der ›Empfehlungen der europäischen Jugend- und Studententouristik-Konferenz (Wien, 1.–5.12.1975)‹ in der Deutschen Demokratischen Republik*, BArch DY24 011974, unpag.

fluss der FDJ auf den Inhalt gesichert werden sollte (Paragraph 3 [1]); durch »vielseitige touristische Formen die Freundschaft zwischen der Jugend der DDR und der UdSSR sowie der Jugend der anderen sozialistischen Länder zu festigen«; »die inhaltlichen Aufgaben und die perspektivische Entwicklung der Jugendtouristik in der DDR in Übereinstimmung mit den volkswirtschaftlichen Möglichkeiten und den gesellschaftlichen Erfordernissen zu planen« und »die Vertragsbeziehungen zu den Jugendreisebüros der sozialistischen Länder und zu Partnern in anderen Staaten« zu gestalten (Paragraph 3 [2]). In Paragraph 4 wurde festgelegt, dass »vorrangig die durch die Leitungen der FDJ als Auszeichnung delegierten Jugendkollektive und Jugendlichen«[256] zu berücksichtigen seien.

Zusammengefasst bedeutete dies, dass »das Jugendreisebüro der DDR ›Jugendtourist‹ […] auf der Grundlage der Beschlüsse des Zentralkomitees der SED, der Gesetze und anderer Rechtsvorschriften und der Beschlüsse des Zentralrates der FDJ planmäßig die Jugendtouristik der DDR, die touristische Propaganda sowie die Auswertung und Verallgemeinerung der besten Erfahrungen bei der Entwicklung der Jugendtouristik [entwickelt und organisiert, H.W.J.«[257]

Wichtigste Problematik war zunächst die Beschaffung der notwendigen Ausrüstung und benötigten Unterbringungskapazitäten:

»[G]egenwärtig verfügt weder die FDJ noch das KTW der DDR über eigene materielle Mittel und Möglichkeiten. […] Bisher ist es nicht gelungen, eine spürbare Steigerung der Einrichtung von zeitweiligen Wanderquartieren in Schulen, Berufsschulen und Internaten der Hoch- und Fachschulen in den Ferien zu erreichen. Als Ursache werden durch die Leiter dieser Einrichtungen vor allem der Mangel an notwendigen Ausrüstungsgegenständen […] angegeben.«[258]

Auf diese Problematik reagierte man beispielsweise folgendermaßen:

»›Jugendtourist‹ werden Unterbringungskapazitäten, Versorgungseinrichtungen und Verkehrsmittel mit staatlicher Unterstützung vorwiegend auf vertraglicher Grundlage als materielle Basis bereitgestellt. Zur unmittelbaren Verbesserung der Betreuung […] werden

---

256 *Statut des Jugendreisebüros der DDR ›Jugendtourist‹ vom 1.1.1975*, BArch DY24 011974. S.2. Das geänderte Statut vom 30.3.1984 orientierte sich inhaltlich dem ersten Statut, die Leitungsfunktion des Zentralrates der FDJ wurde im Paragraph 6 jedoch deutlicher festgeschrieben. – Vgl. Jugendreisebüro der DDR, *Statut des Jugendreisebüros*, S. 4.
257 Punkt 10a des Protokolls: *Statut des Jugendreisebüros der DDR ›Jugendtourist‹ vom 1.1.1975*, BArch DY24 8654, unpag. Vgl. auch das ähnlich lautende geänderte Statut aus dem Jahr 1984: Jugendreisebüro der DDR, *Statut des Reisebüros der FDJ ›Jugendtourist‹ vom 13.3.1984*.
258 *Vorlagen an das Sekretariat des ZK der SED über die Weiterentwicklung der Jugendtouristik in der DDR 1974*, Anlage 3: Zu einigen Fragen der gegenwärtigen Lage in der Entwicklung der Jugendtouristik der DDR, BArch DY24 9105, unpag.

dem Jugendreisebüro [...] zur ständigen Nutzung rekonstruierte bzw. neuerbaute Objekte zur Verfügung gestellt. [...] Die von den X. Weltfestspielen vorhandenen wieder verwendungsfähigen Materialien (Luftmatratzen, Decken u.a.) werden [...] ›Jugendtourist‹ übergeben. Die Bestände sind planmäßig zu erweitern.«[259]

Mit dem Wirksamwerden der neuen Hauptaufgabe in der Politik nach dem Regierungsantritt Erich Honeckers wurde auch für Jugendtourist in den siebziger Jahren der sozialpolitische Anspruch noch einmal hervorgehoben und gestärkt. So beauftragte das X. Parlament der FDJ Jugendtourist im Juni 1976 mit der kontinuierlichen Erweiterung des Reiseprogramms.[260] Im Programm der Jugendtouristik für 1976 bis 1980 beispielsweise wurden umfassende Rekonstruktions-, Modernisierungs- und Neubaumaßnahmen von Jugendherbergen und Jugendtouristenhotels festgelegt. Damit sollten 2.500 bis 2.800 Plätze neu geschaffen werden. Zehn Jugendherbergen sollten zu komfortableren Jugendtouristenhotels werden.[261]

Folgende wichtige Gesetze und Verordnungen waren die juristischen Grundlagen des Inlandsjugendtourismus[262]: *Gesetz über die Teilnahme der Jugend an der Gestaltung der entwickelten sozialistischen Gesellschaft und ihre allseitige Förderung in der Deutschen Demokratischen Republik* (Jugendgesetz) vom 28.1.1974[263], *Anordnung über die Stellung und Verantwortung der Jugendherbergen, Jugendtouristenhotels und Jugenderholungszentren der Deutschen Demokratischen Republik* vom 02.01.1981[264], *Ordnung für die Verleihung des Titels ›Schönste Jugendherberge der DDR‹* vom 06.08.1985[265].

Die internationale Zusammenarbeit mit anderen Jugendreiseveranstaltern – vor allem der sozialistischen Länder – war für Jugendtourist von entscheidender Wichtigkeit. Daher wurden am 19. Dezember 1979 in Zakopane, Polen, *Prinzipien der Zusammenarbeit der Jugend- und Studentenreisebüros der sozialistischen Länder für die Jahre 1981 bis 1985* von Vertretern aus der VRB, UVR, DDR, VRP, UdSSR und ČSSR beschlossen. Darin wurde vereinbart:

---

259 *Beschluß zur Weiterentwicklung der Jugendtouristik in den Jahren 1974/75, Anlage 2: Bildung eines einheitlichen Organs für die Jugendtouristik der DDR*, BArch DC20 I/4-3071, S. 194f.
260 Vgl. *Schwerpunkte zur Information über die Entwicklung des Jugendtourismus in der DDR*, BArch DL1 26580, unpag.
261 Vgl. ebd.
262 Vgl. zu weiteren Vorschriften: Amt für Jugendfragen beim Ministerrat der DDR, *Ferien, Urlaub, Touristik der Jugend in der DDR*, mehrere Ausgaben zwischen 1973 und 1985.
263 *Jugendgesetz der DDR* vom 28. Januar 1974.
264 *Anordnung über die Stellung und Verantwortung der Jugendherbergen, Jugendtouristenhotels und Jugenderholungszentren der Deutschen Demokratischen Republik* vom 02.01.1981, BArch DL1 Bündel 11, unpag.
265 Freie Deutsche Jugend. Direktion ›Jugendtourist‹, *Ordnung für die Verleihung des Titels ›Schönste Jugendherberge der DDR‹*.

»Artikel 1: Die Zusammenarbeit der oben genannten Jugendtouristikorganisationen [...] wird auf dem Wege des Austausches von touristischen Jugendgruppen auf devisenloser Basis erfolgen [...]. Artikel 2: Die gemeinsame Arbeit [...] wird durch bilaterale Verträge [...] geregelt. [...] Artikel 6: [...] Die Seiten legen Nachdruck auf die Propagierung dieser Prinzipien der gemeinsamen Zusammenarbeit mit dem Ziel, andere jugendtouristische Organisationen als Teilnehmer in vorliegendes Abkommen einzubeziehen.«[266]

Leistungsumfang

Zum Leistungsumfang von Jugendtourist gehörte die Veranstaltung von Gruppenreisen für Kollektive und Einzelteilnehmer innerhalb und außerhalb der DDR, die Veranstaltung und Vermittlung von Reisen mit Teilleistungen in das Ausland, die Vermittlung von Übernachtungsplätzen in Einrichtungen der Jugendtouristik, von Zeltplätzen als Einrichtungen der Jugendtouristik, von Verpflegungs- und anderen Leistungen in Einrichtungen der Jugendtouristik, von Verkehrsleistungen (Verkauf von Beförderungsdokumenten der Verkehrsbetriebe) sowie von zusätzlichen Programmleistungen im Reiseprogramm. Als Veranstalter wurde Jugendtourist dabei selbst Vertragspartner der Reisenden, als Vermittler hingegen war Jugendtourist nicht selbst der Leistungserbringer oder Organisator. Der Reiseleistungsvertrag kam dann zwischen Teilnehmer und Leistungsträger zustande, von Jugendtourist wurde lediglich eine Vermittlungsgebühr erhoben. Diese und weitere Regelungen sowie Detailinformationen dazu waren den in unregelmäßigen Abständen herausgegebenen Teilnahme- und Leistungsbedingungen zu entnehmen, die sich im Laufe der siebziger und achtziger Jahre nur unwesentlich veränderten.[267]

Im Mittelpunkt aller Regelungen stand stets der sozialpolitische Anspruch, der mit dem Reiseprogramm von Jugendtourist verwirklicht wurde. In Abgrenzung vom Reisebüro der DDR sprach man davon, dass »im sozialistischen Ausland und auch bei unseren Botschaften in diesen Ländern [...] immer

---

266 Freie Deutsche Jugend. Direktion ›Jugendtourist‹, *Zusammenarbeit der Jugendtouristikorganisationen*, S. 2–7. Vgl. außerdem im Anhang: *Mustervertrag über die Zusammenarbeit*, ebd., S. 8–43.
267 Vgl. *Teilnahme- und Leistungsbedingungen des Jugendreisebüros der DDR ›Jugendtourist‹ ab 1.1.1976*. Zuvor galten für Jugendtourist noch die *Allgemeinen Leistungsbedingungen für das Reisebüro der DDR* vom 10.5.1967. *Teilnahme- und Leistungsbedingungen des Jugendreisebüros der DDR ›Jugendtourist‹* ab 1.7.1980; *Bedingungen für die Teilnahme an Leistungen des Reisebüros der FDJ ›Jugendtourist‹* vom 30.6.1984. Die wichtigsten Veränderungen betrafen die Aufschlüsselung des Höchstalters der Reiseteilnehmer nach FDJ-Mitgliedern (unbegrenzt reiseberechtigt) und anderen Teilnehmern (1974 und 1980 bis 30 Jahre, 1984 bis 25 Jahre) sowie den Rücktrittsgrund von Jugendtourist – »wenn die Durchführung der Reise wirtschaftlich nicht zu vertreten ist (zum Beispiel Minderauslastung)« – mit finanziellem Haftungsausschluss ab 1984. – Vgl. Amt für Jugendfragen beim Ministerrat der DDR, *Ferien, Urlaub, Touristik*, S. 1–7.

stärker hervorgehoben [wird, H.W.], dass im Prinzip nur noch ›Jugendtourist‹ eine der sozialen Struktur der Bevölkerung nahe kommende Struktur der Reiseteilnehmer sichert. [...] Wir dürfen diese **Errungenschaften für unsere Jugendlichen nicht aufgeben.**«[268] Im Vergleich mit dem **Reiseverkehr** in kapitalistischen Staaten **wurden die niedrigen Preise als eigener Anspruch hervorgehoben.**[269] Aber man war sich auch der Erwartungen der Jugendlichen deutlich bewusst, die vor allem Auslandsreisen bevorzugten.[270]

Angesichts dieser teils widersprüchlichen Bedürfnisse ist klar, dass private Freizeitinteressen mit der politischen und Bildungsfunktion von Reisen mit einem staatlichen sozialtouristischen Anbieter in Einklang gebracht werden mussten. In der staatlichen Propaganda klang dieser ›Kompromiss‹ wie folgt:

»Bei ihren Auslandsreisen entwickeln die Jugendlichen tieferes Verständnis für die ökonomische und politische Zusammenarbeit der Staaten. Beim Zusammentreffen der Jugend und den arbeitenden Menschen in den besuchten Ländern, in Gesprächen und aus eigener Anschauung machen sie sich mit den sozialistischen Errungenschaften ebenso vertraut wie mit den bedeutenden historischen und kulturellen Traditionen anderer Völker. Besucher und Gastgeber können ihre Erfahrungen und Probleme auf allen Gebieten des gesellschaftlichen Lebens, der beruflichen Tätigkeit und der Freizeitgestaltung austauschen.«[271]

Struktur von Jugendtourist

Seit der Herauslösung von Jugendtourist aus dem Verantwortungsbereich des Reisebüros der DDR und der Unterstellung unter den Zentralrat der FDJ war

---

268 *Argumente gegen und für eine pauschale Preisentwicklung unserer ›Jugendtourist‹-Auslandsreisen*, BArch DY24 11248, unpag.
269 Vgl. »In imperialistischen Medien und bei den vielfältigen verwandtschaftlichen Kontakten unserer Jugendlichen zu Bürgern aus kapitalistischen Ländern werden immer wieder als Vorzug des kapitalistischen Systems die ›freien Reisemöglichkeiten‹ genannt. Oft werden noch die niedrigen Preise besonders hervorgehoben und es wird erklärt, dass zum Beispiel für nicht einmal 50 Prozent der monatlichen Arbeitslosenunterstützung eines westdeutschen Facharbeiters noch Reisen nach Italien, Spanien, Bulgarien, Rumänien möglich sind. Wir müssen als Vorzug unserer sozialistischen Gesellschaft und insbesondere für die Jugend die Preise unserer Auslandsreisen auf einem Niveau halten, was für alle erreichbar ist. Mehr als 10 Prozent des monatlichen Verdienstes kann ein junger Arbeiter (ohne familiäre Unterstützung) kaum für den Urlaub beiseite legen.« – Ebd.
270 Vgl. »Die Jugendlichen erwarten von ihrer FDJ dafür auch günstige Möglichkeiten für eine sinnvolle und niveauvolle Gestaltung der Freizeit und des Urlaubs. Sie erwarten, daß ihnen ein angemessener Teil dessen, was sie zusätzlich erarbeiteten, als Anerkennung [...] über die gesellschaftlichen Fonds wieder zukommt. Auslandsreisen zu niedrigen Preisen sind ein sichtbarer Ausdruck für sie.« – Ebd. – Was in diesem Zusammenhang ›sinnvoll‹ und ›niveauvoll‹ meint, darüber gab es sicher verschiedene Ansichten.
271 Voß, u.a. *Die Freizeit der Jugend*, S. 227.

dieses letzterem gegenüber als so genannte Haushaltsorganisation rechenschaftspflichtig.[272] Das bedeutete, dass Jugendtourist über einen eigenen Haushalt verfügte und auf wirtschaftlich selbständiger Grundlage arbeitete. Die jährliche Finanzplanung erfolgte beim Amt für Jugendfragen. Ein großer Teil der notwendigen finanziellen Mittel wurden aus dem Staatshaushalt der DDR bereitgestellt.[273] Zur Unterstützung fungierte zudem ein gesellschaftlicher Beirat für Jugendtouristik beim Zentralrat der FDJ, dem Vertreter verschiedener, an der Erbringung touristischer Leistungen beteiligter zentraler Staatsorgane angehörten. Dieser war beratend und empfehlend tätig.

Die Struktur des Jugendreisebüros richtete sich nach den Paragraphen 5–6 des Statuts vom 1.1.1975:[274]

1. Direktion des Reisebüros der FDJ (assoziiert: Zentralrat der FDJ)
2. Generaldirektor[275]
3. Zentrale Abteilungen: Finanzen / innere Verwaltung, Reiseverkehr / Transport, Sozialistische Länder, Nichtsozialistische Länder, Internationale Beziehungen, Entsendung, Aufnahme, Betreuer / Dolmetscher, Touristische Basen / Einrichtungen der Jugendtouristik, Organisations- und Rechenzentrum / Werbung
   – Bezirksstellen (assoziiert: Bezirksleitung der FDJ)
   – Bezirkskommission
4. Arbeitsgruppen Entsendung / Öffentlichkeitsarbeit, Propaganda / Aufnahme / Kader, Schulung / Touristische Massenaktionen
   – Kreisstellen (assoziiert: Kreisleitung der FDJ)
   – Kreiskommission
5. Arbeitsgruppen Entsendung / Öffentlichkeitsarbeit, Propaganda / Aufnahme / Kader, Schulung / Touristische Massenaktionen
   – Kommissionen ›Jugendtourist‹[276] (assoziiert: Grundorganisationen der FDJ oder FDJ-Leitung).

---

272 Vgl. dazu und im Folgenden: *Beschluß zur Weiterentwicklung der Jugendtouristik in den Jahren 1974/75. Anlage 2: Bildung eines einheitlichen Organs für die Jugendtouristik der DDR*, BArch DC20 I/4-3071, S. 195–199.
273 Vgl. Oehler, *Erholungswesen*, S. 45; Lübchen/Thiel, *Urlaub, Reisen, Camping*, S. 91.
274 Vgl. *Statut des Jugendreisebüros der DDR ›Jugendtourist‹* vom 1.1.1975, BArch DY24 011974, S. 2. Grafische Darstellung in: Jugendtourist, Bezirksstelle Potsdam, *Touristik Mosaik 5*, S. 12. Privatbesitz Peter Schmidt.
275 Generaldirektoren waren Klaus Eichler (1974–1984) und Jürgen Heinrich (1984–1990). – Vgl. Herbst/Ranke/Winkler, *So funktionierte die DDR (1)*, S. 445.
276 Diese Kommissionen in einzelnen Betrieben und Institutionen gab es nicht überall. Nur größere Einheiten unterhielten eine eigene Kommission, zum Beispiel die Deutsche Reichsbahn. – Vgl. o.V., »Die Betriebskommission Jugendauslandstouristik«.

Nach dem Prinzip des sozialistischen Zentralismus arbeiteten die zentralen Abteilungen eng mit den nachgeordneten 16 Bezirksstellen zusammen. Hinsichtlich der Ausstattung der einzelnen Einrichtungen der Jugendtouristik zeichneten die örtlichen Räte in Abstimmung mit den zuständigen Leitern der FDJ für materielle, finanzielle und personelle Entwicklung verantwortlich.[277]

Internationale Verbindungen bestanden zunächst über bi- und multilaterale Partnerschaften mit den Jugendreisebüros anderer sozialistischer Staaten, zum Beispiel Almatur (VRP), Juventur (VRP), Orbita (VRB), CKM (ČSSR), BTT (SRR), Sputnik (UdSSR), Express (UVR). Zudem war Jugendtourist Mitglied verschiedener internationaler Tourismusorganisationen. Seit 1948 gehörte die FDJ dem Weltbund der demokratischen Jugend (WBDJ) – World Federation of Democratic Youth (WFDY) – an.

»[Dieser] wurde am 10.11.1945 durch 437 Delegierte von 30 Millionen Jugendlichen aus 63 Ländern in London gegründet. Er war die größte internationale Jugendorganisation. 1948 wurde die FDJ aufgenommen. Seine Mitgliedsorganisationen (1973 mehr als 200 aus 103 Ländern) gehörten den verschiedensten politischen Richtungen und religiösen Bekenntnissen an. Ziel des WBDJ waren der Kampf gegen den Imperialismus, den Faschismus und Krieg, gegen koloniale Unterdrückung. Der WBDJ trat für Frieden, gesellschaftlichen Fortschritt und die Rechte der Jugend ein. Das höchste Organ des WBDJ war die Generalversammlung. Sie tagte alle 4 Jahre und wählte das Exekutivkomitee zur ständigen Leitung der Arbeit. Sitz des Büros war seit 1951 Budapest. Der WBDJ brachte die Zeitschrift ›Weltjugend‹ heraus und richtete die Weltfestspiele aus.«[278]

Der spezialisierten Teilorganisation ›Bureau International pour le Tourisme et les Échanges de la Jeunesse‹ (BITEJ) – Büro für Internationale Jugendtouristik und Austausch – war Jugendtourist seit Gründung BITEJs im Jahr 1960 angeschlossen. Die Aufgaben BITEJs bestanden darin, größere internationale Touristenreisen und die Aktivitäten der beteiligten Mitgliedsorganisationen zu koordinieren und vor allem den devisenlosen Touristenaustausch zu fördern.[279]

Weiterhin war Jugendtourist seit 1976 Mitglied der International Student Travel Confederation (ISTC), einer Vereinigung von Studentenreisebüros ver-

---

277 Vgl. Paragraph 1 (1) der *Anordnung über die Stellung und Verantwortung der Jugendherbergen, Jugendtouristenhotels und Jugenderholungszentren der Deutschen Demokratischen Republik* vom 02.01.1981.
278 World Federation of Democratic Youth, 29.6.2005, http://www.ddr-geschichte.de/Rubrik/ WBDJ/wbdj.html. Vgl. auch: Tarpay, *WFDY for peace, détente and disarmament*. Vgl. als Bildquelle mit der Flagge des WFDY, 29.6.2005, http://fotw.fivestarflags.com/ qt_wfdy.html#de.
279 Vgl. BITEJ, *Bulletin d'information*, verschiedene Jahrgänge ab 1977. BITEJ, *What is BITEJ?* BITEJ: *BITEJ 1960–1985*.

schiedener Länder.²⁸⁰ Diese existierte seit 1951 mit Sitz in Zürich und Kopenhagen und bemühte sich vor allem um die touristischen Belange Studierender und ihres weltweiten Austauschs. Schließlich war Jugendtourist seit 1985 Mitglied der ›International Youth Hostel Federation‹ (IYHF).²⁸¹ Dieser Zusammenschluss von Jugendherbergsverbänden hatte seinen Sitz in Großbritannien und hielt alle zwei Jahre internationale Konferenzen zum Stand der Entwicklung des Jugendherbergswesens ab.²⁸² Da die DDR über eine hohe Anzahl dieser Einrichtungen verfügte, hatte sie ein großes Interesse an der Mitarbeit. Andere sozialistische Länder schenkten dem Jugendherbergswesen weniger Beachtung²⁸³, die UdSSR und die SRR waren im Verband überhaupt nicht vertreten.

Ausbildung und Beschäftigung bei Jugendtourist

Die zunehmende Bedeutung von Jugendtourist lässt sich ebenfalls an der Beschäftigtensituation erkennen. Das Personalkontingent der Organisation stieg zwischen 1975 und 1989 stetig an. 1986 beispielsweise waren 1.000 hauptberufliche und mehr als 44.000 ehrenamtliche Mitarbeiter angestellt. Letztere waren ab der Ebene der Bezirksstellen in die Arbeit der Kommissionen für Jugendtouristik einbezogen.²⁸⁴ Die bei Jugendtourist beschäftigten hauptberuflichen Mitarbeiter wurden von den Leitungen der FDJ ausgesucht.²⁸⁵

---

280 Vgl. zur Literatur über ISTC: Wilson/Richards, *Student and Youth Travel*, 29.6.2005, http://www.atlas-euro.org/pages/pdf/Student_Youth_Travel_Bibliography.pdf.
281 Vgl. Grassl/Heath, *The Magic Triangle*.
282 Vgl. Ropers, *Osteuropa. Bulgarien, DDR*, S. 406.
283 Norbert Ropers ordnet die sozialistischen Staaten nach der Dichte der Jugendherbergen (absteigend): Polen, DDR, Ungarn, Tschechoslowakei, Bulgarien – Vgl. ebd.
284 Vgl. dazu und im Folgenden: Reisebüro der FDJ ›Jugendtourist‹, *Zahlen und Fakten zur Entwicklung des Jugendtourismus*, S. 1. Zum gesamten Arbeitskräftebedarf – die Zahlen sind hier gänzlich anders zu werten, da ein Ehrenamtlicher mehrere Aufträge im Jahresverlauf übernehmen konnte – vgl. den Jahresplan von 1982: 50.000 Wanderleiter, 5.900 Reiseleiter für Erholungsreisen und touristische Spezialreisen im Inland, Betreuer und Dolmetscher für ca. 3.800 Gruppen im aufnehmenden Auslandstourismus, 603 Leitungsfunktionäre, Chefbetreuer, Leitungsbetreuer für Freundschaftszüge im entsendenden und aufnehmenden Auslandstourismus, 510 Lehrer für touristische Sprachreisen und Beauftragte in Studentenhotels und weiteren Unterkunftsobjekten. Dabei sind Reiseleiter im entsendenden Auslandstourismus noch nicht berücksichtigt. – Vgl. Reisebüro der FDJ ›Jugendtourist‹, *Jahresplan 1982*, BArch DY24 12068, S. 11.
285 Vgl. *Vorlagen an das Sekretariat des ZK der SED über die Weiterentwicklung der Jugendtouristik in der DDR 1974. Anlage 1: Programm für die Weiterentwicklung der Jugendtouristik der Deutschen Demokratischen Republik in den Jahren 1974/75*, BArch DY24 9105, unpag. Vgl. auch: *Schwerpunkte zur Information über die Entwicklung des Jugendtourismus*, BArch DL1 26580, unpag.

Grundlage der erfolgreichen Arbeit von Jugendtourist war zudem vor allem die Tätigkeit der Reiseleiter. [286] Sie begleiteten die Reisegruppen als ehrenamtliche Mitglieder von Jugendtourist, engagierten sich mithin freiwillig in der Organisation. Dadurch hatten sie den Vorteil, selbst verhältnismäßig viele Reisen unternehmen zu können und oftmals auch ihre Familien dazu mitzunehmen. Zudem wurden für sie selbst bei ordnungsgemäßer Durchführung der Reise die entstehenden Kosten übernommen.[287] Für die zentralen Abteilungen von Jugendtourist stellten die Reiseleiter eine bedeutsame Möglichkeit dar, die konkrete Umsetzung der eigenen Beschlüsse zu beobachten sowie Informationen über Erfolge und Probleme der Arbeit von Jugendtourist und zu den Erwartungen der Jugendlichen zu erhalten. Wichtigste Quelle dieser Hinweise waren die Reiseleiterberichte, die darüber informierten »wie's wirklich war. Keine Schönfärberei.«[288] Sie wurden zum einen in den Kreis- beziehungsweise Bezirkskommissionen ausgewertet, waren jedoch auch Grundlage regelmäßig zu jugendtouristischen Themen vergebener Diplomarbeiten von Jugendtourist und dem Zentralinstitut für Jugendforschung. Egon Krenz beschrieb die Funktion der Reiseleiter im Rahmen der Touristikkonferenz des Zentralrates der FDJ und des Amtes für Jugendfragen 1980 so: »Die Erfahrung lehrt, daß von der Qualität der Vorbereitung der Reisegruppen [...] und dem parteilichen Engagement des Reiseleiters im hohen Maße der Erfolg, sprich Erlebniswert der Reise, abhängt. Deshalb sollten wir noch aufmerksamer an die Auswahl der Reiseleiter herangehen [...].«[289] Er zeigte damit Erfolge, aber auch Mängel in der Reiseleiteraus- und -weiterbildung an, die bereits 1974 angeklungen waren.[290] Aus dieser Erkenntnis resultierten verstärkte Bemühungen, differenziert je nach Einsatzgebiet – das heißt für Reiseleitertätigkeiten im Ausland, insbesondere für das NSW, sowie für Delegationen – eine intensivere politische Schulung. Für Reiseleiteraufgaben im Inland sowie für die Erholungsfahrten wurden bevorzugt Ansprechpartner für die Jugendlichen, die auf die generelle Einhaltung der Ordnung achteten,

---

286 Berufungsurkunde eines Reiseleiters von Jugendtourist im *Anhang 7*.
287 Vgl. »Und 1966 bin ich das erste Mal als Reiseleiter nach Polen. Dann bin ich umgezogen und dann musste man sich erst hier in der Kommission für Jugendtouristik raufarbeiten, um Reiseleiter zu werden.« – *Interview Peter Schmidt*.
288 Ebd.
289 Krenz, *Schlusswort auf der Touristikkonferenz der Freien Deutschen Jugend und des Amtes für Jugendfragen beim Ministerrat der DDR*. Beigefügt zu: Eichler, *Die Aufgaben der Freien Deutschen Jugend*, S. 9f.
290 Vgl. »Die jetzt zur Verfügung stehenden Betreuer und Dolmetscher entsprechen oft nicht den politischen und sprachlichen Anforderungen.« – *Vorlagen an das Sekretariat des ZK der SED über die Weiterentwicklung der Jugendtouristik in der DDR 1974. Anlage 3: Zu einigen Fragen der gegenwärtigen Lage in der Entwicklung der Jugendtouristik der DDR*, BArch DY24 9105, unpag.

gesucht. Bei den Hobby- und Spezialreisen ging es zudem oft um Kenntnisse des Spezialgebietes, über die der Reiseleiter verfügen musste. Reiseleiter, die nicht den Anforderungen entsprachen, konnten aus der Kommissionstätigkeit ausgeschlossen werden.[291]

Reiseteilnehmer

Angebote von Jugendtourist konnten grundsätzlich alle Jugendlichen unter 30 Jahren – ab 1984 unter 25 Jahren – nutzen. Für Mitglieder der FDJ sowie Betreuer und Reiseleiter gab es keine Altersbeschränkung, doch sollten höchstens 10 Prozent der Gruppe über 30 Jahre alt sein.[292] Kinder – bei Auslandsreisen ab zwei Jahren – konnten in Begleitung der Eltern oder mit Pioniergruppen teilnehmen, wenn die Reisebedingungen darauf ausgelegt waren.[293] Ähnliches war für die Nutzung der jugendtouristischen Beherbergungseinrichtungen vorgeschrieben, die an Jugendtourist vertraglich gebunden waren. Sie standen »allen Jugendlichen, den Pionier- und FDJ-Kollektiven sowie dem DTSB, der GST, dem DRK, dem Kulturbund der DDR und anderen gesellschaftlichen Organisationen für die Arbeit mit Kindern und Jugendlichen zur Verfügung«[294]. Sie konnten allerdings bei freien Kapazitäten auch durch sonstige interessierte Wanderer und Touristen genutzt werden.[295]

Offensichtlich war in keiner dieser Bestimmungen festgelegt, dass Jugendliche zur Nutzung der Angebote von Jugendtourist in der FDJ organisiert sein mussten. Dies jedoch schien in der Praxis anders gehandhabt worden zu sein, denn »es spielte da im Sommer FDJ [eine Rolle, H.W.]. Wobei, da muss man dazu sagen, es war'n ja FDJ zu 95 Prozent alle Jugendlichen«, sodass sich Egon Krenz in einer Hausmitteilung an den Generaldirektor von Jugendtourist Klaus Eichler im September 1980 genötigt sah, darauf hinzuweisen, dass

---

291 Vgl. »Wir mußten in den mehr als 6 Monaten Deiner Mitarbeit feststellen, daß du die wesentlichen Erwartungen, die wir an ein KK-Mitglied stellen, nicht erfüllen konntest. [...] Wir können jedoch nur Freunde in unsere Arbeit einbeziehen, die durch anderweitige Verpflichtungen nur so weit gebunden sind, daß in der Arbeit bei ›Jugendtourist‹ solche Eigenschaften wie Einsatzbereitschaft, Verantwortungsgefühl, Eigeninitiative und Zuverlässigkeit deutlich zum Ausdruck kommen.« – *Brief des Leiters der Kreiskommission Nauen von Jugendtourist an einen ehrenamtlichen Reiseleiter aus dem Jahr 1977.* Privatbesitz Peter Schmidt.
292 Einschränkend äußerte sich Peter Schmidt im Interview: »Offiziell, aber das wurde nicht so eingehalten [...] Also das, die die älter war'n, das war'n schon irgendwie Bevorzugte.« – *Interview Peter Schmidt.*
293 Vgl. »Reisen mit Kindern«, in: *Kolumne ›Unterwegs‹* (44/1976).
294 *Anordnung über die Stellung und Verantwortung der Jugendherbergen, Jugendtouristenhotels und Jugenderholungszentren der DDR* vom 2.1.1981.
295 Vgl. Lübchen/Thiel, *Urlaub, Reisen, Camping,* S. 112.

Jugendtourist vermutlich aus politischen wie auch ökonomischen Gründen für alle Jugendlichen offen stünde.[296]

Die Teilnehmerstruktur der Reisen von Jugendtourist sollte laut den *Prinzipien für die Durchführung der Jugendauslandstouristik der Deutschen Demokratischen Republik* vor allem die touristischen Aktivitäten von jungen Arbeitern und Genossenschaftsbauern unterstützen.[297]

Alle Mitreisenden wurden in Vorbereitung der Fahrt in einem oder mehreren Treffen informiert und instruiert.[298] Dabei standen meist kulturelle Aspekte, das Auftreten im Gastland, bei Auslands- und besonders den NSW-Reisen aber auch politische Erfordernisse der Teilnahme im Vordergrund. Während des Nachtreffens wurden Erfahrungen der Reise ausgetauscht, insgesamt waren diese jedoch mehr von privatem Interesse.

Arten und Ziele des Inlandsangebots

Das auch bei Jugendtourist durch die geringere touristische Attraktivität der DDR weniger beliebte Inlandsangebot wurde durch verschiedene Maßnahmen seitens der Leitung der Organisation unterstützt. So zitierte beispielsweise der Generaldirektor Jürgen Heinrich im Vorwort der Informationsbroschüre *tour* 1986 Goethe mit den Worten »Warum denn in die Ferne schweifen, sieh doch, das Gute liegt so nah […]«[299] und auch die so oft gebrauchten Zeilen »Die Heimat hat sich schön gemacht […]«[300] des *Liedes der jungen Naturforscher* zeigten ein besonderes Augenmerk auf die Bildung eines Heimatgefühls und -stolzes[301] im Interesse der FDJ. Mittels unterschiedlicher Angebote versuchte man, die differenzierten Interessen der Jugendlichen zu erfüllen. Grundsätzlich waren dabei thematische Reisen mit politischem Hintergrund, Reisen der Aktion ›Meine Heimat DDR‹, Reisen auf den Spuren bekannter Persönlichkeiten, Veranstaltungs-, Ausstellungs-, Hobby-, Wander- und Erholungsreisen zu unterscheiden.[302]

---

296 Vgl. »Bei dem exakten Durchgehen der einzelnen Formulierungen bitte ich Dich noch einmal darauf zu achten, daß die besondere Betonung der Rolle des Jugendverbands nicht dazu führt, daß bei der Benutzung unserer Einrichtungen ein Sektierertum einzieht. Die Mitgliedschaft in der FDJ darf nicht die Bedingung dafür sein, daß man in eine Jugendherberge kommt.« – *Hausmitteilung von Egon Krenz an den Generaldirektor von Jugendtourist Klaus Eichler vom 4.9.1980*, BArch DY24 11248, unpag.
297 Vgl. *Anhang 8*.
298 Vgl. dazu und im Folgenden: *Interview Peter Schmidt*.
299 Vgl. Heinrich, »Vorwort« (1986) unpag.
300 Streubel, »Das Lied der jungen Naturforscher«.
301 Riesenberger, »Heimatgedanke und Heimatgeschichte«.
302 Vgl. Reiseformen bei Jugendtourist 1987 im *Anhang 9*.

Arten und Ziele des Auslandsangebots

Bezüglich des Auslandsangebots war Jugendtourist die einzige Reiseorganisation der DDR, die für Jugendliche spezielle Auslandsreisen ins sozialistische und in geringem Umfang auch ins nichtsozialistische Ausland anbot und somit das Monopol im Jugendauslandstourismus inne hatte.[303] Offizielle Kernziele dieser Offerten waren der Abbau von Vorurteilen, die Leistung eines Beitrags zum Frieden und die Förderung der internationalen Verständigung – Formen sozialen Lernens.[304] Der in so vielen Bereichen des Lebens in der DDR präsente Ausspruch ›Von der Sowjetunion lernen, heißt Siegen lernen‹ war beredtes Zeichen dieses Bemühens. Jugendtourist bot 1987 Reisen in 40 Länder auf vier Kontinenten an[305], das traditionelle Hauptreiseland jedoch stellte in der gesamten Zeit die UdSSR dar.

Zur Erfüllung der stetig wachsenden Ansprüche arbeitete Jugendtourist mit etwa 100 Reisebüros und -unternehmen, Jugend- und Studentenorganisationen sowie etwa 70 Staaten zur Sicherung des aktiven und passiven Auslandsreiseverkehrs auf der Grundlage bilateraler Beziehungen zusammen.[306] Trotz aller Bemühungen jedoch konnte die Nachfrage nicht gedeckt werden. Theoretisch wäre der Verkauf der drei- bis vierfachen Menge möglich gewesen, doch Kapazitätsengpässe und Vermittlungsunwillen in den Gastländern sowie die geringe Summe der in der DDR für diesen Zweck verfügbaren Devisen verhinderten dies.[307]

Die eingeschränkt informative Auslandsreisestatistik zeigt sogar, dass der prozentuale Anteil der Auslandsreisen am gesamten Vermittlungsgeschäft von Jugendtourist stetig abnahm. So wurden 1975 noch drei Viertel der Reisen ins Ausland angeboten, 1989 war es nur noch ein Fünftel.[308]

Die Reisepreise wurden gemäß dem sozialpolitischen Anspruch der Organisation erheblich subventioniert. Brigitte Deja-Lölhöffel bemerkt, dass die Teilnehmer etwa 50 Prozent des tatsächlichen Preises zahlten, und stützt sich dabei auf Vergleichsrechnungen basierend auf den Reisepreisen des VEB Reisebüro der DDR.[309] So schlug beispielsweise eine viertägige Flugreise mit dem Reisebüro der DDR nach Leningrad pro Person ab 950 Mark zu Buche,

---

303 Vgl. Friedrich-Ebert-Stiftung, *Urlaub und Tourismus* (1978), S. 30. Vgl. exemplarisch *Anhang 15* mit zahlreichen Dokumenten einer Reise nach Sinaia, SRR.
304 Vgl. Müller, »Interkulturelles Lernen beim Jugendaustausch«, S. 271.
305 Vgl. Heinrich, »Vorwort« (1987), unpag.
306 Vgl. Oehler, *Erholungswesen*, S. 45 Bundesministerium für innerdeutsche Beziehungen, *DDR-Handbuch (2)*, S. 1362.
307 Vgl. Friedrich-Ebert-Stiftung, *Urlaub und Tourismus* (1985), S. 31.
308 Vgl. Statistik 14.21 – Bähre, *Nationale Tourismuspolitik in der Systemtransformation (2)*, S. 232.
309 Vgl. Deja-Lölhöffel, *Freizeit in der DDR*, S. 54.

eine zehntägige Flugreise mit Jugendtourist zum selben Ziel kostete pro Person ab 500 Mark.³¹⁰ Im sozialistischen Ausland führten Reisen von Jugendtourist³¹¹ in die UdSSR (Sprachreisen, Erholungsreisen, thematische Reisen, Städtereisen, Schülerreisen), in die VRB (Erholungsreisen vor allem ans Schwarze Meer, Familienreisen, Wintersportreisen), in die ČSSR (Kurzreisen, Städtereisen, Spezialprogramme ›Treffen und Begegnungen mit ČSSR-Lehrlingskollektiven und Betriebsbesuche‹, Hobbyreisen, Familienreisen, Schiffsreisen), in die SRR (Rundreisen, Erholungsreisen ans Schwarze Meer, Familienreisen, Wintersportreisen), in die UVR (Städtereisen, Campingreisen mit eigenem Zelt, Silvesterreisen) und in die VRP (Freundschaftstreffen/Jugendgruppenaustausch, Städtereisen, Partnerstadtreisen, Erholungsreisen).³¹² Zudem bot Jugendtourist Fernreisen an, die in der Informationsbroschüre *tour* nicht verzeichnet waren, jedoch in der *Reiseinformation des Reisebüros der FDJ ›Jugendtourist‹* gelistet wurden.³¹³: SFR Jugoslawien, Republik Kuba, SR Vietnam (seit 1977), Mongolische VR, KDVR (seit 1977).³¹⁴

Von besonderer Bedeutung waren zum einen die Reisen in die UdSSR, insbesondere die Schülerreisen, das heißt die seit 1984 von Jugendtourist organisierten Abschlussfahrten für die zehnten und zwölften Klassen.³¹⁵ Es handelte sich dabei im Durchschnitt um fünftägige Flug- oder Bahnreisen, die »für Schüler eine ausgezeichnete Möglichkeit [darstellten, H.W.], das Land Lenins kennenzulernen.«³¹⁶ Sie fanden von November bis zum Schuljahresende statt.

In den achtziger Jahren war zum anderen der Kinder- und Jugendaustausch zwischen der DDR und der VRP wichtig. Mit ihm nahm die Regierung der DDR 1983 den Reiseverkehr zwischen beiden Ländern grundsätzlich wieder auf. Er betraf zunächst den Austausch von 300.000 Teilnehmern zwischen der FDJ und den polnischen Jugendverbänden und sollte Reisen »in die

---

310 Vgl. Bundesministerium für innerdeutsche Beziehungen, *DDR-Handbuch (2)*, S. 1362. (Zahlen für Reise mit dem Reisebüro der DDR von 1989, für Reise mit Jugendtourist von 1985.)
311 Vgl. Knoll, »Mit Jugendtourist in das sozialistische Ausland« (23.11.1973).
312 Alle Angaben sind der Informationsbroschüre ›tour 1987‹ entnommen, finden sich in ähnlicher Form jedoch mit Schwankungen – zum Beispiel hinsichtlich fehlender Angebote für die VRP 1981/82 aufgrund der politischen Lage dort – in allen einschlägigen Dokumenten von Jugendtourist seit der Gründung 1987. – Vgl. Reisebüro der FDJ ›Jugendtourist‹, *tour 1987*.
313 Vgl. beispielhaft: Reisebüro der FDJ ›Jugendtourist‹, *Reiseinformation des Reisebüros*, S. 28–30. Privatbesitz Peter Schmidt.
314 Vgl. *Schwerpunkte zur Information über die Entwicklung des Jugendtourismus*, BArch DL1 26580, unpag.
315 Vgl. dazu und im Folgenden: Lübchen/Thiel, *Urlaub, Reisen, Camping*, S. 94.
316 Ebd.

schönsten Gebiete aller 49 Wojewodschaften«[317] und eine Wiederannäherung beider Staaten auf dem Gebiet des Tourismus ermöglichen.

Eine besondere Form des Auslandstourismus in die sozialistischen Länder stellten die Freundschaftszugreisen dar. Sie führten in die UdSSR, die ČSSR, nach Polen, Ungarn, Bulgarien und Rumänien. Durchschnittlich hatten sie eine Dauer von 9,4 Tagen im entsendenden Auslandstourismus.[318] Die mit Gesellschafts-, Speise- und Schlafwagen ausgestatteten und somit als ›fahrendes Hotel‹ zu betrachtenden Züge durchquerten auf ihrer Fahrt meist mehrere Länder und hielten an zahlreichen Stationen der Reiseländer für Besichtigungen.

Diese Reisen waren vor allem ausgezeichneten Jugendlichen vorbehalten. Im Gespräch der Redaktion der *Reiseinformation des Reisebüros der FDJ ›Jugendtourist‹* mit Alfred Sasse, dem Leiter eines internationalen Freundschaftszuges der Strecke Berlin–Warschau–Minsk–Kiew–Budapest wurde deutlich, was das Außergewöhnliche einer solchen Reise ausmachte:

»[U]nd was ist das Besondere an solch einer Fahrt? – Es liegt zum einen in der internationalen Zusammensetzung und zum anderen darin, daß die Reiseroute durch mehrere sozialistische Länder führt. Die Gespräche zwischen den Delegationen und im Gastland – bei uns insbesondere mit den Komsomolzen – werden vor allem zu internationalen Fragen geführt. […] Worauf müßte sich derjenige einstellen, der mitfahren möchte? Woran sollte er unbedingt denken, bevor er auf Reisen geht und woran hinterher? – Er vertritt überall die DDR und unsere FDJ. Und er muß wissen, daß die Reise ein Ziel hat und einen klaren Standpunkt, der in seinem gesamten Auftreten spürbar sein muß. Ein Blauhemd im Gepäck halte ich für selbstverständlich.«[319]

Arten und Ziele des Angebots für Reisen ins ›westliche Ausland‹

Das Angebot an Reisen in nichtsozialistische Staaten (NSW) ist zwar zahlenmäßig weitgehend zu vernachlässigen, doch hatten diese Reisen naturgemäß eine besonders hohe Brisanz und fanden daher hohe Beachtung. In allen Bestandsjahren von Jugendtourist handelte es sich bezüglich der Teilnehmerzahl nur um einige Hundert Personen, 1982 beispielsweise 1.500 Jugendliche.[320]

Jugendtouristikgruppen wurden seit einem entsprechenden Beschluss des Sekretariats des ZK der SED vom 7.1.1976 über die Festigung und den Ausbau »der freundschaftlichen Beziehungen zwischen der FDJ und den Bruder-

---

317 Ebd.
318 Vgl. Friedrich-Ebert-Stiftung, *Urlaub und Tourismus* (1985), S. 22.
319 Vgl. Reisebüro der FDJ ›Jugendtourist‹, *Reiseinformation des Reisebüros der FDJ*, S. 3f.
320 Vgl. Jahresplanung für NSW-Reisen bei Jugendtourist 1982 im *Anhang 10*.

organisationen sowie anderen demokratischen Jugend- und Studentenorganisationen«[321] nach strenger Teilnehmerauswahl[322] ins NSW entsandt. Im ersten Jahr führten Reisen nach Algerien, Dänemark, Finnland, Italien, Österreich und in die Bundesrepublik.[323] Ab 1977 nahm man den Austausch mit Griechenland, Portugal und Zypern auf.[324] Dabei stand man stets vor dem Problem des aus Gründen der Devisenverfügbarkeit angestrebten valutalosen Austausches, wie er zum Beispiel mit Algerien, Libyen, Mexiko, Syrien, Mosambik, Portugal, Tunesien und Zypern praktiziert wurde[325], und dem Streben nach erhöhter Aufnahme westlicher Touristen und der damit erfolgenden Devisenerwirtschaftung[326]

Eine Sonderstellung hatten innerhalb der Reiseangebote für das NSW Fahrten in die Bundesrepublik. Auf der Grundlage eines Treffens zwischen Erich Honecker und Helmut Schmidt am Werbellinsee im Dezember 1981 wurde der zweiseitige Jugendaustausch beschlossen. In den anschließenden Verhandlungen zwischen dem Deutschen Bundesjugendring und der FDJ kam es im September 1982 zu einer Vereinbarung über die Ausweitung des Jugendtourismus.[327] Sie beinhaltete Bestimmungen zum kommerziellen Jugendtourismus zwischen Jugendtourist und fünf bundesdeutschen Vertragspartnern sowie den Austausch zwischen Partnerorganisationen – beispielsweise kirchlichen Jugendgruppen und Sportmannschaften.[328]

In der Regel handelte es sich bei den Fahrten um einwöchige Gruppenreisen. Im ersten Jahr des damit initiierten Austausches reisten 1.200 Jugendliche aus der DDR im offiziellen Jugendaustausch zwischen der FDJ und dem Deutschen Bundesjugendring in die Bundesrepublik, weitere 800 reisten zu Partnerorganisationen. Im Gegenzug besuchten 22.000 Jugendliche aus der Bundesrepublik die DDR, allerdings davon nur ein Viertel im Rahmen des of-

---

321 *Schwerpunkte zur Information über die Entwicklung des Jugendtourismus*, BArrch DL 1, 26580.
322 Vgl. *Zusammenarbeit zwischen Pass- und Meldewesen und dem MfS am Beispiel der Verfahrensweise für die Erteilung von Touristenvisa für Reisen in das NSW über ›Jugendtourist‹*, BArch DO1 8/0-041634, unpag.
323 Vgl. *Schwerpunkte zur Information über die Entwicklung des Jugendtourismus*, BArch DL1 26580, unpag. Unklar bleibt, auf welcher Basis die Reisen in die Bundesrepublik angeboten wurden, da erst 1981 ein zweiseitiger Jugendaustausch auf Regierungsebene vereinbart wurde.
324 Vgl. ebd.
325 Vgl. Reisebüro der FDJ ›Jugendtourist‹, *Jahresplan 1982*, BArch DY24 12068, S. 19f.
326 Vgl. »Die Aufnahme von Touristen aus nichtsozialistischen Ländern ist maximal zu entwickeln; dabei sind sowohl hohe politische Wirksamkeit als auch größtmögliche Valutaeinnahmen zu erzielen.« – Reisebüro der FDJ ›Jugendtourist‹, *Jahresplan 1982*, BArch DY24 12068, S. 11.
327 Vgl. Deja-Lölhöffel, *Freizeit in der DDR*, S. 54; Zagatta, » ›Kein roter Teppich‹ «, S. 793; Helwig, »Jugendaustausch zwischen beiden deutschen Staaten«, S. 804.
328 Vgl. ebd.; Friedrich-Ebert-Stiftung, *Freie Deutsche Jugend*, S. 62.

fiziellen Jugendaustausches, der Rest befand sich auf individuell organisierten Klassen- und Studienfahrten. Für die Jugendlichen aus der DDR gab es klare Teilnahmekriterien. Vornehmlich waren die Reiseteilnehmer zwischen 25 und 30 Jahren alt, verheiratet und FDJ-Mitglied. Ehepartner und Kinder durften an der Reise nicht teilnehmen.»Die Gruppen wurden zudem von – den Teilnehmern häufig nicht näher bekannten – hauptamtlichen FDJ-Funktionären begleitet.«[329]

Im April 1984 wurde der Jugendaustausch plötzlich gestoppt.[330] Die DDR-Seite begründete dies mit dem neu veröffentlichten Verfassungsschutzbericht der Bundesregierung 1983. Dieser enthielt Äußerungen zu politischen Agitationsversuchen der FDJ bei Reisen in die Bundesrepublik und wurde daher von der DDR als diffamierend empfunden. Nachdem im Verfassungsschutzbericht der Bundesregierung 1984 auf dergleichen Äußerungen verzichtet wurde, erklärte sich die FDJ bereit, die Reisen ab September 1985 wieder aufzunehmen.

Als Beispiel für die Besonderheiten dieses Austausches soll der Besuch einer DDR-Reisegruppe im Saarland dienen[331]: In einem Gespräch zwischen Mitgliedern des Sekretariats des Zentralrates der FDJ und dem Landesvorstand der Jungsozialisten Saar vom 23.–25.5.1982 wurde der devisenlose Austausch von je einer Jugendreisegruppe mit 30 Teilnehmern für das Jahr 1982 vereinbart. Das Aufenthaltsprogramm der Jugendtourist-Gruppe sah Gespräche mit Jugendverbänden und Kommunalpolitikern, Aussprachen und Vorträge zu Berufsausbildung, den Besuch eines Betriebes, die Teilnahme an kulturellen Veranstaltungen sowie Exkursionen nach Neunkirchen und Trier vor. Der Landesvorstand Saar sprach im Vorfeld der Reise die Hoffnung aus, Teilnehmer mit einem repräsentativen Querschnitt nach sozialen Schichten, Berufsgruppen und Alter begrüßen zu dürfen. Die von der DDR-Seite ausgewählten Jugendlichen entsprachen jedoch nach Medienberichten ›300%-igen Parteifunktionären‹. Der Bericht über den Verlauf der Reise zeigte typische Probleme des innerdeutschen Dialogs: die Brisanz gewisser deutsch-deutscher Themen, die Belastung durch das hohe mediale Interesse und die Angst der DDR-Verantwortlichen vor privaten Kontakten. Aufgrund des nachgezeichneten Charakters der Reise lässt sich hier zum Tourismus von DDR-Bürgern fragen, ob es sich beim Jugendaustausch um einen solchen handelt. Der Tou-

---

329 Zagatta,» ›Kein roter Teppich‹ «, S. 795.
330 Vgl. dazu und im Folgenden: Ebd., S. 793f. Deja-Lölhöffel, *Freizeit in der DDR*, S. 54f.; Helwig,»Jugendaustausch zwischen beiden deutschen Staaten«, S. 804.
331 Vgl. dazu und im Folgenden: *Information über die Gespräche mit dem Landesvorstand der Jungsozialisten Saar zum Abschluß einer Vereinbarung über den Austausch je einer Jugendreisegruppe im Jahr 1982*, BArch DY24 11223, unpag.

rismusbegriff wird von den Partnern weitgehend negativ besetzt, in den bundesdeutschen Förderrichtlinien beispielsweise ist ausgesagt: »Maßnahmen, die überwiegend der Erholung und der Touristik dienen [...] werden nicht gefördert.«[332]

In der Wahrnehmung der Jugendlichen aus der DDR gestaltete sich das Bild möglicherweise anders, waren diese Begegnungen bis auf Reisen in dringenden Familienangelegenheiten beziehungsweise bis zum Rentenalter doch die einzige Möglichkeit, die Bundesrepublik als Land kennenzulernen. Zudem waren sie – wenngleich nicht in diesem Ausmaß – bei einer Vielzahl der Auslandsreisen an den Austauschcharakter und damit verbundene politisch motivierte Programmpunkte gewöhnt. Es konnte sich daher gut um eine politische Bildungsreise handeln.[333]

Beherbergung

Hinsichtlich der Unterkunftskapazitäten nutzte Jugendtourist im Inland vorwiegend Vertragshäuser, denn es hatte zunächst keine eigenen Beherbergungsbetriebe. 1976 beispielsweise erfolgte die Bedarfsdeckung zu 17 Prozent in Jugendtouristenhotels und Jugenderholungszentren, zu 23,5 Prozent in Jugendherbergen, zu 18,5 Prozent in Studenteninternaten, zu 14,5 Prozent in Interhotels, zu 13,5 Prozent in Hotels und – besonders im Winterurlaub der Landjugend[334] – zu 13 Prozent in FDGB-Heimen.[335] Für 1989 liegen keine prozentualen Angaben vor, allerdings gibt die Tabelle auf der folgenden Seite Einsichten in die Struktur der wichtigsten Beherbergungseinrichtungen der Jugendtouristik und die vermittelten Übernachtungen.

Die Unterbringung von Touristen erfolgte auf der Grundlage zweier Anordnungen, der Anordnung über den Aufenthalt in den Jugendherbergen, Jugendtouristenhotels und Jugenderholungszentren der Deutschen Demokratischen Republik vom 31.3.1980 und der Anordnung über die Stellung und

---

332 Bundesjugendministerium, 1985. Zitiert bei: Müller, »Interkulturelles Lernen beim Jugendaustausch«, S. 270.
333 Vgl. zur Frage des touristischen Charakters beim Jugendaustausch: Ebd.
334 Der Winterurlaub der Landjugend war eine Fördermaßnahme, die durch den Zentralrat der FDJ, den Feriendienst des FDGB und das Komitee für Touristik und Wandern (bis 1974) / Jugendtourist (ab 1975) organisiert wurde. – Vgl. Fuhrmann, »Der Urlaub der DDR-Bürger«, S. 42.
335 Vgl. *Schwerpunkte zur Information über die Entwicklung des Jugendtourismus*, BArch DL1 26580. Im Ausland – auf das aus Gründen mangelnder Aussagekraft der Aktenbestände nicht näher eingegangen wird – standen die Jugenderholungseinrichtungen, aber auch Hotels, die von der entsprechenden Partnerorganisation bereitgestellt wurden, zur Verfügung.

Verantwortung der Jugendherbergen, Jugendtouristenhotels und Jugenderholungszentren der Deutschen Demokratischen Republik vom 2.1.1981.

Am bedeutendsten waren die recht gleichmäßig über alle Bezirke der DDR verteilten Jugendherbergen[336], »die zahlreichsten und zugleich die traditionsreichsten Einrichtungen der Jugendtouristik.«[337] Sie sollten das ›Kerngeschäft‹ von Jugendtourist bilden, in einem Brief von Egon Krenz[338] jedoch wird deutlich, dass die komfortableren und modernen Jugendtouristenhotels[339] und Jugenderholungszentren[340] eine Konkurrenz bildeten.

1989	Einrichtungen	Übernachtungsplätze	übernachtende Personen
Gesamt	263	24.360	1.619.814
Jugendherbergen	241	19.188	1.226.926
Jugendtouristenhotels	20	3.882	325.870
Jugenderholungszentren	2	1.290	67.018

Tabelle 17: Beherbergungsstruktur in der Jugendtouristik der DDR
(Statistisches Jahrbuch der DDR, 1990, S. 364.[341])

Das Jugendherbergswesen wurde vom Amt für Jugendfragen beim Ministerrat der DDR beziehungsweise dem dort eingesetzten Zentralen Jugendherbergsbeirat geleitet. Die Räte der Kreise, Städte und Gemeinden waren für Erhaltung und Erweiterung der Jugendherbergen, für die fachliche und politische

---

336 Vgl. *Verzeichnis der Jugendherbergen, Jugendtouristenhotels und Jugenderholungszentren der DDR.* 1971 / 1972 / 1973 / 1976 / 1980, beiliegendes Kartenmaterial.
337 Lübchen/Thiel, *Urlaub, Reisen, Camping,* S. 106.
338 Vgl. »Aus vielerlei Gründen bin ich dafür, daß die Jugendherbergen nach wie vor als die entscheidende materielle Grundlage unserer Jugendtouristik betrachtet werden. Deshalb bitte ich bei der Aufzählung der Einrichtungen die Jugendherbergen stets an erster Stelle zu nennen.« – *Hausmitteilung von Egon Krenz an den Generaldirektor von Jugendtourist Klaus Eichler vom 4.9.1980,* BArch DY24 11248, unpag.
339 Vgl. »[…] wurde in der Jugend des Bezirkes Dresden rekonstruiert und am 18.12.1985 durch den Zentralen Aufbaustab beim Amt für Jugendfragen als Jugendtouristenhotel übergeben.« Dazu und zur Ausstattung: Jugendtouristenhotel ›Schloß Eckberg‹, *Informationsbroschüre ›Jugendtouristenhotel‹.*
340 Vgl. ausführliches Beispiel des Jugenderholungszentrums Wendisch-Rietz in den *Anhängen 11 und 12.*
341 Vgl. 1988 verfügte Jugendtourist über Nutzungsmöglichkeiten in zwei Jugenderholungszentren, 19 Jugendtouristenhotels und 247 Jugendherbergen – Vgl. *Vorlagen an das Sekretariat des ZK der SED über die Weiterentwicklung der Jugendtouristik in der DDR 1974. Anlage 3: Zu einigen Fragen der gegenwärtigen Lage in der Entwicklung der Jugendtouristik der DDR,* BArch DY24 9105, unpag.

Schulung der hauptamtlichen Mitarbeiter sowie die Zuteilung der entsprechenden Haushaltsmittel zuständig.[342] Die Jugendherbergen wurden von Jugendherbergsleitern mit einer entsprechenden Fachschulausbildung und praktischen Erfahrungen geführt, die für die Hausverwaltung und die Gestaltung von Programmen zuständig waren.[343] Sie waren ganzjährig nutzbar. In ihnen hielten sich besonders Jugendgruppen und FDJ-Kollektive auf.[344]

Seit dem VIII. Parteitag der SED unternahm man große Anstrengungen, das Angebot der Jugendherbergen zu erweitern.[345] Da dies aber eine gewisse Zeit beanspruchte und man vor allem während der Sommermonate einen beständigen Nachfrageüberhang verzeichnete, wurden in der Nähe von etwa 50 Jugendherbergen Zeltplätze geschaffen[346], auf denen die Jugendlichen im eigenem Zelt übernachten und alle Einrichtungen der Jugendherberge – Sanitärbereich, Aufenthaltsräume, Verpflegung, Programmangebote – nutzen konnten.[347] Seit 1985 wurde diese Übernachtungsform in das offizielle Reiseprogramm von Jugendtourist übernommen.

Bei den Jugendtouristenhotels handelte es sich um seit 1975 entstehende staatliche Einrichtungen mit einem jugendspezifischen Service. Sie waren komfortabel ausgestattet, zu ihnen gehörten oft Klubgaststätten, Diskotheken und Teestuben. So berichteten Erika und Bernd Hunger aus Gera: »Vom 27.12.85–02.01.86 hatten wir zusammen mit unserem Sohn eine Jugendtouristreise nach Erfurt in das neu errichtete JT-Hotel ›Völkerfreundschaft‹ gebucht. […][E]s war unsere erste und noch dazu eine Silvesterreise, die wir über Jugendtourist gebucht haben. Beeindruckt waren wir von der großzügigen Bauweise und der modernen Ausstattung.«[348] Das touristische, sportliche und kulturelle Freizeitangebot – Prominentengespräche, Vorträge, Stadtrundfahrten, Besichtigungen und Tanzveranstaltungen[349] – war umfangreicher als in den Jugendherbergen. Die Jugendtouristenhotels wurden vorwiegend von Jugendlichen der DDR und aus dem Ausland genutzt und dienten als internationale Treffpunkte. Dass

---

342 Vgl. Paragraph 1 der *Anordnung über die Stellung und Verantwortung der Jugendherbergen, Jugendtouristenhotels und Jugenderholungszentren der Deutschen Demokratischen Republik*, BArch DL1 Bündel 11, S. 3.
343 Vgl. *Anordnung über den Aufenthalt in den Jugendherbergen, Jugendtouristenhotels und Jugenderholungszentren der Deutschen Demokratischen Republik* vom 31.3.1980, BArch DY24 11248, unpag.
344 Vgl. Lübchen/Thiel, *Urlaub, Reisen, Camping*, S. 108.
345 Vgl. ebd.
346 Vgl. Eckert, *Jugendherbergskarte*.
347 Vgl. Lübchen/Thiel, *Urlaub, Reisen, Camping*, S. 115; Kassel, »Touristik in der DDR«, S. 1000f.; Biermann, »Ferien für ein Taschengeld«, S. 31.
348 Merkel, *›Wir sind doch nicht die Mecker-Ecke der Nation‹*, S. 177.
349 Vgl. Lübchen/Thiel, *Urlaub, Reisen, Camping*, S. 109; Bundesministerium für innerdeutsche Beziehungen, *DDR-Handbuch (1)*, S. 689; Eichler, »Unsere Freie Deutsche Jugend«, S. 4.

es trotzdem Probleme geben konnte, zeigt die Fortführung des Berichts von Familie Hunger: »Aber entsetzt waren wir, als wir unsere Zimmer betraten.« Es fehlten Einrichtungsteile, die Zimmer waren schmutzig, gereinigt wurde nicht. »Die Qualität des Essens ließ sehr zu wünschen übrig«.[350]

Reisebegleitprogramm

In Bezug auf die Programmgestaltung vollzog sich bei Jugendtourist eine den Erkenntnissen des FDGB-Feriendienstes parallele Entwicklung. Zwar war der Bildungsauftrag von hoher Bedeutung,[351] doch wies Egon Krenz 1980 auf Folgendes hin: »Ich hoffe, Du bezichtigst mich nicht der Unterschätzung der Ideologie, aber mir scheint, dass wir die Erholung und die aktive sportliche, kulturelle und touristische Betätigung als das Entscheidende beim Aufenthalt in einer jugendtouristischen Einrichtung betrachten sollten.«[352] Man bemühte sich daher im Ausgleich zu diesen Ambivalenzen um ein zunehmend auf freiwilliger Basis offeriertes, abwechslungsreiches Freizeit-, Kultur- und Sportprogramm.[353]

Auch auf Auslandsreisen hielt sich – abhängig von Reiseziel und -inhalten – die erzwungene Programmgestaltung in Grenzen. Peter Schmidt fiel dazu lediglich ein: »Im Ausland bei Jugendtourist besichtigte man mal eine Fabrik.«[354] Diese Begegnungen waren ritualisiert, sie boten dem Urlauber aber trotzdem die Möglichkeit, Menschen anderer Länder kennen zu lernen.[355]

Zu den Reisen gehörte meist auch ein Aufruf zur Spende für solidarische Zwecke. Die eingenommenen Geldbeträge wurden einem vorher bekanntgege-

---

350 Merkel, *»Wir sind doch nicht die Mecker-Ecke der Nation«*, S. 177.
351 Vgl. »Im Sinne der Jugendpolitik unserer Partei haben wir einer möglichst großen Zahl unserer Jugendlichen interessante und erholsame Aufenthalte, Begegnungen und Erfahrungsaustausche mit Mitgliedern von Jugendorganisationen in den sozialistischen Bruderländern […] zu ermöglichen. Das ist auch besonders deshalb wichtig, weil solche Reisen gerade der Jugend helfen, ihr Weltbild, die sozialistische Lebensweise zu formen […]« – *Argumente gegen und für eine pauschale Preisentwicklung unserer ›Jugendtourist‹-Auslandsreisen*, BArch DY24 11248, unpag.
352 *Hausmitteilung von Egon Krenz an den Generaldirektor von Jugendtourist, Klaus Eichler, vom 4.9.1980*, BArch DY24 11248, unpag.
353 Vgl. »Es werden Orte und Stätten des revolutionären Kampfes der deutschen und internationalen Arbeiterbewegung besucht. Die Besichtigung von Museen, Parks und Denkmälern vermittelt wertvolle Einblicke in das kulturelle Erbe. Es finden Treffen mit Arbeitsveteranen und Persönlichkeiten des öffentlichen Lebens statt. Auch Vorträge über Neues aus Wissenschaft, Technik und Natur gehören dazu. Nicht zuletzt seien auch Veranstaltungen wie Diskotheken- oder Baudenabende, Sportwettkämpfe oder Bootsfahrten und ähnliches genannt.« – Lübchen/Thiel, *Urlaub, Reisen, Camping*, S. 108.
354 *Interview Peter Schmidt.*
355 Vgl. Diemer, »Reisen zwischen Anspruch und Vergnügen«, S. 89.

benen Zweck zugeführt. Auch Souvenirspenden waren üblich. Während eines großen, jährlich auf dem Alexanderplatz stattfindenden Solidaritätsbasars wurden diese zugunsten eines entsprechenden Projektes verkauft.

Zuteilung der Reisen

Die Modi der Reisevergabe und -vermittlung richteten sich nach Art der gewählten Reiseleistung. Die Vermittlung von Jugendherbergsplätzen, die eine reine Hilfe von Jugendtourist beim Zusammenkommen der Vertragspartner Übernachtungsgast und Jugendherberge darstellte, lief die Beantragung entweder über die Kreisstellen von Jugendtourist oder beim Postzeitungsvertrieb zur Zentralen Vermittlungsstelle der Generaldirektion von Jugendtourist.[356] Der Antrag wurde frühestens sechs Monate vor der Anreise bearbeitet und dem Antragsteller nach maximal vier Wochen eine schriftliche Entscheidung zugesandt. Danach war eine Bestätigung des Reservierungszeitraums durch den Antragsteller nötig, der dann den Beherbergungsvertrag von Jugendtourist und einen Vordruck zur Anmeldung und Leistungsbestellung erhielt. Diesen sandte er mindestens drei Wochen vor Reisebeginn an die Jugendherberge. Die Vermittlung von Zeltstellplätzen bei Jugendherbergen verlief identisch. Nur bei einem kurzfristigen Buchungswunsch konnten die Gäste persönlich beim Jugendtourist-Service der Generaldirektion in Berlin vorsprechen. Dieser vermittelte zwischen dem 15. und dem Ende eines jeden Monats Plätze für den übernächsten Monat. Wandte man sich an den Jugendtourist-Service im eigenen Bezirk, konnten vom achten bis 15. des Monats freie Plätze für den Folgemonat nur im eigenen Bezirk vergeben werden. Richteten die Antragsteller ihr Gesuch direkt an die Jugendherberge, wurden ab dem 20. des Monats die Restplätze für den Folgemonat verteilt.[357] Bei unangemeldeter Ankunft entschied der Leiter der Einrichtung unter Berücksichtigung der vorhandenen Kapazität, der Belegungsstruktur und anderer Kriterien über eine Aufnahme. Nach dem Vertragsabschluß war es dem Gast möglich, die Programmgestaltung und Verpflegung direkt mit der Jugendherberge zu vereinbaren.

Die Beantragung von Reisen, deren Veranstalter Jugendtourist war, erfolgte über einen Vormerkschein oder einen formlosen Antrag für organisierte

---

356 Vgl. dazu und im Folgenden: O.V., »Wie erfolgt die Antragstellung für einen Jugendherbergsaufenthalt?«, unpag.; Eckert, *Jugendherbergskarte*; Lübchen/Thiel, *Urlaub, Reisen, Camping*, S. 112–115; Biermann, »Ferien für ein Taschengeld«, S. 30.
357 Offensichtlich nutzten die Jugendherbergen auch die Presse, um kurzfristig Restplätze zu vergeben. – Vgl. o.V., »DJH – bei uns ist noch Platz«.

Inlands- und Auslandsreisen.³⁵⁸ Dieser war bei der Kreiskommission Jugendtourist oder bei einer Grundorganisation der FDJ innerhalb einer bestimmten Frist³⁵⁹ abzugeben. Jugendtourist war verpflichtet, die Anträge binnen vier Wochen nach Ablauf der Anmeldefrist zu beantworten und bei einer Absage möglichst ein oder mehrere Ausweichangebote zu unterbreiten. Für Auslandsreisen gab es bestimmte Auswahlkriterien, die zur Teilnehmerermittlung herangezogen wurden, da die Nachfrage das Angebot meist überstieg.³⁶⁰ Sie entsprachen weitgehend den Kriterien, die auch für die Vergabe von FDGB-Reisen angewandt wurden und bezogen sich auf die politische Einstellung, berufliche oder schulische Leistungen und die Aktivität in gesellschaftlichen Organisationen. Besondere Aufmerksamkeit wurde der Auswahl von Teilnehmern an Reisen in das nichtsozialistische Ausland entgegengebracht.³⁶¹

Kosten der Reisen

Die Preise für Jugendtourist-Reisen legte das Amt für Jugendfragen mittels Preiskarteikarten, die einer regelmäßigen Überprüfung unterzogen wurden, fest. Sie wurden durch die Jugendlichen selbst, den Staat und die FDJ finanziert. Während der Staat aus dem Gesamthaushalt über das Amt für Jugendfragen beim Ministerrat Mittel bereitstellte³⁶², flossen seitens der FDJ Gelder beispielsweise vom Konto Junger Sozialisten – Einzahlungen von Betrieben für Neuerungen durch junge Mitarbeiter – und aus Spenden für die antiim-

---

358 Vgl. dazu und im Folgenden: O.V., »Wie erfolgt die Antragstellung für einen Jugendherbergsaufenthalt?«, Umschlagseite; Biermann, »Ferien für ein Taschengeld«, S. 30. – Seit 1.1.1972 war die Anmeldung nur noch mit einheitlichen Vormerkkarten möglich. – Vgl. o.V., »Die Karten gibt es am Kiosk« (24.12.1971). Zu den Vormerkkarten vgl. »Es gab Karten, da konnte man sich anmelden wie im Reisebüro, das aber nur besetzt wurde – na ja – zwei, drei Mal in der Woche.« – *Interview Peter Schmidt*.
359 Die Termine waren der 15.3. für Reisen der achten Klasse anlässlich der Jugendweihe, der 30.6. für Schulabschlussreisen der zehnten oder zwölften Klassen, der 25.8. für Reisen zwischen Januar und März des Folgejahres sowie der 25.11. für Reisen zwischen April und Dezember des Folgejahres.
360 Vgl. dazu und im Folgenden: Friedrich-Ebert-Stiftung, *Urlaub und Tourismus* (1985), S. 31; Bundesministerium für innerdeutsche Beziehungen, *DDR-Handbuch (1)*, S. 383; ebd. *(2)*, S. 1362.
361 Vgl. Köhler, *Die Aufgaben einer Kreisdienststelle*, BArch DY24 12068, unpag. Sowie bibliographisch erfasst: Schüler, »Aktuelle Erfordernisse«, 21.1.2006, http://members.lycos.co.uk/htfinder/diplmfss.htm.
362 Es existiert kein fortlaufendes Zahlenmaterial zur Höhe der Subventionen. Brigitte Deja-Lölhöffel spricht für 1985 von 1,1 Milliarden Mark. – Vgl. Deja-Lölhöffel, *Freizeit in der DDR*, S. 54. Es ist anzunehmen, dass vergleichbar mit der Entwicklung beim FDGB-Feriendienst die Subventionen zu jedem Zeitpunkt der siebziger und achtziger Jahre hoch hielten, insbesondere aber ab Mitte der achtziger Jahre noch einmal stark stiegen.

perialistische Solidarität in das Jugendreisebüro.[363] So waren bereits die regulären Preise niedrig, mitreisende Kinder zahlten zudem lediglich den halben Preis.

Bei den Auslandsreisen ist zu berücksichtigen, dass im Reisepreis bereits das Taschengeld enthalten war und für kaum ein Land die Möglichkeit bestand, zusätzlich eigene Devisen zu erwerben. Einige Preisbeispiele aus dem Jahr 1984 verdeutlichen die Kostenstruktur für die Reiseteilnehmer[364]:

50 M	VRP, Bahnreise, Szczecin, 8 Tage
140 M	VRP, Bahnreise, Krakow, 7 Tage
40 M	ČSSR, Bahnreise, Prag, 4 Tage
133 M	ČSSR, Bahnreise, Hohe Tatra, 12 Tage
800 M	SRR, Flugreise, Saturn (Hotel), 15 Tage
980 M	SRR, Flugreise, Rundreise im Land, 15 Tage
520 M	VRB, Flugreise, Camping bei Kranero, 15 Tage
910 M	VRB, Flugreise, Primorsko (Hotel), 15 Tage
560 M	UdSSR, Flugreise, Sprachreise nach Kiew, Wolgograd und Moskau, 8 Tage
1.080 M	UdSSR, Flugreise, Sotschi, 15 Tage.

Die Preise für den Aufenthalt in Jugendherbergen und auf den angeschlossenen Zeltplätzen veränderten sich im Laufe der Jahre nicht[365] beziehungsweise nur über die Neueinstufung eines Betriebes in eine andere Kategorie durch Rekonstruktion und ähnliche Verbesserungsmaßnahmen. Die Preise waren nach Leistungsumfang und Personenkreis gestaffelt und insgesamt für DDR-Bürger sehr niedrig.[366] Stellvertretend äußerte sich Christa Moog zu allen Preisen für Jugendliche aus der DDR, die mit Jugendtourist unterwegs waren: »Geld, nein ganz bestimmt nicht, Geld hat nie eine Rolle gespielt.«[367]

Werbung für die Reiseleistungen von Jugendtourist

Auch wenn Vermarktung im Sinne westlicher Produktbewerbung aufgrund des beständigen Nachfrageüberhangs in der DDR unnötig war, veröffentlichte

---

363 Vgl. *Information über den Haushalt des Reisebüros der FDJ ›Jugendtourist‹ von der Generaldirektion ›Jugendtourist‹*, BArch DY24 11248, unpag.
364 Vgl. *Reiseangebot von Jugendtourist für den Sommer / Herbst 1984*. Privatbesitz Peter Schmidt. – Aus dem Material ist nicht zu entnehmen, ob das Taschengeld bereits enthalten war.
365 Vgl. Lübchen/Thiel, *Urlaub, Reisen, Camping*, S. 110.
366 Vgl. Preisstruktur für DDR-Bürger in Jugendherbergen der DDR im *Anhang 13*. Die Preise für ausländische Gäste sind in *Anhang 14* verzeichnet.
367 Moog, »Linda oder: Die Reise zurück«.

Jugendtourist Informations- und damit Werbematerial für seine Angebote. Dieses wandte sich einerseits an die Mitarbeiter[368], andererseits an die Kunden. Damit sollte eine Information über das Angebotsprofil erreicht, die Nachfrage entsprechend des vorhandenen Angebots gelenkt und die Motivation zur sinnvollen Betätigung während der Reisen gehoben werden. Dafür standen Buchprodukte[369], Zeitungen und Broschüren (Touristik-Mosaik, Reiseinformation des Reisebüros der FDJ Jugendtourist und *tour*[370]), Reiseprogramme[371], Aufkleber (Wassertouristik, Wandertouristik), Aushänge, Zeitschriftenartikel[372] und Pressemitteilungen – vor allem in den Zeitungen *Junge Generation, Junge Welt*[373], *Pionierleiter*[374] und der *Deutschen Lehrerzeitung* – zur Verfügung.

Spezialreisebüro Jugendtourist

Bereits 1977 sprach man beim ZAAT von einer Bewährung von Jugendtourist als Spezialreisebüro.[375] Dabei wurde darauf verwiesen, dass der Austausch junger Touristen erheblich angestiegen sei, die organisierte Jugendtouristik umfangreiche Reisemöglichkeiten für junge Arbeiter, Lehrlinge, Studenten und Schüler der oberen Klassen schaffe, ein vielseitigeres Leben der FDJ-Kollektive ermögliche und die materielle Basis der Jugendtouristik in Zusammenarbeit des Amtes für Jugendfragen beim Ministerrat der DDR und des Zentralrat der FDJ verbessert worden sei. Der Erfolg von Jugendtourist als Reiseanbieter

---

368 Reisebüro der FDJ ›Jugendtourist‹, *ABC des Reiseleiters*, verschiedene Jahrgänge, Privatbesitz Peter Schmidt; Reisebüro der FDJ ›Jugendtourist‹, *ABC des Reiseleiters (Sozialistisches Ausland)*, verschiedene Jahrgänge, Privatbesitz Peter Schmidt.
369 Vgl. *Verzeichnis der Jugendherbergen, Jugendtouristenhotels und Jugenderholungszentren der DDR*, 1971 / 1972 / 1973 / 1976 / 1980 (zum Teil geringfügig abweichende Titulierung).
370 Die Informationsbroschüre ›tour‹ wurde jährlich von der Generaldirektion des Reisebüros der FDJ ›Jugendtourist‹ herausgegeben und berichtete über Wanderrouten, Programmangebote, Einrichtungen der Jugendtouristik sowie die Bedingungen zum Erwerb des Touristenabzeichens. Ihr Preis sollte 1990 1,50 M betragen, auf älteren Exemplaren ist kein EVP angegeben. – Vgl. *Informationsbroschüre ›tour‹*, verschiedene Jahrgänge, BArch DL1 Bündel 12 (00012), unpag.
371 Vgl. *Reiseprogramm: 43) Exkursionsreise. 46) ›Meine Heimat – DDR‹ – Joachimsthal*. Privatbesitz Peter Schmidt.
372 Vgl. Knoll, »Freizeit-Palette: In Jugendherbergen« (35/1976). / Stötzner, »Angebote des Jugendreisebüros der DDR«, S. 56f.
373 *Touristik*. Junge Welt-Beilage. O.V., »DJH-Platzbestellung, gewusst wie und wann«. (19.4.1974), jährlich im Januar des Jahres erscheinend.
374 O.V., »Heute wollen wir das Ränzlein schnüren«.
375 Vgl. dazu und im Folgenden: *Schwerpunkte zur Information über die Entwicklung des Jugendtourismus*, BArch DL1 26580, unpag.

in der DDR lag also vor allem in der Erfüllung des sozialpolitischen Anspruchs, Hindernisse für die Teilnahme am Tourismus abzubauen.[376] Aus der internen Sicht von Jugendtourist, das als Unternehmen sowohl die Erfordernisse der politischen Zielvorgabe als auch die Bedürfnisse der Jugendlichen zu erfüllen hatte, war weiterhin die Genehmigung von sowohl für die Jugendlichen attraktiven als auch für die Verantwortlichen bei der FDJ zufriedenstellenden Reisevorhaben ein positives Ergebnis. Dies gelang für Auslandsreisen vermutlich einfacher als im Inland, resultierte doch die Anziehungskraft dieser Fahrten aus der grundsätzlichen Chance, einen Teil der Welt außerhalb der DDR kennen zu lernen. Unterstützt wurde dies dadurch, dass bestimmte Reiseziele oder -formen im individuellen Tourismus prinzipiell nicht erreichbar gewesen wären.[377]

Defizite von Jugendtourist

Trotz dieser als positiv einzuschätzenden Errungenschaften hatte auch Jugendtourist – wie andere Reiseanbieter in der DDR – mit umfangreichen, systembedingten Problemen zu kämpfen, insbesondere mit Finanzierungsschwierigkeiten und dem hohen Subventionsbedarf, Auslastungsschwierigkeiten im Jahresverlauf, einem angebotsbedingten ungünstigen Verhältnis von Angebot und Nachfrage für bestimmte Reisen, mit dem Ausstattungs- und Betreuungsniveau der Jugenderholungseinrichtungen und dem Missbrauch von Unterkunftskapazitäten. Diese Probleme werden auf den folgenden Seiten erläutert.

Erstens geriet Jugendtourist zunehmend in Finanzierungsschwierigkeiten und hatte einen hohen Subventionsbedarf. Bereits 1977 stellte Jugendtourist im internationalen Vergleich der Jugendreisebüros sozialistischer Länder zutreffend fest, dass beispielsweise in der ČSSR selbst beim Anbieter für Jugendreisen, CKM, der Primat der Ökonomie herrsche.[378] Dadurch sei es dort möglich, beispielsweise Preissteigerungen im Ausland – besonders der Länder, die auf eine westliche Touristenbasis verweisen könnten – an die Kunden des Jugendreisebüros weiterzugeben. Dies war in der DDR nicht möglich:

---

376 Vgl. »Die erheblichen finanziellen Mittel, die der sozialistische Staat im Sinne der Jugendförderung bereitstellt, ermöglichen ein großzügiges Reiseprogramm für alle Schichten der Jugend.« – *Auftrag des X. Parlaments der FDJ zur kontinuierlichen Erweiterung des Reiseprogramms*, ebd.
377 Vgl. Schmidt, *Der deutsche Jugendtourist*, S. 36.
378 Vgl. »›CKM‹ betrachtet sich als eine ›Zweckeinrichtung‹ des Jugendverbandes. […] Es erfolgt eine relativ strenge Trennung zwischen der politischen Zielstellung der Jugendtouristik für die Arbeit des Jugendverbandes und den ökonomischen Problemen, wobei die Ökonomie das Primat hat.« – *Standpunkt – Jugendreisebüro der DDR ›Jugendtourist‹*, BArch DY24 011974, unpag.

»[W]enn der ständigen Preisentwicklung Einhalt geboten werden soll, wären einschneidende Maßnahmen notwendig (d.h. die Reduzierung der Entsendung um 50 Prozent), um auf bulgarischer Seite entsprechende Reaktionen zu erzielen. Eine solche drastische Senkung der Reisen wäre naturgemäß mit einer Erhöhung des individuellen Tourismus verbunden. Die Valutaaufwendungen für die DDR würden dabei steigen.«[379]

Man behalf sich daher mit der Planung eigener Unterkunftskapazitäten zum Beispiel an der Schwarzmeerküste, konnte aber aufgrund des Zeit- und Geldbedarfs für die Realisierung solcher Vorhaben einen Anstieg der staatlichen Subventionen zunächst nicht verhindern.[380] Die zentrale Planung der einzukaufenden Reiseleistungen von ausländischen Partnerbüros und die daraus resultierende Unflexibilität, die Reisen kurzfristig der Nachfrage anzupassen, verursachte zudem umfangreiche finanzielle Sanktionen wegen der Nichteinhaltung von Verträgen. Zudem bedeuteten Umverlegungen einen hohen Arbeitsaufwand, musste doch der Jugendtourist-Kunde über das Alternativangebot informiert und zu diesem überzeugt werden.[381]

Bereits in der grundlegenden Arbeitsweise von Jugendtourist lagen die durch das Streben nach devisenlosem Urlauberaustausch bedingten Schwierigkeiten. Diese ergaben sich im Grundsatz aus der Unattraktivität des Reiseziels DDR.[382] Mit bescheidenem Erfolg wurden »seitens ›Jugendtourist‹ […] große Anstrengungen unternommen, die Aufnahme in der DDR ständig zu erhöhen.«[383] Zwischen 1976 und 1980 beispielsweise empfing Jugendtourist 21.084 Personen über die Partnerbüros Orbita und Pirin in der DDR, im gleichen Zeitraum reisten jedoch 147.687 Jugendliche über Jugendtourist in die VRB.[384] Die bulgarischen Partner waren aus diesem Grund nicht gewillt, weitere Kapazitätserweiterungen zu gewähren. Zudem waren sie am Ausbau der Kooperation wenig interessiert, bedeuteten westliche Touristen, für die die VRB ein beliebtes ›Billigreiseland‹ darstellte, eine verlockendere Einnahmequelle. Der valutalose Austausch konnte demnach nur einen geringen Teil des gesamten Auslandsreiseangebots abdecken (vor allem im Freundschaftszugverkehr und im Austausch mit dem NSW), die restlichen Reisen mussten entsprechend den

---

379 *Information zur Entwicklung des Jugendtourismus mit der VR Bulgarien*, BArch DY24 11248, unpag.
380 Vgl. »Die Schaffung von 1.000 Plätzen […] würde bei 9.000 Reiseteilnehmern im Jahr eine Einsparung von Unterkunftskosten […] von 2.750.000 Valuta-Mark und 1.000.000,- M für Teilnehmerpreise erbringen.« – *Vorschläge für die Entlastung des Staatshaushaltes*, BArch DY24 11248, unpag.
381 *Schwerpunkte zur Information über die Entwicklung des Jugendtourismus*, BArch DL1 26580, unpag.
382 Juventur beispielsweise bewarb Reisen in die DDR in seinen Katalogen untergeordnet gegenüber Reisen in das NSW und entsprach somit den Erwartungen seiner potenziellen Kunden. – Vgl. *Standpunkt – Jugendreisebüro der DDR ›Jugendtourist‹*, BArch DY24 011974, unpag.
383 *Information zur Entwicklung des Jugendtourismus mit der VR Bulgarien*, BArch DY24 11248, unpag.
384 Ebd.

finanziellen Möglichkeiten der DDR auf der Basis des Verrechnungsrubels[385] und auf Valutabasis realisiert werden. Dadurch entstanden hohe Negativsalden für die DDR.

Der insgesamt hohe Subventionsbedarf in in- und ausländischer Währung konnte selbst in den achtziger Jahren, als die katastrophalen Auswirkungen dieses ›Über-die-Verhältnisse-Lebens‹ bereits offensichtlich waren, kaum eingedämmt werden. Auch die Bemühungen um eine wirtschaftlichere Haushaltsführung zeigten nur geringe Erfolge.[386] Auf einschneidende und flächendeckende Preiserhöhungen beziehungsweise -anpassungen konnte man sich anscheinend nicht einigen. Zwar bemerkte Jugendtourist schon 1981:

»Wie bereits seit 1980 begonnen, könnte eine differenzierte, keine sprunghafte Erhöhung von Teilnehmerpreisen fortgesetzt werden. […] Dadurch würden vor allem zum Teil noch ungerechtfertigt niedrige Preise bei einigen attraktiven Urlaubsreisen, Reisen mit Touristenzügen u.a. stärker im Preis angehoben werden. So wachsen die staatlichen Stützungen in den kommenden Jahren wesentlich langsamer als gegenwärtig und langsamer als die tatsächlichen Preise im Ausland.«[387]

Doch in einem im November 1989 verfassten Brief von H. Stubenrauch aus Berlin zeigte sich: »Noch immer kostet die Übernachtung in einer Jugendherberge der DDR für Schüler 0,25 M und 1,00 M für Erwachsene […] Man müßte hier eine andere Preisordnung festlegen, um Subventionen zu sparen […].«[388]

Zweitens war Jugendtourist mit Auslastungsschwierigkeiten im Jahresverlauf konfrontiert, denn bedingt durch individuelle Vorlieben bezüglich der Reisezeit sowie Rahmenbedingungen der einheitlichen Feriengestaltung in der DDR konnte die Auslastung von Reisen in den Monaten Januar, März, September, November und Dezember nicht gewährleistet werden.[389] Das für 1983 belegte Beispiel hatte – wie beim Feriendienst des FDGB – in allen Bestandsjahren Gültigkeit. Weitere Kapazitäten wurden dadurch verschenkt, dass –

---

385 Vgl. »Der Außenhandel zwischen den Staaten des ehemaligen Rates für gegenseitige Wirtschaftshilfe […] wurde mangels frei konvertierbarer Währungen der Mitgliedstaaten und mangels Devisen seit den sechziger Jahren auf Basis des ›transferablen Rubels‹ – kurz: XTR, einer künstlichen Verrechnungseinheit – durchgeführt. Dieser Transferrubel stand im Verhältnis 1: 4,67 zur M/DDR.« – Renken/Jenke, »Wirtschaftskriminalität im Einigungsprozess«, 19.2.2006, http://www.bpb.de/publikationen/O0ICG9,3,0, Wirtschaftskriminalit%E4t_im_ Einigungsprozess.html. Ergänzend: Clement, *Funktionsprobleme der gemeinsamen Währung.*
386 Vgl. *Information über durchgeführte Finanzrevisionen in Einrichtungen des Jugenderholungswesens vom 10.6.1981*, BArch DY24 11248, unpag.
387 *Argumente gegen und für eine pauschale Preisentwicklung unserer ›Jugendtourist‹-Auslandsreisen*, BArch DY24 11248, unpag.
388 *Grundsatz Tourismus-Leitung 1987–1989*, BArch DL1 26577, unpag.
389 Vgl. Zentralrat der FDJ, *Haushaltsplan 1983*, S. 3.

verursacht durch die niedrigen Preise – angemeldete Gäste eine Absage bei Nichtantritt der Reise für überflüssig hielten oder sich bei Übernachtungswünschen in Jugendherbergen bei mehreren Unterkünften parallel anmeldeten.[390] Drittens stieß das Verhältnis von Angebot und Nachfrage auf Kritik, denn trotz der »positiven zahlenmäßigen Entwicklung kann den gewachsenen Wünschen der Jugend nach Reisen noch nicht voll Rechnung getragen werden«[391], hieß es 1977. Zwar ist das genaue, für Reiseziele, -zeiten und -formen aufgeschlüsselte Verhältnis von Angebot und Nachfrage bei Jugendtourist nicht ermittelbar, doch wird aus einzelnen Äußerungen klar, dass die Angebote von Jugendtourist nicht immer oder nicht in vollem Ausmaß den Interessen der Reiseteilnehmer entsprachen.[392] Ein in einer Retrospektivstudie Befragter gab 1989 beispielsweise zu einer Jugendtourist-Reise nach Österreich auf die Frage »Und hattest du dich bewußt für Österreich beworben?« an: »Nee, das war nicht … du konntest nicht entscheiden, in welches Land du kommst. Also ich hatte vorher ein Angebot Jugoslawien und konnte aber an mehreren Vorabsprachen, also diesen Vorsitzungen nicht teilnehmen und bin deshalb aus dieser Reisegruppe rausgeflogen, und dann haben sie mir Österreich angeboten … Also konntest du nicht aussuchen, welches Land. Konntest zwar ungefähr das Wunschland angeben, aber das ist fast nie eingehalten worden.«[393] Zum Teil muss zudem berücksichtigt werden, dass Wünsche nach individueller Urlaubsgestaltung teilweise von Jugendtourist gar nicht erfüllbar waren, sie widersprachen dem Bildungs- und Erziehungsauftrag des Veranstalters. In solchen Fällen mussten die Jugendlichen andere Formen der Urlaubsgestaltung erwägen.[394]

Wie auch beim FDGB wurde, viertens, das Ausstattungs- und Betreuungsniveau der Jugenderholungseinrichtungen kritisiert. Das Niveau des Reiseangebots beziehungsweise die (Un-)Zufriedenheit der Reiseteilnehmer mit den offerierten Leistungen wird deutlich, wenn Eingaben sowie zusammenfassenden Auswertungen der Beschwerden und Mängel in den zentralen Abteilungen von Jugendtourist betrachtet werden. Obwohl Eingaben lediglich eine Möglichkeit der Meinungsäußerung und nicht zwangsläufig einen Anspruch

---

390 Vgl. »Schwierigkeiten bereiten zur Zeit noch die häufigen doppelten und sogar dreifachen Anträge mancher Gruppen.« – Barthel, »Damit die Ferienplätze gut genutzt werden« (13.12. 1974). »Im vorigen Jahr gingen 200.000 Übernachtungen dadurch verloren, dass keine rechtzeitige Absage […] erfolgte […]« – Rumpelt, »Müllers Lust und Leid«.
391 *Schwerpunkte zur Information über die Entwicklung des Jugendtourismus*, BArch DL1 26580, unpag.
392 Vgl. Fuhrmann, »Der Urlaub der DDR-Bürger«, S. 41.
393 Zitation einer Lebensstil-Untersuchung zu Reisestilen, 1989, befragter Proband Ende 20, Arbeit als Leiter eines Jugendclubs. – Irmscher, *Freizeitleben,* S. 369.
394 Vgl. Schmidt, *Reiseabsichten von DDR-Jugendlichen;* ders., *Der deutsche Jugend-Tourist.*

auf Abschaffung des Mangels darstellten, so war man sich bei der FDJ doch der Brisanz solcher Äußerungen bewusst. Egon Krenz formulierte daher auf der Touristikkonferenz der Freien Deutschen Jugend und des Amtes für Jugendfragen beim Ministerrat der DDR 1980:

»Wenn sich auch die Zahl der Eingaben im Verhältnis zur Gesamtzahl der Teilnehmer am Reiseprogramm von ›Jugendtourist‹ gering ausnimmt, so ist doch jede Eingabe, die uns erreicht, eine zuviel. Entschiedener sollten wir deshalb auch denjenigen entgegentreten, die zuweilen denken, daß ja die Jugendlichen ›Jugendtourist‹ brauchen und nicht ›Jugendtourist‹ die Jugendlichen. Vertrauen der Jugend erwirbt man auf die Dauer nur durch gediegene Arbeit.«[395]

Und Jugendtourist merkt über seine Vertragspartner kritisch an: »Das Ausstattungs- und Betreuungsniveau in den Jugenderholungseinrichtungen ist nach wie vor sehr unterschiedlich. Die richtige Differenzierung der mit dem Plan bereitgestellten materiellen und finanziellen Fonds wird vom Amt für Jugendfragen und den örtlichen Fachorganen noch nicht voll beherrscht.«[396] Auch der Missbrauch beziehungsweise das Horten von Ausstattungsmerkmalen wird immer wieder negativ hervorgehoben, so zum Beispiel bezüglich des Jugendtouristenhotels Oberwiesenthal. Es »[…] erhielt 1981 vom Amt für Jugendfragen zwei Stereo-Tonbandgeräte, obwohl die vorhandenen 13 Geräte den Bedarf voll abdecken.«[397]

Fünftens wurde beanstandet, dass – wie auch in anderen Bereichen des Lebens in der DDR – persönliche Beziehungen, ›Vitamin B‹, und eine gehobene Stellung zu missbräuchlicher Inspruchnahme von Leistungen führten. Die Finanzrevision von Jugendtourist stellt dazu fest: »In zahlreichen Jugenderholungseinrichtungen werden Teilkapazitäten, die zum Teil komfortabel ausgestattet wurden, für Urlaubszwecke von Mitarbeitern der Fachorgane der örtlichen Räte und von anderen Organen genutzt. Die dazu erforderlichen Genehmigungen durch den Leiter des Amtes für Jugendfragen […] konnten nicht vorgelegt werden.«[398] Aus den Unterlagen sind allerdings keine konkreten Konsequenzen für den unrechtmäßigen Nutznießer erkenntlich. Es wird lediglich von einem generell zu behebenden Mangel gesprochen. Dies deutet darauf hin, dass es sich hier nicht um einen Einzelfall, sondern um eine häufige Praxis

---

395 Krenz, *Schlusswort auf der Touristikkonferenz der Freien Deutschen Jugend und des Amtes für Jugendfragen beim Ministerrat der DDR*. Beigefügt zu: Eichler, *Die Aufgaben der Freien Deutschen Jugend*, S. 9f.
396 *Information über durchgeführte Finanzrevisionen in Einrichtungen des Jugenderholungswesens vom 10.6.1981*, BArch DY24 11248, unpag.
397 Ebd.
398 Ebd.

handelt, die durch neben- und übergeordnete Verwaltungsbereiche eine gewisse Deckung erfährt.

Schließlich hatte sich Jugendtourist auch mit einem im Rahmen der institutionellen Möglichkeiten nicht zu erfüllenden Interesse der Jugendlichen auseinanderzusetzen. Im Wunsch nach uneingeschränkter Reisefreiheit unterstand Jugendtourist den politischen Zwängen des Staates.

Der kurzfristige Fortbestand von ›Jugendtourist‹ nach den Ereignissen vom November 1989 begann mit der Gründung von ›Jugendtourist‹ als Rechtsnachfolger des Reisebüros der FDJ ›Jugendtourist‹ und beruhte auf einem neu verfassten Statut. Aus der Prof. Dr. Bruno Benthien, dem damaligen Minister für Tourismus, vorgelegten *Entwicklungskonzeption für den Jugendtourismus unter marktwirtschaftlichen Bedingungen* sind sowohl Mängel der bisherigen Leistungserbringung als auch Erfordernisse einer marktwirtschaftlich orientierten Unternehmensführung des Reisebüros ersichtlich.[399]

IV.5 Reiseangebote anderer gesellschaftlicher Institutionen

Neben den in diesem Kapitel bisher untersuchten wichtigsten Anbietern von Urlaubsreisen für Bürger der DDR nutzten auch andere gesellschaftliche Organisationen und Institutionen die Möglichkeit, die positive Wahrnehmung eines Reiseangebotes für sich zu nutzen.[400] Dies waren beispielsweise – einschließlich der jeweiligen untergeordneten Einheiten – der Kulturbund der DDR (KB), der Deutsche Turn- und Sportbund (DTSB), die Gesellschaft für Deutsch-Sowjetische Freundschaft (DSF), die Gesellschaft für Sport und Technik (GST), der Verband der Kleingärtner, Siedler und Kleintierzüchter sowie bis zur Übernahme durch Jugendtourist 1975 das Komitee für Touristik und Wandern.

Die genannten Organisationen verstanden sich ihrem Auftrag nach politisch, wurden aber von den Bürgern weitgehend unpolitisch genutzt.[401] Da beispielsweise Vereinsgründungen verboten waren und »Lobbyverbände zur Vermittlung kollektiver Interessen […] einer Zentralverwaltungswirtschaft […]

---

399 Vgl. *Entwicklungskonzeption für den Jugendtourismus unter marktwirtschaftlichen Bedingungen*, BArch DL1 Karton (Bündel) 23, darunter: ehemals Bündel 21, unpag.
400 Vgl. zu weiteren Anbietern die Auflistung bei: Handloik, »Komm mit, wir zelten«, S. 128; Selbach, »Reise nach Plan«, S. 73; Deja-Lölhöffel, *Freizeit in der DDR*, S. 57.
401 Vgl. ebd., S. 57f.

systemfremd«[402] sind, wurden viele Bürger Mitglied einer oder mehrerer dieser Verbände, um die entstehenden Vorteile zu nutzen.

Kulturbund der DDR

Der Kulturbund der DDR[403] bot in dieser Hinsicht die Möglichkeit, kreativen Hobbies nachzugehen. Auf oberer administrativer Ebene von geringer Bedeutung, gab es im Kulturbund auf mittlerer und unterer Arbeitsebene viele engagierte Mitarbeiter, »die aus kulturellem Engagement regionale und lokale Traditionen am Leben erhielten und auch die Entwicklung kultureller Neuerungen förderten.«[404] Im touristischen Bereich betätigten sich bis 1980 vor allem die Natur- und Heimatfreunde im Rahmen von circa 1.600 Hobbygruppen und Arbeitsgemeinschaften[405], die unter den organisatorischen Rahmenbedingungen – Raumnutzung, Publikationsmöglichkeiten et cetera – des KB wirkten. Am 13.12.1980 wurden sie zur Gesellschaft für Natur und Umwelt (GNU) zusammengefasst.[406] In ihr arbeitete unter anderem der Fachausschuss für Wandern und Touristik, zum Teil auch als Touristiksektion des Kulturbundes[407] bezeichnet. Dieser widmete sich beispielsweise der Anlage von Naturlehrpfaden[408], der Markierung von Wanderwegen[409] sowie allgemeinen Fragen des Landschafts- und Naturschutzes. Mitglieder des Kulturbundes konnten sich zudem für die Vergabe eines Ferienplatzes bewerben, der direkt dem Kulturbund gehörte. Dies galt an erster Stelle für »aktiv tätige Mitglieder der Ortsgruppen«, aber »vor allem, wenn es sich zeigt, daß noch ausreichend Plätze zur Verfügung stehen, sind wir [Kulturbund, H.W.] bereit, auch Anträge von Freunden von Bundesfreunden entgegen zu nehmen.«[410]

---

402 Bähre, *Nationale Tourismuspolitik in der Systemtransformation (1)*, S. 225f.
403 Vgl., soweit nicht anders vermerkt, zur Geschichte, Funktion und Wirkung des Kulturbundes der DDR: Herbst/Ranke/Winkler, *So funktionierte die DDR (1)*, S. 539–551. Vgl. weiterführend zur Geschichte des Kulturbundes der DDR in den siebziger Jahren: Meier, *Der Kulturbund*.
404 Herbst/Ranke/Winkler, *So funktionierte die DDR (1)*, S. 545.
405 Zahlenangabe von 1980 – Vgl. ebd.
406 Vgl. zur Geschichte der GNU: Behrens, *Wurzeln der Umweltbewegung*.
407 Vgl. Spode, »Tourismus in der Gesellschaft der DDR«, S. 19.
408 Vgl. zum Lehrpfad durch die Naturschutzgebiete Hullerbusch und Hauptmannsberg: Rathsack, »Wanderung durch den Hullerbusch« (14.4.1987).
409 Vgl. zum Internationalen Bergwanderweg der Freundschaft: O.V., »Tausende halfen«, (31.5.1983).
410 Aus einem *Brief des Bundessekretariats des Kulturbundes der DDR an die Vorsitzenden der Ortsgruppen des Kulturbundes vom 5.12.1986*, S. 253f.

Deutscher Turn- und Sportbund

Die Bedeutung des Deutschen Turn- und Sportbundes[411] ergab sich vor allem aus dem staatspolitischen Interesse für den Breitensport. Die Bürger nahmen dieses Angebot gern an. So betätigten sich 1971 etwa 2,2 Millionen Mitglieder in den den Fachverbänden unterstellten Sportgemeinschaften der Dachorganisation DTSB, 1989 waren es bereits 3,7 Millionen. In touristischer Hinsicht wurde Wasserwandersport (Deutscher Kanu-Sport-Verband der DDR, DKSV, Deutscher Ruder-Sport-Verband der DDR, DRSV, Bund Deutscher Segler der DDR, BDS), Radwandersport [412] (Deutscher Radsportverband der DDR, DRSV), Motortouristik [413] (Allgemeiner Deutscher Motorsportverband der DDR, ADMV[414]) und Wander- / Klettersport (Deutscher Verband für Wandern, Bergsteigen und Orientierungslauf der DDR, DWBO) angeboten.

Letzterer[415] wurde als Sportverband im Deutschen Turn- und Sportbund 1958 gegründet und organisierte 1970 etwa 25.000 Touristen (6.910 bis 18 Jahre, 3.118 bis 14 Jahre, 186 unter 6 Jahre) in 500 Sektionen, darunter etwa 3.220 aktive Bergsteiger[416]. Bis 1984 stieg die Mitgliederzahl auf 67.238 an.[417] Zu den Zielen hieß es:

»Die Wandergruppen treffen sich ein- bis zweimal monatlich. Sie legen das Programm und die Wanderziele für die nächsten Wochen und Monate fest. Es werden Halbtags-, Ganztags- und Mehrtagewanderungen unternommen. Es gibt aber auch eine Reihe von Auslandstouren für die Wanderer unseres Verbandes. So gibt es durch die guten Beziehungen zu Touristenverbänden in unseren sozialistischen Ländern auch Verbindungen zu ausländischen Wander-

---

411 Vgl. soweit nicht anders vermerkt zur Geschichte, Funktion und Wirkung des Deutschen Turn- und Sportbundes: Herbst/Ranke/Winkler, *So funktionierte die DDR (1)*, S. 234–243. Vgl. weiterführend zeitgenössisch zur Funktionsweise und Struktur des DTSB: Witt, *Geistig-kulturelles Leben im DTSB*; Meyer, *Zur Massenwirksamkeit der Sportgemeinschaften*.
412 Vgl. Kassel, »Touristik in der DDR«, S. 1001.
413 Der ADMV ermöglichte auch den Erwerb von Kilometerabzeichen und führte Such- und Sternfahrten durch. – Vgl. ebd.
414 Im ADMV organisierten sich unter anderem die Dachzelter. – »Organisiert hat das Treffen [der Dachzelter, H.W.] der Motorsportklub Tourist/Dachzelte Markkleeberg im ADMV der DDR. Es ist der einzige Klub dieser Art in unserer Republik. Vor zwei Jahren wurde er gegründet. […] Doch nicht allein Dachzelter gehören dem Klub an. Die Sektion Motorisierter Zweiradsport steht besonders jungen Leuten offen, die sich sowohl für das Motorradfahren als auch für Camping interessieren.« – Wirth, »Zelten auf dem Autodach« (6.5.1988).
415 Vgl., soweit nicht anders vermerkt, zur Geschichte, Funktion und Wirkung des Deutschen Verbandes für Wandern, Bergsteigen und Orientierungslauf: Herbst/Ranke/Winkler, *So funktionierte die DDR (1)*, S. 243. Vgl. weiterführend zeitgenössisch zur Geschichte und Struktur des DWBO: Bagger, *Zeittafel zur Geschichte des DWBO*. Vgl. das Interview der Jungen Welt mit Horst Stubenrauch, Mitglied des Büros des Präsidiums des DWBO: Schadewald, »Auch für Touristen ein Sportverband« (19.4.1974).
416 Vgl. Kassel, »Touristik in der DDR«, S. 1000.
417 Vgl. Herbst/Ranke/Winkler, *So funktionierte die DDR (1)*, S. 243.

gruppen, speziell in der VR Polen und der ČSSR, und es wird ein reger Austausch gepflegt.«[418]

An seinen Aktivitäten konnten jedoch nicht nur Mitglieder teilnehmen, sondern es wurden auch öffentliche Wanderungen für Einzelpersonen, Familien und Brigaden sowie ein umfangreiches Beratungsprogramm in den Sprechstunden der Fachkommissionen angeboten.[419] Angebote im Bereich Alpinistik[420] und Orientierungslauf hingegen erforderten aufgrund der notwendigen Qualifizierung eine Mitgliedschaft. Der DWBO fungierte zudem als Herausgeber einiger relevanter Publikationen[421], besonders des Monatsblattes für Wandern und Bergsteigen, *Der Tourist*.[422]

Gesellschaft für Deutsch-Sowjetische Freundschaft

Der Gesellschaft für Deutsch-Sowjetische Freundschaft gehörten die meisten Werktätigen an.[423] Der Eintritt erfolgte meist routinemäßig, eine »sichtbare Rolle im täglichen Leben der Bevölkerung spielt die DSF«[424] jedoch nicht. Im Rahmen der Gesellschaft wurden in den sogenannten DSF-Häusern zahlreiche Veranstaltungen durchgeführt, die die freundschaftliche Verbindung zur UdSSR unterstützen sollten. Dazu gehörten Vorträge über das Land, Erlebnisberichte, Dia-Vorträge über Reisen in die Sowjetunion. Die Mitgliedschaft ermöglichte auch die Teilnahme an Urlaubsreisen in die Sowjetunion.[425] In der

---

418 Schadewald, »Auch für Touristen ein Sportverband« (19.4.1974).
419 Vgl. *Kolumne ›Unterwegs‹* (27/1976).
420 Trotz dieser Notwendigkeit der Einbindung im Verband gab es stets mehr Interessenten als Plätze für die Angebote zum Bergsteigen, insbesondere im Ausland. – Vgl. dazu: Jung, »Kaukasus-Abenteuer« (52/1977).
421 Vgl. beispielsweise: Franke, *Bibliographie touristischer Publikationen*.
422 Vgl. Deutscher Verband für Wandern, Bergsteigen und Orientierungslauf der DDR, *Der Tourist*. – Beispielhafter Themenüberblick der Ausgabe 11+12/1989: Verbandstreffen des DWBO / Schwerpunkt: Alpinistik / Techniken der Selbst- und Kameradenhilfe / Medizinische Erfahrungen bei Hochgebirgsexpeditionen / Aus Fahrtenbüchern des Sommers 89 (Tienschan, Kaukasus, Alai) / DDR-Bestenermittlung im Kinder- und Jugendbergsteigen / Publikationsauswahl / 20 Jahre Loh-Hütte Raun im Vogtland / Neue Wander- und Kletterwege.
423 1989 hatte die DSF 6,3 Millionen Mitglieder. – Vgl. dazu und soweit nicht anders vermerkt zur Geschichte, Funktion und Wirkung der DSF: Herbst/Ranke/Winkler, *So funktionierte die DDR (1)*, S. 335. Vgl. weiterführend zur Geschichte der DSF: Dralle, *Von der Sowjetunion lernen*.
424 Deja-Lölhöffel, *Freizeit in der DDR*, S. 93.
425 Dazu liegt kein Zahlenmaterial vor, es muss jedoch davon ausgegangen werden, dass es sich um eine geringe Anzahl Reisen handelt, sodass dieser Vorzug als ein nur teilweise in der Realität erfüllbarer erscheint. Es handelte sich bei diesen Reisen um Delegationsreisen, Freundschaftszugreisen, Studentenaustausch und in geringem Maße auch Reisegruppenfahrten. –

Transformationszeit 1989/1990 bemühte sich die DSF um die Intensivierung der Kontakte zur Generaldirektion des Reisebüros der DDR und den Vertretungen von ›Intourist‹ und diskutierte dort »ein mögliches eigenständiges Engagement der Freundschaftsgesellschaft im touristischen Bereich«[426]. Dieses wurde jedoch angesichts der politischen Ereignisse nicht mehr umgesetzt.

Gesellschaft für Sport und Technik

In der Gesellschaft für Sport und Technik[427] fanden sich vor allem sportlich und technisch Interessierte zusammen. Zwar hatte die GST besondere Aufgaben im wehrsportlichen und vormilitärischen Bereich[428], doch ihre Attraktivität – besonders bei Jugendlichen – bezog sie aus dem Reiz des Abenteuers bei diesen Übungen, der Möglichkeit, kostenlos und ohne lange Wartezeiten eine Fahrerlaubnis, Segel- und Flugscheine zu erwerben. In touristischer Hinsicht bot die GST ab 1987 Motorradtouristik im Rahmen des Motorsportverbandes der GST (MOSV) sowie Seesporttouristik im Seesportverband der DDR (SSV) an.[429]

Verband der Kleingärtner, Siedler und Kleintierzüchter

Das Grundanliegen des 1959 gegründeten Verbandes der Kleingärtner, Siedler und Kleintierzüchter[430] war es, »ein Freizeitverhalten zum Nutzen von Erholung und Gesundheit der Bürger zu fördern«[431]. Dazu war die Organisation – mit etwa 1,14 Millionen Mitgliedern 1987[432] – in regionale Grundeinheiten und

---

Vgl. dazu auch Kuhn, »Wer mit der Sowjetunion verbunden ist«, 20.10.2005, http://bibserv7.bib.uni-mannheim.de/madoc/volltexte/2003/64/pdf/ DSF.PDF, S. 33, S. 36, S. 332.
426 Ebd., S. 260.
427 Vgl. soweit nicht anders vermerkt zur Geschichte, Funktion und Wirkung der Gesellschaft für Sport und Technik: Herbst/Ranke/Winkler, *So funktionierte die DDR (1)*, S. 244–252. Vgl. weiterführend zeitgenössisch zur Geschichte der GST: Eltze, *Chronik zur Geschichte der Gesellschaft für Sport und Technik*. Vgl. weiterführend die Studien: Heider, *Die Gesellschaft für Sport und Technik*. Sowie Berger, *Frust und Freude*. (Dazu: Schultze, *Rezension*, 22.05.2003, http://hsozkult.geschichte.hu-berlin.de/rezensionen/2003-2-108.)
428 Auf die Arbeitsweise der GST nahm das Ministerium für Nationale Verteidigung direkt Einfluss. – Vgl. Herbst/Ranke/Winkler, *So funktionierte die DDR (1)*, S. 347.
429 Vgl. ebd., S. 351.
430 Vgl. soweit nicht anders vermerkt zur Geschichte, Funktion und Wirkung des Verbandes der Kleingärtner, Siedler und Kleintierzüchter: Herbst/Ranke/Winkler, *So funktionierte die DDR (2)*, S. 1104–1107. Vgl. weiterführend die Geschichte des VKSK: Katsch/Katsch, *Das Kleingartenwesen*.
431 Herbst/Ranke/Winkler, *So funktionierte die DDR (2)*, S. 1105.
432 Vgl. Zentralverwaltung für Statistik, *Statistisches Jahrbuch der DDR, 1988*, S. 414.

Fachsparten untergliedert. Seit 1982 gab es darunter die Sparte für gärtnerisch kaum engagierte Wochenendsiedler, sogenannte Datschen-Besitzer, die oftmals auch ihren Urlaub an diesem zweiten Wohnsitz verbrachten.[433]

Komitee für Touristik und Wandern

Schließlich existierte zwischen 1956 und 1974 ein Komitee für Touristik und Wandern[434], dessen Aufgaben ab 1975 dem neu gegründeten Jugendreisebüro Jugendtourist zufielen. Seine Arbeit umfasste bis zu diesem Zeitpunkt vor allem die Organisation und Vermittlung von Erholungsreisen, Wanderfahrten und Ferienlagern im Inland. Das KTW gab zwischen 1957 und 1962 das Magazin *Unterwegs*[435] und zwischen 1964 und 1974 das Mitteilungsblatt *Touristik-Information*[436] heraus.

Weitere Reiseveranstalter

Unabhängig von dieser Tätigkeit als touristischer Leistungserbringer für ihre Mitglieder fungierten die genannten Organisationen sowie – um nur die zahlenmäßig bedeutenderen zu nennen – die Vereinigung der gegenseitigen Bauernhilfe[437], die Volkssolidarität[438], die Kirchen, die Parteien, das Deutsche Rote Kreuz oder die Nationale Volksarmee in ihrer Eigenschaft als Arbeitgeber für ihre Beschäftigten als betrieblicher Urlaubsanbieter. Über die besonderen Vorteile in den Objekten der NVA, aber auch das Unbehagen gegenüber anderen DDR-Bürgern, die keine entsprechenden Möglichkeiten hatten, schrieb rückblickend Horst Zimmermann:

---

433 Vgl. Kapitel V.7.
434 Vgl. soweit nicht anders vermerkt zur Geschichte, Funktion und Wirkung des Komitees für Touristik und Wandern: Herbst/Ranke/Winkler, *So funktionierte die DDR (1)*, S. 521f.
435 Komitee für Touristik und Wandern, *Unterwegs*. Vgl. Görlich, »Zur Reisezeitschrift ›Unterwegs‹ 1957-1962«.
436 Komitee für Touristik und Wandern, *Touristik-Information*.
437 Vgl. beispielsweise:»Das renommierte Ringberg Resort Hotel in Suhl hat neue Besitzer. [...] Mit einem Sanierungskonzept wurde das 700-Betten-Haus als Urlauber-, Familien-und Tagungshotel neu profiliert. [...] 1979 war das heutige Hotel über der Stadt Suhl als Ferienheim der Vereinigung der gegenseitigen Bauernhilfe der DDR eröffnet worden. Anfang der 90er Jahre wurde es von einer privaten Investorengruppe übernommen. Nach deren Pleite 1997 wurde das Haus unter Zwangsverwaltung gestellt und jetzt zwangsversteigert.« – O.V., »Ringberghotel Suhl hat neue Besitzer« (18.4.2002).
438 Das noch heute als Seniorenreiseveranstalter tätige Unternehmen ›Monorama‹ kooperierte für die speziellen Ansprüche älterer Menschen in der DDR mit dem Reisebüro der DDR. – Vgl. Pötzl,»Ein Kind der DDR« (3.7.2000).

»Im Ministerium für Nationale Verteidigung in Strausberg gab es die Abteilung Militärerholungswesen, mit der ich in den achtziger Jahren eng zusammenarbeitete. Manchmal wurde ein Armeeangehöriger krank und gab seinen Ferienplatz kurzfristig zurück. In den Winterferien hatten wir häufig Glück und erhielten solch einen Ferienplatz. Gern erinnere ich mich an die Urlaubsreisen in diese NVA-Ferienheime, manchmal auch während Weihnachten und Neujahr. In einigen Heimen waren bestimmte Appartements für hohe Offiziere und Generäle reserviert. Diese komfortabler ausgestatteten Appartements wurden für leitende Generäle mit besonderen Fernsehgeräten für den Empfang der Westsender ausgestattet. Für diese Gäste wurden auch abgeschlossene Speisesäle eingerichtet, dort gab es zwar grundsätzlich das gleiche Essen wie für alle, allerdings zusätzlich Delikatessen der Sonderversorgung. Ein Ärgernis war das Bier, während es für diese Gäste ›Radeberger‹ oder ein anderes gutes Bier gab, mussten die gewöhnlichen Armeeangehörigen mit dem ortsüblichen Gebräu schlechter Qualität vorlieb nehmen. Seit meiner Beförderung zum Oberst durfte meine Familie auch einige Male in einem solchen Appartement Urlaub machen, natürlich ohne ›Westfernseher‹. Ein bisschen ein schlechtes Gewissen gegenüber den anderen Urlaubern hatten wir schon. Wenn es ging, luden wir andere Bekannte aus dem Heim in unser Zimmer zum Bier ein.«[439]

Als ›betrieblicher‹ Anbieter traten zudem die zentralen und örtlichen staatlichen Organe auf. Der Ministerrat beispielsweise verfügte zum einen über einige Gästehäuser, die jedoch nicht urlaubstouristisch genutzt wurden.[440] Zum anderen wurden zur Nutzung als Ferienquartiere bis 1968 zehn Gästeheime mit 480 Betten[441] geschaffen. Sie wurden zwischen 1985 und 1988 zu durchschnittlich 70 bis 75 Prozent ausgelastet. Der Ministerrat verfügte seit dem 3.4.1958 über einen eigenen Feriendienst für leitende Staatsfunktionäre der DDR. Dieser war für die Urlaubsgestaltung der Funktionäre sowie den Urlauberaustausch zwischen dem Ministerrat und den Regierungen sozialistischer Staaten zuständig. Versorgt wurden

»leitende Kader des Ministerrates bis zur Ebene der Abteilungsleiter, der Ministerien, Mitglieder des ZK der SED, des Sekretariates der Volkskammer, Mitglieder des Staatsrates, die Vorsitzenden der Räte der Bezirke, die Vorsitzenden der Räte der Kreise, die Vorsitzenden und Stellvertreter der anderen Parteien sowie des Nationalrates der Nationalen Front, Leiter, Mitarbeiter und Veteranen des Apparates des Ministerrates und bei entsprechenden Mög-

---

439 Zimmermann, »Mit Tricks und Glück nach Sotschi und zurück«, 12.1.2005, http://www.mdr.de/damals-in-der-ddr/ihre-geschichte/1722407.html.
440 Vgl. dazu und im Folgenden: *6. Sitzung des Ministerrates vom 14.12.1989. Beschluß zur Information über die Ferienheime und die Gästehäuser des Ministerrates der DDR vom 14.12.1989*, BArch DC20 I/3-2879, S. 225–230.
441 Die Ferienheime befanden sich in Gohrisch (Sächsische Schweiz), Leutenberg (Thüringer Schiefergebirge), Tabarz (Thüringer Wald), Lindow (Ruppiner Land), Bansin/Heringsdorf (Ostsee), Insel Vilm (Ostsee), Birkenwerder (Berliner Umland), Zernsdorf (Berliner Umland), Dierhagen (Ostsee) und in Oberhof (Thüringer Wald).

lichkeiten Leiter und Mitarbeiter der nachgeordneten Betriebe und Einrichtungen des Ministerrates.«[442]

In den Ferienheimen arbeiteten 480 Mitarbeiter. Durch staatliche Subventionen lagen die Aufenthaltskosten pro Person und Tag bei lediglich neun bis zehn Mark. Zusätzlich zur Funktion als Urlauberunterkünfte wurden die Heime für Heil- und Prophylaxekuren für Patienten des Regierungskrankenhauses und der poliklinischen Sonderabteilung des Ministerrates genutzt. Zum Bestand des Feriendienstes des Ministerrates gehörten schließlich noch einige Schiffe, so die Hochseejacht ›Ostseeland‹ zur Nutzung auf den Ostseegewässern und die Motorschiffe ›Köbis‹ und ›Salut‹ für die Berliner Gewässer.

Auch örtliche Staatsorgane unterhielten eigene Ferienobjekte, zum Beispiel der Magistrat von Berlin, welcher über das Schloss Garzau östlich von Berlin verfügte. Da das Schloss noch keiner anderweitigen Nutzung zugeführt ist und der damalige Heizer und Gärtner das Anwesen pflegt, sind durch ein Interview einige Einblicke in die Besonderheiten eines solchen Objektes möglich geworden.[443] So wurde berichtet: Das Schulungs- und Ferienheim des Magistrats sei bis 1989 »in der Ferienzeit nur durch Feriengäste«[444] genutzt worden, dann hätten »auch hier keine Tagungen stattgefunden. Pro Tag hatten wir ca. 120–140 Gäste hier. Und die Spitze war dann meistens Silvester mit 180 Personen.« Alle Angestellten des Berliner Magistrats seien berechtigt gewesen, sich um einen Urlaubsplatz in Garzau zu bewerben. »Familien mit drei, vier Kindern – das wurde immer möglich gemacht.« Unangemeldet sei jedoch niemand aufgenommen worden: »So was war ausgeschlossen. Sie mussten sich immer an den Magistrat wenden, von dort gingen alle Zuteilungen aus.« Einmal angekommen, habe die Urlauber ein für DDR-Verhältnisse gehobener Standard erwartet: »Wir hatten hier alles. Wir waren Selbstversorger. Wir hatten unsere eigene Gärtnerei, Fahrradverleihstation usw. Heute würde man sagen ›all-inclusive‹, die Urlauber wurden rundum betreut.« Aber »selbst wir hatten nicht den Vorzug über genug Heizmittel zu verfügen.«

---

442 Ebd., S. 227, dokumentinterne Zählung S. 4.
443 Geschichte des Schlosses Garzau und Kenntnis eines dort ehemals beschäftigten Zeitzeugen über den folgenden Artikel: Gößmann, »Edgar allein im Schloss Garzau« (7.2.2003).
444 Dazu und im Folgenden: *Interview Edgar Keller.*

V Weitere (Teil-)Leistungsanbieter

V.1 Camping

Als Camping bezeichnet man »ein zum Zweck der Erholung im Freien geführtes Leben (Urlaub und Naherholung) mit zeitweiligem Aufenthalt in einer transportablen Unterkunft (Zelt, Wohnwagen, Reisemobil)«[1] und damit sowohl eine mobile Freizeitwohnform – unter anderem im Bereich der Naherholung – als auch eine bestimmte Urlaubsreiseform.
In der DDR war es seit dem Ende der fünfziger Jahre wieder vermehrt möglich geworden zu reisen.[2] Da es im Inland nicht genug alternative Reiseangebote gab, entwickelte sich parallel zum gesamten Erholungswesen auch die Campingbewegung stärker.[3] Dabei war diese Urlaubsform in der DDR-Führung zunächst umstritten, sah man doch Gefahren einer kleinbürgerlich-kapitalistischen Individualisierung.[4] Da jedoch nur unzureichend andere Angebote verfügbar waren, begann man nichtsdestoweniger ab 1956, das Camping zu fördern.[5] Die Zeltplatzkapazitäten wurden stark ausgebaut[6] und das Angebot an Ausrüstungsgegenständen quantitativ und qualitativ verbessert.[7] In

---

1 Definition des Deutschen Fremdenverkehrsverbandes von 1985. Zitiert bei: Haas, »Campingurlaub«, S. 363.
2 Vgl. Moranda, »Camping Leisure in East Germany: Making ›Rough‹ Nature More Comfortable«.
3 Vgl. »Im Bezirk Rostock gab es 1954 9.000 Zeltler. 1972 waren es 516.000. Dauercamping und Wintercamping waren aufgekommen, im Süden der DDR existierten nun zehn Wintercampingplätze.« – Ebd., S. 130.
4 Vgl. Spode, »Tourismus in der Gesellschaft der DDR«, S. 19.
5 *Beschluss des Ministerrates über die weitere Entwicklung von Sport und Körperkultur* – Vgl. Fuhrmann, »Der Urlaub der DDR-Bürger«, S.41.
6 1964 lag die Tageskapazität der ca. 500 Zeltplätze bei etwa 200.000 Personen, 1974 belief sich die Tageskapazität der ca. 533 Zeltplätze auf etwa 360.000 Personen. Ende der achtziger Jahre gab es 529 staatliche Campingplätze, die täglich etwa 390.000 Personen aufnehmen konnten und insgesamt pro Jahr ca. 20 Millionen Übernachtungen gewährleisteten. – Vgl. Bütow, »Abenteuerurlaub Marke DDR: Camping«, S. 104f. Zentralverwaltung für Statistik, *Statistisches Jahrbuch*, 1990, S.365; Uebel, »Zur komplexen Problematik«, S. 248.
7 Vgl. Fuhrmann, »Der Urlaub der DDR-Bürger«, S. 41.

den sechziger Jahren erlebte das Camping einen weiteren Aufschwung[8], da der gewachsene Lebensstandard der DDR-Bürger mehr und differenziertere Freizeitbedürfnisse bedingte, der Ausbau des organisierten Erholungswesens stagnierte und damit nicht genügend Übernachtungskapazitäten bereithielt[9] und der steigende Motorisierungsgrad individuelle Reisen vereinfachte[10]. Die entsprechende Extensivierung des Angebots wich in den siebziger Jahren einer Intensivierung.[11] Spätestens in der Amtszeit Erich Honeckers erkannte der Staat dann die unerlässliche Ventilfunktion angesichts des starken Nachfrageüberhangs im touristischen Bereich.

Campingplätze in der DDR waren staatliche Einrichtungen, die den örtlichen Staatsorganen unterstellt waren und von ihnen in Rechtsträgerschaft geleitet wurden.[12] Als Rechtsträger kamen mithin die Räte der Städte und Gemeinden sowie Naherholungs- und Zweckverbände in Frage. Sie waren für den Betrieb der Campingplätze verantwortlich und wurden im Bemühen um die planmäßigen Kapazitätserweiterungen von anderen gesellschaftlichen Organisationen und den Betrieben materiell und finanziell unterstützt. Als Träger erließen sie zudem auf Grundlage der Rechtsvorschriften Campingplatzordnungen[13], die die Arten zulässiger Unterkünfte, Hygieneanforderungen[14], Anforderungen zur Einhaltung von Ordnung und Sicherheit, Lärmschutzmaßnahmen und Verhaltensregeln bestimmten. Der vor Ort arbeitende Campingplatzleiter kontrollierte die Einhaltung der Regelungen, wobei er von einem ehrenamtlichen Campingbeirat aus Urlaubern und örtlichen Vertretern des Handels, der gesellschaftlichen Organisationen sowie der lokalen Kultur- und Sporteinrichtungen unterstützt wurde.[15]

---

8 Horst Uebel spricht von einer jährlichen Zuwachsrate von 25 Prozent zwischen 1966 und 1973. – Vgl. Uebel,»Grundfragen der Entwicklung«, S. 48.
9 Vgl. Lodahl,»Inlandstourismus dominiert in der DDR«, S. 164.
10 Vgl. Albrecht,»Strukturaspekte der Entwicklung der Erholungsfunktion«, S. 33.
11 Vgl. Oehler, *Erholungswesen*, S. 20; Albrecht,»Strukturaspekte der Entwicklung der Erholungsfunktion«, S. 32. Sowie den Bezirk Neubrandenburg betreffend:»Dabei wird angestrebt, die Zahl der gegenwärtig etwa 90 Campingplätze zu verringern, aber die Gesamtkapazität zu erhöhen, um auf diese Weise zu größeren Einheiten zu kommen, die sich besser versorgen und verwalten lassen.« – Rackow,»Überwiegend Camping«.
12 Vgl. dazu und im Folgenden: Oehler, *Erholungswesen*, S. 47, S. 108 und S. 110; Lübchen/Thiel, *Urlaub, Reisen, Camping*, S. 116 und S. 120.
13 Die Überarbeitung der Ordnungen wurde oft in einer Arbeitsgruppe der jeweiligen Bezirksausschüsse für Tourismus vorgenommen. – Vgl. *Bericht des BAT Dresden 1988*, BArch DL1 26585, unpag.
14 Vgl. Starke,»Neu im Gesetzblatt« (16.7.1977).
15 Vgl. Roon,»Was beim Zelten Freude macht« (28.4.1974); Lange, *Campinghygiene und Erholung*.

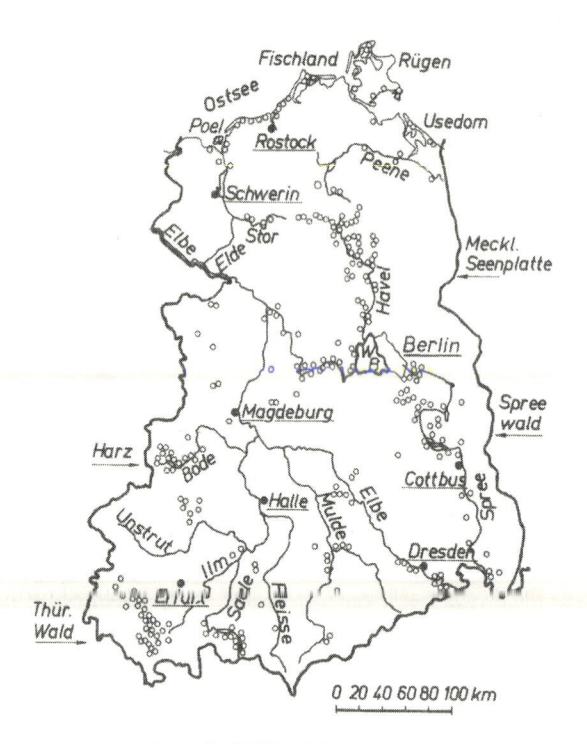

Abbildung 6: Campingplatzkarte der DDR 1989

(Haep, Das Erholungswesen der DDR, Anhang.)

Die Campingplätze waren in der DDR zum einen ungleich verteilt, zum anderen recht unterschiedlich in ihrer Kapazität[16]. Die Aufteilung zeigt eine starke Gewässerorientierung mit Schwerpunkten im Küstenbereich und in den Seengebieten im Norden der DDR. In den Südbezirken lagen die Campingplätze meist an Flüssen, Stauseen und Talsperren.[17] In Cottbus entstanden umfangreiche Campingkapazitäten durch die Anlage von entsprechenden Plätzen an den rekultivierten Braunkohletagebaugebieten, in denen meist künstliche Seen angelegt wurden.

---

16 Vgl. staatliche Campingplätze nach Jahren und für 1989 in ihrer bezirklichen Aufteilung in den *Anhängen 16* und *17*.

17 Einen guten Einblick in die Atmosphäre auf einem solchen Zeltplatz gibt der Artikel ›Zeltschwärmer‹. – Vgl. Rothin, »Zeltschwärmer«.

Formen von Campingplätzen und deren Ausstattung

Gemessen an westlichen Maßstäben waren die Campingplätze der DDR zumeist von geringem Komfort. Es existierten drei Qualitätskategorien, die auf Ausstattungsmerkmalen wie Sanitäranlagen, Art der Wasser- und Stromversorgung, Angeboten an Sportgeräten und Dienstleistungseinrichtungen etc. basierten.

Kriterium		Kategorie I	II	III
Wasserversorgung	Versorgungsnetz	●	●	–
	Handpumpen	–	–	●
Toiletten	WC	●	x	–
	Trockentoilette	–	x	●
Waschanlagen	fließend Warm- u. Kaltwasser	●	–	–
	fließend Kaltwasser	–	●	–
	Waschstelle	–	–	●
Verkaufseinrichtung		●	●	–
Verleih von Sportgeräten und Campingartikeln		●	●	–
Elektrischer Anschluß für Campingwagen		○	–	–
Steckdosen für Trockenrasierer		●	●	–
Besetzung mit Gesundheitshelfern		●	●	●
Parkmöglichkeit		○	●	●
Ständige Besetzung des Campingplatzes		●	●	–

x Alternative Ausstattung   ○ Ausstattung teilweise vorhanden

Tabelle 18: Richtwerte für die Ausstattung der Campingplätze der DDR nach Kategorien
(Lübchen / Thiel, Urlaub, Reisen, Camping. 125.)

Die Qualitätsstufen I (Bestausstattung) bis III (Mindestausstattung) wurden von den Räten der Städte und Gemeinden vergeben. Die Einstufung bestimmte die Platzgebühr pro Nacht und Person. Laut Gertrud Albrecht gehörten Mitte der achtziger Jahre 13 Prozent der Campingplätze mit 26 Prozent der Kapazitäten zur Kategorie I und 41 Prozent aller Campingplätze mit 26 Prozent der Kapazitäten zur Kategorie III.[18]

Das bedeutet, dass viele Urlauber noch mit Plumpsklo und kaltem Wasser vorlieb nehmen mussten und oft unzureichend mit Lebensmitteln versorgt wurden.[19] Familie Blontke erklärt sich dies rückblickend unter anderem aus der Preisgestaltung:

---

18 Vgl. Albrecht, »Strukturaspekte der Entwicklung der Erholungsfunktion«, S. 33. Grafische Übersicht aus: Dierker, *Campingkarte der DDR*, S. 1–11.
19 Bütow, »Abenteuerurlaub Marke DDR: Camping«, S. 102. Dort auch die Aussage zu den Waren des täglichen Bedarfs, es handele sich hierbei um eine ›Potenzierung der Mangelwirtschaft‹. – Ebd., S. 104. Auf die Notwendigkeit einer qualitativen Verbesserung wiesen zahlreiche Autoren hin: Sablotny, »Camping im Bezirk Neubrandenburg«, S. 52; Albrecht, »Strukturaspekte der Entwicklung der Erholungsfunktion«, S. 33; Dannenfeld/ Hötzeldt/Benthien,

»Camping zu DDR-Zeiten war einfach und oft vom guten Willen der Platzverwalter maßgeblich geprägt. Allerdings war es auch ein preiswertes Unternehmen, kostete der Aufenthalt pro Tag und Person doch nur etwa 1 Ostmark. So gesehen waren Investitionen in die Sanitäranlagen nur möglich, wenn die Hygiene(verwaltung) oder bei sonstigen Bauten der Arbeitschutz ein Machtwort sprachen.«[20]

Wie auch im organisierten Inlandstourismus der DDR war auf den Campingplätzen zumeist ein umfangreiches kulturelles Angebot vorhanden.[21] Die Teilnahme war freiwillig, doch nahmen viele Urlauber Zeltplatzfunk, Zeltkino[22], Kinderfeste, Schachturniere, thematische Diskussionsabende, Grillpartys und Ähnliches mehr gerne an. Man darf allerdings vermuten, dass sich andere Aktivitäten geringerer Beliebtheit erfreuten, wie das Beispiel ›Zivilverteidigungsmaßnahmen‹ vom Anfang der siebziger Jahre zeigt: »Eines Tages kamen die GST und der ABV aus der Stadt [...] Der ABV machte einen Einführungslehrgang in die StVO [...] Die GST zeigte, wie man Motocross fährt, sich durchs Unterholz schleicht, ein Lagerfeuer ohne Rauch macht und wie man ein KK-Gewehr auseinandernimmt und pflegt.«[23]

Neben den üblichen Campingplätzen gab es einige Sonderformen. Dies waren zum einen spezielle Jugendcampingplätze für in- und ausländische Gäste, auf denen oft Leihzelte aufgestellt waren, da gerade Jugendliche oft nicht genügend Geld für die notwendige Ausrüstung hatten.[24] Sie wurden ab den siebziger Jahren eingerichtet[25], nachdem man erkannt hatte, dass sich die Freizeitinteressen Jugendlicher erheblich von denen der Erwachsenen unterschieden. Zum anderen waren dies Zeltplätze, die an Jugendherbergen angeschlossen waren und auf denen die jungen Camper in den festen Räumlich-

---

»Untersuchungen im Naherholungsbereich Greifswalds«, S. 110; Queck, »Aktuelle Probleme der Leitung und Planung«, S. 28.

20 *Campinghomepage der Familie Blontke*, 25.10.2005, http://www.blontke-web.de/ostalgie/ dokumente/ost_camping70.php.

21 Vgl. dazu und im Folgenden: Handloik, »Komm mit, wir zelten«, S. 129. Sowie: Metscher, »Bessere Erholung durch besseren Service« (5.6.1975).

22 Vgl. »Das Kino kommt in der DDR auch zum Campingurlauber. Wie die ›Norddeutsche Zeitung‹ berichtete, sind auf den Campingplätzen an der DDR-Küste bereits sechs sogenannte Sommerkinos errichtet worden. Weitere solcher Kinos, die über 250 feste Klappsitze und eine 6x3 Meter-Leinwand verfügen und in einem runden, schalldichten Aluminiumbau untergebracht sind, sind bereits im Bau.« – O.V., »Sommerkinos auf DDR-Campingplätzen« (8.6.1973).

23 Ebd., S. 130.

24 Vgl. Vogt, »Hochbetrieb in ›Kuhle Wampe‹ «; Wilczynski, »Zum Frühstück unter Kiefern. Beliebter Jugendzeltplatz Krampenburg« (12.6.1973); Reischock/Kimmel, »Camping ist vor allem Jugendsache« (16.6.1972).

25 Die ersten vier Plätze entstanden in Berlin, Glowe auf der Insel Rügen sowie in den Bezirken Cottbus und Potsdam. – Vgl. o.V., »DDR-Touristikkomitee für Jugendcampingplätze« (6.9.1972).

keiten der Herberge mitversorgt wurden und die dortigen Einrichtungen nutzen konnten.[26] Weiterhin gab es etwa 30 Intercampingplätze gehobener Ausstattung, die nicht nur für DDR-Bürger gedacht waren, sondern vor allem auch Gäste im internationalen Tourismus aufnehmen sollten.[27] Betriebe hatten oft einen Sonderstatus auf Campingplätzen. Zwar sollte es zunächst keine Dauervereinbarungen geben, doch die Realität sah anders aus, aus informellen Vereinbarungen wurden bald schriftlich fixierte Kommunalverträge.[28] Diese formulierten Abmachungen wie die folgende adäquat aus: »Wir überlassen Eurem Elektrobetrieb jedes Jahr zehn Stellplätze zur freien Vergabe, dafür legt ihr uns die Zeltplatzbeleuchtung [...]«[29] Auch in den Medien weiß man:

»Wachsender Komfort auf den Plätzen ist einem großen Teil der Betriebe zu verdanken. Auf dem Ostseecampingplatz Prerow beispielsweise sind mit Unterstützung von 24 dort vertretenen Stammbetrieben Werte in Höhe von rund 300.000 Mark geschaffen worden: eine Asphaltkegelbahn, Straßeninstandsetzung und -neubau, eine Mehrzweckhalle, Toiletten u.a.m. Es erscheint logisch, wenn viele Gemeinden die Empfehlungen einiger Betriebe – 50 Prozent Betriebscamping und 50 Prozent Individualcamping – in der Weise anwenden, daß von den 50 Prozent Betriebscampern 20 bis 30 Prozent mehrere Jahre hindurch denselben Platz besuchen dürfen [...] Für nur eine Saison nämlich würde kein Betrieb so tief in die Taschen greifen [...].«[30]

Durch Leistungen zum Bau und Erhalt des Zeltplatzes oder anderweitige Vereinbarungen verfügten die entsprechenden Betriebe meist über einige Stellplätze zur Dauermiete und stellten sie ihren Beschäftigten zur Verfügung. Dadurch war bereits ein erheblicher Teil der Campingkapazitäten jährlich gebunden.

---

26 Vgl. o.V. »Camping 87 auf dem Jugendherbergsgelände« (16.12.1986).
27 Vgl. beispielsweise: »Ferien auf dem Intercampingplatz Krossinsee. [...] Rund 650 Leute – 75 Prozent sind Ausländer – machten hier gerade Urlaub. Fahrzeuge mit den Kennzeichen Dänemarks, Frankreichs, Schwedens, Spaniens, Bulgariens parken noch vor Zelten und Wohnwagen.« – Klars, »In der Rezeption ist Russisch, Englisch und Französisch gefragt« (27.8.1986). DDR-Bürger wurden wie üblich vermittelt (siehe Aussagen in diesem Kapitel), ausländische Besucher wurden über das Reisebüro der DDR bedient oder buchten direkt bei den Intercampingplätzen. Sie mussten ihren Aufenthalt in Devisen und nicht in Mark der DDR zahlen. – Vgl. Bähre, *Nationale Tourismuspolitik in der Systemtransformation (1)*, S. 220.
28 Vgl. dazu und im Folgenden: Bütow, »Abenteuerurlaub Marke DDR: Camping«, S. 104.
29 Ebd.
30 Auszug aus einem Artikel in der ›Neuen Berliner Illustrierten‹. Zitiert bei: Bundesministerium für Innerdeutsche Beziehungen, *Informationen* (15/1977).

Auf einigen Zeltplätzen, besonders in den Gebirgslandschaften im Süden der DDR, bestand die Möglichkeit des Wintercampings.[31] Damit wurde die Unterkunftssituation in den Wintersportgebieten verbessert. Vor allem geschah dies durch die Unterbringung von Urlaubern in Ferienhäuschen auf den entsprechenden Zeltplätzen, weniger bedeutete es Zelten im Schnee. Dies setzte natürlich eine entsprechende Infrastruktur voraus, in Frage kamen daher Zeltplätze, die über Kochgelegenheiten, Elektroanschlüsse, Duschen und andere sanitäre Anlagen verfügten.

Schließlich gab es FKK-Campingplätze.[32] Dies waren Areale, die nicht nur in der Nähe eines FKK-Strandes lagen, sondern auch, wo sich die Urlauber auf dem Zeltplatzgelände nackt bewegen konnten. Der bekannteste dieser Plätze lag in Prerow, in Ückeritz gab es einen FKK-Platz, der auch für westliche Besucher zugänglich war.

Aufenthalte auf den Campingplätzen der DDR waren als so genannte Kurzaufenthalte bis zu drei Tagen, als Ferien- / Urlaubsaufenthalte bis zu drei Wochen[33] und als Daueraufenthalte / Dauercamping für maximal vier Monate möglich.[34] Für die Betrachtung der Urlaubsreisen sind vor allem die erste und zweite Form relevant, doch auch zahlreiche Dauercamper[35] verbrachten ihren Urlaub auf dem von ihnen gemieteten Platz.

Kurzaufenthalte wurden vor allem von Wochenendausflüglern oder Rundreisenden gebucht.[36] Über die Aufnahme dieser Personen auf dem Campingplatz entschied der Campingplatzleiter unter Berücksichtigung der verfügbaren Kapazitäten.[37]

---

31 Vgl. Marschall, »Zahl der Wintergäste steigt« (6.3.1987); Oberländer, »Camping im Schnee mit vielen Reizen« (2.2.1980).
32 Vgl. dazu und im Folgenden: Irmscher, *Freizeitleben*, S. 367; Handloik, »Komm mit, wir zelten«, S. 126; Spode, »Tourismus in der Gesellschaft der DDR«, S. 19; Ropers, *Osteuropa. Bulgarien, DDR*, S. 433.
33 Diese Regelung galt für die meisten Urlaubsgebiete in der Hauptsaison. Bei entsprechender Verfügbarkeit waren auch längere Aufenthalte möglich. – Vgl. Fuhrmann, »Der Urlaub der DDR-Bürger«, S. 42; Lübchen/Thiel, *Urlaub, Reisen, Camping*, S. 127 und S. 171; Matterne, »Familiencamping«, S. 19.
34 Vgl. Lübchen/Thiel, *Urlaub, Reisen, Camping*, S. 126; Ketman/Wissmach, *DDR*, S. 238; Hönsch, »Auswirkungen neuer Naherholungsgebiete«, S. 258.
35 Das Dauercamping hatte sich in der zweiten Hälfte der sechziger Jahre als Ersatz oder Alternative zum Datschenwesen entwickelt. – Vgl. Fuhrmann, »Der Urlaub der DDR-Bürger«, S. 42.
36 Vgl. Marx, »Campingplatz für Durchreisende« (16.6.1972).
37 Vgl. Juhre, »Ostseezeltplätze haben erste Gäste« (14.5.1988); Lübchen/Thiel, *Urlaub, Reisen, Camping*, S. 131.

Zuteilung und Kosten von Standplätzen

Die Vermittlung der Plätze für längere Aufenthalte erfolgte über einen an Zeitungskiosken im Herbst des dem Urlaub vorangehenden Jahres erhältlichen Antragsvordruck auf Grundlage von Vermittlungsbedingungen.[38] Dieser Antrag musste bis zum ersten Oktober (Gruppen) / ersten Dezember (Einzelreisende) ausgefüllt und dann an die Zentrale Vermittlungsstelle des Bezirkes oder den Rechtsträger des Campingplatzes eingesendet werden. Zwar gab es bereits seit 1974 Bemühungen um die Einrichtung einer zentralen Vermittlungsstelle für die gesamte DDR, doch dies blieb bis 1989 lediglich ein Wunsch. Indessen arbeitete jeder Bezirk für sich selbst[39], in einigen gab es bis 1989 nicht einmal eine bezirkliche Zentrale.[40] Ausschließlich im Ostseebezirk Rostock arbeitete bereits in den siebziger Jahren das ›Campingzentrum Ostsee‹ in Stralsund mit einer EDV-Anlage. Nur so konnte die Vielzahl der Anträge bewältigt werden. Zahlreiche Zeitungen veröffentlichten Hilfestellungen zur Ausfüllung der EDV-kompatiblen Anträge.[41] In anderen Bezirken sah man mit der Begründung, man wolle weiterhin Zeltinteressierte aus den industriellen Ballungsgebieten und kinderreiche Familien bevorzugen, von einer rechnergestützten Vermittlung ab.[42] Antragsberechtigt waren sowohl Einzelpersonen als auch ganze Kollektive, allerdings nur für jeweils einen Antrag pro Person / Kollektiv und Jahr.[43] Den Erfolg einer Anmeldung zeigte der Erhalt einer Rückantwortkarte an, die dem Zeltplatzleiter bei Anreise ausgehändigt werden musste. Gegen Zahlung der Stellplatzgebühren erhielt der Urlauber danach eine Campingplatzgenehmigung. Eine doppelte Beantragung oder der Ver-

---

38 Vgl. dazu und im Folgenden: Ebd., S. 127. Vgl. für eine Abbildung des Antrags *Anhang 18*.
39 Vgl. zur Arbeit der Zentralen Campingplatzvermittlung des Bezirkes Potsdam: Brand,»In Sicht – der Sommer 77« (15.12.1976).
40 Vgl. *Bericht über die Tätigkeit des Bezirksausschusses für Tourismus im Jahre 1988*, BArch DL1 26585, unpag.
41 Vgl. o.V.,»Campingfreunde« (16.9.1972). Bundesministerium für Innerdeutsche Beziehungen, *Informationen* (15/1977).
42 Diese Abneigung scheint zum einen dem technologischen Fortschritt zu widersprechen, zum anderen kann nicht erkannt werden, warum eine Vermittlung nicht auch unter den genannten Parametern EDV-gestützt vornehmbar sein soll. – Vgl. Rackow,»Erholungszukunft im Bezirk der 800 Seen« (17.4.1976).
43 Vgl.»Für die heiß begehrten Ostseeplätze musste ein andersfarbiges Formular verwendet werden. Das Bittschreiben ging dann an eine zentrale Vermittlungsstelle, die einem nach gewisser (meist längerer) Zeit eine Bestätigung, Terminänderung oder Ablehnung zukommen ließ. Wir hatten mit unseren Inlandwünschen fast immer Glück. Einen Ostseeplatz zu erringen, gaben wir nach einem einmaligen Glückstreffer in der Folgezeit kampflos auf.« – *Campinghomepage der Familie Blontke*, 25.10.2005, http://www.blontke-web.de/ostalgie/dokumente/ost_camping70.php.

merk einer mitreisenden Person auf mehreren Anträgen wurde als Rücktritt gewertet und mit dem Ausschluss aus der Vermittlung für zwei Jahre bestraft.

Die für einen Anbietermarkt – es gab stets in der Saison mehr Anträge als Plätze[44] – bedeutsamen Vergabekriterien sind in der Literatur nicht klar formuliert. Daher muss davon ausgegangen werden, dass nicht nur Reihenfolge des Eingangs, Familienstruktur, Zeitpunkt der letzten erfolgreichen Antragstellung oder ähnliche Faktoren ausschlaggebend waren, sondern auch rege von persönlichen Beziehungen Gebrauch gemacht wurde.[45]

Die für einen Zeltplatz zu entrichtenden Gebühren wurden vom jeweiligen Rechtsträger bis zur maximalen Höhe der in der jeweiligen Kategorie möglichen Summe eigenverantwortlich festgelegt. Sie änderten sich im Laufe der Jahrzehnte nicht, lediglich Veränderungen in der Kategorie eines Zeltplatzes konnten zu preislichen Anpassungen führen.[46] Die reinen Beherbergungspreise waren niedriger als beim FDGB, allerdings waren sowohl die Verpflegung als auch die teure Grundausstattung nicht mit eingeschlossen.[47]

Campingtourismus im Ausland

Andere Bedingungen herrschten im Campingtourismus ins Ausland, die durch eine informative Schilderung der Familie Blontke nachvollziehbar gemacht werden sollen[48]:

---

44 Für begehrte Plätze und Zeiträume waren die Angebote oft innerhalb weniger Stunden vergeben. – Vgl. Handloik,»Komm mit, wir zelten«, S. 126; Haas,»Campingurlaub«, S. 364; Deja-Lölhöffel, *Freizeit in der DDR*, S. 44; *Lehrbrief ›Grundlagen des Fremdenverkehrs. Bedarf, materielle Basis, Leistungskapazität‹*, BArch DL1 26577, unpag. Resultat dieses Mangels war beispielsweise das Schwarzzelten. – Vgl. o.V.,»›Schwarzzelten‹ breitet sich an der DDR-Küste aus« (4.9.1973). Auch für das Camping waren die Nachteile der einheitlichen Sommerferienregelung wieder deutlich. – Vgl. o.V.,»Zu wenig Campingplätze?« (17.3.1972).
45 Vgl. Lübchen/Thiel, *Urlaub, Reisen, Camping*, S. 172. Großmann,»Funktionen des Fremdenverkehrs in der sozialistischen Gesellschaft«, S. 26.
46 Vgl. Herzer,»Seit 40 Jahren blieben die Preise unverändert« (29.5.1989).
47 Eine genaue Übersicht zu den Ausstattungskosten findet sich im *Anhang 19*.
48 Der Auslandscampingtourismus ist wissenschaftlich kaum reflektiert worden und entzog sich sogar der statistischen Verwertung. Gleichwohl hatte er angesichts des günstigen Preises für das Camping eine hohe Bedeutung im Auslandstourismus von DDR-Bürgern. – Das folgende Zitat stammt aus: *Campinghomepage der Familie Blontke*, 25.10.2005, http://www.blontkeweb.de/ostalgie/dokumente/ost_camping70.php. Der entscheidende Unterschied zum Inlandscamping war, dass sich Urlauber für Campingplätze in anderen sozialistischen Staaten meist nicht voranmelden mussten. – Vgl. zur ČSSR: *Kolumne ›Unterwegs‹* (12/1976, 16/1976 und 25/1976); o.V.,»Autocamping ganz groß« (3.11.1973). Zu Polen: O.V.,»Camping an Polens Ostsee« (22.6.1973). Zu Bulgarien: O.V.,»Anzeige des Reisebüros der DDR ›Camping ist Trumpf‹« (22.6.1973). Zur UdSSR: Rudolf,»Camping am Ai Petri«. Zu den Kosten des Campings im Ausland vgl. o.V.,»Mit dem eigenen Dach unterwegs« (24/1977).

»Irgendwann konnten wir einen Pkw Typ Lada unser eigen nennen. Von nun an war die Organisiererei, Schlepperei und Zitterpartie um nicht angekommene Gepäckstücke vorbei. Jetzt durften wir von einem Auslandsurlaub nicht nur träumen, die Ferne rückte in realistische Nähe. Die Tschechoslowakei mit Prag war unser erstes Camping-Auslandsziel. Danach ging es Schlag auf Schlag: Ein Klappfix, das ist ein Zelt mit fahrbarem Unterteil, wurde über Zeitungsinserat erworben. Wir wagten uns nach Ungarn, mit einem Standard auf den Campingplätzen, der in uns den Gedanken aufkommen ließ, nie wieder einen DDR-einheimischen Platz ohne Not zu besuchen. Rumänien und Bulgarien folgten als nächste Reiseziele. Dort lernten wir prächtige Menschen kennen, schlossen Freundschaften, wurden beklaut, angebettelt, von Grenzern gejagt, an den Grenzübergängen schikaniert, von einsamen Berghirten herzlich aufgenommen, mit Slibowitz abgefüllt, von stolzen Bulgaren durch alle erdenklichen historischen Orte geschleppt, in entlegenen Balkandörfern dem Familienclan vorgeführt und voller Erinnerungen, tiefer Dankbarkeit und unendlichen Erfahrungsschätzen wieder nach Hause entlassen. So verhalf uns Camping zu einer Lebensqualität, die wir nie und nimmer anderweitig unter diesen Bedingungen erreichen konnten. [...] Wir waren mit unseren Reisen vorgedrungen bis an die Westgrenzen des sowjetischen Imperiums und an die uns von Staats wegen erlaubten. Natürlich hätten wir als Camper auch in die Sowjetunion reisen können. Als wir aber von Freunden erfuhren, die dieses Abenteuer gewagt hatten, welche bürokratischen Hürden speziell auf russischer Seite zu überwinden waren, verzichteten wir vorerst auf dieses Vergnügen.«

Ausrüstung

Campingreisen erforderten zudem das Vorhandensein einer Grundausrüstung zum Zelten. Nur wenn Urlauber in betriebseigenen Zelten oder Wohnwagen unterkamen oder die Campingplätze selbst solcherlei Ausstattung boten[49], entfiel diese Notwendigkeit. Ansonsten jedoch sahen sich die Interessenten auch hier dem Problem mangelnden Angebots gegenüber.[50]

Wohnwagen waren aufgrund der geringen Produktionszahlen generell nicht weit verbreitet.[51] Ihr Besitz war auf Grund der Kosten und Beschaffungsprobleme durchaus mit einem gewissen Sozialprestige verbunden. Zumindest die zweiachsigen Exemplare wurden auf vielen Zeltplätzen – eine

---

49 Vgl. Schmidt, »Camping ohne eigenes Zelt« (3.6.1974).
50 Vgl. 1975: »Ausreichend gibt es Mehrzweckfaltboote [...], des weiteren Bootsmotore bis 7,5 PS, Luftmatratzen, Propangaskocher, Federballspiele, Heimtrainingsgeräte u.a. Trotz großer Bemühungen kann der Bedarf noch nicht gedeckt werden mit Schlauch- und Badebooten, Bootsmotoren über 7,5 PS, Propangasflaschen, schaumstoffgepolsterten Sitzmöbeln und auch Badehauben [...].« – Knoll, »Jeder Kreis hat seine Campingschau« (14.4.1975).
51 Vgl. dazu und im Folgenden: Bundesministerium für innerdeutsche Beziehungen, *Urlaub und Tourismus*, S. 26. Im Gegensatz dazu wurde die zunehmende Verbreitung von Wohnwagen (Pkw-Anhänger, in ähnlicher Form auch in der DDR erhältlich) oder Caravans (Wohnmobil, in der DDR nicht erhältlich) in der Bundesrepublik als Zeichen der Weiterentwicklung des Campings gesehen. – Vgl. Haas, »Campingurlaub«, S. 364.

Ausnahme stellten hierbei Dauercamping-Stellflächen dar – aufgrund des hohen Platzbedarfs auch nicht gern gesehen.

Eine der ersten empirischen Untersuchungen zur Ausstattung von Campern und zu den zukünftigen Kaufabsichten von Campingartikeln nahm 1970 das Institut für Marktforschung auf 20 Zeltplätzen der DDR vor.[52] Auch in den Wiederholungsbefragungen des Institutes wurde regelmäßig die Ausstattung der Haushalte mit bestimmten Campingartikeln erhoben.[53] So verfügten 1971 sechs Prozent der Haushalte über ein Zelt, 1988 waren es bereits 15 Prozent, wobei die Mehrzahl der Camper über ein Hauszelt verfügte.[54] Dieser starke Anstieg ist hinsichtlich der Campinganhänger und Wohnwagen nicht zu verzeichnen. Zwar ist hier eine Verdoppelung beziehungsweise Verfünffachung in den entsprechenden Jahren ersichtlich, doch blieb das Gesamtniveau bei nur einem Prozent.

Die Warenplanung, -bereitstellung und -abrechnung für die Campingartikel erfolgte zentral. In Berlin existierte zur Versorgung der Bevölkerung mit diesen Gütern ein ›Haus für Sport und Freizeit‹ am Frankfurter Tor.[55] Dort befand sich ebenfalls ein Kundendienst, der beispielsweise Reparaturen ausführte[56] und Campingartikel verlieh. Zudem konnten Neuheiten aus der ›sozialistischen Produktion‹ von Campingartikeln jährlich auf der traditionellen Camping- und Wassersportausstellung in Berlin-Grünau besichtigt werden. In den restlichen Bezirksstädten fanden in kleinerem Rahmen ähnliche Verkaufsausstellungen statt. Diese dienten nicht nur der Warenpräsentation, sondern auch der Bedarfsermittlung.

Hinweise zu zweckmäßiger Ausrüstung bot auch die Ratgeberliteratur für Campingfreunde. Das Buch *1.000 Tips für Campingfreunde*[57] beispielsweise verzeichnete nicht nur Zelttypen, sondern gab auch Verhaltensregeln, Empfehlungen für den Eigenbau von ergänzender Ausstattung und ein Adressverzeichnis mit wichtigen Ansprechpartnern an.

---

52 Vgl. Matterne, »Familiencamping«, S. 18.
53 Vgl. Anzahl der mit Campingartikeln ausgestatteten Haushalte nach Jahren im *Anhang 20*. Notwendige Grundausrüstung im *Anhang 22*.
54 Vgl. 1975 im DDR-Handel verfügbare Zelttypen im *Anhang 21*.
55 Vgl. dazu und im Folgenden: Morenz, »Haus für Sport und Freizeit erweiterte den Kundendienst« (27.3.1976); Knoll, »Jeder Kreis hat seine Campingschau« (14.4.1975). Sowie mit dem Verweis auf ein zweites Kaufhaus für Campingartikel in Halle: O.V., »Alles über Campingausrüstung« (1.4.1972).
56 Andere Möglichkeiten für Reparaturarbeiten wurden regelmäßig in der Presse veröffentlicht. Vgl. beispielsweise: O.V., »Wer repariert« (21.4.1972).
57 Leue, *1000 Tips für Campingfreunde*.

Ungebundenheit im Camping

Christoph Hennig hat in seinem Buch *Reiselust* eine umfassende Beschreibung dessen vorgenommen, was Camping ausmacht.[58] Obwohl es als bloße Kopie der alltäglichen Häuslichkeit wirkt, ist es eigentlich ein radikaler Gegenentwurf. Nur eine äußerliche Ähnlichkeit ist vorhanden, gerade das Provisorium und die Vereinfachung von Behausung und notwendiger Ausrüstung bedeuten jedoch einen entscheidenden Unterschied.[59] Im Camping sind auch Elemente des Spieles enthalten, indem der Alltag nachgeahmt, aber auch in Variationen neu erschaffen wird. Dadurch entsteht eine (illusorische) Unabhängigkeit. Trotzdem verbleibt Camping jedoch im durch soziale Kontakte geprägten öffentlichen Raum. Der von Peter Etzkorn genannte häufigste Wunsch der Zeltler, ›von allem wegzukommen‹[60], ist also nicht der Wunsch nach Einsamkeit, sondern nach einer vereinfachten Sozialität, die aus den »Zwängen, Routinen und Bindungen des Alltags«[61] herausgelöst ist.

Pascal Bruckner und Alain Finkielkraut sprechen gar vom Zeltplatz als einem »utopischeren Raum als das einsame Zelt hoch oben auf einem Steilufer, denn nicht der Mangel, sondern das Übermaß an Privatheit ist das Problem unserer modernen Ballungsgebiete.«[62] Camping erlaubt also eine gewisse Unabhängigkeit in der Orts- und Zeitwahl des Urlaubs[63], eine Naturverbundenheit sowie die freiwillige Einbindung in eine als ursprünglicher empfundene Solidargemeinschaft.[64] Ursula Härtel beschrieb diese einzigartige Mischung 1983 so:

---

58 Vgl. dazu und im Folgenden: Hennig, *Reiselust*; S. 33–36.
59 Vgl. »Die Camper konstruieren ihre Welt aus eigenem Antrieb und nach subjektiven Vorstellungen.« – Hennig, *Reiselust*, S. 34.
60 Etzkorn, »Leisure and Camping«, S. 82.
61 Georg, »Lebensstile von Campingtouristen im Urlaub«, S. 138.
62 Bruckner/Finkielkraut, *Das Abenteuer um die Ecke*, S. 42f.
63 Vgl. »Die Motive der Campingurlauber in der DDR unterscheiden sich im Prinzip nicht von denen in anderen Ländern. Vor dem Hintergrund der ideologischen Bewertung der Erholung in der DDR erscheinen die Motive Ungebundenheit, Unabhängigkeit, Ungezwungenheit, Gefühl der Freiheit von Organisationszwängen, Selbstgestaltung des Urlaubsrhythmus, Rückzug ins Private usw. […] jedoch in einem anderen Licht.« – Haep, *Das Erholungswesen der DDR*, S. 128. Vgl. die Angaben bei Esther Matterne zu den Gründen für die Wahl der Urlaubsform ›Camping‹: 70 Prozent freie Zeiteinteilung, 64 Prozent Naturverbundenheit, 51 Prozent flexible Urlaubsdauer, 46 Prozent gemeinsamer Urlaub in den Schulferien, 37 Prozent Urlaubsgegend selbst bestimmbar, 35 Prozent nach Anschaffung der Grundausstattung finanzielle Vorteile, Grundausstattung kann Schritt für Schritt angeschafft werden, 34 Prozent Angebote des FDGB oder Betriebes nicht passend, 13 Prozent kleinkindtauglich, 3 Prozent andere Gründe – Vgl. Matterne, »Familiencamping«, S. 20f.; Fuhrmann, »Der Urlaub der DDR-Bürger«, S. 42.
64 Vgl. Schiefelbein, »Ort auf Zeit« (14.7.1973).

»Wenn das mit unserem Campingwagen so richtig läuft, schwebt uns vor, im Urlaub damit auch wirklich mobil zu sein. Wir wollen dann, wenn wir Lust dazu haben, ein- oder zweimal den Urlaubsort wechseln. Andere Gegenden erkunden, so dass wir im Laufe der Zeit von der See bis zum Gebirge die schönsten Gegenden unseres Landes kennen. Wir wollen im Urlaub beides: Ungebundenheit, Ruhe und neue Eindrücke, Begegnungen mit anderen Menschen.«[65]

In diesem Sinne wirkt auch das Bild Wolfgang Mattheuers mit dem Titel *Campingkönig* aus dem Jahr 1966. Es zeigt den Reisenden als Herrscher über sein eigenes kleines Reich, als automobilen Selbstversorger an einem idyllischen Strand.

Abbildung 7: Wolfgang Mattheuer: Campingkönig, Lithographie von 1966
(Prignitz, Vom Badekarren zum Strandkorb, S. 175.)

Camping scheint in der DDR vor allem eine Urlaubsform für Familien gewesen zu sein.[66] Eine Studie des Institutes für Marktforschung in Leipzig vom

---

65 Vgl. Hertel, »Urlaubsansichten« (6.6.1983), S. 171.
66 Vgl. Rösel, »Soziologische Aspekte«, S. 187; Stompler, »Tourismus als Gegenstand der Bedarfsermittlung«, S. 21. Zur Struktur von Campingfamilien im Jahr 1970: 27 Prozent keine Kinder, 37 Prozent ein Kind, 26 Prozent zwei Kinder, 7 Prozent drei Kinder, 3 Prozent vier und mehr Kinder (bei neuen Campingfamilien: 15 Prozent keine Kinder, 34 Prozent ein Kind,

Anfang der siebziger Jahre zeigt, dass die »[...] Förderung des Campingwesens [...] einem echten Bedürfnis breiter Kreise der Bevölkerung Rechnung [trug, H.W.] und [...] gleichermaßen den persönlichen und gesellschaftlichen Interessen«[67] entsprach. In einer empirischen Untersuchung 1970 auf zwanzig Zeltplätzen der DDR wurden sowohl die Sozialstruktur der Urlauber als auch Problembereiche wie die materielle Ausstattung und das Versorgungsniveau begutachtet. Dabei stellte Esther Matterne fest, dass Camping »dem Bedürfnis der Familien nach gemeinsamer Gestaltung der Freizeit [...]«[68] entgegenkommt. Wenn sie dabei allerdings die Beliebtheit der Urlaubsform ›Camping‹ vom mangelhaften Angebot an Urlaubsalternativen abkoppelt, so ist dies zum Teil der Verpflichtung zu positiver Berichterstattung zuzurechnen. Sie schreibt: »Camping ist keine ›Notlösung‹, etwa hervorgerufen durch Angebotsmängel bei anderen Urlaubsformen«[69] und begründet dies damit, dass etwa 47 Prozent der Camper jedes Jahr Campingurlaub machen, 28 Prozent meistens, 14 Prozent ab und zu sowie 11 Prozent erstmalig. Indes haben viele Zelturlauber erkannt, dass ihnen durch diese Reiseform Vorteile entstehen beziehungsweise Nachteile des staatlich organisierten Urlaubs ausbleiben. Ein Sich-Fügen in die Rahmenbedingungen muss also nicht immer eine Vorliebe für das Camping bedeuten, auch wenn sich eine entsprechende Haltung sicher oft entwickelte.[70]

Obwohl Camping also nicht für jedermann geeignet war, sei es aus gesundheitlichen oder anderen Gründen, so bot es doch die Möglichkeit einer Urlaubsgestaltung abseits der staatlichen Angebote im organisierten Tourismus.[71]

---

34 Prozent zwei Kinder, 11 Prozent drei Kinder, 6 Prozent vier und mehr Kinder). – Vgl. Matterne, »Familiencamping«, S. 20.
67 Ebd., S. 18.
68 Ebd., S. 19.
69 Ebd.
70 Vgl. »FDGB-Reisen waren billig, aber für eine große Familie nicht zu bekommen. Ich habe selbst viele Jahre als Wanderleiterin für FDGB-Gäste gearbeitet, aber nur einmal einen Ferienplatz mit drei Kindern erhalten. So mußten wir uns auf Camping umstellen. Auch das war in der DDR schlecht, denn man mußte im Januar den Zeltplatz buchen und bezahlen. Wenn dann Regenwetter kam, gab es Erkältungen. Deshalb sind wir seit 1974 in die ČSSR, später auch nach Ungarn gefahren. Da konnte man zunächst wild campen, später auf allen Plätzen ohne Anmeldung. Drei Tage waren immer möglich. Zwar sind wir einfach gereist, haben jedoch intensiv die Länder kennengelernt. Wir haben überall Freunde gefunden und von den Einheimischen Hilfe erhalten, wenn es nötig war.« – Erinnerungen der Familie Margit und Wolfgang J., Dresden, 5 Kinder. Zitiert bei: Bütow, »Abenteuerurlaub Marke DDR: Camping«, S. 101.
71 Vgl. Haas, »Campingurlaub«, S. 364. Vgl. vor allem die ›subversive‹ Seite betonend: Spode, »Tourismus in der Gesellschaft der DDR«, S. 19.

V.2 Freies Beherbergungswesen

Im öffentlichen Beherbergungsnetz, also Unterkunftsmöglichkeiten außerhalb des organisierten Tourismus, spielte das Hotelwesen eine zentrale Rolle. Es war in der DDR dem Ministerium für Handel und Versorgung, dort dem Bereich Binnenhandel und darin wiederum dem Konsumgüterhandel zugeordnet.[72] Ging es um Valutabeziehungen, hatte auch der Bereich Kommerzielle Koordinierung in Abstimmung mit dem Ministerium für Finanzen und dem Ministerium für Staatssicherheit Einflussmöglichkeiten. Er koordinierte, kontrollierte und budgetierte die Deviseneinnahmen und -ausgaben der Interhotels der DDR, der Hotelkette des Reisebüros der DDR und anderer Beherbergungseinrichtungen.

Die Hotels standen in Volks-, Genossenschafts- oder Privateigentum, wobei die ersteren beiden Arten der staatlichen Leitung unterstanden und letztere Form selten war.

Claus J. Kreutzer spricht in seinem Leitfaden *In Gaststätte und Hotel* von 2.064 Hotels im Jahr 1978[73], Angela Scherzinger hingegen von etwa 800 Hotels 1985[74]. Diese unterschiedlichen Zahlen resultieren aus der Uneinheitlichkeit der Definition des Hotelwesens. Bei Kreutzer sind sicher – wie auch in den Hotelführern der DDR[75] – Hotels, Motels, Raststätten, Gasthöfe, Pensionen, Fremdenheime und Gaststätten mit mindestens 10 Betten einbezogen. Die Kapazität von Hotels steigerte sich insgesamt nur langsam.[76] Dies resultierte vor allem aus Folgendem: »Wir sind uns darüber im Klaren, dass das Wohnungsbauprogramm unbedingten Vorrang vor dem Bau von Stadthotels hat.«[77]

1969	50.000 Betten
1974	62.000 Betten
1978	70.000 Betten

---

72 Vgl. Wernicke, »Neue Förderungsmaßnahmen«, S. 1307; Bundesministerium für innerdeutsche Beziehungen, *DDR-Handbuch (1)*, S. 600.
73 Vgl. Kreutzer, *In Gaststätte und Hotel*, S. 120.
74 Vgl. Scherzinger, »Das Gaststättengewerbe in der DDR«, S. 298.
75 Vgl. Rationalisierungs- und Forschungszentrum, *Hotelführer Deutsche Demokratische Republik*.
76 Zahlen entnommen aus: Bundesministerium für innerdeutsche Beziehungen, *DDR-Handbuch (1)*, S. 600. Deutsches Institut für Wirtschaftsforschung, *Handbuch DDR-Wirtschaft*, S. 226. Seidler, »Zur Entwicklung des Tourismus in der DDR«, S. 39; Lodahl, »Auslandstourismus in den RGW-Ländern«, S. 102; dies., »Auslandstourismus im RGW«, S. 117.
77 Wolff, »Die Fremdenverkehrspolitik der DDR«, S.19.

Aus diesem Grund wies die DDR selbst im Vergleich mit anderen sozialistischen Staaten ein sehr geringes Maß an Hotelbetten auf:[78]

DDR	2,3 Hotelbetten/Tausend Einwohner
VRB	7,5 Hotelbetten/Tausend Einwohner
ČSSR	5,3 Hotelbetten/Tausend Einwohner
UVR	2,4 Hotelbetten/Tausend Einwohner

Träger von Hotels waren beispielsweise die Handelsorganisation (HO), die Konsumgenossenschaft, die Mitropa, die Wismut AG, der FDGB, einzelne Industriebetriebe oder LPG, Kirchen sowie das Reisebüro der DDR und die Vereinigung Interhotel.[79] In Privateigentum geführte Hotels unterschieden sich in solche auf Kommissionsbasis, die demnach eine Zwischenstellung zwischen privater und staatlicher Leitung einnahmen, sowie in rein private Unternehmen. Beide Formen zusammen machten einen geschätzten Anteil in Höhe von 25 Prozent der Gesamtbettenkapazität der Hotels in der DDR aus.[80] Auch in privatem Eigentum gehörten diese Hotels den entsprechenden Handels- und Gewerbekammern an und wurden durch die örtlichen Organe der Kreise und Bezirke angeleitet.[81]

Die Hotels mit mindestens zehn Betten wurden seit 1975 durch die Abteilung Handel und Versorgung der Räte der Kreise oder Bezirke in fünf Qualitätskategorien eingestuft:[82]

Hotel*	einfache Hotels
Hotel**	mittlere Hotels, deren Leistungsangebot für den Touristenverkehr geeignet ist
Hotel***	Hotels mit gutem Leistungsangebot, die den Anforderungen des Inlands- und des aktiven Auslandstourismus entsprechen
Hotel****	Hotels mit gutem bis sehr gutem Leistungsangebot, die entsprechend dem internationalen Niveau allen Anforderungen des Inlands- und des aktiven Auslandstourismus genügen
Hotel*****	Hotels mit allseitig ausgeprägtem, sehr gutem bis exklusivem Leistungsangebot

---

78 Vgl. Vergleich der Hotelbetten der DDR mit anderen sozialistischen Staaten (Stand 1974), ebd.
79 Vgl. Bundesministerium für innerdeutsche Beziehungen, *DDR-Handbuch (1)*, S. 600; Lübchen/Thiel, *Urlaub, Reisen, Camping*, S. 78.
80 Vgl. Bundesministerium für innerdeutsche Beziehungen, *DDR-Handbuch (1)*, S. 600.
81 Wernicke, »Neue Förderungsmaßnahmen«, S. 1307; Scherzinger, »Das Gaststättengewerbe in der DDR«, S. 296.
82 Vgl. Kreutzer, *In Gaststätte und Hotel*, S. 124.

An dieser Einordnung orientierten sich die Übernachtungspreise[83], denn für jede Kategorie existierte eine Preisklasse, die allerdings für Besucher aus dem sozialistischen und dem nichtsozialistischen Ausland sowie dem Inland differenziert war.[84]

Zimmervermittlung

Die Vermittlung und Zimmerbestellung konnte auf verschiedenen Wegen erfolgen. Ein Teil der Hotelkapazitäten war durch einen Reisemittler gebunden. Beispielsweise waren teilweise Betten in den Interhotels für den Feriendienst des FDGB reserviert oder Hotels des VEB Reisebüro der DDR wurden nur im Rahmen entsprechender Reisen vermittelt[85]. Es war jedoch auf individuellem Wege auch eine direkte Zusendung eines Zimmerwunsches an das Hotel möglich.[86] Ein Anspruch des Gastes entstand in diesem Fall durch Rücksendung einer schriftlichen Buchungsbestätigung innerhalb von zwei Wochen nach Bestellung. Kurzfristige Anmeldungen waren kaum zu realisieren.

Interhotels der DDR

Eine Besonderheit stellten die bereits erwähnten Interhotels der DDR dar.[87] Diese waren in der 1965 auf Anweisung des ZK der SED in Berlin gegründeten Vereinigung Interhotel organisiert. Die Vereinigung Interhotel war die größte Hotelvereinigung der DDR und unterstand wie auch andere Hotels dem Ministerium für Handel und Versorgung. Es handelte sich zunächst um zwölf 4- und 5-Sterne-Hotels mit etwa 2.500 Betten.[88] 1975 waren es bereits 24 Hotels. Bis 1989 wuchs diese Zahl auf 35 Hotels mit 16.800 Betten. Die Hotels waren vor allem für den Auslandsfremdenverkehr vorgesehen, doch in sieben Interhotels – zum Beispiel im Hotel ›Neptun‹ in Warnemünde[89] – stan-

---

83 Vgl. Lübchen/Thiel, *Urlaub, Reisen, Camping*, S. 80.
84 Vgl. Seidler, »Zur Entwicklung des Tourismus in der DDR«, S. 39; Deutsches Institut für Wirtschaftsforschung, *Handbuch DDR-Wirtschaft*, S. 226.
85 Vgl. Maron, »Hinter dem Tresen« (5/1975), S. 18.
86 Vgl. Lübchen/Thiel, *Urlaub, Reisen, Camping*, S. 79.
87 Die Interhotels in anderen sozialistischen Ländern stellen nur eine Namensgleichheit dar. Die Vereinigung Interhotel operierte nicht international. – Vgl. o.V., »Interhotel – nicht international«.
88 Vgl. dazu und im Folgenden: Klingst, »Als Hotelier im Dienste des Sozialismus«; Vereinigung Interhotel, *Interhotel-Katalog DDR*.
89 Vgl. Voigt, »Das Neptun-Hotel« (39/1974); Wenzel/Kaufmann, »FDGB-Ferienhotel ›Neptun‹ in Warnemünde«; Interhotel, *Ferien, Freizeit, frohe Tage*. Vgl. aus bundesrepublikanischer Sicht: O.V., »Der feinste Laden drüben« (3.10.1975).

den dem Feriendienst des FDGB seit Anfang der siebziger Jahre nach Maßgabe des Politbüros 50 bis 80 Prozent der Kapazitäten zu. Die wenigen gewerkschaftlichen Plätze wurden meist an Angehörige volkswirtschaftlich wichtiger Betriebe[90] und an ausgezeichnete Werktätige in einem »Knäuel aus Normerfüllung, Wohlverhalten oder einfach – Langmut«[91] vermittelt. Von den restlichen Interhotels wurden einige – zum Beispiel das Hotel ›Metropol‹ in Berlin – als reine Devisenhotels bewirtschaftet und waren daher DDR-Bürgern nicht zugänglich.[92]

Interhotels wurden im Bau häufig als Auslandsaufträge vergeben. Da sich mit den Bautechniken der DDR das erwartete internationale Niveau nicht erreichen ließ, ging man in den achtziger Jahren dazu über, ganze Hotelbauten im Ausland zu bestellen und von japanischen oder schwedischen Firmen errichten zu lassen.[93]

Die Interhotels verfügten über einen gehobenen Standard.[94] Um diesen auch versorgungstechnisch in einer zentralen Planwirtschaft mit bestimmten Mangelgütern gewährleisten zu können, wurden sie von der Zentralen Versorgungskommission in der Belieferung mit Engpassgütern vorrangig berücksichtigt.[95] In anderen Bereichen aber kam es zu den für die DDR typischen Erscheinungen: »Ungarische Salami, Wernesgrüner Bier, Letscho, Südfrüchte, Schinken, Ananaskonserven usw., das waren die Güter, die von unseren Technikern getauscht wurden, um Zement, Stahl, Schweißgeräte, Tapete, Farbe oder Armaturen zu erhalten.«[96] Und: »Mein Hotel in Chemnitz, dem ich als Direktor in den letzten Jahren der DDR und danach bis 1998 vorstand, wird heute mit drei Mann in der Haustechnik betrieben. Zu DDR-Zeiten beschäf-

---

90 Vgl. o.V., »Mehr Reiseschecks für Kinderreiche« (1.12.1972).
91 Köhler, *Sie werden plaziert!*, S. 154.
92 Vgl. Klingst, »Als Hotelier im Dienste des Sozialismus«, S. 228; Seidler, »Zur Entwicklung des Tourismus in der DDR«, S. 39; Deutsches Institut für Wirtschaftsforschung, *Handbuch DDR-Wirtschaft*, S. 226. Daher auch der Begriff ›Devisenbagger‹. – Vgl. Borkowski, »Reisefreiheit im Ostblock«, S. 99.
93 Vgl. Köhler, *Sie werden plaziert!*, S. 153; Klingst, »Als Hotelier im Dienste des Sozialismus«, S. 227; Gohl, *Deutsche Demokratische Republik*, S. 242; *Hotelstudie Hotel Weimar, Hotel Schwerin*, BArch DL1 26427, unpag.
94 Vgl. »Urlaub im ›Neptun‹ ist ein besonderer Urlaub, mit den speziellen Attraktionen, der speziellen Atmosphäre eines großen guten Hotels. Das Angebot ist mannigfaltig: Unterhaltungsveranstaltungen, Vorträge, Theaterabende, Modeschauen, Sportfeste, Seefahrten, Spezialitätenbuffets, asiatische, schwedische, englische, russische; Schlachtfeste. Dazu die Einrichtungen des Hauses: Bibliothek, Kegelbahn, Minigolfanlage, Swimmingpool, Sauna, Solarium, Massageraum, Meeresbrandungsbad, Fitnesshalle, Sonnenterrasse, zwei Restaurants, die Milchbar, das Café, der Goldbroiler, die Discothek, eine Nachtbar, eine Hallenbar.« – Voigt, »Das Neptun-Hotel«, (39/1974), S. 8.
95 Vgl. Klingst, »Als Hotelier im Dienste des Sozialismus«, S. 230.
96 Ebd., S. 226.

tigten wir sage und schreibe – Sie glauben es nicht – 28 Mann! Die Erklärung der Differenz ist einfach. Wir waren quasi Selbstversorger und mussten alles alleine nicht nur reparieren, sondern teilweise auch produzieren.«[97]

V.3 Privatquartiere

Nur schwer zu beschreiben ist der Markt für Privatunterkünfte in der DDR. Die private Vermietung von Zimmern, Bungalows und Wohnungen war vermutlich weit verbreitet[98], doch blieb sie weitgehend im Dunkeln. Der Staat forderte schon aufgrund der höheren Planungssicherheit gemeldeter Quartiere eine genaue Erfassung sowie zentrale Verwaltung und Vermittlung dieser Kapazitäten, die sich jedoch nicht durchsetzen ließ.[99]

Private Vermietungen gingen bis 1970 stark zurück, da seitens des FDGB zunächst die Vermietung an den Feriendienst erzwungen und diese später durch die gesicherten Mieteinnahmen der Privatanbieter auch attraktiv wurde.[100] Einige vormals bedeutende Fremdenverkehrsorte allerdings erholten sich kaum von dieser Umstrukturierung. Ein Beispiel ist Eibenstock, eine westerzgebirgische Kleinstadt:

»Die Stadt Eibenstock selbst hatte ihren hervorragenden Ruf als Fremdenverkehrsort spätestens Anfang der achtziger Jahre des 20. Jahrhunderts wohl vollends verloren. Freie Unterkünfte waren praktisch kaum erhältlich, da das ›Bühlhaus‹ nur über die Baufirma aus Leipzig belegt wurde und der ›Ratskeller‹ erst ab 1984 einige Betten über das Reisebüro der DDR belegen konnte. [...] Da in der DDR Reisen fast ausschließlich nur über die Gewerkschaften und Betriebe [organisiert wurden], [...] hatte der Sektor Privatvermietung in Eibenstock seine Daseinsberechtigung verloren. Im Umfeld der Stadt gab es [...] einige wenige, meist in sich geschlossene Objekte. Vielfach waren deren Gastronomie oder kulturelle Veranstaltungen auch nicht für die Öffentlichkeit zugänglich. Da in Eibenstock keine touristisch relevante Infrastruktur für die Freizeit der Gäste mehr vorhanden war, [...] spielte sich kaum noch ein öffentliches touristisches Leben ab.«[101]

---

97 Ebd., S. 229.
98 Das Phänomen wurde in der Literatur zahlreich aufgegriffen. Vgl. dazu und im Folgenden: Hönsch,»Probleme der Naherholung im Umland ausgewählter Städte der DDR«, S. 66; Wagner, »Aktuelle Probleme der Leitung und Planung«, S. 50; Deja-Lölhöffel, *Freizeit in der DDR*, S. 45; Werz,» ›Tausche Ostseeküste gegen Thüringer Wald‹« (13.8.1983).
99 Vgl. Queck,»Aktuelle Probleme der Leitung und Planung«, S. 28.
100 Selbach,»Reise nach Plan«, S. 68; *Bericht des BAT im Bezirk Dresden für 1988*, BArch DL1 26585, unpag.
101 Stadt Eibenstock, *850 Jahre Bergstadt Eibenstock*, S. 158.

Privatzimmer wurden meist auf informellen Wegen Gästen zum Gebrauch überlassen, sei es auf der Grundlage von Tauschbeziehungen, durch persönliche oder vermittelte Bekanntschaft, ein Verwandtschaftsverhältnis oder Ähnliches. Zum Teil wurden die Vermietungsabsichten durch die örtliche Touristische Informationseinrichtung (TIE) oder in Zeitungen und Zeitschriften bekannt gemacht.[102] Es gab jedoch auch Angebote, die die hohe Nachfrage auf fast kriminelle Art ausnutzten. So wurde beispielsweise im Januar 1989 folgender Fall an die Generalstaatsanwaltschaft der DDR weitergeleitet:

»Unser Kollektiv, die Erzieherinnen der Kinderkrippe Espenhain, möchte sich mit folgendem Anliegen an Sie wenden. Eine Kollegin unseres Kollektivs bewarb sich um eine Ferienunterkunft an der Ostsee aus der Zeitschrift *Wochenpost*. Auf Ihre Bewerbung erhielt sie folgenden Antwortbrief. [...] Werte Familie, Sie bewarben sich bei mir um einen Urlaubsplatz für den Sommer 1989. Auf meine Annonce erhielt ich bisher über 500 Zuschriften. Nach irgendeinem Gesichtspunkt muß ich auswählen. Sie werden sicher verstehen, daß ich meine persönlichen Interessen dabei in den Vordergrund stelle. In den Jahren 1989–1991 habe ich umfangreiche Baumaßnahmen auf meinem Grundstück vorgesehen. [...] Ich bevorzuge bei der Auswahl meiner Urlauber Partner, die mir bei der Materialbeschaffung bzw. Baudurchführung behilflich sein können.«[103]

Besser sah die Situation bei individuellen Auslandsreisen aus. Viele Privatpersonen errichteten beispielsweise in der ČSSR oder Ungarn Privatquartiere für die Vermietung an Urlauber, auch aus der DDR. Eine Reservierung war entweder direkt oder über die Fremdenverkehrsbüros der jeweiligen Länder möglich.[104]

V.4 Kinder- und Jugenderholung

Im Unterkapitel III.2 über die gesetzlichen Grundlagen des Tourismus von DDR-Bürgern wurde bereits deutlich, dass der Staat umfänglich für die Kinder- und Jugenderholung sorgte.[105] Sowohl das Jugendgesetz der DDR als auch die Anordnungen über die Entwicklung der Feriengestaltung der Schüler

---

102 Vgl. Oehler, *Erholungswesen*, S. 43f. Waha, »Urlaub zu Hause oder in den Bruderländern« (30.6.1983).
103 Merkel, ›*Wir sind doch nicht die Mecker-Ecke der Nation*‹, S. 179–181.
104 Vgl. Irmscher, »Alltägliche Fremde«, S. 56.
105 Diese Selbstsicht wurde auch offensiv medial verwertet, zum Beispiel in Schulbüchern. Vgl. »Klaus erzählt gern von seinen Ferien. Im vorigen Jahr war er an der Ostsee. Mutters Betrieb hat dort ein Ferienheim. [...] In diesem Jahr darf Klaus nach Thüringen in ein Pionierlager fahren. [...] Wer sorgt in unserer Republik dafür, daß alle Kinder frohe Ferien verleben können?« – Krowicki, Maria, *Unsere Fibel*, Berlin 1969, S. 102.

und Studenten sowie die Urlaubsgestaltung der Lehrlinge unterstrichen diesen Anspruch auf gesellschaftliche Verantwortungsübernahme. Insbesondere Formen der kollektiven Feriengestaltung wurden besondere Vergünstigungen eingeräumt. Jedoch lag diese Gestaltung nicht nur im Interesse des Staates, sondern wurde – insbesondere bei jüngeren Kindern – ebenso von den meist berufstätigen Eltern gewünscht, für die eine außerhäusige Betreuung in der Ferienzeit unabdingbar war.

Abgesehen von privaten Reisemöglichkeiten der Kinder und Jugendlichen mit oder ohne Eltern auf individueller Basis oder organisiert durch einen der bereits beschriebenen Reiseanbieter [106] gab es daher für Schulkinder die Möglichkeit, an den örtlichen Ferienspielen [107] teilzunehmen oder in ein Ferienlager zu fahren. [108] Auch für Jugendliche gab es entsprechende ›Ferienlager‹, allerdings unter anderen Bezeichnungen.

Diese Möglichkeit der Freizeitgestaltung nahmen 1974 erstmals mehr als eine Million Kinder wahr. [109] Für 1980 spricht Meinolf Rohleder von zweieinhalb Millionen Kindern und Jugendlichen, die »an einer Form der organisierten Feriengestaltung« teilnahmen. [110] Davon waren laut seinen Angaben eine Million Ferienlageraufenthalte, aufgeteilt in 800.000 Plätze in Betriebsferienlagern, 100.000 Plätze in Zentralen Pionierlagern, 80.000 Plätze für Schüler ab 14 Jahren in Lagern der Erholung und Arbeit, der Rest betraf Plätze in Sport-, Spezialisten- oder Schulungslagern. Weiterhin zählt er mehr als 40.000 Studenten im Studentensommer auf. Der Band *Die DDR stellt sich vor* beziffert die Lageraufenthalte für 1983/84 auf etwa zwei Millionen in circa 5.000 Betriebsferienlager und 48 Zentralen Pionierlagern. [111] In der *Monatsschrift des FDGB* vom Juni 1987 ist von 800.000 Teilnehmern an 5.000 Betriebsferienlagern, 49 Zentralen Pionierlagern und 27 Spezialistenlagern die Rede. [112]

---

106 Ausführlicher wurden bereits die Angebote von Jugendtourist, das Jugendcamping und Jugendhotels beschrieben.

107 Diese Form wird im Folgenden nicht weiter betrachtet, da sich die vorliegende Arbeit mit dem Reisen beschäftigt und die örtlichen Ferienspiele einen Verbleib am Wohnort bedeuteten. Dort wurde ein tägliches Programm für Kinder der Klassenstufen eins bis fünf durchgeführt. Die Organisation oblag den Schulen. – Vgl. Deja-Lölhöffel, *Freizeit in der DDR*, S. 35.

108 Vgl. folgende Übersichtsdarstellung: Brandenburg, »Feriengestaltung für Kinder und Jugendliche in der DDR«, S. 160–168.

109 Vgl. Baum, »Feierliche Appelle zum Feriensommerbeginn« (10.7.1974).

110 Vgl. dazu und im Folgenden: Rohleder, »Fremdenverkehr in der DDR«, S. 46.

111 Vgl. Panorama DDR, *Die DDR stellt sich vor*, S. 252. Die Zahlen werden in ähnlicher Form wiederholt bei: Deja-Lölhöffel, *Freizeit in der DDR*, S. 35.

112 Vgl. o.V. »Hurra – bald sind Ferien!« (6/1987), S. 7.

Die Teilnehmer wurden in diesen Lagern durch ›Ferienhelfer‹ betreut.[113] Es handelte sich dabei um Pädagogen, Pionierleiter, Werktätige aus Betrieben und anderen Einrichtungen, Schüler der Klassen neun bis zwölf sowie Studenten. Sie wurden nach entsprechenden Schulungen als Lager-, Gruppen- oder Arbeitsgemeinschaftsleiter, als Rettungsschwimmer sowie Wirtschaftskräfte eingesetzt.[114] Einige Eltern begleiteten auf diese Art ihre Kinder ins Ferienlager. Betätigten sie sich als Betreuer, so hatte dies mehrere Vorteile: Die eigenen Kinder bekamen garantiert einen Platz, das entsprechende Elternteil konnte einen Teil der Ferien mit den Kindern gemeinsam verbringen; und die Betreuung galt als gesellschaftliche Arbeit, für die man vom Betrieb freigestellt wurde und die man vergütet bekam.[115]

In den Ferienlagern ohne spezifische Ausrichtung oder Arbeit und in den örtlichen Ferienspielen bestanden neben der Erholung mögliche Aktivitäten[116] in der Erfüllung der jährlich ausgegebenen FDJ- und Pionieraufträge, in wehrsportlichen und touristischen Aktionen[117], gesellschaftlich-nützlichen Hilfeleistungen, technischen und naturwissenschaftlichen sowie geistig-kulturellen Beschäftigungen[118], um die »allseitige Persönlichkeitsentwicklung jedes Kindes und Jugendlichen […]«[119] zu fördern. Die von den Massenorganisationen unterhaltenen 42 Stationen junger Touristen (1970)[120] beispielsweise organisierten jährlich eine Ferienexpedition.[121] Diese Großveranstaltung mit durchschnittlich einer bis eineinhalb Millionen Teilnehmern konnte von jedem Ferienort aus gestartet werden. Sie stand jährlich unter einem anderen Motto, beispielsweise die Ferienexpeditionen ›Lenins Träume werden wahr‹ (1970)[122] und ›Mit dem Pionierexpress DDR 25‹ (1974, darunter Teilbereiche: ›Aus der

---

113 Brigitte Deja-Löhöffel spricht von etwa 250.000 Ferienhelfern für ca. eine Million Kinder und Jugendliche in den Ferienlagern im Jahr 1980. – Vgl. ebd.
114 Vgl. Winkler, *Lexikon der Sozialpolitik*, S. 158.
115 Vgl. Deja-Löhöffel, *Freizeit in der DDR*, S. 35.
116 Vgl. beispielhaft Programm eines Ferienlagers im *Anhang 23*.
117 Die Stationen junger Touristen beispielsweise ermöglichten den Erwerb des ›Touristenabzeichens‹ oder des touristischen ›Fünfkampfabzeichens‹ durch die Kinder. Als Beitrag zur paramilitärischen Wehrerziehung bereits für die jüngeren Pioniere fand jedes Jahr ein Pioniermanöver statt.
118 Vgl. Bundesvorstand des FDGB, *Handbuch für das Betriebsferienlager*. S. 14; Winkler, *Lexikon der Sozialpolitik*, S. 229; o.V., »Ferienvorbereitung auf lange Sicht« (5–6/1971); o.V., »Pioniersommer '75«.
119 Winkler, *Lexikon der Sozialpolitik*, S. 229.
120 Die Zentralstation war die ›Junge Garde‹ in Karl-Marx-Stadt, heute Chemnitz.
121 Vgl. dazu und im Folgenden: Kassel, »Touristik in der DDR«, S. 1000. Vgl. als Beispielchronik die Entwicklung der Station junger Touristen in Gera, 31.10.2005, http://www.sjt.jetzweb.de/seiten/chr.htm.
122 Vgl. o.V., »Signal Nr. 1 ruft zur Ferienexpedition 1970« (2.6.1970).

Geschichte lernen‹, ›Grüße an die Leninpioniere‹ und ›Ernst Thälmann, unser Vorbild‹)¹²³. Die Expeditionen beinhalteten »[...] die vielfältigsten Möglichkeiten, Brennpunkte des sozialistischen Aufbaus und Kampf- und Gedenkstätten der revolutionären Arbeiterklasse und der Sowjetarmee kennen zu lernen. Ihr könnt Verbindung aufnehmen zu Produktionskollektiven, Arbeiterveteranen, Angehörigen der bewaffneten Organe u.a. Auch Kultur- und Sportveranstaltungen sollten nicht zu kurz kommen. Die Expeditionsmärsche bieten viele Möglichkeiten zur Aneignung von sportlichen und touristischen Grundkenntnissen.«¹²⁴ Ein (propagandistischer) Höhepunkt der jeweiligen Ferienexpedition war das ebenfalls jährlich in einer Stadt der DDR abgehaltene Pioniertreffen.

Die Organisation der Ferienlager oblag dem Zentralen Ferienausschuss beim Amt für Jugendfragen im Ministerrat der DDR sowie den Ferienausschüssen der Bezirke, Kreise, Städte und Gemeinden, die im Bereich Volksbildung angesiedelt waren.¹²⁵ Ein jährlicher Erfahrungsaustausch erfolgte zudem in so genannten Ferienkonferenzen beim Bundesvorstand des FDGB.¹²⁶ Diese koordinierten die Zusammenarbeit der staatlichen, gewerkschaftlichen und FDJ-Leitungsgremien. Zuständig waren – am Beispiel der Betriebsferienlager¹²⁷ – weiterhin die Bezirks- oder Kreisvorstände des FDGB für die Lagerleiterschulung, die Bildung von Kooperations- und Interessengemeinschaften vor allem von Klein- und Mittelbetrieben, für Werterhaltungsmaßnahmen sowie die jährliche Durchführung von Ferienkonferenzen¹²⁸; die Betriebsgewerkschaftsleitungen für die Verteilungskriterien, den jährlichen Ferienplan, die Überwachung der verstärkten Nutzung örtlicher Reserven sowie die Bedarfsprognose¹²⁹ und die Kinderkommission als ehrenamtliches beratendes Organ für die Auswahl der Ferienhelfer sowie der teilnehmenden Kin-

---

123 Vgl. Baum, »Feierliche Appelle zum Feriensommerbeginn« (10.7.1974); o.V., »Mit dem Pionierexpress DDR 25 in die Sommerferien« (4/1974), S. 3; Hebecker, »Pioniersommer«, (13–14/1974), S. 3
124 O.V., »Signal Nr. 1 ruft zur Ferienexpedition 1970« (2.6.1970).
125 Vgl. Bundesvorstand des FDGB, *Handbuch für das Betriebsferienlager*, S. 9.
126 1984 trafen sich zu diesem Zweck etwa 250 Gewerkschaftsfunktionäre, Lagerleiter, Gruppenleiter und Ferienhelfer in Halle. – Vgl. o.v., »800000 Schüler fahren in ein Betriebsferienlager«, (24.2.1984). Diese Konferenzen fanden ebenfalls auf Bezirksebene statt. – Vgl. Heese, »Frohe Ferientage für alle Kinder«, (3.3.1972), S. 9.
127 Vgl. »Gewerkschaftliche Maßnahmen zur Vorbereitung und Durchführung der Feriengestaltung 1979 in den Betriebsferienlagern. Beschluß des Sekretariats des Bundesvorstandes des FDGB vom 31. Januar 1979«, S. 11f.
128 Vgl. Bundesvorstand des FDGB, *Handbuch für das Betriebsferienlager*, S. 22f.
129 Vgl. ebd., S. 24ff.

der[130]. Für zentrale Lager der Pioniere und FDJler waren zudem die entsprechenden Pionier- und Jugendorganisationen verantwortlich. [131] Konkrete Durchführungsbestimmungen ergaben sich aus zahlreichen gesetzlichen Grundlagen, wie den Statuten der Pionierorganisation und der FDJ, der Fürsorge- und Aufsichtsordnung, der Badeordnung, des Gesetzes über den Brandschutz, der Verordnung über das Verhalten im Straßenverkehr, den Bedingungen zum Erwerb des Touristenabzeichens und des Schwimmabzeichens der DDR und vielem mehr.[132]

Die finanziellen Aufwendungen für alle Lagerformen betrugen 1965 circa 165 Millionen Mark, 1970 bereits über 200 Millionen Mark, 1974 waren bereits 300 Millionen Mark angegeben.[133] Dieser Satz stieg auch in den achtziger Jahren stetig – beispielsweise etwa 700 Millionen Mark 1987[134] –, während sich die von den Eltern zu zahlenden Anteile kaum veränderten. Zwar finden sich verschiedene Angaben, die jedoch alle in einem niedrigen Beteiligungsbereich liegen. So ist 1984 von zwei bis vier Mark je Kind und Woche für Unterkunft und Verpflegung die Rede[135], aber auch von zwölf bis 30 Mark je nach Einkommen der Eltern und Anzahl der Kinder im Haushalt in der Mitte der achtziger Jahre[136] sowie im *Handbuch für das Betriebsferienlager* von symbolischen 15 Mark[137].

Zur Teilnahme an den Ferienlagern sowie an den örtlichen Ferienspielen existierte für jedes Kind ein Teilnehmerheft, in das persönliche Daten, Gesundheitsinformationen, Befähigungsnachweise (Schwimmstufen, Sanitätsausbildung, Brandschutz- und Verkehrshelfer) und gegebenenfalls Befunde des Arztes im Ferienlager eingetragen wurden.[138]

---

130 Die Kinderkommission bestand aus Mitgliedern der Abteilungsgewerkschaftsleitung und der Gewerkschaftsgruppen, einem Vertreter der staatlichen Leitung und einem Vertreter der FDJ. Ihre Tätigkeit gründet sich auf die Verpflichtung des Betriebes laut Paragraph 234 des Arbeitsgesetzbuches der DDR, »unter Ausnutzung aller Möglichkeiten den Kindern seiner Werktätigen eine erholsame Feriengestaltung in Betriebsferienlagern oder durch andere Formen der Kinderferienerholung zu sichern.« – Vgl. ebd., S. 9.
131 Vgl. zur Geschichte dieser Lager in der frühen DDR: Ansorg, *Kinder im Klassenkampf*, S. 109–118.
132 Vgl. Schniggenfittig u.a., *Der Gruppenleiter im Ferienlager*, S. 185–202. Auch die gesundheitliche Fürsorge stand im Interesse des Staates. – Vgl. Sauer, »Mir geht es gut« (6/1970).
133 Vgl. Baum, »Feierliche Appelle zum Feriensommerbeginn« (10.7.1974); o.V., »Frohe Ferientage für alle Kinder«.
134 Vgl. o.V., »Hurra – bald sind Ferien!«, S. 7.
135 Vgl. Panorama DDR, *Die DDR stellt sich vor*, S. 252.
136 Vgl. Deja-Lölhöffel, *Freizeit in der DDR*, S. 35.
137 Vgl. Bundesvorstand des FDGB, *Handbuch für das Betriebsferienlager*, S. 10.
138 Vgl. *Teilnehmerheft für Schüler und Lehrlinge an der Feriengestaltung der Deutschen Demokratischen Republik*, Druckerzeugnis von 1983, Privatbesitz Anke Assig.

In den einzelnen Typen von Ferienlagern, die im Folgenden vorgestellt werden, finden sich rekreative und Arbeitsaspekte nebeneinander.[139] Die Betriebsferienlager stellten die umfangreichste organisierte Ferienform mit Lagercharakter in der DDR dar.[140] In ihnen stellten Betriebe Plätze für Kinder ihrer Angestellten in eigenen Erholungseinrichtungen bereit. Die Nachfrage war stets hoch, denn »wir freuten uns auf das Ferienlager. Da kannten wir alle aus den letzten Durchgängen und fanden das Leben trotz Exkursionen, Fahnenappell, Zwanzig-Mann-Zimmern und vierzehn Tagen Kamillentee immer ziemlich aufregend.«[141]

Durch den Ausbau der Kapazitäten und die Senkung der Aufenthaltsdauer von in den sechziger Jahren meist 21 Tagen auf in den siebziger und achtziger Jahren 14 Tage wurden höhere Teilnehmerzahlen möglich. So konnten etwa im Jahr 1975 circa 650.000 Kinder in 3.500 Betriebsferienlagern[142], im Jahr 1984 dann schon circa zwei Millionen Kinder in 5.000 Betriebsferienlagern einen Teil ihrer Sommerferien verbringen.

Betriebsferienlager

Die Betriebsferienlager wurden hauptsächlich aus dem Staatshaushalt und den finanziellen Mitteln der Betriebe und des FDGB finanziert. Dafür standen – bedingt durch den steten Anstieg der Teilnehmerzahlen – immer größere Summen zur Verfügung. Die Betriebe bestritten mit diesen Summen die Ausstattung und Unterhaltung der Ferienlager, die Sicherheitsleistungen beim Transport und Aufenthalt der Kinder sowie die Vergütung der durch sie freigestellten pädagogischen, medizinischen und technischen Kräfte.[143]

Der Ferienerholung von Beschäftigten von Betrieben und Organisationen im nichtmateriellen Bereich sowie von Klein- und Mittelbetrieben galt ein besonderes staatliches Augenmerk. Da diese Betriebe keine Möglichkeit hatten, eigene Lager zu errichten, wurden sie unterstützt, entweder durch den Bau von zentral für einen bestimmten Wirtschaftssektor errichteten Kinderlagern – zum Beispiel das der Gewerkschaft Unterricht und Erziehung für die Kinder von Lehrern, Erziehern und Schulangestellten[144] – oder durch Kooperations-

---
139 Vgl. ebd.
140 Vgl. Bundesvorstand des FDGB, *Handbuch für das Betriebsferienlager*, S. 9.
141 Hensel, *Zonenkinder*, S. 103.
142 Vgl. o.V., »Abenteuer und Kinderlachen am Serwestsee« (1.8.1975).
143 Vgl. Rasenberger, »Unser Betriebsferienlager«, S. 171.
144 Vgl. Jonas, »Ferien in Glowe« (31/1977).

beziehungen zu großen Betrieben, die entsprechende Kontingente bereitstellten[145].

In einigen Betriebsferienlagern organisierten die Betriebe oder der FDGB einen internationalen Austausch mit Kindern aus anderen sozialistischen Ländern[146] oder solchen von Gewerkschaftsmitgliedern oder Anhängern der entsprechenden kommunistischen Parteien aus kapitalistischen Ländern[147]. Dies erfolgte auf unterschiedlicher Basis, wie Abkommen zwischen verschiedenen Parteien, Partnerschaftsbeziehungen zwischen Einzelbetrieben[148] oder aber (wie im Falle der Volksrepublik Polen) auf der Grundlage einer Regierungsvereinbarung[149].

Die zentrale Planung wurde jährlich im Zentralen Ferienausschuss vorgenommen und mittels eines Beschlusses des Bundesvorstandes des FDGB[150] an die einzelnen Betriebe übermittelt. Ihnen oblag dann die konkrete Ausgestaltung in Form von Lagerplanung und der Aufstellung von Ferienplänen für einzelne Gruppen durch die Ferienhelfer. Die Betriebsferienlager sollten verschiedene Aufgaben erfüllen. Einerseits sollten sie Betreuung und Erholung der Kinder gewährleisten, andererseits kollektives Leben trainieren sowie erziehen und bilden. Dabei galt es von Seiten des Staates, vor allem für letzteres zu sorgen. In den Ferienlagern sollte der Erziehungsprozess durch politische, sportlich-touristische, kulturell-ästhetische, naturwissenschaftlich-technische, gesellschaftliche und wehrpolitische Aktivitäten gefördert werden.[151]

---

145 Vgl. Bundesvorstand des FDGB, *Handbuch für das Betriebsferienlager*, S. 10.
146 Vgl. ebd.
147 Vgl. »Als Ausdruck der Klassensolidarität organisieren die Gewerkschaften auch Aufenthalte von Arbeiterkindern aus kapitalistischen Ländern in den Betriebsferienlagern.« – Ebd., S. 10f.
148 Vgl. o.V., »Feriensommer '74 ganz international« (4.8.1974).
149 Vgl. o.V., »Von der herzlichen Gastfreundschaft waren wir begeistert« (21.8.1985).
150 Vgl. beispielhaft: »Gewerkschaftliche Maßnahmen zur Vorbereitung und Durchführung der Feriengestaltung 1979 in den Betriebsferienlagern. Beschluß des Sekretariats des Bundesvorstandes des FDGB vom 31. Januar 1979«.
151 Vgl. Rauh/Schniggenfittig, *Zu den Zielen und Aufgaben der Feriengestaltung*; Schniggenfittig u.a., *Der Gruppenleiter im Ferienlager*; Abteilung Kinder- und Jugendsport, *Ziele und Aufgaben des Sports*; Nemson, *Die kulturell-ästhetische Bildung und Erziehung*. Vgl. ergänzend Beispiel eines Betriebsferienlagers in Jerchel 1979 im *Anhang 24*.

Zentrale Pionierlager

Die Ferienaufenthalte in den 48 bis 51 Zentralen Pionierlagern der DDR[152] wurden für Thälmann-Pioniere – also Schüler der Klassen vier bis sieben – angeboten. Die Ferienlager wurden zum Teil – ihres Charakters wegen – auch als Internationale Sommerlager der Pioniere bezeichnet. Das Vorbild dieser Ferienlagerform war das sowjetische Pionierlager ›Artek‹ auf der Halbinsel Krim, in dem jährlich das Allunionstreffen der Leninpioniere durchgeführt wurde. Auch in anderen sozialistischen Ländern wurden internationale Sommerlager abgehalten. Eine Teilnahme von Pionieren aus der DDR betraf jährlich nur wenige hundert Kinder, sie wurde jedoch propagandistisch als Idealform sozialistischer Kinder- und Jugendarbeit aufgewertet.[153]

	Lager	Plätze	betreute Kinder
Berlin	4	2.517	7.844
Cottbus	3	1.900	5.754
Dresden	3	2.250	6.916
Erfurt	3	3.000	0.094
Frankfurt	2	1.850	5.518
Gera	2	1.150	3.575
Halle	6	4.800	14.011
Karl-Marx-Stadt / Chemnitz	5	3.050	9.287
Leipzig	4	2.800	8.505
Magdeburg	3	2.500	7.738
Neubrandenburg	3	2.500	7.529
Potsdam	3	1.900	5.859
Rostock	4	3.720	11.422
Schwerin	2	1.600	4.733
Suhl	1	1.000	3.136

Tabelle 19: Zentrale Pionierlager nach Plätzen und betreuten Kindern im Jahr 1987
(Statistisches Jahrbuch der DDR, 1988, S. 335.)

---

152 Vgl. für Eindrücke aus einzelnen Pionierlagern die folgenden zeitgenössischen Dokumente, auch im Folgenden: Leitung des Zentralen Pionierlagers ›Martin Andersen Nexö‹, *Wissenswertes für Teilnehmer*; Leitung des Zentralen Pionierlagers ›Raymonde Dien‹, *Wissenswertes für Teilnehmer*; Sakuth, »Das war der Punkt aufs ›i‹« (6./7.8.1976); Schumann, »Die Geschichte der Budjonny-Mützen« (24./25.7.1976); o.V., »Feriensommer '74 ganz international« (4.8.1974); Baum, »Feierliche Appelle zum Feriensommerbeginn« (10.7.1974); Funke, »Jelena, Stefan, Sascha« (17.8.1973); o.V., »Ferienfreuden für Kinder aus elf Ländern in Prerow« (8.7.1970).
153 Vgl. Klingsieck, »Babylonisches Sprachgewirr« (7.8.1975).

Die Finanzierung erfolgte aus dem Staatshaushalt, aus Mitteln der Gewerkschaft und der Betriebe. Letztere übernahmen die Rechtsträgerschaft der Lager, sodass sie für die Erhaltung, Entwicklung, Modernisierung / Rekonstruktion zuständig waren.[154] Dies geschah in Übereinstimmung mit dem Rat des jeweiligen Bezirks, in dem sich das Lager befand, dem Zentralrat der FDJ und den dem entsprechenden Betrieb übergeordneten Organen. Die Ziele und Aufgaben der Zentralen Pionierlager wurden seit dem 17.3.1983 in einer besonderen *Anordnung über Zentrale Pionierlager* festgelegt. Die Teilnahme erfolgte durch Delegierung und war daher als Auszeichnung zu verstehen. Dies galt umso mehr für die Aufenthalte während des Schuljahres, die als Schulungen von Pionierräten zu verstehen waren.

Die zentralen Pionierlager wurden nach bedeutenden Persönlichkeiten der sozialistischen Entwicklung benannt. So beispielsweise (30 von 48 Lagern):

Oybin ›Rudi Arndt‹
Friedrichsbrunn ›Erich Weinert‹
Weißwasser ›Philipp Müller‹
Graal-Müritz ›Martin Andersen Nexö‹
Pionierrepublik ›Wilhelm Pieck‹ am Werbellinsee
Bollmannsruh ›Bruno Kühn‹
Bertingen ›Friedrich Engels‹
Frauensee ›Michail Iwanowitsch Kalinin‹
Pabstdorf ›Klement Gottwald‹
Stolberg ›Soja Kosmodemjanskaja‹
Güntersberge ›Werner Seelenbinder‹
Seifhennersdorf ›Rosa Luxemburg‹
Tannenbergsthal ›Hanno Günther‹
Brodowin ›Anton Semenowitsch Makarenko‹
Wilhelmsthal ›Maxim Gorki‹

Bad Saarow ›Lilo Hermann‹
Schneeberg ›Wilhelm Pieck‹
Wetterathal/Raila ›Ernst Thälmann‹
Tarnewitz ›Mathias Thesen‹
Prebelow ›Wilhelm Florin‹
Trassenheide ›Raymonde Dien‹
Zschorna ›Olg Koschewoi‹
Eckartsberga ›Nikolai Ostrowski‹
Arendsee ›Karl Liebknecht‹
Prerow ›Kim Ir Sen‹
Gross Köris ›Heinrich Rau‹
Templin ›Klim Woroschilow‹
Lenz ›Fritz Heckert‹
Reinhardsbrunn ›Georgi Dimitroff‹
Bertingen ›Friedrich Engels‹

Zwei Zentrale Pionierlager wurden stets besonders hervorgehoben. Dies war zum einen das Lager ›Klim Woroschilow‹ bei Templin.[155] Es war das älteste Zentrale Pionierlager der DDR. In der Tradition eines dort seit 1928 ansässigen Zeltlagers des Jungspartakusbundes für 500 Berliner Arbeiterkinder wurde es 1951 gegründet. Der sowjetische Partei- und Staatsfunktionär Klim Woroschilow[156] hatte die Patenschaft übernommen. Im Sommer wurden dort

---

154 Vgl. dazu und im Folgenden: Paragraph 2 der *Anordnung über Zentrale Pionierlager* vom 17.3. 1983.
155 Vgl. Räppel, »Heute wie vor 60 Jahren« (14/1988), S. 6f.
156 Eigentlich Kliment Jefremowitsch Woroschilow. – Vgl. (bereits von 1960, jedoch auf Deutsch erschienen): Eitner, » › Ehrwürdige Reliquie ‹ «, S. 588–592.

jedes Jahr in mehreren Durchgängen internationale Lager mit Leninpionieren, Komsomolzen, aber auch Pionieren aus anderen Staaten durchgeführt.[157] Zum anderen war es die auf einem drei Quadratkilometer großen Areal erbaute Pionierrepublik ›Wilhelm Pieck‹ am Werbellinsee bei Berlin.[158] Seit der Eröffnung 1952[159] wurden dort in der Schulzeit Pionierräte ausgebildet. Seit 1957 fanden in den Ferien Internationale Sommerlager statt. 1952 kamen ausländische Gäste aus Polen, Bulgarien und Griechenland. 1973 beispielsweise hielten sich dort bereits Pioniere und Kinderdelegationen aus 35 Ländern auf.

Die Sommerlager wurden seit 1960 im Auftrag des ›Internationalen Komitees der Kinder- und Jugendbewegungen‹[160] beim ›Weltbund der demokratischen Jugend‹ abgehalten, welches die Schirmherrschaft übernahm. Eine Teilnehmerin schreibt: »Kochno Dienstag, den 30. Mai, 2000 – 21:56: Ich habe den Sommer 1978 in der Pionierrepublik verbracht. Es war eine tolle Zeit mit vielen Kindern aus aller Welt. Selbst aus heutiger Sicht als Erwachsene möchte ich die Erinnerung daran nicht missen. Allerdings war alles sehr stark strukturiert. Fahnenappell, Diskussionsrunden etc.«[161]

Spezialistenlager

In so genannten Spezialistenlagern wurden besondere Talente der dorthin delegierten Kinder ab der Klassenstufe fünf in etwa zehntägigen Kursen gefördert.[162]

Aus thematischen Gründen war eine enge Zusammenarbeit der Schulen, der FDJ- und der Pionierorganisation mit Betrieben, Kombinaten und Hochschulen zwingend. Es gab beispielsweise Lager für junge Sportler zur Spartakiadevorbereitung, für Mitglieder jener schulischen Arbeitsgemeinschaften, die sich mit Natur- und Umweltfragen befassten, für musische Talente zur

---

157 Vgl. Erinnerungen französischer Pioniere: *Le camps de pionniers.* 29.10.2005, http://monsite.wanadoo.fr/AllemagneRDA/page3.html.
158 Vgl. dazu und im Folgenden: *Geschichte der Pionierrepublik.* 2.2.2007, http://www.ejb-werbellinsee.de/historie/index.html. Vgl. für Eindrücke die folgenden zeitgenössischen Dokumente, auch im Folgenden: Räppel,»Die drei Reisen von Doreen« (6/1988), S. 5; Lindemann, *Ich freu mich auf den nächsten Tag,* o.V., »Kinder aus aller Welt« (16.7.1976); o.V.,»Feste Freundschaft« (24.8.1974); o.V., »Vorbild war das Lager Artek« (24.8.1974); o.V., »Ausdruck enger Freundschaft« (16.7.1973).
159 Zur Eröffnung sagte Wilhelm Pieck:»Das hier ist eure Republik, sie gehört ganz und gar euch, den Jungen Pionieren.« – Zitiert bei: O.V., »Vorbild war das Lager Artek« (24.8.1974).
160 International Committee Children's Adolescents Movements (ICCAM)=Comité international des Mouvements d'Enfants et d'Adolescents (CIMEA).
161 Mühlberg/Schmidt, *Zonentalk,* S. 27.
162 Vgl. Paragraph 8 der *Anordnung über die weitere Entwicklung der Feriengestaltung der Schüler und Studenten sowie der Urlaubsgestaltung der Lehrlinge vom 1.9.1972,* BArch DY13 4253, unpag.

Vorbereitung auf neue Auftritte, im Verkehrs- und Brandschutz, im Sanitätswesen, für das Vertiefen einer Fremdsprache und zur Erlangung von Kenntnissen und Fertigkeiten in Grundberufen.[163] Eindrücke von diesen besonderen Fahrten wurden immer wieder in den Medien der DDR reflektiert, zum Beispiel in der Berliner Zeitung vom 28.3.1974:

»Die längste Seereise in der 16jährigen Geschichte Rostocker Pionierschiffe bereiten junge Matrosen vor. Die 10- bis 16-jährigen künftigen Fahrensleute gehen im Frühsommer mit der ›Seid bereit‹ auf Kurs nach Leningrad. [...] Bei der Freundschaftsfahrt entlang der Ostseeküste treffen die künftigen Fahrensleute mit jungen Matrosen aus Leningrad und Moskau zusammen, die mit ihrem Schiff bereits in Rostock zu Gast waren.«[164]

Auch in persönlichen Erinnerungen wird von diesen Erlebnissen gesprochen:

»Das MSG-Lager war im hinteren Teil eines großen Feriengeländes am Ufer eines Sees untergebracht. Wir schliefen in flachen Betonbauten direkt am Waldrand. Dort hatten wir vormittags Open-Air-Unterricht. [...] Nach einem Tag wusste ich, dass ich nirgendwo lieber sein wollte als hier. [...] Nach dem Unterricht machten alle, wozu sie Lust hatten. Da es ein besonderes Ferienlager mit sonderbaren Kindern war, wurde die Freizeitgestaltung locker gesehen. Ich kann mich nicht erinnern, dass wir irgendeinem Programm folgen mussten. Wenn ich an das Mathelager zurückdenke, sehe ich uns immer fröhlich und übermütig.«[165]

Weiterhin gab es Schulferienlager, auch Klassenfahrten fanden häufiger in der Ferienzeit statt.[166] Diese Freizeiten wurden von den Schulen in Zusammenarbeit mit den Patenbetrieben, den staatlichen Organen und Jugendtourist, das dafür spezielle Reiseprogramme im Angebot hatte, organisiert. Austauschlager mit Schulen in den jeweiligen Partnerstädten ermöglichten dabei Aufenthalte in anderen sozialistischen Ländern.[167]

Lager der Erholung und Arbeit

Für ältere Schüler ab 14 Jahren gab es seit 1966 in den Ferien die Möglichkeit, an einem – meist zweiwöchigen – Lager der Erholung und Arbeit teilzuneh-

---

163 Vgl. o.V., »Computertraining im Sommerlager« (3.8.1989); o.V., »Spezialistenlager ›1. Havelexpedition‹«, S. 34–37; o.V., »Jugendsinfonieorchester beendete Sommerlager«; Hafner, »Sommerlager an Sternwarte« (20.7.1982); o.V., *10 Jahre Spezialistenlager ›Bildende Kunst‹*; Kracht, »Mit Spaß dabei, wenn Spaß dabei ist« (27/1977), S. 7; Kohl, »Brigade Hölderlin«, (33/1977); o.V., »Sommerferienlager für junge Musiker« (20.8.1975).
164 O.V., »Junge Matrosen rüsten für größte Pionierschiff-Reise« (28.3.1974).
165 Rusch, *Meine Freie Deutsche Jugend*, S. 43f. Die Mathelager wurden von der Mathematischen Schülergesellschaft der DDR (MSG) an der Berliner Humboldt-Universität ausgerichtet. – Vgl. o.V., »Vorbereitung auf das Mathematiksommerlager« (18.6.1983).
166 Vgl. Panorama DDR, *Die DDR stellt sich vor*, S. 105–120; Friedrich-Ebert-Stiftung, *Urlaub und Tourismus* (1985), S. 28.
167 Vgl. Kittelmann, »Erlebnisreiche und frohe Ferien« (2.8.1976).

men.[168] Diese wurden durch die FDJ organisiert und von Betrieben, Genossenschaften und anderen ökonomischen Einrichtungen errichtet und unterhalten.[169] Auf Bezirks- und Kreisebene dienten diese der Arbeit auf Lohnbasis[170] und der organisierten Freizeit. Bewerben konnten sich ganze Kollektive und einzelne Schüler. Die Teilnehmerzahlen stiegen zwischen 1971 – etwa 20.000 Jugendliche – und Mitte der achtziger Jahre – etwa 100.000 Teilnehmer – stark an.[171] Die staatliche Propaganda sah darin vor allem das Motiv der sinnvollen Betätigung.[172] Für die Schüler aber waren auch andere Gründe von Bedeutung: die Möglichkeit, gemeinsam mit anderen die Ferienzeit zu verbringen oder Geld für die Erfüllung größerer Wünsche zu verdienen beispielsweise.

Die Teilnehmer arbeiteten täglich sechs Stunden, vor allem im Wohnungsbau, in der Forst- und Landwirtschaft (Erntehilfe, Melioration) sowie im Garten- und Landschaftsbau. Sie wurden bei ihren Vorhaben durch Lehrer und Meister der Arbeitsstätten betreut.

Weitere Formen

Aus heutiger Sicht nicht mehr als Urlaub zu klassifizieren sind die GST-Lager.[173] Diese Lager zur Wehrerziehung waren ab Anfang der achtziger Jahre ein Ferienlager für männliche Schüler der neunten Klasse in den Polytechnischen Oberschulen und der elften Klasse in den Erweiterten Oberschulen. Dort wurde in kompakter, zweiwöchiger Form die vormilitärische Ausbildung in Vorbereitung des Grundwehrdienstes bei der Nationalen Volksarmee

---

168 Vgl. für zeitgenössische Eindrücke die folgenden Dokumente: Massow, »Ferien in romantischer Wagenburg« (19.8.1977); Kittelmann, »Erlebnisreiche und frohe Ferien« (28.8.1976); Tchorrek, »Schüler wollen auch in den Ferien produktiv tätig sein« (32/1974); Baum, »Zur Erholung mal arbeiten« (18.6.1974); o.V., »Dieses Jahr fällt's aus« (6.6.1972); Rautenberg, »So ein Krümel war nicht vorgesehen, aber paßt« (14.9.1973).
169 Vgl. Paragraph 6 der *Anordnung über die weitere Entwicklung der Feriengestaltung der Schüler und Studenten sowie der Urlaubsgestaltung der Lehrlinge* vom 1.9.1972.
170 Die Vergütung entsprach der für die entsprechende Arbeit vorgesehenen Lohngruppe. Die gezahlten Löhne waren steuer- und sozialversicherungsabgabenfrei. Der Arbeitslohn lag Mitte der achtziger Jahre laut Brigitte Deja-Lölhöffel je nach Tätigkeit bei ca. 200 bis 300 Mark für zwei Wochen. – Vgl. Deja-Lölhöffel, *Freizeit in der DDR*, S.37.
171 Vgl. ebd.
172 Vgl. »Der Drang, sich auch außerhalb der Schule in den Ferien zu beweisen, anderen zu zeigen, was so alles in einem steckt, wird in den Lagern für Erholung und Arbeit in sinnvolle Bahnen gelenkt, die volkswirtschaftlich gesehen in hohen ökonomischen Ergebnissen münden.« – Baum, »Warum eigentlich Lager für Erholung und Arbeit?« (18.8.1973).
173 Vgl., allerdings sehr knapp zu diesem Aspekt: Heider, *Die Gesellschaft für Sport und Technik*. Vgl. für einen zeitgenössischen Eindruck: Rau, »Tage unter Tschapajews Kommando« (12.8.1975).

durchgeführt. Die tägliche Ausbildungszeit betrug neun Stunden, auch am Wochenende. Die Schülerinnen und entschuldigte beziehungsweise sich dieser Ausbildung verweigernde männliche Schüler verblieben währenddessen in der Schule und mussten dort einen Lehrgang in Zivilverteidigung absolvieren.

Die Sommerlager der FDJ entsprachen in etwa den Zentralen Pionierlagern. Auch hier war der politische Anspruch vorherrschend. Die dorthin delegierten Jugendlichen bereiteten sich im Lager auf ihre »[...] Aufgaben als FDJ-Funktionäre und junge Vertrauensleute von Lehrlingskollektiven im neuen Lehrjahr vor.«[174] Ebenso wie in den Pionierlagern gab es eine internationale Variante der FDJ-Sommerlager.[175]

Die Aktivitäten in den Lehrlingssommern, einer weiteren Form der kollektiven Freizeitgestaltung, wurden vor allem durch die staatlichen Organe für Berufsbildung, die FDJ und die Betriebsgewerkschaftsleitungen der ausbildenden Betriebe und Kombinate unterstützt. Bereits 1975 nahmen mehr als 100.000 Lehrlinge daran teil.[176] Die meisten von ihnen nahmen »[...] an Wanderfahrten teil, [weilten, H.W.] in Zelt- und Urlaubslagern sowie Jugendherbergen«[177].

Ähnliches bot der so genannte Studentensommer, in dem zum Beispiel 1974 30.000 Personen im Einsatz waren.[178] Jährlich wurden dafür zwischen Betrieben / Kombinaten und den FDJ-Leitungen der einzelnen Hochschulen Verträge über zu erbringende Arbeitsleistungen geschlossen. Die Studenten arbeiteten dann während der Semesterferien beispielsweise auf Baustellen, in Betrieben, im Gesundheitswesen, halfen bei der Ernte oder übernahmen Betreuungsfunktionen in internationalen Pionier- und Freundschaftslagern. In zahlreichen der Sommerlager im Studentensommer arbeiteten Studenten aus verschiedenen sozialistischen Staaten zusammen. Diese Lager wurden dementsprechend als Interlager bezeichnet.

---

174 O.V., »Seminare unterm Ferienhimmel« (18.8.1976).
175 Vgl. o.V., »Internationales Freundschaftslager der FDJ eröffnet« (22.7.1989); Schreyer/Zabel: »Wen wir auch fragten« (32/1971).
176 Vgl. o.V., »Lehrlingssommer« (16.9.1976).
177 Raschke, »Lehrlinge verbringen gemeinsam ihren Urlaub« (6.5.1975).
178 Vgl. dazu und im Folgenden die folgenden zeitgenössischen Dokumente: Grabowski, »Erfolgreicher Abschluß des FDJ-Studentensommers 76« (24.8.1976); o.V., »Wo arbeitet wer?« (15/1976), S. 3; Ochel, »FDJ-Studentensommer« (26.7.1975); Eggert, »... da stutzten die Profis«, (15/1974), S. 3; o.v., »Bewährung beim Studentensommer 1974« (23.7.1974); o.V., »Studentensommer« (29/1973); o.V., »Studienwochen ›vor Ort‹« (10.5.1972).

V.5 Gastronomie

»Unter allen osteuropäischen Ländern haben vermutlich die Gaststätten und Restaurants der DDR das negativste Image [...]«[179] – Woraus resultierte dieses schlechte Bild von der DDR-Gastronomie?

Im Tourismus gewannen öffentliche Versorgungsmöglichkeiten eine umfangreichere Bedeutung als im Alltag, war man doch auf sie angewiesen, sofern die Verköstigung nicht Bestandteil des Reiseangebots war oder man die gesamte Verpflegung vom Heimatort mitführen wollte.

In der DDR gab es Mitte der achtziger Jahre etwa 30.000 Gaststätten, und sie galt damit als »chronisch unterentwickelt«[180]. Brigitte Deja-Lölhöffel spricht davon, dass etwa 60 Prozent davon der Handelsorganisation unterstanden, rund 8.000 Wirte mit Kommissionsverträgen an diese gebunden waren und circa 4.000 Restaurants privat geführt wurden.[181] Die zum Feriendienst der Gewerkschaften, den Interhotels, zur Mitropa und zu den Konsumgenossenschaften gehörenden Einrichtungen wurden dort nicht genannt.

Die Forschungslage zum Gaststättenwesen der DDR ist noch unzureichend, weshalb nur in wenigen Fällen auf entsprechende Studien zurückgegriffen werden konnte. Die Aussagen ergeben sich daher zumeist aus vereinzelten Angaben in tourismusrelevanten Publikationen sowie zeitgenössischen Materialien[182].

Versorgungsgrad

Für den FDGB-Urlauber war eine selbstorganisierte Verpflegung meist nicht nötig, gehörte doch zu einer Reise mit dem Feriendienst zumeist Vollpension. Diese wurde nicht nur in den FDGB-Heimen selbst geleistet, sondern teilweise auch durch Restaurants des eigentlich öffentlichen Gaststättengewerbes. In diesen war ein großer Teil des Verpflegungskontingents durch den Feriendienst beansprucht.[183] Andererseits verwies der FDGB immer wieder auf

---

179 Ropers, *Osteuropa. Bulgarien, DDR*, S. 423.
180 Hinzu kam, dass ein großer Teil der Restaurants nicht wirklich öffentlich zugänglich war, weil umfangreiche Kontingentverträge zum Beispiel mit ortsnahen FDGB-Ferienheimen bestanden. – Vgl. weiterführend zeitgenössisch vom Ende der siebziger Jahre: Seidler/Dichanz, *Das Gaststättennetz*. Sowie: Donat, *Der Bevölkerungsbedarf*.
181 Vgl. Deja-Lölhöffel, *Freizeit in der DDR*, S. 107.
182 Dort aber zum Teil recht beschönigend, wie beispielsweise die Aussagen zur Gaststättenqualität in: Otto, *Gastronomische Entdeckungen in der DDR*.
183 Vgl. ebd., S. 43.

durch Rationalisierung geschaffene Möglichkeiten, in eigenen Ferienheimen auch Tagesgäste und individuell reisende Urlauber mitversorgen zu können.[184] Die Handelsorganisation führte die meisten Gaststätten der DDR.[185] In den 14 Bezirken der DDR entstanden ab 1952 mehr als 200 HO-Kreisbetriebe als VEB, wobei die Gaststättenverwaltung eher ein Schattendasein führte, da durch diesen VEB auch Industriewaren- und Lebensmittelgeschäfte betreut wurden. Zur HO gehörten auch einige Restaurantketten der DDR, so die ›Goldbroiler‹-Läden[186], ein Schnellrestaurant für Brathähnchen, die Nationalitätenrestaurants[187] sowie die Fischgaststätten ›Gastmahl des Meeres‹[188].

Im bis in die achtziger Jahre stetig erweiterten Kommissionsgewerbe wurden die Geschäfte in eigenem Namen der privaten Betreiber geführt, jedoch für die Rechnung der Handelsorganisation.[189] Diese zahlte dem Wirt eine Provision, versorgte ihn mit Waren aus dem eigenen Sortiment, erledigte die Buchführung der Gaststätte und trug einen Teil der Kosten.[190] Die entsprechenden Verträge wurden jährlich neu ausgehandelt. Die Kommissionsgaststätten zeichneten sich häufig durch eine – auf privatem Engagement beruhende – gute Qualität aus. Obwohl der Handelsorganisation offiziell ein Monopol in Bezug auf die Gaststättenversorgung eingeräumt worden war – von spezialisierter Mitropa und Gaststätten der Konsumgenossenschaft ging recht wenig Konkurrenz aus –, wurde die privatwirtschaftliche Flexibilität immer wichtiger und eine Diversifizierung der Restaurantlandschaft setzte ein.[191]

Die Konsumgenossenschaften[192] betrieben ebenfalls zahlreiche Gaststätten in der DDR, zum einen waren dies oft Ausflugsgaststätten, zum anderen gehörten viele dieser Restaurants zu Konsum-Hotels (Hotels der Konsum-

---

184 Vgl. Werner, »Meine Gäste – deine Gäste?« (19.6.1972).
185 Vgl. zur Geschichte: Arnold, »Borchardt hatte mehr als 50 Jahre Pause«.
186 Vgl. Poutrus, *Die Erfindung des Goldbroilers*.
187 In Berlin beispielsweise wurden derer sechs in den fünfziger und sechziger Jahren in der Karl-Marx-Allee und der Leipziger Straße errichtet. Sie wurden nach den entsprechenden Hauptstädten ›Moskau‹, ›Budapest‹, ›Warschau‹, ›Bukarest‹, ›Sofia‹ und ›Prag‹ benannt. Die Küche bot spezielle Gerichte und Getränke des jeweiligen Landes. Die Restaurants zählten zur gehobenen Kategorie.
188 Treder, »Evergreen der Fischkochkunst wird 30« (14.6.1997), S.18.
189 Vgl. Arnold, »Borchardt hatte mehr als 50 Jahre Pause«, S. 41f.
190 Vgl. Deja-Lölhöffel, *Freizeit in der DDR*, S. 107.
191 Vgl. »Die Kommissionsgaststätten […] stellten […] eine Konzession an die Erfordernisse der Praxis dar […]« – Arnold, »Borchardt hatte mehr als 50 Jahre Pause«, S. 42.
192 Vgl. weiterführend: Rönnebeck, *Die Konsumgenossenschaften der ehemaligen DDR;* Kaltenborn, *Zwischen Resistenz und Einvernahme*. Vgl. ohne wissenschaftlichen Anspruch, doch reich illustriert und mit zahlreichen Fallbeispielen: Kirsch, *Die Marken bitte!*

genossenschaften).¹⁹³ Auch einige besondere ›Erlebnisgaststätten‹, wie beispielsweise eine in einem Meiler untergebrachte gastronomische Einrichtung in Sosa, waren Teil des Konsum-Angebots. Eigenwillige Blüten trieb die Bewirtschaftung besonders hochfrequentierter Einrichtungen, insbesondere an der Ostsee. So wurde beispielsweise in der von der Konsumgenossenschaft Glowe auf Rügen betriebenen ›Ostseeperle‹ die Verweildauer »wegen des Besucherandrangs und des allgemeinen Platzmangels auf 45 min festgelegt«¹⁹⁴.

Die auf Reisendenversorgung spezialisierte Mitropa wurde 1916 als ›Mitteleuropäische Schlafwagen- und Speisewagen Aktiengesellschaft‹ gegründet.¹⁹⁵ Die Kurzbezeichnung ist ein Kunstwort. Die Mitropa bewirtete nicht nur Reisende in den Zügen der Deutschen Reichsbahn, sondern auch auf den Bahnhöfen, an Autobahnraststätten¹⁹⁶, auf den fünf Flughäfen¹⁹⁷ und auf Schiffen der Weißen Flotte¹⁹⁸. Außerdem bewirtschaftete sie Motels, zum größten Teil an den einträglichen Routen für Transitreisende.¹⁹⁹ Nach der Handelsorganisation und den Konsumgenossenschaften war sie das drittgrößte gastronomische Unternehmen der DDR und beschäftigte ab Mitte der siebziger Jahre etwa 15.000 Mitarbeiter. Der Mitropa entstanden in der DDR erhebliche Qualitätsprobleme durch die Verpflichtung, alle erwirtschafteten Gelder an den Staatshaushalt zurückführen zu müssen. Nicht einmal die für eine Grundausstattung notwendigen Mittel wurden zur Verwendung genehmigt. Entsprechend ergaben sich zahlreiche Kritikpunkte seitens der Gäste.²⁰⁰

Privat geführte Gaststätten waren in der DDR selten, doch die wenigen waren von oft sehr guter Qualität.²⁰¹ Dies lag vor allem am persönlichen Engagement der Besitzer. Die private Geschäftsführung stellte eine große Heraus-

---

193 Eine Auflistung einiger Gaststätten der Konsumgenossenschaften (mit Verweis auf evtl. Betreiberwechsel) findet sich im Internet unter der Adresse: http://www.ddr-wissen.de/wiki/ddr.pl?Konsum-Hotels (Abruf vom 22.10.2005). Vgl. zum Prinzip der oft in Eigentümerschaft der Konsumgenossenschaften stehenden Selbstbedienungsrestaurants beispielsweise: O.V., »Auf dem Ticket wird's notiert.« (8/1977).
194 O.V., »35 Jahre ›Ostseeperle‹ Glowe«, S. 6. Zur Arbeit des Gaststättenleiters Bernhard Wüstenberg vgl. o.V., »Menschen von hier, Bernhard Wüstenberg«, S. 7.
195 Vgl. dazu und im Folgenden, soweit nicht anders vermerkt: Köhler, *Sie werden plaziert!* Vgl. weiterführend: Bechtloff, *Die Mitropa-AG*. Vgl. zeitgenössisch: Bundesministerium für innerdeutsche Beziehungen, *DDR-Handbuch (1)*, S. 600.
196 Vgl. Köhler, *Sie werden plaziert!*, S. 126.
197 Vgl. weiterführend: Grenzdörfer, *Geschichte der ostdeutschen Verkehrsflughäfen*.
198 Vgl. weiterführend: Rothe, *›Weiße Flotte‹ – VEB Fahrgastschiffahrt*.
199 Das größte Autobahnhotel der DDR befand sich am Autobahnkreuz Hermsdorf.
200 Vgl. anekdotisch: Verein zur Dokumentation der DDR-Alltagskultur, *Der Gast hat das Wort*.
201 Vgl. Deja-Lölhöffel, *Freizeit in der DDR*, S. 107.

forderung dar.²⁰² Die Inhaber sahen sich einer extremen Besteuerung ihrer Leistungen gegenüber, konnten ihr Eigentum nicht weitervererben, erhielten nicht in allen Sortimenten Waren im Einkauf²⁰³, konnten die Preise nicht selbständig kostenadäquat bestimmen²⁰⁴, durften keine Lehrlinge ausbilden und erhielten bei der schwierigen Personalsuche keinerlei Unterstützung.²⁰⁵

Positives in Sachen Gastronomie konnten DDR-Bürger zudem in den Interhotels des Landes erfahren²⁰⁶, denn »[...] gewohnt an feste Essenszeiten, unwilliges Personal, lieblose Gerichte oder alles zusammen, erlebten sie im ›Neptun‹ einen Hauch aus einer anderen Welt«²⁰⁷.

Seit der Eröffnung des ersten Interhotels 1963 konnten Gäste der Häuser dort Spitzengastronomie der DDR erleben. Da diese Hotelrestaurants der gehobenen Kategorie zugehörten, wurden sie bevorzugt mit Waren versorgt und erhielten zudem Produkte, die andernorts überhaupt nicht verfügbar waren.²⁰⁸ Doch selbst in diesen gastronomischen Einrichtungen herrschte Mangel, und so kam es immer wieder zu Engpässen.²⁰⁹ Dies konnte aber auch daran liegen, dass bereitgestellte Waren nicht nur für die Versorgung der Gäste vorgesehen waren, sondern gegen andere Mangelwaren eingetauscht wurden.²¹⁰

---

202 Vgl. Loos, *Zur Gewerbetätigkeit privater Einzelhändler und Gastwirte*. Vgl. weiterführend vergleichend zeitgenössisch: Nguyen van Hoa: *Die Erfahrungen*.
203 Die Warenbereitstellung erfolgte über die Zentrale Versorgungskommission, eine »mächtige Einrichtung, wenn es beim Bezirk oder in der Stadt um die Warenbilanzierung und –versorgung ging, hier wurde zum Beispiel festgelegt, welche und wie viele Sorten Wein im Angebot sein durften.« – Klingst, »Als Hotelier im Dienste des Sozialismus«, S. 232.
204 Vgl. sowohl zu Fragen der Kostendeckung als auch zur ›Kundenakquise‹: »Preisstabilität war oberstes Gebot u.a. in allen gastronomischen Einrichtungen. [...] Rabatt als Werbemittel – heute unentbehrlich – war in der Hotellerie und Gastronomie der DDR nicht erforderlich und sogar verboten.« – Ebd., S. 230f.
205 Vgl. ebd., S. 231.
206 Vgl. Jarofke, »Der Gast und seine Wünsche« (48/1972), S. 3.
207 Köhler, *Sie werden plaziert!*, S. 154. Für weitere, anekdotische Nachlesen zur Gastronomie im Interhotel ›Neptun‹ in Warnemünde vgl. Voigt, *Der Geschmack des Ostens*, S. 161–164.
208 Vgl. ebd.; Klingst, »Als Hotelier im Dienste des Sozialismus«, S. 230.
209 Vgl. »Aufgrund des hohen Verbrauchs an Limonaden (Säfte waren kontingentiert und meist nicht ausreichend vorhanden) und der knappen Produktion kam es immer wieder zu Engpässen.« – Ebd., S. 229.
210 Vgl. ebd., hier: S. 226. Das in diesem Beispiel gemeinte Interhotel ›Chemnitzer Hof‹ benötigte für eigene Reparaturen und Instandhaltungen auch Materialien, die in der DDR selbst für diese international besuchten Hotels nicht ausreichend vorhanden waren, sodass die genannte Lösung gefunden wurde.

Problemlagen

Besonders schwierig gestaltete sich die gastronomische Versorgung von Campingurlaubern.[211] Einrichtungen wie das ›Zelthotel‹ samt angeschlossenem Gaststättenzelt[212] blieben seltene Ausnahmen. Vielmehr mussten Camper auf das mangelnde Angebot des öffentlichen Gaststättennetzes oder auf Selbstverpflegung zurückgreifen. Letzteres bedeutete zumeist, die erforderlichen Lebensmittel teilweise vom Heimatort mitzuführen[213], da die Warenversorgung auf Zeltplätzen in potenzierter Form Angebotsmängel aufwies und zum Teil selbst Grundnahrungsmittel nur in begrenzter Zeit und Menge vorhanden waren[214].

Die genannten Probleme, aber auch die mangelnde bauliche Qualität manch vorhandener Einrichtungen machen verständlich, warum so umfangreich Kritik am DDR-Gaststättenwesen geäußert wurde.[215] Selbst Sozialpolitiker bemerkten, dass es eine noch engere Verbindung von Erholungswesen und entsprechenden Versorgungs- und Dienstleistungseinrichtungen geben müsse, um »ein abwechslungsreiches, schmackhaftes und gesundheitsförderndes Angebot an Speisen und Getränken sowie eine kulturelle Atmosphäre«[216] anbieten zu können. Dies verweist auf die Mängel, die nicht nur im unzureichenden Angebot, sondern auch im »Platzmangel, zu lange[n] Wartezeiten, […] vielen Ruhetage[n] und mürrische[n] Kellner[n]«[217] lagen.

---

211 Vgl. Müller, »Merkmale und Verhaltensweisen von Campingurlaubern«, S. 30. Vgl. beispielsweise: »In vielen mecklenburgischen Dörfern steht es vor allem im Sommer mit der Befriedigung der Urlauberwünsche nicht zum Besten. Daran haben sich die Touristen schon gewöhnt. Zum Beispiel an lange Schlangen, um Brot, Butter und Kartoffeln einzukaufen.« – Zuschauerbrief von Paul Turm aus Drosedow an die Redaktion ›Prisma‹ beim Fernsehen der DDR vom 16. Mai 1989. Zitiert in: Merkel, ›*Wir sind doch nicht die Mecker-Ecke der Nation*‹, S. 184.
212 Vgl. Bär, »Komfort im Zelthotel« (2.4.1973). (Es handelte sich dabei um eine Einrichtung der konsumgenossenschaftlichen Organisation.)
213 Vgl. Kawohl, ›Besser als hier ist es überall‹, S. 17; Deja-Lölhöffel, *Freizeit in der DDR*, S. 43. Zeitgenössische Aussage, allerdings von 1962: »Der Zelturlauber, der mehr als jeder andere Urlauber auf den Kauf von Waren im Einzelhandel angewiesen ist, hatte sich im diesem Jahr insofern darauf eingestellt, indem er größeren Umfangs als in den Vorjahren Nahrungsmittel – insbesondere Fleischkonserven – vom Heimatort mitbrachte.« *Beeinflussung der territorialen Umsatzentwicklung durch die Urlauberbewegung im Bezirk Rostock*, BArch DL1 11706, unpag.
214 Heike Bähre schrieb dazu, dass es in den achtziger Jahren üblich gewesen sei, dass Einheimische an der Schlange der Urlauber vorbeigingen und Waren kauften, um die eigene Versorgung während der Saisonzeit zu gewährleisten. – Vgl. Bähre, *Nationale Tourismuspolitik in der Systemtransformation (1)*, S. 198.
215 Im Gegenteil dazu war die mediale Berichterstattung über Gastronomie in der DDR stark geschönt. – Vgl. beispielsweise: Sawallisch, »Willkommen auf der Insel Rügen« (22.4.1972).
216 Manz/Winkler, *Theorie und Praxis der Sozialpolitik*, S. 384.
217 Deja-Lölhöffel, *Freizeit in der DDR*, S. 110.

Man bemühte sich aus diesen Gründen zum Beispiel am Rationalisierungs- und Forschungszentrum ›Gaststätten / Hotels / Gemeinschaftsverpflegung‹ im Auftrag des Ministeriums für Handel und Versorgung um die Lösung betriebswirtschaftlicher und technologischer Fragen der Gastronomie.[218] Auch zahlreiche Studien – wie die von Kreutzer, Körner, Kausch und Pilz sowie Wenzel, Brendel und el Hakim[219] – befassten sich mit Versorgungsproblemen und entsprechenden Lösungsmöglichkeiten.

Der für die DDR sprichwörtlich gewordene Hinweis vor der Eingangstür – ›Bitte warten – Sie werden plaziert!‹ – sollte zwar laut Anweisung des Ministeriums für Handel und Versorgung abgeschafft werden, doch die realen Bedingungen verhinderten die Durchsetzung.[220] Angesichts der zu bewältigenden Gästezahl waren die rund 160.000 Angestellten im Hotel- und Gaststättenwesen (so der Stand von 1982) überlastet. Eine häufig formulierte Beschwerde betraf in diesem Zusammenhang die Vielzahl der durch Personalmangel bedingten Ruhetage.[221] Ein Beispiel ist die Zuschrift aus Comtau an die Redaktion ›Prisma‹ beim Fernsehen der DDR vom 23. Juni 1989, die die Gaststätte an der F95 – eine Hauptverkehrsstrecke also – zwischen Karl-Marx Stadt und Oberwiesenthal betraf:»Ruhetage Di und Mi, Mo 11–14 Uhr, Do 12–18 Uhr, Fr, Sa und So 11–18 Uhr«[222]

Zu entscheidenden Verbesserungen kam es in dem durch starken Nachfrageüberhang geprägten Bereich indes trotzdem nicht. Daran konnten weder Beschwerdebücher, noch Gäste-Beiräte – eine Art Verbraucher-Mitwirkung – grundsätzlich etwas ändern.

---

218 Bähre, *Nationale Tourismuspolitik in der Systemtransformation (1)*, S. 163. Das Rationalisierungs- und Forschungszentrum gab außerdem den ›Hotelführer DDR‹ heraus.
219 Vgl. Hieke/Kreutzer/Teige, *Rechtsfragen der Gaststätten- und Hotelpraxis*; Körner, *Zur Ökonomik des Gaststättenwesens*; Kausch/Pilz, *Im Mittelpunkt unser Gast*; Wenzel/Brendel/el Hakim, *Kulturvoll gestaltete Freizeit*.
220 Vgl. »Generell muß die Gaststättenpolitik verstärkt über die Nutzung des dialektischen Wechselverhältnisses von Angebot und Bedürfnis bzw. Bedarfsbildung bestrebt sein, eine weitgehende Übereinstimmung gesellschaftlicher und individueller Interessen […] optimal zu realisieren.« – Donat, »Entwicklungsprobleme des gastronomischen Speiseangebotes«, S. 32.
221 Die Schließzeiten der Konsum-Gaststätten im Kreis Grimma zeigen beispielsweise: ein Restaurant ohne Ruhetag, ein Restaurant mit einem Ruhetag, vier Restaurants mit zwei Ruhetagen, davon zweimal sonntags. – Vgl. o.V., »Gaststätten im Bezirk Leipzig laden Sie ein« (6.5.1973). – Sowie vgl. Anfrage eines Lesers in der *Kolumne ›Unterwegs‹* (30/1976).
222 Merkel, *›Wir sind doch nicht die Mecker-Ecke der Nation‹*, S. 185.

V.6 Touristische Informationseinrichtungen (TIE)

In jedem Bezirk der DDR gab es eine oder mehrere Touristische Informationseinrichtungen (TIE)[223], die eine wichtige Schnittstelle bei der Koordinierung des territorialen Angebots darstellten[224] und sich über ihre Erfahrungen in regelmäßigen Treffen austauschten[225]. Die TIE waren den örtlichen Räten und dort dem jeweiligen Rat für Erholungswesen und Tourismus, dem Rat für Jugendfragen, Körperkultur und Sport, dem Rat für Kultur oder einem anderen Ressort auf Kreis- oder Gemeindeebene unterstellt.[226]

Sie hatten die Aufgabe, in- und ausländische Gäste sowie die Einwohner auf örtlicher Ebene über touristische Attraktionen zu unterrichten. Ihre Aufgabe beschreiben sie selbst:

»Bei der Informationstätigkeit gegenüber unseren Bürgern gilt es, besonders die Kontinuität und Stabilität unserer politischen und ökonomischen Entwicklung unter Führung der Partei der Arbeiterklasse herauszuarbeiten und die Verbundenheit zu unserer sozialistischen Heimat zu fördern. Das Gefühl des Stolzes auf die sozialistischen Errungenschaften in unserer Republik ist noch umfassender und tiefgründiger zu wecken. Durch die zielgerichtete, aktive politisch-ideologische Informationstätigkeit sind alle Besuchergruppen durch die Widerspiegelung der allgemeinen Entwicklung in der DDR, bezogen auf das jeweilige Territorium, anzusprechen.«[227]

Dabei sollten die TIE den Schwerpunkt auf die Darstellung der Entwicklung des gesellschaftlichen Lebens im Territorium richten, touristische Sehenswürdigkeiten unter Beachtung der ›Gedenkstätten der revolutionären deutschen Arbeiterbewegung‹ bekannt machen, Informationen über touristische Ziele an verschiedene Medien liefern und Routenvorschläge für Reisegruppen und Einzelreisende erarbeiten. Letztere sollten »sowohl [die] touristischen, für die Reproduktion der Arbeitskraft notwendigen Belange, als auch [das] politisch-informative[...] Anliegen[...]«[228] berücksichtigen. Als touristischer Leistungserbringer waren sie zudem für die Organisation und Durchführung von Stadt-

---

223 Normiertes Aushangschild der TIE im *Anhang 25*. Übersicht aller Zweigstellen im *Anhang 26*.
224 Vgl. Bähre, *Nationale Tourismuspolitik in der Systemtransformation (1)*, S. 220.
225 Vgl. *Erfahrungsaustausch der Touristischen Informationseinrichtungen der DDR*, BArch DL1 26583.
226 Vgl. Paragraph 32 (2) und Paragraph 46 (1) des *Gesetzes über die örtlichen Volksvertretungen und ihre Organe in der Deutschen Demokratischen Republik* vom 12.7.1973. Aufgehoben durch das *Gesetz über die örtlichen Volksvertretungen der Deutschen Demokratischen Republik* vom 4.7.1985 mit gleichlautendem Inhalt bezüglich der TIE.
227 *Orientierung zur einheitlichen und koordinierten Aufgabenstellung der kommunalen touristischen Informationseinrichtungen und zur weiteren Profilierung ihres Leistungsniveaus*, BArch DL1 26580, unpag.
228 Ebd.

führungen [229], Tagungen und Großveranstaltungen, den Zimmernachweis sowie den Eintrittskarten- und Souvenirverkauf zuständig. Von besonderer Bedeutung war das TIE am Alexanderplatz in Berlin, da es das größte seiner Art war und zudem eine große Zahl internationaler Gäste betreute.[230]

V.7 Kleingärten, Datschen und Ferienhäuser

Die geringe Betrachtung dieser Urlaubsform in dieser Untersuchung ist unter anderem darauf zurückzuführen, dass es fraglich ist, ob die Aufenthalte in Wochenendhäusern zum Zwecke eines längeren Urlaubs als Urlaubsreisen zu betrachten sind. Der Urlauber vollzieht wohl eine Ortsveränderung, die aber oft schon aufgrund ihrer geringen räumlichen Dimension kaum als Reise aufgefasst werden kann. Anders sieht es mit der Fremdnutzung eines solchen Wochenendhauses durch Freunde, Bekannte und Familie aus. Gerade bei attraktiv gelegenen Datschen kam dies häufiger vor. Zudem ist es aber so, dass die Dimension dieser Art der Urlaubsgestaltung weder konkret zu beziffern ist noch detailliertere Aussagen dazu auffindbar sind. Daher sollen die folgenden Urlaubsformen recht kurz erwähnt werden.

Kleingärten, Datschen sowie Ferienhäuser – der letzte Begriff bezog sich nahezu ausschließlich auf Bungalows der Betriebe, die sozialtouristischen Zwecken dienten – wurden unter der Bezeichnung der Freizeitwohnsitze zusammengefasst, lagen oft auf gemeinsamem Areal und dienten sowohl der Nah- als auch der Urlaubserholung.[231]

Viele Bürger verbrachten ihren Urlaub im eigenen Kleingarten[232] – oftmals auch als Datsche oder Wochenendgrundstück bezeichnet – oder in einem eigenen oder informell ›vermittelten‹ Ferienhaus. »Wir haben dann regelrecht ein bisschen Urlaub in der Laube gemacht. An der See hat dann einer am anderen gehockt, eine Decke an der anderen. Das war keine Erholung. Da sind wir lieber in den Garten gefahren. Wir haben dann auch mal bei Verwandten Urlaub gemacht, die hatten ein Häuschen.«[233]

---

229 Im offiziellen Sprachgebrauch der Akten wurden die Stadtführer/Fremdenführer als ›Stadtbilderklärer‹ bezeichnet – ein Begriff, der kaum alltagsfähig gewesen sein dürfte.
230 Vgl. Standley, *The Medium is the Message*.
231 Vgl. Albrecht, »Das Freizeitwohnen«, S. 108.
232 Vgl. Dietrich, »'Ne Laube, 'n Zaun und 'n Beet«, S. 376.
233 *Interview Inge Beute.*

Möglich wurde dies durch eine entsprechende staatliche Förderung für den Bau privater Erholungsobjekte.[234] Die Anlage neuer Kleingartenanlagen hatte dabei Vorrang vor dem Ferienhausbau, da damit das Erholungsbedürfnis eines größeren Bevölkerungskreises befriedigt werde, Ergänzungen in der Nahrungsmittelversorgung durch Obst- und Gemüseanbau geschaffen würden und gemeinschaftliche, nicht individualisierende Anlageformen zu bevorzugen seien.[235] Trotz dieses staatlichen Engagements überstieg die Nachfrage das Angebot.[236]

Bei der Vergabe der Kleingartengrundstücke sollten Arbeiter und Familien begünstigt werden. Das Zivilgesetzbuch der DDR legte dazu fest,[237], dass die Bodennutzung in der DDR vor allem dazu diene, »die Wohnverhältnisse der Bürger zu verbessern und ihre Erholung zu gewährleisten« (Paragraph 289). Mit Paragraph 312 konnten Land- und forstwirtschaftlich nicht genutzte Bodenflächen Bürgern zum Zweck der kleingärtnerischen Nutzung, Erholung und Freizeitgestaltung überlassen werden.

Die Bürger interessierten sich für den Erwerb eines Kleingartens besonders, um die oft beengten und qualitativ schlechten Wohnverhältnisse – vor allem mit Kindern – wenigstens am Wochenende und im Urlaub auszugleichen[238], um durch gärtnerische Tätigkeit die Eigenversorgung zu verbessern oder das gezüchtete Obst und Gemüse zu verkaufen[239] und um die eigenen Freizeit- und Urlaubsvorstellungen zwanglos und individuell verwirklichen zu können.[240]

Ähnlich verhielt es sich mit den vielen Ferienhäusern, die in privatem Eigentum standen. In den fünfziger und sechziger Jahren wurden sie umfang-

---

234 Vgl. dazu und im Folgenden: Oehler, *Erholungswesen*, S. 68–71.
235 Vgl. auch: Krausse, »Gärten und Freizeit«, S. 25; o.V., »2000 Kleingartenanlagen anerkannte Erholungsgebiete« (17.9.1986). Sowie: »Das Politbüro möchte das Zentralkomitee darüber informieren, daß die Mitglieder des Verbandes der Kleingärtner, Siedler und Kleintierzüchter eine volkswirtschaftlich wichtige Arbeit bei der Bereitstellung von Obst und Gemüse und anderen Produkten für die Versorgung der Bevölkerung leisten.« (Hermann Axen auf der 2. Tagung des Zentralkomitees). Zitiert bei: Heinke, »Freizeit-Palette: Über'n Gartenzaun« (41/1976).
236 Vgl. Hönsch, »Auswirkungen neuer Naherholungsgebiete«, S. 258; Deja-Lölhöffel, *Freizeit in der DDR*, S. 64.
237 Vgl. im Folgenden: *Zivilgesetzbuch der DDR* vom 19.6.1975.
238 Vgl. Ziegenbalg/Fischer/Vick/Albrecht, »Naherholung in Kleingartensiedlungen«.
239 Der Obst- und Gemüseanbau wurde staatlich gefördert und durch die Arbeit des Verbandes der Kleingärtner, Siedler und Kleintierzüchter, in dem die meisten Datschenbesitzer organisiert waren, vor Ort unterstützt. Der Verkauf von Obst und Gemüse scheint zwar verbreitet gewesen zu sein, hat aber als Motiv für das Gärtnern nur eine Nebenrolle gespielt. – Vgl. ebd.
240 Vgl. Dietrich, »Der ostdeutsche Kleingarten«, 16.1.2006, www.kulturation.de/thema.php.

reich erworben.²⁴¹ Es kam sogar vor, dass sie ohne Genehmigung gebaut wurden und daher zum einen die Landschaft zersiedelt wurde und zum anderen wichtige Erholungsflächen der öffentlichen Nutzung entzogen wurden. Dies wurde vor allem bei der Bebauung von Uferflächen kritisiert und die Handhabung der Vergabe von Baugenehmigungen entsprechend angepasst.²⁴² Deshalb sollten Ferienhäuser und Bungalows möglichst nur noch auf Einzelstandorten, das heißt in Baulücken errichtet werden.²⁴³ Sperling schätzte ihre Zahl im Jahre 1983 auf 40.000²⁴⁴, oft in attraktiven Feriengegenden, wie der Ostsee oder an den Mecklenburgischen Seen.²⁴⁵

---

241 Vgl. Kramm, »Die Deutsche Demokratische Republik – zunehmende Bedeutung als Erholungsland«, S. 419.
242 Vgl. Hönsch, »Probleme der Naherholung«, S. 64; Unglaube, »Prinzipien der Erschließung«, S. 45; Paragraph 32 des *Gesetzes über die örtlichen Volksvertretungen und ihrer Organe in der Deutschen Demokratischen Republik* vom 12. Juli 1973.
243 Vgl. Oehler, *Erholungswesen*, S. 68–71.
244 Vgl. Sperling, »Die Deutsche Demokratische Republik«, S. 34.
245 Vgl. ergänzend: »Das Einzugsgebiet der Berliner reichte bis zur Ostsee – halbe Dörfer mit verlassenen Bauernhäusern waren in ihrer Hand.« – Irmscher, *Freizeitleben*, S. 363.

VI Reiseverkehrsmittel

Da Mobilität und Verkehrsmittelwahl, wie es Hans-Liudger Dienel zutreffend beschreibt, »kulturelle und politische Größen«[1] sind, ist anzunehmen, dass auch die (Freizeit-)Verkehrsentwicklung in der DDR einige Besonderheiten aufweist, auf die im Folgenden näher eingegangen werden soll. Dabei ist es nur begrenzt möglich, sich auf neuere verkehrshistorische Betrachtungen zu stützen.[2] Auch zeitgenössische Studien zum Gesamtkomplex ›Verkehr‹ liegen nur in geringem Maße vor.[3] Selbst statistische Angaben liefern nicht immer befriedigende Ergebnisse. Die DDR-Statistik befasste sich nämlich verkehrsplanerisch vorrangig mit den territorialen Einheiten der Städte und daher gerade nicht mit dem Reiseverkehr. Es wurde nie der Anspruch erhoben, mittels der gewonnenen Ergebnisse aus den Stichproben den Mittelwert für die gesamte DDR oder gar eine Verkehrsrealität abzubilden.[4]

Eine Besichtigung von DDR-Verkehrsmitteln ist unter anderem im Verkehrsmuseum Dresden möglich.[5] Aber auch populärwissenschaftliche Publikationen sowie zeitgenössische journalistische Arbeiten erlauben interessante Einblicke in die Mobilitätsgeschichte von DDR-Bürgern.

---

1 Dienel, *Ins Grüne und ins Blaue*; S. 249
2 »Systematische Studien über das Mobilitätsverhalten der Ostdeutschen [...] liegen bislang noch nicht vor.« − Kopper, *Handel und Verkehr im 20. Jahrhundert*, S. 113. Vgl. als Überblick: Bundesanstalt für Straßenwesen, *Straßen- und Verkehrsforschung in der ehemaligen DDR*. Seither, jedoch nur zu Teilbereichen: Fiedler, *Das Straßenwesen der DDR*; Schmucki, *Der Traum vom Verkehrsfluss*; Seifert, *Der deutsche Luftverkehr 1955–2000*; Hinrichs, »Die Ostdeutschen in Bewegung«.
3 Vgl. beispielsweise: Hofmann, *Brücken, Schienen, Wasserwege;* Weymar, *Im Trabi zur Sonne*; Arbeitsgemeinschaft 1/11 ›Verkehrsgeschichte‹ im Deutschen Modelleisenbahn-Verband der DDR, *Vb-kompress*; Wagener, *Ökonomie des Transports*; Habel/Steinbrück, *Deutsche Demokratische Republik*; Arbeitsgemeinschaft 1/11 ›Verkehrsgeschichte‹ im Deutschen Modelleisenbahn-Verband der DDR, *Verkehrsgeschichtliche Blätter*; Rehbein/Wagener, *Lexikon der Wirtschaft*; Rehbein u.a.: *Geschichte des Verkehrswesens*.
4 Vgl. Statistisches Bundesamt, *Dokumentation der Verkehrsstatistiken;* Kutter, »Verkehrsaufwendige Lebensweisen«, S. 9f. Ergänzende Angaben zu den Erhebungsmethoden in: Schöppe, »Das System repräsentativer Verkehrsbefragungen (SrV)«.
5 Vgl. zur Einführung in Museumsgeschichte und -bestand: Kießling, *Verkehrsmuseum Dresden*.

Alle Verkehrsträger der DDR unterstanden staatlicher Planung und Kontrolle. Zentrales Leitungsorgan war das Ministerium für Verkehrswesen mit seinen Abteilungen für das Eisenbahnwesen, den Kraftverkehr, den Seeverkehr und die Hafenwirtschaft, die Wasserstraßen und die Binnenschifffahrt sowie die zivile Luftfahrt.[6]

Die DDR war hinsichtlich der Verkehrsträger im Personen- und Güterverkehr eine klassisch auf den Eisenbahnverkehr (zwangs-)ausgerichtete Gesellschaft. Bei Otto Arndt heißt es dementsprechend: »Die Eisenbahn war im Verlauf der geschichtlichen Entwicklung unseres Landes stets das Rückgrat des Verkehrswesens. Ihrer Entwicklung in volkswirtschaftlich wohl abgestimmter Proportion zu der des Kraftverkehrs, der Binnenschifffahrt und der Hochseeschifffahrt galt unsere besondere Aufmerksamkeit.«[7] Demnach interessierte sich auch die zeitgenössische Mobilitätsforschung vor allem für »das Individuum und sein Verkehrsverhalten, um anhand der Beweggründe für seine Nachfrage nach Verkehrsleistungen herauszufinden, wie die Attraktivität des öffentlichen Verkehrs verbessert werden könnte.«[8] Dies unterscheidet die Verkehrssituation der DDR am deutlichsten von westlichen Entwicklungen, in denen der Fokus in den sechziger und siebziger Jahren deutlich auf der privaten Motorisierung lag.[9] Dass der Anteil der Beförderungsleistungen der Deutschen Reichsbahn trotzdem stetig sank, hing nicht mit einer Abnahme der Leistungen zusammen, sondern damit, dass die zunehmende Mobilität der Bürger fast ausschließlich über den Pkw-Verkehr realisiert wurde.

Am deutlichsten war dies zwischen 1960 und 1970 zu beobachten, einem Zeitraum, in dem die Gesamtleistung der öffentlichen Verkehrsträger um 16 Prozent stieg, die Mobilitätsrate aber um 57 Prozent.[10] Die Differenz wurde nahezu ausschließlich durch individuelle Verkehrsmittel realisiert. Diese stete Zunahme des Individualverkehrs ist ein typisches Merkmal moderner Gesellschaften.

Freizeitverkehr

Erst spät wurde die Bedeutung des Freizeitverkehrs berücksichtigt, denn in der ›planungseuphorischen DDR‹[11] stellte der touristische Verkehr mit seiner

---

6 Leitungsstruktur in grafischer Aufbereitung im *Anhang 27*.
7 Arndt, »Die Eisenbahn«, S. 9.
8 Schmucki, *Der Traum vom Verkehrsfluss*, S. 205. Vgl. auch Gather, »Verkehrsentwicklung in den neuen Bundesländern«, S. 3.
9 Vgl. Merl, »Staat und Konsum in der Zentralverwaltungswirtschaft«, S. 216.
10 Vgl. Bischoff, »Zu einigen Problemen«, S. 17.
11 Vgl. Dienel, *Ins Grüne und ins Blaue*, S. 225.

schwierigen Erfassbarkeit ein Problem dar. Der Förderungswürdigkeit der touristischen Mobilität war man sich allerdings bereits in den siebziger Jahren bewusst, denn »derartige Formen der Freizeitnutzung sind äußerst wertvoll, weil damit ein ganzer Komplex von Bedürfnissen (so beispielsweise Bedürfnisse nach Information, Bildung, Erholung, gesunder Lebensweise, Kommunikation) befriedigt werden kann.«[12]
In den siebziger Jahren nutzten die meisten Urlaubsreisenden noch ein öffentliches Verkehrsmittel. Die spätere Entwicklung verschob dieses Bild hin zu einer Bevorzugung individueller Verkehrsformen.[13]

Beförderungsmittel	1971	1980	1988
Öffentliche Verkehrsmittel (Bahn und Bus)	63%	46%	43%
Pkw	31%	52%	60%
Motorrad, Motorroller, Moped	1%	1%	1%
Flugzeug[14]	5%	3%	6%

Tabelle 20: Beförderungsmittel im DDR-Personenverkehr 1971–1988 in prozentualer Verteilung

(Vgl. Tabelle 106 in: Müller, Von der Mangel- zur Marktwirtschaft, S. 159.)

Einzig für Reisen in die Bundesrepublik erhielt sich ein Monopol der Eisenbahn. Auf diesen Fahrten war lediglich eine Zugbeförderung gestattet, nur in Ausnahmefällen wie einer Behinderung war eine Pkw-Nutzung erlaubt.

Bezüglich des Urlaubsreiseverkehrs ist weiterhin festzuhalten, dass der Ausbau der Verkehrsinfrastruktur bei weitem nicht mit den rapide steigenden Urlauberzahlen mithalten konnte. Wie bereits Hans-Liudger Dienel in seinem Beitrag *Ins Grüne und ins Blaue* bemerkte, wurde demnach die Urlaubsreise tendenziell immer improvisierter. Dieser Trend war einerseits durch die wirtschaftlichen Rahmenbedingungen nicht zu vermeiden, wurde andererseits von den verantwortlichen staatlichen Stellen misstrauisch beäugt, da er sich einer zentralen Planung und Lenkung mehr und mehr entzog.

---

12 Bischoff, »Zu einigen Problemen«, S. 17.

13 Ergänzend zur Tabelle (Zahlen von 1971 bis 1989) für 1966 die Angaben von Helmut Heinecke: 23 Prozent Pkw-Benutzung im Inland, 53 Prozent Eisenbahn-Benutzung im Inland, 9 Prozent Bus-Benutzung im Inland / 25 Prozent Pkw-Benutzung im Ausland, 27 Prozent Bahn-Benutzung im Ausland, 5 Prozent Bus-Benutzung im Ausland, 24 Prozent Flugzeug-Benutzung im Ausland, 19 Prozent Kombination verschiedener Transportmittel im Ausland – Vgl. Heinecke, »Die Orientierung des Reisebüros der DDR auf 1980« (13/1968), S. 10f.

14 Der Rückgang 1980 ist vermutlich durch das Einstellen des Inlandsflugverkehrs bedingt, der vormals einige Reisende beispielsweise an die Ostsee beförderte.

Trotz aller Unterschiede in den Systemen war auch im Reiseverkehr eine umfassende Referenzierung der DDR auf bundesrepublikanische Entwicklungen zu beobachten, das heißt die verkehrsinfrastrukturellen Leistungsstrukturen beider deutschen Staaten glichen sich mehr und mehr an. Dies kann aber nicht darüber hinwegtäuschen, dass die Verkehrsinfrastrukturdichte der DDR 1990 noch immer bedeutend geringer war als die der Bundesrepublik.[15] Besonders augenfällig war dies im Bereich der Straßeninfrastruktur, die Autobahndichte beispielsweise war in der DDR außerordentlich gering. Im Gegensatz dazu war das Schienennetz der DDR sehr dicht, die Qualität jedoch nicht immer auf eine rasche und komfortable Beförderung ausgelegt.

VI.1 Pkw

Bereits 1973 bezeichnete Werner Bischoff den Individualtourismus als »einen Komplex, der sich äußerst dynamisch entwickelt, [... aus] solche[n] Aktivitäten, die mehr oder weniger mit Ortsveränderungen verbunden sind, wie Ferien- und Erholungsreisen, Wochenendausflüge, touristische Betätigungen, Besuche von Sehenswürdigkeiten aller Art usw.«[16] Schon in den siebziger Jahren, besonders aber mit fortschreitender individueller Mobilisierung in der achtziger Jahren waren die oben genannten Tendenzen hauptsächlich mit der Nutzung des Pkw verbunden.[17] Und während im beruflichen Reich der private Verkehrsmittelbesitz meist zu einer Substitution des Verkehrsträgers führte, bedeutete er im Freizeitverkehr einen tatsächlichen Ausbau des Mobilitätsgrades. Ende der achtziger Jahre war man sich dann sicher: »Für die DDR ist Vollmotorisierung ein heute bereits erreichbarer bzw. im mittleren Planungszeitraum realer Zustand.«[18]

---

15 Übersicht zu Verkehrsinfrastrukturindikatoren im *Anhang 28*. Vgl. Rytlewski, »Das Leben in Deutschland«, S. 289.
16 Bischoff, »Zu einigen Problemen«, S. 17.
17 Damit ist, wie Hasso Spode schreibt, gegenüber der bundesrepublikanischen Entwicklung ein ›time lag‹ von etwa einem Jahrzehnt bezüglich der individuellen Motorisierung festzustellen. – Spode, »Tourismus in der Gesellschaft der DDR«, S. 20. Vgl. ergänzend zu technischen Aspekten der Pkw-Produktion: Bauer, *Pkw-Bau in der DDR*.
18 Bellmann/Rochlitz, »Motorisierung und sozialistische Lebensweise«, S. 100. Vollmotorisierung musste jedoch nicht zwangsläufig eine Kfz-Dichte westlichen Ländern vergleichbar bedeuten. Während die Verkehrsplanungen der Hochschule für Verkehrswesen ›Friedrich List‹ in Dresden 1960 Vollmotorisierung noch mit einem Pkw pro acht Einwohner annahm, wurde diese Zahl 1982 auf 3,5 Einwohner pro Pkw korrigiert. Sogar mit diesen Angaben aber – so Günter Weise – war die DDR »weder willens noch von der Wirtschaftskraft her fähig,

Der Staat reagierte darauf mit der »Vision von einem infrastrukturell beherrschbaren Sozial- und Wirtschaftsleben im DDR-Sozialismus«[19]. Trotz der zunehmenden Freizügigkeit war der Staat demnach an einer umfassenden Kontrolle des Individualverkehrs interessiert. Er realisierte diese zum Beispiel über die Abverkaufszahlen von Pkw und die Subventionierung des öffentlichen Verkehrswesens.

Motortourismus

In der DDR bildete sich aufgrund dieser Entwicklung die Reiseform ›Motortourismus‹. Damit war die Nutzung privater Kraftfahrzeuge beim Reisen in einer Form gemeint, dass neue oder modifizierte Arten des Tourismus entstanden. In ihnen spielte der Gebrauch des Autos über die einfache An- und Abreise hinaus eine wichtige Rolle. Es war beispielsweise durch die höhere Flexibilität und Beweglichkeit eine Kombination verschiedener Reiseaktivitäten möglich.[20] Aufgrund der steten Mangelsituation »gesellt[e] sich zum deutschen Tüftlergeist und Machbarkeitsglauben der Drang zur Unabhängigkeit. Kurioses Zeugnis dieser Kombination ...«[21] war ein Trabantaufbau. Selbst die Nutzung des Fahrzeugs als Herberge wurde möglich, nachdem Gerhard Müller aus Limbach-Oberfrohna Mitte der siebziger Jahre aufgrund seiner Unzufriedenheit mit dem langwierigen Aufbau bodenständiger Zelte ein Trabant-Dachzelt entworfen hatte. 1978 meldete Müller seine Erfindung als Patent an und vertrieb es für einen stetig wachsenden Interessentenkreis.

In der Wahrnehmung der solcherart Reisenden förderte die »höhere Mobilität und Disponibilität [...] bei diesen zugleich objektiv das Bestreben, die Feriengestaltung individuell beeinflussen zu können, sowie örtlich und zeitlich weitgehend unabhängig zu sein.«[22] Voraussetzung dafür war der Erwerb eines privaten Pkw, der in der DDR durchaus mit einigen Schwierigkeiten verbunden war.[23] Eine Alternative war der Kauf eines gebrauchten Fahrzeugs. Durch die langen Wartezeiten konnten diese Pkw teurer sein als neue Modelle. Der

---

eine Motorisierung nach westlichem Vorbild zuzulassen.« – Weise u.a., »Straßenverkehrs- und Straßenplanung«, S. 23.
19 Doßmann, *Begrenzte Mobilität*, S. 173.
20 Die breite Annahme dieses neuen Angebots lässt davon ausgehen, dass sich hier – ebenso wie in der Bundesrepublik – das Automobil zum »Symbol individueller Freiheit« entwickelte. – König, »Das Automobil in Deutschland«, S. 117.
21 Hanselmann, »Die Welt ist schön«, 7.4.2007, http://www.sonntagsblatt.de/1996/ 31/ku-31.htm.
22 Bischoff, »Zu einigen Problemen«, S. 19.
23 Vgl. zu Kaufbedingungen, Wartezeiten u.ä.: Röcke, *Die Trabi-Story*. Zatlin, »The Vehicle of Desire«.

spekulative Handel mit ihnen war ein Problem, bewies es doch die Unfähigkeit, genügend neue Automobile herzustellen, um den Bedarf zu decken.[24] Die stärkere private Pkw-Nutzung stellte zudem neue Ansprüche an infrastrukturelle Gegebenheiten.[25] So verlangte diese Entwicklung nach einem Ausbau der Autobahnen, der ab 1968 mit dem Bau des Autobahnabschnittes zwischen Dresden und Leipzig begann.[26] In der Planungsphase der sechziger Jahre bei der Hauptverwaltung des Straßenwesens im Ministerium für Verkehrswesen war noch ein dichtes Autobahnnetz vorgesehen. Recht bald aber kollidierten der Planungsoptimismus der Politiker und die technokratischen Überzeugungen der Planer mit der Wirtschaftskraft der DDR. Die realisierten Bauabschnitte waren deutlich dünner als zunächst beabsichtigt. Trotzdem veränderte sich das Netz insofern, als die deutliche Ost-West-Ausrichtung aus der Vorkriegszeit einer auf die DDR zugeschnittenen Nord-Süd-Ausrichtung wich.[27] Für den Tourismus war dabei vor allem die Erschließung eines Teils der Ostseeküste durch die Autobahnverbindung zwischen Berlin und Rostock 1978 bedeutsam. Der Reiseverkehr an die östlichen Küstenabschnitte und auf die Inseln Rügen, Usedom und Hiddensee blieb jedoch ein Problem. Er war nur – deshalb häufig mit hohem Verkehrsaufkommen[28] – über die folgenden Fernverkehrsstraßen abzuwickeln: F 96 (Zittau–Sassnitz [Rügen]), F 104 (Rostock–Stettin), F 109 (Berlin–Greifswald), F 111 (Gützkow (südlich von Greifswald)–Ahlbeck [Usedom]), F 198 (Plau am See–Schorfheide [nordöstlich von Berlin]).

1989 schließlich verfügte die DDR über ein Autobahnnetz in der Länge von 1.850 Kilometern und über 11.320 Kilometer Fernverkehrsstraßen. Bis 1989 blieb jedoch die Ausstattung mit fernverkehrsbezogenen Infrastrukturen problematisch. Die Autobahnen der DDR wiesen beispielsweise 1989 lediglich 35 Tankstellen, 28 Raststätten und 17 Kioske auf.[29] Die Verantwortung für diese Versorgungsbetriebe hatten der VEB Minol und die Mitropa.

---

24 Vgl. Schneider, »Lebensstandard und Versorgungslage«, S. 125.
25 Vgl. dazu und im Folgenden, allerdings stark aus westlicher Sicht und mit den eingeschränkten, damals zur Verfügung stehenden Materialien der DDR verfasst: Weymar, *Im Trabi zur Sonne*, S. 40–53.
26 Vgl. dazu und im Folgenden: Hölder, *Im Trabi durch die Zeit*, S. 216f.; Doßmann, *Begrenzte Mobilität*.
27 Vgl. Weise u.a.: »Straßenverkehrs- und Straßenplanung«, S. 21.
28 Vgl. o.V., »Sicher in den Ostseeurlaub« (32/1986), S. 39.
29 Vgl. Johannes/Wölki, *Die Autobahn und ihre Rastanlagen*. Die Publikation befasst sich nahezu ausschließlich mit der Geschichte des bundesdeutschen Autobahnraststättennetzes, die Rastanlagen auf dem Gebiet der DDR sind lediglich hinsichtlich ihrer Übernahme nach 1989 behandelt. Vgl. zudem: 1985 gab es in der Bundesrepublik 269 Tankstellen auf 8.198 km (30 Autobahnkilometer/Tankstelle). 1989 belief sich nach eigenen Berechnungen der Durchschnitt der Tankstellendichte in der DDR auf 53 Autobahnkilometer/Tankstelle. – Grube,

Durch die höhere Beweglichkeit der mit dem Pkw reisenden Urlauber entstanden auch neue Erfordernisse in den Bereichen Unterkunft und Verpflegung. Die freien Beherbergungs- und Versorgungskapazitäten mussten erheblich ausgebaut werden. Für die zentrale Planwirtschaft der DDR war dies ein schwierig zu bewältigender Punkt. Die Vorhersagen der zukünftigen Freizeitverkehrsströme erwiesen sich als zu ungenau, um Zuteilungen, zum Beispiel an Lebensmitteln, über einen Zeitraum von einem Jahr im Voraus bestimmen zu können. Immer wieder kam es dadurch zu Engpässen.

Trampen

Eine mit dem Gebrauch von privaten Pkw verbundene Form der Fortbewegung war das Trampen. Darauf soll aufgrund der politischen Brisanz des Themas kurz eingegangen werden. Insbesondere für junge Menschen, die über nur geringe finanzielle Mittel verfügten, stellte das Mitfahren per Anhalter eine Möglichkeit dar, sowohl im In- als auch im Ausland günstig voranzukommen. Weiterhin hatte das Trampen auch den Reiz eines Abenteuers, das Gefühl des freien und ungeplanten Bewegens. Allerdings – so bemerkte es beispielsweise Brigitte Deja-Lölhöffel – sahen es staatliche Stellen nicht gern, wenn getrampt wurde.[30] An vielen Stellen, zum Beispiel auf der Autobahn, war das Trampen regelrecht verboten.[31] In anderen sozialistischen Ländern war man in dieser Hinsicht offener. In Polen und Ungarn beispielsweise existierte ein offizieller ›Anhalterpass‹.[32] Die Fahrer erhielten als Gegenleistung für die Mitnahme eines Trampers Coupons, die dann eingetauscht werden konnten. Der Tramper war über den Pass unfallversichert und war in Polen auf den Campingplätzen zu einem ermäßigten Aufenthalt berechtigt.

Meist war das Trampen mit ähnlich preisgünstigen oder kostenlosen Formen der Unterbringung verknüpft. Das Ausmaß des Trampens wird beispielsweise in den Erinnerungen Ulrich Births im Projekt ›Kollektives Gedächtnis‹ des beim Deutschen Historischen Museum beheimateten ›Lebendigem virtuellen Museum Online‹ (LeMO) deutlich:

»Budapest war für uns DDR-Bürger die größte und westlichste Stadt, die wir erreichen konnten[,] und hatte deshalb ihren besonderen Reiz für uns. [...] All dies kostete natürlich viel Geld, mehr als es dem Preisgefüge der DDR entsprach, und zudem war die tauschbare Menge an Forint pro Jahr begrenzt, und dies ziemlich stark. [...] Um Geld zu sparen, schlie-

---

Tankstellengeschichte in Deutschland. 5.9.2006, http://www.lostplaces.de/cms/content/view/138/33/.
30 Vgl. Deja-Lölhöffel, *Freizeit in der DDR*, S. 56.
31 Vgl. Haase/Reese/Wensiersky, *VEB Nachwuchs*, S. 141.
32 Vgl. dazu und im Folgenden: Ropers, *Osteuropa. Bulgarien, DDR*, S. 402f.

fen viele der jungen Ostblocktouristen auf den Bahnhöfen, auf den Donauinseln oder in den Budaer Bergen. […] Die Stadtverwaltung Budapest konnte sich mit den im Freien Schlafenden nicht so recht anfreunden, weil ja auch eine ganze Menge Unrat zurückblieb. So wurde dann das Lager ›Saturn‹ eingerichtet, um den Jugendlichen die Möglichkeit zu bieten, kostenlos übernachten zu können. Wer nicht freiwillig in das Lager ging und doch lieber im Stadtgebiet schlief, wurde auch schon mal per Razzia aufgegriffen und per Lkw ins Saturn gebracht. Der Nachteil des Lagers war, das[s] es immer nur für eine Nacht von 17.00 bis 7.00 Uhr genutzt werden durfte. Dies bedeutete also, jeden Tag Zelt aufbauen und abbauen, oder man schlief mit dem eigenen Schlafsack auf einem Strohlager in den aufgestellten Großraumzelten. Wenn man das Lager betrat, wurde einem der Ausweis abgenommen und man bekam eine Marke aus Karton mit einer Nummer: Der Ausweis für eine Nacht.«[33]

Die mit dem Trampen verbundenen Wahrnehmungen des Reisens und Urlaubs wurden auch zeitgenössisch immer wieder thematisiert, so beispielsweise in dem Defa-Film *Heisser Sommer* von 1968: »Zwei Gruppen von Oberschülern trampen in den Sommerferien an die Ostsee und kommen sich auf der Autobahn in die Quere. Die elf Mädchen aus Leipzig geben den zehn Jungen aus Karl-Marx-Stadt das Nachsehen. An der See trifft man sich wieder.«[34] Oder im Buch *Trampen nach Norden* von 1975:[35] Darin geht es um den 15-jährigen Gunnar aus Berlin; er trampt in den großen Sommerferien mit Theresa nach Rostock. Sie erleben eine Reise mit interessanten Begegnungen und vielen Gesprächen.

VI.2 Omnibus

Aus zahlreichen Zeitzeugenberichten wird die Bedeutung der Beförderungsleistungen mittels Omnibusverkehr in der DDR deutlich, doch eine wissenschaftliche Betrachtung zu diesem Thema liegt bisher nicht vor. Vereinzelte Aussagen in Abhandlungen zur DDR-Verkehrsgeschichte verweisen auf eine umfangreiche Transportplanung, wobei das Buslinienwerk die Aufgabe hatte, »den Mobilitätsanspruch der Bevölkerung bei gehemmtem Individualverkehr zu befriedigen«[36]. Zu diesem Zweck wurden die zum staatlichen Kraftverkehr im jeweils bezirksgeleiteten VEB Kraftverkehr zugeordneten Omnibusse auch im Freizeitverkehr eingesetzt. Trotz der Förderung dieses Massenverkehrs-

---

33 Birth, »Trampen in sozialistischen Ländern«, 28.10.2005, http://www.dhm.de/lemo/forum/kollektives_gedaechtnis/184/index.html.
34 Covertext – DEFA, *Heisser Sommer*.
35 Holtz-Baumert, *Trampen nach Norden*. Später unter demselben Titel verfilmt. – Vgl. DEFA, *Trampen nach Norden*.
36 Vgl. dazu und im Folgenden: Kirchberg, *Plaste, Blech und Planwirtschaft*, S. 539f.

mittels benutzten die Menschen seit den siebziger Jahren zunehmend Pkw, um an ihre Urlaubsorte zu gelangen. Diese individuelle Ablehnung verband sich mit der dem propagandistischen Anspruch widersprechenden geringen Mittelbereitstellung für den Omnibusverkehr. Vor allem in den achtziger Jahren waren die Importgrößen in der Fahrzeugneubeschaffung der meist aus Ungarn stammenden ›Ikarus-Busse‹ stark von der Zahlungsmöglichkeit der DDR abhängig. Busse müssen daher in der Gesamtbilanz der Urlaubsverkehrsträger als marginale Größe gelten.

VI.3 Deutsche Reichsbahn

In der DDR existierte die Deutsche Reichsbahn als einziger Betreiber von Eisenbahnen.[37] Hinzu kam der Betrieb zahlreicher Schmalspurbahnen.

Die Deutsche Reichsbahn (DR) in der DDR war ein staatlicher Betrieb, der dem Ministerium für Verkehrswesen direkt unterstellt war. Sie setzte das alleinige Recht der Personenbeförderung im Eisenbahnwesen um. Der Aufbau der Deutschen Reichsbahn erfolgte bis in die sechziger Jahre vorrangig nach quantitativen Maßstäben.[38] Es ging dabei um den Wiederaufbau des zerstörten beziehungsweise im Rahmen der Reparationsleistungen zurückgebauten Streckennetzes und um die zahlenmäßige Erfüllung der Beförderungsbedürfnisse. Ab den siebziger Jahren bemühte man sich zunehmend um qualitative Verbesserungen, das heißt das Angebot schnellerer und komfortablerer Beförderung durch Elektrifizierung des Streckennetzes[39] und mehrgleisige Streckenführungen.

Die staatliche Leitung – stets den öffentlichen Verkehr im Gesamten bevorzugend – bemühte sich bis 1989 um die Vorrangstellung des Transportzweiges Eisenbahn. Sie erfuhr dabei jedoch eigene Grenzen, zum Beispiel der Kapazität, sowie die Unwillen der Bürger, die individuelle Verkehrsformen bevorzugten. Selbst die Vernachlässigung der zivilen Luftfahrt und die bewusste Einschränkung des motorisierten Individualverkehrs konnten den Rückgang der Nutzung des Schienenverkehrs lediglich bremsen.

---

37 Vgl. allgemein: Hanna-Daoud, *Das war die DR*; Hager, »Die Deutsche Reichsbahn«, S. 168.
38 Zur eisenbahnbezogenen Verkehrspolitik vgl. den kurzen Überblick: Knoblauch, *Das Verkehrsmittel Eisenbahn*, S. 203–221.
39 Trotzdem standen auch 1989 noch zwei Traktionsarten nebeneinander, Diesel- und Elektrobetrieb, wohingegen der Dampfbetrieb 1988 eingestellt wurde. – Vgl. Heym, *Dampf zu Honeckers Zeiten*, S. 112.

Im Reiseverkehr kam es mit der zunehmenden individuellen Motorisierung darauf an, die Nutzung der Eisenbahn attraktiv zu machen. Dies geschah zum einen über den Preis. Die Preise im Eisenbahnverkehr waren durch die Subventionierungen außerordentlich gering.[40] Insbesondere für Ferienreisen mit einem staatlichen Reiseveranstalter gab es hohe Ermäßigungen. Zum zweiten bemühte sich die DR um ein zunehmendes Angebot an Schnellzugverbindungen. Mit der Einführung des Städteschnellverkehrs zwischen Berlin und ausgewählten Bezirksstädten der DDR ab 1960 und vor allem mit dem Einsatz der Städteexpresszüge ab 1976 wurde es möglich, vor allem den Berufsverkehr komfortabler zu gestalten, aber auch, um Ferienreisende zu transportieren. In den siebziger Jahren waren unter anderem aufgrund der Ölkrise Maßnahmen des Staates ergriffen worden, um Bahnfahrten weiter zu fördern. So wurde beispielsweise der VEB Reisebüro der DDR beauftragt, seine Busreisen teilweise im Bahnverkehr zu gestalten. Dafür nutzte die DR auch die Wagenparks der Städteexpresszüge auf Sonderzugtrassen in wichtige Feriengebiete wie den Spreewald, die Ostsee, Richtung Berlin oder Dresden.[41] Die Gewährleistung schneller und angenehmer Beförderung war aufgrund der nicht durchgängigen Elektrifizierung, der Sperrung bestimmter Züge des internationalen Reiseverkehrs für den Inlandsgebrauch und anderer Bedingungen des Schienenweges[42] nicht leicht zu erfüllen. Für Ferienreisende waren dahingehend besonders Anbindungen (mit Sonderzug) an den Knotenpunkt Berlin sowie der Zugverkehr an die Ostsee von Bedeutung.[43]

---

40 Mitte der achtziger Jahren wurden die Ermäßigungen für Kinder und Jugendliche erneut erhöht. Nun konnten Jugendliche bis einschließlich 18 Jahren sowie alle Studenten und Lehrlinge für 50 Prozent des regulären Preises Bahn fahren. – Vgl. Deja-Lölhöffel, *Freizeit in der DDR*, S. 39.
41 Vgl. Thielmann/Knaack, *Schnelle Züge nach Berlin*, S. 39.
42 Tilo Köhler spricht beispielsweise davon, dass die Züge durchaus für eine Reisegeschwindigkeit von 120 Kilometern pro Stunde ausgelegt waren, die Strecken jedoch nicht. – Vgl. Köhler, *Sie werden plaziert!*, S. 94. Deutlich werden technische Probleme und Schwierigkeiten der Fahrplangestaltung durch die hohe Netzauslastung vor allem im Vergleich der Reisezeiten in der DDR zwischen 1976, 1984 und 1989. Die Reisezeiten erhöhten sich auf der Mehrzahl der Strecken, anstatt sich – wie vorgesehen – zu verringern. – Vgl. Thielmann/Knaack, *Schnelle Züge nach Berlin*, S. 49.
43 Vgl. 1975: »Zur Verbesserung des Binnenreiseverkehrs wurden die beiden bisher nur für den internationalen Reiseverkehr bestimmten Züge […] ab Ostbahnhof bis Bergen/Rügen freigegeben. […] Eine Erleichterung der Situation erhofft sich die DR ebenfalls durch die neu aufgenommene Relation Stralsund – Berlin – Schöneweide – Halle – Nordhausen.« – O.V., »Schneller zur Ostsee« (15.5.1975). 1976: »Diesem Anliegen tragen neue Städteexpresszüge Rechnung, die künftig zwischen der Hauptstadt und zehn Bezirksstädten verkehren werden und den Reisenden viele Vorteile bieten werden.« – Franz, »Bequem und schnell nach Berlin«, (4.10.1976).

Die Notwendigkeit, die Bürger für den Eisenbahnverkehr zu gewinnen, zeigte sich ebenfalls in den hohen Ausgaben für Werbezwecke der einzelnen Reichsbahndirektionen.[44] 1974 wurden in Schwerin beispielsweise Presseinformationen zu Vorverkaufsmöglichkeiten herausgegeben, Hinweise auf Ermäßigungen und tarifliche Besonderheiten publiziert, Hinweise im Taschenfahrplan veröffentlicht, die Eisenbahn auf Aushängen und Bekanntmachungen beworben, Dia-Einschaltungen in 32 Filmtheatern des Bereiches der Reichsbahndirektion Schwerin mit Motiven über Wochenend-Sonderzüge vorgenommen, Entlastungszüge eingesetzt, Sonntags-Rückfahrkartenermäßigung gewährt, Sonderzüge für Betriebsausflüge bereitgestellt, Auskunftszettel mit Hinweisen für Reisende und mit häufig gefragten Zugverbindungen verteilt sowie ein zwölfteiliges Informationsblatt mit Hinweisen zu Zugverbindungen sowie Vorverkaufsmöglichkeiten und anderem gedruckt. Auch die Serviceleistungen verbesserten sich, wenn auch nicht ausreichend.[45]

Auch ein Informationsjournal mit dem Titel *Reisen mit der Eisenbahn* erschien, wenngleich nur zwischen 1969 und 1972. Darin wurden sowohl perspektivische Aspekte des Schienenverkehrs als auch praktische Informationen für den Reisenden dargestellt.[46]

Die Sparte der Autoreisezüge bewarb die Deutsche Reichsbahn mit einer eigenen Werbebroschüre mit dem Titel *Bahnsicher mit dem Autoreisezug*. Saisonaktuell wurden hier Informationen über diese Züge mit Autos im Gepäck dargeboten.[47]

Dem Reisenden sollte bewusst werden, dass Fahrten mit der DR bequem seien, man korrekt und höflich beraten und bedient würde und alle Phasen des Abfertigungs- und Beförderungsprozesses zügig und pünktlich erfolgten. Ein Anspruch, an dem die Deutsche Reichsbahn weitgehend scheiterte.[48]

So fuhren vor allem jene mit der Bahn, die (noch) keinen eigenen Pkw besaßen sowie Kinder und Jugendliche im Rahmen der kollektiven Feriengestal-

---

44 Vgl. im Folgenden das Beispiel der Reichsbahndirektion Schwerin: Dugge, »Verbesserung der Dienstleistungen der DR«, S. 407f.
45 Vgl. »Doch vieles – und das kam klar zum Ausdruck – gilt es noch zu verbessern.« – O.V., »Um besseren Service im Reiseverkehr bemüht« (43/1974).
46 Vgl. Ministerium für Verkehrswesen/Mitropa, *Reisen mit der Eisenbahn*.
47 Vgl. Koschinski, »Autos im Gepäck«, S. 26.
48 Vgl. »Der Vater hatte schon monatelang vorher Platzkarten bestellt, und natürlich saßen irgendwelche anderen Leute auf unseren Plätzen […]« – Erinnerungen von Klara D., 38, Künstlerin, ausgereist 1984, in: Klein, *Plötzlich war alles ganz anders*. Nahezu gleichlautend retrospektiv: Köhler, *Sie werden plaziert!*, S. 120. Vgl. auch Erinnerungen an das ›Hausgemachte‹ dieser Probleme: »Obwohl wir selbstverständlich Platzkarten zurücknehmen, werden sie, wenn man sie nicht braucht, leider nicht zurückgegeben – sie kosten ja nur wie eh und je 50 Pfennig oder eine Mark‹, meinte Siegwart Marhold. ›Schade, wenn wir deswegen anderen Fahrgästen sagen müssen: Ausverkauft.‹« – Pfitzner, »Einiges mehr an Service« (25.7.1988).

tung. 1975 betraf letzteres beispielsweise etwa eineinhalb Millionen Kinder, die in den Monaten Juli und August meist mit Sonderzügen in Ferien- und Pionierlager, zu mehrtägigen Wanderungen oder Ausflügen fuhren.[49] Diese Zahl dürfte sich bis 1989 noch erhöht haben. Die Sonderzüge wurden zu Ferienbeginn und -ende sowie zum einheitlichen Turnuswechsel der Ferienlager im Zweiwochenrhythmus eingesetzt.[50]

Internationaler Zugverkehr

Im grenzüberschreitenden Verkehr waren besonders die Schnellverbindungen von Berlin oder Leipzig über Dresden nach Prag, Budapest, Bukarest und Varna bedeutsam. Propagandistisch beworben sollten sie Zeichen der »Friedenspolitik und Wirtschaftskraft [...] [und] internationaler Autorität«[51] sein. Sie waren vor allem in der Sommerferienzeit stark nachgefragt. Eine Reservierung war deshalb mehrere Monate im Voraus notwendig.[52] Die bekanntesten[53] international verkehrenden Zugpaare waren der Balt-Orient-Express (Berlin–Bukarest, Wagen unterschiedlicher Nationalbahnen mitgeführt [DDR, ČSSR, Ungarn]), der Pannonia-Express (Berlin–Sofia), der Hungaria-Express (Berlin–Budapest), der Travia-Express (Leipzig–Varna) und der Karlex (Berlin–Karlovy Vary)[54].

Weiterhin verfügte die DR seit 1973 über eine Autoreisezugverbindung von Dresden nach Budapest.[55] Die internationalen Autozugpaare auf innerdeutschen Strecken – seit 1969 waren schrittweise Verbindungen zwischen Berlin und München, Westerland, Karlsruhe und Innsbruck geschaffen worden[56] – werden hier nicht weiter beleuchtet, da sie kaum touristischen Unternehmungen von DDR-Bürgern dienten.

---

49 Vgl. dazu und im Folgenden: Hollatz, »Mit 900 Sonderzügen in die Ferien« (5.7.1975).
50 Vgl. zu den Problemen im Sonderzugverkehr. »Es gibt aber auch Sorgen: Säumige Antragsteller [für Gruppenfahrten, H.W.], die den Anmeldetermin weit überschreiten, ungenaue Angaben machen und obendrein noch fordern. An der Spitze der Rücksichtslosen gegenüber den Eisenbahnern: die FDJ-Bezirksleitungen Leipzig und Karl-Marx-Stadt.« – O.V., »Sommer bei der DR« (28/1971).
51 Kuner, »20 Jahre DDR«, S. 2.
52 Weitere Detailfragen zur Beförderung wurden regelmäßig in den Reisekolumnen des NBI behandelt. Zum Beispiel in: NBI 36/1976, 37/1976 sowie 22/1980.
53 Weitere in folgendem Thread eines Diskussionsforums im Internet: *Train Simulator Forum: Schnellzüge der DDR-DR*, http://www.tssf-forum.de/yabbse/index.php?board=15; action=display;threadid=5413. Sowie in folgendem Artikel: Keller, »Vom Netz internationaler DR-Züge«, S. 3f.; Kuner, »20 Jahre DDR«, S. 3.
54 Vgl. o.V., »Prestige-Zug ›Karlex‹ fährt zum letzten Mal« (12.4.2003).
55 Vgl. Koschinski, »Autos im Gepäck«, S. 26.
56 Vgl. ebd., S. 25f.

Hinzu kam der ›Tourex‹, ein Touristenexpresszug aus der Sparte der Gesellschaftssonderzüge[57] im internationalen Fernverkehr der DR mit Schlaf- und Speisewagenangebot, ab 1972 zudem mit zwei Autotransportwaggons.[58] Das Design erinnert stark an die in Westeuropa im Einsatz befindlichen Touropa-Express-Züge. Die optische Nachgestaltung verrät hier die antizipierte Modernität, das gewünschte Prinzip ›überholen ohne einzuholen‹. Der Tourex trug aufgrund seines Komforts auch den Namen ›fahrendes Hotel‹.

»Das Wohlwollen der politischen Verwaltung für den TOUREX wurde in den Sonderzuweisungen deutlich, die der Rat des Bezirkes Dresden der MITROPA bei der Versorgung mit Lebensmitteln, auch mit den sonst raren und Export-Artikeln einräumte. […] Die Abteile wurden von den Schaffnern komplett bezogen […] Die Gäste fanden in ihrem Abteil eine ausführliche Informationsschrift […] Durch den TOUREX-Funk (Zugansage von einem professionellen Sprecher) wurden die Gäste zu einem der vier Speisewagendurchgänge pro Mahlzeit aufgerufen. […] Der TOUREX-Funk gab aber auch ausführliche Erläuterungen zum Landschaftsblick aus dem Zugfenster und zum Programmablauf der Tagesaufenthalte […].«[59]

1961 hatten Teilnehmer des Kongresses Junger Eisenbahner beschlossen, diesen Zug als Geschenk der FDJ an den VI. Parteitag der SED 1963 mit der Initiative ›Grünes Signal‹ zu finanzieren.[60]

Der Zug befuhr im Sommer die Strecke an die rumänische und bulgarische Schwarzmeerküste, in der Vor- und Nachsaison nach Polen und in die ČSSR.[61] Heimatbahnhof in der DDR war Dresden-Neustadt. Karten für den Tourex waren über das Reisebüro der DDR buchbar, jedoch aufgrund der begrenzten Platzzahl in Höhe von etwa 6.500 Personen pro Saison schnell vergriffen. Der bekannteste Tourex blieb bis 1989 jener nach Bulgarien, der in den Sommer-

---

57 Gesellschaftssonderzüge beförderten Personen zu kulturellen, politischen oder sportlichen Veranstaltungen und anderen (beispielsweise touristischen) Zwecken. Sie wurden entweder von der Deutschen Reichsbahn im Rahmen der Bahntouristik veranlasst oder vom Reisebüro sowie anderen politischen oder gesellschaftlichen Institutionen beantragt. – Vgl. Sliwka/Plietz/Teutsch, *Fahrplanwesen A–Z*, S. 57.

58 Vgl. im Folgenden soweit nicht anders vermerkt: Dießner, *Schlafwagen*. Bauzière, *VEB Schienenschlacht*, S. 345–353; Diemer, »Reisen zwischen … Anspruch und Vergnügen«, S. 86f.; Richter, »Der Tourex mit Garage« (15.4.1972); o.V., »Motorisiert in die Volksrepublik Bulgarien«, S. 151; Gummich, *Mit dem Tourex in Freundesland*; Winkelmann/Winkelmann, »Mit dem ›Tourex‹ nach Varna« (2), S. 296; dies.: »Mit dem ›Tourex‹ nach Varna« (1), S. 270; o.V., »Wissen Sie schon …«, S. 106. Einen unterhaltsamen autobiographischen Zugang bietet das Buch *Es geht alles seinen sozialistischen Gang* von Susanne Dell, die selbst früher als Schlafwagenschaffnerin mit dem Tourex unterwegs war.

59 Rethorn, »Nobelreise nach Varna«, S. 59.

60 Plakataufruf zur Finanzierung des Tourex im *Anhang 29*. Vgl. ergänzend: Vogel, »Touristenexpress«.

61 Vgl. Übersicht aller Ziele im *Anhang 30*.

monaten in einer etwa 50-stündigen Zugfahrt die DDR mit den drei Schwarzmeerbadeorten Albena, Nessebar und Varna verband.[62] Tourex-Reisen waren zumeist inklusive Zugfahrt, 14-tägigem Aufenthalt am Schwarzen Meer und Besichtigung von Budapest und Bukarest auf der Rückreise als 20-Tages-Reisen konzipiert. Sie kosteten anfänglich in der preisgünstigsten Variante 700 Mark, später bis zu 1.700 Mark.[63] Darin waren Beförderung, Betreuung durch ›Balkantourist‹ vor Ort, Unterkunft, Verpflegung sowie Taschengeld in bulgarischer Währung enthalten. Damit waren Tourex-Reisen stets günstiger als die ab den siebziger Jahren zusätzlich angebotenen Flugreisen nach Bulgarien.

Freundschaftszugreisen

Schließlich gab es so genannte Freundschaftszugreisen. Dabei handelte es sich ab 1967 um Fahrten von Delegierten[64] der FDJ, der Pionierorganisation oder der DSF in die Sowjetunion, aber auch als Rundreise in mehrere sozialistische Länder. ›Freundschaftszug‹ stand dabei weniger für das Verkehrsmittel an sich als für die Besonderheiten des inhaltlichen Programms.[65] Mit Freundschaftszügen kamen regelmäßig Jugendliche aus dem Umkreis kommunistischer und sozialistischer Parteien und Organisationen aus kapitalistischen Staaten in die DDR, beispielsweise aus Frankreich.[66]

---

62 Vgl. dazu und im Folgenden: Deutsche Bahn AG, *Auf getrennten Gleisen*, S. 119.
63 Vgl. dazu: Rethorn, »Nobelreise nach Varna«, S. 57.
64 Vgl. beispielhaft für die FDJ: Sekretariat des Zentralrates der FDJ, Direktive zur Auswahl und Entsendung von Teilnehmern eines Freundschaftszuges der Freien Deutschen Jugend in die UdSSR in der Zeit vom 1. bis 12. Dezember 1970.
65 Vgl. zeitgenössisch den sowjetischen Kinderfilm ›Hurra, wir haben Ferien‹ von 1972. In der DDR wurde er 1974 erstmals ausgestrahlt. Es ging darin um Peter aus der DDR und Waleri aus der Sowjetunion. Beide haben sich in einem internationalen Ferienlager kennengelernt und sind Freunde geworden. In den großen Ferien bringt ein Freundschaftszug den beiden ein fröhliches Wiedersehen. Sowie einige Fallbeispiele: Bezirksvorstand Berlin des FDGB, *Berliner Neuerer in Moskau;* Bezirksvorstand Gera des FDGB, *Freundschaftszug Pskow – Gera*; Bezirksvorstand Berlin des FDGB, *Freunde. Erlebnisse, Begegnungen, Eindrücke*; Bezirksvorstand Gera des FDGB, *Freundschaft – Družba*; o.V., »330 fahren ins Land des Roten Oktober« (39/1974); o.V., »Zu Gast im Lande Lenins« (36/1970).
66 Vgl. Sekretariat des Zentralrates der FDJ, Direktive für den Empfang des 9. Freundschaftszuges der Bewegung der Kommunistischen Jugend Frankreichs in der Deutschen Demokratischen Republik vom 2. bis 19. August 1972.

Schmalspurbahnen

Als touristische Attraktionen kamen die Schmalspurbahnen hinzu, die 1989 auf einer Länge von insgesamt 274 Kilometern in der DDR existierten.[67] Die bekanntesten waren der ›Rasende Roland‹ auf Rügen, ›Molli‹ von Bad Doberan nach Kühlungsborn, ›Quirl‹ die Harzquerbahn, ›Fiffi‹ die Selketalbahn, die Zittauer Gebirgsbahn, der ›Weißeritzexpress‹ im Osterzgebirge, der ›Lößnitzdackel‹ in der Nähe von Dresden, die Fichtelbergbahn ›Bimmel‹ sowie der ›Preßnitztal-Schreck‹ im Erzgebirge.[68] Sie wurden jedoch nicht nur auf besonders reizvollen Strecken zur Unterhaltung eingesetzt, sondern einige von ihnen erfüllten wichtige Beförderungsdienstleistungen. Im Zittauer Gebirge beispielsweise erfüllten andere öffentliche Verkehrsmittel nicht alle Beförderungsbedürfnisse.[69]

Interzonenzüge

Eine Besonderheit stellten die Interzonenzüge dar.[70] Sie beförderten Reisende im innerdeutschen, grenzüberschreitenden Verkehr. Eine wichtige Verbindung lief über den Grenzort Bebra, über den täglich sieben nationale und zwei internationale Zugpaare verkehrten. Saisonal wurde diese Anzahl aufgestockt. Trotz des Verkehrsvertrages zwischen der Bundesrepublik und der DDR nahmen die Beförderungszahlen in den siebziger und achtziger Jahren nur wenig zu, was vor allem mit der zunehmenden Individualmotorisierung, dem Aufschwung des Luftverkehrs und dem geringeren westlichen Interesse aufgrund stetig steigender Zwangsumtauschsätze zu tun hatte. Zwar gehörten die Interzonenzüge zum Schnellverkehr der Deutschen Reichsbahn, doch war die Reisegeschwindigkeit mit durchschnittlich 55 Kilometern pro Stunde gering. Da auch auf Komfort im Zug wenig Wert gelegt wurde, fuhren vor allem jene

---

67 Hölder, *Im Trabi durch die Zeit*, S. 215. Eine abweichende Streckenlänge (242,6 Kilometer) gab die Zeitung NBI 19/1980 für 1980 an. Es ist möglich, dass bis 1989 zusätzliche Abschnitte in Betrieb genommen wurden. Vgl. dazu und im Folgenden ergänzend: Heym, *Dampf zu Honeckers Zeiten*, S. 84–99.
68 Gerig,»Bimmelbahnen«, S. 11. Zu einigen Schmalspurbahnen der DDR vgl. Feuereißen, *Reisen mit der Schmalspurbahn*; Kirsche/Müller, *Eisenbahnatlas DDR*.
69 Vgl. »So viele Busse, wie nötig wären, um sonntags 800 bis 1000 Kurzurlauber bequem von der Kreisstadt Zittau nach Oybin oder Jonsdorf in die Wälder zu befördern, kann der Kraftverkehr gar nicht bereitstellen, und wenn beim FDGB in Kipsdorf, in Oberwiesenthal oder im Harzer Luftkurort Benneckenstein Anreisetag ist, müssten die örtlichen Nahverkehrsunternehmen ihre letzten Reserven auf die Straße rollen.« – Gerig,»Bimmelbahnen«, S. 12. Ergänzend: Bauer/Preuß/Preuss, *80 Jahre nach Kurort Oybin*.
70 Vgl. im Folgenden: Fricke/Ritzau, *Die innerdeutsche Grenze*; Bock, *Interzonenzüge*; Kuhlmann, *Züge durch Mauer und Stacheldraht*; Schuster-Wald, *Interzonenverkehr*, S. 64f.

mit ihm, die keine andere Transportmöglichkeit hatten. Die Interzonenzüge wurden daher abfällig als »Rentnerexpress« bezeichnet.

VI.4 Interflug

Die Interflug war die staatliche Fluggesellschaft der DDR und alleiniger inländischer Anbieter in der zivilen Luftfahrt. Sie entstand 1958 zunächst als Chartergesellschaft unter dem Namen ›Lufthansa GmbH‹.[71] Grund war der Rechtsstreit der DDR mit der Bundesrepublik um Namens- und Markenrechte an der ›Lufthansa‹.[72] Diese war unter nahezu gleicher Bezeichnung 1954 in der Bundesrepublik und 1955 in der DDR gegründet worden. Am 1. September 1963 schließlich wurden die ›Deutsche Lufthansa‹ der DDR und die ›Interflug GmbH‹ unter dem Namen ›Interflug‹ zusammengelegt. Als Flughäfen auf dem Gebiet der DDR standen Berlin-Schönefeld, Leipzig, Dresden, Erfurt, Karl-Marx-Stadt (lediglich 1958–1962), Barth (Ostseeküste) und Heringsdorf (Usedom) zur Verfügung. Bis 1961 hatte der Inlandsflugverkehr[73] Priorität, danach wurde der internationale Flugverkehr wichtiger, die Flugzeugproduktion jedoch eingestellt und die Luftfahrt insgesamt weniger bedeutungsvoll. Nach wie vor aber wurde der Inlandsflugverkehr vor allem unter der Maßgabe der Zeitersparnis beworben.[74]

Die Förderung des Inlandsflugverkehrs nahm jedoch entgegen den anderslautenden Presseinformationen aus ökonomischen Gründen stetig ab, bis dieser 1980 gänzlich eingestellt wurde.[75] Im Ausland wurden 1973 34 Ziele angeflogen. Bis 1989 kamen noch zahlreiche neue Verbindungen hinzu[76], einige fielen jedoch – vor allem aufgrund politischer Entwicklungen in den betreffen-

---

71 Vgl. dazu und im Folgenden: Seifert, *Der deutsche Luftverkehr 1955–2000*, S. 27f., S. 33–36, S. 47–51, S. 111–115, S. 144–147 und S. 163–182. Vgl. ergänzend: Dienel, » ›Das wahre Wirtschaftswunder‹ «, S. 341 und S. 354f.; Rawolle, »Ziviler Luftverkehr in der DDR«. Vgl. vor allem Abbildungen: Braunburg, *Interflug*.
72 Vgl. Fäßler, »Probelauf für eine ›Politik der Bewegung‹«.
73 Vgl. Seifert, *Weg und Absturz der Interflug*, S. 91–93. Inlandsflugrouten 1971 im *Anhang 31*.
74 Vgl. »Für Bewohner der Südbezirke bedeutet dies etwa 8 Stunden eher Sonne, Wind und Ostseewellen. […] Am Horizont tauchen jedoch schon neue Pläne auf, die das Unternehmen noch attraktiver für die Passagiere werden lassen. Ab 1975 sollen IL 18-Maschinen den Liniendienst aufnehmen […].« – O.V., »Längerer Urlaub per Interflug« (25.5.1973).
75 Im Zuge dessen wurden die Flughäfen in Barth und Heringsdorf nahezu bedeutungslos.
76 Vgl. Auslandsflugrouten der Interflug 1985 und 1987 im *Anhang 32*.

den Ländern – wieder heraus.⁷⁷ Insgesamt blieb der Flugverkehr jedoch zahlenmäßig relativ unbedeutend.

Auch exotische Ziele standen auf dem Flugplan. Sie betrafen allerdings nicht den Urlaubsreiseverkehr, sondern waren nahezu ausschließlich geschäftlichen Verbindungen vorbehalten. Für Urlauber waren insbesondere die Routen ans Schwarze Meer (UdSSR und Bulgarien) sowie in die Hauptstädte der Länder des RGW bedeutsam. Für diese gab es zum Teil besondere Kooperationen, um eine Nutzung attraktiver zu machen.⁷⁸ Zur Gewährleistung der Beförderung in die Schwarzmeeranrainer vereinbarte die Interflug ab den achtziger Jahren Gemeinschaftsdienste mit der sowjetischen Fluggesellschaft Aeroflot.⁷⁹

Innerhalb der Beförderungsleistungen zeigte sich eine starke Dominanz weniger Flugziele in der UdSSR, in Ungarn und Tschechien.⁸⁰ Selbst diese viel beflogenen Routen aber konnten die insgesamt geringe Nutzung des Flugzeugs als Verkehrsmittel nicht ausgleichen.

Die Einführung dieses modernsten aller Verkehrsmittel war vor allem ein Prestigeobjekt, welches die Modernität des dahinter stehenden Systems beweisen sollte.⁸¹ Dass dies auch so angenommen wurde, zeigte sich in den vereinzelten Hinweisen auf Flugmotive von Passagieren. 1963 beispielsweise gab die Mehrheit der Flugreisenden an, sie seien auf diesem Weg in den Urlaub unterwegs, um einmal geflogen zu sein.⁸² Dem entgegen stand das geringe Interesse, den Flugverkehr zu anderen Zielen innerhalb des RGW auszuweiten, denn durch multilaterale Verträge waren die Flugpreise nicht kostendeckend festgelegt.⁸³

Ein Beispiel für eine in manchen Punkten erzwungene Modernisierung der Interflug zeigte sich in der Entscheidung für den Flugzeugtyp Airbus Ende der achtziger Jahre. »Die guten politischen und wirtschaftlichen Beziehungen der DDR zu Frankreich trugen mit dazu bei, sich für ein Flugzeug aus dem Hause AIRBUS INDUSTRIES zu interessieren. Im Juni 1988 geschah mit großem Medienaufwand die Unterzeichnung des Kaufvertrages über drei Flugzeuge des Typs Airbus A 310-304, einer speziellen Variante mit zusätzlichen Kraft-

---

77 Vgl. hinzukommend: Karatschi, Hanoi, Larnaca, Istanbul, Tripolis, Addis Abeba, Athen, Luanda, Maputo, Brüssel, Rom, Simferopol, Sotschi, Tatry, Amsterdam, Tunis, Taschkent, Brazzaville, Mexiko Stadt, Amman, Peking, Singapur, Dubai, Bangkok, Düsseldorf. Ab 1988 fielen aus: Bagdad, Amman, Addis Abeba, Maputo.
78 Zube, »Zur Entwicklung des Betriebes Verkehrsflug«, S. 87.
79 Vgl. Seifert, *Weg und Absturz der Interflug*, S. 99.
80 Vgl. Übersicht der Beförderungszahlen für ausgesuchte Staaten im *Anhang 33*.
81 Vgl. Dienel, *Ins Grüne und ins Blaue*, S. 244
82 Vgl. Dienel, »›Das wahre Wirtschaftswunder‹«, S. 360.
83 Vgl. ebd., S. 245.

stoffbehältern [...]«⁸⁴. Bei den Flügen nach Kuba waren zuvor stets Zwischenlandungen in Gander (Neufundland, Kanada) notwendig gewesen.⁸⁵ Dadurch entstanden hohe Kraftstoffkosten, Zeitverlust und Landegebühren. Die Entscheidung für den Airbus⁸⁶ wurde zudem durch die Fluchtproblematik begünstigt, denn jene Landungen in Kanada eröffneten die Möglichkeit zur Republikflucht.⁸⁷

VI.5 Schiff

Eine außergewöhnliche und sehr begehrte Reiseform waren die Hochseeschiffsreisen, denn »hier, auf einer schwimmenden Insel, realisierten die Genossen endlich all das, was ihnen in ihrem Land nicht gelang. Alles war gepflegt, es gab keinen Mangel[,] und der DDR-Bürger avancierte vom ewigen Bittsteller zum Gast. Ein wahres Traumschiff.«⁸⁸

Die Einordnung dieser Reisen in das Kapitel ›Reisverkehrsmittel‹ soll deutlich machen, dass es sich bei den Schiffsfahrten von DDR-Bürgern nicht um Kreuzfahrten im herkömmlichen Sinne⁸⁹ handelte. Nicht Landgänge – sie waren in Häfen nichtsozialistischer Staaten ab 1961 untersagt – standen im Mittelpunkt, sondern überwiegend das Verweilen auf dem Schiff.

MS ›Völkerfreundschaft‹

Das erste Urlauberschiff war seit 1960 die ›Völkerfreundschaft‹.⁹⁰ Über die unmittelbare Urlauberaufnahme hinaus sollte sie Signalcharakter haben:

---

84 Rawolle, »Ziviler Luftverkehr in der DDR«, S. 173.
85 Vgl. Sammler, »Im Cockpit nach Havanna«, S. 18f.
86 Vgl. Ebner, »Non-Stop nach Havanna«, ohne Seitenangabe.
87 Vgl. Dienel, *Ins Grüne und ins Blaue*; S. 238
88 Video: *Rote Traumschiffe*. Vgl. auch: Frölich, »Delikates aus der Kombüse« (14.9.1973). Derzeit arbeitet Herr Andreas Stirn von der ›Stiftung zur Aufarbeitung der SED-Diktatur‹ an einer Dissertation zum ›Traumschiffen des Sozialismus‹, er veröffentlichte kürzlich: Stirn, »Urlaub im Grenzgebiet«.
89 Vgl. zur Definition: Mundt, *Reiseveranstaltung*, S. 283.
90 Vgl. dazu und im Folgenden: Peters, *Vom Urlauberschiff zum Luxusliner*, 3.11.2005, http://www.emil-netz.de/rostock/liner/athena/athena_info.php; Saucr, »Am Anfang ›Völkerfreundschaft‹, am Ende ›Raketen-Siggi‹«, 3.11.2005, http://www.dsm.de/ 3prr0022.htm. Stockholm (1948), 3.11.2005, http://www.passagierdampfer.de/Schiffe/ Liner/Stockholm__1948_/body_stockholm__1948_.html; »FDGB Urlauberschiff Völkerfreundschaft«, 3.11. 2005, http://www.urlauberschiff-fritzheckert.de/maritim/ details.php?image_id=76; Völker-

»[D]as Schiff ist ein Ausdruck der Lösung der ökonomischen Hauptaufgabe [...] Das Schiff ist ein Ausdruck unserer Friedenspolitik [...] Die Übergabe des Schiffes von der Regierung der DDR an den FDGB ist ein Ausdruck des neuen Verhältnisses von Staat und Gewerkschaften [...] Das Schiff wird zum Ausdruck des sozialistischen kulturvollen Gemeinschaftslebens der Werktätigen. [...] Die Übernahme dieses Schiffes muß zu einer Verstärkung der Solidaritätsleistungen, zum Bau des zweiten FDGB-Urlauberschiffes führen.«[91]

Die ›Völkerfreundschaft‹ war ein nach einem Kollisionsunfall umgerüstetes schwedisches Schiff (›Stockholm‹) mit 12.400 Bruttoregistertonnen und 160 Metern Länge für 220 Besatzungsmitglieder sowie 550 Passagiere.[92] Sie wurde – so bisherige Publikationen, jedoch abweichend Gerd Peters – mit Hilfe der Steckenpferd-Bewegung für 17,5 Millionen Valutamark erworben.[93] Diese war nach einer Initiative des Kosmetikbetriebes VEB Steckenpferd aus Radebeul benannt. Dabei wurden durch Überproduktion in etwa 2.000 Betrieben außerplanmäßige Devisen erwirtschaftet und für den Kauf dieses und anderer Schiffe eingesetzt. Die erste Reise führte von Rostock nach Constanta ins Schwarze Meer via Nord-Ostsee-Kanal, Rhodos und Piräus.[94] Später wurden vorwiegend Ostseefahrten[95] – zum Beispiel nach Gdynia, Leningrad, Helsinki, Stockholm – durchgeführt.[96] Von der letzten Reise unter der DDR Flagge kehrte die ›Völkerfreundschaft‹ am 31. Januar 1985 aus der Karibik zurück.[97] Am 5. Juli 1985 wurde sie außer Dienst gestellt.[98]

MS ›Fritz Heckert‹

Als zweites Urlauberschiff ließ der FDGB 1961 die ›Fritz Heckert‹ mit 8.120 Bruttoregistertonnen und 141 Metern Länge für 178 Besatzungsmitglieder und

---

freundschaft, 3.11.2005, http://www.deutsche-passagierschiffe.de/core/schiffsregister/voelk erfreundschaft/index.html.
91 *Beschluss des Bundesvorstandes des FDGB vom 25.1.1960.* Nr. S80/60, BArch DY34 24687, unpag.
92 Vgl. Althof, *Passagiere an Bord*, S. 266.
93 Vgl. zeitgenössisch: Krull, *Urlauberschiffe – Boten der Völkerfreundschaft*, S. 169–176. Die genannte Finanzierungsquelle taucht auch in allen neueren Publikationen auf. Erst Gerd Peters hat mit seinem kürzlich erschienenen Buch eine anders lautende Version offeriert, die sich auf einen Bericht im Archiv der Deutschen Seereederei stützt. – Vgl. Peters, *Vom Urlauberschiff zum Luxusliner*, S. 27.
94 Vgl. Peters, »Vom Urlauberschiff zum Traumschiff«, S. 94.
95 Beispielhaft einige Reisedokumente einer Ostseekreuzfahrt 1985 im *Anhang 34*.
96 Zur Zahl der Fahrten und Zielorten aller Sonderfahrten der MS ›Völkerfreundschaft‹ vgl. *Anhang 35*.
97 Diese Reise wurde für Stena Line vorgenommen. – Vgl. Peters, *Vom Urlauberschiff zum Luxusliner*, S. 266.
98 Sie ist – nach mehreren Besitzerwechseln – aber auch heute noch in Betrieb, derzeit unter dem Namen ›MS Athena‹ (3.11.2005, http://www.cruiseferry.de/dschiffe.html).

384 Passagiere bauen.[99] Das Schiff konnte durch Zusatzleistungen zahlreicher VEB und Spenden der Bevölkerung (circa 30 Millionen Mark) finanziert werden.[100] Am ersten Mai 1961 begann die erste Ostseereise des Schiffes über Helsinki und Leningrad nach Riga. FDGB-Reisen wurden aber zunehmend seltener, mehr und mehr wurde die ›Fritz Heckert‹ verchartert.[101] Ob technische Gründe oder finanzielle Engpässe für die Stilllegung 1971 verantwortlich waren, ist ungewiss.[102] 1982 übernahm der VEB DSR das Schiff als Wohnschiff.

MS ›Arkona‹

Am 29. August 1985 erwarb die DDR mit dem deutsch-deutschen Flaggenwechsel unter dem Namen ›Arkona‹ über den Bereich ›Kommerzielle Koordinierung‹ die ›Astor‹, das ehemalige ›Traumschiff‹.[103] Sie konnte 240 Besatzungsmitglieder und 580 Passagiere befördern.[104] Jährlich circa 15 Fahrten wurden mit je 600 FDGB-Feriengästen unternommen, die erste im Oktober 1985 nach Leningrad und Riga. Die ›Arkona‹ befuhr besonders die Atlantikroute nach Kuba.[105] Die Öffnung der innerdeutschen Grenzen im November 1989 erlebten Besatzung und Passagiere während einer Mittelmeerfahrt.

Dem Reisebüro der DDR gelang zudem die Kooperation mit der sowjetischen Schifffahrt. Bereits in den sechziger Jahren wurden immer wieder sow-

---

99 Vgl. dazu und im Folgenden: Peters, »Vom Urlauberschiff zum Traumschiff«, S. 94; ders., *Vom Urlauberschiff zum Luxusliner*, sowie: Fritz Heckert, 3.11.2005, http://www.deutsche-passagierschiffe.de/core/schiffsregister/fritzheckert/index.html.
100 Den ›Vorschlag‹ hatten Vertreter der Wismarer Mathias-Thesen-Werft auf dem V. Parteitag der SED 1958 formuliert. Ein Auszug aus dem Redetext auf dem V. Parteitag der SED ist abgedruckt bei: Peters, *Vom Urlauberschiff zum Luxusliner*, S. 125. Obwohl eine Manipulation nicht nachzuweisen ist, kann davon ausgegangen werden, dass es sich hierbei nicht um einen spontanen, sondern inszenierten Vorschlag handelte.
101 Vgl. Zielorte und Veranstalter des Kreuzfahrtschiffes MS ›Fritz Heckert‹ im *Anhang 36*.
102 Gerd Peters vermutet volkswirtschaftliche Gründe und die Betonung der technischen Mängel nur zum Zwecke der Überzeugung des FDGB von der Außerdienststellung. – Vgl. Peters, *Vom Urlauberschiff zum Luxusliner*, S. 194.
103 Vgl. dazu und im Folgenden: Peters, »Vom Urlauberschiff zum Traumschiff«, S. 100. Video: *Rote Traumschiffe*. FDGB Urlauberschiff Arkona, 3.11.2005, http://www.urlauberschiff-fritzheckert.de/maritim/details.php?image_id=75&sessionid=20b39d90e8a3b1b04ecfbb4f032c85b7 ; Arkona (ex Astor), 3.11.2005, http://www.deutsche-passagierschiffe.de/core/ schiffsregister/arkonaexastor/index.html.
104 Vgl. Althof, *Passagiere an Bord*, S. 252.
105 Ein bildlicher Eindruck ist über den Reisebericht der ›Neuen Berliner Illustrierten‹ zu erhalten. – Vgl. Kunold, »Mit der ›Arkona‹ über die Ostsee« (45/1985).

jetische Schiffe gechartert, vor allem für Schwarzmeerreisen. Dadurch konnten pro Jahr etwa 2.000 DDR-Bürger eine solche Reise unternehmen.[106] Der Vollständigkeit halber seien noch die wenigen – nicht durch den FDGB oder das Reisebüro der DDR vergebenen – Plätze in 2-Bett-Kabinen auf Frachtschiffen der DSR genannt.[107] Diese Möglichkeit konnten jedoch nur in Ausnahmefällen Touristen wahrnehmen. Dies lag am mangelnden Angebot, an der Notwendigkeit, durch entsprechende Beziehungen bei den zuständigen Stellen vorstellig zu werden, an den hohen Passagepreisen und der langen Überfahrtsdauer. Erich Loest beschrieb in seinem Roman *Zwiebelmuster* eindrücklich die Erwartungen, die sich mit einer solchen Reise und ihrem Scheitern verbanden.[108]

FDGB-Schiffsreisen

Die Urlaubsplätze machten nur einen geringen Anteil der FDGB-Reisen aus (1962: 16.500 Personen, 1965: 9.169 Personen, 1970: 4.344 Personen 1989: 9.300 Personen).[109] Propagandistisch jedoch wurden sie als große Leistung des FDGB für seine Mitglieder gewürdigt. Die Urlaubsreisen hatten eine Signalwirkung auf die Entwicklung der touristischen Nachfrage, denn »auch wer selbst nicht mitfuhr, konnte doch sehen, dass so etwas für ›seinesgleichen‹ möglich war, obwohl man selbst nur im eigenen Land verreiste und oft bei Bekannten und Verwandten übernachtete.«[110]

Im Gegensatz zu westlichen Kreuzfahrten wurden die Reisen wegen der Fluchtgefahr oft nonstop ohne Landgänge durchgeführt. Zudem wurden die Routen ab dem Mauerbau 1961 und nach zahlreichen Fluchtversuchen – zum Beispiel »durch Absprung unter gewaltsamer Durchbrechung der Sicherheitseinrichtungen bei voller Fahrt des Schiffes vom 17m über der Wasseroberfläche liegenden Sonnendeck«[111] – insbesondere im Nord-Ostsee-Kanal und auf der Mittelmeerroute, die auch durch die Meerenge am Bosporus führte, entsprechend angepasst oder gänzlich aufgegeben. Erst in den achtziger Jahren

---

106 Vgl. Peters, *Vom Urlauberschiff zum Luxusliner*. S. 321–325.
107 Vgl. dazu und im Folgenden: Ebd., S. 317–319.
108 Vgl. Loest, *Zwiebelmuster*.
109 Vgl. *Statistischer Jahresbericht 1980*, S. 13. Kritisch aus ökonomischer Sicht und damit die Prestigewirkung verdeutlichend schon die zeitgenössische Stellungnahme von Anton Filler. – Vgl. Filler, *Der Stand und die Entwicklung*, S. 65.
110 Irmscher, »Alltägliche Fremde«, S. 52. Vgl. auch Spode, »Tourismus in der Gesellschaft der DDR«, S. 17.
111 *Bericht an Günter Mittag über einen Vorfall vom 4.4.962*, BArch DY 30, JIV2/3J/242. Ähnlich auch die Erinnerungen eines Reisenden auf der ›Völkerfreundschaft‹ 1963, die bei Gerd Peters nachzulesen sind. Vgl. Peters, »Vom Urlauberschiff zum Traumschiff«, S. 97f.

wurde die Routenführung wieder erweitert (Tunis, Alexandria, Lissabon).[112] Zusätzlich wurden die Passagiere speziell ausgewählt und von Mitarbeitern des Ministeriums der Staatssicherheit überwacht.[113]

Die Preise waren hoch[114], aber nicht die entscheidende Eintrittsbarriere, denn die Reisen wurden nicht durch die Betriebs- oder Abteilungsgewerkschaftsleitungen verteilt, sondern Vorschläge verdienter Anwärter ergingen an die Kreisvorstände des FDGB. Die Vergabe erfolgte als Belohnung nach dem Leistungsprinzip.[115] Solch eine Auszeichnungsreise war beispielsweise jene der ›Völkerfreundschaft‹ im April 1972:

»Im Jahre 1972 wird eine Schwarzmeer-Mittelmeer-Reise […] als Auszeichnungsreise für verdienstvolle Gewerkschaftsveteranen sowie ehrenamtliche und hauptamtliche Gewerkschaftsfunktionäre bereitgestellt. […] Alle Teilnehmer zahlen einen Kostenanteil von 200,- M. Die Teilnahme an der Reise wird nicht auf den Jahresurlaub angerechnet. […] Die Finanzierung der Auszeichnungsreise mit einem Gesamtbetrag von 587.487,85 M erfolgt durch den Haushalt des Bundesvorstandes des FDGB.«[116]

Nur in Ausnahmefällen, wie nach dem Ausfall eines ausländischen Charterers 1987, wurden die Seereisen öffentlich zur Buchung über das Reisebüro der DDR freigegeben. In jenem Fall spiegelte sich die hohe Nachfrage nach solchen Reisen, die zwölftägige Ostseefahrt war trotz Preisen in Höhe von 600 bis 1.400 Mark pro Person innerhalb weniger Tage ausverkauft.[117] Auch Lottogewinner durften sich über Reisen auf der ›Völkerfreundschaft‹ freuen, so 1971.[118]

Die Schifffahrten wurden als Beitrag zur Völkerverständigung propagiert.[119] So schrieb der FDGB-Bundesvorstand in einer Informationsbroschüre: »Durch die Urlauberschiffe des FDGB lernen Arbeiter, Angestellte und Angehörige der Intelligenz die Schönheiten des Meeres und ferner Länder

---

112 Vgl. Video: *Rote Traumschiffe*.
113 Vgl. Video: *Rote Traumschiffe*. Entsprechend waren auch die ›Auswahlgrundsätze für die Teilnahme an Hochseeschiffsreisen des FDGB‹ gestaltet. – Vgl. *Ordnung über die Durchführung von Hochseeschiffsreisen*. Anlage 1, BArch DY/34 24944.
114 Eine Reise nach Kuba (19 Tage, ohne Taschengeld) kostete auf dem Urlauberschiff ›Arkona‹ 1985 in der besten Kabinenkategorie 6.230 Mark und in der preiswertesten Kategorie 3.665 Mark pro Person. – Vgl. Budde, *Willkür*. S. 641.
115 Vgl. *Protokolle über die Beratungen der AG Schiffsreise. Vereinbarungen mit dem kubanischen Reisebüro, der Interflug und der Deutschen Seereederei*, BArch DY12 1873; *Routenplan des Urlauberschiffs des FDGB ›Kap Arkona‹ und Verteilung von Urlaubs- und Auszeichnungsreisen bei der IG Bergbau 1986*, BArch DY37 1851, unpag.
116 *Beschluß S635/71* vom 13.10.1971, BArch DY34 24944, unpag.
117 Vgl. Peters, »Vom Urlauberschiff zum Traumschiff«, S. 100.
118 Vgl. o.V., »550 ›Glückspilze‹ auf Kreuzfahrt in der Ostsee« (7.12.1971).
119 Vgl. Diemer, »Reisen zwischen … Anspruch und Vergnügen«, S. 89.

kennen und schließen völkerverbindende Freundschaften.«[120] Ob dies von den Reisenden in dieser Art wahrgenommen wurde oder bedeutsam war, muss bezweifelt werden.

Zur Devisenerwirtschaftung wurden die Urlauberschiffe bis zum Oktober 1970 vom Reisebüro der DDR, später durch den VEB DSR an westliche Reiseunternehmen verchartert.[121] Dies hatte jedoch auch zur Folge, dass noch weniger Plätze für FDGB-Urlauber zur Verfügung standen.

Weitere Nutzungen des Verkehrsmittels ›Schiff‹ gab es über Fährverbindungen sowie durch die ›Weiße Flotte‹ im Ausflugs- und Reiseverkehr. Letztere wurde auf zahlreichen Seen, Flüssen und auch an der Küste der DDR eingesetzt, die gastronomische Betreuung der Fahrgäste übernahm ab 1956 die Mitropa.[122]

›Weiße Flotte‹

Große touristische Hoffnungen verband die DDR mit den Angeboten der ›Weißen Flotte‹. So hieß es 1985: »In den 13 Bezirken der Republik verkehren gegenwärtig insgesamt 180 Fahrgastschiffe, die jährlich über 7 Millionen Personen befördern. [...] Fahrgastschiffahrt morgen [...] Andere Möglichkeiten eröffnen sich mit ›Schlaf-Prahmen‹. Die Kopplung von Salon-, Speise- und Schlaf-Prahmen ersetzt das gegenwärtige Touristenschiff. Wie bei der Eisenbahn kann der Tourist vielleicht auch einmal mit dem ›Kurs-Schlaf-Prahmen‹ von Berlin nach Odessa reisen. Ausgedehnte Fahrten quer durch den Kontinent bis nach Asien dürften sich besonderer Attraktivität erfreuen.«[123]

Wissenschaftliche Untersuchungen und andere Veröffentlichungen zu den Betrieben der ›Weißen Flotte‹ sind kaum vorhanden. Daher soll die Bedeutung der Binnenschifffahrt für den Tourismus exemplarisch dargestellt werden. Dafür bietet sich die recht gut dokumentierte Geschichte der Schifffahrt auf der Oberelbe an, die in den siebziger und achtziger Jahren vom VEB Fahrgastschifffahrt ›Weiße Flotte‹ Dresden durchgeführt wurde. Um 1980 besaß dieser Betrieb 19 Schiffe, davon elf so genannte ›Oldtimer‹, die Schaufelraddampfer. Mit ihnen wurden etwa 1,5 Millionen Passagiere pro Jahr befördert, davon die überwiegende Zahl Touristen.[124] Zu jenen vermerkte Günter Niemz 1988, sie seien zu 80 Prozent von Dresden stromaufwärts unterwegs in Richtung der

---

120 FDGB-Bundesvorstand, *Frohe Urlaubstage auf hoher See*, S. 1.
121 Vgl. Peters, »Vom Urlauberschiff zum Traumschiff«, S. 100.
122 Vgl. dazu und im Folgenden: SED-Betriebsparteiorganisation des VEB Fahrgastschiffahrt ›Weiße Flotte‹, *Weiße Flotte Dresden*, S. 30.
123 Breuer, *MS Spree*. S. 137 und S. 141f.
124 Stand: 1988. – Vgl. Müller/Quinger, *Mit Dampf und Schaufelrad*, S. 11.

ČSSR, zu 20 Prozent führen sie stromabwärts, um beispielsweise Meissen oder das Weinbaugebiet Diesbar zu besuchen.[125] Die Schiffe wurden vor allem im Ausflugsverkehr eingesetzt. Hinzu kamen jedoch jährlich etwa 200 Vertragsfahrten für Betriebe, Schulen und andere Institutionen und Sonderfahrten. Letztere wurden vom Reisebüro der DDR seit 1966 nach Děčín und Ústí nad Labem von Dresden, Pirna und Bad Schandau aus angeboten.[126] Die Preise für eine Eintagesfahrt von Dresden aus beliefen sich inklusive drei Mahlzeiten auf 38 Mark für Erwachsene und 25 Mark für Kinder, entsprechend höher für Mehrtagesfahrten.[127]

Der für den Ausflugsverkehr rund um die Hauptstadt der DDR zuständige VEB Fahrgastschiffahrt Berlin, der zum Kombinat der Berliner Verkehrsbetriebe gehörte, wies weit mehr Schiffe als die Oberelbe-Schifffahrt auf.[128] Einige der Schiffe waren sogar auf Mehrtagesfahrten ausgelegt, zum Beispiel die seit 1971 auf der Strecke Berlin–Szczecin verkehrende ›MS Spree‹.

Der Ausflugs- und Erholungsverkehr mit Schiffen auf der Ostsee hat zwar eine längere Tradition als die Binnenschifffahrt, doch wurde – unter anderem aufgrund der Fluchtgefahr – der Küstendienst weniger intensiv betrieben. Für diesen Bereich war der VEB Fahrgastschiffahrt Stralsund seit 1957 zuständig. Er organisierte nicht nur den Ausflugsverkehr, sondern auch den Seebäderdienst – zum Teil in Zusammenarbeit mit der Deutschen Reichsbahn –, der zahlreiche Inselorte versorgte, sowie den Fähr- und Frachtverkehr, zum Beispiel nach Hiddensee.

---

125 Vgl. dazu und im Folgenden: Niemz/Wachs, *Personenschiffahrt auf der Oberelbe*, S. 40.
126 Vgl. Trost, *Weisse Flotte Dresden*. S. 51. 1986 beispielsweise transportierte die ›Weiße Flotte‹ etwa 5.000 Urlauber in die ČSSR. – Vgl. SED-Betriebsparteiorganisation des VEB Fahrgastschiffahrt ›Weiße Flotte‹, *Weiße Flotte Dresden*. S. 29.
127 Vgl. o.V. »Per Schiff ins Binnenland«.
128 Eine Übersicht der Beförderungsleistungen 1960 bis 1982 findet sich im *Anhang 37*.

VII Wahrnehmungen

VII.1 Zeitgenössische Bedarfsforschung

Die Bedeutung der Marktforschung in der DDR als Instrument der Bedarfsermittlung und nachfolgenden Lenkungsbemühungen wurde bereits im Unterkapitel II.2 angesprochen. Eine deutliche Abgrenzung von rein statistischen Erhebungen erfährt die Marktforschung durch die Erhebung von Meinungsbeständen. Vorstellungen von der Realität oder zukünftigen Entwicklungen können oftmals bedeutsamer sein als die tatsächlichen Bedingungen. Da für die DDR kein entsprechendes Beispiel dokumentiert ist, soll zur Verdeutlichung dieses Grundsatzes eine Befragung der Bundesrepublik von 1953 herangezogen werden. Damals meinten 83 Prozent der Befragten, Reisen sei kein Luxus mehr[1], nur etwa ein Drittel verreiste jedoch selbst. Die zukünftige Entwicklung war hier bereits im Kopf vorweggenommen. Insofern ergänzen diese Angaben der Marktforschung Zahlen zu zeitgenössischen Tatbeständen.

Die Ziele der Wiederholungsbefragungen des Institutes für Marktforschung lagen aus diesem Grund auch nicht nur in der Ermittlung der Reisetätigkeit, der Reiseziele, genutzter Verkehrsmittel sowie der Ausgaben, sondern auch in der Erfassung des Einflusses des Reisens auf alltägliche Lebens- und Verbrauchsgewohnheiten, der Reisewünsche und des zukünftigen materiellen Bedarfs im Tourismus, um daraus Möglichkeiten der Bedarfslenkung abzuleiten.[2] Dabei allerdings stützte sich das Institut für Marktforschung in seinen

---

1 »Gefragt werden muß deshalb immer nach den historischen Maßverhältnissen des Konsums. In ihnen drückt sich aus, was in einer Gesellschaft legitime Bedürfnisse sind und was [...] Luxus ...« – Merkel,»Luxus im Sozialismus«, S. 223.

2 Dies stellt den grundsätzlichen Unterschied zwischen der Marktforschung westlicher Prägung und der sozialistischer Länder dar. In ersteren werden solche Daten erhoben, um das Angebot der vermuteten zukünftigen Nachfrage anzupassen, wohingegen in letzteren versucht wird, die Nachfrage dem vorhandenen Angebot anzugleichen. Zwar wurden auch in sozialistischen Ländern Entwicklungen eingeleitet, von denen man vor allem mit dem Blick nach Westen annehmen konnte, dass sie im Interesse der Urlauber lägen, doch waren die Handlungsspielräume für Veränderungen in einer nach Fünfjahrplänen organisierten Volkswirtschaft eng begrenzt. Beispiel dafür sind die Probleme in der gastronomischen Versorgung, die das Institut

Forschungsarbeiten auf statistische Angaben, weshalb »sich das Fehlen einer allgemeinen, einheitlichen Fremdenverkehrsstatistik sehr nachteilig bemerkbar«[3] macht.

In den siebziger und achtziger Jahren befasste sich das Institut für Marktforschung in ihrem Publikationsorgan – basierend auf den Erkenntnissen der Wiederholungsbefragungen und Einzelerhebungen – mit zahlreichen tourismusrelevanten Fragestellungen zu Camping, Gastronomie, Reisetätigkeit im Allgemeinen.[4]

Ein zweites Institut zur Erhebung von Daten der Markt- und Meinungsforschung stellte das Zentralinstitut für Jugendforschung dar. Es führte soziologische Untersuchungen zum Reiseverhalten von Jugendlichen der DDR durch. Bis 1989 befasste es sich unter anderem mit Entwicklungsfaktoren und Entwicklungsformen von Jugendlichen in der DDR (Intervallstudie 1968–1980, Teilbereich: Reisen), Jungen Werktätigen (Komplexstudie 1978, Teilbereich: Reisen), Lehrlingen (Komplexstudie 1978, Teilbereich: Reisen), Schülern (Intervallstudie in zwei Alterskohorten, 1979–1985, Teilbereich: Touristik), Jugend und Touristik (1983), Jugendtouristik – Erwartungen von Studenten an Freizeit- und Urlaubsgestaltung (1988), Alleinstehenden (1989, Teilbereich: Reisen und Touristik), Lebensbedingungen und Wertorientierungen von Studenten (1989, Teilbereich: Auslandsreisen) sowie dem Meinungsbarometer November 1989 – Einstellung zur Entwicklung in der DDR (Teilbereich: neue Reiseregelungen).[5]

Mit verkehrlichen Fragen beschäftigte sich vor allem die Hochschule für Verkehrswesen in Dresden. Ihre Mitarbeiter verfassten wiederholt Studien zum Reiseverkehr. Die wichtigste war jene im Sommer 1986 erhobene zu den *Verkehrsbedingungen auf den Zufahrtsstrassen zur Ostsee 1986* (1. Teil: Pkw, 2. Teil: Eisenbahn). Beiträge zu Fragen des Verkehrs wurden von den Angehörigen der Hochschule vor allem in der Zeitschrift *DDR-Verkehr* – unter anderem *Reproduktionsfaktor Tourismus und seine Perspektiven* (Armin Godau/Margita Großmann), *Untersuchung des Freizeit- und Erholungsverkehrs im Thüringer Wald* (Autorenkollektiv) sowie *Auswertungsaspekte einer verkehrlichen Urlauberbefragung auf der Insel Rügen im Sommer 1970* (Klaus-Dieter Schölermann) – oder in der *Wissenschaftlichen Zeitschrift der Hochschule für Verkehrswesen Dresden* – unter anderem *Funktionen des Fremdenverkehrs in der sozialistischen Gesellschaft* (Margita Groß-

---

für Marktforschung beispielsweise 1974 untersuchte. – Vgl. Donat, »Entwicklungsprobleme des gastronomischen Speisenangebotes«.
3 Braungart/Fischer, »Zu einigen methodischen Problemen«.
4 Eine Übersicht der Forschungen findet sich im *Anhang 38*.
5 Vgl. im Folgenden: *Datensammlung der Gesellschaft Sozialwissenschaftlicher Infrastruktureinrichtungen e.V.*, 29.12.2005, http://www.gesis.org/Datenservice/DDR_NBL/Suche/index.htm.

mann), *Möglichkeiten und Grenzen zur Bewertung von Effekten, die sich aus der Teilnahme am Tourismus hinsichtlich der Reproduktion des Arbeitsvermögens ergeben* (Manfred Rentsch) und *Zur Effektivitätsbestimmung im Tourismus* (Margita Großmann) – publiziert.

Das Institut für marxistisch-leninistische Soziologie an der Akademie für Gesellschaftswissenschaften beim ZK der SED in Berlin erhob schließlich allgemeinere Daten zur Sozialstruktur und Lebensweise der DDR-Bevölkerung und fragte dabei in den Untersuchungen zu Freizeitverhalten von Forschungs- und Entwicklungskadern in der Industrie (1985, Teilbereich: Urlaubsreisen), zu Sozialstruktur und Lebensweise in den Städten und Dörfern (1987, Teilbereich: Reisen) sowie zum wissenschaftlich-technischen Fortschritt – Arbeit – Sozialstruktur – Persönlichkeit (1989, Teilbereich: Reisemöglichkeiten) unter anderem auch die Reisetätigkeit ab.

Gerade die zweite Untersuchung ist als umfangreichste regional- und siedlungsstrukturelle Analyse bezüglich Struktur und Größe des Samples von Bedeutung für den Zusammenhang von Reisen/Tourismus/Mobilität und Unzufriedenheit. Sie wurde 1999 von dem Soziologen Siegfried Grundmann ausgewertet. Er stellte – über alle Teilbereiche hinweg – fest: »Der Alltag wurde als drückend monoton empfunden.«[6]

In der Untersuchung erkannte er keine bestimmte Gruppe, die eindeutig und allein Träger der Unzufriedenheit war, die 1989 das System stürzen sollte, sondern dass quer durch alle sozialen Strukturen Unmut über bestimmte gesellschaftliche Entwicklungen bestand.

Die Markt- und Meinungsforschung der DDR bietet Ansatzpunkte, um einerseits zeitgenössisches Zahlenmaterial zu erhalten, andererseits um zeitgenössische Interpretationen dieser Ergebnisse nachzuvollziehen. Sie ist die einzige Möglichkeit, überindividuell Aussagen über zeitgenössische Einstellungen und Haltungen treffen zu können, auch wenn diese Ergebnisse mit Vorsicht betrachtet werden müssen, weil die Markt- und Meinungsforschung stets »in das Ideologiemonopol der SED eingebettet«[7] war.

---

6 Grundmann, »Zur Un-/Zufriedenheit der DDR-Bevölkerung«, S. 283.
7 Meyen, »Die Anfänge der empirischen Medien- und Meinungsforschung«, S. 59.

VII.2 Zeitgenössische mediale Formungen

Das Reisen war schon immer ein wichtiges Motiv in Literatur[8], Film und Kunst, kurz: medialen Formen. Dies galt ebenso für die DDR. Dort sogar insbesondere, waren doch beispielsweise die Erfolge des staatlichen Engagements im Tourismussektor oder auch die diskreditierende Berichterstattung über nichtsozialistische Staaten gut verwertbares Propagandamaterial[9], wohingegen die Reisebeschränkungen immer wieder Anlass zu kritischen Äußerungen gaben.

Wenn man jedoch von ›Wahrnehmungen‹ spricht, zumal im öffentlichen Bereich, so ist hinsichtlich der DDR immer von einem entscheidenden Maß an Zensur und Selbstzensur[10] auszugehen, welches das Bild der Rezeption von touristischen Erfahrungen und Meinungen verzerrt. Korrektive ergeben sich beispielsweise aus privaten zeitgenössischen Äußerungen, retrospektiven Befragungen, ›Untergrund‹- beziehungsweise unveröffentlichter (zensierter oder zurückgehaltener) Literatur sowie Schriften von nicht (mehr) in der DDR lebenden Autoren.

»Bücherzensur gehörte zu den Herrschaftsmechanismen in der DDR, die in der Öffentlichkeit nur selten deutlich wahrnehmbar in Erscheinung traten. Schon das Wort Zensur war ein Tabu-Begriff.«[11] Aus diesem Grund wurde eine Zensur unter dem Begriff ›Druckgenehmigungsverfahren‹ bei der Hauptverwaltung Verlage und Buchhandel[12] beim Ministerium für Kultur vorge-

---

8 Es ist hier Literatur im weiteren Sinne gemeint. In der Auseinandersetzung um den ästhetischen Anspruch von Reiseliteratur im engeren Sinne äußerten sich beispielsweise Joseph Strelka und Peter Brenner, um nur Ausgewählte zu nennen: Strelka, »Der literarische Reisebericht«; Brenner, *Der Reisebericht in der deutschen Literatur*.
9 Wie wichtig Propagandaarbeit eingestuft wurde, zeigt beispielsweise die Existenz der Abteilung für Ideologie und Propaganda beim Politbüro des Zentralkomitees der SED, die sich zwischen 1963 und 1989 unter der Leitung Kurt Hagers befand. Vermittlungsinstrumente der Propaganda waren alle Medien. – Vgl. Gibas, *Propaganda in der DDR;* Diesener/Gries, *Propaganda in Deutschland*.
10 Dazu Christa Wolf 1974: »Der Mechanismus der Selbstzensur, der dem der Zensur folgt, ist gefährlicher als dieser. Er verinnerlicht Forderungen, die das Entstehen von Literatur verhindern können, und verwickelt manchen Autor in ein unfruchtbares und aussichtsloses Gerangel mit einander ausschließenden Geboten. [...] Ein Autor, der sich dieses Vorganges nicht schärfstens bewußt bleibt und sein eigener unerbittlichster Kontrolleur ist, wird nachgeben, ausweichen, anfangen zu wischen.« – Zitiert bei: Bundesministerium für innerdeutsche Beziehungen, *DDR-Handbuch (2)*, S. 1536.
11 Walther, »Die alltägliche Zensur und der Alltag in der Literatur«. Vgl. ergänzend: Bräuer/Vollnhals, » ›In der DDR gibt es keine Zensur‹ «, S. 15; Wichner/Wiesner, *Zensur in der DDR*.
12 Vgl. Löffler, *Literaturplanung*, 16.11.2005, http://www.medienkomm.uni-halle.de/forschung/publikationen/halma16.shtml; Habitzel, »Der historische Roman«. Zur Vorgängerinstitution: Lokatis, *Verlagspolitik zwischen Plan und Zensur*.

nommen. Dieses war ein »staatliches kulturpolitisches und rechtliches Mittel der Planung und Leitung für die verschiedenen Vervielfältigungserzeugnisse nach den politischen, kulturellen, wirtschaftlichen und individuellen Bedürfnissen«[13], um – so die staatliche Begründung – die Einhaltung des Artikels 27 der Verfassung der DDR[14] sicherzustellen.

Für die Inhalte anderer medialer Formen waren entsprechend zuständige Stellen innerhalb des Ministeriums für Kultur verantwortlich, so die Generaldirektion beim Komitee für Unterhaltungskunst (Künstleragentur), das Büro für Urheberrechte (internationale Veröffentlichungen), die Direktion für das Bühnenrepertoire (Spielplangestaltung, Schaffung sozialistischer Bühnenwerke), die Vertretungen des VEB DEFA-Studio für Trickfilme, selbiges für Spielfilme und Dokumentarfilme, das Nationale Zentrum für Kinderfilme und -fernsehen der DDR, der Kulturfonds der DDR (Förderung zeitgenössischer sozialistischer Kunst, künstlerischen Volksschaffens und der kulturellen Massenarbeit), das Zentrum für Kunstausstellungen sowie das Staatliche Komitee für Filmwesen.[15]

Entsprechend der bereits geschilderten Entwicklung hinsichtlich des Tourismus von DDR-Bürgern zeigen sich dabei verschiedene Aneignungsformen der Fremde im Laufe der Zeit. In den fünfziger und sechziger Jahren musste ›die Fremde‹ weitgehend ins Haus kommen. Wenige Personen konnten sich überhaupt Reisen leisten und wenn, dann eher im Inland als zu weiter entfernten Zielen. In dieser Zeit erfreuten sich Reiseberichte in Buchform – beispielsweise die von Erich Wustmann[16], Jiří Hanzelka und Miroslav Zikmund[17] –, ebensolche in Zeitschriften, Dia-Vorträge und Abbildungen des ›Exotischen‹ großer Beliebtheit.

Der Machtwechsel von Walter Ulbricht zu Erich Honecker war zunächst von einer umfassenden Liberalisierung in der Kunst und Literatur geprägt. Das

---

13 Berger/Hanke, *Kulturpolitisches Wörterbuch*, S. 149f.
14 »Art. 27. (1) Jeder Bürger der Deutschen Demokratischen Republik hat das Recht, den Grundsätzen dieser Verfassung gemäß seine Meinung frei und öffentlich zu äußern. Dieses Recht wird durch kein Dienst- oder Arbeitsverhältnis beschränkt. Niemand darf benachteiligt werden, wenn er von diesem Recht Gebrauch macht. (2) Die Freiheit der Presse, des Rundfunks und des Fernsehens ist gewährleistet.« – *Verfassung der DDR* vom 9.4.1968 in der Fassung vom 7.10.1974.
15 Vgl. grundlegend: Holzweißig, *Die schärfste Waffe der Partei*.
16 Einige der von ihm veröffentlichten Bücher sind: ›Taowaki, das Mädchen vom Amazonas‹, ›Weiter Weg in Tropenglut‹, ›Xingu, Paradies ohne Frieden‹, ›Yahua, die Blasrohrindianer‹, ›Bahia – unter Palmen und braunen Menschen‹, ›Wilde Reiter im Sertao‹, ›Indios im Hochland der Kordilleren‹, ›Durch Tundra, Wüste und Dschungel‹.
17 Einige der von ihnen veröffentlichten Bücher sind: ›Südamerika. Zwischen Parana und Rio de la Plata‹, ›Balkan und Kleinasien: Der umgekehrte Halbmond‹, ›Afrika: Traum und Wirklichkeit‹, ›Mittelamerika. Zwischen zwei Ozeanen‹.

bedeutete, dass eine breitere Varianz medialer Ausdrucksmöglichkeiten zugelassen wurde. Dies betraf auch Darstellungen des Fremden und die Auseinandersetzung mit den Reisemöglichkeiten und der Beschränkung der Weltaneignung von DDR-Bürgern. Diese Entwicklung erfuhr jedoch 1976 durch die Ausbürgerung Wolf Biermanns und weiterer Schriftsteller einen tiefen Einschnitt. Kritische Äußerungen wurden nun streng abgestraft. Infolgedessen setzte unter Schriftstellern, Künstlern und Journalisten eine Differenzierung ein. Zahlreiche Personen siedelten in die Bundesrepublik über. Andere schrieben weiter, angepasst an die Bedingungen, die der Staat stellte (Zensur und Selbstzensur).[18] Weitere druckten unter Wahrnehmung ihres individuellen Rechts auf freie Meinungsäußerung – zumindest bis 1979 – häufig in der Bundesrepublik. Einige schließlich bewegten sich in einer subversiven Literaturszene, die nicht mehr gängige Publikationsangebote annahm, sondern ihre Werke in kleinerer Form auf Lesungen, in Zeitschriften et cetera veröffentlichte.

Die Literatur-, Kunst- und Medienwissenschaften kennen zahlreiche Möglichkeiten, ihre Ausdrucksformen nach der Form, dem Verwendungszusammenhang und nach anderen Charakteristika einzuteilen. Es soll an dieser Stelle weder der Versuch unternommen werden, eine vollständige Klassifikation von medialen Äußerungen vorzunehmen noch alle möglichen Ausprägungen zu betrachten. Vielmehr werden, auf das Motiv des Reisens beschränkt, typische Formen der Verarbeitung dargestellt.

Eine grobe Einordnung der literarischen Werke ist dabei zunächst in fiktionale und nichtfiktionale Stücke möglich – auch wenn es Übergangsbereiche und demnach keinen strukturellen Unterschied gibt, sondern lediglich den der Selbstverpflichtung des Schriftstellers.[19] Reisen sind daher ein wichtiges Thema der realitätsgebundenen Literatur, sei es der Gebrauchs- oder auch der Dokumentarliteratur. Weiterhin sind sie bedeutendes Motiv der fiktionalen Literatur, in der der Reisende auf der Suche ist »und die äußere Reisebewegung gibt die innere Bewegung wieder«[20]. Der Autor erschafft damit eine »fiktive Welt, indem er sich Aspekte der wirklichen Welt ausleiht«[21].

Eine weitere Einordnung ist möglich, wenn man den Terminus der Reiseliteratur betrachtet. Obwohl nämlich das Reisen wichtiger thematischer Flucht-

---

18 Vgl. zum Beweis dieser Aussage, auf die Reiseliteratur bezogen: Härtl, »Entwicklung und Traditionen der sozialistischen Reiseliteratur«, S. 300.
19 Vgl. die Kennzeichnung des Begriffs der Dokumentarliteratur als »heuristische[n] Versuch, eine Literatur zu kennzeichnen, die in Differenz zur fiktionalen Literatur steht.« – Schröder, *Interviewliteratur zum Leben in der DDR*, S. 10.
20 Kawohl, ›Besser als hier ist es überall‹, S. 81.
21 Eco, *Im Wald der Fiktionen*, S. 99.

punkt zahlreicher Genres der Literatur, des Films und anderer medialer Formen ist, umfasst die Reiseliteratur dabei lediglich jenen Teil, der »den Menschen als reisendes und als erzählendes Wesen in den Mittelpunkt«[22] stellt. Dies geschieht mit Günther in der touristischen Reiseliteratur – Reiseführern mit Informations- und Orientierungsfunktion –, in der wissenschaftlichgeographischen Reiseliteratur – Berichte von Expeditionen, Safaris et cetera, wobei sachliche Dokumentation und subjektive Autorenwertungen vermengt sind – und in der dokumentarisch-künstlerischen Reiseliteratur. Birgit Kawohl fügte der beschriebenen Dreiteilung noch eine vierte Kategorie hinzu: die künstlerische Reiseliteratur.[23] Sie sieht darin fiktive Reiseprosa, deren Aufgabe es ist, Hinweise und Anmerkungen zum Reisen zu geben und dabei der Zensur zu entgehen, in dem nichtreale Schauplätze und Handlungen vorgegeben werden, die aber über Analogien eine Klammer zu politisch relevanten Themen des Tourismus darstellen.

Beginnend mit der Reiseliteratur werden nun »alle in jeglicher Sprachform fixierten und zur gesellschaftlichen Kommunikation vervielfältigten Texte, die sich stofflich oder inhaltlich auf das Reisen beziehen«[24], betrachtet. Ihre Ästhetik knüpfte an frühere Formen an und stellte – so Gerhard Sauder – kaum eine Neuerung dar.[25] Sie wurden in der DDR veröffentlicht, um den Internationalismus und die Integration der sozialistischen Staaten zu dokumentieren.[26] Und sie waren in der DDR besonders verbreitet, denn insbesondere Informationen aus Gebieten, die DDR-Bürger nicht bereisen durften, fanden ›reißenden Absatz‹. Wolfgang Emmerich geht sicher recht in der Annahme, dass sie »das ungestillte Fernweh der Nichtprivilegierten wenigstens kompensatorisch« befriedigten und »gleichzeitig die Sehnsucht lebendig [hielten, H.W.], in die verbotenen Länder zu reisen.«[27]

Dokumentarische Reiseliteratur

Die touristische Reiseliteratur umfasst dabei jene Werke mit einer ausgeprägten Informations- und Orientierungsfunktion für den Reisenden. In der DDR wurden von jenen zahlreiche veröffentlicht, oft jedoch nicht in ausreichender

---

22 So die Beschreibung des 2004 ausgelaufenen Graduiertenkollegs ›Reiseliteratur und Kulturanthropologie‹ an der Universität Paderborn. – 9.11.2005, http://www-fakkw.uni-paderborn.de/graduiertenkolleg/deutsch/index_deutsch.htm.
23 Vgl. Günther, »Reiseprosa in der Gegenwartsliteratur der DDR«, S. 39; Kawohl, ›*Besser als hier ist es überall*‹, S. 20.
24 Günther, »Reiseprosa in der Gegenwartsliteratur der DDR«, S. 39.
25 Vgl. Sauder, »Formen gegenwärtiger Reiseliteratur«, S. 565.
26 Vgl. Zwirner, ›*Besseres Land – schöne Welt*‹, S. 1.
27 Emmerich, *Kleine Literaturgeschichte der DDR*, S. 292.

Menge, um den Bedarf zu decken. Und so muteten die Informationsgrundlagen von Reisenden teilweise recht spartanisch an. Ein junger Mann erinnert sich beispielsweise: »Ich hatte eine Karte von Ungarn und der ČSSR und einen Stadtplan von Budapest. Step hatte noch eine Seite Osteuropa aus einem Schulatlas und Sonnencreme.«[28]

Die wichtigsten Publikationen für touristische Zwecke waren für Inlandsreisen in Kur- und Erholungsorte *Das Ferien- und Bäderbuch*[29], die Ratgeberserie ›Recht in unserer Zeit‹ und dabei vor allem der Titel *Urlaub, Reisen, Camping* von Gustav-Adolf Lübchen und Hubert Thiel[30], Bibliographien für Touristen, wie Manfred Schnabels *Wir reisen nach Ungarn*[31], die Reiseführer des Verlages Brockhaus, wie der *Reiseführer DDR*[32], die *Brockhaus-Stadtführer* zu inländischen Reisezielen[33] und die Brockhaus-Reisehandbücher zu Landschaften der DDR[34] (Vorgänger: Reihe ›Schöne Heimat‹), die Veröffentlichungen des Tourist-Verlages, wie der *Autoatlas Deutsche Demokratische Republik. Mit Bulgarien, ČSSR, Polen, Rumänien, UdSSR, Ungarn*[35], der *Eisenbahnatlas DDR*[36], der *Atlas für Motortouristik der Deutschen Demokratischen Republik*[37], der *Kleine Verkehrsatlas DDR*[38], die Autoroutenatlanten[39], der *Reiseatlas*[40], die Ausflugs-Atlanten[41], die *Stadtführer-Atlanten*[42], das *Reisebuch DDR*[43], die Tourist-Führer[44], die Reiseratgeber[45],

---

28 Osang, »Lohn der Angst«, S. 121.
29 Autorenkollektiv, *Das Ferien- und Bäderbuch*. Sowie: Autorenkollektiv, *Das neue Ferien- und Bäderbuch*.
30 Lübchen/Thiel, *Urlaub, Reisen, Camping*.
31 Schnabel, *Wir reisen nach Ungarn*. – Das Buch war eine Gemeinschaftspublikation der Stadtbibliotheken Dresden und Tatabánya und sollte als Hilfe bei den Reisevorbereitungen dienen.
32 *Reiseführer DDR*. – Die schlechte Qualität und den ›nur bedingten Gebrauchswert‹ bemängelt: Kowalski, »Zum Thema … Hält der ›Reiseführer DDR‹ was er verspricht?« (18.1.1974).
33 Erschienen zu den meisten größeren Städten der DDR.
34 Erschienen zum Beispiel zur Ostseeküste, zum Harz, zum Thüringer Wald und zur Sächsischen Schweiz.
35 Bahrmann/Gummich, *Autoatlas Deutsche Demokratische Republik*.
36 Kirsche/Müller, *Eisenbahnatlas DDR*.
37 Dörhöfer, *Atlas für Motortouristik*.
38 Bahrmann, *DDR. Kleiner Verkehrsatlas*; Queißner, *DDR. Kleiner Verkehrsatlas*.
39 Wellner, *Autoroutenatlas Ungarn*; Fric/Roubal, *Autoroutenatlas ČSSR*; Seeler, *Autoroutenatlas*.
40 Queißner/Schilling, *Reiseatlas*.
41 Erschienen zu den Umgebungen von Magdeburg, Berlin, den Bezirken Leipzig und Halle.
42 Erschienen zu den Städten Berlin, Potsdam, Leipzig, Erfurt, Weimar und Dresden.
43 Benad, *Reisebuch DDR*.
44 Erschienen zum Beispiel zu den Themen ›Burgen, Schlösser, Parks und Gärten‹, ›Dome, Kirchen, Klöster‹, ›Tiergärten‹ und ›Historische Stadtkerne‹.
45 Erschienen zu Ungarn, Polen und der ČSSR.

die *Tourist-Stadtführer*[46], die *Reisen zu* ...-Führer[47], die Reisehandbücher zu bestimmten Landschaften der DDR[48] und die FKK-Führer[49], die Atlanten und Karten des Verlages Haack in Gotha, wie der *Haack-Straßenatlas DDR*[50], der *Atlas Deutsche Demokratische Republik*[51], die Architekturführer zu den Bezirken der DDR[52] sowie die von anderen Staaten herausgegebenen deutschsprachigen Reiseführer[53], die über den Leipziger Kommissions- und Großbuchhandel[54] zu beziehen waren. Der Feriendienst des FDGB veröffentlichte zudem eigene Reiseführer zu den wichtigsten Erholungsgebieten der DDR, die nicht nur touristische Informationen im engeren Sinne enthielten, sondern zudem auf Gewerkschaftsobjekte im betreffenden Gebiet verwiesen.[55]

Die wissenschaftlich-geographische Reiseliteratur beinhaltet beispielsweise Berichte von Expeditionen oder ähnlich informationsorientierten Reisen. Dabei vermischen sich sachliche Dokumentation und subjektive Autorenwertungen. Eine Überprüfung durch den Leser wird im Normalfall nicht stattfinden (können). Für Touristen spielte dieser Bereich kaum eine Rolle, bezog er sich doch auf Gebiete, die auch in Gesellschaften ohne Reisebeschränkungen für einen touristisch Reisenden nicht erfahrbar waren.

Reiseprosa

Die dokumentarisch-künstlerische Reiseliteratur meint schließlich Reiseprosa. Der Ausgangspunkt ihres Inhalts liegt in realen, vom Autor selbst erlebten Reisesituationen, die aber durchaus literarisch gestaltet und umgeformt sein können.

Dazu zählen erstens Reisebriefe, beispielsweise jene von Richard Christ, in denen in brieflicher Form über verschiedene Reiseerlebnisse reflektiert wird.

---

46 Erschienen – wie auch die Brockhaus-Stadtführer – zu den meisten größeren Städten der DDR.
47 Erschienen sind: ›Reisen zu Goethe‹, ›Reisen zu Schiller‹, ›Reisen zu Luther‹, ›Reisen zu Bach‹.
48 Erschienen – wie auch die Brockhaus-Reisehandbücher – zum Beispiel zum Harz, zur Lausitz, zu den Mecklenburger Seen, zum Erzgebirge und zum Vogtland.
49 Hagen, *FKK*; ders., *Baden ohne*.
50 Steinbrück, *Haack-Straßenatlas DDR*.
51 Akademie der Wissenschaften der Deutschen Demokratischen Republik durch die Kommission zur Herausgabe des Atlas DDR, *Atlas Deutsche Demokratische Republik*.
52 Bauakademie der DDR, Institut für Städtebau und Architektur, *Architekturführer DDR*.
53 Zum Beispiel: Rutkowska, *Stadtführer Warschau*; Melniski, *Reiseführer Bulgarien*; Rohonyi, *Budapest-Reiseführer*; Dvinskij, *Moskau*.
54 Vgl. ergänzend zu Geschichte und Aufgaben: Petry, *Das Monopol*.
55 Vgl. Cieslik u.a., *FDGB-Feriendienst*.

Er sagt: »Nichts in den Texten der Briefe ist erdacht, alles erlebt, und alle Empfänger sind wirklich, keine literarischen Personen.«[56]
Zweitens existieren Reiseberichte von Schriftstellern und Journalisten der DDR in umfangreichem Maße. Sie können grob in die Beschreibung der für DDR-Bürger erreichbaren Ziele, der theoretisch zwar erfahrbaren, aber doch den meisten Menschen verschlossenen Ziele und die unerreichbaren Ziele eingeteilt werden. Zu ersteren rechnen sich vor allem die Reiseberichte über die sozialistischen Staaten Mittel- und Osteuropas, insbesondere aber über die UdSSR. Dies war ein gängiges Muster der DDR-Literatur, war die Fahrt in die Sowjetunion doch »für die DDR-Literatur konstitutive[s] Bildungselement«[57]. Ein Beispiel sind Richard Christs Reisegeschichten *Um die halbe Erde in hundert Tagen*, die er so einleitet: »Der Titel meines Buches ist, was die Zeitangabe betrifft, wörtlich gemeint: die oftmaligen An- und Abreisen nicht gerechnet konnte ich hundert Tage lang in allen Gebieten der Sowjetunion, den hohen Norden ausgenommen, Eindrücke sammeln.«[58]

Die zweite Gruppe betraf vor allem Berichte aus den exotischeren sozialistischen Ländern, in die aufgrund der strengen Auswahl von Touristen sowie des mangelnden Angebots kaum Reisende gelangten. Ein Beispiel ist der im Kinderbuchverlag Berlin unter dem Titel *Goldsucher*[59] erschienene Bericht von Hans Krumbholz über die Mongolische Volksrepublik. Die letzte Gruppe umfasste sowohl Berichte aus kapitalistischen Staaten, als auch anderen, in die DDR-Bürger – abgesehen von wenigen, meist beruflichen Ausnahmen – nicht fahren durften. So erschien beispielsweise 1977 der Band *Gelächter an den Pyramiden*[60] von Dietmar Dierenberg und Jochen Moll über Ägypten; ohne dass eine Reise in das Land realisierbar gewesen wäre. Von einer Reise in den ›Westen‹ erzählt Heinz Czechowskis *Von Paris nach Montmartre. Erlebnis einer Stadt.*[61] Irgendwie tröstlich – doch den Wunsch, einmal selbst dort zu stehen, nicht kompensierend – heißt es dort: »Man kennt Paris, noch ehe man die Stadt betreten hat.«[62]

Drittens veröffentlichten vor allem Journalisten Reisereportagen. Auch sie können, wie bereits bei den Reiseberichten beschrieben, kategorisiert werden. Sie erschienen zumeist in Zeitschriften oder wurden – wie *Notiert in Freundes-*

---

56 Christ, *Adieu bis bald*, Klappentext.
57 Härtl, »Entwicklung und Traditionen der sozialistischen Reiseliteratur«, S. 330.
58 Christ, *Um die halbe Erde in hundert Tagen*, S. 9.
59 Krumbholz, *Goldsucher*.
60 Dierenberg / Moll, *Gelächter an den Pyramiden*. Zeitgenössische Rezension: O.V., »Den Geheimnissen des Orients auf der Spur« (24.9.1977).
61 Vgl. zeitgenössisch interpretierend: Zwirner, ›Besseres Land – schöne Welt‹. S. 146-152.
62 Czechowski, *Von Paris nach Montmartre*, S. 61.

land. Mit Journalisten unterwegs von Havanna bis Ulan Bator[63] – zusammengefasst als Buch veröffentlicht. Bemerkenswert hinsichtlich der über kapitalistische Staaten publizierten Reportagen ist der eigenwillige Zugang. Die Reiseziele werden häufig nicht als angestrebte Örtlichkeiten dargestellt, sondern als Lokalitäten, auf deren Besuch man besser verzichten sollte. Die Reportage *Das andere Wien*[64] aus der Zeitschrift *neues leben* beispielsweise wirkt anhand der Teilüberschriften (Feiern in Wien, Wohnen in Wien, Arbeiten in Wien) zunächst wie eine klassische Zustandsbeschreibung ›anderer Länder, anderer Sitten‹. Doch verbarg sich dahinter eine harsche Kritik an der Bedeutungslosigkeit der Kommunistischen Partei Österreichs, an der Wohnungs- und Beschäftigungssituation Wiener Arbeiter. Die Darstellung potenzieller westlicher Reiseziele in Schulbüchern der DDR bezog sich häufig auf revolutionäre Traditionen der Arbeiterbewegung des jeweiligen Landes. Hans-Georg Golz hat dies beispielhaft für den Schulsprachkurs ›English for you‹ und das landeskundliche Begleitmaterial beschrieben und bemerkt, dass Diana Loeser als Herausgeberin eines den Sprachkurs begleitenden ›englandkundlichen Lesebuches‹ fungierte, das in einer Mischung von Texten über den revolutionären Weg der britischen Arbeiterbewegung aufklären und Wissenswertes über Land und Leute mitteilen wollte, ohne zugleich Reisegelüste zu wecken.[65]

Berichte und Reportagen sind viertens häufige Grundlage von Reiseanthologien.[66] Die wichtigsten in der DDR veröffentlichten waren von Peter Abraham *Fernfahrten, erlebt und erdacht von achtzehn Autoren*[67], von Helga Pankoke *Aufenthalte anderswo. Schriftsteller auf Reisen*[68] sowie von Manfred Jendryschik *Auf der Straße nach Klodawa. Reiseerzählungen und Impressionen*[69].

---

63 Verband der Journalisten der DDR/VEB Brockhaus Verlag Leipzig, *Notiert in Freundesland*.

64 Menger, »Das andere Wien«.

65 Golz, » ›You will need your English‹ «. Die Angaben beziehen sich auf das Werk von Diana Loeser, *Modern Britain*.

66 Vgl. allgemein zur Geschichte der Anthologie in der Literatur der DDR: Häntzschel, *Literatur in der DDR im Spiegel ihrer Anthologien*.

67 Abraham, *Fernfahrten*. Darin vor allem Notizen, Berichte, Impressionen und Erzählungen von Reisen in sozialistische Bruderländer. Herausragend besonders die Stücke von Fritz Rudolf Fries ›Die Reise nach Rennes‹ über Frankreich und von Günter Kunert ›Notizen aus einem unabgeschlossenen Tagebuch‹ über Italien. Zeitgenössische Rezension: Neubert, »Wenn viele eine Reise tun, können sie erzählen« (30.10.1976).

68 Pankoke, *Aufenthalte anderswo*. 24 Schriftsteller besuchten 16 Länder auf vier Kontinenten und beschrieben sie mit unterschiedlichsten Mitteln. Zahlreiche Stücke befassen sich mit westlichen Ländern, sind aber in diesem Falle oft sehr tendenziös. Herausragend besonders die Stücke von Fritz Rudolf Fries ›Paris, doppelt belichtet‹, Günter Kunert Auszug aus ›Der andere Planet. Ansichten von Amerika‹, Wulf Kirstens ›Rumänische Bilderbogen‹ und Elke Erbs ›Aufenthalt im fremden Land Georgien‹.

69 Jendryschik, *Auf der Straße nach Klodawa*. Das Buch zielt auf die sozialistische Integration und behandelt daher ausschließlich Reisen in ebensolche Staaten. Der Schwerpunkt liegt auf der

Weniger verbreitet waren fünftens die Reisetagebücher. Zum Teil wurden sie von DDR-Bürgern verfasst, die sich aus beruflichen Gründen im Ausland aufhielten, wie die Beispiele *Syrien. Aus dem Reisetagebuch eines Architekten*[70], *... und Zweige mit blauen Rosinen. Reisetagebuch* (über Usbekistan)[71] sowie *Tausend Tage Sibirien. Mein Reisetagebuch*[72] zeigen.

Auch in der Reiseliteratur im engeren Sinne gab es spezielle Angebote für Kinder und Jugendliche. So beispielsweise die von den Kinderzeitschriften *Fröhlich sein und singen* (FRÖSI), *ABC-Zeitung*, *Trommel* und *Atze* im Band *Reise im Raketentempo*[73] versammelten Reiseberichte.

Belletristik

In der Literatur, die nicht direkt Reiseliteratur darstellt, ist Tourismus trotzdem ein häufiges Thema. Der Betrachtung von Irma Hanke folgend können verschiedene Orientierungen ausgemacht werden.[74] Vor allem wurden ausgewählte aktuelle Begegnungen mit dem Fremden literarisch bearbeitet. Als »für die DDR-Literatur konstitutive[s] Bildungselement« wurde dabei die UdSSR-Fahrt gesehen. Die Sowjetunion hatte auch im Bereich des Reisens aus offizieller Sicht Vorbildfunktion.[75] Zahlreiche Werke befassten sich mit Polen oder der Tschechoslowakei. Die dahingehend beschriebenen Ereignisse wurden als Begegnungen ›von Gleich zu Gleich‹ geschildert, wie beispielsweise die Sommerreise der 18-jährigen Gittie aus Berlin mit ihrem polnischen Freund Jan nach Jaroslaw.[76] Rumänien und Bulgarien erschienen hingegen bereits als schwieriger erreichbare und daher auch seltener erwähnte Reiseländer, sie tauchten vor allem als für Tramper und andere Individualreisende erfahrbare Welt[77] sowie als glücklich ›errungene‹ Reise[78] auf. Die Beschäftigung mit Ungarn erfolgte vor allem über das Motiv der weltstädtisch anmutenden Metropole Budapest, deren eleganter Lebensstil an eine längst vergangene Epoche

---

UdSSR. Herausragend besonders die Stücke von Helga Schubert ›Anna kann Deutsch‹, von Ernst Wenig ›Wenn es zum Beispiel Prag nicht gäbe‹ und Franz Fühmanns Auszug aus dem Ungarn-Buch ›22 Tage oder die Hälfte des Lebens‹ und Fritz Rudolf Fries‹ ›Cubanische Kalenderblätter‹.

70 Trauzettel, *Syrien*.
71 Wessel, *... und Zweige mit blauen Rosinen*.
72 Viertel, *Tausend Tage Sibirien*.
73 Kögel, *Reise im Raketentempo*. Ähnliche Berichte, allerdings zu einzelnen Reisezielen, wurden auch in den siebziger und achtziger Jahren veröffentlicht.
74 Vgl. Hanke, *Alltag und Politik*, S. 222–226.
75 Vgl. Wolf, *Moskauer Novelle*.
76 Vgl. Schneider, *Die Reise nach Jaroslaw*.
77 Vgl. Walther, *Ich bin nun mal kein Yogi*.
78 Vgl. Schubert, »Schöne Reise«.

erinnerte. Jugoslawien war für DDR-Bürger kaum zu erreichen und wurde dementsprechend wenig in der Literatur thematisiert. Selten wurden auch Begegnungen mit und in westlichen Ländern geschildert. Dies geschah manchmal in autobiographischer Form, wenn Autoren über eigene Reisen in den Westen berichteten. Im Umgang mit diesem politisch schwierigen Thema zeigen sich verschiedene Bewältigungsstrategien. Entweder wird, wie bei Christa Wolf[79], das eigene Leben in der Heimat nicht mit dieser anderen Welt kritisch konfrontiert und erscheint dadurch als bessere Alternative, oder es werden vor allem kulturelle Differenzen ohne grundlegenden Systembezug ausgelotet, wie bei Christine Wolter, bei der die Protagonistin Karla, Dolmetscherin auf einer Italienreise, durch das Fremde zur Reisenden »im eigenen Leben«[80] wird. Die Kritik an Reisebeschränkungen klingt nur kurz an.[81] Zudem gab es die Möglichkeit, fiktional freies Reisen in die westliche Welt auszugestalten, wie das beispielsweise bei Irmtraud Morgner in ihrem Roman *Leben und Abenteuer der Trobadora Beatriz*[82] (Paris, Jugoslawien, Italien), bei Klaus Schlesinger in seinem *Berliner Traum*[83] oder in Helga Schuberts geträumter Westberlin-Reise in *Das verbotene Zimmer*[84] der Fall ist. Dabei wurde ab und zu auf die größeren Reisemöglichkeiten von Rentnern angespielt, allerdings setzten sich die Autoren kaum mit den daraus resultierenden Handlungs- und Konfliktmöglichkeiten auseinander. Taten sie es doch, konnte es geschehen, dass die entsprechenden Werke der Zensur zum Opfer fielen.

Der afrikanische Kontinent und Arabien waren häufiger Schauplatz literarischer Stücke. Meist geschah dies allerdings im Kontext der Entwicklungshilfe.[85]

Schließlich war Reisen auch ein Thema, das sich an keinem bestimmten Ziel festmachen musste. Es konnte auch für das Gefühl einer Freiheit stehen, die in der DDR verwehrt wurde. So ist beispielsweise Erich Loests Roman *Zwiebelmuster* zu lesen. Er ist zwar in engerem Sinne keine DDR-Literatur, denn Loest lebte zum Zeitpunkt der Veröffentlichung 1985 bereits in der Bundesrepublik, er spiegelt jedoch eindrücklich die Sicht ›von innen‹. Es geht darin um den Leipziger Schriftsteller Hans-Georg Haas und seine Frau Kläre, Direktorin eines Warenhauses:

---

79 Vgl. Wolf, *Der geteilte Himmel*. Vgl. ergänzend: Magenau, *Christa Wolf*, S. 139–153.
80 Vgl. Wolter, *Die Hintergrundperson*, S. 165. Vgl. ergänzend: Luchsinger, *Mythos Italien*.
81 Vgl.: »Sie war reich. Erinnerungen und Bilder für ein Jahr.« – Ebd., S. 206.
82 Morgner, *Leben und Abenteuer der Trobadora Beatriz*.
83 Schlesinger, *Berliner Traum*.
84 Schubert, »Das verbotene Zimmer«.
85 Vgl. Schirmer, *Sindbads Mütze*; Heiduczek, *Reise nach Beirut*. Vgl. ergänzend zu Heiduzcek: Mehnert, ›Der Tod ist exakt‹.

»[...] B]eide [sind, H. W.] in der SED, haben ihre Kinder sozialistisch erzogen – wenn sie auch dadurch nicht verhindern konnten, daß Tochter Marion ausgerechnet einen Holländer zum Freund wählt – und waren ›gesellschaftlich aktiv‹. Sie haben bei der Obrigkeit also eine ganze Menge Punkte gesammelt. Haas bemüht sich daher, wie er meint, mit Fug und Recht um ›das größte Privileg, das die DDR zu vergeben hat‹[86], eine Reise in den Westen. Zu Beginn seiner Bemühungen sieht alles ganz hoffnungsvoll aus. Haas ist es auch ziemlich egal, wohin die Fahrt geht, ob nun nach Südamerika oder ans Mittelmeer, er hält vorsorglich für jedes Land ein Thema bereit, über das er schreiben könnte. Doch was er dann erlebt, sind Vertröstungen, Verschiebungen, Achselzucken, Bedauern, und der erhoffte Tapetenwechsel bleibt ein schöner Traum. Statt dessen ereilt ihn ein Schicksalsschlag nach dem anderen.«[87]

Zahlreiche Details aus dem Werk machen das Gefühl des Eingesperrtseins und des Fernwehs von Hans-Georg Haas nachvollziehbar. So erinnert sich Haas, »[...] daß er bei Vorträgen oft gefragt worden war, ob er denn in den Ländern, über die er schrieb, auch gewesen wäre, und wenn er dann verneinen mußte, war mit nachsichtigem Spott die stets gleiche Bemerkung gefallen: ›Wie bei Karl May.‹«[88] Er weiß »[...] ein Dutzend Länder und hundert Städte, die er liebend gern, verzweifelt gern gesehen hätte.«[89] Er glaubt: »Alles würde sich fügen, wäre er nur einmal in Afrika an Land gegangen.«[90] Seine Frau und er machen sich zum ersten Mal seit Jahren »... mit dem Gedanken vertraut, wie es denn wäre, sie zöge sich aus dem Beruf zurück. ... Dann das große Ausspannen, Reisen mit Hans-Georg, wozu die Zeit nie gereicht hatte, die Reise aller Reisen, die dem hiesigen Normalmenschen möglich war: Mittelasien und Baikal, Samarkand und Alma Ata.«[91] Als die gewünschte Reise genehmigt scheint, sagt Haas' Frau: »Wunderbar [...] ich gratuliere dir, Hans, und mir natürlich auch. Fühlst du dich als neuer Mensch?‹ ›Sollte ich?‹ ›Allmählich könntest du damit beginnen.‹«[92] Als schließlich die ersehnte Reise scheitert, hat dies weitreichende Konsequenzen: »Die Ärzte sagen‹, ergänzte Schnippchen, ›daß ein Auslandstrauma zu vermuten ist. Einmal kam der Gedanke auf, ihn mit seiner Frau nach Bulgarien zur Erholung zu schicken, die Möglichkeit dafür hätte bestanden. Auch die Genossin Haas war der Meinung, so was ihm gegenüber gar nicht zu erwähnen. Begriffe wie Paß, Visum, Schiffsplatz, sogar wie Fahrkarte und dergleichen sollten vorerst außerhalb seiner Begriffswelt gelassen werden.«[93]

---

86 Loest, *Zwiebelmuster*, S. 33.
87 Inhaltsangabe des Dtv, 19.11.2005, http://www.dtv.de/dtv.cfm?wohin=dtvnr10919.
88 Loest, *Zwiebelmuster*, S. 18.
89 Ebd., S. 24.
90 Ebd., S. 57.
91 Ebd., S. 69.
92 Ebd., S. 126.
93 Ebd., S. 284.

In Bernd Wagners *Reise im Kopf* aus dem Jahr 1984 ist schließlich schon im Titel angedeutet, wie er die Möglichkeiten geistiger und körperlicher Bewegungsfreiheit in der DDR, die er kurze Zeit nach der Veröffentlichung verlassen hat, einschätzt. In seinem Werk fasst er denn auch Aphorismen, Traumnotizen, kurze Aufsätze sowie die Titelerzählung mit häufig fragmentarischen Versuchen zusammen, um sie dem Leser zur eigenen Deutung anzubieten. So heißt es darin, schon fast prophetisch: »Der Raum ist zu erweitern, alles was ihn eng macht, abzuschaffen [...] Grenzen werden beseitigt!«[94]

Lyrik

Lyrik hieß in der DDR oft sprachliche Opposition.[95] Es ist daher kaum verwunderlich, dass das Thema Reisen und Reisefreiheit einen wichtigen Platz in diesen verdichteten Beschreibungen und Stellungnahmen hat. In den sechziger Jahren zum Beispiel weisen Anthologien oftmals eigene Kapitel zum Thema auf, wie dies in *Das Wort Mensch*, Kapitel ›Reiseerfahrung‹, der Fall ist. In den siebziger Jahren erscheint sogar eine Anthologie ausschließlich über das Reisen.[96] In ihr geht es nicht ausschließlich um reale, sondern ebenso um fiktive Reiseerfahrungen. Die DDR-Reiselyrik spiegelt sowohl die sinnlich-konkrete Welterfahrung und die politische Dimension der Reisebeschränkung als auch die Verknüpfung des Themas mit der Deutschlandfrage.[97]

Die ganze Problematik der beschränkten Bewegungsfreiheit trifft jedoch – wohl unbeabsichtigt – Barbara Köhler in ihrem Gedicht *Rondeau Allemagne*. Das Gedicht ist wohl ursprünglich als Liebesgedicht zu verstehen, passt jedoch in seiner Bildlichkeit zur Befindlichkeit von DDR-Bürgern in ihrem Eingesperrtsein:[98]

---

94 Wagner, »Die Raum und der Zeit«, S. 185f.
95 Vgl. Hensel, *Die Eisenbahnen fallen von den Brücken*, 12.4.2007, http://www.swr.de/swr2/programm/sendungen/feature-am-sonntag/rueckschau/-/id=659954/nid=659954/did=1837956/s8ysy2/index.html; Hartmann, *Lyrik-Anthologien als Indikatoren*, S. 231–234.
96 Vgl. Berkes/Kirsten, *Vor meinen Augen, hinter sieben Bergen*.
97 Vgl. Anhang: Kirsch, »Fahrt II«, S. 37; Strittmatter, »Trauer nach Süden«, S. 102; Czechowski, »Reisen«, S. 71; Mickel, »Reisen«, S. 239. Vgl. ergänzend die einschlägigen Kapitel in den drei genannten Anthologien mit weiterer Reiselyrik.
98 Vgl. Paul/Schmitz, *Entgegenkommen.*.

Barbara Köhler: Rondeau Allemagne (1988)[99]
Ich harre aus im Land und geh, ihm fremd,
Mit einer Liebe, die mich über Grenzen treibt,
Zwischen den Himmeln. Sehe jeder, wo er bleibt;
Ich harre aus im Land und geh ihm fremd.

Mit einer Liebe, die mich über Grenzen treibt,
Will ich die Übereinkünfte verletzen
Und lachen, reiß ich mir das Herz in Fetzen
Mit jener Liebe, die mich über Grenzen treibt.

Zwischen den Himmeln sehe jeder, wo er bleibt:
Ein blutig Lappen wird gehißt, das Luftschiff fällt.
Kein Land in Sicht; vielleicht ein Seil, das hält
Zwischen den Himmeln. Sehe jeder, wo er bleibt.

›Ich harre aus im Land‹, sagt das lyrische Ich, und doch – ich ›geh(,) ihm fremd‹. Das kann bedeuten, sich innerlich abzuwenden, aber auch ein reflektierendes Abdriften. ›Mit einer Liebe, die mich über Grenzen treibt‹ empfindet der Sprecher den Zwang, Grenzen zu überschreiten. Diese sind nicht nur physisch gemeint, sondern bedeuten auch das Übertreten eines Regelwerks. Die angesprochene Liebe kann eine zwischenmenschliche sein, doch auch Freiheitsliebe birgt eine unstillbare Sehnsucht, die nur durch eine klare, individuelle Positionierung kanalisiert werden kann. ›Zwischen den Himmeln. Sehe jeder, wo er bleibt.‹ – Das lyrische Ich entscheidet sich für das Bleiben, das Harren, das Hoffen, obwohl kein Land in Sicht ist und ›das Luftschiff fällt‹. Bezogen auf das Verhalten der überwiegenden Mehrheit der DDR-Bürger verdeutlicht dieser lyrische Text sowohl den Wunsch nach und die Notwendigkeit von Veränderung, aber auch die (verhalten) optimistische Grundhaltung, was weitere Reiseerleichterungen betrifft.

Zeitgenössische Interviewsammlungen

Außerhalb der direkten Reiseliteratur haben zudem Interviewsammlungen als Teil der dokumentarischen Literatur besonderes Gewicht in der Frage nach der Wahrnehmung des Tourismus durch DDR-Bürger. Ihre Bedeutung für die vorliegende Untersuchung beziehen sie einerseits aus der derzeitigen Notwendigkeit, dass »[e]ine demokratische Zukunft […] einer Vergangenheit [bedarf, H.W.], in der nicht nur die Oberen hörbar sind«[100], weiterhin aus dem Umstand, dass »soziologisch fundierte Dokumentationen in publizierter Form

---
99 Köhler, *Deutsches Roulette*, S. 63.
100 Niethammer, »Einleitung«, S. 7.

nicht vorliegen« und »die Interviewliteratur als eine Art Ersatz für das Fehlende gelten«[101] kann, sowie der Tatsache, dass die ›Literatur des Fakts‹[102] ein Schlüssel zu wichtigen Bereichen der DDR-Gesellschaft war. In Ermangelung anderer Äußerungsmöglichkeiten hatte sie in der damaligen Zeit eine wichtige Öffentlichkeitsfunktion. Gleichwohl muss den Interviews ein begrenzter Wirkungskreis und eine hohe Subjektivität attestiert werden, und es darf daher nicht »mit ›dem Leben‹ selbst verwechselt«[103] werden. Beispiele für eine solche Interviewsammlung sind Erika Runges *Reise nach Rostock*[104], Sarah Kirschs *Die Pantherfrau*[105], Wolfgang Herzbergs *So war es*[106], *Die volkseigene Erfahrung* von Lutz Niethammer, Alexander von Plato und Dorothee Wierling[107], Andreas Hartmanns und Sabine Künstings *Grenzgeschichten*[108] sowie von Grell und Wolf *Ein Ende ist immer ein Anfang*[109].

Kinder- und Jugendliteratur

Eine besondere Bedeutung für die Auseinandersetzung mit verschiedenen Ländern – auch in touristischer Hinsicht – hatte die Kinder- und Jugendliteratur.[110] Kinder und Jugendliche in den siebziger und achtziger Jahren waren jene Generation, die nur die DDR als Heimatland kannte. Deshalb wollte man besonders auf sie einwirken, ihnen auch im Lesen das Bild eines fortschrittlichen Landes vermitteln und den sozialistischen Erziehungsanspruch ausdrücken. Trotzdem knüpfte man an gängige Genreentscheidungen der Kinder-

---

101 Schröder, »Interviewliteratur zum Leben in der DDR«, S. 80.
102 Vgl. Tretjakow, »Biographie des Dings«. Erstmalig russisch in: Čužak, *Literatura fakta*. Zuletzt deutsch in: Mierau, *Tretjakow*, S. 102–106. Erläuternd: Schneider, *Die operative Skizze*.
103 Emmerich, *Kleine Literaturgeschichte der DDR*, S. 292.
104 Vgl. Runge, *Reise nach Rostock*. Runge verzichtet beim Abdruck der Interviews auf Kommentare und eliminiert alle von ihr gestellten Fragen, sodass der Erzähleindruck geschlossener Monologe entsteht. Die Sammlung wurde nur in der Bundesrepublik veröffentlicht.
105 Vgl. Kirsch, *Die Pantherfrau*. Das Buch ist die erste in der DDR erschienene Interviewsammlung. Sarah Kirsch lehnt sich in den Nachbemerkungen zur DDR-Ausgabe eng Erika Runge an.
106 Vgl. Herzberg, *So war es*. Die Interviews wurden 1980 erhoben. Vgl. insbesondere Frieda S. über eine Reise mit der MS ›Völkerfreundschaft‹, S. 134–200.
107 Vgl. Niethammer/Plato/Wierling, *Die volkseigene Erfahrung*. Die Autoren befragten 1987 in Interviews 150 Personen nach ihrem Leben in drei Industrieregionen der DDR.
108 Vgl. Hartmann/Künsting, *Grenzgeschichten*. Die Untersuchung wurde 1988 begonnen und führte unvorhersehbar in die Ereignisse des Herbstes 1989. Die Sammlung enthält Augenzeugenberichte von einfachen Bürgern, die vorwiegend östlich der Grenzlinie lebten, doch eines Tages den Weg nach Westen antraten.
109 Vgl. Grell/Wolf, *Ein Ende ist immer ein Anfang*. Das Buch porträtiert Frauen in der individuellen Verarbeitung des ostdeutschen Transformationsprozesses.
110 Vgl. Kramer/Steinlein/Strobel, *Handbuch zur Kinder- und Jugendliteratur*.

und Jugendliteratur an, so an Abenteuer-, erzählende Gegenwarts-, phantastische sowie historische Stoffe, in denen das Reisen eine wichtige Rolle spielte.[111] Die »Unterbrechung des Alltags war wichtig und wohltuend; daher die vielen Ferien- und Reisegeschichten bis hin zum Kaukasus und nach Taschkent auch in der Kinderliteratur der DDR.«[112] Nicht nur die Ferne allerdings wurde beschrieben, sondern auch nahe liegende, leicht erfahrbare Ziele. So befassen sich beispielsweise gleich zwei Kapitel in dem weitverbreiteten Kinderbuch *Ottokar Domma* humoristisch verpackt mit dem Reisen, ›Unser Ferienlager‹ und ›Unsere Seereise‹.[113] Zudem gab es im Bereich der Sachliteratur Reiseführer speziell für Kinder.[114]

Cartoons und Comics hatten besonders gute Mittel, um sich Fragen des Reisens und seiner Einschränkung kritisch zu stellen und doch der Zensur zu entgehen. Sie konnten die Geschehnisse beispielsweise in andere Zeiten und an andere Orte verlegen.[115] Insbesondere ist dabei die Zeitschrift *Mosaik* hervorzuheben.[116] Seit den sechziger Jahren reisten die Helden dieser Bildergeschichte durch die Welt. Dieses weltweite Auftreten und die gewählte Form des Reiseberichts machten einen erheblichen Teil der Beliebtheit des Comics aus. Die Zielsetzung seitens des Staates lautete verständlicherweise anders. Dort war beabsichtigt, die Reisetätigkeit der Protagonisten als Nebenprodukt herunterzuspielen und mittels der Bilder und Geschichten »bei der Erziehung unserer Kinder zu parteiergreifenden, gerechtigkeitsliebenden, fröhlichen und phantasiebegabten Menschen zu helfen.«[117] Die Darstellung des Fremden, des Exotischen trug ihr rasch die Kritik ein, zu unparteilich zu sein, sie »sollte sich mehr für die sozialistische Erziehung der Jugend einsetzen«[118]. Dies geschah dann vor allem in den Konzeptionen für neue Serien, die dem Zentralrat der FDJ vorzulegen waren, während sich an der inhaltlichen Gestalt der tatsächlich veröffentlichten Hefte wenig änderte. Als Beispiel dafür führt Catrin Gersdorf

---

111 Vgl. »Andererseits war für Jürgen Rogge, Geographie sehr gut, die Lage ja schließlich klar genug: 1. überall war DDR ...« – Kant, *Die Reise von Neukuckow nach Nowosibirsk*, S. 126.
112 Holtz-Baumert, »Alltag – Elend oder Ansporn?«, S. 204.
113 Domma, *Der brave Schüler Ottokar. Ottokar, das Früchtchen*. Und: *Ottokar, der Weltverbesserer*, S. 119–123 sowie S. 200–204.
114 Vgl. Reihe ›Querlandein‹ des Verlages Junge Welt, Bd. 1 bis 12 zu den Gebieten Müritz, Oderbruch, Hiddensee, Erzgebirge, Mansfeld, Südthüringen, Spreewald, Usedom, Berlin, Uckermark, Schwerin und Thüringer Becken.
115 Vgl. Fiedler, *Sprachspiele im Comic*, S. 32. Die Digedags und ab 1976 die Abrafaxe kommen in folgende Gegenden: 1969–1974 Amerika, 1974–1975 Orient, 1980 Frankreich, 1981 Spanien, 1984 Orient, danach Griechenland, Indien, Golf von Bengalen und Japan.
116 Vgl. zur Geschichte des ›Mosaik‹: Fiedler, *Sprachspiele im Comic*, besonders S. 29f.; Kramer, *Micky, Marx und Manitu*.
117 Altenburger, *Die besonderen Aufgaben der Bilderzeitschriften*, S. 11.
118 Gersdorf, »The Digedags Go West«, S. 45.

in ihrer Untersuchung des Amerikabildes im DDR-Comic die Amerika-Serie (1969–1974) der *Mosaik* an. Während die Konzeption betonte, den Klassenfeind Amerika in seinen problematischen gesellschaftlichen Verhältnissen darzustellen, wurde die Serie mit Amerika als »a place of adventure, fun and ardent desire«[119] verwirklicht.

Journalistische Berichterstattung

Im journalistischen Bereich waren Reisen und Tourismus schon immer bedeutsame und beliebte Themen. Zahlreiche Formen, wie die Reisereportage, der Bericht, das Reiseporträt und Interviews, wurden gepflegt. Alle regelmäßig erscheinenden Presseerzeugnisse wurden in der DDR über den Postzeitungsvertrieb abgewickelt. Über ihn war eine Postzeitungsliste erhältlich, in der alle zugelassenen Zeitungen, Zeitschriften und Magazinreihen aufgeführt waren. Das bedeutete jedoch nicht immer, dass diese auch tatsächlich erhältlich waren. Trotz großen Leserinteresses wurden viele Publikationen in zu geringer Auflagenhöhe gedruckt. Viele waren mit einem Sperrvermerk versehen, sodass keine neuen Abonnenten aufgenommen werden konnten. Die Ursache dafür war seltener eine Zensurmaßnahme, meist handelte es sich um die Folgen des Papiermangels.

In den Tageszeitungen fanden sich zu aktuellen touristischen Entwicklungen oft kürzere Meldungen informativen Charakters, beispielsweise über das Erholungswesen in der DDR, über Reisemöglichkeiten und aktuelle Entwicklungen. Hinzu kamen Artikel über das ›Reiseland DDR‹ im Sinne einer Vorstellung heimatlicher touristischer Ziele und über attraktive Ziele in anderen sozialistischen Staaten.

Davon abgegrenzt war die Berichterstattung über nichtsozialistische Länder. Insbesondere im *Neuen Deutschland* waren diese sehr negativ gefärbt und sollten beim Leser wohl den Eindruck erwecken, die in der DDR verhängten Reisebeschränkungen wären nicht Einengung, sondern Schutz. Ein Beispiel unter vielen ist der Artikel *Was nicht in dem Reiseprospekt steht*, in dem es um eine Reise mit dem Neptun-Express nach Kopenhagen geht:

»Wir, die Mitglieder einer Delegation des Komitees der Antifaschistischen Widerstandskämpfer in der DDR, sinnen über Erlebtes der vergangenen Tage. […] Die abendliche Lektüre der Reiseprospekte, mit denen man hier so reichlich bedacht wird, versprach uns eine Stadt mit einer wundersam harmonischen Historie. […] Ich muß an Ole Nielsen denken, den wir in einem der größten Betriebe des Landes, der Schiffswerft Burmeister & Wain, kennenlernten […] Die sozialen Bedingungen im Betrieb sind gut, besser als in den meisten

---

119 Ebd.

anderen Betrieben in Dänemark, so meinte Ole Nielsen. Aber es gäbe weiterhin noch viel zu tun. Die Frauen verdienten im Werk nach wie vor für die gleiche Arbeit geringeren Lohn. Und in Sachen Mitbestimmung sei man bisher gänzlich erfolglos gewesen.«[120]

Auch Zeitschriften nahmen sich der Thematik des Reisens an. Zum einen in Beiträgen, die zum inhaltlichen Profil der jeweiligen Zeitschrift passten, wie dies beispielsweise in *Deine Gesundheit* vorkam, die 1983 eine mehrseitige Beilage zum Thema Urlaub veröffentlichte.[121] Zum anderen in regelmäßigen Rubriken oder Einzelbeiträgen in allgemeiner informierenden Zeitschriften. Am ausgeprägtesten war dies bei der *Neuen Berliner Illustrierten*. Sie war die meistgelesene Wochenzeitschrift der DDR mit einer durchschnittlichen Auflagenhöhe von 726.000 Stück.[122] In ihr fanden sich regelmäßig touristisch relevante Stücke in Ferienpreisausschreiben, in der *Aktuellen NBI-Karte*[123], in der Rubrik *Im Gespräch* (Leserbriefseite), in der Rubrik *Freizeitpalette* mit Informationen über Gestaltungsmöglichkeiten am Wochenende und im Urlaub[124], in der Kolumne *Unterwegs* zu Leserfragen Urlaub und Reisen betreffend, in der Rubrik *Panorama* zu einzelnen Landschaften und Örtlichkeiten in der DDR[125] sowie in einzelnen Artikeln sowohl über erreichbare Ziele[126] als auch solche, zu denen DDR-Bürger nicht gelangen konnten[127]. Hinzu kamen schließlich die Kinder- und Jugendzeitschriften. Vor allem in der *ABC-Zeitung* wurde das Reisen vor allem mit einem pädagogischen Impetus thematisiert[128], in den Jugendzeitschriften überwogen berichtende Beiträge und Reportagen[129].

Im Magazinbereich kann zwischen Magazinen, die das Thema Reisen hin und wieder aufgriffen, und solchen, die sich als direkter Informationsgeber für touristische Belange verstanden, unterschieden werden. Zu ersteren gehörten *Das Magazin*[130] und die *Urania*[131]. »Das weltoffene ›Magazin‹ besaß [...] für

---

120 Funke, »Was nicht in dem Reiseprospekt steht« (15.12.1973).
121 Vgl. *Deine Gesundheit* 6/1983.
122 Die Nachfrage war noch höher, doch stand dem Blatt lediglich ein festgeschriebenes Papierkontingent zu, das nicht erhöht wurde.
123 Darin wurden auch Gegenden vorgestellt, die DDR-Bürger nicht erreichen konnten, zum Beispiel Jamaika (*NBI* 41/1985) oder das Nildelta (*NBI* 45/1986).
124 Zum Beispiel ›Urlaub in den Binsen‹, in: *NBI* 31/1977, S. 33.
125 Vgl. ›Kreis Rochlitz‹, in: *NBI* 48/1985.
126 Vgl. beispielsweise: Klöppel, »Buhnen, Dünen, Urlaubszeit« (27/1976).
127 Vgl. beispielsweise: Stillmann, »Ravenna. Stadt der Mosaiken« (52/1976).
128 Vgl. die Ausflugstipps mit starker Orientierung an dem Motto ›Meine Heimat DDR‹, die Vorstellung der jährlichen Ferienexpedition und die Betonung der Reiseziele in den sozialistischen Brüderländern, besonders in der Sowjetunion, beispielsweise in: Petzoldt, »Wer viel reist, der lernt so manches« (6/1980).
129 Vgl. beispielsweise: Hübner, »Praha 88« (7/1988).
130 ›Das Magazin‹ war eine monatlich erscheinende, unter anderem wegen ihrer freizügigen Text- und Bildgestaltung beliebte Unterhaltungsillustrierte. Urlaubs- und Reisemotive kamen so-

viele einen großen Wert. Mit ihm träumten sie sich aus ihrer kleinen Welt heraus und ließen für kurze Zeit die Daseinsprobleme hinter sich. [...] Der ›Magazin‹-Leser konnte sich als Weltkind fühlen. [...] Das ›Magazin‹ [...] trug wohl indirekt dazu bei, den neugierigen DDR-Bürger heranzubilden, der irgendwann die Welt nicht nur als Reisebeschreibung erleben wollte.«[132] Zu letzteren, den direkten Informationsgebern aus inländischem Angebot also, zählten beispielsweise das Magazin *Dresden heute*[133] und – allerdings nur bis 1962 – das vom Komitee für Touristik und Wandern herausgegebene *Unterwegs*[134], mit ausländischem Erzeuger die folgenden Titel:[135] *Panorama der Slowakei*[136], *Willkommen in der Tschechoslowakei*[137], *Ferien in Rumänien*[138], *Reise in die UdSSR*[139], *Kurorte in Bulgarien*, später *Ferien in Bulgarien*[140], *Ungarisches Reisemagazin*[141] sowie *Polnisches Magazin*[142].

---

wohl auf dem Cover (zum Beispiel 7/1972, 7/1977, 8/1988), als auch in den Beiträgen immer wieder vor. – Vgl. Berichte aus aller Welt von Magazin-Mitarbeitern, die DDR-Bürger besucht haben, welche »in fernen Ländern unseren Staat vertreten als Wissenschaftler oder Lehrer, als Seeleute, Architekten oder Botschafter im Trainingsanzug. Unsere Berichte kommen aus Moskau und Melbourne, aus Daressalam, Rangun und Bandung bis Chile.« Autorenkollektiv, »Aus fünf Kontinenten« (10/1969), S. 30; Bekier, »Saison auf der Moskwa« (7/1972); Schubert, »Tabus oder Am FKK-Strand« (7/1977); Christ, »Dresden alt und neu«, (2/1985); Lehmbäcker, »Zweimal Baden in Warna« (7/1987).

131 Die ›Urania‹ war ein populärwissenschaftliches Magazin zur Verbreitung wissenschaftlicher Kenntnisse der Bereiche Naturwissenschaften, Technik, Medizin und Gesellschaftswissenschaften. Sie gab zum Beispiel Ausflugstips in der Serie ›Topographische Streifzüge durch die DDR‹, setzte sich aber – zum Teil propagandistisch – auch mit dem Fremdenverkehr anderer Staaten auseinander. – Vgl. Lobst/Miege/Steinbach, »Drachenhöhle Syrau« (11/1988); Hintzke, »Schweiz« (12/1973).

132 Badstübner, »Auf 80 Seiten um die Welt«, S. 199.

133 Dresden-Information, *Dresden heute*. Für DDR-Bürger, aber auch für ausländische Besucher der Stadt. Das Magazin erschien ebenfalls in Russisch, Polnisch, Tschechisch, Englisch und Französisch.

134 Vgl. vor allem wegen des in den siebziger Jahren zu bemerkenden Rückschritts (!) im Magazinangebot. – Vgl. Görlich, »Zur DDR-Reisezeitschrift ›Unterwegs‹ 1957–1962«.

135 Vollständige Bibliographie der in der DDR verfügbaren Erzeugnisse.

136 Ministerium für Handel und Fremdenverkehr der Slowakischen Republik, *Panorama der Slowakei*.

137 Ministerium für Handel und Fremdenverkehr der Tschechischen Republik, *Willkommen in der Tschechoslowakei*.

138 Ministerium für Tourismus der VRR, *Ferien in Rumänien*.

139 Staatliches Komitee der UdSSR für Auslandstourismus, *Reise in die UdSSR*.

140 Bulgarische Assoziation für Erholung und Tourismus, *Kurorte in Bulgarien*; Bulgarische Assoziation für Erholung und Tourismus, *Ferien in Bulgarien*.

141 Ungarisches Fremdenverkehrsamt, *Ungarisches Reisemagazin*.

142 Dieses war keine Tourismus-Zeitschrift, sie veröffentlichte aber Beiträge zum Thema Reisen. Erschien monatlich zum Preis von 1,80 Mark. Bestand zitiert bei: *Kolumne ›Unterwegs‹* (37/1976).

Leserbriefe und andere Meinungsäußerungen

Hinzu kamen die Leserbriefe, Reaktionen der Konsumenten von Zeitungen und Zeitschriften auf die veröffentlichten Beiträge, aber auch initiative öffentliche Meinungsäußerungen. Beide hatten häufig ein kritisches Potenzial, welches als gefahrvoll angesehen wurde. Dabei spielten auch die Themen Erholung und Reisen eine bedeutsame Rolle. Ellen Bos hat in ihrer Studie zur Tagespresse der DDR erarbeitet, dass sich 1979 8,4 Prozent und 1988 10,8 Prozent der Leserbriefe aus vier ausgewählten Presseerzeugnissen damit befassten.[143] Ähnlich dürfte es für die Zeitschriftenlandschaft gelten, eventuell ist dort der Tourismus gar ein noch mehr beachtetes Thema. So zitiert Klaus Polkehn in seiner rückblickend geschriebenen Geschichte der Zeitschrift *Wochenpost* den Brief von Wolfgang B. aus Neustadt/Orla aus dem Jahr 1976 folgendermaßen:»Unsere DDR unterhält zur Zeit mit weit über 100 Ländern diplomatische Beziehungen und ist somit völkerrechtlich anerkannt. Doch leider können wir außer in die sechs befreundeten sozialistischen Länder nicht ins Ausland fahren. Wir würden uns freuen, wenn zu diesem Thema mal ein Vertreter unserer Regierung Stellung nehmen und uns mitteilen würde, wann wir auch ins übrige Ausland Touristenreisen unternehmen können.«[144] Die Zuschrift wurde zu diesem Zeitpunkt nicht veröffentlicht, und über Konsequenzen für den Einsender ist im Buch nichts ausgesagt, sie belegt jedoch durch die Zensurmaßnahme die politische Brisanz derartiger Zuschriften.

Klein- und Tauschanzeigen

Einen erheblichen Anteil[145] hatten in Tageszeitungen und Zeitschriften die Klein- und Tauschanzeigen. Bedingt durch den hohen Bedarf durch Versorgungsmängel, wuchs die Zahl der Anzeigen im Laufe der Jahre stetig. Die Preise jedoch blieben trotz der steigenden Druck- und Satzkosten gleich, sodass die Anzeigen zunehmend zu einem Verlustgeschäft für die Zeitungen und Zeitschriften wurden. Sie konnten angesichts der hohen Nachfrage jedoch weder gekürzt noch gänzlich getilgt werden. Im Bereich Reisen und Erholung gab es Rubriken zu Angeboten, vor allem aber solche zum Tausch. Die Anzeigentexte lasen sich dann meist wie folgt:»Bieten in landschaftlich schöner Gegend, in der Nähe von Berlin, eine alte Mühle, geeignet zum Ausbau als Kinderferienlager oder Ferienobjekt. Suchen im Thüringer Wald ähnliches

---

143 Bos, *Leserbriefe in Tageszeitungen der DDR*, S. 192.
144 Abgedruckt in: Polkehn, *Das war die ›Wochenpost‹*, S. 129.
145 Klaus Polkehn beziffert die Menge der Kleinanzeigen mit drei bis vier Seiten im Rahmen der 32-seitigen ›Wochenpost‹. – Vgl. ebd., S. 262.

Objekt. Angebote sind zu richten an: VEB Messelektronik Berlin, Abt. Sozialökonomie [...].«[146]

›Reisen‹ *in Theater und Kabarett*

Auch im Theater gab es Möglichkeiten, sich mit dem Thema des Reisens auseinanderzusetzen. Nur teilweise konnte dies in klassischen Stücken gelingen. Ein Beispiel dafür ist jedoch von einem Besuch Stephen Greenblatts in der DDR überliefert:

»Vor einigen Jahren sah ich in Weimar in der ehemaligen DDR eine Studentenaufführung von *Hamlet*. Die Darbietung war eher farblos, und das Publikum wirkte gelangweilt bis zu jenem Moment, als Polonius' Sohn Laertes den König um die Erlaubnis bat, nach Paris zurückzukehren. Als daraufhin der König – in einer Szene, die bei Shakespeare gar nicht vorgesehen ist – zu seinem Schreibtisch ging, einen Reisepaß aus der Schublade holte und ihn dem jungen Mann aushändigte, stockte dem gesamten Publikum hörbar der Atem.«[147]

Weit größere Chancen der Themenbehandlung gab es im Kabarett. Die Kabarett-Landschaft der DDR war äußerst vielgestaltig, bot doch das Medium eine Chance, Kritik zu äußern und zu hören, die vom System gebilligt war.[148] Für die Darsteller und Stückeschreiber allerdings bedeutete dies stets einen schwierigen Umgang mit der Zensur. Das Thema der Reisebeschränkungen war dabei ein höchst brisantes und immer wieder aufgegriffenes. So auch in den Programmen der Berliner ›Distel‹: Sie befasste sich immer wieder mit dem Reisen, 1989 brachte sie sogar das Programm *Wir sind schon eine Reise wert* heraus, in dem der Tourismus der thematische Mittelpunkt war.

Dietmar Jacobs hat die Programmgestaltung das Reisen betreffend in seiner Studie *Untersuchungen zum DDR-Berufskabarett der Ära Honecker* beleuchtet und dabei festgestellt, dass zwischen Stellungnahmen zu Inlandsreisen und Reisen in die sozialistischen Nachbarländer sowie Reisen in westliche Länder, insbesondere in die Bundesrepublik, zu unterscheiden ist. Ersteres bedeutete vorwiegend eine Auseinandersetzung mit den qualitativen Mängeln des staatlichen touristischen Angebots. So der Inhalt eines Moritat im Distel-Programm *Alles Rummel* aus dem Jahr 1975, paraphrasiert von Dietmar Jacobs:

---

146 Rubrik ›*Anzeigen*‹, *darin* ›*Reise/Erholung – Tausch*‹ (28.11.1986). Abgedruckt in: ebd., S. 263.
147 Greenblatt, »Warum reisen?«, S. 14f.
148 Gebilligt sicher auch deshalb, weil davon ausgegangen werden kann, dass jener, der sich die Mühe machte, kabarettistisch umzusetzen, was ihm an Missständen auffiel, nicht gegen das System agieren wollte, sondern in ihm Veränderungen durchsetzen wollte. In diesem Sinne ist Tucholskys Beschreibung des Satirikers als Nicht-Revolutionär, sondern Reformer zu verstehen: »Der Satiriker ist ein gekränkter Idealist: er will die Welt gut haben, sie ist schlecht, und nun rennt er gegen das Schlechte an.« – Tucholsky, »Was darf die Satire?«, S. 11.

»Es wird über die Fahrt eines Arbeiters an die Ostsee berichtet. Kritik trifft zunächst die Reichsbahn. Ihre Serviceleistungen an den Kunden werden als mangelhaft beschrieben [...] Die Züge sind restlos überfüllt, Anschlüsse funktionieren nicht, das Gepäck wird mit tagelanger Verspätung transportiert. Am Urlaubsdomizil selbst setzt sich das Reisedebakel fort. Das Fremdenzimmer ist so feucht, daß der Reisende krank wird, statt sich zu erholen, und der Versuch, eine Mahlzeit einzunehmen, scheitert nach zweistündiger Wartezeit vor dem Lokal daran, daß der reisende Arbeiter nicht Mitglied des FDGB ist. [...] Die Satiriker bemängeln somit, daß sich die Vorzüge des ›Reiselandes DDR‹ nur dem erschließen, der sich einer großen Organisation anvertraut.«[149]

Für Westreisen wird stets das Motiv des Fernwehs und der Reiselust betont. Dementsprechend werden häufig typische Ziele von Reisewünschen, meist Kulturstädte Europas, genannt.[150] Erst 1989 veränderte sich dies. In der ›Distel‹ geschah es durch das Programm *Wir sind schon eine Reise wert*, das bereits in einer zugespitzten politischen Situation verfasst wurde und sich mit den gesetzlich verankerten Reisebeschränkungen befasste. Darin hieß es: »Der ungesetzliche Zustand ist nun endlich gesetzlich verankert.« Damit stellte sich das Kabarett gegen geltendes DDR-Recht und formulierte einen übergeordneten Rechtsanspruch der Bürger, ihr Land verlassen zu können, wohin sie wollen.«[151]

Witze

Sigmund Freud hat den Witz einmal die ›Waffe des Wehrlosen‹[152] genannt.[153] Und so gab es natürlich auch Witze, die sich mit dem Reisen beschäftigten. Allerdings handelten sie kaum noch von den alltäglichen Mängeln im Tourismus, sondern vor allem von der – so Wolfgang Engler – ›finalen Abschlußutopie‹[154]: der Reisefreiheit, Ausreise oder gar Flucht. So auch dieser: »Welches ist der längste Fluß der Welt? Die Elbe. Man braucht 65 Jahre, um auf ihr von Dresden nach Hamburg zu kommen.«[155] Oder jener: »Seit August 1989 bietet das DDR-Reisebüro eine neue Dreistädtereise an: Budapest–Wien–Gießen.«[156] Im satirischen Kommentar zum Alltag konnte sowohl eine Protesthaltung als

---

149 Jacobs, *Untersuchungen zum DDR-Berufskabarett*, S. 165f.
150 Vgl. die Angaben zu den Programmen der ›Fettnäppchen‹ und der ›Pfeffermühle‹ in: Ebd., S. 166f.
151 Ebd., S. 168.
152 Freud, »Der Witz und seine Beziehung zum Unbewussten«.
153 Vgl. zur Witzkultur der DDR: Brie, *Die witzige Dienstklasse*; Blasius, *Der politische Sprachwitz in der DDR*; Walther, »Die alltägliche Zensur und der Alltag in der Literatur«; Schliewe/Schliewe, *Witzkultur in der DDR*.
154 Engler, »Ein müd‹ gewordener Krieger«, S. 9.
155 Strohmeyer, *Da lacht selbst die Partei*, S. 111.
156 Schlechte/Schlechte, *Witze bis zur Wende*, S. 226.

auch eine Kompensation zum Ausdruck kommen, denn das »Lachen über diesen Alltag war eine kollektive Geheimsprache, die die Wirklichkeit erträglich machte.«[157]

Fernsehen

Besondere Bedeutung hatte das Thema Tourismus im Filmischen. Dies betraf erstens die Fernsehlandschaft der DDR. Dort mussten sich die zwei Programme des DDR-Fernsehens – außer im so genannten ›Tal der Ahnungslosen‹[158] – gegen die ständige Präsenz westlicher Angebote behaupten. Aus diesem Grund wurde beispielsweise 1972 eine Programmreform durchgeführt, die das Fernsehen der DDR in seinen Inhalten modernisieren sollte.[159] Nachdem der Konsum von Westfernsehen in den frühen Jahren der DDR nach einem ungeschriebenen Gesetz verboten war, sagte Erich Honecker auf dem neunten Plenum des Zentralkomitees der SED im Mai 1973, jeder dürfe die westlichen Sender ›nach Belieben ein- und ausschalten‹, solle jedoch die Informationen entsprechend bewerten.[160] Das Thema ›Reisen‹ war im Fernsehen der DDR vor allem in folgenden Sparten bedeutsam:

Fernsehspielfilme: Ein Beispiel ist der Film *Camping-Camping* von 1977. Rahmenhandlung des Films ist die Urlaubssituation einer Familie auf einem Campingplatz. Erst im Urlaub wird es den Familienmitgliedern möglich, sich gegenseitig erneut und in anderen Facetten als im Alltag kennenzulernen.[161]

Fernsehserien: *Zur See* (siebziger Jahre) schilderte den Alltag auf einem Schiff der Handelsflotte der DDR und *Treffpunkt Flughafen* (1986) die Erlebnisse einer Besatzung der Interflug. In beiden Sendeformaten spielten die fernen, meist für den Zuschauer unerreichbaren Reiseziele eine in der Handlung untergeordnete Rolle, sie brachen jedoch die Isolation der DDR-Bürger filmisch auf.

Dokumentarfilme[162]: *Stromabwärts nach Shanghai* beispielsweise war eine mehrteilige Reisereportage aus dem Jahr 1988. Sie behandelte Geschichte und Gegenwart von einem der längsten Flüsse der Volksrepublik China.[163]

---

157 Reihe ›Rückblende‹: Lieber rückwärts zum Intershop als ›Vorwärts zum Parteitag!‹
158 Dies war eine umgangssprachliche Bezeichnung für die Region um Dresden im Südosten der DDR, in der kein Empfang von bundesdeutschen Fernseh- und Radioprogrammen möglich war. – Vgl. Video ›Im Tal der Ahnungslosen‹. Dazu auch: Weber, *Ich bleibe*, S. 106.
159 Dittmar/Vollberg, *Die Überwindung der Langeweile?*, S. 7.
160 Erich Honecker zitiert bei: Kaminsky, *Kaufrausch*, S. 69.
161 Vgl. Agde, »Turbulenter Spaß mit tieferer Bedeutung« (16.3.1977).
162 Vgl. Zimmermann, *Deutschlandbilder Ost*. Darin besonders die Beiträge von: Koepp, »Meine Arbeit bei der DEFA«. Sowie: Brandt, »Was aber bleibet?«
163 Vgl. Pries, »Historie und Gegenwart an Chinas Langem Fluß« (29.1.1988).

Magazinreihen mit touristischem Schwerpunkt: *Das Wochenend-Mosaik* (1971–1979; wöchentlich 20 Minuten; Tipps für Urlaub, Freizeit und Erholung, Informationen zum Urlaub, Kochrezepte, Verkehrssituation, Vorstellungen des Fernsehens in der nächsten Woche, Beantwortung von Zuschauerfragen); *Zwischen Ostsee und Böhmerwald* (1974–1975; monatlich 30 Minuten; Kurzreportagen aus den Nachbarländern der DDR); *Unterwegs. Ein Magazin für Reiselustige* (1976–1977; monatlich 25–30 Minuten; Anregungen für Urlaubs- und Freizeitaktivitiäten, Auskünfte zu Preisen, Daten, Orten, Ereignissen in Nah- und Fernzielen); *mobil* (1983–1989; wöchentlich 45 Minuten; für 9–13-Jährige; Anregungen zur Gestaltung des Pionierlebens und zur Freizeitgestaltung; ab 1984 Organisation der Aktion ›mobil durch die Ferien‹)[164]; ›*Tippeltips. Ein Freizeitmagazin für Wanderlustige* (1986–1990; monatlich 25 Minuten; Hinweise auf Wanderrouten, Vorstellung von Museen, Baudenkmälern und Ausflugszielen).[165]

Magazin: *Prisma. Probleme – Projekte – Personen* (1963–1991; 14-tägig, ab 1973 monatlich, ab 1977 14-tägig, 30–40 Minuten; Berichterstattung, Hintergrundinformationen und Kritik an Missständen; nicht Systemkritik, aber Kritik an Mängeln im System[166]; Markenzeichen: Rubrik ›Was geschah danach?‹).[167]

Sandmann: Als Angebot für die Kleinsten wurde der Sandmann täglich am Abend für zehn Minuten ausgestrahlt. Er war stets aufgeteilt in eine Rahmenhandlung und eine mit dem Sandmann zusammen gesehene Geschichte. Innerhalb der Rahmenhandlung wurden häufig fremde Länder und Kulturen als Setting verwendet.[168] Daher kann als »sicher […] angenommen werden, daß

---

164 Vgl. ergänzende Informationen zum Fernsehgebrauch von Kindern in der DDR: Tennert/König, *Flimmerstunden*.
165 Vgl. zur Beschreibung der Magazinreihen: Kreutz/Löcher/Rosenstein, *Von ›AHA‹ bis ›VISITE‹*.
166 Vgl. »Es war immer noch der Glaube, durch Prisma einen besseren Sozialismus, eine bessere DDR zu schaffen.« – Axel Kaspar, Moderator der Sendung in den siebziger und achtziger Jahren in: Video: *Damals in der DDR*.
167 Das Magazin hatte eine hohe Zuschauerresonanz, es sahen mehr Menschen ›Prisma‹ als beispielsweise das tägliche Nachrichtenmagazin ›Aktuelle Kamera‹ – Vgl. Meyen, *Einschalten, Umschalten, Ausschalten?*, S. 128 und S. 131–133. Auch in den Printmedien gab es Rubriken für Beschwerden der Leser. Dies waren beispielsweise die Rubrik ›Bärchen‹ in der *Berliner Zeitung*, die Rubrik ›Liebe Freie Presse‹ in der gleichnamigen Zeitung aus Karl-Marx-Stadt, die Rubrik ›Antwort auf Leserfragen‹ der *Leipziger Zeitung*, die Rubrik ›Leser fragen – Ratsmitglieder antworten‹ der *Halleschen Freiheit*, die Rubrik ›Frage Meinung, Rat Antwort‹ der *Sozialistischen Demokratie* und die Rubrik ›Unser Recht im Alltag‹ des *Neuen Deutschland*.
168 So reiste der Sandmann ab 1964 nach Bulgarien und Ungarn, zu den Inuit, nach Indien und Afrika, ab 1967 auch nach Moskau sowie ab 1970 nach Warschau und Ägypten. Er war zudem in der ČSSR, Polen, Kuba und dem Irak zu finden. Anfang der achtziger Jahre kam er bis nach Japan und Lappland.

der Sandmann schon frühzeitig mehr von der Welt sah als sein Vater und der, der ihm die Vehikel für die Abenteuer bastelte.«[169] In engem Zusammenhang mit der Ausstrahlung von Magazinreihen im Fernsehen der DDR standen Zuschauerbriefe. Besonders bekannt für die Berücksichtigung solcher Zuschriften wurde das Magazin *Prisma*. Die Idee der Fernsehsendung war für Gerhard Scheumann, den ersten Moderator: »Näher heran ans Leben, den besten Erfahrungen auf die Spur kommen, die unsere Bürger beim Aufbau des Sozialismus sammeln, und diese dann interessant und anregend in die Breite tragen.«[170] Axel Kaspar, Moderator seit 1978, ergänzte: »[…] wir waren niemals die Meckerecke der Nation.«[171] Er meinte damit, dass es in den Zuschauerbriefen – die übrigens wie Eingaben behandelt wurden[172] – nicht um ein unüberlegtes Schlechtreden, ein Polemisieren oder erregtes Anprangern ging, sondern um meist berechtigte und konstruktive Kritik. Daher reagierte *Prisma* auch »weniger inquisitorisch denn moralisierend«[173] und versuchte, sowohl das individuelle Problem zu klären als auch generelle Lösungen für zukünftige, ähnliche Fälle zu generieren. Probleme im Zusammenhang mit Reisen waren dabei ein häufig angesprochenes Thema, wie die von Ina Merkel zusammengestellten Fallbeispiele beweisen.[174]

(Kino-)Filme

Zweitens war das Reisen häufig gewähltes Thema von Kinofilmen für Kinder, Jugendliche und Erwachsene.[175] Ähnlich wie in der Literatur ist hier zwischen

---

169 Dalichow/Petzold, *Sandmann auf Reisen*, S. 14.
170 O.V., »Vorstoß in fernsehjournalistisches Neuland« (6.5.1963). Zitiert bei: Merkel, ›*Wir sind doch nicht die Mecker-Ecke der Nation*‹, S. 22, Fußnote 7.
171 Vgl. Hoff, »Das ist nicht die Meckerecke der Nation«. Zitiert ebd., S. 28, Fußnote 16.
172 Vgl. Bos, *Leserbriefe in Tageszeitungen der DDR*, S. 114–118. Sowie Kapitel VII.4.
173 Merkel, ›*Wir sind doch nicht die Mecker-Ecke der Nation*‹, S. 21.
174 Vgl. Schreiben des Ehepaares Hunger aus Gera: »Vom 27.12.85–02.01.86 hatten wir zusammen mit unserem Sohn eine Jugendtouristreise nach Erfurt in das neu errichtete JT-Hotel ›Völkerfreundschaft‹ gebucht. … es war unsere erste und noch dazu eine Silvesterreise, die wir über Jugendtourist gebucht haben. Beeindruckt waren wir von der großzügigen Bauweise und der modernen Ausstattung. Aber entsetzt waren wir, als wir unsere Zimmer betraten. Zuerst mussten wir mit Zellstofftaschentüchern den Schrank auswischen […] Schmutzig war auch der Fußboden. […] Die Qualität des Essens ließ sehr zu wünschen übrig. […] Gutgemeinte und auch sachlich angebrachte Hinweise zur Verbesserung der Organisation wurden aber leider sehr unhöflich und mit frechen Bemerkungen quittiert.« – Ebd., S. 177f.
175 Zur Filmproduktion der DDR und teilweise anderer sozialistischer Staaten vgl. beispielsweise: Berghahn, *Hollywood behind the wall;* Engelke/Kopp, »Der Western im Osten«, 14.11.2005, http://www-zeithistorische-forschungen.de/161226041-Engelke-Kopp-2-2004; Deutsches Institut für Animationsfilm Dresden, *Die Trick-Fabrik*; Allan/Sandford, *DEFA;* Feinstein, *The*

verschiedenen Genres zu unterscheiden. Erstens Trickfilme, beispielsweise *Die große Reise von Bolek und Lolek* (Polen, 1978/79): »Der Versuch, 20.000 Pfund in Gold zu gewinnen, führt Bolek und Lolek rund um die Welt. Während dieser Reise, die sie in 80 Tagen hinter sich gebracht haben müssen, geraten sie in allerlei Gefahren: Sie retten sich nach einem Schiffbruch, entkommen Räubern in Afrika und schließlich auch aus einem Lamakloster in Indien.«[176] Zweitens Dokumentarfilme, in denen »vor allem schöne Bilder von schönen Landschaften«[177] erwartet wurden. Drittens Spielfilme, wie zum Beispiel *Homolkas auf Urlaub* (ČSSR, 1972): »Die Familie Homolka – Großeltern, Tochter, Schwiegersohn und zwei Enkel – will einen unbeschwerten Winterurlaub im Gebirge verbringen. Doch ihr eigenes Verhalten und das anderer Gäste des Ferienheimes werden Anlaß für turbulente, ärgerliche Erlebnisse.«[178] Viertens Kinderfilme[179] wie *Ferien in der Steinzeit* (ČSSR, 1982): »Der zehnjährige Diplomatensohn Roman, der unter nervösem Augenzwinkern leidet, kehrt nach langjährigem Aufenthalt in Mexiko in seine tschechoslowakische Heimat zurück, wo er mit Schwierigkeiten in der Schule und mit Spielkameraden fertigwerden muß. In einem Ferienlager, in dem die Kinder die Lebensbedingungen der Steinzeit-Menschen erforschen, wird er schließlich akzeptiert.«[180] Schließlich fünftens Jugendfilme, beispielsweise *Und nächstes Jahr am Balaton* (DDR, 1980):

»Urlaub mit dem Freund? Allein? Nichts da. Die Eltern sind dagegen. Ines bleibt nichts anderes übrig, als ihren Freund Jonas mit auf die familiäre Urlaubsreise zu nehmen. Bulgarien heißt das Ziel, für DDR-Verhältnisse ein beinahe exotisches. Zschoche und Drehbuchautorin Inge Wüste-Heym schicken Vater und Mutter Moldenschütt nebst ›dem Kind‹ und Freund mit der Bahn auf die Reise. Die entpuppt sich bald als Zumutung für Jonas, weshalb er schon nach wenigen Kilometern den Zug verlässt, sich allein per Anhalter auf den Weg machend. […] Ines ist währenddessen ebenfalls allein unterwegs. Nicht freiwillig. Als Mutter bei einem Zughalt aussteigt, nach einem heftigen Familienkrach Luft zu schöpfen und eine Zeitung zu kaufen, fährt der Pannonia-Express ohne sie weiter. Den Vater nehmen tschechische Zöllner fest, weil denen die zahlreichen Koffer suspekt sind, mit denen ein

---

triumph of the ordinary; Habel/Biehl, *Das grosse Lexikon der DEFA-Spielfilme*; König/Wiedemann/Wolf, *Zwischen Marx und Muck*.
176 *Filmlexikon*, 14.11.2005, http://www.kabel1.de/film/filmlexikon/ergebnis.php?filmnr=26581.
177 Schieber, »Im Dämmerlicht der Perestroika«. Vgl. auch Zhou, *Journeys to an unattainable destination*.
178 *Filmlexikon*, 14.11.2005, http://www.kabel1.de/film/filmlexikon/ergebnis.php?filmnr=57842.
179 Zahlreiche Kinderfilme befassten sich mit dem Reisen, Urlaub und der Fremde. Vgl. dazu die Filmporträts von ›Ein Schneemann für Afrika‹ (1977), ›Rotschlipse‹ (1978), ›Sieben Sommersprossen‹ (1978), ›Max und siebeneinhalb Jungen‹ (1980), ›Mein Vater Alfons‹ (1981), ›… und ich dachte, du magst mich‹ (1987) in: König/Wiedemann/Wolf, *Zwischen Marx und Muck*.
180 *Filmlexikon*, 14.11.2005, http://www.kabel1.de/film/filmlexikon/ergebnis.php?filmnr=3100.

anscheinend allein reisender Mann unterwegs ist. So suchen alle vier den Weg nach Bulgarien an den Sonnenstrand.«[181]

Musik

Auch die Musik thematisierte immer wieder das Reisen. Besonders Schlagertexte waren populär, insbesondere wenn es um Urlaub und die Sehnsucht nach der Ferne ging. Wenn auch im Vergleich zur bundesrepublikanischen Intensität der Themenbehandlung relativ wenige entsprechende Titel erschienen, ist doch unbestritten, dass die DDR sich musikalisch nicht isolieren konnte, sondern der Blick nach außen blieb. Bekannt geblieben ist Nina Hagens *Du hast den Farbfilm vergessen* über einen Urlaub auf der Ostseeinsel Hiddensee[182]:

»[...]
2. Nun sitz ich wieder bei dir und mir zu Haus',
Und such die Fotos für's Fotoalbum aus,
Ich im Bikini und ich am FKK,
Ich frech im Mini – Landschaft ist auch da – ja!
Aber wie schrecklich, die Tränen kullern heiß
Landschaft und Nina und alles nur schwarz-weiß,
Micha, mein Micha und alles tut so weh,
Tu das noch einmal, Micha und ich geh!
Refrain: Du hast den Farbfilm vergessen, mein Michael,
Nun glaubt uns kein Mensch wie schön's hier war (haha)
(haha) Du hast den Farbfilm vergessen, bei meiner Seel,
Alles blau und weiß und grün und später nicht mehr wahr!
Du hast den Farbfilm vergessen, bei meiner Seel,
Alles blau und weiß und grün und später nicht mehr wahr!«

Bisher wurden diese Titel kaum einer näheren wissenschaftlichen Betrachtung unterzogen, von Christopher Görlich liegt aber ein kürzerer Artikel zu DDR-Schlagertexte[n] *über ferne Welten*[183] vor.

Eher im Bereich der verordneten Musik anzusiedeln ist das Pionierlied *Unsre Heimat*[184]:

»Unsre Heimat, das sind nicht nur die Städte und Dörfer
unsre Heimat sind auch all die Bäume im Wald
Unsre Heimat ist das Gras auf der Wiese, das Korn auf dem Feld

---

181 Steinberg, *Und nächstes Jahr am Balaton*, 14.11.2005, http://www.kiez-ev.de/film/und-naechstes-jahr-am-balaton.htm
182 Vgl. Hildner/Hofmann, *DDR – Rock, Pop, Schlager*. Finger, »Reisehits«.
183 Görlich, »Capri, Constanza und der verlorene Ort«, 9.10.2008, http://www.zeitgeschichte-online.de/zol/portals/_rainbow/documents/pdf/pop_goerlich.pdf.
184 Vgl. Brusniak, »Heimatlieder der DDR«.

und die Vögel in der Luft und die Tiere der Erde
und die Fische im Fluß sind die Heimat
Und wir lieben die Heimat, die schöne
Und wir schützen sie, weil sie dem Volke gehört, weil sie unserem Volke gehört.«
Aus dem Bereich des Volksliedgutes stammt schließlich *Es wollen zwei auf Reisen gehen*:

»1. Es wollen zwei auf Reisen gehen
und sich die weite Welt besehn:
Der Koffer macht den Rachen breit
Komm mit, es ist soweit.
Refrain: Wohin soll denn die Reise gehn?
Wohin, sag wohin, ja wohin?
Wo wir den bunten Sommer sehn,
dahin, ja dahin
2. Weil heiß das Reisefieber brennt,
weckt es die Lust, die jeder kennt,
hinauszuziehn im Wanderschritt.
Es ist soweit, komm mit!
Refrain
3. Der Sommertag, wie schön er war –
so blumenbunt und sonnenklar.
die Bahn auf blanker Schienenspur
durch grüne Landschaft fuhr.
Refrain
4. Sie kommen schon – das Ziel ist nah!
Es trägt die Mundharmonika
den frohen Klang den Weg zurück –
das Lied vom Ferienglück.
Refrain«

In unterschiedlicher Form also nahmen sich Musikstücke aus der DDR des Reisens an. Je nach Verfasser und gegebenenfalls politischem Impetus ging es den Autoren darum, die Schönheit der sozialistischen Heimat – ›weil sie unserem Volke gehört‹ –, das Reisen als glückliche Zeit der Entspannung oder auch die Erinnerungen an die besondere Zeit des Urlaubs zu beschreiben.

Bildende Kunst

Kunstwerke als weiterer Ausdruck individueller Weltwahrnehmung sind »Gelenkstellen zwischen Realitätswahrnehmung und individueller Verarbeitung«[185].

---
185 Ludwig, »Fremde nahe Welten?«, S. 27.

Abbildung 8: Strandszene
(Jüchser, Hans: Strandszene, Gemälde, 1965. Abgedruckt in: Prignitz, Horst: Vom Badekarren zum Strandkorb. Zur Geschichte des Badewesens an der Ostseeküste, Leipzig 1977, S. 177.)

Das war auch in der DDR nicht anders, wenngleich gesellschaftliche Erfordernisse einen weit höheren Einfluss hatten als in der heutigen Kunstszene, denn »Kunst hatte in der DDR eine erhebliche gesellschaftliche und politische Bedeutung. Ihr wurde von staatlicher Seite die Funktion zugewiesen, den Aufbau des Sozialismus in der DDR zu begleiten und in diesen tiefgreifenden gesellschaftlichen Prozess aktiv einzugreifen. Damit waren Rahmenbedingungen gegeben, die den Künstler und seine Arbeit in einen gesellschaftspolitischen Kontext stellten.«[186]

Im Bereich der Malerei beispielsweise waren Reisen ein wichtiges Motiv der Darstellung sozialistischen Alltags und der Freiheiten in ihm. Dies zeigt sich in der Präsenz des Themas in Bildwerken, die für die Öffentlichkeit ge-

---

186 Ebd., S. 28. Vgl. ergänzend zur Kunstgeschichte der DDR: Offner, *Eingegrenzt – ausgegrenzt*; Christ, *Der sozialistische Realismus*; Flacke, *Auftragskunst der DDR 1949–1990;* Damus, *Malerei der DDR.*

dacht waren. Sie hingen zum Beispiel in Foyers, Kantinen, Schulungsräumen, in Ferienheimen und gastronomischen Einrichtungen.[187] Von zunehmend größerem Interesse waren zudem die öffentlich wirksamen Ausdrucksformen des Plakats. Seitdem das Bildplakat in den Rang einer historisch ernstzunehmenden Quelle gerückt ist[188], wurde deutlich, wie viel solche bildlichen Äußerungen über die politische Kultur eines Staates aussagen können. Plakate zeichnen sich durch eine hohe Direktheit aus. Eine eindeutige, prägnante (oft Text-)Botschaft ist mittels graphischer Mittel umgesetzt. Im Sprachgebrauch der DDR hieß das:

»Plakat und Wandzeitung sind visuelle Kommunikationsmittel und dienen in unserer Gesellschaft der sozialistischen Bewusstseinsbildung. Sie vermitteln dem Betrachter Informationen, suchen in ihm Überzeugungen zu erwecken und zu festigen, sollen ihn für eine dem Sozialismus gemäße individuelle und kollektive Lebensweise gewinnen und ihn zu einer parteilichen Auseinandersetzung mit dem Imperialismus und zu dessen Verurteilung führen.«[189]

Nur wenige Plakate befassten sich mit dem Tourismus oder verwandten Bereichen. Wenn doch, dann ging es entweder um Aufbauleistungen, zum Beispiel die Finanzierung des Tourex, um die Verdienste des FDGB bei der Bereitstellung von Urlaubsplätzen, um (Großstadt-)Werbung oder um Großveranstaltungen, wie beispielsweise die X. Weltfestspiele der Jugend und Studenten.[190]

Tourismuswerbung

Tourismuswerbung ist ein Bereich, der in der DDR durchaus existierte, obwohl man angesichts der stets die Angebote übersteigenden Nachfrage davon ausgehen könnte, Werbung sei nicht nötig gewesen. Sie wurde anscheinend vor allem dazu genutzt, ein Bild von der DDR zu vermitteln, von dem man wohl zu Recht vermutete, es sei in den Köpfen der eigenen Bürger in ganz anderer Form oder gar nicht verankert. Zum einen betraf dies die Fortschrittlichkeit und Modernität des Tourismus in der DDR und für DDR-Bürger im Ausland, zum anderen das Gefühl für die Schönheit der eigenen Heimat – im weiteren Sinne demnach für einen Nationalstolz. Zudem warben ausländische

---

187 Ein kleiner Teil von ihnen ist heute im Dokumentationszentrum Kunst der DDR in Beeskow zu besichtigen.
188 Vgl. *Die DDR im Spiegel ihrer Plakate*, 19.11.2005, http://www.dhm.de/hinweise/ddr_vw/.
189 Kuhn, *Plakat und Wandzeitung*, S. 9. Diese Aussagen werden in den nachfolgenden Auflagen von 1973, 1976 und 1980 wiederholt.
190 Vgl. beispielhaft: Damm-Fiedler/Fiedler, *Zum Festival im 73er Schritt*, 14.11.2005, http://www.ddr-plakate.de/Biographie_time_c.php; Dokumentationszentrum Alltagskultur der DDR, *Im Blick der Massen*.

Reiseveranstalter mit ihren Angeboten, beispielsweise der tschechische Regierungsausschuss für Fremdenverkehr, für das eigene Land.[191] Schließlich wurden Werbemaßnahmen auch für ausländische Gäste ergriffen. Dies geschah durch Prospektmaterial[192], aber auch durch Druckerzeugnisse mit anderem Primärnutzen wie Briefmarken[193], Lottoscheine[194] oder Postkarten. Dass das beabsichtigte Vermarktungsziel nicht immer erreicht wurde, zeigte sich deutlich bei den Ansichtskarten[195], beispielsweise der Abbildung des FDGB-Erholungsheims ›Richard Mildenstrey‹ in Jößnitz.[196] Die Fotoaufnahmen, in Graustufendruck, zeigen ohne jede Lebendigkeit das Bauobjekt. Sie sollen vermutlich auf die architektonische Modernität und großzügige Ausstattung verweisen, lassen aber das Gefühl der Reise und Erholung für den Einzelnen komplett vermissen.

---

191 Vgl. *Anzeige* (39/1976), S. 43.
192 Vgl. beispielsweise: Reisebüro der DDR, *Garantiereisen DDR*.
193 Vgl. beispielsweise Briefmarkenserien ›Plauener Spitze‹ (1963–1966; 1985–1988), ›Vereinigte Schienenfahrzeuge‹ (1973), ›Fachwerkbauten‹ (1978), ›70 Jahre Eisenbahnfährverbindung Sassnitz-Trelleborg‹ (1979)› ›Sorbische Volksbräuche‹ (1982), ›Staatliche Schlösser und Gärten‹ (1983), ›Stadtwappen‹ (1983), ›Schmalspurbahnen der DDR‹ (1984), ›Burgen‹ (1984–1986), ›800 Jahre Stadt Leipzig‹ (1985), ›Erzgebirgische Volkskunst‹ (1986–1989), ›Rolandsfiguren‹ (1988). Ergänzend: Matke, »Souvenirs einmal ganz anders«, S. 33f.; Hintze, »Die DDR in der Briefmarke«, S. 25.
194 Vgl. Serie der Sommerlotterie 1978 ›Unsere schöne Heimat DDR‹ mit Städteansichten von Erfurt, Karl-Marx-Stadt, Neubrandenburg, Rostock-Warnemünde, dem Spreewald und Suhl. Aus dem Jahr 1987 Serie ›750 Jahre Berlin‹. – Vgl. Fischer, *Tele-Lotto*. S. 13f.
195 1988 veröffentlichte Günter Blutke einen kritischen Beitrag zur Postkartenmotivik der DDR im ›Magazin‹, der keinen Einzelfall darstellen dürfte. – Vgl. Blutke, »Herzliche Grüße von der F98« (8/1988).
196 Ansichtskarten. Privatbesitz Heike Wolter.

Abbildung 9: Postkarte aus dem FDGB-Erholungsheim, um 1975
(Ansichtskarte aus dem Privatbesitz Heike Wolter)

Reisekataloge

Auf unscheinbarere Weise vermitteln Kataloge Vorstellungen über touristische Entwicklungen. Die umfassendste Studie über den Versandhandel in der DDR und damit auch über dessen publizistische Form stammt von Annette Kaminsky. Sie zeigte, dass die Versandhäuser Teil einer konsumorientierten Illusion waren, »trugen sie [doch, H.W.] in den DDR-Alltag einen Hauch von Einkaufsutopien.«[197] Den Versandhandel gab es in der DDR lediglich bis 1976 von den zwei Anbietern ›konsument-Versandhaus‹ (Karl-Marx-Stadt) und ›centrum-Versandhaus‹ (Leipzig).[198] Die Kataloggestaltungen der siebziger Jahre zeigen, dass enge Verbindungen zu modernen Katalogentwicklungen in der Bundesrepublik bestanden, so Annette Kaminsky: »Führte Neckermann neue Sortimente wie Reisen oder Junge Mode ein, so folgten entsprechende Planungen alsbald in der DDR.«[199] Auf Urlaub und Reisen verwiesen – durch die saisonalen Vorlieben der Urlauber bedingt – vor allem die Sommerkataloge.[200]

---
197 Vgl. Kaminsky, »Herrschaftsgeschichte als Konsumgeschichte«, S. 135.
198 Vgl. dies., *Kaufrausch*, S. 46.
199 Dies., »Herrschaftsgeschichte als Konsumgeschichte«, S. 130.
200 Vgl. Beispielabbildung in: Pierau, *Urlaub, Klappfix, Ferienscheck*, S. 13.

So hieß das Motto 1971 ›Adrett auf große Fahrt‹, 1973 ›Erholung in Freundesland‹, und 1975 zeigte das Titelbild den Zug Berlin-Brest-Moskau.[201] Alle Kataloge enthielten Angebote von Campingartikeln, Fahrzeugen, Reisebekleidung und ab 1973 auch erste Reiseangebote. Nachdem aber die Lieferengpässe immer ausgeprägter wurden, wurde der DDR-Versandhandel 1976 wieder eingestellt; die offizielle Begründung lautete jedoch, die verbesserte Versorgungslage der Bevölkerung mache einen solchen überflüssig.

In den achtziger Jahren kamen Reisekataloge nur als ›Anschauungsmaterial‹ aus der Bundesrepublik, wie der Interviewpartner Herr Mosig sich erinnert: »Wenn jemand mal einen Katalog von drüben irgendwie durch Verwandte mit rüberbrachte, so einen Reisekatalog, das war natürlich so ein Wälzer, wo alles drin war – Ausland so mit Hotels und bunten Bildern. Da dacht ich dann: ›Oh‹. Da haben sie alle geschaut, da wurde es dann rumgegeben im Haus und dann war der Abend gelaufen, die guckten sich den Katalog an, so schön ist der Westen. Es gab ja kaum was – das war eben die graue DDR. Es gab ja fast nichts Farbiges, selbst gute Bildbände waren damals noch Schwarz-Weiß.«[202]

Zensierte Ausdrucksformen

Eine Besonderheit stellen jene Ausdrucksformen dar, die sich mit Wahrnehmungen den Tourismus von DDR-Bürgern betreffend befassen, in der DDR jedoch keiner oder einer sehr beschränkten Öffentlichkeit – zum Teil nur illegal – zugänglich waren.

Es handelt sich dabei zum einen um Schriften des politischen Samisdat, beispielsweise Reinhard Lampes *Lazarus am 13. August. Gedanken aus einer Examensarbeit*:

»Nur einige sozialistische Länder stehen uns generell offen (UdSSR, Polen, ČSSR, Ungarn, Rumänien, Bulgarien). Die Reisemöglichkeiten dorthin wurden wiederum durch ein abgestuftes System von Behinderungen modifiziert. Drückt man es einmal geographisch aus und nicht politisch, dann ist uns nicht nur die freie Bewegung in westliche, sondern auch in nördliche und fast schon in östliche Richtung verwehrt. Sehen wir nach Süden, steht uns nur ein Stück Südosteuropa wirklich offen. Mit einem solchen Verbot stehen wir fast allein da: Mit Bitterkeit nehmen wir bei Begegnungen mit Bürgern der ›sozialistischen Bruderländer‹ zur Kenntnis, daß diese nicht in gleicher Absolutheit an ihrer internationalen Bewegungsfreiheit gehindert werden, sondern sogar recht selbstverständlich von der ihnen zugestandenen Reisefreiheit Gebrauch machen. Das Gefühl, unter allen Nachbarn Menschen zweiter Klasse zu sein, ist für uns unabweisbar. [...] Die anfängliche Totalität der Abriegelung des 13. August 1961 wurde schrittweise gelockert. [...] So wichtig diese Reisemöglichkeiten auch

---

201 Vgl. ebd., S. 134f.
202 *Interview Albrecht Mosig.*

im Einzelfall sein mögen, am Prinzip ändern sie gar nichts. Das fortbestehende aufwendige System der Grenzsicherungsanlagen macht deutlich, daß es von unserer Regierung offensichtlich weiterhin als notwendig angesehen wird. Die allgemeine Gewährung der Reisefreiheit, mit deren verbindlicher Einführung allein die Mauer unnötig würde, ist also nicht in Sicht, zumal das Fehlen eines Rechtsanspruches und das Auswahlprinzip der Reisemöglichkeiten auch bei ›großzügiger Gewährung‹ neue Klassen schafft: Voraussetzung sind passende Westverwandte, eine beruflich nicht eingeschränkte Erlaubnis zu diesen überhaupt Kontakt zu unterhalten, ferner Vorgesetzte, die es verantworten können und wollen, zu der Westreise eines Untergebenen ihre Erlaubnis zu erteilen, private Verhältnisse [...].«[203]

Zum anderen geht es um Bücher, die in der DDR nicht oder nur verzögert erscheinen konnten, wie zum Beispiel Jurek Beckers *Schlaflose Tage*[204]. Dies ist »das Buch, dessentwegen der vierzigjährige Jurek Becker sein Land, die DDR, verlassen hat. Kurz zuvor hatte er in einem Interview mit frappanter Unlogik erklärt, wenn er daheim nicht sagen könne, was er wolle, schweige er lieber auf den Bahamas; unlogisch, weil auf den Bahamas ihn ja niemand mehr zum Schweigen verdammte.«[205] Beckers Erzählung handelt von Folgendem:

»Der 36jährige Lehrer Simrock will aus seiner Ehe ausbrechen. Erst die kühl-analytische Reaktion seiner Frau macht ihm selber klar, daß es sich nicht um Midlife-crisis/Ost handelt: ›Weil du so unglücklich darüber bist, daß sie dir in der Schule das Rückgrat gebrochen haben, trennst du dich von uns.‹ Ein Leben, festgefahren in der Einbahnstraße sozialistischer Kulturpolitik – nicht die eleganten Leiden eines ›linkshändigen Mannes‹, sondern das kompakte Zerbrechen eines Menschen, der sich seine intellektuelle Redlichkeit nicht abschnöden lassen will: das ist der höchst realistische, höchst ›kunstlose‹ Vorwurf des Buches. [...] Ein klebriges Spinnweb legt sich über diese Leben, eine eklige Speichelzunge leckt über sie hin: es darf nicht Spontanes sich regen, es darf kein eigener Gedanke keimen, es darf nicht verstoßen werden gegen Krusten der Konventionen, die so starr sind wie weiland Monokel und preußischer Stechschritt, heißen sie auch ›realer Sozialismus‹. Keiner der jüngeren DDR-Schriftsteller, der das nicht schilderte: Leben als Erstickungsanfall.«[206]

Auch Reisefreiheit wird zum Thema dieses ›Erstickens‹. Mit seiner neuen Freundin Antonia reist Simrock nach Ungarn, um der zu Hause verspürten Enge für eine Zeit zu entgehen, nicht ahnend, dass sie von dort aus Republikflucht begehen wollte. Er fragt: »›Und nur deshalb wolltest du nach Ungarn fahren?‹ – Antonia: ›So kann man es nicht sagen. Wenn du dabeigewesen wärst, hätte ich es ja nicht probiert. Die Gelegenheit war einfach so günstig. Ich habe die österreichischen Berge zum Greifen nahe gesehen.‹ [...] Simrock:

---

203 Lampe, »Lazarus am 13. August«, S. 415.
204 Zum Zeitpunkt der Veröffentlichung lebte Jurek Becker – seit 1976 zunächst für zehn Jahre mit einem Visum, später siedelt er dann um – bereits in der Bundesrepublik.
205 Raddatz, »Integre Wahrheit – wahrhafte Literatur« (10.3.1978), S. 31.
206 Ebd.

›Hast du dir überlegt, wie mir jetzt zumute sein muß?‹ – Antonia: ›Wenn Du so an der Grenze stehst, hören alle Rücksichten auf.‹«[207]

Bedeutung

Die alltägliche Missinterpretation der DDR als geschlossene Gesellschaft, in der kaum gereist werden konnte und daher auch kaum Wissen über die bereiste (Außen-)Welt bestand, erweist sich angesichts der großen Vielfalt medialer Formate, die sich des Themas Tourismus annehmen, gründlich als falsch.

In jedem Fall hatten angesichts mangelnder anderweitiger Informationsmöglichkeiten informative Funktionen eine hohe Bedeutung, doch war die mediale Auseinandersetzung stets auch von Einstellungen zu touristischen Chancen für DDR-Bürger bestimmt.

Vielleicht gerade weil die individuellen Erfahrungsmöglichkeiten der Fremde begrenzt waren, das vorhandene Angebot nur vorsichtig kritisiert werden durfte und gleichzeitig der ungesagte Anschluss an das westliche Verständnis des modernen Massentourismus nicht verloren gehen sollte, hatte der Bereich Reisen Hochkonjunktur in den Medien.

Mit sehr unterschiedlichen Intentionen – von propagandistischem Interesse über apolitische Darstellungen der Erholungsfunktion bis hin zu rügenden / zweifelnden / fragenden Beiträgen – fand sich hier die ganze Palette der Auseinandersetzung mit dem staatlichen Verständnis eines sozialistischen Tourismus.

VII.3 Zeitgenössische individuelle Aneignungen

In Abgrenzung zu medialen Wahrnehmungen waren individuelle Einstellungen und Äußerungen zum Tourismus Ausdruck persönlicher Befindlichkeit. Jedoch wiesen auch Brigadetagebücher, Reisetagebücher und Fotoalben je nach Rezipientengruppe voneinander abweichende Strategien der Darstellung und Selbst- und Fremdzensur auf. Souvenirs schließlich zeigen eine enge Verbindung zu persönlichem Geschmack und Erinnernswertem der Reise.

---

207 Becker, *Schlaflose Nächte*, S. 112.

Brigadetagebücher

Brigadetagebücher, die 1979 den Alltag von etwa 250.000 Brigaden und 1988 von 310.000 Brigaden nachvollziehbar machen[208], stellten eine Schreibform zwischen medialer Wahrnehmung und individueller Aneignung dar. Es war für einen kleineren, abgeschlossenen Personenkreis eine Begriffsausprägung betrieblichen Selbstverständnisses, aber auch öffentlicher Ausdruck der Entwicklung eines sozialistischen Arbeitskollektivs. Seine Erstellung war kein Bestandteil der konstitutiven Brigadeverpflichtungen, wurde jedoch häufig als ›freiwilllige Selbstverpflichtung‹ regelmäßig verfasst.[209]

Die literarisch-dokumentarische Darstellungsform hatte sowohl informativen als auch kontaktiven Charakter und schloss das Moment der Unmittelbarkeit ein. Zu diesem Zweck wurde auf reine Mitteilungen oder Notizen, statistische Zusammenstellungen, Stellungnahmen, Erlebnisberichte, Porträts, Satiren, Glossen und sogar lyrische Formen zurückgegriffen. Der ursprünglichen Intention nach sollte es die gemeinsamen Bemühungen um die Erfüllung des sozialistischen Wettbewerbs und die Bildung des ›sozialistischen Menschen‹[210] widerspiegeln. Aber auch Höhepunkte im alltäglichen Brigadeleben sollten festgehalten werden. Die Beschreibung eher privater Erlebnisse der Gemeinschaft nahm im Lauf der Jahre zu. Die Anfang der sechziger Jahre geäußerten Postulate ›Vor allen Dingen muß es wahr sein, was darin geschrieben steht‹[211] und ›Das Brigadetagebuch, Künder des Weges vom Ich zum Wir‹ waren schon bald nicht mehr aufrechtzuerhalten. Viele Autoren flohen sich in systemneutrale Beschreibungen von Brigadeausflügen und Weihnachtsfeiern, Konfliktfelder blieben weitgehend ausgespart.[212] Inhalt und Form der von einem oder mehreren Autoren verfassten Beiträge sollten sich aus dem Erlebten, aber auch dem persönlichem Stil der Schreiber ergeben.

Zu diesem Zweck gab es jedoch auch staatliche Handreichungen, die den ›sozialistischen Charakter‹ des Brigadetagebuchs gewährleisten sollten. So ver-

---

208 Vgl. Roesler, »Das Brigadetagebuch«, S. 159.
209 Vgl. ebd. Vgl. ergänzend: Rottenburg, »Der Sozialismus braucht den ganzen Menschen«.
210 Vgl. »Jugendweihen, sozialistische Eheschließungen, Schwierigkeiten oder Erfolge bei der Erziehung der Kinder, Brigadefahrten, Urlaubserlebnisse« – Langspach, *Das Brigadetagebuch*. Frühere Handreichungen zum Brigadetagebuch unter ihrem Mädchennamen Steinhaussen.
211 Schwarz, »Brigadetagebücher im Wettbewerb«.
212 Vgl. Roesler, »Das Brigadetagebuch«, S. 161. Vgl. ergänzend: Sprachteilhabende bemühen sich in einem diktatorischen System – wenn sie diesem System kritisch gegenüber stehen –, ›ideologisch neutrale‹ Texte zu formulieren. Mit ›politisch neutralen‹ Gegenständen – wie etwa Urlaubskarten, Betriebs- und Kollektivausflüge – meinten DDR-Bürgerinnen und Bürger dem gesellschaftlichen Druck zu entgehen, ohne sich zu ›verbiegen‹.« – Wolters, *Alltagskommunikation in der DDR*, 2.12.2006, http://diglib.uni-magdeburg.de/Dissertationen/2004/ angwolters.pdf, S.51.

langte beispielsweise ein Ende der fünfziger Jahre herausgegebener Brief des Schriftstellerverbandes der DDR:

»Das Tagebuch kann durch Fotos, Zeichnungen, Karikaturen, Farbstriche und -kleckse, durch Zeitungsausschnitte [...] durch Theater- und Filmprogramme, durch Programmausschnitte, Theaterkarten, Ansichtskarten mit Urlaubsgrüßen, durch Briefe der Paten usw. in ansprechender Weise aufgelockert werden. Nicht zu empfehlen ist jedoch, es lediglich aus Fotos zusammenzustellen oder ein Bilderbuch daraus zu machen. Fotos, die zumeist bei Festen entstehen, sind oft willkürlich ausgewählt und spiegeln nicht [...] das Leben der gesamten Brigade wider.«[213]

Zum Thema Urlaub findet sich in einem von Angelika Wolters ausgewerteten Brigadetagebuch die Eintragung:»Liebe Kollegen! Bin mit meiner Familie gut in Augustusdorf angekommen. Das Heim ist große Klasse. Essen, Trinken, alles, was man sich denken kann. Nur das Wetter, es regnet. Tschüs bis zum 23.10. A. (VIII, 1989)«[214] Grußkarten dieser Art finden sich häufig in Brigadetagebüchern, in dem in der Dissertation von Wolters untersuchten Sample machten sie beispielsweise 22,4 Prozent der Texte aus.[215]

Reisetagebücher

Reisetagebücher sind als stark subjektive individuelle Quelle der persönlichen Erinnerung an bestimmte Fahrten eine aufschlussreiche, massenhaft vorkommende Quelle.[216] Sie sind ein von kollektiven (politischen) Erwartungen weitgehend ausgeschlossenes Selbstzeugnis. Durch die persönliche Note des Schreibers sind sie eine inhomogene Textsorte, die trotzdem aber kulturell determiniert ist. So wird beispielsweise am Anfang oft eine Art Vorbereitung oder Selbstverpflichtung formuliert.[217]

Eine verbindende Definition versucht Martin Lindner:

»Das Reisetagebuch ist noch weniger festlegbar [als das allgemeine Tagebuch, H.W.]: Die zwei traditionellen Prototypen sind das objektive Reisetagebuch, das Interessantes und Bemerkenswertes über fremde Gegenden und Kulturen für die Daheimgebliebenen

---

213 Deutscher Schriftstellerverband, *Über das Brigadetagebuch*, S. 29. Die Tendenz zur reichen Bebilderung oder Umfunktionierung zum ›Bilderbuch‹ war grundlegend an die Verfügbarkeit fototechnischer Geräte gekoppelt, die erst in den siebziger und achtziger Jahren als Massenware hergestellt wurden.
214 Wolters, *Alltagskommunikation in der DDR*, 2.12.2006, http://diglib.uni-magdeburg.de/Dissertationen/2004/angwolters.pdf, S.122.
215 Eigene Berechnung aus 294 untersuchten Texten, von denen 66 Urlaubsgrüße bzw. allgemeine Grüße sind. Es ist anzunehmen, dass Reisepostkarten hier den überwiegenden Anteil ausmachen. – Vgl. ebd., S. 138.
216 Vgl. Moranda,»East German Tourist Itineraries«.
217 Vgl. Abbildung der ersten Seite eines privaten Reisetagebuchs im *Anhang 39*.

aufzeichnet, und das subjektive Tagebuch einer ›sentimentalen Reise‹, das sozusagen schriftliche Schnappschüsse enthält, die stellvertretend für das Kontinuum subjektiven Erlebens stehen und es später in der Erinnerung wieder herauf rufen sollen. (Auch hier sind Mischungen natürlich möglich.) Dazu kommen häufig Elemente des subjektiven Logbuchs (der regelmäßige Tagesablauf wird in einer fremden Umgebung ereignishaft) und der diaristischen Aufzeichnungen (in der Fremde erlebt das Subjekt leichter außergewöhnliche Erkenntnissituationen).«[218]

Zur zweiten Gruppe gehört das hier vorgestellte Beispiel einer Berliner Familie, die ihren Sommerurlaub 1989, eine Rundreise in der ČSSR und der Ungarischen Volksrepublik, protokolliert.[219] Die Reise wird in Tagesstationen beschrieben, wobei sowohl alltägliche Handlungen, eigene Befindlichkeiten, äußere Umstände, Ausstattung, Sehenswertes und Informatives geschildert werden. Ein typischer Tageseintrag – in diesem Fall aus Budapest – lautete:

»Sonnabend, 5.8.89, 5. Tag. Die gesamte Nacht hat es geregnet. Am Morgen herrschte Schwüle. Zuerst fuhren wir mit Vorortbahn, danach mit der Metro unter der Donau durch in ein Kaufhaus am Marx-Platz. Allein schon der Platz ist mit seinen straßenbautechnischen Lösungen (kreuzungsfrei, Bahnhof, Kaufhaus) sehenswert. Der Einkaufsbummel dauerte! [...] Per Zahnradbahn ging es zur Endhaltestelle der Pioniereisenbahn. Es war merklich ruhiger geworden, landschaftlich schöne Blicke gab uns die Fahrt in den seitlich offenen Wagen der Pioniereisenbahn. [...] Danach ging es mit der Straßenbahn in die Stadt. Ein Betrieb abends – kaum beschreiblich. Um 21.30 gab es an 2 Ständen noch das volle Obst- und Gemüseangebot. Über die Margarethenbrücke ging es um Kettenbrücke und Burgberg bei Nacht zu fotografieren. [...] Preise Romai fürdo [Zeltplatz, H.W.]: 75 Ft. pro Erwachsener, 20 Ft. Kurtaxe pro Erwachsener, 46 Ft. pro Kind, 110 Ft. Zelt und Pkw.«[220]

Private Fotografien

Fotos erlauben ebenso wie Reisetagebücher, zu denen sie fließende Übergänge bilden, einen Blick auf individuelle Erinnerungen von DDR-Bürgern auf Reisen. »Fotos erzählen und erinnern, Fotos erzeugen Gefühle, wiederholen Einmaliges, Fotos zeigen Vergänglichkeit.«[221] Bisher ist das Wissen über die Wahrnehmungsmuster der Reisenden begrenzt[222], doch seit dem *iconic turn* in den neunziger Jahren wurde das Bewusstsein für das Visuelle gestärkt, sodass

---

218 Lindner, ›Ich‹ schreiben im falschen Leben, 2.12.2006, http://static.twoday.net/lotman/files/lindner_tb_definition.doc.
219 Vergleichbar, im Internet veröffentlicht: Kurtenbach, *Auf Wiedersehen in Sofia*, 7.4.2007, http://www.seniorentreff.de/autoren/Peter_Kurtenbach/1970.htm.
220 *Reisetagebuch des Sommerurlaubs 1989 der Familie Kromer*, Privatbesitz Gitta und Siegfried Kromer.
221 Matulla, *Dia-Betrachtung*, S. 55.
222 Vgl. grundlegend: Urry, *The tourist gaze*.

mittlerweile einige aussagekräftige Arbeiten zur Knipserfotografie[223] vorliegen. Da Reisen einen wichtigen Anlass des Fotografierens darstellen, sind Untersuchungen zu solchen Einzelaufnahmen und zu Urlaubsalben[224] lohnenswert. Urlaubsfotos dienen der Erinnerung und bilden nach einigen Jahren das alleinig repräsentierte Bild des Urlaubs. In Urlaubsalben werden jedoch nicht nur Fotos aufbewahrt, sondern diese sind multimedial von Kartenmaterial, materialen Reiseerinnerungen, erläuternden Texten und Zeichnungen begleitet. Oftmals sind Reiseziele, -routen, Beförderungsmittel, Unterkünfte, gastronomische Betreuung, Reiseleiter und eventuell Miturlauber genannt[225], sei es auf den Seiten des Fotoalbums, auf der Rückseite von Einzelfotografien oder der Rahmung von Diapositiven. »Die Aufnahmen erhalten ihre Bedeutung, indem sie als Dokumente persönlicher Erlebnisse Bestandteil der eigenen Biographie werden.«[226] Eine Detailstudie liegt beispielsweise von Anja Matulla vor, die den Nachlass der DDR-Bürgerin Gisela Bräuer aus dem Bestand des Museums Europäischer Kulturen, die zwischen 1958 und 1974 fast jährlich Urlaubsreisen durchführte[227], untersucht hat. Matulla schreibt:»Bedenkt man die Grenzen der Reisefreiheit der DDR-Bürger und die geringe Auswahl an Reiseangeboten, erhöht sich sicherlich der Wert der Aufnahmen für die Fotografin. Neben der Erinnerungsleistung der Bilder ist auch ein gewisser Prestigegedanke denkbar. Nicht jeder Bürger konnte in der DDR solche Reisen unternehmen.«[228]

Mitteilungen auf Ansichtskarten

Ansichtskarten sind typische Verständigungsmittel zwischen Touristen und Daheimgebliebenen, zumal in einer Zeit, da andere Kommunikationsmöglichkeiten noch nicht oder nur sehr begrenzt zur Verfügung standen.[229] Sie zeichnen sich durch eine zweiteilige Funktion aus. Zum einen übermitteln sie bildliche Ansichten von Landschaften, Städten, Dörfern, Industrieanlagen, besonderen Gebäuden, technischen Gütern, Denkmälern und anderem Sehenswer-

---

223 Vgl. Sandle,»Joe's Bar, Douglas Isle of Man«; Ziehe,»Fotografieren, Bewahren, Erinnern«.
224 Vgl. besonders auch hinsichtlich der Parallelentwicklung in der Bundesrepublik: Pagenstecher, *Der bundesdeutsche Tourismus*.
225 Vgl. Mettner,»Amateurfotografie. Reise und Urlaub im Bild des Touristen«, S. 173.
226 Thurner,»Grauenhaft. Ich muß ein Foto machen«, S. 26f.
227 Vgl. Matulla, *Dia-Betrachtung*, S. 21.
228 Ebd. Frau Bräuer unternahm beispielsweise eine Mittelasienreise, die trotz der generellen Bereisbarkeit des Zielgebietes aufgrund der quantitativen Verfügbarkeit und des Preises nur für wenige DDR-Bürger objektiv möglich war.
229 Vgl. dazu und im Folgenden: Lebeck/Kaufmann, *Viele Grüße...*, besonders S. 7f, S. 21 und S. 399–437.

ten oder für sehenswert Gehaltenen. Zum anderen präsentieren sie auf der nicht bebilderten Rückseite individuelle Wahrnehmungen des Reisenden.

Auf die erste Funktion wurde bereits im Abschnitt zur Tourismuswerbung eingegangen, weshalb hier die Aussagen des Reisenden im Mittelpunkt stehen. Bei der Analyse einer Sammlung von circa 200 Postkarten im Privatbesitz[230] finden sich zahlreiche der bereits angesprochenen, für DDR-Urlauber bedeutsamen Themen. Es geht um herausragende Reiseformen, um den Zugriff auf sonst rare Konsumgüter, um ökologische Belastungen und um Beherbergungsmöglichkeiten.[231] Weitere Themen im Konvolut waren die Devisensituation, die Fremdheit des bereisten Gebietes, Treffen mit Einheimischen und Rückfragen zur heimischen Situation. Da Postkarten neben hochstandardisierten Äußerungen zu Wetter, Unterkunft und Essen vor allem das Bemerkenswerte, Unübliche verzeichnen, wird deutlich, was das Fremde, Erwähnenswerte für DDR-Bürger aus einer sehr persönlichen Sicht war.

Nicht nur das Schreiben von Ansichtskarten war beliebt, auch gesammelt wurden diese. Erst kürzlich hat Georg Keim, ein Werbetexter aus Frankfurt am Main eine Ausstellung allein den von DDR-Bürgern geschriebenen Urlaubspostkarten gewidmet und ist dabei auf ähnliche Mitteilungen gestoßen.[232] Da heißt es beispielsweise:

»Man kann es mit Worten kaum beschreiben, wie schön es hier ist. […] 10 Pfund Pfirsiche kosten genauso viel wie 2 Fl. Berliner (Bier, Anm. d. Red.) (10.8.1975)«
»Wir haben nur wenig zu klagen. Wie eben DDR-Touristen behandelt werden. (17.8.1987)«
»Sind wieder in Losenez gelandet, jetzt mehr als doppelt so teuer […] u. übervoll. (8.8.1978)«

Die Postkarten lassen interessante Rückschlüsse auf das Leben in der DDR zu, denn hier gewinnt eine eigentlich private Quelle öffentlichen Charakter. Gerade bei verminderter Medien- und Meinungsfreiheit wurden mittels Postkarten nicht nur persönliche ›Nichtigkeiten‹ weitergegeben, sondern auch Welt- und Umfeldwissen multipliziert, welches ein zwar lange nicht kommuniziertes, aber vorhandenes und 1989 evidentes Protest- und Konfliktpotenzial bedingte.

---

230 *Ansichtskarten*, Privatbesitz Gitta und Siegfried Kromer; *Ansichtskarten*, Privatbesitz Gisela und Wilfried Wolter; *Ansichtskarten*, Privatbesitz Christa Haid; *Ansichtskarten*, Privatbesitz Heike Wolter.
231 Beispielhafte Abbildungen mit auszugsweisem Textabdruck finden sich im *Anhang 40*.
232 Vgl. dazu und im Folgenden: Harms, ›Lieber Manfred, wir haben nur wenig zu klagen...‹, 11.4.2007, http://www.spiegel.de/reise/aktuell/ 0,1518,463906,00.html.

Souvenirs

Die Analyse von Reisesouvenirs ist lohnenswert: »Dinge dringen so tief in unser Leben ein, daß man behaupten darf, es lebe sich durch sie.«[233] Sie materialisieren das Erlebenswerte, Fremde und zu Bewahrende der Reise. Im Wortsinn vom französischen *se souvenir*, sich erinnern, abgeleitet, dienen sie für den Verkäufer als Werbemittel[234], im Eigenbedarf als Rückblick auf die kostbarsten Tage des Jahres und im Fremdbedarf als Mitbringsel beziehungsweise ›Beweisstück‹ der Reise. Die Übergänge zum aus praktischen Gründen erworbenen Gebrauchsgegenstand sind fließend und der aufgrund der besseren Warenverfügbarkeit im sozialistischen Ausland bei DDR-Bürgern häufig anzutreffenden Konsumorientierung nicht immer klar. In der DDR war die Qualität von Souvenirs ein des Öfteren diskutiertes Thema, sollten doch Reiseandenken der sozialistischen Kultur entsprechen. Das Zentrale Fachkollektiv Kunstgewerbe, Arbeitsgruppe Reiseandenken, formulierte den Zweck des Souvenirs als »Gegenstand stofflicher Natur, dem geistige Werte zugeordnet werden, die auf eine zeitweilige Ortsveränderung Bezug nehmen.«[235] Die Realität brachte hingegen zahlreiche »glasgeblasene, geschnitzte, gepresste, gebrannte, gegossene, meist aber zusammengeschusterte Nichtsnutzigkeiten« hervor, die von Nowak und Schiefelbein zeitgenössisch als »geographische, [...] ästhetische und kulturpolitische Fehlleistungen«[236] identifiziert wurden.

Selbst Souvenirs jedoch konnten in der DDR eine politische Funktion erhalten. Alljährlich im September wurde auf dem Berliner Alexanderplatz ein Solidaritätsbasar unter dem Motto ›Mein Souvenir für unsere Solidarität‹ veranstaltet. In einer Gemeinschaftsaktion des Reisebüros der DDR und der Sektion Tourismusjournalisten im Verband der Journalisten der DDR wurden Souvenirs für einen wohltätigen Zweck verkauft. Reisende des Reisebüros der DDR wurden dazu bereits in den Reiseinformationen aufgefordert, entsprechende Andenken vom Reiseziel mitzubringen und diese bei der Pressestelle des Reisebüros der DDR in Berlin oder bei den Bezirksdirektionen des Reisebüros der DDR abzugeben.[237]

---

233 Selle, *Siebensachen*, S. 1.
234 Vgl., wenn auch auf marktwirtschaftliche Gegebenheiten bezogen: Freyer, »Souvenirwirtschaft verkennt den Tourismus«, S. 50.
235 Nowak/Schiefelbein, »Nachdenken über Andenken« (9.1.1971).
236 Ebd.
237 Vgl. *Kolumne ›Unterwegs‹* (16/1980); *Kolumne ›Unterwegs‹* (33/1979).

VII.4 Eingaben und Ausreiseanträge

Eingaben und Ausreiseanträge sind hier in einem Unterkapitel zusammengefasst, da beide Formen der Kritik am System der DDR darstellen. Doch sind sie fundamental verschieden. Eingaben bezeichnen kritische Äußerungen von Personen, die weiterhin mit dem System kommunizieren, sie sind »Konfliktregulierung in den Grenzen des Systems«[238] und belegen den Glauben des Petenten an die Reformfähigkeit des Systems, mindestens auf den konkreten Einzelfall bezogen.[239] Ausreiseanträge hingegen sind – wenn nicht, was kaum vorstellbar ist, als nicht ernst gemeintes Druckmittel genutzt – letzte, gezwungenermaßen notwendige Kommunikationen mit einem System, das der Betreffende verlassen möchte.

Beide Formen waren jedoch als Spiegel der Stimmungslagen in der Bevölkerung höchst relevant, sei es für das Ministerium für Staatssicherheit, Parteigremien oder andere staatliche Stellen. Sie alle hatten die Aufgabe »kritische Meinungen zum Erholungswesen und den Auslandsreisemöglichkeiten zusammenzufassen.«[240]

Eingaben

Das Schreiben von Eingaben war in der DDR ›massenhafte kulturelle Praxis‹, und statistisch gesehen hat wohl jeder Haushalt der DDR mindestens eine Eingabe verfasst.[241] Wolfgang Bernet spricht gar von einer »grenzenlosen Ausuferung«[242]. Zwar gibt es keine genauen Daten über die Anzahl der Eingaben, durch Hochrechnung der überlieferten Materialien aber wird die genannte Menge glaubwürdig.[243] Eingaben stellten im System der DDR eine Möglichkeit dar, den Mangel an Öffentlichkeit und die durch eine restriktive Informationspolitik entstehenden Defizite zu kompensieren.

---

238 Merkel, ›*Wir sind doch nicht die Mecker-Ecke der Nation*‹, S. 12.
239 Eine Ausnahme stellten jene Eingaben dar, die – meist anonym und daher nicht im Sinne des Antragstellers bearbeitbar – wütend, resigniert oder verzweifelt Schwächen des Systems formulierten. Daraus konnte bei andauernder Unzufriedenheit des Verfassers eine Illoyalität resultieren, die in den Augen des Staates eine Gefährdung darstellte.
240 Lippold, »Arbeitszeit, Freizeit und Erholung«, S. 111.
241 Vgl. grundlegend zur Geschichte des Eingabenwesens in der DDR: Mühlberg, *Bürger, Bitten und Behörden*; Elsner, »Flankierende Stabilisierungsmechanismen diktatorischer Herrschaft«. Zatlin, »Ausgaben und Eingaben«.
242 Bernet, »Eingaben als Ersatz für Rechte gegen die Verwaltung der DDR«, S. 423.
243 Jochen Staadt spricht beispielsweise von vermutlich mehr als einer Million überlieferter Eingabenvorgänge in den Partei- und Staatsarchiven. – Vgl. Staadt, *Eingaben*, S. 2.

Dies galt für die meiste Zeit des Bestandes der DDR, doch institutionalisierte sich das Eingabenwesen insbesondere in den siebziger Jahren. Gerade in der Amtszeit Erich Honeckers war der Zustand des Staates an Eingabenmenge und -gründen gut zu messen. So sanken die Eingabenzahlen zu Beginn der Amtsperiode aufgrund der positiven Resultate für den einzelnen Bürger im Zuge der Einheit von Wirtschafts- und Sozialpolitik ab, um jedoch in den achtziger Jahren massiv anzusteigen und damit den wachsenden Unmut zu signalisieren.[244] Hinsichtlich der Eingaben, die sich mit Fragen von Reisen und Tourismus auseinandersetzten, ist seit 1982 ein sprunghafter Anstieg zu verzeichnen. In jenem Jahr überholten beispielsweise in der Redaktion *Prisma* des Fernsehens der DDR Eingaben zu Reisefragen erstmals das sonst unangefochtene Nummer-Eins-Thema ›Wohnen‹. Dies fiel mit Erleichterungen im innerdeutschen Reiseverkehr zusammen und erscheint damit zunächst paradox. Es ist aber anzunehmen, dass die dosierte Öffnung noch mehr die Frage nach dem ›Warum darf ich nicht?‹ aufkommen ließ, als es ein generelles Verbot herausgefordert hatte. Ina Merkel schreibt dazu: »Mit den ersten Regelungen für ›Westreisen‹ wurden Hoffnungen auf eine allmähliche Normalisierung der Verhältnisse zur BRD geweckt, die sich dann aber aufgrund von Aussagen Honeckers wie ›die Mauer wird es noch 100 Jahren geben‹, getäuscht sahen.«[245]

Eingaben ersetzten in der DDR einen großen Teil der Verwaltungsgerichtsbarkeit.[246] Zwar werden sie im Rückblick oft als ›unvollkommener Rechtsbehelf‹ bezeichnet[247], da sie zwar gesetzlich verankert, aber die Konsequenz aus ihrer Anwendung nicht klar war, doch können sie auch positiv als umfangreiche Möglichkeit der Interessenartikulation gesehen werden[248]. Das Eingabenwesen vollzog sich laut dem 1975 neu und detaillierter als zuvor geregelten Eingabenrecht und dem gleichnamigen Gesetz. Es legte, den Artikel 103 der Verfassung der DDR spezifizierend, fest, dass jeder Bürger das Recht hatte, »sich schriftlich oder mündlich mit Vorschlägen, Hinweisen, Anliegen und Beschwerden an die Volksvertretungen, die staatlichen und wirtschaftsleitenden Organe, die volkseigenen Betriebe und Kombinate, die sozialisti-

---

244 Vgl. Merkel, ›Wir sind doch nicht die Mecker-Ecke der Nation‹, S. 17.
245 Ebd., S. 18.
246 Vgl. »Allzweck- und Sammelbehelf, der praktisch all die Funktionen gleichzeitig erfüllt, die in der Bundesrepublik durch Verfassungsbeschwerden, Verwaltungsrechtsklagen, Verwaltungsbeschwerden, Petitionen, Zivilrechtsklagen und informelle Reklamationen und Beschwerden auf dem Markt erledigt werden.« – Meyer, »Der versorgte Mensch«, S. 34.
247 Vgl. Merkel, ›Wir sind doch nicht die Mecker-Ecke der Nation‹, S. 12.
248 Die positive, im Sinne einer Wirksamkeit bescheinigenden Sichtweise unterstützt auch Felix Mühlberg, der schreibt, das Eingabenschreiben sei häufig anderen Instrumenten der Rechtspflege vorgezogen worden. – Vgl. Mühlberg, »Eingaben als Instrument informeller Konfliktbewältigung«, S. 238.

schen Genossenschaften und Einrichtungen sowie an die Abgeordneten zu wenden« (Paragraph 1). Dies musste keine für den Bürger positive Entscheidung des Problems bedeuten (Paragraph 4), doch der gesetzliche Wille zum Entgegenkommen wurde im Paragraph 5, wenn auch recht unspezifisch, formuliert (Paragraph 5). Dem Bürger stand bei Bedarf die Heranziehung des jeweils nächsthöheren Organs offen, nur Entscheidungen der Leiter zentraler Staatsorgane waren endgültig (Paragraph 8). Es erfolgte eine statistische Auswertung der Eingabendaten, die in die zukünftige politische Arbeit einfließen sollte (Paragraphen 9 und 10).[249]

Die Eingaben dienten – so Steffen H. Elsner – unterschiedlichen Zwecken, nämlich der Problemerkennung (Diagnose)[250], der Responsivitätssicherung (unmittelbare Legitimation und Stabilisierung), der Integration (Legitimitätsreserve), der Thematisierung von Missständen (Interessenartikulation), der Kontrolle, der Rechtsmittelnutzung, der Kommunikation und Information, der Partizipation sowie als Ventil.[251] Anhand ihrer wurden die Diskrepanzen zwischen individuellen Vorstellungen von Normalität und der erlebten Umwelt besonders deutlich. Die erwünschte Normalität war dabei nicht selten eine, die der – einseitig positiven – Wahrnehmung der Bundesrepublik entsprach. Trotzdem aber fungierten Eingaben als ›Stillhalteabkommen‹, denn der Bürger wusste sich im Eingabenwesen von staatlichen Verwaltungsinstanzen unterschiedlichsten Grades kommunikativ versorgt. Eine systematische Reaktion, wie sie für den Bürger laut Gesetz erwartbar war, konnte jedoch staatlicherseits nur durch ein umfangreiches Berichtswesen und die statistische Erfassung aller Eingaben gewährleistet werden. Stellten Bürger fest, dass es in dieser Hinsicht Mängel gab, so reagierten sie häufig mit starken Unmutsäußerungen.[252] Erich Honecker sah sich aus diesem Grund beispielsweise 1986 veranlasst, erneut zu betonen, dass unzureichende Eingabenbearbeitungen »Erscheinungen von Verantwortungslosigkeit, Gleichgültigkeit und Herzlosigkeit gegenüber Bür-

---

249 *Eingabengesetz* vom 19. Juni 1975.
250 Ein überaus passendes, weil aus der Reiseproblematik stammendes Beispiel für diese Funktion bieten die von Steffen H. Elsner ausgewerteten Materialien zu ›Erfahrungen und Problemen in der Zusammenarbeit mit Organen der Volkspolizei auf dem Gebiet des Reiseverkehrs‹, in denen es um die teils widersprüchlichen Entscheidungen verschiedener Entscheidungsträger hinsichtlich des Besucherverkehrs zwischen der Bundesrepublik und der DDR geht. – Vgl. Elsner, »Das Eingabenwesen«, 28.12.2005, http://www.zzf-pdm.de/papers/krisen/ elsner.html
251 Ders., »Flankierende Stabilisierungsmechanismen diktatorischer Herrschaft«, S. 84f.
252 Vgl. *Eingabe des Herrn Rossa wegen Vergabe eines Ferienplatzes*. Als dieser Wunsch bereits gescheitert ist, wendet er sich dennoch mit einer Verfahrensbeschwerde an den FDGB-Bundesvorstand. – BArch DY34 10612.

gern«[253] und »mit dem Wesen unseres Arbeiter- und Bauernstaates unvereinbar« seien.

Die Eingaben selbst waren zwar als Textmuster normiert[254], doch zeigten die Themen und Inhalte, Stile, Haltungen und Strategien individuelle Züge. Meistens begannen sie mit der Bekanntgabe des Problems und der Darstellung der Gründe, warum man selbst besonders berechtigt sei, eine positive Lösung des Problems zu erfahren. Felix Mühlberg schreibt, dass daraufhin meist eine ›psychologische Konditionierung der Gegenseite‹ erfolgte, in dem die grundsätzliche Einsicht in Mängel und Unzulänglichkeiten formuliert wurde.[255] Schließlich wurde in geringerem oder höherem Maße mit Konsequenzen aus der Nichtberücksichtigung der Eingabe gedroht. Dies reicht von der Drohung mit Öffentlichkeit über die Verweigerung staatsbürgerlichen Engagements und der Anrufung höherer Instanzen bis hin zur Androhung der Ausreise.

Tourismusrelevante Beispiele

Die folgenden Beispiele sind tourismusrelevant. Sie zeigen, welche Kritikpunkte Touristen im freien Beherbergungswesen, insbesondere aber auch an den sozialtouristischen Angeboten hatten.

Zunächst wird auf der nächsten Seite eine so genannte Eingabenanalyse vorgestellt, die in der DDR von allen Betrieben und Institutionen, die Eingaben in größerer Menge erhielten, vorgenommen wurde. Hierbei setzte sich die betroffene Stelle unabhängig vom Einzelfall mit den Beanstandungen von Kunden – teilweise auch des Personals – überblicksmäßig auseinander. Im Beispiel geht es um die Eingaben des zweiten Halbjahres 1981, die an die Vereinigung Interhotel gerichtet waren.[256] In diesem Zeitraum war ein hoher Anstieg der Eingaben im Vergleich zum ersten Halbjahr des Jahres zu verzeichnen. Das in dem Brief des Generaldirektors der Vereinigung Interhotel an das Ministerium für Handel und Versorgung erwähnte Gesamteingabenkonvolut umfasste 577 Einzelbeschwerden bei allen Betrieben der Vereinigung Interhotel. In der neben einer zahlenmäßigen Übersicht übersandten Detail-

---

253 Stellungnahme Erich Honeckers von 1986. Ohne Zitatnachweis abgedruckt bei: Meyer, »Der versorgte Mensch«, S. 34.
254 Vgl. Mühlberg, »Eingaben als Instrument informeller Konfliktbewältigung«, S. 246–265.
255 Vgl. *Brief des Herrn Burghardt vom 8.1.1986 an den FDGB-Bezirksvorstand wegen eines Reisewunsches für die gesamte Familie mit der an Skoliose erkrankten Tochter in ein FDGB-Ferienheim.* Darin: »Ich weiß, daß es im Moment ziemlich aussichtslos ist und wenn es nicht geht, müssen wir eben zu Hause bleiben.« Positiver Bescheid für einen Aufenthalt in Binz am 31.1.1986. – Vgl. SHStA, Bestand 12465 (FDGB-Bezirksvorstand Dresden), Nr. 245.
256 Vgl. dazu und im Folgenden: *Brief des Generaldirektors der Vereinigung Interhotel an das Ministerium für Handel und Versorgung* vom 28.1.1982, BArch DL1 24754, unpag.

analyse sind Beschwerdegründe aufgelistet, die belegen, dass vor allem Absagen von bestellten Zimmern, die Zimmerpreise und die gastronomische Qualität Grund zum Unmut gaben.

Betrieb Interhotel	Eingaben, gesamt	Eingaben von Gästen	Eingaben von Mitarbeitern	In Gästebüchern	Vergleich zum 1. HJ 1981
›Warnow‹ Rostock	56	55	1	45	44
›International‹ Magdeburg	40	38	2	25	17
Erfurt	21	19	2	7	35
›Panorama‹ Oberhof	8	6	2	–	8
Palasthotel Berlin	59	58	1	–	17

Tabelle 21: Eingaben an die Vereinigung Interhotel im zweiten Halbjahr 1981

(Brief des Generaldirektors der Vereinigung Interhotel an das Ministerium für Handel und Versorgung vom 28.1.1982, BArch DL1 24754, unpag.)

Einen ähnlichen, typischen Anstieg zeigen die von Felix Mühlberg ausgewerteten Eingaben aus dem Bundesarchiv. 1984 thematisierten demnach 14 Prozent aller Eingaben an den Staatsrat der DDR Fragen des Reisens, 1985 fiel – möglicherweise aufgrund der 1984 und 1985 als Gegenleistung für die Milliardenkredite der Bundesrepublik getroffenen Reiseerleichterungen – diese Zahl auf etwa 11 Prozent, bevor sie bis 1988 auf 33 Prozent hochschnellte.

Einzelne Eingabenvorgänge zum Reiseverkehr und Tourismus finden sich in großen Mengen in den Beständen des Ministeriums für Handel und Versorgung und des kurzzeitig 1990 bestehenden Ministeriums für Tourismus sowie in den regionalen Archiven in den Beständen des FDGB, des MfS und anderer staatlicher Organe. In der Analyse der Akten geht es um das Verständnis individueller Kritik, die Frage nach der Verallgemeinerbarkeit der vorgebrachten Klage und Entscheidungsmechanismen der jeweiligen staatlichen Institution.

Positiv beschieden wurden beispielsweise folgende Eingaben an den FDGB-Bezirksvorstand des Bezirkes Dresden[257]:

»Privatbrief wegen Vergabe eines Ferienplatzes: Sender: Helmut Barth, Dresden / Empfänger: Gerhard Gruhl, Vorsitzender des FDGB-Bezirksvorstandes Dresden / Zeitpunkt: 4.2.1986 / Anlaß des Wunsches: Ehepaar feiert Goldene Hochzeit (September), ›Mein Wunsch wäre es, eine diesem einmaligen Ereignis entsprechende Reise vermittelt zu bekommen.‹ / Notiz des FDGB: ›Zweibettzimmer vom 25.9. bis 8.10. im EH August Bebel in Friedrichsroda oder Zweibettzimmer vom 27.9. bis 10.10. in einem EH in Feldberg.‹

---

257 Vgl. im Folgenden: *Eingabe. Privatbrief wegen Vergabe eines Ferienplatzes*, SHStA 12465, Nr. 245.

Privatbrief wegen Vergabe eines Ferienplatzes: Sender: W. Naumann, Radebeuler Betrieb, Funktion unklar / Empfänger: Gerhard Gruhl, Vorsitzender des FDGB-Bezirksvorstandes Dresden / Zeitpunkt: 29.4.1986 / Reise für einen Kollegen erwünscht, der als sehr ›progressiver Mensch‹ beschrieben wird / Unterstreichung aus dem Original: ›Zumal er auch der Plastefässer-Lieferant ist.‹ [augenscheinlich ›unter dem Ladentisch‹, H.W.] / Notiz G. Gruhl: ›[…] haben wir noch einen Platz aus der Reserve?‹ / Notiz FDGB: ›Vorschlag: 28.8.–10.9.86 Schellerhau G.-B-Heim einverst.‹«

Negativ beantwortet oder nicht geklärt wurden beispielsweise folgende Eingaben an den FDGB-Bezirksvorstand des Bezirkes Dresden und den FDGB-Bundesvorstand, Abteilung Feriendienst:

»Eingabe wegen Vergabe eines Ferienplatzes[258]: Sender: Wolfgang Rossa, Hohnstein Ernstthal / Empfänger: Bundesvorstand des FDGB, Abteilung Feriendienst / Zeitpunkt: 3.3.1975 / ›Es geht darum, uns zu helfen, dass wir einen lang erkämpften Urlaubsplatz auch in Anspruch nehmen können.‹ / Problem: fünfjährige Tochter kann auf den 2-Personen-Feriencheck nicht mitgenommen werden, Bitte um Aufbettung / umfangreiche Verweise auf gesellschaftliches Engagement des Antragstellers und seiner Frau / Reaktion des Bundesvorstandes: Weiterleitung des Schreibens an den FDGB-Bezirksvorstand Rostock mit der Bitte um Überprüfung der Situation in Prerow / Reaktion des FDGB-Bezirksvorstand Rostock: ›keine Aufbettung möglich, da Privatvermieter dies ablehnen.‹ / Reaktion des Herrn Rossa an den Bundesvorstand des FDGB, Abteilung Feriendienst: ›betrachte ich mich von der Ostseeferiengestaltung durch den FDGB objektiv ausgeschlossen.‹.

Eingabe wegen Vergabe eines Ferienplatzes[259]: Sender: Karin Stephan, Großdrebnitz / Empfänger: Gerhard Gruhl, Vorsitzender des FDGB-Bezirksvorstandes Dresden / Zeitpunkt: 7.3.1986 / Verweis auf Artikel in der Sächsischen Zeitung vom 3.2.1986 über die Übergabe des neuen FDGB-Erholungsheimes ›Karl Marx‹ – ›Ich frage mich und mit diesem Brief Sie, wer bekommt einen solchen FDGB-Ferienplatz??‹. / selbst seit 1972 Mitglied, aber hat noch nie einen Ferienplatz erhalten / rhetorische Frage: ›Oder sind diese Ferienheime etwa gar nicht für die Landbevölkerung bestimmt?‹ / ›[…] stünde uns meiner Meinung nach wenigstens einmal ein FDGB-Ferienplatz in einem der schönen Ferienheime zu, auch wenn man nur zahlendes Mitglied ist.‹. / Rückschreiben des FDGB bleiben alle unbeantwortet, FDGB an einer Aussprache mit Frau Stephan und der BGL interessiert.«

Es ist anhand der abgedruckten Eingaben zu vermuten, dass positive Bescheide erteilt wurden, wenn ein besonderer Anlass für den Wunsch bestand, der Petent innerhalb des Systems als ›Nutzbringer‹ einzustufen war oder sein gesellschaftliches Engagement zu vermuten / nachzuweisen war. Wurde letzteres allerdings als Drohmittel eingesetzt, so wurden die Eingaben eher negativ beantwortet und eine Aussprache mit erziehendem Impetus angestrebt. Zu-

---

258 Vgl. im Folgenden: *Eingabe wegen Vergabe eines Ferienplatzes*, BArch DY34 10612.
259 Vgl. im Folgenden: *Eingabe wegen Vergabe eines Ferienplatzes*, SHStA 12465, Nr. 245. – Die fehlende Weiterführung des Vorgangs und die vergeblichen Versuche des FDGB mit Frau Stephan zu kommunizieren, legen nahe, dass die Petentin den Vorgang aus unbekannten Gründen nicht weiter verfolgen wollte.

dem fielen negative Entscheidungen, wenn aufgrund der mangelnden Angebotsstruktur kein Ausweg aus der bemängelten Lage gefunden werden konnte.

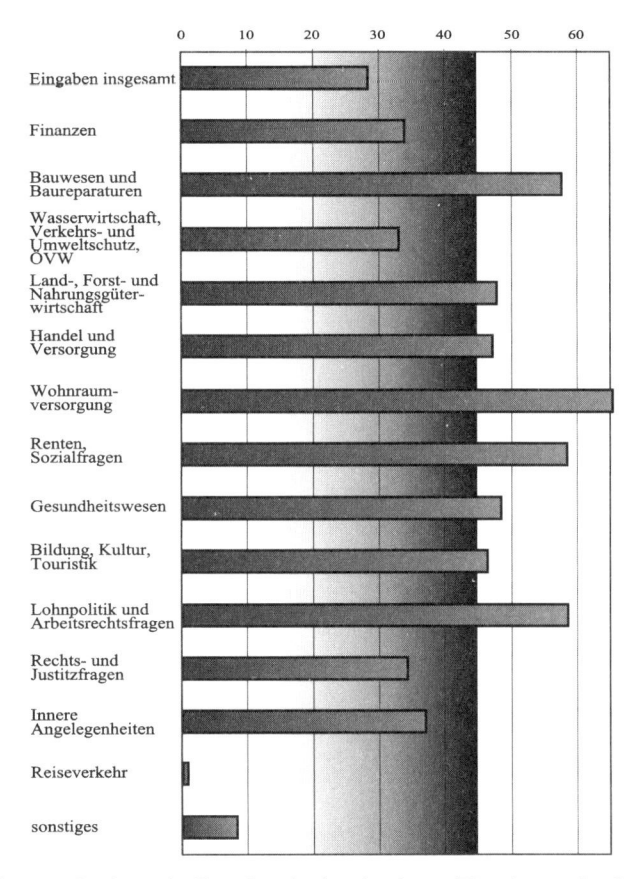

Kategorie	Wert
Eingaben insgesamt	~45
Finanzen	~32
Bauwesen und Baureparaturen	~55
Wasserwirtschaft, Verkehrs- und Umweltschutz, ÖVW	~40
Land-, Forst- und Nahrungsgüterwirtschaft	~45
Handel und Versorgung	~35
Wohnraumversorgung	~65
Renten, Sozialfragen	~45
Gesundheitswesen	~45
Bildung, Kultur, Touristik	~45
Lohnpolitik und Arbeitsrechtsfragen	~55
Rechts- und Justitzfragen	~28
Innere Angelegenheiten	~25
Reiseverkehr	~2
sonstiges	~10

Abbildung 10: Im Sinne des Eingabenschreibers bearbeitete Eingaben an den Staatsrat der DDR im Jahr 1988

(Mühlberg, Bürger, Bitten und Behörden, S. 189.)

Wie in der Abbildung ersichtlich, gelangten Eingaben zum Reiseverkehr auch in die Bestände des Staatsrates der DDR, es ist aber anhand der geringen Anzahl von Erledigungen im Sinne des Eingabenschreibers – nur zwischen ein und zwei Prozent der Anfragen wurden 1988 im Sinne des Eingabenschreibers bearbeitet – zu vermuten, dass es sich hier entweder um Reisewünsche in das westliche Ausland oder um generelle Beschwerden über die Reisebeschränkungen der DDR handelte.

Ausreiseanträge

Die Ausreisewilligen hingegen waren jene Personengruppe, die mit dem Staat nur noch zur Voranbringung des Ausweisungsverfahrens über ihre Motivbildung kommunizierte beziehungsweise deren Haltung aus nach der erfolgreichen Ausreise erhobenen statistischen Daten in der Bundesrepublik[260] ersichtlich wird. Für den Staat ging von ihnen große Gefahr aus, denn die »Macht setzt [...] alles daran, die Anwesenheit der Subjekte zu sichern. Sie hat Formen der Überwachung gefunden, die einen des Rechts auf Abwesenheit berauben, Orte der Zwangspräsenz [...]«[261]. Die Reisebeschränkungen an sich werden immer wieder als Motiv für den Ausreisewunsch angeführt, folgende Argumentationen kommen beispielsweise vor:

»Bemängelt werden von den betreffenden Personenkreisen sowohl die ihrer Ansicht nach ungenügenden Reisemöglichkeiten innerhalb der DDR infolge fehlender Hotel- und Ferienplätze als auch die eingeschränkten Reisemöglichkeiten nach dem sozialistischen und nichtsozialistischen Ausland.«[262] »Wiederholt wird auch darauf hingewiesen, daß man Bürgern der DDR infolge fehlender Devisen im sozialistischen Ausland nicht die gebührende Achtung und Aufmerksamkeit entgegenbringt.«[263] »Teilweise ist auch die ›Befürchtung‹, daß es zukünftig zu Schwierigkeiten bei der Genehmigung von Reisen nach der BRD/Westberlin kommen könnte, Anlaß für die Nichtrückkehr in die DDR.«[264] Ein Antragsteller schreibt: »Ich will nicht nur in einigen wenigen Ländern meinen Urlaub verbringen, sondern auch einmal ins kapitalistische Ausland fahren. Zudem zeichnet sich ab, daß ein Urlaub im sozialistischen Ausland immer komplizierter wird und DDR-Bürger dort zu Touristen 2. oder 3. Klasse abgestempelt werden. Nur wenn man kapitalistische Währung hat, wird man akzeptiert.«[265]

In diesem Fall bestand die Reaktion des Staates vornehmlich darin, den Ausreisewilligen soweit einzuschüchtern, dass er seine Kritik nicht öffentlich äußerte. Dies geschah oft erst nach erfolgter Ausreise in die Bundesrepublik Deutschland und musste nicht immer anklagend geschehen. Bereits die an Zu-

---

260 Vgl. zur Befragung von 500 ausgereisten DDR-Bürgern durch Infratest 1984 und zur Feststellung, dass beschränkte Reisemöglichkeiten für 56 Prozent der Personen ein wesentliches Ausreisemotiv waren: Köhler/Ronge: »Einmal BRD einfach«. Sowie zur erneuten Befragung 1989 von Infratest: Eisenfeld, »Gründe und Motive von Flüchtlingen und Ausreiseantragstellern aus der DDR«, S. 103.
261 Schütze, *Gefährliche Geographie*. In offensichtlicher Anlehnung an: Foucault, *Überwachen und Strafen*.
262 Mitter/Wolle, *Ich liebe euch doch alle!*, S. 143.
263 Ebd.
264 Ebd., S. 144.
265 Eckelmann/Hertle/Weinert, *FDGB Intern*, S. 237.

rückgebliebene versendete »knallbunte Postkarte aus einem exotischen Urlaubsort empfanden viele als Tropfen, der das Fass zum Überlaufen brachte.«[266] So riss jede erfolgreich vermeldete Abkehr vom Staat DDR und seinen Reisebeschränkungen ein ›imaginäres Loch in die Mauer‹[267].

Einen Sonderfall jener Kommunikationsbeziehungen zwischen Bürgern und Staat über Reisen und Tourismus stellt der bereits in der Einleitung vorgestellte Fall Klaus Müller[268] dar. Dieser hatte 1988 Republikflucht begangen, um nach Italien reisen zu können. Nachträglich erklärte er brieflich die Motive zu dieser Handlung und bekannte sich zu seinem Rückkehrwunsch nach erfolgter Reise. Die Kritik am System wird hier um so deutlicher, da ein Bürger, der gewillt ist, innerhalb des Systems zu verbleiben[269], beschließt, eine gesetzesverletzende Handlung zu begehen, um seinem Reisewunsch nachzukommen.

VII.5 Retrospektive Interviews und Erinnerungsliteratur

Spricht man von Erinnerungen von ehemaligen DDR-Bürgern an ihr Land, so begegnet einem allenthalben der Begriff der Ostalgie. Das klingt zunächst nach Unwissenschaftlichkeit und daher mangelnder Brauchbarkeit. Doch Ostalgie, so Thomas Ahbe[270], ist eine Strategie, den Diskurs als Laien zurückzuerobern und bestimmte Erinnerungsbestände bewusst zu halten oder werden zu lassen. Die entsprechenden (Teil-)Informationen – daher auch oft partiale Ostalgie[271] – sind also Teil des kollektiven Gedächtnisses[272] und sollten von Historikern berücksichtigt werden, denn »die DDR hat auf so viele verschiedene Weisen existiert, wie sie erinnert wird.«[273] Gerade Aspekte des Alltagslebens sind an-

---

266 Kaminsky, *Kaufrausch*. S. 286.
267 Ebd.
268 Literarisch verarbeitet in der Geschichte um Paul Gompitz in dem Roman ›Der Spaziergang von Rostock nach Syracus‹ von Friedrich Christian Delius. – Vgl. Diemer, »Reisen zwischen Anspruch und Vergnügen«, S. 91f.
269 Vgl.: »Das besondere an dieser Geschichte: sie ist keine übliche Fluchtgeschichte. Dieser Mann wollte die DDR nicht für immer verlassen. Er wollte nur einmal eine große, wunderbare Reise machen und dann in die DDR zurückkehren.« – Delius, *Brief an die Schülerinnen und Schüler in Dänemark*, 28.12.2005, http://www.tyskforlaget.dk/ BriefandieSchuelerinnen.html.
270 Ahbe, »Die DDR im Alltagsbewusstsein«, S. 132f.
271 Fritze, » ›Ostalgie‹ «, S. 484.
272 Grundlegend theoretisch zum kollektiven Gedächtnis (meist mit der Betonung auf kulturellen Großgedächtnissen und entsprechender minderer Berücksichtigung kultureller Gedächtnisse kleinerer Erinnerungsgemeinschaften und des autobiographischen Gedächtnisses): Assmann, *Das kulturelle Gedächtnis;* ders., »Kollektives Gedächtnis und kulturelle Identität«.
273 Merkel, ›Wir sind doch nicht die Mecker-Ecke der Nation‹, S. 9.

ders oft überhaupt nicht fassbar. Der Gewinn aus retrospektiven Erinnerungen liegt daher nicht in der Objektivität oder dem Tiefgang der Überlegungen, sondern in der größtmöglichen Näherung an eine (emotionale) Situationsbeschreibung. Ähnlich wie in der Heisenbergschen Unschärferelation, die besagt, dass Impuls und Ort eines Teilchens nicht gleichzeitig genau bestimmt werden können, so kann man auch nicht gleichzeitig die größtmögliche Nähe zum individuell erfahrenen Geschehen und hohe Objektivität erreichen. Es geht daher darum, retrospektive Zeitzeugenaussagen als das zu nehmen, was sie sind: Quellen einer individuellen Deutung der eigenen Vergangenheit und Gegenwart[274], Schlüssel zu sonst nicht erfahrbaren Lebens- und Handlungsweisen sowie Systemvorgängen, Korrektiv der aktenbasierten Erkenntnisse über den Tourismus von DDR-Bürgern und daher eine Möglichkeit, für eine hohe Quellenpluralität[275] als Basis der vorliegenden Untersuchung zu sorgen. – Erinnerung ist etwas zutiefst Persönliches[276]:

> »Das kommunikative Gedächtnis beinhaltet als lebendiges Gedächtnis ebenjene Dialektik von Individualität und Sozialität, von Geschichte und Privatisierung von Geschichte, die zugleich die Suggestion von Ich- und Wir-Identität wie ihre permanente Veränderung erzeugt. […] Dem autobiographischen Gedächtnis kommt dabei die Aufgabe zu, all unsere Vergangenheiten so umzuschreiben und anzuordnen, dass sie dem Aktualzustand des sich erinnernden Ich passgenau entsprechen.«[277]

In erster Linie spielt sich die Erinnerung innerhalb einer Person ab. Teile der Erinnerung dringen – meist mündlich und oft wenig strukturiert – in den verschiedensten Situationen nach außen. Diese spontane Erinnerung ist für den Historiker kaum fasslich, weshalb er auf Aussagen in sogenannter Erinnerungsliteratur[278] oder retrospektive Interviews zurückgreifen wird.

---

274 Vgl. Gebhardt, »›Ostalgie‹«, S. 533–535.
275 Vgl. Böhme/Scherpe, »Zur Einführung«, S. 11.
276 Auf eine theoretische Aufarbeitung der Charakteristik des narrativen Interviews wird verzichtet. Ergänzende Informationen zum theoretischen Hintergrund und dem methodischen Vorgehen beispielsweise bei: Bernart, *Das narrative Interview;* Schröder, *Interviewliteratur zum Leben in der DDR;* ders., *Interviewliteratur zum Leben in der DDR.*
277 Welzer, *Das kommunikative Gedächtnis,* S. 221f.
278 Die Abgrenzung der Erinnerungsliteratur von der Interviewliteratur erfolgt durch folgende Parameter: Erinnerungsliteratur bezeichnet die von einzelnen Personen selbst verfasste Wahrnehmung der Vergangenheit, die literarisch bearbeitet ist. Interviews und Interviewsammlungen sind nicht oder kaum nachbearbeitet und bedeuten eine Transkription mündlicher Sprache für eine schriftliche Niederlegung.

Erinnerungsliteratur

Die Erinnerungsliteratur bietet einen zeitlich unbeschränkten Zugang zur Gedankenwelt einer einzelnen Person – meist in Form einer (Teil-)Biographie – oder mehrerer Personen, die aufgrund bestimmter Rahmenbedingungen als Zeitzeugen versammelt sind. Die Aussagen sind aufgrund ihres Entstehungsprozesses mehr oder weniger stark überformt und geben den Erinnerungs- und Meinungsstand der ›Sprechenden‹ zum Zeitpunkt der Veröffentlichung wieder. Oft ist diese Literatur dokumentarischen Charakters, ohne das man daraus einen Objektivitätsanspruch ableiten kann. Ein – wegen der ausschließlichen Hinwendung zum Tourismus gewähltes – individuelles Beispiel ist Gunter Böhnkes *Ein Sachse beschnarcht die Welt*. Geboren 1943, war er neben und nach verschiedenen Anstellungen als Bildredakteur und Fremdsprachenlektor seit 1966 Mitglied des Studentenkabaretts ›academixer‹ in Leipzig.[279] Seit 1978 widmete er sich bis zur Wende hauptberuflich dem Kabarett. Das 1998 veröffentlichte oben genannte Buch ist eine Kuriositätensammlung über das, was einem Sachsen – nicht nur als DDR-Bürger – in der Fremde zustoßen kann. Er plaudert zum Beispiel unterhaltsam darüber, dass man

»ein Privatzimmer in Budapest [...] hin und wieder mit ›hochwertigen Konsumgütern‹ aus volkseigener Produktion finanzieren [konnte, H.W.]. Im Sommer 1988 bezahlten wir unser Quartier mit einem Elektrogrill, einem Waffeleisen und einem Toaster. Doch um zur bulgarischen Schwarzmeerküste zu gelangen, mußte man ein paar Hürden mehr nehmen. Denn verpaßte man den Stichtag für die Bestellung der Liegewagen und Platzkarten, so hatte man keine Chance, jemals das Urlaubsparadies zu erreichen.«[280]

Bernd Lindner hat kürzlich dem Phänomen der Erinnerungen – sowohl literarisch mehr oder weniger stark überformte als auch dokumentarische Schilderungen – von Autoren, die zum Zeitpunkt der ›Wende‹ im Kinder- oder Jugendalter waren, einen Artikel gewidmet.[281] Er weist darauf hin, dass die Publikationen ein starkes Echo hervorriefen, Zeichen einer gemeinsamen ›Selbstfindung‹ mit dem Publikum. Die Autoren der ›Distanzierten Generation‹ (1961 bis 1975 geboren) sowie der ›Generation der Unberatenen‹ (ab 1975 geboren) erlebten die DDR zwar nicht erwachsen, aber sie wirkte doch auf die Autoren ein. Sie formulierten beispielsweise:»Für meine Pläne war die DDR zu klein.«[282], »Eine ganze Generation entstand im Verschwinden.«[283] Oder

---

279 Vgl. zu den biographischen Informationen: *Gunter Böhnke – Portrait*, 28.12.2005, http://www.mdr.de/boulevard/portraets/134275.html.
280 Böhnke, *Ein Sachse beschnarcht sich die Welt*, S. 39.
281 Lindner,»Biographien aus einem verschwundenen Land«.
282 Rusch, *Meine Freie Deutsche Jugend*, S. 129f.
283 Hensel, *Zonenkinder*, S. 160.

»Die DDR in mir ist nicht einfach verschwunden, nur weil das Land nicht mehr existiert. Was mich durch sie immer noch bestimmt, ist die Abwesenheit von Selbstverständlichkeit.«[284] Eine Sammlung von Erinnerungen findet sich auch in dem Buch *Die DDR wird 50*. Darin ist auch der Beitrag von Alexander Osang *Lohn der Angst. Bulgarien sehen. Und sterben* publiziert, in dem aufschlussreich über die mentale Wirkung von Grenzen berichtet wird:

»Genießen zählte nicht zu dem, was ich mit Reisen verband. Ich wollte abhaken. Orte abhaken. Länder abhaken. [...] Eigentlich wollten wir weiter bis nach Achtopol. Wir wollten den Punkt erreichen, der am weitesten von Berlin entfernt war. [...] Reisen war für mich Bewegung. Unterwegssein. In meinen Erinnerungen an Reisen in der DDR hetze ich über Bahnsteige, warte ungeduldig in der Schlange vorm Fahrkartenschalter, mir reißen die Riemen meiner Jesuslatschen, mein Rucksack drückt bei jedem Schritt mehr. Ich hoffe, daß jemand anhält, ich hoffe, daß ein Bett in der Jugendherberge frei ist, ich hoffe, daß niemand mit einer Platzkarte mein Abteil betritt. Reisen war Unruhe und Hatz und Ungewißheit. [...] Ich erinnere mich gut an Bahnhöfe und an Straßenränder. An Zeltplätze. Weniger an Betten. Weniger an Drinks, die man gemütlich am Rande eines Swimmingpools nahm. [...] Der Weg war alles. Das Ziel war nichts. Vielleicht konnte man so vergessen, daß man an Grenzen stieß. Keine Ahnung.«[285]

Auch Zeitungen und Zeitschriften, Radiosender und Fernsehprogramme greifen in unregelmäßigen Abständen das Thema DDR-Tourismus wieder auf. So beispielsweise der MDR, der unter dem Titel *Klassenauftrag Erholung* ein Radio-Feature über den FDGB-Feriendienst ausstrahlte, welches in Auszügen auch in der Begleitzeitschrift *mittendrin* abgedruckt wurde. Darin erinnerten sich beispielsweise Prominente aus der ehemaligen DDR stellvertretend an ihre Erfahrungen.[286] Auch Einzelpersonen nutzen die Chance zu einer rückblickenden Selbstdarstellung, einer Reflexion und Selbstvergewisserung über die eigene Vergangenheit.[287] Viele Menschen wählen jedoch nicht mehr die Printform, sondern sie geben ihren Erinnerungen im Internet Raum. Hunderte Seiten befassen sich dabei (auch) mit den Reisen von DDR-Bürgern[288], wie beispielsweise die bereits erwähnte Homepage der Familie Blontke über das Camping[289] oder jene über Reisen nach Osteuropa[290]. Letztere bietet Wander-

---

284 Rusch, *Meine Freie Deutsche Jugend*, S. 135.
285 Osang, »Lohn der Angst«, S. 123–125.
286 Vgl. MDR: »Wie sich MDR-Stars an den Urlaub in der DDR erinnern«.
287 Vgl. beispielhaft Robert Ides ›Am Strand der Freundschaft‹ im *Anhang 41*.
288 Vgl. beispielhaft: Lawin, *Reise nach Moskau*, 7.4.2007, http://www.ddr-zeitzeugen.de/Urlaub/Reise_nach_Moskau/reise_nach_moskau.html.
289 *Campinghomepage der Familie Blontke*, 14.1.2006, http://www.blontke-web.de.
290 *Reisen nach Osteuropa*, 14.1.2006, http://www.eastern-images.de.

Reiseberichte verschiedener Zeiten und Personen, beispielsweise einer Görlitzer Reisegruppe in die Westkarpaten Rumäniens, die schreibt:

»Um 00:10 Uhr wurde der Zug bereitgestellt. Es war der Balt-Orient-Express, der von Berlin über Prag und Budapest nach Bukarest fuhr. [...] In Budapest angekommen, hatten wir etwa 20 Minuten Zeit. Henri und ich nutzten die Gelegenheit, um uns auf dem Bahnhof etwas umzusehen. Das Bahnhofsgebäude ist ein mächtiges Bauwerk aus Stahl, hier waren überall Stände eingerichtet wo es Melonen, Pfirsiche und Paprika gab, allerdings zu horrenden Preisen. Ein Kilo Pfirsiche kostete z.b. 68 Forint. [...] Die Kontrolle an der Grenze von Ungarn zu Rumänien dauerte am längsten. In der Zeit konnten wir die Reiseschecks im Wert von 300 Lei gleich im Zug einlösen. [...] Wenige Meter neben uns standen noch zwei Zelte, später erwies es sich, daß es auch Wanderer aus der DDR waren.«[291]

Retrospektive Interviewsammlungen

Veröffentlichte Interviewmitschriften zu Aspekten des Lebens in der DDR gibt es reichlich. Wohl, weil es erstens nur selten eine historische Konstellation erlaubt, Zeitzeugen so nah über ein abgeschlossenes Geschehen zu befragen, und zweitens, weil biographische Forschungen über die DDR im Zuge des *linguistic turn* Hochkonjunktur haben. Häufig sind die Interviewten nach übergeordneten Rahmenbedingungen – ›Frauen‹[292], ›Kirchenvertreter‹[293], ›Jugendliche‹[294], ›Geboren 1949‹[295] – zusammengefasst, und die Dokumentarliteratur gibt nicht über die Gesamtbiographie Aufschluss, sondern über besonders relevante Bereiche.

Aufschlussreich für Reiseerfahrungen war zum Beispiel die Sammlung *Plötzlich war alles ganz anders. Deutsche Lebenswege im Umbruch*. Die zu Wort kommenden DDR-Bürger berichten über ihre Träume und Erlebnisse: »Ich habe mir lange gewünscht, daß es ein Reisegesetz gibt, wie es kurz vor der Grenzöffnung entstanden ist. Wir hätten uns viele Dinge erspart, wenn man den Leuten die Möglichkeit gegeben hätte, ordnungsgemäß ihre Reisewünsche zu erfüllen.«[296] Ein zweites Beispiel: »Ich konnte 1986 das erste Mal in den Westen fahren. Das war eine Gruppenfahrt. Die beiden ›Reiseleiter‹ haben,

---

291 Ebd.
292 Vgl. beispielsweise: Grell/Wolf, *Ein Ende ist immer ein Anfang*.
293 Vgl. beispielsweise: Krusche, *Pfarrer in der DDR*.
294 Vgl. beispielsweise: von Wensierski, *Mit uns zieht die alte Zeit*.
295 Vgl. Wierling, *Geboren im Jahr Eins*.
296 Klein, *Plötzlich war alles ganz anders*. S. 55. (Interview mit Petra B.: Uns ist so viel verlorengegangen an wirklich schönem Leben, Anfang der fünfziger Jahre geboren, Sachbearbeiterin für Ausreiseanträge) Besonders auffällig ist die Formulierung »ordnungsgemäß ihre Reisewünsche zu erfüllen«. Dies klingt nur wenig nach der großen Freiheit, sondern eher nach einem natürlichen, geordneten Bestandteil eines jeden Lebens.

immer wenn der Zug hielt, an den Waggontüren gestanden und aufgepaßt, daß auch wirklich keiner hinauskonnte. [...] Dabei war vorher alles bis ins kleinste vorbereitet: Alle die, die ausgesucht worden waren, mußten schon einige Wochen vorher zu einer offiziellen ›Fete‹ kommen. Da war eine Delegation von Jugendlichen aus dem Westen, und mit denen mußten wir nun diskutieren. [...] Wer nicht richtig, also sozialistisch, diskutiert hat, der wurde eben vor der Reise aussortiert.«[297] Ein drittes Beispiel: »Den Westen habe ich schon vor der Maueröffnung kennengelernt. [...] In andere Länder bin ich damals mit einer Ausnahme überhaupt nicht gefahren. Dazu war weder die Zeit, noch konnte ich meine Frau mitnehmen, und das wäre dann nur ein halber Spaß gewesen.«[298]

Die für diese Studie geführten retrospektiven Interviews weisen eine größere Nähe zu ihrer Entstehungszeit auf, denn alle sind 2004 und 2005 entstanden. Allerdings sind sie damit weiter vom Geschehen abgerückt und es ist anzunehmen, dass sie dadurch fragmentarischer sind. Die narrativen Interviews[299] mit zahlreichen ehemaligen DDR-Bürgern sollten durch wenige einleitende Fragen einen Rückblick auf die eigene Reisebiographie initiieren. Damit war das Vorgehen zwar planmäßig, doch sollte eine Strukturierung möglichst nicht vorgegeben werden. Dadurch bedingt tendierten die Interviewten häufig dazu, Lebensläufe zunächst stark konventionalisiert vorzutragen. Erst durch Nachfragen im Laufe des Gesprächs waren Erinnerungen zu erfahren, die zunächst als unwichtig im gesamten Biographieverlauf erschienen, später aber wichtige Aspekte der individuellen Reisegeschichte ausmachten.

Die Erfahrungswelten ›Urlaub‹ und ›Reise‹ werden in besonderer Weise erinnert. Durch die hohe positiv gerichtete Erwartungshaltung an ›die schönsten Wochen des Jahres‹ wird eine Wahrnehmungsverzerrung begünstigt. Diese Gegebenheit ist aber dem Einzelnen nicht als Makel anzurechnen, sondern die »Paradiesvorstellung, wie sie von den Reisenden formuliert wird, ist offenkundig kein individueller Traum, sondern eine soziale Tatsache im Sinne Durkheims.«[300] Erweitert auf die Beschränkungserfahrungen von DDR-Reisenden kann davon ausgegangen werden, dass Umdeutungen vorgenommen wurden. Viele DDR-Bürger betonen beispielsweise angesichts der schlechten

---

297 Ebd., S. 135. (Interview mit Bärbel C.: Und deswegen hat man sich lieber schon vorher gebeugt, Mitte der sechziger Jahre geboren, Kindergärtnerin)
298 Ebd., S. 248. (Interview mit Lars N.: Die Welt verändert man doch am ehesten, indem man sich selbst ändert, Mitte der fünfziger Jahre geboren, Pfarrer / Philosoph / Parteigründer)
299 Zum narrativen Interview vgl. die Ausführungen in Kapitel I.3. Auf eine theoretische Betrachtung zu den neurowissenschaftlichen, entwicklungs- und sozialpsychologischen Aspekten von Erinnerung wird verzichtet. Grundlegend dazu: Welzer, *Das kommunikative Gedächtnis*.
300 Fischer, *Warum Samoa?*, S. 82.

Ausstattung von Urlaubsquartieren: »Wir waren ja bescheiden.« (Peter S., 1939 geboren, Lehrer / ehrenamtlicher Reiseleiter in der DDR.)[301] Oder: »Sie würden sich totlachen, wenn Sie diese Quartiere gesehen hätten. Man hatte ein kleenes Zimmer, da standen drei Betten drin, ein Schrank und eene Schüssel mit'n Krug daneben mit kaltem Wasser, und da waren wir glücklich drüber. Durch diese gemeinsame mißliche Lage hat man einen sehr großen Freundes- und Bekanntenkreis und hilft sich auch sehr viel.« (Silvia E., circa 1945 geboren, Sachbearbeiterin im VEB Deutsche Schallplatten.)[302]

VII.6 Ausblick: Tourismus in der Systemtransformation

Das Buch untersucht das Reisen von DDR-Bürgern vorrangig in der Amtszeit Erich Honeckers. So wenig wie deshalb aber auf eine kurze Betrachtung des Vorhergegangenen verzichtet werden konnte, so wenig ist es möglich, die Ereignisse des Herbstes 1989 und die sogenannte Transformationszeit auszuklammern. Mit der Arbeit *Nationale Tourismuspolitik in der Systemtransformation* von Heike Bähre liegt im Gegensatz zur Vorgeschichte jedoch für diesen Bereich eine hervorragende Studie für das spezifische Themengebiet vor[303], die es erlaubt, hier nur um des Verständnisses willen einen kurzen Überblick zu geben und ansonsten im Sinne des Fokusses auf ›Wahrnehmungen‹ auf Erfahrungen, Befindlichkeiten und Lebensbrüche der beteiligten Personen einzugehen.

Als Transformation wird ein Übergangsprozess beschrieben, der in der DDR durch die Grenzöffnung am 9. November 1989 unmittelbar initiiert wurde. Der noch zutreffendere Begriff der Systemtransformation oder auch des Systemwandels wird beispielsweise in der System-, der Netzwerk- oder der Modernisierungstheorie unterschiedlich verstanden.[304] Er bezeichnet jedoch immer »jene[n] durch politischen Gestaltungswillen und politisches Handeln

---

301 *Interview Peter Schmidt.*
302 Fischer / Lux, *Ohne uns ist kein Staat zu machen.*
303 Vgl. Bähre, *Nationale Tourismuspolitik in der Systemtransformation.* Ergänzende Bestandsaufnahmen der touristischen Situation 1990 beispielsweise auch bei: Fennemann, *Bestandsaufnahme des Tourismus in der ehemaligen DDR*; Großmann, »Die Bedeutung des Tourismus für den Transformationsprozess«; Godau, »Strategische Überlegungen zur Tourismuspolitik«; Raisch, *DDR im Wandel*; Schmidt, *Die Reisen der neuen Bundesbürger*; Gerbaud, »Le tourisme dans les nouveaux länder allemands«.
304 Vgl. Sandschneider, »Systemtheoretische Perspektiven«; Zapf, »Zur Theorie der Transformation«, S. 5. Ein Überblick zu den Begriffsdimensionen findet sich bei: Hanel, *Personalmanagement in den Transformationsphasen*, S. 55.

ausgelösten Prozess […], der durch Substitution gegebener ordnungskonstituierender Merkmale durch andere einen ›qualitativen‹ Sprung derart bewirkt, daß es zu einer Ablösung des alten Systems durch ein neues kommt.«[305] Der Herbst des Jahres 1989 stellte jedoch lediglich den Kulminationspunkt einer Entwicklung dar, die sich schon längere Zeit abzeichnete, deren Ausgang jedoch ungewiss war. Das Jahr 1989 begann zunächst mit Maßnahmen gegen Demonstranten, der Überwachung wichtiger Oppositioneller und dem harten Vorgehen gegen Republikflüchtlinge, die keine Öffnung der DDR in Richtung Westen vermuten ließ. Auch die Handlungsweise der SED-Führung angesichts der Vorwürfe der Wahlfälschung sowie die Reaktion auf die Ereignisse auf dem Platz des Himmlischen Friedens in Peking konnten kaum Anlass zur Hoffnung geben. Die Haltung der Bevölkerung bezeichnete Peter Marcuse zutreffend als ›schizophren‹, denn »niemand, mit dem wir sprachen, nahm das politische System in Schutz, und alle beteuerten nicht nur ihr fortwährendes Festhalten am Sozialismus, sondern stellten das auch in ihrer täglichen Arbeit unter Beweis.«[306] Erst die Massenflucht im Sommer 1989 dynamisierte die Entwicklung. »Auch die Ausreisebewegung, die im Sommer 1989 die politische Krise dem Höhepunkt entgegentrieb, speiste ihre Dynamik aus der Risikobereitschaft von Menschen, die annahmen, daß die DDR noch lange existieren würde. […] Diejenigen also, die an das Ende des Systems nicht glauben wollten, gaben den Anstoß zu seinem Zusammenbruch.«[307]

Die Ausreisewelle war das kritische Ereignis, das die Krisenstimmung manifestierte. Mit Pierre Bourdieu ist für diesen Umschlag latenter Dispositionen in wahrnehmbare Krisen das Vorhandensein einer »elementare[n] Gemeinsamkeit kollektiver Gefühlslagen«[308] und »die Synchronisierung der latenten Krisen der einzelnen Felder« notwendig. All dies traf im Herbst 1989 zusammen.

Erst durch das ›Weggehen‹ der Genannten wurden die Oppositionsgruppen innerhalb der DDR aktiviert, eine Gegenbewegung der Bleibewilligen und Reformorientierten als politischen Protest zu gestalten. Selbst das war aber zunächst kaum die im Nachhinein so häufig beschriebene Unruhe, sondern

---

305 Kloten, *Die Transformation von Wirtschaftsordnungen.* S. 99.
306 Peter Marcuse. Zitiert bei: Dauks, *Die DDR-Gesellschaft und ihre Revolution*, S. 96.
307 Wolle, *Die heile Welt der Diktatur*, S. 85. Ergänzend beschreibt Stefan Wolle folgende Realität, die den meisten DDR-Bürgern erst im Herbst 1989 bewusst wurde: »Der Stasi-Apparat unterlag dem gleichen Prinzip wie die Absperrmaßnahmen an der Grenze der DDR: Er wurde technisch immer perfekter und politisch immer wirkungsloser.« – Ebd., S. 152.
308 Dazu und im Folgenden: Bourdieu, *Homo academicus*, S. 278 und S. 274.

eher ›ein endloser Herbst‹[309], in dem ein »diffuses Dämmerlicht [...] über dem sterbenden Staatswesen«[310] lag. Nachdem diese Entwicklung von den Ereignissen des November 1989 überholt worden war, machten die aus der Opposition entstandenen Bürgerbewegungen einen Wandel durch. Sie wurden für kurze Zeit diskursbestimmend, schlossen sich zum ›Bündnis 90‹ zusammen, wurden jedoch bereits ab Anfang 1990 wieder schwächer. Mit der Einbindung in den politischen Alltag wurde deutlich, dass die Aufrufe zu basisdemokratischer Arbeit zur Erneuerung der Gesellschaft[311] nicht ausreichten, um die differierenden inhaltlichen Vorstellungen in Detailfragen auszugleichen.[312]

Entwicklung der Tourismusträger

Hinsichtlich des in der DDR bedeutsamen Sozialtourismus ist vor allem nach der Entwicklung der Tourismusträger zu fragen und dabei besonders nach der Geschichte des FDGB in der Systemtransformation.[313] Jener befand sich – wie auch andere Institutionen der DDR – schon seit längerem in einer institutionellen Legitimationsfalle, denn »Systemvertrauen ist nicht das Gleiche wie Systemloyalität.«[314] Die meisten Bürger forderten im Vertrauen auf die Handlungsfähigkeit des FDGB weiterhin die gewohnte soziale Versorgung ein. Ihr Wunschbild über den Grad des angestrebten materiellen Lebensstandards orientierte sich dabei an bundesrepublikanischen Gegebenheiten und Substitutionsmöglichkeiten in der DDR.[315] Erst als das Unzufriedenheitspotenzial im Herbst 1989 ein kommunikatives Ventil gefunden hatte, verschärften sich die Kritikpunkte. So schrieben Gewerkschafter aus Halle:

»Schaut man sich um im täglichen Leben, so könnte man meinen, daß die Medien der DDR über ein anderes Land berichten. [...] will man eine Urlaubsreise planen, hat man gerade erst eine gehabt und ist nicht dran, hat man unnötigerweise zwei Kinder im Schulalter, hat an

---

309 Vgl. Kolbe, *Bilder aus einem Panoptikum*. S. 79.
310 Vgl. Wolle, *Die heile Welt der Diktatur*, S. 230
311 Ein Beispiel für den zeitweise ungebrochenen Glauben an die Wirksamkeit des Engagements Einzelner ist bereits die Resolution des Berliner Schriftstellerverbandes vom 14. September 1989. Darin hieß es unter anderem: »Dieses – unser Land muß endlich lernen, mit andersdenkenden Minderheiten umzugehen, vor allem dann, wenn sie vielleicht gar keine Minderheit sind. Dieses Land braucht die millionenfache Aktivierung von Individualität.« – *Resolution des Berliner Schriftstellerverbandes vom 14.9.1989*, 2.12.2006, http://www.ddr89.de/ddr89/texte/mfs1.html.
312 Vgl. zur Geschichte und Wirkung der Bürgerbewegung beispielsweise: Timmer, *Vom Aufbruch zum Umbruch*; Pollack, *Politischer Protest*.
313 Vgl. dazu und im Folgenden: Gill, *FDGB*; Eckelmann/Hertle/Weinert, *FDGB Intern*.
314 Lepsius, »Institutionenanalyse und Institutionenpolitik«, S. 36
315 Vgl. Merl, »Staat und Konsum in der Zentralverwaltungswirtschaft«, S. 213. Spode, »Tourismus in der Gesellschaft der DDR«, S. 24.

Urlaubsplätze für vier Personen wohl keiner gedacht [...] Nun könnte man sich damit abfinden, wenn man wüßte, daß die Regierung dieses weiß und alles Erdenkliche tut, um dem abzuhelfen, und daß die Mitglieder der Regierung selbst unter diesem Mangel zu leiden haben. Statt dessen müssen wir erleben, daß die Stadt, in der die Mitglieder der Regierung leben, in allem bevorzugt wird [...] Durchquert ein Mitglied der Regierung das Land, um es zu regieren, werden Autobahnen, Straßen, Straßendurchfahrten, Bahnhöfe gesperrt.«[316]

Über Wahlversammlungen zu den gewerkschaftlichen Grundorganisationen wurde berichtet: »Stärker als bisher stand das Angebot an FDGB-Ferienplätzen zur Diskussion. Der FDGB-Feriendienst wird als große soziale Errungenschaft anerkannt. Nach Meinung von Mitgliedern gibt es jedoch eine Diskrepanz zwischen den Veröffentlichungen über die steigende Anzahl von Ferienplätzen und den Ferienplatzangeboten. Nicht verstanden werden Zuweisungen von Ferienplätzen in der näheren Umgebung der Heimatorte.«[317] Und es wird empfohlen: »Die Vorschläge gehen bis dahin, die Ferienzeiten in der Republik insgesamt versetzt zu gewähren, um so für Werktätige mit schulpflichtigen Kindern mehr Ferienplatzkapazitäten zu schaffen.«[318] Im FDGB kam es ab diesem Zeitpunkt verstärkt zu Austritten von Mitgliedern.[319] Andere hingegen vertrauten schon längst nicht mehr auf den Feriendienst des FDGB. Sie forderten – weit umfassender – in zahlreichen Demonstrationen ›Visafrei bis nach Schanghai‹ und meinten damit nicht nur die lang vermisste Reisefreiheit[320], sondern persönliche Freiheiten im Gesamten und die Gewährung von Freiraum für individuelle Lebenseinstellungen.

Institutionelle Bindungen

Die Entwicklung in der Transformationszeit zeigt, dass ein auf Privateigentum, Wettbewerb und individueller Entscheidungsfreiheit beruhendes touristisches System nur wenig mit dem bestehenden sozialistischen Erholungswesen gemein hatte. Aus diesem Grund entstand ein ›institutionelles Interregnum‹, in dem sich die Verfügungsrechte unter Einflussnahme verschiedener Interessengruppen sowie unterschiedlicher Leitbilder neu ordneten. Dabei mussten zahl-

---

316 Zitiert bei: Eckelmann/Hertle/Weinert, *FDGB Intern*, S. 135f.
317 *Information über Inhalt und Verlauf der Wahlversammlungen in den gewerkschaftlichen Grundorganisationen*. Beschluß des Sekretariats des Bundesvorstandes des FDGB vom 22.3.1989, ebd., S. 225.
318 Ebd.
319 Vgl. *vertrauliche Informationen der Abteilung Organisation an den Vorsitzenden des Bundesvorstandes des FDGB vom 22. September 1989*. Abgedruckt bei: Pirker / Weinert, *FDGB*, S. 121–129.
320 Das Wort wurde – nicht zuletzt wegen seiner über die Bewegungsfreiheit hinausweisenden Konnotation – von der Gesellschaft für deutsche Sprache in Wiesbaden zum ›Wort des Jahres 1989‹ gewählt. – Vgl. Gesellschaft für deutsche Sprache: *Wörter des Jahres / Unwörter*, 26.1.2006, http://www.gfds.de/woerter.html.

reiche Umstrukturierungen vorgenommen werden, die von Heike Bähre als tourismuspolitische Aufgaben der Transformation beschrieben wurden[321].

Es waren dies die Liberalisierung des Zahlungs- und Reiseverkehrs (Reisefreiheit, Verfügbarkeit einer im Ausland gültigen Währung), die Wettbewerbsordnung (Gewerbefreiheit), die Neuordnung von *property rights* (Privateigentum), der exogene und endogene Institutionenaufbau (inklusive demokratischer Verwaltung und Anpassung der amtlichen Statistik), die Liberalisierung des Arbeitsmarktes, die Beseitigung infrastruktureller Defizite und Schaffung der internationalen Wettbewerbsfähigkeit (Raumordnung, Umwelt-, Regional- und Struktur-, Finanz- und Steuer-, Arbeitsmarkt- sowie Bildungspolitik), die Einführung des Destinationsmanagements sowie die Transformation von politisch determinierten Tourismusbereichen im Spannungsfeld von Markt und Staat (Kinder- und Jugendtourismus als Bildungsaufgabe, Kur- und Bäderwesen als gesundheitspolitische Aufgabe, Schutzgebiete als umweltpolitische Aufgabe, [betriebliches] Erholungswesen als tarifpolitische oder sozialpolitische Aufgabe).

Zur Realisierung der notwendigen Veränderungen wurde bereits im November 1989 ein Ministerium für Tourismus gegründet. Diesem stand als Minister zunächst Prof. Dr. Bruno Benthien, Professor für Geographie an der Universität Greifswald, vor. Ab 12. April 1990 übernahm Sybille Reider die Amtsgeschäfte bis zum 20. August 1990. Ihr folgte, mit der Wahrnehmung der Geschäfte beauftragt, bis zum 3. Oktober 1990 Lothar Engel. Die Struktur des Ministeriums, in dem 111 Personalstellen für den Bereich Tourismus geplant wurden, verdeutlicht die Neuorientierung der Obliegenheiten und höhere politische Bedeutung des Themas ab 1989.[322]

Go, Trabi, go

Mit der Verwirklichung dieser Aufgaben im Tourismus als auch jener in anderen Politikbereichen sowie dem formalen Akt der deutschen Wiedervereinigung am 3. Oktober 1990 verlor die DDR ihre staatliche Existenz. In Einstellungen, Verhaltensweisen und Erinnerungen der Menschen, die in ihr lebten und durch sie geprägt waren, lebte sie jedoch weiter. Beispiel dessen ist der Film *Go, Trabi, go*, der die antrainierten Gewohnheiten des reisenden DDR-Bürgers auch nach der Wende sichtbar macht. In dem Lustspiel wird »der ungetrübte Spaß des Ex-DDRlers am endlich erlaubten Reisen durch die

---

321 Vgl. im Folgenden: Bähre, *Nationale Tourismuspolitik in der Systemtransformation (1)*, S. 148f.
322 Vgl. Struktur und Personalbedarf des Ministeriums für Handel und Tourismus im *Anhang 42*.

Welt vorgeführt«[323]. In dem Film geht es um die Reise einer Bitterfelder Familie auf den Spuren Goethes nach Neapel. Die Reise wird durch den Besuch bei wenig gastfreundlichen ›Westverwandten‹, zahlreiche Autopannen, Übernachtungen an zwielichtigen Plätzen, Tramp- und Diebstahlerfahrungen zu einem Abenteuer, das erst an der Spanischen Treppe in Rom ein glückliches Ende nimmt. Das ›Überleben‹ in dieser neuartigen Welt war jedoch nicht nur durch Komik geprägt, sondern bedeutete zum Teil auch Enttäuschung, Substitution oder gar Auflehnung. Antje Weltzer schrieb beispielsweise im *Buch der Unterschiede* über ihr in der DDR erworbenes und nach der Wende drastisch verändertes Italienbild:

»Als ich dann kurz nach der Wende nach Rom ging, zerplatzte mein Traum. Ich merkte, daß ich nicht mit dem System vertraut war und keine Ahnung hatte, wie es funktionierte. Mir wurde klar, wie teuer das Leben im Westen ist. [...] Mein DDR-Traum vom archaischen, folkloristischen und mediterran geprägten Italien war dahin.«[324]

James Nixdorf ergänzte:

»Was hatten wir nicht geträumt von den Städten der Welt. Aus unzähligen Büchern und Filmen hatten wir sie uns neu erfunden. In Kinderzimmern und später in den Hinterhöfen des Prenzlauer Bergs. Es war eine Welt, der keine Wirklichkeit standhalten konnte. Eine Welt voller Möglichkeiten, ferner, unentdeckter Länder und Abenteuer. Eine unwirkliche Welt, die nun zu schrumpfen begann.«[325]

---

323 Schenk, *Go, Trabi, go*, 2.12.2006, http://www.filmportal.de.
324 Weltzer, »Auf Socken nach Pavia«, S. 174.
325 Nixdorf, »Globusrutschen bis Timbuktu«, S. 209.

VIII Tourismusgeschichte als Spiegel der DDR-Geschichte

Ein spezielles Theorieangebot zur Tourismusgeschichte der DDR, selbst zur Tourismusgeschichte in sozialistischen Systemen, gibt es nicht. Angesichts des Forschungsstandes ist dies nicht verwunderlich. Diese Tatsache aber bedingt, dass – unter Voraussetzung des Willens zu einer theoretischen Untermauerung der in dieser Studie gewonnenen Antworten – vorhandene Modelle zur allgemeinen Tourismus- und solche zur DDR-Geschichte auf ihre Passgenauigkeit hinsichtlich der DDR-Tourismusgeschichte untersucht werden müssen. Dies scheint in zweierlei Weise interessant. Zum einen eröffnet es die Möglichkeit, einen theoretischen Rahmen für eine nationale Tourismusgeschichte zu entwerfen, zum anderen ist eben dies ein Angebot für die Untersuchung des Tourismus in weiteren sozialistischen Gesellschaften.

Es muss aber immer deutlich und zum Schutz der bestehenden Modelle erkennbar bleiben, dass die beschriebenen und kritisch interpretierten Ansätze nicht für die Anwendung im Bereich des Tourismus gedacht waren. Erweisen sie sich auch hier als sinnvoll, so ist dies ein zusätzlicher Hinweis auf ihren hermeneutischen Wert.

Als schwierig erweist sich die im interdisziplinären Untersuchungsbereich des Tourismus nötige Berücksichtigung von Modellen unterschiedlicher Wissenschaften. Diese unterscheiden sich nicht nur in ihrem inhaltlichen Fokus, sondern ebenfalls in ihrem methodischen Zugang. Weiterhin variiert die generelle Einschätzung zur Relevanz theoretischer Grundlagen. So erscheinen die Geschichtswissenschaften nach wie vor stark empirisch und an Faktenwissen orientiert. Es ist noch immer umstritten, ob es sinnvoll sei, historische Erkenntnisse anderen nomothetischen Fächern[1] zur Theoriebildung zur Verfügung zu stellen oder aber selbst Theorien größerer Reichweite zu entwickeln.[2] Die Soziologie hingegen arbeitet stets mit einem breiten Angebot an

---

1 Nomothetisches Arbeiten wird hier nicht im Windelbandschen Sinne als ausschließliches Charakteristikum der Naturwissenschaften verstanden, sondern meint den Willen zur Generalisierung und Systematisierung von über eine Ähnlichkeitsbeziehung verbundenen Sachverhalten. – Vgl. Windelband, *Geschichte und Naturwissenschaft*, besonders S. 12.
2 Vgl. Spode, »Historische Tourismusforschung«, S. 28.

Theorien, die einen klareren, weil systematischen Blick auf die erforschte Wirklichkeit ermöglichen sollen. Was also einerseits unreflektiert als Selbstzweck zur Legitimation der Soziologie gesehen werden könnte, wird auf der anderen Seite als unabdingbare Perspektivierung und Ermittlung eines Interpretationszusammenhangs betrachtet.[3]

Beim facettenreichen Phänomen Tourismus ist es unmöglich, eine auf Vollständigkeit zielende Theoriediskussion zu führen. Daher werden einige zentrale Angebote aus den Politik- und Geschichtswissenschaften – mit direktem theoretischen Bezug auf die DDR-Geschichte –, der Soziologie und der Tourismuswissenschaft vorgestellt, wobei die fachliche Zuordnung nicht immer ganz eindeutig ist. Einige Modelle sind auf der Makroebene angesiedelt, andere sind Meso- oder Mikrotheorien. Sie werden einschließlich der Hinweise auf einschlägige, detailliertere Informationsquellen in ihrer grundsätzlichen Zielrichtung vorgestellt. Falls nicht durch die Orientierung auf die DDR-Geschichte im Ganzen offensichtlich, wird erläutert, warum eine Relevanz des jeweiligen Modells für den DDR-Tourismus zu vermuten ist.

Ökonomische Modelle bleiben dabei weitgehend unberücksichtigt. Es sei hierbei auf die ergiebige, mit entsprechendem Fokus verfasste Arbeit von Heike Bähre hingewiesen. Unabdingbar ist zudem die Konsultation der Analysen János Kornais[4] zur ökonomischen Funktionsweise sozialistischer Systeme im Allgemeinen sowie zu Fragen des ›Mangels‹ im Besonderen. Weiterhin sei der, stark selektive, Hinweis auf die methodisch unterschiedlichen, auf sozialistische Systeme orientierten Untersuchungen Walter Hunzikers[5], Jeffrey Kopsteins[6], Theo Pirkers[7], Oskar Schwarzers[8] sowie Derek L. Halls[9] erlaubt. Schließlich, in allgemeiner Überlegung zu einer Ökonomie des Tourismus und daher stark marktwirtschaftlich ausgerichtet, sei ergänzend das Handbuch Walter Freyers[10] genannt.

Es stellt sich letztlich die Frage, ob es eine Theorie des Tourismus von DDR-Bürgern geben kann. Dabei muss ein (scheinbares) Paradoxon als leiten-

---

3 Vgl. Vester, *Tourismustheorie*, S. 8.
4 Vgl. den Entwurf einer idealen ökonomischen Funktionsweise der sozialistischen Gesellschaft im Band: Kornai, *The socialist system*. Vgl. auch die Detailstudie: Ders., *Economics of shortage*.
5 Vgl. die zeitgenössische und aufgrund der politischen Lage zwangsläufig auf eingeschränkten Daten basierende, jedoch noch immer grundlegende Untersuchung: Hunziker,»Aktuelle Probleme des Fremdenverkehrs in Ost und West«.
6 Vgl. das essayistische Werk: Kopstein, *The politics of economic decline in East Germany*.
7 Vgl. den Interviewband: Pirker, *Der Plan als Befehl und Fiktion*.
8 Vgl. die mit vielen quantitativen Daten arbeitende Studie: Schwarzer, *Sozialistische Zentralplanwirtschaft in der SBZ/DDR*.
9 Vgl. Hall (Hg.), *Tourism and transition;* ders., *Tourism and Economic Development*.
10 Vgl. Freyer, *Tourismus. Einführung in die Fremdenverkehrsökonomie*.

des Interesse gelten: Etwa 17 Millionen DDR-Bürger lebten jahrzehntelang in einem System zusammen, das sie bei der ersten umfassenden Krise mehrheitlich aufgaben ohne zurückzublicken. Gerade in Bezug auf das Reiseverhalten wurde deutlich, dass DDR-spezifische Formen kaum Bestand hatten, nachdem es möglich geworden war, freizügig touristische Wünsche zu leben.

VIII.1 Totalitarismustheorien

Die Totalitarismustheorie gibt es nicht.[11] Doch ihre Spielarten, im Übrigen sehr verschieden in ihrem wissenschaftlichen Gehalt, weisen einen gemeinsamen gedanklichen Kern auf. Sie orientieren sich an der Bedeutung einer die Gesellschaft möglichst umfassenden Ideologie, aus der sich ein konkreter Herrschaftsanspruch ergibt, und kennzeichnen den umfassenden Eingriffsvorbehalt der Instanzen des Systems, negieren mithin die Existenz grundsätzlich herrschaftsfreier Zonen. Kaum lässt sich heute noch die Aussage halten, der totalitäre Staat DDR sei durch eine konsequente Politik des Regimes, abwandlungsfrei durch einen erfüllenden Funktionärsapparat umgesetzte Befehle sowie eine hilflose und gänzlich unterdrückte Bevölkerung gekennzeichnet gewesen. Diese Wahrnehmung beherrschte eher die Totalitarismusdiskussion der fünfziger und sechziger Jahre. So machen die Wandlungen eines für die DDR-Geschichte brauchbaren Totalitarismusbegriffs – besonders die Überlegungen Hannah Arendts[12], Carl Joachim Friedrichs[13] und Zbigniew Brzesinskis[14], Juan J. Linz'[15], Sigrid Meuschels[16] sowie Tzvetan Todorovs[17] – deutlich, dass der Analyse der tatsächlichen Durchsetzung und des Realisierungsgrades des totalitären Anspruchs ein Platz in der Geschichtsschreibung zugewiesen werden muss. Es geht also in einer modernen Totalitarismusforschung nicht nur um die Hierarchisierung von politischen, wirtschaftlichen, sozialen und kulturellen Entscheidungen, sondern um die Anerkennung und Beschreibung von deren Interdependenzen. Nur unter diesem Vorbehalt erlebte die Totalitarismustheorie eine Renaissance nach 1989.

---

11 Vgl. dazu und im Folgenden: Jesse, »Die Totalitarismusforschung und ihre Repräsentanten«. Vgl. ergänzend die Beiträge in: Jesse, *Totalitarismus im 20. Jahrhundert*.
12 Vgl. Arendt, *Elemente und Ursprünge totaler Herrschaft*. [Originaltitel: *The Origins of Totalitarism*]
13 Vgl. Friedrich, *Totalitäre Diktatur*.
14 Vgl. Friedrich/Brzesinski, *Totalitarian Dictatorship and Autocracy*.
15 Vgl. Linz, *Totalitäre und autoritäre Regime*. [Originaltitel: »Totalitarian and Authoritarian Regimes«]
16 Vgl. Meuschel, *Legitimation und Parteiherrschaft*.
17 Vgl. Todorov, *Angesichts des Äußersten*.

Hannah Arendts Auseinandersetzung mit dem Totalen fußte auf ihren Erfahrungen mit dem Nationalsozialismus. Es ist deshalb wenig verwunderlich, dass sie für diese Herrschaft das Bild der Hölle auf den Säulen Antisemitismus, Imperialismus und totaler Herrschaft formulierte. Für die DDR-Forschung ist diese grundlegende Erkenntnis kaum brauchbar, doch der Anspruch Arendts, ein Beurteilungskriterium zu schaffen, mit dem die Ereignisse danach bewertet werden, ob sie totalitärer Herrschaft dienen oder nicht, ist nach wie vor aktuell. Der Begriff totaler Herrschaft wurde bei ihr zum Gegenbegriff der Demokratie, denn totale Herrschaft verhindere, von der Vernunft öffentlichen Gebrauch zu machen. Sie setze eine Einheitsauffassung an die Stelle des Meinungsstreits. Dies war laut Arendt mit staatlich legitimiertem Terror durchsetzbar. Ersetzt man den Terminus ›Terror‹ durch ›Repression‹, so nähert man sich den Auffassungen, die die DDR charakterisieren. Besonders fruchtbringend sind zudem ihre Überlegungen zum (angeblich) monolithischen Charakter der totalen Herrschaft. Sie meinte nämlich, gerade diesen nicht zu erkennen, sondern kennzeichnete diese Systeme als Gebilde mit einer bemerkenswerten ›Strukturlosigkeit‹.

Carl Joachim Friedrichs Theorie der totalitären Diktatur entstand in den fünfziger Jahren in der Abgrenzung zu Hermann Brochs Ausführungen zur konstitutionellen Diktatur. Zusammen mit Zbiegniew Brzesinski arbeitete er auf institutionentheoretischer Basis die kumulativen Merkmale totalitärer Regierungssysteme heraus. Im Gegensatz zu Hannah Arendt ging er dabei von totalitärer Herrschaft als einem rein staatlichen, hierarchisch strukturierten Prozess aus, einer politischen Handlungsoption also.

Juan L. Linz hat vor allem zur theoretischen Differenzierung totalitärer und autoritärer Regimes beigetragen. Dabei führte er für die sozialistischen Staaten mit Ausnahme Polens den Begriff des ›posttotalitären politischen Regimes‹ ein. Dies meinte nichts anderes, als dass das System von seinen Gründern ursprünglich nicht als ein bestimmter Typus politischer Ordnung geschaffen wurde, sondern als Ergebnis von Veränderungen eines ursprünglich totalitären System gleichsam evolutionär entstanden ist.[18] Im Gegensatz zu Hannah Arendt sah Linz in diesen Regimen ein monistisches Herrschaftssystem mit extremer Machtkonzentration. Mit dem Verweis auf eine totalitäre Ideologie und eine zentralistische Partei beleuchtete er dabei besonders den von den Herrschenden avisierten Idealzustand. Weiterhin erkannte er in der politischen Massenmobilisierung bei politischer Gleichschaltung, der Verstaatlichung der Gesellschaft und dem exzessiver Machtgebrauch Merkmale totalitärer Herrschaften.

---

18 Vgl. Linz, *Totalitäre und autoritäre Regime*, S. 252.

Tzvetan Todorov stellte vor allem das Verhältnis von Individuum und totalitärer Macht ins Zentrum seiner Überlegungen, wenn er den Einzelnen durch eine Verstrickung von Herrschenden und Beherrschten als Gefangenen des Systems selbst bei nachlassendem äußerem Druck sah.[19] Diese Schizophrenie erklärte er durch den Anspruch der Regimespitze auf äußeren Gehorsam unter Akzeptanz einer nur oberflächlichen Anpassung mit dem Hinweis auf eine innere Gewissensfreiheit der Untertanen. Dies verweist bereits auf die Möglichkeit einer lang dauernden, wenn auch fragilen Stabilität totalitärer Systeme, weil ein aus Unzufriedenheit resultierendes informelles Eigenleben weitgehend ohne Korrespondenz zum System bleibt. Der Historiker sieht in der Schau von oben dann vor allem totalitäre Strukturen. Tendenziell herrschaftsabgewandte Räume werden erst in der unmittelbaren Erfassung individueller Lebenswege sichtbar.

Sigrid Meuschel ging 1993 von einem die gesellschaftlichen Subsysteme in ihrer Eigenlogik und -funktionalität beschränkenden und damit entdifferenzierend wirkenden Primat der Politik aus.[20] Ihre These von dem weitgehend erfolgreich umgesetzten Anspruch der SED auf die Steuerung und Kontrolle der Gesellschaft wurde mehrfach kritisiert. So wies Detlef Pollack darauf hin, dass die Menschen sich dem System ein Stück weit entzogen hätten.[21] Ralph Jessen ging gar so weit, die Vergesellschaftung des Staates anzunehmen, anstatt wie Meuschel von einer Verstaatlichung der Gesellschaft zu sprechen.[22] Ohne diesen Widerspruch gänzlich auflösen zu können, sei darauf hingewiesen, dass es hier nicht nur um unterschiedliche Auffassungen zum Ausmaß der Stilllegung unabhängiger Handlungsdynamiken[23] geht, sondern auch um die Frage, inwieweit Nischen und Freiräume tatsächlich selbstbestimmt entstanden oder aber »von der SED geschaffen [wurden, H.W.], um zumindest eine passive Zufriedenheit zu erzeugen«[24].

---

19 Vgl. dazu und im Folgenden: Todorov, *Angesichts des Äußersten*, S. 144f.
20 Vgl. Meuschel, *Legitimation und Parteiherrschaft*, S. 10. Vgl. in ähnlicher Sinnrichtung ohne Verwendung des Entdifferenzierungsbegriffs die Aussage der ›Kriminalisierung des Pluralismus‹ in totalitären Gesellschaften bei: Heller/Fehér/Márkus, *Der sowjetische Weg*. S. 211. – Ein Problem hinsichtlich einer umfassenden Totalitarismustheorie aus den Ansätzen Meuschels besteht darin, dass die Befunde durchaus zu Bemühungen und teilweise politischen Umsetzungen in der DDR passen, aber für die die Totalitarismusdiskussion bestimmende NS-Zeit keine rechte Überzeugungskraft entfalten. Ihr Modell erinnert allerdings ebenfalls, zumal im ›fiktiven Dialog‹ zwischen Herrschenden und Beherrschten im genannten Buch, an das Webersche Legitimitätsmodell.
21 Vgl. Pollack, »Die konstitutive Widersprüchlichkeit der DDR«.
22 Vgl. Jessen, »DDR-Geschichte und Totalitarismustheorie«.
23 Vgl. Meuschel, »Überlegungen zu einer Herrschafts- und Gesellschaftsgeschichte«, S. 6.
24 Schröder, *Der SED-Staat 1949–1990*, S. 249.

Die Totalitarismustheorie ist bis heute durch ihren Hinweis auf ideale Ideen des totalen Staatswesens wichtig als ein wissenschaftlicher Kernbestand[25], doch als politisch instrumentalisierter Begriff taugt sie nicht mehr. Schließlich führten im Lauf der letzten Jahrzehnte weitere Unzulänglichkeiten im Konzept des Totalitarismus – insbesondere der immanente Vergleich zur ›erfolgreichen‹ Entwicklungsgeschichte des westlichen Modells und somit die Abhängigkeit von einer ›emanzipatorischen Meistererzählung‹[26] sowie die fälschlich angenommene Statik totalitärer Systeme – zum Erstarken alternativer Theorien; in der Nachfolge der fünfziger und sechziger Jahre zunächst zu einer weiteren Makrotheorie, im Anschluss an aktuelle Debatten der neunziger Jahre zu mikrohistorischen Ansätzen.[27]

Wird über Totalitarismus im Zusammenhang mit der DDR gesprochen, so muss also zuerst darauf hingewiesen werden, dass es einen Unterschied zwischen ›totaler‹ und ›totalitärer‹ Machtausübung gibt. In letzterer ist der monopolisierte Anspruch (noch) nicht erfüllt, das heißt ein totalitärer Staat – die DDR wurde von Juan J. Linz als posttotalitäres Regime[28] oder aber von Klaus Schröder in Anlehnung an Karl Dietrich Bracher als (spät-)totalitärer Versorgungs- und Überwachungsstaat[29] gekennzeichnet – trägt die Grenzen seiner Verwirklichung bereits in sich. Gerade für die DDR bedeutet dies auch, dass die totalitären Züge des Systems nicht gleich waren, sondern sich im Laufe der Jahre veränderten. Die Ambitionen der Herrschenden mussten sich schleichend den Interessen der ›Untertanen‹ und den Ansprüchen der die DDR völkerrechtlich anerkennenden Staaten öffnen. Gleichwohl blieb der Wille zur totalen Macht bestehen. Er offenbarte sich im alleinigen Anspruch der Partei auf die Regelung aller gesellschaftlich relevanten Entwicklungen[30], wurde aber besonders im Scheitern dieser Idee, das heißt in der mangelnden Reformfähigkeit des Systems deutlich. Die – vor allem ökonomischen – Entwicklungspotenziale der DDR passten nicht mit dem Gestaltungs- und Macht-

---

25 Dieser offenbart sich in der Beschreibung des permanenten Spannungsfeldes von Anspruch und Wirklichkeit – des Unterschieds zwischen einem Ideal des totalen Staates und der Realität des totalitären Staates.
26 Heldmann, *Herrschaft, Wirtschaft, Anoraks*, S. 15.
27 Besonders die mikrohistorischen Ansätze entwickelten teilweise die Erkenntnisse des Totalitarismuskonzepts weiter. Dies geschieht beispielsweise in der im weiteren Verlauf noch näher erläuterten Idee der ›Grenzen der Diktatur / Durchherrschung‹. – Vgl. Vollnhals/Weber, *Der Schein der Normalität*.
28 Linz, *Totalitäre und autoritäre Regime*, S. 252.
29 Schröder, *Der SED-Staat 1949–1990*, S. 643.
30 Dazu zählten nicht nur traditionelle Politikfelder, sondern ebenfalls individuelle Bedürfnisse, moralische Standards und Lebensverlaufsstrukturen, die der Staat möglichst umfassend regeln wollte. – Vgl. Huinink, »Individuum und Gesellschaft in der DDR«, S. 26.

willen ihrer Führer zusammen. Die Idee der totalen Herrschaft zeigte sich in der durch die staatlichen Institutionen ausgefüllten konkreten verwaltungstechnischen Durchsetzung der Interessen der Herrschenden. Diese geschah ohne Gewaltenteilung, zum Teil durch Verletzung grundlegender Menschen- und Bürgerrechte, nicht durch freie Wahlen legitimiert und somit lediglich auf einer Selbstbeschreibung auf Grundlage des Marxismus-Leninismus beruhend. Zur Integration der Bürger wurden flankierende Stabilisierungsmechanismen vor allem sozialpolitischen Charakters angewandt, die dazu dienten, zentrifugale Kräfte durch institutionelle Lösungen so weit zu binden, dass diese nicht systemgefährdend aktiv wurden.[31]

Dies gelang so lange, bis offensichtlich wurde, dass die vom Staat vermuteten Wünsche der Bürger gar nicht mehr mit den tatsächlichen Bedürfnissen korrespondierten. Zuvor jedoch hatten sich Staat und Bürger in gegenseitiger Abhängigkeit gehalten, denn »soziale Ordnung und persönliche Identität haben ein doppeltes Gesicht. Sie stabilisieren Individuen und belasten sie zugleich. Einerseits verbürgen sie Sicherheit. Als reine Naturwesen könnten Menschen nicht überleben. Gesellschaft und Kultur vermitteln ihnen erst die Verhaltenssicherheit [...] Bräche die soziale Struktur zusammen, so wären auch die individuellen Selbstbilder gefährdet bis hin zur völligen Auflösung – dem Wahnsinn.«[32] Erst 1989 wurden die phantasierten alternativen Lebensmöglichkeiten, mit denen die Menschen »aus den Grenzen des Ichs und der Sozialordnung«[33] herausstrebten, durch die einseitige, absolute Durchsetzung der Ordnungsprinzipien des Staates so greifbar, dass das gesamte System in Frage gestellt wurde. Es fehlte an einem Regulativ, um den Staat aus seiner Erstarrung zu lösen und sich reformierend auf die veränderten Existenzbedingungen der DDR einzustellen. Zu lange hatten die Herrschenden die Integration der Bürger auf vermuteten und nicht tatsächlichen Interessen aufgebaut. Die unterdrückten realen Wünsche entwickelten daher eine enorme Sprengkraft, wie die plötzliche Aufwertung der Reisefreiheit im Interessenkanon der Bürger zeigt. An dieser Stelle konnte der Staat kaum noch jemanden mit dem Versprechen phasischer Aufhebung geltender Regeln – beispielsweise freizügigerer Reiseregelungen im Sinne von ›Erleichterungen‹ – besänftigen, es ging um die touristische Kopie des jahrzehntelang als Vorbild fungierenden bundesrepublikanischen Systems.

An diesem Punkt galt auch nicht mehr, was zuvor viele Jahre hindurch funktioniert hatte. Ein guter Staatsbürger zu sein hatte in den siebziger und

---

31 Vgl. Elsner, »Flankierende Stabilisierungsmechanismen diktatorischer Herrschaft«, S. 75.
32 Hennig, *Reiselust*, S. 90.
33 Ebd.

achtziger Jahren längst nicht mehr bedeutet, dem ›sozialistischen Menschenbild‹ zu entsprechen, sondern passive Teilhabe am System, Gleichgültigkeit gegenüber der Politik und eine utilitaristisch motivierte Loyalität – eine »äußerliche Systemakzeptanz«[34] also – waren ausreichend. Dass in diesem Fall das informelle Eigenleben des Einzelnen kaum noch mit der gesellschaftlichen Lebenswelt korrespondierte, wurde hingenommen, soweit diese ›ertrotzten‹ Liberalisierungstendenzen nicht systemgefährdend wirkten. War dies jedoch der Fall, reagierte der Staat mit zunehmender Repression. »Der Widerspruch zwischen einer repressiven Praxis und der Anerkennung von Individualrechten von Personen (insbesondere im sozialen Bereich), zwischen der argwöhnischen Unsicherheit angesichts der individuellen Interessen und der Unmöglichkeit, das unabhängige Denken auszuschließen, zwischen Zwang zur Unterordnung und individueller Verantwortung war charakteristisch für das Verhältnis des Staates zum Individuum in der DDR.«[35]

Für die meisten Bürger bedeutete Leben in der späten DDR das Ausweichen auf individuelle ›Überlebensstrategien‹, die kaum gesellschaftlich produktives Potenzial bilden konnten. »Einerseits propagiert die politische Führung [...] das Leitbild des Bürgers, der materiell gut versorgt ist, seine Konsummöglichkeiten genießt und [...] politisch gesellschaftlich aktiv ist. [...] Andererseits sind sich viele Beobachter darin einig, daß es unter den DDR-Bürgern eine ausgeprägte Orientierung an Konsum, Freizeitgenuß, privatem Wohlbefinden usw. gibt. Dies habe zum Teil kompensatorischen Charakter, weil viele DDR-Bürger weithin ›unpolitisch‹ oder ›von der Politik entfremdet‹ seien.«[36] Da jedoch die »spontane Symbolproduktion [...] immer über das gesellschaftlich Erlaubte hinaus[geht]«[37], erscheinen »die abgedrängten Phantasien [...] in den Träumen und Wünschen«. Dies führte im Falle des Reisens beispielsweise dazu, dass dieses von den Herrschenden nicht anerkannte konsumistische Ideal und die politische Forderung nach Bewegungsfreiheit in den Grenzen des Regimes sukzessive erweitert wurden. Die Bürger haben mithin dem Staat immer wieder Zugeständnisse abgerungen, oder dieser hat aus Eigeninitiative meist in kompensatorischer Absicht derartige Möglichkeiten erweitert. Doch langfristig musste dies scheitern, da der Bürger eben nicht mehr

---

34 Hornbostel, »Spätsozialismus, Legitimierung und Stabilität«, S. 13. Vgl. ergänzend: Mühler/Wippler, »Die Vorgeschichte der Wende in der DDR«, S. 693.
35 Huinink, »Individuum und Gesellschaft in der DDR«, S. 35.
36 Meyer, »Der versorgte Mensch«, S. 48.– Die Einschätzung Gerd Meyers ist nichts anderes als der Befund einer hohen Relevanz der ›Nische‹ im System der DDR. Vgl. in ähnlicher Argumentation: Diewald, » ›Kollektiv‹, ›Vitamin B‹ oder ›Nische?‹«; Pollack, »Auf dem Weg zu einer Theorie des Staatssozialismus«.
37 Dazu und im Folgenden: Hennig, *Reiselust*, S. 90.

nur politisch Umworbener war, sondern – mit Blick auf das Waren- und Leistungsangebot der Bundesrepublik – als Konsument auftrat und der Staat in Systemkonkurrenz geriet, auf diese aber nicht adäquat reagieren wollte und konnte.[38] Daher gewann das gesellschaftlich Unerlaubte schließlich ein Ausmaß, das nur noch mit der Beseitigung des Systems befriedigt werden konnte.

VIII.2 Modernisierungstheorien

Wenn es im Folgenden um Modernisierung und Moderne geht, so muss zunächst eines geklärt werden: Tourismus an sich gilt als ein Kennzeichen moderner Gesellschaften. Wenn also beispielsweise John Pimlott in dieser Weise vom Tourismus spricht, so meint er Moderne in Abgrenzung von Vormoderne beziehungsweise traditionalen Gesellschaften.[39] Für die Einordnung der Modernisierungsdefizite des touristischen Systems der DDR ist diese Erkenntnis jedoch wenig aussagekräftig. Selbstverständlich ist die DDR in der genannten Gliederung ein moderner Staat, der nichtsdestoweniger in einer implizit vergleichenden Auslotung des Modernisierungsgrades als partiell unmodern gelten muss.

Die Modernisierungstheorien sind in den sechziger und siebziger Jahren durch einen intensiven soziologischen Diskurs bestimmte Modelle zur Entwicklung von Gesellschaften. Sie sehen sich trotz ihres Wiederauflebens angesichts des Zerfalls der sozialistischen Staaten seit 1989 starker Kritik[40] ausgesetzt.

Die Theorie des langfristigen sozialen Wandels des Soziologen Talcott Parsons aus dem Jahr 1964 betrachtete demokratische Prinzipien als evolutionäre Universalien.[41] Seine Überlegung ist für eine Untersuchung der DDR vor allem deshalb interessant, weil er aus der Notwendigkeit einer effektiven politischen Organisation von komplexen Gesellschaften ein Defizit totalitärer Staaten ableitete und damit ihre Instabilität zu erklären suchte.

---

38 Vgl. Weinert/Gilles, *Zusammenbruch des Freien Deutschen Gewerkschaftsbundes*, S. 42
39 Vgl. Pimlott, *The Englishman›s holiday*, S. 9.
40 Vgl. Wolfgang J. Mommsen, der die Modernisierung als »dubiosen Begriff« bezeichnete. – Mommsen, »Die Geschichtswissenschaft am Ende des 20. Jahrhunderts«, in: Cornelißen, *Geschichtswissenschaften*, S. 26–38. Zu einer neutralen Diskussion auch: Mergel, »Geht es weiter voran?«
41 Vgl. Parsons, »Evolutionary Universals in Society«.

Eine neuere Modernisierungstheorie entstand aus der Abgrenzung zur Totalitarismustheorie und beleuchtete (immanent) vergleichend Entwicklungsprozesse, die alle Gesellschaften zu betreffen schienen:

»Hierbei wird zunächst der Vorsprung einzelner Gesellschaften erklärt und sodann die Versuche anderer Gesellschaften, diesen Vorsprung aufzuholen. Strukturell-funktionale, differenzierungstheoretische und evolutionstheoretische Überlegungen bezeichnen die Institutionen, die bestimmten Gesellschaften für die Lösung ihrer inneren und äußeren Anpassungsprobleme und für die eigene Weiterentwicklung eine Überlegenheit [...] gegenüber anderen Gesellschaften mit ihren weniger leistungsfähigen Institutionen verleihen.«[42]

Ihr makrotheoretischer Anspruch aber führte im Zuge des Niedergangs der großen Theorieangebote zu einem Bedeutungsverlust, begünstigt durch die weithin abgelehnte teleologische Orientierung auf ein anzunehmendes bestes (westliches) Entwicklungsschema und das offensichtliche Sieger-Verlierer-Schema in der Diskussion um Bestand und Zerfall der DDR.

Gerade bezüglich der DDR-Geschichte aber wurde ein geschichtswissenschaftlicher Rettungsversuch unternommen[43], denn besonders hinsichtlich sozialpolitischer Gegebenheiten schien sich die DDR nicht grundsätzlich, sondern nur partiell in einem Modernisierungsrückstand zu befinden.[44]

Jürgen Kocka zeichnete die DDR dementsprechend als eine Diktatur, deren Herrschaftsmethoden, Kontrollmechanismen und Propaganda beispielsweise ausgesprochen modern gewesen seien, wohingegen andere Bereiche Modernisierungsdefizite aufwiesen.[45] Konrad Jarausch fasste diese Eigentümlichkeit von partieller Modernität mit dem Begriff der ›Fürsorgediktatur‹.[46] Die DDR ist darin als radikalisierter Wohlfahrtsstaat beschrieben, wobei sich die umfassende, möglicherweise total geplante und damit auf die erste Theorie verweisende Fürsorge als Modernitätsanspruch des Staates herausstellt, aber durch die reale Bevormundung konterkariert wird. Es ging hier nicht um eine emanzipatorische Nach-vorn-Entwicklung im Sinne der (westlichen) Modernisierungstheorie, sondern um eine reaktions- und effektorientierte und damit

---

42 Zapf, *Die Transformation in der ehemaligen DDR*, 11.1.2005, http://www.mpi-fg-koeln.mpg.de/pu/mpifg_dp/dp92-4.pdf.
43 Dies rief einiges Erstaunen hervor. So formulierte Mary Fulbrook: »Warum man versucht, den Begriff der ›Modernisierung‹ wiederaufleben zu lassen, ist mir ein Rätsel.« – Fulbrook, »Politik, Wissenschaft und Moral«, S. 464.
44 Vgl. beispielsweise: Pollack, »Modernization and modernization blockades«.
45 Vgl. Kocka, »Die DDR – eine moderne Diktatur?«; ders., »The GDR«.
46 Vgl. Jarausch, »Realer Sozialismus als Fürsorgediktatur«. Ähnlich die Aussage Manfred G. Schmidts zur DDR »in Richtung eines autoritären, zentralisierten, letztlich überwiegend steuerfinanzierten Wohlfahrtsstaates vom Typus der Staatsbürgerversorgung«. – Schmidt, »Grundzüge der Sozialpolitik der DDR«, S. 299.

antiemanzipatorische Haltung, die auf Beruhigung und Bedarfssubstitution zielte. Es ist demnach stets zwischen der Selbstsicht der DDR als eines modernen, gar besseren, weil weiter entwickelten Staates und der Fremdsicht auf eine in westlicher Hinsicht unmoderne Gesellschaft zu unterscheiden.

In der neueren Soziologie haben sich vor allem Wolfgang Zapf und Rainer Geißler mit der Modernisierung befasst. Ersterer geht davon aus, dass man sich hier mit »tief greifenden Wandlungsprozessen langfristiger Art, die zumindest ex post eine klare Richtung haben«[47], auseinanderzusetzen habe, wobei vorauszusetzen wäre, dass die DDR ohne staatliche Restriktionen »zwangsläufig den Modernisierungstendenzen einer entwickelten Industriegesellschaft«[48] gefolgt wäre. Folgt man jener In-Maßstabsetzung der entwickelten westlichen Gesellschaften, so erweist sich die DDR als Staat mit weitgehenden Modernisierungsdefiziten[49], aber auch einigen Modernisierungsvorläufen, die sich auch auf der Mesoebene – eine solche stellt beispielsweise die Beschäftigung mit dem Tourismus dar – untersuchen lassen. Dies beinhaltet jedoch stets die Gefahr einer von den Ereignissen 1989 ausgehenden, retrospektiven ›Es musste alles so und nicht anders kommen‹-Sicht, die im Hinblick auf mögliche Handlungsalternativen während des Bestandes der DDR-Gesellschaft vermieden werden sollte.

Eine modernisierungstheoretische Perspektive in der Betrachtung der DDR-Geschichte im Allgemeinen und der Tourismusgeschichte im Besonderen bietet sich an, weil damit deutlich wird, dass sich auch die DDR der Notwendigkeit gegenübersah, spezifische Probleme – für die DDR waren es qua ideologischem Hintergrund oft Dilemmata – der modernen Gesellschaft zu bewältigen. Geht man davon aus, dass Modernisierung im 20. Jahrhundert im Schwerpunkt eine funktionale und soziale Differenzierungsleistung beinhaltete, so wird klar, warum das ideologisch auf eine Entdifferenzierung zustrebende System hier in Schwierigkeiten kam. Die Realpolitik, die im Interesse politischer Stabilität vor allem reaktions- und effektorientiert gegenüber der Bevölkerung handelte, neigte sich eher der Differenzierung zu.

Rainer Geißler hat für die DDR eine Anzahl von Modernisierungsdefiziten bei wenigen Modernisierungsvorläufen ermittelt, was ihn zur Einschätzung ei-

---

47 Zapf, »Modernisierung und Transformation«, S. 474.
48 Mühlberg, »Die DDR als Gegenstand kulturhistorischer Forschung«, S. 24.
49 Diese Aussage stellt zugleich den wichtigsten Kritikpunkt an der Theorie dar. Dazu Rainer Geißler: »Sein ›Westzentrismus‹ kollidiert mit ostdeutschen Befindlichkeiten, denn das Modernisierungskonzept rückt die ›Rückschrittlichkeit‹ in Ostdeutschland und die Grundtendenz zur ›Verwestlichung‹, zur ›Anpassung‹ an den fortschrittlicheren Westen‹ ins Zentrum und nicht so sehr ostdeutsche Besonderheiten und deren Überleben.« Geißlers Beitrag bietet zudem eine Skizze von Modernisierungsvorsprüngen und -defiziten. – Geißler, »Nachholende Modernisierung mit Widersprüchen«, S. 22.

ner nach 1989 stattgefundenen ›nachholenden Modernisierung mit Widersprüchen‹ bringt.[50] Seine auf die gesamtgesellschaftlichen Verhältnisse zielenden Erkenntnisse zeigen sich auch in der Tourismusgeschichte der DDR. Geißler ermittelt folgende für den Tourismus relevante Rückständigkeiten: Wohlstands- und Produktivitätskluft, übermäßige Machtkonzentration, hohe soziale Nivellierung bei gleichzeitiger Politisierung des sozialen Ungleichheitsgefüges, Tertiärisierungsrückstand und deformierter Dienstleistungssektor, Quasi-Vernichtung des alten Mittelstandes, defizitäre Arbeitsgesellschaft. Beispielhaft werden im Folgenden einige Entwicklungen, die in den darstellenden Kapiteln III bis VII detailliert ausgeführt wurden, exemplarisch erneut aufgegriffen.

Die Wohlstands- und Produktivitätskluft, auch bedingt durch eine defizitäre, weil kaum auf Leistungsbereitschaft abzielende Arbeitsgesellschaft, führte zu erheblichen Problemen im touristischen Bereich. Zwar erhöhte sich die Reiseintensität in der DDR im Laufe ihrer staatlichen Existenz enorm, denn wie auch andere Gesellschaften hatte die DDR in der Nachkriegszeit, vor allem den sechziger und siebziger Jahren einen touristischen *take off* zu verzeichnen. Jedoch bremsten Angebotsbeschränkungen dieses Wachstum – nicht hinsichtlich der Reiseintensität im Allgemeinen,[51] wohl aber in den Differenzierungen des touristischen Angebots. Nicht nur waren Erweiterungen des Angebots angesichts der geringen Produktivität kaum möglich, hinzu kam erheblicher Personalmangel. Automatisierungs- und andere Rationalisierungsbemühungen schlugen weithin fehl. Bezeichnend war die nur schleppende Nutzung der EDV im Tourismus. Wo nicht – wie aufgrund der hohen Besucherzahlen an der Ostseeküste der DDR – zwingend notwendig, wurden arbeitskräftetensive und produktivitätshemmende Verwaltungs- und Organisationsstrukturen beibehalten.

In der Vielzahl verantwortlicher und vielfach verflochtener entscheidungsbefugter Stellen im touristischen System konzentrierten und verloren sich gleichzeitig die Macht und das Durchsetzungsvermögen für tourismuspolitische Modernisierungen. Die anzunehmende diktatorische Verfügung über die Stoßrichtung einer angeblich zentralgeleiteten Tourismuspolitik erwies sich als nicht existent. Stattdessen kam es im Machtbereich Einzelner hauptsächlich zu

---

50 Vgl. dazu und im Folgenden: Geißler, »Nachholende Modernisierung mit Widersprüchen«, 13.10.2008, http://www.bpb.de/publikationen/QWK2Q4,0,0,Nachholende_ Modernisierung_mit_Widerspr%FCchen.html
51 Diese war mit etwa 53 Prozent der Haushalte im Jahr 1988 vergleichbar hoch wie in der Bundesrepublik. – Vgl. Datenkompilation von Susanne Müller in Anlehnung an die Wiederholungsbefragungen des Instituts für Marktforschung WHB 3 und WHB 4/1. Abgedruckt in: Müller, *Von der Mangel zur Marktwirtschaft*, Anlage 63.

individuellen Vorteilnahmen. Hier standen sich gleichzeitig zwei auf die Bevölkerung wirkende soziale Differenzierungsprinzipien entgegen, nämlich hohe soziale Nivellierung bei paralleler Politisierung des sozialen Ungleichheitsgefüges. Nicht nur auf oberen Verwaltungsebenen, sondern bis auf jeden einzelnen Bürger hinunter entstand ein System fein abgestufter Gratifikationen, die vom politischen Status, nicht aber der sozialen Zugehörigkeit des Einzelnen abhängig waren. Insgesamt jedoch wurde innerhalb der großen Gruppe der ›Durchschnittsbürger‹ auf individuelle Wahlfreiheit wenig Wert gelegt. Für eine zentrale Planungswirtschaft stellte diese Optionalität zum einen ein konzeptionelles Problem dar, zum anderen war sie ideologisch nicht gedeckt. Flächendeckende Grundversorgung mit weitgehend uniformen Angeboten war vorrangig. Nichtsdestoweniger erkannte beispielsweise die Marktforschung der DDR die Dezentralisierung der Touristenströme, was jedoch nicht zu tiefgreifenden Veränderungen auf dem Reisemarkt der DDR führte. Individualisierung im westeuropäischen Geschichtsstrang schließt ein: kalkulatorisches Geschick; Mut zum Anderssein, zum Spiel mit Formen und Konventionen, funktional betrachtet: Unterscheidungszwang, um Handlungsbeiträge, damit Verantwortung, eindeutig zurechnen zu können; Nutznießung von Synchronisierungslücken, von Richtungs- und Normkonflikten zwischen eigensinnigen Sozialprozessen; Rückzug aus sozialen Verfügungszusammenhängen, die nie den ganzen Menschen, sondern nur einzelne Verhaltensbezirke engagieren und nachfolgende ›Reflexion-in-sich‹, Sammlung und Zentrierung der so gewonnenen Persönlichkeitsbausteine.[52] Die hier spezifische ›Einsamkeit‹[53] des Menschen widersprach dem sozialistischen Menschenbild, welches weitgehend auf Kollektivismus, gesellschaftliche Integration und entsprechendes Engagement abhob.

Der für die DDR typische Tertiärisierungsrückstand und deformierte Dienstleistungssektor war im Touristischen besonders prekär. Das mangelhafte Anreizsystem in sozialistischen Betrieben und die Existenz eines extremen Anbietermarktes verhinderten Servicetendenzen weitgehend. Es bestand abseits der propagandistischen Wirkung solcher Verbesserungen kaum eine Notwendigkeit, dem Kunden in seinen touristischen Wünschen entgegenzukommen. Der Servicegedanke verbot sich in der zentralen Planwirtschaft von selbst, da keinerlei individuelle Verbesserungsmöglichkeiten im umfassenden Zuteilungssystem bestanden. Rationalisierung bei gleichzeitiger Verbesserung der Dienstleistung am Touristen war demnach höchstens eine von übergeordneten Stellen erlassene Vorgabe, die nicht am Kunden, sondern an eruierten

---

52 Engler, *Die ungewollte Moderne*, S. 69f.
53 Vgl. Beck, *Risikogesellschaft*, S. 135.

Schwächen des Systems ausgerichtet wurde. Nur in dem Versuch, diese zu beseitigen, wurden solche Maßnahmen genehmigt und wirtschaftlich mit unterfüttert.

Mit der Zwangskollektivierung eines Großteils der touristischen Infrastruktur und der Quasi-Vernichtung des bestehenden mittelständischen Beherbergungs- und Gastronomieangebots folgte die Tourismuspolitik der DDR einer allgemeinen Entwicklung des politischen Systems hin zur zentral geleiteten, staatlich kontrollierten Wirtschaft. Der Feriendienst des FDGB trat hierbei als Erfüllungsgehilfe auf und unternahm entsprechende, rechtlich oft nicht gedeckte Aktionen, um freie Angebote in das staatliche touristische System zu überführen.

Geißler betont aber neben den zahlreichen Defiziten auch das Mehr an sozialer Sicherung, welches unter anderem durch die sozialtouristischen Angebote entstand. Er klassifiziert dieses nicht als Modernisierungsvorsprung, sondern als Verschontbleiben von einer unabwendbaren Begleiterscheinung der modernen Gesellschaft auf Kosten wirtschaftlicher Gesundheit. Für den mit entsprechenden Gratifikationen abgesicherten Bürger war dies jedoch nachrangig, wohingegen das Versorgtsein zunachst im Mittelpunkt der Wahrnehmung stand. Geißler kommt schließlich zu einer Erkenntnis, die die Leitfrage dieser Arbeit nach dem fragilen Verhältnis von stabilisierender und destabilisierender Wirkung sozialpolitischer Bemühungen untermauert, indem er meint: »Die Versagungen, die sie [die Modernisierungsdefizite, H.W.] abverlangten, wogen erheblich schwerer als das Gratifikationsplus durch die Vorsprünge oder die höhere soziale Sicherheit.«[54]

Modernisierung scheint mithin in der DDR vor allem auf der Ebene der inneren Bewusstheit der Bürger stattgefunden zu haben. Bereits seit den sechziger Jahren lässt sich nachweisen, dass die Einstellungen und Haltungen der Menschen in der DDR dem entsprachen, was die Bevölkerungsmehrheit, politische Entscheidungsträger und Wirtschaftsunternehmen zeitgenössisch im westlichen Europa als modern ansahen und als Ziel verfolgten, der Plananspruch des sozialistischen Staates jedoch war unmodern. Da beide Seiten jedoch nicht zu trennen sind, kann von einer partiellen Modernisierung mit Modernisierungsrückständen und -vorläufen gesprochen werden. Das heißt, die DDR(-Bürger) hatte(n) grundsätzlich an den meisten Ausdifferenzierungs- und Individualisierungsprozessen moderner Gesellschaften teil, mehr jedenfalls,»als es die Kollektivrabulistik und die marode Verfassung der sozialis-

---

54 Geißler,»Nachholende Modernisierung mit Widersprüchen«, 13.10.2008, http://www.bpb.
de/publikationen/QWK2Q4,2,0,Nachholende_Modernisierung_mit_Widerspr%FCchen.
html#art2.

tischen Wirtschaft vermuten lassen«.⁵⁵ Systemisch betrachtet muss man aber feststellen, dass sich das touristische System aufgrund politischer, wirtschaftlicher und gesetzlicher Zwänge kaum modernisierte, weder der organisierte Bereich noch jene individuellen touristischen Formen. Zwar fand in den siebziger Jahren ein schrittweiser Umbau des auf Produktion orientierten Sozialismus unter Ulbricht hin zur Konsumorientierung Honeckers statt, doch zeigte die DDR durchgehend vor allem im Grundlagen generierenden wissenschaftlich-technischen Bereich enorme Strukturmängel. Das Modernisierungspotenzial wurde demnach nur teilweise ausgeschöpft. Dadurch entstand zwischen den unterschiedlichen Bereichen ein ›Modernitätsversatz‹.

Die Eigendynamiken solcher Subsysteme berücksichtigend wird klar, dass die Integrationsleistung des Staates immer höher hätte werden müssen. Da dieser aber einen umfassenden Gestaltungsanspruch vorlegte, der den Individualisierungstendenzen der Moderne diametral gegenüberstand, überforderte das System sich selbst.⁵⁶ Jeder Modernisierungsweg in der DDR blieb demnach Teil des Selbstverständnisses der SED als *policy maker*, die sich »in Perpetuierung der revolutionären Lage«⁵⁷, auf welche sich ihr Machtmonopol gründete, als einzig legitime Gewalt betrachtete. Hasso Spode hat dies bereits 1996 als ›Potemkinsche Modernisierung‹⁵⁸ bezeichnet und folgte damit Stefan Wolle, der Fürst Potemkin als ›geeigneten Nationalheiligen‹⁵⁹ der DDR ausgewiesen hatte. In konkretem Bezug zum Reisen hat Norbert Ropers schon 1986 darauf verwiesen, dass in den westlichen Industriegesellschaften »Reisen aller Art als selbstverständlicher Ausdruck des Rechts auf individuelle Freizügigkeit und als integraler Bestandteil der modernen Gesellschaft«⁶⁰ gelten und Raumüberwindung zentrales Kennzeichen der Industriegesellschaft ist. Damit macht er deutlich, dass Tourismus individuell erfahrbare Erlebnismobilität ist und nicht nur der Befriedigung eines Grundbedürfnisses dient. Damit wird zum einen der Unterschied zum Tourismus in der DDR, der in seinen (sozialtouristischen) Formen oft an ein Unbehagen an der Moderne erinnert, überdeutlich.

Zum anderen aber zeigte sich durch die Nachwendeentwicklung der Nachholbedarf auf dem Gebiet der DDR. Die Transformation war demnach ein Teil der nachholenden Modernisierung innerhalb der ergebnisoffenen

---

55 Hornbostel, »Spätsozialismus, Legitimierung und Stabilität«, S. 17.
56 Vgl. ebd., S. 24.
57 Srubar, »War der reale Sozialismus modern?«, S. 418.
58 Spode, »Tourismus in der Gesellschaft der DDR«, S. 28.
59 Wolle, *Die heile Welt der Diktatur*, S. 163.
60 Ropers, *Tourismus zwischen West und Ost*, S. 59. Vgl. auch: Grümer, »Gesellschaftliche Rahmenbedingungen für Mobilität / Tourismus / Reisen«, S. 17.

»weitergehenden Modernisierung«[61] sowie ein Sonderfall ost- und mitteleuropäischer Transformationsprozesse hinsichtlich eines »extern gesteuerten Institutionentransfers«[62]. Rainer Geißler hat Veränderungen – genannt sind hier nur jene, die auch im Tourismussektor nachvollzogen werden können – folgendermaßen gekennzeichnet[63]: Durch die Dezentralisierung der Macht konnten leistungssteigernde soziale Differenzierungsprozesse nachgeholt werden. Die Tertiärisierungslücke, das heißt die mangelnde Besetzung des Dienstleistungssektors, wurde abrupt geschlossen. Dies ist besonders im stark serviceorientierten touristischen Bereich deutlich geworden. Eine ›Kuriosität‹ dieser Entwicklung ist beispielsweise privates Ideentum, das mittels direkter Kontaktaufnahme durch den einzelnen Bürger dem verantwortlichen Minister für Tourismus dargelegt wurde.[64]

Wenn nun, wie Hasso Spode 1996 schrieb, in der DDR die Moderne »Wille und Vorstellung«[65] blieb, so sagt dies noch wenig darüber aus, ob dies Vorstellungen eines linearen Fortschrittmodells sind. Es ist aus der Retrospektive und dem Wissen um eine weitgehende Übernahme des bundesrepublikanischen Modells im Tourismus schwer nachzuvollziehen, an welcher Stelle – zeitlich, räumlich und funktionell – die Änderungen der Verhältnisse auch andere hätten sein können. Dies gehört zum Bereich der in der Schlussbetrachtung behandelten offenen Fragen und dort wiederum zum Punkt der von der Alternativgeschichte angestellten Überlegungen.

VIII.3 Typen legitimer Herrschaft nach Max Weber

Ein fruchtbares politikwissenschaftliches Modell stellt die Webersche Annahme dreier reiner Typen legitimer Herrschaft dar, die als Idealformen gelten können, in der Realität aber nur in Mischung und als Annäherung vorkommen. Weber nennt sie ausgehend von ihrer Legitimitätsgeltung Herrschaften rationalen, traditionalen oder charismatischen Charakters.

Im Fall der satzungsmäßigen Herrschaft wird der legal gesetzten sachlichen unpersönlichen Ordnung und dem durch sie bestimmten Vorgesetzten kraft formaler Legalität seiner Anordnungen und in deren Umkreis gehorcht. Im Fall der traditionalen Herrschaft wird der Person des durch Tradition berufe-

---

61 Zapf, »Die Modernisierung und Modernisierungstheorien«, S. 35.
62 Brie, »Russland«, S. 45.
63 Vgl. Geißler, *Die Sozialstruktur Deutschlands*, S. 183 und S. 368.
64 Vgl. Reiseroutenvorschlag im *Anhang 43*.
65 Spode, »Tourismus in der Gesellschaft der DDR«, S. 27.

nen und an die Tradition (in deren Bereich) gebundenen Herrn kraft Pietät im Umkreis des Gewohnten gehorcht. Im Fall der charismatischen Herrschaft wird dem charismatisch qualifizierten Führer als solchem kraft persönlichen Vertrauens in Offenbarung, Heldentum oder Vorbildlichkeit im Umkreis der Geltung des Glaubens an sein Charisma gehorcht.[66]

Legitimität ist in dieser Hinsicht mit Niklas Luhmann in der »generalisierten Bereitschaft, inhaltlich noch unbestimmte Entscheidungen innerhalb gewisser Toleranzgrenzen hinzunehmen«[67], zu erkennen. Dabei stützt sich jede der Weberschen Herrschaftsformen auf einen erfüllenden Verwaltungsapparat. Dieser gehorcht dem/n Herrschenden sowohl aus Überzeugung als auch aus Gewohnheit und Eigeninteresse. Das heißt, der Legitimationsanspruch des Herrschers – als natürliche oder juristische Person[68] – und der Legitimationsglauben der Verwaltung fallen zusammen. Bezogen auf die DDR zeigt sich der Anspruch auf legale und charismatische Legitimität.

Erstere ist im Tourismus, wie auch in allen anderen Herrschaftsbereichen, klar durch die Existenz gesellschaftlich verbindlicher Satzungen der Partei sowie des bürokratischen Apparats sichtbar. Letztere offenbart sich in der staatlich propagierten höheren Einsicht der Verantwortlichen in das Wesen des Sozialismus. Zum FDGB schreiben Weinert und Gilles beispielsweise:

»Politisch-ideologische Legitimations- und Kontrollfunkionen mit pseudo-alternativer Interessen- und Wertbezogenheit (Binnen-Legitimation) […] Öffentliche Inszenierung des Massenvertrauens für Partei und Staat bei gleichzeitiger Institutionalisierung des Misstrauens (Außen-Legitimation) […] Zentrale Verteilungsinstanzen für sozialstaatliche Leistungen in einer Mangelgesellschaft …«[69]

Ablehnend äußerten sich hingegen Thomas Lindenberger und Martin Sabrow, die der DDR bescheinigen, sie ließe sich »in Max Webers Kategorien nur schwer verorten; ihr Herrschaftssystem war weder traditional noch bürokratisch-legal, aber charismatisch schon gar nicht.«[70] Diese Auffassung hat jedoch vorrangig die tatsächliche Ausprägung der Herrschaft aus dem Blickwinkel der demokratisch entwickelten Gesellschaft im Blick, es geht in der Diskrepanz der Auffassungen also augenscheinlich um eine Sinnverschiedenheit von ›Anspruch auf etwas erheben‹ und tatsächlichem ›Sein‹. Im Tourismus zumindest lassen sich durchaus Aspekte der Weberschen Kategorien entdecken.

---

66 Vgl. Weber, *Wirtschaft und Gesellschaft*, S. 124.
67 Luhmann, *Legitimation durch Verfahren*, S. 28.
68 Hier geht man über Weber hinaus, der für die charismatische Legitimität nur natürliche Personen annahm.
69 Wienert/Gilles, *Der Zusammenbruch des Freien Deutschen Gewerkschaftsbundes*, S. 22.
70 Lindenberger/Sabrow, »Zwischen Verinselung und Europäisierung«, S. 124.

Es war hinsichtlich der Weberschen Vorstellung von drei Typen legitimer Herrschaft davon die Rede, dass sich Legitimität in der Bereitschaft äußere, inhaltlich noch unbestimmte Entscheidungen der legitimierten Herrschaft in bestimmten Toleranzgrenzen zu akzeptieren. Dies geschah weithin auch im Tourismus und wurde durch ›pseudo-demokratische‹ Strukturen unterstützt. Die sozialtouristischen Angebote beispielsweise tragen in der Vergabepraxis der gewährenden Institutionen und der nicht vorhandenen Einklagbarkeit Züge der Willkür. Doch der autoritäre Umgang wirkt – propagandistisch vermarktet – als Durchgangsstadium auf dem Weg zu einer gereiften Form des Sozialismus, in denen die paternalistische Fürsorge des Staates nicht mehr durch ökonomische Mängel behindert wird. Für jene aber, die diesem Gedanken keinen Glauben schenkten, gab es andere Möglichkeiten der Bindung an das System. Es war dies die für das Reisen so bedeutsame willkürliche Gewährung von Privilegien. Sie hielt den Bürger in der Hoffnung auf Veränderungen.

Mit allen konkreten touristischen Vorstellungen und Wünschen wandten sich DDR-Bürger an ein Geflecht unterschiedlicher Verwaltungsinstanzen, deren Stabilität durch partielle Flexibilität gewahrt wurde. So herrschte beispielsweise im Feriendienst des FDGB die Einstellung, man wolle, könne und solle sich als Institution nicht wandeln, doch Beschlüsse dürften nicht zu rigide angewandt werden, sondern müssten dem Wandel der Bürgerinteressen angepasst werden. Lange Zeit behauptete sich diese ›Politik der kleinsten Schritte‹, doch in den späten achtziger Jahren ging es ›an die Substanz‹. An diesem Punkt funktionierte das abgestufte System von Privilegien und Umgehungen aufgrund der defizitären staatlichen Planung nicht mehr. Da jedoch auch individuelle Verantwortung im System paternalistischer Machtausübung unerwünscht war, verloren die Institutionen zunehmend ihre Integrationskraft.

An diesem Punkt erhielt sich die legale Legitimität – beruhend auf Gesetzen, Satzungen und Statuten – noch, doch begann die charismatische Legitimität, jener Glauben daran, die Herrschenden verfügten über eine tiefere Einsicht in das Wesen des Sozialismus, zu bröckeln. Wenn Erich Mielke 1989 stotternd und offensichtlich völlig ungläubig hervorbrachte »Ich liebe doch alle, alle Menschen!«, so kündet dies von dem intendierten Verhältnis eines liebenden, aber auch strafenden ›Vater Staat‹ gegenüber seinen unmündigen Bürgern. Auf dieser kindlich unemanzipierten Entwicklungsstufe[71] ließen sich

---

71 Dieser Befund widerspricht der Modernisierung auf der Ebene der Bürger der DDR insofern nicht, als dass sich hier deutlich die Diskrepanz zwischen einem individuellen Modernisierungswillen und der mangelnden systemischen Umsetzung der Moderne offenbart. Die Transformation nach 1989 wäre in der geschehenen Form nicht möglich gewesen, wenn die Bürger der DDR nicht zumindest gedanklich schon vor 1989 den Schritt zu einem Leben in einer entwickelten westlichen Industriegesellschaft vollzogen hätten, quasi mindestens me-

die meisten DDR-Bürger, bedingt durch positiv empfundene symbolische und materiale Ergebnisse sozialistischer Politik und eben jenen Vertrauensvorschuss in die legitime Herrschaft, viele Jahre halten, doch 1989 bedeutete – quasi ontogenetisch betrachtet – ein Erwachsenwerden der Masse, die ihre Geschicke nun in eigene Hände nehmen wollte. Im Tourismus bedeutete dies, sich im Wortsinn und auf eigenen Füßen selbst ein Bild von der Welt zu machen und nicht mehr auf die vorgeführte Scheinrealität des Staates zu vertrauen.

VIII.4 Handlungstheoretische Mikrotheorien

Mit der in den achtziger und neunziger Jahren vollzogenen Hinwendung zu einer auf Meso- und Mikroebene angesiedelten Theorie gerät zunehmend ins Blickfeld, wie Herrschende, deren exekutiver Verwaltungsapparat und Bevölkerung in der Systemkonstellation zusammenwirkten.[72] Einen ergänzenden Ansatz unterstützt Johannes Huinink, der darauf hinweist:

»Man sollte zwischen drei verschiedenen Betrachtungsperspektiven unterscheiden [...]. Zum einen ist darzulegen, wie sich die Beziehung zwischen Individuum und Gesellschaft in dem ideologischen Anspruch der politischen Machtelite darstellte. Man muß diese Beziehung zum zweiten, unter Umständen kontrastierend dazu, vor dem Hintergrund der faktischen staatlichen Strategien und Handlungsweisen den Bürgern gegenüber untersuchen. Man muß drittens das Verhältnis zwischen Bürger und Staat aus der Sicht der Bürger selbst thematisieren.«[73]

Bezüglich der DDR-Geschichte zeigt sich dies im Interesse an handlungstheoretischen Mikrotheorien, beispielsweise Alf Lüdtkes ›Herrschaft als soziale Praxis‹[74] und Thomas Lindenbergers ›Eigen-Sinn‹[75], die vor allem das interakti-

---

dial in dieser Hinsicht sozialisiert worden wären. Die Transformationszeit ist als eine Art Erwachsenwerden zu begreifen, das ein tatsächliches Ankommen in der Moderne bedeutet.

72 Vgl. beispielsweise: »Max Weber hat behauptet, dass man Herrschaftstypen nur dann richtig verstehen kann, wenn man die Legitimitätsansprüche der Herrscher und die Gehorsamsbereitschaft ihrer Funktionäre beachtet. Dies scheint mir zutreffend zu sein. Der Gehorsam der Funktionäre ist vielleicht noch wichtiger als der Gehorsam der Bevölkerung. Die Massen können sich ohne allzu viele politische Konsequenzen in die innere Emigration flüchten [...] Es muß aber noch etwas hinzukommen: Man muß diese Faktoren im Zusammenhang mit einer breiteren Sozial- und Strukturgeschichte betrachten.« – Fulbrook, »Herrschaft, Gehorsam und Verweigerung«, S. 84.

73 Huinink, »Individuum und Gesellschaft in der DDR«, S. 25.
74 Vgl. Lüdtke, *Herrschaft als soziale Praxis*.
75 Vgl. Lindenberger, *Herrschaft und Eigen-Sinn in der Diktatur*.

ve Moment von Herrschaft betonen, dabei aber zwangsläufig die innere Dynamik des Regimes vernachlässigen und manchmal in der Frage nach hinter konkretem Verhalten liegenden Normen, Werten und Einstellungen an die Grenze des retrospektiv Ermittelbaren[76] gelangen.

Einen interessanten Ansatz zur Bewältigung dieses methodischen Problems bieten die Forschungen Victoria de Grazias zur Funktionsweise des italienischen Faschismus auf der Basis einer *Culture of consent*.[77] De Grazia fragt hierbei nach verhaltensdeterminierter Zustimmung zum System und damit auch nach – wenngleich oftmals passiver – Mitwirkung. Dabei verweist sie aber auch auf das Nebeneinander von Zwang und Zustimmung. Sie lässt dabei die Ursachenforschung für ein bestimmtes Einvernehmen weitgehend außen vor und konstatiert lediglich das Vorhandensein verschiedener Motive für ein bestimmtes Verhalten. Dieses behavioristische Modell fragt also nach dem historisch besser fassbaren ›Was kann als Zustimmung gedeutet werden?‹ anstatt der nur mikrohistorisch[78] zu bewältigenden Rekonstruktion von Einstellungen und Meinungen. Seine Grenze findet es allerdings in partieller echter Übereinstimmung – dem deutschen ›Konsens‹-Begriff –, die tendenziell immer größer wurde, je mehr die staatliche Führung von der Verbreitung einer offiziellen politischen Lehre des Sozialismus Abstand nahm und sich allgemeineren Ideen sozialistischer Lebensführung – Förderung von Gerechtigkeit, Gleichheit, Fleiß, Disziplin et cetera[79] – und deren Institutionalisierung[80] zuwandte. Dieses Prinzip jedoch wurde beizeiten durch die zwiespältige Wirkung des Paternalismus, der umfassenden Verantwortlichkeit des Staates für die –

---

76 Vgl. Thomas Lindenbergers Überlegungen zum Eigen-Sinn, ein Begriff, der »das breite Spektrum von Deutungsmustern, Aneignungsweisen und Motivationen, mit denen Individuen auf Herrschaftsansprüche reagieren konnten und die zu engagiertem Mitmachen, konformistischer Loyalität, passiver Distanz, stillschweigender Ablehnung oder auch offener Opposition führten«, abdeckt. – Projektmeldung des ZZF Potsdam, 16.3.2005, http://www.zzfpdm.de/projekte/heidi.html.

77 Vgl. de Grazia, *The Culture of Consent*. In eine ähnliche Richtung weist der Ansatz von Charles S. Maier zum ›Ansteckungsstaat‹, der sich auf das ›Mitmachen‹ der Bevölkerung bezieht, aber auch die Legitimitätsfrage neu stellt. – Vgl. Maier,»Geschichtswissenschaft und ›Ansteckungsstaat‹«, S. 622. In der Auseinandersetzung um die Begrifflichkeiten ›Unrecht‹, ›Fürsorge‹ und ›Zwang‹ zudem: Jarausch,»Care and coercion«.

78 Zwar gibt es auch Versuche, die dem Verhalten zugrunde liegenden Einstellungen makrohistorisch zu fassen, doch dann stützen sich die Erkenntnisse zumeist nur auf die staatliche und parteiliche Überlieferung – beispielsweise in Eingabenberichten, Marktforschungen und ähnlichem – und spiegeln lediglich Wahrnehmungen der Oberen.

79 Vgl. Lindenberger,»Die Diktatur der Grenzen«, S. 22. Oder auch die *Statuten aller Kinder- und Jugendorganisationen der DDR*, 16.3.2005, http://www.ostprodukte.de/wissenswertes/ pioniere/statut.php.

80 Vgl. allerdings in pejorativer Deutung die intermediär und integrativ verstandene Funktion der Massenorganisationen bei Fulbrook, *Anatomy of a dictatorship*, S. 57.

selbst privaten – Belange seiner Bürger, ausgehebelt. Er wirkte als »Strategie konservativen Systemmanagements [...] gleichermaßen integrativ und desintegrativ«[81].

›Unmündig‹, wie im vorhergehenden Unterkapitel benannt, soll jedoch nicht bedeuten, dass von Seiten der Bürger keine Interessenartikulation stattfand, sondern dass diese häufig nicht sanktionsfrei war. Den Forschungen beispielsweise von Udo Lindenberger und Alf Lüdtke haben wir es zu verdanken, über Divergenzen zwischen diktatorischer Machtausübung, Alltagsinteressen der Bürger und verwaltungstechnische Vermittlungen informiert zu sein. Die Bestimmung der Grenzen der totalitären Machtausübung erscheint für touristische Fragen besonders relevant, weil die Interessenlage der Bürger und die politischen und wirtschaftlichen Rahmenbedingungen der Politik oft ausgesprochen weit auseinanderlagen. Hier wird also besonders deutlich, wie der Staat vorgeblich ›für das Volk‹, kaum je ›durch das Volk‹ und nur teilweise und partiell nur gezwungenermaßen ›mit dem Volk‹ agierte.

Um dies jedoch weniger anfällig für Unmutsäußerungen zu tun, wurde ein ausgefeiltes Belohnungssystem zu einem wichtigen Moment staatlichen Handelns. Es diente sowohl der öffentlichen Motivation als auch der individuellen Identifikation mit dem Staat. Das staatliche Belobigungsverhalten geschah weithin über sozialpolitische Maßnahmen. Dies bedingte – vor allem durch das Gießkannenprinzip der Verteilung wohlfahrtsstaatlicher Maßnahmen – eine zunehmende Unabhängigkeit des Einzelnen von materiellen Abhängigkeiten. Der staatlich organisierte Urlaub beispielsweise war so preiswert, dass er keinerlei Ansprüche an Leistung stellte, um ihn finanziell leisten zu können. Die nicht intendierte Folge jener Politik war die Orientierung der Menschen auf bisher unerfüllte Wünsche und auf staatlich nicht oder wenig observierte Bereiche gesellschaftlichen Lebens. Dies jedoch interessierte die Herrschenden zunächst wenig, denn totalitäre Macht braucht keine tatsächliche Zustimmung der Massen ›aus tiefstem Herzen‹, sondern nur den propagandistischen Schein derselben. Gemeint ist damit, dass eine verbale Zustimmung oder ritualistische Teilhabe[82] und selbst das bloße Stillhalten den gewünschten Legitimierungszweck erfüllten. Um diese zu erhalten, bedurfte es augenscheinlich bis 1989 vor allem der Berücksichtigung und Lösung konsumpolitischer Fragen. Aspekte des Lebensstandards, der Versorgung mit ›Waren des täglichen Bedarfs‹, Klärung von Wohnungsmängeln und Ähnlichem galt ein überaus hohes Maß der Diskussionen in hohen politischen Führungsgremien, sie waren »Dauer-

---

81 Meyer, »Der versorgte Mensch«, S. 30–32.
82 Vgl. Pollack, *Wie modern war die DDR?*, 11.1.2005, http://fit.euv-frankfurt-o.de/ Veroeffentlichungen/Discussion%20Papers/PDF-Format/01_04Pollack.pdf, S. 22. Detlef Pollack in Anlehnung an: Merton, *Soziologische Theorie und soziale Struktur*, S. 135ff.

brenner«[83] in den Sitzungen des Politbüros. Es scheint, als habe viele Jahre das Bemühen der Herrschenden, bürokratische Macht integrativ auszuüben, die materiellen Lebensbedingungen zu verbessern, materielle Gratifikationen zu gewährleisten, individuelle Identifikationen zu gestatten (Privatismus[84], Lokal- und Regionalidentifikation[85]) und zunehmend Anhaltspunkte der politischen Entspannung (zum Beispiel Reiseerleichterungen) zu geben, Vorrang gehabt vor den Anzeichen des letztlichen Scheiterns dieser Anstrengungen.

Die integrative, stabilisierende Wirkung des Paternalismus hat demnach einerseits aus den eigenen konkreten Leistungen heraus gewirkt. Andererseits aber wurde sie durch eine ausgefeilte Maschinerie von Agitation und Propaganda ins rechte Licht gerückt. Diese beeinflusste die Wahrnehmung der Bürger im Sinne des Staates. In – oft inszenierten – Kommunikationshandlungen von Bürgern und Staat bezeugte man sich gegenseitig, dass diese Strategie konservativen Systemmanagements funktionierte. Unter der Oberfläche jedoch war die Fürsorgepolitik umstrittener.[86] Da stellten sich Vorstellungen von Gleichheit und sozialer Gerechtigkeit gegen den Wunsch nach leistungsgerechter Bezahlung und Belohnung, da wurde die ordnende Rolle des Staates auch als Beschneidung politischer und persönlicher Freiheitsrechte wahrgenommen, und die gewährten Freiheiten waren als widerrufbare Gefälligkeiten offensichtlich. Dies führte erstens zu Unsicherheiten und zweitens zu Forderungen nach einer Anhebung des seit der Mitte der achtziger Jahren weitgehend auf einem Plateau verharrenden Leistungsniveaus der Sozialpolitik in der DDR. Vielen Bürgern wurde der Preis für das Versorgtsein bewusst, und sie schätzten ihn zunehmend als zu hoch ein. Eigeninitiative und -verantwortung, Risiko- und Einsatzbereitschaft, Kreativität und Innovationsinteresse waren nicht erwünscht und wurden dementsprechend von staatlicher Seite nicht honoriert. All das aber glaubten viele Bürger im System der Bundesrepublik zu erkennen, ohne dieses angesichts der eingeschränkten, vor allem auf den medialen Bereich beschränkten Kommunikations- und Informationsmöglichkeiten in allen Konsequenzen überblicken zu können.[87]

Mit diesen wissenschaftlichen Überlegungen wird im Verlauf der Dominanz verschiedener Makrotheorien die historische Berücksichtigung der Rolle der Bevölkerung gestärkt.

---

83 Kaminski, »Herrschaftsgeschichte als Konsumgeschichte«, S. 124.
84 Vgl. Volksmund: ›Privat geht vor Katastrophe.‹
85 Vgl. Riesenberger, »Heimatgedanke und Heimatgeschichte in der DDR«.
86 Vgl. Hockerts, »Soziale Errungenschaften?«
87 Vgl. Hildebrandt: »Die Bildröhre ist das Präservativ der Realität.« – Zitiert bei: Zoppel: *Rezension zu: Schubbauer, Thomas: Umbruch im Fernsehen*, 11.1.2005, http://hsozkult.geschichte.hu-berlin.de/rezensionen/ZG-2002-105.

VIII.5 Soziologische und tourismustheoretische Ansätze

Eine noch schwierigere Abgrenzung zwischen den Angeboten einzelner Disziplinen zeigt sich zwischen der Soziologie und der historischen Tourismuswissenschaft. Da sich letztere aus einem Konglomerat verschiedener Ansätze zusammensetzt, sind auch ihre Modellbildungen mannigfaltig und beispielsweise häufig Spezifizierungen allgemeiner soziologischer Theorien. Dabei wird manchmal der Vorwurf einer unexakten Anwendung erhoben, doch »so wie es dem Tourist gestattet ist, in ein ihm unbekanntes Land zu reisen, so muss es auch erlaubt sein, sich auf das soziologische Terrain zu begeben und sich der Theorien der Soziologie zu bedienen. Auch wenn es den Theoriespezialisten zu oberflächlich erscheinen mag, so ist es doch erforderlich, Theorien ›griffig‹ und ›be-greifbar‹ zu machen.«[88]

Die Dominanz soziologischer Herangehensweisen resultiert aus der Tatsache, dass das Reisen als sozialer Prozess und gesellschaftliches Phänomen beschreibbar ist, welches allen anderen Formen menschlicher Symbolproduktion verwandt ist.

Grundlegend ist im Hinblick auf den kleinsten gemeinsamen Nenner einer (historischen) Tourismuswissenschaft mit allen einschlägigen Forschungen von der Betrachtung des Tourismus als eines Gegenentwurfs zum Alltag auszugehen.[89] Ob das Reisen dabei vom Außenstandpunkt im negativen Sinne als Flucht wie bei Hans Magnus Enzensberger[90] oder im positiven Sinne als Erholung mit der Distanzbildung zu sich selbst und zu gewohnten sozialen Bezügen wie bei Erentraud Hömberg zu sehen ist, wird systembezogen eher marginal bleiben. Vielmehr ist nach komplexeren Strukturen zu suchen.

Liminalität im Tourismus

Dabei könnte Tourismus bezüglich systembedingter Restriktionen als periodischer Bruch mit dem Alltag, Spiel-Raum im Sinne einer scheinbaren und daher imaginären Freiheit und der so entstehenden liminoiden Freizeitbereiche[91] betrachtet werden. Dafür kann von Émile Durkheims religionssoziologischem Ansatz ausgegangen werden, der das religiöse Leben in profane und

---

88 Vester, *Tourismustheorie*, S. 9.
89 Vgl. Opaschowski, *Mythos Urlaub*, S. 15; Spode, »Tourismusanthropologie«, S. 32. Vgl. zu allen im Folgenden überprüften soziologischen Theorieangeboten soweit nicht anders vermerkt: Hennig, *Reiselust*. Sowie: Ders., »Jenseits des Alltags«.
90 Vgl. die Revisitation des Konzepts in: Pagenstecher, »Enzensbergers Tourismusessay«.
91 Turner kennzeichnet die rituelle Liminalität von Reisen als konstruktive, universell verbreitete Gegenerfahrung zur Normalität.

heilige Zeiten unterteilt. Nahezu zeitgleich entwickelte der französische Ethnologe Arnold van Gennep eine Theorie der Übergangsriten zwischen solchen alltäglichen und nichtalltäglichen Zeiten. Victor W. Turner machte diese Überlegungen für den Tourismus fruchtbar. Er verfolgte van Genneps Dreischritt des rituellen Übergangs – Trennungsphase, Wandlungsphase, Wiedereingliederungsphase – weiter, wobei er den Begriff der ›Liminalität‹ im Gegensatz zu ›Normalität‹ verwendete. Das von Victor Turner vorgestellte Modell beschäftigt sich mit dem Reisen als Passageritus. Liminoide Freizeitbereiche sind, so gesehen, Spiel-Räume, in denen nicht alltägliche Bedingungen herrschen. Sie sind oft eher individuell als kollektiv orientiert, weisen weniger oder keine zyklischen Rhythmen auf und stehen zwar am Rand zentraler gesellschaftlicher Prozesse, wirken jedoch auf diese ein. Für die Tourismusgeschichte der DDR ist dieses Konzept aus mehreren Gründen von Interesse. Zum einen ist zu überlegen, warum der sonst stets auf Kontrolle bedachte Staat den Bürgern diesen Spiel-Raum ließ. Dies ist am ehesten durch die stabilisierende Wirkung temporärer größerer Freizügigkeit zu erklären, die individuell sehr verschieden genutzt wurde. Tourismus diente demnach der Wahrung des gesellschaftlichen Gleichgewichts. Dies würde bedeuten, dass das Reisen als Möglichkeit des Kraft-Schöpfens für den Alltag gedient hat, eine Erkenntnis, die bezüglich des Urlaubs nicht neu ist, aber kleine Spielräume offenbart, in denen sich DDR-Bürger entfalten konnten. Jeder Bürger entkam dabei anderen Beschränkungen, jede Reisesituation erlaubte andere Entziehungen, und jede individuelle Wahrnehmung klassifizierte die Freiheiten des Urlaubs anders. Weiterführend jedoch zieht dies die Überlegung nach sich, ob nicht die partielle Befreiung von sonst geltenden gesellschaftlichen Regeln und Normen auch zu einer anders gearteten Reflexion führen konnte. Auf der Reise erfahrene Freiheiten könnten in den Alltag übertragen werden. Folgt man dieser Annahme, so wäre – dem Tourismus eine außerordentlich gewichtige Rolle einräumend, die seiner sonstigen peripheren Stellung widerspricht – zu überlegen, ob die Fluchtbewegung des Sommers 1989 durch die Urlaubssituation der meisten Flüchtlinge begünstigt wurde. Es ist damit gemeint, dass die der DDR den Rücken kehrenden Personen häufig solche waren, die sich in der von Turner beschriebenen Schwellenphase der Reflexion über den Alltag befanden und vor einer Wiedereingliederung mit verändertem sozialen Status standen. Die Reflexion hätte in diesem Fall jedoch zu der Erkenntnis geführt, dass eine Wiedereingliederung gar nicht mehr möglich sei, was zu einer Flucht aus dem System geführt hätte. Zum zweiten aber taugt die Vorstellung vom Urlaub als Gegenwelt für die Untersuchung bestimmter Reisemotive und -formen.

Die Reisemotive der DDR-Bürger stellen insofern interessantes Material dar, weil sich in ihnen sowohl eine typische Entwicklung, die beispielsweise mit der bundesrepublikanischen vergleichbar ist, spiegelt als auch spezifische Umdeutungen sichtbar werden, die den Reisebeschränkungen zuzuschreiben sind. Reisemotive sind zwar nicht unmittelbar beobachtbar – sie sind nur gedankliche Hilfskonstruktionen – doch sie ermöglichen, bestimmte touristische Typen zu ermitteln. Die vom Studienkreis für Tourismus ab 1970 erhobene Reiseanalyse ermöglichte 1990 einen Blick auf vorherrschende Reisemotive von DDR-Bürgern.[92] Signifikant verschieden von den für die alte Bundesrepublik erbrachten Werten, legten DDR-Bürger besonderen Wert darauf, Zeit füreinander zu haben; Bekannte, Verwandte und Freunde zu treffen; neue Eindrücke zu gewinnen und etwas ganz Anderes kennen zu lernen; die Welt zu sehen und die Natur zu erleben. Weniger als die Bundesbürger wollten sie ruhen oder sich nicht anstrengen; gut essen; dem deutschen Wetter entfliehen und Sport treiben. Da anzunehmen ist, dass 1990 vor allem das gewünscht wurde, was vorher nicht möglich war, ist im Umkehrschluss anzunehmen, dass Bürger der DDR sich vor allem daran gehindert fühlten, die Welt zu sehen. Ein scheinbar banaler Befund, und doch hat er weitreichende Bedeutung, denn er eröffnet das Feld der Kompensation. Jean Didier Urbain hat den Badeurlauber beispielsweise als jemanden beschrieben, der diese Welt der ›vereinfachten Sozialität‹ liebe. Nun war zwar auch in der DDR der Urlaub *sur la plage* sehr beliebt, doch ging es im touristischen System der DDR wenig darum, wohin man wollte, sondern vornehmlich, wohin man konnte.

Die Reise als konkrete Utopie

Ein weiterer für die DDR-Tourismusgeschichte möglicherweise fruchtbarer Ansatz ist zunächst unter Edgar Morins Begriff der ›imaginären Welten‹ fassbar. Morin meint damit, dass »in der Massenkultur [zu der auch der Tourismus gehört, Anm. H.W.] die Mischung zwischen Imaginärem und Realen sehr viel inniger als bei den religiösen oder Märchen-Mythen [ist, H.W.]. Das Imaginäre projiziert sich nicht in den Himmel, sondern ist auf die Erde gerichtet.«[93] Er

---

92 Vgl. den Abdruck der vergleichenden Daten bei: Braun, »(Urlaubs-)Reisemotive«, S. 202f.
  Walter Freyer extrahierte aus den Daten der Reiseanalyse 1990 sechs Lifestyle-Urlaubstypen in den neuen Bundesländern: Den kreativen, unabhängigen Aktiven; den familiengebundenen Passiven; den bescheidenen, häuslichen Fleißigen; den unzufriedenen Interessenlosen; den gutsituierten Geschäftigen sowie den sportlichen, erfolgreichen Genießer. – Vgl. Freyer, *Tourismus*, S. 75. Ähnliche Befunde vermittelt eine Befragung junger Erwachsener (16 bis 34 Jahre) in Sachsen im Jahr 1991. – Vgl. Rochlitz/Großmann, *Tourismus, Verkehr, Umwelt*.
93 Vgl. Morin, *Der Geist der Zeit*, S. 219.

wie auch Henri Raymond beschreiben die Reise als quasi konkrete Utopie und äußern dadurch, dass die touristische Wahrnehmung kein realitätsgetreues Bild der Reiseziele ergibt, sondern dass durch Projektionen, Fantasien und mediale Vorprägungen neue Räume konstruiert werden.

Auch für DDR-Bürger galt, dass die individuellen – aber durchaus beispielsweise medial vermittelten und somit einen kollektiven Aspekt gewinnenden – Vorstellungsbilder in der Wirklichkeit des Urlaubs wieder auffindbar sind. Es kommt dazu, dass die besuchten Gebiete, die ja von der imaginierten Urlaubswelt abweichen, durch Fantasien und Projektionen neu konstruiert werden. Diese Errichtung individueller Erlebnisse durch Montage und Selektion ist für alle Reisenden typisch, für DDR-Bürger gewinnt sie jedoch einige besondere Momente.

Zum einen kann die Schaffung eigener Erlebnisbereiche hier eine Fluchttendenz meinen, in dem Sinne, dass »Reisen als ungebundener Zustand [...] viel von einem Wunschtraum [hat], trotz aller Gefahren und nicht selten dann auch wegen des Ziels: irgendwo könnten die Inseln der Seligen am Horizont auftauchen.«[94] Der Campingurlaub wird in diesem Sinne beispielsweise eine Möglichkeit, sich von den Forderungen des Systems so gut als möglich abzuschotten. Es entsteht eine Nische, die in vielerlei Hinsicht einen fiktionalen Raum darstellt, weil hier eine Freiheitlichkeit wahrgenommen wird, die den objektiven Bedingungen des Ortes gar nicht entspricht. Zum anderen sind hier Kompensationshandlungen möglich. Da bestimmte Orte für DDR-Bürger nicht zugänglich sind, könnten imaginäre Geographien traditioneller Urlaubsorte kompensatorisch übertragen worden sein. Es wäre eine tiefgreifendere Untersuchung wert, zu prüfen, ob beispielsweise konstruierte Images des deutschen Bildes vom Mittelmeer Eingang in Wünsche und Vorstellungen über für DDR-Bürger erreichbare Ziele an der Ostsee gefunden haben. Da diese Überlegung hier nicht weiter ausgeführt werden kann, sei als Ausgangspunkt auf die Arbeit von Rob Shields verwiesen, der exemplarisch kollektiv überprägten Raumvorstellungen nachgeht.[95]

Das Habitus-Modell

Ein anderes, für die (Tourismus-)Geschichte der DDR relevantes Modell ist das Habitus-Konzept von Pierre Bourdieu. Er selbst ist nicht derjenige, welcher den Habitus-Begriff in der Soziologie einführte; er existierte bereits bei

---

94 Wuthenow, «Inselglück», S. 323.
95 Vgl. Shields, *Places on the margin*, besonders S. 265. Ergänzend sind auch folgende Untersuchungen hilfreich: Gregory, *Geographical Imaginations*; Corbineau-Hoffmann, *Paradoxie der Fiktion*. Said, *Orientalism*.

Émile Durkheim, Max Weber und Norbert Elias. Doch Bourdieu hat ihm eine eigene Bedeutung im Rahmen seiner Theorie von sozialer Praxis gegeben, die für die vorliegende Studie von Relevanz ist. Bourdieus Vorstellungen nämlich gehen nicht mehr von der Bewusstheit sozialen Handelns im Sinne durchdachter Entscheidungen und befolgter Regeln aus, sondern er sieht den Habitus als »ein Denken des Wirklichen […], das zu dessen Wirklichkeit und spezifischer Wirksamkeit beiträgt«[96], sowie als »ein sozial konstituiertes System von strukturierten und strukturierenden Dispositionen, das durch Praxis erworben wird und konstant auf praktische Funktionen ausgerichtet ist«[97] Dabei ist der Habitus aber nicht nur der aus der individuellen Vergangenheit gewonnene Erfahrungsschatz des Einzelnen und die Summe tradierter mittelbarer Erfahrungen[98], sondern er wirkt in der Gegenwart fort und kann sich an neue Situationen anpassen. So wird er zu einem kollektiven, geschichtlich erworbenen System unbewusster Denkstile und Wahrnehmungsfilter. Auf ihm basieren Handlungsmuster und Bewertungen, die von der sozialen Position eines Individuums abhängig sind und seinen Lebensstil ausmachen. Bourdieu behauptet schließlich, dass jene soziale Position – als Summe gesellschaftlicher Machtmittel, demnach ökonomischem, kulturellem und sozialem Kapital, und sozialer Chancen – und der Lebensstil eine messbare Korrelation besitzen. Er macht dabei jedoch deutlich, dass Korrelation nicht Kausalität bedeutet, sondern lediglich Menschen ähnlicher sozialer Position oft auf ähnliche Handlungsmuster und Bewertungen zurückgreifen.

Im Sinne der bereits im Rahmen geschichtswissenschaftlicher Zugänge diskutierten sozialen Ungleichheit in der DDR trifft selbstverständlich auch in diesem auf oberflächliche Kollektivität hinarbeitenden System zu, dass aufgrund unterschiedlicher Partizipation an den sozialistischen Machtverhältnissen und / oder aufgrund differierender Möglichkeiten, die Isolation des Systems zu durchbrechen, feine Unterschiede im Lebensstil bestanden.[99]

Für die DDR-Geschichte ist besonders bedeutsam, dass der Habitus nicht nur subjektiviert in den Dispositionen des Individuums, sondern objektiviert in überindividuellen, weil gesamtgesellschaftlichen Institutionen existiert. Jene zweite Form ergibt sich aus der gesellschaftlichen Integration individueller Interessen. In der Demokratie sollten dies Mehrheiten sein, wohingegen in

---

96 Bourdieu, *Die feinen Unterschiede*, S. 728.
97 Bourdieu/Wacquant, »Die Ziele der reflexiven Soziologie«, S. 154.
98 Damit gewinnt der Habitus auch eine intergenerationelle Dimension.
99 Hans-Ulrich Wehler macht das Bourdieusche Modell explizit für die bundesdeutsche Nachkriegsgeschichte fruchtbar und beruft sich bezüglich der DDR-Geschichte aus unerklärlichen Gründen nicht mehr auf Bourdieu, sondern auf Max Webers Klassentheorie. – Vgl. Wehler, *Deutsche Gesellschaftsgeschichte (5)*, S. 211 und S. 216ff.

sozialistischen Gesellschaften ein Leitbild wirkte, welches der Machtelite ein besonderes Wissen um das Wesen des Sozialismus zugestand, das wiederum zur Meinungslenkung führte. Wenn also menschliche Gesellschaften immer in zwei Dimensionen vorhanden sind – in objektiv existierenden Institutionen, Verkehrs- und Kommunikationsformen und in subjektiven Dispositionen der in diesem System lebenden Menschen – dann stehen individuelle Dispositionen und Objektiva in einem Zusammenhang. Entweder beleben erstere die letzteren immer wieder neu beziehungsweise – dies geschah 1989 – verweigerten sie den Fortbestand. Das Interesse dieses Buches für das Habitus-Konzept resultiert also aus dem Umschwung von bejahender Wiederbelebung zu systemsprengender Ablehnung. Bourdieus Modell geht davon aus, dass soziale Positionen einen bestimmten Lebensstil bedingen. Dies bedeutet nicht, dass ein vereinfacht theoretisch konstruierter ›sozialistischer Habitus‹ konkrete, individuell nachweisbare Dispositionen gegenüber der Welt belegte, sondern dass es Besonderheiten in der Gesamtanschauung gegeben habe. Dies lässt sich an dem Punkt nachweisen, an dem die mehr oder weniger standardisierten gesellschaftlichen Beziehungen und Institutionen nicht mehr zu den subjektiven Bedürfnissen, die sich nicht nur aus dem Wissen um das Leben in der DDR, sondern auch aus einer internationalen Weltwahrnehmung speisten, passten. Die Versorgungsleistung des Staates hinsichtlich der Urlaubsreisetätigkeit von DDR-Bürgern beispielsweise war vorrangig auf eine touristische Grundversorgung auf geringem Niveau und mit geringem Preis ausgerichtet. Dieses Ansinnen wurde propagandistisch durch eine Ablehnung bürgerlicher Prinzipien des Reisens untermauert[100], sodass beispielsweise gehobene Lebens- und Reisestile – wo es sie überhaupt gab – nicht selbstbewusst und zur Nachahmung präsentiert wurden, sondern im Hintergrund blieben. Dort jedoch blieben sie – im touristischen Bereich vor allem durch das bundesrepublikanische Vorbild differenzierter Angebote – als Optionen bestehen.

Die Zeit-Reise

Schließlich – dies scheint zentral zu sein – müsste es gelingen, Hasso Spodes diachrones Modell der ›Zeit-Reise‹[101], also des Wunsches nach Rückkehr in eine weniger verregelte Vergangenheit unter Akzeptanz von und Wunsch nach

---

100 Dies wurde vermutlich mit dem immer längeren Bestand der DDR einfacher, denn – so Bourdieu – der Habitus wird durch Sozialisation und Tradierung an die nächste Generation weitergegeben. Eine solche, die ihr gesamtes Leben in der DDR verbracht hatte, müsste demnach einfacher in die Routinen der objektivierten Gesellschaftsformen einzugliedern sein.
101 Spode, »Tourismusanthropologie«.

moderner Planbarkeit und Sicherheit nutzbar zu machen. Diese Überlegung resultiert aus dem Wissen um die tatsächlichen Entwicklungsdifferenzen unterschiedlicher Gesellschaften lange vor der Industrialisierung. »Die touristische Reise ist Folge ungleicher Entwicklungsgeschwindigkeiten im Modernisierungsprozeß, die eine veränderte Wahrnehmung von Natur und Geschichte induzierten. Wer sich vom Zentrum in die Peripherie begibt, ›erfährt‹ nun Ungleichzeitigkeit, nämlich Vergangenheit.«[102] In dieser Aussage ist die Peripherie-Zentrum-Idee noch an eine Gleichzeitigkeit gebunden. Sie ist jedoch auf eine diachrone Betrachtung übertragbar, denn in Anlehnung an Norbert Elias' Vorstellungen zum zivilisatorischen Beitrag des Tourismus im Sinne von Affekt- und Emotionskontrolle geht Spode davon aus, dass die zunehmende Affekt- und Körperkontrolle in der modernen Welt den Menschen anonymen Zwängen aussetzt. Daraus ergibt sich die Sehnsucht nach der (angeblichen) Freiheit prämoderner Zustände – sogenannter Idyllen –, die mit dem Reisen mindestens teilweise erfüllt werden soll.

Hasso Spodes Konzept der Zeit-Reise überzeugt auch für die touristischen Intentionen von DDR-Bürgern, jedoch tritt ein zweiter Aspekt hinzu. Da DDR-Bürger in einem hochgradig ge- und verregelten Gemeinwesen lebten und in ihrem alltäglichen Leben wenig Spielraum für Individualität vorfanden, ist es wahrscheinlich, dass der Tourismus hier nicht nur eine vergangenheitsbezogene Suche war, sondern auch eine die Gegenwart betreffende. In dem Wunsch, den vielfältigen Beschränkungen des Lebens in der DDR partiell zu ›entkommen‹, konnte das Reisen eine Möglichkeit darstellen, nicht oder zumindest weniger kontrollierte Erlebnisbereiche aufzufinden. Die touristische Idylle wurde, da sie ja synchron bestand oder mindestens wahrgenommen wurde, zu einer reellen Möglichkeit. Sie konnte entweder erträumter Raum sein und entsprechend umfangreiches utopisches Potenzial enthalten, sie konnte jedoch auch konkret werden. Eine solche Vorstellung scheint an vielen Stellen über die Bundesrepublik geherrscht zu haben, die zeitgenössisch als ›Paradies‹[103] erschien. Ebenso sind jedoch – mangels der Möglichkeit von korrektiven Reiseerfahrungen – für die DDR-Bürger unerreichbare Urlaubsorte von solcher Idyllik. Am deutlichsten wird dies bei den Italien-Vorstellungen. Dieser prototypische Ort (gesamt-)deutscher Urlaubswünsche war DDR-Bürgern im Grundsatz verschlossen. Um die historischen Topographien nicht abreißen zu lassen und sich selbst in diesem touristischen Geschehen zu verorten, war zweierlei notwendig. Erstens ging es um die Bildung von Ersatztopoi, die

---

102 Vgl. Spode, »Der moderne Tourismus«, S. 75.
103 Der Zusammenhang von Idyll und Paradies liegt ja darin, dass ersteres ein ›irdisches Paradies‹ darstellt. Dabei wird ein Phantasma mit einem realen Ort verbunden.

Wünsche orientierten sich vorrangig am Machbaren, dem Substitut.[104] Zweitens musste das Original stets wieder belebt werden, was in der DDR vor allem medial über bundesrepublikanische Kommunikationsangebote geschah. Dies wird vor allem daran ersichtlich, dass es nach 1989 nur weniger Anstrengungen bedurfte, um sich traditioneller Reiseabsichten zu erinnern und die klassischen Reiseländer der Deutschen[105] nachholend zu erfahren.[106]

VIII.6 Eine Theorie des Tourismus von DDR-Bürgern?

Jedes der präsentierten Konzepte hat – so zeigen die daraus gewonnenen Einsichten über das Wesen des DDR-Tourismus – seine Berechtigung in dem vorangegangenen analytischen Diskurs. Erklärungsbedürftig erschien, warum Entwicklungen in bestimmter Form verlaufen sind oder sein könnten und was die beabsichtigten und nicht intendierten Folgen spezifischer Entwicklungswege waren. Es ging also um Beobachtung, manchmal auch Rekonstruktion und vor allem um die Einordnung des touristischen Systems der DDR in ein überspannendes Theorieangebot, welches auf Typiken gesellschaftlicher Vorgänge hinweist.

Jedes der präsentierten Konzepte erklärt auf seine Weise das Ungewöhnliche im Tourismus von DDR-Bürgern. Obwohl also zahlreiche Ansätze existieren, um dieses theoretisch fassbar zu machen, kann doch nicht von einem konsistenten Modell gesprochen werden. Zu sehr beleuchtet jedes der Angebote nur Teilbereiche des Gesamtphänomens Tourismus. Eine abstrakte Theorie, die den Anspruch hat, verallgemeinerbar und über den faktisch untermauerten Rahmen hinaus reliabel zu sein, entsteht daraus nicht, wohl aber ein wissenschaftliches Verständnis, das über die empirische Untersuchung hinausgeht, über die unmittelbaren faktischen Erkenntnisse hinausweist und empirisch gestützte Regelhaftigkeiten des DDR-Tourismus als Teil des politischen und gesellschaftlichen Systems sozialistischer Gesellschaften offenbart.

---

104 Vgl. »Doch es ging zur Not auch ohne Jumbo, wie der Drang der DDR-Bürger an die FKK-Strände der heimischen Küste beweist.« – Spode, »Badende Körper – gebräunte Körper«, S. 248, Fußnote 33.
105 Vgl. beispielsweise: Schwaderer, »Die Italien-Bilder«; Kraemer, *Italien*; Siebenmorgen, *Wenn bei Capri die rote Sonne...*
106 Vgl. Übersicht der Reiseziele von Ostdeutschen 1989 bis 1992 mit einer Erläuterung im *Anhang 44*.

IX Komparatistische Ansätze: Bisherige Forschungen und Desiderate

IX.1 Vergleich, Transfer, *histoire croisée*

An der Notwendigkeit einer stärker vergleichenden Betrachtung der DDR-Geschichte hat sich auch in den letzten Jahren wenig verändert. Thomas Lindenberger und Martin Sabrow bemerken dazu im November 2003:

»Die DDR drängt sich als Untersuchungsobjekt für transnationale Perspektiven geradezu auf. Ebenso wie die westdeutsche ist die ostdeutsche Geschichte nach 1945 zu keinem Zeitpunkt nur aus sich selbst heraus erklärbar. Immer war ihre Entwicklung das Produkt sich überlagernder nationaler und internationaler Entwicklungen und Entscheidungen.«[1]

Im vorliegenden Kapitel wird deutlich, auf welch geringen wissenschaftlichen Literaturbestand sich die vergleichende Geschichte der sozialistischen Staaten stützt. Jan Foitzik merkt an, dass die Rezeptionsbedingungen schwierig seien. Die meisten vergleichenden Abhandlungen lägen in russisch und / oder der jeweiligen Landessprache vor. In der DDR-Forschung scheint zudem der hervorragende innerdeutsche Quellenbestand sowie die kulturelle Nähe beider Staaten Vergleiche vor allem in dieser Hinsicht zu fördern.[2]

Speziell für die historische DDR-Tourismusforschung hat Hasso Spode[3] bereits 1996 mögliche Systemvergleiche in Auseinandersetzung mit den für die allgemeine DDR-Geschichte herausgearbeiteten Vergleichsgrößen eruiert. Ihm ist in der Ermittlung von zwei diachronen (DDR–NS, Strukturen mittlerer und langer Dauer[4]) und drei synchronen Bezügen (deutsch–deutscher, DDR–westeuropäischer, DDR–osteuropäischer Vergleich) zuzustimmen, und bezüg-

---

1 Lindenberger/Sabrow, »Das Findelkind der Zeitgeschichte«, 12.11.2003, http://www.fraktuell.de/fr_home/startseite/?cnt=337987.
2 Vgl. Foitzik, »DDR-Forschung«, S. 381.
3 Spode, »Tourismus in der Gesellschaft der DDR«, S. 11–13. Vgl. ergänzend zur Geschichte der DDR im internationalen Vergleich: Kaelble, »Die Gesellschaft der DDR«, S. 559–580.
4 Hasso Spode meinte mit diesem die komparative Betrachtung von Mentalitäten und Lebensformen, allerdings ist sein Horizont stark auf das 20. Jahrhundert und darin erneut entscheidend auf westdeutsche und -europäische Modelle gerichtet. Alternativ ist im Textverlauf eine andere Konnotation von ›mittlerer und langer Dauer‹ vorgestellt.

lich der Strukturen mittlerer und langer Dauer ist ein ergänzender Ansatz vorzutragen sowie als diachroner Vergleich auf die Möglichkeit einer Gegenüberstellung mit den touristischen Bemühungen der Arbeiterbewegung in der Weimarer Republik hinzuweisen.

Der vordringliche Sinn solcher vertikaler und horizontaler Kontrastierungen ist es, Kontinuitäten, Diskontinuitäten und Parallelentwicklungen nachzuvollziehen. Dabei erscheint die DDR, wie manches Mal in der isolierten Betrachtung, nicht mehr als das absolut Andere, sondern als eine in internationale Prozesse eingebettete Gesellschaft. Es geht demnach darum, konkrete Bezüge herzustellen, nicht aber kontextfreie Analogien zu suchen. Dieser Fernvergleich würde nur zu einem automatischen Regress bis zur Antike führen, in der erstens die Detailkenntnisse der historischen Tourismusforschung enden und zweitens vom modernen Verständnis des Massentourismus keine Rede mehr sein kann.

Als sich Hasso Spode 1996 mit Vergleichsoptionen befasste, sprach er eindeutig ausschließlich vom (historischen) Vergleich und bemühte damit ein etabliertes, wenn auch stark diskutiertes Feld der Geschichts- wie auch anderer Wissenschaftsgebiete. Die in den letzten Jahren erfolgte Ausdifferenzierung und Erweiterung dieses Konzepts hinsichtlich einer über den Vergleich hinausgehenden Transferforschung macht eine kurze Vorstellung der möglichen Untersuchungsmethoden notwendig.

Vergleich

Beginnt man mit der sozusagen ursprünglichen Form des In-Beziehung-Setzens[5] verschiedener historischer Objekte, so gelangt man zunächst zum Vergleich und zur Komparatistik. Demnach ist »Vergleichen […] keine erst vor kurzem von einer Avantgarde eingeführte besondere Methode, sondern bestimmt das Vorgehen von Historikern seit langer Zeit.«[6] Matthias Middell spricht im weiteren Verlauf seines Textes von der ›Allerweltsoperation‹ des Vergleichens und meint damit die »explizite und systematische Gegenüberstellung von zwei oder mehreren historischen Gesellschaften, um Gemeinsamkeiten und Unterschiede sowie Prozesse der Annäherungen und Auseinanderentwicklungen zu erforschen.«[7]

Im Normalfall wird dieser umfassende Anspruch aus Handhabbarkeits- sowie Erkenntnisgründen nur für Teilaspekte eingelöst. Mit dem Vergleich – dies

---

5 Dies ist natürlich nur möglich, wenn es eine Schnittmenge gibt, die verglichen werden kann.
6 Dazu und im Folgenden zu Vergleich, Transfer und Histoire croisée soweit nicht anders vermerkt: Middell, »Kulturtransfer und Historische Komparatistik«, S. 9.
7 Kaelble, *Der historische Vergleich*. S. 12.

ist trotz aller Kritiken sein wichtigster Wert – ist es möglich, der Gefahr zu begegnen, das tatsächlich in einer Gesellschaft Geschehene für die einzig mögliche Alternative« zu halten. Beanstandet werden hingegen vor allem sein dichotomischer Charakter sowie der (scheinbare) Reduktionismus durch eine Quellenauswahl, die interkulturelle Austauschprozesse weitgehend außen vor lässt. Nichtsdestoweniger kann es ein bestandsaufnehmender Vergleich ermöglichen, die notwendigen Operationen einer Transfer- und Beziehungsgeschichte auszuführen.[8] Der historische Vergleich kann somit sowohl als eigenständige methodische Operation als auch als Vorstufe einer Transferforschung gesehen werden.

Wenn dies so ist, dann braucht der Vergleich bestimmte methodische Funktionen, derentwegen er wünschenswert im Instrumentarium des Historikers ist. Haupt und Kocka haben diese 1996 in vier Punkten zusammengefasst:

»a. In heuristischer Hinsicht erlaubt der Vergleich, Probleme und Fragen zu identifizieren, die man ohne ihn nicht oder nur schwer erkennen oder stellen würde. b. In deskriptiver Hinsicht dient der historische Vergleich vor allem der deutlichen Profilierung der einzelnen Fälle, oft auch eines einzigen, besonders interessanten Falles. [...] c. In analytischer Hinsicht leistet der Vergleich einen unersetzbaren Beitrag zur Erklärung historischer Sachverhalte. [...] Die Feststellung einer nicht erwarteten Besonderheit durch Vergleich drängt vielmehr meistens zur Frage nach deren Entstehungs-, Verlaufs- und Ausprägungsbedingungen. d. In paradigmatischer Hinsicht hat der Vergleich oft verfremdende Wirkung. Im Licht beobachteter Alternativen verliert die eigene Entwicklung die Selbstverständlichkeit, die sie gehabt haben mag. Der Vergleich [...] schärft das Möglichkeitsbewußtsein des Historikers [...].«[9]

Wurde bisher von ›dem‹ Vergleich gesprochen, so sei abschließend darauf hingewiesen, dass es diesen Typus natürlich so nicht gibt. Unterschiedliche Vergleichsobjekte und -akteure, Arten des Vergleichs[10], Vergleichsebenen und -räume sowie die differierende Beantwortung der Frage nach einem gemein-

---

8 Zustimmend Paulmann: »Um als Historiker aber überhaupt erkennen zu können, was bei einem interkulturellen Transfer vor sich geht, muß man vergleichen [...].« – Paulmann, »Internationaler Vergleich und interkultureller Transfer«, S. 661. Einschränkend bzw. alternativ Kaelble: »Die Transferuntersuchung ist [...] eine grundsätzlich andere Methode als der Vergleich. Sie ist nicht auf vorhergehende Konstruktionen von nationalen oder anderen Einheiten angewiesen [...], sondern schließt unmittelbar an die Erfahrungen der untersuchten Personen in ihrer Transfersituation an.« – Kaelble, »Die interdisziplinären Debatten über Vergleich und Transfer«, S. 474.
9 Haupt/Kocka, »Historischer Vergleich«, S. 12–14.
10 Geppert und Mai führen als mögliche Arten den kontrastierenden, den typologisierenden und den die Binnenperspektive betonenden Vergleich an. – Vgl. Geppert/Mai, »Vergleich und Transfer im Vergleich«, S. 104.

samen Erklärungsmodell beider Systeme im Hintergrund der Überlegungen[11] erfordern verschiedene Zugänge und Vorgehensweisen.

Transfer

Hinter der Idee des Kulturtransfers oder auch interkulturellen Transfers[12] verbergen sich sowohl der in der französischen Grammatikforschung entstandene Versuch,» von mehreren nationalen Räumen gleichzeitig zu sprechen, von ihren gemeinsamen Elementen, ohne die Betrachtungen über sie auf eine Konfrontation, einen Vergleich oder eine simple Addition zu beschränken. Es sollen damit die Formen des métissage in den Vordergrund gerückt werden [...]«,[13] als auch das Modell von Jürgen Osterhammel[14], der in der Untersuchung von Begegnungen eher einen Fernvergleich versucht, Fragen soziokultureller Suprematie beleuchtet und dabei weniger bilateral arbeitet.

Damit gelangt über das Transfermodell die zeitliche Komponente ins Blickfeld des Historikers.[15] Kann der Vergleich noch als recht punktueller und damit statischer Ansatz gelten, so untersucht der Transfer »Anpassungen und Anverwandlungen von Werten, Normen, Bildern, Sprachen, Denkweisen bei der Wandelung einer Ausgangsgesellschaft in eine Ankunftsgesellschaft.«[16] Dabei wird sowohl die Kulturbegegnung an sich beschrieben als auch ihr Innovationsgehalt analysiert.[17]

Die Überlegungen Michel Espagnes und seiner Mitstreiter erscheinen für den konkreten Fall eines In-Beziehung-Setzens der DDR-Tourismusgeschichte zu ähnlichen Phänomenen fruchtbringender. Es soll darum gehen, die Existenz von Identifikationsgemeinschaften zu prüfen, in denen interkulturelle

---

11 Gemeint ist ein *tertium comparationis*, beispielsweise eine Meistererzählung idealtypischer Entwicklung.

12 Manchmal wird zwischen diesen beiden Termini insofern eine Unterscheidung vorgenommen, als dass der Kulturtransfer ein gewisses Hochkulturkonzept suggeriert, wohingegen interkultureller Austausch deutlicher auf ein wechselseitiges Verhalten hindeutet.

13 Michel Espagne in deutscher Übersetzung von Matthias Middell – Middell, »Kulturtransfer und Historische Komparatistik«, S. 17.

14 Osterhammel, Geschichtswissenschaft jenseits des Nationalstaats.

15 Inwieweit diese Verlaufsorientierung im Mittelpunkt des Transfergedankens steht, wird laut Christiane Eisenberg in den unterschiedlichen Orientierungen der *transferts culturels*, der Kontextanalyse sowie der prozessorientierten Kulturtransferforschung deutlich. – Vgl. Eisenberg, »Kulturtransfer als historischer Prozess«, S. 406–408.

16 Kaelble, »Die interdisziplinären Debatten über Vergleich und Transfer«, S. 475.

17 Vgl. Eisenberg, »Kulturtransfer als historischer Prozess«, S. 400.

Kommunikationsprozesse stattfanden.[18] Dabei erscheint es mit Middell hilfreich, wenn ein paralleler Bezug auf einen (partiell) gemeinsamen Werte- und Sinnhorizont, eine gemeinsam konstruierte Vorgeschichte und / oder ein konjunkturell verschieden intensiver Interaktionsprozess zwischen den Untersuchungsobjekten ermittelt werden kann.[19]

Histoire croisée

Die *histoire croisée*[20] – übersetzbar mit »kreuzen, überkreuzen, sich verschränken, verflechten« – schließlich gilt als Brückenkonzept zwischen dem komparatistischen und dem Transferansatz, indem sie davon ausgeht, dass der Vergleich sowohl Gemeinsamkeiten und Unterschiede als auch transnationale Transfers analysiere. Dies wird vor allem von Hartmut Kaelble betont, wenn er meint, auch die Transferforschung müsse Vergleichseinheiten konstruieren.[21] Werner und Zimmermann weisen schließlich darauf hin, dass »beide Verfahren […] an bestimmte Grenzen stoßen, wenn man ihnen allein die Aufgabe einer Überwindung des methodischen Nationalismus zuweist.«[22]

Vorgehen

Arbeitstechnisch ist abschließend anzumerken, dass die im Laufe der alleinigen Beschäftigung mit der DDR-Tourismusgeschichte als Nebenprodukt erfahrbaren Aspekte anderer Tourismusgeschichten einschließlich möglicher vergleichender Fragestellungen präsentiert werden. Weiterhin sind alle wichtigen vergleichenden Studien zu den einzelnen Gebieten aufgenommen, ohne eine Entscheidung zugunsten eines verfolgten komparativen oder transferorientierten Ansatzes vorzunehmen. Zudem werden jeweils einige einschlägige Werke aufgeführt, die das Vergleichssystem beleuchten, ohne einen DDR-Bezug aufzuweisen. Diese sind als erste Anregung für eine Lektüre gedacht, aus der zu-

---

18 Dies scheint das von Matthias Middell gemeinte Konzept der ›immanenten[n] Interkulturalität‹ zu sein, bei dem sich Akteure verschiedener Kulturen selbst zueinander in Beziehung setzen. – Vgl. Middell, »Kulturtransfer und Historische Komparatistik«, S. 38.
19 Vgl. ebd., S. 17. In den nachfolgend einzeln vorgestellten Bezügen wird weiterhin auf den Begriff des Vergleichs rekurriert. Es ist im Rahmen der vorliegenden Arbeit möglich, Ausblicke auf mögliche Ansätze zu Analyse und Interpretation von Gemeinsamkeiten und Unterschieden zu geben. Eine Berücksichtigung interkultureller Austauschprozesse würde den Rahmen sprengen, weshalb die methodischen Grundlagen dieses Unterkapitels allein das Interesse an einer solchen Weiterarbeit wiedergeben können.
20 Vgl. grundlegend: Werner/Zimmermann, »Vergleich, Transfer, Verflechtung«.
21 Vgl. Kaelble, »Die interdisziplinären Debatten über Vergleich und Transfer«, S. 477.
22 Werner/Zimmermann, »Vergleich, Transfer, Verflechtung«, S. 608.

nächst ein unreflektierter Vergleich – gemeint ist die beim Lesen entstehende Ersterkenntnis angesichts offensichtlicher Analogien und Differenzen – entstehen kann.

In zahlreichen Untersuchungen, die sich nicht vorrangig mit dem Reisen als solches befassen, sind nichtsdestoweniger kürzere Abschnitte zu den Vergleichsmomenten touristischer Systeme zu finden, angesichts der fast unüberschaubaren Literaturmenge beispielsweise zur der Alltags- und Kulturgeschichte sind diese Titel jedoch nicht vollständig bibliographiert.

IX.2 Diachrone Vergleiche

IX.2.1 Kontinuitäten – Strukturen langer Dauer

Die DDR-Tourismusgeschichte kann in eine allgemeine Historie des modernen Reisens eingebettet werden. In dieser Fassung verliert sie etwas vom Singulären, werden doch durchgängige Entwicklungslinien, anthropologische Grundkonstanten und parallele, vorausgehende und/oder nachfolgende Analogentwicklungen offensichtlich. Das Problem einer solchen Kontinuitätendarstellung besteht in der hohen Abstraktionsebene, die in der vergleichenden Sozialgeschichte über derart lange Zeiträume nötig wird. Dies ist der – an dieser Stelle nicht zu klärende – grundlegende Einwand gegen diese Art der Untersuchung.

Nichtsdestoweniger ist es erhellend, die DDR-Tourismusgeschichte in eine deutsche, europäische oder gar globale Reisehistorie einzubetten. Um im (überschaubaren) mittleren Rahmen zu bleiben, sei kurz notiert, dass die touristische Reise in Deutschland vor allem in der Folge der Romantik entstand. Mit ihr gewann das scheinbar zwecklose, der Rekreation dienende Reisen um 1800 als aus England kommende ›Mode‹ umfassende Bedeutung. Die ersten Ziele dieser Erholungsfahrten ergaben sich auf der Basis des ursprünglichen naturräumlichen, kulturhistorischen und sozio-kulturellen Angebots vor allem in Italien, Frankreich und England. Die anreisenden – noch in geringer Zahl – Touristen kamen daher auch nicht jährlich wieder, sondern reisten einmalig meist in Form einer Rundreise, dann jedoch über mehrere Monate. Rasche Veränderungen brachte erst das 19. Jahrhundert, an dessen Ende

Theodor Fontane bereits bemerkte, das Massenreisen gehöre »zu den Eigentümlichkeiten unserer Zeit«.[23] Einerseits ist es dieser grundsätzliche, in Konjunkturen bis heute verlaufende Take-off des massenhaften Reisens ab dem späten 19. Jahrhundert, der die Tourismushistoriker interessiert. Für die DDR-Geschichte ist er – inklusive der für die siebziger Jahre prägnanten Wechsel der typischen Beförderungsmittel – ebenfalls nachzuweisen. Andererseits erscheint es fruchtbar, sich hinsichtlich der Spezifika der DDR-Tourismusgeschichte mit Fragen der imaginären Geographie, der Identitätsverbürgung durch Kommunikation über Reise sowie der Erholungsorientierung auf ›Wasser, Sonne, Meer‹ zu befassen, denn »vor der Reiseerfahrung steht die Fiktion, daher hat das Wiedererkennen im Tourismus fundamentale Bedeutung.«[24] Diese Aussage Christoph Hennigs verweist auf ein Charakteristikum des touristischen Reisens, welches auch in dem Ausspruch, Massentourismus bedeute, beim Reisen zu Hause bleiben, zum Ausdruck kommt. Nur den wenigsten Reisenden kommt es auf eine (möglicherweise in unserer globalisierten Welt kaum machbare) vollständige Individualerfahrung an. Die meisten Touristen reisen in dem Bestreben, einzeln kollektive, traditionell gewordene Wahrheiten wiederzufinden.[25] Im Falle des Reisens von DDR-Bürgern kommt hinzu, dass zahlreiche Ziele ausschließlich imaginativ erfahren werden konnten. Die Reisebeschränkungen machten es häufig unmöglich, den Widerspruch zwischen (vermittelter) Vorstellungswelt und Wirklichkeit aufzudecken. Dadurch war ein schöngefärbtes Bild der Fremde um so wahrscheinlicher, welches sich nach 1989 in oft negativer Weise – angesichts unvermuteter nicht-politischer Reiseeinschränkungen – schlagartig wandelte.

Die gerade für die Deutschen so oft erwähnte Reiseorientierung auf ›Sommer, Sonne, Ferienzeit‹ ist durch die starke Begrenzung der Meerzugänge ein für Reisen von DDR-Bürgern aufschlussreiches Phänomen. Auf der einen Seite findet sich dabei der Fortgang traditioneller Assoziationen zum Thema ›Strand‹: Entspannung, Körperorientierung, Sportivität, Libertinage, Verwi-

---

23 Fontane, *Von, vor und nach der Reise*, S. 7f. Damals reiste übrigens etwa jeder vierzehnte Deutsche, heute sind es etwa 90 Prozent. – Kellerhoff, »Die Ferne lockt«, 24.3.2005, http://www.berliner-journalisten-schule.de/depesche1997/reisew.htm.
24 Hennig, *Reiselust*, S. 95.
25 Diese Sicht bezeichnet John Urry als ›tourist gaze‹ und meint damit die Geschichte und Wandlung des gesellschaftlich genormten Blicks auf Phänomene der Reise. Dabei entsteht im Idealfall eine Kongruenz, unter ungünstigen Umständen ein Spannungsfeld zwischen kulturell vermittelten Bildern und realen Gegebenheiten der Reise. – Vgl. Urry, *The Tourist Gaze*. Wieder aufgenommen und für die bundesdeutsche Nachkriegsrealität weiterentwickelt bei: Pagenstecher, *Der bundesdeutsche Tourismus*, besonders S. 29–67.

schung sozialer Grenzen, kindliche Orientierung[26]; weiterhin auch das Fortleben klassischer Orte dieser Erfahrung, am deutlichsten in der Ausrichtung auf die Ostsee-[27] und die mediterrane Küste.[28] Auf der anderen Seite steht die Substitution des Unerreichbaren durch Alternativen. Der Staat versuchte diese an den Binnengewässern sowie insbesondere der Küstenlinie der DDR zu befriedigen, die Bürger fanden sie ergänzend zunehmend durch ein entsprechendes Angebot sowie mit knapp ausreichender finanzieller Ausstattung auch im sozialistischen Ausland.

IX.2.2 DDR – Weimarer Republik

Die Tourismuspolitik der DDR zeigte, wenngleich nicht unbedingt explizit, Anknüpfungen an sozialtouristische Modelle der deutschen Zwischenkriegszeit. Sie setzte in massenhafter Form die begonnenen Tendenzen der Entprivilegierung des Reisens[29] der Arbeiterbewegung aus der Weimarer Zeit fort. Erste Ansätze eines gewerkschaftlichen Ferienwesens einschließlich eigener Ferienheime wurden in den Bemühungen um den Aufbau eines eigenständigen Feriendienstes wieder aufgenommen. Eine explizite Referenz stellt der 1978 unter Regie von Helmut Dziuba veröffentlichte DEFA-Kinderfilm *Rotschlipse* dar. In offensichtlicher ideologischer Analogie zu den Bemühungen der sozialistischen Gesellschaft um eine Feriengestaltung für Kinder- und Jugendliche wird dort eine Geschichte im Berlin der zwanziger Jahre erzählt. Darin »engagieren sich Mitglieder einer kommunistischen Kindergruppe für ein Sommerferienlager«[30]. Diese Idee wird durch Anhänger anderer Parteien gestört. Der positive Ausgang jedoch glorifiziert – trotz des wahren Kernbestands der Aussage – in historischer Simplifizierung und Einseitigkeit die kommunistische Kinderbewegung.

Im Gegensatz zur Beschäftigung mit dem Zusammenhang zwischen Sozialtourismus in der DDR und während der Zeit des Nationalsozialismus gibt

---

26 Vgl. Richter, »Das Meer«, S. 10. Gemeint ist also das Spannungsfeld zwischen Kur- und Lust-Prinzip im Badeurlaub.
27 Vgl. Overdick, »Symbole einer Landschaft«.
28 Vgl. zur Mediterranisierung in der Wahrnehmung von Reisenden: Howard, »Artists as drivers of the tour bus«, besonders S. 114 (»mediterranean coast view«); Lübbren, *North and South*.
29 Ein Beispiel dafür ist die Stärkung der oft bereits am Ende des 19. Jahrhunderts entstandenen Touristenvereine – zum Beispiel ›Die Naturfreunde‹ – oder die breit angelegten Bemühungen des Allgemeinen Deutschen Gewerkschaftsbundes um bezahlten Urlaub (1929 hatten zwölf von 35 Millionen tarifabhängigen Arbeitern das Recht auf bezahlten Urlaub.) Vgl. *Bibliographie zur Tourismusgeschichte der Weimarer Republik* im *Anhang 45*.
30 König/Wiedemann/Wolf, *Zwischen Marx und Muck*, S. 247.

es nur äußerst wenige Untersuchungen, die Entwicklungsparallelen zwischen den touristischen Bemühungen der Arbeiterbewegung in der Weimarer Republik und der DDR-Tourismuspolitik thematisieren. In Hasso Spodes Übersichtsarbeiten klingt das Thema an. Ausgangspunkt können daher isolierte Betrachtungen zu beiden Themenbereichen werden. Zur Weimarer Republik bieten sich dazu als kurzer Überblick die Artikel von Hans Krumbholz, Erich Hobusch und Jürgen Reulecke, detaillierter die Arbeit von Christine Keitz, Bruno Frommann und Wolfgang Bagger an. Interessant wäre die Untersuchung eines konkret so empfundenen Traditionszusammenhanges, der auf den ersten Blick durch die Orientierung der DDR auf touristische Entwicklungen besonders der Sowjetunion beschränkt erscheint. Da aber beispielsweise durch die Kongruenz beliebter Ferienorte oder touristischer Formen eine Vergleichsbasis offeriert wird, sind weitergeführte Strukturen zu vermuten.

IX.2.3 DDR – Nationalsozialismus

Noch immer erscheint der Diktaturenvergleich zwischen Nationalsozialismus und DDR höchst brisant.[31] Diese Spannungsgeladenheit jedoch ergibt sich ausschließlich aus dem Missverständnis zwischen den Begriffen ›Vergleich‹ und ›Gleichsetzung‹. Letzteres muss vermieden, ersteres angestrebt werden. Den Vergleichsgegnern, die vor allem konkrete Unterschiede in Fragen der Entstehung (gescheiterte Demokratie versus Besatzungsregime) und der kriminellen Energie (Genozid versus Friedensordnung) sowie die mangelnde Bindekraft der Totalitarismustheorie betonen, kann entgegengehalten werden, dass sich an beiden Systemen allgemeine Struktureigenschaften von Diktaturen sowie die Auswirkungen diktatorischer Herrschaft ablesen lassen. Zudem befördern die zeitliche Aufeinanderfolge und damit das Entstehen von Fragen zu Kontinuität und Diskontinuität das komparative Interesse.[32]

Eine der neuesten Auseinandersetzungen liegt mit einem einschlägigen Themenband der Zeitschrift *Totalitarismus und Demokratie* vom April 2005 vor. Darin äußern sich Detlef Schmiechen-Ackermann, Eckhard Jesse, Gilbert Merlio, Mike Schmeitzner, Lothar Fritze, Boris Orlov, Jerzy Macków sowie

---

31 Wie umstritten dieser Vergleich ist, zeigt sich beispielsweise in der geringen Relevanz des im alltäglichen Diskurs doch recht präsenten Themas in Unterrichtsveranstaltungen zur deutschen Geschichte. Von allen Veranstaltungen zur DDR-Geschichte des akademischen Jahres 2000/01 – so ergab die Totalerhebung aller deutschen Universitäten – widmeten sich sieben Angebote von 140, das heißt 1,8 Prozent aller ermittelten Veranstaltungen diesem Vergleich. – Vgl. Hüttmann/Pasternack, »Die ›gelehrte DDR‹ und ihre Akteure«.
32 Vgl. Heydemann/Schmiechen-Ackermann, »Zur Theorie und Methodologie«, S. 9–15.

Margarete Wiest zu verschiedenen Dimensionen dieses Vergleichs.[33] Erneut wird dabei deutlich, dass mittels bewusster Methodik und nachvollziehbarer theoretischer Grundlagen[34] der Systemvergleich zwischen der NS- und der SED-Diktatur sinnvoll ist. Besonders wichtig erscheint dies für die Betrachtung der DDR-Geschichte, da sie weder »an der westdeutschen Erfolgsgeschichte teilnehmen, noch einfach als Verlängerung der verfehlten Entwicklung [des NS, H.W.] beschrieben werden«[35] kann.

Das bezeichnete Phänomen zeigt sich ebenso auf dem Gebiet des historischen Vergleichs in der Tourismusforschung. In einem ersten Zugang ergeben sich jedoch derart zahlreiche Vergleichspunkte, dass eine nähere Untersuchung von Verbindungen zwischen dem Prinzip des ›Kraft durch Freude‹-Tourismus[36] der Deutschen Arbeitsfront und den sozialtouristischen Angeboten im Feriendienst des FDGB überfällig erscheint. Kürzere Übersichten hingegen finden sich bereits bei Gerd Peters, Rüdiger Hachtmann und Hasso Spode.[37]

Bereits kurz nach dem Machtantritt der Nationalsozialisten im Januar 1933 wurde die nach italienischem Vorbild[38] gegründete KdF-Bewegung zu einem wichtigen Arbeitsfeld für den Chef der Deutschen Arbeitsfront, Robert Ley. Er verstand die Organisation zunächst als Auffangbecken für die sozialtouristischen Bemühungen der nun verbotenen Vereine der Arbeiterbewegung. Erst später wurde der starke Nachfrageanstieg zu einem weiteren Grund, das Angebot aufrechtzuerhalten und zu erweitern. Trotzdem erreichten die staatlichen sozialtouristischen Angebote im Nationalsozialismus nie einen höheren Anteil als zehn Prozent aller Reisen[39], die propagandistisch ausgerufene Demokra-

---

33 Vgl. Hannah-Arendt-Institut für Totalitarismusforschung, *Totalitarismus und Demokratie*. Zu zurückliegenden Diskussionen des Systemvergleichs zwischen Nationalsozialismus und DDR vgl. beispielhaft: Kocka, »NS und SED-Diktatur«; Hockerts, »Einführung«.
34 Vgl. Heydemann/Schmiechen-Ackermann »Zur Theorie und Methodologie«, S. 31–35.
35 Middell, »Kulturtransfer und Historische Komparatistik«, S. 31.
36 Im weiteren Verlauf wird die Organisation mit der gängigen Kurzformel ›KdF‹ bezeichnet.
37 Vgl. dazu und im Folgenden: *Bibliographie zur Tourismusgeschichte des Nationalsozialismus* im *Anhang 46*.
38 Vgl. zum Tourismus im italienischen Faschismus: Longo, *Culture, tourism and Fascism*; Liebscher, »Faschismus als Modell«; Torkler, *Ferienkolonien von Industrieunternehmen*; Liebscher, »Organisierte Freizeit als Sozialpolitik«; De Grazia, *The Culture of Consent*.
39 Demgegenüber steht ein erheblicher, zwischen etwa 50 und 60 Prozent aller Urlaubsreisen schwankender Anteil der sozialtouristischen Reisen in der DDR. Die tatsächliche Ausgestaltung der sozialtouristischen Angebote im Nationalsozialismus widersprach demnach dem propagandistischen Hintergrund. Vgl. beispielsweise: »Die staatstragende Partei steht mit ihrer ganzen Autorität hinter der Freizeitorganisation der Schaffenden. […] Freizeit und Erholungsgestaltung sind für uns nicht etwas, durch das irgendeine Seite am Menschen gepflegt oder der Fürsorge anheim gegeben werden soll, sondern durch die der Mensch total als Ganzheit erfasst werden soll. […] Dann liegt die Initiative der Freizeitgestaltung […] allein […] bei der politischen Führung.« – Zitiert bei: Opaschowski, *Pädagogik der Freizeit*, S. 11f.

tisierung des Reisens blieb also marginal. KdF bot zwei verschiedene Sorten Reisen an, erstens für den Urlauber kostenlose Auszeichnungsreisen besonders ›würdiger‹ Arbeiter und Kämpfer und zweitens preiswerte – dabei aber nach dem Prinzip der individuellen Kostensenkung durch großen Umsatz[40] weitgehend auf Kostendeckung abzielende[41] – Reisen für alle Gewerkschaftsmitglieder.

Ohne Berücksichtigung eines möglichen Systemvergleichs liegen zum KdF, abgesehen von kleineren Beiträgen in Sammelbänden, Zeitschriften et cetera sowie Untersuchungen im Rahmen größere Zeiträume abdeckender historischer Tourismusforschungen, bislang einige ausführliche Monographien von Kristin Semmens, Shelley Baranowski, Susanne Appel, Heinz Schoen und Bruno Frommann vor.

Eine vergleichende Betrachtung könnte sich die ebenso für die DDR geltende Aussage zum Ausgangspunkt nehmen, Urlaub sei ein »Transmissionsriemen für die Verbreitung nationalsozialistischen [alternativ für die DDR: sozialistischen, H.W.] Gedankenguts«[42]. Damit würde zudem deutlich, dass die Akzeptanz des sozialistischen Paternalismus die Fortführung der aus dem vorhergehenden System des Nationalsozialismus übernommenen tradierten Verhaltensmuster gegenüber einem obrigkeitsstaatlichen Anspruch sein könnte.[43] Ganz konkret finden sich zudem andere Gemeinsamkeiten beider touristischer Bewegungen, seien es die institutionelle Bindung an (Schein-)Gewerkschaften, die intendierte Breitenwirkung, die ideologische Vernetzung, die Vergabe von Auszeichnungsreisen, die Kopplung des aufgrund des Nachfrageüberhangs notwendigen Auswahlverfahrens an die Betriebe oder die Selbstsicht der Anbieter als Produzenten eines neuen, moderneren Menschentyps.[44]

---

40 Vgl. die Planungen Robert Leys zum Bau großer Urlauberretortenstädte an der Ostsee, um den touristischen Bedarf zu decken. Das bekannteste Beispiel – heute noch in Resten zu besichtigen – ist das sogenannte ›Bad der Zwanzigtausend‹ in Prora nahe Binz auf der Insel Rügen. Es war jedoch zu Kriegsbeginn erst rohbaufertig, wurde daher für seinen ursprünglichen Zweck nicht mehr genutzt, in der DDR als Standort der Nationalen Volksarmee und der Zollorgane der DDR verwendet und ist nun Museum. Neue Nutzungskonzepte werden seit einigen Jahren diskutiert, bisher (2007) ist nichts umgesetzt. Aktuelle Informationen zur Nutzung über: http://www.museum-prora.de (Abruf vom 22.3.2007). Unnasch, *Zwischen Politik, Erinnerung und Kommerz*; Geißler/Grammel, *Prora*; Kulturkunststatt Prora, *NVA-Museum Prora/Rügen*; Oppermann, *Transformationsprozesse*.
41 Lediglich die Seereisen der KdF-Flotte – die, gemessen an Schiffen und Passagierzahlen, als weit erfolgreicher als die Friedensflotte der DDR gelten muss – wurden als Prestigeobjekt systematisch bezuschusst. – Vgl. Peters, *Vom Urlauberschiff zum Luxusliner*, S. 326–328.
42 Lüdtke,»Arbeitsbeginn, Arbeitspausen, Arbeitsende«, S. 290.
43 Vgl. Bähre, *Nationale Tourismuspolitik in der Systemtransformation (1)*, S. 190.
44 Vgl. Spode,»Tourismus in der Gesellschaft der DDR«, S. 17.

Aber auch zahlreiche Unterschiede lassen sich belegen. So war zwar scheinbar in beiden Gesellschaften der Tourismus ein Mittel zur Systemstabilisierung, doch diese wurde grundlegend verschieden verstanden. Im Nationalsozialismus wurde es als grundlegende Vorbedingung einer kompletten Neuordnung gesehen, damit die beabsichtigte, phasenweise Instabilität durch den Krieg akzeptiert würde. In der DDR hingegen war Stabilität ein idyllisches, immerwährendes Gesellschaftsziel. Wie auch bei den Gemeinsamkeiten sind vielfältige Vergleichsaspekte im Konkreten auszumachen. So unterschieden sich KdF und Feriendienst unter anderem in der sozialen Orientierung, im Aus- und Aufbau eigener Unterbringungsmöglichkeiten, im Maß der angestrebten Monopolstellung auf dem Tourismusmarkt, in der Frage der Kostenübernahme sowie im Kriterienkatalog für die Vergabe.[45]

Das besondere Vergleichsinteresse entzündet sich jedoch an folgender Aussage: »Die Hoffnung des Regimes, KdF werde ›den Arbeiter zum treuesten Gefolgsmann Hitlers‹ machen, erfüllt sich nicht. Vielmehr zeigen sich Abnutzungserscheinungen: [...] die Sensation weicht der Routine.«[46] In sprachlicher Umbildung des Zitats ist für die DDR analog zu vermuten, die Hoffnung des Regimes, der Sozialtourismus werde die Menschen von der Fortschrittlichkeit des Sozialismus überzeugen oder zumindest andere Mängel vergessen lassen, erfüllt sich nicht. Vielmehr zeigen sich Abnutzungserscheinungen in der Bewunderung für die preiswerten Reisen: die Sensation weicht der Routine.

IX.3   Synchrone Vergleiche

IX.3.1   DDR – Bundesrepublik Deutschland

Nicht ohne Grund ist der häufigste für die DDR bemühte historische Vergleich jener mit der Bundesrepublik. Dies ist bedingt dadurch, dass sich die Unterschiede und Gemeinsamkeiten ganzer übernationaler Systeme »besonders gut in Deutschland studieren [lassen, H.W.], wo beide Konsumkulturen entstanden, miteinander rivalisierten und sich ständig miteinander verglichen, belauerten und gegenseitig abgrenzten, gleichzeitig aber über die Medien und den Austausch von Waren und Personen eng miteinander verbunden blieben.«[47] Auf individueller Erlebnisebene bedeutete dies, dass eine traditionell gemeinsame Identität der ›Deutschen‹ nun plötzlich politisch und damit auch

---

45 Die differierenden Ausprägungen sind nachzulesen ebd., S. 17f.
46 Spode, »Zu den Eigentümlichkeiten unserer Zeit gehört das Massenreisen«, S. 19.
47 Siegrist, »Konsum, Kultur und Gesellschaft«, S. 30.

geographisch getrennt wurde.⁴⁸ Dies führte aber nicht zu einer kompletten Abspaltung, sondern erst recht zum Vergleich mit dem vom selben Punkt aus startenden Gegenüber. Die Tatsache, dass die Entwicklungen in unterschiedlicher Richtung voranschritten, verstärkte den Eindruck, es hier mit einem klassischen Gefälle kultureller Hegemonie zu tun zu haben. Dabei war der Blick auf ›den Westen‹ bereits insoweit inkorporiert, dass sich die DDR gar (einseitig⁴⁹) über den Vergleich definierte.⁵⁰ Genau dies schürt Vorbehalte gegenüber der Forderung nach einer ›asymmetrisch-verflochtenen Parallelgeschichte‹⁵¹, denn die entstehende – mindestens implizite – Nebeneinandersetzung⁵² ist politisch, ideologisch und emotional aufgeladen. Wissenschaft muss sich, um sinnvolle Ergebnisse produzieren zu können, von diesen Bindungen befreien, falls dies unmöglich ist, sie wenigstens thematisieren.⁵³

Damit also zum ergänzenden wissenschaftlichen Zugang: »In der Debatte um die DDR-Geschichte blieb eine implizite komparatistische Strategie zwar ständig latent, aber die Verweigerung eines Ost-West-Vergleichs, soweit er

---

48 Vgl.: »Fast alle sagen von sich: Wir sind DDR-Bürger. Gleichzeitig empfinden sie sich aber als Deutsche. Das erste ist eher eine politisch-geographische Einordnung, das zweite eine kulturelle und geschichtliche.« – Deja-Lölhöffel, *Freizeit in der DDR*, S. 133. Lediglich politisch gesehen war die Einordnung klar. Die Verfassungsänderung von 1974 tilgte jeglichen gesamtdeutschen Bezug nationaler Identität. – Vgl. noch 1949: »Art. 1. [...] Es gibt nur eine deutsche Staatsangehörigkeit.« – *Verfassung der DDR* vom 7.10.1949. Dann 1974: »Präambel: [...] das Volk der Deutschen Demokratischen Republik« – *Verfassung der DDR* vom 9.4.1968 in der Fassung vom 7.10.1974. Detailbestimmungen als Voraussetzung bereits im Gesetz über die *Staatsbürgerschaftsgesetz* vom 20. Februar 1967.
49 Eine reziproke Entsprechung für das überbordende Interesse in der DDR an bundesrepublikanischen Entwicklungen kann nicht erkannt werden.
50 Vgl. »Sozialismus definiert sich [...] primär als Überwindung des Kapitalismus und ist damit als Gesellschaftsordnung fremdreferentiell [...]« – Weinert/Gilles, *Zusammenbruch des Freien Deutschen Gewerkschaftsbundes*, S. 13
51 Faulenbach/Jelich, ›*Asymmetrisch verflochtene Parallelgeschichte?*‹
52 Beispielsweise sichtbar am Begleitband der Ausstellung ›Endlich Urlaub‹ des Hauses der Geschichte in Bonn, in dem die Artikel zum bundesdeutschen und zum DDR-Tourismus weitgehend unverbunden nebeneinander stehen. Die vom Betrachter erbrachte Vergleichsleistung – das »spannungsreiche Gegenüber« – macht erst die Referenzen aufeinander deutlich. – Vgl. Stirken, »Reisezeit – Zeitreise«, S. 11.
53 Beispiel für die unzureichende Berücksichtigung dieser Anforderung ist der Beitrag Norbert Kassels im Deutschland-Archiv aus dem Jahr 1970. Er formuliert darin: »Im Gegensatz zum Massentourismus westlicher Prägung, der für den einzelnen von der Freizügigkeit gekennzeichnet ist, sowohl nach eigenem Belieben als auch nach kommerziellen Gegebenheiten ins Ausland reisen zu können, gehört der Bereich Touristik in der DDR zu dem vom Staat verwalteten Sektor des Sports und der Körperkultur.« – Kassel, »Touristik in der DDR«, S. 999. Die Aussage ist zwar in beiden Teilsätzen korrekt, die Verknüpfung jedoch falsch, denn auch wenn das sportliche Moment im DDR-Tourismus gern offiziell betont wurde, ist es doch nur ein Teilbereich eines DDR-Fremdenverkehrs gewesen, der zudem teilweise auch individuell betrieben wurde.

nicht mit bereits begrifflich festgelegten Vorannahmen über sein Ergebnis beginnen sollte, behinderten die Konstituierung des Feldes.«[54] Diese Aussage Matthias Middells trifft das Kernproblem insofern, als einerseits das genannte Vorgehen bereits durch die Beziehungsgeschichte beider Staaten verfolgt wird, andererseits der Alltagsvergleich vom wissenschaftlich komparatistischen Zugang klar abgegrenzt werden muss. Dies ist ein zeitliches Miteinander und Nacheinander, denn »was heute Forschungsmaxime ist, war einst Alltag [...].«[55]

Beziehungsgeschichte ist (noch) nicht Vergleich. Sie zeigt – dies ist allerdings ein wichtiger Beitrag zur weiteren Forschung – explizite Berührungspunkte beider Staaten und Kulturen. Die wissenschaftliche Forschung zu dieser – zumal die auf politische Entscheidungsebenen bezogene – kann durchaus als umfangreich bezeichnet werden. Für das Thema Tourismus allerdings nicht, doch wird dieser Bereich zum Teil durch allgemeinere Editionen und Untersuchungen gespeist.[56]

Der so allgegenwärtige Vergleich beginnt bereits in den zahlreichen Publikationen des Bundesministeriums für Innerdeutsche Beziehungen[57], setzt sich tourismusspezifisch in Ansätzen in Walter Hunzikers Beitrag aus dem Jahr 1966[58] und 1986 in einem Mix aus Beziehungsgeschichte und Vergleich des Friedensforschers Norbert Ropers[59] fort.

Eine weitere vergleichende Tourismusgeschichte – die bislang eher durch ein Nebeneinander von ertragreichen Publikationen zur bundesdeutschen Tourismusgeschichte und den wenigen Beiträgen zur DDR-Tourismusgeschichte geprägt ist[60] – könnte von einem Katalog von zu hinterfragenden Vermutungen über Gemeinsamkeiten und Unterschiede ausgehen.

Bezugnehmend auf die anfängliche Aussage einer gemeinsamen kulturellen und historischen Basis, sind bestimmte Ähnlichkeiten nicht verwunderlich. So

---

54 Middell, »Kulturtransfer und Historische Komparatistik«, S. 30.
55 Spode, »Tourismus in der Gesellschaft der DDR«, S. 11.
56 Vgl. Potthoff, *Bonn und Ost-Berlin 1969–1982*. Sowie die analytischen Darstellungen: Potthoff, *Im Schatten der Mauer*; Küchenmeister/Nakath/Stephan, *Berlin, Bonn, Moskau*. Sowie: Nakath/Stephan, *Countdown zur deutschen Einheit*.
57 Vgl. die graphische Aufbereitung statistischer Daten, in: Bundesministerium für Innerdeutsche Beziehungen, *Zahlenspiegel Bundesrepublik Deutschland / Deutsche Demokratische Republik*. (Vergleichbar, jedoch nicht immer entsprechend detailliert in den vorhergehenden Ausgaben des seit 1970 jährlich erscheinenden Zahlenspiegels des Bundesministeriums für innerdeutsche Beziehungen.)
58 Hunziker, »Aktuelle Probleme des Tourismus«.
59 Ropers, *Tourismus zwischen West und Ost*.
60 Vgl. Bibliographie zur Tourismusgeschichte der Bundesrepublik im *Anhang 47*. Vgl. bezüglich der DDR-Tourismusgeschichte die Unterkapitel I.3 und I.4 zu Quellenlage und zum Forschungsstand.

wird den Bürgern beider Staaten – so wie es schon August Ludwig Schlözer 1777 für die Deutschen formulierte[61] – bescheinigt, dem Urlaub hohe Bedeutung in der Jahresplanung zuzumessen. Dabei konnten sowohl Bürger der Bundesrepublik als auch der DDR als führend in ihrem jeweiligen Blockbereich gelten, was die sich im »Gleichklang«[62] entwickelnde Reiseintensität betraf. Auch die Fremdurteile über deutsche Touristen – »[...] gerade die deutschen Touristen werden international gelobt als überwiegend ruhig, bescheiden und unaggressiv: Sie wünschen keine exotischen Gelage [...], haben es gern sauber, [...] bleiben lieber unter ihresgleichen und lassen sich deshalb klaglos direkt von der Anflugpiste in ein Betonsilo [...] verfrachten [...]«[63] – treffen sicherlich weitgehend auf beide Gruppen zu.

Die Vorliebe für das Reisen, besonders für Auslandsreisen, führte zudem in beiden Staaten zu einem hohen Negativsaldo im Reiseverkehr, der ökonomisch allerdings sehr unterschiedlich bewertet wurde. Weitere Gemeinsamkeiten fanden sich schließlich beispielsweise in der rechtlichen Situation eines gesetzlich garantierten, bezahlten Urlaubs[64], in der – selbstverständlich höchst verschieden ausgeprägten – staatlichen Regulation bestimmter Bereiche[65] sowie in der Verkehrsplanung[66].

Unterschiede bestanden in grundlegender Weise in den politischen Rahmenbedingungen des Reisens. Waren Urlaub und Reisen in der Bundesrepublik Teil des Grundrechts auf individuelle Freizügigkeit, so wurden DDR-Bürger dahingehend stark eingeschränkt. Dies zeigte sich vor allem in verschiedenen Reisezielen, die geographische Trennung verlief (partiell) an den Systemgrenzen. So reisten die Bundesbürger häufig ins deutschsprachige Ausland, später vor allem in die Mittelmeeranrainerstaaten, wohingegen DDR-Bürger vor allem auf das tendenziell – vor allem durch Sprachbarrieren – fremder empfundene Südosteuropa festgelegt waren.[67] Weiterhin resultierten daraus unterschiedliche Relevanzen der Auslandsreise. Zwar galt diese auch in der DDR bereits in den sechziger Jahren als Teil der Normalität, so verhinder-

---

61 Vgl. »Wir Deutschen reisen häufiger als vielleicht irgend ein anderes Volk des Erdbodens; und diesen herrschenden Geschmack am Reisen können wir immer unter unsere National-Vorzüge zählen.« – Schlözer, *Entwurf zu einem Reise-Collegio*. Zitiert bei: Ebel, *Schlözer, Vorlesungen über Land- und Seereisen*, S. 5.
62 Spode, »Tourismus in der Gesellschaft der DDR«, S. 21. Ähnlich: Irmscher, *Freizeitleben*; Friedrich-Ebert-Stiftung, *Urlaub und Tourismus* (1985).
63 Stephan, »Lob des Massentourismus«, S. 33.
64 Vgl. Rohleder, »Fremdenverkehr in der DDR«, S. 45.
65 Gemeint sind Kur- und Bäderwesen, Sozialtourismus sowie Kinder- und Jugendtourismus.
66 Vgl. Dienel, *Ins Grüne und ins Blaue*.
67 Vgl. mit einem interessanten bewertenden Ansatz zum Bild des »12. Bundeslandes« vs. des sich in ›fremde Welten‹ vorwagenden DDR-Bürgers bei: Irmscher, *Freizeitleben*, S. 367.

te die geringe Angebotsmenge jedoch eine umfassende Etablierung. Vielmehr – dies als ein weiterer Unterschied – wurde in der DDR im Gegensatz zur Bundesrepublik vor allem ein inlandsfokussierter Sozialtourismus gefördert. Auch die ökonomischen Grundlagen differierten stark. Das marktwirtschaftliche System der Bundesrepublik begriff den Tourismus als nahezu grenzenlos boomenden Markt, der flexibel auf Nachfrage reagierte und neue Angebote für die stark wachsende Kaufkraft der Bürger machte, während in der Zentralplanwirtschaft nur wenig Anpassungen an aktuelle Marktsituationen möglich waren und zudem stets die Probleme einer auf nicht frei konvertierbarer Währung basierenden Ökonomie[68] bestimmend blieben. Der Gegensatz zwischen Überfluss in der Bundesrepublik und Mangel in der DDR war im Reiseverkehr besonders deutlich, wie bereits im Sprachgebrauch der Zeit offensichtlich, wenn man wahlweise von Reisebuchung oder -zuteilung[69] sprach. Horst Opaschowski hat mit seiner Untersuchung der Freizeitstile der Ost- und Westdeutschen beschrieben, welche konkret differierenden Interessen und Verhaltensweisen aus den benannten Bedingungen entstanden.[70] Ausgehend von den getroffenen Differenzierungen könnte einerseits gefragt werden, woraus die jeweiligen Einstellungen resultierten, andererseits auch, ob ähnliche Verhaltensweisen möglicherweise trotzdem verschieden kontextualisiert wurden[71].

Insgesamt wäre bei einem solchen Vergleich des Tourismus in Ost und West beispielsweise folgende Aussage Hannes Siegrists zu prüfen: »Auch übernahm der Realsozialismus bei der Gestaltung von Gütern und der sozialisti-

---

68 Beispielsweise: »Fast sprichwörtlich waren die westdeutschen Arbeitslosen, die am Balaton ihren Billig-Urlaub verlebten, während die (fleißigen) Ostdeutschen nicht nur unverhältnismäßig viel für ihren Urlaub bezahlt hatten, sondern auch noch vor Ort mit jedem Forint knausern mußten.« – Ebd., S. 370. Allgemeiner und theoretisch basiert die Studie zu Leitbildern und Zielen für die Lebenshaltung beider deutscher Staaten, Messergebnissen verschiedener Indikatoren und dem kritisch wertenden Vergleich anhand eines Lebenshaltungsindexes aus bundesdeutscher Sicht bei: Nagel-Dolinga, *Möglichkeiten und Grenzen eines Vergleichs der Lebenshaltung*, S. 86–89, S. 133–134 und S. 174–179.
69 Vgl. Deja-Lölhöffel, *Freizeit in der DDR*, S. 33.
70 Vgl. zu den unterschiedlichen Freizeitorientierungen in Ost und West die Abbildung in *Anhang 48*.
71 Letztere Überlegung resultiert aus folgender Feststellung eines Zeitzeugen: »Überhaupt Zelten in der DDR! Wie verschieden vom aufgezogenen Moderummel in der BRD, mit der schiere Existenzangst vergessen gemacht werden sollte: Camping als existentialistische Flucht aus dem Heute aus Angst vor dem Morgen. Zelten ist das Lob der Gemeinschaft, Zelten ist Liebe zur sozialistischen Heimat, jedes Zelt, jedes Plastgeschirr im Rucksack lehrte uns, die Arbeit der Menschen zu achten und zu bewahren.« – Handloik, »Komm mit, wir zelten«, S. 127.

schen Lebensweise und Kultur charakteristische Vorstellungen aus dem Westen und deutete diese um; es fand also ein Kulturtransfer statt.«[72]

IX.3.2 DDR – Osteuropäische Länder

»Das größte Defizit besteht wohl in der mangelnden Verknüpfung der DDR-Geschichte mit der Osteuropa- und Sowjetunion-Geschichte«[73] – diese Aussage Klaus-Dietmar Henkes verweist bereits auf den Stand des zeitlich horizontalen Vergleichs zwischen der DDR und anderen osteuropäischen Ländern. Obwohl der Vergleich gerade in den Forschungen zu Osteuropa unverzichtbar ist[74], um einerseits das westliche (im Nachhinein: Erfolgs-)Modell nicht als einzigen Idealtypus erscheinen zu lassen und die sozialistischen Staaten Mittel- und Osteuropas nicht nur als monolithischen Block zu begreifen, trifft dieser »auf ein eingeschränktes Forschungspotenzial«[75]. Dies erscheint besonders bedauerlich, da das ›Problem der Zeitverschiebung‹ weitgehend entfällt.

»Man hat es mit den gleichen weltpolitischen Rahmenbedingungen und mit Zeitgenossenschaft zu tun. Der Ausgangspunkt der politischen Determinanten des Herrschaftssystems ist ähnlich oder gleich und innerhalb dieser in Grundzügen vorgegebenen gleichen Rahmenbedingungen kann man dann sehr viel besser die Besonderheiten, die Wirksamkeit nationaler Traditionen, die Möglichkeiten und Spielräume nationaler und gruppenbezogener Akteure erfassen.«[76]

Dass jedoch der innersystemische Vergleichs schon vor 1989 als bedeutsam angesehen wurde, beweisen beispielsweise die Arbeiten von Fejtö, Hacker und – tourismusspezifisch – Scheumann, Ropers, Vuoristo und Ruban/Lodahl/

---

72 Siegrist, »Konsum, Kultur und Gesellschaft«, S. 31.
73 Henke, »DDR-Forschung seit 1990«, S. 375.
74 Vgl. »Überwindung der DDR-Zentriertheit durch Analysen zur Rolle der Sowjetunion, des Warschauer Pakts, des RGW usw.« – Weber, *Die DDR. 1945–1990*, S. 77. »Diese Forderung nach Vergleichen mit osteuropäischen Ländern wird ebenso oft erhoben wie selten realisiert.« – Kleßmann, »Chancen, Probleme und Perspektiven«, S. 135.
75 Middell, »Kulturtransfer und Historische Komparatistik«, S. 31. Es ist anzunehmen, dass dafür erstens die Deutschland-Orientierung der DDR-Forscher und das Desinteresse der Osteuropa-Forscher an der DDR, zweitens die zum Teil schwierige Aktenlage in den einzelnen Staaten sowie drittens Sprachbarrieren verantwortlich sind. Letztere werden dadurch verstärkt, dass viele der mehrere sozialistische Staaten betreffenden Dokumente ausschließlich in der damaligen ›lingua franca‹, dem Russischen, verfasst sind und Dokumentenbände zur Beziehungsgeschichte zwischen der Sowjetunion und anderen sozialistischen Ländern ebenfalls nur in »russischer bzw. in den jeweiligen Landessprachen« (Foitzik, »DDR-Forschung«, S. 381.) vorliegen.
76 Kleßmann, »Chancen, Probleme und Perspektiven«, S. 135.

Machowski/Vortmann.[77] Umfassende Untersuchungen nach 1989 zu den sozialistischen Staaten liegen zum Beispiel von Stone, Childs/Baylis, Ahrens sowie – tourismusrelevant – von Hall, Czeglédi, Kneifel, Buckley/Witt, Gołembski, Merl und Collier/Mokhtari vor. Desweiteren liegen einige wenige tourismusrelevante Spezialuntersuchungen zu bilateralen Beziehungen vor, bezüglich der DDR vor allem mit Vergleichsaspekten zur Sowjetunion[78] und zu Polen[79]. Weniges – doch für mögliche Vergleiche Grundlegendes – findet sich zu Tourismusgeschichten einzelner sozialistischer Staaten.[80]

Für die weitere Forschung ist vorzuschlagen, Vergleichsmomente des Tourismus in und zwischen den sozialistischen Staaten an folgende Fragen zu knüpfen, die in ähnlicher Form in diesem Buch bereits für die DDR beantwortet wurden: Welche politische und gesellschaftliche Funktion hatte der Fremdenverkehr? Welche Bedeutung hatten Urlaub und Reisen in einer Gesellschaft mit eingeschränkten individuellen Freizeit- und Entfaltungsmöglichkeiten? Welchen Stellenwert im touristischen System hatten die größten Reiseveranstalter – die Gewerkschaften und Betriebe? Welche Chancen erhoffte man sich, und welche Probleme ergaben sich bei der Organisation eines staatlich gelenkten Sozialtourismus? Welche Rolle spielten staatliche Subventionen? War der Sozialtourismus ein wichtiger Legitimitätsfaktor des jeweiligen Systems? Inwieweit hebelte der Sozialtourismus die für westliche Staaten starke Orientierung des Tourismus auf konsumtionelle Distinktion und Kaufkraftabschöpfung aus? Gab es nach marktwirtschaftlichen Prinzipien arbeitende kommerzielle touristische Anbieter? Welche Möglichkeiten hatten die Bürger, in das – besonders das westliche – Ausland zu fahren? Wie korrespondierten die Auslandserfahrungen mit dem Alltag der Menschen, und wie deutlich war der Vergleich zu Regelungen in anderen sozialistischen Ländern? Welche Auswirkungen hatte der allgegenwärtige Mangel auf das Reisen? Wiesen die sozialistischen Staaten trotz ihrer Unterschiede ein gemeinsames – möglicherweise erfolgreiches – »sozialistisches Tourismusmodell« auf? Falls ja, verursachte dieses Modell den von Jürgen Habermas postulierten Modernisierungsrückstand[81], der erst in der Transformation aufgeholt werden konnte?

---

77 Vgl. dazu und im Folgenden: Bibliographie zur vergleichenden Tourismusgeschichte sozialistischer Staaten im *Anhang 49*.
78 Vgl., allerdings ausnahmslos zeitgenössisch: Matthäus, »Analysieren Sie«; o.V., *Chronik DDR – UdSSR Tourismus*; Petzoldt, *Erforschung des Freizeitverhaltens*.
79 Vgl. zeitgenössisch: Pädagogische Hochschule »Karl Friedrich Wilhelm Wander«, *Freundschaft und Zusammenarbeit*; Bezirksbauamt Rostock, *Bauen an der Ostseeküste DDR–VRP*. Vgl. aktuell: Anderson, *A Cold War in the Soviet-Bloc*. [Über die DDR-polnischen Beziehungen bis 1962.]
80 Vgl. Bibliographie zur nationalen Tourismusgeschichte sozialistischer Staaten im *Anhang 50*.
81 Vgl. Habermas, *Die nachholende Revolution*.

Zu einer gemeinsamen beziehungsweise vergleichenden Tourismusgeschichte in Osteuropa ist bisher festzuhalten, dass die DDR in Fragen der Reiseintensität die Spitzenposition einnahm und aus diesem Grund besonderen Handlungsbedarf in bi- und multilateralen Vereinbarungen sah.[82] Bereits 1955 vereinbarten die Staaten des RGW auf einer Gipfelkonferenz in Varna Grundzüge einer gemeinsamen Tourismuspolitik, die entscheidend von Zugangs- und Austauschvereinbarungen geprägt war.[83] Beispielsweise öffneten Bulgarien und Rumänien im Zuge dieser Abkommen ihre Schwarzmeerküsten für alle sozialistischen Länder. Die weitere Zusammenarbeit wurde bis 1966 durch die Konferenz der Reisebüros der sozialistischen Staaten gewährleistet und ab jenem Jahr durch die zunächst jährlich, später in größeren Abständen stattfindende ›Konferenz der staatlichen Organe für Tourismus der sozialistischen Länder‹ [84] ergänzt. Diese Ansätze eines Gleichklangs in der Tourismuspolitik der sozialistischen Staaten galten jedoch nur eingeschränkt. Bis zum Zerfall des Ostblocks 1989 ist eine weitgehend nationale Orientierung in Fragen des Tourismus zu konstatieren. Dies resultierte aus Differenzen in der touristischen Nachfrage und im Angebot, aus verschiedenen naturräumlichen[85] und gesellschaftlichen Gegebenheiten[86], politischen Lagen und Einstellungen.[87]

---

[82] In anderen Staaten speiste sich das Interesse an einer Zusammenarbeit oft aus anderen Gegebenheiten, beispielsweise einer hohen touristischen Attraktivität des Landes in Bulgarien oder bezüglich der Beziehungen zwischen der DDR und der ČSSR, seitens letzterer aus einem durch touristischen Austausch erreichbaren – als Binnenland angestrebten – Zugang zum Meer.
[83] Vgl. dazu und im Folgenden: Stirken,»Reisezeit – Zeitreise«, S. 11.
[84] Vgl. Wolter, Paper ›The Conferences of state authorities for tourism in socialist countries. 1966 till 1988‹.
[85] Touristische Attraktivität der verschiedenen Länder im Vergleich anhand Einreisen aus dem Westen. Dies aber auch abhängig von politischen Weichenstellungen.
[86] Freie Verfügbarkeit von Einkommen / Freizeitausgaben. Das Konsumniveau wird in absteigender Reihenfolge folgendermaßen angegeben: DDR, ČSSR, Ungarn, Polen, UdSSR. – Vgl. Ruban u.a., *Die Entwicklung des Lebensstandards*. Mieczkowski, *Personal and Social Consumption*. Die DDR erscheint somit ökonomisch vor allem in den siebziger und achtziger Jahren recht erfolgreich. – Vgl. Meyer, *Die DDR-Machtelite in der Ära Honecker*, S. 409; Wagner,»Einige Theorien des Systemwandels im Vergleich«, S. 17f.
[87] Nationale Unterschiede im Ausmaß der Reisebeschränkungen zwischen sozialistischen Staaten. – Vgl. Lampe,»Lazarus am 13. August«, S. 414f.

IX.3.3 DDR – Westeuropäische Länder

Der horizontale Vergleich der DDR mit anderen westeuropäischen Staaten wurde nur selten vorgenommen.[88] Dies resultiert vermutlich vor allem aus der vorherrschenden Stellung des Vergleichs mit der Bundesrepublik. Diese gilt ihrerseits als Prototyp des westlich demokratischen Europa und macht weitere Betrachtungen nachrangig.

Grundlage eines möglichen Vergleichs ist die Differenz zwischen dem in westlichen Demokratien als Grundrecht der Bewegungsfreiheit verstandenen Tourismus und den Einschränkungen dieses Rechts in sozialistischen Staaten.[89] Zwar zielt diese Einschätzung auf einen demokratischen ›Normalweg‹ ab, doch kann gerade die Abkehr von der Voraussetzung einer zwangsläufigen, teleologischen Entwicklung Ansatzpunkte für den Systemvergleich auf nicht ausschließlich deutscher Basis liefern und damit auch den Blick für differierende innersystemische touristische Interessenlagen und Handlungsweisen öffnen. Ausgangspunkt könnte dabei Jost Krippendorfs auch für die DDR anwendbares Modell[90] des Lebens in der Industriegesellschaft werden. Darin wird die Aufmerksamkeit auf die staatliche Ordnung, die ökonomischen Grundlagen sowie das Gesellschaftskonzept gelenkt. Reisen erscheint darin als mobil verbrachte Freizeit, die trotz ihres zunächst individuellen Charakters auf Staat, Gesellschaft und Wirtschaft einwirkt.

Des Weiteren kann über verbindende Ideen aller westlichen Gesellschaften bezüglich eines von Gehorsam, Leistung und Disziplin bestimmten Arbeitslebens und eines im Ausgleich dazu durch höhere Einkommen, bessere Konsumchancen und erweiterte Individualität geprägten Privat- und Freizeitlebens nachgedacht werden. Damit könnten auch Gemeinsamkeiten und Unterschiede zu einem weniger auf Einkommens- und Lebensstildistinktion ausgerichteten sozialistischen System betrachtet werden.

Schließlich wirft das Phänomen der Amerikanisierung wichtige Schlaglichter auf eine Westeuropa verbindende Nachkriegsgeschichte, die sich trotz gegenteiliger Zuschreibungen und trotz einer sicher propagierten und partiell durchgesetzten Sowjetisierung möglicherweise auch im sozialistischen System der DDR wiederfindet[91] und damit die propagandistische Herabsetzung der westeuropäischen Konsumorientierung als ›individualistisch‹ ad absurdum führt.

---

88 Tourismusrelevant erscheint lediglich das bereits mehrfach erwähnte Buch von Norbert Ropers zum *Tourismus zwischen Ost und West*.
89 Ebd., S. 59.
90 Vgl. Abbildung des Industriegesellschaftlichen Lebensmodells im *Anhang 51*.
91 Vgl. Jarausch/Siegrist, *Amerikanisierung und Sowjetisierung*.

X Schlussbetrachtung

X.1 Offene Fragen

In jeder Untersuchung bleiben Aspekte unberücksichtigt, Fragen offen und Phänomene unerklärt. Diese finden im Ausblick Platz und sollen zur weiteren Auseinandersetzung anregen. Das ist in der vorliegenden Studie nicht anders, es bieten sich drei Gruppen beachtenswerter Gesichtspunkte dar. Zum ersten sind dies wissenschaftliche Fragestellungen, die aufgrund des Zuschnitts der Arbeit nicht oder nicht erschöpfend behandelt wurden. Zum zweiten sind es Überlegungen zum ›Was wäre, wenn‹, das heißt ein kurzer Blick auf das Konzept der Alternativgeschichte. Schließlich ist es drittens – exemplarisch an einer Frage erläutert – das Drehen und Wenden einer unlösbaren Fragestellung.

Desiderate

Der Titel *DDR-Tourismusgeschichte der siebziger und achtziger Jahre* legt bereits nahe, dass hier der Versuch unternommen wurde, das touristische System, wie es dem DDR-Bürger zugänglich war, in seiner Gesamtheit zu untersuchen. Das bedingt natürlich, sich auf Wesentliches zu beschränken. Diese Arbeit kann in der Tiefe der Einzelaspekte sicher nicht mit Detailstudien – so sie denn überhaupt vorliegen – mithalten, sondern will eine möglichst umfassende systemische Betrachtung liefern. An vielen Stellen gibt es daher Anknüpfungspunkte für Einzeluntersuchungen. Besonders die Geschichte des Reisebüros der DDR,[1] des Jugendreisebüros ›Jugendtourist‹, des (touristisch bedingten) Omnibusverkehrs, der auf Reisefragen bezogenen Eingaben sowie der individuellen zeitgenössischen Wahrnehmungen zum Tourismus sind dabei als Desiderate aufgefallen. Dem Bereich der Vergleichs- und Transfergeschichte, der hier ebenfalls weitgehend außen vor blieb, wurde aufgrund seiner hohen Bedeutung für das Verständnis der DDR ein eigenes Kapitel (IX) gewidmet, in dem

---

[1] Die Bestände dazu sind bisher im Bundesarchiv bedauerlicherweise (noch) nicht aufgearbeitet, weshalb sie den Nutzern nicht zugänglich sind.

auf mögliche Ansatzpunkte der weiteren wissenschaftlichen Betrachtung hingewiesen wurde. In dieser Hinsicht kann beispielsweise gefragt werden, ob das gegenwärtige Gesellschaftsmodell das Telos sei oder ob postkommunistische Gesellschaften – in begrenztem Maße auch die der Bundesrepublik zugeschlagene DDR – auf ein Hybridmodell zusteuern? Daran schließt sich die Überlegung an, ob etwas und was vom Sozialismus bleibe.

Alternative Entwicklungen – Kontrafaktische Geschichte

Manche Antwort wird in den Bereich des Spekulativen führen, dorthin, wo sich die Geschichtswissenschaft fragt:

»Hat die Besinnung auf Ungeschehenes Sinn? Das Nachdenken über ungeschehene Geschichte ist verpönt, denn Ungeschehenes gilt als bedeutungslos und unerforschbar. [...] Das Nachdenken über ungeschehene Geschichte ist nötig zur Vervollständigung unseres Wissens, zum Verständnis von Entscheidungssituationen und dem in ihnen angelegten Gehalt an Zukunft, zur Gewichtung von Kausalfaktoren, zur Begründung von Werturteilen, zur Abschätzung von Wahrscheinlichkeiten. [...] Das historisch Mögliche füllt den Raum zwischen dem Unvorstellbaren und dem Geschehenen [ ] Das Nachdenken über ungeschehene Geschichte ist schwierig. Schwer zu ersetzen sind konstante und kollektive Phänomene, stetige und dauerhafte Prozesse. [...] Alternativkonstruktionen werden beeinträchtigt durch Hoffnungen und Ängste, durch Zufälle und Überraschungen. Sie verändern das Bild der Geschichte rückwirkend. [...] Die Besinnung auf alternative Möglichkeiten ist lehrreich.«[2]

Alexander Demandt hat sich 1984 erstmals auf ein Gedankenspiel eingelassen, das noch immer einigen Historikern als fachfremd erscheint. Zu sehr ist Geschichtswissenschaft an den Nachvollzug dessen gebunden, was ›wirklich‹ geschah. Dabei sind unverwirklichte Möglichkeiten in der Mehrzahl, und doch entziehen sie sich weitgehend den (angeblichen) Kausalitäten vollzogener Geschichte. Insofern fand und findet Alexander Demandt Vorläufer[3] und Mitstreiter, aber auch entschiedene Kritiker.[4] Es ist hier nicht Aufgabe, diese Kontroverse näher zu beleuchten. Vielmehr soll überlegt werden, warum auch und möglicherweise besonders die DDR-Geschichte dazu herausfordert, sich alternativen Entwicklungsmöglichkeiten gedanklich zu öffnen. Es geht also im Folgenden weniger um das Umdenken aller Folgebedingungen einer Veränderung

---

2 Demandt, *Ungeschehene Geschichte*, S. 3–6 (Inhaltsverzeichnis in Fließtext überführt).
3 Vgl. Koselleck, *Vergangene Zukunft*, S. 144–175. [1. Auflage von 1979] Ergänzend: Hacker/Chamberlain, »Pasts That Might Have Been«.
4 Vgl. in ähnlicher Position Cowley, *Was wäre geschehen, wenn?*; Salewski, *Was wäre wenn*. Vgl. ablehnend: Kiesewetter, *Irreale oder reale Geschichte*?

im Sinne einer eng gefassten kontrafaktischen Geschichtsschreibung, als vielmehr um die begrenzten Systemeinflüsse alternativer Teilentwicklungen.

Der erste Grund für eine Eignung der DDR-Geschichte für spekulative Überlegungen dürfte das historisch Abgeschlossene sein. Ein Blick auf die DDR ermöglicht – seit 1990 – einen Blick auf etwas zumindest politisch gesehen Beendetes. Die Hemmschwelle, alternative Szenarien zu entwerfen, ist hier wohl geringer, als wenn über zukünftig noch Mögliches spekuliert wird. Letzteres hat Alexander Demandt bezüglich der DDR getan und damit den Beweis angetreten, dass solche Gedankenspiele einen Realitätsgehalt haben können:

»Die Geschichte lehrt: Deutschland ist teilbar. Sie lehrt aber nicht, daß die Deutschen sich an Teilung und Trennung gewöhnen. Die Rede von der ›Unwiderruflichkeit‹ der deutschen Teilung im Osten ist ebenso albern wie die von der ›Unteilbarkeit‹ Deutschlands im Westen. An eine Stacheldrahtgrenze quer durch ein blühendes Land gewöhnt sich kein Mensch, nicht mal ein Tier. Freiheit heißt Bewegungsfreiheit. Die deutsche Frage bleibt offen, solange das Brandenburger Tor geschlossen bleibt.«[5]

Wohingegen Hans Joas und Martin Kohli darauf hinweisen, wie sich die Mehrheit der Soziologen und Historiker wohl noch 1988 die zukünftigen Beziehungen zwischen der DDR und der Bundesrepublik ausgemalt hatte:

»Vielleicht [...] 1996, wenn Kanzler Lafontaine nach seinem zweiten Wahlsieg mit dem Staatsratsvorsitzenden Krenz im Austausch für eine gewisse Reisefreiheit die Aufgabe der einheitlichen deutschen Staatsbürgerschaft vereinbart und VW in einem Joint-venture in Zwickau einen neuen Billigwagen produziert, nachdem die Produktion des spanischen Seat wegen zu hoher Arbeitskosten zurückgefahren worden ist.«[6]

Der zweite Grund liegt wohl darin, dass es in der DDR zwar auch einige Ereignisse gab, deren andersartiger Verlauf zu einem komplett veränderten Bild geführt hätte – beispielsweise der Erfolg der Aufständischen am 17. Juni 1953 oder der Verzicht auf den Mauerbau 1961 –, doch viel spannender für diese Publikation erscheinen kleinteiligere Fragen. Solche werden übrigens ab und zu – in unbewusster Annahme des Ungeschehenen und doch historisch Vorstellbaren – auch von Zeitzeugen angesprochen, wie die Aussage von Petra B. beweist: »Wir hätten uns viele Dinge erspart, wenn man den Leuten die

---

5 Demandt, *Ungeschehene Geschichte*, S. 130. Zugegebenermaßen ist diese Konstellation nicht die klassische der kontrafaktischen Geschichtsschreibung, in der es ja um Parallelmöglichkeiten zu bereits Geschehenem geht. Trotzdem besticht diese Aussage durch den Realitätsgehalt, den sie durch die Ereignisse des Jahres 1989 erfahren hat. – Vgl. ergänzend: Mergel/Welskopp, »Geschichtswissenschaft und Gesellschaftstheorie«, S. 32.
6 Der Rahmen um die zitierte Vorstellung lautete: »Es könnte sich lohnen, eine kleine Übung in kontrafaktischer Geschichtsschreibung zu machen. [...] So etwa hat man sich 1988 eine vernünftige Zukunft vorgestellt.« – Joas/Kohli, »Der Zusammenbruch der DDR«, S. 10f.

Möglichkeit gegeben hätte, ordnungsgemäß ihre Reisewünsche zu erfüllen.«[7] Hier wird spontan, direkt und intellektuell unreflektiert die entscheidende Machtfrage der DDR gestellt, nämlich nach Machtbegrenzung, -erhalt oder -gewinn durch die Gewährung individueller Freiheiten.

Einmal vorausgesetzt, die Entwicklung wäre bis zum Anfang der siebziger Jahre nach den bekannten Fakten verlaufen, so wäre bezüglich der Tourismuspolitik im weiteren Sinne beispielsweise zu fragen, was wäre gewesen, wenn die DDR die Grenzbestimmungen gelockert hätte und zum Beispiel Reisen in westliche Länder möglich gewesen wären? Wenn andere Akteursgruppen politikbestimmenden Einfluss gewonnen hätten? Wenn die Bürger unbegrenzt hätten Devisen tauschen können? Wenn sozialtouristische Angebote einen kostendeckenden Preis gehabt hätten? Wenn im gehobenen touristischen Bereich eine Kaufkraftabschöpfung stattgefunden hätte? Wenn Infrastrukturmaßnahmen politische Priorität gehabt hätten? Dieser Katalog ließe sich um vieles erweitern und natürlich mit Alternativszenarien beantworten.[8] Er ist jedoch dem Unterkapitel ›Offene Fragen‹ zugeordnet, und so geht es an dieser Stelle nicht um Antworten, sondern um Ausblicke.

Unlösbare Fragen

Bereits in der Beschäftigung mit Theorieangeboten, die tiefere Einsichten über das System des Tourismus in der DDR generieren könnten, wurde eine Frage angeschnitten, die sich der retrospektiven Beantwortung weitgehend entzieht. Es ist jene Überlegung, ob quasi eine das unbewusste Wissen der Reisenden um sogenannte ›posttouristische Depressionen‹[9] im Sommer 1989 zu einer Dynamisierung des Zerfallsprozesses der DDR geführt hat. Die Überlegung, viele der Personen, die von Ungarn oder aus der ČSSR geflohen seien, hätten dies nach einer relativ spontanen Entscheidung getan, führt zu dem Nachdenken über fördernde Faktoren dieses Mutes zum Risiko. Sollte die nichtalltägliche Situation des Reisens ein solcher sein, so wäre die Grenzöffnung im November 1989 vor allem dadurch bedingt, dass die durch die Fluchten entstandene äußere Dynamik zu einer inneren geführt habe, die dann den Mauerfall in exakt jenem Moment begünstigte. Beweise pro oder kontra dieser These lassen sich rückblickend vermutlich nicht erbringen. Befragungen wären hier wohl zwecklos, da die emotionale Affektuierung der Beteiligten zu einer hochgradigen Rekonstruktion der individuellen Geschichte geführt haben

---

7 Klein, *Plötzlich war alles ganz anders*, S. 55.
8 Vgl. beispielsweise: Almond, »Das Jahr 1989 ohne Gorbatschow«.
9 Vester, *Tourismustheorie*, S. 75.

dürfte. Gerade aber das Spielerische beeindruckt, denn Geschichtsschreibung ist eben mehr als das Ermitteln dessen, was ›gewesen ist‹.

X.2 Resümee

2003 ließ Evelyn Finger die Leser der *Zeit* leicht ironisch wissen, wie das aus publizistischer Sicht mit dem Reisen von DDR-Bürgern so gewesen sein könnte:

»Der Sozialismus, so geht die Legende, bestand ja hauptsächlich aus fröhlichem Jugendleben. Hässliche Hosen, aber gewagte Dissidentenpartys. Wenig Freiheit, aber viel Sex. Eigentlich ein mustergültiges Zeitungsthema. Wenn man will, kann man es ohne große Mühe auch gesellschaftstheoretisch aufmotzen. Kurzzeitig habe ich erwogen, einen Essay über den Inselurlaub als Paradigma des Überlebens in der geschlossenen Gesellschaft zu verfassen. Hiddensee als Metapher der Diktatur! Ich sagte zur Redaktion: Das kostet fast nichts. Da müsste man sich nur mal einen Abend in die Bibliothek setzen. Die DDR kenne ich [...]«[10]

In der vorliegenden Untersuchung stellte sich die Auseinandersetzung komplizierter dar. Es ging nicht darum, mit fröhlichen Geschichten aufzuwarten, und es half auch nicht viel, dass die Autorin die DDR als Zeitzeugin ›kannte‹. Es wurde eher eine Unternehmung, wie sie Numa Denis Fustel de Coulanges – ein Lehrer Émile Durkheims – beschrieben hatte, als er meinte, dass für einen Tag der Synthese Jahre der Analyse nötig seien.[11]

Es interessierten politische und gesellschaftliche Funktionen des Reisens, individuelle und kollektive Bedeutungen, institutionelle Ausprägungen, Reiseziele und deren naturgeographische Voraussetzungen, Erfahrungen der Fremde und Wirkungen des Mangels, die Anziehungskraft des ›Westens‹, das Maß an touristischer Autarkie und Autonomie sowie schließlich die historischen Veränderungen bis hin zur Umgestaltung durch den Untergang.

Tourismuspolitik

Von der Spitze des Staates ausgehend war zunächst nach den Ausprägungen der Tourismuspolitik zu fragen. Nach dem Modell politischer Entscheidungsprozesse von Colin Michael Hall haben dabei in der DDR die nachfolgend beschriebenen Faktoren gewirkt:[12] Das politische System stellte bestimmte An-

---

10 Finger, »Reisehits. Unter Verdacht«.
11 Fustel de Coulanges, *Histoire des institutions politiques*, S.4.
12 Vgl. dazu und im Folgenden: Hall, *Tourism and Politics*, S. 49f.

forderungen an die Tourismuspolitik (*policy demands*). Dies waren vor allem die Lehre des Marxismus-Leninismus sowie – auf der Praxisseite – das ›Vorbild‹ der Sowjetunion. Sie wurden in DDR-spezifische tourismuspolitische Zielstellungen (*policy values*) umgesetzt. Dies war beispielsweise der Grundsatz, preiswerte Reisen anzubieten, um jedem Bürger finanziell die Teilhabe am Tourismus zu ermöglichen.

Die Verwaltungsinstanzen und die mit touristischen Aufgaben betrauten Organisationen (*institutions and interest groups*[13]) setzten einerseits diese vom System geforderten Charakteristika sozialistischen Reisens durch, andererseits trugen sowohl sie als auch die Bürger Wünsche und Forderungen, die aus den Erfahrungen der Reisepraxis resultierten, an das System heran. Die politischen Entscheidungsträger und deren untergeordnete exekutive Instanzen trafen aufgrund des sozialistischen Zentralismus nahezu alle Entscheidungen von oben nach unten unter steter Rückversicherung (*policy decisions*). Nur fallbezogen schien ein Umgehen der Gehorsamskette möglich gewesen zu sein. Gemäß den an das touristische System gestellten Aufgaben wurden für den Bürger greifbare Auswirkungen der Tourismuspolitik spürbar, beispielsweise in der Förderung oder Hemmung einzelner Bereiche des Reisens (*policy outputs*). So wurde in der DDR aufgrund der infrastrukturellen Schwächen das Wachstum des Tourismus insgesamt gedrosselt, der Auslandstourismus war aufgrund des Grenzregimes stark eingeschränkt, und bestimmte touristische Leistungen wurden durch das mangelhafte Waren- und Dienstleistungsangebot nicht gedeckt. Diese Einstellungen und Handlungsweisen führten sowohl zu intendierten, aber auch zu nicht-intendierten Konsequenzen (*policy outcomes / impacts*), wie den Erhalt einer engmaschigen Kontrolle der Bürger, aber auch die steigende Unzufriedenheit derselben.

Tourismus – Systemstabilisierung oder Beitrag zum Verfall?

Am Anfang des Buches wurde die Leitfrage gestellt, warum die Reisemöglichkeiten trotz ihrer starken Einschränkungen für die Mehrheit der DDR-Bürger über lange Zeit systemstabilisierend wirkten, bevor Reisefreiheit 1989 zu einer der ersten Forderungen an / gegen das System wurde. Unter Berücksichtigung

---

13 Wichtige Vertreter bzw. Lobbyisten in Beratergremien der Regierung (*significant individuals*) hat es in der DDR nicht gegeben. Dies beruhte einerseits auf dem Zentralismus, andererseits auf der relativ geringen Bedeutung, die dem Tourismus eingeräumt wurde. Dies war schließlich auch am Fehlen eines für den Tourismus verantwortlichen Ministers (*institutional leadership*) ersichtlich. Vielmehr wurden touristische Aufgaben in verschiedenen Ministerien erledigt (zum Beispiel Verkehr, Handel und Versorgung). In ihnen jedoch wurden touristische Fragestellungen häufig als wenig relevant eingestuft (schwache *power arrangements*).

der Erkenntnisse aus den vorhergehenden Kapiteln kann auf diese Frage eine differenzierte Antwort erfolgen. Diese soll die Erkenntnisse der Analyse nicht wiederholen, sondern auf einer höheren Abstraktionsebene auf sie verweisen.

Generell ist bei der Beantwortung zu bedenken, dass Reisen zumindest teilweise eine soziale und kulturelle Struktur langer Dauer ist, die demnach partiell systemautonom wahrgenommen und verwirklicht wird. Nichtsdestoweniger war die Entwicklung des Tourismus in der DDR – wie auch in der Bundesrepublik – von enormer symbolischer Bedeutung für den Bestand des politischen Systems. Dieses wurde nämlich besonders in der DDR unter anderem an den Möglichkeiten, jener kulturellen und sozialen Praxis nachgehen zu können[14], gemessen. Die Umsetzung touristischer Bedürfnisse repräsentierte in den Wahrnehmungen der Bürger »die Fähigkeit des Systems [...], das Versprechen auf ein besseres Leben einzulösen.«[15]

Vom Einzelnen aus gesehen, stellten sich die Reisemöglichkeiten der siebziger und achtziger Jahre folgendermaßen dar: DDR-Bürger hatten, gemessen an den Voraussetzungen Urlaubszeit und frei verfügbare Einkommen, umfangreiche Möglichkeiten zu reisen. Beschränkungen erfuhren sie vor allem in der Wahl der Reiseziele. Sie konnten sich vornehmlich innerhalb der DDR, sonst aber nur in wenigen sozialistischen Staaten Ost- und Südosteuropas in Abhängigkeit von manchmal abrupt wechselnden politischen Rahmenbedingungen relativ frei bewegen. Reisen in entferntere, selbst sozialistische Staaten blieben die Ausnahme. Touristische Fahrten in das westliche Ausland blieben weitgehend außerhalb jeglicher Möglichkeit, obwohl insbesondere im Laufe der achtziger Jahre zaghafte Andeutungen von Reiseerleichterungen zu erkennen waren. Ihre quantitative Marginalität konnte die grundsätzliche Belastung durch die ›Einsperrung‹ nicht lindern, und ein verbales Ventil für den Unmut fand sich nur bedingt, zumal wenn es explizit um Fragen des Grenzregimes der DDR ging.

Das touristische Interesse des Staates galt dem Ausbau sozialtouristischer Angebote – besonders im Inland. Reisen sollte für jeden im Grundsatz möglich werden. Dies wurde von den Bürgern – angesichts des schwierigen Vergabeprozesses und der begrenzten Wahrscheinlichkeit der Zuteilung einer Reise aus dem staatlichen touristischen Angebot – anders als staatlicherseits erwartet nur neutral bis ablehnend vermerkt. Die staatliche touristische Grundsicherung wurde nämlich nur solange als positive Entwicklung in der DDR empfunden, bis sich das Reisen in den siebziger Jahren als allgemeiner Stan-

---

14 Vgl. Spode, »[...] gesamtdeutscher Konsens, dass die Urlaubsreise kein Privileg mehr sein dürfe« – »Tourismus in der Gesellschaft der DDR«, S. 15.
15 Confino, »Tourismusgeschichte Ost- und Westdeutschlands«, S. 146.

dard mit einer entsprechend jährlich produzierten Erwartungshaltung etabliert hatte. In der Amtszeit Erich Honeckers ging es zunehmend nicht mehr um das ›Ob‹ des Reisens, sondern das ›Wie‹, und somit um die Einschränkungen der realen Tourismusteilhabe.[16] Loyalität für das Herrschaftssystem war in den siebziger und achtziger Jahren augenscheinlich nicht mehr durch die staatliche Sicherung der Erfüllung eines touristischen Grundbedürfnisses zu erreichen. Hinzu kam, dass Bemühungen um Qualitätsverbesserungen aufgrund der Unfähigkeit des Systems, den infrastrukturellen Ausbau an die Reiseströme anzugleichen, nachrangig blieben. Dies führte immer wieder zu Beschwerden, vor allem mittels Eingaben, deren Zahl in den achtziger Jahren deutlich zunahm.

Viele DDR-Bürger behalfen sich in dieser Situation mit langlebigen Provisorien: Wo Ferienheime und das staatliche Hotelwesen nicht die notwendige Zahl von Quartieren stellen konnten, blühten private Arrangements, Tausch- und Schwarzhandel; wo Gaststätten geschlossen hatten oder der Öffentlichkeit nicht zugänglich waren, behalf man sich mit dem Transport elementarer Güter des täglichen Bedarfs quer durchs Land; wo Auslandsreisen angesichts der Devisenknappheit nahezu unerschwinglich teuer waren, stellten Eigenversorgung und ›Villa Sachsenruh‹[17] einen möglichen Ausweg dar. Es ist anzunehmen, dass den Bürgern das hohe Maß an notwendiger Eigeninitiative für solche Alternativen bewusst war.

Touristische Angebote im engeren Sinne konnten demnach nur bedingt für eine Systemloyalität sorgen. In den siebziger und achtziger Jahren bezog die DDR aus verschiedenen Aspekten eine sich jedoch mindernde Attraktivität. War dies zu Beginn der siebziger Jahre die außenpolitische Anerkennung und der Aufschwung im Lebensstandard, so war es bis weit in die achtziger Jahre der »Rekurs auf harmonische Gesellschaftsideale«[18]. Dazu gehörte auch eine umfassende soziale Grundsicherung für jeden, die über die klassische Sozialversicherung bundesrepublikanischen Typs weit hinausführte. Der Staat bezog daraus jedoch nicht nur Akzeptanz, sondern diese Politik verursachte durch ihre gewaltigen Kosten auch eine Nivellierung nach unten. Daraus resultierte Unzufriedenheit, und die positive Sicht auf ›soziale Errungenschaften‹ verlor

---

16 Vgl. zum Tourismus im Verständnis der Bundesrepublik, jedoch übertragbar auf die Wünsche in der DDR: »Das Erlebnis triumphiert über die Bedarfsdeckung: Erlebniskonsum ist mehr Erregung als Sättigung, mehr Happening als Lebenssicherung, mehr Haben als Sein. Das Wie wird wichtiger als das Was. Eine Art narzisstisches Konsumerleben.« – Opaschowski, *Freizeitökonomie*, S. 146.
17 Begriff, der im Film ›Go Trabi, go‹ geprägt wurde und das Autodachzelt der Familie bezeichnete.
18 Weinert/Gilles, *Zusammenbruch des Freien Deutschen Gewerkschaftsbundes*, S. 39.

sich immer mehr.[19] Dem Ganzen zugetan blieben letztendlich vor allem jene, welche von den Disproportionen profitierten, die trotz aller Rede von der Egalität aufrecht erhalten wurden. Im sozialpolitischen System der DDR und so auch hinsichtlich des Sozialtourismus gab es Zusatzvergünstigungen, die auf Beziehungen, individueller Leistung und Wohlverhalten beruhten.[20] Aus staatlicher Sicht trugen die sozialtouristischen Leistungen zum wirtschaftlichen Kollaps des Landes bei. Die DDR konnte aber aus Legitimationsgründen auf dieses Angebot nicht verzichten. Die vom Staat ermöglichte Urlaubsgestaltung erhöhte die individuelle Lebensqualität, zeigte dadurch die Lebenskraft des Systems und sorgte für eine soziale Kohäsion. Die häufig geäußerte Meinung: »Eine Ware, die kostbar ist, aber nichts kostet – das kann nicht gut gehen«[21], musste hinter diesen staatlichen Erwägungen zurückstehen. Besonders in den achtziger Jahren zeigt sich im touristischen System der DDR eine Gemengelage aus quantitativen und qualitativen Problemen, deren Jonglage im zentralgeleiteten und schwerfälligen Apparat der DDR nicht mehr möglich war.

Verpasst haben die Machthaber in der DDR den Punkt, ab dem es den meisten DDR-Bürgern nicht mehr um die touristische Grundsicherung, sondern um qualitative Verbesserungen und Distinktionen ging. In diesem Moment begann sich die Gemeinschaft der Konsumenten in Gruppen mit unterschiedlichen Ansprüche und Vorstellungen dessen, was Urlaub ausmacht, aufzusplitten. Der Staat jedoch verstand »das Prinzip des Konsums im Allgemeinen und des Tourismus im Besonderen nicht [...]: Nämlich Träger sozialer Bedeutungen zu sein. Ob ›Sättigungsbeilage‹ oder ›Erholungsplätze‹ – schon die Sprache verrät das Mißverständnis.«[22] Die Gesellschaft allerdings entwickelte sich trotz der Trennung von Konsum, Preis, Lohn und Leistung in Richtung einer Konsumgesellschaft, deren Wunsch es war, ein reichhaltiges Warensortiment für den Verbraucher angeboten zu bekommen und in der Konsumtion nicht nur den Produkterwerb, sondern auch einen Symbolkonsum zu sehen.[23]

---

19 Johannes Huinink bezeichnete dies als »gemeinschaftliche Trittbrettfahrer-Strategie« der DDR-Bürger. Sie nutzten die Herrschaftsordnung, leiteten daraus aber keine moralische Verpflichtung ab, sich in der Gesellschaft positiv, das heißt systemerhaltend und -verbessernd zu engagieren. – Huinink, »Individuum und Gesellschaft in der DDR«, S. 41.
20 Vgl.: »Das machte sich auch in Klink [beliebtes Ferienzentrum des FDGB an der Müritz, H.W.] daran bemerkbar, daß Leute dreimal da waren, die eigentlich frühestens in zehn Jahren wieder drangewesen wären.« – Harald Biskup im *Kölner Stadtanzeiger* vom 13.7.1990. Zitiert bei: Helwig, *Die letzten Jahre der DDR*, S. 80.
21 Ebd.
22 Spode, »Tourismus in der Gesellschaft der DDR«, S. 15.
23 Vgl. allgemein: Landsmann, *Dictatorship and Demand*.

Dies konnte mit der Wirtschaftskraft der DDR nur ungenügend erfüllt werden, Unzufriedenheit entstand und wurde durch den westlichen Medienkonsum genährt. Die DDR war somit keine tourismushistorische Insel. Nur physisch sind die DDR-Bürger mehrheitlich unter sich geblieben und hatten verhältnismäßig wenig Berührungspunkte mit dem ›Fremden‹.[24] Doch Wahrnehmungen des Außen, insbesondere der Entwicklung in der Bundesrepublik Deutschland, bestimmten in hohem Maße die Interessenlage der reisenden DDR-Bürger ermöglichen und damit eine imaginäre Teilhabe am »touristischen ›Mainstream‹ der Moderne«[25]. Diese Einschränkung bedingte jedoch zweierlei. Zum ersten oftmals eine selbst so empfundene Inferiorität[26], zum zweiten den Erhalt eines utopischen Potenzials für die lediglich im Geiste bereisten Gebiete[27]. Hinzu kam mit den Reiseerleichterungen der achtziger Jahre eine beständige geistige Durchbrechung des ›eisernen Vorhangs‹ durch die Erzählungen Zurückkehrender. Mit der Mehrung der durch die genannten Aspekte hervorgerufenen Kritik bewegte sich die DDR auf eine Konsumentenrevolution zu, die systemsprengende Kraft hatte, weil der erwünschte Kaufakt durch das Vorbild bundesrepublikanischen Wohlstands zur erreichbaren Realität wurde.

Die Bezugnahme auf die Gegebenheiten westlicher Länder im Allgemeinen und der Bundesrepublik im Speziellen geschah jedoch nicht nur aus konsumtioneller Sicht. Dahinter verbarg sich zugleich der Blick auf abweichende politische Rechte. ›Reisefreiheit‹, hier gemeint als temporäre Urlaubsreisefreiheit und nicht Ausreisefreiheit, wurde als ein zentrales Grundrecht empfunden.[28] Die Tatsache, dass die Abschottung nicht absolut vorgenommen wurde, sondern hie und da eine Öffnung stattfand, bekräftigte den Eindruck der Willkürlichkeit des Staates. Die jederzeit ›revidier- und verschiebbare Trennlinie‹[29] wirkte als Schikane. Dies konnte einerseits dazu führen, dass die Bürger mehrheitlich Wohlverhalten zeigten, um ihre Chancen auf einen zeitweisen Austritt aus dem Sozialverband zu sichern. Gemeint ist damit beispielsweise ›gesellschaftliches Engagement‹ in Massenorganisationen, um deren Reiseangebote wahrnehmen zu können. Anderseits jedoch wuchs – wie vor allem in Kapitel

---

24 Vgl. Irmscher, »Alltägliche Fremde«, S. 51. – Aus dem Berührungsmangel wird besonders in retrospektiver Sicht immer wieder auch eine fehlende Toleranz gegenüber dem Fremden abgeleitet. Die Diskussion dieser Frage ist nicht Gegenstand dieses Buches, im Mindesten aber sollen Zweifel gegenüber diesem Kurzschluss geäußert werden.
25 Spode, »Tourismus in der Gesellschaft der DDR«, S.13.
26 Vgl. als zeitgenössische literarische Verarbeitung: Loest, *Zwiebelmuster*, S. 18. Vgl. als retrospektive Erinnerung: Seifert, *Fenster zur Welt*, S. 101.
27 Vgl. Schütze, *Gefährliche Geographie*, S. 31.
28 Vgl. Deja-Lölhöffel, *Freizeit in der DDR*, S. 19.
29 Engler, Die zivilisatorische Lücke, S. 82.

VII zu den Wahrnehmungen gezeigt – der Unmut über die Arretierung, denn »Reiseverbote mit ihrer Vision von der Unerschöpflichkeit der Welt hatten doch gerade zum Reisen angestiftet. Sie ließen jedermann wissen, daß es dort am schönsten sei, wohin man nie reisen konnte.«[30] Nur im Rückblick wird klar, dass man beim bewundernden Blick auf die Bundesrepublik mehrheitlich die Restriktionen marktwirtschaftlich orientierten Reisens übersah. Erst nach der deutschen Wiedervereinigung und mit der realen Teilhabe am Tourismus westlichen Typs nach 1989 wurde klar: »Der Urlaub heute und damals: damals hatte man weniger Möglichkeiten, und heute braucht man mehr Geld. Das ist der Unterschied im großen und ganzen.«[31] Vor 1989 erschien besonders erstrebenswert, dass den Bundesbürgern kaum Vorgaben durch den Staat gemacht wurden, was ihre Reisegestaltung betraf. Die von vielen DDR-Bürgern so geschätzte Leistung der Bundesrepublik Deutschland bestand also darin, sich in die touristischen Interessen ihrer Bürger nicht einzumischen. Sie konnte sich dies nicht nur deshalb erlauben, weil es keinen Grund gab, mit einem Grenzregime die Bewegungsfreiheit der Bürger einzuschränken, sondern auch, weil das Verständnis von Sozialpolitik ein völlig anderes war (und ist). Diese dient weder Kompensations- noch Legitimationszwecken, sondern soll benachteiligte Personenkreise besser stellen.[32]

Viele Jahre blieb die DDR – nicht nur touristisch gesehen – eine »Insel der Beharrung in einer sich verändernden Welt«[33]. Dies geschah nicht nur von staatlicher Seite, sondern – abgesehen von im System legalen Mitteln der kritischen Äußerung – seitens der meisten Bürger der DDR. Ihr Verhalten war oft durch eine intrapersonelle Verschmelzung einer offiziellen Identität und einer privaten Gegenidentität geprägt. Die DDR der Ära Honecker war damit eine weitgehend ritualistische Gesellschaft, deren offizielle Ideologie und weithin akzeptierte Werte auseinanderfielen. Die Bürger zeigten aber trotz des Verlustes des Glaubens an die Ziele des Sozialismus überwiegend das geforderte Anpassungsverhalten. Das resultierte in touristischen Belangen unter anderem aus dem »taktische[n] Einsatz des Schließungsregimes«[34].

Erst 1989, nach wie vor vermeldete die offizielle Presse der DDR die großen Erfolge des Sozialtourismus, brachten die Reiseverbote als Ausdruck der Beschneidung elementarer Rechte die Menschen gegen ihre Unterdrückung auf. Dort wurde sichtbar, was Odo Marquardt schon 1978, allerdings auf das Reisen im 18. Jahrhundert Bezug nehmend, beschrieb: »Wo Zuhausesein zu-

---

30 Schütze, *Gefährliche Geographie*, S. 60f.
31 *Interview Christa Haid.*
32 Vgl. ergänzend systemvergleichend: Wolter, »Welfare to the beach«.
33 Cornelsen, »Die Wirtschaft der DDR in der Honecker-Ära«, S. 79.
34 Engler, *Zivilisatorische Lücke*, S. 82.

nehmend bedeutet, vor einem Tribunal Selbstentschuldigungen leben zu müssen, locken die fremden Länder und Völker [...] als ein [...] Ausbruch [...] in die Unbelangbarkeit [...].«[35]

Doch erst das Bewusstsein, dem scheinbar allmächtigen, die Bewegungsfreiheit des Einzelnen umfassend reglementierenden Staat DDR doch nicht alternativlos ausgeliefert zu sein, bewirkte den Zusammenbruch. Dieser Bewusstseinszuwachs aber vollzog sich durch den äußeren Anlass der Grenzöffnung zwischen dem systemisch ähnlich gesehenen Ungarn und Österreich und verwies damit zentral auf das repressive Element der unterdrückten Reisefreiheit. Zuvor bildete »Unzufriedenheit zwar ein konstitutives Element«[36], das aber nur langsam und schließlich erst 1989 wahrnehmbar ein manifestes politisches Protestpotenzial etablierte. Dieses wurde von jenen genährt, die spontan oder geplant der DDR den Rücken kehrten, vor allem aber in jenen, die kommunikative Partner blieben, indem sie innerhalb der DDR verblieben. Insofern ist Peter Bender zuzustimmen, der einmal gesagt hat, die DDR sei in ihrer historischen Realität, nicht in den Möglichkeiten alternativer Entwicklungen, ein Staat ohne Chance gewesen. »Er konnte [mit der historisch belegten Politik nur, Anm. H.W.] [...] bestehen, solange sein Schutzpatron die Hand über ihn hielt und die Bruderländer solidarisch blieben.«[37] Am 9. November 1989 kulminierte die beschriebene Entwicklung in der ungeplanten Grenzöffnung. Die Abschirmung der DDR erwies sich innerhalb nur einer Nacht als sinnlos und die Aussicht auf ›Reisefreiheit‹ – dem Wort des Jahres 1989 – dynamisierte auch jene vielen Menschen, die es sich in der DDR bequem gemacht hatten. Die meisten hatten, sich mit den Einschränkungen arrangierend, vor allem rückblickend auch Positives am touristischen System der DDR gefunden – vor allem Geborgenheit und Sicherheit[38] in einer sehr überschaubaren Welt. »Keiner mußte über den Katalogen der Reisebüros brüten, um sich zwischen Zypern und den Kanarischen Inseln zu entscheiden. Jeder war froh, im Betriebsferienheim in Mecklenburg einen Platz zu erhalten.«[39] Im Herbst 1989 offenbarte sich die Forderung nach Reisefreiheit als Zusammenschluss politischer und konsumistischer Inhalte.[40] So wirkte nicht nur auf die avisierten Reiseländer, sondern auch auf die Bundesrepublik bezogen ein Grundprinzip westlicher Tourismuswerbung – das Versprechen urlaubsgemäßer Sorglosig-

---

35 Marquard, *Abschied vom Prinzipiellen*. Zitiert bei: Kresta, »Endlich Daheim«, S. 22.
36 Spode, »Tourismus in der Gesellschaft der DDR«, S.23.
37 Peter Bender, zitiert bei: Dauks, *Die DDR-Gesellschaft und ihre Revolution*, S. 33.
38 Vgl. das ›Reich der Ruhe und des Glücks‹ bei Dostojewski. – Dostojewski, »Der Großinquisitor«, S. 420.
39 Wolle, *Die heile Welt der Diktatur*, S. 127.
40 Vgl. Spode, »Tourismus in der Gesellschaft der DDR«, S.14.

keit, welches erst später seine engen Grenzen und falschen Versprechungen offenbarte. Im November 1989 verbanden sich das Menschenrecht auf Bewegungsfreiheit und der konformistische Konsumanspruch auf Partizipation am Reisestil der Westdeutschen zunächst in Form des Zugangs zu den klassischen Reisezielen, den Sehnsuchtsländern der Deutschen. Diesem Interesse konnte der Staat 1989 kein überzeugendes ideologisches ›Nein‹ mehr entgegensetzen.

Was hab ich noch nachzuholen?

Uwe Kolbe klassifizierte 1998 die neue Freiheit in seinem Gedicht *Was hab ich noch nachzuholen* als Akt des Nachholens:[41]

»Fast jeden Ort hatte ich nachzuholen, fast jeden Anblick.
So einen gewissen blauen Berg hatte ich nachzuholen.
Wo hernach? Doch eigentlich hervor.
Ein Venedig und ein Comersee und ein Lugano und ein che bello im Original.
Amsterdam habe ich zeitig nachgeholt, Kopenhagen brachte
ich ähnlich hinter mich und meine Frau, die noch mehr nachzuholen hatte.

Was habe ich noch nachzuholen?
So viel hatte ich gelesen über Eastside und Westside –
New York hatte ich unbedingt nachzuholen, nach Chicago,
nach San Franzisko, nach dem Grand Canyon undsoweiter.
Oder wars andersherum?
Erst holte ich den Ku'damm nach dem Savignyplatz.
Erst holte ich das Oberhalb der Mauer nach, in der S-
Bahn, nach dem jahrzehntelangen Vor oder Hinter.

Was hab ich noch nachzuholen: Paris und Provence und Rom
sind bereits nachgeholt, hab ich abgeholt.
Wem hab ich was nachzuholen?
Wie hol ich die liebe Gewißheit aber?
Wie hol ich das Kind nach, das hätt mir so wohlgetan?
Aber das ist ein Durchgangsstadium.«

Als dann die scheinbar unbegrenzten touristischen Variationen auch für DDR-Bürger verfügbar waren, glich dies in der Vielfalt des nun Wirklichkeit oder Möglichkeit Gewordenen einem »kollektiven Herzinfarkt«[42]. Die schließlich wieder Belebten reagierten differenziert: Ein großer Teil glich sich hinsichtlich des Reiseverhaltens in unvermutet hoher Geschwindigkeit den Interessenlagen der ehemaligen Bundesbürger an und bewies damit, dass sich gesellschaftliche

---

41 Kolbe, »Was hab ich noch nachzuholen«, S. 18.
42 Klein, *Plötzlich war alles ganz anders*, S. 9.

Reisemuster über einen längeren Zeitraum als vierzig Jahre entwickeln. Ost- und Westdeutsche reisten – zumindest im Kopf – in den Jahren der Teilung verhältnismäßig gleich. Bestimmte Eigenheiten, die sich durch bestimmte Rahmenbedingungen des Reisens von DDR-Bürgern entwickelt hatten, blieben partiell bestehen. Sie konnten zu einem Teil einer verbliebenen oder neu entstandenen DDR-Identität werden. Im (n)ostalgischen Rückblick erscheinen DDR-typische Reiseformen oft als Verdienste des Einzelnen im Versuch, sich mit dem Staat DDR zu arrangieren. Die Erkenntnis neuer Restriktionen im bundesrepublikanischen System führt angesichts dieser Verklärung zu neuem Unmut, doch die aktuellen Beschränkungen sind nicht mehr staatlich verantwortet, weshalb niemand auf die Idee käme, seine touristischen Wünsche bei der Bundesrepublik einzuklagen. Genau dies ist im Gegensatz dazu in der DDR jedoch geschehen und hat das Vertrauen in das System maßgeblich zuerst belastet, dann erschüttert und schließlich zerstört.

Quellen und Literatur

Archivbestände

Bundesarchiv, Berlin

BArch DC20 I/3-2879. Aktentitel: 6. Sitzung des MR vom 14. Dez. 1989. Protokoll. Dokument: 6. *Sitzung des Ministerrates vom 14.12.1989. Beschluß zur Information über die Ferienheime und die Gästehäuser des Ministerrates der DDR vom 14.12.1989.*
BArch DC20 I/3-2043. Akentitel: 86. Sitzung des Ministerrates vom 31. Mai 1984. Sitzungen des Plenums. Dokument: *Konzeption für die Entwicklung des entsendenden Tourismus der DDR in die sozialistischen Länder im Jahre 1985 und im Fünfjahrplanzeitraum 1986 bis 1990. Material für die 86. Sitzung des Ministerrates vom 31.5.1984.*
BArch DC20 I/4-2360. Aktentitel: 140. Sitzung des Präsidiums des Ministerrates vom 25. Nov. 1970. Dokumente zu den Tagesordnungspunkten. Dokument: *Valutaeinnahmen und -ausgaben aus der Touristik mit den sozialistischen Ländern im Jahre 1971.*
BArch DC20 I/4-2620. Aktentitel: 14. Sitzung des Präsidiums des Ministerrates vom 5. Apr. 1972. Dokumente zu den Tagesordnungspunkten. Dokument: *Beschluss des Ministerrates über zeitweilige Maßnahmen im paß- und visafreien Reiseverkehr mit der ČSSR vom 5. April 1972.*
BArch DC20 I/4-2986. Aktentitel: 82. Sitzung des Präsidiums des Ministerrates vom 10. Jan. 1974. Dokumente zu den Tagesordnungspunkten. Dokument: *Beschluß zu den Vorschlägen des Ministers der Finanzen der DDR und des Ministers der Finanzen der VRP für weitere finanzielle Regelungen zur Förderung des Tourismus zwischen beiden Ländern vom 30. November 1973.*
BArch DC20 I/4-2990. Aktentitel: 82. Sitzung des Präsidiums des Ministerrates vom 10. Jan. 1974. Materialien zu den Tagesordnungspunkten. Dokument: *Information über Vorschläge des Ministers der Finanzen der DDR und des Ministers der Finanzen der VRP für weitere finanzielle Regelungen zur Förderung des Tourismus zwischen beiden Ländern.*
BArch DC20 I/4-3014. Aktentitel: Richtlinien zum Tourismus zwischen der DDR und der SFRJ ab 1974. Dokument: *Bericht über die Vorbereitung des organisierten Tourismus zwischen der DDR und der SFRJ ab 1974 auf der Grundlage des Beschlusses des Ministerrates 01-37/I.1/73 vom 6.6.1973 (Endredaktion 12.6.73) und Maßnahmen zur Durchführung des organisierten Tourismus zwischen der DDR und der SFRJ ab 1974.*
BArch DC20 I/4-3071. Aktentitel: 97. Sitzung des Präsidiums des Ministerrates vom 16. Mai 1974. Dokumente zu den Tagesordnungspunkten. Dokument: *Beschluß zur Weiterentwicklung der Jugendtouristik in den Jahren 1974/1975.*

BArch DC20 I/4-3071. Aktentitel: 97. Sitzung des Präsidiums des Ministerrates vom 16. Mai 1974. Dokumente zu den Tagesordnungspunkten. Dokument: *Beschluß zur Weiterentwicklung der Jugendtouristik in den Jahren 1974/1975.*
BArch DC20 I/4-3071. Aktentitel: 97. Sitzung des Präsidiums des MR vom 16. Mai 1974. Dokumente zu den Tagesordnungspunkten. Dokument: *Beschluß zur Weiterentwicklung der Jugendtouristik in den Jahren 1974/75. Anlage 2: Bildung eines einheitlichen Organs für die Jugendtouristik der DDR.*
BArch DC20 I/4-3746. Unpag. Aktentitel: 17. Sitzung des Präsidiums des MR vom 10. März 1977. Dokument: *Brief von Fritz Rösel, Mitglied des Präsidiums im Bundesvorstand des FDGB an Otto Arndt, Minister für Verkehrswesen. 23.2.1977.*
BArch DC20 I/4-5963. Unpag. Aktentitel: 28. Sitzung des Präsidiums des MR vom 22. Jan. 1987. Protokoll. Bd.5. Dokument: *Beschluss des Ministerrates 28/I.14/87 (20.1.1987) Über die weitere Verbesserung der Leitung und Organisation auf dem Gebiet des internationalen Tourismus.*
BArch DE1 VA 56129. Unpag. Aktentitel: Staatliche Plankommission. Dokument: *Information zum Ergebnis der Beratung beim 1. Stellvertreter des Vorsitzenden des Ministerrates, Genossen Sindermann, über die Ausarbeitung sozialpolitischer Maßnahmen vom 25.2.1972.*
BArch DE 2 / 20932 (0013012). Unpag. Aktentitel: Statistischer Jahresbericht über den Stand und die Entwicklung des Erholungswesens und Tourismus in der DDR, verschiedene Jahre. Dokument: *1988.*
BArch DL1 11706. Unpag. Aktentitel: Bestand Ministerium für Handel und Versorgung, ab 1.1.1990 (Prof. Benthien) auch Tourismus (aktenführende Stelle: Büro des Ministers im Ministerium für Handel und Versorgung). Dokument: *Beeinflussung der territorialen Umsatzentwicklung durch die Urlauberbewegung im Bezirk Rostock.*
BArch DL1 24754. Unpag. Aktentitel: Bestand Ministerium für Handel und Versorgung, ab 1.1.1990 (Prof. Benthien) auch Tourismus (aktenführende Stelle: Büro für Eingaben). Eingabenanalysen 1982, WLO u. RdB sowie abgelichtete Eingaben 81/82. Dokument: *Brief des Generaldirektors der Vereinigung Interhotel an das Ministerium für Handel und Versorgung vom 28.1.1982.*
BArch DL1 26427. Unpag. Aktentitel: *Hotelstudie Hotel Weimar, Hotel Schwerin.*
BArch DL1 26577. Aktentitel: Bestand Ministerium für Handel und Versorgung, ab 1.1.1990 (Prof. Benthien) auch Tourismus. Grundsatz Tourismus-Leitung 1987–1989. Dokument: *Brief von Herrn Frank Riedel aus Berlin, 18.12.1989 an den Minister für Tourismus.*
BArch DL1 26577. Unpag. Aktentitel: Bestand des Ministeriums für Handel und Versorgung, ab 1.1.1990 (Prof. Benthien) auch Tourismus. Grundsatz Tourismus-Leitung 1987–1989. Dokument: *Organisationsschema und Aufgabenabgrenzung der staatlichen Leitung auf dem Gebiet des Fremdenverkehrs.*
BArch DL1 26577. Unpag. Aktentitel: Bestand des Ministeriums für Handel und Versorgung, ab 1.1.1990 (Prof. Benthien) auch Tourismus. Grundsatz Tourismus-Leitung 1987–1989. Dokument: *Brief des Rates der Gemeinde Treseburg im Harz, 6.12.1989 an den Minister für Tourismus.*
BArch DL1 26577. Unpag. Aktentitel: Bestand des Ministeriums für Handel und Versorgung, ab 1.1.1990 (Prof. Benthien) auch Tourismus. Grundsatz Tourismus-Leitung 1987–1989. Dokument: *Hauptverwaltung Auslandstourismus – Vermerk zum Betriebstourismus des VEB Reisebüro der DDR vom 3.2.1989.*

BArch DL1 26577. Unpag. Aktentitel: Bestand Ministerium für Handel und Versorgung, ab 1.1.1990 (Prof. Benthien) auch Tourismus. Grundsatz Tourismus-Leitung 1987–1989. Dokument: *Ausbildungsschwerpunkte.*
BArch DL1 26577. Unpag. Aktentitel: Bestand Ministerium für Handel und Versorgung, ab 1.1.1990 (Prof. Benthien) auch Tourismus. Grundsatz Tourismus-Leitung 1987–1989. Dokument: *Lehrbrief ›Grundlagen des Fremdenverkehrs. Bedarf, materielle Basis, Leistungskapazität‹.*
BArch DL1 26580. Unpag. Aktentitel: Bestand Ministerium für Handel und Versorgung, ab 1.1.1990 (Prof. Benthien) auch Tourismus (aktenführende Stelle: Abt. Tourismuspolitik und Grundsatzfragen Referat B1). Zentraler Ausschuß für den Auslandstourismus. Dokument: *Schwerpunkte zur Information über die Entwicklung des Jugendtourismus in der DDR (17. Beratung des ZAAT – 17.06.1977 – Tagesordnungspunkt 4).*
BArch DL1 26580. Unpag. Aktentitel: Bestand Ministerium für Handel und Versorgung, ab 1.1.1990 (Prof. Benthien) auch Tourismus (aktenführende Stelle: Abt. Tourismuspolitik und Grundsatzfragen Referat B1). Zentraler Ausschuß für den Auslandstourismus. Dokument: *Orientierung zur einheitlichen und koordinierten Aufgabenstellung der kommunalen touristischen Informationseinrichtungen und zur weiteren Profilierung ihres Leistungsniveaus.*
BArch DL1 26580. Unpag. Aktentitel: Bestand Ministerium für Handel und Versorgung, ab 1.1.1990 (Prof. Benthien) auch Tourismus (aktenführende Stelle: Abt. Tourismuspolitik und Grundsatzfragen Referat B1). Zentraler Ausschuß für den Auslandstourismus. Dokument: *Vorlage für das einheitliche Aushangschild der Tourist-Informationen in der DDR.*
BArch DL1 26581. Unpag. Aktentitel: Bestand Ministerium für Handel und Versorgung, ab 1.1.1990 (Prof. Benthien) auch Tourismus (aktenführende Stelle: Abt. Tourismuspolitik und Grundsatzfragen Referat B1). 1. und 2. Führungsseminar mit leitenden Kadern des Tourismus (24.–27.3.87 / 23.3.–25.3.88). Dokument: *Protokoll.*
BArch DL1 26581. Unpag. Aktentitel: Bestand Ministerium für Handel und Versorgung, ab 1.1.1990 (Prof. Benthien) auch Tourismus (aktenführende Stelle: Abt. Tourismuspolitik und Grundsatzfragen Referat B1). 3. Führungsseminar mit leitenden Kadern des Tourismus (21.– 23.3.89). Dokument: *Protokoll.*
BArch DL1 26583. Aktentitel: Bestand Ministerium für Handel und Versorgung, ab 1.1.1990 (Prof. Benthien) auch Tourismus (aktenführende Stelle: Abt. Tourismuspolitik und Grundsatzfragen Referat B1). Dokument: *Erfahrungsaustausch der Touristischen Informationseinrichtungen der DDR.*
BArch DL1 26584. Unpag. Aktentitel: Bestand Ministerium für Handel und Versorgung, ab 1.1.1990 (Prof. Benthien) auch Tourismus. Jahresberichte über die Tätigkeit der Bezirksausschüsse Tourismus 1974–1988. Unpag. Dokument: *Zu bezirklichen Unterschieden aus einem Bericht von 1986.*
BArch DL1 26585. Unpag. Aktentitel: Bestand Ministerium für Handel und Versorgung, ab 1.1.1990 (Prof. Benthien) auch Tourismus (aktenführende Stelle: Abt. Tourismuspolitik und Grundsatzfragen Referat B1). Arbeitsbesuche des Stellv. Ministers für Tourismus in Cottbus 31.3./1.4.87, Gera 19./20.11.87, Neubrandenburg 3./4.10.87, Frankfurt (O.) 26.5.88. Dokument: *Auskunftsbericht des Bezirksdirektors des Reisebüros der DDR der Bezirksdirektion Frankfurt (O.) Gen. Janz zur Vorbereitung des Arbeitsbesuches von Dr. Wolf am 26.5.88.*
BArch DL1 26585. Unpag. Aktentitel: Bestand Ministerium für Handel und Versorgung, ab 1.1.1990 (Prof. Benthien) auch Tourismus (aktenführende Stelle: Abt. Tourismuspolitik

und Grundsatzfragen Referat B1). Arbeitsbesuche des Stellv. Ministers für Tourismus in Cottbus 31.3./1.4.87, Gera 19./20.11.87, Neubrandenburg 3./4.10.87, Frankfurt (O.) 26.5.88. Dokument: *Grundkonzeption Tourismus, Realisierung MR-Beschluß 20.1.87*.
BArch DL1 26585. Unpag. Aktentitel: Bestand Ministerium für Handel und Versorgung, ab 1.1.1990 (Prof. Benthien) auch Tourismus (aktenführende Stelle: Abt. Tourismuspolitik und Grundsatzfragen Referat B1). Arbeitsbesuche des Stellv. Ministers für Tourismus in Halle 23./24.10.86, Dresden 10.2.86, Rostock 8./9.9.86, Magdeburg 22./23.4.87, Erfurt 17./18.9.87. Dokument: *Bericht des BAT im Bezirk Dresden für 1988*.
BArch DL1 26585. Unpag. Aktentitel: Bestand Ministerium für Handel und Versorgung, ab 1.1.1990 (Prof. Benthien) auch Tourismus (aktenführende Stelle: Abt. Tourismuspolitik und Grundsatzfragen Referat B1). Arbeitsbesuche des Stellv. Ministers für Tourismus in Potsdam 3.5.88, Karl-Marx-Stadt 21./22.4.88, Schwerin 15./16.3.88, Leipzig 2./3.2.89. Dokument: *Auskunftsbericht des Bezirksdirektors des Reisebüros der DDR der Bezirksdirektion Schwerin, Koll. Margot Worreschk zur Vorbereitung des Arbeitsbesuches von Dr. Wolf am 15./16.3.88*.
BArch DL1 26585. Unpag. Aktentitel: Bestand Ministerium für Handel und Versorgung, ab 1.1.1990 (Prof. Benthien) auch Tourismus (aktenführende Stelle: Abt. Tourismuspolitik und Grundsatzfragen Referat B1). Arbeitsbesuche des Stellv. Ministers für Tourismus in Potsdam 3.5.88, Karl-Marx-Stadt 21./22.4.88, Schwerin 15./16.3.88, Leipzig 2./3.2.89. Dokument: *Auskunftsbericht des Bezirksdirektors des Reisebüros der DDR der Bezirksdirektion Karl-Marx-Stadt, Koll. Manfred Oelsner zur Vorbereitung des Arbeitsbesuches von Dr. Wolf am 21./22.4.88*.
BArch DL1 26585. Unpag. Aktentitel: Bestand Ministerium für Handel und Versorgung, ab 1.1.1990 (Prof. Benthien) auch Tourismus (aktenführende Stelle: Abt. Tourismuspolitik und Grundsatzfragen Referat B1). Arbeitsbesuche des Stellv. Ministers für Tourismus in Halle 23./24.10.86, Dresden 10.2.86, Rostock 8./9.9.86, Magdeburg 22./23.4.87, Erfurt 17./18.9.87. Dokument: *Auskunftsbericht des Bezirksdirektors des Reisebüros der DDR der Bezirksdirektion Erfurt zur Vorbereitung des Arbeitsbesuches von Dr. Wolf am 17./18.9.87*.
BArch DL1 26585. Unpag. Aktentitel: Bestand Ministerium für Handel und Versorgung, ab 1.1.1990 (Prof. Benthien) auch Tourismus (aktenführende Stelle: Abt. Tourismuspolitik und Grundsatzfragen Referat B1). Arbeitsbesuche des Stellv. Ministers für Tourismus in Cottbus 31.3./1.4.87, Gera 19./20.11.87, Neubrandenburg 3./4.10.87, Frankfurt (O.) 26.5.88. Dokument: *Auskunftsbericht des Bezirksdirektors des Reisebüros der DDR der Bezirksdirektion Cottbus zur Vorbereitung des Arbeitsbesuches von Dr. Wolf am 16.3.87*.
BArch DL1 26585. Unpag. Aktentitel: Bestand Ministerium für Handel und Versorgung, ab 1.1.1990 (Prof. Benthien) auch Tourismus (aktenführende Stelle: Abt. Tourismuspolitik und Grundsatzfragen Referat B1). Arbeitsbesuche des Stellv. Ministers für Tourismus in Potsdam 3.5.88, Karl-Marx-Stadt 21./22.4.88, Schwerin 15./16.3.88, Leipzig 2./3.2.89. Dokument: *Bericht über die Tätigkeit des Bezirksausschusses für Tourismus im Jahre 1988 (Leipzig)*.
BArch DL1 26587. Unpag. Aktentitel: Bestand Ministerium für Handel und Versorgung, ab 1.1.1990 (Prof. Benthien) auch Tourismus (aktenführende Stelle: Abt. Tourismuspolitik und Grundsatzfragen, Referat B1). Vorlagen Dienstberatung beim Minister 1983–1988. Dokument: *Vorlage für die Dienstbesprechung des Ministers am 28.11.1983*.

BArch DL1 26587. Unpag. Aktentitel: Bestand Ministerium für Handel und Versorgung, ab 1.1.1990 (Prof. Benthien) auch Tourismus (aktenführende Stelle: Abt. Tourismuspolitik und Grundsatzfragen, Referat B1). Vorlagen Dienstberatung beim Minister 1983–1988. Dokument: *Vorlage für die Dienstbesprechung des Ministers am 08.12.1986.*

BArch DL1 Bündel 11. Unpag. Aktentitel: Bestand Ministerium für Handel und Versorgung, ab 1.1.1990 (Prof. Benthien) auch Tourismus. Vorgänge Wendisch-Rietz (vor 1990), Jugendtouristikhotels – Preiskarteien, Amt für Jugendfragen – Richtlinien. Dokument: *Anordnung über die Stellung und Verantwortung der Jugendherbergen, Jugendtouristenhotels und Jugenderholungszentren der Deutschen Demokratischen Republik‹ vom 02.01.1981.*

BArch DL1 Bündel 11. Unpag. Aktentitel: Bestand Ministerium für Handel und Versorgung, ab 1.1.1990 (Prof. Benthien) auch Tourismus. Vorgänge Wendisch-Rietz (vor 1990), Jugendtouristikhotels – Preiskarteien, Amt für Jugendfragen – Richtlinien. Dokument: *Vorgänge JEZ Wendisch-Rietz (vor 1990).*

BArch DL1 Bündel 12 (00012). Unpag. Aktentitel: Bestand Ministerium für Handel und Versorgung, ab 1.1.1990 (Prof. Benthien) auch Tourismus. Schriftwechsel, Bürgermeisterveranstaltung Schwerin 7.8.90, Kontaktveranstaltung 9.3.90, Vorgänge Kongresskalender, Preiskarteien Jugendtouristikhotels. Dokument: *Preiskarteiblatt. ausgestellt vom Amt für Jugendfragen beim Ministerrat der DDR für die Jugendherberge A 07 ›Heinz Peters‹, 2382 Born, Darß.*

BArch DL1 Bündel 12 (00012). Unpag. Aktentitel: Bestand Ministerium für Handel und Versorgung, ab 1.1.1990 (Prof. Benthien) auch Tourismus. Schriftwechsel, Bürgermeisterveranstaltung Schwerin 7.8.90, Kontaktveranstaltung 9.3.90, Vorgänge Kongresskalender, Preiskarteien Jugendtouristikhotels. Dokument: *Informationsbroschüre ›tour‹.*

BArch DL1 Karton (Bündel) 20. Darunter: ehemals Bündel 00009. Unpag. Aktentitel: Bestand Ministerium für Handel und Versorgung, ab 1.1.1990 (Prof. Benthien) auch Tourismus (aktenführende Stelle: MfHT). Abgeschlossene Vorgänge und erledigter Schriftwechsel 1985–1990. Dokument: *Beschäftigtenzahl im Tourismus – Stand 31.12.1989 – bzw. März 1990.*

BArch DL1 Karton (Bündel) 23. Darunter: ehemals Bündel 20. Unpag. Aktentitel: Bestand Ministerium für Handel und Versorgung, ab 1.1.1990 (Prof. Benthien) auch Tourismus (aktenführende Stelle: MfHT). Gründung der Fachschule für Tourismus in Bärenklau bei Oranienburg. Dokument: *Brief der Fachgruppen Touristische und Ökonomische Lehrgebiete an der Fachschule für Verkehrswesen Karl-Marx-Stadt an den Minister für Tourismus vom 9.12.1989.*

BArch DL1 Karton (Bündel) 23. Darunter: ehemals Bündel 21. Unpag. Aktentitel: Bestand Ministerium für Handel und Versorgung, ab 1.1.1990 (Prof. Benthien) auch Tourismus (aktenführende Stelle: MfHT, Hauptabteilung Tourismuswerbung). Ferienheime des Feriendienstes der Gewerkschaften (FEDI), Entwicklungskonzeption für Jugendtourist, Zusammenarbeit mit dt. Messemarketing mbH / DEWAG, Expo 92 in Sevilla, Schriftwechsel. Dokument: *Geschichte der Unterkunftskapazitäten des FDGB als Vorgeschichte der FEDI GmbH.*

BArch DL1 Karton (Bündel) 23. Darunter: ehemals Bündel 21. Unpag. Aktentitel: Bestand Ministerium für Handel und Versorgung, ab 1.1.1990 (Prof. Benthien) auch Tourismus (aktenführende Stelle: MfHT, Hauptabteilung Tourismuswerbung). Ferienheime des

Feriendienstes der Gewerkschaften (FEDI), Entwicklungskonzeption für Jugendtourist, Zusammenarbeit mit dt. Messemarketing mbH / DEWAG, Expo 92 in Sevilla, Schriftwechsel. Dokument: *Geschichte der FEDI GmbH.*

BArch DL1 Karton (Bündel) 23. Darunter: ehemals Bündel 21. Unpag. Aktentitel: Bestand Ministerium für Handel und Versorgung, ab 1.1.1990 (Prof. Benthien) auch Tourismus (aktenführende Stelle: MfHT, Hauptabteilung Tourismuswerbung). Ferienheime des Feriendienstes der Gewerkschaften (FEDI), Entwicklungskonzeption für Jugendtourist, Zusammenarbeit mit dt. Messemarketing mbH / DEWAG, Expo 92 in Sevilla, Schriftwechsel. Dokument: *Entwicklungskonzeption für den Jugendtourismus unter marktwirtschaftlichen Bedingungen.*

BArch DL1 Tourismus Bündel 00001. Ohne Aktentitel. Dokument: *Tourismushandbuch.*

BArch DM 102. *Bestand des VEB Reisebüro der DDR, Generaldirektion.* Bestand unbearbeitet und unbenutzbar, daher nur Auswertung der Findbücher.

BArch DO1 041630. Unpag. Aktentitel: Zusammenfassende Darstellung der Regelungen der DDR zum Reiseverkehr. Juli 1987. Dokument: *Schreiben des 1. Stellvertretenden des Ministers Ahrendt and den Minister des Inneren und Leiter der Deutschen Volkspolizei Armeegeneral Dickel vom 20.7.1987.*

BArch DO1 8/0-041778. Unpag. Aktentitel: Privater Reiseverkehr nach sozialistischen Staaten, Mitfahrt auf Binnenschiffen, Mitfahrt auf Frachtschiffen. 1968–1989. Dokument: *Anweisung über die Gestaltung des Urlauberaustausches mit sozialistischen RGW Ländern (=Anlage zum Brief des Ministeriums für Finanzen, Sektor ›Persönliche materielle Interessiertheit‹ an das Ministerium des Innern vom 6.7.1979).*

BArch DO1 8/0-041628. Unpag. Aktentitel: *Einschätzungen, Informationen über Reisen in dringenden Familienangelegenheiten 1987.*

BArch DO1 8/0-041634. Aktentitel: Tourismus, Reisebüro der DDR, Jugendtourist, Einreisen aus Westberlin, 1966–1989. Dokument: *Standpunkt der Hauptabteilung Pass- und Meldewesen, Abteilung Grundsatzfragen im Ministerium des Innern zum Vorschlag der Rationalisierung des Verfahrens der Passausstellung bei Touristikreisen nach nichtsozialistischen Staaten vom 30.1.1987.*

BArch DO1 8/0-041634. Unpag. Aktentitel: Ministerium des Innern. Dokument: *Verfahrensweise für die Erteilung von Touristenvisa für Reisen in das NSW über ›Jugendtourist‹. Standpunkt der Hauptabteilung Pass- und Meldewesen, Abteilung Grundsatzfragen im Ministerium des Innern zum Vorschlag der Rationalisierung des Verfahrens der Passausstellung bei Touristikreisen nach nichtsozialistischen Staaten vom 30.1.1987.*

BArch DY12 1873. Unpag. Aktentitel: Auszeichnungen des DTSB. Bd. 4 (1976, 1983–1985). Dokument: *Protokolle über die Beratungen der AG Schiffsreise. Vereinbarungen mit dem kubanischen Reisebüro, der Interflug und der Deutschen Seereederei.*

BArch DY24 011974. Unpag. Aktentitel: Abteilung 1. Sekretär, Sektor: Egon Krenz: Schriftwechsel zwischen dem Jugendreisebüro ›Jugendtourist‹ und dem Sekretär des Zentralrates der FDJ, Günter Böhme (Reiseberichte, Vereinbarungen, Verträge) 1974 bis 1977. Dokument: *Statut des Jugendreisebüros des Zentralrates der FDJ vom 13.3.1975.*

BArch DY24 011974. Unpag. Aktentitel: Abteilung 1. Sekretär, Sektor: Egon Krenz: Schriftwechsel zwischen dem Jugendreisebüro ›Jugendtourist‹ und dem Sekretär des Zentralrates der FDJ, Günter Böhme (Reiseberichte, Vereinbarungen, Verträge) 1974 bis 1977. Dokument: *Informationen des Jugendreisebüros der DDR ›Jugendtourist‹ über die Umsetzung der*

›Empfehlungen der europäischen Jugend- und Studententouristik-Konferenz (Wien, 1.–5.12.1975)‹ in der Deutschen Demokratischen Republik. Berlin, Januar 1977. Klaus Eichler (Direktor).
BArch DY24 011974 Unpag. Aktentitel: Abteilung 1. Sekretär, Sektor: Egon Krenz: Schriftwechsel zwischen dem Jugendreisebüro ›Jugendtourist‹ und dem Sekretär des Zentralrates der FDJ, Günter Böhme (Reiseberichte, Vereinbarungen, Verträge) 1974 bis 1977. Dokument: *Standpunkt – Jugendreisebüro der DDR ›Jugendtourist‹. Zur Entwicklung der touristischen Beziehungen mit den Jugendreisebüros der VRP und der ČSSR (Berlin, 3.10.1977).*
BArch DY24 11248. Unpag. Aktentitel: Zentralrat der FDJ, Sekretariat Egon Krenz, Abteilung 1. Sekretär. Fragen des Jugendtourismus 1979 bis 1983. Dokument: *Vorschläge für die Entlastung des Staatshaushaltes.*
BArch DY24 011974. Aktentitel: Abteilung 1. Sekretär, Sektor: Egon Krenz: Schriftwechsel zwischen dem Jugendreisebüro ›Jugendtourist‹ und dem Sekretär des Zentralrates der FDJ, Günter Böhme (Reiseberichte, Vereinbarungen, Verträge) 1974 bis 1977. Dokument: *Statut des Jugendreisebüros der DDR ›Jugendtourist‹ vom 1.1.1975.*
BArch DY24 11223. Unpag. Aktentitel: Zentralrat der FDJ, Sekretariat Egon Krenz, Abteilung 1. Sekretär. Beziehungen der FDJ zu Jugendorganisationen der BRD. Informationen zur Sommerferiengestaltung mit Kindern aus der BRD und Westberlin. Zum Jugendaustausch DDR/BRD. 1977 bis 1983. Dokument: *Information über die Gespräche mit dem Landsvorstand der Jungsozialisten Saar zum Abschluß einer Vereinbarung über den Austausch je einer Jugendreisegruppe im Jahr 1982.*
BArch DY24 11248. Unpag. Aktentitel: Zentralrat der FDJ, Sekretariat Egon Krenz, Abteilung 1. Sekretär. Fragen des Jugendtourismus 1979 bis 1983. Dokument: *Information zur Entwicklung des Jugendtourismus mit der VR Bulgarien.*
BArch DY24 11248. Unpag. Aktentitel: Zentralrat der FDJ, Sekretariat Egon Krenz, Abteilung 1. Sekretär. Fragen des Jugendtourismus 1979 bis 1983. Dokument: *Anordnung über den Aufenthalt in den Jugendherbergen, Jugendtouristenhotels und Jugenderholungszentren der Deutschen Demokratischen Republik vom 31.3.1980.*
BArch DY24 11248. Unpag. Aktentitel: Zentralrat der FDJ, Sekretariat Egon Krenz, Abteilung 1. Sekretär. Fragen des Jugendtourismus 1979 bis 1983. Dokument: *Information über durchgeführte Finanzrevisionen in Einrichtungen des Jugenderholungswesens vom 10.6.1981.*
BArch DY24 11248. Unpag. Aktentitel: Zentralrat der FDJ, Sekretariat Egon Krenz, Abteilung 1. Sekretär. Fragen des Jugendtourismus 1979 bis 1983. Dokument: *Information über den Haushalt des Reisebüros der FDJ ›Jugendtourist‹ von der Generaldirektion ›Jugendtourist‹. Vorschläge für den effektiveren Einsatz der finanziellen Fonds 1983 und in den Folgejahren.*
BArch DY24 11248. Unpag. Aktentitel: Zentralrat der FDJ, Sekretariat Egon Krenz, Abteilung 1. Sekretär. Fragen des Jugendtourismus 1979 bis 1983. Dokument: *Argumente gegen und für eine pauschale Preisentwicklung unserer ›Jugendtourist‹-Auslandsreisen.*
BArch DY24 11248. Unpag. Aktentitel: Zentralrat der FDJ, Sekretariat Egon Krenz, Abteilung 1. Sekretär. Fragen des Jugendtourismus 1979 bis 1983. Dokument: *Analyse der sozialen Struktur der Teilnehmer an ›Jugendtourist‹-Auslandsreisen.*
BArch DY24 11248. Unpag. Aktentitel: Zentralrat der FDJ, Sekretariat Egon Krenz, Abteilung 1. Sekretär. Fragen des Jugendtourismus 1979 bis 1983. Dokument: *Hausmitteilung von Egon Krenz an den Generaldirektor von Jugendtourist Klaus Eichler vom 4.9.1980.*

BArch DY24 12068. Aktentitel: Zentralrat der FDJ. Beschlußreihe Z. Dokument: *Reisebüro der FDJ ›Jugendtourist‹ – Jahresplan 1982*. Beschluß des Sekretariats des Zentralrates der FDJ vom 25.8.1981. Herausgegeben am 17.9.1981.

BArch DY24 12068. Aktentitel: Zentralrat der FDJ. Beschlußreihe Z. Dokument: *Reiseordnung der FDJ und der Pionierorganisation ›Ernst Thälmann‹*. Geheime Verschlusssache. Beschluß des Sekretariats des Zentralrates der FDJ vom 30.3.1982. Herausgegeben am 16.6.1982.

BArch DY24 8654. Unpag. Aktentitel: Sitzung des Sekretariats des Zentralrates der FDJ am 13. März 1975. Dokument: *Punkt 10a des Protokolls: Statut des Jugendreisebüros der DDR ›Jugendtourist‹ vom 1.1.1975*.

BArch DY24 8690. Unpag. Aktentitel: Protokoll Sitzung des Sekretariats des Zentralrates der FDJ am 6. Apr. 1976. Dokument: *Punkt 5d: Teilnahme eines Vertreters von ›Jugendtourist‹ im Rahmen der DDR-Delegation an der XV. Konferenz der Reisebüros der sozialistischen Länder*.

BArch DY24 9105. Unpag. Aktentitel: Zentralrat der FDJ, Sekretariat Egon Krenz, Abteilung 1. Sekretär. Dokument: *Vorlagen an das Sekretariat des ZK der SED über die Weiterentwicklung der Jugendtouristik in der DDR 1974. Anlage 3: Zu einigen Fragen der gegenwärtigen Lage in der Entwicklung der Jugendtouristik der DDR*.

BArch DY24 9105. Unpag. Aktentitel: Zentralrat der FDJ, Sekretariat Egon Krenz, Abteilung 1. Sekretär. Dokument: *Vorlagen an das Sekretariat des ZK der SED über die Weiterentwicklung der Jugendtouristik in der DDR 1974. Anlage 1: Programm für die Weiterentwicklung der Jugendtouristik der Deutschen Demokratischen Republik in den Jahren 1974/75*.

BArch DY30 IV-A2/6.05/151. Unpag. Aktentitel: Zusammenarbeit mit Staatsorganen, Betrieben, gesellschaftlichen Organisationen – Reisebüro der DDR. (aktenführende Stelle: Zentralkomitee der SED, Abteilung Transport und Nachrichtenwesen). Dokument: *Umbenennung des Deutschen Reisebüros in Reisebüro der DDR, 1964*.

BArch DY 30/J IV 2/2J/4903 Unpag. Aktentitel: Politbüro des ZK der SED, Informationen aus dem Partei- und Staatsapparat sowie der Parteien und Organisationen. Dokument: *Abschlußbericht zu den X. Weltfestspielen der Jugend in Berlin vom 7.8.1973 / Ergänzung vom 31.8.1973*.

BArch DY34 10079. Unpag. Aktentitel: Eingaben der Mitglieder und Gewerkschaftsleitungen zu Fragen des Feriendienstes 1972. Bd.2. Dokument: *Eingabe Doris M. vom 18.12.1972*.

BArch DY34 10612. Aktentitel: Bestand FDGB-Bundesvorstand, Abteilung Feriendienst. Dokument: *Eingabe wegen Vergabe eines Ferienplatzes*.

BArch DY34 24687. Unpag. Aktentitel: Urlauberschiff. Dokument: *Beschluss des Bundesvorstandes des FDGB vom 25.1.1960. Nr. S80/60*.

BArch DY34 24803. Aktentitel FDGB-Bundesvorstand, Sekretariat, Präsidiums- und Sekretariatsbeschlüsse 1964. Dokument: *Verteilung der Ferienreisen des Reisebüros der DDR nach Jugoslawien*.

BArch DY34 24818. Unpag. Aktentitel: Büro des Präsidiums, Protokollbüro. Präsidiums- und Sekretariatsbeschlüsse des Bundesvorstandes betr. Gästehäuser 1960–1972. Dokument: *Auflistung der Berechtigtenkreise*.

BArch DY34 24944. Unpag. Aktentitel: Büro des Präsidiums des Bundesvorstandes des FDGB. Präsidiums- und Sekretariatsbeschlüsse. Feriendienst 1971. Dokument: *Beschluß S635/71 vom 13.10.1971*.

BArch DY34 4701. Unpag. Aktentitel: FDGB-Bundesvorstand, Abt. Bundesfinanzen, Sektor: Zentrale Organe. Finanz- u. Stellenpläne.- Hoch- und Zentralschulen d. FDGB u. d. IG/Gew., Gästehaus d. Gewerksch., Präsidiumsheime. Dokument: *Auflistung der drei Präsidiumsheime im Jahr 1965 inkl. Finanz- und Stellenplänen.*
BArch DY34 4702. Unpag. Aktentitel: FDGB-Bundesvorstand, Abt. Bundesfinanzen, Sektor: Zentrale Organe. Finanz- u. Stellenpläne.- Gästehaus, Präsidiumsheime, Hoch- u. Zentralschulen; Zentralschulen der IG/Gew., Bezirksschulen, ständiges Komitee der Ostseeländer Rostock. Dokument: *Auflistung der drei Präsidiumsheime im Jahr 1966 inkl. Finanz- und Stellenplänen.*
BArch DY34 5437. Unpag. Aktentitel: FDGB-Bundesvorstand, Abt. Bundesfinanzen, Sektor: Zentrale Organe, Präsidiumsheime.- Planung, Abrechnung. Dokument: *Arbeitsberatung am 1.12.1966 zum Beschluß des Sekretariats des FDGB-Bundesvorstandes über die Arbeit mit den Präsidiumsheimen.*
BArch DY34 5437. Unpag. Aktentitel: FDGB-Bundesvorstand, Abt. Bundesfinanzen, Sektor: Zentrale Organe, FDGB-Bundesvorstand, Abt. Bundesfinanzen, Sektor: Zentrale Organe, Präsidiumsheime.- Planung, Abrechnung. Dokument: *Auflistung der internationalen Gäste der Präsidiumsheime.*
BArch DY34 9767. Aktentitel: FDGB-Bundesvorstand, Abt. Feriendienst, Grundsatzfragen. Dokument: *Einschätzung der Reisezeit 1971.*
BArch DY34 9768. Unpag. Aktentitel: FDGB-Bundesvorstand, Abt. Feriendienst, Grundsatzmaterial. Dokument: *Grundsätze der Preisgestaltung für Erholungsreisern der Interessengemeinschaften, ca. 1973.*
BArch DY34 9768. Unpag. Aktentitel: FDGB-Bundesvorstand, Abt. Feriendienst, Grundsatzmaterial. Dokument: *Grundsätze für die Arbeit der Interessengemeinschaften. Ca. 1973.*
BArch DY37 1851. Unpag. Aktentitel: *Routenplan des Urlauberschiffs des FDGB ›Kap Arkona‹ und Verteilung von Urlaubs- und Auszeichnungsreisen bei der IG Bergbau 1986.*
BArch DY37 729. Unpag. Aktentitel: *Urlauberaustausch mit Polen 1967–1981.*
BArch DY 30 JIV2/3J/242. Unpag. Aktentitel: ZK der SED, Sekretariat (Informationen 1954–1978). Sicherheit des FDGB –Urlauberschiffes MS ›Völkerfreundschaft‹. Dokument: *Bericht an Günter Mittag über einen Vorfall vom 4.4.962.*
BArch DL1 26580. Unpag. Aktentitel: Bestand Ministerium für Handel und Versorgung, ab 1.1.1990 (Prof. Benthien) auch Tourismus (aktenführende Stelle: Abt. Tourismuspolitik und Grundsatzfragen Referat B1). Zentraler Ausschuß für den Auslandstourismus. Dokument: *Teilnehmerliste für die 18. Beratung des Zentralen Ausschusses für Auslandstourismus (ZAAT) am 03.02.1978.*
BArch DL1 Bündel 12 (00012). Unpag. Aktentitel: Bestand Ministerium für Handel und Versorgung, ab 1.1.1990 (Prof. Benthien) auch Tourismus. Schriftwechsel. Dokument: *Preiskarteiblatt AJ/1b/86 Oberwiesenthal. BArch DL1 VA Bündel 12.*
BArch DL1 Karton (Bündel) 17. Darunter: ehemals Bündel 00005. Unpag. Aktentitel: Bestand Ministerium für Handel und Versorgung, ab 1.1.1990 (Prof. Benthien) auch Tourismus (aktenführende Stelle: MfHT. Dokument: *Grobstruktur des Ministeriums für Handel und Tourismus.*
BArch DL1 VA Bündel 1. Unpag. Aktentitel: Bestand Ministerium für Handel und Versorgung, ab 1.1.1990 (Prof. Benthien) auch Tourismus. Tourismushandbuch. Dokument:

Vorschlag einer Reise auf der Königsstraße in einem Brief von Herrn Schuster vom 26.12.1989 an das Ministerium für Tourismus der DDR.

BArch DM102 Bündel 137 (22230 und 22231), unpag., Aktentitel: *Stellvertreter des Generaldirektors, Entsendung. Ungarische Volksrepublik.*

BArch DM102 Bündel 138 (22232), unpag., Aktentitel: *Stellvertreter des Generaldirektors, Entsendung: Berichte und Protokolle 1976–1985.*

BArch DM102 Bündel 138 (22234), unpag., Aktentitel: Stellvertreter des Generaldirektors, Entsendung: Korea, Vietnam, Mongolei 1979–1984. Dokument: *Protokoll über den Touristenaustausch für die Jahre 1983 und 1984 zwischen VEB Reisebüro der DDR und Shuultschin=Verwaltung zur Betreuung ausländischer Touristen in der MVR.*

BArch DM102 Bündel 138 (22234), unpag., Aktentitel: Stellvertreter des Generaldirektors, Entsendung: Korea, Vietnam, Mongolei 1979–1984. Dokument: *Protokoll über den Touristenaustausch zwischen VEB Reisebüro der DDR und dem Internationalen Reisebüro der KDVR für das Jahr 1983.*

BArch DM102 Bündel 192 (5162), unpag., Aktentitel: Hauptgruppe 1 / Gruppe 1 / Perspektivplan 1976–1980, Dokument: *Ziel- und Aufgabenstellung des Reisebüros der DDR zur Erfüllung des Fünfjahrplanes 1976–1980.*

BArch DM102 Bündel 238 (21689), unpag., Aktentitel: Eingaben 1987, Dokument: *Briefliche Eingabe von Frau Hildegard Haller aus Halle an die Generaldirektion des Reisebüros der DDR vom 23.2.1987.*

BArch DM102 Bündel 51 (18365, 18367, 18375), unpag., Aktentitel: Grundsatzfragen Touristik sozialistischer Länder Dokument: *Aktennotiz über eine Aussprache beim Hauptdirektor von Balkantourist. Gen. Karolev am 15.7.1969.*

BArch DM102 Bündel 793 (19445), unpag., Aktentitel: *VRP PTTK 1985/86, Orbis 1985/86, Gromada 1985/86, Turysta 1985/86, Sportstourist 1985/86, Pzm 1985/86, Allgemein 1986.*

BArch DY13 4253, unpag., Aktentitel: *Kulturbund der DDR, Zentrale Spezialistenlager.*

Sächsisches Hauptstaatsarchiv, Dresden

SHStA 12465. Nr. 245. Unpag. Aktentitel: FDGB-Bezirksvorstand Dresden. Dokument: *Eingabe. Privatbrief wegen Vergabe eines Ferienplatzes.*

SHStA 12465. Nr. 247. Unpag. Aktentitel: FDGB-Bezirksvorstand Dresden. Dokument: *Rede des Vorsitzenden des Bezirksvorstandes des FDGB, Gerhard Gruhl, zum 40. Jahrestag des Feriendienstes des FDGB. 25.3.1987.*

SHStA 12465. Nr. 280. Unpag. Aktentitel: FDGB-Bezirksvorstand Dresden (aktenführende Stelle: FDGB-Feriendienst Pirna, Erholungsobjekt ›Sächsische Schweiz‹). Arbeitsunterlagen des Referenten für Vertragswesen, (1979) 1981–1988. Dokument: *Verpflegungssätze. Verordnung vom 11.1.1985.*

SHStA 12465. Nr. 287. Unpag. Aktentitel: FDGB-Bezirksvorstand Dresden. Dokument: *Grundsatzentscheidung über das FDGB-Erholungsheim ›Vorwärts‹, Stadt Wehlen.*

SHStA 12465. Nr. 280. Unpag. Aktentitel: FDGB-Bezirksvorstand Dresden (aktenführende Stelle: FDGB-Feriendienst Pirna, Erholungsobjekt ›Sächsische Schweiz‹). Arbeitsunterlagen des Referenten für Vertragswesen, (1979) 1981–1988. Dokument: *Preisverfügung Nr.*

5/84 über die Preisfestsetzung für Beherbergungskapazitäten in Erholungseinrichtungen des Feriendienstes des FDGB vom 15.1.1985.

Anordnungen, Beschlüsse, Erlässe, Gesetze, Ordnungen, Pläne, Verträge und Vorschriften

»Grundsätze für die Verteilung der Erholungsaufenthalte des FDGB für den Zeitraum 1976–1980. Beschluß des Präsidiums des Bundesvorstandes des FDGB vom 8. August 1975«, *Informationsblatt des FDGB. Beschlüsse und Informationen des Bundesvorstandes des FDGB* 12/1975, S. 4–8.

»Grundsätze und Aufgaben für die Verteilung der Erholungsreisen des Feriendienstes der Gewerkschaften und der Betriebe, Aus dem Beschluß des Präsidiums des Bundesvorstandes des FDGB vom 10.10.1980«, *Informationsblatt des FDGB, Beschlüsse und Hinweise des Bundesvorstandes des FDGB*, 6/1980, S. 2–3.

»Inhaltliche Orientierung für die Feriengestaltung 1980 in den Betriebsferienlagern, Beschluß des Sekretariats des Bundesvorstandes des FDGB vom 16.1.1980. Sowie, Rahmenschulungsprogramm für die in der Feriengestaltung der Schüler und Studenten sowie in der Urlaubsgestaltung der Lehrlinge eingesetzten Leiter, Gruppenleiter und Helfer«, *Informationsblatt des FDGB, Beschlüsse und Informationen des Bundesvorstandes des FDGB*, 1/1980, S. 2–4.

»Maßnahmen zur Durchführung des Beschlusses des Politbüros des ZK der SED über die Entwicklung des Einflusses des FDGB auf das Betriebserholungswesen und zur Leitung und Planung der betrieblichen Erholungseinrichtungen, aus dem Beschluß des Sekretariats des Bundesvorstandes des FDGB vom 28.2.1979«, *Informationsblatt des FDGB, Beschlüsse und Informationen des Bundesvorstandes des FDGB*, 2/1979, S. 2–5.

»Ordnung über Aufgaben und Arbeitsweise der Zentralen Kommission für Auslandstourismus beim Ministerrat der DDR«, Ministerium für Verkehrswesen der DDR (Hg.), *Verfügungen und Mitteilungen des Ministeriums für Verkehrswesen*, Berlin 23.6.1987.

»Prinzipien für die Verteilung von Ferienreisen, Verteilung der Ferienreisen 1969, aus dem Beschluß des Sekretariats des Bundesvorstandes des FDGB vom 26.8.1968«, *Informationsblatt des FDGB, Beschlüsse und Informationen des Bundesvorstandes des FDGB*, 13/1968, S. 1–4.

Abteilung Feriendienst des Bundesvorstandes des FDGB, »Bau neuer Erholungseinrichtungen durch Interessengemeinschaften«, *Informationsblatt FDGB, Beschlüsse und Informationen des Bundesvorstandes des FDGB* 1/1968, S. 3.

Abteilung Kinder- und Jugendsport des Bundesvorstandes des DTSB der DDR (Hg.), *Ziele und Aufgaben des Sports im Ferienlager*, Berlin 1977.

Allgemeine Leistungsbedingungen für das Reisebüro der DDR vom 10.5.1967.

Anordnung über die Beteiligungskosten an Betriebsferienlagern in der organisierten Feriengestaltung vom 9.3.1984, Gesetzblatt der DDR, Teil I, 10/10.4.1984.

Anordnung über die Ordnung in den Grenzgebieten und den Territorialgewässern der Deutschen Demokratischen Republik=Grenzordnung vom 15.6.1972, Gesetzblatt der DDR, Teil II, 43/15.6.1972.

Anordnung über die Stellung und Verantwortung der Jugendherbergen, Jugendtouristenhotels und Jugender-holungszentren der Deutschen Demokratischen Republik‹ vom 02.01.1981, Gesetzblatt der DDR, Teil I, 3/26.1.1981.

Anordnung über die Steuerbefreiung von Einnahmen aus der Vermietung von Zimmern an den Feriendienst des FDGB und die Einrichtungen des Kur- und Bäderwesens vom 1.4.1974, Gesetzblatt der DDR, Teil I, 20/26.4.1974.

Anordnung über die weitere Entwicklung der Feriengestaltung der Schüler und Studenten sowie der Urlaubs-gestaltung der Lehrlinge vom 1.9.1972, Gesetzblatt der DDR, Teil II, 64/3.11.1972.

Anordnung über Regelungen im Reiseverkehr von Bürgern der DDR vom 17.10.1972, Gesetzblatt der DDR, Teil II, 61/17.10.1972.

Anordnung über Regelungen zum Reiseverkehr von Bürgern der DDR‹ vom 15.2.1982, Gesetzblatt der DDR, Teil I, 9/17.3.1982.

Anordnung über Zentrale Pionierlager vom 17.3.1983, Gesetzblatt der DDR, Teil I, 9/4.4.1983.

Anordnung zum Statut des Zentralinstituts für Jugendforschung vom 4.7.1973, Gesetzblatt der DDR, Teil I, 35/2.8.1973.

Anordnung zur Planung und Finanzierung der Aufwendungen für die Feriengestaltung der Schüler und die Urlaubsgestaltung der Lehrlinge‹ vom 21.3.1975, Gesetzblatt der DDR, Teil I, 16/17.4.1975.

Anordnung zur Regelung des Freibadewesens vom 18.5.1956, Gesetzblatt der DDR, Teil I, 50/6.6.1956.

Arbeitsgesetzbuch der DDR vom 16.6.1977, Gesetzblatt der DDR, Teil I, 18/22.6.1977.

Bekanntmachung über die Annahme und das Inkrafttreten der Statuten der Welt-Tourismus-Organisation (WTO) vom 27.9.1970 für die Deutsche Demokratische Republik, Gesetzblatt der DDR, Teil II, 3/3.1.1977.

Beschluß des Präsidiums des Ministerrates über die Nutzung von Betriebserholungsheimen vom 13.10.1960, Gesetzblatt der DDR, Teil II, 36/3.11.1960.

Beschluß des Sekretariats des Bundesvorstandes des FDGB vom 22.3.1989, FDGB-Bundesvorstand, Abteilung Organisation, Auszüge aus Informationen an das Sekretariat des Bundesvor-standes des FDGB 1988–1989.

Beschluß des Staatsrates der Deutschen Demokratischen Republik zur weiteren Gestaltung des Systems der Planung und Leitung der wirtschaftlichen und gesellschaftlichen Entwicklung, der Versorgung und Betreuung der Bevölkerung in den Bezirken, Kreisen, Städten und Gemeinden=Beschluss zur Entwicklung sozialistischer Kommunalpolitik vom 16.4.1970, Gesetzblatt der DDR, Teil I, 10/12.5.1970.

Bundesvorstand des FDGB (Hg.), *Protokoll des 10. FDGB-Kongresses*, Berlin 1982.

Bundesvorstand des FDGB (Hg.), *Protokoll des 11. FDGB-Kongresses*, Berlin 1987.

Bundesvorstand des FDGB (Hg.), *Protokoll des 8. FDGB-Kongresses*, Berlin 1972.

Bundesvorstand des FDGB (Hg.), *Richtlinie für die Verteilung und Abrechnung der Erholungs-aufenthalte des FDGB in den gewerkschaftlichen Grundorganisationen*, gültig ab 1.1.1978, Be-schluß des Sekretariats des Bundesvorstande des FDGB Nr. 129/77 vom 20.7.1977 (=SAPMO-Bibliothek, XIII 64).

Bundesvorstand des FDGB, Abteilung Bildung (Hg.), *Handbuch für das Betriebsferienlager*, Berlin 1985.

»Einige Hinweise für die gewerkschaftlichen Vorstände und Leitungen bei der Durchfüh-rung des Sekretariatsbeschlusses vom 26.8.1968 zur Verteilung der Ferienreisen für 1969, Verteilung der Ferienreisen 1969, aus dem Beschluß des Sekretariats des Bundesvorstandes des FDGB vom 26.8.1968«, *Informationsblatt des FDGB, Beschlüsse und Informationen des Bundesvorstandes des FDGB* 13/1968, S. 1–4.

Erlaß des Staatsrates der Deutschen Demokratischen Republik über die Eingaben der Bürger und die Bearbeitung durch die Staatsorgane vom 27.2.1961, Gesetzblatt der DDR, Teil I, 3/3.3.1961.

Erlaß des Staatsrates der Deutschen Demokratischen Republik über die Bearbeitung der Eingaben der Bürger vom 20.11.1969, Gesetzblatt der DDR, Teil I, 13/28.11.1969.

FDGB-Bundesvorstand (Hg.), *Richtlinie zur Neuregelung der Finanzierung des Feriendienstes*, Berlin ca. 1980.

Focke, Rudi, *Handbuch für den Gewerkschaftsfunktionär. Dokumente, Gesetze, Verordnungen*, Richtlinien, Beschlüsse, Berlin 1974.

Gemeinsamer Beschluß des Politbüros des ZK der SED, des Präsidiums des FDGB-Bundesvorstandes und des Ministerrates der DDR vom 1.12.1971 zur Förderung des Erholungswesens, zitiert bei, Stompler, Wolfgang, Zur Urlaubsreisetätigkeit der DDR-Bevölkerung, Marktforschung, Mitteilungen des Instituts für Marktforschung 1/1974, S. 19–22, hier S. 20.

Gemeinsamer Beschluß des Politbüros des ZK der SED, des Präsidiums des Bundesvorstandes des FDGB und des Ministerrates der DDR zur Entwicklung des Feriendienstes der Gewerkschaften sowie zu Fragen der Kuren vom 7.3.1972, Neues Deutschland, 8.3.1972.

Gesetz der Arbeit zur Förderung und Pflege der Arbeitskräfte, zur Steigerung der Arbeitsproduktivität und zur weiteren Verbesserung der materiellen und kulturellen Lage der Arbeiter und Angestellten vom 19.4.1950, Gesetzblatt der DDR, Teil I, 46/28.4.1950.

Gesetz über das einheitliche sozialistische Bildungssystem vom 25.2.1965, Gesetzblatt der DDR, Teil I, 6/25.2.1965.

Gesetz über das Zollwesen der Deutschen Demokratischen Republik=Zollgesetz der DDR vom 28.3.1962, Gesetzblatt der DDR, Teil I, 3/31.3.1962.

Gesetz über den Staatshaushaltsplan 1989 vom 14.12.1988, Gesetzblatt der DDR, Teil I, 27/21.12.1988.

Gesetz über die Bearbeitung der Eingaben der Bürger=Eingabengesetz vom 19.6.1975, Gesetzblatt der DDR, Teil I, 26/27.6.1975.

Gesetz über die örtlichen Volksvertretungen in der Deutschen Demokratischen Republik vom 4.7.1985, Gesetzblatt der DDR, Teil I, 18/11.7.1985.

Gesetz über die örtlichen Volksvertretungen und ihre Organe in der Deutschen Demokratischen Republik vom 12.7.1973, aufgehoben durch das Gesetz über die örtlichen Volksvertretungen der Deutschen Demokratischen Republik vom 4.7.1985, Gesetzblatt der DDR, Teil I, 32/18.7.1973.

Gesetz über die planmäßige Gestaltung der sozialistischen Landeskultur in der Deutschen Demokratischen Republik=Landeskulturgesetz der DDR vom 14.5.1970, Gesetzblatt der DDR, Teil I, 12/28.5.1970.

Gesetz über die Staatsbürgerschaft der Deutschen Demokratischen Republik=Staatsbürgerschaftsgesetz vom 20.2.1967, Gesetzblatt der DDR, Teil I, 1967. 2/23.2.1967.

Gesetz über die Teilnahme der Jugend der Deutschen Demokratischen Republik an der Gestaltung der entwickelten sozialistischen Gesellschaft und über ihre allseitige Förderung in der Deutschen Demokratischen Republik=Jugendgesetz der DDR vom 28.1.1974, Gesetzblatt der DDR, Teil I, 5/31.1.1974.

Gesetz über die Teilnahme der Jugend der Deutschen Demokratischen Republik am Kampf um den umfassenden Aufbau des Sozialismus und die allseitige Förderung ihrer Initiative bei der Leitung der

Volkswirtschaft und des Staates, in Beruf und Schule, bei Kultur und Sport=Jugendgesetz der DDR vom 4.5.1964, Gesetzblatt der DDR, Teil I, 4/6.5.1964.
Gesetzbuch der Arbeit der Deutschen Demokratischen Republik vom 12.4.1961 in der Fassung vom 23.11.1966, Gesetzblatt der DDR, Teil I, 15/1.12.1966.
Gewerkschaftliche Maßnahmen zur Vorbereitung und Durchführung der Feriengestaltung 1979 in den Betriebsferienlagern, Beschluß des Sekretariats des Bundesvorstandes des FDGB vom 31.1.1979, Informationsblatt des FDGB, Beschlüsse und Informationen des Bundesvorstandes des FDGB 1/1979, S. 9–12.
Informationsblatt des FDGB, Beschlüsse und Informationen des Bundesvorstandes des FDGB, verschiedene Jahrgänge.
Internationale Konvention über zivile und politische Rechte vom 27.3.1973, Gesetzblatt der DDR, Teil II, 6/14.1.1974.
Loos, Siegfried, *Zur Gewerbetätigkeit privater Einzelhändler und Gastwirte. Erlassene gesetzliche Bestimmungen*, Berlin 1986.
O. V., »Argumentation zur Verteilung der Ferienreisen des FDGB für das Jahr 1980, *Informationsblatt des FDGB, Beschlüsse und Informationen des Bundesvorstandes des FDGB*, 7/1979, S. 2–7.
O. V., »Argumentation zur Verteilung der Ferienreisen des FDGB, Kapitel zu speziellen Erholungsreisen, *Informationsblatt des FDGB, Beschlüsse und Informationen des Bundesvorstandes des FDGB*, verschiedene Jahrgänge, Ausgabe des Monats September oder Oktober.
O.V., *Bedingungen für die Teilnahme an Leistungen des Reisebüros der FDJ ›Jugendtourist‹=Teilnahmebedingungen vom 30.6.1984*, auf der Grundlage der Leistungsbedingungen von ›Jugendtourist‹ nach Beschluss des Sekretariats des Zentralrates der FDJ vom 13.3.1984.
O.V., *Teilnahme- und Leistungsbedingungen des Jugendreisebüros der DDR ›Jugendtourist‹ ab 1.1.1976*, auf der Grundlage des Statuts von ›Jugendtourist‹ nach Beschluss des Sekretariats des Zentralrates der FDJ vom 13.1.1975.
Sekretariat des Zentralrates der FDJ (Hg.), *Direktive für den Empfang des 9. Freundschaftszuges der Bewegung der Kommunistischen Jugend Frankreichs in der Deutschen Demokratischen Republik vom 2. bis 19. August 1972*, Beschluß des Sekretariats des Zentralrates der Freien Deutschen Jugend vom 23. November 1971, Berlin 1971.
Sekretariat des Zentralrates der FDJ (Hg.), *Direktive zur Auswahl und Entsendung von Teilnehmern eines Freundschaftszuges der Freien Deutschen Jugend in die UdSSR in der Zeit vom 1. bis 12. Dezember 1970*, Beschluß des Sekretariats des Zentralrates der Freien Deutschen Jugend vom 24. September 1970, Berlin 1970 (internes Material).
Sozialistische Einheitspartei Deutschlands (Hg.), *Direktive des IX. Parteitages der SED zum Fünfjahrplan für die Entwicklung der Volkswirtschaft der DDR in den Jahren 1976–1980*, Berlin 1976.
Sozialistische Einheitspartei Deutschlands (Hg.), *Programm der Sozialistischen Einheitspartei Deutschlands, IX. Parteitag der Sozialistischen Einheitspartei Deutschlands*, Berlin, 18.–22. Mai 1976, Berlin 1976.
Statuten aller Kinder- und Jugendorganisationen der DDR, http://www.ostprodukte.de/wissenswertes/pioniere/statut.php (Abruf vom 16.3.2005).
Stoph, Willi, *Bericht zur Direktive des VIII. Parteitages der SED*, Berlin 1971.
Stoph, Willi, *Direktive des X. Parteitages der SED zum Fünfjahrplan für die Entwicklung der Volkswirtschaft der DDR in den Jahren 1981–1985*, Berlin 1981.

Strafgesetzbuch der Deutschen Demokratischen Republik vom 12.1.1968, Gesetzblatt der DDR, Teil I, 1/22.1.1968.
Verfassung der Deutschen Demokratischen Republik vom 7.10.1949, Gesetzblatt der DDR, Teil I, 1/7.10.1949.
Verfassung der Deutschen Demokratischen Republik vom 9.4.1968 in der Fassung vom 7.10.1974, Gesetzblatt der DDR, Teil I, 47/27.9.1974.
Verordnung über den Erholungsurlaub vom 28.9.1978, Gesetzblatt der DDR, Teil I, 33/3.10.1978.
Verordnung über die 5-Tage-Arbeitswoche für jede zweite Woche und die Verkürzung der Arbeitszeit vom 22.12.1965, Gesetzblatt der DDR, Teil II, 134/23.12.1965.
Verordnung über die 5-Tage-Unterrichtswoche an den allgemeinbildenden und berufsbildenden Schulen vom 25.1.1990, Gesetzblatt der DDR, Teil I, 5/2.2.1990.
Verordnung über die durchgängige 5-Tage-Arbeitswoche und die Verkürzung der wöchentlichen Arbeitszeit bei gleichzeitiger Neuregelung der Arbeitszeit in einigen Wochen mit Feiertagen vom 3.5.1967, Gesetzblatt der DDR, Teil II, 38/9.5.1967.
Verordnung über die Einführung eines Mindesturlaubs von 15 Werktagen im Kalenderjahr vom 3.5.1967, Gesetzblatt der DDR, Teil II, 39/11.5.1967.
Verordnung über die Einführung eines Zusatzurlaubs für Schichtarbeiter, die Erweiterung des Anspruchs auf Hausarbeitstag und auf Mindesturlaub vom 30.9.1976, Gesetzblatt der DDR, Teil I, 37/20.10.1976.
Verordnung über die Erhöhung des Erholungsurlaubs für ältere Werktätige vom 1.10.1987, Gesetzblatt der DDR, Teil I, 23/5.10.1987.
Verordnung über die Erhöhung des Mindesturlaubs im Kalenderjahr vom 12.9.1974, Gesetzblatt der DDR, Teil I, 51/16.10.1974.
Verordnung über die Erhöhung des monatlichen Mindestbruttolohnes vom 3.2.1971, Gesetzblatt der DDR, Teil II, 12/1971.
Verordnung über die Nutzung betrieblicher Erholungseinrichtungen vom 10.5.1979, Gesetzblatt der DDR, Teil I, 20/19.7.1979.
Verordnung über die Planung und Nutzung betrieblicher Erholungseinrichtungen vom 9.2.1984, Gesetzblatt der DDR, Teil 1, 11/19.4.1984.
Verordnung über die Planung, Bildung und Verwendung des Kultur- und Sozialfonds für volkseigene Betriebe vom 3.6.1982, Gesetzblatt der DDR, Teil I, 24/1.7.1982.
Verordnung über die Prüfung von Vorschlägen und Beschwerden der Werktätigen vom 6.2.1953, Gesetzblatt der DDR, Teil I, 19/13.2.1953.
Verordnung über die Verlängerung des Wochenurlaubs und die Verbesserung von Leistungen bei Mutterschaft vom 27.5.1976, Gesetzblatt der DDR, Teil I, 19/11.6.1976.
Verordnung über die weitere schrittweise Einführung der 40-Stunden-Arbeitswoche vom 29.7.1976, Gesetzblatt der DDR, Teil I, 29/12.8.1976.
Verordnung über Kurorte, Erholungsorte und natürliche Heilmittel=Kurortverordnung vom 3.8.1967, Gesetzblatt der DDR, Teil II, 88/22.9.1967.
Verordnung über Reisen von Bürgern der Deutschen Demokratischen Republik nach dem Ausland vom 30.11.1988, Gesetzblatt der DDR, Teil 1, 25/13.12.1988.
Verordnung zum Schutze der Staatsgrenze der Deutschen Demokratischen Republik vom 19.3.1964, Gesetzblatt der DDR, Teil II, 34/19.3.1964.
Vertrag über die Grundlagen der Beziehungen zwischen der Deutschen Demokratischen Republik und der Bundesrepublik Deutschland vom 21.12.1972, Gesetzblatt der DDR, Teil II, 5/13.6.1973.

Zentralrat der FDJ, *Haushaltsplan 1983*, Bestand der Bibliothek für Bildungsgeschichtliche Forschung, Zentralrat der FDJ, Beschlußreihe K, Reisebüro der FDJ ›Jugendtourist‹ – Jahresplan 1983, Beschluß des Sekretariats des Zentralrates der FDJ vom 14.9.1982, herausgegeben am 27.9.1982.

Zivilgesetzbuch der DDR vom 19.6.1975, Gesetzblatt der DDR, Teil I, 27/19.6.1975.

Zweite Anordnung über Regelungen im Reiseverkehr von Bürgern der DDR vom 14.6.1973, Gesetzblatt der DDR, Teil I, 28/21.6.1973.

Zweite Verordnung über den Erholungsurlaub vom 18.12.1980, Gesetzblatt der DDR, Teil I, 35/18.12.1980.

Literatur

»Biskup, Harald, Kölner Stadt-Anzeiger, 13.7.1990«, zitiert bei, Helwig, Gisela (Hg.), *Die letzten Jahre der DDR. Texte zum Alltagsleben*, Köln 1990, S. 80.

»Kolumne ›Unterwegs‹«, *NBI* 12/1976, 16/1976 und 25/1976.

»Kolumne ›Unterwegs‹«, *NBI* 16/1980.

»Kolumne ›Unterwegs‹«, *NBI* 24/1980.

»Kolumne ›Unterwegs‹«, *NBI* 26/1980.

»Kolumne ›Unterwegs‹«, *NBI* 29/1979.

»Kolumne ›Unterwegs‹«, *NBI* 30/1979.

»Kolumne ›Unterwegs‹«, *NBI* 31/1979.

»Kolumne ›Unterwegs‹«, *NBI* 33/1979.

»Kolumne ›Unterwegs‹«, *NBI* 35/1976.

»Kolumne ›Unterwegs‹«, *NBI* 37/1976.

»Kolumne ›Unterwegs‹«, *NBI* 46/1980.

»Kolumne ›Unterwegs‹«, *NBI* 50/1980.

»Kolumne ›Unterwegs‹«, *NBI*, 27/1976.

»Neue Aufgaben. Zentralinstitut für Jugendforschung in der DDR«, *Der Tagesspiegel*, 9.9.1973.

»Verschiedene Autoren, Part two, National Studies«, Hall, Derek R. (Hg.), *Tourism and economic development in Eastern Europa and the Soviet Union*, London 1991, S. 119–280.

»Wie sich MDR-Stars an den Urlaub in der DDR erinnern«, MDR (Hg.), *Mittendrin. Die besten Seiten des MDR* 7/2003, S. 2f.

Abraham, Peter (Hg.), *Fernfahrten, erlebt und erdacht von achtzehn Autoren*, Berlin 1976.

Achtenhagen, Manfred / Achtenhagen, Jörg, *Das war die DDR. Amateurphotographien 1970–1989*, Hamburg 1990.

Agde, Günter, »Turbulenter Spaß mit tieferer Bedeutung«, *Neues Deutschland*, 16.3.1977.

Ahbe, Thomas, »Die DDR im Alltagsbewusstsein ihrer ehemaligen Bevölkerung. Die Ostdeutschen als Produkt der DDR und als Produzent von DDR-Erinnerungen«, Hüttmann, Jens / Pasternak, Peer / Mählert, Ulrich (Hg.), *DDR-Geschichte vermitteln. Ansätze und Erfahrungen in Unterricht, Hochschule und politischer Bildung*, Berlin 2004, S. 113–138.

Ahrens, Ralf, *Gegenseitige Wirtschaftshilfe? Die DDR im RGW. Strukturen und handelspolitische Strategien 1963–1976*, Köln / Weimar / Wien 2000.

Akademie der Wissenschaften der Deutschen Demokratischen Republik durch die Kommission zur Herausgabe des Atlas DDR (Hg.), *Atlas Deutsche Demokratische Republik*, Gotha 1981.

Albrecht, Annelies, »Die Wertschätzung des Tourismus wächst ständig«, *Marktforschung. Mitteilungen des Instituts für Markforschung* 2/1981, Leipzig, S. 21– 24.

Albrecht, Gertrud / Albrecht, Wolfgang / Benthien, Bruno / Breuste, Iris / Bütow, Martin, »Erholungswesen und Tourismus in der DDR«, *Geographische Rundschau* 43/1991, H. 10, S. 606–613.

Albrecht, Gertrud / Albrecht, Wolfgang, »Die Entwicklung der Gebietsfunktion Erholung im binnenländischen Mecklenburg von 1945–1989«, Albrecht, Wolfgang (Hg.), *Mecklenburg-Vorpommern, Tourismus im Umbruch (= Greifswalder Beiträge zur Rekreationsgeographie, Freizeit- und Tourismusforschung, 2)*, Greifswald 1991, S. 40–56.

—, »Städtetourismus in der DDR«, *Geographische Berichte* 1/1989, S. 58f.

Albrecht, Gertrud, »Die Entwicklung der Leitung und Planung des Erholungswesens im Bezirk Neubrandenburg«, Benthien, Bruno (Hg.), *Geographie, Rekreation, Territorium. Beiträge des 5. Greifswalder Geographischen Symposiums vom 2.–6. Oktober 1978 (= Greifswalder geographische Arbeiten, 1)*, Greifswald 1980, S. 67–75.

—, »Strukturaspekte der Entwicklung der Erholungsfunktion im Mecklenburger Binnenland«, Bethke, Artur (Hg.), Gesellschaftliche Determination der Rekreationsgeographie (= Greifswalder Geographische Arbeiten, 4), Greifswald 1987, S. 29–36.

Albrecht, Wolfgang (Red.), *Gesellschaftliche Determination der Rekreationsgeographie. Beiträge des 11. Greifswalder Geographischen Symposiums 04.–06.10.1984 (=Greifswalder Geographische Arbeiten 4/1987)*, Greifswald 1987.

Albrecht, Wolfgang, »Das Freizeitwohnen im Wochenendhaus, Kleingarten und Dauercamp in den 80er Jahren. Ein Merkmalsvergleich im östlichen Mecklenburg-Vorpommern«, Albrecht, Wolfgang (Hg.), *Mecklenburg-Vorpommern, Tourismus im Wandel. (= Greifswalder Beiträge zur Rekreationsgeographie, Freizeit- und Tourismusforschung, 3)*, Greifswald 1992, S. 106–138.

Alisch, Steffen, *Berlin–Berlin. Die Verhandlungen zwischen Beauftragten des Berliner Senats und Vertretern der DDR-Regierung zu Reise- und humanitären Fragen 1961–1972*, Berlin 2001.

Allan, Seán / Sandford, John (Hg.), *DEFA. East German cinema. 1946–1992*, New York 2003.

Allcock, John B., »Yugoslavia's tourist trade pot of gold or pig in a poke?«, *Annals of Tourism Research* 13/1986, H. 4, S. 565–588.

Almond, Mark, »Das Jahr 1989 ohne Gorbatschow. Wenn der Kommunismus nicht zusammengebrochen wäre«, Ferguson, Niall (Hg.), *Virtuelle Geschichte. Historische Alternativen im 20. Jahrhundert*, Darmstadt 1999, S. 313–344.

Altenburger, Wolfgang, *Die besonderen Aufgaben der Bilderzeitschriften im System der Kinderpresse der DDR*, unveröff. Diplomarbeit, Leipzig 1966.

Althof, Wolfgang, *Passagiere an Bord*, Rostock 1988.

Altmann, Edith, »Gäste auf dem Finsterberg in Finsterbergen«, *Die Tribüne*, 15.7.1976.

Amt für Jugendfragen beim Ministerrat der DDR (Hg.), *Ferien, Urlaub, Touristik der Jugend der DDR. Rechtsvorschriften, Beschlüsse, Kommentare*, H. 1–7, Berlin 1973–1985.

—, *Ferien, Urlaub, Touristik der Jugend in der DDR, Rechtsvorschriften und Beschlüsse*, Berlin 1988.

Ananjew, Michail A., »Zu den internationalen Fremdenverkehrsbeziehungen der Sowjetunion«, Lehrstuhl für Ökonomik des Fremdenverkehrs an der Hochschule für Verkehrswesen ›Friedrich List‹, Dresden (Hg.), *Beiträge zur Fremdenverkehrswissenschaft*, Bd. 5, o.J., S. 68–80.

Anderson, Sheldon, *A Cold War in the Soviet-Bloc*, Boulder 2000.

Andert, Reinhold / Herzberg, Wolfgang, *Der Sturz. Erich Honecker im Kreuzverhör*, Gütersloh 1990.

Angermüller, Klaus, »Der Thüringer Wald – ein Zentrum der Erholung für die Werktätigen«, *Deutsche Architektur* 5/1972, S. 286–291.

Ansorg, Leonore, *Kinder im Klassenkampf. Die Geschichte der Pionierorganisation von 1948 bis Ende der fünfziger Jahre*, Berlin 1997.

Appel, Susanne, *Reisen im Nationalsozialismus, eine rechtshistorische Untersuchung*, Baden-Baden 2001.

Arbeitsgemeinschaft 1/11 ›Verkehrsgeschichte‹ im Deutschen Modelleisenbahn-Verband der DDR (Hg.), *Vb-kompress. Ausgewählte Beiträge zur Verkehrsgeschichte*, Berlin 1981–1989.

—, *Verkehrsgeschichtliche Blätter*, Berlin 1976–1983.

Arendt, Hannah, *Elemente und Ursprünge totaler Herrschaft. Antisemitismus, Imperialismus, Totalitarismus*, München / Zürich 1993. [Originaltitel: *The Origins of Totalitarism*, New York 1951.]

Arndt, Herbert, *Die DDR stellt sich vor*, mehrere Auflagen Dresden 1966/1969/1971/1974/ 1981/1984, übersetzt in zahlreiche andere Sprachen.

Arndt, Otto, »Die Eisenbahn – leistungsfähiges Verkehrsmittel der Gegenwart und Zukunft. Aus dem Eisenbahn-Jahrbuch der DDR 1982«, abgedruckt in: Regling, Horst (Hg.), *Schienenverkehr in der DDR*, Bd. IV (Ausgewählte Beiträge aus den Eisenbahn-Jahrbüchern 1981 bis 1985), S. 9–19.

Arnold, Karl-Heinz, »Borchardt hatte mehr als 50 Jahre Pause. Zur Geschichte der HO-Gaststätten in Berlin von Ende 1948 bis 1990«, *Berlinische Monatsschrift* 7/2000, S. 36–45.

Ároch, Rudolf, »Probleme und Methoden der komplexen Planung des Fremdenverkehrsbedarfs und seiner Deckung in der ČSSR«, Lehrstuhl für Ökonomik des Fremdenverkehrs an der Hochschule für Verkehrswesen ›Friedrich List‹, Dresden (Hg.), *Beiträge zur Fremdenverkehrswissenschaft*, Bd. 7, o.J., S. 3–9.

Assmann, Georg (Hg.), *Wörterbuch der marxistisch-leninistischen Soziologie*, Berlin 1983.

Assmann, Jan, »Kollektives Gedächtnis und kulturelle Identität«, ders. / Hölscher, Tonio (Hg.), *Kultur und Gedächtnis*, Frankfurt am Main 1988, S. 9–19.

—, *Das kulturelle Gedächtnis. Schrift, Erinnerung und politische Identität in frühen Hochkulturen*, München 1992.

Atlas Deutsche Demokratische Republik, Gotha 1976–1981.

Austermühle, Theobald, »Unerkannt durch Freundesland, Abenteuertourismus jenseits staatlicher Sanktionen«, Hinsching, Jochen, *Alltagssport in der DDR*, Aachen 1998, S. 272–281.

Autorenkollektiv, »Aus fünf Kontinenten«, *Das Magazin* 10/1969, S. 30–35.

Autorenkollektiv, *Das Ferien- und Bäderbuch*, Berlin 1963–1979 (6 Auflagen).

Autorenkollektiv, *Das neue Ferien- und Bäderbuch*, Berlin 1984–1989 (6 Auflagen).

Bachmann, Ronald / Wurst, Claudia (Hg.), *Ostdeutsche Lebensverhältnisse unter Wandlungsdruck. Eine Gemeindestudie zu sozialen Seiten der deutsch-deutschen Vereinigung*, Frankfurt am Main 1996.

Backmann, M. / Drechsel, Werner, »Organisation, Verkauf und Struktur der Inlandskurzfahrten des Reisebüros der DDR«, *Wissenschaftliche Zeitschrift der Hochschule für Verkehrswesen Dresden, Sonderheft 40 (Beiträge zur Ökonomie des Tourismus)*, Dresden 1988, S. 130–142.

Badstübner, Evemarie, »Auf 80 Seiten um die Welt. Das ›Magazin‹ zwischen 1954 und 1970«, Barck, Simone / Langermann, Martina / Lokatis, Siegfried (Hg.), *Zwischen ›Mosaik‹ und ›Einheit‹. Zeitschriften in der DDR*, Berlin 1999, S. 189–201.

—, »Vorwort«, Dies. (Hg.), *Befremdlich anders. Leben in der DDR*, Berlin 2000, S. 9.

Bagger, Wolfgang (Hg.), *Tourismus (= Mitteilungen aus der kulturwissenschaftlichen Forschung, 24)*, Berlin 1988.

—, »Einleitung«, *Mitteilungen aus der kulturwissenschaftlichen Forschung* 24/1988, S. 5–45.

—, »Tourismus in der DDR vor und nach der Wende«, Kramer, Dieter / Lutz, Ronald (Hg.), *Reisen und Alltag. Beiträge zur kulturwissenschaftlichen Tourismusforschung (= Notizen des Instituts für Kulturanthropologie und europäische Ethnologie, 39)*, Frankfurt am Main 1992, S. 173–201.

—, *Zeittafel zur Geschichte des DWBO der DDR, seines historischen Erbes und seiner Sportarten*, Bad Blankenburg 1988.

Bähre, Heike, *Nationale Tourismuspolitik in der Systemtransformation. Eine Untersuchung zum ostdeutschen Tourismus (1989–1999)*, Bd. 1, Belegexemplar der Dissertation an der TU Dresden.

—, *Nationale Tourismuspolitik in der Systemtransformation. Eine Untersuchung zum ostdeutschen Tourismus (1989–1999)*, Bd. 2, Belegexemplar der Dissertation an der TU Dresden.

—, *Nationale Tourismuspolitik in der Systemtransformation. Eine Untersuchung zum Reisen in der DDR und zum ostdeutschen Tourismus im Zeitraum 1980 bis 2000*, Berlin 2003.

Bahrmann, Joachim / Gummich, Karl-Heinz, *Autoatlas Deutsche Demokratische Republik. Mit Bulgarien, ČSSR, Polen, Rumänien, UdSSR, Ungarn*, Berlin / Leipzig 1981–1989 (10 Auflagen).

Bahrmann, Joachim, DDR. *Kleiner Verkehrsatlas*, Berlin 1988.

Bär, Horst, »Komfort im Zelthotel«, *Handelswoche*, 2.4.1973.

Baranowski, Shelley, *Strength through Joy. Consumerism and Mass Tourism in the Third Reich*, Cambridge 2004.

Baring, Arnulf / Rumberg, Dirk / Siedler, Wolf Jobst, *Deutschland, was nun? Ein Gespräch mit Dirk Rumberg und Wolf Jobst Siedler*, Berlin 1991.

Barthel, K., »Damit die Ferienplätze gut genutzt werden«, *Junge Welt*, 13.12.1974.

Bauakademie der DDR, Institut für Städtebau und Architektur (Hg.), *Architekturführer DDR*, Berlin, verschiedene Jahre.

Bauer, Herbert / Preuß, Erich / Preuss, Rainer, *80 Jahre nach Kurort Oybin und Kurort Jonsdorf mit der Schmalspurbahn. Ratschläge für Fahrten ins Zittauer Gebirge*, Cottbus 1970.

Bauer, Reinhold, *Pkw-Bau in der DDR. Zur Innovationsschwäche von Zentralverwaltungswirtschaften*, Frankfurt am Main / Berlin / Bern / Wien 1999.

Baum, Barbara, »Feierliche Appelle zum Feriensommerbeginn«, *Junge Welt*, 10.7.1974, S. 2.

—, »Warum eigentlich Lager für Erholung und Arbeit?«, *Junge Welt*. 18.8.1973.

—, »Zur Erholung mal arbeiten«, *Junge Welt*, 18.6.1974.

Baumann, Michael, »Innerdeutscher Tourismus«, *Deutschland-Archiv* 23/1990, H. 5, S. 750–756.

Bauzière, Didier, *VEB Schienenschlacht. Über den schwierigen Umgang der DDR-Publizistik mit der Deutschen Reichsbahn*, Jena 2002.

Bechtloff, Gudrun, *Die Mitropa-AG. Ein privatrechtliches Unternehmen des Schlafwagen- und Speisewagenverkehrs im Spannungsfeld wirtschaftlicher Interessen und staatlicher Einflüsse und Abhängigkeiten von 1916–1990*, Frankfurt am Main u.a. 2000.

Beck, Ulrich, *Risikogesellschaft. Auf dem Weg in eine andere Moderne*, Frankfurt am Main 1986.

Becker, Christoph, »Tourismus in Ungarn, Strukturen vor und Perspektiven nach der Wende«, Brogiato, Heinz Peter / Cloß, Hans-Martin, *Geographie und ihre Didaktik. Festschrift für Walter Sperling. Teil 1, Beiträge zur Deutschen Landeskunde und zur Regionalen Geographie. (= Materialien zur Didaktik der Geographie, H. 15)*, Trier 1992, S. 399–410.

Becker, Jurek, *Schlaflose Nächte*, Frankfurt am Main 1978.

Becker, Ursula A. J., *Geschichte des modernen Lebensstils. Essen, Wohnen, Freizeit, Reisen*, München 1990.

Behrens, Hermann, *Wurzeln der Umweltbewegung. Die Gesellschaft für Natur und Umwelt (GNU) im Kulturbund der DDR*, Marburg 1993.

Bekier, Erw, »Saison auf der Moskwa«, *Das Magazin* 7/1972, S. 39–41.

Bellmann, Reinart / Rochlitz, Manfred, »Motorisierung und sozialistische Lebensweise«, *DDR-Verkehr* 22/1989, S. 99–101.

Benad, Martin, *Reisebuch DDR*, Berlin/Leipzig 1982.

Bencsik, Peter, »Documents of Passage, Travel Opportunities and Border Traffic in 20th Century Hungary«, *Regio – Minorities, Politics, Society – English Edition* 1/2002, S. 51–70.

Benthien, Bruno / von Känel, Alfred / Weber, Egon, »Die Küstenregion mit See- und Hafenwirtschaft, Erholungswesen und Landwirtschaft im Bezirk Rostock«, Benthien, Bruno u.a., *DDR. Ökonomische und soziale Geographie*, Gotha 1990.

—, »Main Aspects of Structural Change in the Northern Regions of the GDR«, *GeoJournal* 8/1984, S. 45–52.

Benthien, Bruno u.a., *DDR. Ökonomische und soziale Geographie*, Gotha 1990.

Benthien, Bruno, »Das Erholungsgebiet Ostseeküste – ein Schwerpunkt ökonomisch-geographischer Regionalforschung in den nördlichen Bezirken der DDR«, *Wissenschaftliche Veröffentlichungen des Deutschen Instituts für Länderkunde* 23–24/1966, S. 41–66.

—, »Recreational Geography in the German Democratic Republic«, *GeoJournal* 1/1984, S. 59–63.

—, »Statement«, Freyer, Walter, *1. Dresdner Tourismus-Symposium, Tourismuspolitik für die Neuen Bundesländer? Tagungsband*, Dresden 1994, S. 29–33.

—, »Studien zur Entwicklung des Erholungswesens an der Ostseeküste der DDR von 1945 bis 1965, 2. Teil: Von 1953 bis 1965«, *Greifswald-Stralsunder-Jahrbuch* 7/1967, S. 135–161.

—, »Territoriale Probleme der Rekreation als Forschungsgegenstand der Geographie«, ders. (Hg.), *Geographie, Rekreation, Territorium. Beiträge des 5. Greifswalder Geographischen Symposiums vom 2.–6. Oktober 1978 (= Greifswalder geographische Arbeiten, 1)*, Greifswald 1980, S. 11–32.

—, »Theorie und Praxis der Rekreationsgeographie dargestellt in einem Modell«, *Wissenschaftliche Zeitschrift der Ernst-Moritz-Arndt-Universität Greifswald. Mathematisch-Naturwissenschaftliche Reihe* 1/1981, S. 43–48.

—, »Zu einigen erholungsgeographischen Fragestellungen, besonders zum Problem der Regionierung unter dem Aspekt der Erholung«, *Petermanns Geographische Mitteilungen* 2/1976, S. 125–129.

—, *Geographie der Erholung und des Tourismus*, Gotha 1997.

—, *Reisebuch DDR*, Berlin / Leipzig 1976.

Berg, Daniela, »Jugendtourismus in der DDR«, *Deutsche Studien*, 105/1989, S. 49–59.
Berger, Manfred / Hanke, Helmut (Hg.), *Kulturpolitisches Wörterbuch*, Berlin 1978.
Berger, Ullrich (Hg.), *Frust und Freude. Die zwei Gesichter der Gesellschaft für Sport und Technik*, Schkeuditz 2002.
Berghahn, Daniela, *Hollywood behind the wall. The cinema of East Germany*, Manchester 2005.
Bergmann, Uschi / Klöppel, Eberhard, »Buhnen, Dünen, Urlaubszeit. Die Küste von der See- und der Landseite aus betrachtet«, *NBI* 27/1976.
Berkes, Ulrich / Kirsten, Wulf (Hg.), *Vor meinen Augen, hinter sieben Bergen. Gedichte vom Reisen*, Berlin 1977.
Berktold-Fackler, Franz / Krumbholz, Hans, *Reisen in Deutschland. Eine kleine Tourismusgeschichte*, München / Wien / Oldenbourg 1997.
Bernart, Yvonne, *Das narrative Interview. Ein Leitfaden zur rekonstruktiven Auswertung*, Landau 2005.
Bernecker, Paul, *Die Stellung des Fremdenverkehrs im Leistungssystem der Wirtschaft*, Wien 1956.
Bernet, Wolfgang, »Eingaben als Ersatz für Rechte gegen die Verwaltung der DDR«, Heuer, Jens-Uwe (Hg.), *Die Rechtsordnung der DDR. Anspruch und Wirklichkeit*, Baden-Baden 1995, S. 415–426.
Bezirksbauamt Rostock (Hg.), *Bauen an der Ostseeküste DDR–VRP. Merkmale und Grundrichtungen zur städtebaulich-architektonischen Gestaltung der Städte, Dörfer und Erholungsorte*, Rostock ca. 1989.
Bezirksvorstand Berlin des FDGB (Hg.), *Berliner Neuerer in Moskau*, Berlin 1979.
Bezirksvorstand Berlin des FDGB (Hg.), *Freunde. Erlebnisse, Begegnungen, Eindrücke. Freundschaftszug Berliner Gewerkschafter in die Sowjetunion nach Moskau und Kiew vom 31. Mai bis 13. Juni 1976*, Berlin 1976.
Bezirksvorstand Gera des FDGB (Hg.), *Freundschaft – Družba. Mit dem ersten Freundschaftszug von Gera nach Pskow vom 25. Juni bis 5. Juli 1975*, Gera 1975.
—, *Freundschaftszug Pskow–Gera vom 9. bis 17. Juni 1976*, Gera 1976.
Biermann, B., »Ferien für ein Taschengeld. Unterwegs mit ›Jugendtourist‹«, *NBI* 11/1987, S. 28–31.
Billig, Detlev / Meyer, Manfred, *Flugzeuge der DDR. Typenbuch Militär- und Zivilluftfahrt*, Bd. 2 (bis 1972) Stuttgart 2002.
—, *Flugzeuge der DDR. Typenbuch Militär- und Zivilluftfahrt*, Bd. 3 (Bis 1990), Stuttgart 2003.
Bischof, Norbert, »Untersuchungen zur Systemanalyse der sozialen Motivation I. Die Regulation der sozialen Distanz. Von der Feldtheorie zur Systemtheorie«, *Zeitschrift für Psychologie* 201/1993, S. 5–43.
Bischoff, Werner / Schmutzler, Olaf, »Zum Umfang der Ferienreisetätigkeit der erwachsenen Bevölkerung der DDR«, *Marktforschung. Mitteilungen des Instituts für Marktforschung* 1/1968, S. 31–37.
Bischoff, Werner, »Aspekte und Spezifika der Nachfrage und der Versorgung in Berlin, Hauptstadt der DDR«, *Marktforschung. Mitteilungen des Instituts für Marktforschung* 1/1987, S. 1–5.
—, »Zu einigen Problemen im Zusammenhang mit der Entwicklung des Motortourismus in der DDR«, *Marktforschung. Mitteilungen des Instituts für Marktforschung* 1/1973, S. 17–22.
BITEJ (Hg.), *BITEJ 1960–1985*, London 1986.
—, *Bulletin d'information. Budapest* 1970ff.

—, *What is BITEJ?*, Budapest um 1970.

Blasius, Anke, *Der politische Sprachwitz in der DDR. Eine linguistische Untersuchung*, Hamburg 2003.

Bleek, Wilhelm / Mertens, Lothar (Hg.), *Bibliographie der geheimen DDR-Dissertationen*. München / New Providence / London / Paris 1994.

Blutke, Günter, »Herzliche Grüße von der F98. Oder, Ein Bild von der Heimat?«, *Das Magazin* 8/1988, S.20–25.

Bock, Peter, *Interzonenzüge. Eisenbahnverkehr im geteilten Deutschland*, München 2000.

Böckelmann, Frank / Ziegler, Bernhard H., »Freizeit«, Langenbuch, Wolfgang R. / Rytlewski, Ralf / Weyergraf, Bernd (Hg.), *Kulturpolitisches Wörterbuch. Bundesrepublik Deutschland– Deutsche Demokratische Republik im Vergleich*, Stuttgart 1983.

Böhm, Irene, *Die da drüben. Sieben Kapitel DDR*, Berlin 1982.

Böhm, Karl / Dörge, Rolf, *Unsere Welt von Morgen*, Berlin 1961.

Böhme, Hartmut / Scherpe, Klaus R., »Zur Einführung«, dies. (Hg.), *Literatur- und Kulturwissenschaften. Positionen, Theorien, Modelle*, Reinbek 1996, S. 7–24.

Böhnke, Gunter, *Ein Sachse beschnarcht sich die Welt*, Leipzig 1998.

Bollinger, Stefan, »Vae victis« oder »Es war nicht alles schlecht in der DDR«? Soziokulturelle Einrichtungen – der Blick zurück zwischen Verklärung und dialektischer Aufhebung«, Helle Panke e.V. (Hrsg), *Blick zurück ohne Zorn? Bedeutung soziokultureller Einrichtungen der DDR für gesellschaftliche Alternativentwürfe heute. Materialien eines wissenschaftlichen Kolloquiums 2.11.2000*, Berlin 2001, S. 10–38.

Borkowski, Peter, »Reisefreiheit im Ostblock. Möglichkeiten und Grenzen«, *Beiträge zur Konfliktforschung. Psychopolitische Aspekte* 4/1980, S. 73–104.

Böröcz, József, »Hungary as a destination 1960–1984«, *Annals of Tourism Research* 17/1990, H 1, S. 19–35.

Böröcz, Jozsef, *Leisure Migration, A Sociological Study on Tourism*, Oxford 1996.

Borodziej, Włodimierz / Kochanowski, Jerzy / Schäfer, Bernd, *Grenzen der Freundschaft. Zur Kooperation der Sicherheitsorgane der DDR und der Volksrepublik Polen zwischen 1956 und 1989*, Dresden 2000.

Borowsky, Peter, »Die DDR in den siebziger Jahren«, *Informationen zur politischen Bildung* 258/1998, S. 40–44.

Bos, Ellen, *Leserbriefe in Tageszeitungen der DDR. Zur ›Massenverbundenheit‹ der Presse 1949–1989*, Opladen 1993.

Bourdieu, Pierre /Wacquant, Loïc, »Die Ziele der reflexiven Soziologie. Chicago-Seminar, Winter 1987. Habitus, illusio und Rationalität«, dies. (Hg.), *Reflexive Anthropologie*, Frankfurt am Main 1996.

—, *Die feinen Unterschiede*, Frankfurt am Main 1982.

—, *Homo academicus*, Frankfurt am Main 1988.

—, *Zur Soziologie der symbolischen Formen*, Frankfurt am Main 1970.

Bouvier, Beatrix, *Die DDR – ein Sozialstaat? Sozialpolitik in der Ära Honecker*, Bonn 2002.

Brand, Gerhard, »In Sicht – der Sommer 77«, *National-Zeitung*, 15.12.1976.

Brandenburg, Christiane, »Feriengestaltung für Kinder und Jugendliche in der DDR, Die andere Kulturseite Deutschlands – und was aus ihr wurde«, Korbus, Thomas / Nahrstedt, Wolfgang / Porwol, Bernhard / Teichert, Marina (Hg.), *Jugendreisen. Vom Staat zum Markt*, Bielefeld 1997. S. 160–168.

Braudel, Fernand, »Geschichte und Sozialwissenschaften. Die longue durée«, Honegger, Claudia (Hg.), *Schrift und Materie in der Geschichte*. *Vorschläge zu einer systematischen Aneignung historischer Prozesse*, Frankfurt am Main 1977, S. 47–85.

Bräuer, Siegfried / Vollnhals, Clemens, ›*In der DDR gibt es keine Zensur‹, die Evangelische Verlagsanstalt und die Praxis der Druckgenehmigung 1954–1989*, Leipzig 1995.

Braun, Ottmar L., »(Urlaubs-)Reisemotive«, Hahn, Heinz/Kagelmann, Hans Jürgen, *Tourismuspsychologie und Tourismussoziologie*. *Ein Handbuch zur Tourismuswissenschaft*, München 1993, S. 199–207.

Braun, Volker, »Die Kipper«, *Spectaculum 16. Fünf moderne Theaterstücke*, Frankfurt am Main 1972, S. 7–56.

Braunburg, Rudolf, *Interflug. Die deutsche Fluggesellschaft jenseits der Mauer*, Augsburg 1992.

Braungart, Joachim / Fischer, Herbert, »Zu einigen methodischen Problemen von Zeitbudgeterhebungen für die Marktforschung«, *Marktforschung. Mitteilungen des Instituts für Marktforschung* 4/1973, S. 25–29.

Brayley, Russell E. / Var, Turgut / Przeclawski, Krzysztof, »Tourism's perceived impacts in centrally-planned economies«, *Annals of tourism research* 18/1991, H. 4, S. 661–663.

Brenner, Peter J. (Hg.), *Reisekultur in Deutschland. Von der Weimarer Republik zum ›Dritten Reich‹*, Tübingen 1997.

—, *Der Reisebericht in der deutschen Literatur. Ein Forschungsüberblick als Vorstudie zu einer Gattungsgeschichte*, Tübingen 1990.

Brestel, Heinz, »Bezahlt im Westen, geliefert im Osten«, *Frankfurter Allgemeine Zeitung*, 17.12.1975, S. 12.

Breuer, Manfred, *MS Spree. Fahrgastschiffahrt zwischen Elbe und Oder*, Berlin 1985.

Breuste, Iris / Breuste, Jürgen, »Tourismusentwicklung auf der Insel Usedom«, Albrecht, W. (Hg.), *Mecklenburg-Vorpommern, Tourismus im Umbruch* (= *Greifswalder Beiträge zur Rekreationsgeographie, Freizeit- und Tourismusforschung, 2*), Greifswald 1991, S. 40–56.

Breuste, Iris, »Die Entwicklung des Erholungswesens an der Ostseeküste Mecklenburg-Vorpommerns«, *Komplexe Entwicklung von Küsten- und Agrargebieten. Beiträge des XVII. Greifswalder Geographischen Symposiums vom 10.–13.10.1990* (= *Greifswalder Geographische Arbeiten 9*), Greifswald 1992, S. 88–98.

Brie, Michael, »Russland. Die versteckten Rationalitäten anomisch-spontaner Wandlungsprozesse«, Rudolph, Hedwig (Hg.), *Geplanter Wandel, ungeplante Wirkungen. Handlungslogiken und -ressourcen im Prozeß der Transformationen* (= *WZB-Jahrbuch 1995*), Berlin 1995, S. 44–61.

—, *Die witzige Dienstklasse. Der politische Witz im späten Staatssozialismus*, Berlin 2004.

Bruckner, Pascal / Finkielkraut, Alain, *Das Abenteuer um die Ecke*, München 1981.

Brusniak, Friedhelm, »Heimatlieder der DDR als politische Lieder. Annäherungen eines Musikpädagogen aus dem Westen«, Goll, Thomas / Leuerer, Thomas (Hg.), *Ostalgie als Erinnerungskultur? Symposium zu Lied und Politik in der DDR*, Baden-Baden 2004, S. 73–79.

Buchholz, Wolfhard, *Die Nationalsozialistische Gemeinschaft ›Kraft durch Freude‹. Freizeitgestaltung und Arbeiterschaft im Dritten Reich*, München 1976.

Buckley, Peter J. / Witt, Stephen F., »Tourism in the centrally-planned economies of Europe«, *Annals of Tourism Research* 17/1990, H. 1, S. 7–18.

Budai, András, »Grundrichtungen der perspektivischen Entwicklung des Fremdenverkehrs der Volksrepublik Ungarn«, Lehrstuhl für Ökonomik des Fremdenverkehrs an der

Hochschule für Verkehrswesen ›Friedrich List‹, Dresden (Hg.), *Beiträge zur Fremdenverkehrswissenschaft*, Bd. 5, o.J., S. 125–138.

Budde, Heidrun, *Reisen in die Bundesrepublik und der ›gläserne‹ DDR-Bürger. Eine Dokumentation*, Baden-Baden 1997.

—, *Willkür. Die Schattenseite der DDR*, Rostock 2002.

Buggel, Edelfried, *Die Urlaubsfreizeit und ihr Beziehungsgefüge im Lebensvollzug erwachsener Menschen (Habilitationsschrift)*, Leipzig 1967.

Bulgarische Assoziation für Erholung und Tourismus (Hg.), *Ferien in Bulgarien*, nachgewiesen 1985 bis 1991.

—, *Kurorte in Bulgarien*, nachgewiesen 1974 bis 1984.

Bundesanstalt für Straßenwesen (Hg.), *Straßen- und Verkehrsforschung in der ehemaligen DDR (=Bericht zum Forschungsprojekt 91701)*, Bremerhaven 1993.

Bundesleitung des Touristenvereins ›Die Naturfreunde‹ e.V. (Hg.), *Die Naturfreunde. Porträt eines Vereins*, Stuttgart 1987.

Bundesministerium der Justiz (Hg.), *Im Namen des Volkes? Über die Justiz im Staat der SED. Dokumentation zur Ausstellung des Bundesministeriums der Justiz in Berlin, Braunschweig, Magdeburg und Karlsruhe 1994/1995*, Bonn 1995.

—, *Im Namen des Volkes? Über die Justiz im Staat der SED. Katalog zur Ausstellung des Bundesministeriums der Justiz*, Leipzig 1994.

Bundesministerium für innerdeutsche Beziehungen (Hg.), *DDR-Handbuch*, Bd. 1, Köln 1985.

—, *DDR-Handbuch*, Bd. 2, Köln 1985.

—, *DDR-Handbuch*, Köln 1979.

—, *Informationen* 15/1977.

—, *Urlaub und Tourismus in beiden deutschen Staaten*, Bonn 1985.

—, *Zahlenspiegel Bundesrepublik Deutschland / Deutsche Demokratische Republik. Ein Vergleich*, Bonn 1988.

—, *77 praktische Tips für Besuche in der DDR und aus der DDR und für andere Kontakte hier und dort*, Bonn 1984.

Bundesministeriums für Verkehr (Hrsg), *Verkehr in Zahlen*, Berlin 1993.

Burke, Peter, *Offene Geschichte. Die Schule der ›Annales‹*, Berlin 1991.

Buthmann, Reinhard, *Anatomie der Staatssicherheit. Geschichte, Struktur und Methoden (= MFS-Handbuch, 11)*, Berlin 2003.

Bütow, Martin, »Abenteuerurlaub Marke DDR, Camping«, Haus der Geschichte (Hg.), *Endlich Urlaub! Die Deutschen reisen. Begleitbuch zur Ausstellung im Haus der Geschichte der Bundesrepublik Deutschland*, Bonn 1996, S. 101–105.

Chartier, Roger (Hg.), *Die unvollendete Vergangenheit. Geschichte und die Macht der Weltauslegung*, Frankfurt am Main 1992.

Childs, David / Baylis, Thomas A. / Rueschemeyer, Marilyn, *East Germany in Comparative Perspective*, London / New York 1989.

Christ, Richard, »Dresden alt und neu«, *Das Magazin* 2/1985, S. 26–31.

—, *Adieu bis bald. Reisebriefe*, Berlin / Weimar 1980.

—, *Reisebilder. Ansichtskarten aus der DDR*, Berlin / Weimar 1975.

—, *Um die halbe Erde in hundert Tagen. Reisegeschichten*, Berlin 1976.

Christ, Thomas, *Der sozialistische Realismus. Betrachtungen zum sozialistischen Realismus in der Sowjetzeit*, Basel 1999.

Cieslik, Herbert u.a., *Bodetal–Ramberggebiet* (=FDGB-Feriendienst, 8), Berlin 1966.
—, *Dahlener Heide–Zschopautal* (=FDGB-Feriendienst, 25), Berlin 1967.
—, *Das Gebiet der oberen Saale* (=FDGB-Feriendienst, 20), Berlin 1967.
—, *Das Gebiet des Lausitzer Berglandes* (=FDGB-Feriendienst, 29), Berlin 1968.
—, *Das Gebiet um Bad Schandau* (=FDGB-Feriendienst, 28), Berlin 1969.
—, *Das Gebiet um Finsterbergen, Georgenthal, Tambach-Dietzharz* (=FDGB-Feriendienst, 12), Berlin 1967.
—, *Das Gebiet um Kurort Rathen* (=FDGB-Feriendienst, 27), Berlin 1968.
—, *Das Rennsteiggebiet um Masserberg* (=FDGB-Feriendienst, 17), Berlin 1967.
—, *Dresden und Umgebung* (=FDGB-Feriendienst, 26), Berlin 1968.
—, *Eichsfeld–Kyffhäuser–Fynne* (=FDGB-Feriendienst, 10), Berlin 1968.
—, *Erzgebirge–Östlicher Teil* (=FDGB-Feriendienst, 23), Berlin 1968.
—, *Erzgebirge–Westlicher Teil* (=FDGB-Feriendienst, 22), Berlin 1968.
—, *Märkisches Seengebiet und Arendsee (Altmark)* (=FDGB-Feriendienst, 5), Berlin 1969.
—, *Märkisches Seengebiet–Spree, Dahme, Havel* (=FDGB-Feriendienst, 6), Berlin 1966.
—, *Mecklenburgisches Seengebiet* (=FDGB-Feriendienst, 4), Berlin 1966.
—, *Mittleres Ilmtal–Thüringer Holzland* (=FDGB-Feriendienst, 19), Berlin 1969.
—, *Oberharz* (=FDGB-Feriendienst, 7), Berlin 1966.
—, *Osterzgebirge* (=FDGB-Feriendienst, 24), Berlin 1967.
—, *Ostseebäder von Boltenhagen bis Zingst* (=FDGB-Feriendienst, 1), Berlin 1967.
—, *Ostseebäder von Lubmin bis Ahlbeck* (=FDGB-Feriendienst, 3), Berlin 1966.
—, *Rügen und Hiddensee* (=FDGB-Feriendienst, 2), Berlin 1967.
—, *Schwarzatal* (=FDGB-Feriendienst, 18), Berlin 1967.
—, *Selketal–Südharz* (=FDGB-Feriendienst, 9), Berlin 1969.
—, *Thüringer Wald–Das Gebiet um Ilmenau* (=FDGB-Feriendienst, 13), Berlin 1967.
—, *Thüringer Wald–Das Gebiet um Schleusingen* (=FDGB-Feriendienst, 16), Berlin 1969.
—, *Thüringer Wald–Das Gebiet um Schmalkalden* (=FDGB-Feriendienst, 15), Berlin 1969.
—, *Vogtland* (=FDGB-Feriendienst, 21), Berlin 1968.
—, *Von der Wartburg bis zum Inselsberg* (=FDGB-Feriendienst, 11), Berlin 1967.
—, *Zittauer Gebirge* (=FDGB-Feriendienst, 30), Berlin 1968.
Clement, Hermann, *Funktionsprobleme der gemeinsamen Währung des RGW. Transferabler Rubel, ergänzte Fassung eines Vortrags beim Ausschuß zum Vergleich von Wirtschaftssystemen des Vereins für Socialpolitik, Berlin 16.–18. Sept. 1987*, München 1988.
Collier Jr., Irwin L. / Mokhtari, Manouchehr, »Comparisons of Consumer Market Disequilibria in Hungary, Poland, Romania, Yugoslavia and the GDR«, Childs, David / Baylis, Thomas A. / Rueschemeyer, Marilyn (Hg.), *East Germany in Comparative Perspective*, London 1989, S. 137–162.
Commission of the European Communities. D.G. XXIII – Commission of the European Communities, Tourism Unit (Hg.), *Tourism Customers in Central and Eastern Europe, Perspectives of Development*, Luxembourg 1994.
Confino, Alon, »Tourismusgeschichte Ost- und Westdeutschlands. Ein Forschungsbericht«, *Voyage. Jahrbuch für Reise- und Tourismusforschung 2/1998 (Das Bild der Fremde – Reisen und Imagination)*, S. 145–151.
Corbin, Alain, *L'avénement des loisirs. 1850–1960*, Paris / Rom 1995.
—, *Meereslust. Das Abendland und die Entdeckung der Küste 1750–1840*, Berlin 1988.

Cornelsen, Doris, »Die Wirtschaft der DDR in der Honecker-Ära«, Deutsches Institut für Wirtschaftsforschung (Hg.), *Vierteljahreshefte zur Wirtschaftsforschung* 1/1990, S. 70–81.

Cowley, Robert (Hg.), *Was wäre geschehen, wenn? Wendepunkte der Weltgeschichte*, München 2004.

Crowley, David / Reid, Susan E., *Leisure and Luxury in Socialist Europe*, Bloomington 2006.

Czechowski, Heinz, »Reisen«, Endler, Adolf / Mickel, Karl (Hg.), *In diesem besseren Land. Gedichte der Deutschen Demokratischen Republik seit 1945*, Halle 1966, S. 71.

—, *Von Paris nach Montmartre. Erlebnis einer Stadt*, Halle / Leipzig 1981.

Czeglédi, József, *Touristische Grundlagen und Entwicklungsmöglichkeiten in Osteuropa. Ein touristischer Steckbrief Ungarns und der ehemaligen RGW-Länder (= Schriftenreihe für Empirische Tourismusforschung und Hospitalitymanagement 6)*, Wien 1991.

Czeslik, Hildegard, *Die geschichtliche Entwicklung des Fremdenverkehrs in der Sächsischen Schweiz*, Dresden 1963.

Dahrendorf, Cornelia, *Die Befriedigung des Bedürfnisses nach Urlaubstourismus in der sozialistischen Gesellschaft*, Halle 1983.

Dalichow, Bärbel / Petzold, Volker, *Sandmann auf Reisen*, Berlin 1993.

Damm, Elvira, *Freizeit in der entwickelten sozialistischen Gesellschaft*, Berlin 1987.

Damus, Martin, *Malerei der DDR. Funktionen der bildenden Kunst im realen Sozialismus*, Reinbek 1991.

Daniel, Ute, »Kultur und Gesellschaft. Überlegungen zum Gegenstandsbereich der Sozialgeschichte«, *Geschichte und Gesellschaft* 19/1993 H. 1, S. 69–99.

Dannenfeld, Elke / Hötzeldt, Kathrin / Benthien, Bruno, »Untersuchungen im Naherholungsbereich Greifswalds«, Bethke, Artur (Hg.), *Gesellschaftliche Determination der Rekreationsgeographie (= Greifswalder Geographische Arbeiten, 4)*, Greifswald 1987, S. 106–111.

Datzer, Robert, »Nur bei der Haupturlaubsreise herrscht Klarheit«, Studienkreis für Tourismus (Hg.), *Begriffsstudien. Eine Sammlung von Aufsätzen zum Bedeutungsgehalt touristischer Fachbegriffe*, Starnberg 1984.

Dauks, Klaus-Peter, *Die DDR-Gesellschaft und ihre Revolution. Zur historischen Logik eines staatlichen Zerfalls sowie der Weg zur deutschen Einheit*, Aachen 1999.

De Grazia, Victoria, *The Culture of Consent. Mass Organization of Leisure in Fascist Italy*, Cambridge 1981.

Dehne, Harald, »Dem Alltag ein Stück näher?«, Lüdtke, Alf (Hg.), *Alltagsgeschichte. Zur Rekonstruktion historischer Erfahrungen und Lebensweisen*, Frankfurt/New York 1989 S. 137–168.

Deja-Lölhöffel, Brigitte, *Freizeit in der DDR*, Berlin 1986.

Dell, Susanne, *›Es geht alles seinen sozialistischen Gang‹. Erinnerungen an den DDR-Alltag*, Norderstedt 2005.

Demandt, Alexander, *Ungeschehene Geschichte. Ein Traktat über die Frage, Was wäre geschehen, wenn …?*, Göttingen 1986.

Deutsche Bahn AG (Hg.), *Auf getrennten Gleisen. Reichsbahn und Bundesbahn 1945-1989. Katalog zur neuen Dauerausstellung des DB Museums in Nürnberg*, Frankfurt am Main 2001.

Deutscher Bundestag, Referat Öffentlichkeitsarbeit (Hg.), *Der Bereich kommerzielle Koordinierung und Alexander Schalck-Golodkowski. Werkzeuge des SED-Regimes. Bericht des 1. Untersuchungsausschusses des 12. Deutschen Bundestages. Ein Berichtsband und drei Anlagebände*, Bonn 1994.

Deutscher Schriftstellerverband (Hg.), *Über das Brigadetagebuch*, Berlin ca.1959.

Deutscher Verband für Wandern, Bergsteigen und Orientierungslauf der DDR (Hg.), *Der Tourist. Monatsblatt für Wandern und Bergsteigen*, Berlin, ohne Jahrgangszählung, nachgewiesen 1/1961 bis 9/1990.

Deutsches Institut für Animationsfilm Dresden (Hg.), *Die Trick-Fabrik. Defa-Animationsfilme 1955–1990*, Berlin 2003.

Deutsches Institut für Wirtschaftsforschung (Hg.), *Handbuch DDR-Wirtschaft*, Reinbek 1984.

Deutsches Institut für Wirtschaftsforschung, *Wirtschaftsfaktor Tourismus. Gutachten im Auftrag des Bundesministers für Wirtschaft und Technologie*, Berlin 1999.

Deutsches Seminar für Fremdenverkehr (Hg.), *Der Tourismus zwischen Wirtschaft und Wissenschaft*, Berlin 1987.

Diemer, Sabine, »Reisen zwischen Anspruch und Vergnügen. DDR-Bürgerinnen und -Bürger unterwegs«, Haus der Geschichte (Hg.), *Endlich Urlaub! Die Deutschen reisen. Begleitbuch zur Ausstellung im Haus der Geschichte der Bundesrepublik Deutschland*, Bonn 1996, S. 83–92.

Dienel, Hans-Liudger, »'Das wahre Wirtschaftswunder' – Flugzeugproduktion, Fluggesellschaften und innerdeutscher Flugverkehr im West-Ost-Vergleich 1955–1980«, Bähr, Johannes / Petzina, Dietmar (Hg.), *Innovationsverhalten und Entscheidungsstrukturen. Vergleichende Studien zur wirtschaftlichen Entwicklung im geteilten Deutschland 1945–1990*, Berlin 1996, S. 341–371.

—, »Ins Grüne und ins Blaue, Freizeitverkehr im West-Ost-Vergleich. BRD und DDR 1949–1990«, ders./Schmucki, Barbara (Hg.), *Mobilität für alle. Geschichte des öffentlichen Personennahverkehrs in der Stadt zwischen technischem Fortschritt und sozialer Pflicht*, Stuttgart 1997, S. 221–251.

Dierenberg, Dietmar / Moll, Jochen, *Gelächter an den Pyramiden. Unterwegs in Ägypten*, Halle 1977.

Dierker, Kerst, *Campingkarte der DDR*, Berlin 1987.

Diesener, Gerald / Gries, Rainer (Hg.), *Propaganda in Deutschland. Zur Geschichte der politischen Massenbeeinflussung im 20. Jahrhundert*, Darmstadt 1996.

Dießner, Thomas, *Schlafwagen, der TOUREX, Speisewagen*, Delitzsch 2003.

Dietrich, Isolde, »'Ne Laube, 'n Zaun und 'n Beet. Kleingärten und Kleingärtner in der DDR«, Badstübner, Evemarie (Hg.), *Befremdlich anders. Leben in der DDR*, Berlin 2000, S. 374–414.

Diewald, Martin, »'Kollektiv', 'Vitamin B' oder 'Nische'? Persönliche Netzwerke in der DDR«, Huinink, Johannes / Mayer, Karl Ulrich / Diewald, Martin / Solga, Heike / Sørensen, Annemette / Trappe, Heike (Hg.), *Kollektiv und Eigensinn. Lebensverläufe in der DDR und danach*, Berlin 1995, S. 223–260.

Dittmar, Claudia / Vollberg, Susanne (Hg.), *Die Überwindung der Langeweile? Zur Programmentwicklung des DDR-Fernsehens 1968 bis 1974*, Leipzig 2002.

Dlouhy, Walter, »Inhalt, Möglichkeiten und Grenzen der Substitution im Bereich der individuellen Konsumption«, *Marktforschung. Mitteilungen des Instituts für Marktforschung* 1–2/1983, S. 42–44.

Dokumentationszentrum Prora (Hg.), *MachtUrlaub. Ausstellung über das KdF-Seebad in Prora und die deutsche 'Volksgemeinschaft'. Eröffnung der Ausstellung am 30. Juli 2004*, Banzkow 2004.

Domma, Ottokar, *Der brave Schüler Ottokar. Ottokar, das Früchtchen. Und, Ottokar, der Weltverbesserer*, Berlin 1983.

Donat, Peter F., »Entwicklungsprobleme des gastronomischen Speisenangebotes«, *Marktforschung. Mitteilungen des Instituts für Marktforschung* 2/1974, S. 29–32.

—, *Der Bevölkerungsbedarf nach Leistungen des öffentlichen Gaststättenwesens in der DDR und seine langfristige Entwicklung. Prognose bis 1990*, unveröff. Diss., Leipzig 1977.

Dörhöfer, Günther, *Atlas für Motortouristik der Deutschen Demokratischen Republik*, Berlin 1977.

Doßmann, Axel, *Begrenzte Mobilität. Eine Kulturgeschichte der Autobahnen in der DDR*, Essen 2003.

Dostojewski, Fjodor Michailowitsch, *Die Brüder Karamasoff*, München 1985.

Douglas, Mary / Isherwood, Baron, *The World of Goods. Towards an Anthropology of Consumption*, New York 1978.

Dralle, Lothar, *Von der Sowjetunion lernen, … Zur Geschichte der Gesellschaft für Deutsch-Sowjetische Freundschaft*, Berlin 1993.

Drechsel, Werner, »Zur Tourismusausbildung an der Hochschule für Verkehrswesen ›Friedrich List‹ Dresden«, *Wissenschaftliche Zeitschrift, Sonderh. 40 (Beiträge zur ›Ökonomie des Tourismus‹)*, Dresden 1988, S. 21–35.

Dresden-Information (Hg.), *Dresden heute*, nachgewiesen 1969 bis 1976.

Dreßler, Sabine, *Die Freikörperkultur in der DDR als Massenphänomen. Entwicklung, Organisation und Bedeutung*, unveröff. Magisterarbeit, Dresden 2005.

Duda, Igor, »Escaping the City, Leisure Travel in Croatia in the 1950s and 1960s«, *Ethnologia Balkanica* 9/2005, S. 285–303.

Dugge, Hans-Henning, »Verbesserung der Dienstleistungen der DR für den Reisenden. Erfahrung der RbD Schwerin im Berufs- und Reiseverkehr«, *Eisenbahnpraxis*, 18. Jg. 12/1974, S. 407–409.

Dvinskij, Emmanuil, *Moskau. Sehenswürdigkeiten, Museen, Ausstellungen, Theater und andere Bühnen… Moskaus Umgebung und alte Städte bei Moskau*, Moskau 1970.

Dwars, Friedrich W., »Die Entwicklung des Ostseebades Binz auf Rügen. Eine Unterrichtseinheit«, *Geographische Rundschau*, 31. Jg., 7/1966, S. 285–288.

Ebel, Wilhelm (Hg.), *Schlözer, August Ludwig, Vorlesungen über Land- und Seereisen. Gehalten von Herrn Professor Schlözer nach dem Kollegheft des stud. jur. E. F. Haupt (Wintersemester 1795/1796)*, Göttingen / Berlin / Frankfurt am Main / Zürich 1964.

Eberle, Sybille, »Zur Kasse, bitte!«, *Wochenpost*, 20.6.1969.

Ebner, Lutz, »Non-Stop nach Havanna – der kürzeste Weg in die Karibik«, Interflug (Hg.), *Bordjournal* 4/1989, ohne Seitenangabe.

Eckelmann, Wolfgang / Hertle, Hans-Hermann / Weinert, Rainer, *FDGB Intern. Innenansichten einer Massenorganisation der SED*, Berlin 1990.

Ecker, Sonja, *Die 750-Jahr-Feiern Berlins 1987. Vorbereitung, strategische Ziele und Berlin-Bild in Ost und West*, Berlin 2001.

Eckert, Heinz, *Jugendherbergskarte. Einrichtungen der Jugendtouristik der DDR*, Berlin 1988.

Eco, Umberto, *Im Wald der Fiktionen*, München / Wien 1994.

Eggert, Hans, »… da stutzten die Profis. Wir besuchten Leningrader Studenten im Interlager der TU Dresden«, *Forum* 15/1974, S. 3.

Eichler, K., »Unsere Freie Deutsche Jugend und die Touristik«, *Junge Generation* 2/1977, S. 2–4.

Eisenberg, Christiane, »Kulturtransfer als historischer Prozess. Ein Beitrag zur Komparatistik«, Kaelble, Hartmut / Schriewer, Jürgen (Hg.), *Vergleich und Transfer. Komparatistik in den Sozial-, Geschichts- und Kulturwissenschaften*, Frankfurt am Main 2003, S. 399–417.

Eisenfeld, Bernd, »Gründe und Motive von Flüchtlingen und Ausreiseantragstellern aus der DDR«, *Deutschland-Archiv* 1/2004, S. 89–105.

Eitner, Hans Jürgen, ›Ehrwürdige Reliquie‹. Marschall Kliment Jefremowitsch Woroschilow«, *Politische Studien*, 11/1960, S. 588–592.

Elsner, Steffen H., »Flankierende Stabilisierungsmechanismen diktatorischer Herrschaft, Das Eingabenwesen in der DDR«, Christoph Boyer / Peter Skyba (Hg.), *Repression und Wohlstandsversprechen. Zur Stabilisierung von Parteiherrschaft in der DDR und der ČSSR (= Berichte und Studien des Hannah-Arendt-Instituts, 20)*, Dresden 1999, S. 75–86.

Eltze, Werner, *Chronik zur Geschichte der Gesellschaft für Sport und Technik. 1952–1984*, Berlin 1987.

Emmerich, Wolfgang, *Kleine Literaturgeschichte der DDR*, Leipzig 1996, Berlin 2000.

Engelmann, Bernt / Wallraff, Günter, *Ihr da oben – wir da unten*, Köln 1973.

Engler, Wolfgang, »Ein müd' gewordener Krieger«, Regener, Heinz, *Stell dir vor, es ist Sozialismus, und keiner geht weg. Die letzten zehn Jahre der DDR im Spiegel ihrer Sprüche & Witze*, Berlin 2003, S. 7–10.

—, *Die ungewollte Moderne. Ost-West-Passagen*, Frankfurt am Main 1995.

—, *Die zivilisatorische Lücke. Versuche über den Staatssozialismus*, Frankfurt am Main 1992.

Enquete-Kommission »Aufarbeitung von Geschichte und Folgen der SED-Diktatur in Deutschland«, Bd II/1.

Eppelmann, Rainer / Faulenbach, Bernd / Mählert, Ulrich (Hg.), *Bilanz und Perspektiven der DDR-Forschung*, Paderborn 2003.

Espagne, Michel, *Les transferts culturels franco-allemands*, Paris 1999.

Etzkorn, Peter K., »Leisure and Camping. The Social Meaning of a Form of Public Recreation«, *Sociology and Social Research* 49/1964, S. 76–89.

Fäßler, Peter E., »Probelauf für eine ›Politik der Bewegung‹. Die Auseinandersetzung um den Firmennamen ›Deutsche Lufthansa‹ (1954–1963)«, *Zeitschrift für Geschichtswissenschaft* 3/2005, S. 236–261.

Faulenbach, Bernd / Jelich, Franz-Josef (Hg.), *›Asymmetrisch verflochtene Parallelgeschichte?‹ Die Geschichte der Bundesrepublik und der DDR in Ausstellungen, Museen und Gedenkstätten (= Geschichte und Erwachsenenbildung, 19)*, Essen 2005.

FDGB-Bezirksvorstand Magdeburg (Hg.), *30 Jahre Feriendienst der Gewerkschaften. Feriendienst im Bezirk Magdeburg*, Magdeburg 1977.

FDGB-Bundesvorstand (Hg.), *Frohe Urlaubstage auf hoher See*, Berlin 1961.

Febvre, Lucien, *Pour une Histoire à part entière*, Paris 1962.

Feinste, Joshua, *The triumph of the ordinary. Depictions of daily life in the East German cinema 1949–1989*, Chapel Hill 2002.

Fejtö, François, »Die Oststaaten und ihre Sozialismusmodelle«, *Europäische Rundschau. Vierteljahreszeitschrift für Politik, Wirtschaft und Zeitgeschichte* 3/1975, H. 2, S. 49–68.

—, *Die Geschichte der Volksdemokratien*, Graz 1972.

Fennemann, M., *Bestandsaufnahme des Tourismus in der ehemaligen DDR/in den neuen Bundesländern*, Heilbronn 1990.

Feuereißen, Günther, *Reisen mit der Schmalspurbahn. Ein Farbbildband von den letzten Schmalspurbahnen zwischen Ostsee und Erzgebirge*, Berlin 1989.

Fiedler, Erich, *Das Straßenwesen der DDR. 1949–1989*, Bonn 2002.

Fiedler, Sabine, *Sprachspiele im Comic. Das Profil der deutschen Comic-Zeitschrift ›Mosaik‹*, Leipzig 2003.

Filler, Anton, »Erholung als sozialpolitisches Anliegen des sozialistischen Staates«, Benthien, Bruno (Hg.), *Geographie, Rekreation, Territorium. Beiträge des 5. Greifswalder Geographischen Symposiums vom 2.–6. Oktober 1978 (= Greifswalder geographische Arbeiten, 1)*, Greifswald 1980, S. 5–10.

—, *Der Stand und die Entwicklung des gewerkschaftlichen Erholungswesens. Ein Lehrbrief der Gewerkschaftshochschule ›Fritz Heckert‹ beim Bundesvorstand des FDGB*, Bernau 1983.

—, *Die Entwicklung des Feriendienstes der Gewerkschaften als Erholungsträger der Arbeiterklasse von seinen Anfängen bis 1975*, Dresden 1977.

Finger, Evelyn, »Reisehits. Unter Verdacht«, *Die Zeit* 11/2003, Reisebeilage.

Fischer, Erica / Lux, Petra, *Ohne uns ist kein Staat zu machen. DDR-Frauen nach der Wende*, Köln 1990.

Fischer, Hans, *Warum Samoa? Touristen und Tourismus in der Südsee*, Berlin 1984.

Fischer, Horst (Hg.), *Schalck-Imperium. Ausgewählte Dokumente*, Bochum 1993.

Fischer, Klaus, *Tele-Lotto. Hinter den Kulissen einer Fernsehlegende*, Berlin 2003.

Flacke, Monika (Hg.), *Auftragskunst der DDR 1949–1990*, München 1995.

Foitzik, Jan, »DDR-Forschung und Aufarbeitung der kommunistischen Diktaturen in Ostmitteleuropa und Russland«, Eppelmann, Rainer / Faulenbach, Bernd / Mählert, Ulrich (Hg.), *Bilanz und Perspektiven der DDR-Forschung*, Paderborn 2003, S. 377–382.

Fontane, Theodor, *Von, vor und nach der Reise. Plaudereien und kleine Geschichten*, Berlin 1999.

Foucault, Michel, *Überwachen und Strafen. Die Geburt des Gefängnisses*, Frankfurt am Main 1994.

Franke, Anton, »Die Entwicklungsperspektiven des Fremdenverkehrs in der ČSSR«, Lehrstuhl für Ökonomik des Fremdenverkehrs an der Hochschule für Verkehrswesen ›Friedrich List‹, Dresden (Hg.), *Beiträge zur Fremdenverkehrswissenschaft*, Bd. 5, o.J., S. 95–110.

Franke, Claus, *Anforderungen an die Urlauberbetreuung auf geistig-kulturellem und sportlich-touristischem Gebiet zur immer besseren Befriedigung der Erholungsbedürfnisse der Werktätigen untersucht im FDGB-Feriendienst, Erholungsobjekt Klink*, unveröff. Diplomarbeit, Bernau 1983.

Franke, Isolde, *Bibliographie touristischer Publikationen. 1981–1985*, Berlin 1986.

Franke, W. / Wilts, H., »Territoriale Probleme und Entwicklung des Erholungswesens im Bezirk Neubrandenburg«, Benthien, Bruno (Hg.), *Geographie, Rekreation, Territorium. Beiträge des 5. Greifswalder Geographischen Symposiums vom 2.–6. Oktober 1978 (= Greifswalder geographische Arbeiten, 1)*, Greifswald 1980, S. 75f.

Franz, Reiner, »Bequem und schnell nach Berlin«, *Neues Deutschland*, 4.10.1976.

Freie Deutsche Jugend. Direktion ›Jugendtourist‹ (Hg.), *Dokumentenreihe K. 5,4/1986. Ordnung für die Verleihung des Titels ›Schönste Jugendherberge der DDR‹*, Berlin 1986.

—, *Dokumentenreihe K, 1/1980. Abkommen über die Prinzipien der Zusammenarbeit der Jugend- und Studentenreisebüros der sozialistischen Länder für die Jahre 1981–1985 (Zakopane, 19. Dezember 1979)*, Berlin 1980, S. 2–7. Anhang, Mustervertrag über die Zusammenarbeit, S. 8–43.

Frerich, Johannes / Frey, Martin, *Handbuch der Geschichte der Sozialpolitik in Deutschland*, Bd. 2, Sozialpolitik in der Deutschen Demokratischen Republik, München / Wien 1993.

Freud, Sigmund, »Der Witz und seine Beziehung zum Unbewussten«, ders., *Studienausgabe*, Bd. IV, Frankfurt am Main 1970, S. 9–220.

Freyer, Walter, »Souvenirwirtschaft verkennt den Tourismus«, *Souvenir-Festival* 33/1996, H. 1, S. 46–51.

—, *Tourismus. Eine Einführung in die Fremdenverkehrsökonomie*, München / Wien 1993, München 2001, 2006.

Fric, Dusan / Roubal, Rastislav, *Autoroutenatlas ČSSR*, Berlin/Leipzig 1986.

Fricke, Hans-Joachim / Ritzau, Hans-Joachim, *Die innerdeutsche Grenze und der Schienenverkehr*, Pürgen 2004.

Friedrich, Carl Joachim / Brzesinski, Zbigniew, Die allgemeinen Merkmale der totalitären Diktatur«, Jesse, Eckhard (Hg.), *Totalitarismus im 20. Jahrhundert. Eine Bilanz der internationalen Forschung*, Baden-Baden 1999, S. 225–236.

Friedrich, Carl Joachim / Brzesinski, Zbigniew, *Totalitarian Dictatorship and Autocracy*, Cambridge 1956.

Friedrich, Carl Joachim, *Totalitäre Diktatur*, Stuttgart 1957.

Friedrich, Walter / Förster, Peter / Starke, Kurt (Hg.), *Das Zentralinstitut für Jugendforschung Leipzig 1966–1990. Geschichte, Methoden, Erkenntnisse*, Berlin 1999.

Friedrich-Ebert-Stiftung (Hg.), *Der FDGB von A bis Z*, Bonn 1987.

—, *Freie Deutsche Jugend und Pionierorganisation Ernst Thälmann in der DDR*, Bonn 1984.

—, *Reisen in die DDR*, Bonn 1985.

—, *Urlaub und Tourismus in beiden deutschen Staaten* (= Die DDR – Realitäten, Argumente), Bonn 1978 1985.

Fritze, Lothar, »›Ostalgie‹ – Das Phänomen der rückwirkenden Verklärung der DDR-Wirklichkeit und seine Ursachen«, Deutscher Bundestag (Hg.), *Materialien der Enquete-Kommission ›Überwindung der Folgen der SED-Diktatur im Prozeß der deutschen Einheit‹ (13. Wahlperiode des Deutschen Bundestages)*, Bd. V, Alltagsleben in der DDR und in den neuen Ländern, Baden-Baden 1999, S. 479–510.

Frölich, Ursula, »Delikates aus der Kombüse«, *Wochenpost*, 14.9.1973.

Frommann, Bruno, *Reisen im Dienste politischer Zielsetzungen. Arbeiter-Reisen und ›Kraft durch Freude‹-Fahrten*, Diss., Stuttgart 1992.

Fuhrmann, Gundel, »Der Urlaub der DDR-Bürger in den späten 60er Jahren«, Spode, Hasso (Hg.), *Goldstrand und Teutonengrill. Kultur- und Sozialgeschichte des Tourismus in Deutschland 1945 bis 1989*, Berlin 1996, S. 35–50.

—, Ferienscheck und Balaton. Urlaub und Tourismus in den Sechzigern«, *Mitteilungen aus der kulturwissenschaftlichen Forschung* 33/1993, S. 273–303.

Fulbrook, Mary, »Herrschaft, Gehorsam und Verweigerung – Die DDR als Diktatur«, Kocka, Jürgen / Sabrow, Martin (Hg.), *Die DDR als Geschichte, Fragen – Hypothesen – Perspektiven*, Berlin 1994, S. 77–85.

—, »Politik, Wissenschaft und Moral. Zur neueren Geschichte der DDR«, *Geschichte und Gesellschaft. Zeitschrift für Historische Sozialwissenschaft* 22/1996, H. 3, S. 458–472.

—, *Anatomy of a Dictatorship. Inside the GDR, 1949-1989*, Oxford 1995.

Funke, Gisela, »Jelena, Stefan, Sascha – Freunde am Frauensee«, *Neues Deutschland*, 17.8.1973.

Funke, Rainer, »Was nicht in dem Reiseprospekt steht. Eindrücke von einem Besuch in der dänischen Hauptstadt«, *Neues Deutschland*, 15.12.1973.

Fürth, Günter (Hg.), *Reiseverkehrsgeographie. Ein Handbuch für Reiseverkehrskaufleute in Ausbildung und Praxis mit Projektstudien für den fachkundlichen Unterricht*, Frankfurt am Main 1993.

Gather, Matthias, »Verkehrsentwicklung in den neuen Bundesländern. Ein Überblick«, ders. / Kagermeier, Andreas / Lanzendorf, Martin, *Verkehrsentwicklung in den neuen Bundesländern (= Erfurter Geographische Studien, Bd. 10)*, Erfurt 2001, S. 3–18.

Gebhardt, Hans, »Einige Probleme der staatlichen Leitungstätigkeit bei der Entwicklung des Erholungsgebietes an der Talsperre Pöhl im Vogtland«, Lehrstuhl für Ökonomik des Fremdenverkehrs an der Hochschule für Verkehrswesen ›Friedrich List‹, Dresden (Hg.), *Beiträge zur Fremdenverkehrswissenschaft*, Bd. 4, ca. 1972, S. 62–73.

Gebhardt, Winfried / Kamphausen, Georg, »›Ostalgie‹ – Das Phänomen der rückwirkenden Verklärung der DDR-Wirklichkeit und seine Ursachen«, Deutscher Bundestag (Hg.), *Materialien der Enquete-Kommission ›Überwindung der Folgen der SED-Diktatur im Prozeß der deutschen Einheit‹ (13. Wahlperiode des Deutschen Bundestages)*, Bd. V (Alltagsleben in der DDR und in den neuen Ländern), Baden-Baden 1999, S. 511–539.

Geißler, Rainer, »Nachholende Modernisierung mit Widersprüchen. Eine Vereinigungsbilanz aus modernisierungstheoretischer Perspektive«, *Aus Politik und Zeitgeschichte* 40/2000 S. 22–29.

—, *Die Sozialstruktur Deutschlands. Zur gesellschaftlichen Entwicklung mit einer Bilanz zur Vereinigung*, Wiesbaden 2006

Geißler, Thomas / Grammel, Ursula (Hg.), *Prora Seebad der Zwanzigtausend. Ideen für einen vergessenen Ort. Ergebnisse der Entwurfs- und Projektarbeit Prora auf Rügen*, Stuttgart 1998.

Genex-Sonderkatalog ›Reisen‹ 1981, Sammlungsgut des Dokumentationszentrums Alltagskultur der DDR, Eisenhüttenstadt 1981.

Georg, Werner, »Lebensstile von Campingtouristen im Urlaub – eine empirische Fallstudie«, Kramer, Dieter / Lutz, Ronald (Hg.), *Tourismus-Kultur, Kultur-Tourismus*, Münster 1993, S. 129–141.

Georgiev, Assen / Hariev, Ivan, »Grundrichtungen der perspektivischen Entwicklung des Tourismus in der Volksrepublik Bulgarien«, Lehrstuhl für Ökonomik des Fremdenverkehrs an der Hochschule für Verkehrswesen ›Friedrich List‹, Dresden (Hg.), *Beiträge zur Fremdenverkehrswissenschaft*, Bd. 5, o.J., S. 81–94.

Geppert, Alexander / Mai, Andreas, »Vergleich und Transfer im Vergleich«, *Comparativ* 10/2000, H. 1, S. 95–111.

Gerbaud, Florent, »Le tourisme dans les nouveaux länder allemands«, *Allemagne d'aujourd'hui. Revue francaise d'information sur les deux allemagnes* 122/1992, S. 22–54.

Gerig, Uwe, »Bimmelbahnen«, *NBI* 19/1980, S. 10–15.

Gersdorf, Catr, »The Digedags Go West, Images of America in an East German Comic Strip«, *Journal of American Culture* 2/1996, S. 35–45.

Gewerkschaftshochschule ›Fritz Heckert‹ beim Bundesvorstand des FDGB (Hg.), *Marxistisch-Leninistische Sozialpolitik*, Berlin 1975.

Gibas, Monika, *Propaganda in der DDR*, Erfurt 2000.

Gildenhaar, Dietrich, *Seebad Ahlbeck 1700–2002, eine geschichtliche Übersicht*, Heringsdorf 2002.

Gill, Ulrich, *FDGB. Die DDR-Gewerkschaft von 1945 bis zu ihrer Auflösung 1990*, Köln 1991.

Godau, Armin / Arnold, Rudolf, »Die Aus- und Weiterbildung von Kadern auf dem Gebiet der Ökonomie des Tourismus in der DDR – Ergebnisse und qualitative Veränderungen«, *DDR-Verkehr* 21/1988, H. 9, S. 267–270.

Godau, Armin / Großmann, Margita, »Reproduktionsfaktor Tourismus und seine Perspektiven in den 90er Jahren«, *DDR-Verkehr* 22/1989, H. 8, S. 230–233.
—, »Neue Forschungsstrukturen am Wissenschaftsbereich ›Ökonomie des Tourismus‹ – ein Beitrag der Hochschule für Verkehrswesen ›Friedrich List‹ Dresden zur Verwirklichung der Tourismuspolitik der DDR«, *Wissenschaftliche Zeitschrift, Sonderheft 40 (Beiträge zur ›Ökonomie des Tourismus‹)*, Dresden 1988, S. 13–20.
—, »Strategische Überlegungen zur Tourismuspolitik in den neuen Bundesländern«, Seitz, Erwin / Wolf, Jakob (Hg.), *Tourismusmanagement und -marketing*, Landsberg 1991, S. 59–72.
—, *Tourismus in der DDR – Tradition und neue Wege*, Dresden 1989.
Goder, Ernst / Huar, Ulrich, »Theoretische und methodologische Probleme bei der Gestaltung der Einheit von Wirtschafts- und Sozialpolitik«, *Wirtschaftswissenschaft* 25/1977, H. 7, S. 1042–1046.
Gohl, Dietmar, *Deutsche Demokratische Republik. Eine aktuelle Landeskunde*, Frankfurt am Main 1986.
Göhler, Gerhard, »Der Zusammenhang von Institution, Macht und Repräsentation«, Göhler, Gerhard u.a. (Hg.), *Institution – Macht – Repräsentation, Wofür politische Institutionen stehen und wie sie wirken*, Baden-Baden 1997, S. 11–62.
Göhring, Joachim, *Dienstleistungen, Gemeinschaften von Bürgern, Gegenseitige Hilfe und Schenkung*, Berlin 1979.
Gołembski, Grzegorz, »Tourism in the economy of shortage«, *Annals of tourism research* 17/1990, H. 1, S. 55–68.
Görlich, Christopher, »Zur DDR-Reisezeitschrift ›Unterwegs‹ 1957–1962«, Timmermann, Heiner (Hg.), *Die DDR in Europa – zwischen Isolation und Öffnung (= Dokumente und Schriften der europäischen Akademie Otzenhausen, 140)*, Münster 2005, S. 506–527.
Gorsuch, Anne E. / Koenker, Diane, *Turizm. Leisure, travel and nation-building in Russian, Soviet and East European History*, Ithaca 2006.
Gößmann, J., »Edgar allein im Schloss Garzau«, *Berliner Kurier*, 7.2.2003.
Grabowski, Bernd, »Erfolgreicher Abschluß des FDJ-Studentensommers 76«, *Neues Deutschland*, 24.8.1976.
Gransow, Bettina / Gransow, Volker, »Disponible Zeit und Lebensweise. Freizeitforschung und Freizeitverhalten in der DDR«, *Deutschland-Archiv* 7/1983, S. 729–749.
Grassl, Anton / Heath, Graham, *The Magic Triangle. A Short History of the World Youth Hostel Movement*, Welwyn Garden City 1982.
Greenblatt, Stephen, »Warum reisen?«, *Voyage. Jahrbuch für Reise- und Tourismusforschung*, Bd. 1 (Warum reisen?), 1997, S. 13–17.
Grell, Brigitte / Wolf, Carola (Hg.), *Ein Ende ist immer ein Anfang. Von alten Ängsten und neuen Hoffnungen. Lebensgeschichten von Frauen aus dem anderen Deutschland*, Gütersloh 1992.
Grenzdörfer, Joachim, *Geschichte der ostdeutschen Verkehrsflughäfen. Die Verkehrsflughäfen und -landeplätze in den neuen Bundesländern von 1919 bis 1995 und in den ehemaligen deutschen Ostgebieten bis 1945 (= Deutsche Luftfahrt, 25)*, Koblenz 1997.
Großmann, Margita / Scharf, Sigrid, *Der Tourismus als gesellschaftliche Erscheinung (= Manuskriptvorabdruck des 1. Kapitels zur Gesamtausgabe des Hoch- und Fachschullehrbuches ›Ökonomie des Tourismus‹)*, Dresden 1989.

Großmann, Margita, »Boten der Völkerfreundschaft?« DDR-Urlauber im sozialistischen Ausland«, Haus der Geschichte (Hg.), *Endlich Urlaub! Die Deutschen reisen. Begleitbuch zur Ausstellung im Haus der Geschichte der Bundesrepublik Deutschland*, Bonn 1996, S. 77–82.

—, »Die Bedeutung des Tourismus für den Transformationsprozess in Osteuropa«, *Revue de tourisme* 50/1995, H. 1, S. 11–15.

—, »Funktionen des Fremdenverkehrs in der sozialistischen Gesellschaft«, *Wissenschaftliche Zeitschrift der Hochschule für Verkehrswesen Dresden* 4/1985, S. 771–786.

—, »Qualitätstourismus in Ostdeutschland«, *Fremdenverkehr* 3/1993, S. 41–44.

—, »Zur Effektivitätsbestimmung im Tourismus«, *Wissenschaftliche Zeitschrift, SonderH. 40 (Beiträge zur ›Ökonomie des Tourismus‹)*, Dresden 1988, S. 107–129.

—, »Zur Entwicklung des Sozialtourismus in der DDR unter den Bedingungen der intensiv erweiterten Reproduktion«, Bagger, Wolfgang u.a., *Tourismus (= Mitteilungen aus der kulturwissenschaftlichen Forschung, 24)*, Berlin 1988, S. 168–173.

Grümer, Karl-Wilhelm, »Gesellschaftliche Rahmenbedingungen für Mobilität / Tourismus / Reisen«, Hahn, Heinz / Kagelmann, H. Jürgen, *Tourismuspsychologie und Tourismussoziologie. Ein Handbuch zur Tourismuswissenschaft*, München 1993, S. 17–24.

Grundmann, Siegfried, »Zur Un-/Zufriedenheit der DDR-Bevölkerung«, Timmermann, Heiner (Hg.), *Die DDR – Erinnerung an einen untergegangenen Staat*, Berlin 1999, S. 279–294.

Gummich, Karl-Heinz, »Kreuzfahrt, Kurort, Kaukasus«, *Wochenpost*, 22.8.1975.

—, *Mit dem Tourex in Freundesland*, Berlin 1970.

Günther, Dagmar, *Wandern und Sozialismus. Zur Geschichte des Touristenvereins ›Die Naturfreunde‹ im Kaiserreich und in der Weimarer Republik (= Schriftenreihe Studien zur Geschichtsforschung der Neuzeit, 30)*, Hamburg 2003.

Günther, Harri, »Reiseprosa in der Gegenwartsliteratur der DDR«, *Deutsch als Fremdsprache* 19/1982, S. 39–54.

Günther, Joachim, »Zu den Grundlagen einer einheitlichen Fremdenverkehrsstatistik in der DDR«, Lehrstuhl für Ökonomik des Fremdenverkehrs an der Hochschule für Verkehrswesen ›Friedrich List‹, Dresden (Hg.), *Beiträge zur Fremdenverkehrswissenschaft*, Bd. 4., o.J., S. 124–143.

Gutsche, Barbara, *Probleme der Zusammenarbeit zwischen dem Feriendienst der Gewerkschaften, dem Betriebserholungswesen und den örtlichen Staatsorganen zur Verbesserung der Qualität der Urlauberbetreuung untersucht im Erholungsgebiet der Sächsischen Schweiz*, unveröff. Diplomarbeit, Bernau 1978.

Haas, Winfried, »Campingurlaub«, Hahn, Heinz / Kagelmann, Hans Jürgen, *Tourismuspsychologie und Tourismussoziologie. Ein Handbuch zur Tourismuswissenschaft*, München 1993, S. 363–365.

Haase, Norbert /Reese, Lothar / Wensierski, Peter, *VEB Nachwuchs. Jugend in der DDR*, Reinbek 1983.

Habel, Frank-Burkhard / Biehl, Renate, *Das grosse Lexikon der DEFA-Spielfilme. Die vollständige Dokumentation der DEFA-Spielfilme von 1946 bis 1993*, Berlin 2001.

Habel, Rudolf / Steinbrück, Wolfgang (Hg.), *Deutsche Demokratische Republik. Verkehr*, Gotha 1977.

Habermas, Jürgen, *Die nachholende Revolution*, Frankfurt am Main 1990.

Habitzel, Kurt, »Der historische Roman der DDR und die Zensur. Travellers in Time and Space«, Durrani, Osman / Preece, Julian, *Reisende durch Zeit und Raum. The German Histo-

rical Novel / Der deutschsprachige historische Roman (= Amsterdamer Beiträge zur neueren Germanistik, Bd. 51), Amsterdam 2001, S. 401–421.

Hachtmann, Rüdiger, »Überlegungen zur Vergleichbarkeit von Deutscher Arbeitsfront und Freiem Deutschen Gewerkschaftsbund«, Heydemann, Günther / Oberreuter, Heinrich (Hg.), *Diktaturen in Deutschland – Vergleichsaspekte. Strukturen, Institutionen und Verhaltensweisen (= Schriftenreihe der Bundeszentrale für Politische Bildung, 398)*, Bonn 2003, S. 366–395.

Hacker, Barton C./Chamberla, Gordon B., Pasts That Might Have Been. An Annotated Bibliography of Alternate History«, *Extrapolation*, 22. Jg., 4/1981, S. 334–378.

Hacker, Jens, *Der Ostblock, Entstehung, Entwicklung, Strukturen 1939–1980*, Baden-Baden 1983.

Haep, Hiltrud, *Das Erholungswesen der DDR. Organisation – Grundlagen – Möglichkeiten*, unveröff. Diplomarbeit, Trier 1989.

Hafner, Beata, »Sommerlager an Sternwarte«, *Neues Deutschland*, 20.7.1982.

Hagen, Friedrich, *Baden ohne. FKK zwischen Mövenort und Talsperre Pöhl*, Berlin / Leipzig 1982 / 1984 / 1985.

—, *FKK zwischen Ostsee und Vogtland*, Berlin 1987 / 1988 / 1990.

Hager, Bernhard, »Die Deutsche Reichsbahn – ein aktuelles Porträt des Eisenbahnwesens in der DDR«, *Deutsche Studien* 110/1990, S. 168.

Hahn, Heinz / Schröder, Otto, *Sozialistische Heimatliebe und sozialistische Kommunalpolitik*, Potsdam 1985.

Hall, Colin Michael, *Tourism and politics. Policy, power and place*, Chichester 1994.

Hall, Derek R. (Hg.), *Tourism and Economic Development in Eastern Europe and the Soviet Union*, London / New York / Toronto 1991.

—, *Tourism and transition. Governance, transformation and development*, Wallingford 2004.

—, *Transport and Economic Development in the New Central and Eastern Europe*, London / New York 1993.

Hall, Derek R., »Foreign tourism under socialism the Albanian Stalinist‹ model«, *Annals of Tourism Research* 11/1984, H. 4, S. 539–555.

Handloik, Volker, »Komm mit, wir zelten«, Handloik, Volker (Hg.), *Die DDR wird 50. Texte und Fotografien*, Berlin 1998, S. 126–130.

Hanel, Ute, *Personalmanagement in den Transformationsphasen von der Plan- zur Marktwirtschaft. Eine Untersuchung in mittelständischen Unternehmen der neuen Bundesländer*, München 2000.

Hanke, Helmut, »Freizeit und sozialistische Lebensweise«, Wittich, Dietmar, *Lebensweise und Sozialstruktur. Materialien des 3. Kongresses der marxistisch-leninistischen Soziologie in der DDR vom 25. bis 27. März 1980*, Berlin 1981, S. 281–292.

—, *Freizeit in der DDR*, Berlin 1979.

Hanke, Irma, *Alltag und Politik. Zur politischen Kultur einer unpolitischen Gesellschaft. Eine Untersuchung zur erzählenden Gegenwartsliteratur in der DDR in den 70-er Jahren*, Opladen 1987.

Hanna-Daoud, Thomas, *Das war die DR (= Bahn extra)* 5/2001, München 2001.

Hannah-Arendt-Institut für Totalitarismusforschung (Hg.), *Totalitarismus und Demokratie. Zeitschrift für Internationale Diktatur- und Freiheitsforschung* 2/2005, H. 1.

Hanselmann, Ulla: »Die Welt ist schön – wir kommen! Endlich Ferien: Wie die Deutschen nach dem Krieg das Reisen lernten«, in: *Deutsches Sonntagsblatt*, 2.8.1996.

Häntzschel, Günter (Hg.), *Literatur in der DDR im Spiegel ihrer Anthologien. Ein Symposon*, Wiesbaden 2005.

Hardtwig, Wolfgang / Wehler, Hans-Ulrich (Hg.), *Kulturgeschichte heute*, Göttingen 1996.
Harke, H. / Dischereit, M. (Hg.), *Geographische Aspekte der sozialistischen ökonomischen Integration*, Gotha / Leipzig 1979.
Harrison, David, »Bulgarian tourism. A state of uncertainty«, *Annals of Tourism Research* 20/1993, H. 4, S. 519–534.
Härtl, Heinz, »Entwicklung und Traditionen der sozialistischen Reiseliteratur«, Hartung, Günter / Höhle, Thomas / Werner, Hans-Georg (Hg.), *Erworbene Traditionen. Studien zu Werken der sozialistischen deutschen Literatur*, Berlin / Weimar 1977, S. 299–340.
Hartmann, Andreas / Künsting, Sabine (Hg.), *Grenzgeschichten. Berichte aus dem deutschen Niemandsland*, Frankfurt am Main 1990.
Hartmann, Anneli, *Lyrik-Anthologien als Indikatoren des literarischen und gesellschaftlichen Prozesses in der DDR (1949–1971)*, Frankfurt am Main / Bern 1983.
Hartsch, Erwin, »Zu Fragen der Erholungsgebietsplanung in der DDR«, Jacob, Günter (Hg.), *Probleme der Geographie des Fremdenverkehrs der Deutschen Demokratischen Republik und anderer Staaten. Referate der Internationalen Informationstagung zur Geographie des Fremdenverkehrs vom 30. September bis 2. Oktober 1965 in Dresden (= Wissenschaftliche Abhandlungen der Geographischen Gesellschaft der Deutschen Demokratischen Republik, 6)*, Leipzig 1968, S. 33–45.
—, *Der Fremdenverkehr in der Sächsischen Schweiz*, Leipzig 1963.
Hasche, Hans-Peter, »Statistische Daten 1950–1990 – ein Datenbuch über Mecklenburg-Vorpommern«, Statistisches Landesamt Mecklenburg-Vorpommern (Hg.), *Statistische Monatshefte M-V* 6, 6/1996, S. 13–29.
Haupt, Heinz-Gerhard / Kocka, Jürgen, »Historischer Vergleich, Methoden, Aufgaben, Probleme. Eine Einleitung«, dies (Hg.), *Geschichte und Vergleich. Ansätze und Ergebnisse international vergleichender Geschichtsschreibung*, Frankfurt/New York 1996, S. 3–45.
Haupt, Rainer / Westhus, Werner, *Der große Inselberg – wertvolles Naturschutzgebiet und attraktives Touristenzentrum im Thüringer Wald (= Landschaftspflege und Naturschutz in Thüringen, Sonderheft)*, Jena 1983.
Haus der Geschichte (Hg.), *Endlich Urlaub! Die Deutschen reisen. Begleitbuch zur Ausstellung im Haus der Geschichte der Bundesrepublik Deutschland*, Bonn 1996.
Hautzinger, Heinz (Hg.), *Freizeitmobilitätsforschung. Theoretische und methodische Ansätze*, Mannheim 2003
Hebecker, Frieder, »Pioniersommer«, *Der Pionierleiter* 13–14/1974, S. 3.
Heese, Elli, »Frohe Ferientage für alle Kinder«, *Sozialistische Demokratie*, 3.3.1972, S. 9.
Heider, Paul, *Die Gesellschaft für Sport und Technik. Vom Wehrsport zur ›Schule des Soldaten für morgen‹*, Berlin 2002.
Heiduczek, Werner, *Reise nach Beirut. Verfehlung. Zwei Novellen*, Halle 1986.
Heilig, René / Funke, Rainer, »Urlaub, wo unlängst noch Raketen standen«, *Neues Deutschland*, 2./3.7.1988.
Heinecke, Helmut, »Die Aufgabe des Reisebüros der DDR auf dem Gebiet des organisierten Auslandstourismus unter besonderer Berücksichtigung der Beförderung«, *Internationale Transportannalen* 1975, S. 277–285.
—, »Die Orientierung des Reisebüros der DDR auf 1980«, *Die Wirtschaft* 13/1968 (Beilage), S. 10f.
Heinke, Lothar, »Freizeit-Palette, Übern Gartenzaun«, *NBI* 41/1976.

Heldmann, Philipp, *Herrschaft, Wirtschaft, Anoraks. Konsumpolitik in der DDR der Sechzigerjahre*, Göttingen 2004.

Helfer, Malte, *Tourismus auf Rügen. Chancen und Risiken der Umstrukturierung infolge der deutschen Einigung*, Saarbrücken 1993.

Heller, Agnes / Fehér, Ferenc / Márkus, György, *Der sowjetische Weg. Bedürfnisdiktatur und entfremdeter Alltag*, Hamburg, 1983.

Helwig, Gisela (Hg.), *Die letzten Jahre der DDR. Texte zum Alltagsleben*, Köln 1990.

Helwig, Gisela, »Jugendaustausch zwischen beiden deutschen Staaten«, *Deutschland-Archiv* 8/1984, S. 804f.

Henke, Klaus-Dietmar, »DDR-Forschung seit 1990«, Eppelmann, Rainer / Faulenbach, Bernd / Mählert, Ulrich (Hg.), *Bilanz und Perspektiven der DDR-Forschung*, Paderborn 2003, S. 371–376.

Hennig, Christoph, »Jenseits des Alltags. Theorien des Tourismus«, *Voyage. Jahrbuch für Reise- und Tourismusforschung*, Bd. 1 (Warum reisen?), 1997, S. 35–53.

Hennig, Christoph, *Reiselust. Touristen, Tourismus und Urlaubskultur*, Frankfurt am Main 1999.

Hennigsen, Monika, *Der Freizeit- und Fremdenverkehr in der (ehemaligen) Sowjetunion unter besonderer Berücksichtigung des baltischen Raums*, Frankfurtam Main / Berlin / Bern / New York / Paris / Wien 1994.

Hennings, Alexa, *Klassenauftrag Erholung. Fünfzig Jahre FDGB-Feriendienst*, vorläufiges Manuskript, MDR, 22.9.1997.

Hensel, Jana, *Zonenkinder*, Reinbek 2002.

Herbst, Andreas / Ranke, Winfried / Winkler, Jürgen, *So funktionierte die DDR*, Bd. 1 (Lexikon der Organisationen und Institutionen. Abteilungsgewerkschaftsleitung [AGL] – Liga für Völkerfreundschaft der DDR), Reinbek 1994.

—, *So funktionierte die DDR*, Bd. 2 (Lexikon der Organisationen und Institutionen. Mach-mit-Bewegung – Zollverwaltung der DDR), Reinbek 1994.

Hertel, Ursula, »Urlaubsansichten«, *Deine Gesundheit*, 6.6.1983, S. 171.

Hertle, Hans-Hermann, »Der Weg in den Bankrott der DDR-Wirtschaft«, *Deutschland-Archiv* 25/1992, S. 127–130.

Herzberg, Wolfgang, *So war es. Lebensgeschichten zwischen 1900 und 1980*, Halle 1985.

Herzer, Rolf, »Seit 40 Jahren blieben die Preise unverändert. Gespräch mit Genossen Dieter Elster, Direktor des Campingzentrums Ostsee in Stralsund«, *Ostsee-Zeitung*, 29.5.1989.

Hexter, Jack H., »Fernand Braudel and the Monde Braudellien«, *Journal of Modern History* 44/1972, S. 480–539.

Heydemann, Günther / Schmiechen-Ackermann, Detlef, »Zur Theorie und Methodologie vergleichender Diktaturforschung«, Heydemann, Günther / Oberreuter, Heinrich (Hg.), *Diktaturen in Deutschland – Vergleichsaspekte*, Bonn 2003, S. 9–54.

Heydemann, Günther, *Die Innenpolitik der DDR*, München 2003.

Heym, Rudolf (Hg.), *Dampf zu Honeckers Zeiten. Die Reichsbahn der 70er Jahre in Farbe*, München 2004.

Hieke, Manfred / Kreutzer, Claus J. / Teige, Hans-Werner, *Rechtsfragen der Gaststätten- und Hotelpraxis*, Berlin 1989.

Hildner, Gerhard / Hofmann, Georg, *DDR – Rock, Pop, Schlager. Über 70 der beliebtesten und erfolgreichsten Lieder aus DDR-Zeiten*, Burgkunstadt 2002.

Hilgenberg, Dorothea, *Bedarfs- und Marktforschung in der DDR. Anspruch und Wirklichkeit*, Köln 1979.

Hinrichs, Wilhelm, »Die Ostdeutschen in Bewegung – Formen und Ausmaß regionaler Mobilität in den neuen Bundesländern«, ders. / Priller, Eckhard (Hg.), *Handeln im Wandel – Akteurskonstellationen in der Transformation*, Berlin 2001, S. 237–267.

Hintze, Alfred, »Die DDR in der Briefmarke«, Ministerium für Verkehrswesen / Mitropa (Hg.), *Reisen mit der Eisenbahn* 1/1969, S. 25.

Hintzke, Werner, »Schweiz. Fremdenverkehr – Neutralitätspolitik – internationale Konferenzen«, *Urania* 12/1973, S. 52–57.

Hobusch, Erich, »Proletarische Gesellschaftsreisen mit dem Motorkabinenschiff ›Baldur‹ um 1930«, Spode, Hasso (Hg.), *Zur Sonne, zur Freiheit! Beiträge zur Tourismusgeschichte*, Berlin 1991, S. 71–78.

Hochschule für Verkehrswesen ›Friedrich List‹ Dresden (Hg.), *Haack-Atlas Weltverkehr. Weltatlas des Transport- und Nachrichtenwesens*, Gotha 1985.

Hockerts, Hans Günter, »Einführung«, ders. (Hg.), *Drei Wege deutscher Sozialstaatlichkeit. NS-Diktatur, Bundesrepublik und DDR im Vergleich (= Schriftenreihe der Vierteljahrshefte für Zeitgeschichte, 76)*, München 1998, S. 7–25.

—, *Drei Wege deutscher Sozialstaatlichkeit. NS-Diktatur, Bundesrepublik und DDR im Vergleich (= Schriftenreihe der Vierteljahrshefte für Zeitgeschichte, 76)*, München 1998.

—, »Soziale Errungenschaften? Zum sozialpolitischen Legitimitätsanspruch der zweiten deutschen Diktatur«, Kocka, Jürgen / Puhle, Hans-Jürgen / Tenfelde, Klaus (Hg.), *Von der Arbeiterbewegung zum modernen Sozialstaat. Festschrift für Gerhard H. Ritter zum 65. Geburtstag*, München 1994, S. 790–804.

—, »Zeitgeschichte in Deutschland. Begriff, Methoden, Themenfelder«, *Aus Politik und Zeitgeschichte* 1993, H. 29/30, S. 3–19.

Hoffmann, Dierk (Hg.), *Sozialstaatlichkeit in der DDR. Sozialpolitische Entwicklungen im Spannungsfeld von Diktatur und Gesellschaft 1945/49–1989*, München 2005.

Hofmann, Rolf, *Brücken, Schienen, Wasserwege. Zeugen der Verkehrsgeschichte unserer Heimat*, Berlin 1988.

Hölder, Egon (Hg.), *Im Trabi durch die Zeit, 40 Jahre Leben in der DDR*, Stuttgart 1992.

Hollatz, Gisela, »Mit 900 Sonderzügen in die Ferien«, *Presse-Informationen* 48/1974 (5.7.1975).

Holtz-Baumert, Gerhard, »Alltag – Elend oder Ansporn?«, Havekost, Hermann / Langenhahn, Sandra / Wickle, Anne, *Helden nach Plan? Kinder- und Jugendliteratur der DDR zwischen Wagnis und Zensur*, Oldenburg 1993, S. 195–204.

—, *Trampen nach Norden*, Berlin 1975.

Holzach, Michael / Rautert, Timm, »Camping im Kollektiv«, *Die Zeit*, 26.8.1977.

Holzweißig, Gunter, *Die schärfste Waffe der Partei. Eine Mediengeschichte der DDR*, Köln 2002.

Hömberg, Erentraut, *Tourismus. Funktionen, Strukturen, Kommunikationskanäle*, München 1977.

Honegger, Claudia (Hg.), *Schrift und Materie der Geschichte. Vorschläge zur systematischen Aneignung historischer Prozesse*, Frankfurt am Main 1977.

Hönsch, Ingrid, »Auswirkungen neuer Naherholungsgebiete auf Erholungsbedingungen und territoriale Verhaltensweisen der Bevölkerung. Dargestellt am Beispiel des Muldestausees bei Bitterfeld«, Richter, Hans (Hg.), *Nutzung und Veränderung der Natur. Tagungsband anläßlich des III. Geographen-Kongresses der Deutschen Demokratischen Republik 1981 in Leipzig*

(= *Wissenschaftliche Abhandlungen der Geographischen Gesellschaft der DDR, 15)*, Leipzig 1981, S. 257–264.

—, »Probleme der Naherholung im Umland ausgewählter Städte der DDR«, Bethke, Artur (Hg.), *Gesellschaftliche Determination der Rekreationsgeographie (= Greifswalder Geographische Arbeiten, 4)*, Greifswald 1987, S. 62–67.

Hornbostel, Stefan, »Spätsozialismus, Legitimierung und Stabilität«, Boyer, Christoph / Skyba, Peter, *Repression und Wohlstandsversprechen. Zur Stabilisierung von Parteiherrschaft in der DDR und der ČSSR*, Dresden 1999, S. 13–26.

Howard, Peter, »Artists as drivers of the tour bus, landscape painting as a spur to tourism«, Lübbren, Nina / Crouch, David (Hg.), *Visual culture and tourism*, Oxford / New York 2003, S. 109–124.

Hübner, Gerald, »Praha 88. Impressionen von einer Reise in die Goldene Stadt«, *FRÖSI. Pioniermagazin für Mädchen und Jungen der DDR* 7/1988, S. 12f.

Huinink, Johannes, »Individuum und Gesellschaft in der DDR – Theoretische Ausgangspunkte einer Rekonstruktion der DDR-Gesellschaft in den Lebensverläufen ihrer Bürger«, Huinink, Johannes / Mayer, Karl Ulrich / Diewald, Martin / Solga, Heike / Sørensen, Annemette / Trappe, Heike, *Kollektiv und Eigensinn. Lebensverläufe in der DDR und danach*, Berlin 1995, S. 25–44.

Hunke, Ricarda, *Prora. Das erste und größte deutsche Feriengroßprojekt*, unveröff. Diplomarbeit, Trier 1997.

Hunziker Walter, *Betriebswirtschaftslehre des Fremdenverkehrs*, Bern 1959.

—, »Aktuelle Probleme des Fremdenverkehrs in Ost und West«, Pattis, Peter (Hg.), *Wirtschaftsfragen in und zwischen Ost und West. Referate und Beiträge zu einem Seminar der Studentenschaft der Hochschule St. Gallen für Wirtschafts- und Sozialwissenschaft vom 2.–5. Mai 1966 in St. Gallen*, Düsseldorf 1966, S. 241–255.

—, »Die Ferienstaffelung als Mittel der Frequenzsteigerung im Fremdenverkehr«, Lehrstuhl für Ökonomik des Fremdenverkehrs an der Hochschule für Verkehrswesen ›Friedrich List‹, Dresden (Hg.), *Beiträge zur Fremdenverkehrswissenschaft*, Bd. 2, ca. 1969, S. 64–73.

Hunziker, Walter / Krapf, Kurt, *Grundriss der Allgemeinen Fremdenverkehrslehre*, Zürich 1942.

Hüttmann, Jens / Pasternack, Peer, *Die ›gelehrte DDR‹ und ihre Akteure. Inhalte, Motivationen, Strategien: Die DDR als Gegenstand von Lehre und Forschung an deutschen Universitäten (= HoF-Arbeitsberichte 4/2004)*, Wittenberg 2004.

Ibusz (Hg.), *Ibusz-Dienstleistungen*, Budapest 1972.

—, *Az IBUSZ históriája. 1902–1992*, Budapest 1992.

Ide, Robert, »Am Strand der Freundschaft«, *Tagesspiegel*, 20.7.2002.

Institut für Internationale Beziehungen an der Akademie für Staats- und Rechtswissenschaft der DDR (Hg.): *DDR–ČSSR. Sozialistische Zusammenarbeit*, Berlin / Prag 1978.

Interhotel (Hg.), *Ferien, Freizeit, frohe Tage. Zusammenstellung von Hotelprospekten aus der DDR*, Berlin ca. 1970.

Irmscher, Gerlinde, »Alltägliche Fremde. Auslandsreisen in der DDR«, Spode, H. (Hg.), *Goldstrand und Teutonengrill. Kultur- und Sozialgeschichte des Tourismus in Deutschland 1945 bis 1989*, Berlin 1996, S. 51–67.

—, »Freizeitleben. Muße, Feierabend, Freizeit«, Badstübner, Evemarie (Hg.), *Befremdlich anders. Leben in der DDR*, Berlin 2000, S. 350–373.

Jaakson, Reiner, »Tourism in Transition in Post-Soviet Estonia«, *Annals of Tourism Research*, 23/1996, H. 3, S. 617–634.

Jacob, Günter (Hg.), *Probleme der Geographie des Fremdenverkehrs der Deutschen Demokratischen Republik und anderer Staaten. Referate der Internationalen Informationstagung zur Geographie des Fremdenverkehrs vom 30. September bis 2. Oktober 1965 in Dresden (= Wissenschaftliche Abhandlungen der Geographischen Gesellschaft der Deutschen Demokratischen Republik, 6)*, Leipzig 1968.

Jacob, Günter, »Begrüßungsansprache«, Benthien, Bruno (Hg.), *Geographie, Rekreation, Territorium. Beiträge des 5. Greifswalder Geographischen Symposiums vom 2.–6. Oktober 1978 (= Greifswalder geographische Arbeiten, 1)*, Greifswald 1980, S. 2–4.

—, »Die Darstellung von Erholungswesen und Tourismus im Atlas DDR, Erläuterungsbeitrag zur Karte 47«, *Geographische Berichte* 3/1983, S. 183–185.

—, »Modell zur regionalen Geographie des Fremdenverkehrs«, Geographische Gesellschaft der DDR (Hg.), *Geographische Berichte* 46/1968, S. 51–57.

Jacobs, Dietmar, *Untersuchungen zum DDR-Berufskabarett der Ära Honecker*, Frankfurt am Main u.a. 1996.

Jarausch, Konrad H. / Siegrist, Hannes (Hg.), *Amerikanisierung und Sowjetisierung in Deutschland 1945–1970*, Frankfurt am Main 1997.

Jarausch, Konrad H., »Care and coercion. The GDR as welfare dictatorship«, ders. (Hg.), *Dictatorship as experience. Towards a socio-cultural history of the GDR*, New York 1999, S. 47–72.

—, »Die DDR denken. Narrative Strukturen und analytische Strategien«, *Berliner Debatte INITIAL. Zeitschrift für sozialwissenschaftlichen Diskurs* 5/1995, H. 4/5, S. 9–15.

—, »Realer Sozialismus als Fürsorgediktatur. Zur begrifflichen Einordnung der DDR«, *Aus Politik und Zeitgeschichte* 20/1998, S. 33–46.

Jarofke, Hans-Jörg, »Der Gast und seine Wünsche«, *Handelswoche* 48/1972, S. 3.

Jendryschik, Manfred (Hg.), *Auf der Straße nach Klodawa. Reiseerzählungen und Impressionen*, Halle 1977.

Jesse, Eckhard (Hg.), *Totalitarismus im 20. Jahrhundert. Eine Bilanz der internationalen Forschung*, Baden-Baden 1999.

Jesse, Eckhard, »Die Totalitarismusforschung und ihre Repräsentanten. Konzeptionen von Carl J. Friedrich, Hannah Arendt, Eric Voegel, Ernst Nolte und Karl Dietrich Bracher«, *Aus Politik und Zeitgeschichte* 20/1998, S. 3–18.

Jessen, Ralph, »DDR-Geschichte und Totalitarismustheorie«, *Berliner Debatte INITIAL. Zeitschrift für sozialwissenschaftlichen Diskurs* 4–5/1995, S. 17–24.

Joas, Hans / Kohli, Martin, »Der Zusammenbruch der DDR. Fragen und Thesen«, dies. (Hg.), *Der Zusammenbruch der DDR*, Frankfurt am Main 1993, S. 7–28.

Johannes, Ralph / Wölki, Gerhard, *Die Autobahn und ihre Rastanlagen. Geschichte und Architektur*, Petersberg 2005.

Jonas, Heidi, »Ferien in Glowe, *Deutsche Lehrerzeitung* 31/1977.

Jowitt, Ken, *The New World Disorder, The Leninist Extinction*, Berkeley 1992.

Jugendreisebüro der DDR (Hg.), *Statut des Jugendreisebüros der DDR ›Jugendtourist‹*, Berlin 1984.

Jugendtouristenhotel ›Schloß Eckberg‹ (Hg.), *Informationsbroschüre ›Jugendtouristenhotel Schloß Eckberg‹*, Dresden 1985.

Juhre, Yvonne, »Ostseezeltplätze haben erste Gäste. Angebote für die Vorsaison«, *Neues Deutschland*, 14.5.1988.

Jung, Günter, »Kaukasus-Abenteuer«, *Wochenpost* 52/1977, S. 26.

Kaelble, Hartmut, »Die Gesellschaft der DDR im internationalen Vergleich«, Kaelble, Hartmut / Kocka, Jürgen / Zwahr, Hartmut (Hg.), *Sozialgeschichte der DDR*, Stuttgart 1994, S. 559–580.

—, »Die interdisziplinären Debatten über Vergleich und Transfer«, ders. / Schriewer, Jürgen (Hg.), *Vergleich und Transfer. Komparatistik in den Sozial-, Geschichts- und Kulturwissenschaften*, Frankfurt am Main 2003, S. 469–493.

—, »Vergleichende Sozialgeschichte des 19. und 20. Jahrhunderts. Forschungen europäischer Historiker«, *Jahrbuch für Wirtschaftsgeschichte* 1/1993, S. 173–200.

—, *Der historische Vergleich. Eine Einführung zum 19. und 20. Jahrhundert*, Frankfurt am Main 1999.

Kaltenborn, Wilhelm, *Zwischen Resistenz und Einvernahme. Die Konsumgenossenschaften in der DDR. Versuch einer Bestandsaufnahme (= Berliner Beiträge zum Genossenschaftswesen 57)*, Berlin 2002.

Kaminski, Anne, »Herrschaftsgeschichte als Konsumgeschichte«, Timmermann, Heiner (Hg.), *Die DDR – Erinnerung an einen untergegangenen Staat*, Berlin 1999, S. 123–136.

Kaminsky, Annette, *Kaufrausch. Die Geschichte der ostdeutschen Versandhäuser*, Berlin 1998.

Kant, Uwe, *Die Reise von Neukuckow nach Nowosibirsk*, Berlin 1982.

Kante, Edgar, *Deutschland – ein Schauermärchen. Aufstieg und Fall der DDR selbst erlebt*, Berlin 1999.

Karlsch, Rainer / Zeman, Zbynek, *Urangeheimnisse. Das Erzgebirge im Brennpunkt der Weltpolitik 1933–1960*, Berlin 2002.

Kaspar, Claude, *Einführung in das touristische Management*, Bern / Stuttgart 1990.

Kassel, Norbert, »Ferienlager in der DDR«, *Kalender 72*.

—, »Touristik in der DDR«, *Deutschland-Archiv* 3/1970, H. 9, S. 989–1003.

Katsch, Günter / Katsch, Lisa, *Das Kleingartenwesen in der sowjetischen Besatzungszone und in der DDR*, Leipzig 1999.

Kausch, Rolf / Pilz, Herbert, *Im Mittelpunkt unser Gast. 25 aktuelle Kapitel Angebots- und Verkaufskunde für das Gaststättenwesen*, Berlin 1976.

Kawohl, Birgit, »*Besser als hier ist es überall«. Reisen im Spiegel der DDR-Literatur*, Marburg 2000.

Keitz, Christine, *Reisen als Leitbild. Die Entstehung des modernen Massentourismus in Deutschland*, München 1997.

Keller, Fred, »Vom Netz internationaler DR-Züge«, Ministerium für Verkehrswesen / Mitropa (Hg.), *Reisen mit der Eisenbahn* 3/1971, S. 3f.

Keller, Peter, »Zukunftsorientierte Tourismuspolitik. Synthese des 49. AIEST-Kongresses«, *Revue de tourisme* 54/1999, H. 3, S. 13–17.

Ketman, Per / Wissmach, Andreas, *DDR. Ein Reisebuch in den Alltag*, Reinbek 1986.

Kiesewetter, Hubert, *Irreale oder reale Geschichte? Ein Traktat über Methodenfragen der Geschichtswissenschaft*, Herbolzheim 2002.

Kießling, Andrea, *Verkehrsmuseum Dresden*, Dresden 2002.

Kirchberg, Peter, *Plaste, Blech und Planwirtschaft. Die Geschichte des Automobilbaus in der DDR*, Berlin 2001.

Kirchhöfer, Dieter, »Alltägliche Lebensführungen von Kindern in der DDR – Arrangements zwischen Traditionalität und Modernisierung«, Badstübner, Evemarie (Hg.), *Befremdlich anders. Leben in der DDR*, Berlin 2000, S. 271–297.

Kirsch, Manfred, *Die Marken bitte! KONSUMgeschichten*, Berlin 2004.

Kirsch, Sarah, »Fahrt II«, Groth, Joachim-Rüdiger, *Literatur im Widerspruch. Gedichte und Prosa aus 40 Jahren DDR*, Köln 1993.

—, *Die Pantherfrau. Fünf unfrisierte Erzählungen aus dem Kassetten-Recorder*, Berlin 1974.

Kirsche, Hans-Joachim / Müller, Hans, *Eisenbahnatlas DDR*, Berlin / Leipzig 1987.

Kittelmann, Erlebnisreiche und frohe Ferien«, *Bauern-Echo*, 2.8.1976, S. 2.

Kittsteiner, Heinz D., »Was heißt und zu welchem Ende studiert man Kulturgeschichte«, *Geschichte und Gesellschaft* 23/1997, S. 5–27.

Klars, Petra, »In der Rezeption ist Russisch, Englisch und Französisch gefragt«, *Tribüne*, 27.8.1986.

Klein, Olaf Georg, *Plötzlich war alles ganz anders. Deutsche Lebenswege im Umbruch*, Köln 1994.

Kleindienst, Jürgen (Hg.), *Mauer-Passagen. Grenzgänge, Fluchten und Reisen 1961–1989. 46 Geschichten und Berichte von Zeitzeugen*, Berlin 2004.

Kleinschmidt, H.G., »Warschau, zu jeder Jahreszeit eine Stadt für Gäste«, *Neue Berliner Illustrierte* 29/1976, S. 13–17.

Kleßmann, Christoph, »Chancen, Probleme und Perspektiven der Forschung über die DDR-Geschichte«, Deutscher Bundestag (Hg.), *Materialien der Enquete-Kommission ›Überwindung der Folgen der SED-Diktatur im Prozeß der deutschen Einheit‹*, Frankfurt am Main 1999, S. 133–137.

Kleßmann, Christoph / Wagner, Georg (Hg.), *Das gespaltene Land. Leben in Deutschland 1945–1990. Texte und Dokumente*, München 1993.

Klingsieck, Ralf, »Babylonisches Sprachgewirr. Besuch im internationalen Sommerlager in der Nähe von Algier«, *Junge Welt*, 7.8.1975.

Klingst, Peter, »Als Hotelier im Dienste des Sozialismus«, Thießen, Friedrich (Hg.), *Zwischen Plan und Pleite. Erlebnisse aus der Arbeitswelt der DDR*, Köln/Weimar/Wien, 2001, S. 225–232.

Klippke, Walter, »Sie wollen nicht einfach abhauen«, *Frankfurter Rundschau*, 18.3.1970.

Klöppel, Eberhard, »Buhnen, Dünen, Urlaubszeit. Die Küste von der See- und der Landseite aus betrachtet«, *NBI* 27/1976, S. 8.

Kloten, Norbert, *Die Transformation von Wirtschaftsordnungen. Theoretische, phänotypische und politische Aspekte*, Tübingen 1991.

Kneifel, John L., *Staatliches und internationales Luftverkehrsrecht der sozialistischen Staaten. UdSSR, DDR, Polen, ČSSR, Ungarn, Bulgarien, Rumänien, Kuba, Jugoslawien und der VR China*, Nördlingen 1980.

Knoblauch, Uwe, *Das Verkehrsmittel Eisenbahn in der westlichen DDR zwischen Elbe und Harz. Eine verkehrsgeographische Studie unter besonderer Berücksichtigung grundlegender methodischer Fragen*, Braunschweig 1992.

Knoll, Manfred, »Ein dreifaches ›Eis frei!‹. Premiere einer Spezialreise, 1. Copitzer Eisbaden mit ›Jugendtourist‹«, *Junge Welt*, 13.2.1987.

—, »Freizeit-Palette, In Jugendherbergen«, *NBI* 35/1976.

—, »Jeder Kreis hat seine Campingschau«, *Junge Welt*, 14.4.1975.

—, »Mit Jugendtourist in das sozialistische Ausland«, *Junge Welt*, 23.11.1973.

—, *Wintertouristik. Rodelhänge, Skigelände, Wanderziele*, Leipzig 1986.

Koch, Peter-Ferdinand, *Das Schalck-Imperium. Deutschland wird gekauft*, München 1992.

Kocka, Jürgen, »Die DDR – eine moderne Diktatur? Überlegungen zur Begriffswahl«, Grüttner, Michael / Hachtmann, Rüdiger / Haupt, Heinz-Gerhard (Hg.), *Geschichte und Emanzipation. Festschrift für Reinhard Rürup*, Frankfurt am Main 1999, S. 540–550.

—, »NS und SED-Diktatur«, *Potsdamer Bulletin für zeithistorische Studien* 2/1994, S. 20–27.

—, »The GDR. A special kind of modern dictatorship«, Jarausch, Konrad H. (Hg.), *Dictatorship as experience. Towards a socio-cultural history of the GDR*, New York 1999, S. 17–26.

Kögel, Kar, *Reise im Raketentempo. Im Auftrage der Kinderzeitschriften ›Fröhlich sein und singen‹, ›ABC-Zeitung‹, ›Trommel‹ und ›Atze‹ reisten Pioniere quer durch die Sowjetunion und sammelten viele interessante Geschichten*, Berlin 1967.

Kohl, Eva-Maria, »Brigade Hölderlin. Ein Ferienlager mit Poesie«, *Der Sonntag* 33/1977.

Kohl, Michael, »Maßnahmen zur weiteren Verbesserung des grenzüberschreitenden Reise- und Besucherverkehrs einschließlich des Tourismus«, Arbeitsgemeinschaft für Völkerrecht beim Institut für Internationale Beziehungen an der Akademie für Staats- und Rechtswissenschaft der DDR (Hg.), *Völkerrecht. Dokumente, Teil 3*, Berlin 1973.

Köhler, Anne / Ronge, Volker, »Einmal BRD einfach. Die Ausreisewelle im Frühjahr 1984«, *Deutschland-Archiv* 12/1984, S. 1280–1282.

Köhler, Barbara, *Deutsches Roulette. Gedichte 1984–1989*, Frankfurt am Main 1991.

Köhler, Siegfried, *Die Staatssicherheit und der Fährverkehr über die Ostsee (hg. vom Landesbeauftragten für Mecklenburg-Vorpommern für die Unterlagen des Staatssicherheitsdienstes der ehemaligen DDR)*, Schwerin 2005.

Köhler, Tilo, *Sie werden plaziert! Die Geschichte der Mitropa*, Berlin 2002.

Kolacsek, András, »Die Planung des Fremdenverkehrs in Ungarn«, Lehrstuhl für Ökonomik des Fremdenverkehrs an der Hochschule für Verkehrswesen ›Friedrich List‹, Dresden (Hg.), *Beiträge zur Fremdenverkehrswissenschaft*, Bd. 7, o.J., S. 10–26.

Kolano, Uta, *Nackter Osten. Erotik zwischen oben und unten*, Frankfurt an der Oder 1995.

Kolbe, Uwe, *Bilder aus einem Panoptikum. Geschichten und Grotesken*, Frankfurt am Main 1988.

—, *Vineta. Gedichte*, Frankfurt am Main 1998.

Kolumne ›Unterwegs‹«, *NBI* 47/1980.

Komitee für Touristik und Wandern (Hg.), *Touristik-Information. Mitteilungsblatt des Komitee für Touristik und Wandern der DDR*, nachgewiesen 1964–1974.

—, *Unterwegs. Magazin für Wandern, Bergsteigen, Zelten, Reisen*, nachgewiesen 1/1957–6/1962.

König, Ingelore / Wiedemann, Dieter / Wolf, Lothar, *Zwischen Marx und Muck. DEFA-Filme für Kinder*, Berlin 1996.

König, Wolfgang, »Das Automobil in Deutschland. Ein Versuch über den homo automobilis«, Reith, Reinhold / Meyer, Torsten (Hg.), *Luxus und Konsum. Eine historische Annäherung*, Münster / New York / München / Berlin 2003, S. 117–128.

—, *Volkswagen, Volksempfänger, Volksgemeinschaft. ›Volksprodukte‹ im Dritten Reich. Vom Scheitern einer nationalsozialistischen Konsumgesellschaft*, Paderborn / München 2004.

Kopper, Christopher, *Handel und Verkehr im 20. Jahrhundert (Enzyklopädie deutscher Geschichte Bd. 63)*, München 2002.

Köppert, Willi, »10 Jahre Forschungsarbeit im Dienste der Versorgung unserer Werktätigen«, *Marktforschung. Mitteilungen des Instituts für Marktforschung*, Sonderheft 1967, S. 1–5.

Kopste, Jeffrey, *The politics of economic decline in East Germany, 1945–1989*, Chapel Hill 1997.

Kornai, János, *Economics of shortage*, Amsterdam / New York / Oxford 1980.

—, *The socialist system. The political economy of communism*, Princeton 1992.

Körner, Norbert, *Zur Ökonomik des Gaststättenwesens*, Berlin 1976.

Koschinski, Konrad, »Autos im Gepäck. Verkehrsgeschichte Autoreisezüge«, *Eisenbahn-Journal* 7/2001, S. 22–27.

Koselleck, Reinhart, »Standortbindung und Zeitlichkeit. Ein Beitrag zur historiographischen Erschließung der geschichtlichen Welt«, Koselleck, Reinhart (Hg.), *Objektivität und Parteilichkeit in der Geschichtswissenschaft*, München 1977, S. 17–46.

—, *Vergangene Zukunft. Zur Semantik geschichtlicher Zeiten*, Frankfurt (Main) 1993.

—, *Zeitschichten. Studien zur Historik*, Frankfurt am Main 2000.

Koshar, Rudy, *German Travel Cultures*, Oxford / New York 2000.

Kowalski, Werner, »Zum Thema ... Hält der ›Reiseführer DDR‹ was er verspricht?«, *Wochenpost*, 18.1.1974.

Kracht, Horst, »Mit Spaß dabei, wenn Spaß dabei ist. Im Trainingslager wächst das Repertoire«, *Der Sonntag* 27/1977, S. 7.

Kraemer, Stefanie (Hg.), *Italien. Eine Bibliographie zu Italienreisen in der deutschen Literatur*, Frankfurt am Main 2003.

Kramer, Dieter, »Kulturanthropologie des Tourismus«, Hahn, Heinz / Kagelmann, H. Jürgen, *Tourismuspsychologie und Tourismussoziologie. Ein Handbuch zur Tourismuswissenschaft*, München 1993, S. 56–59.

Kramer, Thomas / Steinle, Rüdiger / Strobel, Heidi (Hg.), *Handbuch zur Kinder- und Jugendliteratur der SBZ/DDR. Von 1945 bis 1990*, Stuttgart 2006.

Kramer, Thomas, *Micky, Marx und Manitu. Zeit- und Kulturgeschichte im Spiegel eines DDR-Comics 1955–1990. ›Mosaik‹ als Fokus von Medienerlebnissen im NS und in der DDR*, Berlin 2002.

Kramm, Hans-Joachim / Gellert, Johannes F., *DDR. Land, Volk, Wirtschaft in Stichworten*, Wien 1977.

—, »Die Deutsche Demokratische Republik – zunehmende Bedeutung als Erholungsland«, *Wissenschaftliche Zeitschrift der Pädagogischen Hochschule ›Karl Liebknecht‹ Potsdam* 3/1979, S. 415–419.

Krausse, Ursula, »Gärten und Freizeit«, *Marktforschung. Mitteilungen des Institutes für Marktforschung* 4/1975, S. 25–29.

Krenz, Egon, »Schlusswort auf der Touristikkonferenz der Freien Deutschen Jugend und des Amtes für Jugendfragen beim Ministerrat der DDR«, beigefügt zu: Eichler, Klaus, *Die Aufgaben der Freien Deutschen Jugend zur Förderung der Jugendtouristik (Referat)*, Berlin 1980, S. 9f.

Kresta, Edith, »Endlich Daheim. Von der Flucht ins Andere zur Aneignung der Welt«, *iz3w. Die Zeitschrift für Politik, Ökonomie und Kultur zwischen Nord und Süd* 241/1999, S. 22–24.

Kreutz, Anja / Löcher, Uta / Rosenste, Doris, *Von ›AHA‹ bis ›VISITE‹. Ein Lexikon der Magazinreihen im DDR-Fernsehen (1952–1990/91)*, Potsdam 1997.

Kreutzer, Claus J., *In Gaststätte und Hotel*, Berlin 1978.

Krippendorf, Jost / Kramer, Bernhard / Müller, Hansruedi, *Freizeit und Tourismus. Eine Einführung in Theorie und Politik*, Bern 1986.

—, *Die Ferienmenschen*, Zürich / Schwäbisch Hall 1984, S. 27–29.

Krone, Peter, »Young men go east. Die Trasse. Für Wodkarinne, Wolodja und die anderen«, Handloik, Volker (Hg.), *Die DDR wird 50. Texte und Fotografien*, Berlin 1999, S. 100–107.

Krowicki, Maria, *Unsere Fibel*, Berlin 1973.

Kruczala, Jerzy, »Tourism planning in Poland«, *Annals of Tourism Research* 17/1990, H. 1, S. 69–78.

Krull, Karlheinz, *Urlauberschiffe – Boten der Völkerfreundschaft*, Berlin 1961.

Krumbholz, Hans, »Zur Geschichte des Sozialtourismus. Die Anfänge der gewerkschaftlichen Ferieneinrichtungen«, Spode, Hasso (Hg.), *Zur Sonne, zur Freiheit! Beiträge zur Tourismusgeschichte*, Berlin 1991, S. 61–70.

—, *Goldsucher*, Berlin 1975.

Krusche, Hans-Martin, *Pfarrer in der DDR. Gespräche über Kirche und Politik*, Berlin 2002.

Kruse, Judith, »Nische im Sozialismus«, Haus der Geschichte (Hg.), *Endlich Urlaub! Die Deutschen reisen. Begleitbuch zur Ausstellung im Haus der Geschichte der Bundesrepublik Deutschland*, Bonn 1996, S. 106–111.

Küchenmeister, Daniel / Nakath, Detlef / Stephan, Gerd-Rüdiger, *Berlin, Bonn, Moskau. Das Dreiecksverhältnis zwischen neuer Ostpolitik und deutscher Einheit*, Potsdam 2001.

Kuhlmann, Bernd, *Züge durch Mauer und Stacheldraht*, Berlin 1998.

Kuhn, Robert, *Plakat und Wandzeitung, bildkünstlerische Agitation in der Schule*, Berlin 1970.

Kuhrt, Eberhard, *Die Endzeit der DDR-Wirtschaft. Analysen zur Wirtschafts-, Sozial- und Umweltpolitik*, Opladen 1999.

Kulturkunststatt Prora (Hg.), *NVA-Museum Prora/Rügen. Militärische Nutzung der KdF-Bauten*, Prora 1997.

Kuner, Hanna, »20 Jahre DDR. 20 Jahre Erfolge im Reiseverkehr der DR«, Ministerium für Verkehrswesen / Mitropa (Hg.), *Reisen mit der Eisenbahn* 1/1969, S. 2–4.

Kunold, Frank, »Mit der ›Arkona‹ über die Ostsee«, *NBI* 45/1985, S. 12–15.

Küsters, Ivonne, *Soziologisch forschen mit narrativen Interviews*, Hagen 2005.

Kutter, Eckhard, »Verkehrsaufwendige Lebensweisen. Ein unabwendbares gesamtdeutsches ›Schicksal‹?«, ders. / Holz-Rau, Hans-Christian (Hg.), *Verkehrsverhalten in der DDR und BRD. Erhebungsmethoden und Ergebnisse*, Berlin 1991, S. 5–16.

Lampe, Reinhard, »Lazarus am 13. August. Gedanken aus einer Examensarbeit«, Kowalczuk, Ilko-Sascha (Hg.), *Freiheit und Öffentlichkeit. Politischer Samisdat in der DDR 1985–1989*, Berlin 2002, S. 412–433.

Landeshauptstadt Hannover (Hg.), *Städtepartnerschaft Leipzig – Hannover. Eine Dokumentation*, Hannover 1987.

Lange, Eberhardt E., *Campinghygiene und Erholung. Planung, Organisation, Kontrolle*, Berlin 1974.

Langspach, Ursula, *Das Brigadetagebuch*, Halle 1966.

Lazarek, Roman, »Nationale Fremdenverkehrsinstitutionen und ihre Kompetenzbereiche«, Lehrstuhl für Ökonomik des Fremdenverkehrs an der Hochschule für Verkehrswesen ›Friedrich List‹, Dresden (Hg.), *Beiträge zur Fremdenverkehrswissenschaft*, Bd. 4, ca. 1972, S. 84–108.

—, »Zum Problem der Ausnutzung von Reserven in der Entwicklung des Fremdenverkehrs der VR Polen«, Lehrstuhl für Ökonomik des Fremdenverkehrs an der Hochschule für Verkehrswesen ›Friedrich List‹, Dresden (Hg.), *Beiträge zur Fremdenverkehrswissenschaft*, Bd. 2, ca. 1969, S. 1–21.

Leenen, Wolf Rainer, »Sozialpolitik«, Bundesministerium für innerdeutsche Beziehungen (Hg.), *DDR-Handbuch*, Bd. 1, Köln 1985, S. 3.

Lehmbäcker, Heinz, »Zweimal Baden in Warna«, *Das Magazin* 7/1987, S. 64f.

Leib, Bärbel, »Familienurlaub in Thüringen brachte schöne Erlebnisse«, *Tribüne*, 3.11.1988.

Leibniz-Institut für Länderkunde Leipzig (Hg.), *Bundesrepublik Deutschland Nationalatlas*, Bd. 10 (Freizeit und Tourismus), Leipzig 2000.

Leitung des Zentralen Pionierlagers ›Martin Andersen Nexö‹ (Hg.), *Wissenswertes für Teilnehmer über das Zentrale Pionierlager ›Martin Andersen Nexö‹*, Graal-Müritz 1981.

Leitung des Zentralen Pionierlagers ›Raymonde Dien‹ (Hg.), *Wissenswertes für Teilnehmer über das Zentrale Pionierlager ›Raymonde Dien‹*, Neubrandenburg 1979.

Lepsius, Mario Rainer, »Institutionenanalyse und Institutionenpolitik«, Nedelmann, Birgitta (Hg.), *Politische Institutionen im Wandel (=Sonderheft 35 der Kölner Zeitschrift für Soziologie und Sozialpsychologie)*, Opladen 1995, S. 392-403.

Leue, Peter, *1000 Tips für Campingfreunde*, Berlin 1988.

Lichtnau, Bernfried, *Prora auf Rügen. Das unvollendete Projekt des 1. KdF-Seebades in Deutschland. Zur Geschichte und Baugestaltung*, Peenemünde 1998.

Liebscher, Daniela Giovanna, »Faschismus als Modell. Die faschistische Opera Nazionale Dopolavoro und die NS-Gemeinschaft ›Kraft durch Freude‹ in der Zwischenkriegszeit«, *Beiträge zur Geschichte des Nationalsozialismus* 21/2005, S. 94–118.

—, »Organisierte Freizeit als Sozialpolitik. Die faschistische Opera Nazionale Dopolavoro und die NS-Gemeinschaft Kraft durch Freude 1925–1939«, Petersen, Jens/Schieder, Wolfgang (Hg.), *Faschismus und Gesellschaft in Italien. Staat – Wirtschaft – Kultur*, Köln 1998, S. 67–90.

Light, Duncan / Dumbraveanu, Daniela, »Romanian Tourism in the Post-Communist Period«, *Annals of Tourism Research* 26/1999, H. 4, S. 898–927.

Linde, Charlotte, *Life stories. The creation of coherence*, New York 1993.

Linde, Jürgen / Roth, Ellen, »Grundlagen der Fremdenverkehrspolitik«, Haedrich, Günther/ Klemm, Kristiane u.a. (Hg.), *Tourismus-Management. Tourismus-Marketing und Fremdenverkehrsplanung*, Berlin / New York 1983, S. 57–64.

Lindemann, Gitta, *Ich freu mich auf den nächsten Tag. Geschichten. Gedichte und Zeichnungen von Kindern aus der Pionierrepublik Wilhelm Pieck*, Berlin 1973.

Lindemann, Hans, »Visafreies Reisen«, *Deutschland-Archiv* 4/1972, S. 402–405.

—, *Deutsche Welle – Dokumentation, Tourismus in Osteuropa, 21.8.1970. Kennung 168/70*, Bestand des Zeitungsausschnittsarchivs in der Bibliothek zur Geschichte der DDR beim Haus der Geschichte in Bonn.

Lindenberger, Thomas (Hg.), *Herrschaft und Eigen-Sinn in der Diktatur. Studien zur Gesellschaftsgeschichte der DDR*, Köln / Weimar / Wien 1999.

—, »Die Diktatur der Grenzen. Zur Einleitung«, Lindenberger, Thomas (Hg.), *Herrschaft und Eigen-Sinn in der Diktatur. Studien zur Gesellschaftsgeschichte der DDR*, Köln / Weimar / Wien 1999, S. 13–44.

—, »Vergangenes Hören und Sehen. Zeitgeschichte und ihre Herausforderung durch die audiovisuellen Medien«, *Zeithistorische Forschungen / Studies in Contemporary History*, Online-Ausgabe 1/2004, H. 1, S. 3.

Lindenberger, Thomas / Sabrow, Martin, »Zwischen Vereinselung und Europäisierung. Die Zukunft der DDR-Geschichte«, *Deutschland-Archiv* 1/2004, S. 123–127.

Lindner, Bernd, »Biographien aus einem verschwundenen Land. Die Jugendgeneration der DDR in literarischen Selbstbildern«, *BIOS. Zeitschrift für Biographieforschung, Oral History und Lebensverlaufsanalysen* 2/2003, S. 190–208.

Linz, Juan J., »Totalitarian and Authoritarian Regimes«, Greenste, Fred I. / Polsby, Nelson W. (Hg.), *Handbook of Political Science*, Bd. 3 (Macropolitical Theory), Reading 1975, S. 175–411.

—, *Totalitäre und autoritäre Regime*, Berlin 2000.

Lippold, Gerhard, »Arbeitszeit, Freizeit und Erholung«, Manz, Günter / Sachse, Ekkehard / Winkler, Gunnar (Hg.), *Sozialpolitik in der DDR. Ziele und Wirklichkeit*, Berlin 2001, S. 95–116.

Lobst, Reiner / Miege, Wilmar / Steinbach, Dietmar, Drachenhöhle Syrau, *Urania* 11/1988, S. 39–43.

Lodahl, Maria, »Auslandstourismus im RGW«, *Deutschland-Archiv* 5/1979, S. 512–518.

—, »Auslandstourismus in den RGW-Ländern«, Deutsches Institut für Wirtschaftsforschung (Hg.), *DIW-Wochenbericht* 9–10/1980, S. 99–104.

—, »Der internationale Reiseverkehr der RGW-Länder«, Deutsches Institut für Wirtschaftsforschung (Hg.), *DIW-Wochenbericht* 10/1983, S. 127–131.

—, »Inlandstourismus dominiert in der DDR«, Industrie- und Handelskammer zu Lübeck (Hg.), *Trends im Ostsee-Fremdenverkehr (= Ostsee-Jahrbuch 1978)*, Lübeck 1978, S. 159–169.

—, »Reiseverkehr im RGW«, Deutsches Institut für Wirtschaftsforschung (Hg.), *DIW-Wochenbericht* 49/1982, S. 135–139.

—, »Reiseverkehr im RGW«, *Deutschland-Archiv* 6/1982, S. 621–625.

Loeser, Diana (Hg.), *Modern Britain. With a Contribution on Ireland. Ein englandkundliches Lesebuch*, Leipzig 1966.

Loest, Erich, *Die Oma im Schlauchboot. Geschichten*, Berlin 1976.

—, *Es geht seinen Gang oder Mühen in unserer Ebene*, Halle / Leipzig 1977.

—, *Zwiebelmuster*, München 1991.

Lohr, Karlheinz, *Die geopolitischen Grenzbelange und die Verkehrsbeziehungen zwischen den beiden deutschen Staaten 1970–1990. Hintergründe, Analysen, Kommentare und Folgerungen*, Berlin 1998.

Lokatis, Siegfried, *Verlagspolitik zwischen Plan und Zensur. Das ›Amt für Literatur und Verlagswesen‹ oder Die schwere Geburt eines Literaturapparates der DDR*, Berlin 1993.

Longo, Stefania, *Culture, tourism and Fascism in Venice 1919–1945*, London 2005.

Lorenz, Maren, »Wozu Anthropologisierung der Geschichte? Einige Anmerkungen zur kontraproduktiven Polarisierung der Erkenntnisinteressen in den Geisteswissenschaften«, *Historische Anthropologie* 11/2003, H. 3, S. 415–434.

Lübbren, Nina, »North and South, Paradigm Shifts in European Art and Tourism, 1880–1920«, Lübbren, Nina / Crouch, David (Hg.), *Visual culture and tourism*, Oxford / New York 2003, S. 125–146.

Lübchen, Gustav-Adolf / Thiel, Hubert, *Urlaub, Reisen, Camping (= Recht in unserer Zeit, 37)*, Berlin 1987.

Luchsinger, Martin, *Mythos Italien. Denkbilder des Fremden in der deutschsprachigen Gegenwartsliteratur*, Köln / Weimar / Wien 1996.

Lucius-Hoene, Gabriele / Deppermann, Arnulf, *Rekonstruktion narrativer Identität. Ein Arbeitsbuch zur Analyse narrativer Interviews*, Wiesbaden 2004.

Lüdtke, Alf (Hg.), *Herrschaft als soziale Praxis. Historische und sozialanthropologische Studien*, Göttingen 1991.

Lüdtke, Alf, »Arbeitsbeginn, Arbeitspausen, Arbeitsende«, Huck, Gerhard (Hg.), *Sozialgeschichte der Freizeit*, Wuppertal 1980, S. 283–306.

—, »Einleitung. Was ist und wer treibt Alltagsgeschichte?«, Lüdtke, Alf (Hg.), *Alltagsgeschichte. Zur Rekonstruktion historischer Erfahrungen und Lebensweisen*, Frankfurt/New York 1989, S. 9–47.

Ludwig, Andreas, »Fremde nahe Welten? Das Interesse der Geschichte an den Bildern«, Dokumentationszentrum Kunst der DDR (Hg.), *Volkseigene Bilder. Kunstbesitz der Parteien und Massenorganisationen der DDR*, Berlin 1999, S. 27.

Ludz, Peter Christian, »Markt- und Bedarfsforschung in der DDR«, *Deutschland-Archiv* 2/1969, H. 5, S. 457–472.

Luhmann, Niklas, *Legitimation durch Verfahren*, Neuwied / Berlin 1969.

Luthar, Breda / Pušnik, Maruša (ed.), *Remembering Utopia. The Culture of Everyday Life in Yugoslavia*, Washington 2007.

Machowski, Heinrich, »Reiseverkehr zwischen der DDR und Polen soll stärker kontrolliert werden«, *Deutschland-Archiv* 9/1980, S. 901–904.

Magenau, Jörg, *Christa Wolf. Eine Biographie*, Berlin 2002.

Maier, Charles S., »Geschichtswissenschaft und ›Ansteckungsstaat‹«, *Geschichte und Gesellschaft* 20/1994, H. 4, S. 616–624.

Manz, Günter / Winkler, Gunnar (Hg.), *Theorie und Praxis der Soziapolitik in der DDR*, Berlin 1979.

Manz, Günter u.a., *Lebensniveau im Sozialismus*, Berlin 1983.

Marcinek, Joachim / Richter, Hans / Scherf, Konrad, Der Naturraum der DDR im Überblick«, Benthien, Bruno u.a., *DDR. Ökonomische und soziale Geographie*, Gotha 1990.

Marold, Klaus, *Seebäder und Erholungswesen im Rostocker Bereich (= Wissenschaftliche Abhandlungen der Geographischen Gesellschaft der DDR, 4)*, Leipzig 1966.

Maron, Monika / von Westfalen, Joseph, *Trotzdem herzliche Grüße*, Frankfurt am Main 1988.

Maron, Monika, »Hinter dem Tresen. Als Empfangssekretärin im Hotel ›Berolina‹«, *Wochenpost* 5/1975.

Marschall, Monika, »Zahl der Wintergäste steigt«, *National-Zeitung*, 6.3.1987.

Marx, Horst, »Campingplatz für Durchreisende«, *Junge Welt*, 16.6.1972.

Marx, Karl, *Das Kapital. Kritik der politischen Ökonomie (Nachdruck von 1867)*, Berlin 1980.

Massow, Ulla, »Ferien in romantischer Wagenburg«, *Neues Deutschland*, 19.8.1977.

Matke, Fritz, »Souvenirs einmal ganz anders«, Thiemann, Irmgard, *Für Ferien, Freizeit, Feierabend*, Berlin 1970. S. 33f.

Matterne, Esther, »Familiencamping – ein wesentlicher Faktor bei der weiteren Entwicklung des Campingwesens in der DDR«, *Marktforschung. Mitteilungen des Instituts für Marktforschung* 2/1971, S. 18–21.

Matthäi, Joachim / Mencke, Brigitte, »Kommerzielle Beziehungen zwischen dem Reisebüro der DDR und der Deutschen Reichsbahn«, *DDR-Verkehr* 1/1972, S.17-28

Matthäus, Lieselotte, *Analysieren Sie die Entwicklung des Luftreiseverkehrs aus der DDR in die Sowjetunion im Zeitraum von 1965 bis 1970*, Dresden 1971.

Matulla, Anja, *Dia-Betrachtung. Das Medium Dia unter museologischen Aspekten am Beispiel des Nachlasses Gisela Bräuer aus dem Bestand des Museums Europäischer Kulturen SMPK Berlin*, unveröff. Magisterarbeit Berlin 2003.

Matznetter, Josef, »Differenzen in der Auffassung der Geographie des Tourismus und der Erholung«, Uhlig, Harald (Hg.), *Deutscher Geographentag Innsbruck 1975. Tagungsbericht und wissenschaftliche Abhandlungen*, Wiesbaden 1976, S. 661–672.

Mehnert, Elke, »›Der Tod ist exakt‹. Zu Werner Heiduczeks ›Reise nach Beirut‹«, dies., *Ostwestliche Spiegelungen. Beiträge zur deutschen Literatur des 20. Jahrhunderts*, Berlin 2005, S. 41–49.

Meier, Helmut (Hg.), *Der Kulturbund im politischen System der DDR in den siebziger Jahren*. Berlin 2000.

Mellenthin, Knut, »20 Jahre ›Ausländerstopp‹«, *Analyse & Kritik* 349, 16.12.1992, S. 12.

—, »Vorgriff auf die deutsche Einheit. Wie eine gesamtdeutsche Aktion Ausländerstopp 1986 das ›Loch in der Mauer‹ stopfte«, *Analyse & Kritik* 364, 09.03.1994, S. 9.

Mellor, Roy E.H., »Eastern Germany (the former German Democratic Republic)«, Hall, Derek R. (Hg.), *Tourism and Economic Development in Eastern Europe and the Soviet Union*, London / New York / Toronto 1991, S. 142–153.

Melniski, Ljuben, *Reiseführer Bulgarien*, Sofia 1971.

Menger, Karola, »Das andere Wien«, *Jugendmagazin neues leben* 7/1989, S. 52–55.

Mergel, Thomas / Welskopp, Thomas, »Geschichtswissenschaft und Gesellschaftstheorie«, dies. (Hg.), *Geschichte zwischen Kultur und Gesellschaft. Beiträge zur Theoriedebatte*, München 1997, S. 9–35.

Mergel, Thomas, »Geht es weiter voran? Die Modernisierungstheorie auf dem Weg zu einer Theorie der Moderne«, ders. / Welskopp, Thomas (Hg.), *Geschichte zwischen Kultur und Gesellschaft. Beiträge zur Theoriedebatte*, München 1997, S. 203–232.

Merkel, Ina (Hg.), *›Wir sind doch nicht die Mecker-Ecke der Nation‹. Briefe an das DDR-Fernsehen*, Köln / Weimar / Wien 1998.

—, »Luxus im Sozialismus. Eine widersinnige Fragestellung?«, Reith, Reinhold / Meyer, Torsten (Hg.), *›Luxus und Konsum‹. Eine historische Annäherung*, Münster / New York / München / Berlin 2003, S. 221–236.

Merl, Stephan, »Staat und Konsum in der Zentralverwaltungswirtschaft. Rußland und die ostmitteleuropäischen Länder«, Siegrist, Hannes / Kaelble, Hartmut / Kocka, Jürgen (Hg.), *Europäische Konsumgeschichte. Zur Gesellschafts- und Kulturgeschichte des Konsums (18. bis 20. Jahrhundert)*, Frankfurt/New York 1997, S. 205–244.

Merton, Robert K., *Soziologische Theorie und soziale Struktur*, Berlin / New York 1995.

Metscher, Klaus, »Bessere Erholung durch besseren Service«, *Berliner Zeitung*, 5.6.1975.

Mettner, Martina, »Amateurfotografie. Reise und Urlaub im Bild des Touristen«, Pohl, Klaus, *Ansichten der Ferne. Reisephotographie 1850 bis heute*, Gießen 1983, S. 151–184.

Meuschel, Sigrid, »Überlegungen zu einer Herrschafts- und Gesellschaftsgeschichte der DDR«, *Geschichte und Gesellschaft* 19/1993, S. 5–14.

—, *Legitimation und Parteiherrschaft. Zum Paradox von Stabilität und Revolution in der DDR 1945–1989*, Frankfurt am Main 1992.

Meyen, Michael, »Die Anfänge der empirischen Medien- und Meinungsforschung in Deutschland«, *ZA-Information* 50/2002, S. 59–80.

—, »Kollektive Ausreise? Zur Reichweite ost- und westdeutscher Fernsehprogramme in der DDR«, *Publizistik* 47/2002, H. 2, S. 200–220.

—, *Einschalten, Umschalten, Ausschalten? Das Fernsehen im DDR-Alltag*, Leipzig 2003.

Meyer, Gerd, »Der versorgte Mensch. Sozialistischer Paternalismus, bürokratische Bevormundung und soziale Sicherheit«, Landeszentrale für politische Bildung Baden-Württemberg (Hg.), *Politische Kultur in der DDR*, Stuttgart / Berlin / Köln 1989, S. 29–53.

—, *Die DDR-Machtelite in der Ära Honecker (= Tübinger Mittel- und Osteuropastudien, 3)*, Tübingen 1991.

Meyer, Jochen, *Zur Massenwirksamkeit der Sportgemeinschaften des Deutschen Turn- und Sportbundes der DDR*, Leipzig 1985.

Mickel, Karl, »Reisen«, Jentzsch, Bernd (Hg.), *Das Wort Mensch. Das Bild vom Menschen in deutschsprachigen Gedichten aus drei Jahrhunderten*, Halle 1972, S. 239.

Middell, Matthias, »Kulturtransfer und Historische Komparatistik – Thesen zu ihrem Verhältnis« *Comparativ* 10/2000, H. 1, S. 7–41.

Mieczkowski, Bogdan, *Personal and Social Consumption in Eastern Europe. Poland, Czechoslovakia, Hungary, and East Germany*, New York 1975.

Mikolajczak, Zbigniew, »Die qualifizierte Touristik als ein wichtiger Bestandteil des polnischen Fremdenverkehrs«, Lehrstuhl für Ökonomik des Fremdenverkehrs an der Hochschule für Verkehrswesen ›Friedrich List‹, Dresden (Hg.), *Beiträge zur Fremdenverkehrswissenschaft*, Bd. 6, o.J., S. 77–82.

Ministerium für Handel und Fremdenverkehr der Slowakischen Republik (Hg.), *Panorama der Slowakei. Revue für Fremdenverkehr*, nachgewiesen 1968 bis 1998.

—, *Willkommen in der Tschechoslowakei. Revue für Tourismus*, nachgewiesen 1966 bis 1993.

Ministerium für Tourismus der VRR (Hg.), *Ferien in Rumänien. Illustrierte Monatsschrift*, nachgewiesen 1965 bis 1989.

Ministerium für Verkehrswesen / Mitropa (Hg.), *Reisen mit der Eisenbahn*, nachgewiesen 1969–1972.

Mitter, Armin / Wolle, Stefan, *Ich liebe euch doch alle! Befehle und Lageberichte des MfS. Januar–November 1989*, Berlin 1990.

Mitzman, Arthur, »Historische Identität und die Identität des Historikers«, Röckele, Hedwig (Hg.), *Biographie als Geschichte*, Tübingen 1993, S. 89–116.

Mohrmann, Ute, »Lust auf Feste. Zur Festkultur in der DDR«, Evamarie Badstübner (Hg.), *Befremdlich anders. Leben in der DDR*, Berlin 2000, S. 415–431.

Mommsen, Wolfgang J., »Die Geschichtswissenschaft am Ende des 20. Jahrhunderts«, Cornelißen, Christoph (Hg.), *Geschichtswissenschaften. Eine Einführung*, Frankfurt am Main 2000, S. 26–38.

Moog, Christa, »Linda oder: Die Reise zurück«, Solms, Wilhelm, *Begrenzt glücklich. Kindheit in der DDR*, Marburg 1992, S. 99–117.

Mor, Edgar, *Der Geist der Zeit*, Köln / Berlin 1965.

Moranda, Scott, »Camping Leisure in East Germany, Making ›Rough‹ Nature More Comfortable«, Crowley, David / Reid, Susan E., *Leisure and Luxury in Socialist Europe* (im Druck).

—, »East German Tourist Itineraries. In Search of a Common Destination«, Gorsuch, Anne E. / Koenker, Diane, *Turizm. Leisure, travel and nation-building in Russian, soviet and east European history*, Ithaca 2006.

Morenz, Werner, »Haus für Sport und Freizeit erweiterte den Kundendienst«, *Neues Deutschland*, 27.3.1976.
Morgner, Irmtraud, *Leben und Abenteuer der Trobadora Beatriz nach Zeugnissen ihrer Spielfrau Laura. Roman in 13 Büchern und 7 Intermezzos*, Berlin 1974.
Mühlberg, Dietrich, »Die DDR als Gegenstand kulturhistorischer Forschung«, *Mitteilungen aus der kulturwissenschaftlichen Forschung* 16/1993, H. 33, S. 7–85.
Mühlberg, Felix / Schmidt, Annegret (Hg.), *Zonentalk. DDR-Alltagsgeschichten aus dem Internet*, Wien / Köln / Weimar 2001.
Mühlberg, Felix, »Eingaben als Instrument informeller Konfliktbewältigung«, Badstübner, Evemarie (Hg.), *Befremdlich anders. Leben in der DDR*, Berlin 2000, S. 233–270.
—, *Bürger, Bitten und Behörden. Geschichte der Eingabe in der DDR*, Berlin 2004.
Mühler, Kurt / Wippler, Reinhard, Die Vorgeschichte der Wende in der DDR. Versuch einer Erklärung«, *Kölner Zeitschrift für Soziologie und Sozialpsychologie* 45/1993, H. 4, S. 691–711.
Müller, Frank / Quinger, Wolfgang, *Mit Dampf und Schaufelrad auf der Oberelbe*, Berlin 1988.
Müller, Herbert, »Urlaubsparadiese für heute und morgen«, *Gastronomie. Fachzeitschrift für Gaststätten, Hotels und Gemeinschaftsverpflegung*, 3. Jg., 5/1972, S. 15–17.
Müller, Klaus, *Die Lenkung der Strafjustiz durch die SED-Staats- und Parteiführung der DDR am Beispiel der Aktion Rose*, Frankfurt am Main / Berlin / Bern / New York / Paris / Wien 1995.
Müller, Susanne, »Merkmale und Verhaltensweisen von Campingurlaubern«, *Marktforschung. Mitteilungen des Institutes für Marktforschung* 1-2/1980, S. 27–31.
Müller, Susanne, *Von der Mangel- zur Marktwirtschaft. Analyse der Konsumbedingungen und des Konsumverhaltens in der DDR*, Leipzig 2000.
Müller, Werner, »Interkulturelles Lernen beim Jugendaustausch«, Hahn, Heinz / Kagelmann, Hans J. (Hg.), *Tourismuspsychologie und Tourismussoziologie. Ein Handbuch zur Tourismuswissenschaft*, München 1993, S. 270–278.
Mundt, Jörn W., *Reiseveranstaltung. Lehr- und Handbuch*, München 2000.
—, *Tourismuspolitik*, München 2004.
Münzner, Osmar, »Erholungsgebiet Talsperre Pöhl«, *Deutsche Architektur* 5/1972, S. 302–304.
Nagel-Dolinga, Ursula, *Möglichkeiten und Grenzen eines Vergleichs der Lebenshaltung in beiden deutschen Staaten*, Frankfurt am Main / Bern / New York 1984.
Nakath, Detlef / Stephan, Gerd-Rüdiger (Hg.), *Countdown zur deutschen Einheit. Eine dokumentierte Geschichte der deutsch-deutschen Beziehungen 1987–1990*, Berlin 1996.
Nemson, Reinhard, *Die kulturell-ästhetische Bildung und Erziehung im Kinderferienlager*, Berlin ca. 1972.
Neubert, Werner, »Wenn viele eine Reise tun, können sie erzählen«, *Neues Deutschland*, 30.10.1976.
Neumann, Matthias, »Polnische Nachhilfe. Über die Reiseerfahrungen junger DDR-Bürger im weitaus freieren Nachbarland«, *Die Zeit* 46/1999.
Nguyen van Hoa, *Die Erfahrungen in der Deutschen Demokratischen Republik bei der Einbeziehung der privaten Gaststätten in die Versorgung der Bevölkerung in den sozialistischen Aufbau aus der Sicht der Sozialistischen Republik Vietnam*, unveröff. Diss., Leipzig 1987.

Niederhut, Jens, *Die Reisekader. Auswahl und Disziplinierung einer privilegierten Minderheit in der DDR (= Schriftenreihe des Sächsischen Landesbeauftragten für die Unterlagen des Staatssicherheitsdienstes, Bd. 4)*, Leipzig 2005.

Niemann, Heinz, *Hinterm Zaun. Politische Kultur und Meinungsforschung in der DDR – die geheimen Berichte an das Politbüro der SED*, Berlin 1995.

Niemz, Günter / Wachs, Reiner, *Personenschiffahrt auf der Oberelbe*, Rostock 1981.

Niethammer, Lutz (Hg.), *Lebenserfahrung und kollektives Gedächtnis. Die Praxis der ›oral history‹*, Frankfurt am Main 1980.

Niethammer, Lutz / Plato, Alexander von / Wierling, Dorothea, *Die volkseigene Erfahrung. Zur Archäologie des Lebens in der DDR. 30 biographische Einstiege*, Berlin 1991.

Niethammer, Lutz, »Einleitung«, ders. (Hg.), *Lebenserfahrung und kollektives Gedächtnis. Die Praxis der ›Oral History‹*, Frankfurt am Main 1985, S. 7–36.

—, »Erfahrungen und Strukturen. Prolegomena zu einer Geschichte der Gesellschaft der DDR«, Kaelble, Hartmut / Kocka, Jürgen / Zwahr, Hartmut (Hg.), *Sozialgeschichte der DDR*, Stuttgart 1994, S. 95–115.

Nixdorf, James, »Globusrutschen bis Timbuktu. Die Angst vorm großen Ähneln«, Simon, Jana / Rothe, Frank / Andrasch, Wiete (Hg.), *Das Buch der Unterschiede. Warum die Einheit keine ist*, Berlin 2000, S. 205–212.

Nobbe, Thomas, *Kommunale Kooperation zwischen der Bundesrepublik und der DDR*, Münster 1990.

Nováková, Eva, *Tourismuspolitik in Transformation am Beispiel der Tschechischen Republik, Diuu.*, Bamberg 2003.

Nowak, Jürgen / Schiefelbe, Horst, »Nachdenken über Andenken. Mit dem Bleistift durch den Souvenir-Dschungel«, *Neues Deutschland*, 9.1.1971.

O. V., »Die beiden Gesellschaftssysteme und das Recht auf Erholung, Probleme des Friedens und des Sozialismus«, *Zeitschrift der kommunistischen und Arbeiterparteien für Theorie und Information* 9/1982, S. 1284–1287.

O.V. »Ferienherberge Glowe«, Tourismusverein der Gemeinde Glowe e.V. (Hg.), *Wellenbrusen. Informationsblatt des Tourismusvereins der Gemeinde Glowe e.V.* 3/2003.

O.V. »Können Sie sicher noch erinnern? (1)«, Tourismusverein der Gemeinde Glowe e.V. (Hg.), *Wellenbrusen. Informationsblatt des Tourismusvereins der Gemeinde Glowe e.V.* 4/2003.

O.V. »Können Sie sicher noch erinnern? (2)«, Tourismusverein der Gemeinde Glowe e.V. (Hg.), *Wellenbrusen. Informationsblatt des Tourismusvereins der Gemeinde Glowe e.V.* 5/2003.

O.V., »›Der Urlauber geht nicht mit den Hühnern schlafen‹. Geselligkeit mit Pfiff ist im Seebad Heringsdorf auch vor und nach den Urlauberfesttagen gefragt«, *Tribüne*, 12.8.1976.

O.V., »›Intourist‹ auch 1975 mit vielseitigem Reiseangebot«, *Neue Zeit*, 19.3.1975.

O.V., »›Kreis Rochlitz‹«, *NBI* 48/1985.

O.V., »›Urlaub in den Binsen‹«, *NBI* 31/1977, S. 33.

O.V., »›Schwarzzelten‹ breitet sich an der DDR-Küste aus«, *Informationsbüro West*, Berlin, 4.9.1973.

O.V., *10 Jahre Spezialistenlager ›Bildende Kunst‹ des Bezirkes Rostock. Überlegungen, Ergebnisse, Erfahrungen*, Rostock 1982.

O.V., »2000 Kleingartenanlagen anerkannte Erholungsgebiete«, *Neues Deutschland*, 17.9.1986.

O.V., »330 fahren ins Land des Roten Oktober«, *Fahrt frei* 39/1974.

O.V., »35 Jahre ›Ostseeperle‹ Glowe«, Tourismusverein der Gemeinde Glowe e.V. (Hg.), *Wellenbrusen. Informationsblatt des Tourismusvereins der Gemeinde Glowe e.V.* 1/2003.

O.V., »550 ›Glückspilze‹ auf Kreuzfahrt in der Ostsee«, *Der Morgen*, 7.12.1971.
O.V., »7000 km Urlaub für Olga Schlicht«, *Neue Berliner Illustrierte* 3/1976, S. 12–17.
O.V., »800000 Schüler fahren in ein Betriebsferienlager«, *Neues Deutschland*, 24.2.1984.
O.V., »Abenteuer und Kinderlachen am Serwestsee«, *Tribüne*, 1.8.1975.
O.V., »Alles über Campingausrüstung«, *Junge Welt*, 1.4.1972.
O.V., »Angebot der tschechoslowakischen Reisebüros im Jahre 1989«, *Willkommen in der Tschechoslowakei. Revue für Fremdenverkehr* 1/1989, S. 58f.
O.V., »Anzeige des Reisebüros der DDR ›Camping ist Trumpf‹«, *Neue Zeit*, 22.6.1973.
O.V., »Anzeige«, *NBI* 39/1976, S. 43.
O.V., »Auf dem Ticket wird's notiert. Selbstbedienung mit Wertbon im Sömmerdaer ›Gastronom‹«, *Der Konsumgenossenschafter* 8/1977.
O.V., »Ausdruck enger Freundschaft«, *Junge Welt*, 16.7.1973.
O.V., »Auslandstourismus in den RGW-Ländern«, Deutsches Institut für Wirtschaftsforschung (Hg.), *DIW-Wochenbericht* 9–10/1980, S. 99–104.
O.V., »Autocamping ganz groß«, *Der Morgen*, 3.11.1973.
O.V., »Bewährung beim Studentensommer 1974«, *Neues Deutschland*, 23.7.1974.
O.V., »Buhnen, Dünen, Deiche. Eine Betrachtung über Erholung und Küstenschutz in der DDR«, *National-Zeitung*, 30.6.1976.
O.V., »Camping 87 auf dem Jugendherbergsgelände«, *Neues Deutschland*, 16.12.1986.
O.V., »Camping an Polens Ostsee«, *Neue Zeit*, 22.6.1973.
O.V., »Campingfreunde«, *Neues Deutschland*, 16.9.1972.
O.V., »Computertraining im Sommerlager«, *Neues Deutschland*, 3.8.1989.
O.V., »DDR-Touristikkomitee für Jugendcampingplätze«, *Informationsbüro West*, Berlin, 6.9.1972.
O.V., »Den Geheimnissen des Orients auf der Spur«, *Neues Deutschland*, 24.9.1977.
O.V., »Der feinste Laden drüben«, *Die Zeit*, 3.10.1975, S. 26–29.
O.V., »Der internationale Reiseverkehr der RGW-Länder«, Deutsches Institut für Wirtschaftsforschung (Hg.), *DIW-Wochenbericht* 10/1983, S. 127–131.
O.V., »Die beiden Gesellschaftssysteme und das Recht auf Erholung, Probleme des Friedens und des Sozialismus«, *Zeitschrift der kommunistischen und Arbeiterparteien für Theorie und Information* 9/1982, S. 1284–1287.
O.V., »Die Betriebskommission Jugendauslandstouristik der DDR bietet für 1974 folgende Reisen«, *Fahrt frei* 8/1974.
O.V., »Die DDR nimmt Reise-Erschwernisse zurück«, *Frankfurter Allgemeine Zeitung*, 1.4.1989.
O.V., »Die Entwicklung unserer Republik ist untrennbar mit der Kraft und Autorität der Gewerkschaften verbunden. Aus dem Bericht des Bundesvorstandes des FDGB an den 11. FDGB-Kongreß«, *Neues Deutschland*, 23.4.1987, S. 3–6.
O.V., »Die Karten gibt es am Kiosk«, *Junge Welt*, 24.12.1971.
O.V., »Dieses Jahr fällt's aus«, *Junge Welt*, 6.6.1972.
O.V., »DJH – bei uns ist noch Platz«, *Junge Welt*, 25.9.1972.
O.V., »Ein zünftiger Urlaub mit dem Zelt«, *Junge Welt*, 21.7.1972.
O.V., »Erholsamer Urlaub für rund 25000 Werktätige«, *Freie Presse*, 1.2.1980.
O.V., »Ferien per Scheck. Kolumne ›Unterwegs‹«, *NBI* 14/1976.
O.V., »Ferienfreuden für Kinder aus elf Ländern in Prerow«, *Neues Deutschland*, 8.7.1970.
O.V., »Feriensommer '74 ganz international«, *Neue Zeit*, 4.8.1974.

O.V., »Ferienvorbereitung auf lange Sicht«, *Der Pionierleiter* 5–6/1971.
O.V., »Feste Freundschaft der Kinder der Welt für gemeinsame glückliche Zukunft«, *Der Morgen*, 24.8.1974.
O.V., »Frohe Ferientage für alle Kinder, Zentralkomitee der SED«, Abteilung Agitation (Hg.), *Was und wie. Informationen, Argumente, Übersichten für den Agitator* 7/1985, S. 25–27.
O.V., »Für die Gesundheit und Erholung der Arbeiter«, *Tribüne*, 9.3.1972.
O.V., »Gaststätten im Bezirk Leipzig laden Sie ein«, *Der Morgen*, 6.5.1973.
O.V., »Heute wollen wir das Ränzlein schnüren. 15 Fragen zum Reisen mit ›Jugendtourist‹. 15 Antworten aus dem Reisebüro der FDJ. Alle Einrichtungen der Jugendtouristik«, *Dokumentation 3/88 (= Beilage zu ›Pionierleiter‹ 14/1988), Der Pionierleiter* 14/1988.
O.V., »Hurra – bald sind Ferien!«, *Gewerkschaftsleben. Monatsschrift des FDGB* 6/1987, S. 7.
O.V., »Interhotel – nicht international, Kolumne ›Unterwegs‹«, *NBI* 34/1976, S. 45.
O.V., »Internationales Freundschaftslager der FDJ eröffnet«, *Neues Deutschland*, 22.7.1989.
O.V., »Interview mit dem Instrukteur für Urlaubersport im Bezirk Rostock«, Staack, Dieter, *Mein Urlaub – kein Urlaub vom Sport*, *Ostsee-Zeitung*, 28.7.1978.
O.V., »Interview mit Hans Joachim Kalendrusch (Mitglied des Rates des Bezirkes Rostock für Erholungswesen)«, *National Zeitung*, 30.1.1984.
O.V., »Jugendsinfonieorchester beendete Sommerlager«, *Neues Deutschland*, 28.8.1985.
O.V., »Junge Matrosen rüsten für größte Pionierschiff-Reise«, *Berliner Zeitung*, 28.3.1974.
O.V., »Kinder aus aller Welt«, *Der Morgen*, 16.7.1976.
O.V., »Längerer Urlaub per Interflug«, *National-Zeitung*, 25.5.1973.
O.V., »Lehrlingssommer«, *Handelswoche*, 16.9.1976.
O.V., »Mehr Reiseschecks für Kinderreiche. Jährlich 75 000 Gewerkschafter in Interhotels«, *Berliner Zeitung*, 1.12.1972.
O.V., »Mein Urlaub – kein Urlaub vom Sport!«, *Deutsches Sportecho*, 24.7.1973.
O.V., »Menschen von hier, Bernhard Wüstenberg«, Tourismusverein der Gemeinde Glowe e.V. (Hg.), *Wellenbrusen. Informationsblatt des Tourismusvereins der Gemeinde Glowe e.V.* 10/2004, S. 7.
O.V., »Mit Blasmusik zum Bergsportfest. Tribüne-Gespräch mit Sportorganisatoren des FDGB-Feriendienstes über vielfältige Aktivitäten innerhalb der Urlauber-Olympiade«, *Tribüne*, 17.11.1975.
O.V., »Mit dem eigenen Dach unterwegs«, *Wochenpost* 24/1977.
O.V., »Mit dem FDGB-Ferienscheck zum Urlaub nach Polen«, *Berliner Zeitung*, 17.4.1974, S. 9.
O.V., »Mit dem Pionierexpress DDR 25 in die Sommerferien«, *Der Pionierleiter* 4/1974, S. 3.
O.V., »Motorisiert in die Ungarische Volksrepublik«, *Der deutsche Straßenverkehr* 4/1972, S. 114–117.
O.V., »Motorisiert in die Volksrepublik Bulgarien«, *Der deutsche Straßenverkehr* 5/1972, S. 150–153.
O.V., »Ordnung an der Staatsgrenze der DDR zur ČSSR«, *Der Tourist* 5/1966, S. 12.
O.V., »Per Schiff ins Binnenland, Kolumne ›Unterwegs‹«, *NBI* 25/1976, S. 45.
O.V., »Pioniersommer '75. Beilage ›griffbereit‹« 2/1975, *Der Pionierleiter* 13–14/1975.
O.V., »Prestige-Zug ›Karlex‹ fährt zum letzten Mal«, *Die Welt*, 12.4.2003.
O.V., »Prognosen über den Fremdenverkehr«, *Die Wirtschaft*. Beilage zu H. 13, Berlin 1968.
O.V., »Reisen mit Kindern, Kolumne ›Unterwegs‹«, *NBI* 44/1976, S. 45.

O.V., »Ringberghotel Suhl hat neue Besitzer. Renommiertes Thüringer Hotel will noch mehr Touristen«, *ddp-Wirtschaftsdienst*, 18.4.2002.

O.V., »Rubrik ›Anzeigen‹, darin ›Reise/Erholung – Tausch‹«, *Wochenpost*, 28.11.1986.

O.V., »Schneller zur Ostsee«, *Neue Zeit*, 15.5.1975.

O.V., »SED öffnet Grenze nach Westen, Keiner wird an Ausreise gehindert. Schabowski verkündet Reisefreiheit«, Golombek, Dieter /Ratzke, Dietrich (Hg.), *Dagewesen und aufgeschrieben. Reportagen über eine deutsche Revolution*, Frankfurt am Main 1990. S. 107–110.

O.V., »Seminare unterm Ferienhimmel«, *Tribüne*, 18.8.1976.

O.V., »Sicher in den Ostseeurlaub, Ratgeber Auto«, *NBI* 32/1986, S. 39.

O.V., »Signal Nr. 1 ruft zur Ferienexpedition 1970«, *Junge Welt*, 2.6.1970.

O.V., »Sommer bei der DR«, *Fahrt frei* 28/1971.

O.V., »Sommerferienlager für junge Musiker«, *Neues Deutschland*, 20.8.1975.

O.V., »Sommerkinos auf DDR-Campingplätzen«, *IWE Berlin*, 8.6.1973.

O.V., »Spezialistenlager ›1. Havelexpedition‹«, Panorama DDR (Hg.), *Prisma. Wissenswertes aus der DDR* 3/1988, S. 34–37.

O.V., »Studentensommer«, *Fahrt Frei* 29/1973.

O.V., »Studienwochen ›vor Ort‹. Aufgaben und Ziele des Studentensommers 1972«, *Die Union*, 10.5.1972.

O.V., »Tausende halfen bei der Markierung des Wanderweges. 750 km langer Abschnitt zwischen Eisenach und Schmilka«, *Neues Deutschland*, 31.5.1983.

O.V., »Touristik. Junge Welt-Beilage. DJH-Platzbestellung, gewusst wie und wann«, *Junge Welt*, 19.4.1974.

O.V., »Üble Nachrede«, *Informationsbüro West, Berlin, Nr. 7/921 vom 15.7.1976*, Bestände im Zeitungsausschnittsarchiv der Bibliothek zur Geschichte der DDR des Hauses der Geschichte in Bonn.

O.V., »Um besseren Service im Reiseverkehr bemüht«, *Fahrt frei* 43/1974.

O.V., »Urlaub«, *Brockhaus-Enzyklopädie in 24 Bänden*, Bd. 22, Mannheim / Leipzig 1993, S. 705f.

O.V., »Urlauberheim für Wismut-Kumpel in Zinnowitz«, *Tribüne*, 4.7.1977.

O.V., »Urlauber-Olympiade 1972 mit Rekordbeteiligung«, *Berliner Zeitung*, 4.10.1972.

O.V., »Urlaubsplätze zwischen Ostsee und Schwarzem Meer«, *Neues Deutschland*, 6.5.1973.

O.V., »Von der herzlichen Gastfreundschaft waren wir begeistert«, *Tribüne*, 21.8.1985.

O.V., »Vorbereitung auf das Mathematiksommerlager«, *Neues Deutschland*, 18.6.1983.

O.V., »Vorbild war das Lager Artek«, *Nationale Zeitung*, 24.8.1974.

O.V., »Vorstoß in fernsehjournalistisches Neuland, Berliner Zeitung am Abend, 6.5.1963«, zitiert bei, Merkel, Ina (Hg.), *›Wir sind doch nicht die Mecker-Ecke der Nation‹. Briefe an das DDR-Fernsehen*, Köln / Weimar / Wien 1998, S. 22 Fußnote 7.

O.V., »Was bringt das neue Urlaubsjahr? Unser Gesprächspartner, Dr. Fritz Rösel«, *NBI* 7/1976, S. 14–17.

O.V., »Was geschieht mit den Geldern der Gewerkschaft? «, *Die Tribüne*, 7.5.1976.

O.V., »Wer repariert Zelte, Boote, Luftmatratzen, Bootsmotore, Campingkocher?«, *Junge Welt*, 21.4.1972.

O.V., »Wissen Sie schon ...«, *Der Modelleisenbahner* 4/1963, S. 106.

O.V., »Wo arbeitet wer? Eine Auswahl von Einsatzorten während des Studentensommers 1976«, *Forum* 15/1976, S. 3.

O.V., »Zu Gast im Lande Lenins«, *Deutsche Lehrerzeitung* 36/1970.
O.V., »Zu wenig Campingplätze?«, *Sozialistische Demokratie*, 17.3.1972.
O.V., »Zunehmende Verschmutzung der Ostsee auch vor der DDR-Küste«, *Informationsbüro West*, *Berlin, 14.7.1971*, Bestände im Zeitungsausschnittsarchiv der Bibliothek zur Geschichte der DDR des Hauses der Geschichte in Bonn.
O.V., *Allgemeine Leistungsbedingungen für das Reisebüro der DDR vom 10.5.1967*.
O.V., *Chronik DDR–UdSSR Tourismus*, O.O. 1973.
O.V., *Deine Gesundheit* 6/1983.
O.V., *Handbuch Deutsche Demokratische Republik*, Leipzig 1984.
O.V., *Reiseführer DDR. Reiserouten durch die Deutsche Demokratische Republik*, Leipzig 1974.
Obenaus, Hans / Wagner, Erich, »Zum Erholungswesen an der Ostseeküste der DDR aus der Sicht der Rekreationsgeographie«, *Berichte zur deutschen Landeskunde 64*, 1/1990, S. 67–75.
Oberländer, Arno, »Camping im Schnee mit vielen Reizen«, *Neues Deutschland*, 2.2.1980.
Ochel, Michael, »FDJ-Studentensommer – eine gute Traditon«, *Berliner Zeitung*, 26.7.1975.
Oehler, Ellenor u.a., *Erholungswesen. Leitung, Organisation, Rechtsfragen*, Berlin 1989.
—, *Landeskulturrecht*, Berlin 1986.
Oeser, Kurt / Rothaar, Erich / Matke, Fritz, *Urlaub mit dem Feriendienst des FDGB*, Berlin 1968.
Offner, Hannelore, *Eingegrenzt – ausgegrenzt. Bildende Kunst und Parteiherrschaft in der DDR 1961–1989*, Berlin 2000.
Oficiul national de turism ›Carpati‹ (Hg.), *Durch Rumänien, Zeitschrift für Fremdenverkehr*, nachgewiesen 1/1958–4/1964.
Olbrich, Paul, »Das Fremdenverkehrswesen in der Sowjetzone«, Industrie- und Handelskammer zu Lübeck (Hg.), *Die Wirtschaft im Ostseeraum. Ein Jahrbuch*, 5. Jg., Lübeck 1964, S. 37–52.
—, »Touristik in der DDR«, Industrie- und Handelskammer zu Lübeck (Hg.), *Die Wirtschaft im Ostseeraum. Ein Jahrbuch*, 10. Jg., Lübeck 1969, S. 31–45.
Olshavsky, R.W., »Perceived quality in consumer decision making, An integrated theoretical perspective«, Jacoby, J. / Olson, J. (Hg.), *An Assessment of Marketing Thought & Practice*, Chicago 1985.
Opaschowski, Horst W., *Freizeit und Mobilität. Analyse einer Massenbewegung*, Hamburg 1995.
—, *Freizeitökonomie. Marketing von Erlebniswelten*, Opladen 1993, S. 146.
—, *Freizeitstile der Deutschen in Ost und West. Forschungsergebnisse des B.A.T. Freizeit-Forschungsinstituts*, Hamburg 1991.
—, *Mythos Urlaub. Die unerfüllbare Sehnsucht nach dem Paradies? Eine motivationspsychologische Studie*, Hamburg 1991.
—, *Pädagogik der Freizeit. Grundlegung für Wissenschaft und Praxis*, Bad Heilbrunn 1976.
Oppermann, Anja, *Transformationsprozesse der Fremdenverkehrswirtschaft an der mecklenburgisch-vorpommerischen Ostseeküste nach 1990*, Düsseldorf 1996, S. 203–220.
Osang, Alexander, »Lohn der Angst. Bulgarien sehen. Und sterben«, Handloik, Volker (Hg.), *Die DDR wird 50. Texte und Fotografien*, Berlin 1999, S. 120–125.
Oschlies, Wolf, »Der bulgarische Tourismus und seine deutschen Kunden«, *Deutschland-Archiv* 7/1972, S. 727–731.

Osterhammel, Jürgen, *Geschichtswissenschaft jenseits des Nationalstaats. Studien zu Beziehungsgeschichte und Zivilisationsvergleich (= Kritische Studien zur Geschichtswissenschaft, 147)*, Göttingen 2001.

Ostrowski, Stanislaw, »Grundrichtungen der perspektivischen Entwicklung des Fremdenverkehrs in der Volksrepublik Polen«, Lehrstuhl für Ökonomik des Fremdenverkehrs an der Hochschule für Verkehrswesen ›Friedrich List‹, Dresden (Hg.), *Beiträge zur Fremdenverkehrswissenschaft*, Bd. 5, o.J., S. 111–124.

Otto, Manfred, *Gastronomische Entdeckungen in der DDR*, Berlin 1984.

Otto, Wilfriede, »Zu Normen und Ritualen im SED-Alltag«, Timmermann, Heiner (Hg.), *Die DDR – Erinnerung an einen untergegangenen Staat*, Berlin 1999, S. 295–306.

Overdick, Thomas, »Symbole einer Landschaft. Fischland – Darß – Zingst in volkskundlichen Photographien«, *vokus. Volkskundlich-kulturwissenschaftliche Schriften* 10/2000, H. 1, S. 272–287.

Pädagogische Hochschule »Karl Friedrich Wilhelm Wander« (Hg.), *Freundschaft und Zusammenarbeit im Grenzgebiet der DDR und der VR Polen. 1949–1984 (= Dresdner Reihe zur Forschung 85,2)*, Dresden 1985.

Pagenstecher, Cord, »Enzensbergers Tourismusessay von 1958 – ein Forschungsprogramm für 1998?«, *Tourismus Journal* 2/1998, S. 533–552.

—, *Der bundesdeutsche Tourismus. Ansätze zu einer visual history, Urlaubsprospekte, Reiseführer, Fotoalben 1950–1990*, Hamburg 2003.

Pankoke, Helga (Hg.), *Aufenthalte anderswo. Schriftsteller auf Reisen*, Berlin 1976.

Panofsky, Erwin, »Einleitung«, ders. (Hg.), *Studien zur Ikonologie. Humanistische Themen in der Kunst der Renaissance*, Köln 1980, S. 30–51.

—, »Zum Problem der Beschreibung und Inhaltsdeutung von Werken der bildenden Kunst«, *Logos* XXI/1932, S. 103–119.

Panorama DDR (Hg.), *Die DDR stellt sich vor*, Berlin 1984.

Parsons, Talcott, »Evolutionary Universals in Society«, *American Sociological Review* 29/1964, H. 3, S. 339–357.

Paul, Georgina / Schmitz, Helmut (Hg.), *Entgegenkommen. Dialogues with Barbara Köhler*, Amsterdam / Atlanta 2000.

Paulmann, Johannes, »Internationaler Vergleich und interkultureller Transfer. Zwei Forschungsansätze zur europäischen Geschichte des 18. bis 20. Jahrhunderts«, *Historische Zeitschrift* 267/1998, H. 3, S. 649–685.

Pearlman, Michael V., »Conflicts and constraints in Bulgaria's tourism sector«, *Annals of Tourism Research* 17/1990, H. 1, S. 103–122.

Peters, Gerd, »Vom Urlauberschiff zum Traumschiff. Die Passagierschiffahrt der DDR«, Haus der Geschichte (Hg.), *Endlich Urlaub! Die Deutschen reisen. Begleitbuch zur Ausstellung im Haus der Geschichte der Bundesrepublik Deutschland*, Bonn 1996, S. 93–100.

—, *Vom Urlauberschiff zum Luxusliner. Die Seetouristik des VEB Deutsche Seereederei Rostock*, Hamburg, 2005.

Petry, Jürgen, *Das Monopol. Die Geschichte des Leipziger Kommissions- und Großbuchhandels LKG*, Leipzig 2001.

Petzold, Helmut, »Die Fremden kommen. Notizen zur Entwicklung des Erzgebirges als Reise-, Erholungs- und Wanderland«, *Erzgebirgische Heimatblätter*, 12. Jg., H. 1, 1990, S. 13–19.

Petzoldt, Gerlinde, *Erforschung des Freizeitverhaltens in der DDR und der Sowjetunion. Drei Studien*, Berlin 1988.

Petzoldt, Rainer, »Wer viel reist, der lernt so manches«, *Die ABC-Zeitung* 6/1980.

Pfitzner, Alice, »Einiges mehr an Service bei der Eisenbahn«, *Berliner Zeitung*, 25.7.1988.

Pierau, Ralf (Red.), *Urlaub, Klappfix, Ferienscheck. Reisen in der DDR*, Berlin 2003.

Pimlott, John Alfred Ralph, *The Englishman's holiday. A social history*, Hassocks 1977.

Pirker, Theo / Weinert, Rainer, *FDGB. Wende zum Ende. Auf dem Weg zu unabhängigen Gewerkschaften?*, Köln 1990.

Pirker, Theo, *Der Plan als Befehl und Fiktion. Wirtschaftsführung der DDR. Gespräche und Analysen*, Opladen 1995.

Polkehn, Klaus, *Das war die ›Wochenpost‹*, Berlin 1997, S. 129.

Pollack, Detlef, »Auf dem Weg zu einer Theorie des Staatssozialismus«, *Historical Social Research* 28/2003, S. 10–30.

—, »Die konstitutive Widersprüchlichkeit der DDR. Oder: War die DDR-Gesellschaft homogen?«, *Geschichte und Gesellschaft* 24/1997, S. 110–131.

—, »Modernization and modernization blockades in GDR society«, Jarausch, Konrad H. (Hg.), *Dictatorship as experience. Towards a socio-cultural history of the GDR*, New York 1999, S. 27–46.

—, *Politischer Protest. Politisch alternative Gruppen in der DDR*, Opladen 2000.

Poock-Feller, Ulrika, »Berlin lebt – Berlin ruft. Die Fremdenverkehrswerbung Ost und West-Berlins in der Nachkriegszeit«, Spode, Hasso (Hg.), *Goldstrand und Teutonengrill. Kultur- und Sozialgeschichte des Tourismus in Deutschland 1945 bis 1989*, Berlin 1996, S. 105–116.

Pöschl, Arnold Ernst, *Fremdenverkehr und Fremdenverkehrspolitik*, Berlin 1962.

Possenspiel, *Sommer, Sonne, Sonnenbrand, Possenspiel. Best of Posse*, BMG, 1994.

Potthoff, Heinrich, *Bonn und Ost-Berlin 1969–1982. Dialog auf höchster Ebene und vertrauliche Kanäle. Darstellung und Dokumente (= Archiv für Sozialgeschichte. Beiheft 18)*, Bonn 1997.

—, *Die ›Koalition der Vernunft‹. Deutschlandpolitik in den 80er Jahren*, München 1995.

—, *Im Schatten der Mauer. Deutschlandpolitik 1961 bis 1990*, Berlin 1999.

Pötzl, Norbert F., »Ein Kind der DDR. Der Wohlfahrtsverband Volkssolidarität, einst Massenorganisation im SED-Staat, hat alle West-Konkurrenz in den neuen Ländern abgehängt mit einer Mischung aus Ostalgie und Cleverness«, *Der Spiegel*, 3.7.2000.

Poutrus, Patrice G., *Die Erfindung des Goldbroilers. Über den Zusammenhang zwischen Herrschaftssicherung und Konsumentwicklung in der DDR*, Köln / Weimar / Wien 2002.

Preussner, K., *Der Thüringer Wald als Fremdenverkehrsgebiet. Seine Möglichkeiten und perspektivischen Gegebenheiten*, Diss., Potsdam 1971.

Pries, Detlef-Diethard, »Historie und Gegenwart an Chinas Langem Fluß. Eine imposante Reise ›Stromabwärts nach Shanghai‹«, *Neues Deutschland*, 29.1.1988.

Prignitz, Horst, *Vom Badekarren zum Strandkorb. Zur Geschichte des Badewesens an der Ostseeküste*, Leipzig 1977.

Queck, Gisela, »Aktuelle Probleme der Leitung und Planung der Erholung im Bezirk Neubrandenburg«, Bethke, Artur (Hg.), *Gesellschaftliche Determination der Rekreationsgeographie (= Greifswalder Geographische Arbeiten, 4)*, Greifswald 1987, S. 24–29.

Queißner, Erhard Friedrich, *DDR. Kleiner Verkehrsatlas*, Berlin 1982.

Queißner, Erhard-Friedrich / Schilling, Kerstin (Red.), *Reiseatlas. Mit 60 Autorouten durch die DDR*, Berlin / Leipzig 1985.

Rackow, Lutz, »Überwiegend Camping. Erholungszukunft im Bezirk der 800 Seen«, *humanitas*, 17.4.1976.

Raddatz, Fritz J., »›Integre Wahrheit – wahrhafte Literatur‹, *Die Zeit, Literaturbeilage*, 10.3.1978, S. 31.

Raisch, Herbert, *DDR im Wandel. Daten und Fakten für Geographie und Wirtschaft, Zeitgeschichte und Politik*, Stuttgart 1990.

Raphael, Lutz, *Die Erben von Bloch und Febvre. ›Annales‹-Geschichtsschreibung und ›nouvelle histoire‹ in Frankreich 1945–1980*, Stuttgart 1994.

Räppel, Karl-Heinz, »Die drei Reisen von Doreen«, *Der Pionierleiter* 6/1988, S. 5.

—, »Heute wie vor 60 Jahren, An der Seite der Genossen – Immer bereit!«, *Der Pionierleiter* 14/1988, S. 6f.

Raschke, Werner, »Lehrlinge verbringen gemeinsam ihren Urlaub«, Presseamt beim Vorsitzenden des Ministerrates der DDR (Hg.), *Presse-Informationen*, 6.5.1975.

Rasenberger, Herbert, »Unser Betriebsferienlager«, Unabhängige Autorengemeinschaft ›So habe ich das erlebt‹ (Hg.), *Spurensicherung III. Leben in der DDR*, Schkeuditz 2001, S. 171–178.

Rathsack, Ulrich, »Wanderung durch den Hullerbusch. Wie Neubrandenburger Kulturbundgruppen die heimatliche Flora und Fauna pflegen«, *Neues Deutschland*, 14.4.1987.

Rationalisierungs- und Forschungszentrum Gaststätten, Hotels, Gemeinschaftsverpflegung Berlin (Hg.), *Hotelführer Deutsche Demokratische Republik / Hotelführer DDR*, Berlin, mehrere Auflagen zwischen 1977 und 1990.

Rau, Peter, »Tage unter Tschapajews Kommando«, *Junge Welt*, 12.8.1975.

Rauh, Kurt / Schniggenfittig, Heinz-Friedrich, *Zu den Zielen und Aufgaben der Feriengestaltung in den Betriebsferienlagern*, Berlin 1973.

Raulff, Ulrich, *Mentalitäten-Geschichte*, Berlin 1989.

Rautenberg, Franziska, »So ein Krümel war nicht vorgesehen, aber paßt«, *Junge Welt* (Wochenendbeilage ›du und deine Zeit‹), 14.9.1973.

Rawolle, Burkhardt, »Ziviler Luftverkehr in der DDR«, Michels, Jürgen / Werner, Jochen (Hg.), *Luftfahrt Ost 1945–1990. Geschichte der deutschen Luftfahrt in der Sowjetischen Besatzungszone (SBZ), der Sowjetunion und der Deutschen Demokratischen Republik (DDR)*, Bonn 1994, S. 166–189.

Redaktion ›Deutsches Sportecho‹ / Abteilung Feriendienst beim FDGB-Bundesvorstand / Sportredaktion der ›Tribüne‹, »Mein Urlaub – kein Urlaub vom Sport!«, *Deutsches Sportecho*, 21.1.1972.

Rehbe, Elfriede u.a., *Geschichte des Verkehrswesens. Lehrbriefe 1–12*, Berlin 1965–1967.

Rehbe, Gerhard / Wagener, Hermann (Hg.), *Lexikon der Wirtschaft*, Berlin 1972.

Reichhardt, Hans J., *Die Deutsche Arbeitsfront*, Berlin 1956.

Reihe ›Querlandein‹ des Verlages Junge Welt, Bd. 1 bis 12 zu den Gebieten Müritz, Oderbruch, Hiddensee, Erzgebirge, Mansfeld, Südthüringen, Spreewald, Usedom, Berlin, Uckermark, Schwerin und Thüringer Becken.

Reiher, Ruth (Hg.), *Mit sozialistischen und anderen Grüßen. Porträt einer untergegangenen Republik in Alltagstexten*, Berlin 1996.

Reischock, Holger / Kimmel, Klaus-Dieter, »Camping ist vor allem Jugendsache«, *Junge Welt*, 16.6.1972.

Reisebüro der DDR (Hg.), *Garantiereisen DDR*, Berlin 1976.

—, *Reiseinformation des Reisebüros der DDR*, verschiedene Jahrgänge.

Reisebüro der FDJ ›Jugendtourist‹ (Hg.), *Reiseinformation des Reisebüros der FDJ ›Jugendtourist‹*, Berlin 1980.

—, *Zahlen und Fakten zur Entwicklung des Jugendtourismus der DDR seit 1975*, Berlin 1988.

Reiseführer DDR. Reiserouten durch die DDR, Leipzig 1974.

Rethorn, Claus, »Nobelreise nach Varna«, *Eisenbahn Magazin* 12/1995, S. 56–61.

Reulecke, Jürgen, »Die Anfänge des Erholungsurlaubes der Arbeiter«, *Gewerkschaftliche Monatshefte* 11/1980, S. 716–727.

—, »Vom Blauen Montag zum Arbeiterurlaub«, *Archiv für Sozialgeschichte* 16/1976, S. 205–248.

Richter, Dieter, »Das Meer. Epochen der Entdeckung einer Landschaft«, *Voyage. Jahrbuch für Reise- und Tourismusforschung*, Bd. 2 (Das Bild der Fremde – Reisen und Imagination.), 1998, S. 10–31.

Richter, Horst, »Der Tourex mit Garage«, *Neues Deutschland*, 15.4.1972.

Richter, Klaus-Jürgen, F»remdenverkehrsstatistik«, Horst, Uebel (Hg.), *Grundlagen des Fremdenverkehrs. Teil C, Fremdenverkehrsstatistik, Geschichte des Fremdenverkehrs. Studienmaterial der Hochschule für Verkehrswesen Dresden*, Dresden 1986, S. 1–89.

Richter, Peter, »Kein Elfenbeinturm in der Stallbaumstraße. Interview mit Dr. Wolfgang Quitt, Leiter der Arbeitsgruppe Jugendforschung beim Zentralrat der FDJ«, *Forum* 2/1975, S. 7.

Riecks, Annette, *Französische Sozial- und Mentalitätsgeschichte. Ein Forschungsbericht (= Münsteraner Theologische Abhandlungen, 2)*, Altenberge 1989.

Riemann, Brigitte, *Das Kabarett der DDR. ›Eine Untergrundorganisation mit hohen staatlichen Auszeichnungen …‹? Gratwanderungen zwischen sozialistischem Ideal und Alltag (1949–1999)*, Münster 2001.

Riesenberger, Dieter, »Heimatgedanke und Heimatgeschichte in der DDR«, *Grüner Weg 31a. Zeitschrift für die Sozial- und Ideengeschichte der Umweltbewegungen* 13/1999, H. 1, S. 15–30.

Rindt, Otto, »Erholung und Landeskultur im Spreewald, *Deutsche Architektur* 5/1972, S. 298–301.

Ritter, Wigand / Frowe, Michael, *Reiseverkehrsgeographie*, Bad Homburg vor der Höhe 1997.

Rittershaus, Joachim, »Gesellschaftliche Aktivität und sozialistische Arbeitsweise (Thesen)«, *Jahrbuch für Soziologie und Sozialpolitik*, Berlin 1981, S. 19–33.

Rochlitz, Manfred / Großmann, Margita, *Tourismus, Verkehr, Umwelt. Lebensbefindlichkeit in Sachsen. Ergebnisse einer Befragung, August 1991*, Dresden 1991.

Röcke, Mathias, *Die Trabi-Story. Der Dauerbrenner aus Zwickau*, Königswinter 1998.

Röcke, Werner, »Mentalitäts-Geschichte und ›histoire totale‹. Rezension zu Peter Dinzelsbachers ›Europäische[r] Mentalitätsgeschichte‹«, *Zeitschrift für Germanistik* NF 5/1995, H. 1, S. 117–122.

Rodestock, Silka *Tendenzen des Urlaubsverhaltens der ehemaligen DDR-Bürger als eine Orientierungsrichtung für die Angebotsprofilierung der Tourismuswirtschaft*, Diss., Dresden 1990.

Roesler, Jörg, »Das Brigadetagebuch – betriebliches Rapportbuch, Chronik des Brigadelebens oder Erziehungsfibel?«, Badstübner, Evemarie (Hg.), *Befremdlich anders. Leben in der DDR*, Berlin 2000, S. 151–166.

Rohleder, Meinolf, »Fremdenverkehr in der DDR. Unterrichtseinheit für die Sekundarstufe II«, *Geographie heute* 6/1985, H. 30, S. 42–46.

Rohoň, Vladimir, »Organisation, Leitung und Planung des Fremdenverkehrs in der ČSSR«, Lehrstuhl für Ökonomik des Fremdenverkehrs an der Hochschule für Verkehrswesen ›Friedrich List‹, Dresden (Hg.), *Beiträge zur Fremdenverkehrswissenschaft*, Bd. 3, ca. 1970, S. 96–123.

Rohonyi, Katal, *Budapest-Reiseführer*, Budapest 1970.

Rönnebeck, Gerhard, *Die Konsumgenossenschaften der ehemaligen DDR. Eine kritische Analyse (= Berliner Beiträge zum Genossenschaftswesen 16)*, Berlin 1994.

Roon, P., »Was beim Zelten Freude macht [...] können Campinggeräte sichern und fördern. Hinweise des Komitees für Touristik und Wandern«, *National-Zeitung*, 28.4.1974, Beilage S. 4.

Ropers, Norbert (Hg.), *Osteuropa. Bulgarien, DDR, Polen, Rumänien, Sowjetunion, Tschechoslowakei, Ungarn. Ein Reisebuch in den Alltag*, Reinbek 1988.

Ropers, Norbert, *Tourismus zwischen West und Ost. Ein Beitrag zum Frieden?* Frankfurt / New York 1986.

Rösel, Fritz, »Aktive Erholung als ein Wirkungsfeld des FDGB«, *Einheit. Zeitschrift für Theorie und Praxis des wissenschaftlichen Sozialismus* 6/1988, S. 547–550.

—, »Gewerkschaftliche Ferienreisen und Kuraufenthalte – alles für das Wohl der Werktätigen«, Autorenkollektiv, *Das neue Ferien- und Bäderbuch*, Berlin 1989, S. 6–9.

—, »Soziologische Aspekte bei der Gestaltung der Freizeit und Erholung«, Grundmann, Siegfried (Hg.), *Soziologische Probleme der Klassenentwicklung in der DDR. Materialien vom 2. Kongreß der marxistisch-leninistischen Soziologie in der DDR im Mai 1974*, Berlin 1975, S. 181–188.

—, »Urlaubszeit – Reisezeit für Millionen Werktätige«, *Gewerkschaftsleben* 3/1987, S. 2.

Rosenkranz, Gerhard, *Mehrschichtarbeit*, Berlin 1975.

Rossow, Ina, ›*Ketten werden knapper‹? Die X. Weltfestspiele der Jugend und Studenten 1973 im Zeichen scheinbarer Liberalität*, unveröff. Magisterarbeit, Leipzig 2000.

—, »Rote Ohren, roter Mohn, sommerheiße Diskussionen«. Die X. Weltfestspiele der Jugend und Studenten 1973 als Möglichkeit vielfältiger Begegnungen«, Ludwig, Andreas (Hg.), *Fortschritt, Norm und Eigensinn. Erkundungen zum Alltag in der DDR*, Berlin 1999.

Rostock, Jürgen / Zadnicek, Franz, *Paradiesruinen. Das KdF-Seebad der Zwanzigtausend auf Rügen*, Berlin 1992.

Roth, Ilona, »Zeltschwärmer. Camping in sächsischer Idylle«, *NBI* 36/1986, S. 28–31.

Rothaar, Erich, *Die Feriendienstkommission*, Berlin 1975.

Rothe, Claus, ›*Weiße Flotte‹ – VEB Fahrgastschiffahrt – Sitz Stralsund. Chronik einer deutschen Reederei 1957–1990*, Hamburg / Berlin 1994.

Rottenburg, Richard, »Der Sozialismus braucht den ganzen Menschen. Zum Verhältnis vertraglicher und nichtvertraglicher Beziehungen in einem VEB«, *Zeitschrift für Soziologie* 4/1991, S. 305–322.

Ruban, Maria Elisabeth / Lodahl, Maria / Machowski, Heinrich / Vortmann, Heinz, *Die Entwicklung des Lebensstandards in den osteuropäischen Ländern*, Berlin 1975.

Rudolf, Horst, »Camping am Ai Petri«, *Urania* 8/1981, S. 61–63.

—, »Winterbaden in Jalta«, *Urania* 1/1981, S. 20–23.

Rumpelt, Eva, »Müllers Lust und Leid«, *Deutsche Lehrerzeitung* 27/1973.

Rumpf, Hans / Zimm, Alfred, »Zur Bedeutung des quantitativen Naherholungsbedarfs für die rationelle Gestaltung der territorialen Organisation Naherholung, erarbeitet am

Regionalbeispiel der Hauptstadt der Deutschen Demokratischen Republik, Berlin«, *Petermanns geographische Mitteilungen* 116/1972, H. 2, S. 117–125.

Runge, Erika, *Reise nach Rostock*, Frankfurt am Main 1971.

Rusch, Claudia, *Meine Freie Deutsche Jugend*, Frankfurt am Main 2003.

Rutkowska, Janina, *Stadtführer Warschau*, Warschau 1972.

Rytlewski, Ralf, »Das Leben in Deutschland. Ein Vergleich verschiedener Lebensbereiche«, *Deutschland Archiv*, 6. Jg., 3/1973, S. 282–291.

Sablotny, G, »Camping im Bezirk Neubrandenburg«, *Landschaftsarchitektur* 2/1983, S. 52f.

Sakuth, Sabine, »Das war der Punkt aufs i!«, *Sportecho*, 6./7.8.1976.

Salewski, Michael (Hg.), *Was wäre wenn. Alternativ- und Parallelgeschichte. Brücken zwischen Phantasie und Wirklichkeit*, Stuttgart 1999.

Sallnow, John, »Yugoslavia. Tourism in a Socialist Federal State«, *Tourism Management* 2/1985, S. 113–124.

Sammler, Friedbert, »Im Cockpit nach Havanna«, Interflug (Hg.), *Bordjournal* 3/1988, S. 18f.

Sandle, Doug, »Joe's Bar, Douglas, Isle of Man. photographic representations of holidaymakers in the 1950s«, Lübbren, Nina / Crouch, David (Hg.), *Visual culture and tourism*, Oxford / New York 2003, S. 191–204.

Sandschneider, Eberhard, »Systemtheoretische Perspektiven politikwissenschaftlicher Transformationsforschung«, Merkel, Wolfgang (Hg.), *Systemwechsel. Erste Theorien und Ansätze, Konzeptionen*, Opladen 1994, S. 23–46.

Saretzki, Hans-Ulrich / Krohn, Ursula, »Vom gewerkschaftlich organisierten Urlaub zum begrenzten Tourismus – Reisen als Beitrag zur Lebensqualität«, Hölder, Egon (Hg.), *Im Trabi durch die Zeit – 40 Jahre Leben in der DDR*, Stuttgart 1992, S. 39–341.

Sauder, Gerhard, »Formen gegenwärtiger Reiseliteratur«, Fuchs, Anne / Harden, Theo (Hg.), *Reisen im Diskurs. Modelle der literarischen Fremderfahrung von den Pilgerberichten bis zur Postmoderne*, Heidelberg 1995, S. 552–573.

Sauer, R., »Mir geht es gut«, *Deine Gesundheit* 6/1970.

Sawallisch, Siegfried, »Willkommen auf der Insel Rügen. Bergener Gaststättenbetrieb zur Saison gut vorbereitet«, *Der Konsumgenossenschafter* 22.4.1972.

Schadewald, Herbert, »Auch für Touristen ein Sportverband«, *Junge Welt*, 19.4.1974.

Schaefer, Reinhard / Wahse, Jürgen, »Zur Rolle der Arbeitszeit unter dem Einfluß der Schlüsseltechnologien«, *Wirtschaftswissenschaft* 1/1988, S. 28–43.

Scharf, Sigrid, »Schwankungen im langfristigen Inlandstourismus der Deutschen Demokratischen Republik und ihre Ursachen«, *DDR-Verkehr* 5/1969, 208–211.

—, »Zur Beeinflussung der zeitlichen Bedarfsschwankungen im Tourismus der DDR«, *Wissenschaftliche Zeitschrift, Sonderheft 40 (Beiträge zur ›Ökonomie des Tourismus‹)*, Dresden 1988, S. 89–106.

Scherzinger, Angela, »Das Gaststättengewerbe in der DDR«, Deutsches Institut für Wirtschaftsforschung (Hg.), *Wochenbericht* 22/1988, S. 295–300.

Scheumann, Hans, »Überblick über die Touristik in verschiedenen Ländern der Erde. Die Touristik in den sozialistischen Ländern Europas. Literaturstudie«, *Theorie und Praxis der Körperkultur* 5/1970, S. 454–467.

Schieber, Elke, »Im Dämmerlicht der Perestroika. 1980–1989«, Jordan, Günter / Schenk, Ralf (Hg.), *Schwarzweiß und Farbe. DEFA-Dokumentarfilme 1946–1992*, Berlin 1996.

Schiefelbe, Horst, »Ort auf Zeit«, *Neues Deutschland*, 14.7.1973.

Schirmer, Bernd, *Sindbads Mütze. Erzählungen*, Halle 1980.
Schlag, Peter, »Reise in die Welt der Leute aus der Villa ›Bärenfett‹. Eine Lehrlingsklasse aus Weißwasser wandelte während einer neuen Jugendtouristreise auf den Spuren von Karl May«, *Junge Welt*, 18.8.1987.
Schlechte, Helga / Schlechte, Klaus-Dieter, *Witze bis zur Wende. 40 Jahre politischer Witz in der DDR*, München 1991.
Schlesinger, Klaus, *Berliner Traum. Fünf Geschichten*, Rostock 1977.
Schliewe, Andrea / Schliew, Jürgen, *Witzkultur in der DDR. Ein Beitrag zur Sprachkritik*, Göttingen 2000.
Schmidt, H., »Camping ohne eigenes Zelt«, *Handelswoche*, 3.6.1974.
Schmidt, Harald, »Jugend und Tourismus«, Hennig, Werner / Friedrich, Walter, *Jugend in der DDR. Daten und Ergebnisse der Jugendforschung vor der Wende*, Weinheim 1991, S. 121–131.
—, »Reiseabsichten von DDR-Jugendlichen vor der Wende (Auslandstourismus)«, Leipzig 1990.
—, *Der deutsche Jugend-Tourist. Jugendsoziologische Studien über Reiseinteressen und –tätigkeiten junger Leute aus Ost- und Westdeutschland 1989/90*, Berlin 1990.
—, *Die Reisen der neuen Bundesbürger. Pilotuntersuchung zum Reiseverhalten in der früheren DDR*, Starnberg 1990.
Schmidt, Manfred G., »Grundzüge der Sozialpolitik der DDR«, Kuhrt, Eberhard (Hg.), *Die Endzeit der DDR-Wirtschaft – Analysen zur Wirtschafts-, Sozial- und Umweltpolitik*, Opladen 1999, S. 273–319.
—, *Sozialpolitik der DDR. Historische Entwicklung und internationaler Vergleich*, Wiesbaden 2005.
Schmidt-Schweizer, Andreas S., »Die Öffnung der ungarischen Westgrenze für die DDR-Bürger im Sommer 1989. Vorgeschichte, Hintergründe und Schlussfolgerungen«, *Südosteuropa Mitteilungen* 37/1997, H. 1, S. 33–53.
Schmiechen, Karl / Rösel, Fritz, »Gemeinsame Richtlinie des Bundesvorstandes des FDGB und des Ministeriums für Bauwesen zur gemeinsamen Errichtung von Erholungseinrichtungen einschließlich Verpflegungskapazitäten«, *Informationsblatt des FDGB. Beschlüsse und Informationen des Bundesvorstandes des FDGB* 1/1968, S. 3f.
Schmitt, Eckart / Gohl, Dietmar / Hagel, Jürgen, *Harms Handbuch der Geographie. Deutschland*, München 1975.
Schmucki, Barbara, *Der Traum vom Verkehrsfluss. Städtische Verkehrsplanung seit 1945 im deutschdeutschen Vergleich*, Frankfurt am Main, 2001.
Schnabel, Manfred, *Wir reisen nach Ungarn. Empfehlende Bibliographie für Touristen aus der DDR*, Dresden 1979.
Schneider, Franka, »Ein Loch im Zaun. Schenken über die Genex Geschenkdienst GmbH«, Härtel, Christian / Kabus, Petra (Hg.), *Das Westpaket, Geschenksendung, keine Handelsware*, Berlin 2001, S. 193–209.
Schneider, Gernot, »Lebensstandard und Versorgungslage«, Kuhrt, Eberhard (Hg.), *Am Ende des realen Sozialismus, Beiträge zu einer Bestandsaufnahme der DDR-Wirklichkeit in den 80er Jahren*, Opladen 1996, S. 111–136.
Schneider, Martin, *Die operative Skizze Sergej Tretjakovs. Futurismus und Faktographie in der Zeit des 1. Fünfjahrplans*, Bochum 1983.
Schneider, Rolf, *Die Reise nach Jaroslaw*, Rostock 1974.

Schneider, Wolfgang, »Ferien à la mode. Kulturbedürfnisse im Ostseeurlaub«, *Der Sonntag*, 32/1975.

Schniggenfittig, Heinz Friedrich u.a. (Hg.), *Der Gruppenleiter im Ferienlager*, Berlin 1981.

Schoen, Heinz, *Hitlers Traumschiffe. Die ›Kraft durch Freude‹-Flotte 1934–1939*, Kiel 2000.

Scholtyseck, Joachim, *Die Außenpolitik der DDR*, München 2003.

Schöppe, Ernst, »Das System repräsentativer Verkehrsbefragungen (SrV). Datenbasis zum Verkehrsverhalten in der DDR«, Kutter, Eckhard / Holz-Rau, Hans-Christian (Hg.), *Verkehrsverhalten in der DDR und BRD. Erhebungsmethoden und Ergebnisse*, Berlin 1991, S. 17–32.

Schreyer / Zabel, »Wen wir auch fragten: Die Sowjetunion ist unser bester Freund«, *Deutsche Lehrerzeitung* 32/1971.

Schröder, Hans Joachim, *Interviewliteratur zum Leben in der DDR. Das narrative Interview als biographisch-soziales Zeugnis zwischen Wissenschaft und Literatur*, Bremen 1993.

Schröder, Hans Joachim, *Interviewliteratur zum Leben in der DDR. Zur literarischen, biographischen und sozialgeschichtlichen Bedeutung einer dokumentarischen Gattung*, Tübingen 2001.

—, »Interviewliteratur zum Leben in der DDR. Das narrative Interview als biographisch-soziales Zeugnis zwischen Wissenschaft und Literatur«, *Internationales Archiv für Sozialgeschichte der deutschen Literatur* 1/1995, S. 67–115.

Schröder, Klaus, *Der SED-Staat 1949–1990. Partei, Staat und Gesellschaft*, München 1998.

Schubert, Helga, »Das verbotene Zimmer«, dies., *Schöne Reise Geschichten*, Berlin / Weimar 1988, S. 90–103.

—, »Tabus oder Am FKK-Strand«, *Das Magazin* 7/1977, S. 20–22.

Schultze, Horst-Udo, Erholungslandschaften in der DDR. Ihre heutige Nutzung und Planung für Morgen«, *Urania* 10/1970, S. 20–23.

Schulze, Gerhard, *DDR. Gesellschaft, Staat, Bürger*, Berlin 1978.

Schumacher, Jörg, *Probleme des paß- und visafreien Grenzverkehrs zwischen DDR und VR Polen 1972 bis 1980/81. Interessen und Ziele der SED-Führung*, unveröff. Magisterarbeit, Dresden 2003.

Schumann, Marianne, »Die Geschichte der Budjonny-Mützen«, *Neues Deutschland*, 24./25.7.1976.

Schuster-Wald, Dieter, *Interzonenverkehr Bebra – Eisenach. Geschichte – Erinnerungen – Zeitdokumente 1945 bis 1989*, Freiburg 1996.

Schütze, Fritz, *Das narrative Interview in Interaktionsfeldstudien 1*, Hagen 1987.

Schütze, Jochen K., *Gefährliche Geographie*, Wien 1995.

Schwaderer, Richard, »Die Italien-Bilder und die Stimme Italiens in den deutschsprachigen Kulturzeitschriften seit 1945 – Vorbilder, Zerrbilder oder Mythen?«, Brütting, Richard (Hg.), *Italien-Ansichten. Italien in Selbst- und Fremdwahrnehmung (= Immaginario dell'Italia in patria e all'estero. Akten des 6. Internationalen Seminars. Belluno, 1.–5. Oktober 2001)*, Frankfurt am Main 2005.

Schwarz, Hannelore, »Brigadetagebücher im Wettbewerb«, Zentrale Arbeitsgemeinschaft der Zirkel Schreibender Arbeiter (Hg.), *Ich schreibe. Arbeiter greifen zur Feder* 4/1963, S. 3.

Schwarz, Waltraud, »Auslandstourismus unter einheitlicher Leitung. Die Aufgaben der Hauptverwaltung Auslandstourismus«, *Die Wirtschaft*, 21.11.1973, S. 16f.

Schwarzer, Oskar, *Sozialistische Zentralplanwirtschaft in der SBZ/DDR. Ergebnisse eines ordnungspolitischen Experiments (1945–1989)*, Stuttgart 1999.

SED Kreisleitung Pankow, Ideologische Abteilung (Hg.), *Reisen ist schön – aber reisen um jeden Preis?*, Berlin 1966.

SED-Betriebsparteiorganisation des VEB Fahrgastschiffahrt ›Weisse Flotte‹ (Hg.), *Weiße Flotte Dresden. 150 Jahre Elbefahrten. Aus der Chronik der Weißen Flotte Dresden*, Dresden 1986.

Seeler, Adolf (Red.), *Autoroutenatlas. Bulgarien, ČSSR, DDR, Ungarn, Polen, Rumänien, Sowjetunion (europäischer Teil)*, Berlin/Leipzig 1980.

Seidler, Horst, »Zur Entwicklung des Tourismus in der DDR«, Deutsches Institut für Wirtschaftsforschung (Hg.), *DIW-Wochenbericht* 51/1984, S. 34–39.

Seidler, Klaus / Dichanz, Gerd, *Das Gaststättennetz*, Berlin 1979.

Seifert, Karl-Dieter, *Der deutsche Luftverkehr 1955–2000. Weltverkehr, Liberalisierung, Globalisierung*, Bonn 2001.

—, *Weg und Absturz der Interflug. Der Luftverkehr der DDR*, Berlin 1994.

Seifert, Uwe, *Fenster zur Welt. Jugendjahre im Schatten der Stasi*, Böblingen 1990.

Selbach, Claus-Ulrich, »Reise nach Plan. Der Feriendienst des Freien Deutschen Gewerkschaftsbundes«, Haus der Geschichte (Hg.), *Endlich Urlaub! Die Deutschen reisen. Begleitbuch zur Ausstellung im Haus der Geschichte der Bundesrepublik Deutschland*, Bonn 1996, S. 65–76.

Selle, Gert, *Siebensachen. Ein Buch über die Dinge*, Frankfurt/New York 1997.

Semmens, Krist, *Seeing Hitler's Germany. Tourism in the Third Reich*, New York 2005.

Sergeeva, Galina, »History and Traditions of Excursionism in Russia«, *Trends in Russian Research on Tourism*, 1998, S. 41–45.

Shields, Rob, *Places on the margin. Alternative Geographies of Modernity*, London / New York 1991.

Siebenmorgen, Harald (Hg.), *Wenn bei Capri die rote Sonne... Die Italiensucht der Deutschen im 20. Jahrhundert. Ausstellung des Badischen Landesmuseums Karlsruhe, 31. Mai bis 14.9.1997*, Karlsruhe 1997.

Siegrist, Hannes, »Konsum, Kultur und Gesellschaft im modernen Europa«, Siegrist, Hannes / Kaelble, Hartmut / Kocka, Jürgen (Hg.), *Europäische Konsumgeschichte. Zur Gesellschafts- und Kulturgeschichte des Konsums (18. bis 20. Jahrhundert)*, Frankfurt/New York 1997, S. 13–50.

Skyba, Peter, »Die Sozialpolitik der Ära Honecker aus institutionentheoretischer Perspektive«, Boyer, Christoph / Skyba, Peter, *Repression und Wohlstandsversprechen. Zur Stabilisierung von Parteiherrschaft in der DDR und der ČSSR*, Dresden 1999, S. 49–62.

Sliwka, Horst / Plietz, Klaus-Dieter / Teutsch, Joachim, *Fahrplanwesen A – Z. Taschenlexikon*, Berlin 1981.

Sonntag, Erhard / Leiberg, Heinz / Filler, Anton, *Urlaub mit dem Feriendienst des FDGB*, Berlin 1981.

—, »Vorkehrungen für mehr und bessere prophylaktische Kuren«, *Sozialversicherung, Arbeitsschutz, Zeitschrift des FDGB*, 18. Jg., 7–8/1972.

—, *Urlaub mit dem Feriendienst des FDGB*, Berlin 1974.

Sperhake, Rudi, *Der Fremdenverkehr im Sächsischen Elbsandsteingebirge*, Dresden 1977.

Sperling, Walter, »Die Deutsche Demokratische Republik. Ein wirtschafts- und sozialgeographischer Überblick«, ders. (Hg.), *DDR*, Stuttgart/Berlin/Köln/Mainz 1983, S. 11–39.

Spode, Hasso (Hg.), *Zur Sonne, zur Freiheit! Beiträge zur Tourismusgeschichte*, Berlin 1991.

Spode, Hasso, »Der deutsche Arbeiter reist«. Massentourismus im Dritten Reich«, Huck, Gerhard (Hg.), *Sozialgeschichte der Freizeit*, Wuppertal 1980, S. 281–306.

—, »Zu den Eigentümlichkeiten unserer Zeit gehört das Massenreisen«. Die Entstehung des modernen Tourismus«, Haus der Geschichte (Hg.), *Endlich Urlaub! Die Deutschen reisen. Begleitbuch zur Ausstellung im Haus der Geschichte der Bundesrepublik Deutschland*, Bonn 1996, S. 13–19.

—, »Badende Körper – gebräunte Körper. Zur Geschichte des Strandlebens«, Hasselmann, Kristiane / Schmidt, Sandra / Zumbusch, Cornelia (Hg.), *Utopische Körper. Visionen künftiger Körper in Geschichte, Kunst und Gesellschaft*, München 2004, S. 233–248.

—, »Der Arbeiterurlaub im Dritten Reich«, Sachse, Carola u.a. (Hg.), *Angst, Belohnung, Zucht und Ordnung. Herrschaftsmechanismen im Nationalsozialismus*, Opladen 1982, S. 275–328.

—, »Der moderne Tourismus. Grundlinien seiner Entstehung und Entwicklung vom 18. bis zum 20. Jahrhundert«, Storbeck, Dieter (Hg.), *Moderner Tourismus. Tendenzen und Aussichten*, Trier 1988, S. 39–76.

—, »Ein Seebad für zwanzigtausend Volksgenossen. Zur Grammatik und Geschichte des fordistischen Urlaubs«, Brenner, Peter J. (Hg.), *Reisekultur in Deutschland. Von der Weimarer Republik zum ›Dritten Reich‹*, Tübingen 1997, S. 7–47.

—, »Fordism, Mass Tourism and the Third Reich. The ›Strength through Joy‹ Seaside Resort as an Index Fossil«, *Journal of Social History* 38/2004, S. 127–155.

—, »Historische Tourismusforschung«, Hahn, Heinz / Kagelmann, H. Jürgen, *Tourismuspsychologie und Tourismussoziologie. Ein Handbuch zur Tourismuswissenschaft*, München 1993, S. 27–29.

—, »Reisen und Tourismus. Stichpunkte zur Terminologie in Forschung und Statistik«, *Cestovani vcera a dnes* 4.2/2007, S. 35–41.

—, »Tourismus in der Gesellschaft der DDR. Eine vergleichende Einführung«, ders. (Hg.), *Goldstrand und Teutonengrill. Kultur- und Sozialgeschichte des Tourismus in Deutschland 1945 bis 1989*, Berlin 1996, S. 11–34.

—, »Tourismusanthropologie«, Hahn, Heinz / Kagelmann, H. Jürgen, *Tourismuspsychologie und Tourismussoziologie. Ein Handbuch zur Tourismuswissenschaft*, München 1993, S. 30–35.

—, *Was ist Mentalitätsgeschichte? Struktur und Entwicklung einer Forschungstradition, in, Hahn, Heinz, Kulturunterschiede, Interdisziplinäre Konzepte zu kollektiven Identitäten und Mentalitäten*, Frankfurt (Main) 1999. S.9–62.

—, *Wie die Deutschen ›Reiseweltmeister‹ wurden. Eine Einführung in die Tourismusgeschichte*, Erfurt 2003.

Srubar, Ilja, »War der reale Sozialismus modern?«, *Kölner Zeitschrift für Soziologie und Sozialpsychologie* 43/1991, S. 415–432.

Staadt, Jochen, *Eingaben. Die institutionalisierte Meckerkultur in der DDR (= Arbeitspapiere des Forschungsverbundes SED-Staat, Bd. 24)*, Berlin 1996.

Staatliches Komitee der UdSSR für Auslandstourismus (Hg.), *Reise in die UdSSR*, nachgewiesen 1971 bis 1991.

Stadt Eibenstock (Hg.), *850 Jahre Bergstadt Eibenstock*, Eibenstock 2005.

Standley, Michelle A., *The Medium is the Message, The Information and Exhibit Center at East Berlin's TV Tower. Paper submission for the Annual Conference of T2M*, Helmond 2007.

Starke, Frank, »Neu im Gesetzblatt: Hygiene auf Campingplätzen«, *Neues Deutschland*, 16.7.1977.

Statisches Bundesamt (Hg.), *DDR-Statistik. Grundlagen, Methoden und Organisation der amtlichen Statistik der DDR 1949 bis 1990 (= Sonderreihe mit Beiträgen für das Gebiet der ehemaligen DDR, H. 34)*, Wiesbaden 1999.

—, *Dokumentation der Verkehrsstatistiken der ehemaligen DDR*, Berlin 1997.

Statkowa, Susanne, »Ohne Souvenir – aber wunderbar. Eine Reise an die herbstliche Ostsee«, *Berliner Zeitung*, 22.10.1972.

Steinbrück, Wolfgang, *Haack-Straßenatlas DDR*, Gotha 1988.

Steiner, André, *Von Plan zu Plan*, München 2004.

Stejskal, Jan, »The travelling Czech. A historical perspective«, *The New Presence* 4/2003, S. 13f.

Stengl, Victor, »Probleme der komplex-territorialen Einordnung von Erholungsobjekten«, Benthien, Bruno (Hg.), *Geographie, Rekreation, Territorium. Beiträge des 5. Greifswalder Geographischen Symposiums vom 2.–6. Oktober 1978 (= Greifswalder geographische Arbeiten, 1)*, Greifswald 1980, S. 84–89.

Stephan, Cora, »Lob des Massentourismus«, *Voyage. Jahrbuch für Reise- und Tourismusforschung*, Bd. 1 (Warum reisen?), 1997, S. 33–34.

Stiftung Archiv der Parteien und Massenorganisationen der DDR im Bundesarchiv (Hg.), *Bibliographie zur Geschichte der DDR*, Erscheinungsweise halbjährlich, nachgewiesen seit 1994.

Stillmann, Günter, »Ravenna. Stadt der Mosaiken«, *NBI* 52/1976, S. 36.

Stirken, Angela, »Reisezeit – Zeitreise. Ziel, Konzept und Realisierung der Ausstellung«, Haus der Geschichte (Hg.), *Endlich Urlaub! Die Deutschen reisen. Begleitbuch zur Ausstellung im Haus der Geschichte der Bundesrepublik Deutschland*, Bonn 1996, S. 9–12.

Stirn, Andreas, »Urlaub im Grenzgebiet. Kreuzfahrten auf DDR-Traumschiffen 1960 bis 1989«. , Merkel, Marcus / Häußer, Ulrike, *Vergnügen in der DDR*, Berlin 2009, S.405-424.

Stöckmann, Peter, *Tendenzen des Tourismus in den sozialistischen Ländern* 4/1977, S. 29–33.

Stompler, Wolfgang, »Dynamische Entwicklung des Freizeittourismus der DDR-Bevölkerung«, *Marktforschung. Mitteilungen des Instituts für Marktforschung* 4/1976, S. 12–15.

—, »Tourismus als Gegenstand der Bedarfsermittlung«, *Marktforschung. Mitteilungen des Instituts für Marktforschung* 4/1975, S. 19–22.

Stone, Randall, W., *Satellites and Commissars. Strategy and Conflict in the Politics of Soviet-Bloc Trade*, Princeton 1996.

Stötzner, Anke, »Angebote des Jugendreisebüros der DDR«, Panorama DDR (Hg.), *Prisma. Wissenswertes aus der DDR* 2/1988, S. 56f.

Stradner, Josef, *Der Fremdenverkehr. Eine volkswirtschaftliche Studie*, Graz 1905.

Straub, Jürgen, »Identitätstheorie, empirische Identitätsforschung und die ›postmoderne‹ armchair psychology«, *Zeitschrift für qualitative Bildungs-, Beratungs- und Sozialforschung* 1/2000, S. 167–194.

Strehmel, Margot, »Urlaubspläne unter Dach und Fach? Freier Deutscher Gewerkschaftsbund – Haupterholungsträger der Arbeiterklasse mit 35jähriger Tradition«, *Arbeit und Arbeitsrecht* 1/1982, S. 29f.

Strehz, Jörg-Ronald, *Möglichkeiten und Probleme der Anwendung von Methoden der Systemanalyse bei der Untersuchung territorialer Zusammenhänge der Naherholung und ihrer Entwicklung am Beispiel der Hauptstadt der DDR, Berlin und ihres Umlandes*, Diss., Berlin 1984.

Strelka, Joseph, »Der literarische Reisebericht«, Weissenberger, Klaus (Hg.), *Prosakunst ohne Erzählen. Die Gattungen der nichtfiktionalen Kunstprosa*, Tübingen 1985, S. 169–184.

Strittmatter, Eva, »Trauer nach Süden«, Strittmatter, Eva, *Unterm wechselnden Licht. Ausgewählte Gedichte*, Berlin 2006.

Strohmeyer, Arn, *Da lacht selbst die Partei. Flüsterwitze aus der DDR*, Rastatt 1981.

Studienkreis für Tourismus (Hg.), *Urlaubsreisen. Analyse des Urlaubs- und Reiseverhaltens der westdeutschen Bevölkerung (= Reiseanalyse), Berichtsband*, Starnberg, verschiedene Jahrgänge.

Švab, Alenka, »Consuming Western Image of Well-Being. Shopping Tourism in Socialist Slovenia«, *Cultural Studies* 16/2002, H. 1, S. 63–79.

Tarpay, László (Hg.), *WFDY for peace, détente and disarmament 1945–1982*, Prag 1982.

Taylor, Kar, *Let's Twist Again – Youth and Leisure in Socialist Bulgaria*, Münster 2006.

Tchorrek, Astrid-Maria, »Schüler wollen auch in den Ferien produktiv tätig sein«, *Deutsche Lehrerzeitung* 32/1974.

Tennert, Falk / König, Ingelore, *Flimmerstunden. Daten zum Fernsehgebrauch ostdeutscher Kinder bis 1989*, Leipzig 2003.

Thelen, Sybille, »Der Brocken ist ein Deutscher«, *Stuttgarter Zeitung*, 29.9.2001.

Thiel, Hubert, Die Ausgestaltung der Vertragsbeziehungen über Reise und Erholung in den Leistungsbedingungen des Reisebüros der DDR«, *Neue Justiz*, 30. Jg., 21/1976, S. 644–648.

Thielmann, Georg / Knaack, Peter, *Schnelle Züge nach Berlin. Die Geschichte der ›Paradezüge‹ der DR 1960–1990. Städteschnellverkehrs- und Städteexpreßzüge*, Arnstadt 2004.

Thurner, Ingrid, »Grauenhaft. Ich muß ein Foto machen. Tourismus und Fotografie«, *Fotogeschichte* 44/1992, S. 23–44.

Tietze, Gerhard / Demmler, Horst (Hg.), *Die Sozialpolitik in der DDR – wichtiges Aufgabengebiet der Gewerkschaften (= Interessengemeinschaft FDGB 15. Juni 1945, Gewerkschaftliche Informationen)*, Berlin 2002.

Tietze, Gerhard / Winkler, Gunnar, *Sozialpolitik im Betrieb. Soziale Erfordernisse des wissenschaftlich-technischen Fortschritts*, Berlin 1988.

Timmel, Kar, *Die Entwicklung des Erholungswesens im Bezirk Rostock seit 1949*, unveröff. Manuskript, 1988.

Timmer, Karsten, *Vom Aufbruch zum Umbruch. Die Bürgerbewegung in der DDR 1989*, Göttingen 2000.

Tittmann, Frank, »Kurreisen nach Bulgarien«, *Urania* 11/1973, S. 64–69.

Todorov, Tzvetan, *Angesichts des Äußersten*, München 1993.

Torkler, Katharina, *Ferienkolonien von Industrieunternehmen zur Zeit des Faschismus in Italien*, Diss., Berlin 2001.

Trauzettel, Helmut, *Syrien. Aus dem Reisetagebuch eines Architekten*, Berlin 1988.

Treder, Achim, »Evergreen der Fischkochkunst wird 30. ›Gastmahl des Meeres‹ steht heute wieder zu seiner Tradition aus DDR-Zeiten«, *Ostsee-Zeitung*, 14.6.1997, S. 18.

Tretjakow, Sergej, »Biographie des Dings«, erstmalig russisch in: Čužak, Nikolaj F. (Hg.), *Literatura fakta. pervyj sbornik materialov rabotnikov Lefa*, Moskau 1929. Zuletzt deutsch: Mierau, Fritz (Hg.), *Tretjakow, Sergej, Gesichter der Avantgarde. Porträts – Essays – Briefe*, Berlin 1991. S. 102–106.

Troebst, Stefan, »From the ›Prussians of the Balkans‹ to ›Forgotten People‹, the German Image of Bulgaria«, *Balkan Studies*, 2/2004, S. 61–71.

Trost, Heinz, *Weisse Flotte Dresden. Die Geschichte der oberelbischen Fahrgastschiffahrt (Lauenburger Hefte zur Binnenschiffahrtsgeschichte, 6)*, Lauenburg 1989.

Tucholsky, Kurt, »Was darf die Satire?«, ders., *Deutschland, Deutschland unter anderen*, Berlin 1957.
Turnock, David, »Tourism in Romania. Rural planning in the Carpathians«, *Annals of Tourism Research* 17/1990, H. 1, S. 79–102.
Uebel, Horst / Freudenberg, Irmgard, »Zu einigen Tendenzen der strukturellen Entwicklung des Tourismus in der DDR«, *DDR-Verkehr* 11/1968.
Uebel, Horst, »Die allgemeinen Entwicklungsbedingungen und Entwicklungsfaktoren des Fremdenverkehrs«, *DDR-Verkehr* 5/1968, S. 187–191.
—, »Grundfragen der Entwicklung des (komplexen) touristischen Bedarfes und seiner Deckung im Fremdenverkehr der DDR«, Lehrstuhl für Ökonomik des Fremdenverkehrs an der Hochschule für Verkehrswesen ›Friedrich List‹, Dresden (Hg.), *Beiträge zur Fremdenverkehrswissenschaft*, Bd. 5. o.J., S. 41–67.
—, »Ökonomische Grundfragen der Entwicklung des Fremdenverkehrs«, Jacob, Günter (Hg.), *Probleme der Geographie des Fremdenverkehrs der Deutschen Demokratischen Republik und anderer Staaten. Referate der Internationalen Informationstagung zur Geographie des Fremdenverkehrs vom 30. September bis 2. Oktober 1965 in Dresden (= Wissenschaftliche Abhandlungen der Geographischen Gesellschaft der Deutschen Demokratischen Republik, 6)*, Leipzig 1968, S. 1–16.
—, »Zum System der Fremdenverkehrsausbildung und seiner Anwendung in der Deutschen Demokratischen Republik«, *Wissenschaftliche Zeitschrift* 23/1976, H. 2, S. 421–425.
—, »Zur begrifflichen Systematik des Fremdenverkehrs«, Hochschule für Verkehrswesen ›Friedrich List‹ (Hg.), *Wissenschaftliche Zeitschrift* 15/1968, H. 1, S. 239–247.
—, »Zur begrifflichen Systematik des Fremdenverkehrs«, *DDR-Verkehr* 8/1968, S. 307–310.
—, »Zur komplexen Problematik der Ausnutzung von Reserven im Fremdenverkehr der DDR«, *Wissenschaftliche Zeitschrift* 14/1967, H. 1, S. 239–245.
Ungarisches Fremdenverkehrsamt (Hg.), *Ungarisches Reisemagazin*, nachgewiesen 1958 bis 1995.
Unglaube, J., »Prinzipien der Erschließung und Ausstattung von Naherholungsgebieten«, Lehrstuhl für Ökonomik des Fremdenverkehrs an der Hochschule für Verkehrswesen ›Friedrich List‹, Dresden (Hg.), *Beiträge zur Fremdenverkehrswissenschaft*, Bd. 6, o.J, S. 36–55.
Unnasch, Dorit, *Zwischen Politik, Erinnerung und Kommerz: Vom schwierigen Umgang mit dem Kraft durch Freude-Seebad Prora auf Rügen*, Saarbrücken, 2007.
Urba, Jean Didier, *Sur la plage. Moeurs et coutumes balnéaires*, Paris 1994.
Urry, John, *The Tourist Gaze*, London 1990.
—, *The tourist gaze. Leisure and travel in contemporary societies*, London 1996.
Usysk, Grigori, *Ocerki istorii Rossiiskogo Turizma*, Moskau/Sankt Petersburg 2000.
van Dülmen, Richard, *Historische Anthropologie. Entwicklung, Probleme, Aufgaben*, Köln / Weimar / Wien 2001.
Verband der Journalisten der DDR / VEB F. A. Brockhaus Verlag Leipzig (Hg.), *Notiert in Freundesland. Mit Journalisten unterwegs von Havanna bis Ulan Bator*, Leipzig 1974.
Verein zur Dokumentation der DDR-Alltagskultur (Hg.), *Der Gast hat das Wort. Auszüge aus MITROPA-Beschwerdebüchern aus der Sammlung Elke Matz*, Berlin 1999.
Vereinigung Interhotel (Hg.), *Interhotel-Katalog DDR*, Berlin ca. 1975.
Verzeichnis der Jugendherbergen, Jugendtouristenhotels und Jugenderholungszentren der DDR, Berlin 1971 / 1972 / 1973 / 1976 / 1980. (Zum Teil geringfügig abweichende Titulierung).

Vester, Heinz-Günter, *Tourismustheorie. Soziologische Wegweiser zum Verständnis touristischer Phänomene*, München 1999.
Viertel, Martin, *Tausend Tage Sibirien. Mein Reisetagebuch*, Berlin 1989.
Vogel, Hans, »Touristenexpress – Geschenk der Jungeisenbahner an den VI. Parteitag«, *Deutsche Eisenbahntechnik. Technisch-wissenschaftliche Zeitschrift für Bau, Betrieb und Unterhaltung schienengebundener Verkehrseinrichtungen* 11/1963, S. 137–140.
Vogt, Helmut, »Hochbetrieb in ›Kuhle Wampe‹«, *Wochenpost* 33/1977, S. 18.
Voigt, Jutta, Das Neptun-Hotel«, *Der Sonntag* 39/1974, S. 7–9.
Voigt, Jutta, *Der Geschmack des Ostens. Vom Essen, Trinken und Leben in der DDR*, Berlin 2005.
Völker, Markus, »Oberhof setzt voll auf den Wintersport. Das St. Moritz des Ostens«, *taz, die tageszeitung*, 11.1.2003.
Vollnhals, Clemens / Weber, Jürgen (Hg.), *Der Schein der Normalität. Alltag und Herrschaft in der SED-Diktatur*, München 2002.
Volze, Armin, »Die Devisengeschäfte der DDR. Genex und Intershop«, *Deutschland-Archiv* 24/1991, S. 1145–1159.
—, »Zur Devisenverschuldung der DDR – Entstehung, Bewältigung, Folgen«, Kuhrt, Eberhard (Hg.), *Die Endzeit der DDR-Wirtschaft – Analysen zur Wirtschafts-, Sozial- und Umweltpolitik*, Opladen 1999, S. 151–185.
von der Lippe, Peter, »Die politische Rolle der amtlichen Statistik in der ehemaligen DDR«, Statistische Ämter des Bundes und der Länder (Hg.), *50 Jahre amtliche Statistik. Ein konstitutives Element des demokratischen Staates*, Wiesbaden 1999, S. 25–46.
von Plato, Alexander, »Oral History als Erfahrungswissenschaft. Zum Stand der ›mündlichen Geschichte‹ in Deutschland«, *Bios. Zeitschrift für Biographieforschung, Oral History und Lebensverlaufsanalysen* 4/1991, S. 97–119.
von Ranke, Leopold, *Sämmtliche Werke*, Bd. 33/34 (Geschichte der romanischen und germanischen Völker von 1494–1514), Leipzig 1885.
von Wensierski, Hans-Jürgen, *Mit uns zieht die alte Zeit. Biographie und Lebenswelt junger DDR-Bürger im gesellschaftlichen Umbruch*, Opladen 1994.
Vorländer, Herwart (Hg.), *Oral History. Mündlich erfragte Geschichte*, Göttingen 1990.
Vortmann, Heinz, »DDR. Verteilungswirkungen der Verbraucherpreissubvention und indirekte Steuern«, Forschungsstelle für gesamtdeutsche wirtschaftliche und soziale Fragen (Hg.), *Finanzierungsprobleme des Sozialismus in den Farben der DDR. Gratwanderung zwischen Beharrung und Reform*, Bd. 2, Berlin 1990.
Voß, Peter u.a., *Die Freizeit der Jugend*, Berlin 1981.
Vuoristo, Kai-Veikko, »Tourism Patterns in Eastern Europe, development and regional patterns«, *Fennia. International Journal of Geography*, Bd. 159.1, Turku 1981, S. 237–247.
Wagener, Hermann, *Ökonomie des Transports*, Bd. 1 und 2, Berlin 1979.
Wagner, Bernd, »Die Raum und der Zeit«, ders., *Reise im Kopf*, Berlin 1984, S. 183–186.
Wagner, Erich, »Aktuelle Probleme der Leitung und Planung des Erholungswesens im Bezirk Rostock«, Sektion Geographie der Ernst-Moritz-Arndt-Universität Greifswald (Hg.), *Gesellschaftliche Determination der Rekreationsgeographie. Beiträge des 11. Greifswalder Geographisches Symposium vom 4.–6. Oktober 1984* (= Greifswalder geographische Arbeiten, 4), Greifswald 1987, S. 48–52.
—, »Ökonomische und ökologische Aspekte der Entwicklung des Erholungswesens im Bezirk Rostock«, Albrecht, Wolfgang (Hg.), *Mecklenburg-Vorpommern. Erholungswesen*

(= *Greifswalder Beiträge zur Rekreationsgeographie, Freizeit- und Tourismusforschung, 1)*, Greifswald 1990, S. 8–18.

Wagner, F. A., »Das Schlosshotel im Thüringer Wald. Friedrichsroda feiert sein hundertfünfzigerjähriges Jubiläum als Erholungsort«, *Frankfurter Allgemeine Zeitung*, 14.5.1987, S. 5.

Wagner, Gottfried, »Die Ausstattung der Erholungsgebiete der DDR mit Ferien-Unterkünften«, Jacob, Günter (Hg.), *Probleme der Geographie des Fremdenverkehrs der Deutschen Demokratischen Republik und anderer Staaten. Referate der Internationalen Informationstagung zur Geographie des Fremdenverkehrs vom 30. September bis 2. Oktober 1965 in Dresden (= Wissenschaftliche Abhandlungen der Geographischen Gesellschaft der Deutschen Demokratischen Republik, 6)*, Leipzig 1968, S. 47–72.

Wagner, Helmut, »Einige Theorien des Systemwandels im Vergleich«, Backhaus, Jürgen (Hg.), *Systemwandel und Reform in östlichen Wirtschaften*, Marburg 1991, S. 17–39.

Waha, E., »Urlaub zu Hause oder in den Bruderländern«, *Schwarzwälder Bote*, 30.6.1983.

Walter, Franz / Denecke, Viola / Reg, Cornelia, *Sozialistische Gesundheits- und Lebensreformverbände*, Bonn 1991.

Walter, Rolf, *Einführung in die Wirtschafts- und Sozialgeschichte*, Paderborn 1994.

Walther, Joachim, »Die alltägliche Zensur und der Alltag in der Literatur«, Vollnhals, Clemens / Weber, Jürgen (Hg.), *Der Schein der Normalität. Alltag und Herrschaft in der SED-Diktatur*, München 2002, S. 287–304.

Walther, Joachim, *Ich bin nun mal kein Yogi*, Berlin 1975.

Weber, Christian, *Ich bleibe. Alltag in der DDR*, Stuttgart 1989.

Weber, Hermann, *Die DDR. 1945–1990*, München 2000.

Weber, Max, *Wirtschaft und Gesellschaft*, Tübingen 1972.

Weber, Petra, *Justiz und Diktatur. Justizverwaltung und politische Strafjustiz in Thüringen 1945-1961 (= Quellen und Darstellungen zur Zeitgeschichte 46)*, München 2000

Weber, Rolf, *Talsperren Pöhl und Pirk*, Berlin, mehrere Auflagen zwischen 1977 und 1988.

Wehler, Hans-Ulrich, *Deutsche Gesellschaftsgeschichte*, Bd. 5 (Bundesrepublik und DDR 1949–1990, München 2008.

Wehner, Heinz, »Die Entwicklung der Sächsischen Schweiz zum Fremdenverkehrsgebiet«, *Mitteilungen aus der kulturwissenschaftlichen Forschung* 24/1988, S. 46–60.

—, *Geschichte des Fremdenverkehrs, Grundlagen des Fremdenverkehrs, Teil C. Studienmaterial Fachrichtung Ökonomie des Transports Vertiefungsrichtung Fremdenverkehr*, Dresden 1986, S. 91–181.

Weil, Francesca, »Der Betrieb als sozialer Raum zwischen Anpassung und Verweigerung«, Timmermann, Heiner (Hg.), *Die DDR – Erinnerung an einen untergegangenen Staat*, Berlin 1999, S. 307–339.

Weinert, Rainer / Gilles, Franz-Otto, *Der Zusammenbruch des Freien Deutschen Gewerkschaftsbundes (FDGB). Zunehmender Entscheidungsdruck, institutionalisierte Handlungsschwächung und Zerfall der hierarchischen Ordnungsstruktur*, Opladen / Wiesbaden 1999

Weinert, Rainer, »Wirtschaftsführung unter dem Primat der Parteipolitik«, Pirker, Theo, *Der Plan als Befehl und Fiktion. Wirtschaftsführung in der DDR. Gespräche und Analysen*, Opladen 1995, S. 285–308.

Weise, Günter u.a., »Straßenverkehrs- und Straßenplanung«, Fiedler, Erich (Hg.), *Das Straßenwesen der DDR 1949–1989*, Bonn 2002, S. 18–61.

Weißfinger, Manfred, *Erholung in der Freizeit als Bestandteil kulturvoller, sozialistischer Lebensweise der Arbeiterklasse*, Berlin 1973.

Weizsäcker, Beatrice, *Verschwisterung im Bruderland. Städtepartnerschaften in Deutschland*, Bonn 1990.

Welkert, Gertraud, »Budapest. Königin der Donau«, *Urania* 10/1973, S. 60f.

Wellner, István, *Autoroutenatlas Ungarn*, Berlin/Leipzig 1988.

Weltzer, Antje, »Auf Socken nach Pavia. Über den großen Traum von Italien und wie er zerbrach«, Simon, Jana / Rothe, Frank / Andrasch, Wiete (Hg.), *Das Buch der Unterschiede. Warum die Einheit keine ist*, Berlin 2000, S. 172–176.

Welzer, Harald, *Das kommunikative Gedächtnis. Eine Theorie der Erinnerung*, München 2002.

Wentker, Hermann, »Justiz und Politik in der DDR«, Eppelmann, Rainer / Faulenbach, Bernd / Mählert, Ulrich (Hg.), *Bilanz und Perspektiven der DDR-Forschung*, Paderborn 2003, S. 126–132.

Wenzel, Klaus / Brendel, Hannelore / el Hakim, Karin, *Kulturvoll gestaltete Freizeit. Ratgeber für Gastronomen und Heimleiter*, Berlin 1974.

Wenzel, Klaus / Kaufmann, Erich, »FDGB-Ferienhotel ›Neptun‹ in Warnemünde«, *Deutsche Architektur* 5/1972, S. 280–285.

Werner, F.O., »Meine Gäste – deine Gäste?«, *Handelswoche*, 19.6.1972.

Werner, Michael / Zimmermann, Bénédicte, »Vergleich, Transfer, Verflechtung. Der Ansatz der Histoire croisée und die Herausforderung des Transnationalen«, *Geschichte und Gesellschaft* 28/2002, S. 607–636.

Wernicke, Immo H., »Neue Förderungsmaßnahmen für private Einzelhändler und Gastwirte in der DDR. Teil eines umfassenden Reformwerkes oder Flickwerk?«, *Deutschland-Archiv* 21/1988, H. 12, S. 1302–1313.

Wernicke, Joachim, *Der Koloss von Prora auf Rügen. Gestern – heute – morgen*, Königstein 2003.

Werz, G., »Tausche Ostseeküste gegen Thüringer Wald«, *Münchner Merkur*, 13.8.1983.

Wessel, Harald, *... und Zweige mit blauen Rosinen. Reisetagebuch*, Berlin 1972.

Weymar, Thomas, *Im Trabi zur Sonne, zur Freiheit. Entwicklung, Folgen und Ursachen des Automobilverkehrs im realen Sozialismus am Beispiel der DDR*, Köln 1985.

Wichner, Ernst / Wiesner, Herbert (Hg.), *Zensur in der DDR. Geschichte, Praxis und ›Ästhetik‹ der Behinderung von Literatur. Ausstellungsbuch*, Berlin 1991.

Wierling, Dorothee, *Geboren im Jahr Eins. Der Jahrgang 1949 in der DDR. Versuch einer Kollektivbiographie*, Berlin 2002.

Wilczynski, Marianne, »Zum Frühstück unter Kiefern. Beliebter Jugendzeltplatz Krampenburg«, *BZ am Abend*, 12.6.1973.

Williams, Allan M. / Baláž, Vladimír, »From collective provision to commodification of tourism?«, *Annals of Tourism Research* 28/2001, H. 1, S. 27–49.

Windelband, Wilhelm, *Geschichte und Naturwissenschaft*, Straßburg 1894.

Winkelmann, Heidemarie / Winkelmann, Klaus, »Mit dem ›Tourex‹ nach Varna (1)«, *Der Modelleisenbahner* 9/1977, S. 270.

—, »Mit dem ›Tourex‹ nach Varna (2)«, *Der Modelleisenbahner* 10/1977, S. 296.

Winkler, Gunnar (Hg.), *Geschichte der Sozialpolitik in der DDR 1945–1985*, Berlin 1989.

—, *Lexikon der Sozialpolitik*, Berlin 1987.

Winkler, Gunnar, »Aufgaben und Funktion der marxistisch-leninistischen Sozialpolitik bei der Gestaltung der entwickelten sozialistischen Gesellschaft (Thesen)«, *Jahrbuch für Soziologie und Sozialpolitik*, Berlin 1984, S. 143–177.

Wirth, Albrecht, »Zelten auf dem Autodach«, *Morgenpost*, 6.5.1988.

Witt, Günter, *Geistig-kulturelles Leben im DTSB. Ein Handbuch für Funktionäre, Trainer und Übungsleiter*, Berlin 1983.

Wöhler, Karlheinz, »Informationsverhalten«, Hahn, Heinz / Kagelmann, Hans Jürgen, *Tourismuspsychologie und Tourismussoziologie. Ein Handbuch zur Tourismuswissenschaft*, München 1993, S. 155–160.

Wolf, Christa, *Der geteilte Himmel*, Halle 1963.

—, *Moskauer Novelle*, Berlin 1961.

Wolf, Klaus, »Zu einigen Aspekten der Entwicklung des Tourismus und sich daraus ableitende Aufgabenstellungen für Lehre und Forschung«, *Wissenschaftliche Zeitschrift, Sonderheft 40 (Beiträge zur ›Ökonomie des Tourismus‹)*, Dresden 1988, S. 5–12.

Wolff, Hans-Jürgen, »Die Fremdenverkehrspolitik der DDR. Ein Ausdruck und Mittel zur Erfüllung der Hauptaufgabe des VIII. Parteitages der SED«, Lehrstuhl für Ökonomik des Fremdenverkehrs an der Hochschule für Verkehrswesen ›Friedrich List‹, Dresden (Hg.), *Beiträge zur Fremdenverkehrswissenschaft*, Bd. 5, o.J., S. 7–26.

Wolle, Stefan, *Die heile Welt der Diktatur. Alltag und Herrschaft in der DDR 1971–1989*, Berlin 1998.

Wolter, Christine, *Die Hintergrundperson oder Versuche zu lieben*, Berlin 1979.

Wolter, Heike, »… wie an einem paradiesischem Ort«. Zum DDR-Tourismus der siebziger und achtziger Jahre«, Spode, Hasso / Ziehe, Irene / Cantauw, Christiane (Hg.), *Gebuchte Gefühle. Tourismus zwischen Verortung und Entgrenzung (= Voyage. für Reise- & Tourismusforschung Sonderband 7/2005)*, München / Wien 2005. S. 67–81.

—, *Vom staatlichen Erholungswesen. Urlaub in der DDR*, Erfurt 2008.

—, »Welfare to the beach«, Hering, Sabine (Hg.), *Social Care under State Socialism (1945–1989). Ambitions, Ambiguites and Mismanagement*, Berlin 2009, S. 131–140.

—, Das grüne Herz der DDR. Tourismus im Thüringer Wald 1945–1989 (= *Thüringen. Blätter zur Landeskunde*), Erfurt 2007.

World Tourism Organization (Hg.), *Seminar on Tourism Statistics in the Countries of Central and Eastern Europe (Prague, 28–30 January 1992) of the International Conference on Travel and Tourism Statistics in Ottawa, Kanada, June 1991*, Madrid 1994.

Wortham, Stanton, *Narratives in action. A strategy for research and analysis*, New York 2001.

Wuthenow, Ralph Rainer, »Inselglück. Reise und Utopie in der Literatur des XVIII. Jahrhunderts«, Vosskamp, Wilhelm (Hg.), *Utopieforschung. Interdisziplinäre Studien zur neuzeitlichen Utopie*, Bd. 2, Stuttgart 1982, S. 320–335.

Zagatta, Martin, »»Kein roter Teppich«. Zur Wiederaufnahme des deutsch-deutschen Jugendaustausches«, *Deutschland-Archiv* 8/1985, S. 793–796.

Zapf, Wolfgang, »Die Modernisierung und Modernisierungstheorien«, ders. (Hg.), *Die Modernisierung moderner Gesellschaften. Verhandlungen des 25. Deutschen Soziologentages in Frankfurt am Main 1990*, Frankfurt/New York 1991, S. 23–39.

—, »Modernisierung und Transformation«, Schäfers, Bernhard / Zapf, Wolfgang (Hg.), *Handwörterbuch zur Gesellschaft Deutschlands*, Opladen 1998.

—, »Zur Theorie der Transformation«, *BISS public* 4/1994, H. 13, S. 5–10.

Zatl, Jonathan R, »The Vehicle of Desire. The Trabant, the Wartburg, and the End of the GDR«, *German History* 15/1997, H. 3, S. 358–380.

Zatl, Jonathan R., *Ausgaben und Eingaben. Das Petitionsrecht und der Untergang der DDR, Zeitschrift für Geschichtswissenschaft* 10/1997, S. 902–917.

Zentralinstitut für Jugendforschung beim Amt für Jugendfragen beim Ministerrat d. DDR, Abt. Information (Hg.), *Das Zentralinstitut für Jugendforschung*, Leipzig 1982.

Zentralrat der FDJ (Hg.), *Dokumente der X. Weltfestspiele der Jugend und Studenten*, Berlin 1974.

Zentralverwaltung für Statistik (Hg.), *Statistischer Jahresbericht über den Stand und die Entwicklung des Erholungswesens und Tourismus in der DDR*, nachgewiesen 1973–1984.

—, *Statistischer Jahresbericht über den Stand und die Entwicklung des Tourismus und des Erholungswesens der DDR 1980*, Berlin 1980.

—, *Statistisches Jahrbuch der DDR*, verschiedene Jahrgänge.

Zentralvorstand der Industriegewerkschaft Wismut (Hg.), *Richtlinie für die Arbeit des Feriendienstes der Industriegewerkschaft Wismut*, Karl-Marx-Stadt 1976.

Zeppenfeld, Runa, *Feriengroßprojekte zu DDR-Zeiten und im heutigen Ostdeutschland*, unveröff. Diplomarbeit, Trier 1997.

Zhou, M, *Journeys to an unattainable destination. East German travel narratives and DEFA documentary films about the Soviet Union*, unveröff. Diss., Ann Arbor 2004.

Ziegenbalg, K. / Fischer, H. / Vick, H. / Albrecht, W., »Naherholung in Kleingartensiedlungen. Untersuchungen in ausgewählten Kreisen der Nordbezirke«, Bethke, Artur (Hg.), *Gesellschaftliche Determination der Rekreationsgeographie (=Greifswalder Geographische Arbeiten, 4)*, Greifswald 1987, S. 104–106.

Ziehe, Irene, »Fotografieren, Bewahren, Erinnern. Zum Phänomen des ›Knipsens‹«, Museum Europäischer Kulturen (Hg.), *Faszination Bild. Ausstellungskatalog zum Pilotprojekt. Staatliche Museen zu Berlin Preußischer Kulturbesitz*, Berlin 1999, S. 96–113.

Zierke, Irene, *Erholungsbedürfnisse – objektive Notwendigkeit und subjektive Reflexion*, Berlin 1989.

Zimmermann, Klaus / Cusack, Thomas R., »Pennies from heaven, Entry fees to a socialist ›paradise‹«, *Public Choice* 3-4/1994, S. 277–295.

Zimmermann, Peter (Hg.), *Deutschlandbilder Ost. Dokumentarfilme der DEFA von der Nachkriegszeit bis zur Wiedervereinigung*, Konstanz 1995.

Zimmers, Barbara, *Geschichte und Entwicklung des Tourismus (= Trierer Tourismus Bibliographien Bd. 7)*, Trier 1995.

Zschech, Friedemann, »Der Verkehr als ein Faktor im Problemkreis Rekreation – Territorium«, Benthien, Bruno (Hg.), *Geographie, Rekreation, Territorium. Beiträge des 5. Greifswalder Geographischen Symposiums vom 2.–6. Oktober 1978 (= Greifswalder geographische Arbeiten, 1)*, Greifswald 1980, S. 49–59.

Zschech, Friedemann, *Geographische Bedingungen des großstädtischen Wochenenderholungsverkehrs unter besonderer Berücksichtigung der Einheit von Ortsveränderungs- und Aufenthaltsphase, dargestellt an den Großstädten Berlin, Hauptstadt der DDR, Karl-Marx-Stadt und Rostock*, Berlin 1975.

Zube, Kurt, »Zur Entwicklung des Betriebes Verkehrsflug der INTERFLUG«, *Technisch-Ökonomische Informationen der zivilen Luftfahrt* 3/1985, S. 85–88.

Zwahr, Helmut, »Umbruch durch Ausbruch und Aufbruch, Die DDR auf dem Höhepunkt der Staatskrise 1989. Mit Exkursen zu Ausreise und Flucht sowie einer ostdeutschen Generationenübersicht«, Kaelble, Hartmut / Kocka, Jürgen / Zwahr, Hartmut (Hg.), *Sozialgeschichte der DDR*, Stuttgart 1994, S. 426–465.

Zwirner, Barbara, ›Besseres Land – schöne Welt‹. Sozialistischer Patriotismus und Welterfahrung in der Reiseliteratur der DDR nach dem VIII. Parteitag der SED 1971, Diss., Berlin 1986.

Internetquellen

›Stockholm‹ (1948), in: Passagierdampfer, 3.11.2005, http://www.passagierdampfer.de/Schiffe/Liner/Stockholm__1948_/body_stockholm__1948_.html.

›Völkerfreundschaft‹, in: Deutsche Passagierschiffe, 3.11.2005, http://www.deutsche-passagierschiffe.de/core/schiffsregister/voelkerfreundschaft/index.html.

Archiv zum Tourismus, Willy-Scharnow-Institut, in: Hasso Spode, 9.2.2006, http://home.worldonline.de/home/hasso.spode/archivtxt.html.

Auflistung einiger Gaststätten der Konsumgenossenschaften, in: DDR-Wissen, 2.10.2005, http://www.ddr-wissen.de/wiki/ddr.pl?Konsum-Hotels.

Bestandshinweise des Bundesarchivs zu Dokumenten der Gewerkschaftshochschule ›Fritz Heckert‹ des FDGB, in: Bundesarchiv, 12.2.2006, http://www.bundesarchiv.de/aufgaben_ organisation/abteilungen/ sapmo/archiv/00751/index.html#ziel_1_10.

Birth, Ulrich, Trampen in sozialistischen Ländern, in: LeMO. Kollektives Gedächtnis, 28.10.2005, http://www.dhm.de/lemo/forum/kollektives_gedaechtnis/184/index.html.

Broschüre des Jugenderholungszentrums Scharmützelsee in Wendisch-Rietz, in: Deutsche Kommunistische Partei Hameln, 16.2.2006, http://www.jhs-wilhelm-pieck.de/jez.htm.

Campinghomepage der Familie Blontke, in: 14.1.2006, http://www.blontke-web.de.

Damm-Fiedler, Jutta / Fiedler, Jochen, Zum Festival im 73er Schritt, DDR-Plakate, 14.11.2005, http://www.ddr-plakate.de/Biographie_time_c.php.

Das ›Bad der Zwanzigtausend‹ in Prora, in: Museum Prora, 22.3.2007, http://www.museum-prora.de.

Datensammlung der Gesellschaft Sozialwissenschaftlicher Infrastruktureinrichtungen e.V. (Übernahme von Archivbeständen aus der DDR), GESIS, 29.12.2005, http://www.gesis.org/Datenservice/DDR_NBL/Suche/index.htm.

Delius, Friedrich Christian, Brief an die Schülerinnen und Schüler in Dänemark, die einen kleinen ›Spaziergang‹ vor sich haben, in: Tysk for laget, 28.12.2005, http://www.tyskforlaget.dk/BriefandieSchuelerinnen.html.

Deutsche Reichsbahn, in: Hochschule für Verkehr, Dresden, 11.4.2007, http://www.hfv-dd.de/dp_dr.php.

Die DDR im Spiegel ihrer Plakate. Ein Inventarisations- und Forschungsprojekt der VW-Stiftung, in: DHM, 19.11.2005, http://www.dhm.de/hinweise/ddr_vw/.

Dietrich, Isolde, Der ostdeutsche Kleingarten im Spiegel der Quellen und im Alltagsleben der ›kleinen Leute‹, in: Kulturation, 1/2004, 16.1.2006, http://www.kulturation.de/thema.php.

Drewes, Jürgen, ›Aktion Rose‹ in Boltenhagen, in: Jürgen Drewes, 7.4.2007, http://www.jdrewes.de/ jdrewes/jdd10fe.htm#EntSeeb.

Elsner, Steffen, H., Das Eingabenwesen als Element des Krisenmanagements im politischen System der DDR – Einige Überlegungen am Beispiel der ›Reiseproblematik‹. Vortrag, gehalten auf dem von der ZZF-Projektgruppe ›Führungsgruppen und Apparate des SED-Regimes‹ am 5. Februar 1999 in Potsdam veranstalteten Workshop zum Thema ›Macht- und Funktionseliten der SBZ/DDR in

Krisenjahren der deutschen Nachkriegsgeschichte‹, in: ZZF Potsdam, 28.12.2005, http://www.zzf-pdm.de/papers/ krisen/elsner.html.

Engelke, Henning / Kopp, Simon, *Der Western im Osten. Genre, Zeitlichkeit und Authentizität im DEFA- und im Hollywood-Western*, in: Zeithistorische Forschungen / Studies in Contemporary History, 2/2004, 14.11.2005, http:///www-zeithistorische-forschungen.de/161226041-Engelke-Kopp-2-2004.

Entwicklung der Station junger Touristen in Gera, in: Station junger Touristen, 31.10.2005, http://www.sjt.jetzweb.de/seiten/chr.htm.

FDGB Urlauberschiff ›Arkona‹, in: Urlauberschiff ›Fritz Heckert‹, 3.11.2005, http://www.urlauberschiff-fritzheckert.de/maritim/details.php?image_id=75& sessionid= 20b39d90e8a3b1b04ecfbb4f032c85b7.

FDGB Urlauberschiff ›Völkerfreundschaft‹, in: Urlauberschiff ›Fritz Heckert‹, 3.11.2005, http://www.urlauberschiff-fritzheckert.de/maritim/details.php?image_id=76.

Filmlexikon, in: Kabel 1, 14.11.2005, http://www.kabel1.de/film/filmlexikon/ ergebnis.php?filmnr=26581.

Geißler, Claudia, *Interview mit Friedrich Christian Delius in der Berliner Zeitung vom 31.10.1995*, in: Berliner Zeitung, 22.1.2004, http://www.berlinonline.de/berliner-zeitung/archiv/.bin/dump.fcgi/1995/1031/kultur/0003/.

Genex Geschenkdienst GmbH, *Zeitzeugenbericht von Burkhard Klier*, in: Erdgastrasse Klier, 11.1.2005, http://www.erdgastrasse-klier.de/album1.html.

Geschichte der ›Villa Bleichröder‹, später Präsidiumsheim ›Richard Schmidt‹, Heringsdorf, in: Urlaub in Mecklenburg-Vorpommern, 6.11.2004, http://www.all-in-all.com/1644/historie.de.

Geschichte der Pionierrepublik, in: Europäische Jugenderholungs- und Begegnungsstätte Werbellinsee, 2.2.2007, http://www.ejb-werbellinsee.de/historie/index.html.

Gesellschaft für deutsche Sprache, *Wörter des Jahres / Unwörter*, in: GFDS, 26.1.2006, http://www.gfds.de/woerter.html.

Görlich, Christopher, *Capri, Constanza und der verlorene Ort. DDR-Schlagertexte über ferne Welten*, in: Zeitgeschichte-online (Thema, Pop in Ost und West. Populäre Kultur zwischen Ästhetik und Politik), April 2006, 9.10.2008, http://www.zeitgeschichte-online.de/zol/portals/_rainbow/ documents/pdf/pop_goerlich.pdf.

Graduiertenkolleg ›Reiseliteratur und Kulturanthropologie‹ an der Universität Paderborn, in: Universität Paderborn, 9.11.2005, http://www-fakkw.uni-paderborn.de/graduiertenkolleg/deutsch/index_deutsch.htm.

Grube, Michael, *Tankstellengeschichte in Deutschland*, 5.9.2006, http://www.lostplaces.de/cms/content/view/138/33/.

Gunter Böhnke – Portrait, in: MDR, 28.12.2005, http://www.mdr.de/boulevard/portraets/134275.html.

Historie Čedoku, in: Cedok, 13.2.2006, http://www.cedok.cz/ostatni/historie.aspx.

Hitrec, Tomislav, *History of Tourism with Particular Reference to the Croatian Adriatic. Beitrag auf dem XIII. Economic History Congress vom 22.–26.7.2002 in Buenos Aires*, in: Economic History Services, 1.2.2006, http://www.eh.net/XIIICongress/cd/papers/4Hitrec185.pdf.

Holz, Martin, *Die Aktion Rose 1953 an der Ostseeküste*, in: Rugia. Rügen-Jahrbuch, Putbus 2004, 19.2.2004, www.bstu.de/ddr/aktion_rose/seiten/01.html.

Hornbogen, Franziska, *›Halb-Weltsicht‹. Die DDR-Weltoffenheit während der X. Weltfestspiele*, in: Kulturation 2/2003, 16.1.2006, http://www.kulturation.de/thema.php.

http://33019.board.webtropia.com/ (=Forum von http://www.ddr-geschichte.de), in: DDR-Geschichte, 19.1.2006.
http://www.ddr-im-www.de, in: DDR-Geschichte, 19.1.2006.
http://www.zonentalk.de, in: Zonentalk, 19.1.2006.
Impressionen zum Campingleben der frühen 70er Jahre, in: Familie Blontke, 25.10.2005, http://www.blontke-web.de/ostalgie/dokumente/ost_camping70.php.
Information über Bestrebungen feindlicher, oppositioneller Kräfte zur Schaffung DDR-weiter Sammlungsbewegungen / Vereinigungen, MfS, ZIAG, Nr. 416/89, Anlage 5, Berlin 19.9.1989, in: DDR '89, 2.12.2006, http://www.ddr89.de/ddr89/texte/mfs1.html.
Inlandsflugplan der Interflug, in: Interflug, 4.4.2007, http://www.interflug.biz/IF-Flugplaene/InlandPlan_100571 _250971.pdf.
Interflug-Flugplan vom 29.3.-24.10.1987, in: Interflug, 4.4.2007, http://www.interflug.biz/IF-Flugplaene/IF-Timetable_2903_241087_part_1.pdf.
Intourist. Über das Unternehmen. Geschichte (Angebot in russischer Sprache), in: Intourist, 13.2.2006, http://www.intourist.ru/news.aspx?news=h0.
Kellerhoff, Sven Felix, *Die Ferne lockt – die Deutschen strömen. Der rasante Weg von der Reisewelle zum Reiseweltrekord / Ein Rückblick auf fünfzig Jahre Tourismus*, in: Die Depesche. Online-Zeitschrift 150/1997, 24.3.2005, http://www.berliner-journalisten-schule.de/ depesche1997/reisew.htm.
Kostov, Alexandre, *L'industrie touristique en Bulgarie et en Roumanie (1945–1989). Beitrag auf dem XIII. Economic History Congress vom 22.–26.7.2002 in Buenos Aires*, in: Economic History Services, 1.2.2006, http://www.eh. net/XIIICongress/cd/papers/4Kostov218.pdf.
Kuhn, Katja, *›Wer mit der Sowjetunion verbunden ist, gehört zu den Siegern der Geschichte […]‹. Die Gesellschaft für Deutsch-Sowjetische Freundschaft im Spannungsfeld von Moskau und Ostberlin*, Mannheim 2002, in: Universität Mannheim, 20.10.2005, http://bibserv7.bib.uni-mannheim.de/ madoc/volltexte/2003/64/pdf/DSF.PDF.
Kurtenbach, Peter J., *Auf Wiedersehen in Sofia*, in: Seniorentreff, 7.4.2007, http:// www.seniorentreff.de/autoren/Peter_Kurtenbach/1970.htm.
Lawin, Heike, *Reise nach Moskau*, in: DDR-Zeitzeugen, 7.4.2007, http://www.ddr-zeitzeugen.de/ Urlaub/Reise_nach_Moskau/reise_nach_moskau.html.
Le camps de pionniers, in : Monsite, 29.10.2005, http://monsite.wanadoo.fr/AllemagneRDA/page3.html.
Lindenberger, Thomas / Sabrow, Martin, *Das Findelkind der Zeitgeschichte*, in: Frankfurter Rundschau Online, 12.11.2003, http://www.fr-aktuell.de/fr_home/startseite/?cnt= 337987.
Lindner, Martin, *›Ich‹ schreiben im falschen Leben. Tagebuch-Literatur in der Epoche des Neomodernismus (1950 – 1980)*, Manuskript 1998, 2.12.2006, http://static.twoday.net/ lotman/files/lindner_tb_definition.doc.
Löffler, Dietrich, *Literaturplanung. Verlagsarbeit im Aufbau-Verlag nach der 6. Tagung des ZK der SED 1972*, Halle 2002, in: Universität Halle, 16.11.2005, http://www.medienkomm.uni-halle.de/forschung/publikationen/halma16.shtml.
Magnus-Hirschfeld-Gesellschaft, *Lichtkämpfer, Sonnenfreunde und wilde Nackte. Eine Ausstellung zur Geschichte der Freikörperkultur in Deutschland*, in: Magnus-Hirschfeld-Gesellschaft, 1.9.2006, http://www.hirschfeld.in-berlin.de/frame.html?.

Merkel, Ina, *Im Spiegel des Fremden. Die Weltfestspiele von 1973*, in: Kulturation, Online-Journal 2/2003, 16.1.2006, http://www.kulturation.de/thema.php.

Mitnahmebescheinigung, in: Heiko Burkhardt, 4.4.2007, http://www.dailysoft.com/berlinwall/ xgraphics/archive/mitnahme.jpg.

MS ›Arkona‹ (ex ›Astor‹), in: Deutsche Passagierschiffe, 3.11.2005, http://www.deutsche-passagierschiffe.de/core/schiffsregister/arkonaexastor/index.html.

MS ›Athena‹, in: Cruiseferry, 3.11.2005, http://www.cruiseferry.de/dschiffe.html.

MS ›Athena‹, in: Olaf Krull, 3.11.2005, http://www.emil-netz.de/rostock/liner/athena/ athena_ info.php.

MS ›Fritz Heckert‹, in: Deutsche Passagierschiffe, 3.11.2005, http://www.deutsche-passagier-schiffe.de/core/schiffsregister/fritzheckert/index.html.

Network: *History of Tourism in 20th Century Europe, Universität Graz*, in: Universität Graz, 1.2.2006, http://www.gewi.kfunigraz.ac.at/suedost/tourism/index.html.

Novakova, Eva: *Tourismuspolitik in Transformation am Beispiel der Tschechischen Republik*, unveröff. Diss., St. Gallen 2003, in: Universität St. Gallen, 11.4.2007, http://www.unisg.ch/ www/edis.nsf/wwwDisplayIdentifier/2824/$FILE/dis2824.pdf.

O.V., *Inhaltsangabe zu Erich Loest, Zwiebelmuster*, in: DTV, 19.11.2005, http://www.dtv.de/ dtv.cfm?wohin=dtvnr10919.

Ochs, Christoph, *Aktion ›Banner‹. Operativer Einsatz, Taktik und Strategie des MfS während der X. Weltfestspiele 1973*, in: Kulturation, Online-Journal 2/2003, 16.1.2006, http:// www.kulturation.de/thema.php.

Orbis Travel. Geschichte des größten polnischen Reisebüros, in: Orbis, 13.2.2006, http:// orbis.krakow.pl/ cms/index.php?id=69,102,0,0,1,0.

Pollack, Detlef, *Wie modern war die DDR? Diskussionspapiere des Frankfurter Instituts für Transformationsstudien 4/2001*, in: Europa-Universität Frankfurt (Oder), 11.1.2005, http://fit.euv-frankfurt-o.de/Veroeffentlichungen/Discussion%20Papers/PDF-Format/ 01_04Pollack.PDF.

Projektmeldung des ZZF Potsdam, in: ZZF Potsdam, 16.3.2005, http://www.zzf-pdm.de/ projekte/heidi.html.

Rabe, Ulrich, *Bündelungsmöglichkeiten im Freizeitverkehr dargestellt an ausgewählten Verkehrsereignissen in der DDR*, Bd. 1 und 2, Berlin 2002, in: Eventverkehr, 22.5.2005, http://www. eventverkehr.de/ everg.html.

Rathje, Ulf, *Daten der Staatlichen Zentralverwaltung für Statistik der DDR im Bundesarchiv – Bewertung, Übernahme, technische Bearbeitung und Benutzung*, in: Sachsen, 4.4.2007, http://www.sachsen.de/de/bf/verwaltung/archivverwaltung/v2/themenportal/ download/pp_rathje.pdf.

Reisen nach Osteuropa, in: Eastern Images, 14.1.2006, http://www.eastern-images.de.

Renken, Kai / Jenke, Werner, *Wirtschaftskriminalität im Einigungsprozess*, in: Aus Politik und Zeitgeschichte, Bd. 32–33/2001, 19.2.2006. http://www.bpb.de/publikationen/ O0ICG9,3,0,Wirtschaftskriminalit%E4t_im_Einigungsprozess.html.

Sauer, Alfred (Deutsches Schifffahrtsmuseum), *Am Anfang ›Völkerfreundschaft‹, am Ende ›Raketen-Siggi‹*, in: Info-Service 13/00 vom 25.09.2000, 3.11.2005, http://www.dsm.de/ 3prr0022.htm.

Schenk, Ralf, *Go, Trabi, go – DDR-Vergangenheit, Wende und Nachwende in deutschen Kinofilmen zwischen 1990 und 2005*, in: Filmportal, 2.12.2006, http://www.filmportal.de/df/6e/Artikel,,,,,,,,EF9887AF33C2531AE03053D50B376240,,,,,,,,,,,,,,,,,,,,,,.html.

Schröder, Carsten, ›*Horch, was kommt von draußen rein*‹*: Die X. Weltfestspiele der Jugend und Studenten 1973 in Ost-Berlin. Eine Wende im Verhältnis von Bundesrepublik und DDR?*, in: Kulturation, Online-Journal 2/2003, 16.1.2006, http://www.kulturation.de/thema.php.

Schüler, Bodo, *Aktuelle Erfordernisse bei der Suche, Auswahl und Bestätigung von Teilnehmern an touristischen Reisen über das Reisebüro der FDJ ›Jugendtourist‹ in nichtsozialistischen Staaten sowie der politisch-operativen Sicherung während ihres Aufenthaltes im nichtsozialistischen Ausland*, in: Förster, Günter (BStU): Diplomarbeiten und Abschlussarbeiten an der ›Juristischen Hochschule‹ (JHS) der Staatssicherheit in Potsdam, 21.1.2006, http://members.lycos.co.uk/htfinder/diplmfss.htm.

Schultze, Sven, *Rezension zu: Berger, Ulrich (Hg.): Frust und Freude. Die zwei Gesichter der Gesellschaft für Sport und Technik, Schkeuditz 2002*, in: H-Soz-u-Kult, 22.05.2003/ 20.10.2005, http://hsozkult.geschichte.hu-berlin.de/rezensionen/2003-2-108.

Steinberg, Thomas, *Und nächstes Jahr am Balaton*, in: Kiez e.V., 14.11.2005, http://www.kiez-ev.de/film/und-naechstes-jahr-am-balaton.htm.

Sturmhoebel, Elke, *Die Ruhe vor dem Sturm. Winter auf der Ostsee-Insel Poel*, in: Schwarz auf Weiß, 4.12.2008, http://www.schwarzaufweiss.de/deutschland/poel.htm.

Train Simulator Forum, Schnellzüge der DDR-DR, in: TSSF-Forum, http://www.tssf-forum.de/yabbse/index.php?board=15;action=display;threadid=5413.

Über den Weltbund der demokratischen Jugend (WBDJ), in: DDR-Geschichte, 29.6.2005, http://www.ddr-geschichte.de/Rubrik/WBDJ/wbdj.html.

Umfragen ›Jugend und Touristik 1983–1984‹ sowie ›Jugendtouristik 1988‹ des Zentralinstituts für Jugendforschung, in: Universität Köln, 22.3.2006, http://isysweb.za.uni-koeln.de/ (Suchbegriff: ›Feriendienst‹ bzw. ›Reise‹).

Wilson, Julie / Richards, Greg, *Student and Youth Travel. A Bibliography of Research and Publications*, in: ATLAS, 29.6.2005, http://www.atlas-euro.org/pages/pdf/Student_ Youth_ Travel_ Bibliography.pdf.

Wolter, Heike, *Aktion Rose*, in: Dowe, Dieter / Kuba, Karlheinz / Wilke, Manfred (Hg.): FDGB-Lexikon. Arbeitsversion (= Arbeitspapiere des Forschungsverbundes SED-Staat, 36/2005), Berlin 2005, 3.10.2008, http://library.fes.de/FDGB-Lexikon.

—, Paper ›*The Conferences of state authorities for tourism in socialist countries. 1966 till 1988*‹*. York, October 2005*, in: CD-ROM zur T2M-Konferenz, York 2005, 1.9.2006, bestellbar auf www.t2m.org.

Wolters, Angelika, *Alltagskommunikation in der DDR. Eine pragmalinguistische Untersuchung der Textsorte Brigadetagebuch*, unveröff. Diss., Magdeburg 2004, S. 51, in: Universität Magdeburg, 2.12.2006, http://diglib.uni-magdeburg.de/Dissertationen/2004/ angwolters.pdf.

World Federation of Democratic Youth, WFDY, in: Flags of the World, 29.6.2005, http://fotw.fivestarflags.com/qt_wfdy.html#de.

Yugotours (Hg.), *About us*, in: Yugotours, 4.9.2006, http://www.yugotours.co.yu/eng/index.php?option=com_content&task=view&id=145&Itemid=143.

Zapf, Wolfgang, *Die Transformation in der ehemaligen DDR und die soziologische Theorie der Modernisierung. Öffentlicher Vortrag im Rahmen der Fachbeiratssitzung des Max-Planck-Instituts für Gesell-

schaftsforschung in Köln, 23. April 1992, in: Max-Planck-Institut, 11.1.2005, http://www.mpi-fg-koeln.mpg.de/pu/mpifg_dp/dp92-4.pdf.

Zimmermann, Horst, *Mit Tricks und Glück nach Sotschi und zurück*, in: Damals in der DDR. Ihre Geschichte. DDR-Bürger auf Reisen, in: MDR, 15.2.2006, http://www.mdr.de/damals-in-der-ddr/ihre-geschichte/1722407.html.

Zoppel, Christina, *Rezension zu: Schuhbauer, Thomas: Umbruch im Fernsehen, Fernsehen im Umbruch. Die Rolle des DDR Fernsehens in der Revolution und im Prozess der deutschen Vereinigung 1989–1990 am Beispiel des Jugendmagazins ›Elf 99‹*, Berlin 2001, in: H-Soz-u-Kult, 6.8.2002/11.1.2005, http://hsozkult.geschichte.hu-berlin.de/rezensionen/ZG-2002-105.

Audiovisuelle Materialien

›Im Tal der Ahnungslosen. Westfernsehen Marke Eigenbau‹, MDR, 11.10.2005, 22:05 bis 22:35 Uhr.

Damals in der DDR, Teil 1: Prisma, 7.6.1999, von 22:30 bis 23:15, MDR.

Damals in der DDR. Teil 2: FKK, MDR, 14.6.1999, 23:00 bis 23:45.

Streubel, Manfred, ›Das Lied der jungen Naturforscher‹. Worte: Manfred Streubel, Weise: Gerd Natschinski, in: Rundfunkkinderchor Berlin: Blaue Wimpel im Sommerwind, Musik-CD, Edel, 2005.

DEFA (Prod.): Heisser Sommer, 1968.

DEFA (Prod.): Trampen nach Norden, 1977.

Gerecke, Susanne: Die Nackten und die Roten – FKK in der DDR, Spiegel TV, 2000, 31 min. Ausstrahlung auf VOX, 4.1.2001, 22.05 bis 23.00 Uhr.

Heimat: Die DDR auf Schmalfilm. Folge 3: Wir auf Reisen, 1996.

Hensel, Kerstin: Die Eisenbahnen fallen von den Brücken. Ein literarisches Reisefeature, SWR2 05.11. 2006, 19.00 bis 20.00 Uhr, Sendemanuskript in: SWR, 12.4.2007, http://www.swr.de/swr2/programm/sendungen/feature-am-sonntag/rueckschau/-/id=659954/nid=659954/did=1837956/s8ysy2/index.html.

Lehmann, Till: Albena: Sonnenbrand im Bruderland. (Reihe: Wo der Osten Urlaub machte!), 2004.

MDR: Radio-Feature ›Klassenauftrag Erholung‹. Ausstrahlung am 9.7.2003 in MDR Kultur.

Reihe ›Rückblende‹: Lieber rückwärts zum Intershop als ›Vorwärts zum Parteitag!‹ Witzkultur in der DDR, WDR, 5.10.1994. 22.00 bis 22.15 Uhr.

Rote Traumschiffe. Die Urlauberflotte der DDR, N3, 06.02.1994, 21:15 bis 22:00.

Dokumente in Privatbesitz

Ansichtskarten. Privatbesitz Christa Haid.

Ansichtskarten. Privatbesitz Gisela und Wilfried Wolter.

Ansichtskarten. Privatbesitz Gitta und Siegfried Kromer.
Ansichtskarten. Privatbesitz Heike Wolter.
Brief des Leiters der Kreiskommission Nauen von Jugendtourist an einen ehrenamtlichen Reiseleiter aus dem Jahr 1977. Privatbesitz Peter Schmidt.
Diskussionbeitrag von Dirk Strohschneider, Küchenleiter im FDGB-Erholungsheim ›Harzland‹ Schierke. Austausch zwischen verschiedenen Heim- und Objektleitern. Anlass nicht näher bezeichnet. Privatbesitz Annemarie Schatz, dokumentinterne Zählung.
Feriencheck für das Jugenderholungszentrum in Wendisch-Rietz. Privatbesitz Peter Schmidt.
Genex-Sonderkatalog 1981. Privatbesitz Heike Wolter.
Handzettel für Urlaubsgäste im grenznahen Gebiet. Privatbesitz Gitta und Siegfried Kromer.
Jugendtourist, Bezirksstelle Potsdam (Hg.): Touristik Mosaik 5, Potsdam 1983, S. 12. Privatbesitz Peter Schmidt.
Mitschrift und Ergänzungen zum Schlusswort des Genossen Harry Tisch anlässlich des Zentralen Erfahrungsaustausches der Objekt- und Heimleiter des FDGB-Feriendienstes des Bundesvorstandes des FDGB. Privatbesitz Annemarie Schatz.
O.V., »Wie erfolgt die Antragstellung für einen Jugendherbergsaufenthalt?«, in: Reisebüro der FDJ ›Jugendtourist‹ (Hg.): tour 1987, Berlin 1986, Privatbesitz Peter Schmidt.
Prinzipien für die Durchführung der Jugendauslandstouristik der Deutschen Demokratischen Republik. Privatbesitz Peter Schmidt.
Reiseangebot von Jugendtourist für den Sommer / Herbst 1984. Privatbesitz Peter Schmidt.
Reisebüro der FDJ ›Jugendtourist‹ (Hg.), ABC des Reiseleiters (Sozialistisches Ausland), Berlin 1982. (Verschiedene Jahrgänge veröffentlicht). Privatbesitz Peter Schmidt.
Reisebüro der FDJ ›Jugendtourist‹ (Hg.), ABC des Reiseleiters (Inland), Berlin 1983. (Verschiedene Jahrgänge veröffentlicht). Privatbesitz Peter Schmidt.
Reisebüro der FDJ ›Jugendtourist‹ (Hg.), Reiseinformation des Reisebüros der FDJ ›Jugendtourist‹ 1980. Privatbesitz Peter Schmidt.
Reisebüro der FDJ ›Jugendtourist‹ (Hg.), *tour 1987*. Privatbesitz Peter Schmidt.
Reisedokumente einer Kreuzfahrt mit der MS ›Völkrfreundschaft‹. Privatbesitz Christa und Ernst Haid.
Reiseprogramm: 43) Exkursionsreise. 46) ›Meine Heimat – DDR‹ – Joachimsthal, Privatbesitz Peter Schmidt.
Reisetagebuch des Sommerurlaubs 1984. Privatbesitz Gitta und Siegfried Kromer.
Reisetagebuch des Sommerurlaubs 1989 der Familie Kromer. Privatbesitz Gitta und Siegfried Kromer.
Reisetagebuch Nr. 4. Privatbesitz Lutz Peitzsch.
Teilnehmerheft für Schüler und Lehrlinge an der Feriengestaltung der Deutschen Demokratischen Republik, Druckerzeugnis von 1983. Privatbesitz Anke Assig.
Vorwort des Generaldirektors Jürgen Heinrich, in: Reisebüro der FDJ ›Jugendtourist‹ (Hg.): tour 1987. Privatbesitz Peter Schmidt.

Interviews

Interview Albrecht Mosig, ehemals ehrenamtlicher Reiseleiter für das Reisebüro der DDR.
Interview Christa Haid, Teilnehmerin einer Reise auf der MS ›Völkerfreundschaft‹.
Interview Edgar Keller, ehemals Angestellter im Ferienheim des Magistrats von Berlin, Schloss Garzau.
Interview Gitta Kromer, Individualurlauberin.
Interview Inge Beute, Besitzerin einer Datsche.
Interview Peter Schmidt, ehemals ehrenamtlicher Reiseleiter für Jugendtourist.
Interview Annemarie Schatz, ehemals Angestellte eines FDGB-Ferienheims in Arendsee.

Abkürzungsverzeichnis

BdVP	Bezirksdirektion der Volkspolizei
ČSSR	Tschechoslowakische Sozialistische Republik
DBD	Demokratische Bauernpartei Deutschlands
DDR	Deutsche Demokratische Republik
DFD	Demokratischer Frauenbund Deutschlands
DM	Deutsche Mark
EVP	Endverbraucherpreis
FAZ	Frankfurter Allgemeine Zeitung
FDGB	Freier Deutscher Gewerkschaftsbund
FDJ	Freie Deutsche Jugend
FKK	Freikörperkultur
HO	Handelsorganisation
HvAT	Hauptverwaltung Auslandstourismus
HVDVP	Hauptverwaltung Deutsche Volkspolizei
KA	Kapitalistisches Ausland
KB	Kulturbund
KDVR	Koreanische Demokratische Volksrepublik
KSOT	Konferenz der Staatlichen Organe für Tourismus der sozialistischen Länder
LDPD	Liberal-Demokratische Partei Deutschlands
LPG	Landwirtschaftliche Produktionsgenossenschaft
MS	Motorschiff
MVR	Mongolische Volksrepublik
NBI	Neue Berliner Illustrierte
NDPD	National-Demokratische Partei Deutschlands
NÖS	Neues Ökonomisches System
NSW	Nicht-Sozialistisches Wirtschaftsgebiet
NVA	Nationale Volksarmee

RGW	Rat für gegenseitige Wirtschaftshilfe
SDAG	Sowjetisch-Deutsche Aktiengesellschaft
SED	Sozialistische Einheitspartei Deutschlands
SED-PDS	Sozialistische Einheitspartei Deutschlands-Partei des Demokratischen Sozialismus
SFRJ	Sozialistische Föderative Republik Jugoslawien
SRR	Sozialistische Republik Rumänien
SRV	Sozialistische Republik Vietnam
UdSSR	Union der Sozialistischen Sowjetrepubliken
UVR	Ungarische Volksrepublik
VEB	Volkseigener Betrieb
VP	Volkspolizei
VRB	Volksrepublik Bulgarien
VRP	Volksrepublik Polen
XTR	Transfer-Rubel, Rechnungswährung im RGW-Raum
ZAAT	Zentraler Ausschuss für den Auslandstourismus
ZAFV	Zentraler Ausschuss für den Fremdenverkehr
ZK	Zentralkomitee
ZKAT	Zentrale Kommission für den Auslandstourismus

Tabellenverzeichnis

Tabelle 1: Staatliches finanzielles Engagement für Feriendienst und Erholungswesen 105
Tabelle 2: Auslastung der Erholungslandschaftstypen durch die Leistungsträger 127
Tabelle 3: Realisierte Urlaubsreisen im Inland im Vergleich zu geäußerten Wunschvorstellungen, Institut für Marktforschung 1975 128
Tabelle 4: Urlauber im Bezirk Rostock 133
Tabelle 5: Auslandsreisen von DDR-Bürgern mit verschiedenen Reiseveranstaltern sowie individuell, 1970–1989 146
Tabelle 6: Auslandsreisen von DDR-Bürgern im organisierten Tourismus, 1965–1988 ... 147
Tabelle 7: Anzahl der in sozialistische Staaten als Touristen Einreisenden in Millionen ... 149
Tabelle 8: Vom Reisebüro der DDR vermittelte Erholungsauslandsreisen für DDR-Bürger 152
Tabelle 9: Reise(teil-)kosten und Höchstumtauschsätze für die Volksrepublik Bulgarien 173
Tabelle 10: Reise(teil-)kosten und Höchstumtauschsätze für die Tschechoslowakische Sozialistische Republik 173
Tabelle 11: Reise(teil-)kosten und Höchstumtauschsätze für die Sozialistische Republik Rumänien 174
Tabelle 12: Reise(teil-)kosten und Höchstumtauschsätze für die Union der Sozialistischen Sowjetrepubliken 174
Tabelle 13: Reise(teil-)kosten und Höchstumtauschsätze für die Ungarische Volksrepublik 175
Tabelle 14: Reise(teil-)kosten und Höchstumtauschsätze für die Volksrepublik Polen 175
Tabelle 15: Unterkunftsarten im betrieblichen Erholungswesen der DDR 217
Tabelle 16: Betriebstourismus beim VEB Reisebüro der DDR 1988 224
Tabelle 17: Beherbergungsstruktur in der Jugendtouristik der DDR 246
Tabelle 18: Richtwerte für die Ausstattung der Campingplätze der DDR nach Kategorien 269
Tabelle 19: Zentrale Pionierlager nach Plätzen und betreuten Kindern im Jahr 1987 292
Tabelle 20: Beförderungsmittel im DDR-Personenverkehr 1971–1988 in prozentualer Verteilung 310
Tabelle 21: Eingaben an die Vereinigung Interhotel im zweiten Halbjahr 1981 379

Abbildungsverzeichnis

Abbildung 1: Zentrale Tourismusplanung – Organigramm der tourismusrelevanten Organe des Ministerrates 99

Abbildung 2: Regionale Tourismusplanung 113

Abbildung 3: Karte der Erholungsgebiete auf dem Gebiet der DDR 125

Abbildung 4: Urlauber im Bezirk Rostock 1947–1989, bis 1969 nur Ostseebäder 130

Abbildung 5: Modell der Informationsgewinnung nach Olshavsky 182

Abbildung 6: Campingplatzkarte der DDR 1989 268

Abbildung 7: Wolfgang Mattheuer: Campingkönig, Lithographie von 1966 278

Abbildung 8: Strandszene 362

Abbildung 9: Postkarte aus dem FDGB-Erholungsheim, um 1975 365

Abbildung 10: Im Sinne des Eingabenschreibers bearbeitete Eingaben an den Staatsrat der DDR im Jahr 1988 381

Anhänge

Alle Anhänge sind online verfügbar auf
http://campus-verlag.de/isbn/9783593390550

Anhang 1: Teilnehmende Organe im Zentralen Ausschuss für Auslandstourismus von 1978 (BArch DL1 26580, unpag.)

Anhang 2: Beschäftigtenzahl (VbE) im Tourismus – Stand 31.12.1989 (BArch DL 1 Karton [Bündel] 20, darunter: ehemals Bündel 00009, unpag.)

Anhang 3: Reaktionen der Bezirke auf die Grundkonzeptionen und den Ministerratsbeschluss vom 20.1.1987, adressiert an den Ministerrat der DDR, Ministerium für Verkehrswesen, HvAt, Koll. Dr. Illgen [Leiter der HvAt] (BArch DL1 26585, unpag.)

Anhang 4: Urlauber im Bezirk Rostock nach Monaten (Statistisches Jahrbuch der DDR 1990, S. 363. Statistisches Jahrbuch der DDR 1980, S. 325.)

Anhang 5: Kostprobe aus dem Urlaubsprogramm eines FDGB-Ferienheims in Finsterbergen (Altmann, »Gäste auf dem Finsterberg«)

Anhang 6: Kostenstaffelung der FDGB-Ferienreisen nach dem Einkommen des Mitglieds bei einer Aufenthaltsdauer von 13 Tagen für das Jahr 1978 (Rohleder, Meinolf: »Fremdenverkehr in der DDR«, S. 45.)

Anhang 7: Berufungsurkunde zum Reiseleiter von Jugendtourist (Privatbesitz Peter Schmidt)

Anhang 8: Teilnehmerstruktur der Auslandsreisen von Jugendtourist 1980 (BArch DY24 11248, unpag.)

Anhang 9: Reiseformen bei Jugendtourist 1987 (BArch DL1 Bündel 12 [00012], unpag. / Lübchen / Thiel, Urlaub, Reisen, Camping, S. 92f.)

Anhang 10: Entsendung von Jugendtourist in NSW-Länder 1982 (Barch DY24 12068, S. 19f.)

Anhang 11: Jugenderholungszentrum Wendisch-Rietz – Beispielbeschreibung (Broschüre des Jugenderholungszentrums Scharmützelsee in Wendisch-Rietz, 16.2.2006, http://www.jhs-wilhelm-pieck.de/jez.htm / BArch DL1 Bündel 11, unpag.)

Anhang 12: Ferienscheck für das Jugenderholungszentrum Wendisch-Rietz (Privatbesitz Peter Schmidt)

Anhang 13: Preisstruktur für DDR-Bürger in Jugendherbergen der DDR Ende der achtziger Jahre (Lübchen / Thiel, Urlaub, Reisen, Camping, S. 110 und S. 115. / Eckert, Jugendherbergskarte / BArch DL1 Bündel 12 [00012], unpag.)

Anhang 14: Preisstruktur für ausländische Gäste in Jugendherbergen der DDR Ende der achtziger Jahre (BArch DL1 Bündel 12 [00012], unpag.)

Anhang 15: Reiseunterlagen für eine Jugendtourist-Reise nach Saturn/Sinaia, SRR (Privatbesitz Peter Schmidt)

Anhang 16: Staatliche Campingplätze nach Bezirken im Jahr 1989 (Statistisches Jahrbuch der DDR 1990, S. 365.)

Anhang 17: Staatliche Campingplätze auf dem Gebiet der DDR nach Jahren (Statistisches Jahrbuch der DDR 1990, S. 365.)

Anhang 18: Campingantrag 1985 (Pierau, Urlaub, Klappfix, Ferienscheck, S. 96.)

Anhang 19: Kosten für Camping 1987 (Lübchen / Thiel, Urlaub, Reisen, Camping, S. 172.)

Anhang 20: Ausstattung der Haushalte mit Campingartikeln in Prozent (Müller, Von der Mangel- zur Marktwirtschaft, S. 163.)

Anhang 21: 1975 im DDR-Handel verfügbare Zelttypen (Knoll, »Jeder Kreis hat seine Campingschau«.)

Anhang 22: Campinggrundausrüstung nach Beispielvorgabe der Zeitung ›Junge Welt‹ 1972 (O.V.: »Ein zünftiger Urlaub mit dem Zelt«.)

Anhang 23: Tagebuchnotizen eines Gruppenleiters zum Ferienlagerprogramm (Kassel, »Ferienlager in der DDR«)

Anhang 24: Beschreibung des Betriebsferienlagers des VEB Fahlberg-List Magdeburg in Jerchel 1979 (Rasenberger, »Unser Betriebsferienlager«, S. 171–176.)

Anhang 25: Normiertes Aushangschild der Touristischen Informationseinrichtungen der DDR (BArch. DL1 26580, unpag.)

Anhang 26: Übersicht der Touristischen Informationseinrichtungen der DDR 1979 (»Kolumne ›Unterwegs‹«.)

Anhang 27: Leitungsstrukturen im Verkehrswesen der DDR (Hochschule für Verkehrswesen. Dresden, 11.4.2007, http://www.hfv-dd.de/dp_dr.php)

Anhang 28: Vergleich der Verkehrsinfrastrukturdichte von DDR und Bundesrepublik (Bundesministeriums für Verkehr, Verkehr in Zahlen, S. 7.)

Anhang 29: Finanzierungsaufruf an die FDJ für den Touristenexpress (Tourex) (Pierau, Urlaub, Klappfix, Ferienscheck, S. 140.)

Anhang 30: Streckenplan des Tourex (Deutsche Bahn AG, Auf getrennten Gleisen, S. 119.)

Anhang 31: Inlandsflugrouten der Interflug 1971 (Interflug, 4.4.2007, http://www.interflug.biz/IF-Flugplaene/InlandPlan_100571_250971.pdf.)

Anhang 32: Auslandsflugrouten der Interflug 1985 und 1987 (Seifert, Weg und Absturz der Interflug, S. 88 und S. 98. Interflug-Flugplan vom 29.3.-24.10.1987, 4.4.2007, http://www.interflug.biz/IF-Flugplaene/IF-Timetable_2903_241087_part_1.pdf. Weitere Informationen zu den Zeitpunkten der Inbetriebnahme einzelner Linien sowie zu den verwendeten Flugzeugtypen in: Seifert, Weg und Absturz der Interflug, S. 162–166; Billig / Meyer, Flugzeuge der DDR [3]; Billig, / Meyer, Flugzeuge der DDR [2]; Seifert, Der deutsche Luftverkehr 1955–2000, S. 144–147 und S. 163–170; Rawolle, »Ziviler Luftverkehr in der DDR«, S. 171–174.)

Anhang 33: Beförderte Personen mit Interflug auf ausgewählten Strecken (Statistisches Jahrbuch der DDR 1990, S. 259.)

Anhang 34: Reisedokumente einer Kreuzfahrt mit der MS ›Völkerfreundschaft‹ 1985 (Privatbesitz Christa und Ernst Haid)

Anhang 35: Anzahl der Reisen der MS Völkerfreundschaft für verschiedene Veranstalter nach Jahren (Peters, Vom Urlauberschiff zum Luxusliner, S. 268f.)

Anhang 36: Zielorte und Veranstalter des Kreuzfahrtschiffes MS ›Fritz Heckert‹ (Peters, Vom Urlauberschiff zum Luxusliner, S. 198f.)

Anhang 37: Beförderungsleistungen der Berliner Fahrgastschifffahrt 1960–1982 (Breuer, MS Spree, S. 70.)

Anhang 38: Tourismusrelevante Untersuchungen des Instituts für Marktforschung in Leipzig 1971–1987 (›Marktforschung. Mitteilungen des Instituts für Marktforschung‹.)
Anhang 39: Reisetagebuch des Sommerurlaubs 1984 am Roofensee (Privatbesitz Gitta und Siegfried Kromer)
Anhang 40: Ansichtskarten mit persönlichen Schreiben an Verwandte und Kollegen (Ansichtskarten Privatbesitz Gitta und Siegfried Kromer; Ansichtskarten Privatbesitz Gisela und Wilfried Wolter; Ansichtskarten Privatbesitz Christa Haid; Ansichtskarten Privatbesitz Heike Wolter.)
Anhang 41: Retrospektive Erinnerungen von Robert Ide – ›Am Strand der Freundschaft‹ (Ide, »Am Strand der Freundschaft«.)
Anhang 42: Struktur des Ministeriums für Handel und Tourismus 1990, Zahlen in Klammern für Personalbedarf (BArch DL1 Karton 17, darin ehemals Bündel 5, unpag.)
Anhang 43: Privates Ideentum in der Transformationszeit – Vorschlag für eine Reiseroute (BArch DL1 VA Bündel 1, unpag.)
Anhang 44: Reiseziele der Ostedeutschen 1989 bis 1992 (Datenmaterial des Europäischen Tourismus Instituts GmbH, Trier)
Anhang 45: Bibliographie zur Tourismusgeschichte der Weimarer Republik
Anhang 46: Bibliographie zur Tourismusgeschichte des Nationalsozialismus
Anhang 47: Bibliographie zur Tourismusgeschichte der Bundesrepublik
Anhang 48: Freizeitorientierte Lebensstile Ost- und Westdeutscher 1991 (Opaschowski, Freizeitstile der Deutschen in Ost und West, S. 14f.)
Anhang 49: Bibliographie zur vergleichenden Tourismusgeschichte sozialistischer Staaten
Anhang 50: Bibliographie zur nationalen Tourismusgeschichte sozialistischer Staaten
Anhang 51: Industriegesellschaftliches Lebensmodell. Arbeit – Wohnen – Freizeit – Reisen (Krippendorf, Die Ferienmenschen, S. 29.)
Anhang 52: Reiselyrik von DDR-Autoren.

Beiträge zur Historischen Verkehrsforschung des Deutschen Museums

Christopher Kopper
Die Bahn im Wirtschaftswunder
Deutsche Bundesbahn und
Verkehrspolitik in der
Nachkriegsgesellschaft
2007, 466 Seiten, Band 9
ISBN 978-3-593-38328-6

Christopher Kopper schildert die Geschichte der Bundesbahn seit 1945 als Teil der deutschen Sozial- und Wirtschaftsgeschichte.

Michael Hascher
Politikberatung durch Experten
Das Beispiel der deutschen Verkehrspolitik
im 19. und 20. Jahrhundert
2006, 362 Seiten, Band 8, ISBN 978-3-593-37921-0

Alexander Gall
»Gute Straßen bis ins kleinste Dorf!«
Verkehrspolitik in Bayern zwischen Wiederaufbau
und Ölkrise
2005, 328 Seiten, Band 7, ISBN 978-3-593-37861-9

Mehr Informationen unter
www.campus.de

campus
Frankfurt · New York